Contabilidade Gerencial

Contabilidade Gerencial

12ª edição

CHARLES T. HORNGREN
Stanford University

GARY L. SUNDEM
University of Washington — Seattle

WILLIAM O. STRATTON
Pepperdine University

Tradução e Revisão Técnica
Elias Pereira
Mestre em Ciências Contábeis pela FEA-PUC/SP
Mestre em Administração pela UNICID
Mestrado em Controladoria e Contabilidade e em Adminintração: Finanças e
Marketing pela FEA-USP
Especialista em Finanças e Auditoria e Controladoria

© 2004 by Pearson Education do Brasil
Título original: Introduction to Management Account – Twelfth Edition

© 2002 by Pearson Education, Inc.
Publicação autorizada a partir da edição original em inglês
publicada pela Pearson Education Inc., sob o selo Prentice Hall

Todos os direitos reservados. Nenhuma parte desta publicação
poderá ser reproduzida ou transmitida de qualquer modo
ou por qualquer outro meio, eletrônico ou mecânico, incluindo fotocópia,
gravação ou qualquer outro tipo de sistema de armazenamento e transmissão
de informação, sem prévia autorização, por escrito, da Pearson Education do Brasil.

Gerente de Produção: Heber Lisboa
Editora de texto: Adriane Gozzo
Preparação: Beth Grif
Revisão: Alexandra Costa
Capa: Marcelo Françozo, sobre o projeto original de Michael J. Fruhbeis
Diagramação: Figurativa Arte e Projeto Editorial

Dados Internacionais de Catalogação na Publicação (CIP)
(Câmara Brasileira do Livro, SP, Brasil)

Horngren, Charles T.
    Contabilidade Gerencial / Charles T. Horngren, Gary L. Sundem,
Willian O. Stratton; traduzido para o português por Elias Pereira.
-- São Paulo : Prentice Hall, 2004.

    Bibliografia.
    ISBN 978-85-87918-47-5

    1. Contabilidade de custos 2. Contabilidade gerencial
I. Sundem, Gary L. II. Stratton, Willian O. III. Título

03-4050   CDD-658.1511

Índices para catálogo sistemático:

1. Contabilidade gerencial : Empresas : Administração financeira
658.1511

Direitos exclusivos cedidos à
Pearson Education do Brasil Ltda.,
uma empresa do grupo Pearson Education
Avenida Santa Marina, 1193
CEP 05036-001 - São Paulo - SP - Brasil
Fone: 11 2178-8609 e 11 2178-8653
pearsonuniversidades@pearson.com

A Joan, Chelsea, Erik, Marissa,
Liz, Garth, Jens,
Norma, Gina, Adam, Nisha e Tiana

SUMÁRIO

Prefácio xi

PARTE 1 — FOCO NA TOMADA DE DECISÃO

1 Contabilidade Gerencial e Organização Empresarial 2
    Abertura do capítulo: Cisco Systems 3
    Contabilidade e tomada de decisão 4
    Efeitos dos regulamentos governamentais 6
    Contabilidade gerencial em organizações de serviço e sem fins lucrativos 7
    Considerações comportamentais e custo–benefício 7
    O processo de gestão e a contabilidade 8
    Ilustração dos orçamentos e relatórios de desempenho 10
    Planejamento e controle para ciclos de vida do produto e cadeia de valor 11
    Posição da contabilidade na organização 14
    Oportunidades de carreira em contabilidade gerencial 17
    Adaptação a mudanças 18
    Filosofia *just-in-time* e manufatura integrada por computador 20
    Importância da conduta ética 21

2 Introdução ao Comportamento de Custo e Relações Custo–Volume 34
    Abertura do capítulo: Boeing 35
    Atividades, custos e direcionadores de custos 36
    Comparação de custos variáveis e fixos 37
    Análise custo–volume–lucro 40
    Usos adicionais da análise custo–volume 49
    Aplicação sem fins lucrativos 51

3 Mensuração do Comportamento de Custo 70
    Abertura do capítulo: America West 71
    Direcionadores de custo e comportamento de custos 72
    Influência da gestão no comportamento de custos 74
    Funções de custos 77
    Métodos de mensuração das funções de custos 79
    Procedimentos da Análise de regressão 89

4 Sistema de Gestão de Custos e Custeio Baseado em Atividades 106
    Abertura do capítulo: AT&T 107
    Sistemas de gestão de custos 108
    Custos diferentes para decisões diferentes 110
    Custeio baseado em atividade 115
    Ilustração do sistema ABC 122
    Gestão baseada em atividade 128

5 Informação Relevante e Tomada de Decisão: Decisões de *Marketing* 152
Abertura do capítulo: Grand Canyon Railway 153
O conceito de relevância 154
O pedido especial de vendas 156
Eliminação ou adição de produtos, serviços ou departamentos 160
Uso ótimo de recursos limitados 162
Decisões de precificação 164
Influências gerais em precificação na prática 166
Papel dos custos nas decisões de precificação 167
Custeio-alvo 172

6 Informação Relevante e Tomada de Decisão: Decisões de Produção 192
Abertura do capítulo: Nantucket Nectars 193
Custos de oportunidade, diferencial e desembolsável 194
Decisões de fazer ou comprar 196
Custos de produtos conjuntos 200
A irrelevância dos custos passados 201
A irrelevância dos custos futuros que não diferem 205
Cautela com os custos unitários 205
Conflitos entre tomada de decisão e avaliação de desempenho 206
Como a demonstração de resultado influencia a tomada de decisão 207

PARTE 2 — CONTABILIDADE PARA PLANEJAMENTO E CONTROLE

7 O Orçamento-Mestre 228
Abertura do capítulo: The Ritz-Carlton 229
Orçamentos e a organização 230
Preparação do orçamento-mestre 233
Dificuldades da previsão de vendas 241
Convencendo empregados a aceitar o orçamento 242
Modelos de planejamento financeiro 242

8 Orçamentos Flexíveis e Análises de Variações 264
Abertura do capítulo: McDonald's 265
Orçamentos flexíveis: Ponte entre orçamentos estáticos e resultados reais 266
Isolando as causas de variações 270
Variações do orçamento flexível em detalhes 276
Variações de custos indiretos de fabricação 279
Abordagem geral 280

9 Sistemas de Controle Gerencial e Contabilidade por Responsabilidade 298
Abertura do capítulo: Foundation Health Systems 299
Sistemas de controle gerencial 300
Projeto de sistemas de controle gerencial 302

Controlabilidade e mensuração de desempenho financeiro	308
Medidas de desempenho não-financeiras	311
Sistemas de controle gerencial em organizações de serviço, governamentais e sem fins lucrativos	318
O futuro dos sistemas de controle gerencial	319

10 Controle Gerencial em Organizações Descentralizadas ... 334
Abertura do capítulo: Nike	335
Centralização *versus* descentralização	336
Preço de transferência	338
Medidas de desempenho e controle gerencial	344
Medidas de lucratividade	347
ROI ou EVA?	349
Um exame cuidadoso sobre o capital investido	351
Chaves para os sistemas de controle gerencial bem-sucedidos	354

PARTE 3 — ORÇAMENTO DE CAPITAL

11 Orçamento de Capital ... 370
Abertura do capítulo: Deer Valley Lodge	371
Orçamento de capital para programas ou projetos	372
Modelos de fluxo de caixa descontado (FCD)	372
Análise de sensibilidade e avaliação de risco nos modelos FCD	376
Comparação do VPL de dois projetos	376
Impostos de renda e orçamento de capital	381
Confusão a respeito da depreciação	387
Orçamento de capital e inflação	387
Outros modelos para analisar decisões de longo prazo	390
Avaliação de desempenho	392

PARTE 4 — CUSTEIO DE PRODUTOS

12 Alocação de Custos ... 408
Abertura do capítulo: Dell Computer Corporation	409
Alocação de custos em geral	410
Alocação de custos dos departamentos de serviços	412
Alocação de custos para os objetos finais de custos	419
Abordagem do ABC	421
Alocação de custos conjuntos e de subprodutos	425

13 Sistema de Acumulação de Custos por Ordem de Serviço ... 442
Abertura do capítulo: Dell Computer Corporation	443
Distinção entre sistema de acumulação de custos por ordem e por processo	444
Ilustração do custeio por ordem	445
Contabilidade de CIF	448

Ilustração de aplicação de CIF 449
Problemas da aplicação dos CIF 452
Custeio/gestão baseados em atividade em um ambiente de custeio por ordem 454
Custeio de produto em organizações de serviços e sem fins lucrativos 456

14 Sistemas de Acumulação de Custos por Processo 470
Abertura do capítulo: Nally e Gibson Georgetown, Inc. 471
O básico sobre custeio por processo 472
Aplicação do custeio por processo 475
Unidades físicas e unidades equivalentes (Etapas 1 e 2) 475
Cálculo de custos dos produtos (Etapas 3 a 5) 477
Efeitos de estoques iniciais 479
Método da média ponderada 479
Método primeiro a entrar, primeiro a sair 480
Custeio por processo em um sistema JIT: custeio retrocedido 485

15 Aplicação de Custos Indiretos de Fabricação: Custeio Variável e por Absorção 496
Abertura do capítulo: L.A. Darling Company 497
Custeio variável *versus* por absorção 498
CIF fixos e custos de produtos por absorção 503
Efeito de outras variações 507

Apêndice A 523
Apêndice B 527
Glossário 533
Índice 544
Créditos das fotos 560

PREFÁCIO

"Para tomar boas decisões, os gestores devem entender como suas decisões afetam os custos."

Contabilidade gerencial, 12ª edição, adota o ponto de vista de que os gestores tomam decisões econômicas importantes. Queremos que os estudantes considerem a contabilidade gerencial uma ferramenta essencial que melhora as habilidades dos gestores para tomar boas decisões econômicas. *Contabilidade gerencial*, 12ª edição, descreve os conceitos e as técnicas que os gestores e contadores utilizam para produzir informação para a tomada de decisões. Este livro apresenta os conceitos aliados às técnicas, porque o entendimento dos conceitos é mais importante do que memorizar as técnicas. Desde o primeiro capítulo, os estudantes são incentivados a pensar por que as técnicas são utilizadas em vez de aplicá-las a torto e a direito. Esperamos, então, que os estudantes se tornem aptos a aprender tanto *a teoria* quanto *a prática* da contabilidade gerencial. O entendimento da prática contábil atual vai além de meros conceitos e técnicas. Os conceitos e as técnicas são apresentados, neste livro, no contexto de decisões reais, para ilustrar a prática do mundo real e destacar a maneira como a contabilidade gerencial ajuda os gestores a entender o potencial do impacto de suas decisões. Dois dos autores foram membros da *Accounting Education Change Commission* (AECC — Comissão para Mudança na Educação Contábil), e as recomendações da AECC foram incorporadas ao longo do texto.

Este livro pretende transmitir um enfoque equilibrado e flexível. Ocupa-se tanto de organizações não-lucrativas, varejistas, atacadistas, de vendas e situações administrativas quanto de organizações industriais. Concentra-se amplamente em decisões de planejamento e controle, e não apenas no custeio de produto para avaliação de estoques e determinação do resultado.

NOSSA FILOSOFIA

Introduzir, em primeiro lugar, os conceitos simples e os princípios iniciais, revisá-los em níveis de maior complexidade à medida que estudantes aumentem seu entendimento e proporcionar exemplos de empresas reais em cada estágio.

Da mesma maneira que a contabilidade gerencial se baseia na contabilidade financeira, seus conceitos se baseiam um no outro, conforme são utilizados para facilitar a tomada de decisão gerencial. Uma vez que os estudantes tenham entendido por completo os conceitos mais básicos, podem, então, apoiar-se no que aprenderam e progredir para tópicos mais complexos. Os estudantes iniciam seu entendimento da tomada de decisão gerencial ao perguntar: 'Como minhas decisões afetarão os custos e as receitas da organização?' Então, progridem para questões mais complexas: 'Qual é o sistema de gestão de custos mais apropriado para a empresa? Quais produtos devem ser produzidos? O que significam as variações orçamentárias?' Assim que absorvem os conceitos e as técnicas mais simples da contabilidade gerencial e se movem para os mais complexos, os estudantes se sentem mais à vontade utilizando tais conceitos e técnicas para tomar decisões negociais, dos quais também vão se tornando adeptos.

Nossos objetivos foram escolher assuntos relevantes à matéria e apresentá-los clara e acessivelmente, usando muitos exemplos extraídos de empresas reais. *Contabilidade gerencial*, 12ª edição, força o entendimento dos conceitos, tornando-os concretos por meio de numerosas ilustrações.

QUEM DEVERIA USAR ESTE LIVRO?

Contabilidade gerencial, 12ª edição, serve principalmente para estudantes que estejam realizando um ou dois cursos de contabilidade básica. É também apropriado para programas de educação continuada de duração diversa em que os estudantes não tenham recebido uma educação contábil formal.

Este livro é orientado aos gestores que utilizam relatórios de contabilidade gerencial, não a contadores. Os gestores devem entender o básico da contabilidade gerencial, e este livro mostra como essa contabilidade lhes será útil. *Contabilidade gerencial*, 12ª edição, também se preocupa com as necessidades de contadores potenciais e fornece-lhes um entendimento sobre como os responsáveis por tomar decisões se utilizam dos relatórios que produzem. Focalizando a contabilidade dentro do contexto da função gerencial total, este texto abrange os tópicos importantes que todos os estudantes de negócios devem estudar e demonstra como a contabilidade reforça e se ajusta ao esquema mais amplo do mundo atual dos negócios.

Características mantidas e novas

- **NOVAS e revisadas vinhetas de abertura do capítulo.** Os capítulos de abertura ajudam os estudantes a entenderem o papel da contabilidade na prática negocial atual. Os segmentos especialmente produzidos para este texto reforçam e expandem as aberturas de capítulo, que incluem Three Dog Bakery, Nantucket Nectars, Oracle e Teva Sandals.
- **NOVAS** *Tomadas cinco.* As interrupções de estudo aparecem ao longo de cada capítulo e incentivam os estudantes a parar e pensar a respeito do material que acabaram de ler. As respostas aparecem logo em seguida.
- **NOVOS** *Exercícios cognitivos.* Baseados em *feedback* de grupo focalizado, pequenos exercícios cognitivos servem como aquecimento de 'pensamento crítico' para casos materiais mais complexos.
- **NOVOS e revisados quadros de** *Primeiro, os negócios.* Fornecem discernimento nas operações de empresas bem conhecidas, domésticas e internacionais, incluindo companhias de tecnologia e de *e-commerce*.

Os materiais atualizados incluem:

- Discussão estendida do ABC e ABM no Capítulo 4, incluindo ABC de dois e de múltiplos estágios. Estrutura nova introduzida para descrever os sistemas tradicional e o ABC.
- Os custos de oportunidade, diferencial e desembolso, no Capítulo 6.
- Discussão estendida do *balanced scorecard*, no Capítulo 9, com ênfase na importância do capital intelectual e na aprendizagem como direcionador de competitividade. Inclui nova ilustração usando a General Electric.
- Discussão estendida do valor econômico adicionado (EVA), no Capítulo 10, com ilustrações de empresas do mundo real e exercícios e problemas no final do capítulo.
- O Capítulo 12 usa novas ilustrações para apresentar diretrizes gerais para alocação, métodos de alocação por degrau para departamentos de serviço, alocação de custos conjuntos, alocação do ABC de dois estágios e alocação do ABC de múltiplos estágios.
- A nova estrutura do Capítulo 14 compara os custeios por ordem e por processo e aplica o material à Planters Specialty PeanutCompany.

Agradecimentos

Recebemos idéias, auxílio, críticas variadas e contribuições de material diversas em nossas conversações e por correio de muitos estudantes, professores e líderes de negócios. Cada um tem nossa gratidão, mas a lista completa é demasiado longa para enumerar aqui.

Steven V. Campbell, University of Alaska-Anchorage
C. Douglas Cloud, Pepperdine University
Kenneth P. Couvillion, San Joaquin Delta College
Susan Cox, University of South Florida
Kreag Danvers, Indiana University of Pennsylvania
Cindy K. Harris, Ursinus College
Leon Korte, University of South Dakota
Julie A. Lockhart, Western Washington University
Cheryl E. Mitchem, Virginia State University
Shirish B. Seth, California State University-Fullerton
Donald R. Simons, University of Wisconsin-Oshkosh
Kim B. Tan, California State University-Stanislaus
James E. Williamson, San Diego State University
Peter Woodlock, Youngstown State University

As ilustrações dos Capítulos 4 e 12, de custeio baseado em atividade, e a do Capítulo 9, de um sistema de controle gerencial, são baseadas (em parte) nos casos desenvolvidos pela Hyperion Solutions. Derek Sandison, da Hyperion, forneceu sugestões úteis para essas ilustrações.

Kim Sawers forneceu ajuda na avaliação.

Finalmente, nossos agradecimentos a P. J. Boardman, Deborah Hoffman, Jane Avery, Beth Toland, Vincent Scelta, Richard Bretan, Pat Smythe, Kathryn Sheehan, Brian Rappelfeld, Arnold Vila, Michael Reynolds, Michael Fruhbeis, Christy Mahon, Nancy Welcher e Walter Mendez, da Prentice Hall.

Comentários dos leitores serão bem-vindos.

Charles T. Horngren
Gary L. Sundem
William O. Stratton

capítulo 1

Contabilidade gerencial e organização empresarial

Os gestores das empresas trabalham em sintonia com os contadores. O sistema contábil fornece os números de que esses gestores necessitam diariamente para tomar decisões.

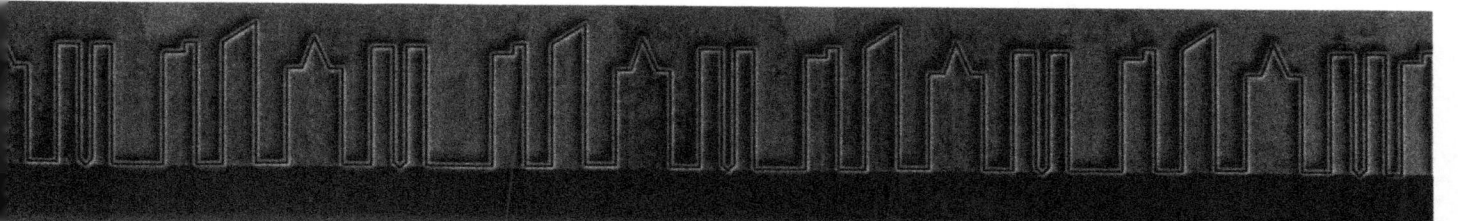

Objetivos de aprendizagem

Ao terminar de estudar este capítulo, você deverá estar apto a:

1. Descrever os principais usuários da informação contábil.
2. Explicar os tópicos sobre custo–beneficio e ética envolvidos na projeção de um sistema de contabilidade.
3. Explicar o papel dos orçamentos e dos relatórios de desempenho no processo de planejamento e controle.
4. Discutir o papel que os contadores desempenham nas funções da cadeia de valor da empresa.
5. Comparar as funções de controllers e tesoureiros.
6. Identificar as tendências atuais na contabilidade gerencial.
7. Explicar as responsabilidades éticas de um contador gerencial.
8. **Entender como a contabilidade gerencial é usada nas empresas.**[1]

A Internet está quente, muito quente! Um estudo recente revelou que a economia da Internet cresceu para mais de $ 525 bilhões em 2000 e hoje apóia diretamente 2,5 milhões de trabalhadores. As empresas estão buscando instalar lojas virtuais. As instituições educacionais oferecem, agora, diplomas e certificações virtuais. E com o clique de um mouse, em um instante, qualquer um pode encontrar música, e-mail, novos artigos e muito mais! Logo poderemos acessar a Internet onde e quando quisermos, para qualquer propósito. Não há dúvida de que essa economia é diferente de qualquer outra que já tenhamos visto. Ela, contudo, não poderia existir sem os serviços e produtos de empresas como a Cisco Systems.

A Cisco é a líder mundial em rede para a Internet. O roteirizador da empresa conecta pessoas, computadores e redes de computadores em todo o globo e ajuda a formar a infra-estrutura para a Internet. A Cisco introduziu seus primeiros produtos no mercado em 1986 e tem visto sua receita anual explodir acima dos $ 12 bilhões nos anos fiscais mais recentes. No último ano, apenas, a empresa adquiriu 15 outras pequenas para alimentar seu crescimento, e não mostra sinais de desaceleração. Como a Cisco se mantém a par de tudo? Os sistemas de contabilidade fazem o trabalho pesado de "depuração" de todos os detalhes das transações, além disso há os analistas, contadores e a equipe de empregados que operam esses sistemas diariamente. Gestores de todos os níveis confiam na informação que esses sistemas fornecem para, no dia-a-dia, tomar decisões, compor orçamentos e elaborar planejamentos. Como a Cisco é uma sociedade anônima, os sistemas de contabilidade e os empregados devem estar preparados para gerar relatórios contábeis rápida e acuradamente, para uso dos tomadores de decisões externas em todo o mundo.

Quando embarcar em sua jornada no mundo da contabilidade gerencial, você descobrirá que ela considera uma empresa como a Cisco apta a gerir suas atividades financeiras e tomar decisões com facilidade. Mantenha isto em mente: todo negócio que é parte da economia da Internet trilhou o mesmo caminho e controla o mesmo conjunto de informações contábeis.

---

1. *O último objetivo de aprendizagem em cada capítulo é um objetivo geral. Destaca a importância do entendimento do conteúdo abordado ao longo de todo o texto e, conseqüentemente, não identificado em um ponto específico.*

Como no caso da Cisco, a contabilidade gerencial pode ajudar os gestores em todos os tipos de resposta organizacional a questões vitais. Considere as questões levantadas nas seguintes situações:

- Os engenheiros da Boeing prepararam especificações de manufatura para um novo avião, o 747-X. Há três maneiras possíveis de organizar a montagem do avião. Qual é a abordagem mais eficaz em termos de menor custo?
- Um gestor de produtos da Kellogg's está projetando um novo plano de *marketing* para o Frosted Flakes. A pesquisa de mercado prediz que amostras grátis distribuídas por correio aumentarão as vendas anuais em 4 por cento. Como o custo de amostras grátis (que incluem o custo de distribuí-las) será comparado com os lucros das vendas adicionais?
- O University National Bank oferece talões de cheque grátis aos clientes que mantêm um saldo mínimo de $ 600 em suas contas. Quanto custa ao banco fornecer esse serviço gratuito?
- As Olimpíadas Especiais do Condado de Kitsap promoveram uma série de eventos esportivos para jovens com necessidades especiais. Quanto dinheiro deve ser levantado na movimentação anual do fundo do grupo para apoiar suas atividades planejadas?
- Chez Bonaparte é um restaurante que abre apenas para o jantar, situado em um bairro de classe média. O proprietário está considerando a possibilidade de abrir também para almoço. Para ser competitivo, o preço médio do almoço deve ser estimado em cerca de $ 7, podendo ser atendidos cerca de 40 fregueses. Pode o restaurante preparar um almoço que satisfaça seus padrões de qualidade a um custo médio menor do que $ 7?
- O distrito da escola do condado de Monroe está negociando com o sindicato de professores. Entre os assuntos discutidos, estão os salários dos professores, o número de alunos por classe e o número de atividades extracurriculares oferecidas. O sindicato e o distrito apresentaram diversas propostas. Quanto cada uma das várias propostas custará? Se o número de alunos por classe fosse aumentado em um estudante, qual seria o custo adicional? Esses custos diferiram para os níveis de pré-escola, ensino fundamental e ensino médio?

Ao responder a essas e a uma ampla variedade de outras questões, os gestores voltam-se para os contadores gerenciais para obter informação. Neste capítulo, consideramos os propósitos e os papéis da contabilidade e dos contadores nos diferentes tipos de organizações, bem como algumas das tendências e desafios com que se defrontam os contadores hoje.

Contabilidade e tomada de decisão

O objetivo básico da informação contábil é ajudar alguém a tomar decisões. Esse alguém pode ser o presidente de uma empresa, o gestor de produção, o administrador de um hospital ou de uma escola, ou um investidor — a lista poderia estender-se bastante. Independentemente de quem está tomando a decisão, o entendimento da informação contábil propicia a tomada de uma decisão melhor e mais bem fundamentada.

Usuários da informação contábil

Em geral, os usuários da informação contábil enquadram-se em três categorias:

1. Gestores internos que usam a informação para o planejamento e controle, a curto prazo, de operações rotineiras.
2. Gestores internos que usam a informação para tomar decisões não-rotineiras (por exemplo, investir em equipamentos, determinar o preço de produtos e serviços, decidir a que produtos dar relevo ou não) e formular as políticas gerais e planos de longo prazo.
3. Usuários externos, tais como investidores e autoridades governamentais, que usam a informação para tomar decisões a respeito da empresa.

Tanto os usuários internos (gestores) como os externos utilizam a informação contábil, mas a maneira como o fazem difere. Os tipos de informação contábil que eles demandam também pode diferir. A contabilidade gerencial refere-se à informação contábil desenvolvida para gestores dentro de uma organização. Em outras palavras, a **contabilidade gerencial** é o processo de identificar, mensurar, acumular, analisar, preparar, interpretar e comunicar informações que auxiliem os gestores a atingir objetivos organizacionais. Em contrapartida, a **contabilidade financeira** refere-se à informação contábil desenvolvida para usuários externos, como acionistas, fornecedores, bancos e agências regulatórias governamentais. As principais diferenças entre a contabilidade gerencial e a contabilidade financeira estão listadas na Figura 1.1. Apesar dessas diferenças, a maioria das organizações prefere um sistema contábil com objetivos comuns, que satisfaçam as necessidades dos três tipos de usuário.

Quais são as necessidades ou usos? Uma boa informação contábil ajuda uma organização a atingir seus objetivos e metas ao ajudar a responder a três tipos de questões:

1. *Questões de registro*: Estou agindo bem ou insatisfatoriamente? **Scorekeeping (manter um registro)** é a acumulação e classificação dos dados. Esse aspecto da contabilidade permite aos usuários internos e externos avaliar o desempenho organizacional.

2. *Questões de direção de atenção*: Quais problemas devo examinar? **Direção de atenção** significa relatar e interpretar informações que ajudam os gestores a focalizar problemas, imperfeições, ineficiências e oportunidades operacionais. Dirigir a atenção associa-se, geralmente, com planejamento e controle atuais e com análise e investigação de relatórios contábeis internos rotineiros e recorrentes.

3. *Questões de solução de problemas*: Das diversas maneiras de fazer um trabalho, qual é a melhor? O aspecto da **solução de problemas** da contabilidade quantifica os resultados prováveis dos possíveis cursos de ação e, freqüentemente, recomenda o melhor curso a seguir.

Os usos do registro e da direção de atenção da informação estão intimamente relacionados. A mesma informação pode servir como função de registro para um gestor, assim como função de direção de atenção para o superior do gestor. Exemplo: muitos sistemas de contabilidade fornecem relatórios de desempenho nos quais os resultados reais das decisões e das atividades são comparados com planos previamente determinados. Ao sinalizar onde os resultados reais diferem dos planos, tais relatórios de desempenho podem mostrar aos gestores como eles estão agindo e mostrar ao superior do gestor onde atuar.

Porém, a informação para a solução de problemas pode ser usada no planejamento a longo prazo e na tomada de decisões especiais, não recorrentes, tais como produzir ou comprar peças, substituir o equipamento, adicionar ou eliminar um produto. Essas decisões, freqüentemente, requerem conselhos de especialistas, como engenheiros industriais, contadores orçamentários e estatísticos.

Figura 1.1 Distinções entre a contabilidade gerencial e a contabilidade financeira.

	Contabilidade Gerencial	**Contabilidade Financeira**
Usuários primários	Gestores da organização em vários níveis	Usuários externos, como investidores e agências governamentais, mas também gestores das organizações
Liberdade de escolha	Sem restrições, exceto custos em relação a benefícios de melhores decisões gerenciais	Restringida pelos princípios de contabilidade geralmente aceitos
Implicações comportamentais	Preocupação com a influência que as mensurações e os relatórios exercerão sobre o comportamento cotidiano dos gestores	Preocupação em mensurar e comunicar fenômenos econômicos. As considerações comportamentais são secundárias, embora a compensação dos executivos baseada em resultados relatados possa ter impacto em seu comportamento
Enfoque de tempo	Orientação para o futuro: uso formal de orçamentos, bem como de registros históricos. Ex.: orçamento de 20x2 comparado com o desempenho real de 20x1	Orientação para o passado: avaliação histórica. Ex.: desempenho real de 20x2 comparado com o desempenho real de 20x1
Horizonte de tempo	Flexível, com uma variação que vai de horas a 10 ou 15 anos	Menos flexível; geralmente um ano ou um trimestre
Relatórios	Detalhados; preocupam-se com detalhes de partes da entidade, produtos, departamentos, territórios etc.	Resumidos; preocupam-se primeiramente com a entidade como um todo
Delineamento de atividades	Campo de ação se define com menor precisão. Uso mais intenso de disciplinas como economia, ciências de decisão e comportamentais	Campo de ação se define com maior precisão. Menor uso de disciplinas afins

Sistemas de contabilidade

Sistema de contabilidade é um mecanismo formal para recolher, organizar e comunicar informações sobre as atividades de uma organização. Usando um sistema de contabilidade para ambas as finalidades, financeira e gerencial, criam-se problemas algumas vezes. Forças externas (por exemplo, autoridades de imposto de renda e agências regulatórias como a Comissão de Valores Mobiliários e a Comissão de Fiscalização de Assistência Médica) freqüentemente limitam a gestão na escolha dos métodos contábeis para relatórios externos. Muitas organizações desenvolvem sistemas para satisfazer, em primeiro lugar, exigências legais impostas por usuários externos. Esses sistemas muitas vezes negligenciam as necessidades dos usuários internos.

Considere os demonstrativos contábeis anuais das sociedades anônimas. Esses relatórios devem aderir a um conjunto de normas conhecidas como **princípios de contabilidade geralmente aceitos** (PCGAs).

Os PCGAs encerram conceitos ou diretrizes abrangentes e práticas detalhadas, incluindo todas as convenções, regras e procedimentos que, juntos, tornam as práticas contábeis aceitas em um dado momento. Os relatórios internos da contabilidade, entretanto, não precisam ser restritos aos PCGAs. Por exemplo, os PCGAs exigem que as organizações contabilizem seus ativos (recursos econômicos) de acordo com seu custo histórico. Para suas próprias finalidades de gestão, entretanto, uma organização pode contabilizar seus recursos econômicos na base de seus valores correntes, medidos por estimativas de custos de reposição. Nenhuma agência de fora da empresa pode proibir tal contabilidade. Os gestores poderão criar qualquer tipo de sistema de contabilidade interna que desejarem — desde que estejam dispostos a pagar o custo de desenvolvê-lo e operá-lo.

Naturalmente, satisfazer demandas internas por informação (bem como externas) significa que as organizações podem ter de manter mais de um conjunto de registros. Ao menos nos Estados Unidos, não é imoral ou falta de ética ter conjuntos simultâneos de livros — mas eles são dispendiosos. Devido ao fato de as demonstrações contábeis externas serem exigidas por autoridades, muitas organizações decidem não investir em um sistema separado para propósitos internos de gestão. Os gestores são, então, forçados a utilizar informação projetada para satisfazer as necessidades dos usuários externos, em vez de usar uma informação projetada para suas decisões específicas.

Efeitos dos regulamentos governamentais

Mesmo quando a gestão está disposta a pagar por um sistema de contabilidade interno separado, ele pode ser afetado por regulamentos governamentais. Isso porque as agências governamentais têm poder legal para ordenar a comprovação de todos os documentos internos que julgarem necessário.

As universidades e os contratados do departamento de defesa, por exemplo, devem alocar custos aos contratos governamentais de maneira especificada ou arriscar-se a ter seus pagamentos suspensos. Por exemplo, em um caso amplamente divulgado no início da década de 90, a Stanford University e diversas outras universidades proeminentes tiveram seus reembolsos negados para certos custos que o governo julgou inadequados.

A legislação norte-americana contra **práticas de corrupção estrangeiras** proíbe subornos e outras práticas de corrupção. Essa lei também exige que os registros contábeis sejam mantidos em detalhes e acuracidade razoáveis e que se mantenha um sistema apropriado de controle contábil interno. O título é enganador, porque as cláusulas da legislação se aplicam a todas as sociedades anônimas, mesmo que elas não conduzam negócios fora dos Estados Unidos.

O maior impacto dessa lei nos sistemas contábeis surge da exigência de que a gestão documente a suficiência dos controles contábeis internos. Como conseqüência, muitas empresas aumentaram suas equipes de auditoria interna e elevaram-lhe o *status*. Freqüentemente, os relatórios da equipe de auditoria interna dirigem-se diretamente ao presidente; algumas vezes, ao quadro de diretores.

Os auditores internos ajudam a revisar e a avaliar os sistemas para minimizar erros, fraudes e desperdícios. Mais importante: muitas equipes de auditoria interna têm a responsabilidade primordial de conduzir uma **auditoria de gestão**, ou seja, uma revisão para determinar se as políticas e os procedimentos especificados pela alta gestão foram implementados. As auditorias de gestão não se restringem a organizações lucrativas. O escritório geral de contabilidade (*General Accounting Office* — GAO) do governo dos Estados Unidos conduz essas auditorias em grande escala. A maioria dos estados também tem suas próprias agências, que auditam os departamentos do governo estadual. Algumas também auditam as municipalidades e outras organizações governamentais locais.

O impacto geral do regulamento governamental é muito controverso. Muitos gestores insistem que os custos extras de cumprimento das normas excedem, de longe, qualquer benefício possível. Um benefício, entretanto, é que os gestores operacionais, agora mais do que nunca, devem tornar-se mais intimamente familiarizados com seus sistemas contábeis. As mudanças resultantes nos sistemas proporcionam, algumas vezes, controles consistentes e relatórios mais informativos.

Descrevem-se, neste capítulo, as tarefas de manter registros, direção de atenção e solução de problemas por parte do contador. Diz-se que a utilidade do contador para a gestão é diretamente proporcional a quão bem ele direciona a atenção e resolve problemas. Podemos avaliar essa disputa ao relacionar especificamente as obrigações do contador com as do gestor operacional. Os gestores operacionais podem ter de ser bons mantenedores de registros, mas sua tarefa principal é concentrar-se nos problemas diários que necessitam de maior atenção, para fazer planos de longo alcance e chegar a decisões especiais. Assim, como os gestores estão principalmente preocupados com a direção de atenção e a solução de problemas, eles obterão mais benefícios com contadores atentos que sejam bons direcionadores de atenção e solucionadores de problemas.

Contabilidade gerencial em organizações de serviço e sem fins lucrativos

As idéias básicas da contabilidade gerencial foram desenvolvidas em organizações de manufatura. Essas idéias, entretanto, evoluíram de modo que se aplicam a todos os tipos de organizações, incluindo as de serviço — que, para nossos propósitos, são todas as organizações além das manufatureiras, atacadistas e varejistas, isto é, que não fabricam ou vendem produtos tangíveis. Empresas de contabilidade e auditoria, bem como de advocacia, consultores gerenciais, corretores imobiliários, transportadoras, bancos, companhias de seguro e hotéis são organizações de serviços com fins lucrativos.

Quase todas as organizações sem fins lucrativos, tais como hospitais, escolas, bibliotecas, museus e agências governamentais são também organizações de serviços. Gestores e contadores nas organizações sem fins lucrativos têm muito em comum com suas contrapartes em organizações com fins lucrativos. Há dinheiro a ser ganho e gasto. Há orçamentos a ser preparados e sistemas de controle a ser projetados e implementados. Há uma obrigação de usar os recursos sabiamente. Se usada de maneira inteligente, a contabilidade contribui para a eficiência das operações e auxilia as organizações sem fins lucrativos a atingir seus objetivos.

As características de ambas as organizações de serviços, com e sem fins lucrativos, incluem o seguinte:

1. *O trabalho é intensivo*: A proporção mais elevada de despesas nas escolas e nas empresas de advocacia são os salários e os custos relacionados com folha de pagamento, não os relacionados com o uso de máquinas, equipamentos e instalações físicas.
2. *O produto é, geralmente, difícil de ser definido*: O produto de uma universidade pode ser definido como o número de diplomas concedidos, mas muitos críticos sustentariam que o produto real é 'o que está contido no cérebro dos estudantes'. Conseqüentemente, mensurar o produto é, com freqüência, considerado impossível.
3. *Os principais insumos e produtos não podem ser estocados*: Um assento de avião vazio não pode ser conservado para um vôo futuro; a força de trabalho disponível em um hotel ou em salas de aula é usada ou não conforme cada dia transcorre.

Simplicidade é a palavra-chave para a instalação dos sistemas em setores de serviço e em organizações sem fins lucrativos. De fato, muitos profissionais, como médicos, professores ou oficiais do governo resistem até mesmo a arquivar um cartão de ponto. De fato, simplicidade é palavra-chave para o projeto de qualquer sistema de contabilidade. A complexidade tende a gerar custos para obter e interpretar dados que, freqüentemente, excedem os benefícios prospectivos. O interesse por simplicidade é, algumas vezes, expresso como KISS (que significa *Keep It Simple, Stupid* — Mantenha isso simples, estúpido — ou, melhor ainda, *Keep It Simple for Success* — Mantenha isso simples para o sucesso).

Considerações comportamentais e custo–benefício

Além da simplicidade, os gestores devem manter duas outras idéias em mente ao projetar sistemas de contabilidade: equilíbrio custo–benefício e implicações comportamentais.

O **equilíbrio custo–benefício** — ponderação dos custos estimados em comparação aos prováveis benefícios — é a consideração primária na escolha entre sistemas e métodos contábeis. Conseqüentemente, vamos nos referir repetidas vezes às considerações custo–benefício ao longo de todo este livro. Por enquanto, considere os sistemas de contabilidade como produtos econômicos — suprimentos de escritório ou mão-de-obra — disponíveis a vários custos. Qual sistema um gestor desejará comprar? Uma arquivo de gavetas simples para empilhar recibos e cheques cancelados? Um sistema orçamentário elaborado com base em modelos computadorizados da organização e suas subunidades? Ou algo intermediário?

A resposta depende das percepções do comprador acerca dos benefícios esperados em relação aos custos. Por exemplo, um administrador de hospital pode considerar a instalação de um sistema computadorizado ConTrol®, fabricado pela Advanced Medical Systems, para controlar operações em seu hospital. Os usuários desse sistema necessitam entrar apenas uma vez com uma fração de informação e o sistema automaticamente a incorpora em registros de *orçamento, compras* e *contas a pagar.* Tal sistema é altamente eficiente e está sujeito a poucos erros, mas custa $ 300 mil. O sistema ConTrol® caracteriza uma boa compra? Isso depende de seu benefício previsto. Se seu valor para o hospital é maior do que $ 300 mil, é uma boa compra, senão, o administrador deve considerar um outro sistema de contabilidade.

O valor de um filão de pão pode exceder o custo de $ 0,50 por filão, mas não pode exceder um custo de $ 5 por filão. Do mesmo modo, um sistema de contabilidade particular pode ser um investimento sábio se seu custo for suficientemente pequeno. Como um consumidor que troca pão por batatas se o custo do pão for muito elevado, os gestores buscam outras fontes de informação se os sistemas de contabilidade forem muito dispendiosos. Em muitas organizações, pode ser mais econômico coletar de uma única vez alguns tipos de dados por esforços especiais do que por um sistema enorme que coleta repetitivamente dados pouco usados.

Além dos custos e benefícios de um sistema de contabilidade, o comprador de tal sistema deve também considerar as **implicações comportamentais**, isto é, o efeito do sistema de contabilidade no comportamento (decisões) dos gestores. O sistema deve fornecer orçamentos e relatórios de desempenho acurados e oportunos, que sejam úteis aos gestores. Se estes não usam relatórios contábeis, não criam nenhum benefício.

Os relatórios da contabilidade gerencial afetam os sentimentos e comportamentos dos empregados. Considere o relatório de desempenho utilizado para avaliar as operações sob responsabilidade de um gestor em particular. Se o relatório atribuir injustamente custos excessivos às operações, o gestor poderá perder a confiança no sistema e não deixá-lo influenciar suas decisões futuras. Porém, um sistema no qual os gestores acreditam e confiam pode exercer uma das principais influências em suas decisões e ações.

Em resumo, a contabilidade gerencial pode ser mais bem entendida como um equilíbrio entre os custos e os benefícios da informação contábil, acoplado a um conhecimento da importância dos efeitos comportamentais. Mais do que a contabilidade financeira, a contabilidade gerencial vincula-se a disciplinas relacionadas, como a economia, as ciências de decisão e as ciências comportamentais.

O processo de gestão e a contabilidade

Independentemente do tipo de organização, os gestores beneficiam-se quando a contabilidade fornece informações que os ajudam a planejar e a controlar as operações da organização.

A natureza do planejamento e do controle

O processo de gestão compreende uma série de atividades em um ciclo de planejamento e controle. **Tomada de decisão** — a decisão com propósito de selecionar entre um conjunto de cursos alternativos de ação projetados para atingir algum objetivo — é o núcleo do processo de gestão. As decisões variam entre rotineiras (programar a produção diária) e não-rotineiras (lançar uma nova linha de produtos).

As decisões dentro de uma organização são, freqüentemente, divididas em dois tipos: de planejamento e de controle. Na prática, planejar e controlar são tão inter-relacionados que parece artificial separá-los. Ao estudar gestão, entretanto, é útil concentrar-se ou na fase de planejamento ou na de controle, para simplificar a análise.

O lado esquerdo da Figura 1.2 mostra o ciclo de planejamento e controle das operações atuais do restaurante The Chop House, em Colorado Springs. Planejar (quadro superior) refere-se ao conjunto de objetivos e ao delineamento de como serão alcançados. Assim, planejar fornece resposta para duas questões: O que é desejado? Quando e como isso deve ser alcançado? Para o The Chop House, a gestão deseja melhorar a rentabilidade. Isso será realizado adicionando-se novas entradas e melhorando a propaganda. Em contrapartida, controlar (no quadro, "Ações" e "Avaliação") refere-se à implementação de planos e ao uso de retroalimentação (*feedback*) para atingir objetivos. O The Chop House expandirá seu menu de ofertas e gastará com propagandas. A eficácia dessas ações será avaliada com base nas medidas de desempenho selecionadas, tais como porcentagem de aumento em novas entradas. O *feedback* é crucial para o ciclo de planejamento e controle. O planejamento determina ações, ações geram *feedback*, e o *feedback* influencia o planejamento e as ações subseqüentes. Os relatórios sistemáticos e oportunos fornecidos pelo sistema de contabilidade interno são a principal fonte de *feedback* útil. Nenhum desses ciclos seria possível sem a contabilidade.

Figura 1.2 Restaurante The Chop House: Estrutura contábil para planejamento e controle.

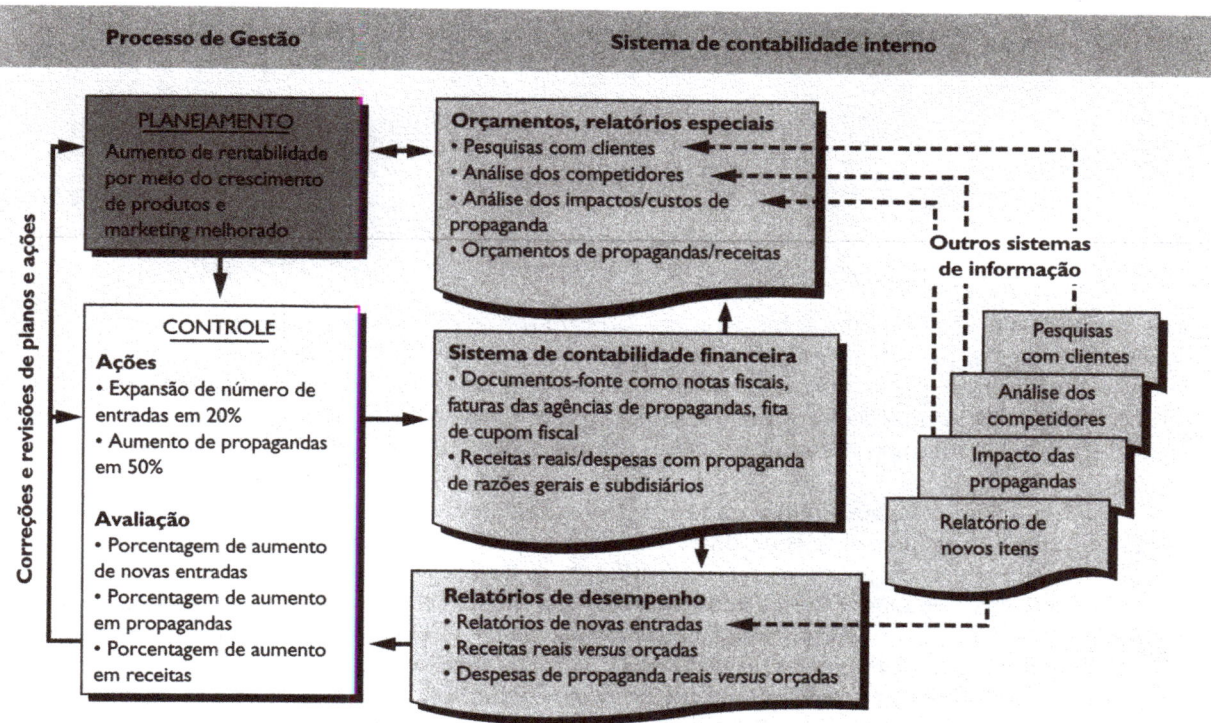

GESTÃO POR EXCEÇÃO

O lado direito da Figura 1.2 mostra que a contabilidade formaliza os planos ao expressá-los como orçamentos. O **orçamento** é uma expressão quantitativa de um plano de ação. O The Chop House expressaria seu plano para o crescimento do produto e o *marketing* melhorado por meio de receita e orçamentos de propaganda. Os orçamentos são também uma ajuda para coordenar e implementar os planos; são dispositivos fundamentais para compelir e disciplinar o planejamento da gestão. Sem orçamentos, o planejamento pode não obter o foco central e frontal que geralmente merece.

O sistema de contabilidade financeira apóia o planejamento e o controle, e é uma fonte primordial para **relatórios de desempenho**. Os registros do sistema de contabilidade mensuram e classificam ações para produzir relatórios de desempenho. A contabilidade formaliza o controle como relatórios de desempenho (último quadro), que fornecem *feedback* ao comparar resultados obtidos com planejados e ao destacar as **variações**, que são desvios dos planos. Por exemplo, os gestores do restaurante The Chop House avaliariam a eficácia de seu plano de propaganda ao comparar o aumento percentual na receita com o aumento percentual em propaganda. Baseados em suas avaliações, os gestores do The Chop House fariam correções e revisões em seus planos.

A Figura 1.3 mostra um relatório de desempenho simples para uma empresa de advocacia. Relatórios de desempenho são usados para julgar decisões e a produtividade das unidades organizacionais e dos gestores. Ao comparar os resultados reais com os orçamentos, os relatórios de desempenho motivam os gestores a atingir os objetivos orçados.

Os relatórios de desempenho estimulam a investigação das exceções — os itens para os quais os montantes reais diferem significativamente dos montantes orçados. As operações são, então, realizadas para ajustar-se aos planos, ou os planos são revisados. Isso é, freqüentemente, chamado de **gestão por exceção,** que significa concentrar-se em áreas que se desviam dos planos e ignorar aquelas que se pressupõe funcionarem bem. Assim, a abordagem da gestão por exceção libera os gestores das preocupações desnecessárias com aquelas fases das operações que estão aderentes aos planos. Os planos bem concebidos, entretanto, devem incorporar discrição suficiente ou flexibilidade, de modo que o gestor possa sentir-se livre para perseguir todas as oportunidades imprevistas. Em outras palavras, o controle não deve ser uma camisa-de-força. Quando os acontecimentos exigirem ações não autorizadas especificamente nos planos, os gestores deverão ter capacidade e autonomia para realizar essas ações.

Figura 1.3 Relatório de desempenho.

	Montante orçado	Montante real	Desvios ou variações	Explicações
Receita de honorários	XXX	XXX	XX	—
Despesas diversas	XXX	XXX	XX	—
Lucro líquido	XXX	XXX	XX	—

Ilustração dos orçamentos e relatórios de desempenho

Suponha que a Casaverde Company fabrique e venda ventiladores elétricos. Considere o departamento que monta os ventiladores. Os trabalhadores montam as peças e instalam o motor manualmente, em sua maior parte. Eles, então, inspecionam cada ventilador antes de transferi-lo para o departamento de embalagem e expedição. A previsão atual das vendas levou os gestores a planejar um programa de produção de dez mil ventiladores para o mês vindouro. O orçamento do departamento de montagem, na Figura 1.4, mostra as classificações de custos.

O plano operacional para o departamento, na forma de um orçamento departamental para o mês seguinte, é preparado em reuniões formadas pelo gestor do departamento, pelo supervisor do gestor e por um contador. Eles esmiúçam cada um dos itens de custos sob o controle do gestor. Freqüentemente utilizam como guia um montante médio dos custos de alguns meses anteriores, especialmente se o desempenho do passado tiver sido bom. O orçamento, entretanto, é uma previsão de custos para o nível projetado de atividades de produção. Assim, os membros da reunião devem predizer cada custo à luz das tendências, mudanças de preços, alterações na composição do produto e suas características, métodos de produção e mudanças no nível de atividades de produção mês a mês. Somente depois disso é que eles podem formular o orçamento, que se torna o alvo do gestor para o mês.

Enquanto os custos de fabricação reais são incorridos, o sistema de contabilidade da Casaverde os coleta e classifica por departamento. No fim do mês (ou semanalmente, ou mesmo diariamente, para itens-chave como materiais e mão-de-obra de montagem), o setor de contabilidade prepara um relatório de desempenho departamental. A Figura 1.5 mostra um relatório simplificado. Na prática, esse relatório pode ser bem mais detalhado e conter explicações de variações do orçamento.

Os chefes de departamento e seus superiores utilizam o relatório de desempenho para ajudar a avaliar quão eficaz e eficientemente o departamento está operando. Seu foco está nas variações — desvios do orçamento. O relatório de desempenho do departamento de montagem da Casaverde (Figura 1.5) mostra que, embora o departamento tenha produzido 140 ventiladores a menos do que o planejado, os custos de materiais ficaram $ 1 000 acima do orçado, e que a mão-de-obra da montagem também excedeu $ 1 300. Ao investigar tais variações, os gestores podem encontrar maneiras melhores de conduzir as coisas.

Observe que, embora os orçamentos ajudem no planejamento e os relatórios de desempenho ajudem no controle, não é o contador, mas outros gestores e seus subordinados que avaliam os relatórios contábeis e realmente planejam e controlam as operações. A contabilidade apóia as funções de planejamento e controle gerencial ao fornecer mensurações oportunas das ações e ao destacar sistematicamente pontos com problema.

Figura 1.4 Casaverde Company.

Orçamento do departamento de montagem para o mês encerrado em 31 de março, 20X1.

Atividade de produção	10 000 ventiladores
Material (detalhado por tipo: estampas de metal, motores, e assim por diante)	$ 68 000
Mão-de-obra de montagem (detalhado por classificação de trabalho, número de trabalhadores, e assim por diante)	$ 43 000
Mão-de-obra diversa (gestores, inspetores)	$ 12 000
Utilidades públicas, manutenção, e assim por diante	$ 7 500
Suprimentos (pequenas ferramentas, lubrificantes, e assim por diante)	$ 2 500
Total	$ 133 000

Figura 1.5 Casaverde Company.

Relatório de desempenho do departamento de montagem para o mês encerrado em 31 de março, 20X2.

	Orçamento	Real	Variação
Atividade de produção em unidades	10 000	9 860	140 D
Material (detalhado por tipo: estampas de metal, motores, e assim por diante)	$ 68 000	$ 69 000	$ 1 000 D
Mão-de-obra de montagem (detalhado por classificação de trabalho, número de trabalhadores, e assim por diante)	$ 43 000	$ 44 300	$ 1 300 D
Mão-de-obra diversa (gestores, inspetores)	$ 12 000	$ 11 200	$ 800 F
Utilidades públicas, manutenção etc.	$ 7 500	$ 7 400	$ 100 F
Suprimentos (pequenas ferramentas, lubrificantes etc.)	$ 2 500	$ 2 600	$ 100 D
Total	$ 133 000	$ 134 500	$ 1 500 D

D = *Desfavorável — real excede orçamento (exceto para unidades físicas).*
F = *Favorável — real é menor que orçamento.*

Planejamento e controle para ciclos de vida do produto e cadeia de valor

Muitas decisões gerenciais relacionam-se a um único produto ou serviço, ou a um grupo de produtos relacionados. Para planejar e controlar efetivamente a produção de tais produtos ou serviços, os contadores e outros gestores devem considerar o ciclo de vida do produto. O **ciclo de vida do produto** se refere aos vários estágios pelos quais um produto passa, da concepção e desenvolvimento à introdução no mercado, passando pela maturidade e, finalmente, pela descontinuidade. Em cada estágio, os gestores defrontam-se com custos e retornos potenciais diferentes. A Figura 1.6 apresenta um exemplo típico.

Os ciclos de vida do produto variam de alguns meses (para roupas e brinquedos da moda) a muitos anos (para automóveis ou refrigeradores). Alguns produtos, como muitos pacotes de *software* de computador, têm estágio longo de desenvolvimento e uma vida relativamente curta de mercado. Outros, como aviões Boeing 777, têm, muitas vezes, vida de mercado mais longa do que seu estágio de desenvolvimento.

No processo de planejamento, os gestores devem reconhecer receitas e custos ao longo de todo o ciclo de vida — seja longo ou curto —, assim como a contabilidade precisa rastreá-los. Comparações periódicas entre custos e receitas planejados e reais permitem que os gestores avaliem a rentabilidade corrente de um produto, determinem seu estágio atual no ciclo de vida e façam todas as mudanças estratégicas necessárias.

Suponha, por exemplo, que uma companhia farmacêutica esteja desenvolvendo um novo medicamento para reduzir a pressão sangüínea. O orçamento deve ser planejado para custos sem receitas no estágio de desenvolvimento do produto. A maioria das receitas vem nos estágios de introdução e maturidade no mercado, e uma estratégia de determinação de preço deve reconhecer a necessidade de receitas para cobrir os custos de ambas as fases — desenvolvimento e descontinuidade — do produto, bem como os custos diretos de produção do medicamento. Durante a fase de descontinuidade, os custos de produção do medicamento devem estar equilibrados com a receita gerada e a necessidade de manter o medicamento no mercado para aqueles que vieram a confiar nele.

Figura 1.6 Ciclo de vida típico do produto.

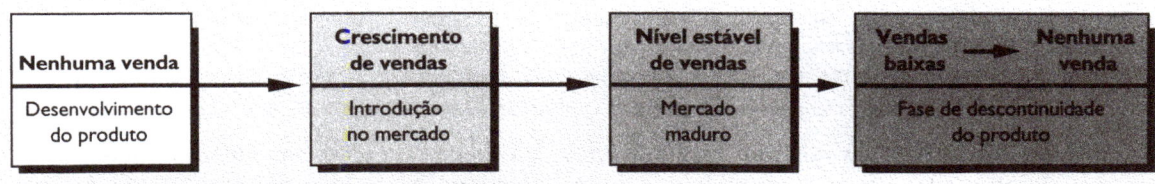

A CADEIA DE VALOR

Como uma empresa realmente cria os produtos ou serviços que vende? Estejam produzindo *donuts* em um *shopping* ou aviões de $ 50 milhões, todas as organizações tentam criar produtos ou serviços que sejam valiosos para seus clientes. A **cadeia de valor** é o conjunto de funções empresariais que adicionam valor aos produtos ou serviços de uma organização. Essas funções são as seguintes:

- *Pesquisa e desenvolvimento*: geração e experimentação de idéias relacionadas a novos produtos, serviços ou processos.
- *Projeto de produtos, serviços ou processos*: projeto e engenharia detalhados dos produtos.
- *Produção*: coordenação e montagem de recursos para produzir um produto ou entregar um serviço.
- *Marketing*: maneira pela qual os indivíduos ou grupos aprendem sobre o valor e as características dos produtos ou serviços (por exemplo, propaganda).
- *Distribuição*: mecanismo pelo qual uma empresa entrega produtos ou serviços para os clientes.
- *Serviços ao cliente*: atividades de apoio oferecidas ao cliente.
- *Funções de apoio*: atividades de apoio fornecidas a outras funções internas do negócio (por exemplo, sistemas de informação gerencial, contabilidade).

A Figura 1.7 mostra essas funções empresariais. Nem todas elas são de igual importância para o sucesso de uma empresa. A alta gestão deve decidir qual delas habilita a organização a obter e manter uma vantagem competitiva. Por exemplo, a Dell Computers (veja o Capítulo 12 para um perfil mais detalhado da empresa) considera a função projeto um fator crítico de sucesso. As características projetadas nos computadores da Dell geram alta qualidade. Além disso, o projeto dos processos eficientes usados para fazer e entregar computadores reduz os custos e acelera a entrega aos clientes. Naturalmente, a Dell também desempenha outras funções na cadeia de valor, mas se concentra em ser a melhor projetista de processo no mercado de computadores.

Os contadores desempenham papel-chave em todas as funções da cadeia de valor. Fornecer dados estimados de receitas e custos durante os estágios de pesquisa, desenvolvimento e projeto (especialmente o estágio de projeto) da cadeia de valor habilita gestores e engenheiros a reduzir os custos dos ciclos de vida de produtos ou serviços mais do que em qualquer outra função da cadeia de valor. Utilizando um *software* de planejamento baseado em computador, os contadores podem fornecer aos gestores um *feedback* rápido sobre as idéias para redução de custos muito antes que a empresa assuma compromissos para comprar equipamentos dispendiosos. Então, durante o estágio de produção, os contadores ajudam a rastrear os efeitos de programas de melhoria contínua. Os contadores também desempenham um papel central no planejamento e controle dos custos, por meio do uso de orçamentos e relatórios de desempenho, como descrito na seção anterior. As decisões de *marketing* têm um impacto significativo sobre as vendas, mas nos custos de programas promocionais também são significativas. Os contadores analisam as substituições entre custos e receitas aumentados. Distribuir produtos ou serviços aos clientes é uma função complexa. Deveria uma empresa vender seus produtos diretamente à cadeia de lojas varejistas ou aos atacadistas? Quais sistemas de transporte devem ser usados: caminhões ou trens? Quais são os custos de cada alternativa? Finalmente, os contadores fornecem dados de custo para as atividades de serviços ao cliente, tais como custos de garantia e de reparo e os custos dos produtos devolvidos. Como você pode ver, a gestão de custos é muito importante ao longo de toda a cadeia de valor.

Observe que o foco no cliente é o centro da Figura 1.7. Negócios bem-sucedidos nunca perdem de vista a importância de manter o foco nas necessidades de seus clientes. Por exemplo, considere os comentários dos seguintes líderes empresariais:

> *Os clientes, ao decidir, garantem o futuro das empresas ou as condenam à extinção. Nós nos esforçaremos continuamente para alcançar a satisfação total dos clientes... Buscaremos entender verdadeiramente a complexidade das necessidades de nossos clientes e não empurraremos nossas próprias idéias ou tecnologias.*
>
> Philip Condit, presidente e CEO (Chief Executive Officer) da Boeing Company

> *Melhorar as vendas comparáveis no mercado competitivo dos Estados Unidos significa vender mais alimentos. Assim, nossa ênfase está em aumentar as visitas aos clientes. Nos Estados Unidos, faremos isso concentrando-nos em nossos clientes: reenergizando e focalizando nossos esforços de marketing, sendo agressivos em fornecer o máximo valor em relação ao preço, continuando a aprimorar os serviços em nossos restaurantes e melhorando o sabor dos alimentos.*
>
> Mike Conley, vice-presidente executivo e CFO (Chief Financial Officer) da McDonald's Corporation

A cadeia de valor, os conceitos de valor adicionado e o foco no cliente são extremamente importantes para as empresas, e eles estão tornando-se mais importantes a cada dia. Os contadores devem focar nos valores criados

Figura 1.7 A cadeia de valor das funções empresariais.

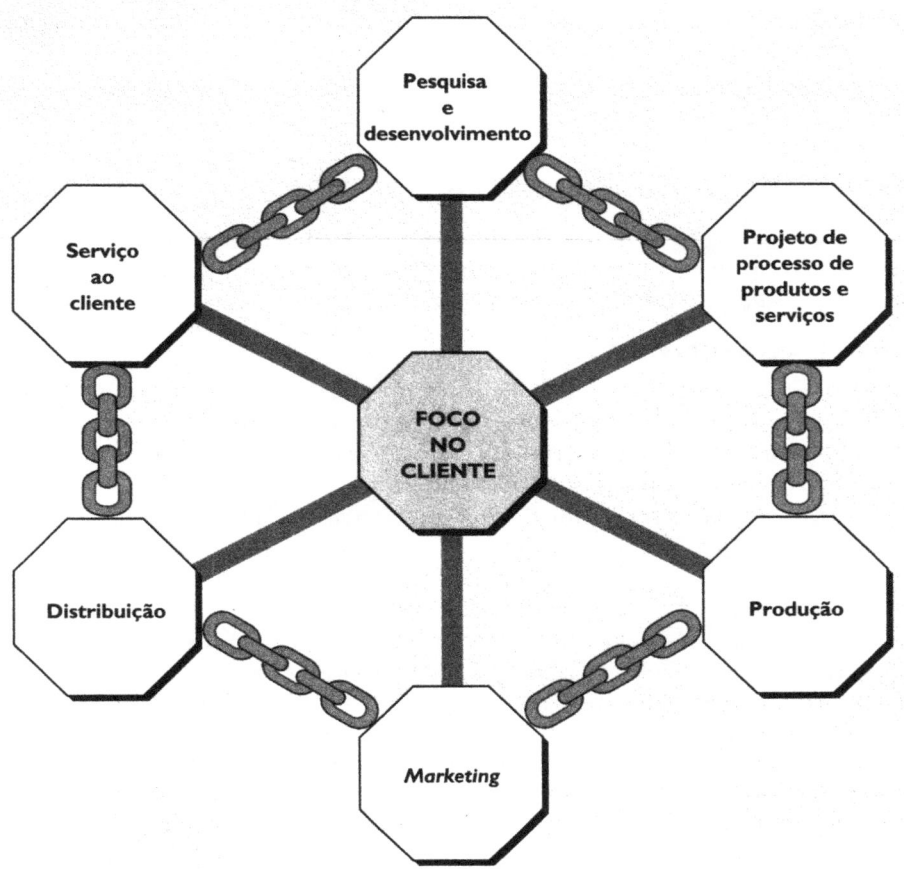

Atividades de apoio, como sistema de informação gerencial e contabilidade, não estão mostradas. Essas atividades apóiam todas as outras funções da cadeia de valor.

comparados aos custos incorridos em cada elo da cadeia de valor. Conseqüentemente, retornaremos à cadeia de valor e a usaremos como foco para a discussão ao longo de todo o livro.

 A Starbucks Coffee Company é o principal torrefador e varejista de café especial na América do Norte, com receitas de vendas anuais de mais de $ 1,5 bilhão. Para cada uma das seguintes atividades, indique a função de cadeia de valor que está sendo desempenhada.

1. Os engenheiros de processos investigam os métodos para reduzir o tempo de torrefação dos grãos de café e melhorar a preservação do sabor.
2. Um sistema de compra por mala-direta é estabelecido para vender café sob encomenda.
3. Os grãos de café arábico são comprados e transportados para as plantas de processamento da empresa.
4. Os grupos focalizados (*focus groups*) investigam a viabilidade de uma nova linha de bebidas Frappuccino.
5. Uma linha exclusiva é estabelecida para que os clientes telefonem fazendo pedidos e comentários sobre a qualidade e a rapidez de entrega.
6. Cada loja varejista da empresa fornece informações aos clientes a respeito dos processos utilizados para elaborar seus produtos a base de café.

Respostas
1. Projeto. Tanto o projeto de produtos quanto o de processos de produção são parte da função projeto.
2. Distribuição. Ela fornece uma maneira adicional de entregar produtos aos clientes.
3. Produção. O preço de compra e os custos de transporte dos grãos (ou frete) são parte dos custos do produto incorridos durante a função produção.
4. Pesquisa e desenvolvimento. Esses custos (na maioria, salários) são incorridos antes da decisão final da gestão para projetar e produzir um novo produto.

5. Serviços ao cliente. Esses custos incluem todas as despesas feitas após o produto ter sido entregue aos clientes; nesse caso, a Starbucks obtém *feedback* da qualidade e rapidez de entrega.
6. *Marketing*. Esses custos se referem a atividades que melhoram o conhecimento dos clientes existentes ou potenciais e sua opinião a respeito do produto.

POSIÇÃO DA CONTABILIDADE NA ORGANIZAÇÃO

Para apoiar outros gestores na tomada de decisão vital para o sucesso de uma organização, a maioria das empresas (e muitas organizações sem fins lucrativos e agências governamentais) emprega uma variedade de pessoal de contabilidade, com vários níveis de autoridade e responsabilidade.

AUTORIDADE DE LINHA E ASSESSORIA

O organograma da Figura 1.8 mostra como uma empresa típica de manufatura divide as responsabilidades. Observe a distinção entre autoridade de linha e de assessoria. **Autoridade de linha** é a exercida de cima para baixo sobre os subordinados. **Autoridade de assessoria** é a exercida para aconselhar, mas não comandar. Pode ser exercida de cima para baixo, lateralmente ou de baixo para cima.

A maioria das organizações especifica certas atividades como sendo sua missão básica. A maioria das missões envolve a produção e a venda de produtos ou serviços. Todas as subunidades da organização diretamente responsáveis por conduzir essas atividades básicas são chamadas de 'departamentos de linha'. As outras são chamadas de 'departamentos de assessoria', porque sua tarefa principal é apoiar ou atender aos departamentos de linha. Assim, as atividades de assessoria estão relacionadas indiretamente com as atividades básicas da organização. A Figura 1.8 mostra uma série de departamentos de serviço-de-fábrica, que realiza funções de assessoria, apoiando as funções de linha executadas pelos departamentos de produção.

O executivo contábil de uma organização é, freqüentemente, chamado de ***controller*** ou, especialmente em organizações governamentais, ***comptroller***. Esse executivo, como virtualmente qualquer um em uma função contábil, desempenha um papel de assessoria, enquanto os executivos de vendas e produção e seus subordinados desempenham papéis de linha. O departamento de contabilidade não exerce autoridade direta sobre os departamentos de linha. Em vez disso, fornece serviços especializados aos outros gestores, incluindo aconselhamento e apoio no orçamento, análise de variações, estabelecimento de preços e tomada de decisões especiais.

A Figura 1.9 mostra como o departamento de controladoria pode ser organizado. Observe, em particular, as distinções entre os papéis de manter registros, direção de atenção e solução de problemas das várias pessoas. A menos que a alguns contadores internos sejam dados os dois últimos papéis como responsabilidades primárias, as tarefas de manter registros tende a predominar e o sistema torna-se menos responsivo à tomada de decisão da gestão.

O *CONTROLLER*

A posição de *controller* varia em estatura e responsabilidade de empresa para empresa. Em algumas, ele está confinado a compilar dados, basicamente para relatórios externos. Em outras, tais como a General Electric, o *controller* é um executivo-chave que apóia o planejamento e o controle gerencial para todas as subdivisões da empresa. Na maioria das organizações, os *controllers* ocupam alguma posição entre esses dois extremos. Suas opiniões sobre as implicações tributárias ou sobre certas decisões gerenciais, por exemplo, podem ser cuidadosamente ponderadas, contudo suas opiniões sobre outros aspectos dessas decisões podem não ser solicitadas. Em muitas organizações (tais como as empresas do Marmon Group), os *controllers* têm um papel ascendente como "consultores internos", ajudando os gestores a obter informações relevantes para suas decisões.

Embora os *controllers* (ou *comptrollers*) exerçam um papel de assessoria, geralmente o presidente lhes atribui autonomia para aprovar, instalar e supervisionar o sistema de contabilidade da organização, a fim de assegurar métodos uniformes de contabilidade e de relatórios. Em teoria, o *controller* propõe esses sistemas e métodos ao presidente, que aprova e solicita seu cumprimento por parte do pessoal de linha (preservando, assim, o papel de "assessoria" consultiva da contabilidade). Na prática, entretanto, os *controllers*, em geral, especificam diretamente como os registros da produção devem ser mantidos ou como os registros de tempo devem ser completados. O *controller* mantém a autoridade delegada da alta gestão de linha sobre tais matérias.

Em teoria, então, os *controllers* não têm autoridade de linha, exceto sobre o departamento de contabilidade. Ao relatar e interpretar dados relevantes, eles exercem, todavia, uma força ou influência que leva a gestão em direção a decisões lógicas e compatíveis com os objetivos da organização.

Figura 1.8 Organograma parcial de uma empresa de manufatura.

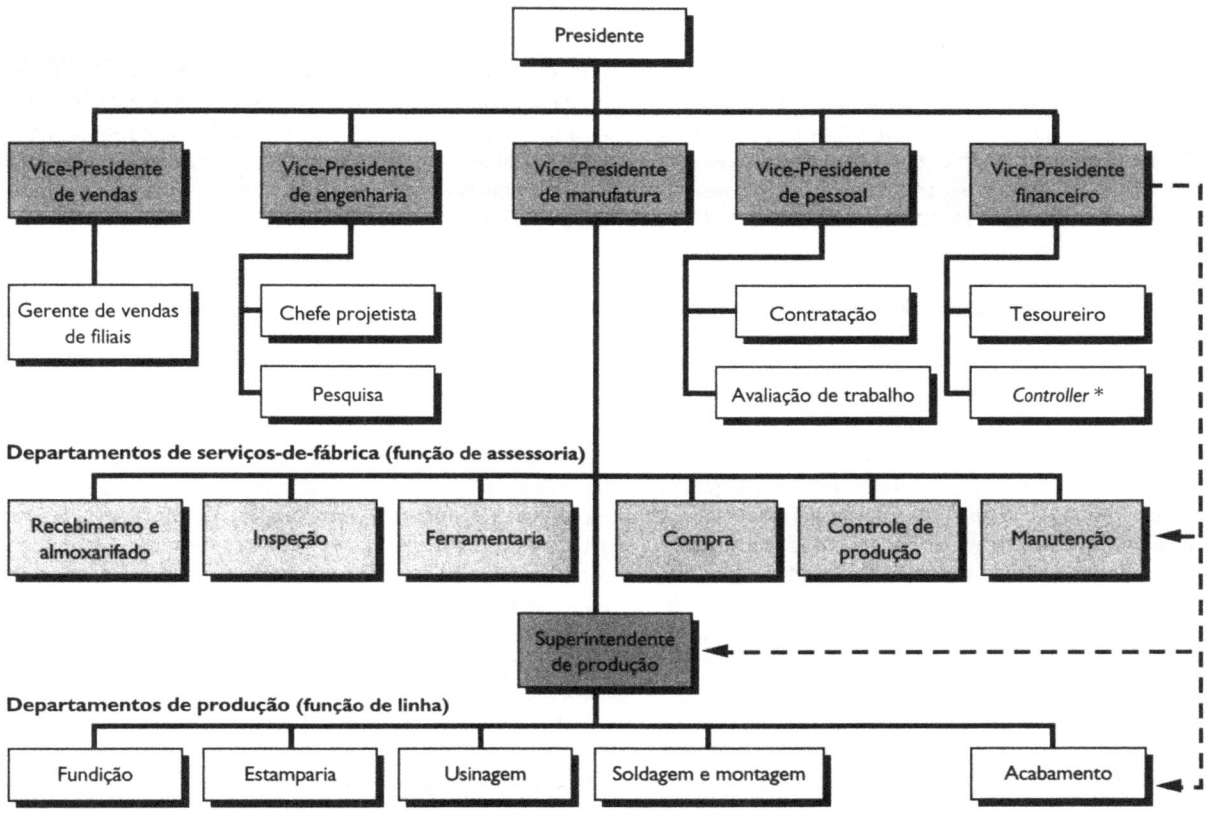

*Para uma organização detalhada de um departamento de controladoria, veja Figura 1.9. A linha pontilhada representa a autoridade de assessoria da equipe de controladoria para aconselhar nas operações de manufatura.

Figura 1.9 Organograma do departamento de controladoria.

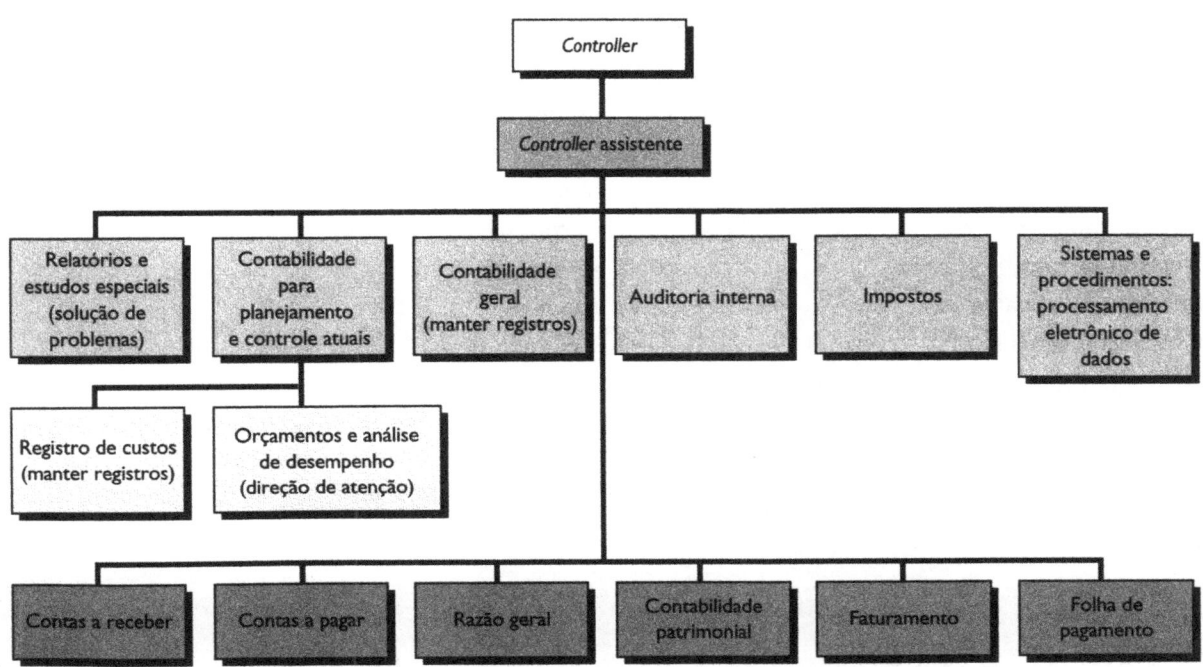

CAPÍTULO 1   CONTABILIDADE GERENCIAL E ORGANIZAÇÃO EMPRESARIAL

Primeiro, os negócios

O papel dos contadores no Marmon Group

O Marmon Group, Inc. incorpora quase todos os motivos de a contabilidade gerencial ser, atualmente, uma função vital e ascendente nas empresas líderes. O Marmon Group, Inc. está sediado em Chicago; é uma associação internacional de mais de cem empresas manufatureiras, de distribuição e de serviços, com receitas anuais de mais de $ 6 bilhões. Como as operações estão dispersas por mais de 40 países diferentes, com milhares de produtos e serviços diversos (tais como luvas de trabalhadores, refrigeradores de água, carros-tanques ferroviários, produtos médicos e serviços de crédito bancário), os gestores da Marmon fazem uso extensivo das informações da contabilidade gerencial para tomar decisões importantes.

Qual é exatamente o papel dos contadores gerenciais na Marmon? De acordo com Jim Smith, diretor de gestão de custos da Marmon, "o papel do contador gerencial está mudando drasticamente na maioria de nossas empresas".

No passado, os contadores gerenciais da Marmon eram basicamente escriturários que passavam a maior parte do tempo analisando as variações de custos mensais. Agora, entretanto, eles trabalham próximos dos gestores de operação e vendas, fornecendo informações de custos em um formato que faz sentido para esses gestores. Smith diz:

"De alguns anos para cá, o contador gerencial se tornou muito mais um conselheiro financeiro e de estratégia empresarial para a alta gestão. Os gestores operacionais e de vendas estão demandando informações significativas de custos, e os contadores gerenciais os estão apoiando em verificar como suas ações afetam os custos e o chão-de-fábrica".

Os contadores gerenciais tornaram-se mais importantes para a Marmon, de acordo com Smith, porque as recessões e a competição estrangeira, ao longo dos últimos dez anos, têm exigido maior consciência e entendimento da maioria dos gestores, no sentido de que os custos devem ser geridos. Conhecer o verdadeiro custo de um produto, o custo de prestar serviços a um cliente particular, tem se tornado essencial para a rentabilidade da Marmon.

"Para ajudar a gerir custos", diz Smith, "os contadores e gestores estão evitando usar apenas um custo, freqüentemente para finalidades de relatórios financeiros, como o único custo importante". Em vez disso estão, agora, usando custos calculados para as decisões específicas. "Dependendo da decisão, alguns dos métodos de custo descritos em *Contabilidade gerencial* são relevantes." De acordo com Smith, essa é uma mudança muito positiva, pois "permite e, de fato, exige que o contador gerencial entenda todas as funções de uma empresa e como cada uma adiciona valor ao produto ou serviço".

Fonte: Discussões com James Smith.

DISTINÇÕES ENTRE *CONTROLLER* E TESOUREIRO

Muitas pessoas confundem o ofício de *controller* com o de tesoureiro. O Instituto de Executivos Financeiros, uma associação de tesoureiros e *controllers* corporativos, distingue as duas funções como segue:

CONTROLADORIA	TESOURARIA
1. Planejamento para o controle	1. Levantamento de capital
2. Relatórios e interpretação	2. Relações com os investidores
3. Avaliação e consultoria	3. Financiamento a curto prazo
4. Gestão tributária	4. Relações com bancos e custódia
5. Declarações para o governo	5. Créditos e cobranças
6. Salvaguarda dos ativos	6. Investimentos
7. Avaliação econômica	7. Gestão de risco (seguros)

A contabilidade gerencial é o meio primário para implementar as três primeiras funções da controladoria. O tesoureiro está preocupado, principalmente, com os assuntos financeiros da empresa; o *controller*, com os assuntos operacionais. A exata divisão das tarefas de contabilidade e financeiras variam de empresa para empresa. Em uma organização pequena, a mesma pessoa pode ser tanto o tesoureiro como o *controller*.

PROBLEMA RESUMIDO PARA REVISÃO

PROBLEMA

Usando os organogramas deste capítulo (Figuras 1.8 e 1.9), responda às seguintes questões:

1. Qual dos seguintes tem autoridade de linha sobre o gestor de usinagem: gestor de manutenção, vice-presidente de manufatura, superintendente de produção, agente de compra, mantenedor de registros, vice-presidente de pessoal, presidente, chefe da contabilidade orçamentária ou chefe de auditoria interna?
2. Qual é o papel geral dos departamentos de serviços em uma organização? Como são diferenciados dos departamentos operacionais ou de produção?
3. O *controller* tem autoridade de linha ou de assessoria sobre os contadores de custos? E sobre os escriturários de contas a receber?
4. Qual é, provavelmente, a principal obrigação (manter registros, direção da atenção ou solução de problemas) das seguintes funções?

Escriturário da folha de pagamento	Chefe da contabilidade geral
Analista de custos	Chefe da contabilidade para planejamento e controle
Escriturário de contas a receber	Chefe do departamento fiscal
Chefe da auditoria interna	*Controller*
Escriturário dos registros de custos	Contador de orçamento
Chefe de relatórios e estudos especiais	

Solução

1. Os únicos executivos que têm autoridade de linha sobre o gestor de usinagem são o presidente, o vice-presidente de manufatura e o superintendente de produção.
2. A principal finalidade de uma empresa típica é produzir e vender produtos ou serviços. Se um departamento não está diretamente preocupado em produzir ou vender, ele é chamado de departamento de serviço ou assessoria. Os departamentos de serviço existem apenas para apoiar os departamentos de produção e vendas com suas principais tarefas: a produção eficiente e a venda de produtos ou serviços.
3. O *controller* tem autoridade de linha sobre todos os membros de seu próprio departamento, todos aqueles mostrados no organograma da controladoria (Figura 1.9).
4. A principal tarefa das cinco primeiras (da direita para a esquerda) — passando pela chefia de impostos — é manter registros. A direção da atenção é, provavelmente, a principal tarefa dos três seguintes. A solução de problemas é, provavelmente, a tarefa básica da chefia de relatórios e estudos especiais. A chefia de contabilidade para planejamento e controle e o *controller* devem estar preocupados com todas as três tarefas: manter registros, direção de atenção e resolver problemas. Há, entretanto, um perigo perpétuo de as pressões do dia-a-dia enfatizarem a manutenção de registros. Conseqüentemente, contadores e gestores se certificam de que a direção de atenção e a solução de problemas também estejam sendo enfatizados. De outra forma, os principais benefícios da gestão de um sistema de contabilidade podem estar perdidos.

Oportunidades de carreira em contabilidade gerencial

Os vários tipos e níveis de pessoal da contabilidade encontrados em uma organização significam que há amplas oportunidades abertas àqueles que dominam a disciplina contabilidade.

Contador gerencial certificado

Quando se fala em contabilidade, a maioria das pessoas pensa, primeiro, nos auditores independentes que asseguram ao público a confiabilidade da informação contábil fornecida pelos gestores da empresa. Esses auditores externos são chamados de 'contadores públicos certificados', nos Estados Unidos, e de 'contadores certificados' em muitas outras nações de língua inglesa. Nos Estados Unidos, um contador obtém o título de **contador público certificado** (*certified public accountant* — CPA) pela combinação de instrução formal, experiência qualificadora e aprovação em um exame nacional escrito, que dura dois dias. A associação profissional principal dos Estados Unidos, no setor privado, que regulamenta a qualidade dos auditores externos, é o *American Institute of Certified Public Accountants* (AICPA).

Em anos recentes, o interesse aumentou e a demanda por contadores gerenciais levou ao desenvolvimento do **contador gerencial certificado** (*certified management accountant* — CMA), a contraparte gerencial interna do **CPA**. O **Instituto de Contadores Gerenciais** (*Institute of Management Accountants* — IMA) supervisiona o programa CMA e é a maior organização profissional de contadores dos Estados Unidos, cujo interesse principal é a contabilidade gerencial.

O destaque do programa CMA é um exame de qualificação de dois dias de duração, dividido em quatro partes:

1. Economia, finanças e gestão.
2. Contabilidade financeira e demonstrações contábeis.
3. Relatório gerencial, análises e assuntos comportamentais.
4. Sistemas de informação e análise de decisão.[2]

O título CMA é reconhecido como equivalente ao CPA em contabilidade gerencial.

Estudos recentes do IMA têm mostrado que as posições de finanças e de contabilidade gerencial nos setores estão intimamente relacionadas. Em resposta, o IMA desenvolveu o certificado em gestão financeira (*certified in financial management* — CFM), com a contabilidade financeira e demonstrações contábeis substituídas pela gestão financeira corporativa.

Treinamento para as posições de gestão

Além de preparar você para uma posição no departamento de contabilidade, estudar contabilidade — e trabalhar como um contador gerencial — pode prepará-lo para os níveis mais altos de gestão. A contabilidade lida com todas as facetas de uma organização, não importando quão complexa seja, de modo que fornece uma excelente oportunidade de obter amplo conhecimento.

A contabilidade deve abranger todas as funções de gestão, inclusive compras, produção, vendas no atacado, no varejo e uma variedade de atividades de *marketing* e transporte. Os contadores seniores ou *controllers* em uma empresa são, algumas vezes, promovidos a executivos de produção ou de *marketing*. Por quê? Porque eles podem ter impressionado outros executivos ao terem adquirido habilidades gerenciais gerais. Várias pesquisas recentes indicam que a maioria dos principais executivos começaram suas carreiras em uma posição contábil para, depois, passarem para outras áreas, incluindo *marketing*, produção e engenharia.

Os *controllers* mais antigos, por exemplo, alcançaram as posições mais altas em empresas gigantescas, como a Pepsico e a Pfizer. De acordo com a *Business Week*, os *controllers*

> *estão, agora, participando dos aspectos operacionais das empresas, em que assessoram e influenciam a produção, o marketing e as decisões de investimento, bem como o planejamento corporativo. Além disso, muitos controllers que não chegaram às posições mais altas conseguem acesso fácil à alta gestão... Provavelmente, o principal motivo para o controller estar sendo ouvido pela alta gestão atualmente se deve ao fato de uma única pessoa estar familiarizada com todo o funcionamento da empresa.*

Adaptação a mudanças

O interesse crescente pela contabilidade gerencial também surge de sua habilidade em ajudar os gestores a adaptar-se às mudanças. Uma constante no mundo dos negócios é a mudança. As decisões econômicas dos dias de hoje diferem daquelas de dez anos atrás. Conforme as decisões mudam, as demandas por informação também mudam. Os contadores devem adaptar seus sistemas às mudanças nas práticas gerenciais e tecnológicas. Um sistema que produz informação valiosa em uma situação pode ser inútil em outras.

Os contadores nem sempre foram responsivos à necessidade de mudança. Uma década atrás, muitos gestores reclamavam da irrelevância das informações contábeis. Por quê? Porque seu ambiente de decisão havia mudado, mas os sistemas de contabilidade, não. A maioria das empresas progressistas, entretanto, tem mudado seus sistemas de contabilidade para reconhecer as realidades do complexo ambiente de negócios, técnico e global de hoje. Em vez de irrelevantes, os contadores nessas empresas estão adicionando mais valor do que nunca. A *Management Accounting*, por exemplo, relatou o caso da fábrica de papel Champion International Corporation, que realizou mudanças importantes em seu sistema de contabilidade. Trabalhando com os gestores para produzir informações relevantes para suas decisões, os contadores passaram a ser considerados 'sócios do negócio'. Anteriormente, os gestores consideravam os contadores um 'departamento de policiamento financeiro'. Em vez de apenas indicar os problemas, os contadores tornaram-se parte da solução. Em essência, os contadores gerenciais de hoje são consultores internos, em vez de meros preparadores de relatórios.

---

2. *A informação pode ser obtida no IMA, 10 Paragon Drive, Montvale, NJ 07645, ou no site www.imanet.org.*

TENDÊNCIAS ATUAIS

Três fatores principais estão causando mudanças na contabilidade gerencial de hoje:

1. Mudança de uma economia baseada em manufatura para uma baseada em serviços.
2. Aumento da competição global.
3. Avanços em tecnologia, incluindo o *e-commerce*.

Cada um desses fatores afetará seu estudo de contabilidade gerencial.

Os setores de serviços, agora, representam quase 80 por cento dos empregos nos Estados Unidos. Eles estão tornando-se cada vez mais competitivos, e seu uso da informação contábil está crescendo. Os princípios básicos de contabilidade são aplicados às organizações de serviços ao longo de todo este livro.

A competição global tem aumentado, nos anos mais recentes, tanto quanto muitas barreiras internacionais ao comércio, tais como tarifas e impostos, têm sido reduzidas. Além disso, há a tendência mundial em direção à desregulamentação. O resultado foi uma mudança no equilíbrio do poder econômico no mundo. Em nenhum outro lugar isso tem sido mais evidente do que nos Estados Unidos. Para reobter sua capacidade competitiva, muitas empresas norte-americanas estão reprojetando seus sistemas de contabilidade para fornecer informações mais acuradas e oportunas sobre o custo de atividades, produtos ou serviços. A fim de ser competitivos, os gestores devem entender os efeitos de suas decisões sobre os custos, e os contadores devem apoiar os gestores a predizer tais efeitos.

De longe, a influência mais dominante na contabilidade gerencial ao longo das décadas passadas tem sido a mudança tecnológica, que afetou a produção e o uso da informação contábil. O aumento das capacidades e o decréscimo dos custos de computadores, especialmente dos computadores pessoais (*personal computers* — PCs), mudaram o modo como os contadores obtêm, armazenam, manipulam e relatam dados. A maioria dos sistemas contábeis, mesmo os pequenos, são automatizados. Além disso, em muitos casos, os computadores habilitam os gestores a avaliar dados diretamente e a gerar seus próprios relatórios e análises. Ao usar *softwares* de planilhas e pacotes de gráficos, os gestores podem usar a informação contábil diretamente em seu processo de decisão. Assim, hoje, todos os gestores necessitam de um melhor entendimento de informação contábil do que eles poderiam necessitar no passado. Além disso, os contadores precisam criar bancos de dados que possam ser lidos e entendidos pelos gestores.

Um dos usos mais rápidos da tecnologia que está em crescimento é o **comércio eletrônico** ou *e-commerce* — conduzir negócios on-line. Isso inclui comprar e vender produtos e serviços com dinheiro digital. Os termos usados para descrever vários tipos de *e-commerce* incluem transações *business-to-business* (**B2B**) e *business-to-consumer* (**B2C**). Vários estudos indicam que o impacto do *e-commerce* em nossa economia continuará a crescer. Uma pesquisa prediz que, nos Estados Unidos, as transações B2B e B2C alcançarão mais de $ 3 200 bilhões em receita em 2004.

PRIMEIRO, OS NEGÓCIOS

Histórias de sucesso do e-commerce

Uma das primeiras a adotar o *e-commerce* foi a Boeing Company. Em 1996, a Boeing lançou sua "Página de PEÇAS da Boeing", fornecendo às companhias aéreas e organizações de manutenção um *link* direto para meio milhão de tipos diferentes de peças sobressalentes armazenadas em centros de distribuição da Boeing. No fim de 1999, o Web *site* havia processado mais de 18 000 transações por dia. Quase 85 por cento das peças de reposição de toda a Boeing são requisitadas eletronicamente. De acordo com Tom DiMarco, diretor de sistemas das peças sobressalentes da Boeing, "em retrospecto, foi um dos melhores passos que pudemos dar. Reduz tempo, simplifica os processos do negócio para os nossos clientes, reduz a documentação em papel e melhora a produtividade de nossa força de trabalho".

No início de 2000, a Boeing anunciou a formação do *Global Trading Exchange*, uma aliança do *e-commerce* com outros negócios-chave no setor de *aerospace* e no setor de defesa, com o objetivo de criar um único *site* de *e-commerce* para o setor inteiro. De acordo com Harry Stonecipher, presidente e *chief operating officer* (executivo-chefe de operações), "transações, da colocação de pedido ao embarque e faturamento, podem ser completadas eletronicamente, reduzindo significativamente os custos da transação".

Em um outro ambiente de negócios, a Champion Exposition Services, uma empresa de $ 55 milhões, fornece serviços de *shows* comerciais nacionais e de decoração de convenções. A Champion usa o *e-commerce* para acelerar o processo de emissão de pedidos. Os vendedores emitem pedidos e faturas aos clientes e recebem os pagamentos em tempo real. A empresa espera dobrar seu crescimento e aumentar a produtividade do departamento de contabilidade em 50 por cento, como resultado da utilização do *e-commerce* B2C (*business-to-consumer*, negócios ao consumidor).

Fontes: Publicações de notícias, *The Boeing Company*, 20 de janeiro de 1999 e 28 de março de 2000; "Is e-business for you?", em *Strategic Finance*, março de 1999, pp. 74-77.

Um tipo de transação B2B que recebeu muita atenção foi o **e-compras** — comprar insumos de manufatura e operações eletronicamente. De acordo com uma pesquisa, as empresas adotantes iniciais do e-compras para aquisição têm realizado de 5 a 10 por cento de redução nos preços para produtos e serviços, por meio de controles melhorados. Além disso, os custos de pedir podem ser reduzidos em cerca de 70 por cento. Processar manualmente os pedidos de compra pode levar dias ou semanas, devido ao tempo que isso requer na troca de papéis de trabalho e comunicação com os fornecedores. Não é incomum o processo de mão-de-obra intensiva do manuseio de um pedido de compra custar mais de $ 100 ou $ 200. Multiplique isso por milhares de pedidos de compra processados por empresas e os custos serão significativos. No e-compras, os funcionários fazem compras usando um *browser* estilo 'carrinho de compras'. Agentes de compras das empresas e gestores operacionais podem colher e escolher em tempo real, e a transação é completada. Uma compra via e-compras pode levar tão pouco tempo quanto um dia entre o tempo de requisitar e receber os produtos.

A mudança tecnológica teve um efeito drástico sobre o ambiente de manufatura para muitas empresas, mudando, por sua vez, o modo como a informação contábil é utilizada. Os processos de manufatura são cada vez mais automatizados, fazendo uso extensivo de robôs e de outros equipamentos controlados por computador e menos uso da mão-de-obra humana para atividades de produção direta. Muitos sistemas de contabilidade iniciais foram projetados primeiramente para mensurar e relatar os custos de mão-de-obra. Por quê? Porque a mão-de-obra humana representava o maior custo na produção de muitos produtos e serviços. Está claro que tais sistemas não são apropriados para ambientes automatizados. Os contadores em tais ambientes tiveram de mudar seus sistemas para produzir informações para decisões sobre como adquirir e usar materiais e equipamentos automatizados eficientemente.

Filosofia *just-in-time* e manufatura integrada por computador

As mudanças na tecnologia produziram mudanças na filosofia gerencial. A mais importante e recente, que conduz ao aumento de eficiência das fábricas nos Estados Unidos, tem sido a adoção de uma filosofia *just-in-time* (JIT), cuja essência é eliminar o desperdício. Os gestores tentam:

1. Reduzir o tempo que os produtos despendem no processo de produção.
2. Eliminar o tempo que os produtos despendem nas atividades que não adicionam valor (como tempo de inspeção e de espera).

O tempo de processo pode ser reduzido ao reprojetar e simplificar o processo de produção. As empresas podem usar o projeto assistido por computador (*computer-aided design* — CAD) para projetar produtos que podem ser manufaturados eficientemente. Mesmo mudanças pequenas em projetos freqüentemente levam a grandes economias de custo de manufatura. As empresas podem, também, usar a manufatura assistida por computador (*computer-aided manufacturing* — CAM), na qual os computadores dirigem e controlam os equipamentos de produção. A CAM muitas vezes leva a uma estabilização, a um fluxo de produção mais eficiente com menos atrasos.

Sistemas que usam o CAD e a CAM com robôs e máquinas controladas por computador são chamados de **sistemas de manufatura integrada por computador** (*computer-integrated manufacturing systems* — CIM). Empresas que instalam um sistema CIM completo utilizam muito pouca mão-de-obra. Robôs e máquinas controladas por computador executam os trabalhos rotineiros que anteriormente eram realizados por trabalhadores de linha de montagem. Além disso, sistemas bem projetados fornecem grande flexibilidade, porque as mudanças no projeto exigem alterações apenas nos programas de computador, e não o retreinamento de uma força de trabalho inteira.

O tempo gasto nas atividades que não adicionam valor ao produto pode ser eliminado ou reduzido ao focalizar-se na qualidade, melhorando o layout da planta e os trabalhadores de treinamento múltiplo. Conseguir defeitos zero de produção (fazendo correto 'na primeira vez') reduz o tempo de inspeção e elimina o de refazimento. Uma fábrica do meio-oeste economizou o tempo de produção ao reprojetar o layout da planta de modo que a distância percorrida pelos produtos de uma operação para a próxima, durante a produção, fosse reduzido de 1 384 pés para 350. Uma outra empresa reduziu de 45 minutos para 1 minuto o tempo de preparação de uma máquina ao armazenar as ferramentas exigidas próximas e treinar os operadores da máquina a realizar a preparação. Uma empresa britânica reduziu de três semanas para seis minutos o tempo de manufatura de uma bomba a vácuo ao trocar as longas linhas de montagem por células de manufatura que realizam o processo inteiro em uma sucessão rápida.

Originalmente, o JIT referia-se apenas a um sistema que minimizava os estoques ao organizar as matérias-primas e os subcomponentes para chegar à empresa apenas quando eram necessários, a fim de que os produtos fossem fabricados apenas em tempo de ser embarcados para os clientes — nem mais cedo, nem mais tarde. O JIT, porém, tornou-se a pedra angular de uma filosofia de gestão mais ampla. Ela originou-se nas empresas japonesas, como Toyota e Kawasaki, e agora tem sido adotada por muitas empresas grandes nos Estados Unidos, incluindo a Hewlett-Packard, a Goodyear, a General Motors, a Intel e a Xerox. Muitas empresas pequenas também têm adotado o JIT. Uma das vantagens do sistema de e-compra, descrito anteriormente, é a diminuição do nível de estoque quando o tempo exigido para comprar matérias-primas e suprimentos é substancialmente reduzido. Assim, o *e-commerce* é um elemento importante do sistema JIT.

Implicações para o estudo da contabilidade gerencial

Enquanto você lê o restante deste livro, lembre-se de que os sistemas contábeis mudam como o mundo. As técnicas apresentadas aqui estão sendo aplicadas em organizações reais de hoje. Amanhã, entretanto, tudo poderá ser diferente. Para adaptar-se às mudanças, você deve entender *por que* as técnicas estão sendo utilizadas, não apenas *como* elas são utilizadas. Alertamos você para resistir à tentação de simplesmente memorizar as regras e as técnicas. Em vez disso, desenvolva seu entendimento dos conceitos e princípios subjacentes. Estes continuarão a ser úteis no desenvolvimento e entendimento de novas técnicas para ambientes mutáveis.

Importância da conduta ética

Embora os sistemas de contabilidade possam mudar, a necessidade de os contadores aderirem a um padrão ético elevado de conduta profissional nunca foi maior do que agora.

Padrões de conduta ética

As pesquisas de opinião pública classificam consistentemente os contadores com alta qualificação em termos de ética profissional. Os CPAs e CMAs aderem aos códigos de conduta no que diz respeito à competência, confidencialidade, integridade e objetividade. A Figura 1.10 contém os **padrões de conduta ética para profissionais da contabilidade gerencial e gestão financeira** desenvolvidos pelo IMA. As organizações profissionais de contabilidade têm procedimentos para revisar o comportamento alegado não condizente com os padrões.

Preparar as demonstrações contábeis internas e externas acuradas e objetivas é responsabilidade primária dos gestores de linha. Os contadores gerenciais, entretanto, são também responsáveis pelas demonstrações. Assegurar que os sistemas contábeis, procedimentos e compilações sejam confiáveis e livres de manipulação é responsabilidade de todo contador.

Dilemas éticos

O que torna uma ação executada por um contador de nível ético baixo? Um ato de nível ético baixo é aquele que viola os padrões éticos da profissão. Os padrões, entretanto, deixam muitas lacunas para interpretação e julgamento individual.

Quando uma ação for claramente não-ética e outra alternativa for claramente ética, os gestores e os contadores não deverão ter dificuldade em escolher entre elas. Infelizmente, a maioria dos dilemas éticos não são bem definidos. As situações éticas mais difíceis surgem quando há uma forte pressão para agir no limite ou quando há conflito entre dois padrões éticos.

Suponha que você seja um contador que foi solicitado a suprir o banco da empresa com previsões de lucro para o ano vindouro. A necessidade ou não de um financiamento urgente depende dessa predição. O presidente da empresa está absolutamente convencido de que os lucros serão, pelo menos, de $ 500 mil. Qualquer coisa menor do que essa estimativa e o empréstimo provavelmente não será aprovado.

Suas análises mostram que, se a introdução planejada de um novo produto caminhar extraordinariamente bem, os lucros excederão $ 500 mil. O resultado mais provável, entretanto, é de uma modesta introdução bem-sucedida e de um lucro de $ 100 mil. Se o produto falhar, a empresa ficará com um prejuízo de $ 600 mil. Sem o empréstimo, o novo produto não poderá ser introduzido no mercado e não haverá maneira de a empresa poder evitar um prejuízo para o ano. Há possibilidade até de falência. Que previsão você faria?

Não há resposta fácil. Uma previsão de menos de $ 500 mil parece garantir problemas financeiros, talvez até mesmo a falência. Os acionistas, a gestão, os funcionários, os fornecedores e os clientes poderão todos sair prejudicados. Uma previsão de $ 500 mil, porém, talvez não seja justa nem objetiva. O banco poderá ser enganado por ela. Ainda assim, o presidente, aparentemente, pensa que uma previsão de $ 500 mil é razoável, e você sabe que há alguma possibilidade de isso ser alcançado. Talvez o benefício potencial para a empresa de uma previsão otimista seja maior do que o custo possível para o banco. Não há resposta certa para esse dilema. O importante é reconhecer as dimensões éticas e ponderá-las ao formular seu julgamento.

Figura 1.10 Normas de conduta ética para profissionais de contabilidade gerencial e gestão financeira.

Os profissionais de contabilidade gerencial e de gestão financeira têm a obrigação com o público, com a sua profissão, com a organização a que eles servem e com eles mesmos de manter altos padrões de conduta ética. Em reconhecimento a essa obrigação, o IMA promulgou os seguintes padrões de conduta ética para profissionais de contabilidade gerencial e gestão financeira. A adesão a esses padrões, profissional e internacionalmente, faz parte do alcance dos *objetivos da contabilidade gerencial*. Os profissionais de contabilidade gerencial e de gestão financeira não devem cometer atos contrários a esses padrões, nem condoer-se ou tolerar tais atos por parte de outros dentro de suas organizações.

Competência
Os profissionais de contabilidade gerencial e gestão financeira têm a responsabilidade de:
- Manter um nível apropriado de competência profissional com o desenvolvimento contínuo de seus conhecimentos e habilidades.
- Realizar seus deveres profissionais de acordo com leis, regulamentos e normas técnicas relevantes.
- Preparar relatórios e recomendações completas e claras após a análise apropriada de informações relevantes e confiáveis.

Confidencialidade
Os profissionais de contabilidade gerencial e gestão financeira têm a responsabilidade de:
- Abster-se de revelar informações confidenciais colhidas no decorrer de seu trabalho, exceto quando autorizados, a não ser que sejam legalmente obrigados a fazê-lo.
- Informar subordinados apropriadamente a respeito da confidencialidade das informações colhidas no decorrer de seu trabalho e monitorar suas atividades, a fim de assegurar a manutenção dessa confidencialidade.
- Abster-se de usar ou parecer usar informações confidenciais colhidas no decorrer de seu trabalho para uma vantagem não-ética ou ilegal, seja pessoalmente, seja por intermédio de uma terceira pessoa.

Integridade
Os profissionais de contabilidade gerencial e gestão financeira têm a responsabilidade de:
- Evitar conflitos de interesse reais ou aparentes e avisar todas as partes apropriadas sobre qualquer conflito em potencial.
- Abster-se de engajar-se em qualquer atividade que possa prejudicar suas habilidades de cumprir os deveres eticamente.
- Recusar qualquer presente, favor ou hospitalidade que possam influenciar suas ações.
- Abster-se de subverter, ativa ou passivamente, a realização dos objetivos legítimos e éticos da organização.
- Reconhecer e comunicar as limitações profissionais, ou outras limitações, que poderiam impedir o julgamento responsável ou o desempenho bem-sucedido de uma atividade.
- Comunicar informações e julgamentos ou opiniões profissionais desfavoráveis, assim como favoráveis.
- Abster-se de engajar-se em, ou de apoiar, qualquer atividade que possa desonrar a profissão.

Objetividade
Os profissionais de contabilidade gerencial e gestão financeira têm a responsabilidade de:
- Comunicar as informações de forma justa e objetiva.
- Revelar por completo quaisquer informações que tenham a possibilidade de influenciar a compreensão dos relatórios, bem como dos comentários e recomendações apresentadas, por parte de um possível usuário.

Resolução do conflito ético
Ao aplicar as normas de conduta ética, os profissionais de contabilidade gerencial e de gestão financeira podem encontrar problemas para identificar o comportamento não-ético ou resolver conflitos éticos. Ao enfrentar significativas questões éticas, os profissionais de contabilidade gerencial e de gestão financeira devem seguir as políticas estabelecidas pela organização relacionada com a resolução de tal conflito. Se essas políticas não resolverem o problema, tais profissionais deverão considerar os seguintes cursos de ação:
- Discutir tais problemas com o superior imediato, exceto quando parecer que ele está envolvido; nesse caso, o problema deverá ser, inicialmente, apresentado ao nível gerencial imediatamente superior. Se não for possível obter uma resolução satisfatória quando o problema for apresentado de início, submeter o assunto ao próximo nível gerencial imediatamente superior. Se o superior imediato for o diretor-geral, ou equivalente, a autoridade aceitável para averiguação poderá ser um grupo, como o comitê de auditoria, o comitê executivo, o conselho administrativo, o conselho fiduciário ou os donos. Contato com níveis acima do superior imediato devem ser

iniciados apenas com o conhecimento do superior, supondo que este não esteja envolvido. Salvo disposição legal, não é considerada apropriada a comunicação de tais problemas para autoridades ou indivíduos não empregados ou engajados na organização.

- Esclarecer conceitos éticos relevantes, por meio de uma discussão confidencial com um conselheiro isento (por exemplo, o serviço de aconselhamento ético do IMA), para obter um entendimento dos possíveis cursos de ação. Consultar o próprio advogado em relação às obrigações e direitos concernentes aos conflitos éticos.
- Se o conflito ético ainda persistir após se exaurirem todos os níveis de revisão internos, poderá não haver outro recurso significativo a não ser pedir demissão da organização e submeter um memorando informativo a um representante apropriado da organização. Após a renúncia, dependendo da natureza do conflito ético, poderá também ser apropriado notificar outras partes.

Fonte: Institute of Management Accountants, *Ethical Standards*, www.imanet.org.

O tom estabelecido pela alta gestão pode ter grande influência sobre a ética dos gestores. A integridade completa e a sustentação aberta para os padrões éticos por gestores seniores é a escolha mais motivadora do comportamento ético em toda a organização. Na análise final, entretanto, os padrões éticos são pessoais e dependem dos valores do indivíduo.

PROBLEMA RESUMIDO PARA REVISÃO

PROBLEMA

A Yang Electronics Company (YEC) desenvolveu uma máquina copiadora de alta velocidade e baixo custo. Ela comercializou a máquina inicialmente para uso doméstico. Como seus clientes, entretanto, aprenderam quão fácil e barato era fazer cópias com a máquina da YEC, seu uso por pequenas empresas cresceu. As vendas explodiram assim que as empresas pediram um grande número de copiadoras. O uso mais pesado por essas empresas, porém, causou avarias em certos componentes do equipamento. As copiadoras eram garantidas por dois anos, independentemente da quantidade de uso. Em conseqüência disso, a YEC experimentou altos custos de reposição de componentes danificados.

PRIMEIRO, OS NEGÓCIOS

Ética e contabilidade gerencial

A importância da ética para a contabilidade gerencial foi enfatizada quando o *Management Accounting*, primeiro jornal do *Institute of Management Accountants*, publicou uma edição especial sobre ética, em junho de 1990. Vislumbram-se duas correntes nos artigos dessa edição:

1. As escolas de administração devem conscientizar seus estudantes das dimensões éticas das decisões que enfrentarão no mundo real dos negócios.
2. As empresas de negócios devem reconhecer que estabelecer padrões de conduta ética para seus empregados é importante para o sucesso financeiro.

A maior ênfase à importância da ética na contabilidade é a existência de um jornal devotado completamente a assuntos éticos: *Research in Accounting Ethics*. Um artigo recente nesse jornal apontou que aderir a padrões éticos cria vantagens econômicas para as empresas; não é simplesmente um objetivo altruísta. As empresas reconhecem, também, que a ética cria valor.

Roger B. Smith, antigo presidente e executivo-chefe da General Motors (GM), declarou que "a prática ética significa, muito simplesmente, bons negócios". Desde 1977, a GM tem tido uma política formal acerca da integridade pessoal. A empresa reconhece, no entanto, que tomar decisões éticas nem sempre é fácil. Devido ao fato de o mundo ser complexo, há, freqüentemente, obrigações com os acionistas, clientes, fornecedores, gestores amigos, com a sociedade, consigo mesmo e a família. Como diz Smith: "É fácil fazer o que é correto; é difícil saber o que é correto". Uma regra básica usada pela GM é que os empregados "nunca devem fazer nada que [eles] teriam vergonha de explicar para [suas] famílias ou temeriam ver na primeira página do jornal local".

A GM não está sozinha ao promover a conduta ética. Mais da metade das grandes empresas nos Estados Unidos tem um "código de ética corporativo". Esses códigos fornecem apoio aos empregados que se sentem pressionados a tomar decisões que acreditam ser não-éticas. Elas também fornecem treinamento nos tipos de comportamento esperados dos empregados.

Fontes: Adaptado de Roger B. Smith, "Ethics in business: an essencial element of success", em *Management Accounting*, edição especial sobre ética na América corporativa, junho de 1990, p. 50; Robert B. Sweeney e Howard L. Siers, "Ethics in America", em *Management Accounting*, edição especial sobre ética na América corporativa, junho de 1990, pp. 34-40; Gary L. Sundem e Andrew C. Wicks, "Ethics, economics, and information", em *Research in Accounting Ethics*, vol. 6 (2000), pp. 205-220.

Quando a reunião trimestral do conselho de administração da YEC se aproximou, Mark Chua, *controller* assistente, foi solicitado para preparar um relatório da situação. Infelizmente, era difícil predizer os efeitos exatos. Pareceu, todavia, que muitas empresas clientes estavam começando a trocar as copiadoras por outras mais onerosas, vendidas pelos concorrentes. E estava claro que os custos de manutenção aumentados afetariam significativamente a rentabilidade da YEC. Mark resumiu a situação da melhor maneira possível à diretoria.

Alice Martinez, *controller* da YEC, estava preocupada com o impacto do relatório sobre os diretores. Ela não discordava da análise, mas pensava que abalaria a imagem da gestão e poderia até mesmo levar a diretoria a descontinuar o produto. Ela estava convencida, pelas conversações com o chefe da engenharia, de que a copiadora poderia ser ligeiramente reprojetada para satisfazer as necessidades dos usuários de altos volumes; assim, descontinuá-la poderia desperdiçar uma oportunidade potencialmente lucrativa. Martinez chamou Chua em seu escritório e pediu que suprimisse a parte de seu relatório que tratava das falhas de componentes. Ela disse que seria certo relatar verbalmente à diretoria, mencionando que a engenharia estava próxima de uma solução para o problema. Chua, entretanto, sentia fortemente que tal revisão em seu relatório iria enganar a diretoria a respeito dos impactos negativos potencialmente significativos sobre os lucros da empresa.

Explique por que o pedido de Martinez a Chua não é ético. Como Chua poderia resolver essa situação?

Solução

De acordo com os padrões de conduta ética para os profissionais de contabilidade gerencial e gestão financeira mostrados na Figura 1.10, a solicitação de Martinez transgride as exigências por competência, integridade e objetividade. Isso viola a competência porque ela está solicitando a Chua que prepare um relatório que não é completo e claro, que omite informação potencialmente relevante. Conseqüentemente, a diretoria não teria todas as informações necessárias para tomar uma decisão a respeito do problema de falha de componente.

A solicitação viola a exigência por integridade porque o relatório revisado pode subverter a obtenção dos objetivos da organização para alcançar os objetivos de Martinez. Os contadores gerenciais são especificamente responsáveis por comunicar tanto informações desfavoráveis como favoráveis.

Finalmente, o relatório revisado não seria objetivo. Não divulgaria toda informação relevante que deveria ser esperada para influenciar o entendimento da diretoria sobre as operações e, conseqüentemente, suas decisões.

A responsabilidade de Chua é discutir esse assunto com níveis cada vez mais altos de autoridade dentro da YEC. Primeiro, deve informar Martinez a respeito de suas dúvidas. Possivelmente, o assunto poderá ser resolvido se ela retirar sua solicitação. Senão ele deverá informá-la de que pretende levar o assunto ao superior dela e continuar subindo a níveis mais elevados de autoridade, até mesmo à diretoria, se necessário for, até que o assunto seja resolvido. Desse modo, Chua não violará os padrões de confidencialidade, pois não discutirá o assunto com pessoas de fora da YEC.

Vocabulário de contabilidade

O vocabulário é uma fase essencial e, freqüentemente, enfadonha do processo de aprendizagem. Um entendimento difuso dos termos dificulta a apreensão dos conceitos e o desenvolvimento da habilidade de resolver problemas contábeis.

Esteja certo de entender as palavras e as expressões listadas no *Glossário*, no fim deste livro.

Material fundamental de avaliação

O material de avaliação para cada capítulo é dividido em dois grupos: fundamental e adicional. O fundamental consiste de dois conjuntos de problemas paralelos que transmitem conceitos e técnicas essenciais do capítulo. O material adicional consiste de questões, exercícios cognitivos, problemas e casos que cobrem o capítulo mais detalhadamente.

1-A1: Manter registro, direção de atenção e solução de problemas

Para cada uma das seguintes atividades, identifique a função que o contador está desempenhando — manter registro, direção de atenção ou solução de problemas — e explique por que ele se ajusta a essa categoria.

1. Analisar, para um superintendente de produção da Alcoa, o impacto nos custos de algumas novas máquinas furadeiras.
2. Preparar um relatório de sucatas para o departamento de acabamento de peças da fábrica da Nissan.
3. Preparar um orçamento para o departamento de manutenção do Providence Hospital.
4. Interpretar por que uma oficina de fundição de Springfield não aderiu à programação da produção.
5. Explicar o relatório de desempenho do departamento de estamparia.

6. Preparar uma demonstração mensal das vendas européias para o vice-presidente de *marketing* da General Motors.
7. Preparar, para o gestor de controle da produção de uma planta da Inland Steel, uma comparação de custos de dois sistemas de controle de manufatura computadorizada.
8. Interpretar as variações no relatório de desempenho do departamento de compras da Harvard University.
9. Analisar, para um gestor de manufatura internacional da Honda, a possibilidade de ter algumas autopeças fabricadas na Coréia.
10. Preparar uma programação de depreciação para empilhadeiras no departamento de recebimentos da fábrica da General Electric, na Escócia.

1-A2: Gestão por exceção

A Beta Alfa Psi, fraternidade honorária de contabilidade, realizou uma festa de boas-vindas. A fraternidade esperava o comparecimento de 80 pessoas e preparou o seguinte orçamento:

Aluguel da sala	$ 150
Alimentos	$ 800
Entretenimento	$ 600
Decorações	$ 220
Total	$ 1 770

Depois que todas as contas para a festa foram pagas, o custo total chegou a $ 1 948, ou $ 178 acima do orçamento. Os detalhes foram os seguintes: $ 150 para o aluguel da sala; $ 1 008 para alimentos; $ 600 para entretenimento; $ 190 para decorações. Noventa e cinco pessoas foram à festa.

1. Prepare um relatório de desempenho para a festa que mostre como os custos reais diferiram do orçamento. Isto é, inclua em seu relatório os montantes orçados, os montantes reais e as variações.
2. Suponha que a fraternidade use a regra da gestão por exceção. Quais custos merecem mais pesquisa? Por quê?

1-A3: Posição da contabilidade na organização: Funções de linha e assessoria

1. Dos seguintes, qual tem autoridade de linha sobre um escriturário de registro de custos: contador orçamentário, chefe de contabilidade para planejamento e controle atuais, chefe de contabilidade geral, *controller*, almoxarife, superintendente de produção, vice-presidente de manufatura, presidente, chefe de controle da produção?
2. Dos seguintes, qual tem autoridade de linha sobre um montador: gestor de estamparia, gestor de montagem, superintendente da produção, chefe do controle de produção, almoxarife, vice-presidente de manufatura, vice-presidente de engenharia, presidente, *controller*, contador orçamentário, escriturário de registro de custos?

1-B1: Manter registro, direção de atenção e solução de problemas

Para cada uma das seguintes atividades, identifique a função que o contador está desempenhando — manter registro, direção de atenção ou solução de problemas. Explique cada uma de suas respostas.

1. Registrar diariamente os comprovantes de compra de materiais.
2. Analisar os custos de aquisição e consumo de cada um dos dois tipos alternativos de equipamento de soldagem.
3. Preparar um relatório de custos de horas extras por departamento de produção.
4. Lançar diariamente as cobranças em dinheiro para as contas dos clientes.
5. Estimar os custos de mudança dos escritórios corporativos para outra cidade.
6. Interpretar aumentos em custos de enfermagem por paciente–dia em um hospital.
7. Analisar desvios do orçamento do departamento de manutenção da fábrica.
8. Apoiar um estudo, pelo vice-presidente de manufatura, para determinar se compra certas peças necessárias em grandes quantidades para manufatura de produtos ou adquire instalações para a fabricação dessas peças.
9. Alocar custos do departamento de serviços da fábrica para os departamentos de produção.
10. Registrar horas extras do departamento de acabamento de produtos.
11. Compilar dados para um relatório, demonstrando o quociente de despesas de propaganda em relação às vendas para cada filial.
12. Investigar os motivos para o aumento das devoluções e dos abatimentos para os medicamentos comprados por um hospital.

13. Preparar um programa de custos de combustível por mês e por departamento governamental.
14. Estimar os custos operacionais e os resultados que podem ser esperados para cada uma das duas grandes máquinas de estampagem de metal oferecidas para venda por fabricantes diferentes. Apenas uma dessas máquinas deve ser adquirida por sua empresa.
15. Calcular e registrar ajustes de final de ano para o seguro expirado contra incêndio do armazém de materiais da fábrica.

1-B2: Gestão por exceção

A tribo indígena Makah vende fogos de artifício nas cinco semanas que precedem o dia da independência. A tenda da tribo, na esquina entre a Auto-estrada 104 e Eagle Drive, é a maior, com vendas orçadas para 20X1 de $ 70 mil. As despesas previstas foram as seguintes:

Custo dos fogos de artifício	$ 30 000
Custo da mão-de-obra	$ 15 000
Outros custos	$ 8 000
Custos totais	$ 53 000

As vendas reais foram de $ 69 860, quase iguais às orçadas. A tribo gastou $ 34 mil em fogos de artifício, $ 13 mil em mão-de-obra e $ 8 020 em outros custos.

1. Calcule o lucro orçado e o lucro real.
2. Prepare um relatório de desempenho para ajudar a identificar os custos que foram significativamente diferentes do orçamento.
3. Suponha que a tribo use a regra da gestão por exceção. Quais custos merecem mais explanação? Por quê?

1-B3: Posição da contabilidade na organização: *controller* e tesoureiro

Para cada uma das seguintes atividades, indique se é mais provável ser executada por um *controller* ou por um tesoureiro. Explique cada resposta.

1. Preparar verificações de crédito dos clientes.
2. Ajudar os gestores a preparar orçamentos.
3. Aconselhar qual ação alternativa é menos onerosa.
4. Preparar demonstrações contábeis divisionais.
5. Arranjar financiamento de curto prazo.
6. Preparar declarações de renda.
7. Arranjar cobertura de seguro.
8. Satisfazer um analista financeiro da bolsa de valores.

MATERIAL ADICIONAL DE AVALIAÇÃO

QUESTÕES

1-1. Quem usa a informação de um sistema de contabilidade?

1-2. "As ênfases da contabilidade financeira e gerencial diferem." Explique.

1-3. "O campo é definido com menos precisão. Há um uso mais pesado de economia, das ciências da decisão e de ciências comportamentais." Identifique o ramo da contabilidade descrito na citação entre aspas.

1-4. Distinga manutenção de registro, direção de atenção e solução de problemas.

1-5. "O regulamento adicional do governo ajuda no desenvolvimento de sistemas de contabilidade gerencial." Você concorda? Explique.

1-6. "A legislação contra práticas de corrupção estrangeiras aplica-se aos subornos pagos fora dos Estados Unidos." Você concorda? Explique.

1-7. Dê três exemplos de organizações de serviços. O que as distingue de outros tipos de organização?

1-8. Quais as duas principais considerações que afetam todos os sistemas contábeis? Explique cada uma delas.

1-9. "O sistema de contabilidade é inter-relacionado com a gestão operacional. As operações de negócios estariam em uma confusão sem esperança sem o papel de trabalho que é considerado freqüentemente com desdém." Você concorda? Explique, dando exemplos.

1-10. Compare um orçamento, um relatório de desempenho e uma variação.

1-11. "Gestão por exceção significa abdicar das responsabilidades de gestão pelo planejamento e controle." Você concorda? Explique.

1-12. "A boa contabilidade fornece controles automáticos das operações." Você concorda? Explique.

1-13. Por que os contadores preocupam-se com o ciclo de vida do produto?

1-14. Nomeie as seis funções primárias dos negócios que compreendem a cadeia de valor. (Não inclua as atividades de apoio.)

1-15. "Os contadores, em toda empresa, devem mensurar e relatar todas as funções da cadeia de valor da empresa." Você concorda? Explique.

1-16. Compare autoridade de linha e autoridade de assessoria.

1-17. Todas as empresas têm um *controller* e um tesoureiro? Explique.

1-18. "O *controller* controla em um sentido específico." Explique.

1-19. Descreva os conteúdos do exame de qualificação para tornar-se um CMA.

1-20. Como as mudanças tecnológicas estão afetando a contabilidade gerencial?

1-21. O que é *e-commerce*?

1-22. Qual é a essência da filosofia JIT?

1-23. "Podemos, certamente, melhorar nossa posição de fluxo de caixa ao mudarmos para o sistema JIT." Você concorda? Explique por que ou porque não.

1-24. Descreva, sucintamente, como uma mudança no layout da fábrica pode tornar suas operações mais eficientes.

1-25. Padrões de conduta ética para contadores gerenciais têm sido divididos em quatro responsabilidades principais. Descreva cada uma delas em vinte palavras ou menos.

1-26. "Por que há dilemas éticos? Eu penso que os contadores têm padrões que especificam o que é comportamento ético." Discuta essa citação.

Exercícios cognitivos

1-27. Contabilidade financeira e gerencial

Freqüentemente, há uma confusão entre os papéis desempenhados por um *controller* e um tesoureiro em uma organização. De fato, em muitas empresas pequenas, uma única pessoa desempenha as atividades relacionadas a ambas as funções. Compare as funções de controladoria e de tesouraria, listando as atividades típicas associadas a cada uma.

1-28. *Marketing* e contabilidade gerencial

Cada uma das seguintes atividades é desempenhada por um grupo de gestores de função cruzada, incluindo o contador gerencial. Dependendo da natureza da decisão a ser tomada, entretanto, uma área funcional assumirá o papel de liderança. Qual dessas atividades é primariamente uma decisão de *marketing*? Como o contador gerencial contribuiria para cada uma das decisões de *marketing*?

1. A Ford Motor Company deve decidir se compra uma peça para um de seus carros ou se fabrica a peça em uma de suas instalações.
2. A Boeing Company deve decidir o preço para as peças sobressalentes que vende pela Internet usando seu Web *site* de peças sobressalentes.
3. O Penrose Hospital deve decidir como financiar a compra de um novo e dispendioso equipamento de análise médica.
4. A Amazon.com deve prever o impacto nas vendas de vídeo de um novo programa de propaganda.
5. A Sparta Foods, Inc., líder de mercado regional na produção e distribuição de tortilhas para empresas de serviços de alimentação e varejistas, deve decidir se aceita um pedido especial para discos de tortilhas de uma grande cadeia varejista nacional.
6. A Target Stores, Inc. deve decidir se fecha uma de suas lojas de varejo que está operando com prejuízo.

1-29. Produção e contabilidade gerencial

Cada uma das atividades seguintes é desempenhada por um grupo de gestores de função cruzada, incluindo o contador gerencial. Dependendo da natureza da decisão a ser tomada, entretanto, uma área funcional assumirá o papel de liderança. Qual destas atividades é basicamente uma decisão de produção? De que maneira o contador gerencial contribuiria para cada uma das decisões da produção?

1. A Ford Motor Company deve decidir se compra uma peça para um de seus carros ou se fabrica a peça em uma de suas instalações.

2. A Boeing Company deve decidir o preço para as peças sobressalentes que vende pela Internet usando seu Web *site* de peças sobressalentes.
3. O Penrose Hospital deve decidir como financiar a compra de um novo e dispendioso equipamento de análise médica.
4. A Amazon.com deve prever o impacto nas vendas de vídeo de um novo programa de propaganda.
5. A Sparta Foods, Inc., líder de mercado regional na produção e distribuição de tortilhas para empresas de serviços de alimentação e varejistas, deve decidir se aceita um pedido especial para discos de tortilhas de uma grande cadeia varejista nacional.
6. A Kmart deve avaliar sua visão geral e metas estratégicas à luz das pressões competitivas da Target, da Sears e da Wal-Mart.
7. A Dell Computers deve decidir se gasta dinheiro no treinamento de trabalhadores para realizar preparações e escamoteamentos mais rápidos. Isso liberará capacidade a ser usada para fabricar mais computadores sem comprar mais equipamentos.
8. A General Motors deve decidir se mantém ou substitui um equipamento usado de quatro anos em uma de suas fábricas Saturn.

Exercícios

1-30. Planejamento e controle, gestão por exceção

Considere a Figura 1.2 e a ilustração do restaurante The Chop House. Para 20X1, o restaurante orçou receitas de $ 220 mil, um aumento de 10 por cento sobre as receitas atuais de $ 200 mil. As ações listadas na Figura 1.2 resultaram em seis entradas adicionais inteiras orçadas e em um valor de orçamento de propaganda de $ 15 mil. Os resultados reais foram:

Novas entradas adicionadas	7
Propaganda	$ 16 000
Receitas	$ 230 000

1. Prepare um relatório de desempenho usando o formato da Figura 1.3.
2. O lucro líquido resultante não estava disponível até diversos meses após o plano ter sido implementado. O lucro líquido resultante foi decepcionante para o gestor, porque os lucros realmente declinaram, mesmo com as receitas aumentadas. Liste alguns fatores que podem não ter sido considerados quando o plano do restaurante foi formulado.

1-31. Contabilidade gerencial e contabilidade financeira

Considere as breves descrições a seguir. Indique se cada uma se relaciona mais proximamente a uma característica principal da contabilidade financeira ou da contabilidade gerencial.
1. Fornece aconselhamentos internos para os gestores.
2. Tem menos flexibilidade.
3. Tem uma orientação para o futuro.
4. É caracterizada por relatórios detalhados.
5. O campo de estudo é mais bem definido.
6. É limitada pelos princípios de contabilidade geralmente aceitos.
7. O impacto comportamental é secundário.

1-32. Responsabilidade de linha *versus* assessoria e cadeia de valor

Para cada item seguinte, indique se o empregado tem responsabilidade de linha ou de assessoria e qual função da cadeia de valor dos negócios está relacionada mais proximamente com as atividades desempenhadas pelo empregado.
1. Superintendente de produção.
2. Contador de custos.
3. Analista de pesquisa de mercado.
4. Gestor de vendas distrital.
5. Chefe do departamento legal.
6. Presidente.

1-33. Organograma

Desenhe um organograma para uma empresa com uma única fábrica, com o pessoal indicado. Quem representa os departamentos de serviços da fábrica? E os departamentos de produção?

Vice-presidente de Recursos Humanos	Superintendente da Produção
Gestor de Estamparia	Gestor de Montagem
Gestor de Manutenção	Presidente da Assembléia de Diretores
Vice-presidente e *Controller*	Agente de Compras
Vice-presidente de Vendas	Vice-presidente de Engenharia
Mantenedor de Registros	Secretário e Tesoureiro
Chefe de Controle de Produção	Vice-presidente de Manufatura
Gestor de Perfuração	Presidente
Chefe de Planejamento de Produção	

1-34. Objetivos da contabilidade gerencial

O IMA é composto de cerca de 70 mil membros e declara, em 'Objetivos da contabilidade gerencial': "A contabilidade gerencial participa, como parte da gestão, assegurando que a organização opere como um todo unificado, em seu melhor interesse, no longo prazo, no intermediário e no curto prazo". Baseado em sua leitura deste capítulo, prepare uma descrição, de cem palavras, dos principais meios de participação dos contadores na gestão da entidade.

1-35. Custo–benefício do ambiente ético

Um ambiente ético pobre resulta em custos para a empresa. Exemplos incluem o custo de roubo interno e o de absenteísmo. Porém, um ambiente ético bom gera benefícios. Exemplos incluem redução do risco de multas e de sanções legais, além de melhora no moral e na produtividade dos empregados. Liste diversos custos adicionais de um ambiente ético pobre e os benefícios de um bom ambiente ético.

1-36. Sinais éticos de advertência prévia

As seguintes citações são sinais de advertência prévia de conflitos éticos:
- "Não me importa como você faz, desde que faça!"
- "Ninguém jamais saberá."

Liste diversas outras declarações que representem sinais de advertência prévia de conflitos éticos.

PROBLEMAS

1-37. Contabilidade financeira e contabilidade gerencial

Judy Burkett, engenheira mecânica habilidosa, foi informada de que seria promovida a gestora assistente da fábrica. Judy estava contente, mas desconfortável. Em particular, ela sabia pouco sobre contabilidade. Tinha feito apenas um curso de contabilidade financeira.

Judy planejou registrar-se, o mais cedo possível, em um curso de contabilidade gerencial. Ela, enquanto isso, pediu a Burt Greenspan, contador de custos, que apresentasse três ou quatro das principais distinções entre contabilidade financeira e contabilidade gerencial.

Prepare uma resposta escrita de Burt para Judy.

1-38. Uso da informação contábil em hospitais

A maioria dos rendimentos de hospitais nos Estados Unidos não são derivados diretamente dos clientes. Em vez disso, as receitas vêm por meio de terceiros, tais como companhias de seguros e agências governamentais. Até a década de 80, esses pagamentos, geralmente, reembolsavam os custos do hospital em atender os pacientes. Tais pagamentos, entretanto, são agora geralmente magros para serviços especificados. O hospital, por exemplo, pode receber $ 5 mil por uma operação de apêndice, ou $ 25 mil por uma cirurgia do coração — nem mais, nem menos. Como o método de pagamento pode mudar a demanda por uma informação contábil nos hospitais? Relacione sua resposta às decisões da alta gestão.

1-39. Custos e benefícios

A Marks & Spencer, enorme varejista do Reino Unido, estava atrapalhada com sua papelada burocrática. Em uma visão isolada, cada formulário parecia razoável, mas, no geral, um pesquisador relatou que havia esforço substancial, em cada departamento, para verificar as informações. Basicamente, o esforço parecia fora de proporções de qualquer valor recebido e, eventualmente, muitos dos documentos foram simplificados ou eliminados.

Descreva a razão que deve direcionar o projeto dos sistemas.

1-40. A importância da contabilidade

Uma história dos jornais relatou:

> *Um gestor veterano de operações automotivas da Rockwell lembra-se de quando participou de uma reunião do pessoal de operações de aeronaves norte-americanas da empresa, 20 anos atrás: "Havia 60 a 70 pessoas conversan-*

do a respeito de problemas técnicos, mas sem pronunciar uma palavra sobre lucros". Esse desinteresse pela gestão financeira ajudou a Rockwell a perder o Caça F-15 para a McDonnell Douglas, dizem as fontes do Pentágono. O gestor trouxe consigo executivos orientados para o lucro e transformou as reuniões de assessoria dos Estados Unidos a tal ponto que "você raramente ouve uma conversa sobre problemas técnicos", diz ele. "Tudo é financeiro."

Qual é sua reação aos comentários do gestor? Seus comentários estão relacionados à contabilidade gerencial?

1-41. Mudanças nos sistemas contábeis

No início da década de 90, a Boeing Company empreendeu um estudo, em grande escala, de seu sistema contábil. O estudo conduziu a diversas mudanças significativas. Nenhuma dessas mudanças foi exigida para relatórios aos usuários externos. A gestão pensa, entretanto, que o novo sistema fornece custos mais acurados de seus aviões e outros produtos fabricados.

1. A Boeing tem sido uma empresa muito bem-sucedida usando seu velho sistema de contabilidade. O que pode tê-la motivado a mudá-lo?
2. Quando a Boeing mudou seu sistema, que critérios os gestores teriam usado para decidir se investiriam no novo sistema?
3. A mudança para um sistema que fornece custos de produtos mais acurados é sempre uma boa estratégia? Por quê, ou por que não?

1-42. Cadeia de valor

A Nike é uma empresa sediada em Oregon que focaliza o projeto, o desenvolvimento e o *marketing* mundial de calçados, vestuários, equipamentos e acessórios de alta qualidade. A Nike é o maior vendedor de calçados e vestuários esportivos no mundo. A empresa vende seus produtos para aproximadamente 19 700 varejistas nos Estados Unidos e, por intermédio de um composto de distribuidores independentes, licenciados e de subsidiárias, para cerca de 110 países ao redor do mundo. Virtualmente, todos os produtos da empresa são fabricados por contratados independentes. A maioria dos calçados é produzida fora dos Estados Unidos, enquanto os produtos de vestuário são produzidos tanto nos Estados Unidos quanto no exterior.

1. Identifique uma decisão que os gestores da Nike tomam em cada uma das seis funções da cadeia de valor.
2. Para cada decisão do item 1, identifique uma peça de informação contábil que ajudaria na decisão do gestor.

1-43. Papel do *controller*

Juanita Palencia, *controller* recentemente contratada da Braxton Industries, foi retirada de um concorrente para revitalizar o departamento de controladoria. Seu primeiro dia no trabalho provou que ela era atenta. Uma de suas primeiras entrevistas foi com Bill Belton, supervisor de produção da fábrica de Cleveland. Belton comentou: "Eu realmente não quero conversar com ninguém da controladoria. A única vez em que vimos aqueles contadores foi quando nossos custos se desviaram do orçamento. Eles o chamam de relatório de desempenho, mas é realmente apenas um conjunto de números que eles arranjam. Não tem nada a ver com o que acontece no chão-de-fábrica. Além disso, meus homens não podem perder tempo preenchendo toda a papelada que os contadores querem; assim, eu apenas me fixo em alguns números e mando-os de volta. Agora, se você me deixar voltar ao que interessa...". Palencia saiu rapidamente, mas já estava planejando sua próxima visita a Belton.

1. Identifique alguns dos problemas no relacionamento entre o departamento de controladoria e os departamentos de produção (assumindo que a fábrica de Cleveland representa os departamentos de produção).
2. O que Juanita Palencia deve fazer em seguida?

1-44. Questões éticas

Suponha que você seja o *controller* de uma empresa de tamanho médio, exploradora de petróleo no oeste do Texas. Você é adepto dos padrões de conduta ética para contadores gerenciais. Como esses padrões afetariam seu comportamento em cada uma das seguintes situações?

1. Numa tarde de sexta-feira, você recebe o relatório de um geólogo sobre uma propriedade recentemente adquirida. Ele indica uma probabilidade muito maior de ocorrência de petróleo do que era até então esperado. Você é o único a ler o relatório nesse dia. Em uma festa no sábado à noite, um amigo pergunta a respeito dos prospectos para a propriedade.
2. Uma analista de ações da indústria de petróleo convida você e sua esposa para passar uma semana no Havaí, gratuitamente. Tudo o que ela deseja é voltar a ser a primeira a saber de qualquer informação financeira que sua empresa vá anunciar ao público.
3. É hora de fazer uma previsão dos lucros anuais da empresa. Você sabe que alguns prejuízos adicionais serão reconhecidos antes que as demonstrações finais sejam preparadas. O presidente da empresa pediu a você que

ignorasse esses prejuízos ao fazer suas predições, porque uma previsão de lucro abaixo do esperado poderia afetar adversamente as probabilidades de obter um empréstimo que está sendo negociado e que será completado antes que o lucro real seja anunciado.

4. Você não sabe se uma despesa em particular é dedutível para fins de imposto de renda. Você está debatendo se pesquisa a legislação tributária ou se simplesmente assume que o item é dedutível. Afinal, se você não for auditado, ninguém nunca saberá a diferença. Se for auditado, poderá alegar ignorância da lei.

Casos

1-45. Autoridade de linha e assessoria (CMA adaptado)

A EEL (Electronic Equipment Leasing Company) arrenda (*leases*) equipamentos de escritório para uma variedade de clientes. O organograma da empresa é mostrado adiante.

As quatro posições destacadas no organograma estão descritas a seguir.

- J. P. Shores, *controller* assistente — Projetos Especiais. Shores trabalha com projetos atribuídos a ele pelo *controller*. A maioria dos projetos recentes envolvia um novo sistema de contas a pagar.

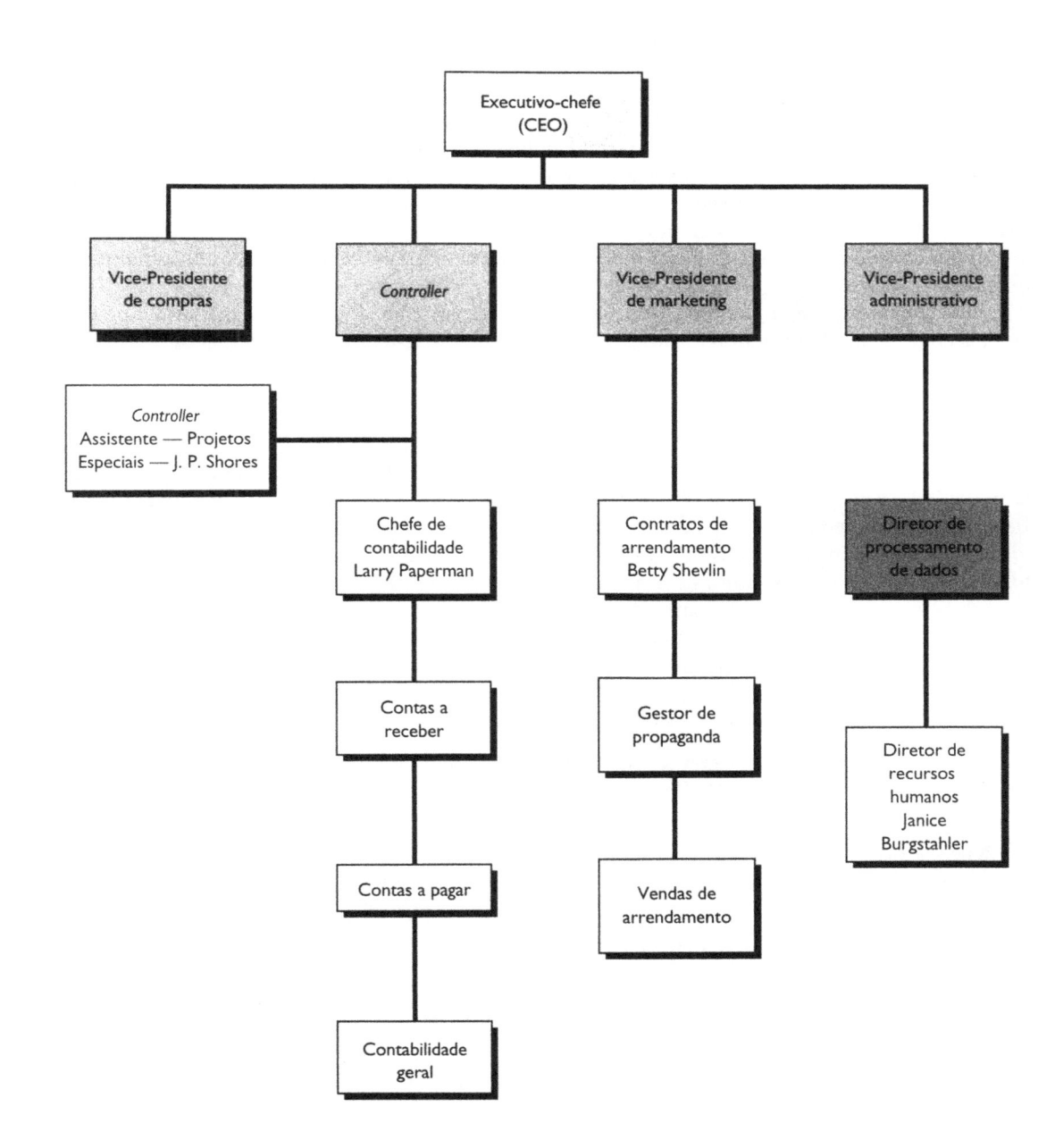

- Betty Shevlin, gestora de contratos de arrendamento. Shevlin coordena e implementa transações de arrendamento. Seu departamento manuseia todas as transações após o departamento de vendas obter um contrato assinado. Isso inclui requisitar o equipamento do departamento de compras, manter seguro apropriado, entregar o equipamento, emitir demonstração de faturamento e renovar os contratos de arrendamento.
- Larry Paperman, chefe da contabilidade. Paperman supervisiona todas as funções contábeis. Ele produz relatórios para os quatro supervisores das áreas funcionais.
- Janice Burgstahler, diretora de recursos humanos. Burgstahler trabalha com todos os departamentos da EEL na contratação de pessoal. Seu departamento anuncia todas as posições e recruta candidatos, mas as entrevistas individuais são conduzidas pelos departamentos que tomam as decisões de contratação. Burgstahler também coordena as avaliações de empregados e administra o programa de salários e benefícios da empresa.

1. Distinga as posições de linha e de assessoria na organização e discuta por que conflitos podem surgir entre os gestores de linha e de assessoria.
2. Para cada um dos quatro gestores descritos, identifique se sua posição é de linha ou de assessoria e explique por que você a classificou dessa maneira. Também indique qualquer conflito potencial que possa surgir com outros gestores na organização.

1-46. Ética e o pessoal da contabilidade

A Red Ball Beverage Company tem uma política de oportunidades iguais de emprego. Essa política tem o apoio total do presidente da empresa, Beverly Chiapello, e é incluída em todas as propagandas para posições em aberto.

A contratação no departamento de contabilidade é feita pelo *controller*, D. W. "Butch" Laughton. O *controller* assistente, Jack Myers, também entrevista os candidatos, mas Laughton toma todas as decisões. No ano passado, o departamento contratou cinco novas pessoas de um grupo de 175 candidatos. Treze foram entrevistados, incluindo quatro candidatos pertencentes a minorias. Os cinco contratados incluíam três filhos de amigos próximos de Laughton e nenhum de alguma minoria. Myers sentiu que pelo menos dois dos candidatos de minorias estavam muito bem qualificados e que os três filhos dos amigos de Laughton não estavam, definitivamente, entre os mais qualificados.

Quando Myers questionou Laughton a respeito de suas reservas sobre as práticas de contratação, a ele foi dito que essas decisões eram de Laughton e não suas, de modo que ele não deveria questioná-las.

1. Explique por que as práticas de contratação de Laughton, provavelmente, não são éticas.
2. O que Myers deve fazer sobre essa situação?

1-47. Ética profissional e dejetos tóxicos

A Yukon Mining Company extrai e processa uma variedade de minérios. Uma de suas operações é a planta de limpeza de carvão, que produz dejetos tóxicos. Por muitos anos, os dejetos foram eliminados adequadamente pela National Disposal, empresa experiente em eliminar tais itens. A eliminação de dejetos tóxicos, entretanto, tem se tornado um problema econômico, porque o aumento da regulamentação governamental tem quadruplicado os custos de tais eliminações nos últimos seis anos.

Rebecca Long, diretora de relatórios financeiros para a Yukon Mining, preparava as demonstrações contábeis da empresa para o ano encerrado em 30 de junho de 2001. Ao pesquisar o material necessário para preparar as notas explicativas sobre as contingências ambientais, ela descobriu a seguinte nota, rabiscada a lápis ao final de um memorando para o gestor geral da planta de limpeza de carvão. O corpo do memorando dava detalhes sobre o aumento nos custos de eliminação de dejetos tóxicos:

Ralph — Temos de manter esses custos baixos ou não atingiremos o orçamento.
Podemos misturar mais desses dejetos com os embarques de refugo para o aterro sanitário de Oak Hill? Ninguém parece observar os fluidos de limpeza de carvão quando estão bem misturados.

Rebecca incomodou-se com a nota. Considerou ignorá-la, fingindo que não a tinha visto. Após algumas horas, porém, sua consciência não lhe permitiu fazê-lo. Conseqüentemente, ela ponderou três cursos alternativos de ação. São eles:

- Procurar o conselho de sua chefe, vice-presidente de finanças da Yukon.
- Liberar anonimamente a informação para o jornal local.
- Dar a informação a um membro externo da diretoria da Yukon, que ela conhecia porque vivera em sua vizinhança.

1. Discuta por que Rebecca Long tem uma responsabilidade ética e deve agir em relação à sua suspeita de *dumping* ilegal de dejetos tóxicos.

2. Para cada um dos três cursos de ação alternativos, explique se a ação é apropriada.
3. Suponha que Rebecca procurou o conselho da vice-presidente de finanças e descobriu que ambos tinham ciência do fato e aprovaram o *dumping* de dejetos tóxicos. Que atitudes ela deveria tomar para resolver o conflito nessa situação?

capítulo

2

INTRODUÇÃO AO COMPORTAMENTO DO CUSTO E RELAÇÕES CUSTO–VOLUME

O 767-400 ER da Boeing tem sido avaliado pelos passageiros como um dos aviões preferidos em todas as classes de serviços. Um dos motivos é que 87 por cento dos assentos estão ao lado de uma janela ou de um corredor. A entrega do primeiro 767-400 ER para transportar o cliente Delta Airlines foi feita em 2000.

Objetivos de aprendizagem

Ao terminar de estudar este capítulo, você deverá estar apto a:

1. Explicar como os direcionadores de custos afetam o comportamento do custo.
2. Mostrar como as mudanças em níveis de atividade do direcionador de custo afetam os custos variáveis e fixos.
3. Calcular o volume de vendas no ponto de equilíbrio no total financeiro e no total de unidades físicas.
4. Criar um gráfico de custo–volume–lucro e entender suas suposições.
5. Calcular o volume de vendas total em unidades monetárias e físicas, para alcançar o lucro-alvo.
6. Diferenciar margem de contribuição e margem bruta.
7. Explicar os efeitos do composto de vendas sobre os lucros (Apêndice 2A).
8. Calcular as relações custo–volume–lucro na base após impostos (Apêndice 2B).
9. **Entender como o comportamento dos custos e a análise custo–volume–lucro são utilizados pelos gestores.**

Em 1915, William Boeing, um madeireiro de Seattle, montou seu primeiro avião em uma oficina de barcos. Hoje, a Boeing Company produz mais de 50 jatos por mês e tem uma receita anual de mais de $ 60 bilhões. A empresa tem dois terços de participação no mercado mundial em vendas de avião, mas isso poderia mudar com o aumento da competição, para satisfazer o crescimento da demanda. Daqui a duas décadas, o setor de linhas aéreas necessitará de 16 mil aviões novos, no valor de $ 1 trilhão. Como a Boeing manterá sua capacidade competitiva e lucratividade? Com o aumento da competição, a Boeing sabe que os lucros podem ser melhorados mais pelo controle de custos (redução) do que pelo aumento dos preços aos clientes. Assim, ela deveria construir aviões maiores ou construir mais daqueles do tamanho existente, mas com melhorias nas características e na eficiência, o que reduziria os custos dos clientes? Qual alternativa reduziria mais os custos para a Boeing e seus clientes? Para responder a essas questões, a Boeing teve de considerar seus próprios custos, bem como os custos de seus clientes. A questão real é: o que seus clientes valorizam como retorno de um preço de $ 50 milhões ou mais por avião?

Um caso ilustrativo é o Boeing 747-X. Cerca de uma década atrás, a empresa iniciou seu programa de pesquisa e desenvolvimento para esse enorme avião de 500 passageiros. Uma parte importante de sua pesquisa foi a avaliação do custo de seus clientes — de operar a frota existente de aviões e dos custos reduzidos para o novo avião 747-X. Ela formou um grupo de trabalho com 19 clientes dos aviões (por exemplo, a United, a American Airlines e a British Airways) para examinar suas necessidades no mercado de 500 assentos ou mais. Após quatro anos de pesquisa, a empresa completou o projeto do novo avião e enfrentou uma decisão final para lançá-lo. Essa decisão envolveria um enorme investimento imediato em uma planta onerosa e em equipamentos. Para pagar por esses ativos e obter lucro, ela precisou assegurar-se de que seus clientes demandariam o novo avião.

A questão-chave foi se os clientes desejavam o último modelo, o maior e mais oneroso avião, ou um com o mais alto valor. Apesar dos anos de atividade de desenvolvimento, a Boeing decidiu não prosseguir com o 747-X. De acordo com Philip Condit, presidente e diretor executivo, "o mercado prospectivo para aviões com mais de 500 assentos era limitado. Estávamos, afinal, em posição de equilibrar o custo significativo do programa contra o tamanho limitado do mercado". A maioria dos clientes da empresa necessitava de mais aviões para o aumento esperado no número de rotas sem escala. Em resumo, os clientes disseram: "Deveríamos, em vez disso, ter dois aviões novos de 250 assentos, que são mais eficientes em custo do que um superavião de 500 assentos". Assim, o programa do 747-X foi suspenso. Em vez disso, a empresa está concentrando-se em melhorar seus aviões existentes. O novo modelo da Boeing dos 747 existentes, por exemplo, oferecerá mais 16 por cento de assentos e redução em custos de 'assentos por milha' de até 10 por cento.

Os gestores precisam entender os custos. Como os custos e as receitas de uma linha aérea são afetados quando mais um passageiro é adicionado no último momento, ou quando mais um vôo é adicionado à programação? Como seria afetado o orçamento solicitado pelo departamento de veículos automotores do Arizona pelo aumento previsto na população do estado? Essas são, na verdade, formulações diferentes de uma questão comum: O que acontecerá aos resultados financeiros se um nível específico de atividade ou volume for alterado?

Embora os resultados financeiros sejam baseados em receitas e custos, focalizaremos primordialmente os custos neste capítulo. Apesar de tudo, como vimos no caso da Boeing, as empresas, geralmente, têm mais controle sobre seus custos do que sobre suas receitas. De fato, uma das principais metas da contabilidade gerencial é controlar (e reduzir) custos. Os gestores, porém, não podem controlar custos, a não ser que entendam o **comportamento dos custos** — como estão relacionados com as atividades da organização e como são afetados por elas.

ATIVIDADES, CUSTOS E DIRECIONADORES DE CUSTOS

Os tipos diferentes de custos comportam-se de maneiras diferentes. Considere os custos, para a Boeing Company, de uma planta existente para produzir os jatos comerciais 737. O custo dos materiais, tais como cabos elétricos, assentos e alumínio, aumenta à proporção que o número de aviões manufaturados aumenta. O custo da planta e dos salários dos principais gestores, no entanto, permanece o mesmo, independentemente do número de aviões fabricados. Associar o comportamento dos custos com as unidades produzidas nos fornece uma visão geral de como os custos se comportam, mas é de pouca ajuda para os gestores controlarem custos diariamente.

No dia-a-dia, os gestores focalizam seus esforços em gerir as atividades exigidas para fabricar produtos ou entregar serviços — não nos produtos e serviços em si. Um gestor de produção precisa saber como as atividades rotineiras, tais como manutenção de máquinas e reparos, afetam os custos. Assim, uma vez que entender os custos é tão importante para controlá-los, associá-los com as atividades é a chave para isso. Uma das atividades executadas na planta da Boeing, por exemplo, está recebendo peças a ser instaladas no avião. Os gestores de recebimento precisam saber como suas atividades afetam os custos. Custos como depreciação do equipamento usado para movimentar peças de um local da planta para outro não se alteram quando a atividade de recebimento aumenta ou diminui, mas os custos como combustível para a mesma movimentação de equipamento mudam com as mudanças de atividade. Realmente, deveríamos dizer que as atividades como recebimento exigem recursos do mesmo modo que equipamentos de movimentação e combustível, e que esses recursos custam dinheiro.

Como, porém, os contadores relacionam exatamente as atividades aos custos dos recursos, de maneira a tornar possível o controle de custos? Os contadores identificam, primeiro, as atividades em sua organização e determinam medidas de produção para cada atividade. Eles, então, relacionam cada medida de produção com os recursos necessários para tal. Qualquer medida de produção que gera custos (isto é, causa o consumo de recursos onerosos) é chamada de **direcionador de custos**. Em nosso exemplo de recebimento, a medida do direcionador ou do produto do custo da atividade de recebimento pode ser o 'número de peças recebidas' ou o 'peso de peças recebidas'. O gestor de recebimento pode facilmente entender como um aumento no número das peças recebidas ou do peso das peças recebidas pode aumentar ou 'direcionar' o consumo (e, conseqüentemente, o custo) do combustível e do equipamento de movimentação. Uma organização tem muitos direcionadores de custos ao longo de sua cadeia de valor. A Figura 2.1 lista exemplos de custos e de direcionadores de custos potenciais para cada uma das funções da cadeia de valor. A eficácia com que os contadores identificam os direcionadores mais apropriados de custos determina quão bem os gestores entendem o comportamento dos custos e quão bem os custos são controlados.

Figura 2.1 Exemplos de funções da cadeia de valor, custos e direcionadores de custos.

Função da cadeia de valor e exemplo de custos	Exemplo de direcionadores de custos
Pesquisa e desenvolvimento	
• Salários do pessoal de pesquisa de mercado, custos das pesquisas de mercado	Número de propostas de novos produtos
• Salários dos engenheiros de produtos e processos	Complexidade dos produtos propostos
Projeto de produtos, serviços e processos	
• Salários dos engenheiros de produtos e processos	Número de horas de engenharia
• Custo dos equipamentos de projeto assistido por computador; custo para desenvolver o protótipo do produto para testes	Número de peças por produto
Produção	
• Remuneração da mão-de-obra	Horas de mão-de-obra
• Salários de supervisores	Número de pessoas supervisionadas
• Remuneração da manutenção	Número de horas do mecânico
• Depreciação de instalações e máquinas; suprimentos	Número de horas-máquina
• Energia	Quilowatt-hora
Marketing	
• Custo de propagandas	Número de anúncios
• Salários do pessoal de *marketing*; custos de viagem e de entretenimento	Unidades monetárias de vendas
Distribuição	
• Remuneração do pessoal de embarque	Horas de mão-de-obra
• Custos de transporte, incluindo depreciação de veículos e combustível	Peso dos itens entregues
Serviços aos clientes	
• Salários do pessoal de serviços	Horas despendidas assistindo aos produtos
• Custos de suprimentos, viagens	Número de pedidos de serviço

COMPARAÇÃO DE CUSTOS VARIÁVEIS E CUSTOS FIXOS

A chave para entender o comportamento dos custos é distinguir os custos variáveis dos custos fixos. Os custos são classificados como variáveis ou fixos dependendo de quanto mudam com o nível de mudanças de um direcionador de custos em particular. **Custo variável** é aquele que muda em proporção direta às mudanças no nível do direcionador de custos. Em contraste, um **custo fixo** não é imediatamente afetado pelas mudanças no nível do direcionador de custos. Suponha que unidades de produção seja o direcionador de custos de interesse. Um aumento de 10 por cento nas unidades de produção acarretaria um aumento de 10 por cento dos custos variáveis. Os custos fixos, entretanto, deveriam permanecer inalterados.

Considere alguns custos variáveis. Suponha que a Watkins Products pague a seu pessoal de vendas porta a porta 40 por cento de comissão direto sobre as vendas. O custo total de comissões de vendas para a Watkins é de 40 por cento das unidades monetárias de vendas — um custo variável em relação às receitas de vendas. Ou suponha que a Dan's Bait Shop compre pacotes de iscas de peixes a $ 2 cada. O custo total da isca é $ 2 multiplicados pelo número de pacotes comprados — um custo variável com relação às unidades (número de pacotes) compradas. Observe que os custos variáveis não mudam por unidade, mas que os custos totais mudam em proporção direta ao direcionador de custos da atividade. A Figura 2.2 mostra graficamente esses relacionamentos entre custos e direcionadores de custos da atividade.

Considere agora um custo fixo. Suponha que a Sony alugue uma fábrica para produzir tubos de imagens para conjuntos de televisores em cores por $ 500 mil por ano. O custo total de $ 500 mil não é afetado pelo número de tubos de imagem produzidos. O custo unitário do aluguel aplicável a cada tubo, entretanto, depende do número total de tubos produzidos. Se cem mil tubos forem produzidos, o custo unitário será $ 500 000 ÷ 100 000 = $ 5. Se 50 mil tubos forem produzidos, o custo unitário será $ 500 000 ÷ 50 000 = $ 10. Conseqüentemente, um custo fixo não muda o total, mas torna-se progressivamente menor na base unitária, conforme o volume aumenta.

Figura 2.2 Comportamento do custo variável.

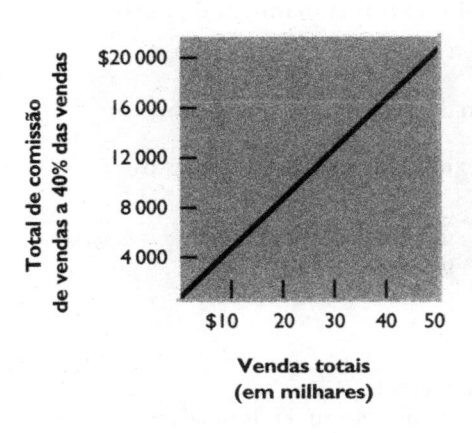

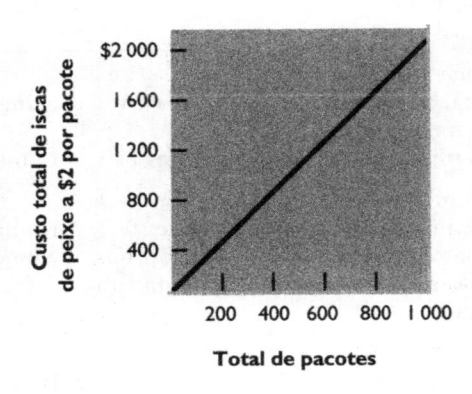

Observe cuidadosamente, nesses exemplos, que as características de um custo 'variável' ou 'fixo' se relaciona ao seu montante total de unidades monetárias, e não à sua quantidade por unidade. A tabela seguinte resume esses relacionamentos.

	Se o nível de direcionador de custos de atividade aumenta (ou diminui)	
Tipo de Custo	*Custo Total*	*Custo Unitário**
Custos fixos	Sem mudanças	Diminuição (ou aumento)
Custos variáveis	Aumento (ou diminuição)	Sem mudanças

* Por unidade de volume de atividade — por exemplo, unidades de produtos, passageiros por milha, unidades monetárias de vendas.

Ao analisar custos, duas 'regras de dedão' são úteis:

1. Pense nos custos fixos como um total. Os custos fixos totais permanecem inalterados, independentemente das mudanças no direcionador de custos de atividade.
2. Pense nos custos variáveis na base unitária. O custo variável por unidade permanece inalterado, independentemente das mudanças no direcionador de custos de atividade.

Faixa relevante

Embora tenhamos descrito apenas os custos fixos como imutáveis, independente das mudanças em certo direcionador de custo, essa 'regra de dedão' mantém-se verdadeira apenas dentro de limites razoáveis. Custos de aluguel, por exemplo, que são geralmente fixos, sofrerão acréscimo se o aumento de produção exigir um edifício maior ou um outro adicional — ou se o senhorio apenas decidir aumentar o aluguel. Inversamente, os custos de aluguel poderão

Uma chave para entender o comportamento de custos é distinguir custos variáveis de custos fixos. Teste seu entendimento respondendo às seguintes questões:

1. Os quilowatts-hora consumidos são um direcionador de custos para o custo de energia. O custo de energia é variável ou fixo?
2. Os metros quadrados ocupados são um direcionador de custo para custos de ocupação, tais como a depreciação de edifícios e prêmios de seguros. O custo de ocupação é variável ou fixo?

Respostas
A melhor maneira de determinar se o custo de um recurso é variável ou fixo é fazer a pergunta: "Se o nível do direcionador de custo muda, o que acontecerá com o custo?". Se os quilowatts-hora aumentarem (diminuírem), o custo de energia também aumentará (diminuirá). Assim, o custo de energia é variável. Se os metros quadrados ocupados por uma unidade particular em uma organização aumentarem (diminuírem), a depreciação e o seguro do edifício não mudarão. Assim, os custos de ocupação do edifício, tais como depreciação e seguro, são custos fixos.

ser reduzidos se a produção diminuída provocar a mudança da empresa para uma planta menor. **Faixa relevante** é o limite do nível de direcionador de custo da atividade dentro do qual um relacionamento específico entre custos e direcionador de custos é válido. Mesmo dentro da faixa relevante, porém, um custo fixo permanece fixo apenas ao longo de um período de tempo — geralmente, o período orçado. O orçamento de custos fixos pode mudar de um ano para outro apenas por causa das alterações nas taxas de seguro e de impostos prediais, nos níveis de salários dos executivos ou nos níveis do aluguel. Mudanças nesses itens, contudo, são improváveis dentro de um certo ano.

Suponha que uma planta da General Electric, por exemplo, tenha uma faixa relevante entre 40 mil e 85 mil caixas de lâmpadas por mês e que os custos fixos mensais totais, dentro da faixa relevante, sejam de $ 100 mil. Dentro da faixa relevante, os custos fixos permanecerão os mesmos. Se a produção cair abaixo das 40 mil caixas, as mudanças no pessoal e nos salários deverão reduzir os custos fixos para $ 60 mil. Se as operações aumentarem acima de 85 mil caixas, os aumentos em pessoal e salários deverão elevar os custos fixos para $ 115 mil.

Essas suposições — um certo período e uma certa faixa de atividade — são mostradas graficamente na parte superior da Figura 2.3. É bastante incomum, entretanto, que as operações mensais estejam fora da faixa relevante. Assim, o refinamento de três níveis, na parte superior da Figura 2.3, geralmente não é representado no gráfico. Em vez disso, uma única linha horizontal é prolongada com níveis de atividades traçados, como na parte inferior da figura. Freqüentemente, uma linha tracejada é utilizada fora da faixa relevante.

A idéia básica de uma faixa relevante também se aplica aos custos variáveis. Isto é, fora da faixa relevante, alguns custos variáveis, tais como combustível consumido, podem comportar-se diferentemente por unidade de direcionador de custo de atividade. O custo variável de uma máquina de enlatar da Del Monte, por exemplo, pode ser de $ 5 para cada hora em que é usada, supondo que estará consumindo entre 30 e 50 horas a cada semana. Se for usada por mais de 50 horas por semana, entretanto, o desgaste adicional poderá aumentar os custos variáveis para $ 6 cada hora além das 50.

DIFERENÇAS NA CLASSIFICAÇÃO DE CUSTOS

Como você pode suspeitar, muitas vezes é difícil classificar um custo como exatamente variável ou exatamente fixo. Muitas complicações surgem, incluindo a possibilidade de os custos comportarem-se de alguma maneira não-linear (que não produz um gráfico de linha reta). Assim que um preparador de declaração de impostos aprende a processar os novos formulários anuais, por exemplo, sua produtividade aumenta. Isso significa que o custo total pode, realmente, comportar-se como no painel A que se segue, e não como no painel B.

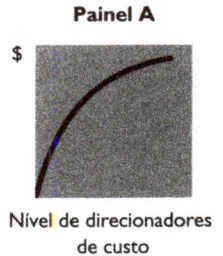

Além disso, os custos podem ser afetados, simultaneamente, por mais de um direcionador de custo. Os custos de mão-de-obra de embarque, por exemplo, podem ser afetados tanto pelo peso como pelo número de unidades manuseadas. Devemos investigar várias facetas desse problema nos capítulos sucessivos; por enquanto, suporemos que algum custo pode ser classificado como variável ou como fixo. Suporemos, também, que um dado custo variável está associado apenas a um direcionador de custo relacionado ao volume e que o relacionamento é linear.

Classificar custos como fixos ou variáveis depende da situação da decisão. Mais custos são fixos e menos são variáveis quando as decisões envolvem extensões de tempo muito curtas e pouquíssimas mudanças no nível de atividade. Suponha que um avião da United Airlines, com diversos assentos vazios, partirá de seu portão em dois minutos. Um passageiro potencial está vindo apressado pelo corredor, portando uma passagem transferível de uma linha aérea concorrente. A menos que o avião seja mantido no solo por mais 30 segundos, o passageiro perderá a partida e não trocará para a United a viagem planejada. Quais são os custos variáveis para a United atrasar a partida e colocar mais um passageiro em um assento que, de outro modo, ficará vazio? Custos variáveis (por exemplo, uma refeição a mais) são insignificantes. Virtualmente, todos os custos nessa situação de decisão são fixos (por exemplo, salários do pessoal de manutenção). Agora, em contrapartida, suponha que a decisão da United seja se adiciona outro vôo, adquire outro portão, adiciona outra cidade em suas rotas, ou adquire outro avião. Muitos custos mais

Figura 2.3 Custos fixos e faixa relevante.

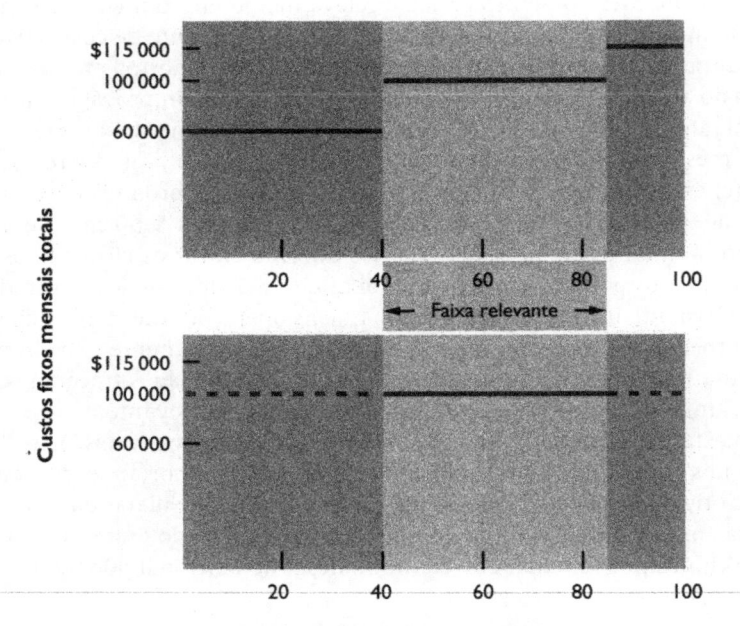

seriam considerados como variáveis e menos como fixos. No caso de adicionar um vôo, por exemplo, os salários do pessoal de manutenção seriam variáveis.

Esse exemplo subestima a importância de como a situação de decisão afeta a análise de comportamento de custos. Se os custos forem realmente 'fixos', dependerá muito da faixa relevante, do comprimento do período de planejamento em questão e da situação de decisão específica.

ANÁLISE CUSTO–VOLUME–LUCRO

Os gestores classificam, freqüentemente, os custos como fixos ou variáveis ao tomar decisões que afetam o volume de produção.

Os gestores desejam saber como tais decisões afetarão os custos e as receitas. Eles percebem que muitos fatores, além do volume de produção, afetarão os custos. Ainda assim, um ponto de partida útil em seu processo de decisão é especificar o relacionamento entre o volume de produção e os custos e as receitas. Os gestores das organizações com fins lucrativos geralmente estudam os efeitos do volume de produção nas receitas (vendas), despesas (custos) e no resultado (lucro). Esse estudo é, comumente, chamado de **análise custo–volume–lucro** (CVL). Os gestores das organizações sem fins lucrativos também se beneficiam do estudo das relações CVL. Por quê? Nenhuma organização tem recursos ilimitados, e o conhecimento de como os custos flutuam em relação às mudanças de volume ajuda os gestores a entender como controlar os custos. Os administradores de hospitais sem fins lucrativos, por exemplo, estão constantemente preocupados com o comportamento dos custos em relação às flutuações no número de clientes.

Para aplicar a análise CVL, os gestores, habitualmente, recorrem a algumas suposições simplificadoras. A principal simplificação é classificar custos entre variáveis ou fixos com relação a uma única medida de volume da atividade de produção. Este capítulo centra-se em tais relações simplificadas.

CENÁRIO CVL

Amy Winston, gestora de serviços de alimentação para a Middletown Community College, está tentando decidir se aluga uma linha de máquinas de vender lanches. Embora os itens individuais de lanche tenham vários custos de aquisição e preços de venda, Winston decidiu que um preço de venda médio de $ 0,50 por unidade e um custo médio de aquisição de $ 0,40 por unidade serão suficientes para o objetivo dessa análise. Ela prediz os seguintes relacionamentos entre receitas e despesas.

	Por unidade	Porcentagem de vendas
Preço de venda	$ 0,50	100%
Custo variável de cada item	$ 0,40	80%
Preço de venda menos custo variável	$ 0,10	20%
Despesas fixas mensais		
Aluguel	$ 1 000	
Remunerações por reabastecimentos e serviços	$ 4 500	
Outras despesas fixas	$ 500	
Total de despesas fixas por mês	$ 6 000	

Agora, usaremos esses dados para examinar diversas aplicações da análise CVL.

PONTO DE EQUILÍBRIO — TÉCNICAS DE MARGEM DE CONTRIBUIÇÃO E EQUAÇÃO

A análise mais básica de CVL calcula o ponto de equilíbrio mensal em número de unidades físicas e unidades monetárias de vendas. **Ponto de equilíbrio** é o nível de vendas no qual a receita se iguala às despesas e o lucro é zero. A imprensa freqüentemente se refere aos pontos de equilíbrio. Uma história nos jornais sobre taxas de

PRIMEIRO, OS NEGÓCIOS

Ponto de equilíbrio na indústria automotiva

A crescente competição mundial na indústria automotiva tem feito muitas empresas ter uma clara consciência de seus pontos de equilíbrio. No início da década de 90, a maioria das empresas automotivas estava perdendo dinheiro. Com perspectivas sombrias para grandes aumentos em volumes de vendas, as empresas seriam lucrativas apenas se pudessem diminuir seus pontos de equilíbrio. Foi exatamente o que a maioria das empresas fez.

Os pontos de equilíbrio variam muito para as diferentes empresas automotivas. As organizações maiores têm custos fixos elevados e, conseqüentemente, devem alcançar vendas mais elevadas para atingir o ponto de equilíbrio. A Chrysler, por exemplo, reduziu seu ponto de equilíbrio de 1,9 milhão para 1,6 milhão de veículos, dos últimos anos de 1980 até 1993. Ainda assim, a redução de 16 por cento no ponto de equilíbrio foi menor do que a alcançada por alguns concorrentes.

A Saab, empresa sueca, havia se focado em reduzir o número de horas de produção por veículo. Em meados da década de 90, ela reduziu a produção de 120 horas para 45. Isso diminuiu o volume do ponto de equilíbrio de 125 mil veículos para 83 mil.

As operações de montagem do Jaguar, situadas a cem milhas ao norte de Londres, teve um foco duplo: qualidade e tempo de produção. Com as melhorias de qualidade, esperava-se um aumento de vendas, e isso parece estar funcionando. Os custos de garantia, apenas nos Estados Unidos, estão abaixo de 60 por cento, e as vendas estão crescendo. Com as melhorias de produção, pretendia-se reduzir o volume de ponto de equilíbrio. Durante o início da década de 90, a Jaguar teve um corte de 54 por cento no tempo exigido para montar um carro. Isso reduziu o ponto de equilíbrio do intervalo entre 50 mil e 60 mil veículos por ano para 30 mil.

Em 1993, os custos variáveis de fabricar um carro da Volkswagen eram, realmente, maiores do que seu preço médio. Como declarado pelo presidente da empresa, Ferdinand Piech: "Quanto mais carros vendêssemos, mais dinheiro perderíamos". A Volkswagen, no entanto, reduziu seu ponto de equilíbrio ao reprojetar seus carros e melhorar os processos de produção.

Está claro que os volumes de ponto de equilíbrio diferem muito entre as empresas automotivas. A Rolls-Royce pode gerar um lucro em vendas no nível de 1.300 veículos, mas a Saab, a Jaguar, a Volkswagen e a Chrysler estariam fora dos negócios naquele volume. Da mesma maneira, a Chrysler não poderia sobreviver vendendo a volumes altamente lucrativos para a Saab e para a Jaguar. Cada empresa deve calcular seu próprio volume de ponto de equilíbrio, baseada em seus próprios custos fixos e variáveis. Se as vendas de uma empresa caírem abaixo de seu ponto de equilíbrio, ou ela deverá encontrar uma maneira de obter mais vendas ou deverá reestruturar suas operações de produção, para reduzir seus pontos de equilíbrio.

Fontes: Adaptado de Paul A. Eisenstein, "Jaguar ledgers to feature black, not red, ink next year", em *Washington Times*, 16 de setembro de 1994, p. D3; Mary Beth Vander Schaaf, "Saab counts on V-6 to boost 9000", em *Automotive News*, 26 de setembro de 1994, p. 37; "GM's Saab unit cleans back into black", em *Investors Business Daily*, 27 de setembro de 1994, p. A4; James Bennet, "Chrysler's chiefs word view: Place to sell, not build, cars", em *New York Times*, 30 de setembro de 1994, p. D1; Christopher Jensen, "Jaguar's renaissance: Ford helps its British acquisition make quality job one", em *Plain Dealer*, 9 de outubro de 1994, p. 1H; Paul Eisenstein, "VW can afford expansion", em *Automotive Industries*, 1º de outubro de 1998.

ocupação de hotel em São Francisco, por exemplo, relatou que "70 por cento [ocupação] é considerado um ponto de equilíbrio para hoteleiros". Uma outra declarou que "os três maiores fabricantes de automóveis reduziram drasticamente seu ponto de equilíbrio em vendas, na América do Norte, de 12,2 milhões de carros e caminhões para apenas 9,1 milhões este ano". Finalmente, leu-se, em um artigo da Outboard Marine Corporation, que, em conseqüência da reestruturação, "o ponto de equilíbrio da empresa será menor em $ 250 milhões do que foi em 1993".

O estudo das relações custo–volume–lucro é, habitualmente, chamado de 'análise de ponto de equilíbrio'. Essa expressão é enganadora, porque descobrir o ponto de equilíbrio é, com freqüência, apenas o primeiro passo em uma decisão de planejamento. Os gestores, geralmente, concentram-se em como a decisão afetará as vendas, os custos e o lucro.

Um uso direto do ponto de equilíbrio, entretanto, é avaliar os possíveis riscos. Ao comparar o planejamento de vendas com o ponto de equilíbrio, os gestores podem determinar a margem de segurança:

Margem de segurança = unidades de vendas planejadas – unidades de vendas no ponto de equilíbrio

A **margem de segurança** mostra quanto as vendas podem cair abaixo do nível planejado, antes que ocorram prejuízos.

Há duas técnicas básicas para calcular um ponto de equilíbrio: margem de contribuição e equação.

Técnica da margem de contribuição

Considere a seguinte abordagem aritmética de senso comum. Cada unidade vendida gera uma **margem de contribuição** ou **lucro marginal,** que é o preço de vendas por unidade menos o custo variável por unidade. Para os itens da máquina de vender lanches, a margem de contribuição por unidade é de $ 0,10:

Preço das vendas por unidade	$ 0,50
Custo variável por unidade	$ 0,40
Margem de contribuição por unidade	$ 0,10

Quando o ponto de equilíbrio será alcançado? Quando unidades suficientes forem vendidas, para gerar uma margem de contribuição total (número total de unidades vendidas × margem de contribuição por unidade) que se iguale ao total dos custos fixos. Divida os $ 6 mil de custos fixos pelos $ 0,10 de margem de contribuição unitária. O número de unidades que devem ser vendidas para atingir o ponto de equilíbrio é: $ 6 000 ÷ $ 0,10 = 60 000. A receita de vendas no ponto de equilíbrio é: 60 000 unidades × $ 0,50 por unidade, ou $ 30 000.

Pense a respeito da margem de contribuição dos itens de lanche. Cada unidade comprada e vendida gera uma receita extra de $ 0,50 e um custo extra de $ 0,40. Os custos fixos não são afetados. Se as unidades vendidas forem zero, um prejuízo igual ao custo fixo de $ 6 mil seria incorrido. Cada unidade reduz o prejuízo em $ 0,10, até que as vendas alcancem o ponto de equilíbrio de 60 mil unidades. Depois desse ponto, cada unidade adiciona (ou contribui) com $ 0,10 para o lucro.

A demonstração de resultado condensada no ponto de equilíbrio é:

	Total	Por unidade	Porcentagem
Unidades	60 000		
Vendas	$ 30 000	$ 0,50	100%
Custos variáveis	$ 24 000	$ 0,40	80%
Margem de contribuição*	$ 6 000	$ 0,10	20%
Custos fixos	$ 6 000		
Lucro	$ 0		

* Vendas menos custos variáveis.

Às vezes, o preço unitário e os custos variáveis unitários de um produto não são conhecidos. Essa situação é comum nas empresas que vendem mais de um produto, porque nenhum único preço ou custo variável se aplica a todos os produtos. Um armazém, por exemplo, vende centenas de produtos a muitos preços diferentes. Um ponto de equilíbrio das unidades gerais vendidas pelo armazém não faria sentido. Nesses casos, você pode usar o total das vendas e o total dos custos variáveis para calcular os custos variáveis como uma porcentagem de cada unidade monetária de venda.

Considere nosso exemplo da máquina de vendas:

Preço das vendas	100%
Despesas variáveis como uma porcentagem de vendas em unidades monetárias	80%
Porcentagem da margem de contribuição	20%

Conseqüentemente, 20 por cento de cada unidade monetária vendida está disponível para cobertura dos custos fixos e formação do resultado: $ 6 000 ÷ 0,20 = $ 30 000 em vendas necessárias para o ponto de equilíbrio. A porcentagem de margem de contribuição está baseada nas unidades monetárias de vendas e é, freqüentemente, expressa como um quociente (0,20 em vez de 20%). Usando a porcentagem da margem de contribuição, você pode calcular o volume do ponto de equilíbrio em unidades monetárias de vendas, sem determinar o ponto de equilíbrio em unidades físicas.

Técnica da equação

A técnica da equação é a maneira mais geral da análise, uma vez que pode ser adaptada a qualquer situação concebível de custo–volume–lucro. Você está familiarizado com uma demonstração de resultados típica. Qualquer demonstração de resultados pode ser expressa em forma de equação, ou como um modelo matemático, como segue:

$$\text{vendas} - \text{custos variáveis} - \text{custos fixos} = \text{lucro} \quad (1)$$

Isto é,

$$\left(\begin{array}{c} \text{preço de venda por unidade} \\ \times \\ \text{número de unidades} \end{array} \right) - \left(\begin{array}{c} \text{custo variável por unidade} \\ \times \\ \text{número de unidades} \end{array} \right) - \text{custos fixos} = \text{lucro}$$

No ponto de equilíbrio, o lucro é zero:

$$\text{vendas} - \text{custos variáveis} - \text{custos fixos} = 0$$

Sendo N = número de unidades que devem ser vendidas para estar no ponto de equilíbrio, no exemplo da máquina de vendas:

$$\begin{aligned} \$\,0,50N - \$\,0,40N - \$\,6\,000 &= 0 \\ \$\,0,10N &= \$\,6\,000 \\ N &= \$\,6\,000 \div \$\,0,10 \\ N &= 60\,000 \text{ unidades} \end{aligned}$$

As vendas totais na equação são um relacionamento de preço vezes quantidade, expresso em nosso exemplo como $ 0,50N. Para encontrar as vendas em unidades monetárias, multiplique 60 mil unidades por $ 0,50, o que levaria a um ponto de equilíbrio em unidades monetárias de vendas de $ 30 mil.

Você também pode resolver a equação para unidades monetárias de vendas sem calcular o ponto de equilíbrio em unidade física, usando a relação de custos variáveis e lucros como uma porcentagem das vendas:

$$\begin{aligned} \text{índice ou porcentagem de custo variável} &= \frac{\text{custo variável por unidade}}{\text{preço de venda por unidade}} \\ &= \frac{\$\,0,40}{\$\,0,50} \\ &= 0,80 \text{ ou } 80\% \end{aligned}$$

Sendo S = vendas em unidades monetárias necessárias para atingir o ponto de equilíbrio:

$$\begin{aligned} S - 0,80S - \$\,6\,000 &= 0 \\ 0,20S &= \$\,6\,000 \\ S &= \$\,6\,000 \div 0,20 \\ S &= \$\,30\,000 \end{aligned}$$

Relação entre as duas técnicas

Você deve ter observado que a técnica da margem de contribuição é meramente uma versão abreviada da técnica da equação. Veja nas últimas três linhas das duas soluções dadas pela equação (1). Elas parecem:

Volume no ponto de equilíbrio	
Unidades físicas	Unidades monetárias
$ 0,10N = $ 6 000	0,20S = $ 6 000
N = $ 6 000 ÷ $ 0,10	S = $ 6 000 ÷ 0,20
N = 60 000 unidades	S = $ 30 000

Dessas equações, podemos derivar as seguintes fórmulas gerais abreviadas:

$$\text{Volume no ponto de equilíbrio em unidades físicas} = \frac{\text{custos fixos}}{\text{margem de contribuição por unidade}} \quad (2)$$

$$\text{Volume no ponto de equilíbrio em unidades monetárias} = \frac{\text{custos fixos}}{\text{índice de margem de contribuição}} \quad (3)$$

Qual você deveria usar: a técnica da equação ou da margem de contribuição? Use qualquer uma. Ambas levam aos mesmos resultados; assim, a escolha é uma questão de preferência pessoal ou de conveniência em um caso particular.

Técnicas gráficas do ponto de equilíbrio

A Figura 2.4 apresenta um gráfico da relação custo–volume–lucro em nosso exemplo de máquina de vendas. Estude o gráfico enquanto lê o procedimento para construí-lo.

1. Desenhe os eixos. O eixo horizontal é o volume de vendas; o eixo vertical são as unidades monetárias de custo e receita.
2. Plote o volume de vendas. Selecione o volume de vendas conveniente — por exemplo, cem mil unidades — e plote o ponto A para o total de vendas em unidades monetárias nesse volume: 100 000 x $ 0,50 = $ 50 000. Desenhe a linha da receita (isto é, vendas) do ponto A até a origem, ponto 0.
3. Plote os custos fixos. Desenhe a linha que mostra a parte fixa dos custos de $ 6 mil. Deve ser uma linha horizontal que intercepta o eixo vertical em $ 6 mil, ponto B.
4. Plote os custos variáveis. Determine a parte variável dos custos em um nível conveniente de atividade: 100 000 unidades x $ 0,40 = $ 40 000. Adicione isso aos custos fixos: $ 40 000 + $ 6 000 = $ 46 000. Plote o ponto C para 100 mil unidades e $ 46 mil. Desenhe, então, uma linha entre esse ponto e o ponto B. Essa é a linha do total dos custos.
5. Encontre o ponto de equilíbrio, que é onde a linha dos custos totais intercepta a linha das vendas, 60 mil unidades ou $ 30 mil, a saber, onde as receitas de vendas totais se igualam exatamente aos custos totais, ponto D.

O ponto de equilíbrio é apenas uma parte desse gráfico de custo–volume–lucro. O gráfico também mostra o lucro ou prejuízo em qualquer taxa de atividade. Em algum volume dado, a distância vertical entre a linha das vendas e a linha de total de custos mede o lucro ou prejuízo.

Usando as fórmulas abreviadas (2) e (3), responda às seguintes questões. Lembre-se de que a margem de contribuição por unidade é igual ao preço de vendas por unidade menos os custos variáveis por unidade.

1. Qual seria o efeito no nível do ponto de equilíbrio, em unidades físicas e monetárias, se os custos fixos aumentassem (e não houvesse nenhuma outra mudança)?
2. Qual seria o efeito no nível do ponto de equilíbrio, em unidades físicas e monetárias, se os custos variáveis por unidade diminuíssem (e não houvesse nenhuma outra mudança)?
3. Qual seria o efeito no nível do ponto de equilíbrio, em unidades físicas e monetárias, se o volume de vendas aumentasse (e não houvesse nenhuma outra mudança)?

Respostas
1. O nível do ponto de equilíbrio em ambas as unidades de vendas, físicas e monetárias, aumentaria se os custos fixos aumentassem.
2. O nível do ponto de equilíbrio em ambas as unidades de vendas, físicas e monetárias, diminuiria se os custos variáveis diminuíssem.
3. Pense antes de responder a essa questão. O volume *real (ou mesmo planejado)* de vendas em unidades não tem nada a ver com determinar o ponto de equilíbrio. Isso se deve ao fato de o volume de unidades físicas não aparecer em nenhuma equação, (2) ou (3).

Figura 2.4 Gráfico de custos-volume-lucro.

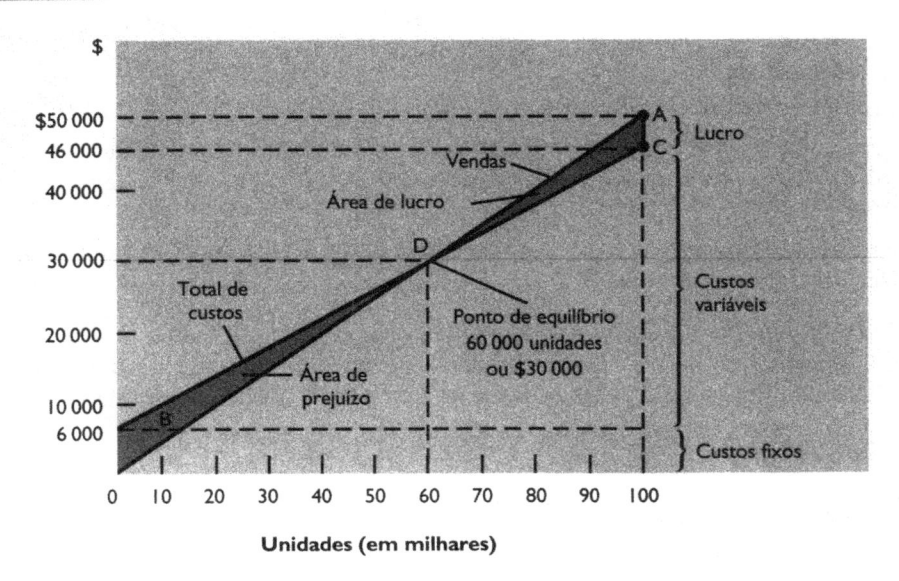

Os gestores usam os gráficos de ponto de equilíbrio com freqüência, porque eles mostram os lucros potenciais sobre uma ampla faixa de volume mais facilmente do que as figuras numéricas. O uso de gráficos ou outras apresentações depende, e muito, da preferência da gestão.

Observe que o conceito de faixa relevante ou intervalo relevante se aplica a todo o gráfico de ponto de equilíbrio. Quase todos os gráficos de ponto de equilíbrio mostram as linhas de receitas e custos estendidas até o eixo vertical, como mostrado na Figura 2.5(A). Essa abordagem é enganadora, porque os relacionamentos descritos em tais gráficos são válidos apenas dentro da faixa relevante que subjaz à construção do gráfico. A Figura 2.5(B), uma modificação do gráfico de ponto de equilíbrio convencional, demonstra parcialmente a multiplicidade de suposições que devem ser feitas ao construir um gráfico típico de ponto de equilíbrio. Algumas dessas suposições estão a seguir:

1. Os custos podem ser classificados nas categorias variável ou fixo. O custo variável total varia diretamente com o nível de atividade. O custo total fixo não muda com o nível de atividade.
2. O comportamento de receitas e custos é retratado acuradamente e é linear ao longo da faixa relevante. As principais diferenças entre ponto de equilíbrio contábil e econômico são:
   - a linha de vendas contábil é desenhada na suposição de que os preços de venda não mudam com a produção ou as vendas; a econômica supõe que os preços de venda reduzidos são normalmente associados ao aumento do volume de vendas;

Figura 2.5 Gráficos convencionais e ponto de equilíbrio modificado.

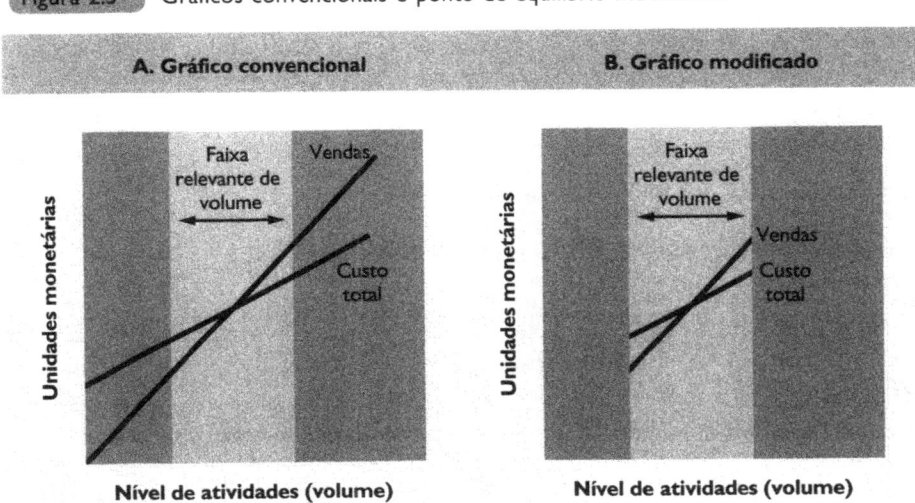

- o contador, geralmente, supõe um custo variável constante por unidade; o economista supõe que o custo variável por unidade muda com os níveis de produção. Dentro da faixa relevante, as linhas de vendas e custos, para contadores e economistas, estão geralmente próximas umas das outras, embora as linhas possam divergir muito fora da faixa.

3. A eficiência e a produtividade permanecerão inalteradas.
4. O composto de vendas será constante. O **composto de vendas** são as proporções relativas ou combinações de quantidades de produtos que constituem as vendas totais. (Veja o Apêndice 2A para mais detalhes sobre o composto de vendas.)
5. A diferença no nível de estoques no início e no fim do período é insignificante. (O impacto das mudanças de estoque na análise CVL é discutido no Capítulo 15.)

Mudanças nos custos fixos

As mudanças nos custos fixos causam mudanças no ponto de equilíbrio. Se, por exemplo, os $ 1 mil de aluguel mensal das máquinas de vendas dobrassem, qual seria o ponto de equilíbrio mensal em número de unidades físicas e unidades monetárias de vendas?

Os custos fixos aumentariam de $ 6 mil para $ 7 mil, assim:

$$\text{volume no ponto de equilíbrio em unidades físicas} = \frac{\text{custos fixos}}{\text{margem de contribuição por unidade}} = \frac{\$\,7\,000}{\$\,0{,}10} = 70\,000 \text{ unidades}$$

$$\text{volume no ponto de equilíbrio em unidades monetárias} = \frac{\text{custos fixos}}{\text{índice de margem de contribuição}} = \frac{\$\,7\,000}{0{,}20} = \$\,35\,000$$

Observe que um aumento de um sexto nos custos fixos alterou o ponto de equilíbrio em um sexto: de 60 mil para 70 mil unidades e de $ 30 mil para $ 35 mil. Esse tipo de relacionamento sempre existe entre custos fixos e o ponto de equilíbrio, se tudo o mais permanecer constante.

As empresas, freqüentemente, reduzem seus pontos de equilíbrio ao reduzir seus custos fixos totais. Fechar ou vender fábricas, por exemplo, diminui impostos prediais, seguros, depreciação e salários dos gestores.

Mudanças na margem de contribuição por unidade

As mudanças nos custos variáveis também causam uma mudança no ponto de equilíbrio. As empresas podem reduzir seus pontos de equilíbrio ao aumentar suas margens de contribuição por unidade de produto com aumentos nos preços de vendas, diminuições nos custos variáveis, ou ambos.

Suponha, por exemplo, que o aluguel fixo para as máquinas de vendas ainda seja de $ 1 mil.

1. Para o caso de o proprietário receber $ 0,01 de aluguel por unidade vendida além do aluguel fixo, encontre o ponto de equilíbrio mensal em número de unidades físicas e monetárias em vendas.
2. Para o caso de o preço de venda cair de $ 0,50 para $ 0,45 por unidade, e os custos variáveis originais por unidade permanecerem inalterados, encontre o ponto de equilíbrio mensal em número de unidades físicas e monetárias de vendas.

Aqui está o que acontece com o ponto de equilíbrio:

1. Os custos variáveis aumentariam de $ 0,40 para $ 0,41; a margem de contribuição unitária declinaria de $ 0,10 para $ 0,09, e o índice de margem de contribuição se tornaria 0,18 ($ 0,09 ÷ $ 0,50).

   Os custos fixos originais de $ 6 mil permaneceriam os mesmos, mas os denominadores seriam diferentes daqueles previamente utilizados. Assim:

   $$\text{ponto de equilíbrio em unidades físicas} = \frac{\$\,6\,000}{\$\,0{,}09} = 66\,667 \text{ unidades}$$

   $$\text{ponto de equilíbrio em unidades monetárias} = \frac{\$\,6\,000}{0{,}18} = \$\,33\,333$$

2. Se o preço de venda caísse de $ 0,50 para $ 0,45, e os custos variáveis originais ficassem inalterados, a contribuição unitária seria reduzida de $ 0,10 para $ 0,05 (isto é, $ 0,45 – $ 0,40), e o ponto de equilíbrio explodiria para 120 mil unidades ($ 6 000 ÷ $ 0,05).

   O ponto de equilíbrio em unidades monetárias também mudaria, por causa das mudanças nos preços de venda e no índice de margem de contribuição. O índice de margem de contribuição seria 0,1111 ($ 0,05 ÷ $ 0,45). O ponto de equilíbrio, em unidades monetárias, seria $ 54 mil (120 mil unidades × $ 0,45) ou, usando a fórmula:

$$\text{ponto de equilíbrio em unidades monetárias} = \frac{\$\,6\,000}{0,1111} = \$\,54\,000$$

LUCRO-ALVO E A ABORDAGEM INCREMENTAL

Os gestores também podem usar a análise CVL para determinar o total de vendas, em unidades físicas e monetárias, necessárias para alcançar o lucro-alvo. Em nosso exemplo de vendas de lanche, suponha que Winston considera $ 480 por mês um lucro mínimo aceitável. Quantas unidades terão de ser vendidas para justificar a adoção do plano de máquinas de vendas? Como esse número se 'traduz' em unidades monetárias de vendas?

O método para calcular o volume de vendas-alvo ou desejado em unidades físicas para satisfazer o lucro-alvo ou desejado é o mesmo usado anteriormente em nossos cálculos de ponto de equilíbrio. Agora, os alvos, entretanto, são expressos nas equações:

$$\text{vendas-alvo} - \text{custos variáveis} - \text{custos fixos} = \text{lucro-alvo} \quad (4)$$

ou

$$\text{volume de vendas-alvo em unidades físicas} = \frac{\text{custos fixos} + \text{lucro alvo}}{\text{margem de contribuição por unidade}}$$

$$= \frac{\$\,6\,000 + \$\,480}{\$\,0,10} = 64\,800 \text{ unidades} \quad (5)$$

Uma outra maneira de obter a mesma resposta é usar seu conhecimento do ponto de equilíbrio e adotar uma abordagem incremental. A expressão **efeito incremental** é largamente usada em contabilidade. Ela se refere à mudança nos resultados totais (como receitas, despesas ou lucro) sob uma nova condição em comparação com alguma condição dada ou conhecida.

Neste caso, a condição dada é 60 mil unidades no ponto de equilíbrio. Todos os custos seriam recuperados naquele volume. Conseqüentemente, a mudança ou incremento no lucro para cada unidade além das 60 mil seria igual à margem de contribuição de $ 0,50 – $ 0,40 = $ 0,10. Se os $ 480 fossem o lucro-alvo, $ 480 ÷ $ 0,10 mostrariam que o volume-alvo deve exceder o volume do ponto de equilíbrio em 4 800 unidades; isso deveria ser, conseqüentemente: 60 000 + 4 800 = 64 800 unidades.

Para encontrar a resposta em termos de unidades monetárias de vendas, multiplique 64 800 unidades por $ 0,50 ou use a fórmula:

$$\text{volume de vendas-alvo em unidades monetárias} = \frac{\text{custos fixos} + \text{lucro-alvo}}{\text{índice de margem de contribuição}}$$

$$= \frac{\$\,6\,000 + \$\,480}{0,20} = \$\,32\,400 \quad (6)$$

Para resolver diretamente em unidades monetárias de vendas, com a abordagem incremental alternativa, iniciaríamos no ponto de equilíbrio em unidades monetárias de vendas em $ 30 mil. Cada venda em unidade monetária além daquele ponto contribui com $ 0,20 no lucro. Divida $ 480 por $ 0,20. As unidades monetárias de vendas devem exceder o volume no ponto de equilíbrio em $ 2 400, para produzir um lucro de $ 480. Assim, as vendas totais em unidades monetárias seriam: $ 30 000 + $ 2 400 = $ 32 400.

A seguinte tabela resume esses cálculos:

	Ponto de equilíbrio	Incremento	Nova condição
Volume de unidades	60 000	4 800	64 800
Vendas	$ 30 000	$ 2 400	$ 32 400
Custos variáveis	$ 24 000	$ 1 920	$ 25 920
Margem de contribuição	$ 6 000	$ 480	$ 6 480
Custos fixos	$ 6 000	—	$ 6 000
Lucro	$ 0	$ 480	$ 480

MUDANÇAS MÚLTIPLAS NOS FATORES-CHAVE

Até aqui, vimos apenas mudanças em um fator CVL de cada vez. No mundo real, os gestores, freqüentemente, devem tomar decisões sobre os efeitos prováveis de mudanças em múltiplos fatores. Suponha, por exemplo, que, após as máquinas de vendas estarem no local por um tempo, Winston está considerando fechá-las das 6h da tarde às 6h da manhã, quando ela estima economizar $ 820 em salários mensais. A interrupção do serviço de 24 horas, entretanto, prejudicaria substancialmente o volume de vendas, pois muitos empregados do período noturno usam as máquinas. As máquinas deveriam permanecer disponíveis 24 horas por dia? Suponha que as vendas mensais declinassem em dez mil unidades das vendas atuais. Vamos efetuar a análise admitindo dois níveis diferentes de volume de vendas atuais: 62 mil unidades e 90 mil unidades. Considere duas abordagens. Uma delas é construir e resolver as equações para as condições que prevalecem sob cada alternativa e selecionar o nível de volume que rende o maior lucro.

Independentemente do nível de volume atual, seja ele 62 mil ou 90 mil unidades, se aceitarmos a predição de que as vendas declinarão em dez mil unidades como acurada, o fechamento das 6h da tarde às 6h da manhã diminuirá o lucro em $ 180.

	Declínio de 62 000 para 52 000 unidades		Declínio de 90 000 para 80 000 unidades	
Unidades	62 000	52 000	90 000	80 000
Vendas	$ 31 000	$ 26 000	$ 45 000	$ 40 000
Custos variáveis	$ 24 800	$ 20 800	$ 36 000	$ 32 000
Margem de contribuição	$ 6 200	$ 5 200	$ 9 000	$ 8 000
Custos fixos	$ 6 000	$ 5 180	$ 6 000	$ 5 180
Lucro	$ 200	$ 20	$ 3 000	$ 2 820
Mudança no lucro	($ 180)		($ 180)	

Uma segunda abordagem — uma abordagem incremental — é mais rápida e mais simples. A simplicidade é importante para os gestores, porque impede que a análise fique complicada com dados irrelevantes e potencialmente confusos.

O que o gestor intuitivo vê nessa situação? Primeiro, se 62 mil ou 90 mil unidades estão sendo vendidas, é irrelevante para a decisão em mãos. A questão é o declínio no volume, que seria de dez mil unidades em um ou outro caso. A essência dessa decisão está em se a economia prospectiva nos custos fixos excede a perda prospectiva no total da margem de contribuição em unidades monetárias.

Margem de contribuição total perdida, 10 000 unidades a $ 0,10 =	$ 1 000
Economias em custos fixos	$ 820
Declínio prospectivo no lucro	$ 180

Fechar as máquinas de vendas das 6h da tarde às 6h da manhã causaria uma diminuição mensal no lucro de $ 180. Qualquer que seja a maneira como você analise isso, fechar as máquinas não é uma decisão financeira que soa bem.

Análise CVL na era do computador

Como vimos, a análise custo–volume–lucro está baseada em um modelo matemático, que é a seguinte equação:

$$\text{vendas} - \text{custos variáveis} - \text{custos fixos} = \text{lucro}$$

O modelo CVL é amplamente utilizado como modelo de planejamento. Os gestores, em uma variedade de organizações, usam um computador pessoal e um programa de modelagem CVL para estudar as combinações de mudanças em preços de venda, custos variáveis unitários, custos fixos e lucros desejados. Muitas organizações sem fins lucrativos também usam a modelagem computadorizada do CVL. Algumas universidades particulares, por exemplo, têm modelos que ajudam a medir como as decisões, tais como o aumento de mensalidade, adição de programas e fechamento de dormitórios durante as férias de inverno, afetarão os resultados. O computador calcula rapidamente os resultados das mudanças e pode apresentá-los numérica ou graficamente.

A Figura 2.6 é uma planilha de amostra que demonstra que nível de vendas teria de ser em três níveis diferentes de custos fixos e três níveis diferentes de custos variáveis para alcançar os três níveis diferentes de lucro. O computador calcula os 27 níveis diferentes de vendas rapidamente e sem erro. Os gestores podem inserir quaisquer números que queiram para custos fixos (coluna A), porcentagem de custos variáveis (coluna B), lucro-alvo (linha 3 das colunas C, D e E) ou combinações disso, e o computador calculará o nível de vendas exigido.

Figura 2.6 Planilha de análise dos relacionamentos CVL.

	A	B	C	D	E
1			Vendas exigidas para ganho		
2	Fixo	Variável	Lucro líquido anual de		
3	Despesas	Despesas %	$ 2 000	$ 4 000	$ 6 000
4					
5	$ 4 000	0,40	$ 10 000 *	$ 13 333	$ 16 667
6	$ 4 000	0,44	$ 10 714 *	$ 14 286	$ 17 857
7	$ 4 000	0,48	$ 11 538 *	$ 15 385	$ 19 231
8	$ 6 000	0,40	$ 13 333	$ 16 667	$ 20 000
9	$ 6 000	0,44	$ 14 286	$ 17 857	$ 21 429
10	$ 6 000	0,48	$ 15 385	$ 19 231	$ 23 077
11	$ 8 000	0,40	$ 16 667	$ 20 000	$ 23 333
12	$ 8 000	0,44	$ 17 857	$ 21 429	$ 25 000
13	$ 8 000	0,48	$ 19 231	$ 23 077	$ 26 923

15
16   * (A5 + C3) ÷ (1 − B5) = ($ 4 000 + $ 2 000) ÷ (1 − $ 0,40) = $ 10 000
17   (A6 + C3) ÷ (1 − B6) = ($ 4 000 + $ 2 000) ÷ (1 − $ 0,44) = $ 10 714
18   (A7 + C3) ÷ (1 − B7) = ($ 4 000 + $ 2 000) ÷ (1 − $ 0,48) = $ 11 538
19

Além de velocidade e conveniência, os computadores permitem uma abordagem mais sofisticada para a análise CVL do que a ilustrada neste capítulo. As suposições listadas nas páginas 44-46 são necessárias para simplificar a análise o suficiente para a maioria dos gestores construírem um modelo CVL manualmente. O analista de computadores, entretanto, pode construir um modelo que não exija todas as simplificações. Os modelos do computador podem incluir múltiplos direcionadores de custos, relacionamentos não-lineares entre custos e direcionadores de custos, variar compostos de vendas e análises que não necessitam ser restritas à faixa relevante.

O uso de modelos de computador é uma questão de custo–benefício. Algumas vezes, os custos de modelar excedem o valor das decisões melhores, feitas ao usar os modelos. A confiabilidade desses modelos, entretanto, depende da acurácia de suas suposições subjacentes sobre como as receitas e os custos realmente serão afetados. Além disso, em pequenas organizações, modelos CVL simplificados são, com freqüência, mais acurados que modelos sofisticados que não oferecem garantia.

Usos adicionais da análise custo–volume

A melhor estrutura de custo

Analisar as relações custo–volume–lucro é uma responsabilidade importante da gestão. Os gestores, geralmente, tentam encontrar a combinação mais rentável da estrutura de custos — a combinação de fatores de custos variáveis e fixos. Comprar maquinário automatizado, por exemplo, pode aumentar os custos fixos, mas reduzir o custo de mão-de-obra por unidade. Ao contrário, pode ser prudente reduzir custos fixos para obter uma combinação mais favorável. Assim, vender direto por uma força de vendas remunerada (custo fixo) pode ser substituído pelo uso de vendedores remunerados por meio de comissões de vendas (custo variável).

Geralmente, as empresas que gastam muito com propaganda estão dispostas a fazer assim porque têm altas porcentagens de margem de contribuição (por exemplo, empresas de linhas aéreas, cigarros e cosméticos). Inversamente, as empresas com baixas porcentagens de margem de contribuição, em geral, gastam menos com propaganda e promoção (por exemplo, fabricantes de equipamento industrial). Em conseqüência disso, duas empresas com os mesmos volumes unitários de vendas aos mesmos preços unitários podem ter atitudes diferentes em relação ao risco de desembolso para propagandas. Suponha o seguinte:

	Empresa de perfumes	Empresa de serviços de zeladoria
Volume de vendas unitárias	100 000 frascos	100 000 pés quadrados
Vendas em dinheiro a $ 20 por unidade	$ 2 000 000	$ 2 000 000
Custos variáveis	$ 200 000	$ 1 700 000
Margem de contribuição	$ 1 800 000	$ 300 000
Porcentagem da margem de contribuição	90%	15%

Suponha que cada empresa deseje aumentar o volume de vendas em 10%:

	Empresa de perfumes	Empresa de serviços de zeladoria
Aumento no volume de vendas: 10 000 × $ 20	$ 200 000	$ 200 000
Aumento na margem de contribuição: 90%, 15%	$ 180 000	$ 30 000

A empresa de perfumes estaria inclinada a aumentar consideravelmente a propaganda para impulsionar a margem de contribuição em $ 180 mil. Em contrapartida, a empresa de serviços de zeladoria estaria arriscando gastar grandes montantes para aumentar a margem de contribuição em $ 30 mil.

Observe que, quando a margem de contribuição como uma porcentagem das vendas é baixa, grandes aumentos no volume são necessários, antes que aumentos significativos nos lucros líquidos possam ocorrer. Porém, como as vendas excedem o ponto de equilíbrio, uma porcentagem elevada da margem de contribuição aumenta os lucros mais rapidamente do que uma porcentagem pequena da margem de contribuição.

Alavancagem operacional

Além disso, para ponderar a variedade de efeitos das mudanças nos custos fixos e variáveis, os gestores necessitam considerar os índices da empresa entre custos fixos e variáveis, o que se denomina **alavancagem operacional**. Em empresas altamente alavancadas — com altos custos fixos e baixos custos variáveis —, pequenas mudanças no volume de vendas resultam em grandes variações no lucro. Empresas com menor alavancagem (isto é, custos fixos mais baixos e custos variáveis mais altos) não são tão afetadas pelas variações nos volumes de vendas.

A Figura 2.7 mostra as relações no comportamento de custos em duas empresas, uma com alavancagem alta e outra com alavancagem baixa. A empresa com maior alavancagem tem custos fixos de $ 14 mil e custos variáveis por unidade de $ 0,10. A empresa com menor alavancagem tem custos fixos de apenas $ 2 mil, mas custos variáveis de $ 0,25 por unidade. As vendas esperadas para ambas as empresas são de 80 mil unidades a $ 0,30 por unidade. Nesse nível de vendas, as duas empresas teriam lucros de $ 2 mil. Se as vendas caírem em 80 mil unidades, os lucros

Figura 2.7 Alavancagem alta *versus* alavancagem baixa.

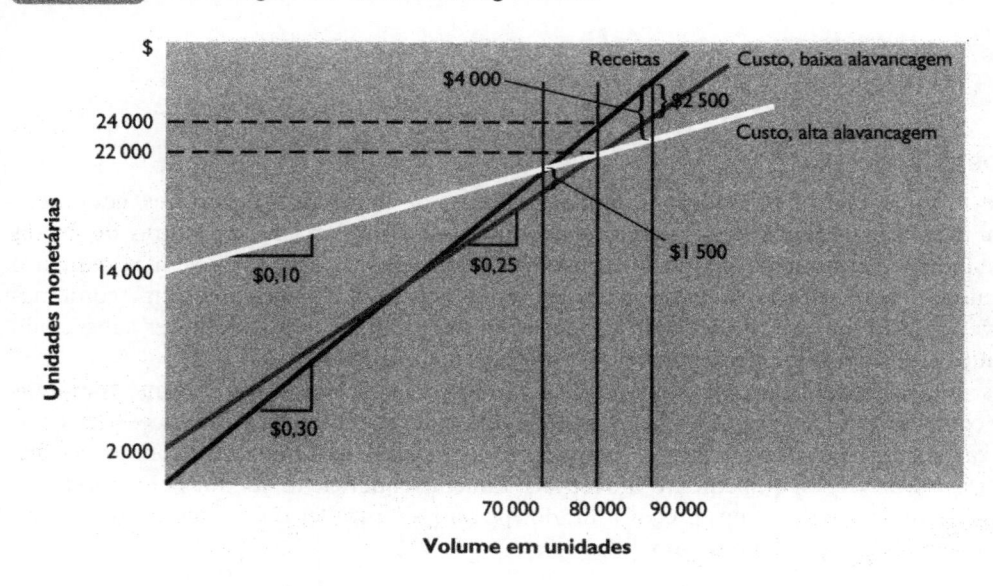

declinarão mais rapidamente para os negócios altamente alavancados. Se as vendas excederem 80 mil unidades, entretanto, os lucros aumentarão mais rapidamente para os negócios altamente alavancados.

A alternativa altamente alavancada é mais arriscada. Por quê? Porque ela fornece o maior lucro possível e o maior prejuízo possível. Ou seja, o lucro é altamente variável, dependendo do nível real de vendas. A alternativa de baixa alavancagem é menos arriscada devido as variações em vendas levarem apenas a uma pequena variabilidade no lucro. No nível de vendas de 90 mil unidades, o lucro é de $ 4 mil para a empresa altamente alavancada, mas de apenas $ 2 500 para a empresa menos alavancada. No nível de vendas de 70 mil unidades, entretanto, a empresa mais alavancada tem lucro zero, comparado aos $ 1 500 para a empresa menos alavancada.

Margem de contribuição e margem bruta

A margem de contribuição pode ser expressa como um montante total absoluto, um montante unitário absoluto, um índice e uma porcentagem. O **índice custo variável** ou **porcentagem de custo variável** é definido como todos os custos variáveis divididos pelas vendas. Assim, o índice de margem de contribuição de 20 por cento significa que o índice de custo variável é de 80 por cento.

Freqüentemente, as pessoas confundem as expressões 'margem de contribuição' e 'margem bruta'. A **margem bruta** (também chamada de 'lucro bruto') é o excesso das vendas sobre o **custo dos produtos vendidos** (isto é, o custo da mercadoria adquirida ou manufaturada e vendida). Esse é um conceito amplamente usado, particularmente no setor varejista.

Compare a margem bruta com a margem de contribuição:

margem bruta = preço de vendas – custo dos produtos vendidos
margem de contribuição = preço de vendas – todas as despesas variáveis

As seguintes comparações de nossa ilustração da máquina de vendas mostram as semelhanças e diferenças entre a margem de contribuição e a margem bruta em uma loja de varejo:

Vendas	$ 0,50
Custos variáveis: custo de aquisição da unidade vendida	$ 0,40
Margem de contribuição e margem bruta são iguais a	$ 0,10

Assim, os dados originais resultaram em nenhuma diferença entre a medida da margem de contribuição e da margem bruta. Haveria uma diferença entre os dois, entretanto, se a empresa tivesse de pagar um aluguel adicional de $ 0,01 por unidade vendida:

		Margem de contribuição	Margem bruta
Vendas		$ 0,50	$ 0,50
Custo de aquisição da unidade vendida	$ 0,40		$ 0,40
Aluguel variável	$ 0,01		
Despesas variáveis totais		$ 0,41	
Margem de contribuição		$ 0,09	
Margem bruta			$ 0,10

Como a tabulação precedente indica, a margem de contribuição e a margem bruta não são os mesmos conceitos. A margem de contribuição focaliza em vendas com relação a todos os custos variáveis, enquanto a margem bruta focaliza em vendas com relação ao custo dos produtos vendidos. Considere, por exemplo, a MascoTech, fornecedora de peças de automóveis sediada em Detroit. Um artigo de jornal relatou que "a margem de lucro bruto sobre as vendas da MascoTech é de 21 por cento hoje, mas que, para cada unidade monetária adicional de vendas, a margem de contribuição, provavelmente, será de 30 por cento".

Aplicação sem fins lucrativos

Considere como as relações custo–volume–lucro se aplicam às organizações sem fins lucrativos. Suponha que uma cidade tenha uma dotação orçamentária total de $ 100 mil para conduzir um programa de aconselhamento

PRIMEIRO, OS NEGÓCIOS

Reduzindo o ponto de equilíbrio

Uma maneira como as empresas enfrentam tempos difíceis na economia é reduzindo seu ponto de equilíbrio. A *Business Week* sugeriu que os investidores procurassem por tais empresas "porque os ganhos de eficiência nas empresas que têm custos fixos e variáveis reduzidos devem ser bons e duradouros".

Por que a redução do ponto de equilíbrio é importante? Porque uma empresa que mantém sua rentabilidade em tempos de vendas baixas está preparada para decolar quando a economia melhora. Baldwin, fabricante de pianos, realmente melhorou seus lucros em um momento de vendas declinantes, ao ser bem-sucedida em cortar custos — sobretudo custos fixos. Se ela mantiver sua nova estrutura de custos, assim que as vendas se recuperarem, os lucros dispararão. Reduzir custos fixos é especialmente importante porque eles não aumentarão necessariamente assim que a produção aumentar para satisfazer a demanda por vendas renovadas.

A Tenneco Automotive é, no mundo, uma das maiores fabricantes de sistemas de controle de percurso e exaustão, com receitas anuais de mais de $ 3 bilhões (1999). No início de 1999, a Tenneco anunciou lucros fracos em seu negócio de peças de reposição automotivas. Sua presidente e CEO, Dana Mead, no entanto, predisse que a lucratividade melhoraria e que o ponto de equilíbrio seria reduzido. Como? De acordo com Mead, a empresa estava racionalizando a capacidade de manufatura e distribuição (em outras palavras, o excesso de vendas e capacidade ociosa da fábrica e dos equipamentos), reduzindo os custos indiretos e introduzindo novos produtos com alta margem de contribuição. "Os passos que devemos tomar na reposição, que é reduzir nosso ponto de equilíbrio, deve posicionar-nos para uma retomada da reposição", disse Mead.

A estratégia da Tenneco funcionou? Em abril de 2000, a empresa anunciou que as receitas de seu primeiro trimestre de 2000 haviam crescido 2 por cento sobre as de 1999. De acordo com David Gabriel, vice-presidente sênior, "nós reduzimos nosso ponto de equilíbrio em mais de 25 por cento nos últimos doze meses. A combinação de foco mais centrado do *marketing*, novos produtos e controle dos custos deve continuar a direcionar o crescimento da nossa reposição norte-americana em 2000".

Fontes: Adaptado de "Lots of companies are lean, but which are mean?", em *Business Week*, 3 de fevereiro de 1992, p. 84; *News Releases*, Tenneco Automotive, Inc., 5 de janeiro de 1999 e 27 de abril de 2000.

---

para viciados em drogas. Os custos variáveis para prescrição da medicação são de $ 400 por cliente ao ano. Os custos fixos são de $ 60 mil na faixa relevante entre 50 e 150 clientes. Se toda a dotação orçamentária for gasta, quantos clientes poderão ser atendidos em um ano?

Podemos usar a equação do ponto de equilíbrio para resolver esse problema. Sendo N o número de clientes:

receitas − custos variáveis − custos fixos = 0, se o orçamento for completamente gasto

$$\$ 100\ 000\ \text{total} - \$ 400N - \$ 60\ 000 = 0$$
$$\$ 400N = \$ 100\ 000 - \$ 60\ 000$$
$$N = \$ 40\ 000 \div \$ 400$$
$$N = 100\ \text{clientes}$$

Suponha que a dotação orçamentária total para o ano vindouro seja cortada em 10 por cento. Os custos fixos não serão afetados, mas o atendimento declinará.

$$\text{receitas} - \text{custos variáveis} - \text{custos fixos} = 0$$
$$\$ 90\ 000 - \$ 400N - \$ 60\ 000 = 0$$
$$\$ 400N = \$ 90\ 000 - \$ 60\ 000$$
$$N = \$ 30\ 000 \div \$ 400$$
$$N = 75\ \text{clientes}$$

A redução da porcentagem em serviços é maior que a redução de 10 por cento no orçamento. A menos que a cidade reestruture suas operações, o volume de atendimento deve ser reduzido em 25 por cento (de 100 para 75 clientes) para manter-se dentro do orçamento. Observe que a receita total é uma linha horizontal no gráfico:

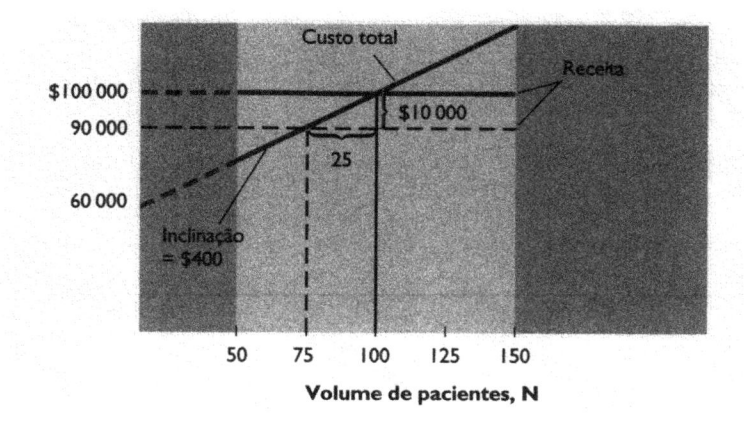

PROBLEMA RESUMIDO PARA REVISÃO

PROBLEMA

A demonstração de resultado orçado da Port Williams Gift Shop está resumida a seguir.

Receita líquida	$ 800 000
Menos: despesas, incluindo $ 400 000 de custos fixos	$ 880 000
Prejuízo líquido	$ (80 000)

O gestor acredita que um aumento de $ 200 mil em desembolsos para propagandas aumentará as vendas substancialmente.

1. Em que volume de vendas a loja obterá o ponto de equilíbrio após gastar $ 200 mil com propaganda?
2. Que volume de vendas resultará em um lucro de $ 40 mil após gastar os $ 200 mil com propaganda?

SOLUÇÃO

1. Observe que todos os dados estão expressos em unidades monetárias. Nenhum dado em unidades físicas é fornecido. A maioria das empresas tem muitos produtos; assim, a análise do ponto de equilíbrio total lida com unidades monetárias de vendas, não com unidades físicas. Os custos variáveis são $ 880 000 − $ 400 000 = $ 480 000. O índice de custo variável é $ 480 000 ÷ $ 800 000 = 0,60. Conseqüentemente, o índice de margem de contribuição é 0,40. Sendo V = vendas no ponto de equilíbrio em unidades monetárias:

$$V - \text{custos variáveis} - \text{custos fixos} = \text{lucro}$$
$$V - 0{,}60V - (\$\,400\,000 + \$\,200\,000) = 0$$
$$0{,}40V = \$\,600\,000$$
$$V = \frac{\$\,600\,000}{0{,}40} = \frac{\text{custos fixos}}{\text{índice de margem de contribuição}}$$
$$V = \$\,1\,500\,000$$

2. $$\text{vendas necessárias} = \frac{\text{custos fixos} + \text{lucro-alvo}}{\text{índice de margem de contribuição}}$$

$$\text{vendas necessárias} = \frac{\$\,600\,00{;}0 + \$\,40\,000}{0{,}40} = \frac{\$\,640\,000}{0{,}40}$$

$$\text{vendas necessárias} = \$\,1\,600\,000$$

Alternativamente, podemos usar uma aproximação incremental e concluir que todas as vendas em unidades monetárias além do ponto de equilíbrio de $ 1,5 milhão resultarão em uma contribuição de 40 por cento ao lucro. Divida $ 40 mil por 0,40. As vendas deverão, conseqüentemente, ser de $ 100 mil além do ponto de equilíbrio de $ 1,5 milhão para produzir um lucro de $ 40 mil.

APÊNDICE 2A: ANÁLISE DO COMPOSTO DE VENDAS

Para enfatizar as idéias fundamentais, a análise custo–volume–lucro, neste capítulo, está focalizada em um único produto. Quase todas as empresas, entretanto, vendem mais de um produto. O composto de vendas é definido como as proporções relativas ou combinações de quantidades de produtos que compõem o total de vendas. Se as proporções do composto mudarem, os relacionamentos custo–volume–lucro também mudarão.

Suponha que a Ramos Company tem dois produtos: carteiras (W) e chaveiros (K). O orçamento do resultado é o seguinte:

	Carteiras (W)	Chaveiros (K)	Total
Vendas em unidades	300 000	75 000	375 000
Vendas a $ 8 e $ 5	$ 2 400 000	$ 375 000	$ 2 775 000
Custos variáveis a $ 7 e $ 3	$ 2 100 000	$ 225 000	$ 2 325 000
Margens de contribuição a $ 1 e $ 2	$ 300 000	$ 150 000	$ 450 000
Custos fixos			$ 180 000
Lucro			$ 270 000

Para simplificar, ignore o imposto de renda. Qual seria o ponto de equilíbrio? A resposta típica supõe um composto constante de quatro unidades de W para cada unidade de K. Conseqüentemente, faça K = número de unidades do produto K no ponto de equilíbrio e 4K = número de unidades do produto W no ponto de equilíbrio:

$$\text{vendas} - \text{custos variáveis} - \text{custos fixos} = \text{lucro zero}$$
$$[\$ 8(4K) + \$ 5(K)] - [\$ 7(4K) + \$ 3(K)] - \$ 180\,000 = 0$$
$$\$ 32K + \$ 5K - \$ 28K - \$ 3K - \$ 180\,000 = 0$$
$$\$ 6K = \$ 180\,000$$
$$K = 30\,000$$
$$4K = 120\,000 = W$$

O ponto de equilíbrio é 30 000K + 120 000W = 150 000 unidades.

Esse é o único ponto de equilíbrio para um composto de vendas de quatro carteiras para cada chaveiro. Fica claro, entretanto, que há outros pontos de equilíbrio para outros compostos de vendas. Suponha, por exemplo, que apenas os chaveiros fossem vendidos e os custos fixos permanecessem inalterados:

$$\text{ponto de equilíbrio} = \frac{\text{custos fixos}}{\text{margem de contribuição unitária}}$$
$$= \frac{\$ 180\,000}{\$ 2}$$
$$= 90\,000 \text{ chaveiros}$$

Se apenas as carteiras forem vendidas:

$$\text{ponto de equilíbrio} = \frac{\$ 180\,000}{\$ 1}$$
$$= 180\,000 \text{ carteiras}$$

Os gestores não estão interessados no ponto de equilíbrio por si mesmos. Em vez disso, eles desejam saber como as variações em um composto de vendas planejado afetarão o lucro. Quando o composto de vendas varia, o ponto de equilíbrio e o lucro esperado em vários níveis de vendas são alterados. Suponha, por exemplo, que as vendas reais totais foram iguàis ao orçamento de 375 mil unidades, entretanto apenas 50 mil chaveiros foram vendidos.

	Carteiras (W)	Chaveiros (K)	Total
Vendas em unidades	325 000	50 000	375 000
Vendas a $ 8 e $ 5	$ 2 600 000	$ 250 000	$ 2 850 000
Custos variáveis a $ 7 e $ 3	$ 2 275 000	$ 150 000	$ 2 425 000
Margens de contribuição a $ 1 e $ 2	$ 325 000	$ 100 000	$ 425 000
Custos fixos			$ 180 000
Lucro			$ 245 000

A variação no composto de vendas resultou em um lucro real de $ 245 mil, em vez dos $ 270 mil orçados, uma diferença desfavorável de $ 25 mil. As vendas orçadas e reais em número de unidades foram idênticas, mas a proporção de vendas do produto que tinha a maior margem de contribuição unitária declinou.

Os gestores, geralmente, desejam maximizar as vendas de todos os seus produtos. Enfrentam recursos e tempo limitados. Entretanto, os executivos preferem gerar um composto de vendas o mais lucrativo possível. Considere, por exemplo, um relatório anual recente da Deere & Co., fabricante de equipamentos agrícolas: "O aumento no índice de custo dos produtos vendidos em relação às vendas líquidas resultou de um maior custo de produção [e] de um composto menos favorável dos produtos vendidos".

A lucratividade de um dado produto ajuda a orientar os executivos, que devem decidir enfatizar ou desenfatizar produtos em particular. Devido a instalações de produção limitadas ou tempo limitado de pessoal de vendas, por exemplo, deveríamos enfatizar as carteiras ou os chaveiros? Essas decisões podem ser afetadas por outros fatores além da margem de contribuição unitária do produto. O Capítulo 5 explora alguns desses fatores, incluindo a importância do montante de lucro por unidade de tempo, em vez de por unidade de produto.

APÊNDICE 2B: IMPACTO DOS IMPOSTOS DE RENDA

Até aqui, ignoramos o imposto de renda (como muitas pessoas gostariam de fazer). Em muitas nações, entretanto, empresas privadas estão sujeitas a ele. Reconsidere o exemplo da máquina de vender, dado neste capítulo. Como parte da análise CVL, discutimos as vendas necessárias para conseguir um lucro-alvo antes do imposto de renda de $ 480. Se um imposto de renda fosse fixado em 40 por cento, o novo resultado seria:

Lucro antes do imposto de renda*	$ 480	100%
Imposto de renda	$ 192	40%
Lucro líquido	$ 288	60%

Observe que:

lucro líquido = lucro antes do imposto de renda − 0,40 (lucro antes do imposto de renda)

lucro líquido = 0,60 (lucro antes do imposto de renda)

$$\text{lucro antes do imposto de renda} = \frac{\text{lucro líquido}}{0,60}$$

ou

$$\text{lucro-alvo antes do imposto de renda} = \frac{\text{lucro líquido alvo após o imposto de renda}}{(1 - \text{alíquota de imposto de renda})}$$

$$\text{lucro-alvo antes do imposto de renda} = \frac{\$\,288}{(1 - 0,40)} = \frac{\$\,288}{0,60} = \$\,480$$

Suponha que o lucro líquido alvo após impostos fosse de $ 288. A única mudança na abordagem da equação geral seria no lado direito da seguinte equação:

$$\text{vendas-alvo} - \text{custos variáveis} - \text{custos fixos} = \frac{\text{lucro líquido alvo após imposto de renda}}{(1 - \text{alíquota de imposto de renda})}$$

Assim, fazendo N ser o número de unidades a ser vendidas a $ 0,50 cada, com um custo variável de $ 0,40 cada e um custo fixo total de $ 6 mil:

$$\$\,0,50N - \$\,0,40N - \$\,6\,000 = \frac{\$\,288}{(1 - 0,40)}$$

$$\$\,0,10N = \$\,6\,000 + \frac{\$\,288}{0,60}$$

$$\$\,0,06N = \$\,3\,600 + \$\,288 = 3\,888$$

$$N = \$\,3\,888 \div \$\,0,06 = 64\,800 \text{ unidades}$$

As vendas de 64 800 unidades produzem um lucro após imposto de renda de $ 288, como mostrado aqui, e um lucro antes do imposto de renda de $ 480, como mostrado neste capítulo.

Suponha que o lucro líquido alvo após o imposto de renda fosse de $ 480. O volume necessário aumentaria para 68 mil unidades, como segue:

$$\$\,0,50N - \$\,0,40N - \$\,6\,000 = \frac{\$\,480}{1 - 0,40}$$

$$\$\,0,10N = \$\,6\,000 + \frac{\$\,480}{0,60}$$

---

* *Lucro antes do imposto de renda, em geral, refere-se ao lucro operacional, deduzidas as despesas de juros. Até incluir o imposto de renda, mantivemos a versão de 'lucro' como o operacional, sendo que só faz sentido chamar 'lucro líquido' aquele obtido após os juros e o imposto de renda. (N. do T.)*

$ 0,06N = $ 3 600 + $ 480 = $ 4 080

N = $ 4 080 ÷ $ 0,06 = 68 000 unidades

Como um atalho para calcular os efeitos do volume na variação de lucros após impostos, use a fórmula:

$$\text{variação no lucro líquido} = \begin{pmatrix}\text{variação no volume} \\ \text{em unidades}\end{pmatrix} \times \begin{pmatrix}\text{margem de contribuição} \\ \text{por unidade}\end{pmatrix} \times (1 - \text{alíquota de imposto de renda})$$

Em nosso exemplo, suponha que as operações estivessem em um nível de 64 800 unidades e $ 288 de lucro líquido após impostos. O gestor está preocupado em quanto lucro líquido após impostos deveria aumentar se as vendas se convertessem em 68 mil unidades.

variação no lucro líquido = (68 000 − 64 800) × $ 0,10 × (1 − 0,40)
= 3 200 × $ 0,10 × 0,60 = 3 200 × $ 0,06
= $ 192

Em resumo, cada unidade além do ponto de equilíbrio adiciona ao lucro líquido, após impostos, a unidade de margem de contribuição multiplicada por (1 − alíquota de imposto de renda).

Durante todo a nossa ilustração, o ponto de equilíbrio em si não variou. Por quê? Porque não há imposto de renda em um nível de lucro zero.

MATERIAL FUNDAMENTAL DE AVALIAÇÃO

2-A1. Custo–volume–lucro e máquinas de vender

A Delgado Foods Services Company opera e presta serviços com máquinas de vender refrigerantes, localizadas em restaurantes, postos de gasolina e fábricas em quatro estados do Sudeste. As máquinas são alugadas de um fabricante. Além disso, a Delgado deve alugar o espaço ocupado por suas máquinas. As seguintes relações entre custos e receitas pertencem ao programa de expansão projetada de 40 máquinas.

Os custos fixos mensais são os seguintes:

Aluguel da máquina: 40 máquinas a $ 43,50	$ 1 740
Aluguel do espaço: 40 locais a $ 28,80	$ 1 152
Salários parciais para atender 40 máquinas adicionais	$ 1 908
Outros custos fixos	$ 200
Custos fixos mensais totais	$ 5 000

Outros dados:

	Unitário	Por $ 100 de vendas
Preço de venda	$ 1,00	100%
Custo do lanche	$ 0,80	80%
Margem de contribuição	$ 0,20	20%

Estas questões relacionam-se aos dados acima, a menos que avisados de outra maneira. Considere cada questão independentemente.

1. Qual é o ponto de equilíbrio mensal em número de unidades? Em unidades monetárias de vendas?
2. Se 36 mil unidades fossem vendidas, qual seria o lucro líquido da empresa?
3. Se o custo de aluguel do espaço fosse duplicado, qual seria o ponto de equilíbrio mensal em número de unidades? Em unidades monetárias de vendas?
4. Se, além do aluguel fixo, a Delgado Foods Services Company pagasse ao fabricante das máquinas $ 0,02 por unidade vendida, qual seria o ponto de equilíbrio mensal em número de unidades? Em unidades monetárias de vendas? Consulte os dados originais.
5. Se, além do aluguel fixo, a Delgado pagasse ao fabricante de máquina $ 0,04 para cada unidade vendida excedente ao ponto de equilíbrio, qual seria o novo lucro líquido se 36 mil unidades fossem vendidas? Consulte os dados originais.

2-A2. Exercícios sobre relações custo–volume–lucro

A Global Moving Company é especialista em transporte de produtos pesados em longas distâncias. As receitas e custos da empresa dependem das receitas por quilômetro, uma medida que combina peso e quilometragem. Os dados do orçamento resumido para o próximo ano estão baseados em um total de receitas previsto, por quilômetro, de 800 mil.

	Receita por quilômetro
Preço de venda médio (receita)	$ 1,50
Custos variáveis médios	$ 1,30

Custos fixos: $ 110 000

1. Calcule o lucro orçamentário. Ignore o imposto de renda.
2. A gestão está tentando decidir como as várias condições ou decisões possíveis podem afetar o lucro. Calcule um novo lucro para cada uma das seguintes variações. Considere cada caso independentemente.
    a) Um aumento de 10 por cento nas receitas por quilômetro.
    b) Um aumento de 10 por cento nos preços de vendas.
    c) Um aumento de 10 por cento nos custos variáveis.
    d) Um aumento de 10 por cento nos custos fixos.
    e) Uma diminuição média no preço de venda de $ 0,03 na receita por quilômetro e um aumento de 5 por cento na receita por quilômetro. Consulte os dados originais.
    f) Um aumento médio no preço de venda de $ 0,05 e uma diminuição de 10 por cento na receita por quilômetro.
    g) Um aumento de 10 por cento nos custos fixos, na forma de mais propaganda, e um aumento de 5 por cento na receita por quilômetro.

2-B1. Exercícios básicos de CVL
Cada problema é independente dos outros.

1. Dados: Preço de venda por unidade: $ 20; custos fixos totais: $ 5 000; custos variáveis por unidade: $ 15. Encontre o ponto de equilíbrio das vendas em unidades físicas.
2. Dados: Vendas: $ 40 000; custos variáveis: $ 30 000; custos fixos: $ 7 500; lucro: $ 2 500. Encontre o ponto de equilíbrio das vendas.
3. Dados: Preço de venda por unidade: $ 30; custos fixos totais: $ 33 000; custos variáveis por unidade: $ 14. Encontre o total das vendas em unidades físicas para alcançar um lucro de $ 7 000, supondo que não haja variação no preço de venda.
4. Dados: Vendas: $ 50 000; custos variáveis: $ 20 000; custos fixos: $ 20 000; lucro: $ 10 000. Suponha que não haja mudança no preço de venda; encontre o lucro se o volume de atividades aumentar 10 por cento.
5. Dados: Preço de venda por unidade: $ 40; custos fixos totais: $ 80 000; custos variáveis por unidade: $ 30. Suponha que os custos variáveis sejam reduzidos em 20 por cento por unidade, e o custo fixo total seja aumentado em 10 por cento. Encontre as vendas em unidades para alcançar um lucro de $ 20 000, supondo que não haja variação no preço de venda.

2-B2. Análise básica do CVL
Peter Landis abriu a Peter's Corner, uma pequena creche, há apenas dois anos. Após um começo difícil, a Peter's Corner tem prosperado. Landis está preparando, agora, um orçamento para novembro de 20X2.

Os custos fixos mensais para a Peter's Corner são:

Aluguel	$ 800
Salários	$ 1 400
Outros custos fixos	$ 100
Custos fixos totais	$ 2 300

O salário é para Ann Penilla, única empregada, que ajuda Peter a cuidar das crianças. Landis não paga a si mesmo um salário, mas recebe o excesso das receitas sobre os custos em cada mês.

O direcionador de custos para os custos variáveis é 'crianças por dia'. Um criança por dia é um dia na creche para uma criança, e o custo variável é $ 10 por criança–dia. A creche fica aberta das 6h às 18h nos dias úteis (isto é, de segunda a sexta-feira), e há 22 dias úteis em novembro de 20X2. Em média, em um dia atendem-se oito crianças na Peter's Corner. A lei estadual proíbe que a Peter's Corner atenda mais que 14 crianças, um limite que nunca foi alcançado. Landis cobra $ 30 por dia por criança, independentemente do tempo que fique na creche.

1. Suponha que o comparecimento para novembro de 20X2 seja igual à média, tendo por resultado 22 × 8 = 176 crianças–dia. Que montante sobrará para Landis após pagar todos os seus custos?
2. Suponha que ambos os custos e o comparecimento sejam difíceis de predizer. Calcule o montante que sobrará para Landis após pagar todos os seus custos em cada uma das seguintes situações. Considere cada caso independentemente.

   a) O comparecimento médio é de nove crianças por dia em vez de oito, gerando 198 crianças–dia.
   b) Os custos variáveis aumentam para $ 11 por criança–dia.
   c) O aluguel aumentou em $ 200 por mês.
   d) Landis gasta $ 300 em propaganda (um custo fixo) em novembro, que aumenta a média de comparecimento diário para 9,5 crianças.
   e) Landis começa a cobrar $ 33 por dia em 1º de novembro, e a média de comparecimento diário cai para sete crianças.

Material adicional de avaliação

Questões

2-1. "O comportamento de custos é, simplesmente, a identificação dos direcionadores de custos e seus relacionamentos com os custos." Comente.

2-2. Dê duas 'regras do dedão' para usar ao analisar o comportamento de custos.

2-3. Dê três exemplos de custos variáveis e custos fixos.

2-4. "Os custos fixos declinam assim que o volume aumenta." Você concorda? Explique.

2-5. "É desconcertante pensar em custos fixos na base unitária." Você concorda? Por quê, ou por que não?

2-6. "Todos os custos são fixos ou variáveis. A única dificuldade na análise de custos é determinar a qual das duas categorias cada custo pertence." Você concorda? Explique.

2-7. "A faixa relevante pertence aos custos fixos, não aos custos variáveis." Você concorda? Explique.

2-8. Identifique a principal suposição simplificadora subjacente à análise CVL.

2-9. "A classificação de custos nas categorias variáveis e fixas depende da situação de decisão." Explique.

2-10. "A margem de contribuição é o excesso de vendas sobre os custos fixos." Você concorda? Explique.

2-11. Por que a "análise de ponto de equilíbrio" é incorreta?

2-12. "As empresas no mesmo setor geralmente têm pontos de equilíbrio parecidos." Você concorda? Explique.

2-13. "É essencial escolher a técnica CVL correta — equação, margem de contribuição ou gráfico. Se você escolher a errada, sua análise ficará defeituosa." Você concorda? Explique.

2-14. Descreva três maneiras de reduzir o ponto de equilíbrio.

2-15. "A análise incremental é mais rápida, mas ela não tem outras vantagens sobre uma análise de todos os custos e receitas associadas com cada alternativa." Você concorda? Por quê, ou por que não?

2-16. "A análise CVL é um uso comum da gestão por meio de computadores pessoais." Você concorda? Explique.

2-17. Explique a alavancagem operacional e por que a empresa de alta alavancagem é mais arriscada.

2-18. "A margem de contribuição e a margem bruta são sempre iguais." Você concorda? Explique.

2-19. "As relações CVL não são importantes nas organizações sem fins lucrativos." Você concorda? Explique.

2-20. "Dois produtos foram vendidos. O total de vendas orçadas e o total de vendas reais em número de unidades foram idênticas às unidades orçadas. Os custos variáveis unitários reais e os preços de venda foram os mesmos que os orçados. A margem de contribuição real foi inferior à orçada. Qual poderia ser o motivo para a margem de contribuição inferior?

2-21. Dado um lucro líquido alvo após imposto de renda, apresente a fórmula da CVL para calcular o lucro exigido antes do imposto de renda.

2-22. Apresente a fórmula CVL para calcular os efeitos de uma variação do volume sobre o lucro após o imposto de renda.

2-23. "Para mim, custos como salário do vice-presidente de operações de transportes são variáveis porque, quanto mais tráfego você manuseia, menor seu custo unitário. Em contrapartida, custos como combustível são fixos porque cada tonelada/quilômetro deve envolver o consumo da mesma quantidade de combustível e, assim, portar o mesmo custo unitário." Você concorda? Explique.

Exercícios cognitivos

2-24. Função de *marketing* na cadeia de valor e o comportamento de custo
Consulte a Figura 2.1. Para os dois exemplos dos custos de *marketing* dados na Figura 2.1, descreva seu comportamento de custo em relação ao direcionador de custo listado.

2-25. Função da produção na cadeia de valor e o comportamento de custo
Consulte a Figura 2.1. Para a remuneração da mão-de-obra, a depreciação da fábrica e os exemplos de custos de produção da maquinaria dados na Figura 2.1, descreva seus comportamentos de custos em relação ao direcionador de custo listado.

2-26. Cadeia de valor da Tenneco Automotive
Consulte o primeiro quadro de *Primeiro, os negócios*, "Reduzindo o ponto de equilíbrio", na página 52. O vice-presidente sênior da Tenneco listou os elementos-chave da estratégia da empresa, declarando: "Estamos ganhando *momentum* e transformando nosso negócio norte-americano de reposição com novos produtos, novas tecnologias, novo posicionamento estratégico e nova precificação". Para cada um desses elementos da estratégia de negócios de reposição da Tenneco, liste a função da cadeia de valor mais aplicável.

Exercícios

2-27. Identificar os direcionadores de custo
A seguinte lista identifica diversos direcionadores de custo potenciais para uma empresa manufatureira que fabrica oito produtos. A empresa usa um sistema de produção JIT; assim, os produtos acabados são estocados por um tempo muito limitado. Os oito produtos variam substancialmente em tamanho, de pequeno (embalagens plásticas para canetas) a grande (embalagens plásticas para painéis de instrumentos de caminhão).

- Número de preparações.
- Tempo de preparação.
- Metros quadrados.
- Metros cúbicos.
- Metros cúbicos das semanas.

Para cada situação descrita abaixo (atividade e recurso relacionado), identifique o melhor direcionador de custo da lista e justifique, sucintamente, sua escolha.

1. Para fabricar um produto, os mecânicos devem preparar a maquinaria. Isso leva quase o mesmo tempo para preparar um turno de produção independente do produto que está sendo gerado. Qual é o melhor direcionador de custo para a remuneração dos mecânicos?
2. Em vez da situação descrita no item 1, que direcionador de custo deveria ser usado para a remuneração dos mecânicos, se levasse mais tempo para preparar produtos complexos, tais como as embalagens de painel de instrumento, do que para produtos simples, como embalagens de caneta?
3. Que direcionador deveria ser usado para custos de ocupação do armazém (depreciação e seguro)? O armazém é usado para estocar produtos acabados.
4. Que direcionador deveria ser usado para os custos de ocupação do armazém, se um sistema JIT não fosse utilizado (isto é, a empresa mantém estoques) e, segundo inspeção, um dos produtos tivesse uma grossa camada de poeira sobre ele?

2-28. Exercícios básicos de revisão
Preencha os espaços em branco para cada um dos seguintes casos independentes (ignore o imposto de renda):

	Vendas	Custos variáveis	Margem de contribuição	Custos fixos	Lucro líquido
1.	$ 900 000	$ 500 000	$ —	$ 350 000	$ —
2.	$ 800 000	—	$ 350 000	—	$ 80 000
3.	—	$ 600 000	$ 340 000	$ 250 000	—

2-29. Exercícios básicos de revisão
Preencha os espaços em branco para cada um dos seguintes casos independentes:

Caso	(a) Preço de venda unitário	(b) Custo variável unitário	(c) Total de unidades vendidas	(d) Margem de contribuição total	(e) Custos fixos totais	(f) Lucro líquido
1.	$ 25	$ —	120 000	$ 720 000	$ 640 000	$ —
2.	$ 10	$ 6	100 000	—	$ 320 000	—
3.	$ 20	$ 15	—	$ 100 000	—	$ 15 000
4.	$ 30	$ 20	70 000	—	—	$ 12 000
5.	—	$ 9	80 000	$ 160 000	$ 110 000	—

2-30. Gráfico básico de custo–volume–lucro

Consulte o Exercício 2-29. Construa um gráfico de custo–volume–lucro para o Caso 2, que descreva o total de receita, o total de custo variável, o total de custo fixo e as linhas de custo total. Estime o ponto de equilíbrio, em total de unidades vendidas, e o lucro líquido para cem mil unidades vendidas.

2-31. Gráfico básico de custo–volume–lucro

Consulte o Exercício 2-29. Construa o gráfico de custo–volume–lucro para o Caso 4 e descreva o total de receitas, o total de custo variável, o total de custo fixo e as linhas de custo total. Estime o ponto de equilíbrio, em total unidades vendidas, e o lucro líquido (prejuízo) para 50 mil unidades vendidas.

2-32. Custos hospitalares e precificação

O St. Vincent Hospital tem custos variáveis gerais de 30 por cento do total de receita e custos fixos de $ 42 milhões por ano.

1. Calcule o ponto de equilíbrio expresso em total de receitas.
2. A unidade cliente–dia é, freqüentemente, usada para mensurar o volume de um hospital. Suponha que deve haver 50 mil clientes–dia no ano vindouro. Calcule a receita diária média por cliente, necessária para alcançar o ponto de equilíbrio.

2-33. Aluguel de motel

Suponha que o Motel 6 ('Vamos deixar a luz acesa para você') tem custos fixos anuais aplicáveis a seus apartamentos de $ 3,2 milhões para suas 400 acomodações; o aluguel médio diário do apartamento é de $ 50; os custos variáveis médios são de $ 10 para cada apartamento alugado. Ele opera 365 dias por ano.

1. Quanto de lucro líquido por apartamento será gerado:
    a) se o motel estiver completamente lotado durante o ano inteiro?
    b) se apenas a metade do motel estiver alugada?
2. Calcule o ponto de equilíbrio em número de apartamentos alugados. Que porcentagem de ocupação por ano é necessária para alcançar o ponto de equilíbrio?

PROBLEMAS

2-34. Custos fixos e faixa relevante

A Boulder System Group (BSG) tem uma flutuação substancial no faturamento dos clientes de ano para ano. A alta gestão tem a seguinte política em relação ao emprego de profissionais-chave:

Se o faturamento bruto anual for	Número de pessoas a ser empregadas	Salários anuais dos profissionais-chave e custos relacionados
$ 2 000 000 ou menos	10	$ 1 000 000
$ 2 000 001 — 2 400 000	11	$ 1 100 000
$ 2 400 001 — 2 800 000	12	$ 1 200 000

A alta gestão acredita que um mínimo de dez indivíduos deve ser retido por um ano ou mais, mesmo que o faturamento caia drasticamente abaixo de $ 2 milhões.

Para os últimos cinco anos, o faturamento anual bruto da BSG flutuou entre $ 2,02 milhões e $ 2,38 milhões. As expectativas para o ano vindouro são de que o faturamento bruto estará entre $ 2,1 milhões e $ 2,3 milhões. Que montantes devem ser orçados para o pessoal profissional-chave? Represente graficamente os relacionamentos em uma base anual, utilizando as duas abordagens ilustradas na Figura 2.3. Indique a faixa relevante em cada gráfico. Você não precisa usar papel milimetrado; simplesmente aproxime os relacionamentos no gráfico.

2-35. Gestor de filme

Malia Mertz é a gestora da Sunday Flicks, tradicional associação dos estudantes de Stanford. Todo domingo, um filme tem duas exibições. O preço do ingresso está deliberadamente ajustado ao valor muito baixo de $ 2. Um máximo de 500 bilhetes é vendido para cada exibição. O aluguel do auditório é $ 220 e a mão-de-obra, $ 290, incluindo $ 60 para Mertz. A Mertz deve pagar ao distribuidor de filmes uma garantia, variando de $ 200 a $ 600, ou 50 por cento dos recebimentos de ingressos brutos, o que for maior.

Antes e durante a apresentação, refrescos são vendidos; essas vendas são, em média, 12 por cento dos recebimentos brutos de ingressos e rendem uma margem de contribuição de 40 por cento.

1. Em 3 de junho, Mertz exibiu *Pokémon: O Primeiro Filme*. O filme angariou $ 1 500. A garantia do distribuidor foi de $ 500, ou 50 por cento dos recebimentos brutos de ingressos, o que fosse maior. Que lucro operacional foi produzido para a associação dos estudantes, que patrocina as exibições?
2. Recalcule os resultados para o caso de a exibição angariar $ 900.
3. O conceito de 'quatro-paredes' está sendo adotado, cada vez mais, por produtores cinematográficos. Nesse plano, os produtores cinematográficos pagam um aluguel fixo ao proprietário do cinema por, digamos, uma semana de exibição do filme. Como proprietário do cinema, como você avaliaria uma oferta de 'quatro-paredes'?

2-36. Promoção de um concerto de *rock*

A NLR Productions, Ltd. está promovendo um concerto de *rock* em Londres. As bandas receberão um pagamento fixo de oito milhões de libras em dinheiro. O concerto será exibido mundialmente, em televisão de circuito fechado. A NLR cobrará 100 por cento dos recebimentos e devolverá 30 por cento, individualmente, para cada gestor da casa de *shows* de circuito fechado local. A NLR espera vender 1,1 milhão de assentos, a um preço médio líquido de £ 13 cada. A NLR receberá também £ 300 mil da London Arena (que vendeu seus 19 500 assentos, aproximadamente, variando de £ 150 por assento de camarote até £ 20 por ingresso geral, obtendo uma receita bruta de £ 1,25 milhão); a NLR não compartilhará as £ 300 mil com os promotores locais do evento.

1. O gestor geral da NLR Productions está tentando decidir que montante gastar em propaganda. Qual é o máximo que a NLR poderia gastar e ainda atingir o ponto de equilíbrio nas operações totais, supondo que as vendas sejam de 1,1 milhão de bilhetes?
2. Se a NLR desejasse um lucro operacional de £ 500 mil, quantos assentos teriam de ser vendidos? Suponha que o preço médio seja de £ 13 e os custos fixos totais (incluindo £ 1 milhão em propagandas) sejam de £ 9 milhões.

2-37. Relacionamentos básicos, restaurante

A Genevieve Giraud possui e opera um restaurante. Seus custos fixos são de $ 21 mil por mês. Ela serve lanches e jantares. A média total de faturamento (excluindo impostos e gorjetas) é $ 18 por cliente. Os custos variáveis médios atuais da Giraud são de $ 9,60 por refeição.

1. Quantas refeições devem ser servidas para alcançar um lucro antes dos impostos de $ 8 400 por mês?
2. Qual é o ponto de equilíbrio em número de refeições servidas por mês?
3. O aluguel da Giraud e outros custos fixos aumentam para um total de $ 29 925 por mês, e os custos variáveis também aumentam para $ 11,50 por refeição. Se a Giraud aumentar seu preço médio para $ 22, quantas refeições deverão ser vendidas para alcançar um lucro de $ 8 400 por mês?
4. Suponha a mesma situação descrita no item 3. O contador da Giraud diz-lhe que ela pode perder 10 por cento de seus clientes se aumentar os preços. Se isso acontecesse, qual seria o lucro por mês da Giraud? Suponha que o restaurante venha servindo 3 500 clientes por mês.
5. Suponha a mesma situação descrita no item 3. Para ajudar a compensar a perda antecipada de 10 por cento de clientes, a Giraud contrata um pianista para tocar por quatro horas cada noite, por $ 2 mil por mês. Suponha que isso aumentasse o total de refeições mensais de 3 150 para 3 450. O lucro total da Giraud mudaria? Em quanto?

2-38. Alterando de custos fixos para custos variáveis na Blockbuster Vídeo

De acordo com um artigo da *Business Week* (8 de março de 1999, p. 64), quando John F. Antioco assumiu a Blockbuster Video, em julho de 1997, ele mudou a estratégia da empresa. Tradicionalmente, a Blockbuster comprava fitas de vídeo a um custo médio de cerca de $ 70 cada, planejando alugá-los com freqüência suficiente para realizar um lucro. O sr. Antioco substituiu essa estratégia por uma que permite à Blockbuster comprar vídeos por uma média de $ 5 e pagar ao estúdio 40 por cento de todo o aluguel recebido por uma fita. Com esse arranjo, a Blockbuster pode ter recursos para estocar mais cópias de cada fita e garantir aos clientes que as fitas que eles desejam estarão em estoque — ou o aluguel seria grátis. Suponha que a Blockbuster alugue fitas de vídeo por $ 2 ao dia e que os custos operacionais são todos fixos.

1. Sob a estratégia tradicional, quantos dias cada fita deve ser alugada antes que a Blockbuster alcance seu ponto de equilíbrio na fita?
2. Sob a nova estratégia, quantos dias cada fita deve ser alugada antes que a Blockbuster alcance seu ponto de equilíbrio na fita?
3. Suponha que uma cópia do filme *Titanic* tenha sido alugada por 50 dias. Que lucro a Blockbuster realizaria no aluguel da fita (considerando apenas os custos diretos da fita, e não os custos operacionais do aluguel da loja) sob a estratégia tradicional? E sob a nova estratégia?
4. Suponha que uma cópia do filme *Mensagem para Você* tenha sido alugado por apenas cinco dias. Que lucro a Blockbuster realizaria no aluguel da fita (considerando apenas os custos diretos da fita, e não os custos operacionais de aluguel da loja) sob a estratégia tradicional? E sob a nova estratégia?
5. Comente como os novos arranjos afetam os riscos que a Blockbuster aceita quando compra uma cópia adicional de uma fita de vídeo em particular.

2-39. CVL e demonstrações contábeis

A ConAgra, Inc. é uma empresa sediada em Omaha, que fabrica produtos alimentícios sob marcas tais como Healthy Choice, Armour e Banquet. A demonstração de resultado da empresa no ano 2000 mostrou o seguinte (em milhões):

Vendas líquidas	$ 25 386
Custo dos produtos vendidos	$ 21 206
Despesas de vendas, administrativas e gerais	$ 2 888
Despesa de juros	$ 303
Lucro antes do imposto de renda e despesas não-recorrentes	$ 989

Suponha que o custo dos produtos vendidos seja apenas variável; e que despesas de vendas, administrativas, geral e de juros sejam fixas com relação às vendas.

Suponha que a ConAgra teve um aumento de 10 por cento nas vendas em 2001 e que não houve variação nos custos, exceto pelos aumentos associados com o maior volume de vendas. Calcule o lucro operacional previsto para 2001 para a ConAgra e a porcentagem de aumento no lucro operacional. Explique por que o aumento de porcentagem nos lucros difere do aumento de porcentagem em vendas.

2-40. Bingo e alavancagem

A lei da Califórnia permite jogos de bingo, quando oferecidos por instituições específicas sem fins lucrativos, incluindo igrejas. O reverendo Wilbur Means, pastor da nova paróquia no condado de Orange, está estudando a conveniência de conduzir bingos noturnos semanalmente. A paróquia não tem salão, mas um hotel local estaria disposto a alugar o seu salão por um montante total de $ 600 por noite. O aluguel incluiria a limpeza, a montagem e a desmontagem das mesas e cadeiras, e assim por diante.

1. Uma gráfica local forneceria os cartões de bingo em troca de uma propaganda gratuita. Os comerciantes locais doariam prêmios. Os serviços de escriturários, anunciantes, seguranças e outros seriam doados por voluntários. O ingresso seria de $ 3 por pessoa, dando direito a um cartão para o jogador; os cartões extras seriam vendidos a $ 1,50 cada. Muitas pessoas compram cartões extras, de modo que seria jogada uma média de quatro cartões por pessoa. Qual é o prêmio máximo total em dinheiro que a igreja pode atribuir e ainda alcançar um ponto de equilíbrio de 200 pessoas atendidas a cada sessão semanal?
2. Suponha que o total de prêmios em dinheiro seja de $ 900. Qual seria o lucro operacional da igreja se cem pessoas comparecessem? E se 200 comparecessem? Se 300 comparecessem? Explique, sucintamente, os efeitos do comportamento dos custos sobre os lucros.
3. Após operar por dez meses, o reverendo Means está pensando em negociar um arranjo diferente de aluguel, mas manter o prêmio em dinheiro, de $ 900, inalterado. Suponha que o aluguel seja de $ 200 semanalmente mais $ 2 por pessoa. Calcule o lucro operacional por comparecimento de cem, 200 e 300 pessoas, respectivamente. Explique por que os resultados diferem daqueles do item 2.

2-41. Adicionar um produto

A Casa da Cerveja de Andy, uma taverna localizada próximo à universidade estadual, funciona como um lugar de reunião para os estudantes mais sociáveis da universidade. A Andy vende chope e todas as marcas de cerveja em garrafa, a uma margem de contribuição de $ 0,60 por cerveja.

Andy está pensando também em vender hambúrgueres durante um horário selecionado. Ele tem um motivo duplo. Primeiro, os sanduíches atrairiam clientes durante o dia. Um hambúrguer e uma cerveja é um lanche rápido. Segundo, ele tem de enfrentar a competição de outros bares locais, alguns dos quais fornecem menus mais completos.

Andy analisou os custos como segue:

Por mês		Por hambúrguer	
Custos fixos mensais		*Custos variáveis*	
Salários de cozinheiros de meio período	$ 1 200	Pão de hambúrguer	$ 0,12
Outros	$ 360	Carne a $ 2,80 o quilo (sete hambúrgueres por quilo)	$ 0,40
Total	$ 1 560	Outros	$ 0,18
		Total	$ 0,70

Andy projetou um preço de venda de $ 1,10 por hambúrguer para atrair muitos clientes. Para todas as questões, suponha um mês de 30 dias.

1. Quais são os pontos de equilíbrio mensal e diário, em número de hambúrgueres?
2. Quais são os pontos de equilíbrio mensal e diário, em unidades monetárias de vendas?
3. Ao final de dois meses, Andy descobriu que vendeu 3 600 hambúrgueres. Qual é o lucro operacional por mês com hambúrgueres?
4. Andy pensa que pelo menos 60 cervejas extras são vendidas por dia, porque ele tem esses hambúrgueres disponíveis. Isso significa que 60 pessoas extras vêm ao bar, ou que 60 compram uma cerveja extra, porque eles são atraídos pelos hambúrgueres. Como isso afeta o lucro operacional de Andy?
5. Considere o item 3. Quantas cervejas extras teriam de ser vendidas por dia para que os efeitos gerais das vendas de hambúrguer no lucro operacional mensal fossem zero?

2-42. Organização governamental

Uma agência de bem-estar social tem uma dotação orçamentária governamental para 20X2 de $ 900 mil. A principal missão da agência é ajudar pessoas não capacitadas, inaptas a obter empregos. Em média, a agência suplementa as outras fontes de renda de cada pessoa em $ 5 mil anualmente. Os custos fixos da agência são de $ 290 mil. Não há outros custos.

1. Quantas pessoas não capacitadas foram ajudadas durante 20X2?
2. Para 20X3, a dotação orçamentária da agência foi reduzida em 15 por cento. Se a agência continuar no mesmo nível de apoio monetário por pessoa, quantas pessoas não capacitadas serão ajudadas em 20X3? Calcule a porcentagem de declínio no número de pessoas ajudadas.
3. Suponha uma redução orçamentária de 15 por cento, como no item 2. O gestor da agência tem a discrição de quanto deve suplementar a renda de cada pessoa não capacitada. Ele não deseja reduzir o número de pessoas atendidas. Em média, qual é o montante do suplemento que pode ser fornecido a cada pessoa? Calcule a porcentagem do declínio no suplemento anual.

2-43. CVL de linhas aéreas

As empresas de linhas aéreas fornecem, regularmente, estatísticas operacionais com suas demonstrações contábeis. Em 1996, a Continental Air Lines relatou que teve aproximadamente 61 milhões de assentos-milha disponíveis, dos quais 68,1 por cento foram ocupados. (Um assento-milha é um assento viajado em uma milha. Se um avião com cem assentos, por exemplo, viajou 400 milhas, a capacidade seria 100 × 400 = 40 000 assentos-milha.) A média de receita foi $ 0,1310 por receita–passageiro–milha, em que uma receita–passageiro–milha corresponde a um assento ocupado por um passageiro viajando uma milha. Em 1995, aproximadamente o mesmo número de assentos-milha estiveram disponíveis, mas apenas 65,6 por cento deles foi ocupado a uma receita média de $ 0,1251 por assento-milha ocupado. A Continental chama de 'fator de carga' a porcentagem de assentos-milha disponíveis ocupada com passageiros.

1. Calcule a receita de passageiro da Continental de 1996 e 1995.
2. Suponha que os custos variáveis da Continental fossem de $ 0,05 por receita–passageiro–milha nos anos de 1995 e 1996, e que os custos fixos fossem de $ 3 bilhões por ano em cada ano.
   a) Calcule o ponto de equilíbrio da Continental ao nível de receita por passageiro–milha de 1995. Expresse isso em receita–passageiros–milha e como um fator de carga (isto é, como uma porcentagem da capacidade disponível consumida).

b) Calcule o ponto de equilíbrio da Continental ao nível de receita por passageiro-milha de 1996. Expresse isso em receita–passageiro–milha e como um fator de carga (isto é, como uma porcentagem de capacidade disponível consumida).

3. Suponha que a Continental manteve o mesmo nível de assentos-milha disponíveis em 1997, teve receitas de $ 0,13 por receita–passageiro–milha e manteve o mesmo nível de custos fixos e variáveis dos dois anos anteriores. Calcule o fator de carga necessário para alcançar um lucro operacional de $ 400 milhões.

2-44. Margem bruta e margem de contribuição

A Eastman Kodak Company produz e vende câmeras, filmes e outros produtos fotográficos. A demonstração de resultado condensado de 2000 é a seguinte (em milhões):

Vendas	$ 13 994
Custos dos produtos vendidos	$ 8 019
Margem bruta	$ 5 975
Outros custos operacionais	$ 3 761
Lucro operacional	$ 2 214

Suponha que $ 1,8 bilhão do custo dos produtos vendidos seja um custo fixo representando depreciação e outros custos de produção que não variam com o volume de produção. Além disso, $ 3 bilhões de outros custos operacionais são fixos.

1. Calcule a margem de contribuição total para o ano 2000 e a porcentagem da margem de contribuição. Explique por que a margem de contribuição difere da margem bruta.
2. Suponha que a previsão de vendas da Eastman Kodak fosse aumentar em 10 por cento em 2001 e que o comportamento de custos era esperado continuar, em 2001, como em 2000. Calcule o resultado operacional previsto para 2001. Para que porcentagem dessa previsão de 2001 o lucro operacional excede o de 2000?
3. Quais suposições foram necessárias para calcular o lucro operacional previsto para 2001 no item 2?

2-45. Escolha de equipamentos para volumes diferentes

(CMA, adaptado.) O Cinema Multiplex possui e opera uma cadeia de cinemas de âmbito nacional. As 500 propriedades da cadeia Multiplex variam de baixo volume, cidade pequena, salas de tela única até alto volume, cidade grande, salas de telas múltiplas.

A gestão está considerando instalar máquinas de pipoca nos saguões. Essas máquinas permitiriam aos cinemas vender pipoca, que seriam estouradas na hora, diariamente, em vez de milho pré-estourado, que é atualmente comprado em grandes cartuchos. Esses arranjos propostos seriam apropriadamente anunciados, com a intenção de aumentar a freguesia nos cinemas da empresa.

As máquinas podem ser compradas em diversos tamanhos diferentes. Os custos de aluguel anual e custos operacionais variam com o tamanho da máquina. As capacidades e os custos das máquinas são os seguintes:

	Modelo Popper		
	E5	R12	S30
Capacidade anual	50 000 caixas	120 000 caixas	300 000 caixas
Custos			
Aluguel anual da máquina	$ 8 000	$ 11 200	$ 20 200
Custo da pipoca por caixa	$ 0,14	$ 0,14	$ 0,14
Custo de cada caixa	$ 0,09	$ 0,09	$ 0,09
Outros custos variáveis por caixa	$ 0,22	$ 0,14	$ 0,05

1. Calcule o nível de volume nas caixas com o qual os modelos E5 e R12 obteriam o mesmo lucro (prejuízo) operacional.
2. O gestor pode estimar o número de caixas a ser vendidas em cada um de seus cinemas. Apresente uma regra de decisão que habilitaria a gestão da Multiplex a selecionar a máquina mais rentável, sem ter de fazer um cálculo de custo separado para cada cinema. Isto é, em que faixa antecipada de unidades de vendas deveria o modelo E5 ser usado? O modelo R12? O modelo S30?
3. Poderia a gestão usar o número médio de caixas vendidas por assento para a cadeia inteira e a capacidade de cada cinema para desenvolver essa regra de decisão? Explique sua resposta.

2-46. Ponto de equilíbrio da Boeing

A Boeing é a maior fabricante comercial de aviões no mundo. Em 1996, começou o desenvolvimento do 757-300, um avião de 240 passageiros, com autonomia de até 4 010 milhas. As primeiras entregas ocorreram em 1999, a um preço de cerca de $ 70 milhões por avião.

Suponha que os custos fixos anuais da Boeing para o 757-300 sejam de $ 950 milhões e que seu custo variável por avião seja de $ 45 milhões.

1. Calcule o ponto de equilíbrio da Boeing em número de aviões 757-300 e em unidades monetárias de vendas.
2. Suponha que a Boeing planeja vender 42 aviões 757-300 em 2002. Calcule o lucro operacional projetado da Boeing.
3. Suponha que a Boeing tenha aumentado seus custos fixos em $ 84 milhões e reduzido os custos variáveis por avião em $ 2 milhões. Calcule seu lucro operacional para o caso de 42 aviões 757-300 serem vendidos. Calcule o ponto de equilíbrio. Comente seus resultados.
4. Ignore o item 3. Suponha que os custos fixos não mudem, mas os custos variáveis aumentem em 10 por cento antes das entregas dos aviões 757-300 começarem em 2002. Calcule o novo ponto de equilíbrio. Que estratégias a Boeing pode usar para ajudar a assegurar operações lucrativas à luz dos aumentos no custo variável?

2-47. Análise do composto de vendas

Estude o Apêndice 2A. A New England Catering Company é especializada em preparar pratos saborosos, que são congelados e embarcados para os restaurantes mais finos na área de Boston. Quando um freguês pede um item de jantar, o restaurante aquece-o e serve. Os dados do orçamento para 20X2 são:

	Produto	
	Frango Cordon Bleu	*Vitela Marsala*
Preço de venda para os restaurantes	$ 7	$ 9
Custos variáveis	$ 4	$ 5
Margem de contribuição	$ 3	$ 4
Número de unidades	250 000	125 000

Os itens são preparados nas mesmas cozinhas, entregues nos mesmos caminhões, e assim por diante. Consequentemente, os custos fixos de $ 1,3 milhão não são afetados pelos produtos específicos.

1. Calcule o lucro líquido planejado para 20X2.
2. Calcule o ponto de equilíbrio em unidades, supondo que o composto de vendas planejados seja mantido.
3. Calcule o ponto de equilíbrio em unidades no caso de apenas a vitela ser vendida e no caso de apenas o frango ser vendido.
4. Suponha que 99 mil unidades de vitela e 297 mil unidades de frango tenham sido vendidas. Calcule o lucro líquido. Calcule o novo ponto de equilíbrio no caso de essas relações persistirem em 20X2. Qual é a principal lição deste problema?

2-48. Composto de pacientes de um hospital

Estude o Apêndice 2A. Os hospitais medem seu volume em termos de pacientes–dia, que são definidos como o número de pacientes multiplicado pelo número de dias em que eles são hospitalizados. Suponha que um grande hospital tenha custos fixos de $ 48 milhões por ano e custos variáveis de $ 600 por paciente–dia. As receitas diárias variam entre classes de pacientes. Para simplificar, suponha que haja duas classes:

- pacientes particulares (S), que pagam uma média de $ 1 mil por dia;
- pacientes segurados (G), que são de responsabilidade de uma companhia de seguro e de agências governamentais, os quais pagam uma média de $ 800 por dia. Vinte por cento dos pacientes são particulares.

1. Calcule o ponto de equilíbrio em pacientes–dia, supondo que o composto planejado de pacientes seja mantido.
2. Suponha que 200 mil pacientes–dia foram alcançados, mas que 25 por cento deles tenham sido particulares (em vez de 20 por cento). Calcule o lucro líquido. Calcule o ponto de equilíbrio.

2-49. Impossto de renda em hotéis

Estude o Apêndice 2B. O All Seasons, no centro de Denver, tem custos fixos anuais aplicáveis de $ 10 milhões para seus 600 apartamentos no hotel, a taxa média diária por apartamento é de $ 105 e os custos variáveis médios são de $ 25 para cada apartamento alugado. Ele opera 365 dias por ano. O hotel está sujeito a uma alíquota de imposto de renda de 40 por cento.

1. Quantos apartamentos deve o hotel alugar para obter um lucro líquido, após impostos, de $ 720 mil? De $ 360 mil?
2. Calcule o ponto de equilíbrio em número de apartamentos alugados. Que porcentagem de ocupação para o ano é necessária para alcançar o ponto de equilíbrio?
3. Suponha que o nível de volume dos apartamentos vendidos seja 150 mil. O gestor está preocupado com quanto lucro poderia ser gerado ao adicionar vendas de 15 mil apartamentos. Calcule o lucro líquido adicional após imposto de renda.

2-50. Efeitos dos impostos, múltipla escolha

Estude o Apêndice 2B. A Raprock Company é atacadista de CDs. O lucro líquido, após imposto de renda, projetado para o ano atual é de $ 120 mil, baseado em um volume de vendas de 200 mil CDs. A Raprock tem vendido os CDs a $ 16 cada. Os custos variáveis consistem de $ 10 de preço de compra por unidade e um custo de manuseio de $ 2 por unidade. Os custos fixos anuais da Raprock são de $ 600 mil, e a Raprock está sujeita a uma alíquota de imposto de renda de 40 por cento.

A gestão está preparando o planejamento para o ano vindouro, quando espera um aumento de 30 por cento no preço de compra unitário.

1. O ponto de equilíbrio da Raprock Company para o ano atual é:
   a) 150 mil unidades.
   b) 100 mil unidades.
   c) 50 mil unidades.
   d) 60 mil unidades.
   e) algum outro montante que não os fornecidos.

2. Um aumento de 10 por cento no volume de vendas das unidades projetadas para o ano atual resultaria em um lucro líquido, após imposto de renda, aumentado para o ano atual de:
   a) $ 80 mil.
   b) $ 32 mil.
   c) $ 12 mil.
   d) $ 48 mil.
   e) algum outro montante que não os fornecidos.

3. O volume de vendas em unidades monetárias que a Raprock Company deve alcançar no ano vindouro para manter o mesmo lucro líquido, após imposto de renda, projetado para o ano atual se o preço de venda unitário permanecer em $ 16 é:
   a) $ 12,8 milhões.
   b) $ 14,4 milhões.
   c) $ 11,52 milhões.
   d) $ 32 milhões.
   e) algum outro montante que não os fornecidos.

4. Para cobrir um aumento de 30 por cento no preço unitário de compra para o ano vindouro e ainda manter o índice de margem de contribuição atual, a Raprock Company deve estabelecer um preço de venda, por unidade, para o ano vindouro, de:
   a) $ 19,60.
   b) $ 20.
   c) $ 20,80.
   d) $ 19.
   e) algum outro montante que não os fornecidos.

Casos

2-51. Custos hospitalares

O Metropolitan City Hospital é sindicalizado. Em 20X1, as enfermeiras receberam um salário anual médio de $ 45 mil. O administrador do hospital está considerando como o contrato com as enfermeiras deve ser alterado para 20X2. Por sua vez, a cobrança dos custos de enfermagem de cada departamento também pode ser alterada.

Cada departamento é responsável pelo seu desempenho financeiro. As receitas e os custos são alocados aos departamentos. Considere os custos do departamento de obstetrícia em 20X1. Os custos variáveis (baseados em pacientes–dia de 20X1) são:

Refeições	$ 510 000
Lavanderia	$ 260 000
Laboratório	$ 900 000
Farmácia	$ 800 000
Manutenção	$ 150 000
Outros	$ 530 000
Total	$ 3 150 000

Os custos fixos (baseados em número de leitos) são:

Aluguel	$ 3 000 000
Serviços administrativos gerais	$ 2 200 000
Zeladoria	$ 200 000
Manutenção	$ 150 000
Outros	$ 350 000
Total	$ 5 900 000

As enfermeiras são designadas aos departamentos com base em pacientes–dia anuais, como segue:

Nível de volume em pacientes–dia	Número de enfermeiras
10 000 — 12 000	30
12 000 — 16 000	35

O total de pacientes–dia é o número de pacientes multiplicado pelo número de dias em que eles ficam hospitalizados. Cada departamento é debitado pelos salários das enfermeiras designadas para eles.

Durante 20X1, o departamento de obstetrícia teve uma capacidade de 60 leitos, faturado cada paciente em uma média de $ 800 por dia, e teve receitas de $ 12 milhões.

1. Calcule o volume de atividade em pacientes–dia de 20X1.
2. Calcule os pacientes–dia de 20X1 que seriam necessários para o departamento de obstetrícia recuperar todos os custos fixos, exceto os custos com enfermagem.
3. Calcule os pacientes–dia de 20X1 que seriam necessários para o departamento de obstetrícia alcançar o ponto de equilíbrio, incluindo os salários das enfermeiras como um custo fixo.
4. Suponha que a obstetrícia deva pagar $ 200 por paciente–dia pelos serviços de enfermagem. Esse plano substituiria o sistema de custo fixo de dois níveis empregado em 20X1. Calcule qual seria o ponto de equilíbrio em pacientes–dia, em 20X1, com esse plano.

2-52. CVL e predição de lucros

De acordo com um artigo da *Business Week*, T. J. Izzo teve uma grande idéia após uma forte queda que quase o forçou a desistir do golfe. Seu problema foi transportar uma bolsa de golfe, não brandir os tacos. Assim, ele projetou uma bolsa de couro, tipo cintas de arreio, que distribui o peso igualmente em ambos os ombros. Em abril de 1991, ele formou a Izzo Systems, Inc. Em 1993, Izzo realizou um lucro operacional de $ 12 mil sobre receitas de $ 1 milhão das vendas de 75 mil cintas. Em 1994, ele esperou vender 92 mil cintas por $ 1,7 milhão.

1. Suponha que os custos variáveis por cinta sejam de $ 10. Calcule o total dos custos fixos e dos custos variáveis para 1993.
2. Suponha que o comportamento de custos em 1994 tenha sido o mesmo de 1993. Estime o lucro operacional de Izzo para 1994:
    a) com vendas preditas de 92 mil cintas;
    b) com vendas em unidades 10 por cento acima do nível predito;
    c) com vendas em unidades 10 por cento abaixo do nível predito.
3. Explique por que o lucro operacional predito para 1994 foi tão maior que o lucro operacional de 1993.

2-53. CVL em um ambiente moderno de manufatura

Uma divisão da Hewlett-Packard Company mudou suas operações de produção de uma em que uma grande força de trabalho montava componentes eletrônicos para uma instalação de produção automatizada dominada por robôs controlados por computador. A mudança foi necessária devido às ferozes pressões competitivas. As melhorias na qualidade, na confiabilidade e na flexibilidade de programações de produção eram necessárias apenas para enfrentar a concorrência. Em conseqüência da mudança, os custos variáveis caíram e os custos fixos aumentaram, como mostrado nos seguintes orçamentos supostos:

	Antiga operação de produção	Nova operação de produção
Custo variável unitário		
Material	$ 0,88	$ 0,88
Mão-de-obra	$ 1,22	$ 0,22
Total por unidade	$ 2,10	$ 1,10
Custos fixos mensais		
Aluguel e depreciação	$ 450 000	$ 875 000
Mão-de-obra de supervisão	$ 85 000	$ 175 000
Outros	$ 50 000	$ 90 000
Total por mês	$ 585 000	$ 1 140 000

O volume esperado é de 600 mil unidades por mês, cada unidade vendida por $ 3,10. A capacidade é para 800 mil unidades.

1. Calcule o lucro orçado no volume esperado de 600 mil unidades para os ambientes de produção antigo e novo.
2. Calcule o ponto de equilíbrio orçado para os ambientes de produção antigo e novo.
3. Discuta o efeito nos lucros no caso de o volume cair para 500 mil unidades para os ambientes de produção antigo e novo.
4. Discuta o efeito em lucros no caso de o volume aumentar para 700 mil unidades para os ambientes de produção antigo e novo.
5. Comente os riscos das operações novas *versus* operações antigas.

2-54. Ponto de equilíbrio com múltiplos produtos em um restaurante

Estude o Apêndice 2A. Um artigo da *Washington Business* incluiu uma demonstração de resultado para o La Brasserie, um restaurante francês em Washington, D.C. Uma versão simplificada da demonstração é a seguinte:

Receitas	$ 2 098 400
Custos das vendas, todos variáveis	$ 1 246 500
Lucro bruto	$ 851 900
Custos operacionais	
Variáveis	$ 222 380
Fixos	$ 170 700
Despesas administrativas, todas fixas	$ 451 500
Lucro	$ 7 320

A conta média de jantar no La Brasserie é $ 40; a conta média de almoço é $ 20. Suponha que o custo variável de preparar e servir o jantar é também duas vezes o valor do almoço. O restaurante serve duas vezes mais almoços do que jantares. Suponha que o restaurante esteja aberto 305 dias por ano.

1. Calcule o volume no ponto de equilíbrio diário em almoços e jantares para o La Brasserie. Compare isso ao volume real refletido na demonstração de resultado.
2. Suponha que uma despesa extra de propaganda anual de $ 15 mil aumentaria o volume médio diário em três jantares e seis almoços, e que haja plena capacidade para acomodar os negócios extras. Prepare uma análise para a gestão do La Brasserie, explicando se isso seria desejável.
3. O La Brasserie utiliza apenas alimentos *premium*, e o custo do alimento representa 25 por cento do total dos custos variáveis do restaurante. O uso de ingredientes médios, em vez dos *premium*, poderia cortar o custo dos alimentos em 20 por cento. Suponha que o La Brasserie use ingredientes de qualidade média e não altere seus preços. Quanto da queda em volume poderia ele suportar e ainda manter o mesmo lucro? Que fatores adicionais à receita e ao custo poderiam influenciar a decisão sobre a qualidade do alimento a usar?

2-55. Efeitos das variações nos custos, incluindo efeitos tributários

Estude o Apêndice 2B. A Pacific Fish Company é atacadista distribuidora de salmão. A empresa atende mercearias na área de Chicago.

O crescimento pequeno, mas constante, das vendas foi alcançado pela Pacific Fish ao longo de poucos anos passados, enquanto os preços de salmão foram aumentando. A empresa está formulando seu plano para o ano fiscal vindouro. Abaixo estão apresentados os dados usados para projetar o lucro líquido de $ 138 mil, após imposto de renda, do ano atual.

Preço de venda médio por quilo	$ 5,00
Custos variáveis médios por quilo	
Custo do salmão	$ 2,50
Despesas de embarque	$ 0,50
Total	$ 3,00
Custos fixos anuais	
Vendas	$ 200 000
Administrativos	$ 350 000
Total	$ 550 000
Volume de vendas anuais esperadas (390 000 quilos)	$ 1 950 000
Alíquota de imposto de renda	40%

As empresas de pesca têm anunciado que aumentarão os preços de seus produtos numa média de 15 por cento no ano vindouro, devido, principalmente, ao aumento dos custos com mão-de-obra. A Pacific Fish Company espera que todos os custos restantes permaneçam com as mesmas taxas ou níveis do ano atual.

1. Qual é o ponto de equilíbrio da Pacific Fish Company em quilos de salmão para o ano atual?
2. Que preço de venda por quilo a Pacific Fish Company deve cobrar para cobrir o aumento de 15 por cento nos custos do salmão e ainda manter o índice de margem de contribuição atual?
3. Que volume de vendas em unidades monetárias a Pacific Fish Company deve alcançar no ano vindouro para manter o mesmo lucro líquido, após impostos, como projetados para o ano atual, se o preço de venda do salmão permanecer em $ 5 o quilo e o custo do salmão aumentar 15 por cento?
4. Que estratégias a Pacific Fish Company pode usar para manter o mesmo lucro líquido, após o imposto de renda, como projetado para o ano atual?

capítulo 3

Mensuração do comportamento de custo

Um vôo da America West em aproximação final do aeroporto de San Diego. A America West atende ao mercado de baixo custo com serviço completo, com mais de 144 destinos nos Estados Unidos, Canadá e México. Entender os custos da empresa é um fator importante da estratégia competitiva da empresa.

Objetivos de aprendizagem

Ao terminar de estudar este capítulo, você deverá estar apto a:

1. Explicar o comportamento do custo misto e do custo por degraus.
2. Explicar a influência da gestão sobre o comportamento dos custos.
3. Mensurar e matematicamente expressar as funções de custo e usá-las para predizer custos.
4. Descrever a importância da análise de atividade para mensurar funções de custo.
5. Mensurar o comportamento do custo, usando a análise contábil, o método alto-baixo, o ajuste visual e o método de regressão dos mínimos quadrados.
6. **Entender o relacionamento entre a tomada de decisão da gestão e o comportamento dos custos.**

Com receitas anuais de mais de $ 2 bilhões, a America West é a nona maior empresa comercial de linhas aéreas dos Estados Unidos. Ela se concentra no mercado de baixo custo, serviço completo, com as operações primárias (sede) em Phoenix, Las Vegas e Columbus, Ohio. A America West aproveitou uma economia ascendente e teve receitas crescentes no fim da década de 90. Em conseqüência, a gestão decidiu expandir, introduzindo o serviço de novos destinos, incluindo Acapulco, Miami e Detroit, e adicionando mais vôos diários aos mercados existentes, incluindo Las Vegas, Cidade do México e Boston. Para realizar isso, a empresa teve de expandir sua força de trabalho, adicionar novas aeronaves e gastar mais de $ 40 milhões em novas tecnologias.

A gestão na America West não tomou decisões rápidas para investir grandes montantes de dinheiro em aeronaves e equipamentos. Eles sabiam que suas decisões deveriam ter uma influência significativa nos custos, bem como nos lucros, por muitos anos. Eles também sabiam que a maioria dos custos deveria ser fixo, mas que as receitas flutuariam com a economia. Quando a economia está ruim, as receitas podem não cobrir aqueles custos.

Como uma linha aérea se protege contra prejuízos quando a economia declina?

De acordo com Richard Goodmanson, presidente e CEO da America West, "a gestão tem uma meta para obter de 5 a 10 por cento da frota de aeronaves arrendada e, assim, sujeita à renovação anual. Isso melhora a habilidade da empresa em reduzir capacidade (e os custos relacionados) no caso de um declínio do setor". Esse exemplo mostra que entender como os custos se comportam, bem como que as decisões dos gestores podem influenciar os custos, ajudou a linha aérea a melhorar seu controle de custos.

O Capítulo 2 demonstrou a importância do entendimento da estrutura de custos de uma organização e os relacionamentos entre as atividades de uma organização e seus custos, receitas e lucros. Este capítulo foca a **mensuração do comportamento dos custos**, que significa entender e avaliar quanto as atividades de uma organização afetam os níveis de custos.

Lembre-se de que as atividades consomem recursos, e esses recursos têm custos. Nós medimos o relacionamento entre a atividade e o custo usando medidas de saída (produto), chamadas 'direcionadores de custo'. Entender os relacionamentos entre custos e seus direcionadores permite aos gestores, em todos os tipos de organização, lucrativas, sem fins lucrativos e governamentais:

- Avaliar os métodos de manufatura ou práticas novas de serviço (Capítulo 4).

- Tomar decisões de *marketing* de curto prazo apropriadas (Capítulo 5).
- Tomar decisões de produção de curto prazo (Capítulo 6).
- Planejar e orçar os efeitos das atividades futuras (Capítulos 7 e 8).
- Projetar sistemas de controle gerencial eficazes (Capítulos 9 e 10).
- Tomar decisões de longo prazo apropriadas (Capítulo 11).
- Projetar sistemas acurados e úteis de custeio de produtos (Capítulos 12 a 15).

Como você pode ver, entender o comportamento dos custos é fundamental para a contabilidade gerencial. Há numerosos casos, no mundo real, nos quais os gestores têm tomado decisões muito pobres para eliminar linhas de produto, fechar fábricas ou ofertar serviços a preços muito altos ou muito baixos, porque obtiveram uma informação de comportamento de custos errônea. Este capítulo, conseqüentemente, merece um estudo cuidadoso.

DIRECIONADORES DE CUSTO E COMPORTAMENTO DE CUSTOS

Os contadores e gestores, freqüentemente, assumem que o comportamento de custos é linear ao longo de algum(a) intervalo (faixa) relevante de níveis de atividade ou de níveis de direcionador de custos. O **comportamento linear do custo** pode ser representado graficamente por uma linha reta, porque cada custo é presumido ser fixo ou variável. Lembre-se de que o intervalo relevante especifica os limites do direcionador de custo de atividade dentro dos quais um relacionamento específico entre um custo e seu direcionador de custo será válido. Os gestores, em geral, definem o intervalo relevante baseados em sua experiência prévia com níveis diferentes de atividade e custo.

Muitas atividades podem influenciar os custos. Neste capítulo, entretanto, focalizaremos aqueles para os quais o volume de um produto produzido ou serviço prestado é o direcionador primário. Esses custos são fáceis de identificar ou rastrear com produtos ou serviços. Exemplos de custos direcionados por volume incluem os de mão-de-obra de impressão, papel, tinta e encadernação para produzir todas as cópias deste livro. O número de cópias impressas, obviamente, afeta o total de custos de mão-de-obra de impressão, papel, tinta e encadernação. Igualmente importante, poderíamos relativa e facilmente rastrear o consumo desses recursos para as cópias do texto impresso. Programações, registros de folha de pagamento e outros documentos mostram quanto de cada recurso foi consumido para produzir as cópias deste livro-texto.

Outros custos são mais afetados pelas atividades não relacionadas diretamente ao volume e, freqüentemente, têm direcionadores múltiplos de custo. Tais custos não são fáceis de identificar ou de rastrear com os produtos. Os exemplos de custos difíceis de rastrear incluem os salários e honorários da assessoria editorial do editor deste livro-texto. O pessoal do editorial produz muitos livros-textos diferentes, e seria muito difícil determinar exatamente que parcela de seus custos entrou em um livro específico, tal como *Introdução à Contabilidade Gerencial*.

Entender e mensurar custos difíceis de rastrear para produtos pode ser especialmente desafiador. Na prática, muitas organizações usam um relacionamento linear, com um direcionador de custos único, para descrever cada custo, mesmo que muitos tenham causas múltiplas. Essa abordagem é mais fácil e menos dispendiosa do que usar relacionamentos não-lineares ou direcionadores múltiplos de custos. O uso cuidadoso do comportamento linear do custo com um único direcionador de custo fornece, com freqüência, estimativas de custos suficientemente acuradas para a maioria das decisões. O comportamento linear de custos com um único direcionador de custo pode parecer que contradiz a realidade e a teoria econômica, mas a adição do benefício do entendimento do 'verdadeiro' comportamento do custo pode ser menor que o custo de determinar o 'verdadeiro' comportamento do custo.

Para facilitar a comunicação e o entendimento, os contadores geralmente descrevem o comportamento do custo em termos visuais ou gráficos. A Figura 3.1 mostra o comportamento linear do custo, o intervalo (faixa) relevante e um direcionador de atividade ou de custo. Note a similaridade com os gráficos CVL do Capítulo 2.

PADRÕES DE COMPORTAMENTO DE CUSTOS POR DEGRAU E MISTOS

O Capítulo 2 descreveu dois padrões de comportamento de custos: custos variáveis e custos fixos. Lembre-se de que um custo puramente variável muda na proporção das mudanças de atividade de seus direcionadores de custos, enquanto um custo puramente fixo não é afetado pelo nível do direcionador de custo. Além dessas versões puras de custos, dois tipos adicionais combinam as características tanto dos comportamentos de custos fixos como dos variáveis. Esses são os custos por degrau e custos mistos.

Figura 3.1 Comportamento linear do custo.

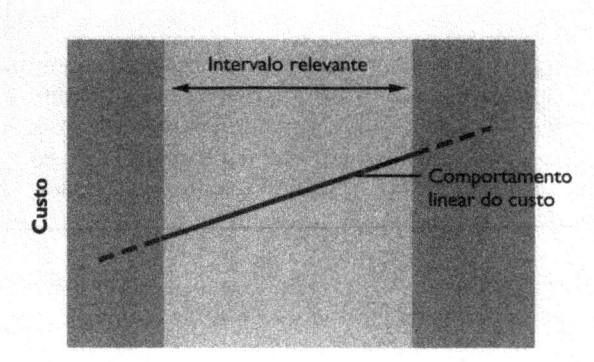

Custos por degrau

Os **custos por degrau** mudam abruptamente em intervalos de atividade, porque os recursos e seus custos estão apenas disponíveis em parcelas indivisíveis. Se as parcelas individuais de custo forem relativamente grandes e aplicadas a um intervalo de atividade específico, amplo, o custo será considerado fixo ao longo daquele intervalo de atividade. Um exemplo está no Painel A da Figura 3.2, que mostra o custo de arrendar equipamentos de perfuração de poços de petróleo e gás. Quando a atividade de exploração de petróleo e gás alcança um certo nível em uma dada região, um conjunto de equipamentos adicionais inteiro deve ser arrendado. Um nível de arrendamento de equipamentos de petróleo e gás, entretanto, suportaria todos os volumes da atividade de exploração dentro do intervalo relevante de perfuração. Dentro de cada intervalo relevante, esse custo por degrau se comporta como um custo fixo. O total do custo por degrau no nível de atividade é o montante de custo fixo apropriado para o intervalo que contém aquele nível de atividade.

Em contrapartida, os contadores, freqüentemente, descrevem os custos por degrau como variável quando parcelas individuais de custos são relativamente pequenas e se aplicam a um intervalo estreito de atividade. O Painel B da Figura 3.2 mostra os custos de remuneração dos caixas em um supermercado. Suponha que um caixa possa atender a uma média de 20 compradores por hora e que, dentro do intervalo relevante da atividade de compras, o número de compradores possa variar entre 40 e 440 por hora. O número correspondente de caixas deveria estar na

Figura 3.2 Comportamento de custos por degrau.

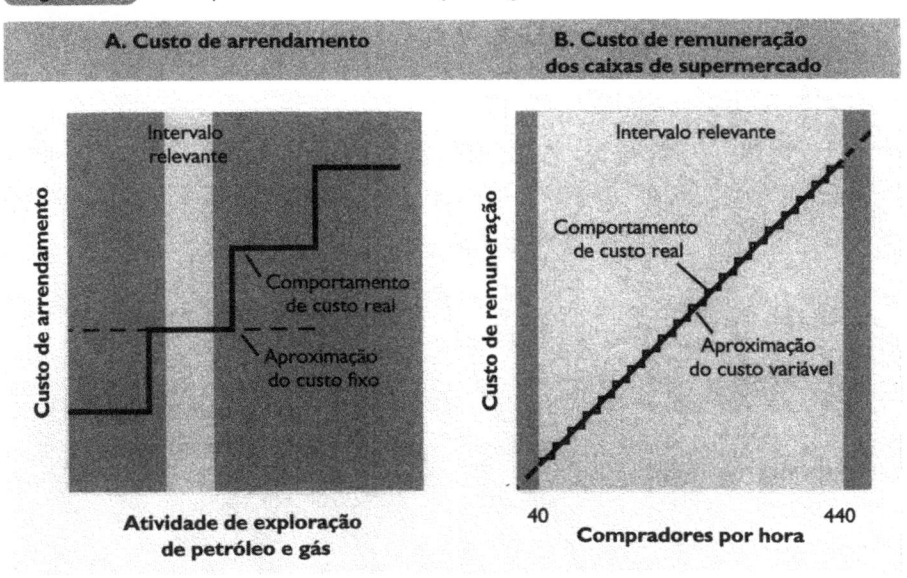

faixa entre dois e 22. Como os degraus são relativamente pequenos, esse custo por degrau se comporta mais como um custo variável e poderia ser usado como tal para planejamento com pouca perda de exatidão.

Custos mistos

Os **custos mistos** contêm elementos do comportamento de fixos e variáveis. Os elementos fixos são determinados por um único intervalo planejado de nível de atividade. Os elementos de custos variáveis dos custos mistos são custos puramente variáveis que oscilam de acordo com a atividade dentro de um único intervalo relevante. Em um custo misto, o custo variável é incorrido em adição ao custo fixo: O custo misto total é a soma do fixo com o variável. Você pode considerar o custo fixo como o custo de ter disponível a capacidade necessária para operar em qualquer volume dentro do intervalo relevante, e o custo variável como um custo adicional de usar a capacidade para produzir saídas.

Muitos custos são mistos. Considere, por exemplo, os custos mensais do departamento de manutenção das instalações da Parkview Medical Center, mostrado na Figura 3.3. Os salários do pessoal de manutenção e os custos de equipamentos são fixos em $ 10 mil por mês. Além disso, suprimentos de limpeza e materiais de reparo podem variar a uma taxa de $ 5 por cliente–dia[1] de serviços prestados pelo hospital.

O administrador-chefe do Parkview Medical Center usou o conhecimento do comportamento dos custos do departamento de manutenção das instalações para:

1. Planejar custos: Em maio, o hospital esperou prestar serviços de manutenção para quatro mil clientes–dia. A predição de maio para os custos do departamento de manutenção das instalações foi $ 10 mil fixos mais o custo variável de $ 20 mil (4 mil clientes–dia vezes $ 5 por cliente–dia) para um total de $ 30 mil.

2. Fornecer *feedback* aos gestores: Em maio, os custos de manutenção das instalações reais foram de $ 34 mil no mês, quando quatro mil clientes–dia foram atendidos, como planejado. O administrador quis saber por que o hospital gastou $ 4 mil em excesso ($ 34 mil menos os $ 30 mil planejados), de modo que os gestores pudessem tomar providências corretivas.

3. Tomar decisões sobre o uso mais eficiente dos recursos: Os gestores podem, por exemplo, ponderar as substituições de longo prazo relativas ao aumento de custos fixos com equipamentos de limpeza de assoalho automatizados, contra os custos variáveis de horas extras necessárias para limpar os assoalhos manualmente.

INFLUÊNCIA DA GESTÃO NO COMPORTAMENTO DE CUSTOS

Além de mensurar e avaliar o comportamento dos custos correntes, os gestores podem influenciar o comportamento dos custos por meio de decisões sobre fatores, tais como produtos ou atributos de serviços, capacidade, tecnologia e políticas para criar incentivos para controlar custos.

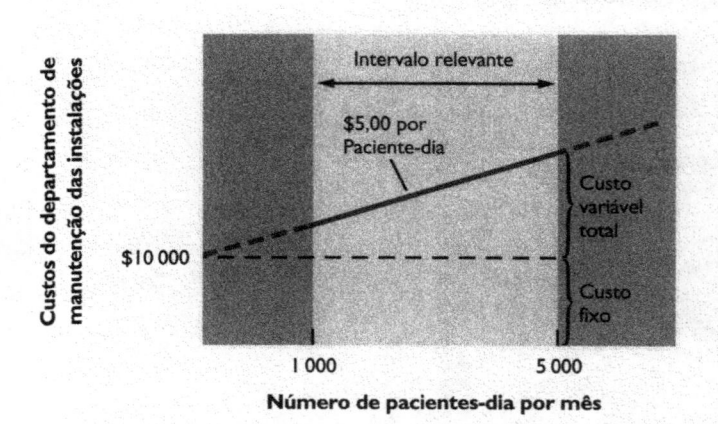

Figura 3.3 Comportamento de custos mistos.

---

[1]. *Um cliente–dia é o gasto de um cliente em um dia no hospital. Um gasto de cliente em cinco dias no hospital são cinco clientes–dia de serviço.*

Decisões de produto e serviço e a cadeia de valor

Por toda a cadeia de valor, os gestores influenciam o comportamento de custos. Essa influência ocorre por meio de suas decisões de projetos de processos e produto, níveis de qualidade, características do produto, canais de distribuição, e assim por diante. Cada uma dessas decisões contribui para o desempenho da organização e deveria ser tomada em uma estrutura de análise de custo–benefício. A Hertz, por exemplo, empresa de aluguel de carros, deveria adicionar uma característica a seus serviços apenas se o custo da característica (por exemplo, quilometragem grátis) pudesse ser justificado (mais do que recuperar um lucro dos negócios aumentados).

Decisões de capacidade

As decisões estratégicas sobre a economia de escala e escopo das atividades de uma organização geralmente resultam em níveis fixos de custo de capacidade. Os **custos de capacidade** são os custos fixos de estar apto a alcançar um nível desejado de produção ou fornecer um nível desejado de serviço, enquanto mantêm os atributos de produtos e serviço, tais como qualidade. As empresas nos setores com variações de longo prazo na demanda devem ser cuidadosas ao tomar decisões de capacidade. Os custos com capacidade fixa não podem ser recuperados quando a demanda cai durante um declínio econômico. Considere o dilema enfrentado pela Ford. Em meados da década de 80, ela estava operando a plena capacidade. Para satisfazer a demanda, os trabalhadores tiveram de fazer horas extras, e a Ford até contratou a Mazda para produzir alguns de seus carros de prova. A Ford teve de decidir entre construir novas fábricas e linhas de montagem, ou continuar a pagar por horas extras e produção externa. Construir novas fábricas habilitaria a Ford a produzir carros a custos mais baixos, mas os custos de capacidade fixos poderiam não ser reduzidos se os volumes de produção sofressem uma queda. As horas extras e a terceirização da produção para a Mazda foi dispendiosa, mas a Ford poderia eliminar esses custos variáveis durante qualquer declínio nos negócios, quando não necessitasse de carros extras. O que a Ford fez? De acordo com os executivos da empresa: "Sabemos que, em 1986 e em 1987, perdemos algumas vendas. Poderíamos, provavelmente, ter tido maior participação no mercado, mas sentimos que era mais valioso manter nossos custos sob controle... Mais cedo ou mais tarde isso teria de declinar, e nós estaríamos operando períodos menores e semanas mais curtas mesmo com a capacidade que temos". A decisão da Ford de limitar seus custos fixos, mesmo enfrentando um aumento de custos variáveis, ajudou a empresa a atravessar o declínio de negócios no início da década de 90. A Ford foi mais apta em reduzir seus custos quando a demanda por automóveis declinou. Outra vez, no *boom* econômico dos últimos anos da década de 90, a Ford enfrentou a mesma decisão estratégica a respeito de economia de escala e escopo das operações.

Custos fixos comprometidos

Mesmo que, como a Ford, uma empresa decida minimizar os custos fixos de capacidade, cada organização tem alguns custos com os quais está comprometida, talvez por alguns bons anos. Os **custos fixos comprometidos** geralmente surgem da posse de instalações, equipamentos e de uma organização básica. Eles constituem grandes parcelas indivisíveis do custo que a organização está obrigada a incorrer ou que, em geral, não consideraria eliminar. Os custos fixos comprometidos incluem hipoteca ou pagamento de arrendamentos, pagamentos de juros sobre dívidas de longo prazo, impostos sobre propriedade, seguros e salários do pessoal-chave. Apenas as mudanças principais na filosofia, na escala ou no escopo de operações poderiam mudar esses custos fixos comprometidos nos períodos futuros. Lembre-se do exemplo do departamento de manutenção de instalações do Parkview Medical Center. A capacidade do departamento de manutenção das instalações foi uma decisão da gestão e, nesse caso, a decisão determinou a magnitude do custo de equipamentos. Suponha que o Parkview Medical Center sofresse um aumento permanente de seus clientes–dia por mês, além do intervalo relevante de cinco mil clientes–dia. Uma vez que mais capacidade seria necessária, os custos comprometidos de equipamentos aumentariam para um novo nível por mês.

Custos fixos discricionários

Alguns custos são fixos em certos níveis apenas porque a gestão decidiu que esses níveis de custos seriam incorridos para satisfazer os objetivos da organização. Esses **custos fixos discricionários** não têm um relacionamento óbvio com os níveis de capacidade ou de atividade de produção, mas são determinados como parte de um processo de planejamento periódico. Em cada período de planejamento, a gestão determinará quanto gastar em itens discricionários, tais como custos de propaganda e promoção, relações públicas, pesquisa e desenvolvimento, doações à caridade, programas de treinamento de empregados e serviços de consultoria de gestão contratados de terceiros. Esses custos tornam-se, então, fixos até o período seguinte de planejamento.

Ao contrário dos custos fixos comprometidos, os gestores poderão alterar custos fixos discricionários facilmente — para cima ou para baixo —, mesmo dentro de um período orçamentário, se eles decidirem que níveis diferentes de gastos são desejáveis. Seria compreensível que os gestores reduzissem tais custos discricionários quase inteiramente para um dado ano em tempos difíceis, visto que não poderiam reduzir os custos comprometidos. Os custos fixos discricionários podem ser essenciais para o alcance dos objetivos da organização no longo prazo, mas os gestores podem variar os níveis de dispêndio amplamente no curto prazo.

Considere a Marietta Corporation, que está experimentando dificuldades financeiras. As vendas de seus principais produtos estão baixas, e a gestão da Marietta está considerando cortar seus custos temporariamente. A gestão deve determinar quais dos seguintes custos fixos podem ser reduzidos ou eliminados e que economia representaria cada um:

Custos fixos	Montantes planejados
Propaganda e promoção	$ 30 000
Depreciação	$ 400 000
Treinamento de empregados	$ 100 000
Salários da gestão	$ 800 000
Pagamento de hipotecas	$ 250 000
Impostos prediais	$ 600 000
Pesquisa e desenvolvimento	$ 1 500 000
Total	$ 3 680 000

A Marietta pode reduzir ou eliminar alguns desses custos fixos? A resposta depende do ponto de vista do longo prazo da Marietta. Ela poderia reduzir custos, mas também reduzir grandemente sua habilidade de competir no futuro se os cortes forem feitos sem cautela. Rearranjar esses custos por categorias entre custos comprometidos e discricionários levaria à seguinte análise:

Custos fixos	Montantes planejados
Comprometidos	
Depreciação	$ 400 000
Pagamento de hipotecas	$ 250 000
Impostos prediais	$ 600 000
Total comprometido	$ 1 250 000
Discricionários (economias potenciais)	
Propaganda e promoção	$ 30 000
Treinamento de empregados	$ 100 000
Salários da gestão	$ 800 000
Pesquisa e desenvolvimento	$ 1 500 000
Total discricionário	$ 2 430 000
Total comprometido e discricionário	$ 3 680 000

Eliminar todos os custos fixos discricionários deveria economizar à Marietta $ 2,43 milhões por ano. Seria, entretanto, insensato cortar todos os custos discricionários. Isso comprometeria severamente os prospectos da empresa a longo prazo. Distinguir os custos fixos comprometidos e discricionários, entretanto, seria o primeiro passo da empresa para identificar onde os custos poderiam ser reduzidos.

DECISÕES TECNOLÓGICAS

Uma das decisões mais críticas que os gestores tomam é sobre o tipo de tecnologia que a organização utilizará para confeccionar seus produtos ou prestar seus serviços. A escolha da tecnologia (por exemplo, mão-de-obra

---

tomada cinco: Considere a diferença entre custos fixos comprometidos e discricionários. Os custos comprometidos limitam a flexibilidade da gestão, enquanto os discricionários preservam a flexibilidade. Todos os custos são fixos, sejam comprometidos ou discricionários?

Resposta

Não. Esses são dois extremos de um espectro. A maioria dos custos fixos tem características de ambos os custos, comprometidos e discricionários. É útil, entretanto, tentar classificar os custos como comprometidos ou discricionários, porque isso força os gestores a pensar sobre quanta influência eles podem ter sobre o custo, se desejarem mudá-lo.

intensiva *versus* manufatura robotizada, serviços bancários tradicionais *versus* caixas eletrônicos, ou *e-commerce versus* na loja ou pedidos de vendas pelo correio) posiciona a organização para satisfazer suas metas atuais e reagir às mudanças no ambiente (por exemplo, mudanças nas necessidades dos clientes ou ações pelos concorrentes). O uso de métodos com alta tecnologia, em vez de mão-de-obra, geralmente significa um componente de custo fixo muito maior para o custo total. Esse tipo de comportamento de custo cria maiores riscos para as empresas com variações amplas na demanda.

INCENTIVOS PARA CONTROLE DE CUSTOS

Finalmente, os incentivos que a gestão cria para empregados podem afetar os custos futuros. Os gestores usam seu conhecimento do comportamento dos custos para estabelecer expectativas de custos, e os empregados podem receber compensação ou outras recompensas que estão amarradas à satisfação dessas expectativas. O administrador do Parkview Medical Center, por exemplo, dá ao supervisor do departamento de manutenção de instalações uma avaliação favorável, caso ele tenha mantido a qualidade de serviço e conservado os custos do departamento abaixo do montante esperado para o nível real de clientes–dia. Esse *feedback* motiva o supervisor a vigiar os custos do departamento cuidadosamente e encontrar maneiras de reduzir custos sem reduzir a qualidade do serviço.

FUNÇÕES DE CUSTOS

As atividades de tomada de decisão, planejamento e controle da contabilidade gerencial exigem estimativas acuradas e úteis de custos fixos e variáveis futuros. A primeira etapa da estimativa ou predição de custos é a **mensuração de custos** ou a mensuração do comportamento de custos como uma função de direcionadores apropriados de custos. A segunda etapa é usar essas medidas de custo para estimar custos futuros em níveis futuros esperados da atividade dos direcionadores de custos.

FORMA DAS FUNÇÕES DE CUSTOS

Para descrever o relacionamento entre um custo e seu(s) direcionador(es), os gestores freqüentemente utilizam uma equação chamada **função de custo**. Quando há apenas um direcionador, a função de custo é similar ao relacionamento algébrico do CVL, discutido no Capítulo 2. Considere o custo misto representado graficamente na Figura 3.3, na página 74, os custos do departamento de manutenção das instalações:

custos mensais do departamento de manutenção das instalações = custo fixo mensal de manutenção + custo variável mensal de manutenção = custo fixo mensal de manutenção + (custo variável por paciente–dia × número de pacientes–dia em um mês)

Faça:

Y = custo mensal do departamento de manutenção das instalações
F = custo fixo mensal de manutenção
V = custo variável por cliente–dia
X = direcionador de custo da atividade em número de pacientes-dia por mês

Podemos reescrever a função de custo misto como:

$$Y = F + VX$$

ou

$$Y = \$ 10\ 000 + \$ 5{,}00X$$

Essa função de custo misto tem a forma familiar de uma linha reta — ela é chamada de 'função de custo linear'. Quando representa graficamente uma função de custo, F é o intercepto, o ponto no eixo vertical onde a função de custo se inicia. Na Figura 3.3, o intercepto é $ 10 mil de custo fixo por mês. V, o custo variável por unidade de atividade, é a inclinação da função de custo. Na Figura 3.3, as inclinações da função de custo são voltadas para cima à taxa de $ 5 para cada cliente–dia adicional.

CRITÉRIOS PARA ESCOLHER FUNÇÕES

Os gestores devem aplicar dois princípios para obter funções de custo acuradas e úteis: *plausibilidade* e *confiabilidade*.

1. A função de custo deve ser plausível ou confiável. A observação pessoal dos custos e atividades, quando isso é possível, fornece a melhor evidência de um relacionamento plausível entre um custo e seu(s) direcionador(es). Alguns relacionamentos de custo, por natureza, não são diretamente observáveis; assim, o analista de custo deve estar confiante de que o relacionamento proposto seja significativo. Muitos custos podem mover-se com um número de direcionadores, mas nenhuma relação de causa e efeito pode existir. Uma relação de causa e efeito (isto é, X causa Y) é desejável para que as funções de custos sejam acuradas e úteis.

2. Além de plausíveis, as estimativas de custos da função de custos em níveis reais de atividade devem, de maneira confiável, conformar-se com os custos realmente observados. A confiabilidade pode ser avaliada em termos da 'boa qualidade de ajuste' — quão bem a função de custo explica o comportamento de custos passados. Se o ajuste for bom e as condições não mudarem, a função de custo deverá ser uma preditora confiável dos custos futuros.

Observe, especialmente, que os gestores usam esses critérios juntos na escolha de uma função de custos. Cada uma verifica a outra. O conhecimento das operações e de como os custos são registrados é útil na escolha da plausibilidade e da confiabilidade da função de custo que liga causa e efeito. A manutenção, por exemplo, é freqüentemente desempenhada quando a produção está baixa, pois é o momento em que a máquina pode ser retirada de serviço. Uma produção mais baixa não causa aumento de custos de manutenção, entretanto, nem o aumento de produção causa custos de manutenção menores. Uma explanação mais plausível é que, durante um período mais longo, o aumento da produção causa custos de manutenção maiores, mas o registro diário ou semanal dos custos de manutenção e produção pode fazer parecer o contrário. Entender a natureza dos custos de manutenção deve levar a uma confiabilidade na função de custos no longo prazo.

Escolha dos direcionadores de custos: Análise de atividade

De que maneira os gestores escolhem funções de custo confiáveis e plausíveis? Bem, você não pode ter uma boa função de custo sem conhecer os direcionadores de custo certos; assim, escolher uma função de custo começa com a escolha dos direcionadores de custo. Os gestores usam a **análise de atividade** para identificar os direcionadores de custos apropriados e seus efeitos sobre os custos de fabricar um produto ou prestar um serviço. O produto ou serviço final pode ter vários direcionadores de custo, porque várias atividades separadas podem estar envolvidas. O maior benefício da análise de atividade é que ela direciona a contabilidade gerencial aos direcionadores de custos apropriados para cada custo.

A análise de atividade é especialmente importante para mensurar e predizer custos para os quais os direcionadores não são óbvios. A **predição do custo** aplica medidas de custos para níveis de atividades futuras esperadas, a fim de prever custos futuros. Anteriormente, neste capítulo, dissemos que um custo é fixo ou variável com relação a um direcionador de custo específico.

Um custo que parece ser fixo em relação a um direcionador de custo pode, de fato, ser variável com relação a um outro direcionador. Suponha, por exemplo, que a fábrica de automóveis Júpiter utiliza equipamento de pintura automatizado. O custo de ajustar esse equipamento pode ser fixo com relação ao número total de automóveis produzidos, isto é, não há nenhum relacionamento de custo claro entre esses custos indiretos e o número de automóveis produzidos. Esse mesmo custo pode variar grandemente, entretanto, com o número de cores e tipos diferentes de revestimento dos automóveis produzidos. A análise de atividade examina vários direcionadores potenciais de custo pela plausibilidade e confiabilidade. Como sempre, os benefícios esperados da tomada de decisão melhorada do uso mais acurado do comportamento do custo deve exceder os custos esperados da investigação do direcionador de custo.

Identificar os direcionadores de custos apropriados é o aspecto mais crítico de qualquer método de mensuração do comportamento dos custos. Por muitos anos, a maioria das organizações usou apenas um direcionador de

---

tomada cinco Função de custos é uma expressão matemática dos componentes de um custo em particular. Um entendimento intuitivo das funções de custos, entretanto, é tão importante quanto estar apto a escrever a fórmula matemática. O que significa, por exemplo, uma função de custo ser linear?

Resposta
Significa que há duas partes do custo. Uma parte é fixa — isto é, independente do direcionador de custo. A outra parte varia na proporção do direcionador de custo, isto é, se o direcionador aumenta em X por cento, essa parte do custo também aumenta em X por cento.

custos: a quantidade de mão-de-obra consumida. Essencialmente, eles supuseram que a única atividade que afeta os custos é o uso de mão-de-obra. Na década passada, entretanto, aprendemos que as atividades 'ocultas' influenciaram grandemente os custos. Com freqüência, os analistas das empresas de manufatura e de serviços descobrem que as atividades relacionadas à complexidade de desempenhar tarefas afetam os custos mais diretamente do que o uso da mão-de-obra ou outros direcionadores de custos relacionados ao volume da atividade de produção.

Considere a Northwestern Computers, que fabrica dois produtos para computadores pessoais: uma placa de som *plug-in* (Mozart-Plus) e um *drive* de disco rígido (Powerdrive). Quando a maior parte do trabalho nos produtos da Northwestern era realizada manualmente, a maioria dos custos, outros que não os custos de materiais, era relacionada a (direcionado por) custos de mão-de-obra. O uso de equipamento de montagem controlado por computador, entretanto, aumentou os custos de atividades de apoio e reduziu os custos com mão-de-obra. O custo da mão-de-obra, agora, é apenas 5 por cento do total dos custos na Northwestern. Além disso, a análise de atividade tem mostrado que a maioria dos custos indiretos de hoje são direcionados pelo número de componentes adicionados ao produto (uma medida de complexidade do produto), não pelo custo de mão-de-obra. A Mozart-Plus tem cinco partes componentes; o Powerdrive tem nove.

Na média, os custos indiretos são duas vezes os custos de mão-de-obra. Suponha que a Northwestern deseja predizer quanto custo indireto é incorrido na produção de uma Mozart-Plus e quanto para um Powerdrive. Usando o antigo direcionador de custo, custo de mão-de-obra, a predição dos custos indiretos deveria ser:

	Mozart-Plus	Powerdrive
Custo de mão-de-obra	$ 8,50	$ 130,00
Custo indireto:		
2 × custos de mão-de-obra direta:	$ 17,00	$ 260,00

Usando o direcionador de custo mais apropriado, o número de componentes adicionados aos produtos, os custos indiretos preditos, são:

	Mozart-Plus	Powerdrive
Custos indiretos		
a $ 20 por componente		
$ 20 × 5 componentes	$ 100,00	
$ 20 × 9 componentes		$ 180,00
Diferença no custo indireto predito	$ 83,00	$ 80,00
	Maior	Menor

Ao usar um direcionador de custo apropriado, a Northwestern pode predizer seus custos indiretos muito mais acuradamente. Os gestores tomarão melhores decisões com essa informação mais acertada — por exemplo, os preços cobrados por produtos que podem ser mais proximamente relacionados aos custos de produção.

Métodos de mensuração das funções de custos

Após determinar os direcionadores mais plausíveis por trás dos custos diferentes, os gestores podem escolher, entre muitos, os métodos de aproximação das funções de custo. Os métodos incluem:

- análise de engenharia;
- análise contábil;
- análise alto-baixo;
- análise de ajuste visual;
- análise por regressão dos mínimos quadrados.

Esses métodos não são mutuamente excludentes; com freqüência, os gestores utilizam dois ou mais em conjunto, para evitar os principais erros em mensurar o comportamento dos custos. Os primeiros dois métodos podem sustentar-se apenas na análise lógica, visto que os últimos três envolvem análise de custos passados.

> ### PRIMEIRO, OS NEGÓCIOS
>
> **Análise de atividade para um hospício**
>
> As empresas de manufatura foram as primeiras organizações a usar a análise de atividade. Seus usos, entretanto, têm se espalhado para muitos setores de serviço e organizações sem fins lucrativos. Um artigo recente descreveu como o Hospice of Central Kentucky (HCK) empreendeu uma análise de atividade para melhor entender seus custos.
>
> O HCK é fornecedor de cuidados médicos de um programa certificado — Medicare/Medicaid — para doentes terminais em dez condados no centro de Kentucky. Além de procurar atender às necessidades médicas de seus clientes, o HCK tem trabalhadores sociais, ajudas domiciliares, voluntários e capelães. Fornece também um programa de 18 meses de pensão, por morte, para as famílias dos clientes.
>
> Muitos dos custos do HCK são diretamente relacionados aos pacientes, e é entendido que esses custos não causam problemas. Os custos indiretos, entretanto, foram grandes, e o HCK tem pouca informação a respeito do que os causou. Antes de empreender uma análise de atividade, o HCK simplesmente assumiu que o cliente–dia era o único direcionador para todos os custos indiretos, que foram calculados em $ 35,53 por cliente–dia.
>
> Como o HCK se percebeu apertado pelos custos crescentes e com constantes problemas com reembolsos da Health Maintenance Organization (HMO) e de companhias de seguro, a gestão desejou melhores informações de custos para tomar várias decisões. Para isso, a organização empreendeu uma análise de atividade, a fim de determinar os direcionadores apropriados para custos indiretos. Isso consistiu de duas tarefas básicas:
> - identificar as atividades que estavam sendo desempenhadas;
> - selecionar um direcionador de custos para cada atividade.
>
> Para identificar as atividades e os custos relacionados a cada uma, o HCK formou uma equipe de função cruzada.
>
> Identificar as atividades levou a um profundo entendimento de todas as operações do hospício; assim, sozinhas, as equipes de profissionais de finanças ou de contabilidade não teriam obtido conhecimento suficiente para toda essa tarefa. A equipe incluiu o diretor de operações, o coordenador de pensões por morte, o coordenador de faturamento, a enfermeira e um representante do programa de serviços comunitários. Entre eles estava o conhecimento de todos os aspectos das operações do hospício.
>
> A equipe identificou 14 atividades. A etapa seguinte era selecionar um direcionador de custos para cada atividade. Algumas das atividades e seus direcionadores de custos relacionados eram:
>
> | Atividade | Direcionador de Custo |
> |---|---|
> | Orientar | Número da orientação (indexada) |
> | Admitir | Número da admissão |
> | Formalizar pensão por morte | Número de mortes |
> | Contabilizar/Financiar | Número de clientes–dia (indexado) |
> | Faturar | Número de faturas |
> | Prestar serviços voluntários | Número de voluntários |
>
> Usando a informação de custo da análise de atividade, a gestão pôde aprender quanto cada atividade diferente custa e reconhecer que os clientes que exigiam o uso de atividades dispendiosas eram mais dispendiosos para ser tratados. A gestão pôde, então, tentar reduzir os custos das atividades que não valiam o montante que estava sendo despendido para elas e negociar melhores contratos, de modo que as HMOs e companhias de seguro fornecessem mais apoio para clientes que requeriam atividades mais dispendiosas.
>
> Fonte: Adaptado de Sidney J. Baxendale e Victoria Dornbusch, "Activity-Based Costing for a Hospice", em *Strategic Finance*, março de 2000, pp. 65-70.

ANÁLISE DE ENGENHARIA

O primeiro método, **análise de engenharia**, mensura o comportamento do custo de acordo com como os custos deveriam ser, não como têm sido. Isso envolve uma revisão sistemática de materiais, suprimentos, mão-de-obra, serviços de apoio e instalações necessárias para os produtos e serviços. Os analistas podem usar com sucesso a mesma análise de engenharia para novos produtos e serviços, contanto que a organização tenha tido experiência com custos similares. Por quê?

Porque as medidas podem ser baseadas em informações do pessoal que está diretamente envolvido com o produto ou serviço. Além da experiência real, os analistas aprendem sobre os novos custos de experimentos, a literatura com protótipos, contabilidade e engenharia industrial, a experiência de concorrentes e o conselho de consultores gerenciais. Dessa informação, os analistas determinam como os custos futuros deveriam ser. Se os analistas são experientes e entendem as atividades da organização, suas predições de custos de engenharia podem ser bastante confiáveis e úteis para a tomada de decisão. A desvantagem da análise de custo de engenharia é que os esforços são onerosos e, freqüentemente, não-oportunos.

A Weyerhauser Company, fabricante de produtos de madeira, usou a análise de engenharia para determinar as funções de custos para seus 14 departamentos de serviços corporativos. Essas funções de custos são usadas para mensurar o custo dos serviços corporativos consumidos por três grupos principais de negócios. Os custos de contas a pagar para cada divisão, por exemplo, são uma função de três direcionadores: número de horas consumidas em cada divisão, número de documentos e número de faturas. Essa abordagem para mensurar o comportamento de custos também pode ser usada por quase todos os serviços da organização.

No Parkview Medical Center, apresentado anteriormente, um assistente para o administrador do hospital entrevistou o pessoal da manutenção de instalações e observou suas atividades em diversos dias aleatórios, durante um mês. Desses dados, o assistente confirmou que a maioria dos direcionadores plausíveis para o custo de manutenção de instalações é o número de clientes–dia. O assistente também estimou, pelos salários atuais do departamento e pelas despesas de equipamento, que os custos fixos se aproximaram de $ 10 mil por mês. Das entrevistas e do uso de suprimentos durante o mês observado, o assistente estimou que os custos variáveis correspondiam a $ 5 por cliente–dia. Ele passou essa informação ao administrador do hospital, mas advertiu-o de que as medidas de custos podem estar erradas porque:

1. O mês observado pode ser anormal.
2. O pessoal de manutenção das instalações pode ter alterado seus hábitos normais de trabalho em virtude de o assistente os estar observando.
3. O pessoal de manutenção das instalações pode não ter dito toda a verdade sobre suas atividades, por causa de suas preocupações com o uso das informações que revelavam.

Se supusermos, entretanto, que a informação observada e estimada está correta, o custo da manutenção de instalações, em qualquer mês, poderia ser predito ao primeiro se preverem os pacientes–dia esperados no mês e, então, entrar com aqueles números na seguinte função algébrica de custo misto:

$$Y = \$\ 10\ 000 \text{ por mês} + (\$\ 5 \times \text{clientes–dia})$$

Se o administrador, por exemplo, espera quatro mil pacientes–dia no próximo mês, os custos de manutenção das instalações são preditos como:

$$Y = \$\ 10\ 000 + (\$\ 5 \times 4\ 000 \text{ pacientes–dia}) = \underline{\$\ 30\ 000}$$

ANÁLISE CONTÁBIL

Em contraste com a análise de engenharia, os usuários da **análise contábil** buscam, no sistema de contabilidade, informação a respeito do comportamento de custos. O método mais simples da análise contábil seleciona um direcionador de custo plausível e classifica cada conta como um custo variável ou fixo com relação ao direcionador de custo. O analista, então, pesquisa cada saldo de conta de custo e estima o custo variável por unidade de direcionador de custo de atividade ou o custo fixo periódico. Para ilustrar essa abordagem da análise contábil, vamos retornar ao departamento de manutenção de instalações do Parkview Medical Center e analisar os custos para o mês de janeiro. Lembre-se de que o direcionador mais plausível para esses custos é o número de pacientes–dia atendidos por mês. A tabela seguinte mostra os custos registrados em um mês, com 3 700 pacientes–dia:

Custo mensal	Montante em janeiro
Salário e benefícios do supervisor	$ 3 800
Salários e benefícios dos trabalhadores horistas	$ 14 674
Depreciação e aluguel de equipamentos	$ 5 873
Reparos de equipamentos	$ 5 604
Suprimentos de limpeza	$ 7 472
Total dos custos de manutenção das instalações	$ 37 423

Em seguida, o analista determina quais custos podem ser fixos e quais podem ser variáveis. Suponha que o analista tenha feito os seguintes julgamentos:

Custo mensal	Montante em janeiro	Fixos	Variáveis
Salário e benefícios do supervisor	$ 3 800	$ 3 800	
Salários e benefícios dos trabalhadores horistas	$ 14 674		$ 14 674
Depreciação e aluguel de equipamentos	$ 5 873	$ 5 873	
Reparo de equipamentos	$ 5 604		$ 5 604
Suprimentos de limpeza	$ 7 472		$ 7 472
Total de custos de manutenção das instalações	$ 37 423	$ 9 673	$ 27 750

Mensurar o total do comportamento dos custos de manutenção das instalações, então, exige apenas a aritmética simples. Some todos os custos fixos para chegar ao total de custo fixo por mês. Divida o total de custos variáveis pelas unidades de direcionador de custo da atividade para chegar ao custo variável por unidade de direcionador de custo.

Custos fixos por mês = $ 9 673
Custos variáveis por paciente–dia = $ 27 750 ÷ 3 700 pacientes–dia = $ 7,50 por paciente–dia

A função de custo misto mensurada algebricamente pela análise contábil é:

Y = $ 9 673 por mês + ($ 7,50 × pacientes–dia)

O método de análise contábil é menos dispendioso de conduzir que as análises de engenharia, mas exige o registro de contas de custos relevantes e direcionadores de custos. Além disso, a análise contábil, assim como a de engenharia, é subjetiva, porque o analista decide se cada custo é variável ou fixo baseado em seu próprio julgamento.

PROBLEMA RESUMIDO PARA REVISÃO

PROBLEMA

A Reliable Insurance Company processa uma variedade de reivindicações de seguro para perdas, acidentes, roubos e assim por diante. A análise contábil usando um direcionador de custo estimou o custo variável de processar cada reivindicação em 0,5 por cento (0,005) do valor em dinheiro da reivindicação. Essa estimativa parece razoável, porque as reivindicações maiores, freqüentemente, envolvem mais análises antes do estabelecimento da indenização.

Para melhor controlar o processamento de custos, entretanto, a Reliable Insurance conduziu uma análise da atividade de processar as reivindicações. A análise sugeriu que há três principais direcionadores de custos e que o comportamento para as reivindicações de acidentes de automóvel são de:

0,2% de reivindicações de propriedade dos segurados da Reliable Insurance

+ 0,6% de reivindicações de propriedade de outras partes

+ 0,8% de reivindicações por danos pessoais totais

A seguir, dados de duas reivindicações recentes de acidente de automóvel:

	Reivindicação de automóvel nº 607.788	Reivindicação de automóvel nº 607.991
Reivindicação do segurado	$ 4 500	$ 23 600
Reivindicação de outras partes	$ 0	$ 3 400
Reivindicação de danos pessoais	$ 12 400	$ 0
Montante total de reivindicações	$ 16 900	$ 27 000

PEDE-SE:

1. Estime o custo de processar cada reivindicação usando dados de:
   a) análise de um único direcionador de custos;
   b) análise de três direcionadores de custos.
2. Como você recomendaria que a Reliable Insurance estimasse o custo de processar as reivindicações?

SOLUÇÃO

1.

	Reivindicação de automóvel nº 607.788		Reivindicação de automóvel nº 607.991	
	Montante reivindicado	Custo de processamento	Montante reivindicado	Custo de processamento
Usando a análise de único direcionador de custos				
Montante total reivindicado	$ 16 900		$ 27 000	
Custo de processamento estimado em 0,5%		$ 84,50		$ 135,00
Usando a análise de três direcionadores de custos				
Reivindicação do segurado	$ 4 500		$ 23 600	
Custo de processamento estimado em 0,2%		$ 9,00		$ 47,20
Reivindicação de outras partes	$ 0		$ 3 400	
Custo de processamento estimado em 0,6%		$ 0		$ 20,40
Reivindicação de danos pessoais	$ 12 400		$ 0	
Custo de processamento estimado em 0,8%		$ 99,20		$ 0
Total de custo de processamento estimado		$ 108,20		$ 67,60

2. As estimativas da análise de três direcionadores de custos mostram que os custos de processamento são consideravelmente diferentes daqueles de quando se usa um único direcionador. Se as análises de atividade forem confiáveis, as reivindicações de automóveis que incluem perdas por dano pessoal são mais onerosas para processar do que as reivindicações por danos em propriedade. Se essas estimativas forem relativamente baratas para manter e usar, parece razoável adotar a abordagem de três direcionadores de custos. A Reliable Insurance terá estimativas de custos mais acuradas e estará mais apta para planejar suas atividades de processamento de reivindicações. A Reliable Insurance, entretanto, processa muitos tipos diferentes de reivindicação.

Estender a análise da atividade para identificar os direcionadores múltiplos de custos para todos os tipos de reivindicação resultaria em um sistema complicado para predizer custo — muito mais complexo (e caro) do que simplesmente usar o valor total em dinheiro das reivindicações. Empreender uma análise de atividade para todos os tipos de apólice, todavia, depende das considerações custo–benefício. Os gestores podem direcionar tais considerações adotando primeiro a análise de atividade para um tipo de reivindicação e avaliando a utilidade e o custo de informações mais acuradas.

Métodos alto-baixo, ajuste visual e mínimos quadrados

Quando dados de custos suficientes estão disponíveis, podemos usar os dados históricos para mensurar matematicamente a função de custo. Três métodos populares que utilizam tais dados são: alto-baixo, ajuste visual e mínimos quadrados. Todos esses métodos são mais objetivos do que o de análise de engenharia, porque cada um está baseado em evidência sólida e em julgamento. Eles também podem ser mais objetivos do que a análise contábil, porque usam a informação de custo e atividade de mais de um período. A análise contábil e, especialmente, a análise de engenharia, provavelmente permanecerão métodos primários de mensuração do comportamento de custos, porque os três métodos acima exigem mais dados de custos passados. Os produtos, serviços, tecnologias e organizações estão mudando rapidamente em reação ao aumento da competição global. Em alguns casos, pelo tempo que dados históricos suficientes são coletados para apoiar essas análises, os dados são obsoletos — a organização mudou, o processo de produção mudou ou o produto mudou. O analista de custos deve ser cuidadoso, porque os dados históricos são de um ambiente passado que ainda se aproxima do ambiente futuro para o qual os custos estão sendo preditos. Uma outra preocupação é que os dados históricos podem ocultar ineficiências do passado que poderiam ser reduzidas se fossem identificadas.

Dados para ilustração

Ao discutir os métodos alto-baixo, ajuste visual e regressão dos mínimos quadrados, continuaremos a usar os custos do departamento de manutenção das instalações do Parkview Medical Center. A tabela seguinte mostra os dados mensais coletados dos custos do departamento de manutenção das instalações e dos números de clientes–dia atendidos ao longo do ano passado:

Mês	Custos do departamento de manutenção das instalações (Y)	Número de pacientes–dia (X)
Janeiro	$ 37 000	3 700
Fevereiro	$ 23 000	1 600
Março	$ 37 000	4 100
Abril	$ 47 000	4 900
Maio	$ 33 000	3 300
Junho	$ 39 000	4 400
Julho	$ 32 000	3 500
Agosto	$ 33 000	4 000
Setembro	$ 17 000	1 200
Outubro	$ 18 000	1 300
Novembro	$ 22 000	1 800
Dezembro	$ 20 000	1 600

Método alto-baixo

Quando dados suficientes de custos estão disponíveis, o analista de custos pode usar os dados históricos para medir matematicamente a função de custo. O mais simples dos três métodos para medir uma função de custo linear dos dados de custos passados é o **método alto-baixo**, mostrado na Figura 3.4.

A primeira etapa no método alto-baixo é plotar os pontos de dados históricos em um gráfico. Essa disposição visual ajuda o analista a ver se há erros óbvios nos dados. Mesmo que muitos pontos sejam plotados, o foco do método alto-baixo está, em geral, sobre os pontos mais altos e mais baixos da atividade. Se, entretanto, um desses pontos for 'um

Figura 3.4 Método alto-baixo.

Custos do departamento de manutenção das instalações e número de pacientes-dia

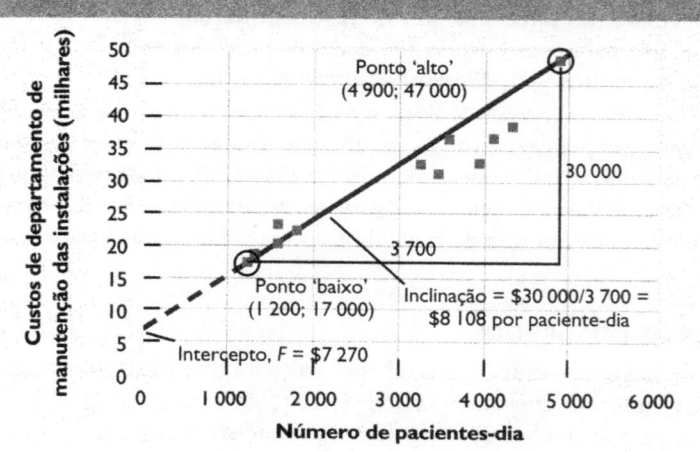

[Gráfico: Custos de departamento de manutenção das instalações (milhares) no eixo Y (0 a 50) versus Número de pacientes-dia no eixo X (0 a 6 000). Ponto 'alto' (4 900; 47 000); Ponto 'baixo' (1 200; 17 000); diferença vertical de 30 000 e horizontal de 3 700; Inclinação = $30 000/3 700 = $8 108 por paciente-dia; Intercepto, F = $7 270.]

circundante' que parece estar em erro ou não representativo das operações normais, necessitaremos usar o ponto seguinte mais alto ou o ponto seguinte mais baixo da atividade. Você não deve, por exemplo, usar um ponto de um período com atividade anormalmente baixa causada por uma greve de mão-de-obra ou por um incêndio. Por quê? Porque esse ponto não é representativo de uma relação normal entre o custo e seu direcionador.

Após selecionar os pontos representativos altos e baixos, podemos desenhar uma linha entre eles, estendendo a linha ao eixo vertical (Y) do gráfico. Observe que essa extensão, na Figura 3.4, é a linha tracejada, como uma lembrança de que os custos podem não ser lineares fora da faixa de atividade para a qual temos os dados (intervalo relevante). Também os gestores geralmente estão preocupados com como os custos se comportam dentro do intervalo relevante, não como se comportam no nível zero de atividade ou em níveis de atividade absurdamente altos. As mensurações de custos dentro do intervalo relevante provavelmente não são medidas confiáveis ou preditoras de custos de fora do intervalo relevante.

O ponto em que a linha intercepta o eixo Y é o intercepto, F, ou a estimativa de custos fixos. A inclinação da linha mede o custo variável, V, por cliente–dia. O meio mais claro para medir o intercepto e a inclinação com o método alto-baixo é usar a álgebra:

Mês	Custos do departamento de manutenção das instalações (Y)	Número de pacientes–dia (X)
Alto: abril	$ 47 000	4 900
Baixo: setembro	$ 17 000	1 200
Diferença	$ 30 000	3 700

Custo variável por paciente–dia:

$$V = \frac{\text{variação em custos}}{\text{variação em atividade}} = \frac{\$47\,000 - \$17\,000}{4\,900 - 1\,200 \text{ pacientes–dia}}$$

$$V = \frac{\$30\,000}{3\,700} = \underline{\$8{,}1081} \text{ por paciente–dia}$$

Custo fixo por mês:

F = custo misto total − custo variável total

a X (alto): $F = \$47\,000 - (\$8{,}1081 \times 4\,900 \text{ pacientes–dia})$
    $= \$47\,000 - \$39\,730$
    $= \underline{\$7\,270} \text{ por mês}$

a X (baixo): $F = \$17\,000 - (\$8{,}1081 \times 1\,200 \text{ pacientes–dia})$
    $= \$17\,000 - \$9\,730$
    $= \underline{\$7\,270} \text{ por mês}$

Conseqüentemente, a função de custo do departamento de manutenção das instalações, mensurada pelo método alto-baixo, é:

$$Y = \$\,7\,270 \text{ por mês} + (\$\,8{,}1081 \times \text{paciente–dia})$$

O método alto-baixo é fácil de usar e ilustra matematicamente como uma variação em um direcionador de custo pode mudar o custo total. A função de custo que resultou nesse caso é plausível. Antes da disponibilidade difundida dos computadores, os gestores usavam com freqüência o método alto-baixo para mensurar a função de custo mais rápido. Hoje, entretanto, esse método não é usado tão freqüentemente por causa de sua não confiabilidade e porque faz uso ineficiente da informação, utilizando apenas a experiência de custo de dois períodos, independentemente de quantos pontos de dados relevantes foram coletados.

PROBLEMA RESUMIDO PARA REVISÃO

PROBLEMA

A Reetz Company tem seu próprio departamento de fotocópias. Os custos de fotocópias da Reetz incluem custos das máquinas de cópia, operadores, papel, *toner*, utilidades públicas, e assim por diante. Temos os seguintes dados de custo e de atividade:

Mês	Custo total de fotocópias	Número de cópias
1	$ 25 000	320 000
2	$ 29 000	390 000
3	$ 24 000	300 000
4	$ 23 000	310 000
5	$ 28 000	400 000

1. Use o método alto-baixo para medir o comportamento de custos do departamento de fotocópias em forma de fórmula.
2. Quais são os benefícios e as desvantagens de usar o método alto-baixo para mensurar o comportamento de custos?

SOLUÇÃO

1. Os níveis de atividade mais baixos e mais altos estão nos meses 3 (300 mil cópias) e 5 (400 mil cópias).

$$\text{Custo variável por cópia} = \frac{\text{variação em custo}}{\text{variação em atividade}} = \frac{\$\,28\,000 - \$\,24\,000}{400\,000 - 300\,000}$$

$$= \frac{\$\,4\,000}{100\,000} = \$\,0{,}04 \text{ por cópia}$$

Custo fixo por mês = custo total – custo variável
a 400 000 cópias: $ 28 000 – ($ 0,04 × 400 000) = $ 12 000 por mês
a 300 000 cópias: $ 24 000 – ($ 0,04 × 300 000) = $ 12 000 por mês

Conseqüentemente, a função de custo da fotocópia é:

$$Y \text{ (custo total)} = \$\,12\,000 \text{ por mês} + \$\,0{,}04 \times \text{número de cópias}$$

2. Os benefícios de usar o método alto-baixo são:
   - O método é fácil de usar.
   - Não são necessários muitos dados.

   As desvantagens de usar o método alto-baixo são:
   - A escolha dos pontos alto e baixo é subjetiva.
   - O método não utiliza todos os dados disponíveis.
   - O método pode não ser confiável.

Método de ajuste visual

Por utilizar todos os dados disponíveis em vez de apenas dois pontos, o **método de ajuste visual** é mais confiável que o alto-baixo. No método de ajuste visual, desenhamos uma linha reta através de um traço de *todos* os dados disponíveis, usando o julgamento para ajustar a linha tão próxima quanto possível de todos os pontos traçados. Se a função de custo para os dados for linear, será possível desenhar uma linha reta através dos pontos dispersos, deixando-a razoavelmente próxima da maioria deles e, assim, capturar a tendência geral dos dados. Podemos estender aquela linha para a esquerda até que intercepte o eixo vertical do gráfico.

A Figura 3.5 mostra esse método aplicado aos dados de custo do departamento de manutenção das instalações para os 12 meses passados. Ao mensurar onde a linha intercepta o eixo de custo, podemos estimar o custo fixo mensal — neste caso, cerca de $ 10 mil por mês. Para descobrir o custo variável por paciente–dia, selecione qualquer nível de atividade (digamos, mil pacientes–dia) e encontre o custo total naquele nível de atividade ($ 17 mil). Então, divida o custo variável (que é o custo total menos o custo fixo) pelas unidades de atividade.

Custo variável por paciente–dia = ($ 17 000 – $ 10 000) ÷ 1 000 pacientes–dia = $ 7 por paciente–dia

A função de custo linear medida pelo método de ajuste visual é:

Y = $ 10 000 por mês + ($ 7 × pacientes–dia)

Embora o método de ajuste visual utilize todos os dados, a colocação da linha e a medida dos custos fixos e variáveis são subjetivas. Essa subjetividade é o principal motivo por que o método de ajuste visual é agora freqüentemente substituído pela análise de regressão dos mínimos quadrados.

Método de regressão dos mínimos quadrados

A **regressão dos mínimos quadrados** (ou simplesmente **análise de regressão**) mede uma função de custo mais objetivamente (com estatísticas, em vez de visão humana) do que o método de ajuste visual. A análise de regressão de mínimos quadrados usa a estatística para ajustar uma função de custo para todos os dados históricos. A análise de regressão que usa um direcionador de custo para medir uma função de custo é chamada de 'regressão simples'. O uso de direcionadores de custos múltiplos para um único custo é chamado de 'regressão múltipla'. Discutiremos apenas a análise de regressão simples nesta seção do capítulo. O Apêndice 3 apresenta algumas propriedades estatísticas de regressão e mostra como usar um *software* de regressão de computador.

A análise de regressão mede o comportamento de custos mais confiavelmente do que outros métodos de mensuração. Além disso, a análise de regressão rende informações estatísticas importantes acerca da confiabilidade das estimativas de custos, de modo que os analistas podem avaliar a confiança nas medidas de custos e selecionar o melhor direcionador. Uma medida de confiabilidade, ou qualidade de ajuste, é o **coeficiente de determinação**, R^2 (ou R-quadrado), que mede quanto da flutuação de um custo é explicada por variações no direcionador. O Apêndice 3 explica o R^2 e discute como usá-lo para selecionar o melhor direcionador de custo.

A Figura 3.6 mostra a função linear de custo misto para os custos de manutenção das instalações, como medido na análise de regressão simples. A medida de custo fixo é $ 9 329 por mês. A medida de custo variável é $ 6 951 por paciente–dia. A função de custo linear é:

Figura 3.5 Método de ajuste visual.

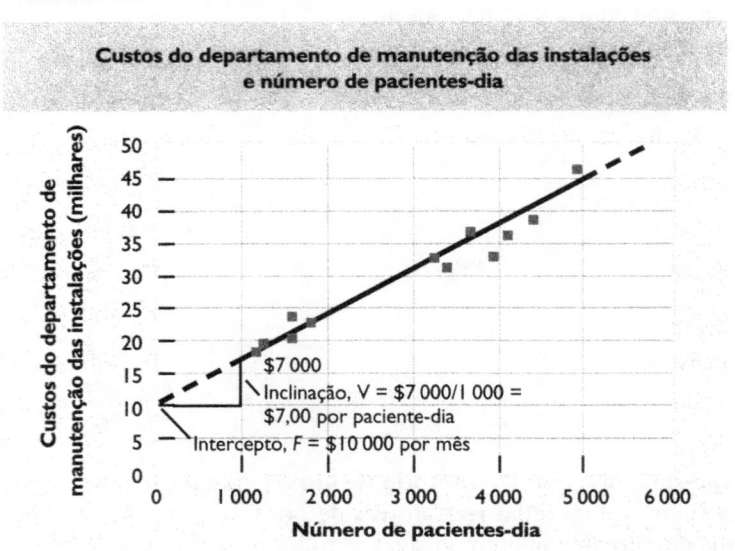

Figura 3.6 Método da regressão dos mínimos quadrados.

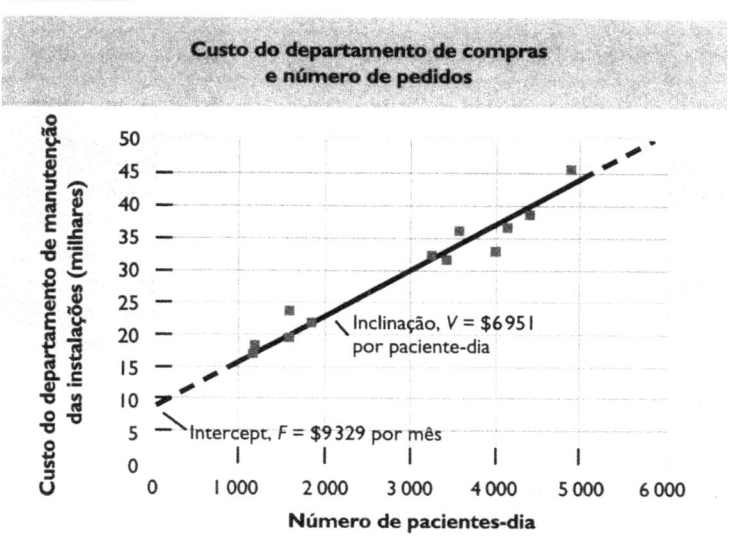

Custo do departamento de compras e número de pedidos

[Gráfico: eixo Y "Custo do departamento de manutenção das instalações (milhares)" de 0 a 50; eixo X "Número de pacientes-dia" de 0 a 6 000. Inclinação, V = $6 951 por paciente-dia. Intercept, F = $9 329 por mês.]

Custo do departamento de manutenção das instalações = $ 9 329 por mês + $ 6 951 por paciente–dia

ou

Y = $ 9 329 + $ 6 951 × pacientes–dia

Compare as medidas de custo produzidas em cada uma das cinco abordagens:

Método	Custo fixo por mês	Custo variável por paciente–dia
Análise de engenharia	$ 10 000	$ 5 000
Análise contábil	$ 9 673	$ 7 500
Análise alto-baixo	$ 7 270	$ 8 108
Análise de ajuste visual	$ 10 000	$ 7 000
Análise de regressão	$ 9 329	$ 6 951

Para ver as diferenças nos resultados entre os métodos, usaremos as medidas da análise contábil e da análise de regressão, a fim de predizer o total de custos do departamento de manutenção das instalações a mil e 5 mil pacientes–dia, limites aproximados do intervalo relevante:

	Análise contábil	Análise de regressão	Diferença
1 000 pacientes–dia			
Custos fixos	$ 9 673	$ 9 329	$ 344
Custos variáveis			
$ 7 500 × 1 000	$ 7 500		
$ 6 951 × 1 000		$ 6 951	$ 549
Custo total predito	$ 17 173	$ 16 280	$ 893
5 000 pacientes–dia			
Custos fixos	$ 9 673	$ 9 329	$ 344
Custos variáveis			
$ 7 500 × 5 000	$ 37 500		
$ 6 951 × 5 000		$ 34 755	$ 2 745
Custo total predito	$ 47 173	$ 44 084	$ 3 089

Em níveis mais baixos de atividade de cliente–dia, a diferença entre predições de custo é pequena. Em níveis mais altos de uma atividade de paciente–dia, entretanto, a análise contábil da função de custos prediz custos muito

PRIMEIRO, OS NEGÓCIOS

Mensuração do comportamento de custos na Hewlett-Packard

Considere como a Hewlett-Packard (HP), fabricante de computadores, mensurou o comportamento de custos como parte de sua implementação por toda a empresa de um novo sistema de contabilidade de custos. A HP usou a análise de engenharia detalhada para revisar seu sistema de contabilidade em muitos de seus locais de manufatura. O sistema de custo antigo na HP utilizava o custo com mão-de-obra como direcionador de custos para todos os custos, exceto de materiais, independentemente dos direcionadores de custos reais. Na média, os custos com mão-de-obra representavam apenas 2 por cento do total dos custos; assim, isso era, provavelmente, o que eles consideravam a principal causa da maioria dos outros custos. O resultado de usar o custo com mão-de-obra produzia distorções significativas em custo — produtos com maiores custos com mão-de-obra eram sobrecusteados, enquanto produtos com baixos custos eram subcusteados. Os gestores não tinham confiança nas predições de custos dos produtos, usando esse sistema baseado em mão-de-obra.

Os analistas de custos passaram vários anos conversando com gestores e engenheiros e observando cuidadosamente a manutenção das instalações, o apoio à manufatura e outras atividades, a fim de identificar direcionadores de custos mais apropriados e seus relacionamentos com o comportamento do custo.

No *Surface Mount Center* da HP, em Boise, o sistema *activity based costing* (ABC) tem estado inteiramente operacional desde o início de 1993. Essa instalação manufatura cerca de 50 placas de circuito eletrônico diferentes para clientes internos dentro da HP. A seleção dos direcionadores de custos no *Center* resultou de "uma intensa análise do processo de produção e dos padrões de comportamento de custos pela equipe de contabilidade, produção e engenharia". Essa combinação de análise contábil e de engenharia resultou em dez direcionadores de custos diferentes. Um aspecto interessante do novo sistema de contabilidade de custos é o contínuo envolvimento de gestores e engenheiros em melhorar o sistema. "Um diálogo quase diário ocorre entre a produção, a engenharia e a contabilidade sobre como o novo sistema de custo poderia ser melhorado para refletir os custos de produto mais acuradamente." Uma série de regressões lineares simples entre os custos indiretos de fabricação em dinheiro e os volumes de direcionadores de custos foi conduzida para testar a validade estatística dos direcionadores de custos. Uma das regressões, por exemplo, era 'todo o custo indireto de fabricação da colocação automática' *versus* o direcionador de custos 'número de colocações automáticas', que teve um coeficiente de determinação (R^2) de 92 por cento. Uma outra regressão mediu o relacionamento entre 'os custos indiretos de suprimento de material' e o direcionador de custos 'número de peças distintas' e teve um R^2 de 91 por cento. As análises de regressão tenderam a confirmar que os direcionadores de custos selecionados estavam, na verdade, correlacionados com os custos indiretos de fabricação.

Fonte: Adaptado de Mike Merz e Arlene Hardy, "ABC puts accountants on design team at HP", em *Management Accounting*, setembro de 1993, pp. 22-27.

---

mais elevados. A diferença entre os custos totais preditos é devido, principalmente, ao custo variável mais elevado por cliente–dia (aproximadamente $ 0,55 mais) medido pela análise contábil. Devido à sua sustentação na análise estatística, as medidas de regressão de custos são, provavelmente, mais confiáveis do que as de outros métodos. Os gestores teriam, assim, mais confiança nas predições de custo das funções de regressão de custos.

APÊNDICE 3: USO E INTERPRETAÇÃO DA REGRESSÃO DOS MÍNIMOS QUADRADOS

A análise da regressão de dados de custos históricos pode ser conseguida com não mais que uma calculadora simples. Seria incomum, entretanto, encontrar analistas de custo fazendo análises de regressão à mão — os computadores são muito mais rápidos e menos propensos a erros. Conseqüentemente, focalizamos no uso de um computador para desempenhar a análise de regressão e para interpretar os resultados.

Este apêndice não deve ser considerado um substituto de uma boa aula de estatística. Mais corretamente, ele deve ser visto como um motivador para estudar estatística, de modo que os analistas possam fornecer e os gestores possam interpretar as estimativas de custos de alta qualidade. Suponha que há dois direcionadores potenciais para os custos do departamento de manutenção das instalações no Parkview Medical Center: número de clientes–dia e valor total de despesas dos apartamentos do hospital. A análise de regressão ajuda a determinar qual atividade é um direcionador de custo melhor. A Figura 3.7 mostra o custo dos 12 meses passados e os dados do direcionador de custo para o departamento de manutenção das instalações.

Figura 3.7 Dados do departamento de manutenção das instalações.

Mês	Custo de manutenção das instalações (Y)	Número de clientes–dia (X_1)	Valor das despesas do apartamento (X_2)
Janeiro	$ 37 000	3 700	$ 2 183 000
Fevereiro	$ 23 000	1 600	$ 2 735 000
Março	$ 37 000	4 100	$ 2 966 000
Abril	$ 47 000	4 900	$ 2 846 000
Maio	$ 33 000	3 300	$ 2 967 000
Junho	$ 39 000	4 400	$ 2 980 000
Julho	$ 32 000	3 500	$ 3 023 000
Agosto	$ 33 000	4 000	$ 2 352 000
Setembro	$ 17 000	1 200	$ 1 825 000
Outubro	$ 18 000	1 300	$ 1 515 000
Novembro	$ 22 000	1 800	$ 1 547 000
Dezembro	$ 20 000	1 600	$ 2 117 000

PROCEDIMENTOS DA ANÁLISE DE REGRESSÃO

A maioria dos *softwares* de planilha disponível para PCs oferece uma análise de regressão básica na análise de dados ou ferramentas de comandos. Usaremos esses comandos de planilha para ilustrar a análise de regressão devido a muitos leitores já estarem familiarizados com o *software* de planilha.

ENTRADA DE DADOS

Primeiro, crie uma planilha com os dados do custo histórico, em linhas e colunas. Cada linha deve ser um dado de um período. Cada coluna deve ser uma categoria de custo ou um direcionador de custo. Para facilitar a análise, todos os direcionadores de custo potenciais devem estar em colunas adjacentes. Cada linha e coluna deve estar completa (sem perda de dados) e sem erros.

PLOTAGEM DE DADOS

Há dois motivos principais por que a primeira etapa na análise de regressão deve ser plotar os custos contra cada um dos direcionadores de custo potenciais:
- a plotagem pode mostrar tendências não-lineares óbvias nos dados; se assim for, a análise de regressão linear poderá não ser apropriada para uma faixa inteira de dados;
- plotar ajuda a identificar dados circundantes — os custos que estão em erro ou são, de outra maneira, obviamente impróprios.

Há pouco acordo sobre o que fazer com qualquer circundante que não seja o resultado de erros de entrada de dados ou custo não-representativo e níveis de atividade (por exemplo, períodos de greve da mão-de-obra, catástrofes naturais). Depois de tudo, se os dados não estiverem errados e forem representativos, o processo que está sendo estudado os gerará. Mesmo assim, alguns analistas recomendam remover os circundantes do conjunto de dados. Deixar esses circundantes nos dados torna a análise de regressão estatisticamente menos representativa, porque os dados removidos do restante do conjunto de dados não ajustarão bem a linha. A ação mais conservadora é deixar todos os dados no conjunto de dados, a menos que erros incorrigíveis sejam detectados ou que os dados sejam conhecidos como não-representativos do processo. A plotagem com planilhas usa comandos de gráficos nas colunas de custo e de direcionador de custo. Esses comandos de gráfico oferecem geralmente muitos tipos de gráficos opcionais (tais como gráficos de barra e gráficos de *pizza*), mas a plotagem mais útil para a análise de regressão, em geral, é chamada de 'gráfico XY', que é do tipo mostrado anteriormente neste capítulo — o eixo X é o direcionador de custo; o eixo Y é o custo. O gráfico XY deve ser disposto sem linhas desenhadas entre os pontos de dados (chamados 'símbolos de dados') — um comando opcional. (Consulte o manual da sua planilha para mais detalhes, pois cada programa de planilha é diferente.)

RESULTADO DA REGRESSÃO

O resultado da regressão é gerado pelos comandos que são únicos para cada pacote de *software*, mas eles identificam o custo a ser explicado ('variável dependente') e os direcionadores ('variáveis independentes').

Produzir o resultado da regressão com planilhas é simples: Selecione apenas o comando de regressão, especifique (ou destaque) a dimensão X (o direcionador de custo) e a dimensão Y, ou 'série' (o custo). Em seguida, especifique a área em branco na planilha onde o resultado será disposto e selecione *go*. Abaixo está uma análise de regressão dos custos do departamento de manutenção das instalações, usando um dos dois direcionadores de custos possíveis, número de clientes–dia, X_1. Note que esse resultado pode ser modificado de algum modo pelo analista, e os valores no resultado podem ser usados em outro lugar da planilha.

Custo do departamento de manutenção das instalações explicado pelo número de clientes–dia

Resultado da regressão	
Constante	$ 9 329
Erro-padrão da estimativa Y	$ 2 146
R^2	0,955
Nº de observações	12
Graus de liberdade	10
Coeficiente(s) X	6 951
Erro-padrão do(s) coeficiente(s)	0,479

INTERPRETAÇÃO DO RESULTADO DA REGRESSÃO

A medida de custo fixo é rotulada como 'constante' ou 'intercepto' e é $ 9 329 por mês.

A medida do custo variável está rotulada como 'coeficiente(s) X' (ou algo similar em outras planilhas) e é $ 6 951 por paciente–dia. A função de custo linear (após arredondamento) é:

Y = $ 9 329 por mês + ($ 6 951 × pacientes–dia)

O resultado do computador dá um número de medidas estatísticas que indicam quão bem cada direcionador de custos explica o custo e quão confiáveis as predições de custo, provavelmente, serão. Uma explanação completa do resultado está além do escopo deste livro. Uma das mais importantes estatísticas, o coeficiente de determinação, ou R^2, é muito importante para avaliar a boa qualidade de ajuste da função de custo para os dados de custo reais.

O que o método de ajuste visual tenta fazer com a visão, a análise de regressão realizou mais confiavelmente. Em geral, quanto melhor um direcionador de custo é em explicar um custo, mais próxima dos pontos de dados se encontrará a linha, e mais elevado será o R^2, que varia entre 0 e 1. Um R^2 de 0 significaria que o direcionador de custo não explica a variabilidade nos dados de custo, enquanto um R^2 de 1 explica perfeitamente a variabilidade. O R^2 do relacionamento medido com número de clientes–dia como direcionador de custo é 0,955, que é bem alto. Tal valor indica que esse número de pacientes–dia explica extremamente bem os custos do departamento de manutenção das instalações e pode ser interpretado como significando que o número de pacientes–dia explica 95,5 por cento das flutuações passadas do custo do departamento de manutenção das instalações.

Em contrapartida, desempenhar uma análise de regressão sobre o relacionamento entre o custo do departamento de manutenção das instalações e o valor das despesas de apartamento do hospital produz os seguintes resultados:

Custo do departamento de manutenção das instalações explicado pelo valor das despesas de apartamento do hospital

Resultado da regressão	
Constante	$ 924
Erro-padrão da estimativa Y	$ 7 045
R^2	0 511
Nº de observações	12
Graus de liberdade	10
Coeficiente(s) X	0,012
Erro-padrão do(s) coeficiente(s)	0,004

O valor de R^2, 0,511, indica que a função de custo que usa o valor das despesas do apartamento do hospital não ajusta o custo do departamento de manutenção das instalações tão bem quanto a função de custos que usa o número de clientes–dia.

Para utilizar plenamente a informação gerada pela análise de regressão, um analista deve entender o significado das estatísticas e estar apto a determinar se as suposições estatísticas da regressão são satisfeitas pelos dados de custos. Na realidade, um dos motivos principais por que os analistas de custos estudam estatística é entender melhor as suposições da análise de regressão. Com esse entendimento os analistas podem fornecer às suas organizações estimativas de alta qualidade do comportamento de custos.

Problema resumido para revisão

Problema

A Comtell, Inc. fabrica periféricos de computador (*drive* de disco, de fitas e impressoras). Até recentemente, os custos de programação e controle da produção (PCP) foram preditos para variar na proporção dos custos da mão-de-obra, de acordo com a seguinte função de custo:

Custos PCP = 200% da mão-de-obra

ou

$Y = 2 \times$ custo da mão-de-obra

Devido aos custos de PCP terem crescido enquanto os custos da mão-de-obra encolheram, a Comtell está temerosa de que suas estimativas de custo não sejam plausíveis nem confiáveis. A *controller* da Comtell acabou de completar a análise de atividade para determinar os direcionadores de custos mais apropriados do PCP. Ela obteve duas funções de custos usando direcionadores diferentes:

$Y = 2 \times$ custo da mão-de-obra
$R^2 = 0{,}233$

e

$Y = \$\ 10\ 000\ /$ mês $+ (11 \times$ número de componentes utilizados)
$R^2 = 0{,}782$

1. Quais seriam bons testes de qual função de custo prediz melhor os custos de PCP?
2. Durante um mês subseqüente, os custos de mão-de-obra foram de $ 12 mil, e dois mil componentes do produto foram consumidos. Os custos reais do PCP foram de $ 31 460. Usando cada uma das funções de custos precedentes, prepare relatórios que mostrem os custos de PCP preditos e reais, bem como a diferença ou variação entre as duas.
3. Qual é o significado e a importância de cada variação de custo?

Solução

1. Um teste estatístico de qual função explica melhor os custos passados de PCP compara o R^2 de cada função. A segunda função, baseada no número de componentes utilizados, tem um R^2 consideravelmente mais alto; assim, ele explica melhor os custos passados de PCP. Se o ambiente estiver essencialmente inalterado no futuro, a segunda função, provavelmente, predirá os custos futuros de PCP melhor do que a primeira também.

   Um teste preditivo útil seria comparar as predições de cada função de custo com custos reais, por diversos meses, que não foram usadas para medir as funções de custo. A função que mais se aproxima dos custos reais preditos é, provavelmente, a função mais confiável.

2. Observe que mais dados de custos reais seriam desejáveis para um teste melhor, mas o procedimento seria o mesmo. Os custos de PCP preditos sobre a base de mão-de-obra são os seguintes:

Custo predito	Custo real	Variação
2 × $ 12 000 = $ 24 000	$ 31 460	$ 7 460 subestimado

O custo de PCP predito na base do componente é o seguinte:

Custo predito	Custo real	Variação
$ 10 000 + ($ 11 × 2 000) = $ 32 000	$ 31 460	$ 540 superestimado

3. A função de custo que confia no custo da mão-de-obra subestimou o custo de PCP em $ 7 460.

   A função de custo que usa o número de componentes aproximadamente prediz os custos reais de PCP (exceto em $ 540). As decisões de planejamento e controle teriam sido baseadas na informação mais acurada usando essa predição do que a que usa a predição baseada em custo com mão-de-obra. A questão é se os benefícios de coletar os dados sobre o número de componentes consumidos excederam os custos adicionados em coletá-lo.

Material fundamental de avaliação

3-A1. Tipos de comportamento de custos

Identifique os seguintes custos planejados como:
a) Custos puramente variáveis.
b) Custos fixos discricionários.
c) Custos fixos comprometidos.
d) Custos mistos.
e) Custos por degrau.

Para os custos puramente variáveis e custos mistos, indique o direcionador de custo mais provável.

1. Depreciação em linha reta sobre escrivaninhas de escritório de um advogado.
2. Comissões de vendas baseadas em receita monetária. Pagamentos a ser feitos para propagandas de vendedores empregados pela estação de rádio WCCO, de Minneapolis.
3. Custos de combustível de jatos da Southwest Airlines.
4. Custos totais de alugar caminhões pela cidade de Nashville. As despesas somam um total de $ 300 por mês mais $ 0,20 por milha.
5. Total de reparos e manutenção de um edifício de sala de aula da universidade.
6. Custos de propaganda, num total planejado pela ABC, Inc.
7. Pagamento de aluguel, pela Secretaria da Receita Federal, em um arrendamento de cinco anos, por um espaço de escritório em um edifício de escritório de espaço privado.
8. Dotações de propaganda asseguradas para atacadistas pela 7-Up Bottling, na base por caixa.
9. Compensação de advogados empregados internamente pela Microsoft.
10. Equipe de supervisores em uma loja de pedidos por correio da Land's End, Inc. Um supervisor novo é adicionado a cada 12 trabalhadores empregados.
11. Compensação de empregado de relações públicas a ser pago pela Microsoft.

3-A2. Análise de atividade

A Ackerloff Signs faz sinalização de madeira customizada para empresas e residências. Esses sinais são feitos em madeira, que o proprietário cola e esculpe à mão ou com uma ferramenta elétrica. Após esculpir os sinais, ela pinta e, então, aplica um acabamento natural. Ela tem o bom senso do comportamento de custos de seu trabalho e materiais, mas está preocupada em não ter uma boa métrica de outros custos indiretos. Atualmente, ela prediz custos indiretos de 60 por cento dos custos de materiais. Uma investigação minuciosa dos negócios revela que $ 40 multiplicados pelo número das operações de ferramentas elétricas é um relacionamento de custo indireto mais plausível e confiável.

Considere os custos indiretos estimados dos seguintes dois sinais que a Ackerloff Signs está produzindo:

	Sinal A	Sinal B
Custo de materiais	$ 300	$ 150
Número de operações com ferramenta elétrica	2	6
Custos indiretos	?	?

1. Prepare um relatório que mostre os custos indiretos de ambos os sinais, usando cada direcionador de custo e mostrando as diferenças entre os dois.
2. Que conselho você daria à Ackerloff Signs sobre a predição de custos indiretos?

3-A3. Divisão de custos mistos em componentes fixos e variáveis

Martina Evert, presidente da Evert Tool Co., pediu informações sobre o comportamento dos custos indiretos de manufaturamento. Especificamente, ela queria saber quanto custo indireto é fixo e quanto é variável. Os seguintes dados são os únicos registros disponíveis:

Mês	Horas–máquina	Custos indiretos
Maio	850	$ 9 000
Junho	1 300	$ 12 500
Julho	1 000	$ 7 900
Agosto	1 250	$ 11 400
Setembro	1 750	$ 13 500

1. Descubra o custo indireto fixo e o custo indireto variável por hora–máquina pelo método alto-baixo.
2. Uma análise de regressão pelos mínimos quadrados dá o seguinte resultado:

   Equação de regressão: $Y = \$ 3\,355 + \$ 6{,}10X$

Baseado nessas análises, que recomendações você daria à presidente?

3-B1. Identificar padrões de comportamento de custos

Em um seminário, um contador de custo falou sobre identificação de tipos diferentes de comportamento de custos. Tammy Li, uma administradora de hospital que ouviu a preleção, identificou diversos custos de hospital de seu interesse. Após sua classificação, Li apresentou a você a seguinte lista de custos e pediu-lhe para:

- Classificar seus comportamentos como um dos seguintes: variável, por degrau, misto, fixo discricionário, fixo comprometido.
- Identificar um direcionador de custo provável para cada custo variável ou misto.

1. Salários dos supervisores de enfermagem (um supervisor é necessário para cada 45 pessoas de enfermagem).
2. Depreciação em linha reta dos equipamentos operacionais dos apartamentos.
3. Custos de serviços da Andersen Hospital Consulting.
4. Custos de treinamento de um residente administrativo.
5. Custos operacionais do equipamento de raio X ($ 95 mil por ano mais $ 3 por filme).
6. Seguro de saúde para todos os empregados em tempo integral.
7. Custos incorridos pelo Dr. Rath em pesquisa de câncer.
8. Reparos feitos na mobília do hospital.

3-B2. Análise de atividade

A Boise Technology, sediada em Idaho, fabricante de placas de circuito impresso, sempre estimou os custos de produção de suas placas de circuito com uma 'margem' de 100 por cento sobre os custos de materiais, para cobrir seus custos indiretos de manufatura (os quais incluem mão-de-obra). Uma análise de atividade sugere que os custos indiretos são direcionados primariamente pelo número de operações manuais realizadas em cada placa, estimados em $ 4 por operação manual. Calcule os custos indiretos estimados das duas placas de circuitos típicas abaixo, usando a margem tradicional e os resultados da análise de atividade:

	Placa BT1	Placa BT2
Custo de material	$ 30,00	$ 55,00
Operações manuais	16	6

Por que as estimativas de custo são diferentes?

3-B3. Divisão de custos mistos em componentes variáveis e fixos

O presidente e o *controller* da Acapulco Transformer Company (México) concordaram que os refinamentos das mensurações de custos da empresa ajudariam as decisões de planejamento e controle. Eles pediram a você para medir a função para o comportamento de custos mistos de reparo e manutenção dos seguintes dados esparsos. A moeda corrente é o peso mexicano ($).

Atividade mensal em horas–máquina	Custo de manutenção e reparo mensal
8 000	$ 200 000 000
12 000	$ 260 000 000

Material adicional de avaliação

Questões

3-1. O que é um direcionador de custo? Dê três exemplos de custos e seus possíveis direcionadores.

3-2. Explique o comportamento linear de custos.

3-3. "Os custos por degrau podem ser fixos ou variáveis, dependendo de sua perspectiva." Explique.

3-4. Explique como os custos mistos são relacionados a custos fixos e variáveis.

3-5. Como a escolha da gestão por produtos e serviços afeta o comportamento dos custos?

3-6. Por que os custos fixos são também chamados de 'custos de capacidade'?

3-7. Como os custos fixos comprometidos diferem dos custos fixos discricionários?

3-8. Por que os custos fixos comprometidos são os custos fixos mais difíceis de mudar?

3-9. Quais são os determinantes primários do nível de custos comprometidos? Custos discricionários?

3-10. "O planejamento é muito mais importante do que o controle diário dos custos discricionários." Você concorda? Explique.

3-11. Como pode a escolha de tecnologia de uma empresa afetar seus custos?

3-12. Explique o uso dos incentivos para controlar custos.

3-13. Quais são os benefícios de usar 'funções de custos' para descrever comportamento de custo?

3-14. Explique 'plausibilidade' e 'confiabilidade' das funções de custos. Qual é preferível? Explique.

3-15. O que é análise de atividade?

3-16. O que é análise de engenharia? Análise contábil?

3-17. Descreva os métodos para mensurar funções de custos usando dados de custos passados.

3-18. Como poderia a análise contábil ser combinada com a análise de engenharia?

3-19. Explique as forças e as debilidades dos métodos alto-baixo e ajuste visual.

3-20. Por que a análise de regressão é, geralmente, preferida ao método alto-baixo?

3-21. "Você nunca sabe quão boas são suas medidas de custo fixo e variável se usa a análise contábil ou se ajusta visualmente uma linha sobre os dados plotados. É por isso que eu prefiro a análise de regressão dos mínimos quadrados." Explique.

3-22. (Apêndice 3) Por que deveria um analista sempre plotar dados de custo em adição à aplicação da análise de regressão dos mínimos quadrados?

3-23. (Apêndice 3) O que podemos aprender do R^2, o coeficiente de determinação?

3-24. Em uma conferência, um consultor declarou: "Antes que possa controlar, você deve medir". Um executivo reclamou: "Por que se incomodar em medir quando a legislação de trabalho e as provisões de garantia de emprego nos contratos de trabalho previnem a demissão de trabalhadores, o uso de empregados em tempo parcial e o uso de horas extras?". Avalie esses comentários. Resuma suas atitudes pessoais em relação à utilidade da análise de engenharia.

Exercícios cognitivos

3-25. Custos mistos e força de vendas

A Wysocki Company paga à sua força de vendas um salário fixo mais uma comissão de 5 por cento em todas as vendas. Explique por que os custos da força de vendas poderiam ser considerados um custo misto.

3-26. Custos fixos comprometidos e discricionários na manufatura

Entre os custos fixos da Howarth Company estão depreciação e pesquisa e desenvolvimento (P&D). Usando esses dois custos como exemplo, explique a diferença entre custos fixos comprometidos e discricionários.

3-27. Funções de custos e tomada de decisão

Por que é importante que o tomador de decisão, em uma empresa, conheça a função de custos para produzir os produtos da empresa?

3-28. Análise estatística e funções de custos

Quais são as vantagens de usar a análise de regressão sobre o método de ajuste visual para determinar funções de custos?

Exercícios

3-29. Custos por degrau

Quais dos seguintes são custos por degrau? Por quê?

a) Aluguel de um armazém que seja grande o suficiente para armazenar todos os pedidos antecipados.

b) Professores para uma escola elementar particular. Um professor é necessário para cada 15 estudantes.

c) Chapa de aço para um produtor de peças de máquina. O aço é comprado em embarques de carga completa, onde cada carga completa contém aço suficiente para mil peças.

3-30. Custos mistos

A seguinte função é de custo misto. Explique por que ela é de custo misto e não um custo fixo, variável ou por degrau.

3-31. Vários padrões de comportamento de custos

Na prática há, freqüentemente, uma tendência a simplificar as aproximações dos padrões de comportamento de custos, mesmo que o 'verdadeiro' comportamento subjacente não seja simples. Escolha entre os gráficos abaixo, de A até H, aquele que combina os itens numerados. Indique pela letra qual gráfico melhor se ajusta a cada uma das situações descritas. Em seguida, a cada par de número-letra, identifique o direcionador de custo mais provável para aquele custo.

O eixo vertical do gráfico representa o total monetário dos custos incorridos; o eixo horizontal representa os níveis de atividade de direcionador de custos, durante um período de tempo em particular. O gráfico pode ser usado mais de uma vez.

1. Custo de mão-de-obra de usinagem que tende a diminuir assim que os trabalhadores ganham experiência.
2. Preço de uma matéria-prima cada vez mais escassa, com o crescente consumo em quantidade.
3. Plano anual de remuneração garantido, em que os trabalhadores são pagos por 40 horas de trabalho por semana, mesmo em níveis zero ou muito baixos de produção que exigem que se trabalhem apenas algumas horas semanais.
4. Conta da água, que envolve uma taxa fixa para os primeiros dez mil galões consumidos e, então, um aumento no custo unitário para cada dez mil galões adicionais consumidos.
5. Disponibilidade de descontos de quantidade, em que o custo unitário cai assim que cada quebra de preço é alcançada.
6. Depreciação do equipamento de escritório.
7. Custo de chapa de aço para um fabricante de instrumentos agrícolas.
8. Salários de supervisores, em que um supervisor é adicionado para cada 12 solicitações telefônicas.
9. Conta de gás natural consistindo de um componente fixo, mais um custo variável constante por mil pés cúbicos, após um número específico de pés cúbicos a ser consumido.

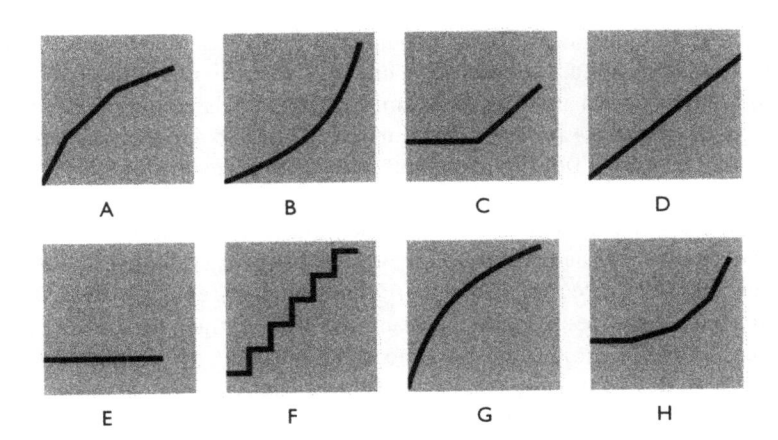

3-32. Custos de predição

Dados os seguintes quatro comportamentos de custos e níveis esperados de atividade de direcionador de custos, prediga os custos totais:

1. Custos de combustíveis de dirigir veículos: $ 0,20 por milha, dirigindo 17 mil milhas por mês.
2. Custo de aluguel de equipamento: $ 6 mil por peça de equipamento ao mês, para sete peças por três meses.

3. Custos de ambulância e pessoal de tratamento médico emergencial (EMT) para campeonato de futebol: $ 1 200 para cada 250 participantes do campeonato; esperam-se 2 400 participantes.
4. Custos do departamento de compras: $ 7 500 por mês mais $ 4 por pedido de material processado a quatro mil pedidos em um mês.

3-33. Identificação de custos fixos discricionários e comprometidos

Identifique e calcule o total de custos fixos discricionários e o total de custos fixos comprometidos da seguinte lista, preparada pelo supervisor de contabilidade para a Pacioli Buildings Supply, Inc.:

Propaganda	$ 19 000
Depreciação	$ 47 000
Seguro de saúde da empresa	$ 15 000
Salários da gestão	$ 85 000
Pagamento de dívida a longo prazo	$ 50 000
Imposto predial	$ 32 000
Manutenção do piso	$ 9 000
Remodelagem do escritório	$ 21 000
Pesquisa e desenvolvimento	$ 36 000

3-34. Efeitos da tecnologia nos custos

A Sports Equipment, Inc., varejista de artigos de esporte externo, está planejando adicionar um *site* na Web para vendas on-line. Os custos estimados das duas abordagens alternativas são os seguintes:

	Alternativa 1	Alternativa 2
Custos fixos anuais	$ 200 000	$ 400 000
Custos variáveis por pedido	$ 7	$ 3
Número de pedidos esperados	70 000	70 000

Ao nível esperado de pedidos, qual abordagem on-line tem o menor custo? Qual é o nível de desinteresse de pedidos, ou 'o nível de ponto de equilíbrio de pedidos'? Qual é o significado desse nível de pedidos?

3-35. Custo misto, seleção de direcionadores de custos, método alto-baixo e ajuste visual

A Peoria Implements Company produz implementos agrícolas. Ela está em processo de mensuração de custos de manufatura e está particularmente interessada nos custos das atividades de manutenção da manufatura, desde que a manutenção é um custo misto significativo. A análise de atividades indica que a atividade de manutenção consiste, em princípio, de mão-de-obra de manutenção na preparação das máquinas que usam certos suprimentos. Uma preparação consiste em preparar as máquinas necessárias para uma rodada de produção particular de um produto. Durante a preparação, as máquinas devem ainda estar rodando, o que consome energia. Assim, os custos associados com a manutenção incluem mão-de-obra, suprimentos e energia. Infelizmente, o sistema de contabilidade de custos da Peoria não rastreia esses custos para a atividade de manutenção separadamente. A Peoria emprega dois mecânicos de manutenção, em tempo integral, para realizar a manutenção. O salário anual de um mecânico de manutenção é $ 25 mil e é considerado um custo fixo. Dois direcionadores de custos plausíveis foram sugeridos: unidades produzidas e número de preparações.

Os dados foram coletados dos 12 meses passados e de uma plotagem feita para o direcionador de custo — unidades de produção. Os números do custo de manutenção coletados incluem estimativas para mão-de-obra, suprimentos e energia. Cory Fielder, *controller* da Peoria, recentemente assistiu a um seminário de custeio baseado em atividade em que ele aprendeu que alguns tipos de atividade são realizadas cada vez que um lote de produtos é processado, em vez de cada vez que uma unidade é produzida. Baseado nesse conceito, ele recolheu dados sobre o número de preparações realizadas ao longo dos 12 meses passados. A plotagem dos custos de manutenção mensais *versus* os dois direcionadores de custos potenciais se encontram na página 97.

1. Encontre o custo mensal de manutenção fixo e o custo de manutenção variável por direcionador unitário usando o método de ajuste visual baseado em cada direcionador de custo potencial. Explique como você tratou os dados de abril.
2. Encontre o custo mensal de manutenção fixo e o custo de manutenção variável por direcionador unitário usando o método alto-baixo baseado em cada direcionador de custo potencial.
3. Qual direcionador de custo satisfaz melhor os critérios para selecionar funções de custo? Explique.

**Custo do departamento de manutenção
direcionadores de custos: unidades de produção e preparação**

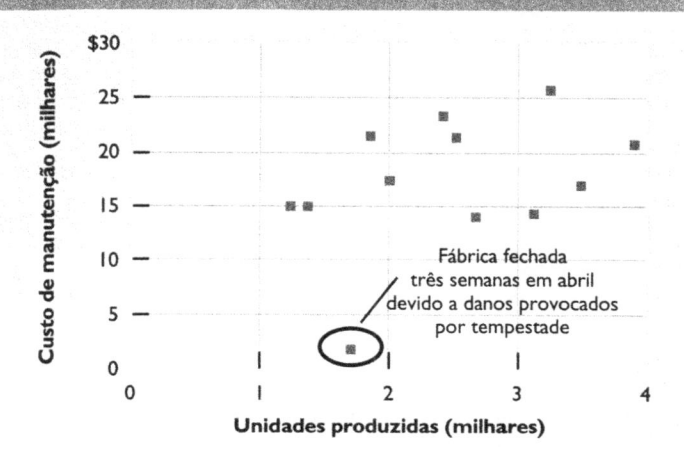

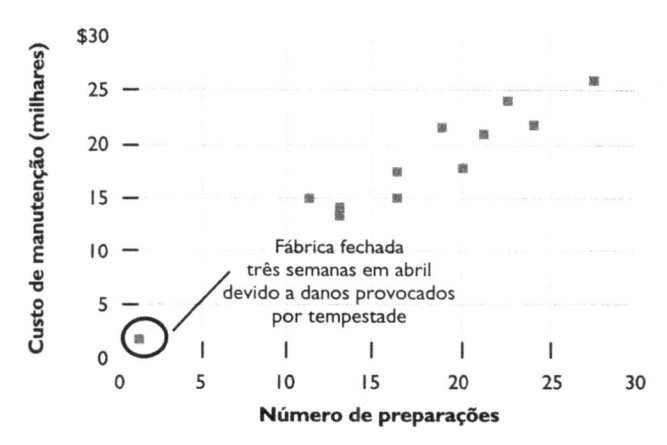

[Gráfico 1: Custo de manutenção (milhares) vs. Unidades produzidas (milhares). Ponto destacado: "Fábrica fechada três semanas em abril devido a danos provocados por tempestade"]

[Gráfico 2: Custo de manutenção (milhares) vs. Número de preparações. Ponto destacado: "Fábrica fechada três semanas em abril devido a danos provocados por tempestade"]

3-36. Análise contábil

A Custom Computers, Inc. é uma empresa fundada por dois estudantes de engenharia para montar e comercializar computadores pessoais para a faculdade e os alunos. A empresa funciona na garagem da residência de um dos estudantes. Dos seguintes custos de um mês recente, calcule a função de custo total e o custo total para o mês.

- Telefone — $ 50, fixos
- Utilidades — $ 280: fixos, 25% atribuíveis à garagem, 75% à residência
- Propaganda — $ 75, fixos
- Seguro — $ 60, fixos
- Materiais — $ 7 500, variáveis, para cinco computadores
- Mão-de-obra — $ 1 800: $ 1 300 fixos mais $ 500 por hora de assistência para a montagem de cinco computadores

3-37. Funções de custo linear

Faça Y = custos totais, X_1 = volume de produção, e X_2 = número de preparações. Quais das seguintes são funções de custo linear? Quais são funções de custo misto?

a) $Y = \$\ 1\ 500$
b) $Y = \$\ 8X_1$
c) $Y = \$\ 5\ 000 + \$\ 4X_1$
d) $Y = \$\ 4\ 000 + \$\ 6X_1 + \$\ 30X_2$
e) $Y = \$\ 9\ 000 + \$\ 3(X_1 \times X_2)$
f) $Y = \$\ 8\ 500 + \$\ 1{,}50X_1^2$

3-38. Método alto-baixo

A Manchester Foundry produziu 45 mil toneladas em março, a um custo de £ 1,15 milhão. Em abril, a Foundry produziu 35 mil toneladas, a um custo de £ 950 mil. Usando apenas esses dois dados, determine a função de custo para a Manchester.

3-39. Plausibilidade econômica dos resultados da análise de regressão

A chefia da divisão de armazenagem da Northwest Food Distributors estava preocupada com as informações sobre o comportamento de custos dado a ela pelo novo assistente do *controller*, que foi contratado graças ao seu recente treinamento em análise de custos. Sua primeira designação foi aplicar a análise de regressão aos vários custos nos departamentos. Um dos resultados foi apresentado como segue:

"Uma regressão dos dados mensais foi rodada para explicar os custos de manutenção do edifício como uma função das horas de mão-de-obra direta como direcionador de custos. Os resultados são:

$$Y = \$\ 7\ 810 + \$\ 0{,}47X$$

Sugiro que usemos o edifício tão intensivamente quanto possível, para manter baixos os custos de manutenção".

A chefia do departamento ficou confusa. Como poderia o aumento do uso causar decréscimo do custo de manutenção? Explique esse resultado contra-intuitivo para o chefe de departamento. Que etapas o assistente do *controller* provavelmente omitiu na aplicação e interpretação da análise de regressão?

PROBLEMAS

3-40. Controlando riscos, decisões de capacidade, decisões de tecnologia

Considere a discussão anterior da Ford Motor, na página 75 do livro. A Ford terceirizou a produção para a Mazda e usou horas extras para até 20 por cento da produção — a fábrica da Ford e as linhas de montagem estavam rodando a 100 por cento da capacidade, e a demanda foi suficiente para um adicional de 20 por cento. A Ford considerou a construção de uma nova linha de montagem altamente automatizada e de fábricas para obter mais lucros, desde que os pagamentos de horas extras e a terceirização fossem onerosos. O investimento em alta tecnologia e na expansão da capacidade, entretanto, foi rejeitado.

Suponha que todos os custos de materiais e mão-de-obra sejam variáveis com relação ao nível de produção e que todos os outros custos sejam fixos. Considere uma das fábricas da Ford que faz provas de carros. O custo para converter a fábrica para usar linhas de montagem totalmente automatizadas é de $ 20 milhões. Os custos com mão-de-obra resultantes seriam significativamente reduzidos. Os custos, em milhões de unidades monetárias, da opção de construir e terceirizar / horas extras, são dados na tabela seguinte:

	Opção de construção		
Porcentagem de capacidade	60	100	120
Custos de material	$ 18	$ 30	$ 36
Custos de mão-de-obra	$ 6	$ 10	$ 12
Outros custos	$ 40	$ 40	$ 40
Custos totais	$ 64	$ 80	$ 88

	Opção por terceirização / Hora extra		
Porcentagem de capacidade	60	100	120
Custos de material	$ 18	$ 30	$ 36
Custos de mão-de-obra	$ 18	$ 30	$ 44
Outros custos	$ 20	$ 20	$ 20
Custos totais	$ 56	$ 80	$ 100

1. Prepare um gráfico de linha, mostrando os custos totais para as duas opções:
   - Construir linhas de montagem novas.
   - Continuar a usar horas extras e produção terceirizada de provas. Faça uma explanação do comportamento de custos das duas opções.
2. Que opção permite à gestão da Ford controlar melhor o risco? Explique. Avalie as substituições custo–benefício associadas a cada uma das opções.
3. Um profundo entendimento do comportamento do custo é um pré-requisito importante para o controle gerencial eficaz dos custos. Suponha que você seja um executivo da Ford e que, atualmente, o nível de produção

(e vendas) esteja se aproximando de 100 por cento do nível de capacidade e que se espera que a economia permaneça forte por, pelo menos, um ano. Embora as vendas e os lucros estejam bons agora, você está ciente da natureza cíclica do ramo de automóveis. Você recomendaria o comprometimento da Ford em construir uma linha de montagem automatizada de modo a atender ao aumento potencial no curto prazo da demanda, ou seria contra a construção, prevendo a probabilidade de queda futura nos negócios? Discuta seu raciocínio.

3-41. Custos por degrau

O presídio Algona Beach necessita da assessoria de, pelo menos, um guarda para cada quatro prisioneiros. O presídio manterá 48 prisioneiros. O Algona Beach atrai numerosos turistas e transeuntes na primavera e no verão. A cidade, entretanto, fica calma no outono e no inverno. A população de outono–inverno do presídio varia, geralmente, entre 12 e 16 prisioneiros. O número, na primavera e no verão, pode flutuar de 12 a 48, dependendo do clima, entre outros fatores (incluindo as fases da Lua, de acordo com alguns residentes de longo tempo). O Algona Beach tem quatro guardas permanentes, contratados em bases anuais com um salário anual de $ 36 mil cada. Quando guardas adicionais são necessários, eles são contratados em uma base semanal, a uma taxa de $ 600 por semana. (Para simplificar, suponha que cada mês tenha exatamente quatro semanas.)

1. Prepare um gráfico com custos semanais planejados dos guardas do presídio no eixo vertical e o número de prisioneiros no eixo horizontal.
2. Qual seria o montante orçado para os guardas do presídio no mês de janeiro? Seria esse um custo fixo ou variável?
3. Suponha que a população do presídio, em cada uma das quatro semanas de julho, fosse 25, 38, 26 e 43, respectivamente. O montante real pago por guarda do presídio em julho foi $ 19 800. Prepare um relatório, comparando o montante real pago por guarda do presídio com o montante que seria esperado com programação e contratação eficientes.
4. Suponha que o Algona Beach tenha tratado os salários dos guardas de presídio para guardas não-permanentes como uma despesa variável de $ 150 por semana por prisioneiro. Esse custo variável foi aplicado ao número de prisioneiros excedentes de 16. Conseqüentemente, a função de custo semanal foi:

    Custo do guarda de presídio semanal = $ 3 000 + $ 150 × (total de prisioneiros − 16)

    Explique como essa função de custo foi determinada.
5. Prepare um relatório similar àquele do item 3, exceto que a função de custo do item 4 deve ser usada para calcular o montante previsto de salário dos guardas de presídio. Em que o relatório, neste ou naquele do item 3, é mais acurado? A acurácia é a única preocupação?

3-42. Análise de custo do serviço governamental

Os auditores da Secretaria da Receita Federal (SRF) escrutinam as declarações de imposto de renda após serem preexaminadas com a ajuda de testes de computador para faixas normais de deduções reivindicadas pelos contribuintes.

A SRF usa um custo esperado de $ 7 por declaração, baseada em estudos de mensuração que permitem 20 minutos por declaração. Cada agente tem uma semana de trabalho de cinco dias de oito horas. Vinte auditores estão empregados a um salário de $ 830 cada um por semana. O supervisor dos auditores tem os seguintes dados a respeito do desempenho para o período mais recente de quatro semanas, quando oito mil declarações foram processadas:

Custo atual dos auditores	Custo esperado para o processamento de declarações	Diferença ou variação
$ 66 400	?	?

1. Calcule o custo planejado e a variação.
2. O supervisor acredita que o trabalho de auditoria deve ser conduzido mais produtivamente e que pessoal supérfluo deve ser transferido para as auditorias de campo. Se os dados antecedentes forem representativos, quantos auditores deverão ser transferidos?
3. Liste alguns motivos possíveis para a variação.
4. Descreva alguns direcionadores de custos alternativos para processamento das declarações de renda.

3-43. Análise de custo na America West

A America West é a nona maior empresa aérea comercial da nação, com sede em Phoenix, Las Vegas, e Columbus, Ohio. Estão listados abaixo alguns dos custos incorridos pela America West. Para cada custo, selecione um direcionador apropriado e indique se o custo deve ser fixo, variável ou misto em relação ao seu direcionador.

a) Combustível do avião.
b) Salários de atendentes de vôo.
c) Salários dos manuseadores de bagagem.
d) Refeições em vôo.
e) Salários dos pilotos.
f) Depreciação do avião.
g) Propaganda.

3-44. Separação de custos mistos em componentes fixos e variáveis do Drug Testing Laboratories

Uma reunião de assessoria foi solicitada na SportsLab, Inc., uma instalação de teste de drogas retidas por diversos profissionais e ligas esportivas universitárias e associações. O chefe de testagem, dr. Hyde, demandou um aumento diagonal nos preços para um teste particular devido ao aumento do teste e à precisão que agora é exigida. A administradora do laboratório pediu que você medisse o comportamento dos custos mistos desse departamento de teste em particular e preparasse um relatório curto, que ela pudesse apresentar ao dr. Hyde. Considere os seguintes dados limitados:

	Média de procedimentos de teste por mês	Média mensal dos custos de procedimentos de testes
Médias mensais, 20X4	500	$ 60 000
Médias mensais, 20X5	600	$ 70 000
Médias mensais, 20X6	700	$ 144 000

3-45. Comportamento de custos da universidade

A Lakeview School, uma escola particular de ensino médio, está preparando uma demonstração de resultado planejada para o ano acadêmico vindouro, que se encerra em 31 de agosto de 20X2. A receita de mensalidades para os dois anos passados, encerrados em 31 de agosto, foram 20X1: $ 820 mil; 20X0: $ 870 mil. O total de despesas para 20X1 foi $ 810 mil e, em 20X0, foi $ 830 mil. Nenhuma mudança na taxa de mensalidade ocorreu em 20X0 ou em 20X1, nem é esperado ocorrer em 20X2. Espera-se que a receita de mensalidade seja $ 810 mil para 20X2. Que lucro líquido deveria ser planejado para 20X2, supondo que o comportamento do custo implicado permaneça inalterado?

3-46. Análise de atividade

A Omaha Software desenvolve e negocia *softwares* de computador para o setor agrícola. Como os custos indiretos são a maior parcela dos custos de desenvolvimento de *software*, a diretora de custos de operações da Omaha, Melody Atkinson, está preocupada especialmente com o entendimento dos efeitos de comportamento de custos indiretos. Atkinson completou uma análise de atividade preliminar de um dos produtos de *software* primários da Omaha: FertiMix (*software* para controlar mistura de fertilizantes). Esse produto é um *template* de *software* customizado para clientes específicos, os quais são cobrados pelo produto básico mais os custos de customização. A análise de atividade está baseada no número de linhas customizadas do código FertiMix. Atualmente, as estimativas de custos indiretos estão baseadas em uma taxa fixa de 50 por cento do custo básico. Os dados são mostrados para dois clientes recentes:

	Clientes	
	Planta Cidade Verde	*Flores Belas*
Custo básico do FertiMix	$ 13 000	$ 13 000
Linhas de códigos customizados	490	180
Custo estimado por linha de código customizado	$ 22	$ 22

1. Calcule o custo indireto de customização do FertiMix para cada cliente, utilizando cada abordagem de estimativa de custos.
2. Se a análise de atividade for confiável, quais serão os prós e os contras de adoção para todos os produtos de *software* da Omaha?

3-47. Análise alto-baixo e de regressão

Em 15 de novembro de 2001, Sheila Lambright, analista de custo recém-contratada na Lightbody Company, foi solicitada a predizer os custos indiretos de fabricação (CIF) para as operações da empresa em 2002, quando se espera que 510 unidades sejam produzidas. Ela coletou os seguintes dados trimestrais:

Trimestre	Produção em unidades	CIF
1/98	76	$ 721
2/98	79	$ 715

3/98	72	$ 655
4/98	136	$ 1 131
1/99	125	$ 1 001
2/99	128	$ 1 111
3/99	125	$ 1 119
4/99	133	$ 1 042
1/00	124	$ 997
2/00	129	$ 1 066
3/00	115	$ 996
4/00	84	$ 957
1/01	84	$ 835
2/01	122	$ 1 050
3/01	90	$ 991

1. Usando o método alto-baixo, estime os custos e prepare uma predição de CIF para 2002.
2. Sheila rodou uma análise de regressão usando os dados que ela coletou. O resultado foi:

$Y = \$ 337 + \$ 5{,}75X$

Usando essa função de custo, prediga os custos para 2002.

3. Que predição você prefere? Por quê?

3-48. Interpretação da análise de regressão

Estude o Apêndice 3. A Divisão de Barracas de Acampar da Arizona Outdoor Equipment Company teve dificuldades em controlar seu consumo de suprimentos. A empresa considerou tradicionalmente seus suprimentos como custos puramente variáveis. Quase todas as vezes em que a produção estava acima da média, entretanto, a divisão gastava menos do que o predito para os suprimentos; quando a produção estava abaixo da média, a divisão gastava mais do que o predito. Esse padrão sugeriu a Yuki Li, a nova *controller*, que parte do custo dos suprimentos, provavelmente, não estava relacionada ao volume de produção, nem era fixa. Ela decidiu usar a análise de regressão para explorar essa questão. Após consultar o pessoal de produção, ela considerou dois direcionadores para os custos dos suprimentos: número de barracas produzidas e pés quadrados de material consumido. Obteve os seguintes resultados, baseados nos dados mensais.

	Direcionador de custos	
	Número de barracas	*Pés quadrados de material consumido*
Constante	2 300	1 900
Coeficiente variável	0,033	0,072
R^2	0,220	0,686

1. Qual é a função de custo preferida? Explique.
2. Que porcentagem de flutuação dos custos de suprimentos depende dos pés quadrados de material? As flutuações dos custos de suprimentos dependem de alguma coisa a não ser os pés quadrados de materiais? Que proporção das flutuações não é explicada por pés quadrados de materiais?

3-49. Análise de regressão

Estude o Apêndice 3. A Limand Company, fabricante de louças chinesas finas e de argila, está incomodada com as flutuações na produtividade e deseja calcular como os custos indiretos da manufatura estão relacionados com os vários tamanhos dos lotes de produção. Os seguintes dados mostram os resultados de uma amostra aleatória de dez lotes de um padrão de louças de argila:

Amostra	Tamanho do lote, X	Custos indiretos, Y
1	15	$ 180
2	12	$ 140
3	20	$ 230
4	17	$ 190
5	12	$ 160
6	25	$ 300
7	22	$ 270
8	9	$ 110
9	18	$ 240
10	30	$ 320

1. Plote os custos indiretos, Y, versus o tamanho do lote, X.
2. Usando a análise de regressão, mensure a função de custos dos custos indiretos e do tamanho do lote.
3. Prediga os custos indiretos para um tamanho de lote de 25.
4. Usando o método alto-baixo, repita os itens 2 e 3. Deve o gestor usar o método alto-baixo ou de regressão? Explique.

3-50. Escolha do direcionador de custo

Estude o Apêndice 3. Rico Consequa, diretor de operações da Micro Devices, deseja desenvolver uma função de custo acurada para explicar e predizer os custos indiretos na operação de montagem de placas de circuito impresso da empresa. O sr. Consequa está preocupado porque a função de custo que ele usa atualmente — baseado nos custos com mão-de-obra direta — não é acurada o suficiente para um planejamento e controle apropriado dos custos indiretos. O sr. Consequa orientou um de seus analistas financeiros a obter uma amostra aleatória de 25 semanas de custos indiretos e três direcionadores de custos possíveis no departamento de montagem de placa de circuitos: horas de mão-de-obra direta, número de placas montadas e tempo de ciclo médio de placas montadas. (O tempo de ciclo médio é o tempo médio entre o início e o término certificados das placas — após o teste de qualidade — montadas durante uma semana.) Muito do esforço nessa operação de montagem é devotado a testes de qualidade e a retrabalho de placas defeituosas, os quais aumentam o tempo de ciclo médio em qualquer período. Conseqüentemente, o sr. Consequa acredita que o tempo de ciclo médio será um direcionador de custo melhor. Ele deseja que seu analista use a análise de regressão para demonstrar qual direcionador explica melhor os custos indiretos.

Semana	Custos indiretos de montagem de placas de circuito Y	Horas de mão-de-obra direta X_1	Número de placas completadas X_2	Tempo de ciclo médio (horas) X_3
1	$ 66 402	7 619	2 983	186,44
2	$ 56 943	7 678	2 830	139,14
3	$ 60 337	7 816	2 413	151,13
4	$ 50 096	7 659	2 221	138,30
5	$ 64 241	7 646	2 701	158,63
6	$ 60 846	7 765	2 656	148,71
7	$ 43 119	7 685	2 495	105,85
8	$ 63 412	7 962	2 128	174,02
9	$ 59 283	7 793	2 127	155,30
10	$ 60 070	7 732	2 127	162,20
11	$ 53 345	7 771	2 338	142,97
12	$ 65 027	7 842	2 685	176,08
13	$ 58 220	7 940	2 602	150,19
14	$ 65 406	7 750	2 029	194,06
15	$ 35 268	7 954	2 136	100,51
16	$ 46 394	7 768	2 046	137,47
17	$ 71 877	7 764	2 786	197,44
18	$ 61 903	7 635	2 822	164,69
19	$ 50 009	7 849	2 178	141,95
20	$ 49 327	7 869	2 244	123,37
21	$ 44 703	7 576	2 195	128,25
22	$ 45 582	7 557	2 370	106,16
23	$ 43 818	7 569	2 016	131,41
24	$ 62 122	7 672	2 515	154,88
25	$ 52 403	7 653	2 942	140,07

1. Plote os custos indiretos, Y, versus cada um dos direcionadores de custos possíveis, X_1, X_2 e X_3.
2. Utilize a análise de regressão para medir as funções de custo, usando cada um dos direcionadores.
3. De acordo com os critérios de plausibilidade e confiabilidade, qual é o melhor direcionador para os custos indiretos no departamento de montagem da placa de circuitos?

4. Interprete o significado econômico da melhor função de custo.

3-51. Uso das funções de custos para estabelecimento de preço

Estude o Apêndice 3. Leia o problema precedente. Se você trabalhou esse problema, use sua medida de função de custo. Se não trabalhou, suponha as seguintes funções de custo medidas:

$$Y = \$\ 9\ 000/\text{semana} + (\$\ 6 \times \text{hora de mão-de-obra direta}); R^2 = 0,10$$
$$Y = \$\ 20\ 000/\text{semana} + (\$\ 14 \times \text{número de placas completadas}); R^2 = 0,40$$
$$Y = \$\ 5\ 000/\text{semana} + (\$\ 350 \times \text{tempo de ciclo médio}); R^2 = 0,80$$

1. Qual das funções de custo indireto você esperaria ser mais confiável para explicar e predizer custos indiretos? Por quê?
2. Suponha que a Micro Devices estabelece o preço de seus produtos com a adição de uma margem percentual aos seus custos de produtos, que incluem mão-de-obra de montagem, componentes e custos indiretos. Usando cada uma das funções de custo, calcule o custo indireto da parcela da placa de circuito de um pedido que consumiu os seguintes recursos:
    a) Consumiu eficazmente a capacidade do departamento de montagem para três semanas.
    b) Horas de mão-de-obra de montagem: 20 mil.
    c) Número de placas: 6 mil.
    d) Tempo de ciclo médio: 180 horas.
3. Que custo você recomendaria para a Micro Devices usar? Por quê?
4. Suponha que o mercado para esse produto é extremamente competitivo em termos de custos. O que você pensa do método de precificação da Micro Devices?

3-52. Revisão dos Capítulos 2 e 3

A Madison Musical Education Company (MME) fornece instrumentos musicais para a educação de crianças de todas as idades. O pagamento por serviços vem de duas fontes: um contrato com a Country Day School, para fornecer aulas particulares de música para até 150 estudantes da banda por ano (em que um ano são nove meses de aula) por uma taxa fixa de $ 150 mil, e pagamento de indivíduos a uma taxa de $ 100 por mês de aula por ano. Em 2000, a MME realizou um lucro de $ 5 mil sobre receitas de $ 295 mil:

Receitas		
Contrato da Country Day School	$ 150 000	
Estudantes particulares	$ 145 000	
Total das receitas		$ 295 000
Despesas		
Assessoria administrativa	$ 75 000	
Assessoria de ensino	$ 81 000	
Instalações	$ 93 500	
Suprimentos	$ 40 500	
Total das despesas		$ 290 000
Lucro		$ 5 000

A MME conduziu uma análise de atividade e descobriu que os salários da assessoria de ensino e os custos de suprimentos são variáveis com relação a estudante–mês. (Um estudante–mês é um estudante ensinado por um mês.) Os custos da assessoria administrativa e das instalações são fixos dentro de uma faixa de dois mil a três mil estudantes–mês. Para o volume entre 3 mil e 3 500 estudantes–mês, uma despesa de instalações adicional de $ 8 mil seria incorrida. Durante o último ano, um total de 2 700 estudantes–mês de aula foi fornecido, do qual 1 450 para estudantes particulares e 1 250 oferecidos sob contrato com a Country Day School.

1. Calcule o seguinte, utilizando a informação de custos das operações do ano 2000:
    a) Custos fixos por ano.
    b) Custos variáveis por estudante–mês.
2. Suponha que, em 2001, a Country Day School tenha diminuído seu uso da MME em 120 estudantes (isto é, 1 080 estudantes–mês). O preço fixo do contrato de $ 150 mil ainda foi pago. Se tudo o mais permaneceu como era em 2000, que lucro ou prejuízo seria realizado em 2001?
3. Suponha que, no começo de 2001, a Country Day School tenha decidido não renovar seu contrato com a MME e que a gestão da MME tenha decidido tentar manter os negócios como de costume, apenas com

estudantes particulares. De quantos estudantes (cada um assinando por nove meses) a MME necessitaria para continuar a realizar um lucro de $ 5 mil por ano?

Casos

3-53. Comportamento dos custos do governo com saúde

A dra. Stephanie White, administradora-chefe da Uptown Clinic, uma agência comunitária de saúde mental, está preocupada com o dilema de satisfazer os orçamentos reduzidos do próximo ano e em um futuro próximo, mas o aumento da demanda por serviços. De modo a planejar com orçamentos reduzidos, ela, primeiro, deve identificar onde os custos podem ser cortados ou reduzidos e ainda manter a agência funcionando. Abaixo estão alguns dados do ano passado.

Área do programa	Custos
Administração	
Salários	
Administrador	$ 60 000
Assistente	$ 35 000
Duas secretárias	$ 42 000
Suprimentos	$ 35 000
Propaganda e promoção	$ 9 000
Reuniões profissionais, mensalidades e literatura	$ 14 000
Serviços adquiridos	
Contabilidade e faturamento	$ 15 000
Custódia e manutenção	$ 13 000
Segurança	$ 12 000
Consultoria	$ 10 000
Serviços de saúde mental comunitários	
Salários (dois trabalhadores sociais)	$ 46 000
Transporte	$ 10 000
Tratamentos de saúde mental externos	
Salários	
Psiquiatras	$ 86 000
Dois trabalhadores sociais	$ 70 000

1. Identifique quais custos você pensa ser, provavelmente, discricionários ou comprometidos.
2. Uma possibilidade é eliminar todos os custos discricionários. Quanto seria economizado? O que você pensa dessa recomendação?
3. Como você aconselharia a dra. White a preparar orçamentos reduzidos?

3-54. Análise de atividade

Os custos do departamento de sistemas de apoio (SA) — e dos outros departamentos de serviços — da Clark Paper Products, Inc. têm sido sempre debitados das três divisões de negócio (gestão florestal, produtos de madeira e produtos de papel), baseados no número de empregados em cada divisão. Essa medida é fácil de obter e atualizar e, não faz muito tempo, nenhuma das divisões havia reclamado a respeito dos débitos. A divisão de produtos de papel, recentemente, automatizou muitas de suas operações e reduziu o número de empregados. Ao mesmo tempo, entretanto, para monitorar seu novo processo, os produtos de papel aumentaram sua necessidade de vários relatórios fornecidos pelo departamento SA. As outras divisões começaram a reclamar que estavam sendo debitadas em mais do que sua participação justa nos custos do departamento SA. Baseados na análise de atividade dos possíveis direcionadores, os analistas de custos sugeriram o uso do número de relatórios preparados como meio de debitar os custos do SA e obtiveram as seguintes informações:

	Gestão florestal	Produtos de madeira	Produtos de papel
2000 Número de empregados	762	457	502
2000 Número de relatórios	410	445	377
2000 Custos do SA: $ 300 000			
2001 Número de empregados	751	413	131
2001 Número de relatórios	412	432	712
2001 Custos do SA: $ 385 000			

1. Discuta a plausibilidade e a confiabilidade prováveis de cada um dos direcionadores de custos — número de empregados ou número de relatórios.
2. Quais são os custos por unidade do SA, em 2000 e 2001, para cada divisão, usando cada direcionador de custo? A gestão florestal e a divisão de produtos de madeira têm reclamações legítimas? Explique.
3. Quais são os incentivos implícitos em cada direcionador de custo?
4. Quais direcionadores de custo a Clark Paper Products deveria usar para debitar suas divisões para os serviços do SA? Para outros serviços? Por quê?

3-55. Identificação de dados relevantes

A eComp.com manufatura computadores portáteis do tamanho da palma da mão. Como esses computadores muito pequenos competem com computadores portáteis maiores que têm mais funções e flexibilidade, entender e usar o comportamento de custos é muito importante para a rentabilidade da eComp.com. A *controller* da empresa, Kelly Hudson, tem mantido arquivos meticulosos sobre as várias categorias de custos e possíveis direcionadores para a maioria das funções importantes e atividades da eComp.com. Uma vez que a maior parte da manufatura na eComp.com é automatizada, os custos de mão-de-obra são relativamente fixos. Outros custos indiretos compreendem a maioria dos custos da empresa. Os dados parciais que Hudson coletou ao longo das 25 semanas anteriores sobre um desses custos indiretos — operações logísticas (compra de materiais, recebimento, armazenagem, e embarque) — são os seguintes:

Semana	Custos logísticos, Y	Número de pedidos, X
1	$ 23 907	1 357
2	$ 18 265	1 077
3	$ 24 208	1 383
4	$ 23 578	1 486
5	$ 22 211	1 292
6	$ 22 862	1 425
7	$ 23 303	1 306
8	$ 24 507	1 373
9	$ 17 878	1 031
10	$ 18 306	1 020
11	$ 20 807	1 097
12	$ 19 707	1 069
13	$ 23 020	1 444
14	$ 20 407	733
15	$ 20 370	413
16	$ 20 678	633
17	$ 21 145	711
18	$ 20 775	228
19	$ 20 532	488
20	$ 20 659	655
21	$ 20 430	722
22	$ 20 713	373
23	$ 20 256	391
24	$ 21 196	734
25	$ 20 406	256

1. Plote os custos logísticos, Y, *versus* o número de pedidos, X. Que comportamento de custo fica evidente? O que você pensa que aconteceu na semana 14?
2. Qual é sua recomendação para Kelly Hudson a respeito da relevância das últimas 25 semanas de custos logísticos e o número de pedidos para mensurar o comportamento do custo logístico?
3. Hudson destaca que uma das melhorias que a eComp.com fez, nos diversos meses passados, foi negociar entregas *just-in-time* de seus fornecedores. Isso se tornou possível pela substituição do sistema de pedido manual (mão-de-obra intensiva) por um sistema de pedido automatizado. Embora os custos fixos tenham aumentado, esperava-se que o custo variável de colocar um pedido caísse acentuadamente. Os dados apóiam essa expectativa? Você acredita que a mudança para o sistema de pedido automatizado foi justificada? Por quê, ou por que não?

capítulo 4

Sistema de gestão de custos e custeio baseado em atividades

Os clientes de telefonia móvel da AT&T Wireless Services podem usar seus telefones celulares em mais de 5 500 localidades, desde Estados Unidos e Canadá até Europa, Ásia e Austrália. As pessoas são capazes de telefonar quase em qualquer lugar da Terra, digitando seu número de telefone sem fio local.

Objetivos de aprendizagem

Ao terminar de estudar este capítulo, você deverá estar apto a:

1. Descrever os objetivos dos sistemas de gestão de custos.
2. Explicar o relacionamento entre custo, objeto de custo, acumulação de custo e alocação de custo.
3. Distinguir entre custos diretos, custos indiretos e custos não-alocados.
4. Explicar como as demonstrações contábeis de comerciantes e de manufatureiros diferem por causa dos tipos de produto que vendem.
5. Entender as principais diferenças entre os sistemas de custeio tradicional e custeio baseado em atividades e por que os sistemas ABC fornecem valor aos gestores.
6. Identificar as etapas envolvidas no projeto e na implementação do sistema de custeio baseado em atividades.
7. Usar a informação de custo baseado em atividades para melhorar as operações de uma organização.
8. **Entender o papel da contabilidade gerencial nos esforços de uma empresa para melhorar toda a cadeia de valor.**

Uma pesquisa recente questionou mil adultos a respeito de duas escolhas sobre 'uma empresa realmente boa'. A empresa mais mencionada foi a AT&T. As possibilidades são de que a AT&T tenha alcançado você. Com cerca de 90 milhões de clientes, tem rendimentos anuais de mais de $ 53 bilhões e lucro líquido que excedem $ 6 bilhões.

Está em marcha uma revolução das comunicações que ocorre em uma escala global. Hoje, podemos comunicar-nos utilizando telefones celulares sem fio e serviços de computador *on-line*, além do telefone tradicional. Como a AT&T faz para, sendo uma empresa que tem sido sinônimo de comunicações por mais de cem anos, assegurar-se de que permaneça competitiva? Certamente, a AT&T tem as pessoas, as tecnologias, a marca, a presença de mercado e os recursos financeiros para fazer o trabalho — mas é necessário mais do que isso. Como alguns outros gestores de empresa, os da AT&T, da alta gestão aos gestores de serviços locais, devem entender seus clientes e seus custos. Esse entendimento é um tema comum para todos os negócios bem-sucedidos.

Considere a unidade Business Communication Services da AT&T (BCS). Com mais de $ 16 bilhões de rendimento anual, a BCS é responsável por serviços de voz e de comunicação de dados domésticos e internacionais. Para manter a vantagem competitiva da unidade, a gestão começou a usar um novo sistema de contabilidade de custos em meados de 1990. Os contadores e gestores projetaram um novo sistema de custeio 'para ajudar os gestores operacionais a obter um melhor entendimento dos custos de cada tipo de serviço (produto)'. O antigo sistema de custos assegurava dados financeiros usados primordialmente pela alta gestão e por contadores. O novo sistema de custos mensura os processos-chave de negócios na BCS e as atividades que a unidade desempenha para apoiar seus vários serviços.

Um exemplo dos resultados obtidos usando o novo sistema de custos está no centro de faturamento. A equipe da BCS calculou os custos de investigar faturas incorretas, custo que era desconhecido anteriormente. Esse custo era tão alto que os gestores da BCS iniciaram um esforço visando a reduzi-lo. O resultado foi uma economia anual de cerca de $ 500 mil. O novo sistema de custo foi uma ferramenta gerencial eficaz para todos os gestores operacionais, não apenas para os contadores.

Sistemas de gestão de custos

Para apoiar as melhores decisões dos gestores, os contadores vão além de simplesmente determinar o custo dos produtos e serviços. Eles desenvolvem sistemas de gestão de custos. **Sistema de gestão de custos** (*cost management system* — CMS) é um conjunto de ferramentas e técnicas que identificam como as decisões da gestão afetam os custos. Para fazer isso, o CMS primeiro mensura os custos dos recursos consumidos na realização das atividades da organização e, então, avalia os efeitos sobre os custos das mudanças naquelas atividades. Os propósitos básicos de um CMS são fornecer:

1. Medidas agregadas do valor do estoque e custos dos produtos manufaturados para relatórios externos para investidores, credores e outros interessados externos.
2. Informação de custo para decisões gerenciais estratégicas.
3. Informação de custo para controle operacional.

Os usuários externos das informações de custos, tais como investidores e credores, necessitam de medidas agregadas do valor do estoque e do custo dos produtos vendidos. Eles não precisam de informações de custos acuradas sobre produtos e serviços individuais. São o segundo e o terceiro propósito de um CMS que geram a necessidade de ferramentas e técnicas mais elaboradas. Os gestores internos necessitam de informações de custos acuradas e oportunas por motivos estratégicos, tais como decidir sobre o composto de produto e clientes ótimos, escolher as funções da cadeia de valor a ser terceirizadas e tomar decisões de investimento. Para essas decisões, os gestores desejam conhecer os custos de produtos, serviços e clientes individuais. A avaliação dos esforços de melhoria de processo e os programas de controle de custos operacionais também exigem *feedback* acurado e oportuno sobre os custos.

Nós descrevemos muitas ferramentas e técnicas do CMS ao longo deste livro. Um exemplo é a técnica da margem de contribuição e a análise custo–volume–lucro. Este capítulo focaliza duas outras técnicas importantes: custeio baseado em atividade e gestão baseada em atividade. Talvez, no entanto, a ferramenta mais fundamental para apoiar todos os CMS seja o sistema de contabilidade de custos.

Sistemas de contabilidade de custos

Todos os tipos de organização — organizações de manufatura, empresas de serviço e organizações sem fins lucrativos — necessitam de alguma forma de **contabilidade de custos**, aquela parte do sistema de gestão de custo que mensura os custos para fins de tomada de decisão gerencial e relatórios contábeis. Como esse é o caso mais geral, abranger a produção assim como todas as outras funções da cadeia de valor, focalizaremos a contabilidade de custos no ambiente de manufatura. Lembre-se, todavia, de que você pode aplicar essa estrutura a qualquer organização.

Os gestores confiam nos contadores para projetar um sistema de contabilidade que mensure custos para satisfazer cada um dos três propósitos de um CMS. Considere os seguintes comentários sobre o moderno papel dos contadores gerenciais.

> *Nós [contadores de custos] temos de entender o que os números significam, relacionar os números às atividades de negócios e recomendar cursos alternativos de ação. Finalmente, temos de avaliar as alternativas e tomar decisões para maximizar a eficiência das empresas.*
>
> *South Central Bell*

> *Como o sistema ABC (custeio baseado em atividade) agora espelha o processo de manufatura, os engenheiros e assessores de produção acreditam nos dados de custos produzidos pelo sistema de contabilidade. A engenharia e a produção regularmente pedem à contabilidade para ajudá-los a descobrir a combinação do projeto de produto que otimizará os custos. [...] Os contadores, agora, participam das decisões de projeto de produto. Eles ajudam a engenharia e a produção a entender como os custos se comportam.*
>
> *O sistema ABC torna a vida profissional dos contadores mais recompensadora.*
>
> *Hewlett-Packard Company*

tomada cinco — Os sistemas de gestão de custos têm três objetivos principais. Para cada uma das decisões listadas a seguir, indique o objetivo do CMS que está sendo aplicado.

1. Um gestor da produção deseja conhecer o custo de desempenhar uma preparação para uma rodada de produção, a fim de compará-la a um custo-alvo estabelecido como parte de um programa de processo de melhoria.
2. A alta gestão deseja identificar a rentabilidade de diversas linhas de produto para estabelecer o composto de produto ótimo.
3. Os gestores financeiros desejam conhecer os custos de manufatura dos estoques que aparecerão no balanço patrimonial do relatório anual.

Respostas

Os propósitos de um CMS são fornecer mensurações de custos para relatórios contábeis externos, decisões estratégicas internas e controle dos custos operacionais internos. O gestor de produção avalia o custo operacional do processo de preparação para avaliar um programa de processo de melhoria. Isso é parte do objetivo de controle operacional do CMS. Identificar a rentabilidade de uma empresa nos vários produtos e decidir sobre um composto de produto ótimo é um exemplo do propósito estratégico do CMS. Mensurar o custo dos produtos manufaturados e determinar quanto desse custo é relatado como estoque no balanço patrimonial é o propósito do relatório contábil externo de um CMS.

O sistema de contabilidade de custos inclui dois processos.

1. *Acumulação de custos:* Coletar custos por alguma classificação 'natural', como materiais ou mão-de-obra, ou por atividades desempenhadas, como processamento de pedidos ou processamento de máquinas.
2. *Alocação de custos:* Rastrear e reatribuir custos para um ou mais objetos de custo, tais como atividades, processos, departamentos, clientes ou produtos.

A Figura 4.1 ilustra esses processos. Primeiro, o sistema coleta os custos de toda matéria-prima. Depois, aloca esses custos aos departamentos que consomem os materiais e adiciona aos itens específicos feitos por esses departamentos. O custo total da matéria-prima de um produto em particular é a soma dos custos de matérias-primas alocados a ele nos vários departamentos.

Antes de descrever os tipos de sistema de contabilidade de custos (ou, simplesmente, custeio), precisamos desenvolver um entendimento dos vários termos de custos comumente utilizados na prática.

Figura 4.1 Acumulação e alocação de custos.

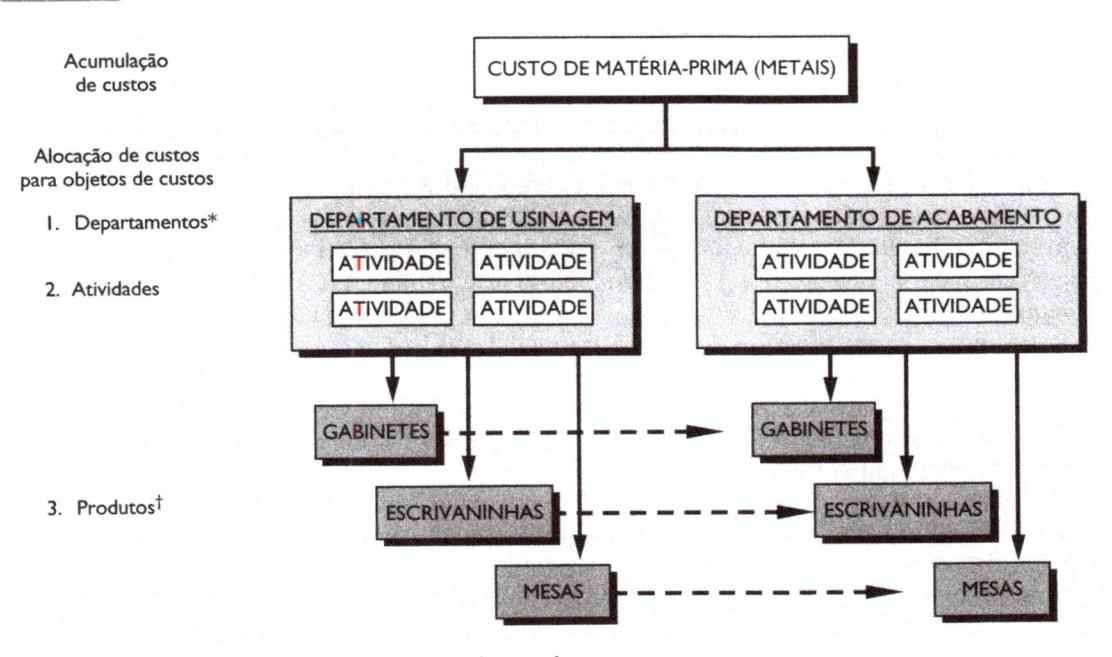

* Objetivo: Avaliar o desempenho dos departamentos de manufatura.
† Objetivo: Obter custos dos vários produtos para avaliar estoques, determinar resultados e avaliar a rentabilidade dos produtos.

Custos diferentes para decisões diferentes

Para tomar decisões inteligentes, os gestores desejam confiar nas mensurações. Os sistemas de contabilidade de custos que não fornecem informações confiáveis não ajudam os gestores a tomar decisões. De fato, sem informação de custo confiável, muitas decisões podem ser profundamente prejudiciais. Uma cadeia de mercearias extremamente grande dos Estados Unidos, a A&P, por exemplo, entrou em profundas dificuldades e iniciou uma redução de custos ao fechar muitas lojas. A falta de informação de custos adequada da gestão sobre as operações de lojas individuais provocou o encerramento de um programa de tarefas a esmo. Uma história publicada nos jornais relatou o seguinte:

> Tendo em vista a ausência de demonstrações de resultado detalhadas e um sistema de alocação de custos não refletir os verdadeiros custos, os estrategistas da A&P não estavam seguros sobre se uma loja individual era realmente não-rentável. Os custos de distribuição, por exemplo, eram rateados igualmente entre todas as lojas em uma área de mercado, sem considerar fatores como a distância da loja até um armazém. Diz um observador próximo da empresa: "Quando queriam fechar uma loja, tinham de fazê-lo rápido. Eles não poderiam tomar decisões racionais, porque não tinham bases factuais".

Podemos classificar e relatar custos de muitas maneiras — muito longe, para nós, tratar de tudo isso em um único capítulo. Já vimos custos classificados por seu comportamento — fixos, variáveis, por degrau e mistos. Esta seção concentra-se no grande quadro de como os sistemas contábeis acumulam, classificam e relatam os custos de manufatura.

Objetos de custo

Como declarado por Jim Smith, antigo diretor de gestão de custos da The Marmon Group: "Dependendo da decisão, algumas das classificações de custos descritas neste livro são relevantes".

Um **custo** é um sacrifício ou abandono dos recursos por um propósito em particular. Geralmente, medimos custos em unidades monetárias (como dólares, ienes, euros ou reais) a ser pagas por produtos e serviços. Os sistemas, inicialmente, registram os custos na forma elementar (por exemplo, reparos e propaganda). Então, eles agrupam (classificam) os custos de maneiras diferentes, para ajudar os gestores a tomar decisões, tais como avaliar subordinados e subunidades da organização, expandindo ou suprimindo produtos ou territórios e substituindo equipamentos.

Para apoiar decisões, os gestores desejam conhecer o custo de algo. Nós chamamos esse 'algo' de **objetivo de custo** ou **objeto de custo,** definido como qualquer finalidade para a qual o tomador de decisão deseja uma mensuração de custos em separado. Exemplos de objetos de custos incluem: departamentos, produtos, territórios, milhas dirigidas, tijolos assentados, clientes examinados, lançamentos de impostos enviados, cheques processados, horas-aula ministradas e livros tombados em bibliotecas.

Custos diretos, indiretos e não-alocados

Uma característica principal dos custos na manufatura e em atividades não-manufatureiras é eles terem um relacionamento direto ou indireto com um objeto de custo em particular, ou ser difícil determinar um relacionamento de custos não-alocados. Ao contrário do que ocorre com os **custos indiretos**, os contadores podem identificar **custos diretos,** específica e exclusivamente, com um dado objeto de custo, de maneira economicamente viável. Podemos, entretanto, identificar, com freqüência, medidas de saída plausíveis e confiáveis (direcionadores de custos), que podem ser usadas para alocar esses custos indiretos entre os objetos de custos. Um exemplo de um custo indireto é a depreciação sobre máquinas utilizadas para produzir muitos produtos diferentes. Os sistemas podem alocar esse custo indireto para produtos baseados nas medidas de saída 'horas–máquina'. Se fabricar o produto A exige duas vezes mais horas–máquina que fabricar o produto B, alocamos duas vezes mais a despesa de depreciação da máquina para o produto A. Finalmente, há alguns custos, em muitas empresas, para os quais não podemos identificar nenhum relacionamento com um objeto de custo. Esses são **custos não-alocados.** Os exemplos de custos não-alocados podem incluir: pesquisa e desenvolvimento, projeto de processo, legal, contabilidade, serviços de informação e salários de executivos. Mantenha em mente, então, que um custo não-alocado para uma empresa pode ser um custo indireto, ou mesmo direto, para outra. Por quê? Porque os negócios variam consideravelmente em suas cadeias de valor.

Para muitas empresas, a função de projeto é uma parte importante de seu sucesso e, conseqüentemente, elas estão dispostas a gastar tempo e esforço para desdobrar sistemas sofisticados a fim de alocar, ou mesmo rastrear, diretamente tais custos.

Considere a demonstração de resultado da Figura 4.2. Ela representa uma típica empresa de manufatura que fabrica os produtos A, B e C. Cada item na coluna total de uma demonstração de resultado representa os totais

Figura 4.2 Custos diretos, indiretos e não-alocados em uma demonstração de resultado.

	Total	Produtos A	Produtos B	Produtos C	Tipo de custo, método de custeio
Vendas	$ 4 700	$ 2 800	$ 1 000	$ 900	
Custo dos produtos vendidos					
Material direto	$ 1 200	$ 500	$ 300	$ 400	Direto, rastreio
Indiretos de manufatura	$ 1 100	$ 450	$ 300	$ 350	direto, indireto, alocação (horas–máquina)
Total de custo dos produtos vendidos	$ 2 300	$ 950	$ 600	$ 750	
Lucro bruto	$ 2 400	$ 1 850	$ 400	$ 150	
Despesas de vendas e administrativas					
Comissões	$ 470	$ 280	$ 100	$ 90	Direto, rastreio
Distribuição para armazéns	$ 300	$ 120	$ 80	$ 100	direto, indireto, alocação (ponderação)
Total de despesas de vendas e administrativas	$ 770	$ 400	$ 180	$ 190	
Lucro (prejuízo) operacional	$ 1 630	$ 1 450	$ 220	$ (40)	
Despesas não-alocadas:					
Salários administrativos	$ 400				Não-alocado
Outras despesas administrativas	$ 600				Não-alocado
Total de despesas não-alocadas	$ 1 000				
Lucro antes do imposto de renda (LAIR)	$ 630				

acumulados para todos os produtos vendidos para um relatório do período inteiro. Como 'desdobraríamos' esses totais para encontrar os montantes apropriados para os produtos individuais A B e C?

Primeiro, observe que todos os itens de custo, exceto salários administrativos e outras despesas administrativas, são rastreados diretamente ou alocados a produtos individuais. Considere os custos de produtos vendidos. A maioria das empresas descobre que é razoavelmente fácil rastrear custos de materiais para produtos individuais. Outros custos de manufatura, entretanto, mesmo a mão-de-obra, são mais difíceis de rastrear e, normalmente, são alocados. Não é incomum o montante de custos indiretos de manufatura ser um grande componente do total dos custos da empresa. Como conseqüência, muitas empresas desenvolvem sistemas de alocação de custos sofisticados para esses custos indiretos. A complexidade de alocação de custos depende da complexidade do sistema de produção associado. Vamos supor que o uso de horas–máquina para alocar os custos indiretos de manufatura desse um grau razoável de acuracidade ao custeio. Os gestores responsáveis pelos produtos A, B, e C estariam, então, satisfeitos com o fato de o custo dos produtos vendidos e os montantes de lucro bruto mostrados serem justos. Isso porque a maioria das empresas focaliza o lucro bruto como uma medida principal da rentabilidade dos produtos individuais. Em nosso exemplo, os gestores também estão satisfeitos com o fato de as despesas de comissão e as despesas de distribuição para os armazéns poderem ser alocadas de maneira justa. Assim, embora os gestores do produto C possam não estar felizes com o prejuízo operacional relatado de $ 40, eles sentiriam que essa é uma medida razoável de rentabilidade.

Não poderíamos descobrir um meio razoável para alocar salários administrativos ou outras despesas administrativas. Assim, essas despesas permanecem não-alocadas. Por que, simplesmente, não alocamos os salários administrativos e outras despesas administrativas aos produtos por algum método simples, tal como 'porcentagem do total da receita gerada'? Porque os gestores desejam que alocações sejam uma medida justa dos custos incorridos em seu interesse. Se não podemos encontrar tal medida, as empresas, freqüentemente, escolhem não alocar.

Sempre que é economicamente viável, os gestores preferem classificar custos como diretos em vez de indiretos. Dessa maneira, eles têm maior confiança nos custos relatados dos produtos, serviços ou outros objetos de custos. Economicamente viável significa eficácia de custos, no mesmo sentido que os gestores não desejam que a contabilidade de custos seja muito dispendiosa em relação aos benefícios esperados. Pode ser economicamente viável, por exemplo, rastrear o custo exato do aço e do tecido (custo direto) para um lote específico de cadeiras de escritório, mas pode ser economicamente inviável rastrear o custo exato de rebites ou linhas (custos indiretos) para cadeiras.

Outros fatores também influenciam quando consideramos um custo direto, indireto ou não-alocado. A chave é o objeto de custo em particular. Considere, por exemplo, um salário de supervisor do departamento de manutenção de uma companhia telefônica. Se o objeto de custo é o departamento, o salário do supervisor é um custo direto. Em contrapartida, se o objeto de custo é um serviço (o 'produto' da empresa), tal como uma chamada telefônica, o salário do supervisor é um custo indireto. Em geral, muito mais custos são diretos quando um departamento é o objeto de custo do que quando um serviço (uma chamada telefônica) ou um produto físico (uma lâmina de barbear) é o objeto de custo.

Freqüentemente, os gestores desejam conhecer ambos os custos de funcionamento dos departamentos e os custos dos produtos, dos serviços, das atividades ou dos recursos. As empresas, inevitavelmente, alocam custos para mais de um objeto. Assim, um custo em particular pode, simultaneamente, ser direto e indireto. Como você acabou de ver, um salário de supervisor pode ser ambos: direto (com relação a seu departamento) e indireto (com relação aos produtos ou serviços individuais do departamento).

Categorias de custos de manufatura

Qualquer matéria-prima, mão-de-obra ou outro insumo consumido por qualquer organização poderia, em teoria, ser um custo direto ou indireto, dependendo do objeto de custo. Nas operações de manufatura, as quais transformam materiais em outros produtos por meio do uso de mão-de-obra e instalações da fábrica, os produtos são, com freqüência, o objeto de custo. As operações de manufatura, então, têm seus próprios meios de classificar custos. As empresas de manufatura classificam os custos que desejam alocar aos produtos entre material direto, mão-de-obra direta e custos indiretos de manufatura.

1. **Custos de material direto:** Incluem os custos de aquisição de todos os materiais que uma empresa identifica como parte dos produtos manufaturados e que ela pode rastrear aos produtos manufaturados de maneira economicamente viável. Exemplos são: ferro fundido, madeiras, lâminas de alumínio e componentes de montagens. Os materiais diretos, freqüentemente, não incluem itens menores, tais como tachinhas ou cola, porque os custos de rastrear esses itens são maiores que os benefícios possíveis de ter custos de produtos mais precisos. Tais itens são geralmente chamados de 'suprimentos' ou 'materiais indiretos', os quais são classificados como parte dos custos indiretos de manufatura descritos nessa lista.

2. **Custos de mão-de-obra direta:** Incluem os salários de toda a mão-de-obra que uma empresa pode rastrear específica e exclusivamente para os produtos manufaturados de maneira economicamente viável. Exemplos: salários de operadores de máquinas e de montadores. Em fábricas altamente automatizadas, com uma força de trabalho flexível, pode não haver custos com mão-de-obra diretos. Por quê? Porque os trabalhadores gastam tempo em numerosos produtos, os quais tornam economicamente inviável o rastreio físico de qualquer custo de mão-de-obra diretamente para produtos específicos.

3. **Custos indiretos de manufatura (ou custos indiretos de fabricação — CIF):** Incluem todos os custos associados ao processo de manufatura que uma empresa não pode rastrear de maneira economicamente viável aos produtos manufaturados. Outras expressões utilizadas para descrever essa categoria são **despesas gerais de fabricação** e **gastos indiretos de fabricação**. Visto que cada uma dessas expressões é usada com freqüência na prática, nós as usaremos intercambiavelmente ao longo de todo o livro. Muitos custos de mão-de-obra, tais como os de zeladores, operadores de empilhadeiras, seguranças de fábrica e escriturários de almoxarifado, são considerados mão-de-obra indireta, porque é impossível, ou economicamente inviável, rastrear tais atividades a produtos específicos. Outros exemplos são: energia, suprimentos, mão-de-obra indireta, salários de supervisores, impostos prediais, aluguéis, seguros e depreciação.

A aplicação da informática permitiu que os sistemas de custos modernos rastreassem aos produtos muitos custos previamente indiretos de maneira economicamente viável. Os medidores conectados aos computadores, por exemplo, podem monitorar a eletricidade consumida para produzir cada produto, e os custos de preparação de uma rodada de produção para um lote podem ser rastreados aos itens produzidos na rodada. Em geral, quanto mais custos indiretos de fabricação pudermos rastrear diretamente aos produtos, mais acurados serão os custos dos produtos.

Além de material direto, mão-de-obra direta e custos indiretos de manufatura, todas as empresas de manufatura também incorrem em custos associados a outras funções da cadeia de valor (pesquisa e desenvolvimento, projetos, *marketing*, distribuição e serviços ao cliente). Os sistemas de informações contábeis acumulam esses custos por departamentos como P&D, Propaganda e Vendas. A maioria das demonstrações contábeis das empresas relata esses custos como despesas de vendas e administrativas. Em suma, esses custos não se tornam parte dos custos relatados como estoque dos produtos manufaturados.

Custos de produto e custos de período

Independentemente do tipo de sistema de contabilidade de custos usado para fins de tomadas de decisão internas, os custos resultantes aparecem em uma demonstração contábil da empresa para propósitos de relatório contábil externo. Os custos aparecem em ambas as demonstrações de resultado, como custo dos produtos vendidos e, no balanço patrimonial, como saldo de estoque. Ao preparar as demonstrações de resultado e o balanço patrimonial, os contadores, freqüentemente, distinguem custos de produto de custos de período.

Os **custos de produtos** são custos identificados com produtos produzidos ou comprados para revenda. Esses custos, em primeiro lugar, tornam-se parte de um estoque disponível. Esses custos de produtos (custos inventariáveis) se tornam despesas (na forma de custo dos produtos vendidos) apenas quando a empresa vende o estoque. Em contraste, os **custos de período** se tornam despesas durante o período corrente, sem passar pelo estágio de estoque.

Olhe, por exemplo, a metade superior da Figura 4.3. Uma empresa comercial (varejista ou atacadista) adquire mercadorias para revenda, sem mudar sua forma básica. O único custo de produto é o de compra da mercadoria. A empresa mantém mercadorias não vendidas como estoque de mercadorias e mostra seus custos como um ativo no balanço patrimonial. Quando as mercadorias são vendidas, seus custos se tornam despesas na forma de 'custos de mercadorias vendidas'.

Uma empresa comercial também tem uma variedade de despesas de vendas e administrativas. Esses custos são custos de período, porque são deduzidos da receita como despesas, sem nunca ter sido considerados como parte do estoque.

A metade inferior da Figura 4.3 ilustra os custos de produto e de período em um empresa de manufatura. Observe que a empresa transforma materiais diretos em itens vendáveis, com ajuda da mão-de-obra direta e indireta de manufatura. Todos esses custos são custos de produtos mostrados como estoque, até que os produtos sejam vendidos. Como na contabilidade comercial, as despesas de vendas e administrativas são custos de período, não de produtos.

Figura 4.3 Relacionamentos de custos de produto e custos de período.

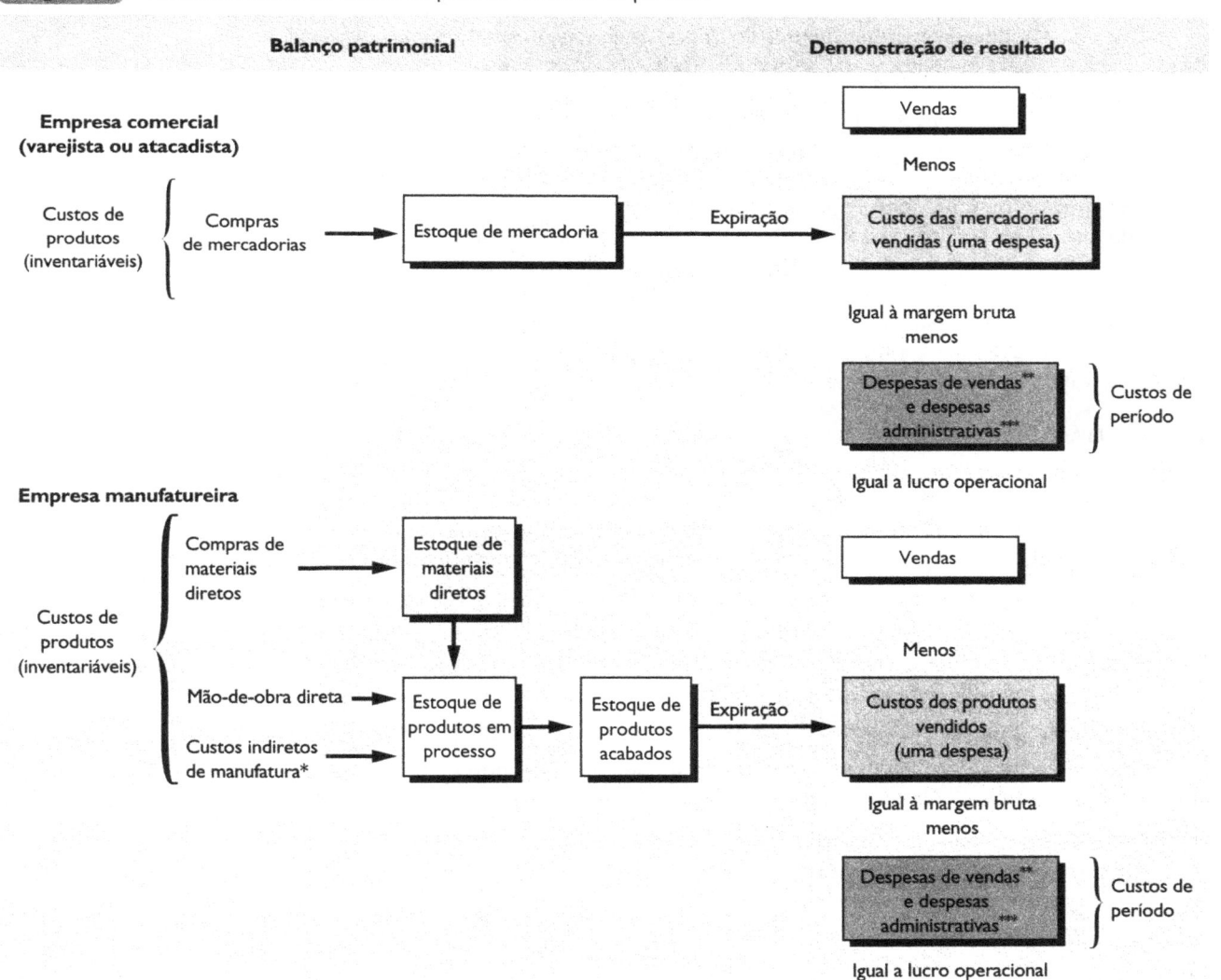

* *Exemplos: Mão-de-obra indireta, suprimentos de fábrica, seguro e depreciação da fábrica.*
** *Exemplos: Seguro dos veículos de vendedores, depreciação dos veículos de vendedores, salários dos vendedores.*
*** *Exemplos: Seguro do edifício da sede corporativa, depreciação sobre equipamentos de escritório, salários de escriturários.*
Note, particularmente, que, quando o seguro e a depreciação são relativos a funções de manufatura, eles são inventariáveis, mas, quando são relativos a vendas e administração, eles não são inventariáveis.

Confirme seu entendimento da classificação de custos de manufatura. Classifique cada um dos seguintes custos como *direto* ou *indireto* em relação à rastreabilidade ao produto, e como *variável* ou *fixo*, de acordo com a flutuação dos custos no total quando o volume de produção muda ao longo de faixas amplas.

1. O custo dos componentes montados em um produto final.
2. O custo dos suprimentos consumidos quando a manutenção é realizada em máquinas.
3. O custo de treinamento dos mecânicos que processam serviços em máquinas.
4. O custo dos operadores de máquina que trabalham em apenas um produto.

Respostas

O custo dos componentes consumidos nos produtos é quase sempre diretamente rastreável e é um custo variável. Quando o volume muda ao longo de faixas amplas, o volume de suprimentos consumidos para a manutenção também muda, de modo que o custo é variável. Geralmente, entretanto, não haveria uma maneira viável do ponto de vista econômico para rastrear esses custos aos produtos individuais, de maneira que esses custos seriam indiretos e alocados (normalmente, o direcionador de custo seria horas–máquina). Os custos de treinamento para mecânicos não variariam em função do volume de produção, supondo que nenhum produto novo seria fabricado e que nenhum mecânico novo seria contratado. Os custos de treinamento são indiretos, supondo que o treinamento não pode ser associado a apenas um único produto. Os salários dos operadores de máquina que trabalham em apenas um produto podem ser facilmente rastreados ao produto. Esses salários não variariam ao longo de faixas amplas de volume, e isso seria um custo. Devemos observar que, se o volume aumenta rapidamente em um curto período de tempo, é freqüentemente necessário trabalhar horas extras. Nesse caso, a parcela de horas extras do salário do operador seria um custo variável.

Esteja seguro de que você tem clareza das diferenças entre contabilidade comercial e contabilidade de manufatura (industrial) para custos como seguro, depreciação e salários. Na contabilidade comercial, tais itens são custos de período (despesas do período atual). Na contabilidade industrial, muitos desses itens são relacionados às atividades de produção e, então, como custos indiretos de manufatura, são custos de produtos (tornam-se despesas na forma de custo dos produtos vendidos, quando o estoque for vendido).

Tanto na contabilidade comercial como na industrial, os custos de vendas e gerais administrativos são custos de período. Assim, o custo de estoque de um produto manufaturado exclui os salários de vendas, comissões de vendas, propaganda, despesas legais, relações públicas e o salário do presidente. Normalmente, os custos indiretos de fabricação são considerados uma parte do custo do estoque de produtos acabados, visto que as despesas de vendas e gerais administrativas não são.

Apresentação dos custos no balanço patrimonial

Examinando as duas metades da Figura 4.3 juntas, você pode ver que o balanço patrimonial das manufatureiras e dos comerciantes diferem em relação aos estoques. A conta de estoque dos comerciantes é substituída, em uma demonstração de manufatura, por três categorias de estoques que ajudam os gestores a rastrear todos os custos de produtos durante o processo de produção até o momento das vendas. Essas categorias são:

- Estoque de material direto: Material disponível e aguardando o uso em processos de produção.
- Estoque de produtos em processo: Produtos em elaboração no processo de produção, mas ainda não completados plenamente. Os custos incluem montantes apropriados dos três principais custos de manufatura (material direto, mão-de-obra direta e custos indiretos de fabricação).
- Estoque de produtos acabados: Produtos totalmente completados, mas ainda não vendidos.

A única diferença essencial entre a estrutura do balanço patrimonial de um manufatureiro e a de um varejista ou atacadista apareceria em suas respectivas seções do ativo circulante:

Seções do ativo circulante do balanço patrimonial

Manufatureiro			Varejista ou atacadista	
Caixa		$ 4 000	Caixa	$ 4 000
Contas a receber		$ 25 000	Contas a receber	$ 25 000
Produtos acabados	$ 32 000			
Produtos em processo	$ 22 000			
Material direto	$ 23 000			
Total dos estoques		$ 77 000	Estoque de mercadorias	$ 77 000
Outros ativos circulantes		$ 1 000	Outros ativos circulantes	$ 1 000
Total de ativos circulantes		$ 107 000	Total de ativos circulantes	$ 107 000

APRESENTAÇÃO DOS CUSTOS NA DEMONSTRAÇÃO DE RESULTADO

Nas demonstrações de resultado, o relatório detalhado das despesas de venda e administrativas é basicamente o mesmo para as organizações de manufatura e de comércio, mas o custo dos produtos vendidos é diferente.

Manufatureiro	Varejista ou atacadista
Custos de manufatura de produtos produzidos e, então, vendidos, geralmente compostos de três principais categorias de custo: materiais diretos, mão-de-obra direta e custos indiretos de manufatura.	Custos de mercadorias vendidas, geralmente compostos do custo de aquisição dos itens, incluindo frete de entrada, que são adquiridas e, então, revendidas.

Considere, na Figura 4.4, os detalhes adicionais apresentados no modelo de demonstração de resultado de uma empresa de manufatura. O custo de $ 40 milhões dos produtos manufaturados inclui subdivisões para materiais diretos, mão-de-obra direta e custos indiretos de manufatura. Em contrapartida, uma empresa atacadista ou varejista substituiria a seção inteira dos custos de produtos manufaturados por uma única linha: custo das mercadorias compradas.

Os contadores e gestores, com freqüência, usam os termos *custos* e *despesas* livremente. As despesas denotam todos os custos deduzidos das (confrontados com as) receitas em um dado período. Porém, custos é um termo muito mais amplo e utilizado para descrever um ativo (o custo de estoque) e uma despesa (o custo de produtos vendidos). Assim, os custos de manufatura tornam-se uma despesa em uma demonstração de resultado (na forma de custo dos produtos vendidos) via procedimento de estoque de múltiplos estágios, mostrado anteriormente na Figura 4.3. Em contraste, os custos de vendas e gerais administrativos se tornam despesas imediatamente após serem incorridos.

CUSTEIO BASEADO EM ATIVIDADE

Na década de 90, muitas empresas dos Estados Unidos, esforçando-se para enfrentar os concorrentes do Japão, Alemanha e outros países, adotaram novas filosofias de gestão e desenvolveram novas tecnologias de produção. Em muitos casos, essas mudanças impeliram a outras correspondentes nos sistemas de gestão de custos.

A operação dos sistemas de cadeia automotiva da Borg-Warner, por exemplo, transformou sua operação de manufatura em um sistema de manufatura *just-in-time* com células de trabalho. Essa mudança na maneira de manufaturar, feita na Borg-Warner, tornou obsoleto o sistema de contabilidade de custo existente. Um novo sistema de contabilidade de custo acoplado aos novos sistemas de produção "melhoraram drasticamente o relatório geral, os controles e a eficiência".[1]

No passado, quase todas as empresas usavam os **sistemas de custeio tradicionais** — aqueles que não acumulam ou relatam custos de atividades ou processos. Os sistemas de custeio tradicionais trabalham bem com produção

Figura 4.4 Modelo de demonstração de resultado, empresa manufatureira.

Vendas (8 000 000 de unidades a $ 10)			$ 80 000 000
Custo dos produtos manufaturados e vendidos			
Estoque inicial de produtos acabados		$ 0	
Custo dos produtos manufaturados			
Materiais diretos consumidos	$ 20 000 000		
Mão-de-obra direta	$ 12 000 000		
Indiretos de manufatura	$ 8 000 000	$ 40 000 000	
Custo dos produtos disponíveis para venda		$ 40 000 000	
Estoque final de produtos acabados			
2 000 000 de unidades a $ 4		$ 8 000 000	
Custo dos produtos vendidos (uma despesa)			$ 32 000 000
Margem bruta ou lucro bruto			$ 48 000 000
Menos: Outras despesas			
Custos de vendas (uma despesa)		$ 30 000 000	
Custos gerais e administrativos (uma despesa)		$ 8 000 000	$ 38 000 000
Resultado operacional*			$ 10 000 000

* Também o resultado líquido, neste exemplo, porque outras despesas, como juros e imposto de renda, são ignoradas aqui, por simplificação.

1. A. Phillips e Don Collins, "How Borg-Warner made the transition from pile accounting to JIT", em Management Accounting, outubro de 1990, pp. 32-35.

Primeiro, os negócios

Sistema ABC: Quem o usa e por quê?

Em um levantamento recente, as empresas que usam o ABC foram questionadas sobre quantos gestores, rotineiramente, usaram o sistema. A vasta maioria, 62 por cento, afirmou que de dez a 24 gestores usaram o ABC; 23 por cento relataram que entre 25 e 99 gestores usaram a informação do ABC.

Por que os gestores usam o ABC? As aplicações mais freqüentes são para custeio de produtos e serviços, análise de processos e atividades e mensuração de desempenho. Esses são os objetivos fundamentais da tomada de decisão estratégica e do controle operacional que discutimos no início deste capítulo.

Um exemplo específico do uso do ABC é a Blue Cross and Blue Shield of Florida (BCBSF). Os principais clientes da BCBSF incluem grupos locais (pessoas de empresas com sede na Flórida), pagamento direto (indivíduos), clientes corporativos nacionais (pessoas de empresas com sede fora da Flórida) e programas governamentais (pessoas com 65 anos ou mais, com benefícios de saúde). Durante o início da década de 90, a BCBSF enfrentou uma concorrência crescente para seus produtos e serviços de cuidados de saúde. Seu sistema de gestão de custos, porém, não satisfez adequadamente as necessidades dos gestores.

O objetivo principal da gestão da BCBSF foi desenvolver um novo sistema de gestão de custos que ajudasse a identificar oportunidades para controle operacional e redução dos custos nas despesas administrativas. As despesas administrativas representam todos os custos de realizar negócios que não sejam reivindicações de pagamento. Em 1996, eles foram de $ 588 milhões, ou 20 por cento da receita total. A meta da empresa era reduzir os custos administrativos de 20 por cento da receita para menos de 10 por cento. A técnica do sistema de gestão de custos que a BCBSF usou foi o ABC. Esse novo sistema de contabilidade de custo forneceu mensurações mais acuradas e oportunas de:

1. Rentabilidade por cliente e por produto: um propósito estratégico.
2. Atividades que forneciam maior valor para os gestores e clientes: um propósito de controle operacional.
3. Custos das atividades que não adicionam valor: um propósito de controle operacional.

Fontes: Mohan Nair, "Activity-Based Costing: who's using it and why?", em *Management Accounting Quarterly*, primavera de 2000, pp. 29-33; K. Thurston, D. Keleman e J. MacArthur, "Cost for pricing at Blue Cross and Blue Shield of Florida", em *Management Accounting Quarterly*, primavera de 2000, pp. 4-13.

razoavelmente simples e sistemas operacionais. Na década de 90, entretanto, muitas empresas fizeram o que a Borg-Warner fez, e mudaram seus sistemas operacionais em reação a um ambiente econômico mais complexo. Isso levou a uma necessidade de novos e melhorados sistemas de contabilidade de custos. A melhoria mais significativa no projeto do sistema de contabilidade de custo tem sido o custeio baseado em atividade (*activity-based costing* — ABC). Vamos dar uma olhada em como o ABC difere do custeio tradicional.

ABC E CUSTEIO TRADICIONAL COMPARADOS

O foco principal das mudanças nas operações e na contabilidade tem sido um aumento da atenção sobre os custos das atividades empreendidas para pesquisa, projeto, produção, vendas e entrega dos produtos ou serviços de uma empresa (isto é, a cadeia de valor inteira das funções negociais). Os gestores têm sempre focalizado sua atenção nas atividades operacionais, mas, até recentemente, as empresas raramente têm medido diretamente os custos dessas atividades. Os **sistemas ABC** primeiro acumulam custos indiretos para cada uma das atividades da área que está sendo custeada (uma área pode ser uma fábrica, um departamento, uma função da cadeia de valor ou a organização inteira). Então eles atribuem os custos das atividades aos produtos, serviços ou outros objetos de custos que exigiram aquela atividade. Uma das diferenças mais importantes entre os sistemas de custeio tradicional e baseado em atividade é a extensão das alocações. Em geral, os sistemas tradicionais alocam apenas os custos de produção aos produtos. Eles normalmente não alocam os custos de outras funções da cadeia de valor. Os sistemas ABC, com freqüência, expandem a alocação dos custos para além da produção aos processos do tipo processamento de pedidos, projetos, *marketing* e serviços aos clientes. Como conseqüência, os sistemas ABC são mais complexos, mas prometem custos mais acurados para apoiar os tomadores de decisões.

A Figura 4.5 contrasta o sistema de custeio tradicional com os dois tipos principais de sistema ABC. No sistema de custeio tradicional, mostrado no Painel A, a parcela dos custos de recursos indiretos totais alocados a um produto dependem da proporção do total de horas de mão-de-obra direta (ou outro direcionador de custo baseado em volume, tal como horas–máquina ou unidades produzidas) consumido na fabricação do produto. Note que os sistemas tradicionais, freqüentemente, usam apenas um direcionador de custo. Além disso, os sistemas tradicionais não tentam identificar, acumular ou relatar custos pelas atividades realizadas. Quando é que um sistema de custeio tradicio-

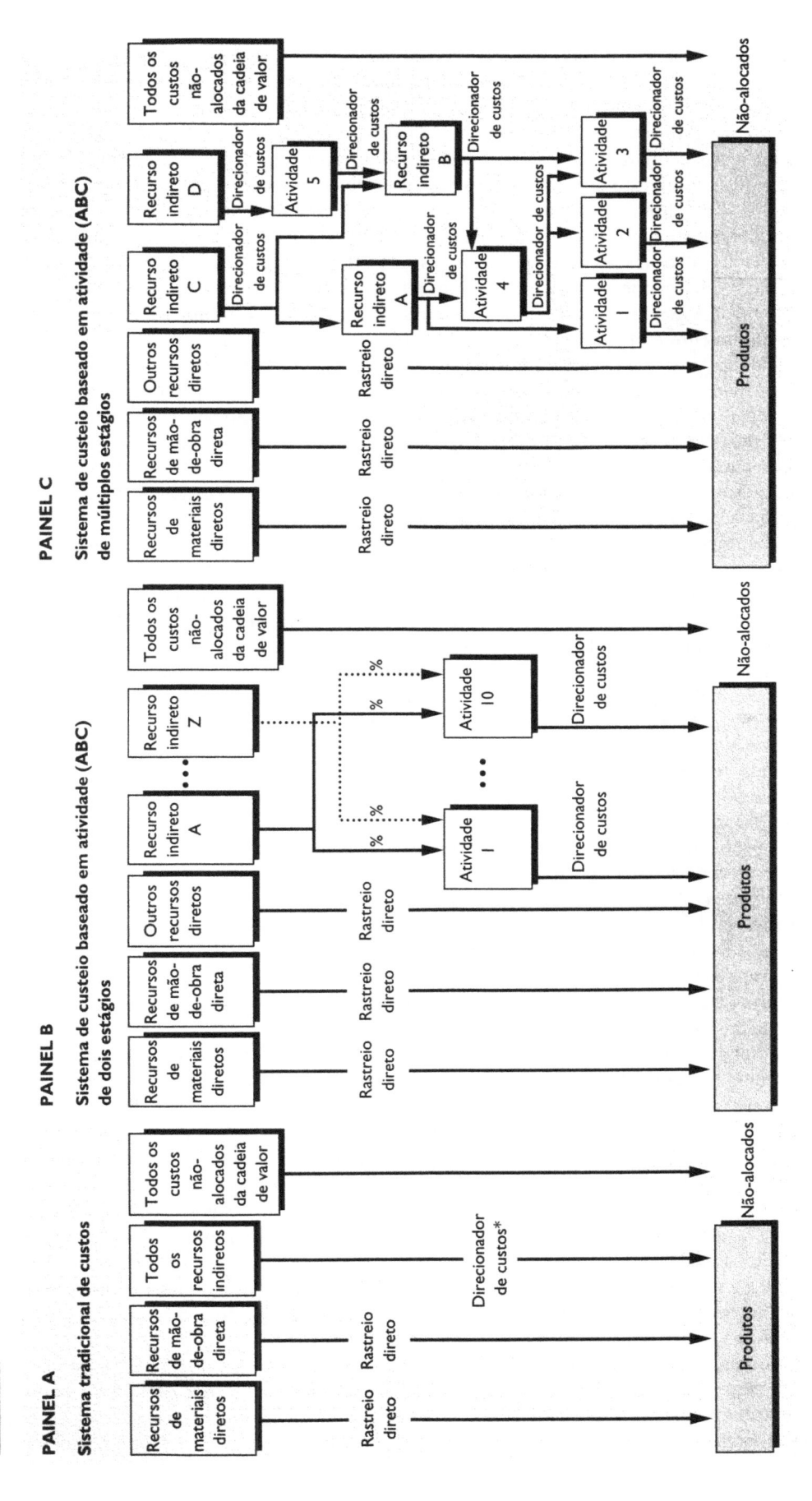

Figura 4.5 Comparação dos sistemas tradicional, ABC de dois estágios e ABC de múltiplos estágios.

PAINEL A
Sistema tradicional de custos

Recursos de materiais diretos → Rastreio direto → Produtos
Recursos de mão-de-obra direta → Rastreio direto → Produtos
Todos os recursos indiretos → Direcionador de custos* → Produtos
Todos os custos não-alocados da cadeia de valor → Não-alocados

PAINEL B
Sistema de custeio baseado em atividade (ABC) de dois estágios

Recursos de materiais diretos → Rastreio direto → Produtos
Recursos de mão-de-obra direta → Rastreio direto → Produtos
Outros recursos diretos → Rastreio direto → Produtos
Recurso indireto A ... Recurso indireto Z → % → Atividade 1 ... Atividade 10 → Direcionador de custos → Produtos
Todos os custos não-alocados da cadeia de valor → Não-alocados

PAINEL C
Sistema de custeio baseado em atividade (ABC) de múltiplos estágios

Recursos de materiais diretos → Rastreio direto → Produtos
Recursos de mão-de-obra direta → Rastreio direto → Produtos
Outros recursos diretos → Rastreio direto → Produtos
Recurso indireto C, Recurso indireto D → Direcionador de custos → Atividade 5 → Direcionador de custos → Recurso indireto A, Recurso indireto B → Direcionador de custos → Atividade 1, Atividade 2, Atividade 3, Atividade 4 → Direcionador de custos → Produtos
Todos os custos não-alocados da cadeia de valor → Não-alocados

* *Horas de mão-de-obra direta ou outro direcionador de custo baseado em volume, tal como horas-máquina ou unidades produzidas.*

nal funciona melhor? Quando há um relacionamento plausível e confiável entre um único direcionador de custo e *todos* os custos de recursos indiretos que estão sendo alocados, e quando o custo de fornecer informações baseadas em atividade excede os benefícios dessa informação. No ambiente econômico complexo de hoje, isso é raro.

Considere, por exemplo, uma empresa que fabrique apenas dois produtos: embalagens plásticas para canetas e embalagens plásticas para telefones celulares. As embalagens de canetas têm um projeto muito simples e, assim, requerem um processo de produção muito simples. A empresa produz, então, em volumes muito altos, usando 90 por cento de seu tempo de mão-de-obra direta e tempo de processamento por máquina. As embalagens de canetas são fabricadas para uso geral e raramente exigirão assistência especial aos clientes ou trabalho de engenharia. Isso significa que os custos indiretos de assistência aos clientes e engenharia das embalagens de caneta serão muito pequenos.

Por outro lado, as embalagens de telefone celular têm um projeto muito mais complexo, e a empresa as produz em pequenos volumes, usando apenas 10 por cento de sua mão-de-obra direta e tempo de processamento de máquinas. Os clientes (principalmente empresas de telecomunicações como a AT&T) que compram as embalagens de telefone celular têm exigências de projetos específicos, que causam muito mais trabalho de engenharia. Assim, o senso comum nos diz que *devemos* alocar a maioria dos custos de engenharia às embalagens de telefone celular. Suponha, no entanto, que estejamos usando o sistema de custo tradicional descrito no painel A da Figura 4.5. Nós alocaríamos todos os custos indiretos usando um direcionador de custo baseado em volume, tal como tempo de mão-de-obra direta gasto fabricando os produtos. Assim, alocaríamos apenas 10 por cento dos custos de engenharia para as embalagens de telefone celular. Isso, simplesmente, não faz sentido. Um direcionador de custo muito melhor dos custos de engenharia seria 'o número de mudanças de engenharia geradas pelo cliente' ou 'o número de peças distintas'. Se, por exemplo, as embalagens de caneta tivessem apenas cinco peças distintas comparadas com as vinte para embalagens de telefone celular, alocaríamos 80 por cento dos custos de atividade de engenharia para as embalagens de telefone celular, em vez de apenas 10 por cento baseado no sistema tradicional. Em geral, quanto mais complexo o ambiente econômico, menos acurado é o sistema tradicional. Os contadores projetam os sistemas ABC para lidar com a complexidade dos negócios.

Assim como há muitas variações nos projetos de sistema de custeio tradicional, há também muitas variações de sistemas ABC. A Figura 4.5, Painel B, retrata um sistema ABC de dois estágios. Compare o Painel A com o B. Durante o desenvolvimento de um sistema ABC, os gestores, freqüentemente, descobrem meios para rastrear previamente os custos indiretos aos objetos de custos. Uma linha inteira de produção pode, por exemplo, ser dedicada a produzir apenas um produto. Isso habilitaria uma empresa a rastrear diretamente ao produto custos, tais como supervisão, que fossem anteriormente indiretos. Em um **sistema ABC de dois estágios**, há dois estágios de alocação para ir do custo de recurso original para o custo do produto final ou serviço. O primeiro estágio aloca custos de recursos para grupos de atividades. Um **grupo de custo** por atividade é um grupo de custos individuais alocado aos objetos de custo usando um único direcionador. O segundo estágio é alocar custos de atividade aos produtos ou serviços. Em sistemas ABC de dois estágios, os direcionadores de custos do primeiro estágio são, geralmente, porcentagens. Suponha, por exemplo, que o recurso indireto A do Painel B da Figura 4.5 fosse supervisores. Nós alocaríamos o custo (salários) para diversos grupos de custos de atividade, um para cada atividade realizada pelos supervisores, baseados na porcentagem de esforço despendido pelos supervisores em assistir cada atividade. Nós basearíamos a alocação do segundo estágio para produtos ou serviços sobre o direcionador de custos associado com a atividade em particular.

Os sistemas ABC de dois estágios são os mais simples. Eles têm o formato de contabilidade financeira, porque o razão geral é o núcleo de todos os dados de custos utilizados. Não é necessário limitar o número de estágios de alocação em dois. De fato, muitas organizações (como FedEx, Boeing e a Secretaria do Trabalho dos Estados Unido) preferem projetar **sistemas ABC de múltiplos estágios** (mostrados na Figura 4.5, Painel C), com mais de dois estágios de alocações e direcionadores de custos outros além das porcentagens. As Atividades 2 e 3, no Painel C, por exemplo, podem ser processamento de devoluções de cliente e solicitações dos clientes, respectivamente. Ambas as atividades podem gerar a necessidade de atividades correspondentes (Atividade 4). O inter-relacionamento entre essas três atividades é mostrado pela ligação das Atividades 2 e 3 com a Atividade 4. Em um sistema ABC de dois estágios, todas as três atividades seriam mostradas, exceto que o inter-relacionamento não seria determinado.

O foco do ABC de múltiplos estágios é, primeiro, entender como uma empresa realmente opera ao construir um mapa das operações similar ao mostrado no Painel C da Figura 4.5. Depois, determinar a necessidade de dados operacionais e financeiros. Há um formato distintivo operacional para os sistemas ABC de múltiplos estágios, porque muitos dos dados exigidos vêm das fontes de dados operacionais, não apenas do razão geral. Muitas empresas, como Pillsbury e AT&T, começaram com o ABC ao utilizar abordagens de dois estágios. Elas, entretanto, converteram, mais tarde, para a abordagem de múltiplos estágios, por causa do seu foco nas operações e sua tendência para melhorar o entendimento dos gestores operacionais dos negócios. Os gestores que usam esses sistemas ABC mais complexos acreditam que sua complexidade adicional propicia custos mais acurados e um entendimento mais profundo das operações. Um entendimento mais profundo dos negócios conduz a melhores idéias para a melhoria do processo. Processos melhorados, por sua vez, conduzem a clientes mais satisfeitos e a uma vantagem competitiva.

Ilustraremos os sistemas ABC de múltiplos estágios mais gerais. Os de dois estágios simples são apenas um caso especial dos sistemas gerais de múltiplos estágios. Antes de nossa ilustração detalhada de um sistema ABC de múltiplos estágios, entretanto, vamos explorar os conceitos centrais que o tornam tão valioso para os gestores.

RELAÇÃO ENTRE ATIVIDADES, RECURSOS, CUSTOS E DIRECIONADORES DE CUSTO

Entender o relacionamento entre atividades, recursos, custos de recursos e direcionadores de custos é a chave para o entendimento do sistema ABC e de como o ABC facilita o entendimento dos gestores sobre as operações. Para discernir melhor como um sistema ABC realmente funciona, focaremos um dos produtos fabricados pela Woodland Park Company, fabricante de componentes plásticos utilizados em caminhões e ônibus comerciais.

Um dos componentes que a Woodland Park fabrica, o 102Z, é um revestimento plástico do quadro de comandos do painel de controle para grandes caminhões. Fabricar o 102Z exige material de resina (rastreado diretamente) e diversas atividades, como programação da produção, preparação, processamento mecânico de moldagem, montagem, inspeção, embalagem e embarque. Vamos nos deter nas atividades de preparação e processamento mecânico de moldagem. Os recursos indiretos exigidos por essas atividades incluem uma máquina de injeção da moldagem, mão-de-obra operacional e energia elétrica. A Figura 4.6 mostra o relacionamento entre a preparação e as atividades de processamento e os recursos consumidos. Olhe no objeto de custo 'revestimento do quadro de comandos do caminhão', na Figura 4.6. Isso toma 15 minutos do tempo da máquina para processar cada revestimento, o que é mostrado pela taxa de atividade–consumo $r_2 = 0,25$ horas–máquina por revestimento. Da mesma maneira, r_1 fornece a taxa de consumo por atividade de preparação. Cada rodada de produção gera cem revestimentos e necessita de uma preparação ($r_1 = 0,01$). Cada revestimento requer 0,6 libras de material de resina. Conseqüentemente, a demanda anual para 800 revestimentos requer um total de oito preparações (800 × 0,01), 200 horas de processamento (800 × 0,25) e 480 libras de resina (800 × 0,6).

Figura 4.6 Relação entre objetos de custo, atividades e recursos em um sistema ABC.

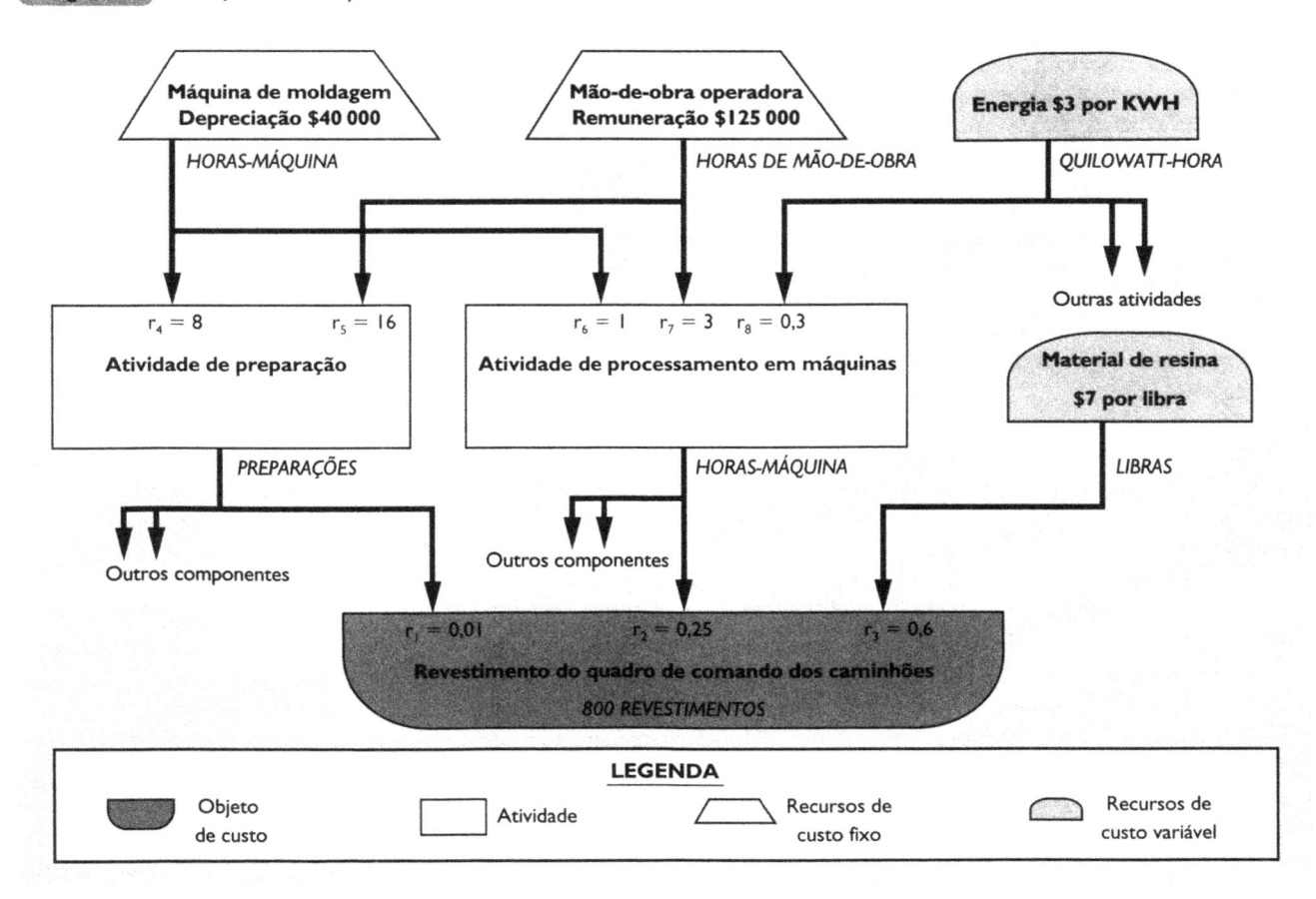

PRIMEIRO, OS NEGÓCIOS

Sistema ABC na Hewlett-Packard

A Roseville Network Division (RND) da Hewlett-Packard foi um dos primeiros grupos a usar o sistema ABC. O produtor de dispositivos de rede de computador referiu-se a seu sistema como 'contabilidade por direcionador de custos'. Como os produtos da RND estavam aumentando em número e diminuindo em tempo de vida, o projeto dos novos produtos e seus processos de produção foram especialmente importantes para o sucesso da divisão. O antigo sistema de contabilidade, todavia, não produz informação útil na comparação de custos de produção de projetos diferentes.

O novo sistema da RND focalizou os custos de cada processo de produção — essencialmente, as atividades diferentes da divisão. O sistema evoluiu de um com apenas dois direcionadores de custos — horas de mão-de-obra direta e número de inserções — para um com os seguintes nove direcionadores:

1. Número de inserções axiais.
2. Número de inserções radiais.
3. Número de inserções DIP.
4. Número de inserções manuais.
5. Número de horas de testes.
6. Número de pontos de solda.
7. Número de placas.
8. Número de peças.
9. Número de entalhes.

O aumento no número de direcionadores de custos veio quando os contadores e os gestores desenvolveram um melhor entendimento da economia do projeto e do processo de produção. Ao conhecer os custos das várias atividades, os projetistas de produtos puderam desenvolver projetos que minimizariam os custos para um dado nível de funcionalidade e confiabilidade.

Ao reconhecer a média de 24 meses de ciclo de vida médio do produto, a RND construiu seu sistema de custo em torno de sua estratégia para manter as linhas de produtos o mais atualizadas possível. A RND também reconheceu uma substituição entre a acurácia e a complexidade.

O sistema inicial com dois direcionadores de custos era simples, mas não acurado o suficiente. Com os nove direcionadores atuais, entretanto, a preocupação crescente com a adição de mais direcionadores de custos pode tornar o sistema muito complexo — isto é, tornam-se os custos maiores do que seus benefícios.

Os gestores da engenharia da RND estavam satisfeitos com o sistema ABC. Ele influenciou grandemente o projeto de novos produtos. Uma vez que se tornou claro, por exemplo, que a inserção manual era três vezes mais dispendiosa que a inserção automática, os projetos poderiam ser modificados para incluir mais inserções automáticas. O sistema, claramente, teve o efeito desejado de influenciar o comportamento dos projetistas do produto.

Fonte: Adaptado de R. Cooper e P. B. B. Turney, "Internally forced activity-based cost systems", em R. S. Kaplan, ed., *Measures for Manufacturing Excellence* (Boston, MA: Harvard Business School Press, 1990).

Uma interpretação similar pode ser feita para as atividades. Cada hora de atividade de processamento mecânico, por exemplo, requer (consome) uma hora–máquina de moldagem, três horas de mão-de-obra do operador e 0,3 quilowatts-hora de energia. Podemos ver que os direcionadores de custos são uma medida do nível de atividade (preparações e horas de processamento) e da quantidade de recursos consumidos (horas–máquina, horas de mão-de-obra e quilowatts-hora) para produzir revestimentos. As taxas de consumo de atividade (os r's em cada atividade na Figura 4.6) fornecem as taxas em que a atividade consome os recursos para cada unidade de direcionador de custo da atividade.

Definimos, anteriormente, os direcionadores de custos como fatores que afetam custos. Então, como os direcionadores afetam os custos dos três recursos? O direcionador de custo de energia varia diretamente com as mudanças na atividade de processamento, porque o fornecedor de energia cobra da Woodland Park baseado em quilowatts-hora consumidos. Uma hora adicional de processamento requererá 0,3 quilowatts-hora adicionais, o que aumentará o custo da energia em $ 0,90 ($ 3,00 × 0,3). Assim, a energia é um recurso de custo variável, e é fácil verificar que as horas de processamento são fatores que afetam os custos de energia.

Os custos dos recursos máquina e mão-de-obra, entretanto, são fixos em relação às variações (dentro do intervalo relevante) nos direcionadores de custos. Uma hora adicional de processamento requer uma hora–máquina e três horas de mão-de-obra adicionais, mas os custos dos recursos máquinas (depreciação) e mão-de-obra (salários) não mudam, desde que o tempo da máquina e o tempo da mão-de-obra estejam disponíveis. Violamos nossa definição de direcionador de custo? Realmente, não. Se o número de horas de processamento crescer bastante, as horas–máquina ou horas de mão-de-obra requeridas excederão as capacidades da máquina e da mão-de-obra. A gestão decidirá, então, se compra mais máquinas ou se contrata mecânicos de manutenção adicionais. Isso se deve a que os custos dos recursos de custo fixo não mudam *automaticamente* quando os direcionadores de custos mudam — isso envolve uma decisão gerencial. Se, entretanto, os direcionadores de custos afetam verdadeiramente os custos, os bons gestores, eventualmente, ajustarão o consumo de recursos, assim que o nível de atividade mudar.

Por que os gestores preferem os sistemas ABC aos sistemas de custeio tradicionais? Uma vantagem-chave do sistema ABC é sua capacidade para apoiar o controle de custo — o propósito de controle operacional. Os gestores da Woodland Park Company têm, agora, informação de custos operacionais, que podem usar para gerir operações mais eficazmente. Os custos das preparações e de processamento mecânico que não eram conhecidos (invisíveis) sob o sistema tradicional, por exemplo, são agora visíveis e, assim, mais controláveis. Além disso, a informação operacional sobre os relacionamentos entre atividades e recursos está agora disponível.

Suponha, por exemplo, que a Woodland Park possa aumentar suas vendas de revestimento de caminhão para um total anual de 900, mas não tenha tempo de máquina disponível para os cem revestimentos extras. Isso exigiria umas 25 horas adicionais de tempo de processamento para satisfazer essa nova demanda. Acredita-se que, ao usar dispositivos especiais de mudança rápida, o tempo de preparação possa ser reduzido em 75 por cento. Essa melhoria no processo economizará tempo suficiente para produzir os cem revestimentos extras? A nova taxa de consumo por tempo de máquina, r_4, é de duas horas. Assim, o tempo total de máquina consumido durante as preparações será de 18 horas (900 revestimentos × 0,01 preparação por revestimento × 2 horas–máquina por preparação), comparados às atuais 64 horas (800 × 0,01 × 8). Assim, a economia de tempo de 46 horas é mais do que suficiente para produzir os cem revestimentos extras. Outra vantagem do sistema ABC é sua acuracidade no custeio. Enquanto o sistema tradicional alocava todos os custos indiretos de fabricação usando apenas um direcionador de custo, o sistema ABC usa muitos direcionadores. Os gestores escolhem cada um desses direcionadores baseados no relacionamento causa–efeito entre o nível de produto que está sendo fabricado e o nível de atividade (processamento mecânico, montagem, e assim por diante).

Problema resumido para revisão

Problema

No ano anterior, a demanda da TCY Company para o produto H17 foi de 14 mil unidades. Na reunião mais recente, o gestor de vendas perguntou ao *controller* sobre o custo esperado para a atividade de pedidos de vendas para o ano corrente. Um novo sistema ABC havia sido instalado e o *controller* havia fornecido o esboço da atividade de processamento de pedidos para o gestor de vendas, o qual desejava saber como a atividade de processamento de pedidos afeta os custos. A média dos pedidos de vendas é de 20 unidades. A atividade de processamento de pedidos, mostrada na Figura 4.7, exige um computador, mão-de-obra de processamento e telecomunicações. O computador é arrendado a um custo de $ 2 mil por período. Os salários são $ 7 mil e as despesas de telecomunicações são $ 1,60 por minuto.

1. Quantas horas de mão-de-obra são necessárias para processar cada pedido? Quanto tempo de telecomunicações é necessário para cada pedido?
2. Qual é a fórmula do custo total para a atividade de processamento de pedidos? Qual é o custo total e o unitário para a demanda de 14 mil unidades?
3. O gestor de vendas calculou o custo, por pedido, em $ 32,06, baseado na demanda do último ano, de 14 mil unidades, do H17. Em razão de ele ter acreditado que a demanda deste ano para os H17 poder ser de apenas 12 mil unidades, ele calculou o custo total do processamento de 600 pedidos a $ 19 236 = (600 × $ 32,06). Comente a validade da análise do gestor de vendas.

Solução

1. Leva 0,1 hora, ou seis minutos, do tempo de mão-de-obra e 12 minutos do tempo de telecomunicações, para processar um pedido.
2. A fórmula do custo total para a atividade de processamento de pedidos é:

custo total = custos fixos + custos variáveis
= custo de arrendamento + custo de mão-de-obra + custo de telecomunicações ÷ minuto × minutos ÷ pedido × número de pedidos
= $ 2 000 + $ 7 000 + $ 1,60 × 12 × número de pedidos
= $ 9 000 + $ 19,20 × número de pedidos

Para 14 mil unidades, haveria 700 pedidos processados (14 000 ÷ 20 unidades por pedido). O custo total para processar esses pedidos é $ 9 000 + ($ 19,20 × 700) = $ 22 440, e o custo unitário é $ 1,60 ($ 22 440 ÷ 14 000).

3. O gestor de vendas caiu em uma armadilha ao ignorar o comportamento de custos. Seu cálculo supõe que os custos fixos unitários não mudarão com as alterações na demanda ou o direcionador de custos. Supondo que 600

Figura 4.7 Relação entre o objeto de custo, atividades e recursos de um sistema ABC.

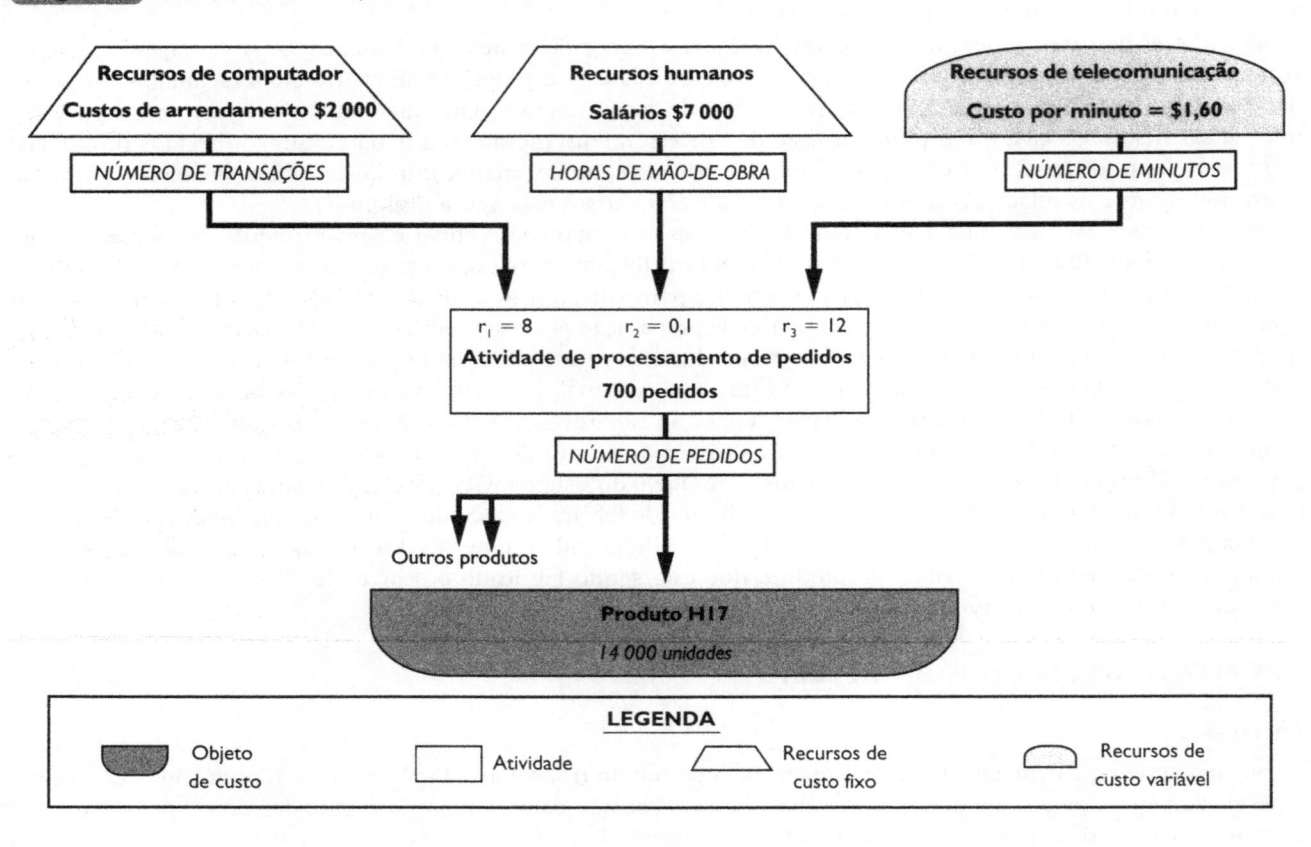

```
    Recursos de computador          Recursos humanos          Recursos de telecomunicação
  Custos de arrendamento $2 000       Salários $7 000              Custo por minuto = $1,60

   NÚMERO DE TRANSAÇÕES           HORAS DE MÃO-DE-OBRA            NÚMERO DE MINUTOS

                              r₁ = 8    r₂ = 0,1   r₃ = 12
                          Atividade de processamento de pedidos
                                     700 pedidos

                                 NÚMERO DE PEDIDOS

                  Outros produtos
                                     Produto H17
                                    14 000 unidades
```

LEGENDA: Objeto de custo | Atividade | Recursos de custo fixo | Recursos de custo variável

pedidos (e 12 mil unidades) estão dentro do intervalo relevante, a predição correta do custo total para uma demanda de 12 mil unidades é $ 9 000 + $ 19,20 × 600 = $ 20 520, e o novo custo por pedido é $ 20 520 ÷ 600 = $ 34,20.

Esse problema ilustra por que é importante examinar o comportamento dos custos ao considerar quando usar qualquer sistema de custeio para fins de planejamento.

ILUSTRAÇÃO DO SISTEMA ABC[2]

Considere o departamento de faturamento da Portland Power Company (PPC), um serviço elétrico de utilidade pública. O departamento de faturamento (DF) da PPC fornece serviços de consulta de conta e impressão de faturas para duas classes principais de clientes: residenciais e comerciais. Atualmente, o DF atende 120 mil contas de clientes residenciais e 20 mil de comerciais.

Dois fatores estão tendo um impacto significativo na rentabilidade da PPC. Primeiro, a desregulamentação do setor de energia conduziu ao aumento da competição e à redução das tarifas; assim, a PPC deve encontrar meios de reduzir seus custos operacionais. Segundo, a demanda por energia, na área da PPC, aumentará, com a adição de diversos grandes empreendimentos imobiliários e *supershoppings*. O departamento de *marketing* estima que a demanda residencial aumentará em quase 50 por cento e que a demanda comercial aumentará em 10 por cento, durante o próximo ano. Como o DF está, atualmente, operando em sua plena capacidade, ele necessita encontrar maneiras de criar capacidade para atender ao aumento esperado na demanda. O escritório de atendimento local ofereceu levar as funções do DF a um custo reduzido atrativo (comparado ao custo corrente) e propõe fornecer todas as funções do DF a $ 3,50 por conta residencial e a $ 8,50 por conta comercial. Podemos ver que os gestores da PPC estão enfrentando decisões estratégicas e operacionais. Para tomar decisões informadas, os gestores da PPC necessitam de estimativas acuradas de seus próprios custos por conta residencial e por conta comercial.

---
2. *Muito da discussão nesta seção está baseado em uma ilustração usada em* "Implementing activity-based costing — the model approach", *um workshop patrocinado pelo Institute of Management Accountants e Hyperion Solutions Corporation.*

A Figura 4.8 retrata as classes (objetos de custo) de clientes residenciais e comerciais e os recursos utilizados para apoiar o DF. Os custos associados ao DF são todos indiretos — eles não podem ser identificados, específica e exclusivamente, com uma ou outra classe de clientes de maneira economicamente viável. O DF usa um sistema de custeio tradicional, que aloca todos os custos indiretos de apoio baseado no número de consultas de contas das duas classes de clientes. A Figura 4.8 mostra que o custo dos recursos consumidos no DF, no último mês, foi $ 565 340. Esse sistema de custeio é muito simples. Todos os custos são 'agregados' e, então, alocados, baseados no número de consultas recebidas de cada classe de cliente. O DF recebeu 23 mil consultas de contas durante o mês; assim, o custo por consulta foi $ 565 340 ÷ 23 000 = $ 24,58. Houve 18 mil consultas de contas residenciais, 78,26 por cento do total. Assim, as contas residenciais foram cobradas em 78,26 por cento dos custos de apoio, enquanto as contas comerciais foram cobradas em 21,74 por cento. O custo resultante por conta é $ 3,69 e $ 6,15, para as contas residenciais e comerciais, respectivamente. Suponha que você fosse o gestor do DF e que soubesse que a mão-de-obra do faturamento gasta muito tempo verificando a acurácia das faturas comerciais e nenhum tempo verificando as faturas residenciais, porque apenas as contas comerciais eram verificadas! O DF, contudo, alocou 78,26 por cento dos custos desse trabalho aos clientes residenciais. Isso faz algum sentido para você?

Figura 4.8 Sistema de custeio corrente (tradicional): Departamento de faturamento da Portland Power Company.

Custeio corrente baseado em uma taxa geral — Custo total $565 340

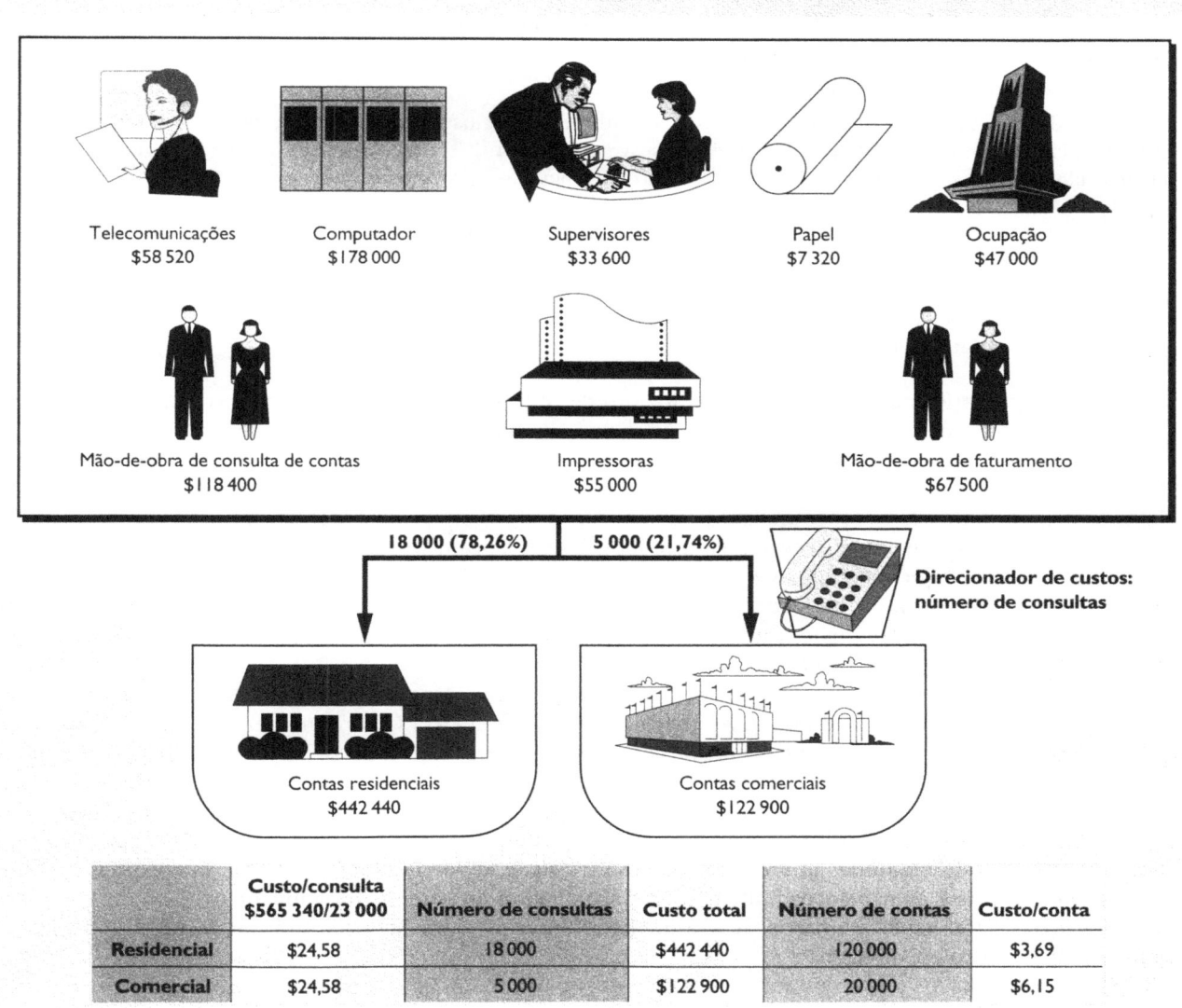

Telecomunicações $58 520
Computador $178 000
Supervisores $33 600
Papel $7 320
Ocupação $47 000
Mão-de-obra de consulta de contas $118 400
Impressoras $55 000
Mão-de-obra de faturamento $67 500

18 000 (78,26%) → Contas residenciais $442 440
5 000 (21,74%) → Contas comerciais $122 900

Direcionador de custos: número de consultas

	Custo/consulta $565 340/23 000	Número de consultas	Custo total	Número de contas	Custo/conta
Residencial	$24,58	18 000	$442 440	120 000	$3,69
Comercial	$24,58	5 000	$122 900	20 000	$6,15

Baseada nos custos fornecidos pelo sistema de custos tradicional, a gestão do DF estaria motivada a aceitar a proposta do escritório de atendimento local para atender a todas as contas residenciais, por causa da economia aparente de $ 0,19 ($ 3,69 – $ 3,50) por conta. O DF continuaria a atender suas contas comerciais, porque seus custos são $ 2,35 ($ 8,50 – $ 6,15) menores do que a oferta do serviço do escritório de atendimento local. A gestão, entretanto, acreditou que o consumo real dos recursos de apoio eram muito maiores do que 21,74 por cento para as contas comerciais, em razão da sua complexidade. Além do trabalho de verificação mencionado nos parágrafos anteriores, por exemplo, os clientes comerciais contabilizam, em média, 50 linhas (ou duas páginas) por fatura, comparado com apenas 12 linhas (ou uma página) para os clientes residenciais.

A gestão também estava preocupada com atividades tais como correspondência (e seu trabalho de apoio), resultantes das consultas de clientes, porque essas atividades são onerosas, mas não adicionam valor aos serviços da PPC, sob a perspectiva dos clientes. A gestão desejava um entendimento mais profundo das atividades-chave do DF, seus inter-relacionamentos e seus custos, antes de tomar decisões importantes que impactariam a rentabilidade da PPC. A empresa decidiu realizar um estudo do DF usando o sistema ABC. A seguir, a descrição dos estudos e seus resultados.

Uma equipe de gestores do DF e o chefe executivo financeiro (*chief financial officer* — CFO) da PPC realizaram o estudo do sistema ABC. A equipe seguiu procedimentos de quatro etapas para conduzir o estudo.

Etapa 1. Determinar o escopo do projeto, os objetos de custo, as atividades-chave, os recursos e os direcionadores de custos relativos.

A gestão havia estabelecido os objetivos do estudo:

- Determinar o custo do DF por conta, para cada classe de cliente, de modo a apoiar a decisão estratégica em relação à terceirização das contas ao escritório de atendimento local.
- Desenvolver um sistema de custeio que melhorasse o entendimento dos gestores sobre as atividades-chave do DF para apoiar o controle operacional de custo.

A equipe decidiu implementar o sistema ABC de múltiplos estágios porque desejava focar-se no entendimento do inter-relacionamento entre recursos e atividades. A equipe identificou as seguintes atividades e direcionadores de custos relativos para o DF, por meio de entrevistas com pessoas apropriadas.

Atividade	Direcionador de custos
Faturamento de contas	Número de linhas
Verificação de faturas	Número de faturas
Consulta de contas	Número de horas de mão-de-obra
Correspondência	Número de cartas

As três principais atividades do DF são: faturamento de contas, verificação de faturas e consulta de contas. A atividade e os recursos de correspondência, mostrados na Figura 4.8, apóiam essas atividades principais.

Etapa 2. Desenvolver um mapa baseado em processos, representando o fluxo de atividades, recursos e seus inter-relacionamentos.

Uma fase importante de qualquer análise do custeio baseado em atividade é identificar os inter-relacionamentos entre as atividades-chave e os recursos consumidos. Isso é tipicamente feito por meio de entrevistas com o pessoal-chave. Uma vez que a equipe identificou as ligações entre atividades e recursos, está apta a desenhar um mapa de processo (Figura 4.9) que forneça uma representação visual das operações do DF. A equipe de gestão focalizou primeiro o entendimento dos processos do negócio. Os custos não foram considerados até a Etapa 3, após os inter-relacionamentos-chave do negócio estarem entendidos.

Considere as contas residenciais. Como mostrado na Figura 4.9, duas atividades-chave apóiam essas contas: consulta de conta e faturamento da conta. A atividade de consulta de conta consome tempo de mão-de-obra de consultar a conta. Os trabalhadores da consulta de conta, por sua vez, usam os recursos telecomunicação e computador, ocupam espaço e são supervisionados. A atividade de correspondência é, algumas vezes, necessária, em conseqüência das consultas (um exemplo de atividade que gera necessidade para uma outra atividade). Essa atividade exige trabalhadores de consultas de contas e supervisores que revisem e assinem as cartas. Os trabalhadores do faturamento, usando máquinas impressoras, realizam a atividade de faturar a conta. As impressoras ocupam espaço e exigem recursos de papel e computador. Os trabalhadores de faturamento também ocupam espaço, usam telecomunicações e são supervisionados. A equipe determinou os custos de cada um dos recursos consumidos durante a Etapa 3 — coleta de dados.

Etapa 3. Coletar dados relevantes a respeito de custos e o fluxo físico das unidades direcionadoras de custos entre recursos e atividades.

Figura 4.9 Mapa do processo de atividades do departamento de faturamento.

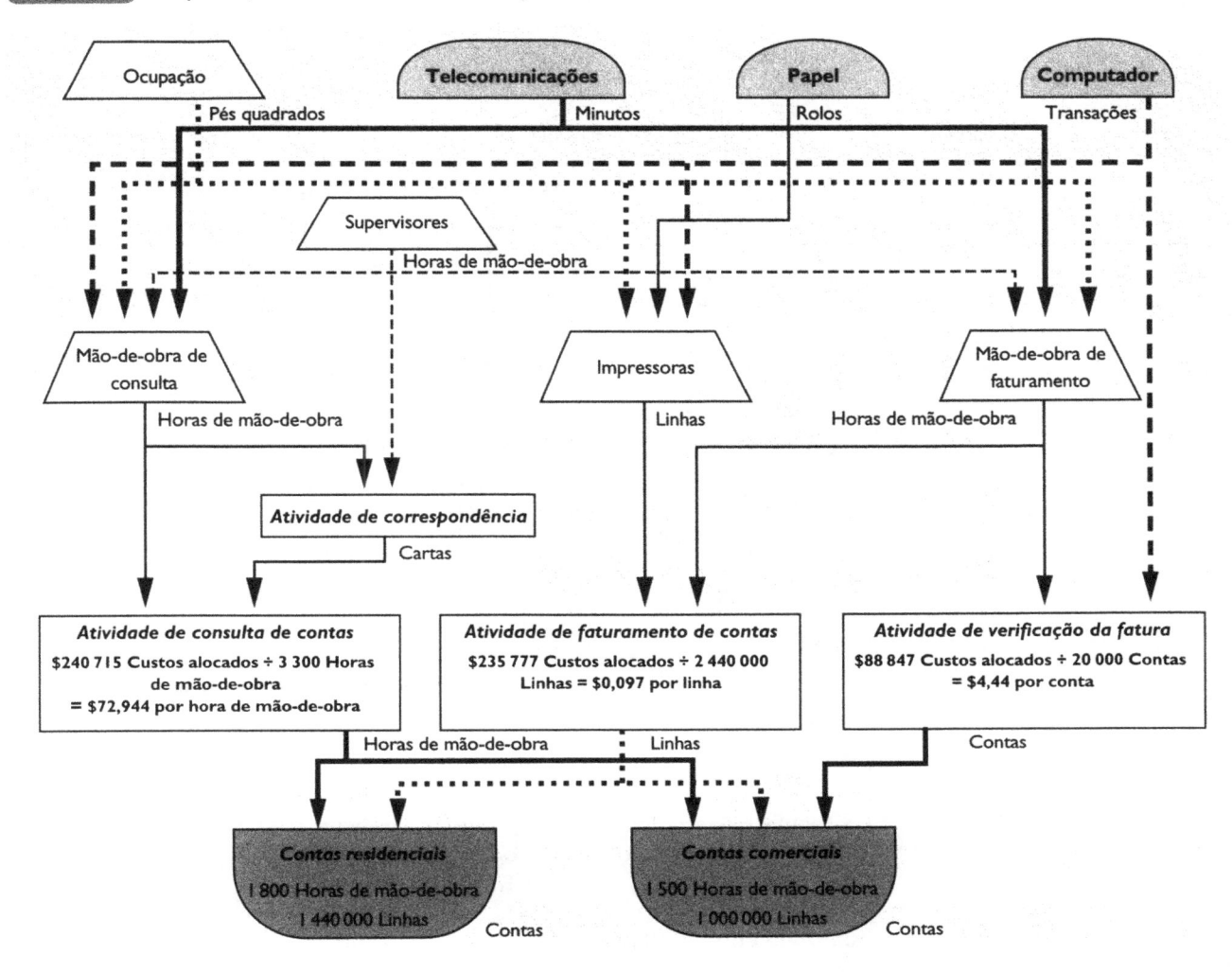

Recursos e atividades:

- **Ocupação** — Pés quadrados
- **Telecomunicações** — Minutos
- **Papel** — Rolos
- **Computador** — Transações
- **Supervisores** — Horas de mão-de-obra
- **Mão-de-obra de consulta** — Horas de mão-de-obra
- **Impressoras** — Linhas
- **Mão-de-obra de faturamento** — Horas de mão-de-obra

Atividade de correspondência — Cartas

Atividade de consulta de contas
$240\,715$ Custos alocados ÷ 3 300 Horas de mão-de-obra
= $72,944 por hora de mão-de-obra

Atividade de faturamento de contas
$235\,777$ Custos alocados ÷ 2 440 000 Linhas = $0,097 por linha

Atividade de verificação da fatura
$88\,847$ Custos alocados ÷ 20 000 Contas = $4,44 por conta

Contas residenciais
1 800 Horas de mão-de-obra
1 440 000 Linhas
Contas

Contas comerciais
1 500 Horas de mão-de-obra
1 000 000 Linhas
Contas

Usando o mapa de processo como guia, os contadores do DF coletaram o custo exigido e os dados operacionais por meio de entrevistas adicionais com pessoal relevante. As fontes de dados incluem registros de contabilidade, estudos especiais e, algumas vezes, 'a melhor estimativa dos gestores'.

A Figura 4.10 é uma representação gráfica de alguns dos dados coletados para a atividade de verificação de fatura identificada na Etapa 1. Os dados coletados incluíram os custos totais para recursos de custo fixo da ocupação, supervisores e mão-de-obra de faturamento e custos por direcionador de custos unitários para custos variáveis de telecomunicações e computador. Os dados adicionais incluem capacidade para o recurso de mão-de-obra de faturamento e as taxas de consumo de recursos ($r_1, r_2 \ldots r_5$). A atividade de verificação de fatura exige seis minutos de mão-de-obra de faturamento por conta verificada ($r_1 = 0,1$ hora de mão-de-obra por conta) e toma 15 transações de computador por conta verificada ($r_2 = 15$ transações por conta). A equipe perguntou aos supervisores como eles gastavam seu tempo. Eles gastam cerca de seis minutos por hora supervisionando a mão-de-obra de faturamento (assim, $r_3 = 0,1$ hora de mão-de-obra de supervisão por hora de mão-de-obra de faturamento). A mão-de-obra de faturamento usa três minutos de cada hora de telecomunicação (r_4) e ocupa quatro mil pés quadrados do espaço do edifício (r_5). A equipe usou uma abordagem similar para coletar dados para as atividades remanescentes. Essa é uma diferença-chave entre um sistema ABC de dois estágios e um de múltiplos estágios. No de dois estágios, teríamos uma estimativa, por parte do supervisor, da porcentagem de tempo gasto em cada atividade. No ABC de múltiplos estágios, estimamos os relacionamentos de entrada e saída entre as atividades e os recursos consumidos.

Etapa 4. Calcular e interpretar a nova informação baseada em atividades.

Após todos os dados contábeis e operacionais requeridos ser coletados, a nova informação baseada em atividade pode ser calculada. O total de custos rastreáveis para as três atividades primárias e o fluxo físico do direcionador de custo unitário está mostrado na Figura 4.11. Observe que o total de custos rastreáveis de $ 240 716 + $ 235 777 +

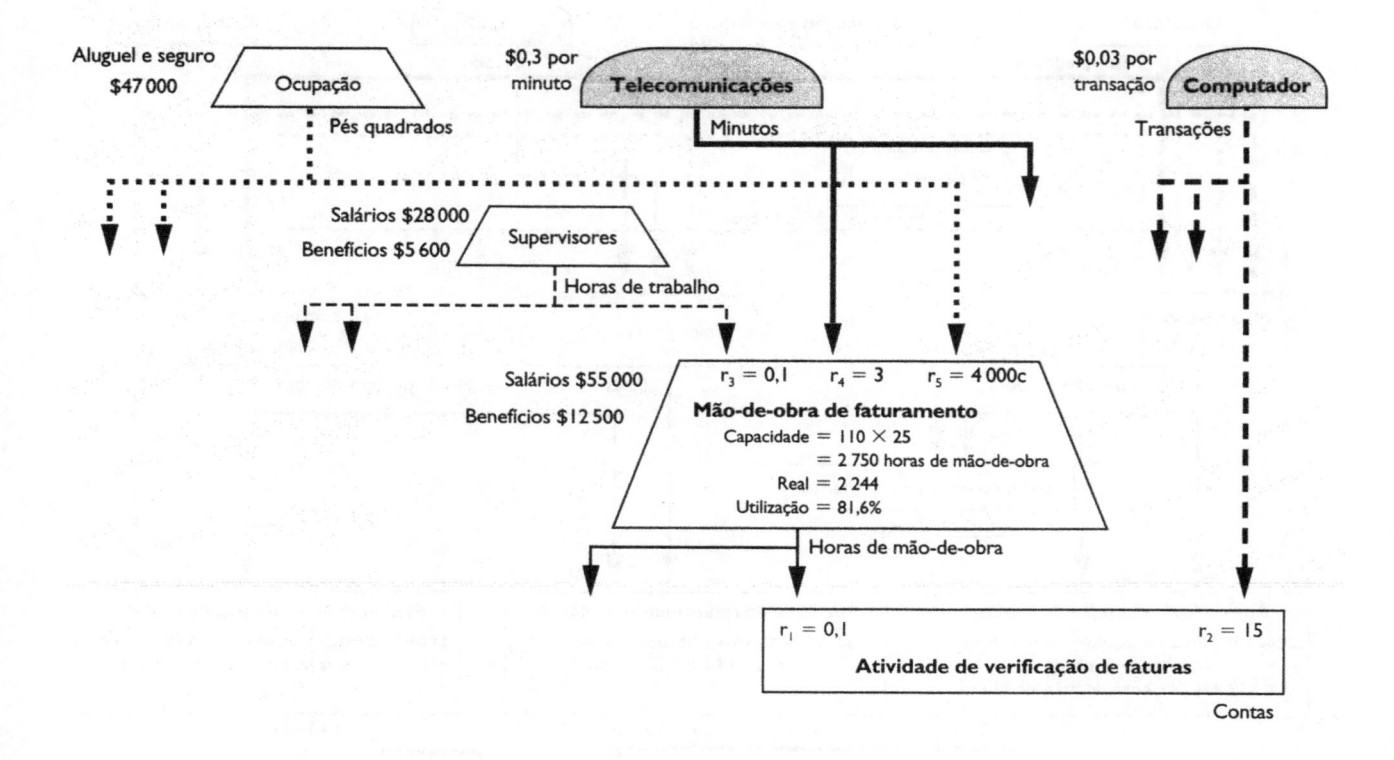

Figura 4.10 Sistema ABC — Departamento de faturamento da Portland Power Company.

- Aluguel e seguro $47 000 → Ocupação — Pés quadrados
- $0,3 por minuto → Telecomunicações — Minutos
- $0,03 por transação → Computador — Transações
- Salários $28 000; Benefícios $5 600 → Supervisores — Horas de trabalho
- Salários $55 000; Benefícios $12 500 → Mão-de-obra de faturamento
  - $r_3 = 0,1$ $r_4 = 3$ $r_5 = 4\,000c$
  - Capacidade = 110×25 = 2 750 horas de mão-de-obra
  - Real = 2 244
  - Utilização = 81,6%
- Horas de mão-de-obra → Atividade de verificação de faturas
  - $r_1 = 0,1$ $r_2 = 15$
  - Contas

$ 88 847 = $ 565 340, na Figura 4.11, iguala-se ao total de custos indiretos da Figura 4.8. Podemos determinar o custo baseado em atividade por conta para cada classe de cliente dos dados na Etapa 3. A Figura 4.11 mostra os cálculos.

Examine os últimos dois itens da Figura 4.11. Observe que o custeio tradicional supercusteou as contas residenciais de alto volume e subcusteou, substancialmente, o baixo volume das contas comerciais complexas. O custo por conta das contas residenciais, usando o ABC, é $ 2,25, que é $ 1,44 (ou 39 por cento) menos do que os $ 3,69 de custos gerados pelo sistema de custeio tradicional. O custo por conta para as contas comerciais é $ 14,74, que é $ 8,59 (ou 140 por cento) mais do que os $ 6,15 dos custos do sistema de custeio tradicional. A análise confirmou a crença da gestão de que o custeio tradicional estava subcusteando as contas comerciais. A gestão da PPC, agora, tem informações de custos mais acuradas para propósitos de planejamento e tomada de decisão. Retornaremos ao DF um pouco mais tarde, mas, por agora, pense a respeito de qual decisão relativa à proposta do escritório de atendimento local você seria a favor.

Esses resultados são comuns quando as empresas realizam estudos de custeio baseados em atividade — objetos de custos de alto volume com processos simples são supercusteados quando um sistema tradicional usa apenas um direcionador de custos baseado em volume. No DF, esse direcionador de custos baseado em volume foi o número de consultas. Qual sistema faz mais sentido: o sistema de alocação tradicional, que 'distribui' todos os custos de apoio às classes de clientes baseado apenas no número de consultas, ou o ABC, que identifica as atividades-chave e atribui custos baseado no consumo das unidades de direcionadores de custos para cada atividade-chave? Para a PPC, os benefícios prováveis do novo sistema de custeio baseado em atividade parecem compensar os custos de implementação e manutenção do novo sistema de custos. Os gestores, entretanto, devem avaliar o equilíbrio de custo–benefício caso a caso.

Resumo do ABC

Os sistemas ABC podem tornar diretos muitos custos indiretos, custos identificados, especificamente, com objetos de custo dados. Os sistemas ABC também tornam indiretos (alocados) custos não-alocados das funções que não são de produção da cadeia de valor. A seleção apropriada das atividades e dos direcionadores de custo permite aos gestores rastrear muitos custos indiretos de manufatura para objetos de custos apenas tão especificamente quanto

Figura 4.11 Resultados-chave do estudo do custeio baseado em atividade.

Direcionadores de custos

Atividade (Direcionador unitário)	Custos rastreáveis (da Figura 4.9) (1)	Fluxo físico total do direcionador unitário (da Figura 4.9) (2)	Custo por direcionador unitário (1) ÷ (2)
Consulta de contas (horas de mão-de-obra)	$ 240 716	3 300 horas	$ 72,94424
Faturamento contas (linhas)	$ 235 777	2 440 000 linhas	$ 0,09663
Verificação faturas (contas)	$ 88 847	20 000 contas	$ 4,44235

Custo por classe de cliente

		Residencial		Comercial	
	Custo por direcionador unitário	Fluxo físico dos direcionadores unitários	Custo	Fluxo físico dos direcionadores unitários	Custo
Consulta de contas	$ 72,94424	1 800 horas	$ 131 300	1 500 horas	$ 109 416
Faturamento de contas	$ 0,09663	1 440 000 linhas	$ 139 147	1 000 000 linhas	$ 96 630
Verificação de faturas	$ 4,44235			20 000 contas	$ 88 847
Total de custos			$ 270 447		$ 294 893
Número de contas			120 000		20 000
Custo por conta			$ 2,25		$ 14,74
Custo por conta, sistema tradicional da Figura 4.8			$ 3,69		$ 6,15

eles tenham os custos de material direto rastreados. Como os sistemas ABC classificam mais custos como diretos do que os sistemas tradicionais e como os direcionadores de custos têm um forte relacionamento causal entre atividades e recursos, os gestores têm maior confiança na acuracidade dos custos de produtos e serviços relatados por esses sistemas.

Os sistemas ABC são mais complexos e onerosos que os tradicionais; assim, nem todas as empresas os utilizam. De qualquer maneira, mais e mais organizações os estão adotando, tanto nos setores de manufatura como de não-manufatura, por uma série de motivos:

- Uma pressão feroz dos competidores tem resultado em um encolhimento das margens de lucro. As empresas podem saber sua margem geral, mas, freqüentemente, não acreditam na acuracidade das margens para produtos ou serviços individuais. Alguns são vencedores e alguns são perdedores — quais deles? Os custos acurados são essenciais para responder a essa questão.
- A complexidade dos negócios aumentou, o que resulta em uma diversidade maior nos tipos de produtos e serviços, bem como de classes de clientes. Conseqüentemente, o consumo de recursos compartilhados de uma empresa também varia substancialmente através dos produtos e clientes.
- As novas técnicas de produção têm aumentado a proporção de custos indiretos — isto é, os custos indiretos são, de longe, mais importantes no ambiente de manufatura de classe mundial de hoje do que foram no passado. Em muitos setores, a mão-de-obra direta está sendo substituída por equipamentos automatizados. Os custos indiretos representam, algumas vezes, mais de 50 por cento do custo total.
- O ritmo rápido de mudança tecnológica encurtou os ciclos de vida dos produtos. Assim, as empresas não têm tempo para formar preço ou ajustes de custos, uma vez que os erros no custeio são descobertos.
- Os custos associados a decisões mal tomadas, que resultam da determinação inacurada dos custos, são substanciais (por exemplo, ofertas perdidas por causa de produtos sobrecusteados, prejuízos ocultos de produtos subcusteados, falha em detectar atividades que não são eficazes em custos etc.). As empresas com custos acurados têm uma vantagem enorme sobre aquelas com custos inacurados.
- A tecnologia da informação tem reduzido os custos de desenvolver e operacionalizar sistemas de custos que rastreiam muitas atividades.

Gestão baseada em atividade

Lembre-se de que o foco dos gestores no dia-a-dia é sobre a gestão das atividades, não dos custos. Assim, como os sistemas ABC também focalizam as atividades, eles são uma ferramenta muito útil em sistemas de gestão de custos. Usar um sistema ABC como ferramenta para ajudar na tomada de decisão estratégica e melhorar o controle operacional de uma organização caracteriza a **gestão baseada em atividade** (*activity-based management* — ABM). Em termos mais amplos, a gestão baseada em atividade busca melhorar o valor recebido pelos clientes e os lucros, ao identificar oportunidades para melhorias na estratégia e nas operações.

Uma das aplicações mais úteis da ABM é distinguir os custos com valor adicionado dos custos de valor não-adicionado. Um **custo de valor adicionado** corresponde ao de uma atividade que não pode ser eliminada sem afetar o valor do produto para o cliente. Custos de valor adicionado são necessários (enquanto a atividade que direciona tais custos é realizada eficientemente). Em contrapartida, as empresas tentam minimizar os **custos de valor não-adicionado**, aqueles que podem ser eliminados sem afetar o valor do produto para o cliente. Atividades como manuseio e armazenagem de estoques, transporte parcial de produtos acabados de uma parte para outra da fábrica e mudanças na preparação de operações da linha de produção para produzir um modelo diferente do produto são todas atividades de valor não-adicionado, que podem ser reduzidas, se não eliminadas, por um reprojeto cuidadoso do layout da fábrica e dos processos de produção.

Uma outra técnica relacionada ao ABC, que tem ganhado popularidade, é o *benchmarking* (nível de referência), processo contínuo de mensuração de produtos, serviços e atividades contra os melhores níveis de desempenho. O *benchmarking* é uma ferramenta para ajudar uma organização a medir sua postura competitiva. Os *benchmarks* podem ser obtidos dentro da organização ou podem ser externos, de organizações concorrentes ou de outras organizações que têm processos similares.

Muitas empresas de consultoria mantêm, agora, bancos de dados de *benchmarks* e fornecem serviços de *benchmarking*. As empresas devem ser cautelosas ao usar o *benchmarking*. Por quê? Porque tanto *benchmarks* financeiros como operacionais podem variar significativamente, dependendo do escopo do sistema ABC. Uma empresa que implementa o ABC de dois estágios não deve comparar seus custos por unidades de direcionador para o *benchmark* de uma empresa que usa o sistema ABC de múltiplos estágios. Mesmo assim, muitas empresas encontraram valor em um processo de *benchmarking*.

Decisões estratégicas, controle de custo operacional e ABM

Vamos voltar agora à Portland Power Company, para ver como o departamento de faturamento poderia usar o sistema ABC para melhorar suas decisões estratégicas e o controle de custo operacional. Lembre-se de que o DF precisou encontrar um meio para aumentar sua capacidade de manusear mais contas por causa de um grande aumento esperado na demanda por um empreendimento imobiliário e um *shopping center*. Uma ação estratégica foi proposta: terceirizar certas contas de clientes para um escritório de atendimento local. Os gestores do DF estavam também interessados (como sempre acontece) em reduzir os custos operacionais do departamento, desde que isso não comprometesse a qualidade dos serviços fornecidos aos clientes. Para fazê-lo, eles usaram as informações do ABC da Figura 4.11 para identificar atividades de valor não-adicionado que tinham custos significativos. As atividades de consulta de conta e de verificação de fatura são onerosas e de valor não-adicionado; assim, a gestão solicitou idéias para a redução de custos. A nova informação fornecida pelo sistema ABC gerou as seguintes idéias para a melhoria:

- Usar o escritório de atendimento local para as contas comerciais por causa das economias significativas de custos. Da Figura 4.11, a oferta do escritório de atendimento local é $ 8,50 por conta, comparado com o custo baseado em atividade do DF, de $ 14,74, uma diferença de mais de $ 6 por conta! A capacidade liberada pode ser usada para satisfazer o aumento esperado na demanda residencial. A verificação de faturas, atividade com valor não-adicionado, seria eliminada também, porque apenas as faturas comerciais são verificadas.

- A Figura 4.11 indica que a atividade de consultas de contas é muito onerosa, contabilizando uma parcela significativa dos custos totais do DF. Uma idéia é fazer faturas mais descritivas, de modo a reduzir o número de solicitações de consulta. Fazendo isso, seriam adicionadas linhas em cada fatura, resultando em maiores custos de atividade de faturamento, mas o número de consultas seria reduzido, o que diminuiria significativamente o custo de valor não-adicionado. Se essa idéia resultaria em uma redução de custo líquido é uma questão a ser avaliada pelos contadores e gestores, com a ajuda do novo sistema ABC.

PRIMEIRO, OS NEGÓCIOS

Identificando atividades, recursos e direcionadores de custos no setor de assistência à saúde

A Arkansas Blue Cross Blue Shield (ABCBS) é a maior seguradora de saúde no estado de Arkansas, com uma receita anual de mais de $ 450 milhões. Recentemente, a ABCBS implementou a ABM, que usa informação baseada em atividade, no processo de tomada de decisão. A identificação das atividades, recursos e direcionadores de custos chaves foi uma das etapas iniciais realizadas.

- Um estudo-piloto foi realizado em uma área da empresa — gestão da informação. O critério foi a seleção de uma área-piloto, incluindo custos significativos, possibilidade de melhorar o sistema de alocação de custo existente, acesso aos dados e uma assessoria receptiva.
- Os objetos de custos foram definidos — os clientes internos da gestão da informação.
- As atividades, os recursos e os direcionadores de custos foram identificados, baseados nas reuniões com os gestores. Exemplos de atividades-chave são: produção (programação das tarefas e controle da produção), processamento das reivindicações por mídia eletrônica, impressão e processamento de correio. Os recursos incluem programadores de sistema, mão-de-obra do correio, mão-de-obra de impressão, mão-de-obra de fitas magnéticas, administradores de bancos de dados, CPU 3080, CPU 3090, LSM (sistema de cartucho robotizado), DASD (armazenamento de disco rígido) e telecomunicações. Os direcionadores de custos incluíram minutos de CPU, volumes de densidade única (DASD), número de fita e pilhas de cartucho (LSM), número de tarefas e número de CRT (telecomunicações).
- Uma vez que as atividades, os recursos e os direcionadores-chave foram identificados, um mapa de processo das operações da função de gestão da informação foi desenvolvido pela equipe de projeto. Esse mapa refletiu o fluxo das atividades e dos recursos no apoio aos centros de custos. O mapa também identificou os dados necessários a ser coletados para completar o estudo. A forma do mapa de processos é similar à da Figura 4.9.
- Uma vez que o modelo ABC foi construído e validado, os resultados foram interpretados e as recomendações para melhoria foram feitas.

Em conseqüência do estudo do ABC, as seguintes ações foram executadas pela gestão:

- Um medidor de energia em separado foi colocado na sala de computador.
- As compras de CRT, agora, são cobradas diretamente do usuário. Os custos de manutenção para os CRTs, agora, são atribuídos baseados na contagem do CRT.
- Três novos centros de custos foram criados: Sistemas EMC, controle de mudança e controle da produção.
- A CPU foi atualizada.

A ABCBS está, agora, em um processo de expansão do novo sistema ABM para toda a empresa, para incluir compras, serviço atuarial, propaganda e processamento das reivindicações. A empresa está usando também o novo sistema ABM para orçamento baseado em atividade.

Fonte: Adaptado "Implementing activity-based costing — The model approach", em *Institute of Management Accountants* e *Hyperion Sollutions Corporation*, Orlando, novembro de 1994.

PROBLEMA RESUMIDO PARA REVISÃO

PROBLEMA

Considere a parcela do mapa de processo do DF, mostrado na Figura 4.12. Ele mostra a impressora com os recursos de apoio, os custos e as taxas de consumo de recursos. As impressoras ocupam sete mil pés quadrados de espaço. O espaço utilizado não muda quando o número de linhas impressas muda; assim, essa é uma taxa constante (o 'c', na taxa 7 000c). Isso significa que a alocação dos custos de aluguel e seguro para os recursos de máquinas é mantida constante em $ 17 315,79 (7 000 ÷ 19 000 × $ 47 000), independentemente do número de linhas impressas. Cada rolo de papel é suficiente para imprimir cem mil linhas; então, a taxa de consumo é 0,00001 rolo por linha. Finalmente, há duas transações de computador realizadas para cada linha impressa.

1. Dê a função de custo total para o recurso de impressoras e determine o custo total baseado no número atual de linhas impressas. Explique por que não é necessário saber a taxa de consumo para o recurso computador pela atividade de verificação de fatura para determinar a função de custo total.
2. Uma idéia para a melhoria do processo é incluir linhas adicionais às faturas comerciais e, assim, reduzir o número de consultas de contas comerciais. A gestão estima que, adicionando oito linhas para cada fatura comercial, resultará em uma redução de 80 por cento nas consultas. Uma análise da melhoria indica que a

Figura 4.12 Recursos das impressoras da PPC.

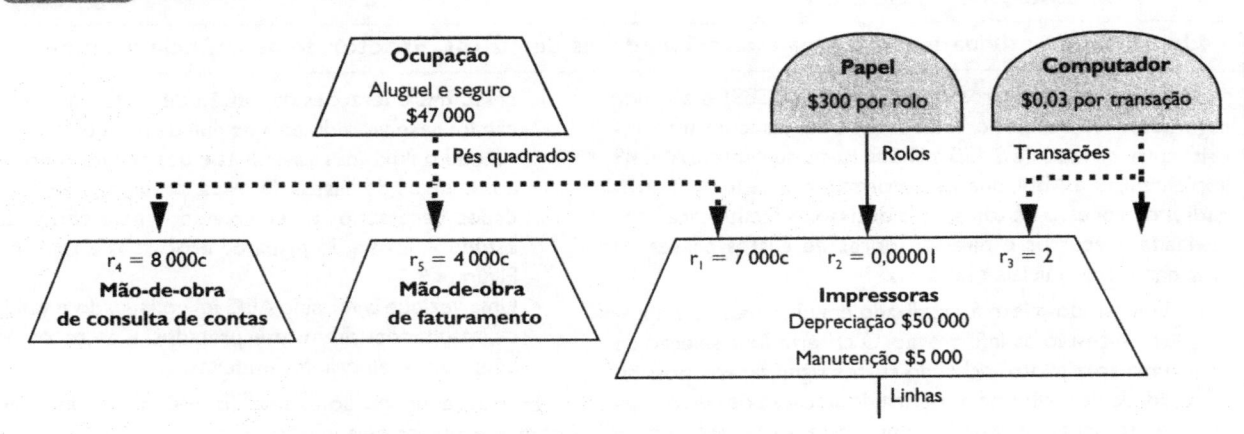

```
         Ocupação                          Papel           Computador
      Aluguel e seguro                  $300 por rolo   $0,03 por transação
          $47 000
                      Pés quadrados        Rolos          Transações

   r₄ = 8 000c       r₅ = 4 000c      r₁ = 7 000c   r₂ = 0,00001   r₃ = 2
   Mão-de-obra       Mão-de-obra              Impressoras
 de consulta de contas  de faturamento    Depreciação $50 000
                                          Manutenção $5 000
                                                Linhas
```

redução nas consultas economizará $ 28 000. Agora, a gestão precisa determinar os custos incrementais por causa das linhas adicionais. Determine se essa idéia para a melhoria do processo gerará economias líquidas ou custos incrementais líquidos para a PPC.

Solução

1. A função de custo total é dada por:

   custo total = ($ 50 000 + $ 5 000 + $ 17 315,79) + ($ 300 por rolo × 0,00001 rolo por linha × número de linhas) + ($ 0,03 por transação × 2 transações por linha × número de linhas)
   = $ 72 315,79 + 0,063 × número de linhas

   O número de linhas atual é 2 440 000; assim, o custo total do recurso impressora é igual a 72 315,79 + 0,063 × 2 440 000 = $ 226 035,79. Não é necessário saber a taxa de consumo do recurso computador pela atividade de verificação de fatura, porque o recurso computador é de custo variável. A medida de saída para qualquer recurso de custo variável é, verdadeiramente, um direcionador de custo. Compare essa com a medida de saída para um recurso de custo fixo tal como ocupação. Necessitamos saber todas as taxas de consumo para os recursos de custo fixo, porque a alocação de custo depende da distribuição da medida de saída (pés quadrados) entre as atividades ou recursos que são consumidos.

2. Da Figura 4.12, os custos incrementais serão os custos variáveis de papel e despesas de computador. Qual seria o custo adicional se oito linhas fossem adicionadas para cada fatura comercial? A função de custo total nos diz que os custos fixos (depreciação, manutenção e ocupação) não mudariam. Apenas os custos dos recursos variáveis aumentariam. Há 20 mil contas comerciais, de modo que seria um adicional de 20 000 × 8, ou 160 000 linhas. Assim, o custo incremental seria:

   $ 0,063 × 160 000 = $ 10 080

   A melhoria do processo renderá economias líquidas estimadas de $ 28 000 – $ 10 080 = $ 17 920. Esse é o tipo de análise inferencial 'se...então', que conduz a processos melhorados e a clientes mais satisfeitos. A PPC satisfez sua meta de melhorar o entendimento dos gestores das operações e gerar idéias de melhoria de processo (o objetivo de controle de custo operacional do sistema de gestão de custo).

Material fundamental de avaliação

4-A1. Custos diretos, indiretos e não-alocados

São listadas a seguir diversas atividades e os custos relacionados observados na Wardy Company, uma empresa manufatureira. A empresa fabrica uma variedade de produtos e, atualmente, utiliza um sistema de custeio tradicional, que aloca os custos indiretos de fabricação apenas baseado nas horas de mão-de-obra direta. Ela está implementando um sistema ABC de múltiplos estágios para as funções de projeto, produção e distribuição de sua cadeia de valor.

Você foi solicitado para completar a tabela abaixo, indicando, para cada atividade, se o custo relacionado é direto, indireto ou não-alocado. Para cada custo indireto, indique *um* direcionador apropriado (mais de um direcionador de custo pode ser apropriado). Os primeiros dois itens foram completados para você.

Atividade	Custo relacionado	Tradicional	ABC de múltiplos estágios
Supervisionar produção	Salários dos supervisores	Indireto (horas de mão-de-obra direta)	Indireto (pessoas supervisionadas)
Projetar protótipo para um novo produto	Depreciação de computadores	Não-alocado	Indireto (número de peças)
Preparar uma rodada de produção	Remuneração dos mecânicos		
Comprar materiais e peças a ser consumidos nos produtos	Custo de materiais e peças		
Embarcar produtos vendidos para os clientes (distribuidores)	Combustível consumido na frota de caminhão da empresa		
Pesquisar mercado, conduzido pela assessoria de *marketing*, para avaliar a demanda potencial de um novo produto	Salários da assessoria de pesquisa de mercado		
Programar produção	Salários dos gestores de programação da produção		
Comprar materiais e peças a ser consumidos nos produtos	Salários dos agentes de compras		
Processar pedidos de clientes	Salários da assessoria de processamento de pedidos		
Preparar análise de custos	Salários do contador de custos		
Projetar um novo produto	Salários dos engenheiros de projetos totalmente dedicados a esse novo produto		
Gerir as operações gerais da empresa	Salários dos executivos		

4-A2. Atividades, recursos, direcionadores de custos e o setor bancário

A Best Bank é uma agência de empresa bancária estabelecida. Ela é uma agência varejista, localizada em uma área residencial, e presta a maioria dos serviços a indivíduos e empresas locais. Quatro dos principais serviços da Best Bank são processar transações (saques, cheques e câmbio de moeda estrangeira), empréstimos, investimentos simples (clientes individuais) e investimentos complexos (carteiras de grandes negócios).

Para apoiar essas atividades, a Best Bank emprega dez assessorias de escritórios de vanguarda, 12 assessorias de retaguarda, que lidam com solicitações de empréstimo e de investimentos, e duas pessoas para consultar os clientes e controlar as carteiras de investimento complexas. Uma equipe de três supervisores gerencia as operações gerais do banco.

Como parte da implementação do sistema ABC da Best Bank, ela necessitou identificar atividades, recursos e direcionadores de custo. A seguinte tabela resume os direcionadores de custos que a Best Bank escolheu para suas atividades e recursos.

Direcionadores de custos

1	Número de investimentos	7	Número de pés quadrados
2	Número de solicitações	8	Número de consultas de empréstimo
3	Número de empréstimos	9	Número de transações
4	Número de horas por pessoa	10	Número de programações
5	Número de minutos	11	Número de títulos
6	Número de transações em computador		

Para cada uma, uma breve descrição a seguir indica se é uma atividade ou um recurso (A ou R). Para cada atividade ou recurso, escolha o direcionador de custo mais apropriado da lista acima e indique, para cada recurso, se ele é um recurso de custo fixo (F) ou de custo variável (V). Os primeiros dois itens estão completados como um guia.

a) Consultas de crédito aos clientes, por escritório de serviço externo, para solicitações de empréstimos. (R; Número de solicitação de empréstimo; V)
b) Manutenção do edifício, seguro, e assim por diante. (R; Número de pés quadrados; F)
c) Assessoria aos serviços dos clientes pelo escritório de vanguarda.
d) Preparação de documentos de investimento para os clientes.
e) Pesquisa para avaliar uma solicitação de empréstimo.
f) Horas extras da assessoria do escritório de retaguarda.
g) Telefones/fac-símile.
h) Assessoria ao serviço e pesquisa regular.
i) Estabelecimento de garantia *collateral* aos clientes para empréstimos aprovados.
j) Serviços externos de computação.
k) Desenvolvimento de programações de restituições.
l) Assessoria para consulta de clientes e organização das carteiras de investimento.

4-A3. Alocação de custo, custeio baseado em atividade e gestão baseada em atividade

A Reliable Machining Products (RMP) é um discreto fornecedor de componentes automotivos. A RMP foi abordada pela Chrysler com uma proposta para aumentar significativamente a produção da peça T151A para uma quantidade anual total de cem mil. A Chrysler acredita que, ao aumentar o volume de produção da peça T151A, a RMP deverá obter os benefícios da economia de escala e, então, aceitar um preço mais baixo do que o preço unitário atual, de $ 6,20. Atualmente, a margem bruta da RMP sobre a peça T151A é 3,2 por cento, calculado como segue.

	Total	Por unidade (÷ 100 000)
Materiais diretos	$ 150 000	$ 1,50
Custos indiretos de manufatura (300% x materiais diretos)	$ 450 000	$ 4,50
Custo total	$ 600 000	$ 6,00
Preço de venda		$ 6,20
Margem bruta		$ 0,20
Porcentagem de margem bruta		3,2%

A peça T151A parece ser um produto com um lucro marginal. Se volumes adicionais de produção da peça T151A forem adicionados, a gestão da RMP acredita que o preço de vendas deverá ser aumentado, não reduzido, como requerido pela Chrysler. A gestão da RMP vê essa situação em questão como uma excelente oportunidade para examinar a eficácia de seu sistema de custeio tradicional *versus* sistema ABC. A RMP decidiu implementar o sistema ABC de dois estágios. Uma equipe de analistas contábeis e engenheiros desenvolveu um mapa baseado em processo. A Figura 4.13 mostra o segundo estágio de alocação desse mapa. Os dados foram coletados e inseridos no mapa. O custo anual total para a atividade de qualidade assegurada, por exemplo, está estimado em $ 800 mil, e a quantidade total do direcionador de custos 'número de peças sucateadas' está estimado em dez mil. Assim, o custo por peça sucateada é $ 80. A taxa de consumo da atividade também foi inserida no mapa. A taxa de consumo para a atividade de produção é 0,005 hora–máquina por unidade de T151A produzida.

1. Prepare uma programação que calcule o custo unitário e a porcentagem de margem bruta da peça T151A, usando a abordagem do sistema ABC.
2. Baseado nos resultados do ABC, que curso de ação você recomendaria em relação ao proposto pela Chrysler? Liste os benefícios e os custos associados à implementação do sistema de custeio baseado em atividade na RMP.

4-B1. Custos diretos, indiretos e não-alocados

Listadas a seguir estão diversas atividades e os custos relacionados que foram observados na Henderson Company, uma empresa de manufatura. A empresa fabrica uma variedade de produtos e, atualmente, usa um sistema de custeio tradicional, que aloca apenas custos indiretos de fabricação baseados nas horas de mão-de-obra direta. Ela está implementando um sistema ABC de múltiplos estágios para as funções de projeto, produção e serviços ao cliente da sua cadeia de valor. Você foi solicitado a completar a tabela a seguir, indicando, para cada atividade, se o custo relacionado é direto, indireto ou não-alocado. Para cada custo indireto, indique *um* direcionador de custo apropriado (mais de um direcionador de custo pode ser apropriado).

Figura 4.13 Sistema ABC de produtos usinados confiáveis.

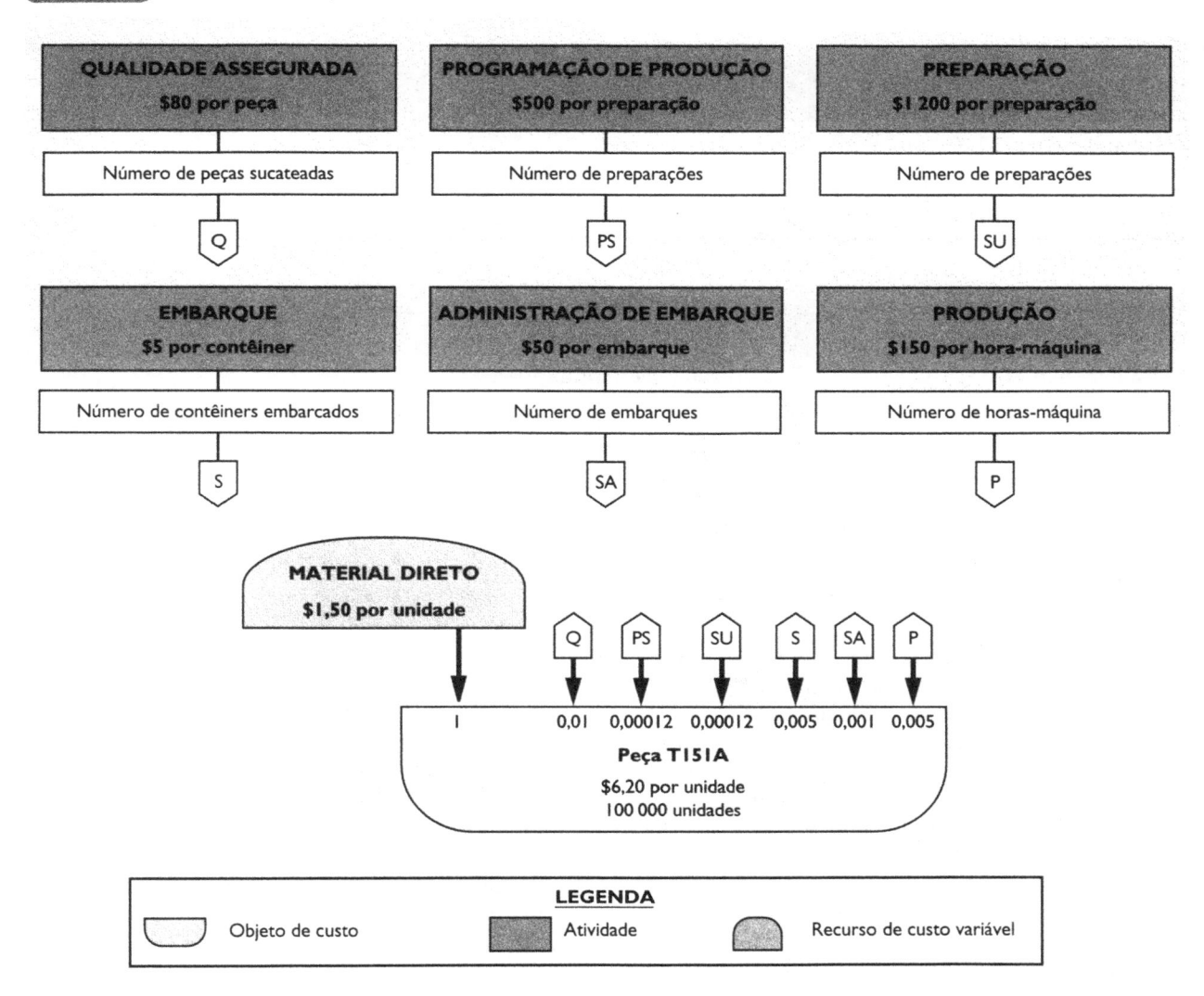

```
┌─────────────────────────┐  ┌─────────────────────────────┐  ┌─────────────────────────┐
│  QUALIDADE ASSEGURADA   │  │  PROGRAMAÇÃO DE PRODUÇÃO    │  │       PREPARAÇÃO        │
│      $80 por peça       │  │    $500 por preparação      │  │   $1 200 por preparação │
└───────────┬─────────────┘  └──────────────┬──────────────┘  └────────────┬────────────┘
            │                               │                              │
┌───────────┴─────────────┐  ┌──────────────┴──────────────┐  ┌────────────┴────────────┐
│ Número de peças sucateadas│ │   Número de preparações     │  │  Número de preparações  │
└───────────┬─────────────┘  └──────────────┬──────────────┘  └────────────┬────────────┘
           (Q)                             (PS)                           (SU)

┌─────────────────────────┐  ┌─────────────────────────────┐  ┌─────────────────────────┐
│        EMBARQUE         │  │   ADMINISTRAÇÃO DE EMBARQUE │  │        PRODUÇÃO         │
│     $5 por contêiner    │  │      $50 por embarque       │  │   $150 por hora-máquina │
└───────────┬─────────────┘  └──────────────┬──────────────┘  └────────────┬────────────┘
            │                               │                              │
┌───────────┴─────────────┐  ┌──────────────┴──────────────┐  ┌────────────┴────────────┐
│Número de contêineres    │  │   Número de embarques       │  │ Número de horas-máquina │
│     embarcados          │  │                             │  │                         │
└───────────┬─────────────┘  └──────────────┬──────────────┘  └────────────┬────────────┘
           (S)                             (SA)                            (P)
```

MATERIAL DIRETO — $1,50 por unidade

Peça T151A — $6,20 por unidade — 100 000 unidades

| | Q | PS | SU | S | SA | P |
| 1 | 0,01 | 0,00012 | 0,00012 | 0,005 | 0,001 | 0,005 |

LEGENDA: Objeto de custo | Atividade | Recurso de custo variável

Atividade	Custo relacionado	Tradicional	ABC de múltiplos estágios
Supervisionar produção	Salários dos supervisores	Indireto (horas de mão-de-obra direta)	Indireto (pessoas supervisionadas)
Projetar protótipo para um novo produto	Depreciação de computadores	Não-alocado	Indireto (número de peças)
Preparar uma rodada de produção	Depreciação da maquinaria de processamento da produção que deve permanecer ociosa durante a atividade de preparação		
Comprar materiais e peças a ser consumidas nos produtos	Custo de materiais e peças		
Embarcar produtos vendidos para os clientes (distribuidores)	Combustível consumido na frota de caminhão da empresa		

Continua

Atividade	Custo relacionado	Tradicional	ABC de múltiplos estágios
Pesquisar mercado, conduzido pela assessoria de *marketing*, para avaliar a demanda potencial para um novo produto	Salários da assessoria de pesquisa de mercado		
Movimentar produtos parcialmente completados, do processamento para a área de montagem	Salários dos operadores de empilhadeira		
Comprar materiais e peças a ser consumidos nos produtos	Custos de viagem para entrevistar fornecedores potenciais		
Consultar clientes	Custos de telecomunicações		
Preparar análise de custos	Salários dos contadores de custos		
Projetar um novo produto	Salários dos engenheiros de projetos que estão totalmente dedicados a esse novo produto		
Apresentar um discurso do presidente para uma conferência de comércio	Custos de viagem e entretenimento na conferência		

4-B2. Melhoria de processo e sistemas ABC de múltiplos estágios

Consulte a Figura 4.10 e o exemplo da Portland Power Company no texto. A gestão deseja reduzir as atividades que não adicionam valor para o cliente. Uma idéia é reduzir a verificação de faturas comerciais, verificando apenas 20 por cento das faturas (aleatoriamente) e certas partes das faturas. Verificar apenas parte de cada fatura reduzirá o tempo de mão-de-obra de faturamento de seis minutos para apenas três minutos por conta (conta). A gestão acredita que esse procedimento não resultará em nenhum aumento no número de consultas e que a acurácia da fatura se manterá inalterada. O acordo de mão-de-obra da PPC especifica que, sempre que a utilização da mão-de-obra cair abaixo de 70 por cento, a empresa poderá demitir trabalhadores. Atualmente, a utilização de mão-de-obra de faturamento está em 81,6 por cento, que consiste de 244 horas para atividades do faturamento real e duas mil horas para verificação. Os salários e benefícios são $ 2 200 e $ 500 por mês, por trabalhador do faturamento. Cada trabalhador está disponível 110 horas no mês. Atualmente, há 25 trabalhadores no faturamento. Por causa do impacto negativo de demissão sobre o moral dos empregados, a gestão está hesitante em implementar qualquer demissão, a menos que a economia de custo seja significativa.

a) Explique por que não é necessário conhecer os relacionamentos entre outros recursos e atividades não mostrados na Figura 4.10, de modo a determinar as economias de custo da mão-de-obra de faturamento incrementais da melhoria de processo.

b) Por que 'os minutos' são um verdadeiro direcionador de custos para os custos de telecomunicações, visto que 'as horas de mão-de-obra do supervisor' não são um verdadeiro direcionador dos custos do supervisor?

c) Determine as economias de custo de mão-de-obra do faturamento desse processo de melhoria. Que outra economia de custo potencial pode resultar? Que ação você recomendaria?

4-B3. ABC em uma empresa eletrônica

A divisão de manufatura de telefone sem fio de uma empresa eletrônica para consumidores, sediada em Denver, usa a contabilidade baseada em atividade. Para simplificar, suponha que seus contadores identificaram apenas as seguintes três atividades e direcionadores de custos relacionados para os custos de manufatura indiretos.

Atividade	Direcionador de custo
Manusear materiais	Custo dos materiais diretos
Realizar engenharia	Avisos de alterações da engenharia
Energizar	Quilowatt-hora

Três tipos de telefone sem fio são produzidos: SA2, SA5 e SA9. Os custos diretos e os direcionadores de custos de atividade para cada produto, para um mês recente, são os seguintes:

	SA2	SA5	SA9
Custos de materiais diretos	$ 25 000	$ 50 000	$ 125 000
Custos com mão-de-obra direta	$ 4 000	$ 1 000	$ 3 000
Quilowatts-hora	50 000	200 000	150 000
Avisos de alteração da engenharia	13	5	2

Os custos indiretos de manufatura para o mês foram:

Manusear materiais	$ 8 000
Realizar engenharia	$ 20 000
Energizar	$ 16 000
Total dos custos indiretos de manufatura	$ 44 000

1. Calcule o custo indireto de manufatura alocado em cada produto com o sistema ABC.
2. Suponha que todos os custos indiretos de manufatura tenham sido alocados aos produtos na proporção de seus custos de mão-de-obra direta. Calcule o custo indireto de manufatura alocado a cada produto.
3. Em quais custos de produtos você tem mais confiança: do item 1 ou do item 2? Por quê?

Material adicional de avaliação

Questões

4-1. Defina um sistema de gestão de custos e indique seus três propósitos.

4-2. Qual é o objetivo principal dos sistemas de contabilidade de custos detalhados?

4-3. Nomeie quatro objetivos, ou objetos, de custos.

4-4. "Departamentos não são objetos de custos ou objetos de custeio." Você concorda? Explique.

4-5. Distinga entre custos diretos, indiretos e não-alocados.

4-6. "O mesmo custo pode ser direto e indireto." Você concorda? Explique.

4-7. "A viabilidade econômica é uma diretriz importante ao se projetarem sistemas de contabilidade de custos." Você concorda? Explique.

4-8. Como a idéia de viabilidade econômica se relaciona com a distinção entre custos diretos e indiretos?

4-9. "O sistema de contabilidade tradicional típico não aloca custos associados às funções de cadeia de valor, a não ser de produção para unidades produzidas." Você concorda? Explique.

4-10. "É melhor não alocar esses custos do que usar um direcionador de custo que não faz nenhum sentido." Você concorda? Explique.

4-11. Os custos de manutenção da produção, comissões de vendas e projeto de processo são parte dos custos de uma empresa. Identifique quais deles são *mais provavelmente* diretos, indiretos e não-alocados.

4-12. "Para um manufatureiro de móveis, a cola ou as tachinhas tornam-se uma parte integrante do produto acabado; assim, elas são material direto." Você concorda? Explique.

4-13. "A depreciação é uma despesa para fins de demonstração contábil." Você concorda? Explique.

4-14. Distinga entre 'custos' e 'despesas'.

4-15. "Os custos não-expirados são sempre custos estocados." Você concorda? Explique.

4-16. Por que não há uma conta de estoque de mão-de-obra direta no balanço patrimonial de uma empresa de manufatura?

4-17. Distinga entre empresas de manufatura e de comércio.

4-18. Consulte a Figura 4.5, Painel C. Os direcionadores de custos para os recursos A, B, C e D são chamados, às vezes, de 'direcionadores de custos de recursos', visto que os direcionadores de custo para as atividades 1 a 5 são chamados de 'direcionadores de custo de atividade'. Explique.

4-19. Consulte a Figura 4.6. Suponha que a Woodland Park Company tenha duas fábricas: a de Salem e a de Youngstown. A fábrica de Youngstown produz apenas três componentes, que são muito similares em necessidade de material e de produção. A fábrica de Salem produz uma ampla variedade de peças. Que tipo de sistema de custeio você recomendaria para cada fábrica (tradicional ou ABC)? Explique.

4-20. Distinga entre sistemas ABC de dois estágios e de múltiplos estágios.

4-21. Referimo-nos a recursos como recursos de custo variável ou de custo fixo. Por que não especificamos o comportamento do custo de atividades?

4-22. Nomeie quatro etapas do projeto e implementação do sistema ABC.

4-23. Nas Figuras 4.10 e 4.12, os *r*'s representam taxas de consumo de recursos e de atividades. Por que essas taxas são importantes para os gestores procurarem idéias para melhorias de processo?

4-24. Explique a diferença entre taxas de consumo de recurso e custo por direcionador unitário.

4-25. Por que mais e mais organizações estão adotando o sistema ABC?

4-26. Explique como o *layout* de um equipamento de produção na fábrica pode reduzir os custos de valor não-adicionado.

4-27. Compare custeio baseado em atividade (ABC) com gestão baseada em atividade (ABM).

4-28. Por que os gestores desejam distinguir entre atividades que adicionam valor e atividades que não adicionam valor?

4-29. O que é *benchmarking*?

4-30. Por que se deve ter cautela quando se compara o desempenho de uma empresa com *benchmarks*?

Exercícios cognitivos

4-31. Planejamento de *marketing* e capacidade

Uma empresa acabou de completar seu plano de *marketing* para o ano vindouro e a contabilidade gerencial incluiu os aumentos no volume de vendas no modelo de processo. O resultado é que diversas capacidades de recursos-chave foram excedidas. Quais são os três cursos alternativos de ação para resolver esse dilema?

4-32. ABC e ABM comparados

Durante seminários sobre gestão baseada em atividades, os participantes, freqüentemente, perguntam a diferença entre o ABC e o ABM. Explique sucintamente.

4-33. ABC e sistemas de gestão de custo

Os sistemas de gestão de custo têm três objetivos principais. Dois deles são fornecer informação para propósitos estratégicos e para fins operacionais. Os sistemas ABC são, com freqüência, adotados para aumentar a acurácia da informação de custo utilizada pelos gestores, para decisões estratégicas e operacionais. Suponha que a empresa produza apenas um produto. Isso significa que 100 por cento de seus custos são diretos em relação ao objeto de custo do produto. O custo de unidade de produto acurado é, simplesmente: todos os custos incorridos divididos pelo total de unidades produzidas. Por que essa empresa estaria interessada em um sistema ABC?

Exercícios

4-34. Classificação dos custos de manufatura

Classifique cada um dos seguintes custos como direto ou indireto (*D* ou *I*), em relação à rastreabilidade para o produto, e como variável ou fixo (*V* ou *F*), em relação a se os custos flutuam no total como a atividade ou se os volumes mudam ao longo de um intervalo amplo de atividades. E você terá duas respostas, *D* ou *I* e *V* ou *F*, para cada um dos dez itens.

1. Programa de treinamento do supervisor.
2. Abrasivos (por exemplo, lixa).
3. Cortar rebites em um departamento de usinagem.
4. Alimento para uma cantina da fábrica.
5. Aluguel da fábrica.
6. Salário de um escriturário de almoxarifado da fábrica.
7. Seguro de compensação dos trabalhadores em uma fábrica.
8. Cimento para um construtor de estradas.
9. Sucata de aço para um alto-forno.
10. Toalhas de papel para um banheiro de fábrica.

4-35. Custos variáveis e custos fixos; custos de manufatura e outros

Para cada um dos itens numerados, escolha as classificações apropriadas para uma empresa de manufatura. Se você tem dúvida sobre se o comportamento do custo é basicamente variável ou fixo, decida sobre as bases de se o custo total flutuará substancialmente ao longo de um intervalo amplo de volume. A maioria dos itens tem duas respostas, entre as possibilidades seguintes, em relação ao custo de uma tarefa em particular.

   a) Custo de venda.
   b) Custos de manufatura, diretos.
   c) Custos de manufatura, indiretos.

d) Custo geral e administrativo.
e) Custo fixo.
f) Custo variável.
g) Outro (especifique).

Amostra de respostas

Material direto	b, f
Salário do presidente	d, e
Despesa de juros de um título	e, g (despesa financeira)

Itens para sua consideração:
1. Energia para máquinas da fábrica.
2. Comissões de vendedores.
3. Salários de vendedores.
4. Suprimentos de soldagem.
5. Perdas por incêndio.
6. Lixas.
7. Salários de supervisores, controle de produção.
8. Salários de supervisores, departamento de montagem.
9. Salários de supervisores, almoxarifado da fábrica.
10. Custos de um piquenique da empresa.
11. Prêmio de horas extras, furadeiras.
12. Tempo ocioso, montagem.
13. Frete de entrega.
14. Impostos prediais.
15. Pintura para produtos acabados.
16. Aquecimento e ar-condicionado, fábrica.
17. Mão-de-obra de manuseio de material, furadeiras.
18. Depreciação em linha reta, automóveis dos vendedores.

4-36. ABC de dois estágios, em um banco

A Better Bank é uma empresa bancária estabelecida. Sua localização, na cidade do Colorado, está em uma agência de varejo em rápido crescimento, numa área residencial. Ela atende indivíduos e empresas locais. Para apoiar seus serviços, a agência emprega 14 caixas, três gestores de vendas de varejo (*retail sales managers* — RSMs) e um gestor da agência. A agência atende cerca de 2 900 clientes. Cada uma das 30 agências da Better Bank está implementando o ABC, a fim de melhorar sua rentabilidade. Cerca de metade das agências está implementando os sistemas ABC de dois estágios; a outra metade, os sistemas ABC de múltiplos estágios.

Os gestores da agência da Better Bank receberam a responsabilidade de implementar o ABC. O sistema ABC de dois estágios é menos dispendioso e pode ser implementado mais rápido do que o de múltiplos estágios. Os sistemas ABC de múltiplos estágios, entretanto, fornecem mais informação operacional e maiores níveis de acurácia de custo. O gestor da agência da cidade de Colorado decidiu implementar o sistema ABC de dois estágios. A Figura 4.14, Painel A, retrata o sistema ABC de dois estágios.

A agência da cidade de Colorado tem os seguintes dados de custo do ano passado:

Salários dos caixas	$ 350 000
Salários e benefícios do RSM	$ 210 000
Salário e benefícios do gestor	$ 95 000
Outros custos bancários	$ 435 000
Total	$ 1 090 000

Os 'outros custos bancários' incluem a depreciação de uma instalação, incluindo móveis, edifícios, equipamentos, seguros, aluguéis de computadores, serviços de computador contratados, telecomunicações e utilidades públicas. Esses custos não podem ser relacionados direta ou indiretamente às atividades rotineiras do banco, tais como processar novas contas ou depósitos com saques e, conseqüentemente, são não-alocados. Não há custos que possam ser rastreados diretamente aos clientes, de modo que a agência da cidade de Colorado tem apenas dois tipos de custos: indiretos e não-alocados. Todos os empregados foram entrevistados como parte do estudo do ABC. Os caixas, por exemplo, foram questionados sobre como gastavam seu tempo. Indicaram que gastavam a maioria de seu tempo (65 por cento) processando depósitos e saques. Eles também estimaram que gastavam cerca de 5 por cento de seu tempo processando novas contas e cerca de 25 por cento processando outras transações. Os 5 por cento restantes eram gastos em todas as outras atividades bancárias. Três atividades principais foram identificadas. Os resultados das entrevistas aparecem a seguir.

Análise interna de atividade

	Processar novas contas	Processar depósitos e saques	Processar outras transações	Todas as outras atividades bancárias	Total
Salário dos caixas	5%	65%	25%	5%	100%
Salário dos gestores de vendas a varejo	5%	25%	25%	45%	100%
Salário do gestor da agência	0%	5%	25%	70%	100%

Determine o custo rastreável total das três atividades principais conduzidas na agência na cidade de Colorado da Better Bank. Use a Figura 4.14, Painel A, como guia. (Note que isso representa o primeiro estágio do método ABC de dois estágios.)

4-37. ABC de dois estágios, em um banco, benchmarking. (Este exercício é uma continuação do Exercício 4-36 e deve ser aplicado apenas se o exercício 4-36 também for aplicado.)

Uma parte da análise da atividade conduzida na agência da Better Bank na cidade de Colorado era identificar direcionadores de custo potenciais para cada atividade principal. Os seguintes direcionadores foram escolhidos, porque eram ambos plausíveis, confiáveis, e os dados estavam disponíveis.

Atividade	Direcionador de custo	Fluxo anual de direcionador de custo
Processar novas contas	Número de novas contas	415
Processar depósitos e saques	Número de depósitos e saques	150 500
Processar outras transações	Número de outras transações	41 000

Dos 2 900 clientes da agência, apenas 400 são empresas locais. Os clientes da categoria empresa geraram 40 novas contas, 88 mil depósitos e saques e 26 mil outras transações. A implementação do ABC de todas as agências da Better Bank forneceu dados suficientes para um *benchmark* interno. Os custos de atividade mais baixos de todas as agências são os seguintes:

Atividade	Custo de atividade mais baixo por direcionador unitário	
Abertura de novas contas	$ 51,67	por nova conta
Processar depósitos e saques	$ 0,75	por depósito ou saque
Processar outras transações	$ 3,55	por transação

Classe de cliente	Custo mais baixo de cliente por conta
Varejo	$ 68
Comercial	$ 580

1. Determine o custo (indireto) alocado por conta para contas de varejo e comercial. Use a Figura 4.14, Painel A, como guia.
2. Sob que condições o *benchmarking* entre a agência da Better Bank da cidade de Colorado e outras agências seria inapropriado?
3. O que os resultados do estudo ABC sugerem?

4-38. Análise de valor adicionado em uma empresa de serviço

Consulte o exemplo da Portland Power Company e a Figura 4.9, na página 125.

Algumas empresas que realizam a análise de custo do valor adicionado subdividem as atividades que não adicionam valor em duas categorias: essenciais e discricionárias. Um exemplo de atividade que não adiciona valor essencial é a preparação do sistema de computador da empresa para uma rodada de faturamento. Um exemplo de atividade de valor não-adicionado discricionária é monitorar as consultas telefônicas. A maioria das atividades de valor não-adicionado discricionárias deve ser eliminada. As atividades de valor não-adicionado essenciais são reduzidas por

Figura 4.14 Comparação do ABC de dois estágios e custeio baseado em processo, na agência da Better Bank na cidade de Colorado.

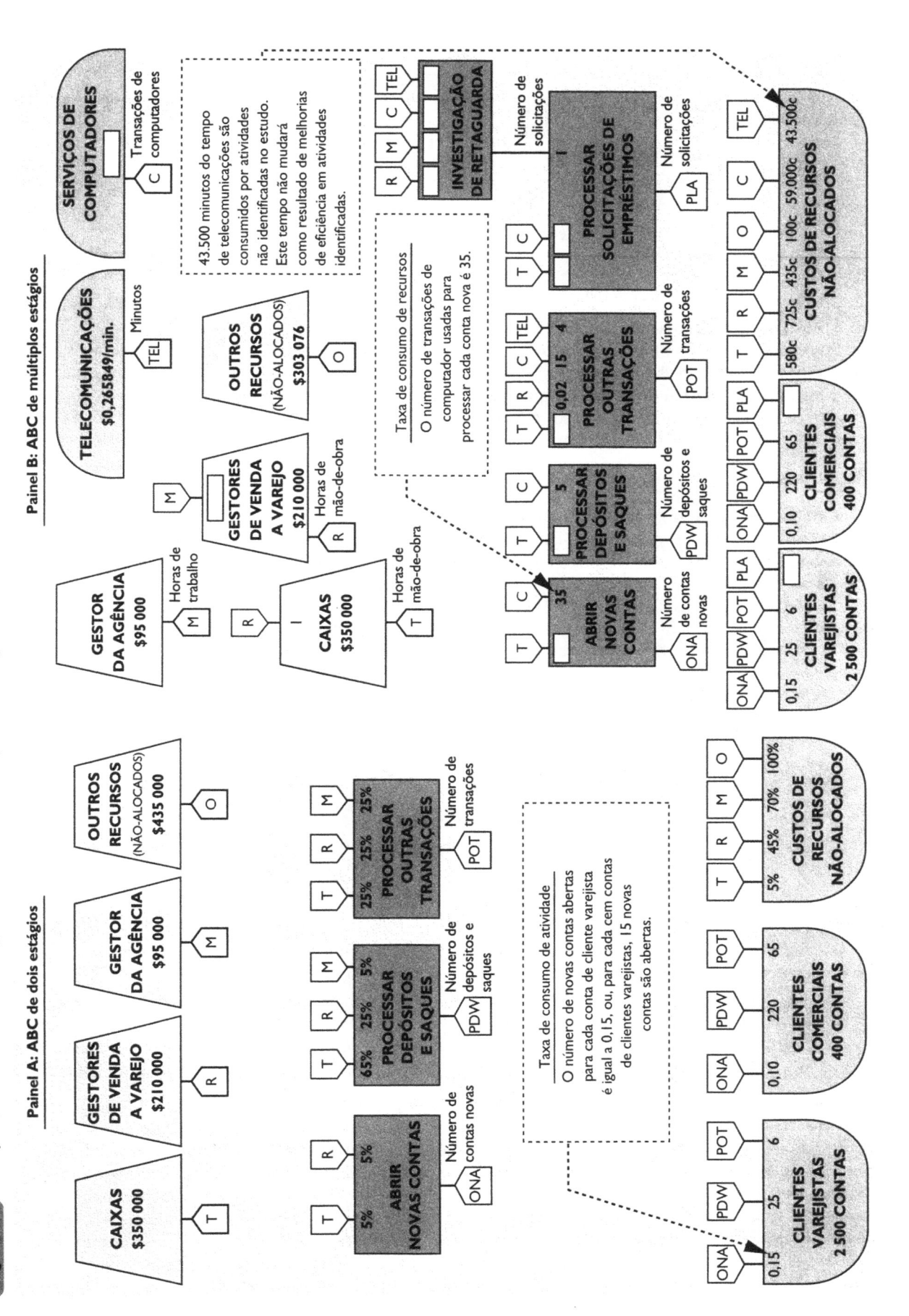

Painel A: ABC de dois estágios

Painel B: ABC de múltiplos estágios

meio de esforços de melhoria contínuos. Para cada recurso e atividade listados abaixo, indique se é de valor adicionado (VA), essencial de valor não-adicionado (E-VNA) ou discricionária de valor não-adicionado (D-VNA). Indique também as ações gerenciais apropriadas para controlar custos para cada tipo de recurso e atividade baseados em sua classificação.

Recurso ou atividade
Telecomunicações
Papel
Computador
Supervisores
Atividade de consultar contas
Mão-de-obra de faturamento

4-39. Alocação de custos e custeio baseado em atividade

Consulte o exemplo da Portland Power Company e a Figura 4.9, da página 125. Os dados utilizados no estudo do DF são médias para cada classe de cliente. Baseada nos resultados do estudo, a empresa conduziu uma investigação completa de todos os clientes comerciais que receberam correspondência. Em média, essas contas consumiram sete minutos de tempo de mão-de-obra de consulta e tinham 75 linhas da conta de energia elétrica. Qual foi o custo, por conta, para atender a essa classe de cliente? (Suponha que as contas comerciais sejam verificadas apenas uma vez.)

Problemas

4-40. Acumulação de custos e alocação

A Hwang Manufacturing Company tem dois departamentos: usinagem e acabamento. Para um dado período, os seguintes custos foram incorridos pela empresa como um todo: material direto, $ 130 mil; mão-de-obra direta, $ 75 mil; custos indiretos de manufatura, $ 80 mil. O total geral dos custos foi $ 285 mil.

O departamento de usinagem incorreu em 70 por cento dos custos de material direto, mas apenas 33,33 por cento dos custos de mão-de-obra direta. Como é comum, os custos indiretos de manufatura incorridos em cada departamento foram alocados aos produtos na proporção dos custos de mão-de-obra direta dos produtos dentro dos departamentos.

Três produtos foram produzidos.

Produto	Material direto	Mão-de-obra direta
X-1	40%	30%
Y-1	30%	30%
Z-1	30%	40%
Total para o departamento de usinagem	100%	100%
X-1	33,33%	40%
Y-1	33,33%	40%
Z-1	33,33%	20%
Total adicionado pelo departamento de acabamento	100%	100%

Os custos indiretos de manufatura incorridos pelo departamento de usinagem e alocados a todos os produtos montaram em $ 38 mil para usinagem e $ 42 mil para acabamento.

1. Calcule os custos totais incorridos pelo departamento de usinagem e adicionados pelo departamento de acabamento.
2. Calcule os custos totais de cada produto que seriam mostrados como estoque de produtos acabados, se todos os produtos fossem transferidos para produtos acabados quando completados. (Não havia estoque inicial.)

4-41. ABC de dois estágios na Portland Power Company

Consulte o exemplo do capítulo do departamento de faturamento da Portland Power Company. Suponha que, em vez de um sistema ABC de múltiplos estágios, o departamento de faturamento decidiu implementar um sistema ABC de dois estágios, para determinar os custos de atividade e os custos de clientes. A Figura 4.15 retrata esse sistema. Uma das diferenças-chave entre os sistemas ABC de dois estágios e os de múltiplos estágios é a coleta de dados. Em sistemas de dois estágios, a ênfase está nos dados contábeis obtidos do razão geral. As subcontas, tais como despesas com salário de supervisão, são a base para o estágio um. O supervisor seria entrevistado para determinar a porcentagem de tempo que gasta nas várias atividades. Essas porcentagens seriam multiplicadas, então, pelo saldo da conta do razão geral. Esse processo é repetido para cada conta de despesa do razão geral. Em um sistema ABC de múltiplos estágios (baseado em processo), a ênfase está em coletar os dados operacionais que refletem os relacionamentos econômicos e físicos entre objetos de custo, atividades e recursos. Em conseqüência, os dados contábeis podem vir de várias fontes que não o razão geral. As taxas de custos para recursos de custo variável, por exemplo, não são encontradas no razão. Em vez de porcentagens de tempo gasto em atividades, o sistema de múltiplos estágios usa as taxas de consumo de recursos e atividade, que refletem os relacionamentos entrada–saída. Essas taxas são mais familiares para os gestores operacionais e, assim, ajudam a entender como o seu trabalho se relaciona aos custos.

- a) Observe que os dados mostrados na Figura 4.15 estão incompletos. Complete o diagrama da Figura 4.15, determinando os dados faltantes.
- b) Calcule o custo, por conta, para clientes residenciais e comerciais.
- c) Baseado nessa nova informação de ABC, que recomendação você faria à gestão do DF a respeito da terceirização para o escritório de atendimento local?

Figura 4.15 Alocação de custo de dois estágios para as operações do departamento de faturamento.

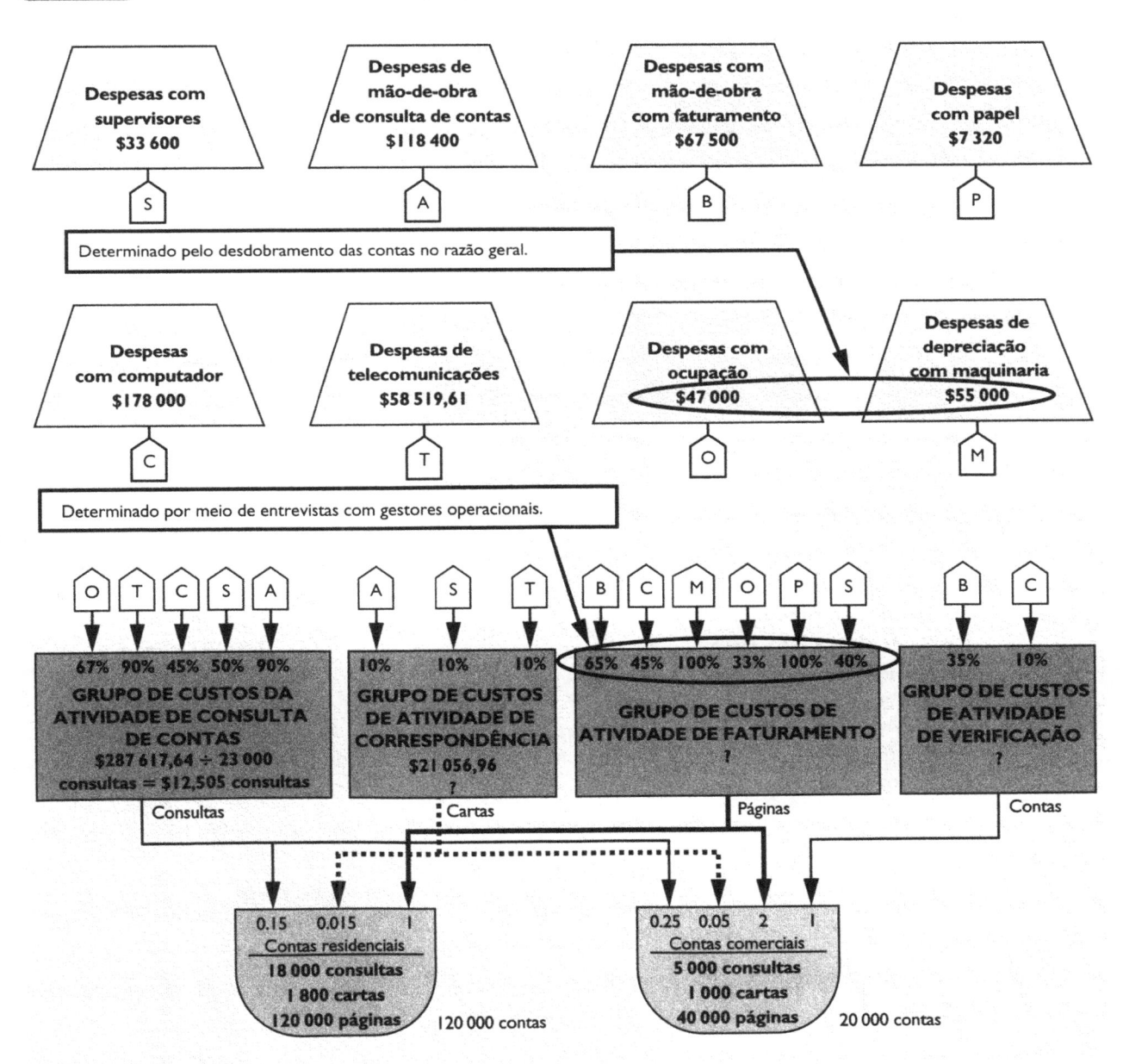

d) Prepare uma tabela ou mapa que contraste o custo residencial por conta com o custo comercial por conta, usando os sistemas tradicionais, o ABC de dois estágios e o ABC de múltiplos estágios. Comente sobre os resultados, indicando qual sistema fornece um melhor nível de acurácia e mais informações para propósitos gerenciais de planejamento e controle.

4-42. ABC e gestão baseada em atividade, fornecedor automotivo

A Reliable Machining Products (RMP) é um fornecedor de componentes automotivos. A RMP foi abordada pela General Motors para considerar a expansão de sua produção da peça H707, para uma quantidade anual total de duas mil unidades. Essa peça é um produto complexo de baixo volume, com alta margem bruta baseada no preço de venda unitário proposto (cotado) de $ 7,50. A RMP usa um sistema de custeio tradicional, que aloca custos indiretos de manufatura baseados nos custos de mão-de-obra direta. A taxa utilizada, atualmente, para alocar custos indiretos de manufatura é 400 por cento do custo da mão-de-obra direta. Essa taxa está baseada nos $ 3,3 milhões de custos indiretos de fabricação anuais divididos por $ 825 mil de custo de mão-de-obra direta anual. Para produzir as duas mil unidades de H707, necessita de $ 5 mil de materiais diretos e $ 1 mil de mão-de-obra direta. O custo unitário e a porcentagem de margem bruta para a peça H707, baseada no sistema de custo tradicional, está computado como segue.

	Total	Por unidade (÷ 2 000)
Material direto	$ 5 000	$ 2,50
Mão-de-obra direta	$ 1 000	$ 0,50
Custos indiretos de manufatura:		
(400% × mão-de-obra direta)	$ 4 000	$ 2,00
Total de custos	$ 10 000	$ 5,00
Preço de vendas cotado		$ 7,50
Margem bruta		$ 2,50
Porcentagem de margem bruta		33,3%

A gestão da RMP decidiu examinar a eficácia do seu sistema de custeio tradicional *versus* sistema ABC. Os seguintes dados foram coletados por uma equipe de analistas contábeis e engenheiros:

Centro de atividade	Custos indiretos de fabricação rastreáveis (anuais)
Qualidade	$ 800 000
Programação da produção	$ 50 000
Instalação	$ 600 000
Expedição	$ 300 000
Administração do transporte	$ 50 000
Produção	$ 1 500 000
Total dos custos indiretos de manufatura	$ 3 300 000

Centro de atividade: Direcionadores de custos	Quantidade anual de direcionadores de custos
Qualidade: Número de peças sucateadas	10 000
Programação da produção e preparação: Número de preparações	500
Transporte: Número de contêineres embarcados	60 000
Administração de embarque: Número de embarques	1 000
Produção: Número de horas–máquina	10 000

A equipe de contabilidade e engenharia realizou uma análise de atividade e forneceu as seguintes estimativas para a quantidade total de direcionadores de custo a ser usada para produzir duas mil unidades da peça H707:

Direcionador de custo	Consumo do direcionador de custo
Peças sucateadas	120
Preparações	4
Contêineres embarcados	10
Embarques	5
Horas–máquina	15

1. Prepare uma programação, calculando o custo unitário e a margem bruta da peça H707, usando a abordagem do sistema ABC.
2. Baseado nos resultados do ABC, que curso de ação você recomendaria em relação à proposta da General Motors? Liste os benefícios e custos associados à implementação de um sistema ABC na RMP.

4-43. Demonstrações contábeis para empresas de manufatura e comerciantes

A Outdoor Equipment Company (OEC) e a Mountain Supplies, Inc. (MSI) vendem barracas. A OEC compra suas barracas de um fabricante por $ 90 cada e as vende por $ 120. Ela comprou 10 mil barracas em 20X1. A MSI produz suas próprias barracas. Em 20X1, a MSI produziu 10 mil barracas. Os custos foram os seguintes:

Materiais diretos comprados		$ 535 000
Materiais diretos consumidos		$ 520 000
Mão-de-obra direta		$ 260 000
Custos indiretos de manufatura:		
Depreciação	$ 40 000	
Mão-de-obra indireta	$ 50 000	
Outros	$ 30 000	$ 120 000
Total dos custos de produção		$ 900 000

Suponha que a MSI não tenha estoque inicial de materiais diretos. Não havia estoque inicial de barracas acabadas, mas o estoque final consistia de mil barracas acabadas. O estoque final de produtos em processo era irrelevante.

Cada empresa vendeu nove mil barracas por $ 1,08 milhão em 20X1 e incorreu nos seguintes custos de venda e administrativos:

Salários de vendas e comissões	$ 90 000
Depreciação da loja de varejo	$ 30 000
Propaganda	$ 20 000
Outros	$ 10 000
Total dos custos de venda e administrativos	$ 150 000

1. Prepare a seção do balanço de estoques para 31 de dezembro de 20X1, para a OEC.
2. Prepare a seção do balanço de estoques para 31 de dezembro de 20X1, para a MSI.
3. Usando a Figura 4.4, da página 115, como modelo, prepare uma demonstração de resultado para o ano 20X1 da OEC.
4. Usando a Figura 4.4, da página 115, como modelo, prepare uma demonstração de resultado para o ano 20X1 da MSI.
5. Resuma as diferenças entre as demonstrações contábeis da OEC, um comerciante, e da MSI, um fabricante.

4-44. Empresa de distribuição, gestão baseada em atividade, planejamento da capacidade

A Southeast Distributors está em um negócio de distribuição de uma variedade de produtos para diferentes classificações de clientes, desde a pequena mercearia da esquina até grandes lojas. Há 16 atividades no sistema ABC da empresa. Algumas delas são: processar pedidos, receber, armazenar, desembalar e empilhar, selecionar, desempilhar e embalar, reembalar em caixas, reembalar em caixas de papelão, embarcar e processar devoluções. O modelo baseado em atividade da empresa calcula a rentabilidade de seus principais tipos de cliente. O mapa de processo tem 91 símbolos e 200 categorias contábeis. A figura abaixo mostra uma pequena porção desse mapa, o departamento de processamento de pedido (*order-processing* — OP, oito símbolos) para o mês de abril. O departamento realiza três atividades principais: processar pedidos regulares, processar devoluções e trocar pedidos. Os custos mostrados são os de recursos a ser alocados ao departamento. Os custos totais do departamento devem ser alocados às atividades departamentais baseados no número de documentos processados no OP. Observe que cada tipo de documento (trocas de pedido, devoluções e pedidos) leva praticamente a mesma quantidade de trabalho para processar (assim, as taxas de consumo são todas 1).

A Southeast Distributors recebe pedidos por telefone para caixas de produtos diferentes de vários tipos de cliente. Em algumas situações, o cliente, antes do embarque, pode alterar pedidos. Os pedidos são manuseados pela assessoria de recebimento de pedidos e, subseqüentemente, processados pela assessoria de faturamento e cobrança. Os recursos consumidos pelo departamento incluem computadores, assessorias de faturamento e cobrança, assessoria de recebimento de pedidos, e telecomunicações. O custo total médio incorrido para cada documento processado no OP é $ 28,1364, baseado nos dados de abril.

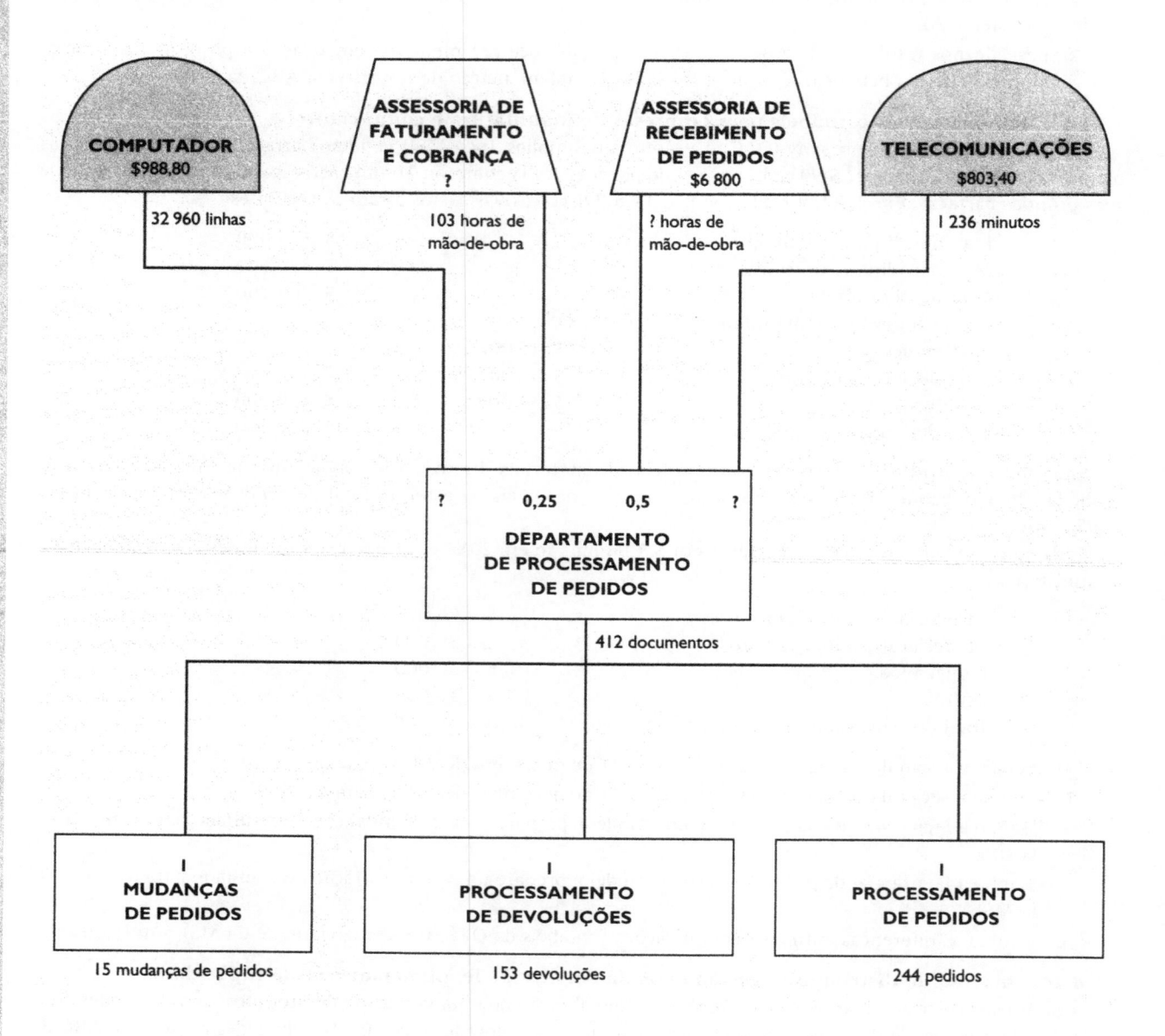

Dados de abril

```
   ┌─────────────┐    ┌─────────────┐    ┌─────────────┐    ┌─────────────┐
   │ COMPUTADOR  │    │ ASSESSORIA DE│   │ ASSESSORIA DE│    │TELECOMUNICAÇÕES│
   │  $988,80    │    │ FATURAMENTO │    │ RECEBIMENTO │    │   $803,40   │
   │             │    │ E COBRANÇA  │    │  DE PEDIDOS │    │             │
   │             │    │      ?      │    │   $6 800    │    │             │
   └──────┬──────┘    └──────┬──────┘    └──────┬──────┘    └──────┬──────┘
   32 960 linhas     103 horas de         ? horas de          1 236 minutos
                     mão-de-obra          mão-de-obra
```

              ?   0,25   0,5   ?
                ┌─────────────────────────┐
                │   DEPARTAMENTO   │
                │ DE PROCESSAMENTO   │
                │   DE PEDIDOS   │
                └─────────────────────────┘
                     412 documentos

   ┌──────────────┐   ┌──────────────┐   ┌──────────────┐
   │   1   │   │   1   │   │   1   │
   │   MUDANÇAS   │   │ PROCESSAMENTO│   │ PROCESSAMENTO│
   │ DE PEDIDOS │   │ DE DEVOLUÇÕES│   │ DE PEDIDOS │
   └──────────────┘   └──────────────┘   └──────────────┘
   15 mudanças de pedidos   153 devoluções   244 pedidos

a. Qual é a taxa de consumo de recurso para os recursos de computador e telecomunicação variável?

b. Qual é o custo total da assessoria de faturamento e cobrança para apoiar o departamento?

c. Qual é a quantidade de horas de mão-de-obra em que a assessoria de recebimento de pedido apóia as atividades do departamento?

d. Qual é o custo baseado em atividade das três atividades principais do departamento de processamento de pedidos?

e. Há uma pessoa na assessoria de faturamento e cobrança e duas pessoas na assessoria de recebimento de pedidos. Até agora, toda a assessoria trabalhou, em média, 135 horas por mês. Um novo acordo coletivo, entretanto, negociou um acordo, reduzindo o número de horas de mão-de-obra disponíveis para 120 por mês. Abril é um mês fraco para a Southeast. As vendas mais pesadas vêm em novembro, quando há 19 mudanças de pedidos, 190 devoluções e 300 pedidos. Com o novo acordo sindical, a empresa poderá satisfazer as necessidades de processamento em novembro? Explique.

f. Suponha que um ou mais grupos de mão-de-obra de assessoria não estejam aptos a satisfazer a demanda para o processamento de novembro. Que curso alternativo de ação a gestão pode tomar?

4-45. Revisão dos Capítulos 2, 3 e 4
A Gomez Hosiery Company fornece-lhe os seguintes dados diversos a respeito das operações em 20X1:

Lucro bruto	$ 20 000
Prejuízo líquido	$ (5 000)
Vendas	$ 100 000
Material direto consumido	$ 35 000
Mão-de-obra direta	$ 25 000
Custos indiretos de manufatura fixos	$ 15 000
Despesas de vendas e administrativas fixas	$ 10 000

Não há estoque inicial ou final

Calcule:
- a) As despesas variáveis de vendas e administrativas.
- b) A margem de contribuição em dinheiro.
- c) Os custos indiretos de manufatura variáveis.
- d) O ponto de equilíbrio das vendas em dinheiro.
- e) O custo de manufatura dos produtos vendidos.

4-46. Revisão dos Capítulos 2, 3 e 4
A Stephenson Corporation fornece-lhe os seguintes dados diversos a respeito das operações para 20X1:

Ponto de equilíbrio (em unidades monetárias de vendas)	$ 66 667
Material direto consumido	$ 24 000
Lucro bruto	$ 25 000
Margem de contribuição	$ 30 000
Mão-de-obra direta	$ 28 000
Vendas	$ 100 000
Custos indiretos variáveis de manufatura	$ 5 000

Não há estoque inicial ou final

Calcule:
- a) Os custos indiretos de manufatura fixos.
- b) As despesas variáveis de vendas e administrativas.
- c) As despesas fixas de vendas e administrativas.

4-47. Revisão dos Capítulos 2, 3 e 4
A U. Grant Company manufaturou e vendeu mil sabres durante o mês de novembro. Os dados selecionados para este mês estão a seguir:

Vendas	$ 100 000
Material direto consumido	$ 21 000
Mão-de-obra direta	$ 16 000
Custos indiretos variáveis de manufatura	$ 13 000
Custos indiretos fixos de manufatura	$ 14 000
Despesas de venda e administrativas variáveis	?
Despesas de venda e administrativas fixas	?
Margem de contribuição	$ 40 000
Lucro operacional	$ 22 000

Não há estoque inicial ou final

1. Quais foram as despesas de vendas e administrativas variáveis para novembro?
2. Quais foram as despesas de vendas e administrativas fixas para novembro?
3. Qual foi o custo dos produtos vendidos durante o mês de novembro?
4. Sem prejuízo de suas respostas anteriores, suponha que as despesas fixas de vendas e administrativas para novembro tenham montado $ 14 mil.
   - a) Qual é o ponto de equilíbrio em unidades físicas para novembro?
   - b) Quantas unidades devem ser vendidas para lucrar um resultado operacional alvo de $ 12 mil?

c) Qual teria sido o preço de venda unitário, se a empresa desejasse lucrar um resultado operacional de $ 17 mil na venda de 900 unidades?

Casos

4-48. Identificando atividades, recursos e direcionadores de custos na manufatura

A (D. Sandison) Extrusion Plastics é uma organização multinacional diversificada. Uma de suas divisões de manufatura, a Northeast Plastic Division, tornou-se menos rentável por causa do aumento de competição.

A divisão produz três linhas principais de produtos plásticos dentro de sua única fábrica. A linha do produto A é de alto volume, produziu peças simples em grandes lotes. A linha de produto B é de médio volume e peças mais complexas. A linha de produto C é de baixo volume, pedidos pequenos e peças altamente complexas.

Atualmente, a divisão aloca os custos indiretos de manufatura baseados na hora de mão-de-obra direta. O vice-presidente da manufatura está desconfortável usando os números de custo tradicionais. Ele pensa que a empresa está subprecificando os produtos mais complexos. Ele decide conduzir uma análise de custeio baseado em atividades dos negócios. As entrevistas foram conduzidas com os gestores-chave, a fim de identificar atividades, recursos, custos direcionadores e seus inter-relacionamentos.

Entrevistado: Gestor de produção

Q1: Que atividades são realizadas em sua área?

R1: Todos os produtos são manufaturados usando três máquinas caras de moldagem, similares e complexas. Cada máquina de moldagem pode ser usada na produção das três linhas de produtos. Cada preparação toma praticamente o mesmo tempo, independentemente do produto.

Q2: Quem trabalha em sua área?

R2: No ano passado, empregamos 30 operadores de máquina, dois mecânicos de manutenção e dois supervisores.

Q3: Como os operadores são usados no processo de moldagem?

R3: Ele exige nove operadores para apoiar uma máquina durante o processo de produção real.

Q4: O que os mecânicos de manutenção fazem?

R4: Sua função primária é realizar preparação das máquinas, entretanto, também lhes foi requisitado que fornecessem manutenção de máquinas durante o processo de moldagem.

Q5: Onde os supervisores gastam seu tempo?

R5: Eles fornecem supervisão para os operadores de máquina e os mecânicos de manutenção. Para a maior parte, os supervisores parecem gastar a mesma quantidade de tempo com cada um dos empregados que supervisionam.

Q6: Que outros recursos são usados para apoiar a manufatura?

R6: As máquinas de moldagem usam energia durante o processo de moldagem e durante a preparação. Pusemos medidores nas máquinas de moldagem para obter um melhor entendimento do seu consumo de energia. Descobrimos que, para cada hora que a máquina funciona, ela consome 6,3 quilowatts de energia. As máquinas também exigem materiais auxiliares consumíveis (por exemplo, lubrificantes, mangueiras, e assim por diante). Descobrimos uma correlação direta entre a quantidade de materiais auxiliares consumida e o tempo de processamento real.

Q7: Como o edifício é usado e que custos são associados a ele?

R7: Temos cem mil pés quadrados de edifício. O total de custos de aluguel e seguro por ano é $ 675 mil. Esses custos são alocados à produção, às vendas e à administração baseada na medida de pés quadrados.

1. Identifique as atividades, recursos e direcionadores de custos para a divisão.
2. Para cada recurso identificado no item 1, indique seu comportamento de custo em relação às atividades que apóia (suponha um período de planejamento de um mês).

4-49. ABC de múltiplos estágios, custeio de clientes, *benchmarking*, serviços bancários

Consulte os Exercícios 4-33 e 4-34. Independentemente de sua resposta ao exercício 4-34, suponha que os resultados do estudo ABC são os mostrados a seguir.

Atividade	Menor custo de atividade por direcionador unitário	Custo por direcionador unitário Agência da cidade de Colorado
Processar contas novas	$ 55,67 por conta nova	$ 67
Processar depósitos e saques	$ 1,45 por depósito ou saque	$ 1,96
Processar outras transações	$ 3,55 por transação	$ 3,99

Classe de cliente	Menor custo de atividade por conta	Custo por conta da agência da cidade de Colorado
Varejo	$ 68	$ 83
Comercial	$ 580	$ 696

A gestora da agência da Better Bank na cidade de Colorado está preocupada porque os custos da agência estão altos, comparados com os *benchmarks* dentro do sistema da Better Bank. Em particular, ela não está certa sobre como proceder com um programa de melhoria do processo, porque há dados operacionais insuficientes resultantes do estudo.

Embora ela saiba que o custo da atividade 'processar depósitos e saques', por exemplo, está claramente muito alto (refletindo ineficiências operacionais), comparado ao *benchmark*, ela não tem informação operacional pela qual começar. Quando solicitou à RSM sugestões para melhorias, sua resposta típica foi: "Essas porcentagens não nos ajudam em nada. Nós necessitamos de mais informação, como o tempo que leva para os caixas processarem depósitos e saques e quanto de supervisão é necessário para esse processo". Os gestores também observaram que os custos não-alocados montaram acima da metade do total dos custos da agência. Assim, a gestora da agência decidiu refinar o ABC de dois estágios pela implementação do ABC de múltiplos estágios.

Para converter o ABC de dois estágios em um modelo ABC de múltiplos estágios, deve ser feito o seguinte:

- Para cada atividade no modelo de dois estágios, determine se outras atividades são exigidas. Isso é feito por meio de entrevistas mais extensivas e análise de dados. De maneira geral, quanto mais profunda a análise, mais atividades adicionais rende e mais recursos podem ser alocados.
- Para cada recurso, determine um direcionador de custo e um comportamento de custo.
- Para atividades e recursos relacionados, determine as taxas de consumo do recurso. Substitua as porcentagens no modelo de dois estágios com essas taxas.

O resultado foi um mapa completo do processo para as operações da agência da cidade de Colorado. Esse mapa foi um documento utilizado para entrar com um modelo no programa de computador. O mapa do processo está mostrado na Figura 4.14, Painel B, na página 139. Os resultados-chave das entrevistas, da análise de dados e da análise do computador são dados na página seguinte.

1. A colaboração com outras agências que implementaram o ABC de múltiplos estágios, bem como entrevistas adicionais com os gestores das agências, resultou em duas atividades adicionais, que estão sendo identificadas e poderiam ser alocadas: processamento de empréstimos e investigação de retaguarda (histórico do crédito e emprego). O direcionador de custo para ambas as atividades é o número de solicitações de empréstimo.

2. Dois recursos de custo variável foram também identificados: telecomunicações e computadores. O direcionador de custo para telecomunicações são os minutos e o direcionador de custo para os serviços de computador são as 'transações de computador' *on-line*. Os dados de custo para cada um desses recursos de custo variável foram especificados em uma base de 'por direcionador de custo unitário' e pressupõe-se que essas taxas seriam aplicadas em todo o intervalo relevante da atividade. Os custos não-alocados resultantes do recurso foram reduzidos de $ 435 000 para $ 303 076.

3. A seguir, o manuscrito das entrevistas com os gestores assistentes de operações:

Q1: Você pode identificar outras atividades além daquelas do primeiro estudo ABC que usam montantes de recursos significativos?

R1: Sim. Embora não processemos muitas solicitações de empréstimos, comparadas aos depósitos e saques, quando os processamos, eles consomem muito tempo. No ano passado, tivemos 250 solicitações de empréstimos de varejo e cem solicitações comerciais. Os caixas processam aplicações e os RSM realizam muita pesquisa sobre o empréstimo. Usamos os computadores e o telefone muito tempo. Até mesmo a gestora da agência revê cada solicitação.

Q2: Você pode estimar, em termos de horas de mão-de-obra, como os caixas gastam seu tempo nas quatro atividades?

R2: Leva cerca de uma a uma hora e meia de mão-de-obra para os caixas processarem uma nova conta. Nossos registros mostram que, em média, levam cerca de três minutos para processar um depósito ou um saque, e cerca de nove minutos para processar outras transações. Isso se deve ao que mencionei sobre os empréstimos. Cada solicitação de empréstimo toma cerca de 20 a 30 minutos. Eu estimaria que 24 minutos seriam uma boa média.

Q3: Quantas transações de computador e quanto tempo de telefone você disse levar para o processo de empréstimo?

R3: Com base em nossos registros, os caixas usam o computador aproximadamente 15 minutos e fazem cerca de 38 transações de computador para cada solicitação de empréstimo. Os RSMs usam o computador dez minutos e fazem cerca de 45 transações de computador para análise e revisão. Os caixas não usam o telefone, mas, entre o gestor assistente e a gestora da agência, eu diria que cerca de 35 minutos do tempo de telefone são usados para a investigação de retaguarda em cada solicitação.

Q4: Você arrenda o tempo de computador ou possui seus computadores?

R4: Arrendamos os computadores, bem como o serviço de computador on-line. Somos cobrados pelo número de transações de computador on-line que fazemos, e a taxa atual é $ 0,05 por transação. Por exemplo, pode levar de 15 a 20 transações para processar um depósito para uma conta, mas a maioria delas é off-line. Haveria apenas de quatro a seis transações feitas on-line para um depósito. Os serviços financeiros para empresas que usamos têm um programa novo de software para processar depósitos e saques e um excelente programa de treinamento, entretanto, não compramos esse programa nem temos usado seu treinamento. No ano passado, o custo total do tempo de computador foi $ 73 503,75, e nossos registros mostravam que estávamos sendo faturados por 1 470 075 transações de computador.

Q5: Você mencionou que ambos os RSMs e a gestora da agência estavam envolvidos com as solicitações de empréstimo. Você pode especificar quanto tempo eles gastam?

R5: Sim, a maioria do trabalho em realizar a pesquisa do empréstimo é feita pelos RSMs. Eles gastam perto de duas horas investigando cada empréstimo. De fato, a média, no ano passado, foi 1,75 hora por solicitação. A aprovação final de um empréstimo é feita pela gestora da agência, após sua revisão. Isso leva cerca de meia hora por solicitação.

Q6: Você mencionou a revisão da gestora. Você quis dizer revisão do trabalho dos gestores assistentes ou análise dela em separado?

R6: O que eu quis dizer foi que a análise dela em separado leva 30 minutos. Ela também supervisiona todo o trabalho dos gestores assistentes. Eu estimaria que ela gasta cerca de nove minutos por hora com os RSMs.

4. Para as agências que implementaram o ABC de múltiplos estágios, muito mais dados de *benchmarking* foram gerados do que para o método de dois estágios, por causa do foco operacional. São os seguintes os dados de *benchmarking* para aquelas atividades e recursos em que diferenças significativas existiram entre a agência da cidade de Colorado e as melhores práticas do sistema da Better Bank.

Benchmarks operacionais selecionados para o sistema da Better Bank

Atividade e recurso relacionado	*Benchmark*
Processar contas novas — Tempo de mão-de-obra	1 hora por conta nova
Processar depósitos e saques — Tempo de mão-de-obra	2 minutos por depósito ou saque
Processar solicitação de empréstimo — Tempo mão-de-obra	15 minutos por solicitação
Processar solicitação de empréstimo — Computador	22 transações de computador por solicitação
Investigação de retaguarda — Tempo de análise (RSMs)	1 hora por solicitação
Investigação de retaguarda — Tempo de telecomunicações	20 minutos por solicitação
Processar outras transações — Tempo de mão-de-obra	6 minutos por transação
Processar outras transações — Computador	9 transações de computador por transação

Benchmarks financeiros selecionados para o sistema da Better Bank

Custo de processamento por conta nova	$ 35
Custo de processamento por depósito ou saque	$ 0,85
Custo de processamento de outras transações (por transação)	$ 6,25
Custo de processamento por solicitação de empréstimo	$ 153
Custo por cliente varejista	$ 75
Custo por cliente comercial	$ 830

5. Uma vez que os dados operacionais e financeiros foram coletados e entrados em um programa de computador, os custos rastreáveis para cada uma das quatro atividades primárias foi calculado.

Atividade	Custo rastreável
Abrir novas contas	$ 19 572
Processar depósitos e saques	$ 265 442
Processar outras transações	$ 317 680
Processar solicitações de empréstimo	$ 65 975

a) Consulte a Figura 4.14, Painel B. Complete o mapa de processo de negócios para a agência da cidade do Colorado ao determinar os dados faltantes. (Treze itens de dados retratados por ▢). Use as informações da entrevista.

b) Determine o custo de atividade por direcionador unitário para cada uma das quatro atividades primárias.

c) Determine o custo, por conta, para clientes de varejo e comerciais.

d) O que sua análise sugere sobre as operações da agência da cidade do Colorado?

e) A gestora da agência decidiu implementar um programa de melhoria de processo. O programa tem dois componentes: melhoria da eficiência do caixa, incluindo seu uso dos computadores (o uso de computadores para processar outras transações é inteiramente dos caixas), e melhoria da eficiência do RSM, incluindo seu uso das telecomunicações para pesquisar empréstimos. O objetivo do programa é obter níveis de eficiência do *benchmark*. O componente da eficiência do caixa envolveria os RSMs, que gastam mais tempo para treinar os caixas. Esse tempo adicional acrescentaria três minutos, em cada hora, ao tempo existente gasto pelos RSMs na supervisão dos caixas. O componente do RSM envolveria a automelhoria e a adoção de registros de crédito. No registro de crédito, um sistema de pontuação é usado para avaliar o risco dos solicitantes. Se a marca inicial do solicitante for mais elevada que uma interrupção específica, o RSM, automaticamente, aprova o empréstimo, sem nenhuma investigação de retaguarda. A gestora da agência precisa de uma análise da economia de custo esperada, associada a cada programa. Foi presumido que a melhoria de eficiência nas atividades (processar depósitos e saques, e assim por diante) não tem um impacto sobre os recursos não-alocados. As horas de mão-de-obra do caixa associadas com recursos não-alocados (580), por exemplo, permanecem inalteradas.

As economias de custo, de reduzir os níveis de mão-de-obra dos caixas ou dos gestores assistentes, será realizada por meio de acomodação de vagas, em vez de demissões. Atualmente, há 14 caixas disponíveis para 1 500 horas em cada ano. A gestão estabelece uma política em que os ganhos da eficiência em mão-de-obra não resultarão em demissões, mas, por meio de acomodação de vagas, o número de caixas será reduzido pelo tempo integral, em posições equivalentes economizadas [isto é: (as economias em horas) / 1 500 arredondado para baixo].

Uma análise parcialmente completada é apresentada na Figura 4.16. Complete-a, fazendo a seção da análise de mão-de-obra do caixa e determinando as economias de custo totais esperadas.

4-50. Pesquisa bibliográfica e a AT&T Corporation

A AT&T Corporation foi destacada na página 107. Ela usou a mesma abordagem (ABC de múltiplos estágios) do nosso exemplo da Portland Power Company ao implementar a gestão baseada em atividades. De fato, a AT&T tentou a abordagem do ABC de dois estágios, mas não foi feliz com isso. Uma descrição detalhada da experiência da AT&T com a ABM é dada no artigo "Activity Based Management at AT&T", de T. Hobdy, J. Thomson e P. Sharman, em *Management Accounting* (abril de 1994).

Compare a abordagem de projetar e implementar um sistema ABC e ABM, descrito no texto (Portland Power Company), com a usada pela AT&T, respondendo às seguintes questões:

1. Na AT&T, agora, foram alocados 'alguns custos de faturamento' para classes diferentes de cliente (tipos de fatura), antes de implementar a abordagem do modelo de processo para o ABC?

2. Na AT&T, quais unidades de negócios foram selecionadas como pilotos do projeto ABC e quais foram os objetivos gerais do estudo-piloto na perspectiva dos gestores?

3. Para a AT&T, dê exemplos de objetos de custos, atividades, recursos e direcionadores de custos.

4. Para a AT&T, 'o custo dos serviços de apoio para esses clientes individuais foi determinado ao identificar as atividades e as características de consumo do direcionador'. Para a atividade de faturamento da Portland Power, descreva o que significaram as características de consumo de custos para o recurso mão-de-obra.

5. A Figura 4.12, na página 130, mostra as operações do departamento de faturamento da Portland Power Company. Na AT&T, 'cada objeto de custo foi custeado multiplicando-se a quantidade de unidades de direcionadores unitários de cada atividade consumida pelo custo por direcionador unitário'. Usando os dados da Figura 4.12, explique como esse método se aplica à Portland Power Company para a classe de clientes residenciais.

6. Na AT&T, 'cada objeto de custo foi custeado multiplicando-se a quantidade de unidades de direcionadores unitários de cada atividade consumida pelo custo por direcionador unitário'. Usando os dados da Figura 4.12, explique como esse método se aplica à Portland Company para a classe de clientes residenciais.

Figura 4.16 Análise de custo do programa de benchmark para a agência da Better Bank na cidade do Colorado.

	ABRIR NOVAS CONTAS	PROCESSAR DEPÓSITOS E SAQUES	PROCESSAR OUTRAS TRANSAÇÕES	PROCESSAR SOLICITAÇÕES DE EMPRÉSTIMOS	INVESTIGAÇÕES DE RETAGUARDA	SUPERVISÃO DE CAIXAS	TOTAL
ANÁLISE DA MÃO-DE-OBRA DOS CAIXAS							
Consumo de recursos correntes (horas): Taxa corrente × Fluxo corrente							
Consumo de recursos de benchmark (horas): Taxa de benchmark × Fluxo corrente							
Economia de tempo de mão-de-obra dos caixas (horas)							
Economia de custos da mão-de-obra dos caixas							(1)
ANÁLISE DA MÃO-DE-OBRA DOS GESTORES DE VENDAS A VAREJO (RSM)							
Consumo de recursos correntes (horas): Taxa corrente × Fluxo corrente					1,75 × 350 = 612,5	0,10 × 15 017,5 = 1 501,75	
Consumo de recursos de benchmark (horas): Taxa de benchmark × Fluxo corrente					1,0 × 350 = 350,0	0,15 × 10 199,16 = 1 529,87	
Economia de tempo dos RSMs (horas)					262,5	(28,1)	234,4
Economia de custos dos RSMs							$-0- (2)*
ANÁLISE DE RECURSOS DE COMPUTADOR							
Consumo de recursos correntes (transações de computador):		15 × 41 000 = 615 000	15 × 350 = 5 250				
Consumo de recursos de benchmark:		9 × 41 000 = 369 000	22 × 350 = 7 700				
Economia de tempo de computador (minutos)		246 000	5 600				251 600
Economia de custos de computador (251 600 × $0,05)							$12 580 (3)
ANÁLISE DE RECURSOS DE TELECOMUNICAÇÕES							
Consumo de recursos correntes (minutos):					35 × 350 = 12 250		
Consumo de recursos de benchmark (minutos):					20 × 350 = 7 000		
Economia de tempo de telecomunicações (minutos)					5 250		5 250
Economia de tempo de telecomunicações 5 250 × $0,2649							$1 391 (4)
TOTAL DE ECONOMIA DE CUSTOS (1) + (2) + (3) + (4)							?

* Supondo que nenhum gestor de vendas a varejo (RSM) será demitido.

7. Na AT&T, o estudo ABC revelou que '25 por cento dos totais dos centros de custos foram atribuídos à investigação de mensagem (consultas de contas e correspondência)'. Para a Portland Power Company, qual é a porcentagem do total dos custos do departamento de faturamento atribuídos à investigação da consulta de contas?
8. Que melhorias de processo foram implementadas na AT&T para atividade e investigação de mensagem?

capítulo 5

Informação relevante e tomada de decisão: decisões de *marketing*

A Ferrovia Grand Canyon oferece viagens em trens clássicos pela borda sudeste do Grand Canyon. O trem parte da estação ferroviária Williams, no Arizona, e realiza uma viagem de 65 milhas.

Objetivos de aprendizagem

Ao terminar de estudar este capítulo, você deverá estar apto a:

1. Distinguir informação relevante de informação irrelevante para a tomada de decisões.
2. Usar o processo de decisão para tomar decisões empresariais.
3. Decidir aceitar ou rejeitar um pedido especial usando a técnica da margem de contribuição.
4. Decidir adicionar ou eliminar uma linha de produtos usando a informação relevante.
5. Calcular uma medida de lucratividade do produto quando a produção estiver limitada por um recurso escasso.
6. Discutir os fatores que influenciam as decisões de precificação na prática.
7. Calcular um preço de venda alvo por várias abordagens e comparar as vantagens e desvantagens dessas abordagens.
8. Usar o custeio-alvo para decidir se adiciona um novo produto.
9. **Entender como a informação relevante é usada por ocasião da tomada de decisões de marketing.**

Quando você está de férias, a última coisa com que deseja se preocupar é o transporte. Para os visitantes do Parque Nacional do Grand Canyon, a Grand Canyon Railway fornece uma alternativa relaxante para chegar ao Canyon (um vale em forma de garganta, nos Estados Unidos). Por que dirigir quando você pode se sentar confortavelmente e apreciar por 65 milhas o cenário de belos campos do interior do Arizona, no conforto de uma locomotiva inteiramente recondicionada? Músicos ambulantes tocam serenatas para você, e personagens do Velho Oeste encenam ataques e assaltos a mão armada, que oferecem uma idéia de como uma viagem de trem poderia ter sido para os lenhadores, mineiros e rancheiros na virada do século XIX para o XX. A Grand Canyon Railway, assim, oferece um passeio não apenas no Canyon em si, mas também pelo passado histórico.

Naturalmente, os passeios pelo passado não são exatamente econômicos. Os trilhos de trem de bitolas estreitas, bem como locomotivas a vapor e carros de passageiros, são caros para comprar ou recondicionar. A empresa gastou mais de $ 20 milhões antes de sua inauguração. Recuperar o investimento inicial enquanto realiza lucro não é fácil. De acordo com o *controller* da empresa, Kevin Call, "a precificação é, realmente, a chave do funcionamento de uma operação bem-sucedida".

A ferrovia oferece cinco classes diferentes de serviços, e escolher a precificação de cada uma determina o lucro e o retorno sobre o investimento que a empresa realizará. Para estabelecer preços, a gestão usa a técnica da margem de contribuição, introduzida no Capítulo 2.

Entre as influências na precificação discutidas no capítulo, os custos e as demandas dos clientes são os mais importantes para a ferrovia. Os preços cobrados não devem apenas assegurar um lucro razoável, mas também ser atrativos ao cliente.

Os custos são importantes nas decisões de *marketing* de muitos tipos de empresa. Que preço deveria uma loja Safeway cobrar por uma libra de hambúrguer? O que a Boeing deveria cobrar por um avião 777? Um fabricante de roupas deveria aceitar um pedido com desconto especial da Wal-Mart? Um fabricante de utilidades domésticas deveria adicionar um novo produto, por exemplo, uma panificadora automática, à sua linha de produtos? Ou deveria um produto existente ser eliminado? Os gestores de *marketing* confiam na informação contábil para responder a essas questões e tomar decisões importantes no dia-a-dia. Sem a informação contábil seria impossível, para uma empresa, determinar a estratégia de *marketing*. Não é qualquer informação contábil, entretanto, que se aplica a cada tipo de decisão. Neste capítulo, focalizaremos em identificar informações relevantes para as decisões de *marketing*. A habilidade em separar informação relevante de informação irrelevante é, freqüentemente, a diferença entre empresas modernas bem-sucedidas e fracassadas[1].

O CONCEITO DE RELEVÂNCIA

Que informação é relevante? Isso depende da decisão a ser tomada, o que, essencialmente, envolve escolher entre diversos cursos de ação. As ações disponíveis são determinadas, com freqüência, por um processo de pesquisa e seleção formal ou informal que consome tempo, talvez realizado por uma equipe da empresa que inclua engenheiros, contadores e executivos operacionais. Os contadores têm um papel importante no processo de tomada de decisão, não como tomadores de decisões, mas como coletores e relatores de informação relevante. (Embora muitos gestores desejem que o contador recomende a decisão apropriada, a escolha final sempre cabe ao executivo operacional.) O papel do contador na tomada de decisão é primordialmente a de um técnico especialista em análises financeiras que ajuda os gestores a focalizar a informação relevante que conduzirá à melhor decisão.

DEFINIÇÃO DE RELEVÂNCIA

Tomar decisões de negócios exige que os gestores comparem dois ou mais cursos alternativos de ação. Os contadores devem usar dois critérios para determinar se uma informação é relevante: ela deve ser uma receita ou custo futuro esperado e ter um elemento da diferença entre as alternativas. A **informação relevante** é o custo ou receita futura predita que diferenciará as alternativas.

Observe que a informação relevante é uma predição do futuro, não um resumo do passado. Os dados históricos (passado) não são condutores diretos de uma decisão. Tais dados podem ter relação indireta com uma decisão, pois podem ajudar a predizer o futuro, mas números do passado, por si só, são irrelevantes para a decisão em si. Por quê? Porque a decisão não pode afetar os dados passados. As decisões afetam o futuro. Nada pode alterar o que já aconteceu. Dos dados futuros esperados, apenas aqueles que diferirão de alternativa para alternativa são relevantes para a decisão. Qualquer item que permaneça o mesmo independentemente da alternativa selecionada é irrelevante. Se o salário do gestor de um departamento for o mesmo independentemente dos produtos estocados, por exemplo, o salário será irrelevante para a seleção dos produtos.

EXEMPLOS DE RELEVÂNCIA

Os seguintes exemplos o ajudarão a esclarecer as distinções mais importantes, necessárias para discriminar entre a informação relevante e a irrelevante.

Suponha que você sempre compre gasolina de qualquer um de dois postos de gasolina próximos. Ontem, você observou que um posto vendia gasolina a $ 1,50 por galão. O outro estava vendendo a $ 1,40. Seu automóvel precisa de gasolina e, ao tomar a decisão sobre em qual posto abastecer, você supõe que esses preços não se tenham alterado. Os custos relevantes são $ 1,50 e $ 1,40, custos futuros esperados que diferirão entre o uso das alternativas. Você usa sua experiência do passado (isto é, o que você observou ontem) para predizer os preços de hoje. Observe que o custo relevante não é o que você pagou no passado, ou o que você observou ontem, mas o que você espera pagar quando for abastecer com gasolina o seu veículo. Esse custo satisfaz nossos dois critérios: é um custo futuro esperado e difere entre as alternativas.

Você também pode planejar ter seu carro lubrificado. O preço recente em cada posto era $ 12, e isso é o que você espera pagar. Esse custo futuro esperado é irrelevante, porque será o mesmo em qualquer alternativa. Ele não satisfaz nosso segundo critério.

Em nível empresarial, considere a seguinte decisão: um fabricante está pensando em usar alumínio em vez de cobre para fabricar uma linha de cinzeiros. O custo do material direto diminuirá de $ 0,30 para $ 0,20 por cinzeiro.

O custo do cobre utilizado para essa comparação provavelmente vem de registros de custos históricos sobre o montante pago mais recentemente pelo cobre, mas o custo relevante nas análises de antecipação é o custo futuro esperado do cobre, comparado com o custo futuro esperado do alumínio.

---

1. *Ao longo deste e do próximo capítulo ignoraremos o valor do dinheiro no tempo e o imposto de renda (discutidos no Capítulo 11), a fim de nos concentrarmos nas idéias fundamentais.*

O custo com mão-de-obra direta continuará a ser $ 0,70 por unidade, independentemente do material usado. Esse é irrelevante, porque nosso segundo critério — um elemento que diferencia entre as alternativas — não é satisfeito.

	Alumínio	Cobre	Diferença
Material direto	$ 0,20	$ 0,30	$ 0,10
Mão-de-obra direta	$ 0,70	$ 0,70	—

Conseqüentemente, podemos, com segurança, excluir a mão-de-obra direta da comparação de alternativas.

A Figura 5.1 ilustra essa decisão simples e serve para mostrar a estrutura apropriada para decisões mais complexas. O Quadro 1(A) da figura representa os dados históricos do sistema contábil. O Quadro 1(B) representa outros dados, tais como índice de preços ou estatísticas do setor, obtidos de fonte externa do sistema contábil. Independentemente de suas fontes, os dados na etapa 1 ajudam na formulação das predições da etapa 2. (Lembre-se de que, embora os dados históricos possam atuar como um guia para predizer, eles são irrelevantes para a decisão em si.)

Na etapa 3, essas predições se tornam entradas para o modelo de decisão. Um **modelo de decisão** é qualquer método utilizado para fazer uma escolha. Tais modelos exigem, às vezes, procedimentos quantitativos elaborados, tais como o método matemático de uma refinaria de petróleo para decidir quais produtos manufaturar para um dado dia ou semana. Um modelo de decisão, entretanto, também pode ser simples. Ele pode estar limitado a uma única comparação de custos para escolher entre dois materiais. Nesse exemplo, nosso modelo de decisão é comparar os custos unitários preditos e selecionar a alternativa com o menor custo.

Estaremos nos referindo à Figura 5.1 freqüentemente, porque ela ilustra o principal conceito deste capítulo. De fato, esse processo de decisão aplica-se a todas as decisões empresariais, não importa quão simples ou complicadas elas possam ser. Ao usar esse processo, você estará apto a focalizar apenas a informação relevante — as diferenças futuras preditas entre alternativas — em qualquer decisão. No restante deste capítulo, usaremos esse processo de decisão para aplicar os conceitos de relevância a diversas decisões específicas de *marketing*.

Figura 5.1 O processo de decisão e o papel da informação.

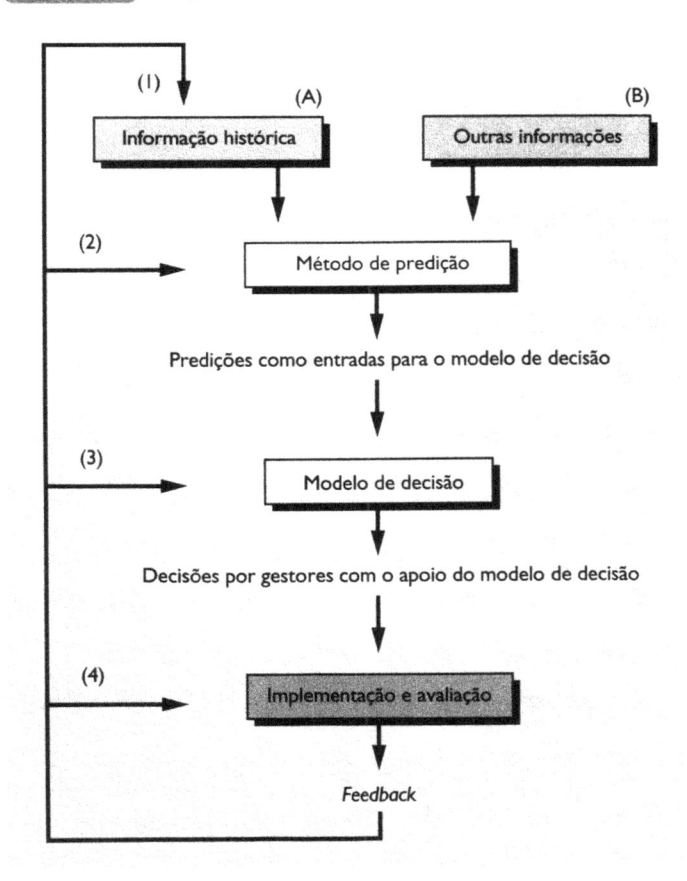

ACURÁCIA E RELEVÂNCIA

No melhor de todos os mundos possíveis, a informação utilizada para tomar decisões seria perfeitamente relevante e acurada. Na realidade, entretanto, tal informação é, freqüentemente, muito difícil ou muito onerosa para obter. Os contadores são, assim, forçados a substituir relevância por acurácia.

A informação precisa, mas irrelevante, é inútil para a tomada de decisão. O salário do presidente de uma universidade, por exemplo, pode ser de $ 140 mil por ano, até o último centavo, mas pode não estar relacionado à questão de comprar ou alugar equipamentos de processamento de dados. Entretanto, a informação imprecisa, embora relevante, pode ser útil. Predições de vendas para um novo produto, por exemplo, podem estar sujeitas a erro, mas elas ainda são úteis à decisão de manufaturar o produto. Naturalmente, a informação relevante deve ser razoavelmente acurada, mas não precisa ser exata.

O grau no qual a informação é relevante ou precisa (exata) depende, com freqüência, do grau no qual ela é qualitativa ou quantitativa. Os aspectos qualitativos são aqueles para os quais a mensuração em unidades monetárias e centavos é difícil ou imprecisa; os aspectos quantitativos são aqueles para os quais a mensuração é fácil e precisa. Contadores, estatísticos e matemáticos tentam expressar tantos fatores de decisão quantos forem viáveis em termos quantitativos, porque essa abordagem reduz o número de fatores qualitativos a ser julgados. Como acabamos de observar que a relevância é mais importante que a exatidão na tomada de decisão, um aspecto qualitativo pode facilmente ter mais peso do que um impacto financeiro mensurável (quantitativo) em muitas decisões.

O extremo oposto de um militante sindical para uma nova maquinaria que economiza mão-de-obra, por exemplo, poderia levar um gestor a não instalar um equipamento, mesmo que ele economizasse dinheiro. Alternativamente, para evitar uma dependência de longo prazo de um fornecedor em particular, uma empresa pode deixar passar a oportunidade de comprar um componente do fornecedor a um preço abaixo do custo de produzi-lo ela mesma.

Da mesma maneira, os gestores, às vezes, introduzem novas tecnologias (por exemplo, sistemas de computador avançados ou equipamentos automatizados), mesmo que os resultados quantitativos esperados não pareçam atrativos. Os gestores defendem tais decisões apoiados no fato de que a falha de manter-se atualizados em nova tecnologia irá, seguramente, trazer resultados financeiros desfavoráveis mais cedo ou mais tarde.

O PEDIDO ESPECIAL DE VENDAS

A primeira decisão para a qual examinamos informação relevante é o pedido especial de vendas.

EXEMPLO ILUSTRATIVO

Em nossa ilustração, focalizaremos a Cordell Company. Suponha que a Cordell fabrique e venda um milhão de unidades de produtos, tais como peças automotivas de reposição. O custo de manufatura dos produtos fabricados é de $ 30 milhões. O custo unitário de manufatura do produto é $ 30 000 000 ÷ 1 000 000, ou $ 30 por unidade. Suponha que um pedido pelo correio, próximo do fim do ano, tenha oferecido à Cordell $ 26 por unidade, para um pedido especial de cem mil unidades que:

- não afetaria o negócio regular da Cordell de nenhuma maneira;
- não aumentaria nenhuma questão antitruste a respeito da discriminação de preço;
- não afetaria os custos fixos totais;
- não exigiria nenhuma despesa variável adicional de venda e administrativa;
- mas usaria alguma capacidade de manufatura ociosa.

Deveria a Cordell aceitar o pedido? Talvez devamos colocar a questão mais corretamente: Qual é a diferença, nos resultados contábeis a curto prazo, entre aceitar e não aceitar? Como sempre, a questão-chave é: Qual é a diferença entre as alternativas? A Figura 5.2 apresenta a demonstração de resultado (sem o pedido especial) da Cordell Company, usando a técnica da margem de contribuição.

ANÁLISE CORRETA — FOCO NA INFORMAÇÃO RELEVANTE E NO COMPORTAMENTO DE CUSTO

A análise correta centra-se em determinar a informação relevante e o comportamento do custo. Ela emprega a técnica da margem de contribuição. Como a Figura 5.3 mostra, esse pedido em particular afeta apenas os custos variáveis de manufatura, a uma taxa de $ 24 por unidade. Todos os outros custos variáveis e fixos não são afetados e, portanto, são irrelevantes; assim, um gestor pode, seguramente, ignorá-los ao tomar a decisão sobre o pedido especial.

Observe como a distinção da técnica da margem de contribuição entre os padrões de comportamento de custo fixo e variável ajuda na análise de custo necessária. O total de resultado no curto prazo aumentará em $ 200 mil se

Figura 5.2 Cordell Company.

Demonstração de resultado na forma de contribuição para o ano encerrado em 31 de dezembro de 20X1 (em $ milhares)

Forma de contribuição		
Vendas		$ 40 000
Menos: despesas variáveis		
Manufatura	$ 24 000	
Vendas e administrativas	$ 2 200	$ 26 200
Margem de contribuição		$ 13 800
Menos: despesas fixas		
Manufatura	$ 6 000	
Vendas e administrativas	$ 5 800	$ 11 800
Lucro operacional		$ 2 000

Figura 5.3 Cordell Company.

Demonstrações de resultado predito comparativas, técnica da margem de contribuição para o ano encerrado em 31 de dezembro de 20X1

	Sem pedido especial 1 000 000 unid.	Efeito do pedido especial 100 000 unid. Total	Efeito do pedido especial 100 000 unid. Por unid.	Com pedido especial 1 100 000 unid.
Vendas	$ 40 000 000	$ 2 600 000	$ 26	$ 42 600 000
Menos: despesas variáveis				
Manufatura	$ 24 000 000	$ 2 400 000	$ 24	$ 26 400 000
Vendas e administrativas	$ 2 200 000	—	—	$ 2 200 000
Total de despesas variáveis	$ 26 200 000	$ 2 400 000	$ 24	$ 28 600 000
Margem de contribuição	$ 13 800 000	$ 200 000	$ 2	$ 14 000 000
Menos: despesas fixas				
Manufatura	$ 6 000 000	—	—	$ 6 000 000
Vendas e administrativas	$ 5 800 000	—	—	$ 5 800 000
Total de despesas fixas	$ 11 800 000	—	—	$ 11 800 000
Lucro operacional	$ 2 000 000	$ 200 000	$ 2	$ 2 200 000

a Cordell aceitar o pedido — apesar de o preço de venda unitário de $ 26 ser menor que o custo de manufatura unitário total de $ 30. Por que incluímos os custos fixos na Figura 5.3? Afinal, eles são irrelevantes. Foram incluídos porque a gestão deseja saber a diferença nos resultados contábeis, a curto prazo, entre não aceitar e aceitar o pedido especial. A análise poderia ter terminado com a linha da margem de contribuição, mas desejávamos mostrar como a diferença afetaria a 'última linha' — resultado operacional. Haverá ocasiões em que os dados irrelevantes serão incluídos na apresentação da análise do contador. Por quê? Para atender às preferências dos gestores que usarão a informação para a tomada de decisão.

ANÁLISE INCORRETA — USO ERRÔNEO DO CUSTO UNITÁRIO

Uma análise de custo imperfeita às vezes ocorre por causa da interpretação errônea dos custos fixos unitários. Os gestores da Cordell, por exemplo, podem erroneamente usar o custo manufatura total de $ 30 por unidade para fazer a seguinte predição para o ano:

Análise incorreta	Sem pedido especial 1 000 000 unidades	Efeito incorreto do pedido especial 100 000 unidades	Com pedido especial 1 100 000 unidades
Vendas	$ 40 000 000	$ 2 600 000	$ 42 600 000
Menos: custo de manufatura dos produtos vendidos a $ 30	$ 30 000 000	$ 3 000 000	$ 33 000 000
Margem bruta	$ 10 000 000	$ (400 000)	$ 9 600 000
Despesas de vendas e administrativas	$ 8 000 000	—	$ 8 000 000
Lucro operacional	$ 2 000 000	$ (400 000)	$ 1 600 000

A predição incorreta de um aumento de $ 3 milhões em custos resulta da multiplicação de cem mil unidades por $ 30. Naturalmente, a falácia nessa abordagem é que trata um custo fixo (custo fixo de manufatura) como se fosse variável. Evite a suposição de que os custos unitários possam ser usados indiscriminadamente como base para predizer como os custos totais se comportarão. Os custos unitários são úteis para predizer custos variáveis, mas são, com freqüência, enganadores quando usados para predizer custos fixos.

Confusão entre custos variáveis e fixos

Considere o relacionamento entre custos fixos totais de manufatura e custos fixos unitários de manufatura do produto:

$$\text{custos fixos por unidade do produto} = \frac{\text{custos fixos totais de manufatura}}{\text{algum nível de volume selecionado como o denominador}}$$

$$= \frac{\$ 6\,000\,000}{1\,000\,000 \text{ de unidades}} = \$ 6 \text{ por unidade}$$

Como notado no Capítulo 2, o sistema de contabilidade de custo típico atende a dois propósitos simultaneamente: planejamento e controle, e custeio do produto. O custo fixo total para fins de planejamento e controle orçamentário pode ser representado graficamente como uma soma:

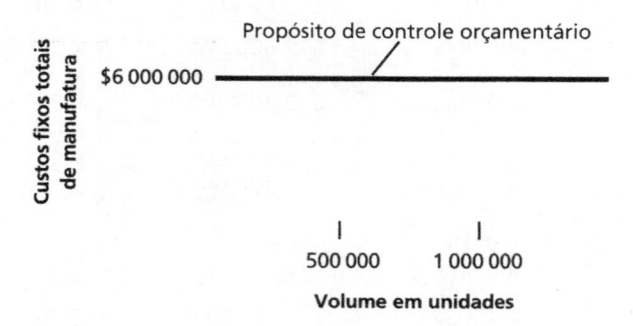

Para propósitos de custeio do produto, entretanto, usar o custo unitário total de manufatura implica que esses custos fixos têm um padrão de comportamento de custo variável:

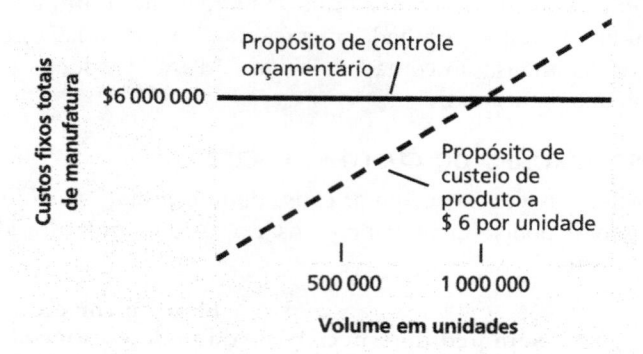

A adição de cem mil unidades não adicionará nenhum custo fixo total, desde que o total de produção esteja dentro do intervalo relevante. A análise incorreta, entretanto, inclui 100 000 × $ 6 = $ 600 000 de custos fixos, nas predições do aumento do custo total.

Em suma, devemos calcular o aumento nos custos de manufatura multiplicando um milhão de unidades por $ 24, não por $ 30. Os $ 30 incluem o componente de $ 6, que não afeta os custos totais de manufatura com as mudanças de volume.

Apresentamos duas lições principais até aqui neste capítulo: a informação relevante e o uso incorreto dos custos unitários. Não podemos expressar suficientemente quão importante é entender claramente a definição e o conceito de informação relevante. Ela também é importante para entender por que o uso dos custos fixos unitários pode levar a uma análise incorreta.

Considere o caso em que a gestão de uma empresa que faz pequenas utilidades domésticas decide se aceita ou rejeita um pedido especial para mil unidades. (Suponha que haja capacidade suficiente disponível para o pedido.)

1. Quais dos seguintes custos são relevantes?
   a) Peças para pedido.
   b) Salário do supervisor.
   c) Depreciação do equipamento de montagem.
   d) Energia para operar o equipamento de montagem.
2. Suponha que o custo unitário total de manufatura para mil unidades seja de $ 100 por unidade. Determinamos esse montante ao dividir o custo total por mil unidades. Se o cliente decidir dobrar o pedido para duas mil unidades, como o custo unitário listado na Questão 1 mudaria? O custo total do pedido dobraria?

Respostas

1. Os custos relevantes e as receitas são custos futuros preditos e receitas que diferem entre cursos alternativos de ação. Nesse caso, o custo das peças e da energia aumentaria se a gestão aceitasse o pedido, e assim eles são relevantes.
2. Os custos fixos por unidade diminuirão se o cliente dobrar o pedido, visto que o custo variável por unidade permanecerá o mesmo. Os salários de supervisores fixos, por exemplo, serão divididos por duas mil unidades, em vez de por apenas mil unidades; assim, o custo de supervisor por unidade diminuirá. O custo por unidade das peças permaneceria o mesmo, como o custo de energia por unidade. Assim, o custo unitário total cairia, e o custo total do pedido não dobraria.

CUSTEIO BASEADO EM ATIVIDADE, PEDIDOS ESPECIAIS E CUSTOS RELEVANTES

Para identificar os custos relevantes afetados por um pedido especial (ou por outras decisões especiais), mais e mais empresas estão indo um passo adiante simplesmente identificando custos fixos e variáveis. Como indicado nos Capítulos 3 e 4, muitas atividades diferentes são associadas com as operações da empresa. As empresas que têm identificado todas as suas atividades significativas e os direcionadores de custos relacionados podem produzir informações relevantes mais detalhadas, a fim de predizer os efeitos de pedidos especiais mais acuradamente.

Suponha que a Cordell Company tenha examinado seus $ 24 milhões de custos de manufatura variáveis bem de perto e identificado duas atividades significativas e os direcionadores de custos relacionados: $ 18 milhões de atividade de processamento, que varia diretamente com as unidades produzidas a uma taxa de $ 18 por unidade, e $ 6 milhões de atividade de preparação, que varia com o número de preparações de produção. Normalmente, para o processamento de um milhão de unidades, a Cordell tem 500 preparações a um custo de $ 12 mil por preparação, com uma média de duas mil unidades processadas para cada preparação. As vendas adicionais, geralmente, exigem um aumento proporcional no número de preparações.

Suponha, agora, que o pedido especial seja para cem mil unidades, que variam apenas ligeiramente nas especificações de produção. Em vez das normais 50 preparações, a Cordell necessitará de apenas cinco preparações. Assim, processar cem mil unidades levará $ 1,86 milhão de custos variáveis de manufatura adicionais:

Custo variável de manufatura baseado em unidades adicionais, 100 000 × $ 18	$ 1 800 000
Custo variável de manufatura baseado em preparações adicionais, 5 × $ 12 000	$ 60 000
Total de custo variável de manufatura adicional	$ 1 860 000

Em vez da estimativa original de 100 000 × $ 24 = $ 2 400 000 de custo variável de manufatura adicional, o pedido especial custará apenas $ 1,86 milhão, ou $ 540 mil menos que a estimativa original. Conseqüentemente, o custeio baseado em atividade (ABC) permite que os gestores percebam que o pedido especial é mais rentável do que o predito em $ 540 mil, do que o simples custo variável de manufatura da avaliação baseada no custo unitário.

Um pedido especial também pode ser mais oneroso do que o predito por uma análise simples de custos variáveis e fixos. Suponha que o pedido especial de cem mil unidades exigisse uma variedade de modelos e cores entregues em vários momentos, de modo que cem preparações fossem necessárias. O custo variável do pedido especial seria de $ 3 milhões.

Custo variável baseado em unidades adicionais, 100 000 × $ 18	$ 1 800 000
Custo variável baseado em preparações adicionais, 100 × $ 12 000	$ 1 200 000
Total de custo variável adicional	$ 3 000 000

PROBLEMA RESUMIDO PARA REVISÃO

PROBLEMA

1. Retorne ao exemplo básico da Figura 5.3. Suponha que a Cordell Company tenha recebido um pedido especial para cem mil unidades que tenha os seguintes termos: O preço de venda seria $ 27, em vez de $ 26, mas a um agente do fabricante que obteve o pedido potencial teria de ser paga uma comissão fixa de $ 80 mil, se o pedido fosse aceito. O pedido especial deveria ser aceito?

2. O que aconteceria se o pedido subisse para 250 mil unidades, a um preço de venda de $ 23, e não houvesse a comissão de agente, de $ 80 mil? Sabe-se que alguns gestores argumentariam pela aceitação de tal pedido, como segue: "Certamente, perderemos $ 1 cada sobre o custo variável de manufatura, mas ganharemos $ 1,20 por unidade ao distribuir nossos custos fixos de manufatura sobre 1,25 milhão de unidades, em vez de um milhão de unidades. Conseqüentemente, devemos aceitar a oferta, porque ela representa uma vantagem de $ 0,20 por unidade".

Antigo custo fixo de manufatura por unidade, $ 6 000 000 ÷ 1 000 000	$ 6,00
Novo custo fixo de manufatura por unidade, $ 6 000 000 ÷ 1 250 000	$ 4,80
'Economia' em custo fixo de manufatura por unidade	$ 1,20
Perda no custo variável de manufatura por unidade, $ 23,00 – $ 24,00	$ 1,00
Economia líquida por unidade no custo de manufatura	$ 0,20

Explique por que esse é um pensamento imperfeito.

SOLUÇÃO

1. Foco na informação relevante — as diferenças em receitas e custos. Neste problema, além da diferença nos custos variáveis, há uma diferença em custos fixos entre as duas alternativas.

Receita adicional, 100 000 unidades a $ 27 por unidade	$ 2 700 000
Menos: custos adicionais	
Custos variáveis, 100 000 unidades a $ 24 por unidade	$ 2 400 000
Custos fixos, comissão do agente	$ 80 000
Aumento no lucro operacional do pedido especial	$ 220 000

Assim, de uma perspectiva estritamente financeira, o pedido especial deveria ser aceito.

2. O pensamento imperfeito vem de atribuir uma 'economia' à diminuição dos custos fixos unitários. Independentemente de como nós 'transformamos' os custos fixos de manufatura em unidades ou os 'distribuímos' sobre as unidades produzidas, o pedido especial não mudará o total dos $ 6 milhões. Lembre-se de que temos uma margem de contribuição negativa de $ 1 por unidade nesse pedido especial. Assim, não temos como cobrir nenhum montante de custos fixos! Os custos fixos não são relevantes para essa decisão.

ELIMINAÇÃO OU ADIÇÃO DE PRODUTOS, SERVIÇOS OU DEPARTAMENTOS

A informação relevante também exerce um papel importante nas decisões sobre a adição ou eliminação de produtos, serviços ou departamentos.

CUSTOS EVITÁVEIS E CUSTOS INEVITÁVEIS

Os negócios existentes, freqüentemente, desejarão expandir ou terceirizar suas operações, a fim de melhorar a lucratividade. Como pode um fabricante decidir se adiciona ou elimina produtos? Da mesma maneira, um varejista decide se adiciona ou elimina departamentos: examinando todas as informações de custos relevantes e receitas. Considere, por exemplo, uma loja de departamento de desconto que tem três departamentos principais: mercearia, mercadorias em geral e drogarias. A gestão está considerando eliminar o departamento de mercearia, que tem apresentado, consistentemente, prejuízo operacional. A seguinte tabela relata o lucro operacional anual atual da loja (em $ milhares).

	Departamentos			
	Total	Mercearia	Mercadorias em geral	Drogaria
Vendas	$ 1 900	$ 1 000	$ 800	$ 100
Custo variável dos produtos vendidos e despesas*	$ 1 420	$ 800	$ 560	$ 60
Margem de contribuição	$ 480 (25%)	$ 200 (20%)	$ 240 (30%)	$ 40 (40%)
Despesas fixas (salários, depreciação, seguro, impostos prediais, e assim por diante):				
Evitáveis	$ 265	$ 150	$ 100	$ 15
Inevitáveis	$ 180	$ 60	$ 100	$ 20
Despesas fixas totais	$ 445	$ 210	$ 200	$ 35
Lucro operacional	$ 35	$ (10)	$ 40	$ 5

* Exemplos de despesas variáveis incluem sacolas de papel para compras e comissões de venda.

Observe que as despesas fixas são divididas em duas categorias: evitáveis e inevitáveis. **Custos evitáveis** — custos que não continuarão a incorrer se uma operação em andamento for mudada ou eliminada — são relevantes. Em nosso exemplo, os custos evitáveis incluem os salários do departamento e outros custos que poderiam ser eliminados ao não operar o departamento específico. **Custos inevitáveis** — custos que continuam a incorrer mesmo se uma operação for suspensa — não são relevantes em nosso exemplo porque não são afetados por uma decisão de eliminar o departamento. Os custos inevitáveis incluem muitos **custos comuns**, que são os de instalações e serviços compartilhados pelos usuários[2]. A depreciação da loja, o aquecimento, o ar-condicionado e as despesas gerais de gestão, por exemplo, são custos de recursos compartilhados utilizados por todos os departamentos. Para o nosso exemplo suponha, primeiro, que as únicas alternativas a ser consideradas são a eliminação ou a continuação do departamento de mercearia, que mostra um prejuízo de $ 10 mil. Suponha ainda que os ativos totais investidos não seriam afetados pela decisão. O espaço vago estaria ocioso, e os custos inevitáveis continuariam a incorrer. Qual alternativa você recomendaria? Segue-se uma análise (em $ milhares).

	Loja como um todo		
Demonstrações de resultado	Total antes da mudança (a)	Efeito da eliminação da mercearia (b)	Total depois da mudança (a) – (b)
Vendas	$ 1 900	$ 1 000	$ 900
Despesas variáveis	$ 1 420	$ 800	$ 620
Margem de contribuição	$ 480	$ 200	$ 280
Despesas fixas evitáveis	$ 265	$ 150	$ 115
Contribuição de lucro para o espaço comum e outros custos inevitáveis	$ 215	$ 50	$ 165
Espaço comum e outros custos inevitáveis	$ 180	—	$ 180
Lucro operacional	$ 35	$ 50	$ (15)

A análise precedente mostra que a situação estaria pior, em vez de melhor, se o departamento de mercearia da loja fosse eliminado e deixasse ociosas as instalações vazias. Em suma, como a demonstração de resultado mostra, a mercearia traz uma margem de contribuição de $ 200 mil, que é $ 50 mil mais do que os $ 150 mil de despesas fixas que seriam economizadas ao fechar o departamento de mercearia, que mostrou um prejuízo na primeira demonstração de resultado por causa do custo fixo inevitável debitado a ele.

---

2. O conceito de custo evitável é usado por regulamentadores governamentais, bem como por executivos empresariais. A Amtrak, por exemplo, divide seus custos em evitáveis — custos que 'cessariam se a rota fosse eliminada' — e fixos — custos que 'permaneceriam relativamente constantes se uma única rota fosse descontinuada'. A Interstate Commerce Comission dos Estados Unidos considera, então, os custos evitáveis, ao avaliar a aprovação de uma solicitação da ferrovia para abandonar uma rota. Similarmente, o governo canadense considera o custo evitável quando determina o montante de subsídio a ser dado ao sistema ferroviário de passageiros do país. A Montreal Gazette relatou que as receitas cobrem apenas 35 por cento dos "$ 7 milhões em custos evitáveis (custos que não existiriam se o trem desaparecesse amanhã — como os salários da assessoria, refeições, combustível e a manutenção das estações de trem)".

	Efeitos das mudanças			
(Em $ milhares)	Total antes das mudanças (a)	Eliminação da mercearia (b)	Expansão de mercadorias em geral (c)	Total depois das mudanças (a) – (b) + (c)
Vendas	$ 1 900	$ 1 000	$ 500	$ 1 400
Despesas variáveis	$ 1 420	$ 800	$ 350	$ 970
Margem de contribuição	$ 480	$ 200	$ 150	$ 430
Despesas fixas evitáveis	$ 265	$ 150	$ 70	$ 185
Contribuição ao espaço comum e outros custos inevitáveis	$ 215	$ 50	$ 80	$ 245
Espaço comum e outros custos inevitáveis*	$ 180	—	—	$ 180
Lucro operacional	$ 35	$ 50	$ 80	$ 65

*Inclui $ 60 mil de custos fixos anteriores da mercearia, que eram alocações de custos comuns inevitáveis, que continuarão independentemente de como o espaço seja ocupado.

Naturalmente, a maioria das empresas não gosta de ter espaço ocioso; assim, talvez o exemplo precedente fosse um pouco básico demais. Suponha agora que a loja pudesse usar o espaço disponível pela eliminação da mercearia para expandir o departamento de mercadorias em geral. O espaço seria ocupado pela mercadoria que aumentaria as vendas em $ 500 mil, gerando uma porcentagem de margem de contribuição de 30 por cento, e tem custos fixos evitáveis de $ 70 mil. O aumento de $ 80 mil no lucro operacional da mercadoria em geral mais do que compensa os $ 50 mil de declínio da eliminação da mercearia, fornecendo um aumento geral no lucro operacional de $ 65 000 – $ 35 000 = $ 30 000.

O objetivo, ao decidir se adiciona ou elimina novos produtos, serviços ou departamentos, é obter a maior contribuição possível para pagar custos inevitáveis, que permanecerão os mesmos independentemente de qualquer decisão. Assim, a chave é escolher a alternativa que contribuirá com a maioria dos pagamentos desses custos. A análise que se segue ilustra esse conceito para o nosso exemplo.

	Contribuição de lucro do espaço dado (em $ milhares)		
	Mercearia	Expansão das mercadorias em geral	Diferença
Vendas	$ 1 000	$ 500	$ 500 D
Despesas variáveis	$ 800	$ 350	$ 450 F
Margem de contribuição	$ 200	$ 150	$ 50 D
Despesas fixas evitáveis	$ 150	$ 70	$ 80 F
Contribuição ao espaço comum e outros custos inevitáveis	$ 50	$ 80	$ 30 F

F = Diferença favorável resultante da substituição da mercearia pelas mercadorias em geral.
D = Diferença desfavorável.

Em nosso exemplo, a mercadoria geral não alcançará o volume de vendas em dinheiro que a mercearia alcançaria, mas a maior porcentagem de margem de contribuição e os custos de salários reduzidos (na maior parte por causa da necessidade diminuída por auxiliares de estocagem e conferência) combinam-se para produzir um efeito mais favorável na última linha.

Esse exemplo ilustra que os custos relevantes não são sempre variáveis. Na decisão de pedido especial, os custos relevantes foram os variáveis, que podem ter feito você acreditar que deveria sempre ignorar os custos fixos e focalizar apenas os custos variáveis. A chave para a tomada de decisão, entretanto, não é confiar em uma regra rápida e rígida sobre o que ignorar e o que não ignorar. Em vez disso, você precisa analisar todos os custos e dados da receita pertinentes, para determinar o que é e o que não é relevante. Nesse caso, os custos relevantes incluíram os custos evitáveis fixos.

USO ÓTIMO DE RECURSOS LIMITADOS

Quando uma empresa que fabrica mais de um produto estiver operando em plena capacidade, os gestores, freqüentemente, deverão decidir que pedidos aceitar. A técnica da margem de contribuição também se aplica aqui, porque o produto a ser enfatizado ou o pedido a ser aceito é aquele que produz a maior contribuição ao lucro total

tomada cinco

Quando os gestores enfrentam uma decisão sobre se adicionam ou eliminam um produto, serviço ou departamento, é útil classificar os custos fixos associados como evitáveis ou inevitáveis. Indique se os seguintes custos fixos são evitáveis ou inevitáveis se uma empresa elimina um produto. Suponha que a empresa produza muitos produtos em uma única fábrica.

1. Depreciação sobre equipamentos utilizados na produção. O equipamento será vendido se o produto for descontinuado.
2. Salário do gestor da fábrica.
3. Depreciação do edifício da fábrica.
4. Custos de propaganda para o produto. As propagandas específicas são colocadas apenas para esse produto.

Respostas

Os itens 1 e 4 são custos fixos evitáveis. O salário do gestor da fábrica permanecerá, geralmente, inalterado se a empresa descontinuar apenas um produto. Assim, ele é inevitável. O mesmo é verdadeiro para a depreciação da fábrica. Portanto, é também um custo inevitável.

por unidade de fator limitativo. Um **fator limitativo** ou **recurso escasso** restringe ou limita a produção ou venda de um produto ou serviço. Os fatores limitativos incluem horas de mão-de-obra e horas–máquina, que limitam a produção (e, portanto, as vendas) nas empresas de manufatura. Incluem também os pés (metros) quadrados de espaço ou metros cúbicos de espaço de exposição, que limitam as vendas nas lojas de departamento.

A técnica da margem de contribuição deve ser utilizada sabiamente. Os gestores, às vezes equivocadamente, favorecem aqueles produtos com a maior margem de contribuição ou margem bruta por unidade monetária de vendas, sem considerar os recursos escassos.

Suponha que uma empresa tenha dois produtos: um telefone celular simples e um telefone celular fantasia, com muitas características especiais. Os dados unitários são os seguintes:

	Telefone simples	Telefone fantasia
Preço de venda	$ 80	$ 120
Custos variáveis	$ 64	$ 84
Margem de contribuição	$ 16	$ 36
Índice percentual de margem de contribuição	20%	30%

Qual é o produto mais lucrativo? Em qual deve a empresa gastar seus recursos? A resposta correta é: Isso depende. Se as vendas são restringidas pela demanda para apenas um número limitado de telefones, os telefones fantasia serão mais lucrativos. Por quê? Porque a venda de um telefone simples soma $ 16 ao lucro, enquanto a venda de um telefone fantasia soma $ 36. Assim, se o fator limitativo é unidades de vendas, o produto mais lucrativo é aquele com a maior contribuição por unidade.

Suponha agora que a demanda anual para telefones de ambos os tipos seja mais do que a empresa poderá produzir no próximo ano. A capacidade produtiva é o fator limitativo, porque apenas dez mil horas de capacidade estão disponíveis. Se os trabalhadores da fábrica podem fazer ou três telefones simples ou um telefone fantasia em uma hora, o telefone simples é mais lucrativo. Por quê? Porque ele contribui mais para o lucro por hora de capacidade.

	Telefone simples	Telefone fantasia
1. Unidades por hora	3	1
2. Margem de contribuição por unidade	$ 16	$ 36
Margem de contribuição por hora (1) × (2)	$ 48	$ 36
Contribuição total para 10 000 horas	$ 480 000	$ 360 000

Como dissemos anteriormente, o critério para maximizar os lucros quando um fator limita as vendas é obter a maior contribuição possível para o lucro para cada unidade de fator limitativo. O produto que é mais lucrativo quando um fator em particular limita as vendas, entretanto, pode ser o menos lucrativo se um fator diferente limitar as vendas.

Em vendas a varejo, o recurso limitativo é, freqüentemente, o espaço. Assim, lojas de varejo devem focalizar ou produtos que ocupam menos espaço ou o uso do espaço por períodos mais curtos de tempo — maior **giro de estoque** (número de vezes que um estoque médio é vendido por ano). Considere o exemplo de uma loja com dois departamentos. A porcentagem de lucro bruto convencional (lucro bruto ÷ preço de venda) é uma dica insuficiente para a lucratividade, porque, como dissemos, os lucros dependem do espaço ocupado e do giro de estoque. As lojas de departamento de desconto, tais como a Wal-Mart, a Target e a Kmart, têm sido bem-sucedidas ao usar margens mais reduzidas do que as lojas de departamento tradicionais, porque elas têm sido aptas a aumentar o giro e, assim, aumentar a contribuição ao lucro por unidade de espaço. A Figura 5.4 ilustra o mesmo produto, que ocupa a mesma quantidade de espaço, em cada uma das duas lojas. As margens de contribuição por unidade e por unidade monetária de vendas são menores na loja de desconto, mas o giro mais rápido faz o mesmo produto ser mais lucrativo no uso do espaço em uma loja de desconto. Em geral, as empresas varejistas buscam giros de estoque mais rápidos. Uma pesquisa feita com lojas de varejo de sapato mostrou que aquelas com desempenho financeiro acima da média têm um giro de estoque de 2,6 vezes por ano, comparados com a média do setor, de 2,0.

DECISÕES DE PRECIFICAÇÃO

Uma das principais decisões que os gestores enfrentam é a de precificação. Realmente, precificar pode ser feito de muitas maneiras. Entre as muitas decisões de precificação que podem ser feitas estão:

1. Estabelecer o preço de um novo produto ou produto refinado.
2. Estabelecer o preço de venda de produtos sob marcas particulares.
3. Reagir a novos preços de um competidor.
4. Oferecer preços em situações de concorrência aberta ou fechada. Decisões de precificação são tão importantes que gastaremos o restante deste capítulo discutindo os vários aspectos da precificação. Vamos, agora, dar uma olhada em alguns dos conceitos básicos subjacentes à precificação.

O CONCEITO DE PRECIFICAÇÃO

As decisões de precificação dependem das características do mercado que uma empresa enfrenta. Em uma **concorrência perfeita**, todas as empresas concorrentes vendem o mesmo tipo de produto ao mesmo preço. Assim, uma empresa pode vender tanto de um produto quanto ela puder produzir, tudo a um único preço de mercado. Se ela cobrar mais, nenhum cliente comprará. Se cobrar menos, renunciará a lucros. Conseqüentemente, cada empresa dentro de tal mercado cobrará o preço de mercado, e a única decisão para os gestores é quanto produzir.

Embora os custos não influenciem diretamente os preços na concorrência perfeita, eles afetam as decisões de produção. Considere a curva de custo marginal na Figura 5.5. O **custo marginal** é o custo adicional resultante da produção e venda de uma unidade adicional. O custo marginal, freqüentemente, diminui assim que a produção aumenta, até determinado ponto, por causa das eficiências criadas pela grande quantidade. Em algum ponto, entretanto, os custos marginais começam a aumentar com os aumentos na produção, porque as instalações começam a ser sobrecarregadas ou superutilizadas, resultando em ineficiências.

A Figura 5.5 também inclui a curva da receita marginal. **Receita marginal** é a receita adicional resultante da venda de uma unidade adicional. Na concorrência perfeita, a curva da receita marginal é uma linha horizontal igual ao preço por unidade de todos os volumes de vendas.

Enquanto o custo marginal for menor do que a receita marginal (preço), a produção e a venda adicional são lucrativas. Quando o custo marginal excede o preço, entretanto, a empresa perde dinheiro em cada unidade adicional. Conseqüentemente, o volume de maximização de lucro é a quantidade na qual o custo marginal se iguala ao preço. Na Figura 5.5, a empresa deveria produzir V_0 unidades. Ao produzir menos unidades, perdem-se oportunidades lucrativas; ao produzir mais unidades, reduz-se o lucro, porque cada unidade adicional custa mais para produzir do que gera receitas.

Na **concorrência imperfeita,** o preço que uma empresa cobra por uma unidade influenciará a quantidade de unidades que vende. Em algum ponto, a empresa deverá reduzir os preços, para gerar vendas adicionais. A Figura 5.6 contém uma curva de demanda (também chamada de 'curva da receita média') para a concorrência imperfeita,

Figura 5.4 Efeito do giro no lucro.

	Loja de departamento regular	Loja de departamento de descontos
Preço de varejo	$ 4,00	$ 3,50
Custo da mercadoria e outros custos variáveis	$ 3,00	$ 3,00
Contribuição para o lucro por unidade	$ 1,00 (25%)	$ 0,50 (14%)
Unidades vendidas por ano	10 000	22 000
Contribuição total para o lucro, supondo a mesma parcela de espaço para ambas as lojas	$ 10 000	$ 11 000

Figura 5.5 Receita e custo marginal em concorrência perfeita.

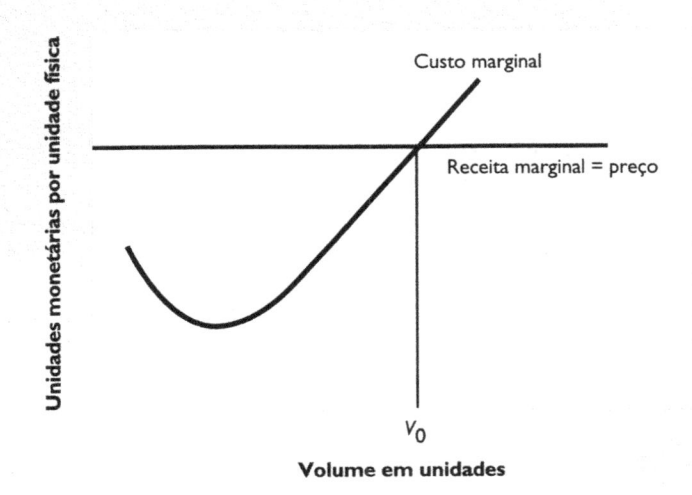

que mostra o volume de vendas a cada preço possível. Para vender unidades adicionais, a empresa deverá reduzir o preço de todas as unidades vendidas. Conseqüentemente, a curva da receita marginal, também mostrada na Figura 5.6, estará abaixo da curva da demanda. Isto é, a receita marginal para vender uma unidade adicional será menor do que o preço pelo qual ela será vendida, porque o preço de todas as outras unidades também cai. Suponha, por exemplo, que dez unidades possam ser vendidas a $ 50 cada. A empresa, entretanto, deve reduzir o preço para $ 49 por unidade para vender onze unidades; para $ 48, para vender 12 unidades, e para $ 47 para vender 13 unidades. A quarta coluna da Figura 5.7 mostra a receita marginal para as unidades 11 a 13. Observe que a receita marginal diminui quando o volume aumenta.

Para estimar a receita marginal, os gestores devem predizer o efeito das mudanças em preços nos volume de vendas, que é chamado de **elasticidade de preço.** Se pequenos aumentos no preço causam grandes declínios no volume, a demanda é altamente elástica. Se os preços têm pouco ou nenhum efeito sobre o volume, a demanda é altamente inelástica.

Para os custos marginais mostrados na quinta coluna da Figura 5.7, os níveis de produção e vendas ótimos seriam 12 unidades. A última coluna dessa figura ilustra que a 11ª unidade adiciona $ 4 ao lucro, e a 12ª adiciona $ 1, mas a produção e venda da 13ª unidade diminuiria o lucro em $ 2. Em geral, as empresas devem produzir e

Figura 5.6 Receita e custo marginal em concorrência imperfeita.

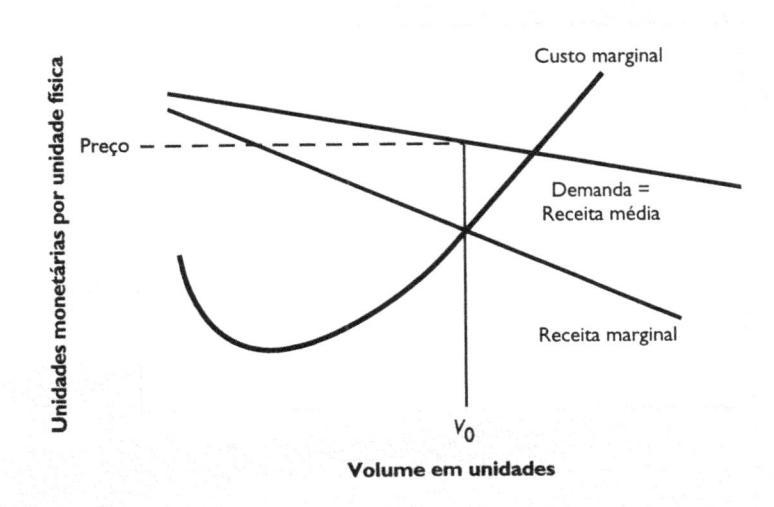

Figura 5.7 Maximização do lucro na concorrência imperfeita.

Unidades vendidas	Preço por unidade	Receita total	Receita marginal	Custo marginal	Lucro da produção e venda de unidades adicionais
10	$ 50	10 × $ 50 = $ 500			
11	$ 49	11 × $ 49 = $ 539	$ 539 – $ 500 = $ 39	$ 35	$ 39 – $ 35 = $ 4
12	$ 48	12 × $ 48 = $ 576	$ 576 – $ 539 = $ 37	$ 36	$ 37 – $ 36 = $ 1
13	$ 47	13 × $ 47 = $ 611	$ 611 – $ 576 = $ 35	$ 37	$ 35 – $ 37 = $ (2)

vender unidades até que a receita marginal se iguale ao custo marginal, representado pelo volume V_0 na Figura 5.6. O preço ótimo cobrado será o montante que cria uma demanda para V_0 unidades.

Observe que o custo marginal é relevante para as decisões de precificação. Na contabilidade gerencial, o custo marginal é essencialmente o custo variável. Qual é a principal diferença entre custo marginal e custo variável? O custo variável é suposto ser constante dentro de um intervalo relevante de volume, visto que o custo marginal pode mudar a cada unidade produzida. Dentro de amplos intervalores de volume de produção, entretanto, as mudanças no custo marginal são, com freqüência, pequenas. Conseqüentemente, usar o custo variável pode ser uma aproximação razoável do custo marginal em muitas situações.

PRECIFICAÇÃO E CONTABILIDADE

Os contadores raramente calculam as curvas de receita marginal e as curvas de custo marginal. Em vez disso, eles usam as estimativas baseadas no julgamento para predizer os efeitos da produção e vendas adicionais nos lucros. Além disso, examinam volumes selecionados, não o intervalo inteiro de possíveis volumes. Tais simplificações são justificadas porque o custo de uma análise mais sofisticada excederia os benefícios.

Considere uma divisão da General Electric (GE) que fabrica fornos de microondas. Suponha que os pesquisadores de mercado estimem que a GE pode vender 700 mil fornos a $ 200 por unidade e um milhão de fornos a $ 180. O custo variável de produção é $ 130 por unidade em níveis de produção de ambos, 700 mil e um milhão. Ambos os volumes estão também dentro do intervalo relevante, de modo que as mudanças em volume não afetam os custos fixos. Que preço deveria ser cobrado?

O contador da GE determinaria as receitas e custos relevantes. A receita e custos adicionais das 300 mil unidades adicionais de vendas ao preço de $ 180 são:

Receita adicional: (1 000 000 × $ 180) – (700 000 × $ 200) =	$ 40 000 000
Custos adicionais: 300 000 × $ 130 =	$ 39 000 000
Lucro adicional	$ 1 000 000

Alternativamente, o contador poderia comparar a contribuição total para cada alternativa:

Contribuição a $ 180: ($ 180 – $ 130) × 1 000 000 =	$ 50 000 000
Contribuição a $ 200: ($ 200 – $ 130) × 700 000 =	$ 49 000 000
Diferença	$ 1 000 000

Observe que comparar o total das contribuições é essencialmente o mesmo que calcular as receitas e os custos adicionais — ambos usam a mesma informação relevante. Além disso, ambas as abordagens ignoram corretamente os custos fixos, que não são afetados por essa decisão de precificação.

INFLUÊNCIAS GERAIS EM PRECIFICAÇÃO NA PRÁTICA

Diversos fatores interagem para formar o mercado em que os gestores tomam decisões de precificação. As exigências legais/fiscais, ações dos concorrentes e competidores, e demandas dos clientes, todos influenciam a precificação.

EXIGÊNCIAS LEGAIS/FISCAIS

As decisões de precificação devem ser feitas dentro das restrições impostas pelo governo dos Estados Unidos e por leis internacionais. Essas leis, freqüentemente, protegem os consumidores, mas elas também ajudam a proteger outras empresas de precificações predatórias e discriminatórias.

A **precificação predatória** envolve estabelecer preços tão baixos que direcionam os competidores e concorrentes para fora do mercado. O precificador predatório, então, não tem concorrentes significativos e pode elevar os preços drasticamente. A Wal-Mart, por exemplo, tem sido acusada de precificação predatória — vender a baixo custo para eliminar concorrentes do mercado local. Em uma votação de 4 contra 3, entretanto, o tribunal deliberou em favor da Wal-Mart. Os tribunais dos Estados Unidos têm, geralmente, deliberado que a precificação é predatória apenas se as empresas estabelecem preços abaixo de seu custo variável médio e, realmente, perdem dinheiro a fim de eliminar seus concorrentes do negócio.

Precificação discriminatória é cobrar preços diferentes para clientes diferentes pelo mesmo produto ou serviço. Um imenso grupo de drogarias varejistas e as grandes cadeias de drogarias, por exemplo, processaram juridicamente diversas grandes empresas de medicamentos, alegando que suas práticas de conceder descontos às drogarias, utilizando pedido pelo correio, às organizações de assistência à saúde e outras entidades de assistência médica constituem precificação discriminatória. Os descontos eram tão grandes que chegavam a 40 por cento. A precificação, entretanto, não é discriminatória se refletir um diferencial de custo incorrido no fornecimento do produto ou serviço. A tentativa de acordo para multar a ação da categoria alcançou $ 600 milhões, mas não exigiu das drogarias a alteração de suas práticas de precificação.

Ações dos concorrentes e competidores*

Os concorrentes e competidores, geralmente, reagem às mudanças no preço de seus rivais. Muitas empresas reúnem informações a respeito da capacidade dos rivais, da tecnologia e das políticas operacionais. Dessa maneira, os gestores fazem predições mais informadas das reações dos concorrentes e competidores aos preços da empresa. O estudo da teoria dos jogos, com o qual dois economistas ganharam o prêmio Nobel de 1994, centraliza-se em predizer e reagir às ações dos concorrentes.

Manipular os preços é, freqüentemente, muito afetado pelas expectativas do fixador de preços, das reações dos concorrentes e dos efeitos gerais sobre a demanda total do setor para o produto ou serviço em questão. Uma empresa de aviação, por exemplo, pode cortar preços mesmo se espera cortes de preços de seus rivais, esperando que a demanda total dos clientes por passagens de todas as empresas de aviação aumentará suficientemente para compensar a redução nos preços da passagem.

A concorrência está se tornando cada vez mais internacional. Freqüentemente, a supercapacidade em alguns países causa políticas de precificação agressivas, em particular para produtos de exportação de uma empresa.

Demanda dos clientes

Mais do que nunca, os gestores estão reconhecendo as necessidades dos clientes. Precificar não é exceção. Se os clientes acreditarem que um preço é muito elevado, eles poderão dirigir-se a outras fontes para o produto ou serviço, substituir por um produto diferente ou decidir produzir o item por si mesmos.

Papel dos custos nas decisões de precificação

A influência da contabilidade na precificação ocorre por meio dos custos. O papel exato que os custos desempenham nas decisões de precificação depende das condições de mercado e da abordagem da empresa para precificar. Duas abordagens de precificação utilizadas por empresas são precificação por custo mais margem de lucro, e custeio-alvo.

Precificação por custo mais margem de lucro

Muitos gestores dizem que ajustam os preços pela precificação 'custo mais margem'. A Grand Canyon Railway, por exemplo, estabelece seus preços ao calcular um custo médio e, então, adiciona uma margem desejada (*markup*, isto é, o montante pelo qual o preço excede os custos), que gerará um retorno-alvo sobre o investimento. A chave, entretanto, é 'margem' sobre o custo. Em vez de ser um *markup* fixo, a 'margem' dependerá, geralmente, dos custos e da demanda dos clientes. A Railway, por exemplo, tem um preço-padrão (planilha de custos), que não varia durante o ano, mas a empresa oferece descontos durante as baixas estações de inverno.

---

*Competitividade refere-se à característica única do agente econômico, enquanto concorrência é uma característica do mercado. Competidor é o agente econômico com capacidade estratégica de sobreviver de maneira sustentável, enquanto concorrente é o agente econômico que disputa, no mercado, a colocação de seus produtos e obtenção dos insumos conforme as regras do mercado. O competidor tem a capacidade de concorrer de maneira sustentável. (N. do T.)

Os preços são relacionados mais diretamente aos custos nos setores em que as receitas estão baseadas no reembolso de custo. Os contratos de reembolso de custos, geralmente, especificam como os custos devem ser medidos e que custos são permitidos. Apenas as passagens da classe turística (não de primeira classe), por exemplo, são reembolsáveis para viagens de negócio sobre projetos governamentais, tais como contratos de defesa.

Finalmente, o mercado é que estabelece preços. Por quê? Porque o preço, estabelecido pela fórmula custo mais margem, é inevitavelmente ajustado 'à luz das condições de mercado'. O preço máximo que uma empresa pode cobrar é aquele que não põe o cliente de lado. O preço mínimo pode ser considerado zero (empresas podem conceder amostras grátis para poder entrar no mercado, por exemplo). Um guia mais prático é que, no curto prazo, um preço mínimo a ser cotado, sujeito à consideração dos efeitos de longo prazo, deve ser igual aos custos que podem ser evitados pela não-colocação do pedido — freqüentemente, todos os custos variáveis de produzir, vender e distribuir o produto ou serviço. A longo prazo, o preço deve ser elevado o suficiente para cobrir todos os custos, incluindo os fixos.

BASES DE CUSTO PARA PRECIFICAÇÃO POR CUSTO MAIS MARGEM

O custo mais margem é, com freqüência, a base para preços-alvo. O tamanho da 'margem' depende do lucro operacional alvo (desejado). Os preços-alvo podem estar baseados em múltiplas margens diferentes, que, por sua vez, estão baseados em múltiplas definições diferentes de custos. Assim, há muitas maneiras para chegar ao mesmo preço-alvo.

A Figura 5.8 indica os relacionamentos de custos aos preços de venda alvo, supondo um lucro operacional alvo de $ 1 milhão. As porcentagens representam quatro fórmulas de margens populares para precificação: como uma porcentagem dos custos variáveis de manufatura; como uma porcentagem dos custos variáveis totais; como uma porcentagem dos custos totais; como uma porcentagem do custo total de manufatura.

Observe particularmente que o **custo total** (*full cost*) ou o **custo totalmente alocado** (*fully allocated cost*) significa o total de todos os custos de manufatura mais o total de todos os custos de venda e administrativos. Como notado em capítulos anteriores, usamos 'venda e administrativos' para incluir outras funções da cadeia de valor que não as de produção. Naturalmente, as porcentagens diferem. A margem sobre os custos de manufatura variáveis, por exemplo, é 66,67 por cento, e sobre o custo total é apenas 5,26 por cento. Independentemente da fórmula utilizada, o tomador de decisões de precificação será conduzido ao mesmo preço-alvo. Para um volume de um milhão de unidades, suponha que o preço de venda alvo seja $ 20 por unidade. Se o tomador de decisões for hábil em obter tal preço consistentemente, a empresa não alcançará seu objetivo de $ 1 milhão em lucro operacional.

Vimos que os preços podem estar baseados em vários tipos de informação de custo, dos custos variáveis de manufatura aos custos totais. Cada um desses custos pode ser relevante para a decisão de precificação. Cada abordagem tem vantagens e desvantagens.

VANTAGENS DA ABORDAGEM DA MARGEM DE CONTRIBUIÇÃO NA PRECIFICAÇÃO POR CUSTO MAIS MARGEM DE LUCRO

Os preços baseados em custos variáveis representam uma abordagem de contribuição para a precificação. Quando usada inteligentemente, a abordagem de margem de contribuição tem algumas vantagens sobre as abordagens de

Figura 5.8 Relacionamentos dos custos aos mesmos preços de venda alvo.

		Porcentagens alternativas de margem para alcançar os mesmos preços de venda-alvo
Preço de vendas alvo	$ 20,00	
Custo variável:		
(1) Manufatura	$ 12,00	($ 20,00 − $ 12,00) ÷ $ 12,00 = 66,67%
Venda e administrativos*	$ 1,10	
(2) Custos variáveis unitários	$ 13,10	($ 20,00 − $ 13,10) ÷ $ 13,10 = 52,67%
Custos fixos:		
Manufatura**	$ 3,00	
Venda e administrativos	$ 2,90	
Custos fixos unitários	$ 5,90	
(3) Custos totais	$ 19,00	($ 20,00 − $ 19,00) ÷ $ 19,00 = 5,26%
Lucro operacional alvo	$ 1,00	

* Os custos de venda e administrativos incluem outros custos de funções da cadeia de valor que não os de produção.
** (4) Uma fórmula freqüentemente utilizada é baseada nos custos totais de manufatura: [$ 20,00 − ($ 12,00 + $ 3,00)] ÷ $ 15,00 = 33,33%.

custo total de manufatura e de custo total, porque as duas últimas, freqüentemente, falham em realçar os padrões de comportamento de custos diferentes.

Obviamente, a abordagem da margem de contribuição oferece uma informação mais detalhada, porque ela demonstra os padrões de comportamento de custos variáveis e fixos separadamente. Como a abordagem da margem de contribuição é sensível aos relacionamentos custo–volume–lucro, ela é uma base útil para o desenvolvimento de fórmulas de precificação. Em conseqüência, essa abordagem permite aos gestores preparar escalas de preços em níveis diferentes de volume.

A análise correta, na Figura 5.9, mostra como as mudanças no volume afetam o lucro operacional. A abordagem da margem de contribuição ajuda os gestores nas decisões de precificação ao dispor prontamente o inter-relacionamento entre custos variáveis, custos fixos e mudanças potenciais em preços de vendas.

Em contrapartida, o preço-alvo com o custeio total supõe um dado nível de volume. Quando o volume muda, o custo unitário utilizado no volume de planejamento original pode enganar os gestores.

Os gestores, às vezes, supõem erroneamente que a mudança nos custos totais pode ser calculada ao multiplicar qualquer variação no volume pelo custo total unitário.

A análise incorreta, na Figura 5.9, mostra como os gestores podem estar enganados se usarem os $ 19 do custo total por unidade para predizer os efeitos das variações em volume no resultado operacional. Suponha que um gestor use os $ 19 para predizer um resultado operacional de $ 900 mil se a empresa vender 900 mil em vez de um milhão de unidades. Em vez disso, se o lucro operacional real for $ 310 mil, como a análise correta prediz, aquele gestor poderá estar pasmo — possivelmente, procurando um novo emprego.

A abordagem da margem de contribuição também oferece discernimento para os efeitos de curto prazo *versus* de longo prazo do corte nos preços de pedidos especiais. Suponha, por exemplo, o mesmo padrão de comportamento de custos como no caso da Cordell Company, na Figura 5.3 (página 157). As cem mil unidades do pedido adicionaram $ 200 mil ao lucro operacional a um preço de venda de $ 26, que estava $ 14 abaixo do preço de venda alvo, de $ 40, e $ 4 abaixo do total de custo de manufatura, de $ 30. Dadas todas as suposições declaradas, aceitar o pedido parece ser a melhor escolha. Como pôde ser visto anteriormente, a abordagem da margem de contribuição gerou a informação mais relevante. Considere as abordagens da contribuição e do custo total de manufatura.

	Técnica da margem de contribuição	Abordagem de custo total de manufatura
Vendas: 100 000 unidades a $ 26	$ 2 600 000	$ 2 600 000
Custo variável de manufatura a $ 24	$ 2 400 000	
Custo total de manufatura a $ 30		$ 3 000 000
Variação aparente no lucro operacional	$ 200 000	($ 400 000)

Sob a abordagem do custo total de manufatura, a oferta é definitivamente não-atrativa, porque o preço de $ 26 é $ 4 abaixo dos custos totais de manufatura.

Sob a abordagem da margem de contribuição, o tomador de decisões vê uma vantagem a curto prazo de $ 200 mil em aceitar a oferta. Qualquer que seja a decisão, os custos fixos não serão afetados e o lucro operacional aumentará em $ 200 mil. Além disso, há, freqüentemente, os efeitos de longo prazo a ser considerados. Irá a aceitação da oferta enfraquecer a estrutura de preços no longo prazo? Em outras palavras: É a vantagem de curto prazo de $ 200 mil mais

Figura 5.9 Análises dos efeitos das variações em volume no lucro operacional.

	Análise correta			Análise incorreta		
Volume em unidades	900 000	1 000 000	1 100 000	900 000	1 000 000	1 100 000
Vendas a $ 20	$ 18 000 000	$ 20 000 000	$ 22 000 000	$ 18 000 000	$ 20 000 000	$ 22 000 000
Custos variáveis unitários a $ 13,10*	$ 11 790 000	$ 13 100 000	$ 14 410 000			
Margem de contribuição	$ 6 210 000	$ 6 900 000	$ 7 590 000			
Custos fixos**	$ 5 900 000	$ 5 900 000	$ 5 900 000			
Custos totais a $ 19*				$ 17 100 000	$ 19 000 000	$ 20 900 000
Lucro operacional	$ 310 000	$ 1 000 000	$ 1 690 000	$ 900 000	$ 1 000 000	$ 1 100 000

* Da Figura 5.8.
** Custos fixos de manufatura $ 3 000 000
Custos fixos de venda e administrativos $ 2 900 000
Custo fixo total $ 5 900 000

do que compensada pela alta probabilidade da desvantagem financeira do longo prazo? O tomador de decisões pode pensar que sim e rejeitar a oferta, mas — e isso é importante —, dessa maneira, o tomador de decisões está, de fato, desprezando $ 200 mil agora para proteger determinadas vantagens de mercado a longo prazo. Geralmente, o tomador de decisões pode avaliar problemas dessa natureza ao perguntar se a probabilidade dos benefícios de longo prazo é válida como 'um investimento' igual à margem de contribuição desprezada ($ 200 mil, nesse caso). Sob abordagens de custo total, o tomador de decisões deve conduzir ordinariamente um estudo especial para descobrir os efeitos imediatos. Sob a abordagem da margem de contribuição, o gestor terá um sistema que fornecerá, de modo rotineiro e mais correto, tal informação.

Vantagens das abordagens do custo total de manufatura e do custo total na precificação por custo mais margem de lucro

Com freqüência, os gestores não empregam uma abordagem de margem de contribuição porque temem que os custos variáveis serão substituídos, indiscriminadamente, por custos totais e que, em conseqüência disso, levarão a cortes suicidas de preços. Esse problema não deve surgir se os dados são utilizados sabiamente. Se a alta gestão, entretanto, perceber um perigo pronunciado de subprecificar quando os dados de custos variáveis forem revelados, deverá, justificadamente, preferir a abordagem de custo total de manufatura ou custo total para guiar as decisões de precificação.

De fato, os custos totais de manufatura ou os custos totais são, de longe, mais amplamente utilizados na prática do que a abordagem da margem de contribuição. Por quê? Além dos motivos já mencionados, os gestores citam os seguintes motivos:

1. No longo prazo, todos os custos devem ser recuperados para permanecer nos negócios. Mais cedo ou mais tarde, os custos fixos verdadeiramente flutuam com as variações no volume. Assim, é prudente pressupor que todos os custos são variáveis (mesmo que alguns sejam fixos no curto prazo).
2. Calcular os preços-alvo baseados no custo mais margem de lucro pode indicar o que os concorrentes podem cobrar, especialmente se têm aproximadamente o mesmo nível de eficiência que você e também objetivam a recuperação de todos os custos no longo prazo.
3. A fórmula do custo total de manufatura ou custo total de precificação satisfaz o teste do custo–benefício. É muito dispendioso conduzir testes individuais de custo–volume para muitos produtos (às vezes, milhares) que uma empresa oferece.
4. Há muita incerteza a respeito da forma das curvas da demanda e das corretas decisões de preço de produto. Precificar pelo custo total de manufatura ou custo total lida com essa incerteza, ao não encorajar os gestores a assumir muitos negócios marginais.
5. A precificação do custo total de manufatura ou custo total tende a promover a estabilidade dos preços. Os gestores preferem a estabilidade do preço, pois facilita suas vidas profissionais, principalmente porque planejar é mais confiável.
6. A precificação baseada no custo total de manufatura ou custo total fornece a base mais defensável para justificar preços para todas as partes interessadas, incluindo investigadores antitruste do governo.
7. A precificação pelo custo total de manufatura ou custo total fornece pontos de referência convenientes (alvos) para simplificar centenas ou milhares de decisões de precificação.

Usando abordagens múltiplas

Dizer que uma abordagem de margem de contribuição ou uma abordagem de custo total de manufatura ou custo total fornece o 'melhor guia' para as decisões de precificação é uma supersimplificação muito perigosa para um dos problemas mais desconcertantes em negócios. A falta de entendimento e julgamento pode levar à precificação não-lucrativa, independentemente do tipo de dados de custo disponíveis ou sistema de contabilidade de custos utilizado.

Basicamente, nenhum método único de precificação será o melhor sempre. Um estudo, por meio de entrevistas com executivos, relatou que as empresas, freqüentemente, usam ambas as informações, a de custo total e custo variável, nas decisões de precificação.

A história da contabilidade revela que a maioria dos sistemas das empresas tem obtido custos por meio de alguma forma de sistema de custo total de manufatura porque isso é o que é exigido para os relatórios contábeis. Nos anos mais recentes, quando os sistemas mudaram, os custos variáveis e os custos fixos têm sido freqüentemente identificados, mas os gestores têm considerado essa mudança uma adição ao sistema existente de custo total de manufatura. Isto é, muitos gestores insistem em ter a informação a respeito dos custos variáveis por unidade e dos custos fixos alocados por unidade antes de estabelecer os preços de venda. Se o sistema de contabilidade, rotineiramente, obtém dados a respeito de ambos os custos, variáveis e fixos, tais dados podem ser fornecidos de imediato. A maioria dos sistemas de custo total de manufatura, entretanto, na prática não organiza sua coleta de dados para distinguir entre custos variáveis e fixos. Em conseqüência, estudos especiais ou conjecturas disciplinadas devem ser usadas para designar custos como variáveis ou fixos.

Os gestores são especialmente relutantes em focalizar os custos variáveis e ignoram os custos fixos alocados quando suas avaliações de desempenho, e possivelmente seus bônus, estão baseadas no resultado mostrado nas demonstrações contábeis publicadas. Por quê? Porque tais demonstrações estão baseadas no custeio total e, assim, as alocações de custos fixos afetam o lucro relatado.

FORMATOS PARA PRECIFICAÇÃO

A Figura 5.8 mostrou como calcular as porcentagens gerais alternativas de margem que produziriam os mesmos preços de venda, se usados dia após dia. Na prática, o formato e a aritmética das listas de preços, propostas de prestação de serviços ou registros similares variam consideravelmente.

A Figura 5.10 apresenta uma planilha de custos real, utilizada pelo gestor de uma pequena oficina que oferece pedidos de máquinas de soldagem em um setor altamente competitivo. A abordagem da Figura 5.10 é uma ferramenta para decisões de precificação informadas. Observe que o preço máximo não é uma questão de custo, absolutamente. É o que você pensa que pode obter. O preço mínimo é o custo variável total.

Naturalmente, o gestor raras vezes oferecerá o preço mínimo. As empresas necessitam realizar lucros. Ainda assim, o gestor deseja conhecer o efeito de uma ordem de produção sobre os custos variáveis totais de uma empresa. Em algumas ocasiões, uma empresa poderá ofertar próximo daquele preço mínimo, para estabelecer sua presença em mercados novos ou para um cliente novo.

Observe que a Figura 5.10 classifica custos especificamente para a tarefa de precificação. As decisões de precificação podem ser feitas por mais de uma pessoa. A responsabilidade do contador é preparar um formato inteligível que envolva um mínimo de cálculos. A Figura 5.10 combina mão-de-obra direta e custos indiretos de manufatura variáveis. Todos os custos fixos, mesmo que sejam de manufatura, de vendas ou administrativos, são somados em conjunto e aplicados à ordem, usando uma única taxa de custos indiretos de fabricação fixos por mão-de-obra direta. Obviamente, se maior acurácia for desejada, muito mais itens detalhados de custos e taxas de custos indiretos de fabricação poderiam ser formulados. Para obter a acurácia desejada, muitas empresas estão se voltando para o custeio baseado em atividade (ABC).

Alguns gestores, particularmente nos setores de construção e serviços, tais como oficina mecânica de automóveis, copiam categorias de custos em separado: materiais diretos, peças e suprimentos; mão-de-obra direta. Esses gestores usam, então, taxas diferentes de margem para cada categoria. Eles utilizam essas taxas para fornecer receita suficiente para cobrir ambos os custos, indiretos e não-alocados, bem como o lucro operacional. Uma oficina de reparos de automóveis, por exemplo, pode ter o seguinte formato para cada ordem de serviço:

	Faturado aos clientes
Autopeças ($ 200 de custo, mais margem de 40%)	$ 280
Mão-de-obra direta (custo: $ 20 por hora. Fatura a 300%, para recuperar os custos indiretos e não-alocados e fornecer um lucro operacional. A taxa de faturamento é $ 20 × 300% = $ 60 por hora. O total faturado por 10 horas é $ 60 × 10 = $ 600)	$ 600
Total faturado ao cliente	$ 880

Figura 5.10 Planilha de custos para precificação.

Materiais diretos, a custo	$ 25 000
Mão-de-obra direta e custos indiretos de manufatura variáveis:	
600 horas de mão-de-obra direta × $ 30	$ 18 000
Comissão de vendas (varia com a ordem)	$ 2 000
Custos variáveis totais — Preço mínimo*	$ 45 000
Mais custos fixos alocados à ordem: 600 horas de mão-de-obra direta × $ 20	$ 12 000
Custos totais	$ 57 000
Mais margem desejada	$ 30 000
Preço de venda — Preço máximo que você pensa que pode obter*	$ 87 000

Esta planilha mostra dois preços, máximos e mínimos. Qualquer montante que você puder obter acima do preço mínimo será uma margem de contribuição.

Um outro exemplo é uma empresa italiana de impressão, em Milão, que deseja precificar suas ordens de produção de modo que cada uma gere uma margem de 28 por cento de receitas — 14 por cento para cobrir despesas de vendas e administrativas e 14 por cento para o lucro. Para alcançar essa margem, o gestor usa uma fórmula de precificação de 140 por cento vezes os custos de materiais previstos mais 25 mil liras italianas (abreviação Lit.) por hora do tempo de produção. Este último cobre a mão-de-obra e os custos indiretos de fabricação (CIF) de Lit. 18 mil por hora. Para um produto com Lit. 400 mil de custos de materiais e 30 horas de preço de produção, o preço seria Lit. 1,31 milhão:

	Custo	Preço	Lucro
Materiais	Lit. 400 000	Lit. 560 000	Lit. 160 000
Mão-de-obra e CIF	Lit. 540 000	Lit. 750 000	Lit. 210 000
Total	Lit. 940 000	Lit. 1 310 000	Lit. 370 000

O lucro de Lit. 370 mil é, aproximadamente, 40 por cento do custo de Lit. 940 mil e 28 por cento do preço de Lit. 1,31 milhão.

Assim, há numerosos meios para calcular os preços de venda. Algumas palavras gerais de cautela, entretanto, são apropriadas aqui. Os gestores estarão mais aptos a entender melhor suas opções e os efeitos dessas decisões sobre os lucros se conhecerem seus custos. Isto é, é mais informativo apontar primeiro os custos, antes de somar as margens, do que ter uma variedade de margens já incluídas nos 'custos' utilizados como guias para estabelecer os preços de venda. Se os materiais custam $ 1 mil, por exemplo, eles devem ser mostrados em uma guia de cotação de preços a $ 1 mil, não a, digamos, uma margem de $ 1,4 mil, porque isso é o que o vendedor espera obter.

CUSTEIO-ALVO

Considere a situação de uma empresa que está decidindo se desenvolve ou comercializa um novo produto. Ao avaliar a viabilidade do novo produto, a gestão deve determinar o preço que ela pode cobrar e o custo esperado. Como vimos, ambas as condições de mercado e as ações da gestão podem afetar o preço e o custo do novo produto. O grau no qual as ações da gestão podem afetar o preço e o custo determinam a maioria das abordagens efetivas a ser usadas para propósitos de precificação e gestão de custos. As empresas usam a precificação por custo mais margem para os produtos em que as ações da gestão (por exemplo, propaganda) podem influenciar o preço de mercado. Embora a gestão de custo seja importante nesse caso, há um foco forte no *marketing* e no lado da receita da equação de lucro.

E se as condições de mercado, porém, forem tais que a gestão não possa influenciar os preços? Se uma empresa deve alcançar o lucro desejado, ela deve focalizar o custo do produto. O que a gestão necessita é de uma ferramenta efetiva para reduzir os custos sem reduzir o valor aos clientes. Um número crescente de empresas que enfrentou essa situação está adotando o custeio-alvo. **Custeio-alvo (*target costing*)** é uma ferramenta de gestão de custos para realizar reduções de custos como um foco-chave por toda a vida de um produto. Um custo-alvo, ou desejado, é estabelecido antes de criar ou mesmo projetar o produto.

O custo-alvo está baseado no preço predito do produto e no lucro desejado pela empresa. Os gestores devem, então, tentar reduzir e controlar os custos de modo que o custo do produto não exceda seu alvo. O custeio-alvo é mais eficaz em reduzir os custos durante a fase de projeto do produto, quando a vasta maioria dos custos é comprometida. Os custos de recursos tais como maquinaria nova, materiais, peças e mesmo refinamentos futuros, por exemplo, são largamente determinados pelo projeto do produto e pelos processos de produção associados. Não é fácil reduzir esses custos depois que a produção é iniciada. Assim, a ênfase do custeio-alvo está no planejamento pró-ativo e, daí em diante, por todo o processamento de cada atividade do novo processo de desenvolvimento de produto.

CUSTEIO-ALVO E DESENVOLVIMENTO DE NOVOS PRODUTOS

A Figura 5.11 mostra o processo de custeio-alvo para um novo produto. Baseado na tecnologia existente e na estrutura de custo relacionada, o produto tem três partes, exige mão-de-obra direta e tem quatro tipos de custos indiretos. A primeira etapa no processo de custeio direto é a determinação do preço de mercado. O mercado estabelece esse preço. A gestão estabelece a margem bruta de lucro para o novo produto. A diferença entre a margem bruta e o preço de mercado é o custo-alvo para o novo produto. A empresa determina a estrutura de custo existente para o produto ao levantar os custos sobre um nível de componente individual. Esse produto tem dois componentes. O componente 1 consiste das partes *A* e *B*. O componente 2 é a parte *C*. Ambos os componentes e a montagem final utilizam mão-de-obra direta. Finalmente, as atividades necessárias para planejar e processar o produto criam custos indiretos.

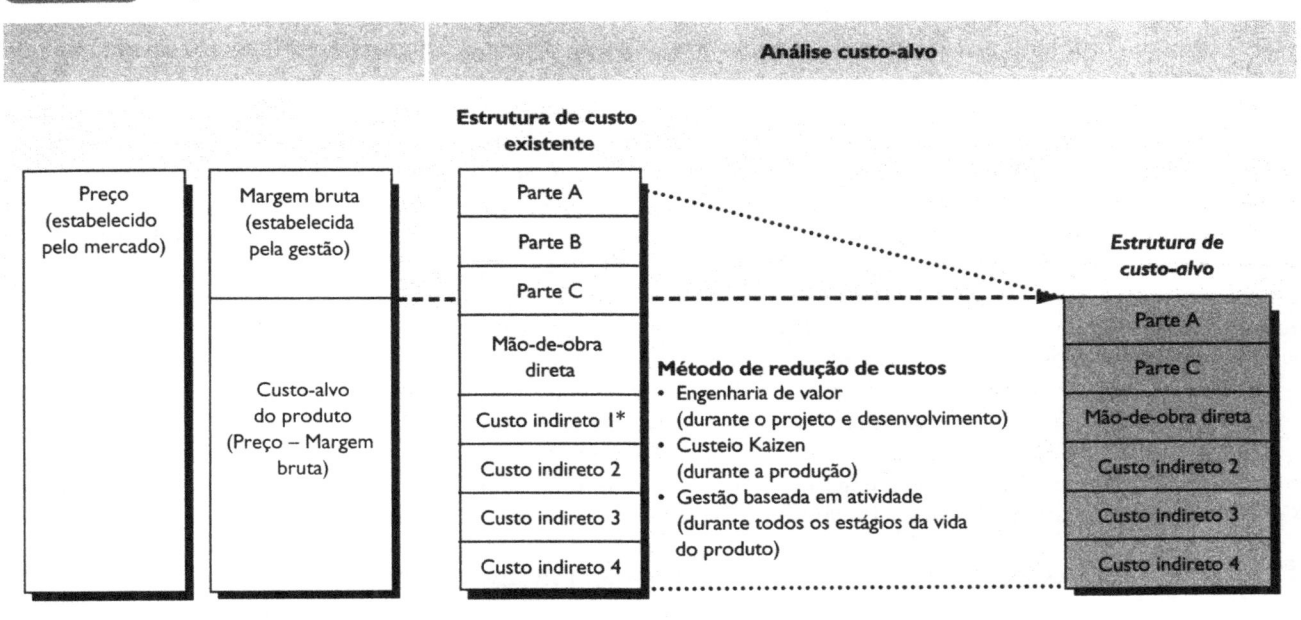

Figura 5.11 — O processo de custeio-alvo.

Análise custo-alvo

- Preço (estabelecido pelo mercado)
- Margem bruta (estabelecida pela gestão)
- Custo-alvo do produto (Preço – Margem bruta)

Estrutura de custo existente:
- Parte A
- Parte B
- Parte C
- Mão-de-obra direta
- Custo indireto 1*
- Custo indireto 2
- Custo indireto 3
- Custo indireto 4

Método de redução de custos
- Engenharia de valor (durante o projeto e desenvolvimento)
- Custeio Kaizen (durante a produção)
- Gestão baseada em atividade (durante todos os estágios da vida do produto)

Estrutura de custo-alvo:
- Parte A
- Parte C
- Mão-de-obra direta
- Custo indireto 2
- Custo indireto 3
- Custo indireto 4

* Cada custo indireto está associado a uma atividade indireta. O custo indireto 1 foi eliminado no processo de redução de custos.

O *marketing* pode parecer ter um papel limitado no custeio-alvo, porque o preço é estabelecido pelas condições competitivas de mercado. Na verdade, a pesquisa de mercado do departamento de *marketing*, no início das atividades do custeio-alvo, guia o todo do processo de desenvolvimento do produto ao fornecer informações sobre as demandas e necessidades dos clientes. De fato, uma das características-chave do custeio-alvo bem-sucedido é uma forte ênfase no entendimento da demanda do cliente.

No exemplo da Figura 5.11, o custo existente está muito alto para gerar o lucro desejado. Isso significa que o novo produto é inviável? Não necessariamente. Uma equipe de função cruzada, consistindo de engenheiros, pessoal de vendas, fornecedores-chave e contadores, deve agora determinar se as reduções de custo podem ser implementadas de modo que reduzam os custos o suficiente para satisfazer o custo-alvo.

No exemplo da Figura 5.11, na estrutura de custo-alvo, a empresa reduziu o custo das partes ao mudar o projeto do produto, de modo que a parte C pudesse ser utilizada no lugar da parte B. A empresa também solicitou aos fornecedores das partes A e C que reduzissem seus custos. Os engenheiros de projeto e processo também puderam eliminar a atividade que gerou o primeiro tipo de custo indireto. Essas reduções de custos resultaram da **engenharia de valor** — uma técnica de redução de custo, usada principalmente durante o estágio de projeto, que usa a informação a respeito de todas as funções da cadeia de valor para satisfazer as necessidades do cliente ao mesmo tempo que reduz custos. No total, as reduções de custos planejadas foram adequadas para reduzir os custos ao alvo. Nem todas as reduções nos custos, entretanto, ocorrem antes que a produção se inicie. O **custeio kaizen** é uma expressão japonesa para a melhoria contínua durante a manufatura. Como o custeio *kaizen* é aplicado? Uma empresa estabelece metas *kaizen* em cada ano, como parte do processo de planejamento. Exemplos incluem a redução contínua de tempos de preparação e de processamento, decorrente da experiência dos empregados. No total, o custeio-alvo durante o projeto e o custeio *kaizen* durante a manufatura habilitam o alcance do custo-alvo ao longo da vida do produto.

Subjacente a esses métodos de redução de custos está a necessidade de informações de custos acuradas. O custeio baseado em atividade fornece essa informação. As empresas, então, podem usar a gestão baseada em atividade (*activity-based management*, ABM) para identificar e eliminar atividades que não adicionam valor, suprimir desperdício e seus custos relacionados. A ABM é aplicada em todos os estágios do processo de projeto e manufatura da vida do produto.

ILUSTRAÇÃO DE CUSTEIO-ALVO

Considere o sistema de custeio-alvo utilizado pela ITT Automotive — um dos maiores fornecedores automotivos do mundo. A empresa projeta, desenvolve e manufatura uma ampla gama de produtos, incluindo sistemas de freio, motores elétricos e lâmpadas. Além disso, a empresa é líder no mercado mundial em sistemas de freio antibloqueio (*anti-lock bracking systems*, ABS), produzindo 20 mil de tais sistemas por dia. Em razão de esses ABS serem computadorizados, a ITT Automotive realmente embarca 30 por cento mais computadores diariamente do que a Compaq!

Qual abordagem de precificação a ITT Automotive usa para o ABS? O processo de precificação começa quando um dos clientes da ITT, digamos a Mercedes-Benz, envia um convite para a concorrência. O mercado para sistemas de freio é tão competitivo, que muito pouca variação existe nos preços que as empresas podem ofertar. A ITT, então, forma um grupo de custeio-alvo, que é encarregado de determinar se o preço e os custos permitem uma margem de lucro suficiente. Esse grupo é composto de engenheiros, contadores de custo e pessoal de vendas. Os fatores considerados na determinação da viabilidade de lucro da margem de lucro-alvo desejada incluem a precificação dos concorrentes, taxas de inflação, taxas de juros e reduções de custos potenciais durante os estágios de projeto (custeio-alvo) e produção (custeio *kaizen*) da vida do produto ABS. A ITT compra muitas de suas peças componentes para fabricar o ABS. Assim, o grupo de custeio-alvo trabalha bem próximo de seus fornecedores. Após realizar as melhorias de projeto de processo e produto e receber os compromissos dos fornecedores, a empresa tem a informação de custo necessária para decidir o preço da oferta.

O sistema de custeio-alvo tem funcionado bem na ITT Automotive. A oferta da empresa para o ABS resultou na seleção da ITT Automotive pela Mercedes-Benz U.S. International como desenvolvedor e fornecedor do ABS para veículos de todas as atividades dos fabricantes de automóveis de classe mundial.

Precificação pelo custeio-alvo e por custo mais margem comparada

As empresas bem-sucedidas entendem o mercado no qual operam e usam a abordagem de precificação mais apropriada. Para ver como a precificação a custeio-alvo e custo mais margem podem levar a decisões diferentes, suponha que a ITT Automotive receba um convite para participar de concorrência da Ford no ABS a ser usado em um novo modelo de carro.

Suponha que os seguintes dados se apliquem:

- As especificações contidas no convite da Ford conduzem a um custo de manufatura corrente estimado (partes componentes, mão-de-obra direta e custo indireto de manufatura) de $ 154.
- A ITT Automotive tem uma taxa de margem bruta desejada de 30 por cento sobre as vendas, o que significa que o custo real deve ficar em 70 por cento do preço.
- As condições altamente competitivas de mercado existem e têm estabelecido um preço de venda de $ 200 por unidade.

Se a precificação por custo mais margem fosse usada para ofertar o ABS, o preço de oferta seria $ 154 ÷ 0,7 = $ 220. A Ford, muito provavelmente, rejeitaria essa oferta, porque o preço de mercado é apenas $ 200. A abordagem de precificação da ITT Automotive levaria a uma oportunidade perdida.

Suponha que os gestores da ITT Automotive reconheçam que as condições de mercado ditam o preço de $ 200. Se um sistema de custeio-alvo fosse utilizado, qual seria a decisão de precificação? O custo-alvo é $ 140 (isto é, $ 200 × 0,70); assim, uma redução de custo exigida de $ 14 por unidade é necessária. O grupo de custeio-alvo deveria trabalhar com os engenheiros de produto e processo e fornecedores para determinar se o custo unitário médio poderia ser reduzido em $ 14 ao longo da vida do produto. Observe que não é necessário pôr os custos abaixo para o custo-alvo de $ 140, antes de começar a produção. O custo unitário inicial, provavelmente, será mais elevado, digamos $ 145. As melhorias contínuas, ao longo da vida do produto, resultarão na redução do custo final de $ 5. Se os gestores receberem compromissos para reduções de custos, eles decidirão ofertar $ 200 por unidade. Observe que, se a ITT Automotive aceitar a oferta, ela deverá manter seu foco na gestão de custo durante toda a vida do produto.

O custeio-alvo originou-se no Japão e é uma prática comum lá. Um número crescente de empresas, entretanto, usam-no agora mundialmente, incluindo a DaimlerChrysler, a Boeing, a Eastman Kodak, a Honda of America, a Mercedes-Benz, a Proctor & Gamble, a Caterpillar e a ITT Automotive. Mesmo alguns hospitais usam o custeio-alvo.

Por que essa popularidade crescente? Com a competição global aumentada em muitos setores, as empresas estão mais e mais limitadas na capacidade de influenciar os preços de mercado. A gestão de custos, então, torna-se a chave para a lucratividade. O custeio-alvo força os gestores a focalizar os custos para alcançar os lucros desejados.

PRIMEIRO, OS NEGÓCIOS

Custeio-alvo, ABC e o papel da contabilidade gerencial

Muitas empresas usam o custeio-alvo com o sistema de custeio baseado em atividades (ABC). O custeio-alvo exige que uma empresa, primeiro, determine o que um cliente pagará por um produto e, então, trabalha em direção ao projeto do produto e processo de produção que gerará um nível desejado de lucro. O ABC fornece dados sobre os custos das várias atividades necessárias para produzir o produto. Conhecer os custos de atividades permite que os projetistas de processos de produção e produto predigam os efeitos de seus projetos nos custos dos produtos. O custeio-alvo, essencialmente, toma os custos baseados em atividade e os usa para decisões estratégicas de produto.

A Culp, Inc., por exemplo, fabricante têxtil da Carolina do Norte, usa o custeio-alvo e o ABC para elevar a gestão do custo a uma das áreas estrategicamente mais importantes da empresa. A Culp descobriu que 80 por cento de seus custos de produtos são predeterminados no estágio de projeto, mas, anteriormente, seus esforços para controlar custos estavam focados nos outros 20 por cento.

Deslocando esforços da gestão de custos para o estágio de projeto e obtendo custos acurados das várias atividades envolvidas na produção, a gestão de custos da Culp evoluiu para um processo de cortar custos quando um produto está sendo projetado, bem como não identificar custos que estão fora de linha após a produção estar completa.

Um objetivo básico do custeio-alvo é reduzir custos antes que eles ocorram. Afinal de contas, uma vez que uma empresa tenha incorrido em custos, eles não podem ser mudados. Tal estratégia é especialmente importante quando os ciclos de vida do produto são curtos.

Como a maioria dos ciclos de vida do produto está encolhendo, o uso do custeio-alvo está se expandindo. Ele focaliza a redução de custos nos estágios de projeto e desenvolvimento de produtos — quando os custos podem, realmente, ser afetados. O custeio-alvo é muito influenciado, por exemplo, pelo projeto da DaimlerChrysler de baixo preço do Néon, e o CEO da Procter & Gamble credita ao custeio-alvo a ajuda em eliminar custos que poderiam levar os gestores a fixar preços de produtos muito altos para o mercado. "O processo de projeto é o ponto em que você realmente pode alavancar (reduzir) seus custos", de acordo com Ron Gallaway, CFO da Micrus Semiconductors.

Que papel a contabilidade gerencial desempenha no custeio-alvo? Na Micrus, os contadores gerenciais são responsáveis pelo estabelecimento final dos alvos para todos os componentes e processos. Uma pesquisa relatou que 86 por cento das empresas que usam o custeio-alvo tiram dados diretamente de seus sistemas de custos para estimar os custos de produto durante o projeto de produto. Na Eastman Kodak, os contadores gerenciais são uma parte vital de uma equipe de função cruzada que implementa o custeio-alvo. Essa equipe inclui engenheiros de projeto e manufatura, suprimentos e *marketing*, bem como contabilidade gerencial. Peter Zampino, diretor de pesquisa do Consortium for Advanced Manufacturing–International, concorda: "É como qualquer outra coisa; se as finanças não abençoam os números, eles não terão a credibilidade de toda a organização".

Fontes: Adaptado de R. Banham, "Off target", em *CFO*, maio de 2000; J. Bohn, "Chrysler cutts cost by nurturing links with suppliers", em *Automotive Age*, 17 de janeiro de 1994, p. 18; G. Boer e J. Ettlie, "Target costing can boost you bottom line", em *Strategic Finance*, julho de 1999, pp. 49-52; J. Brausch, "Target costing for profit enhancement", em *Management Accounting*, novembro de 1994, pp. 45-49; G. Hoffman, "Future vision", em *Grocery Marketing*, março de 1994, p. 6.

PROBLEMA RESUMIDO PARA REVISÃO

PROBLEMA

A Custom Graphics é uma gráfica que oferece uma ampla variedade de projetos e trabalhos de impressão. A proprietária da empresa, Janet Solomon, prepara as ofertas para muitas ordens de produção.

A seguir, seu orçamento de custo para 20X1.

Materiais		$ 350 000
Mão-de-obra		$ 250 000
Custos indiretos de fabricação		
Variáveis	$ 300 000	
Fixos	$ 150 000	$ 450 000
Custo total de produção das ordens		$ 1 050 000
Despesas de vendas e administrativas*		
Variáveis	$ 75 000	
Fixas	$ 125 000	$ 200 000
Custos totais		$ 1 250 000

* *Essas despesas incluem custos de todas as funções da cadeia de valor além da produção.*

Solomon tem um lucro-alvo de $ 250 mil para 20X1.

Calcule a porcentagem de margem-alvo média para a precificação como uma porcentagem de:

1. Materiais mais mão-de-obra.
2. Custo variável de produção das ordens (suponha que a mão-de-obra seja um recurso de custo variável).
3. Custo total de produção das ordens.
4. Todos os custos variáveis.
5. Todos os custos.

Solução

O propósito deste problema é enfatizar que muitas abordagens diferentes para precificação podem ser usadas quando, apropriadamente empregadas, chegariam no mesmo preço de venda alvo. Para alcançar os $ 250 mil de lucro, a receita desejada para 20X1 é de $ 1 250 000 + $ 250 000 = $ 1 500 000. As porcentagens de margem alvo são:

1. Porcentagem de materiais e mão-de-obra = $\frac{(\$ 1\ 500\ 000 - \$ 600\ 000)}{\$ 600\ 000} = 150\%$.

2. Porcentagem de custos variáveis de produção das ordens = $\frac{(\$ 1\ 500\ 000 - \$ 900\ 000)}{\$ 900\ 000} = 66,7\%$.

3. Porcentagem do custo total de produção das ordens = $\frac{(\$ 1\ 500\ 000 - \$ 1\ 050\ 000)}{\$ 1\ 050\ 000} = 42,9\%$.

4. Porcentagem de todos os custos variáveis = $\frac{(\$ 1\ 500\ 000 - \$ 975\ 000)}{\$ 975\ 000} = 53,8\%$.

5. Porcentagem de todos os custos = $\frac{(\$ 1\ 500\ 000 - \$ 1\ 250\ 000)}{\$ 1\ 250\ 000} = 20\%$.

Material fundamental de avaliação

5-A1. Pedido especial

Considere os seguintes detalhes da demonstração de resultado da Manteray Pen Company (MPC) para o ano encerrado em 31 de dezembro de 20X1.

Vendas	$ 10 000 000
Menos custo dos produtos vendidos	$ 6 000 000
Margem bruta ou lucro bruto	$ 4 000 000
Menos despesas de vendas e administrativas	$ 3 300 000
Lucro operacional	$ 700 000

Os custos fixos de manufatura da MPC foram $ 2,4 milhões, e seus custos fixos de venda e administrativos eram $ 2,5 milhões. As comissões de vendas de 3 por cento das vendas estão incluídas nas despesas de vendas e administrativas.

A divisão vendeu dois milhões de canetas. Próximo do fim do ano, a Pizza Hut ofereceu comprar 150 mil canetas em um pedido especial. Para atender ao pedido, o logotipo especial da Pizza Hut teria de ser adicionado em cada caneta. A Pizza Hut pretendia usar as canetas numa promoção especial em uma cidade do leste, durante o início de 20X2.

Mesmo tendo alguma capacidade ociosa na fábrica, o presidente da MPC rejeitou a oferta da Pizza Hut, de $ 660 mil pelas 150 mil canetas. Ele disse:

A oferta da Pizza Hut é muito baixa. Nós evitaríamos pagar comissões de vendas, mas teríamos de incorrer em um custo extra de $ 0,20 por caneta para adicionar o logotipo. Se a MPC vendesse abaixo do seu preço de venda regular, ela iniciaria uma reação em cadeia de corte de preço dos concorrentes e dos clientes ao solicitar negócios especiais. Eu acredito na precificação não inferior a 8 por cento acima do nosso custo total de $ 9 300 000 ÷ 2 000 000 unidades = $ 4,65 por unidade, mais os $ 0,20 extras por caneta, menos as economias de comissões.

1. Usando a técnica da margem de contribuição, prepare uma análise similar à da Figura 5.3 (página 157). Use três colunas: sem o pedido especial, o efeito do pedido especial (total e por unidade) e totais com o pedido especial.

2. Por que a porcentagem do lucro operacional cresceria ou decresceria se o pedido tivesse sido aceito? Você concorda com a decisão do presidente? Por quê?

5-A2. Escolha de produtos

A Skill Craft Appliance Company tem dois produtos: um misturador simples e um misturador de luxo. O misturador simples é vendido a $ 64 e tem um custo variável de $ 48. O misturador fantasia tem sido vendido a $ 100 e tem um custo variável de $ 70.

1. Calcule as margens de contribuição e os índices de margem de contribuição para os misturadores simples e de luxo.
2. A demanda é por mais unidades do que a empresa pode produzir. Há apenas 20 mil horas–máquina de capacidade de manufatura disponíveis. Dois misturadores simples podem ser produzidos ao mesmo tempo médio (1 hora) necessário para produzir um misturador de luxo. Calcule o total da margem de contribuição para 20 mil horas para misturadores simples apenas e para misturadores de luxo apenas.
3. Use duas ou três sentenças que declarem a principal lição deste problema.

5-A3. Fórmulas para a precificação

A Randy Azarski, empreiteira construtora, constrói habitações populares em lotes, freqüentemente construindo até vinte casas simultaneamente. A Azarski orçou custos para um número esperado de casas em 20X2, como se segue:

Materiais diretos	$ 3 500 000
Mão-de-obra direta	$ 1 000 000
Custos indiretos de construção da ordem	$ 1 500 000
Custo dos serviços	$ 6 000 000
Custos de venda e administrativos	$ 1 500 000
Custos totais	$ 7 500 000

Os custos indiretos do serviço de construção incluem, aproximadamente, $ 600 mil de custos fixos, tais como os salários dos supervisores e a depreciação de equipamentos. Os custos de vendas e administrativos incluem $ 300 mil de custos variáveis, tais como as comissões de vendas e os bônus, que dependem fundamentalmente da rentabilidade geral.

A Azarski deseja um lucro operacional de $ 1,5 milhão para 20X2.

Calcule a porcentagem da margem-alvo média ao estabelecer preços como uma porcentagem de:

1. Materiais diretos mais mão-de-obra direta.
2. O total dos 'custos dos serviços'.
3. Os 'custos dos serviços variáveis'.
4. O total dos 'custos dos serviços' mais custos de vendas e administrativos.
5. O 'custo dos serviços variáveis' mais o custo variável de vendas e administrativos.

5-B1. Pedido especial, terminologia e custos unitários

A seguir, está uma demonstração de resultado da Danube Company, fabricante de *blue jeans* para homens:

Danub Company – Demonstração de resultado para o ano encerrado em 31 de dezembro de 20X0

	Total	Por unidade
Vendas	$ 40 000 000	$ 20,00
Menos custo dos produtos vendidos	$ 24 000 000	$ 12,00
Margem bruta	$ 16 000 000	$ 8,00
Menos despesas de venda e administrativas	$ 15 000 000	$ 7,50
Resultado operacional	$ 1 000 000	$ 0,50

A Danube fabricou dois milhões de *jeans*, que foram vendidos para vários atacadistas de roupas e lojas de departamento. No início de 20X1, a presidente, Rosie Valenzuela, morreu em um acidente. Seu filho, Ricardo, tornou-se o novo presidente. Ricardo havia trabalhado por 15 anos nas fases iniciais do negócio. Ele sabia muito pouco sobre contabilidade e manufatura, que eram o forte de sua mãe. Ricardo tem diversas solicitações para você, incluindo questões a respeito da precificação de pedidos especiais.

1. Para preparar respostas melhores, você decide reorganizar a demonstração de resultado na forma de contribuição. Os custos variáveis de manufatura foram $ 19 milhões. As despesas de venda e administrativas, das quais a maioria são comissões de vendas, despesas de embarque e propagandas pagas aos clientes baseadas em unidades vendidas, foram $ 9 milhões.
2. Ricardo solicita: "Não posso entender as demonstrações contábeis até que eu saiba o significado de vários termos. Ao verificar as várias anotações da minha mãe, descobri as seguintes indicações a respeito de custo

total e custo unitário: custo total de manufatura, custo variável, custo total, custo totalmente alocado, margem bruta e margem de contribuição. Usando os nossos dados para 20X0, por gentileza, faça-me uma lista desses custos, seus montantes totais e seus montantes por unidade".

3. "Próximo do fim de 20X0, eu trouxe um pedido especial da Costco para cem mil *jeans* a $ 17 cada. Eu disse que aceitaria uma comissão de vendas de $ 20 mil, em vez do usual 6 por cento do preço de venda, mas minha mãe recusou o pedido. Ela, geralmente, mantinha uma política de precificação relativamente rígida, dizendo que era um mau negócio aceitar pedidos que não gerassem, pelo menos, os custos totais de manufatura mais 80 por cento dos custos totais de manufatura. Aquela política me incomodou. Tínhamos capacidade ociosa. Do jeito como eu enxergava os números, nossos custos de manufatura subiriam em 100 000 × $ 12 = $ 1 200 000, mas nossas despesas de venda e administrativas subiriam em apenas $ 20 mil. Isso significaria um lucro operacional de 100 000 × ($ 17 − $ 12) menos $ 20 000, ou $ 500 000 menos $ 20 000, ou seja, $ 480 000. Isso é muito dinheiro para desistir apenas para manter um política de precificação geral. Minha análise de precificação produziria um impacto correto no lucro operacional? Se não, por favor, mostre-me o lucro operacional adicional correto."

4. Após receber as explicações oferecidas nos itens 2 e 3, Ricardo disse: "Esqueça o que eu falei do pedido da Costco. Eu tenho um pedido ainda maior, da Land's End. Esse era para 500 mil unidades e ocuparia a fábrica completamente. Eu disse à minha mãe que não estabeleceria comissão. Não haveria nenhum custo de venda ou administrativo, porque a Land's End pagaria pelo embarque, e não haveria nenhuma despesa de propaganda. A Land's End ofereceu $ 9,20 por unidade. Nossos custos fixos de manufatura teriam sido distribuídos entre 2,5 milhões em vez de entre 2 milhões de unidades. Não teria sido vantajoso aceitar a oferta? Nossos antigos custos fixos de manufatura eram $ 2,50 por unidade. O volume adicionado reduziria esse custo mais do que nosso prejuízo sobre nossos custos variáveis por unidade. Estou correto? Qual teria sido o impacto no lucro operacional total se tivéssemos aceito o pedido?".

5-B2. Custos unitários e capacidade

A Fargo Manufacturing Company produz dois solventes industriais, para os quais os seguintes dados foram tabulados. Os custos fixos de manufatura são aplicados aos produtos em uma taxa de $ 1 por hora–máquina.

Por unidade	XY-7	BD-4
Preço de venda	$ 6,00	$ 4,00
Custos variáveis de manufatura	$ 3,00	$ 1,50
Custos fixos de manufatura	$ 0,80	$ 0,20
Custos variáveis de venda	$ 2,00	$ 2,00

O gestor de vendas teve um aumento de $ 160 mil em sua dotação orçamentária para propaganda e deseja aplicar o dinheiro no produto mais lucrativo. Os solventes não são substitutos entre si aos olhos dos clientes da empresa.

1. Quantas horas–máquina são consumidas para produzir um XY-7? E para produzir um BD-4? (Dica: Focalize os custos fixos de manufatura aplicados.)
2. Suponha que a Fargo tenha apenas cem mil horas–máquina disponíveis para produzir o XY-7 e o BD-4. Se o aumento potencial nas unidades de vendas, para um ou outro produto, resultante de propaganda, está, de longe, em excesso em relação àquelas capacidades de produção, que produto deve ser produzido e divulgado e qual é o aumento estimado na margem de contribuição ganha?

5-B3. Eliminando uma linha de produtos

A Hambley's Toys Store está na Regent Street em Londres. Ela tem um departamento de mágicas próximo à entrada principal. Suponha que a gestão esteja considerando eliminar o departamento de mágicas, que tem, consistentemente, mostrado prejuízo operacional. As demonstrações de resultado projetadas, em milhares de libras (£), são as seguintes (para facilitar a análise, apenas três linhas de produto são mostradas):

	Total	Mercadorias em geral	Produtos eletrônicos	Departamento de mágicas
Vendas	£ 6 000	£ 5 000	£ 400	£ 600
Despesas variáveis	£ 4 090	£ 3 500	£ 200	£ 390
Margem de contribuição	£ 1 910 (32%)	£ 1 500 (30%)	£ 200 (50%)	£ 210 (35%)
Despesas fixas (compensação, depreciação, imposto predial, seguro, etc.)	£ 1 110	£ 750	£ 50	£ 310
Lucro operacional	£ 800	£ 750	£ 150	£(100)

As £ 310 mil do departamento de mágicas de despesas fixas incluem a compensação dos empregados de £ 100. Esses empregados serão demitidos se o departamento de mágicas for eliminado. Todos os equipamentos do departamento de mágicas estão totalmente depreciados; assim, nenhuma das £ 310 mil pertence a tais itens como equipamento. Além disso, os valores da eliminação dos equipamentos serão compensados pelos custos de remoção e remodelagem. Se o departamento de mágicas for eliminado, o gestor usará o espaço vago para mais mercadorias em geral ou mais produtos eletrônicos. A expansão de mercadorias em geral não envolverá a contratação de nenhuma ajuda assalariada adicional, mas, se colocar mais produtos eletrônicos, exigirá uma pessoa adicional, a um custo anual de £ 25 mil. O gestor pensa que as vendas de mercadorias em geral aumentarão em £ 300 mil; produtos eletrônicos, em £ 200 mil. As predições modestas da gestora estão parcialmente baseadas no fato de que ela pensa que o departamento de mágicas tem ajudado a atrair clientes para a loja e, assim, melhorado as vendas totais. Se o departamento de mágicas for fechado, esse atrativo desaparecerá. O departamento de mágicas deve ser fechado? Explique, mostrando os cálculos.

Material adicional de avaliação

Questões

5-1. "A distinção entre a precisão e a relevância deve ser mantida em mente." Explique.

5-2. Distinga entre os aspectos quantitativo e qualitativo das decisões.

5-3. Descreva o papel do contador na tomada de decisão.

5-4. "Qualquer custo futuro é relevante." Você concorda? Explique.

5-5. Por que os dados históricos ou passados são irrelevantes para decisões especiais?

5-6. Descreva o papel dos custos passados ou históricos no processo de decisão. Isto é: Como esses custos se relacionam aos métodos de predição e modelos de decisão?

5-7. "Há aspectos comuns na abordagem das várias decisões especiais." Explique.

5-8. "Na análise de custo relevante, acautele-se com os custos unitários." Explique.

5-9. "A chave para as decisões de eliminar um produto ou departamento é identificar custos evitáveis." Você concorda? Explique.

5-10. "Os custos evitáveis são custos variáveis." Você concorda? Explique.

5-11. Dê quatro exemplos de fatores escassos limitativos.

5-12. Por que os clientes são um dos fatores que influenciam as decisões de precificação?

5-13. O que é custo-alvo por unidade?

5-14. O que é engenharia de valor?

5-15. O que é custeio *kaizen*?

5-16. "No custeio-alvo, os preços determinam os custos, em vez do contrário." Explique.

5-17. Se um sistema de custeio-alvo for utilizado e o custo existente não puder ser reduzido para o custo-alvo por meio de reduções de custo, a gestão deverá descontinuar a produção e venda do produto. Você concorda? Explique.

5-18. "Basear a precificação apenas nos custos variáveis de uma ordem de serviço resulta em subprecificação suicida." Você concorda? Por quê?

5-19. Forneça três exemplos de decisões de precificação que não pedidos especiais.

5-20. Liste três fórmulas populares de margem para precificação.

5-21. Descreva dois efeitos de longo prazo que podem levar os gestores a rejeitar oportunidades de cortar preços e obter aumentos de lucro a curto prazo.

5-22. Dê dois motivos por que os custos totais são, de longe, mais amplamente utilizados do que os custos variáveis como guia de precificação.

5-23. Por que a maioria dos executivos usa informações de custo total e custo variável para decisões de precificação?

Exercícios cognitivos

5-24. Custos fixos e função de vendas

Muitos gestores de vendas têm um bom entendimento intuitivo dos custos, mas eles são, freqüentemente, imprecisos sobre como descrever os custos. Um gestor, por exemplo, disse o seguinte: "Aumentar as vendas diminuirá os custos fixos, porque isso os espalha sobre mais unidades". Você concorda? Explique.

5-25. A economia da decisão de precificação

A teoria econômica declara que os gestores devem estabelecer o preço igual ao custo marginal na concorrência perfeita. Os contadores usam custos variáveis para aproximar os custos marginais. Compare e contraste o custo marginal e o custo variável, e explique se usar os custos variáveis como aproximação para o custo marginal é apropriado para tomar decisões de preço.

5-26. Decisõeduass de precificação e a legislação

Os gestores devem basear suas decisões de precificação em custos e fatores de mercado. Além disso, eles devem também considerar os aspectos legais. Descreva a influência que a legislação tem sobre as decisões de precificação.

5-27. Custeio-alvo e a cadeia de valor

De acordo com Keith Hallin, gestor sênior de finanças para iniciativas de decisão de apoio na Boeing Commercial Airplane Group, alcançar custos-alvo é um desafio para a cadeia de valor inteira da empresa. Explique como os gestores das várias funções da cadeia de valor da Boeing podem estar envolvidos nos processos de custeio-alvo.

Exercícios

5-28. Apontando os custos relevantes

Hoje você está planejando assistir a um filme e pode escolher entre dois cinemas. Você tem apenas um pequeno orçamento para entretenimento, assim os preços são importantes. Você tem freqüentado ambos os cinemas recentemente. Um cobrou $ 6 por ingresso; o outro cobrou $ 7. Você, habitualmente, compra pipoca no cinema — cada cinema cobra $ 2. Os filmes que agora estão sendo exibidos são igualmente interessantes, mas você está certo de que nunca verá o filme que rejeitar hoje. Identifique os custos relevantes. Explique sua resposta.

5-29. Informação e decisões

Suponha que os custos históricos para a manufatura de uma calculadora pela Texas Instruments foram os seguintes: material direto, $ 4,60 por unidade; mão-de-obra direta, $ 3 por unidade. A gestão está tentando decidir se substitui algum material por outros diferentes. A substituição deve reduzir custos de material em 5 por cento por unidade. O tempo de mão-de-obra direta, entretanto, aumentará em 5 por cento por unidade. Além disso, as taxas de mão-de-obra direta serão afetadas por um recente aumento de salário em 10 por cento. Prepare uma figura como a Figura 5.1 (página 156), mostrando onde e como os dados a respeito de material direto e mão-de-obra direta se ajustam ao processo de decisão.

5-30. Identificação de custos relevantes

Paul e Paula Petroceli estavam tentando decidir se iam à sinfonia ou ao jogo de beisebol. Eles já têm dois bilhetes não-restituíveis para a 'Pops Night at the Symphony', que custam $ 40 cada. Esse é o único concerto da temporada que eles consideraram assistir, porque é o único com o tipo de música que apreciam. O jogo de beisebol é o último da temporada e decidirá o campeão da liga. Eles podem comprar os ingressos por $ 20 cada.

Os Petroceli dirigirão 50 milhas, ida e volta, para qualquer dos dois eventos. Os custos variáveis para operar seu automóvel são $ 0,14 por milha, com custos fixos médios de $ 0,13 por milha para as 18 mil milhas que eles dirigem anualmente. O estacionamento da sinfonia é gratuito, mas, para o jogo de beisebol, custa $ 6.

Para assistir a qualquer evento, Paul e Paula contratarão uma babá, a $ 4 por hora. Eles esperam ficar fora por cinco horas, para assistir ao jogo de beisebol, mas apenas quatro horas para assistir à sinfonia.

Compare o custo de assistir ao jogo de beisebol com o custo de assistir à sinfonia. Focalize os custos relevantes. Calcule a diferença de custos e indique qual alternativa é mais onerosa para os Petroceli.

5-31. Decisão de pedido especial

A Belltown Athletic Supply (BAS) faz coletes para jogos para times atléticos. O F. C. Kitsap, clube de futebol, ofereceu comprar cem coletes para os times de sua liga, a $ 15 cada colete. O preço para o time, para tais coletes, é normalmente $ 18, com uma margem de 80 por cento sobre o preço de compra da BAS, de $ 10 por colete. A BAS adiciona o nome e um número em cada colete a um custo variável de $ 2 por colete. O custo fixo anual dos equipamentos utilizados no processo de impressão é $ 6 mil, e os outros custos fixos alocados aos coletes são $ 2 mil.

A BAS fabrica cerca de dois mil coletes por ano; assim, o custo fixo é $ 4 por colete. O equipamento é utilizado apenas para imprimir em coletes e fica ocioso 75 por cento do tempo disponível. O gestor da BAS recusou a oferta, dizendo: "Se nós vendermos a $ 15 e nosso custo for $ 16, perderemos dinheiro em cada colete que vendermos. Gostaríamos de ajudar o seu time, mas não podemos suportar perder dinheiro nas vendas".

1. Calcule o montante pelo qual o lucro operacional da BAS mudaria se a oferta do F. C. Kitsap fosse aceita.
2. Suponha que você fosse o gestor da BAS. Você aceitaria a oferta? Além de considerar o impacto quantitativo calculado no item 1, liste duas considerações qualitativas que influenciariam sua decisão — um fator qualitativo que apóie a aceitação da oferta e um que apóie a rejeição.

5-32. Custos unitários e custos totais

Você é um CPA (*certified public accountant*) que pertence ao clube da lanchonete, no centro da cidade. As anuidades são $ 120. Você usa o clube apenas para almoço, cujo custo é $ 6 cada. Você não usou muito o clube nos anos recentes e está pensando se continua a manter sua inscrição.

1. Foi apresentado a você um custo variável mais margem e um padrão de comportamento de custo fixo. Trace cada um em um gráfico, em que o eixo vertical seja o custo total e o eixo horizontal seja o volume anual em número de almoços. Trace também um terceiro gráfico que combine os dois anteriores.
2. Qual é o custo por almoço, se você paga pelo seu próprio almoço uma vez ao ano? Doze vezes ao ano? Duzentas vezes ao ano?
3. Suponha que o preço médio dos almoços em outro lugar seja $ 10.
    a) Quantos almoços você deveria ter no clube da lanchonete para que os custos totais dos almoços fossem os mesmos, independentemente de onde você comesse, para aquele número de almoços?
    b) Suponha que você tenha consumido 250 almoços em um ano no clube. Quanto você economizaria em relação aos custos totais de almoçar em outro lugar?

5-33. Despesas de propaganda e organizações sem fins lucrativos

Muitas faculdades e universidades têm anunciado extensivamente seus serviços. Uma universidade na Filadélfia, por exemplo, usou um avião para puxar uma flâmula que promovesse seu programa vespertino, e uma no Mississippi projetou adesivos para pára-choques e *slogans*, bem como programas inovadores.

Suponha que a Wilton College cobre uma anuidade abrangente de $ 14 mil para matrícula, dormitório e refeições, e tenha capacidade para 2,5 mil estudantes. O departamento de admissões prediz o registro de dois mil estudantes para 20X1. Os custos por estudante, para o ano acadêmico de 20X1, são:

	Variável	Fixo	Total
Programas educacionais	$ 4 000	$ 4 200	$ 8 200
Dormitórios	$ 1 300	$ 2 200	$ 3 500
Refeições	$ 2 600	$ 600	$ 3 200
	$ 7 900	$ 7 000*	$ 14 900

* Com base em 2 000 a 2 500 estudantes por ano.

O diretor assistente das admissões propôs uma campanha de dois meses de propaganda, usando, porém, anúncios de rádio e televisão, além de um extensivo envio de mala-direta.

1. Suponha que a campanha de propaganda custará $ 1,83 milhão. Qual é o número mínimo de estudantes adicionais que a campanha deve atrair para alcançar o ponto de equilíbrio da campanha?
2. Suponha que o departamento de admissões prediga que a campanha atrairá 350 estudantes adicionais. Qual é o máximo que a Wilton deve pagar pela campanha e ainda atingir o ponto de equilíbrio?
3. Suponha que (em vez de dois meses) uma campanha de três meses atrairá 450 estudantes adicionais em vez de 350. Qual é o máximo que a Wilton deve pagar pela extensão de um mês da campanha e ainda estar em ponto de equilíbrio?

5-34. Variedade de termos de custos

Considere os seguintes dados:

Custos variáveis de venda e administrativos por unidade	$ 4
Total de custos fixos de venda e administrativos	$ 2 900 000
Total de custos fixos de manufatura	$ 3 000 000
Custos variáveis de manufatura por unidade	$ 9
Unidades produzidas e vendidas	$ 500 000

1. Calcule o seguinte, por unidade de produto:
    a) Total dos custos variáveis. b) Total de manufatura. c) Custo total.
2. Dê um sinônimo para custos totais.

5-35. Lucro por unidade de espaço

1. Diversas cadeias bem-sucedidas de lojas de armazém, como a Costco e a Sam's Club, têm políticas de comércio que diferem consideravelmente das de lojas de departamento tradicionais. Nomeie algumas características dessas lojas de armazém que contribuíram para seu sucesso.

2. As cadeias de alimentos, como a Safeway, têm, em geral, considerado aproximadamente 20 por cento do preço de venda como um lucro bruto alvo médio sobre alimentos enlatados e itens de mercearia similares. Quais são as limitações de tal abordagem? Seja específico.

5-36. Eliminação de linha de produto

A Zurique American School é uma escola de ensino fundamental privada internacional. Além das aulas regulares, cuidados após as aulas são fornecidos, entre as 15h e as 18h, a FS 12 por criança por hora. Os resultados financeiros para os cuidados após as aulas para um mês representativo são:

Receitas: 600 horas, a FS 12 por hora		FS 7 200
Menos		
Salários dos professores	FS 5 200	
Suprimentos	FS 800	
Depreciação	FS 1 300	
Engenharia sanitária	FS 100	
Outros custos fixos	FS 200	FS 7 600
Lucro (prejuízo) operacional		FS (400)

O diretor da Zurique American School está considerando interromper os serviços de cuidados após as aulas porque não é justo que os outros estudantes subsidiem o programa. Ele pensa que, eliminando o programa, liberará FS 400 por mês para apoiar as aulas regulares.

1. Calcule o impacto financeiro da Zurique American School diante da descontinuidade do programa de cuidados após as aulas.
2. Liste três fatores qualitativos que influenciariam sua decisão.

5-37. Aceitação de uma oferta baixa

A Velasquez Company, fabricante de uma variedade de produtos de metal e plásticos, está no meio de um declínio no negócio e tem muitas instalações ociosas. A Columbia Health Care abordou a Velasquez para produzir 300 mil bandejas de serviço não-deslizantes. A Columbia pagará $ 1,30 cada.

A Velasquez prediz que seus custos variáveis serão $ 1,40 cada. Entretanto, seus custos fixos, que têm sido calculados na média de $ 1 por unidade, em uma variedade de outros produtos, serão agora distribuídos sobre duas vezes mais o volume. O presidente comentou: "Certo, perderemos $ 0,10 cada nos custos variáveis, mas ganharemos $ 0,50 por unidade, distribuindo nossos custos. Assim, deveríamos assumir a oferta, porque ela representa uma vantagem de $ 0,40 por unidade".

Suponha que os negócios regulares tenham um volume atual de 300 mil unidades, vendas de $ 600 mil, custos variáveis de $ 420 mil e custos fixos de $ 300 mil. Você concorda com o presidente? Por quê?

5-38. Precificação por um revendedor de automóveis

Muitos revendedores de automóveis têm um padrão operacional similar ao da Austin Motors, um revendedor do Texas. Em cada mês, a Austin, inicialmente, visa a uma cota, em volume de unidades, que se aproxima do ponto de equilíbrio. Até que o ponto de equilíbrio seja alcançado, a Austin tem uma política de preço relativamente elevado, por meio da qual o 'negócio mínimo' deve conter uma margem elevada o suficiente para assegurar uma contribuição ao lucro de não menos de $ 400. Após o ponto de equilíbrio ser alcançado, a Austin tende a cotar preços menores para o restante do mês.

Qual é sua opinião sobre essa política? Como cliente prospectivo, como você reagiria a essa política?

5-39. Precificação para maximizar a contribuição

A Reynolds Company produz e vende molduras de quadros. Uma moldura em particular para fotos 8 x 10 foi um sucesso instantâneo no mercado, mas recentemente os concorrentes lançaram com molduras semelhantes.

A Reynolds tem cobrado $ 12 no atacado para as molduras, e as vendas têm caído de dez mil unidades, no ano passado, para sete mil unidades neste ano. O gestor de produto encarregado dessa moldura está considerando reduzir o preço para $ 10 por moldura. Ele acredita que as vendas voltarão às dez mil unidades ao preço menor, mas cairão para seis mil unidades ao preço de $ 12. O custo variável unitário de produzir e vender as molduras é $ 6, e $ 40 mil de custos fixos são atribuídos às molduras.

1. Supondo que os únicos preços sob consideração sejam $ 10 e $ 12 por moldura, qual preço levará um lucro maior para a Reynolds? Explique por quê.
2. Que considerações subjetivas devem afetar sua consideração de precificação?

5-40. Preços de venda alvo
Considere os seguintes dados da demonstração de resultado orçada da Blackmar Company (em $ milhares).

Vendas-alvo	$ 60 000
Custos variáveis	
Manufatura	$ 30 000
Vendas e administrativo	$ 6 000
Custos variáveis totais	$ 36 000
Custos fixos	
Manufatura	$ 8 000
Vendas e administrativo	$ 6 000
Custos fixos totais	$ 14 000
Total de todos os custos	$ 50 000
Lucro operacional	$ 10 000

Calcule as seguintes fórmulas de margem que seriam usadas obtendo as mesmas vendas-alvo como uma porcentagem de:

   a) Custos variáveis totais.

   b) Custos totais.

   c) Custos variáveis de manufatura.

5-41. Ofertas competitivas
A Rimmer, Coles e Diaz, empresa de auditoria, está preparando-se para oferecer um trabalho de consultoria. Posto que Alice Rimmer usará seu julgamento sobre o mercado e finalizará a oferta, ela pediu que você preparasse uma análise de custo para ajudá-la na concorrência. Você estimou os custos para o trabalho de consultoria da seguinte maneira:

Materiais e suprimentos, ao custo	$ 30 000
Pagamento horário para consultores: 2 000 horas a $ 35 por hora	$ 70 000
Benefícios indiretos para consultores: 2 000 horas a $ 12 por hora	$ 24 000
Custo variável total	$ 124 000
Custos fixos alocados ao trabalho	
Baseados na mão-de-obra: 2 000 horas a $ 10 por hora	20 000
Baseados em materiais e suprimentos: 80% de 30 000	24 000
Custo total	$ 168 000

Dos $ 44 mil de custos fixos alocados, $ 35 mil serão incorridos, mesmo que o trabalho não seja contratado. Alice, normalmente, oferece trabalhos a uma soma de: 150 por cento dos custos de materiais e suprimentos estimados; $ 80 por hora de mão-de-obra estimada.

   1. Prepare uma oferta usando a fórmula normal.

   2. Prepare uma oferta mínima igual aos custos adicionais esperados a ser incorridos para completar o trabalho.

   3. Prepare uma oferta que cubra os custos totais mais uma margem de lucro igual a 20 por cento dos custos totais.

5-42. Custeio-alvo
A Quality Corporation acredita que há um mercado para escovas de dentes eletrônicas portáteis, que podem ser facilmente transportadas por executivos de negócios. O departamento de pesquisa de mercado da Quality pesquisou as características de preços das escovas eletrônicas atualmente disponíveis no mercado. Baseada nessa pesquisa, a Quality acredita que $ 65 seria aproximadamente o preço certo. A esse preço, o *marketing* acredita que cerca de 80 mil novas escovas portáteis podem ser vendidas anualmente. Isso custará cerca de $ 1 milhão, para projetar e desenvolver a escova portátil. A Quality tem um lucro-alvo de 20 por cento das vendas.

Determine o custo-alvo total e o unitário para manufaturar, vender, distribuir e prestar serviços de manutenção para cada escova portátil.

5-43. Custeio-alvo
A Best Cost Corporation tem um programa de P&D agressivo e usa o custeio-alvo para apoiar as decisões finais de liberar novos produtos para a produção. Um novo produto está sendo avaliado. A pesquisa de mercado abarcou um mercado potencial para esse produto e acredita que suas características únicas gerarão uma demanda total de 50 mil unidades, a um preço médio de $ 230. Os departamentos de engenharia de produção e projeto realizaram uma

análise de valor do produto e determinaram que o custo total para as várias funções da cadeia de valor, usando a tecnologia de processos existente, são os seguintes:

Funções da cadeia de valor	Custo total sobre a vida do produto
Pesquisa e desenvolvimento	$ 1 500 000
Projeto	$ 750 000
Manufatura	$ 5 000 000
Marketing	$ 800 000
Distribuição	$ 1 400 000
Serviços ao cliente	$ 750 000
Custo total sobre a vida do produto	$ 10 200 000

A gestão tem uma porcentagem de lucro-alvo de 20 por cento das vendas. A engenharia de produção indica que a nova tecnologia de processo pode reduzir o custo de manufatura em 40 por cento, mas ela custará $ 1 milhão.

1. Supondo que a tecnologia de processo existente seja usada, deveria o novo produto ser liberado para a produção? Explique.
2. Supondo que a nova tecnologia de processo seja comprada, deveria o novo produto ser liberado para a produção? Explique.

Problemas

5-44. Precificação, ética e a legislação

A Great Lakes Pharmaceuticals, Inc. (GLPI) produz medicamentos de prescrição e de balcão. Em janeiro, a GLPI introduziu um novo medicamento de prescrição, o Capestan, para aliviar dores causadas pela artrite. A empresa gastou mais de $ 50 milhões ao longo dos últimos cinco anos desenvolvendo o medicamento, e a propaganda sozinha durante o primeiro ano de introdução excederá $ 10 milhões. O custo de produção para um frasco de cem tabletes é, aproximadamente, $ 12. As vendas, nos primeiros três anos, estão previstas em 500 mil, 750 mil e 1 milhão de frascos, respectivamente. Para alcançar essas vendas, a GLPI planeja distribuir o medicamento por meio de três fontes: diretamente aos médicos, por meio de farmácias de hospitais e de farmácias varejistas. Inicialmente, os frascos serão dados como amostra grátis aos médicos para darem aos seus pacientes; as farmácias de hospitais pagarão $ 25 por frasco, e as farmácias varejistas pagarão $ 40 por frasco. No segundo e terceiro ano, a empresa planeja retirar as distribuições de amostras grátis aos médicos e mover todos os outros clientes para um preço de vendas de $ 50 por frasco.

Comente as políticas de precificação e promoção da GLPI. Preste atenção aos aspectos legais e éticos envolvidos.

5-45. Precificação e técnica da margem de contribuição

A Concord Trucking Company tem os seguintes resultados operacionais para o encerramento de 20X1:

Receitas operacionais	$ 100 000 000
Custos operacionais	$ 80 000 000
Lucro operacional	$ 20 000 000

Um grande manufatureiro de Boston questionou se a Concord estaria interessada em transporte rodoviário de um grande pedido de suas peças para Atlanta. Steve Minkler, gestor de operações, investigou a situação e estimou que os custos 'totalmente alocados' de atender ao pedido seriam de $ 40 mil. Usando sua fórmula geral de precificação, ele cotou um preço de $ 50 mil. O fabricante respondeu: "Daremos a você $ 37 mil; é pegar ou largar. Se você não quiser nosso negócio, transportaremos nós mesmos ou iremos a outro lugar". Uma analista de custo havia conduzido, recentemente, estudos de como os custos operacionais da Concord tendem a comportar-se. Ela descobriu que $ 64 milhões dos $ 80 milhões poderiam ser caracterizados como custos variáveis. Minkler discutiu o assunto com ela e decidiu que esse pedido, provavelmente, geraria um comportamento de custos um pouco diferente das operações gerais da Concord.

1. Usando uma técnica de margem de contribuição, prepare uma análise para a Concord.
2. A Concord deve aceitar esse pedido? Explique.

5-46. Análise de custo e precificação

O orçamento da Oxford University Printing Company para 20X2 é o seguinte:

Vendas		£ 1 100 000
Material direto	£ 280 000	
Mão-de-obra direta	£ 320 000	
Custos indiretos	£ 400 000	£ 1 000 000
Lucro líquido		£ 100 000

A empresa usa um sistema de precificação chamado 'custo mais margem de lucro'. Os custos de materiais diretos e mão-de-obra direta são calculados, o CIF é adicionado a uma taxa de 125 por cento de mão-de-obra direta, e 10 por cento do custo total é adicionado para obter o preço de venda.

Edith Smythe, gestora de vendas, colocou uma oferta de £ 22 mil em um pedido particularmente grande, com um custo de £ 5,6 mil de material direto e £ 6,4 mil de mão-de-obra direta. O cliente informa que ela pode ter o negócio por £ 19,8 mil; é pegar ou largar. Se Smythe aceitar o pedido, o total de vendas para 20X2 será £ 1 119 800.

Smythe recusa o pedido, dizendo: "Eu vendo numa base de custo mais margem de lucro. É uma política ruim aceitar pedidos abaixo do custo. Eu perderia £ 200 sobre o serviço".

Os custos indiretos fixos anuais da empresa são £ 160 mil.

1. Qual teria sido o lucro líquido com o pedido? Sem o pedido? Mostre seus cálculos.
2. Dê uma descrição sucinta de uma técnica de margem de contribuição para precificação que Smythe possa seguir. Inclua a estipulação da fórmula de precificação que Smythe deverá usar rotineiramente se espera obter um lucro líquido alvo de £ 100 mil.

5-47. Precificação da educação

Você é o diretor de programas de educação continuada para uma universidade estadual. Os cursos para executivos são especialmente populares, e você desenvolveu um menu extensivo de cursos de um dia e dois dias, que são apresentados em várias localidades por todo o estado. O desempenho desses cursos para o ano fiscal corrente, excluindo o curso final, que é programado para o sábado seguinte, é:

Receitas de anuidades	$ 2 000 000
Custos dos cursos	$ 800 000
Margem de contribuição	$ 1 200 000
Despesas administrativas gerais	$ 400 000
Lucro operacional	$ 800 000

Os custos dos cursos incluem taxas para instrutores, aluguel de salas de aula, propaganda e quaisquer outros itens, como viagem, que podem ser fácil e exclusivamente identificados como sendo causados para um curso em particular.

As despesas administrativas gerais incluem seu salário, remuneração da sua secretária e despesas relacionadas, tais como um total de pagamento para o escritório central da universidade, como participação nos custos indiretos da universidade.

A inscrição para o curso, no final do ano, é de 30 estudantes, que pagaram $ 200 cada. Dois dias antes de o curso começar, um gestor da cidade telefona para seu escritório. "Você oferece descontos para instituições sem fins lucrativos?", pergunta ela. "Se sim, mandaremos dez gestores. Nosso orçamento, todavia, não justificará nossa despesa mais do que $ 100 por pessoa." O custo extra de incluir esses dez gestores envolveria almoços, a $ 20 cada, e materiais do curso, a $ 40 cada.

1. Prepare uma tabela do desempenho para o ano todo, incluindo o curso final. Suponha que os custos do curso de final de ano de instrução, viagem, propaganda, aluguel de sala de aula no hotel, almoços e materiais de cursos para os 30 matriculados seriam de $ 4 mil. Mostre uma tabela em quatro colunas: antes do curso, final do curso com 30 matriculados, o efeito de dez matrículas adicionais e o total geral.
2. Que considerações principais, provavelmente, influenciariam as políticas de precificação para esses cursos? E para estabelecer anuidades para cursos regulares universitários em universidades particulares?

5-48. Vendas de videocassete e mercados de aluguel

É mais rentável vender seu produto por $ 50 ou $ 15? Essa é uma questão difícil para muitos executivos de estúdios de filmes. Considere um filme que custa $ 60 milhões para ser produzido e requer outros $ 40 milhões para ser promovido. Após seu lançamento nos cinemas, o estúdio deve determinar se vende os videocassetes diretamente ao público, a um preço de atacado de cerca de $ 15 por fita de videocassete, ou se vende aos distribuidores de lojas de aluguel de videocassete por cerca de $ 50 por fita. Os distribuidores venderão, então, para cerca de 14 mil lojas de aluguel de vídeo nos Estados Unidos.

Suponha que o custo variável para produzir e embarcar uma fita de vídeo seja $ 2,00.

1. Suponha que cada loja de aluguel de vídeo compre dez fitas desse filme. Quantas fitas necessitariam ser vendidas diretamente aos clientes para fazer as vendas diretas serem uma opção mais lucrativa do que as vendas aos distribuidores de lojas de vídeo?
2. Como os custos de produzir e promover os filmes afetam essa decisão?

3. A Walt Disney Co. escolheu vender *O Rei Leão* diretamente aos clientes: foram vendidas 30 milhões de cópias a um preço médio de $ 15,50 por fita. Quantas fitas cada loja de aluguel de vídeo teria de comprar para fornecer à Disney tanto lucro quanto a empresa recebeu das vendas diretas? Suponha que a Disney receberia $ 50 por fita dos distribuidores.

5-49. Uso de jatos de passageiros

Em um ano recente, a Continental Air Lines, Inc. preencheu cerca de 50 por cento dos assentos disponíveis em seus vôos, um registro de cerca de 15 pontos percentuais abaixo da média nacional. A Continental poderia ter eliminado cerca de 4 por cento de seus vôos e aumentado sua carga geral consideravelmente.

O fator de carga melhorado teria reduzido os lucros, entretanto. Dê motivos a favor ou contra essa eliminação. Que fatores influenciariam uma política de programação da linha aérea?

Quando você responder a essa questão, suponha que a Continental tenha um pacote básico de três mil vôos por mês, com uma média de cem assentos disponíveis por vôo. Também suponha que 52 por cento dos assentos foram preenchidos a um preço médio de bilhete de $ 200 por vôo. Os custos variáveis são cerca de 70 por cento das receitas.

A Continental teve também um pacote marginal de 120 vôos por mês, com uma média de cem assentos disponíveis por vôo. Suponha que apenas 20 por cento dos assentos foram preenchidos a um preço médio de passagem de $ 100 por vôo. Os custos variáveis são cerca de 50 por cento dessa receita. Prepare uma tabela do pacote básico, do pacote marginal e do pacote total, mostrando a porcentagem dos assentos preenchidos, as receitas, as despesas variáveis e a margem de contribuição.

5-50. Efeitos do volume no lucro operacional

A Brownell Division da Victoria Sports Company manufatura bumerangues, os quais são vendidos a atacadistas e varejistas. O gestor de divisão estabeleceu uma meta de 250 mil bumerangues para a produção e venda do próximo mês. O gestor, entretanto, preparou uma análise dos efeitos sobre o lucro operacional dos desvios da meta:

Volume em unidades	200 000	250 000	300 000
Vendas a $ 3	$ 600 000	$ 750 000	$ 900 000
Custos totais a $ 2,50	$ 500 000	$ 625 000	$ 750 000
Lucro operacional	$ 100 000	$ 125 000	$ 150 000

Os custos têm as seguintes características: Os custos variáveis de manufatura são $ 1 por bumerangue; os custos variáveis de vendas são $ 0,20 por bumerangue. Os custos fixos de manufatura por mês são $ 275 mil; os custos fixos de venda e administrativos, $ 50 mil.

1. Prepare uma análise correta das mudanças no volume sobre o lucro operacional. Prepare um conjunto de tabelas das demonstrações de resultado, em níveis de 200 mil, 250 mil e 300 mil bumerangues. Mostre também as porcentagens de lucro operacional em relação às vendas.

2. Compare sua tabela com a do gestor. Por que a tabela do gestor está incorreta?

5-51. Precificação na Grand Canyon Railway

Suponha que um guia de excursão tenha abordado o gestor-geral da Grand Canyon Railway com uma proposta de oferecer uma excursão especial dirigida aos clientes do agente. A excursão ocorreria 20 vezes em cada verão e seria parte de um itinerário maior, que o agente colocaria junto. O agente apresentou duas opções: uma excursão especial de 65 milhas com 30 clientes do agente como os únicos passageiros no trem; adicionar um vagão em um trem existente para acomodar os 30 clientes em uma excursão já programada de 65 milhas.

Sob uma ou outra opção, a Grand Canyon contrataria um guia turístico por $ 150 por viagem. A Grand Canyon tem vagões extras em seu pátio de troca, e custaria $ 40 para mover um vagão para os trilhos principais e engatá-lo. O custo extra de combustível para puxar um vagão extra é $ 0,20 por milha. Mover uma locomotiva e um vagão de passageiro na viagem custaria $ 2,20 por milha, e um maquinista receberia $ 400 por viagem.

A depreciação dos vagões de passageiros é $ 5 mil por ano, e a depreciação das locomotivas é $ 20 mil por ano. Cada vagão de passageiro e cada locomotiva viaja cerca de 50 mil milhas por ano. Eles são substituídos a cada oito anos.

O agente ofereceu pagar $ 30 por passageiro, pela excursão especial, e $ 15 por passageiro, para simplesmente adicionar um vagão extra.

1. Qual das duas opções é mais lucrativa para a Grand Canyon? Comente sobre quais custos são irrelevantes nessa decisão.

2. A Grand Canyon deveria aceitar a proposta para a opção que você achou melhor no item 1? Comente sobre que custos são relevantes para essa decisão, mas não para a decisão do item 1.

5-52. Precificação de pedido especial

A Drosselmeier Corporation, localizada em Munich, faz quebra-nozes de Natal e tem uma capacidade anual de fábrica de 2,4 mil unidades do produto. Seus resultados operacionais preditos (em marco alemão) para o ano são:

Produção e venda de 2 000 unidades, vendas totais	DM 180 000
Custos de manufatura	
Fixos (total)	DM 60 000
Variáveis (por unidade)	DM 26
Despesas de venda e administrativas	
Fixas (total)	DM 30 000
Variáveis (por unidade)	DM 10

Calcule o seguinte, ignorando o imposto de renda:

1. Se a empresa aceitar um pedido especial para 300 unidades a um preço de venda de DM 40 cada, como o total predito de lucro líquido para o ano seria afetado, supondo que as vendas regulares, a preços regulares, não sejam afetadas?
2. Sem diminuir seu lucro líquido total, qual é o preço unitário mais baixo para o qual a Drosselmeier Corporation poderia vender cem unidades adicionais não sujeitas a nenhuma despesa variável de venda e administrativa, supondo que não haja efeito nas vendas regulares a preços regulares?
3. Liste os números dados no problema irrelevantes (não-relevantes) na resolução do item 2.
4. Calcule o lucro líquido anual esperado (com os pedidos especiais) caso a capacidade da fábrica possa ser duplicada ao acrescentar instalações adicionais a um custo de DM 500 mil. Suponha que essas instalações tenham uma vida estimada de cinco anos, sem valor residual de sucata, e que o preço de vendas unitário atual possa ser mantido para todas as vendas. Espera-se que o total de vendas se iguale à nova capacidade de fábrica a cada ano. Nenhuma variação é esperada nos custos variáveis por unidade ou nos custos fixos totais, exceto a depreciação.

5-53. Precificação e confusão entre custos variáveis e fixos

A Goldwyn Electronics tem um orçamento de custos indiretos de fabricação fixos para 20X1 de $ 10 milhões. A empresa planejou fabricar e vender dois milhões de unidades de um dispositivo de comunicação particular. Todos os custos de manufatura variáveis por unidade foram de $ 10. A demonstração de resultado orçada contina o seguinte:

Vendas	$ 40 000 000
Custo dos produtos manufaturados vendidos	$ 30 000 000
Margem bruta	$ 10 000 000
Despesas de venda e administrativas deduzidas	$ 4 000 000
Lucro operacional	$ 6 000 000

Para simplificar, suponha que os custos variáveis reais por unidade e os custos fixos totais tenham sido exatamente como os orçados.

1. Calcule os custos indiretos de fabricação fixos, orçados por unidade da Goldwyn.
2. Próximo do final de 20X1, um grande fabricante de computadores ofereceu comprar cem mil unidades por $ 1,2 milhão, em um pedido especial, de uma única vez. O presidente da Goldwyn declarou: "A oferta é um mau negócio. É tolice vender abaixo dos custos totais de manufatura por unidade. Eu entendo que esse pedido terá apenas um efeito modesto nos custos de venda e administrativos. Eles aumentariam em $ 10 mil as despesas pagas para nosso agente de venda". Calcule o efeito no lucro operacional caso a oferta fosse aceita.
3. Quais fatores o presidente da Goldwyn deveria considerar antes de, finalmente, decidir se aceita ou não a oferta?
4. Suponha que o orçamento original para os custos fixos de manufatura era de $ 10 milhões, mas que o orçamento das unidades do produto foram de um milhão. Como suas respostas aos itens 1 e 2 mudariam? Seja específico.

5-54. Análise da demanda

A Ross Manufacturing Limited fabrica e vende um produto, uma bandeira canadense de 0,9 metros. Durante 20X1, a empresa manufaturou e vendeu 50 mil bandeiras a $ 24 cada. A capacidade de produção existente é 60 mil bandeiras por ano.

Ao formular o orçamento de 20X2, o gestor está enfrentando um número de decisões concernentes à precificação do produto e à produção. A seguinte informação está disponível:

1. Uma pesquisa de mercado mostra que o volume de vendas depende do preço de venda. Para cada $ 1 de redução no preço de venda, o volume de vendas aumentaria em dez mil bandeiras.
2. A estrutura de custos esperada da empresa para 20X2 é a seguinte:
   a) Custo fixo (independentemente das atividades de produção ou vendas): $ 360 mil.
   b) Custos variáveis por bandeira (incluindo produção, despesas de vendas e administrativas): $ 15.
3. Para aumentar a capacidade anual de 60 mil para 90 mil bandeiras, o investimento adicional para fábrica, edifício, equipamento e outros, de $ 200 mil, seria necessário. A vida média estimada do investimento adicional seria de dez anos; assim, os custos fixos aumentariam em uma média de $ 20 mil por ano. (A expansão de menos do que 30 mil unidades adicionais de capacidade custaria apenas ligeiramente menos do que os $ 200 mil.)

Indique, com motivos, quais deveriam ser o nível de produção e os preços de venda para o ano vindouro. Indique também se a empresa aprovaria a expansão da fábrica. Mostre seus cálculos. Ignore as considerações do imposto de renda e o valor do dinheiro no tempo.

5-55. Decisão de produtos

A Florida Fashions vende roupas femininas estilizadas e moderadamente precificadas em Tampa. Os lucros têm sido voláteis. A alta gestão está tentando decidir que linha de produto eliminar. Os contadores têm relatado os seguintes dados:

	Por item	
	Estilizada	Moderadamente precificada
Preço médio de venda	$ 240	$ 140
Despesas variáveis médias	$ 120	$ 75
Margem de contribuição média	$ 120	$ 65
Porcentagem da margem de contribuição média	50%	46%

A loja tem oito mil pés quadrados de espaço plano. Se as mercadorias moderadamente precificadas forem vendidas exclusivamente, 400 itens poderão ser expostos. Se as mercadorias estilizadas forem vendidas exclusivamente, apenas 300 itens poderão ser expostos.

Além disso, a taxa de venda (giro) dos itens estilizados será dois terços da taxa das mercadorias moderadamente precificadas.

1. Prepare uma análise para mostrar qual produto eliminar.
2. Que outras considerações podem afetar sua decisão no item 1?

5-56. Análise dos custos unitários

A Sunlight Company fabrica pequenos utensílios domésticos, como abridores elétricos de latas, torradeiras, *mixers* de alimento e ferros de passar roupa. O pico da estação é agora, e o presidente está tentando decidir se produz mais da linha-padrão da empresa de abridores de lata ou sua linha *premium*, que inclui um afiador de faca embutido, um melhor acabamento e um motor de alta qualidade. Os dados unitários são os seguintes:

	Produto	
	Padrão	Premium
Preço de venda	$ 26	$ 34
Material direto	$ 8	$ 12
Mão-de-obra direta	$ 2	$ 1
Custos indiretos de fabricação variáveis	$ 2	$ 3
Custos indiretos de fabricação fixos	$ 6	$ 9
Custo total dos produtos vendidos	$ 18	$ 25
Lucro bruto por unidade	$ 8	$ 9

As vendas parecem ser muito encorajadoras. A fábrica pode operar à plena capacidade ao produzir qualquer produto ou ambos os produtos. Ambos os produtos, padrão e *premium*, são processados entre os mesmos departamentos. Os custos de venda e administrativos não serão afetados por essa decisão; assim, eles podem ser ignorados.

Muitas das peças são produzidas em máquinas automáticas. Os custos indiretos de fabricação são alocados aos produtos por taxas separadas desenvolvidas por hora–máquina para os custos indiretos de fabricação variáveis e fixos. Os CIF fixos totais, por exemplo, são divididos pelas horas–máquina totais para obter uma taxa por hora. Assim, um montante de CIF alocado aos produtos é dependente do número de horas–máquina utilizado pelo produto. Isso leva uma hora de tempo de máquina para produzir uma unidade do produto-padrão.

A mão-de-obra direta pode não ser proporcional aos custos indiretos de fabricação, porque muitos trabalhadores operam duas ou mais máquinas simultaneamente.

Que produto deve ser produzido? Se mais de um deve ser produzido, indique as proporções de cada um. Mostre os cálculos. Explique suas respostas sucintamente.

5-57. Uso de instalações disponíveis

A Oahu Audio Company fabrica subcomponentes eletrônicos que podem ser vendidos diretamente ou ser processados adicionalmente, em uma montagem '*plug-in*', para uma variedade de equipamentos eletrônicos intricados. A produção inteira dos subcomponentes pode ser vendida a um preço de mercado de $ 2,20 por unidade. A montagem *plug-in* tem gerado um preço de venda de $ 5,70 durante três anos, mas o preço tem caído recentemente para $ 5,30 em pedidos sorteados.

Janet Oh, vice-presidente de *marketing*, analisou os mercados e os custos. Ela pensa que a produção da montagem *plug-in* seria eliminada sempre que o preço caísse abaixo de $ 4,70 por unidade. Ao preço corrente de $ 5,30, entretanto, o total de capacidade disponível deveria ser atualmente devotado a produzir montagens *plug-in*. Ela citou os dados da Figura 5.12. Os custos com materiais diretos e mão-de-obra direta são variáveis. O total de custos indiretos de fabricação é fixo; ele é alocado às unidades produzidas, predizendo o total de custos indiretos de fabricação para o ano vindouro dividindo-se esse total pelo total de horas de capacidade disponível.

O total de horas de capacidade disponível é 600 mil. Leva-se uma hora para fabricar 60 subcomponentes, e duas horas de processamento adicional e testagem para fabricar 60 montagens *plug-in*.

1. Se o preço das montagens *plug-in* para o ano vindouro fosse $ 5,30, as vendas de subcomponentes deveriam ser eliminadas e toda a instalação devotada para a produção de montagens *plug-in*? Mostre os cálculos.
2. Prepare um relatório para o vice-presidente de *marketing* para mostrar o preço mais baixo possível para as montagens *plug-in* que seriam aceitáveis.
3. Suponha que 40 por cento dos custos indiretos de manufatura sejam variáveis em relação ao tempo de processamento e testagem. Repita os itens 1 e 2. Suas respostas mudariam? Se sim, como?

5-58. Custeio-alvo

A Knoxville Electrical, Inc. fabrica pequenos motores elétricos para uma variedade de utensílios domésticos. A Knoxville vende os motores aos fabricantes de utensílios, que montam e vendem os utensílios a lojas varejistas. Embora a Knoxville fabrique dúzias de motores diferentes, ela não faz, atualmente, um para ser usado em abridores de portas de garagens. O departamento de pesquisa de mercado da empresa descobriu um mercado para esse tipo de motor.

Figura 5.12 Oahu Audio Company.

Dados da lucratividade de produto

	Subcomponentes	
Preço de venda, após dedução dos custos de vendas relevantes		$ 2,20
Materiais diretos	$ 1,10	
Mão-de-obra direta	$ 0,30	
Custos indiretos de manufatura	$ 0,60	
Custo por unidade		$ 2,00
Lucro operacional		$ 0,20

	Montagens *plug-in*	
Preço de venda, após dedução dos custos de vendas relevantes		$ 5,30
Custos variáveis transferidos para subcomponentes	$ 1,40	
Materiais diretos adicionais	$ 1,45	
Mão-de-obra direta	$ 0,45	
Custos indiretos de manufatura	$ 1,20 *	
Custo por unidade		$ 4,50
Lucro operacional		$ 0,80

* Para processamento adicional para fabricar e testar montagens plug-in.

O departamento de pesquisa de mercado indicou que um motor para abridores de portas de garagem provavelmente será vendido a $ 23. Um motor similar, que está sendo produzido atualmente, tem os seguintes custos de manufatura:

Materiais diretos	$ 12
Mão-de-obra direta	$ 5
Custos indiretos de fabricação	$ 8
Total	$ 25

A Knoxville deseja uma margem bruta de 15 por cento dos custos de manufatura.

1. Suponha que a Knoxville use a precificação por custo mais margem de lucro e estabeleça o preço 15 por cento acima do custo de manufatura. Qual seria o preço cobrado para o motor? Você produziria esse motor se fosse o gestor da Knoxville? Explique.
2. Suponha que a Knoxville use o custeio-alvo. Que preço a empresa usaria para um motor abridor de porta de garagem? Qual é o maior custo de manufatura aceitável para o qual a Knoxville estaria disposta a produzir o motor?
3. Como um usuário do custeio-alvo, que etapas os gestores da Knoxville tomariam para tentar tornar a produção desse produto viável?

5-59. Custeio-alvo sobre o ciclo de vida do produto

A Southeast Equipment, Inc. fabrica uma variedade de produtos movidos a motor para residências e pequenas empresas.

O departamento de pesquisa de mercado recentemente identificou aparadores de grama elétricos como um mercado potencialmente lucrativo. Como um primeiro lançamento nesse mercado, a Southeast está considerando um carrinho aparador de grama que seja menor e menos dispendioso do que aqueles da maioria dos concorrentes. A pesquisa de mercado indica que tal aparador de grama seria vendido por cerca de $ 995 no varejo e a $ 800 no atacado. Àquele preço, a Southeast espera um ciclo de vida de vendas como se segue:

20X1	1 000
20X2	5 000
20X3	10 000
20X4	10 000
20X5	8 000
20X6	6 000
20X7	4 000

O departamento de produção estimou que o custo variável de produção será de $ 475 por aparador de grama, e os custos fixos anuais serão de $ 900 mil por ano, para cada um dos sete anos. Os custos variáveis de venda serão de $ 25 por aparador de grama, e os custos fixos de venda serão de $ 50 mil por ano. Além disso, o departamento de desenvolvimento de produto estima que $ 5 milhões de custos de desenvolvimento serão necessários para projetar o aparador de grama e o processo de produção para ele.

1. Calcule o lucro esperado sobre o ciclo de vida do produto inteiro do carrinho aparador de grama proposto.
2. Suponha que a Southeast espere lucros, antes do imposto de renda, iguais a 10 por cento das vendas do novo produto. A empresa empreenderia a produção e a venda do carrinho aparador de grama?
3. A Southeast Equipment usa uma abordagem de custeio-alvo para o novo produto. Que etapas a gestão deveria seguir para tentar fabricar um produto lucrativo do carrinho aparador de grama?

Casos

5-60. Uso da capacidade

A St. Tropez S.A. fabrica diversos estilos diferentes de caixas de jóias no sul da França.

A gestão estima que, durante o segundo trimestre de 20X1, a empresa estará operando com 80 por cento da capacidade normal. Uma vez que a empresa deseja uma utilização mais elevada da capacidade da fábrica, ela considerará um pedido especial.

A St. Tropez recebeu uma consulta de pedido especial de duas empresas. A primeira é da Lyon, Inc., que gostaria de comercializar uma caixa de jóias similar a uma das caixas da St. Tropez. A caixa de jóias da Lyon seria comercializada sob um rótulo próprio da Lyon. A Lyon, Inc. ofereceu à St. Tropez FF 67,5 por caixa de jóia para 20 mil caixas a ser embarcadas em 1º de julho de 20X1. Os dados de custo para a caixa de jóias da St. Tropez, que seria similar às especificações do pedido especial da Lyon, são os seguintes:

Preço de vendas regulares por unidade	FF 100
Custos por unidade:	
Matéria-prima	FF 35
Mão-de-obra direta: 0,5 hora a FF 60	FF 30
Custos indiretos: 0,25 hora–máquina a FF 40	FF 10
Custos totais	FF 75

De acordo com as especificações fornecidas pela Lyon, Inc., o pedido especial de caixas exige matérias-primas menos dispendiosas, que custarão apenas FF 32,5 por caixa. A gestão estimou que os custos remanescentes, tempo de mão-de-obra e tempo de máquina serão os mesmos que aqueles das caixas de jóias da St. Tropez.

O segundo pedido especial foi submetido pela Avignon Co. por 7,5 mil caixas de jóias a FF 85 por caixa. Essas caixas seriam comercializadas sob o rótulo da Avignon e teriam de ser embarcadas em 1º de julho de 20X1. A caixa de jóias da Avignon é diferente de toda a linha de caixas de jóias da St. Tropez. Seus custos estimados por unidade são os seguintes:

Matéria-prima	FF 42,5
Mão-de-obra direta: 0,5 hora a FF 60	FF 30
Custos indiretos: 0,5 hora–máquina a FF 40	FF 20
Custos totais	FF 92,5

Além disso, a St. Tropez incorrerá em FF 15 mil de custos adicionais de preparação e terá de comprar um dispositivo especial a FF 25 mil para manufaturar essas caixas; esse dispositivo será descartado se o pedido especial for completado.

As capacidades de manufatura da St. Tropez são limitadas pelo total de horas–máquina disponíveis. A capacidade da fábrica sob operações normais é 90 mil horas–máquina por ano, ou 7,5 mil horas–máquina por mês. Os custos indiretos de fabricação fixos orçados para 20X1 são de FF 2,16 milhões, ou FF 24 por hora. Todos os custos indiretos de manufatura são aplicados à produção na base de horas–máquina, a FF 40 por hora.

A St. Tropez terá o segundo trimestre inteiro para trabalhar nos pedidos especiais. A gestão não espera que qualquer venda repetida seja gerada de um ou outro pedido especial. A prática da empresa impossibilita a St. Tropez de subcontratar qualquer porção de um pedido quando não espera que pedidos especiais possam gerar vendas repetidas.

A St. Tropez deveria aceitar algum pedido especial? Justifique sua resposta e mostre seus cálculos. (Dica: Distinga entre custos indiretos de fabricação fixos e variáveis.)

capítulo 6

INFORMAÇÃO RELEVANTE E TOMADA DE DECISÃO: DECISÕES DE PRODUÇÃO

Quando relaxa com um frasco de suco Nantucket Nectars, você não considera os vários custos que entram na produção, venda e distribuição do frasco. Esses custos, no entanto, são muito importantes para os gestores da Nantucket Nectars.

Objetivos de aprendizagem

Ao terminar de estudar este capítulo, você deverá estar apto a:

1. Usar o custo de oportunidade para analisar os efeitos no lucro de uma dada alternativa.
2. Decidir fazer ou comprar certas peças ou produtos.
3. Decidir se um produto conjunto deve ser processado além do ponto de separação.
4. Identificar a informação irrelevante na eliminação de estoques obsoletos e decisões de reposição de equipamentos.
5. Explicar como os custos unitários podem ser enganadores.
6. Discutir como as medidas de desempenho podem afetar a tomada de decisão.
7. Construir demonstrações de resultado em formato por absorção e por contribuição e identificar qual é melhor para a tomada de decisão.
8. **Entender o relacionamento entre a informação contábil e as decisões no estágio de produção da cadeia de valor.**

Iniciar um negócio de bebidas pode envolver uma complexa confusão de decisões. Tom First e Tom Scott sabem disso. Após graduarem-se na faculdade, prestaram serviços à Nantucket Island fornecendo manutenção e limpando iates durante o verão. Em 1989, veio a inspiração para um suco, uma bebida feita com pêssegos frescos batidos. Após um pouco de experiência, os autoproclamados 'caras do suco' começaram a engarrafar e a vender a bebida em seu barco. Naquele primeiro verão, eles venderam dois mil frascos a $ 1 cada. Hoje, a Nantucket Nectars prepara 48 misturas de sucos diferentes e vende milhões de caixas a cada ano. As vendas em 2000 alcançaram $ 60 milhões.

Chegar a esse ponto, entretanto, foi qualquer coisa, *menos* velejar suavemente. Suas tentativas iniciais para vender sucos a varejistas falhou. Os lucros eram inexistentes. Eles venderam metade do negócio a um sócio patrimonial por $ 500 mil, para se arriscarem na distribuição, mas terminaram perdendo $ 1 milhão no primeiro ano. Os empregados roubaram caixas cheias de mercadorias do armazém. E houve desapontamentos inevitáveis com o produto, tais como o chá de louro, mas os caras do suco aprenderam rápido. Eles saíram da distribuição, mudaram sua abordagem de *marketing*, e cessaram o fluxo de prejuízos

Enquanto a empresa crescia, eles tiveram de lidar com decisões importantes relativas à produção. Deveriam eles, por exemplo, construir e operar suas próprias instalações de envasilhamento? Que critérios deveriam ser usados para desenvolver novos produtos? Qual seria a melhor abordagem para rastrear e analisar dados do volume crescente de produção, distribuição e vendas?

Após examinar o custo de construir e operar fábricas de envasilhamento, a Nantucket Nectars decidiu contratar parceiros nessa área em Rhode Island, Nevada, Flórida, Pensilvânia e Maryland. Essa abordagem deu à empresa amplas opções de distribuição, sem dispêndio de capital e custos indiretos de fabricação das múltiplas fábricas. Seus gestores escrutinizaram os custos unitários associados com as idéias de novos produtos que emergiram da cozinha de testes, para estar seguros de que as margens estavam no alvo. Eles rastrearam meticulosamente todos os detalhes — dos custos de produção às promoções de *marketing* — por meio de um novo sistema de informação: Planejamento de Recursos Empresariais (*Enterprise Resource Planning*, ERP), da Oracle.

Ao longo de tudo isso, os caras do suco nunca vacilaram em sua determinação de gerar um produto de alta qualidade e satisfazer os clientes. Eles prontamente admitiram que falharam em seu primeiro curso de contabilidade na faculdade, mas vieram a apreciar sua relevância nas tomadas de decisão quando tiveram de resistir a períodos turbulentos e navegar em mares calmos.

Como com a Nantucket Nectars, os gestores de outras empresas devem tomar decisões similares relativas à produção. A Toyota deveria fabricar os pneus em sua própria montadora ou comprar de fornecedores? A General Mills deveria vender a farinha dos moinhos ou usá-la para fabricar mais cereais matutinos? A Delta Airlines deveria adicionar rotas para usar aviões ociosos ou vendê-los? Essas decisões todas exigem muito boas informações contábeis, mas que informação será relevante para cada decisão? No Capítulo 5, identificamos informação relevante para decisões na função de *marketing* da cadeia de valor. Agora precisamos determinar a relevância na função produção. A estrutura básica para identificar a informação relevante permanece a mesma do *marketing* para a produção. Ainda estamos procurando apenas os custos futuros que diferem entre alternativas. Agora, entretanto, expandimos nossa análise ao introduzir os conceitos de oportunidade e custos diferenciais.

Custo de oportunidade, diferencial e desembolsável

A tomada de decisão da gestão envolve a comparação de dois ou mais cursos alternativos de ação. (Certamente, se houver apenas uma alternativa, nenhuma decisão será necessária.) Suponha que um gestor tenha apenas duas alternativas para comparar. A chave na determinação das diferenças financeiras entre as alternativas é identificar os custos e as receitas *diferenciais*. O **custo (receita) diferencial** é a diferença no custo (receita) total entre as duas alternativas. Considere, por exemplo, a decisão a respeito de qual de duas máquinas comprar. Ambas desempenham a mesma função. O custo diferencial é a diferença no preço pago pelas máquinas mais a diferença nos custos de operá-las.

Se uma alternativa incluir todos os custos da outra mais alguns adicionais, freqüentemente usaremos a expressão **custo incremental** em vez de custo diferencial. Os custos incrementais de aumentar a produção de mil automóveis para 1 200 por semana, por exemplo, seriam os custos de produzir os 200 automóveis adicionais em cada semana. Na situação inversa, o declínio de custos causado pela redução da produção de 1 200 para mil automóveis por semana seria chamado de economia '*diferencial*' ou '*incremental*'.

Quando há mais de dois cursos alternativos de ação, os gestores freqüentemente comparam uma ação em particular contra o conjunto inteiro de alternativas. A General Mills, por exemplo, pode considerar o lançamento de um novo cereal: flocos de arroz congelados. Há muitas alternativas para lançar esses flocos, incluindo lançar outros novos cereais, expandir a produção dos existentes ou produzir outros produtos que não cereais. Calcular os custos e as receitas diferenciais para os flocos de arroz congelados, para cada alternativa, seria embaraçoso. Assim, os gestores da General Mills podem usar uma abordagem diferente.

Lançar esses flocos envolveria dois tipos de custo: **custos desembolsáveis**, que exigem um desembolso de caixa futuro, e custo de oportunidade. Um **custo de oportunidade** é a contribuição disponível máxima ao lucro, abandonada (ou desprezada), usando-se recursos limitados para um propósito em particular. Os custos de oportunidade aplicam-se aos recursos que já são possuídos ou para os quais a empresa já tem um compromisso de comprar. A decisão a respeito dos flocos não afeta a empresa quando adquire esses recursos, apenas quando os consome. O custo de oportunidade de tais recursos depende do potencial de uso para os recursos, e não do montante pago por eles. Por quê? Porque a decisão sobre os flocos de arroz congelados não afetará o montante pago. A decisão para consumir os recursos para produzir os flocos, entretanto, impossibilita usá-los para outras alternativas. O montante que teria sido ganho se os recursos tivessem sido consumidos em seu melhor uso alternativo (isto é, o melhor uso que não consumi-los para produzir flocos de arroz congelados) torna-se o custo de oportunidade dos recursos.

Suponha que a General Mills tenha uma máquina pela qual foram pagos $ 100 mil. Ela pode ser usada para produzir flocos de arroz congelados ou para aumentar a produção de derivados de trigo. A margem de contribuição para os derivados de trigo adicionais produzidos seria $ 60 mil. Além disso, a máquina poderia ser vendida por $ 50 mil. O custo da oportunidade da máquina, quando se analisa a alternativa dos flocos de arroz congelados, é $ 60 mil, o maior entre os $ 50 mil ou $ 60 mil, os dois ganhos possíveis que poderiam ser alcançados usando a máquina em seu uso alternativo. Os $ 100 mil pagos pela máquina são irrelevantes.

Agora, suponha que a General Mills venderá os flocos de arroz congelados por $ 500 mil e que os custos de produção e de *marketing* (custos desembolsáveis), excluindo o custo da máquina, serão $ 400 mil. O benefício financeiro líquido dos flocos de arroz congelados será $ 40 mil.

Receitas		$ 500 000
Custos		
Custos desembolsáveis	$ 400 000	
Custos de oportunidade	$ 60 000	
Custo total		$ 460 000
Benefício financeiro líquido		$ 40 000

A General Mills ganhará $ 40 mil a mais de benefício financeiro, usando a máquina para fabricar flocos de arroz congelados, do que realizaria usando-a para a próxima alternativa mais lucrativa.

Ao considerar apenas duas alternativas, um gestor pode usar a análise diferencial direta ou uma análise de custo de oportunidade. As duas abordagens são equivalentes. Para ver isso, considere o caso de Maria Morales, contadora pública certificada (*certified public accountant*, CPA), empregada de uma grande empresa de contabilidade com salário de $ 60 mil por ano. Ela está considerando um uso alternativo do seu tempo, seu recurso mais valioso. A alternativa é ter seu próprio escritório de contabilidade, independente. A análise diferencial direta é a seguinte:

	Alternativas sob consideração		
	Permanecer no emprego	Abrir um escritório independente	Diferença
Receitas	$ 60 000	$ 200 000	$ 140 000
Custos desembolsáveis (despesas operacionais)	—	$ 120 000	$ 120 000
Efeitos na renda por ano	$ 60 000	$ 80 000	$ 20 000

Maria tem receitas de $ 200 mil — bem mais do que teria como empregada da grande empresa. Ela, entretanto, também tem de pagar $ 120 mil de aluguel do escritório, arrendamento de equipamentos, propagandas, e cobrir outras despesas desembolsáveis. Os $ 80 mil de renda operacional são $ 20 mil a mais do que seu salário com a empresa.

Agora, se olharmos de maneira isolada a alternativa de operar um escritório independente, comparando-a, em essência, a todos os usos alternativos do tempo de Maria (que, nesse caso, é simplesmente a alternativa de trabalhar para uma grande empresa), deveremos considerar outro custo. Se Maria tivesse permanecido como empregada, teria ganho $ 60 mil. Ao abrir sua própria empresa, abandonou esse lucro. Assim, os $ 60 mil são um custo de oportunidade de começar seu próprio negócio:

		Alternativa escolhida: Escritório independente
Receitas		$ 200 000
Despesas		
Custos desembolsáveis (despesas operacionais)	$ 120 000	
Custo de oportunidade do salário como empregada	$ 60 000	$ 180 000
Efeitos na renda por ano		$ 20 000

Pondere as duas tabelas precedentes. Cada uma produz a diferença-chave correta entre as alternativas: $ 20 mil. A primeira tabela não menciona o custo de oportunidade, porque os impactos econômicos (na forma de receitas e custos desembolsáveis) são individualmente mensurados para cada uma das alternativas (nesse caso, duas). Não excluímos outra alternativa da consideração. A segunda tabela menciona o custo de oportunidade, porque incluímos o impacto econômico dos $ 60 mil anuais, da melhor alternativa excluída, como um custo da alternativa selecionada. A falha em reconhecer o custo de oportunidade na segunda tabela demonstrará, equivocadamente, a diferença entre as alternativas.

A principal mensagem aqui é direta: Não examine superficialmente os custos de oportunidade. Considere um proprietário de uma residência que fez o pagamento final de sua hipoteca. Enquanto celebrava, o proprietário disse: "É um sentimento maravilhoso saber que a ocupação futura está livre de qualquer custo de juro!". Muitos proprietários têm um pensamento similar. Por quê? Porque nenhum custo desembolsável futuro para juros são exigidos. Não obstante, há um custo de oportunidade de continuar a viver na residência. Apesar de tudo, uma alternativa seria vender a residência, colocar os proventos em algum outro investimento e alugar um apartamento.

tomada cinco Considere quão difícil é estimar os custos de oportunidade. Não há venda ou compra para estabelecer um custo apropriado. Além disso, o custo de oportunidade depende das alternativas disponíveis em um ponto no tempo. As mesmas alternativas podem não estar disponíveis em tempos diferentes. O excesso de capacidade em setembro, por exemplo, não significa que também haveria excesso de capacidade em outubro. Como pode um gestor da Mattel, empresa de brinquedos, estimar o custo de oportunidade do excesso de espaço do armazém em janeiro?

Resposta

O gestor da Mattel saberia que o espaço em excesso do armazém é um fenômeno sazonal. É improvável haver espaço em excesso mais tarde no ano, quando se aproximar o Natal. Conseqüentemente, ele procuraria alternativas temporárias, aquelas que usam o espaço por apenas alguns meses. Após identificar as alternativas, o gestor estimaria o valor de cada uma. Como a maioria das alternativas são aquelas que nunca serão empreendidas, estimar seus valores é um processo subjetivo. A alternativa mais valiosa estabeleceria o custo de oportunidade do espaço.

O proprietário abandona os juros no outro investimento; assim, essa renda de juros abandonada torna-se um custo de oportunidade da propriedade da residência.

DECISÕES DE FAZER OU COMPRAR

Com freqüência, os gestores devem decidir sobre produzir um produto ou serviço dentro da empresa ou comprar de um fornecedor externo. Eles aplicam a análise de custo relevante a uma variedade dessas decisões, incluindo:

- A Boeing deve decidir se compra ou faz muitas de suas ferramentas utilizadas na montagem dos aviões 777.
- A IBM deve decidir se desenvolve seu próprio sistema operacional para um novo computador ou se o compra de um fornecedor de *software*.

O BÁSICO DE FAZER OU COMPRAR E INSTALAÇÕES OCIOSAS

Uma questão básica de fazer ou comprar é se uma empresa deve fazer suas próprias peças a ser utilizadas em seus produtos ou comprá-las de fornecedores. Algumas vezes, a resposta a essa questão está baseada em fatores qualitativos. Alguns fabricantes, por exemplo, sempre fazem as peças porque desejam controlar a qualidade. Alternativamente, algumas empresas sempre compram as peças para proteger os relacionamentos de longo prazo com seus fornecedores. Essas empresas podem, de maneira deliberada, comprar de fornecedores, mesmo durante tempos de folga, para evitar dificuldades em obter peças necessárias durante os tempos de aperto, quando pode haver falta de materiais e trabalhadores, mas não de pedidos de vendas.

Que fatores quantitativos são relevantes para a decisão de fazer ou comprar? A resposta, outra vez, depende da situação. Um fator-chave é se há instalações ociosas. Muitas empresas fazem peças apenas quando suas instalações não podem ser utilizadas para uma vantagem melhor. Suponha que os seguintes custos sejam relatados:

General Electric Company – Custo de fabricar a peça nº 900

	Custo total para 20 000 unidades	Custo por unidade
Material direto	$ 20 000	$ 1
Mão-de-obra direta	$ 80 000	4
Custos indiretos de fabricação variáveis	$ 40 000	2
Custos indiretos de fabricação fixos	$ 80 000	4
Custos totais	$ 220 000	$ 11

Um outro fabricante oferece vender à General Electric (GE) a mesma peça por $ 10. A GE deve fabricar ou comprar a peça?

Embora o custo unitário de $ 11 indique aparentemente que a empresa deve comprar, a resposta raramente é tão óbvia. A questão essencial está na diferença do custo futuro esperado entre as alternativas. Se os $ 4 de custos indiretos de fabricação fixos por unidade consistem de custos que continuarão independentemente da decisão, os $ 4 inteiros se tornam irrelevantes. Exemplos de tais custos incluem depreciação, impostos prediais, seguro e salários de executivos alocados.

Outra vez, apenas os custos variáveis são relevantes? Não. Talvez $ 20 mil dos custos fixos sejam eliminados se as peças forem compradas em vez de fabricadas. Um supervisor com um salário de $ 20 mil, por exemplo, pode ser liberado. Em outras palavras, os custos fixos que podem ser evitados no futuro são relevantes.

Por enquanto, suponha que a capacidade agora utilizada para fabricar as peças se tornará ociosa, se as peças forem compradas, e que o salário de $ 20 mil dos supervisores será o único custo fixo a ser eliminado. Os cálculos relevantes são os seguintes:

	Fazer		Comprar	
	Total	Unitário	Total	Unitário
Custo de compra			$ 200 000	$ 10
Material direto	$ 20 000	$ 1		
Mão-de-obra direta	$ 80 000	$ 4		
Custos indiretos de fabricação variáveis	$ 40 000	$ 2		
Custos indiretos de fabricação fixos que podem ser evitados ao não fabricar (salário do supervisor)	$ 20 000*	$ 1*		
Custos relevantes totais	$ 160 000	$ 8	$ 200 000	$ 10
Diferença a favor de fazer	$ 40 000	$ 2		

* Observe que os custos fixos inevitáveis, de $ 80 000 – $ 20 000 = $ 60 000, são irrelevantes. Assim, os custos irrelevantes por unidade são $ 4 – $ 1 = $ 3.

A chave das decisões de fazer ou comprar é identificar os custos adicionais para fazer (ou os custos evitáveis de comprar) uma peça ou um subcomponente. A análise de atividade, descrita no Capítulo 3, ajuda a identificar esses custos. A produção de um produto exige um conjunto de atividades. Uma empresa com mensurações acuradas dos custos de suas várias atividades pode estimar melhorar os custos adicionais incorridos para produzir um item. As atividades da GE para a produção da peça número 900 eram mensuradas por dois direcionadores de custos: unidades de produção de $ 8 por unidade e supervisão a um custo fixo de $ 20 mil. Algumas vezes, a identificação e mensuração dos direcionadores de custos adicionais, especialmente direcionadores de custos não relacionados a volume, podem melhorar as predições do custo adicional para produzir uma peça ou um subcomponente.

Fazer ou comprar e o uso das instalações

As decisões de fazer ou comprar raramente são tão simples quanto essa de nosso exemplo da GE. Como dissemos anteriormente, o uso das instalações é uma chave para a decisão de fazer ou comprar. Para simplificar, suposemos que as instalações da GE permaneceriam ociosas caso a empresa escolhesse comprar o produto. Isso significa que o custo de oportunidade das instalações é zero. Naturalmente, na maioria dos casos, as empresas não deixarão suas instalações ociosas. Em vez disso, colocarão as instalações ociosas para algum outro uso, e devemos considerar os resultados financeiros desses usos ao decidir fazer ou comprar. O valor recebido do melhor desses usos alternativos é um custo de oportunidade para a produção interna das peças ou subcomponentes.

Suponha que as instalações liberadas em nosso exemplo possam ser usadas vantajosamente em alguma outra atividade de manufatura (para produzir uma contribuição aos lucros de, digamos, $ 55 mil) ou ser alugadas (digamos, por $ 35 mil). Temos, agora, quatro alternativas a considerar (os números estão em milhares):

	Fazer	Comprar e deixar as instalações ociosas	Comprar e alugar as instalações	Comprar e usar as instalações para outros produtos
Receita de aluguel	—	—	$ 35	—
Contribuição de outros produtos	—	—	—	$ 55
Obtenção de peças	$ (160)	$ (200)	$ (200)	$ (200)
Custos relevantes líquidos	$ (160)	$ (200)	$ (165)	$ (145)

A coluna final indica que comprar as peças e usar as instalações vazias para a produção de outros produtos renderia os custos líquidos mais baixos, nesse caso. Usando os custos de oportunidade, o custo para fazer as peças é $ 215 mil, que é $ 15 mil mais elevado do que o custo de comprá-las.

Custo de fazer as peças ou subcomponentes (em milhares)	
Custos desembolsáveis	$ 160
Custo de oportunidade	$ 55
Custo total	$ 215

Primeiro, os negócios

Um exemplo de fazer ou comprar: Terceirização

Decisões de fazer ou comprar aplicam-se aos serviços tanto quanto aos produtos. As empresas estão decidindo, cada vez mais, contratar outras empresas de serviços para lidar com algumas de suas operações internas, uma opção chamada de 'terceirização' (*outsourcing*). De acordo com o Outsourcing Institute, a terceirização é "a estratégia de usar os recursos externos para desempenhar atividades tradicionalmente manuseadas por equipes e recursos internos". A terceirização tem sido usada para muitas funções empresariais.

Os itens mais comuns para terceirizar, classificados pelo percentual total de despesas com terceirização, são:
- Tecnologia da informação, 30%.
- Recursos humanos, 16%.
- *Marketing* e vendas, 14%.
- Finanças, 11%.
- Administração, 9%.
- Todos os outros, 20%.

Embora as empresas possam terceirizar muitas funções, a maior parte do crescimento recente na terceirização tem sido direcionado pela Internet. Durante a década de 90, muitas empresas instalaram sistemas ERP para lidar com todas as suas necessidades de computação. No início do século XXI, entretanto, muitas empresas perceberam que os altos investimentos exigidos pelos sistemas ERP podem não ter sido necessários. Tais serviços seriam comprados na Internet, sem investimento em compras de sistemas e custos de desenvolvimento. O dispendioso processo inicial de comunicação com os fornecedores de serviços havia se tornado essencialmente gratuito via Internet. Um novo grupo de fornecedores de serviços de computação — chamado Fornecedores de Serviços Aplicativos (*Application Service Providers*, ASP) — emergiu para fornecer oportunidades de terceirização para uma variedade de aplicações computacionais.

Um exemplo primário do uso de um ASP é a terceirização do sistema de relatório de viagem e despesa (T&E) da Owens Corning. Ao contratar a VIN.net International, especialista em gestão de despesa automatizada, a Owens Corning conta com um sistema T&E do estado-da-arte, um elevado investimento avançado. Os empregados da Owens Corning podem focalizar suas atividades críticas da missão sem preocupar-se com a função de gestões periféricas, tais como T&E. A empresa mais identificada com a terceirização é a Sun Microsystems. Muito antes de a maioria das empresas considerar seriamente a terceirização de grande parte de suas operações, a Sun havia terceirizado tudo, exceto sua tecnologia essencial. A Sun focalizou o projeto de *hardware* e *software* e terceiriza quase tudo o mais. Seus empregados não produzem realmente nenhum dos produtos que levam o nome da empresa.

As forças direcionadoras por trás da maioria das decisões de terceirização são o acesso à tecnologia e economias de custo. Como a complexidade do processo de dados e, especialmente, a conectividade de rede têm crescido, as empresas têm descoberto que é cada vez mais difícil manter-se atualizado com a tecnologia. Em vez de investir elevadas somas em pessoal e equipamento e desviar a atenção das atividades de valor adicionado de seus próprios negócios, muitas empresas têm descoberto que a terceirização é financeiramente atrativa. O grande obstáculo para terceirizar tem sido fatores subjetivos, tais como o controle. Para tornar a terceirização atrativa, os serviços devem ser confiáveis, estar disponíveis quando necessários e ser flexíveis o suficiente para adaptar-se às condições mutantes. As empresas bem-sucedidas nos arranjos de terceirização têm sido cuidadosas ao incluir fatores subjetivos em suas decisões.

Terceirizar tem se tornado tão lucrativo que 77 por cento das empresas da Fortune 500 terceirizam alguns aspectos dos serviços de apoio de seus negócios. O valor total dos contratos de terceirização dos Estados Unidos é superior a $ 10 bilhões.

Uma associação, do Outsourcing Institute, foi formada para fornecer 'informação independente e objetiva sobre o uso estratégico de recursos externos'. O instituto patrocina regularmente uma seção especial de anúncios na revista *Fortune*.

Fontes: Adaptado de T. Kearney, "Why outsourcing is in", em *Strategic Finance*, janeiro de 2000, pp. 34-38; R. E. Drtina, "The outsourcing decision", em *Management Accounting*, março de 1994, pp. 56-62; "The Outsourcing Institute", em *How and Why to Outsource*.

O custo de oportunidade é $ 55 mil, que é abandonado quando as instalações não podem ser utilizadas para fabricar outros produtos.

Em suma, a decisão de fazer ou comprar focalizaria os custos relevantes em uma situação de decisão em particular. Em todos os casos, as empresas devem relatar decisões de fazer ou comprar para políticas de longo prazo para o uso da capacidade.

Para ilustrar, suponha que uma empresa use suas instalações, em média, 80 por cento do tempo. Por causa de mudanças sazonais na demanda por seus produtos, entretanto, a demanda real para as instalações varia de 60 por cento, na baixa estação, até 100 por cento na alta estação. Durante a baixa estação, a empresa pode decidir realizar projetos especiais para outros fabricantes (como subempreita). Há lucro nesses projetos, mas não o suficiente para justificar a expansão da capacidade das instalações. A empresa usará as instalações para esses projetos apenas quando seu custo de oportunidade for próximo de zero, isto é, quando não houver outros usos rentáveis para as instalações. Em contrapartida, durante a alta estação, a empresa satisfaz o alto volume ao comprar algumas peças. Outra

Figura 6.1 — Custo de furadeiras industriais da Block Company.

	A Componentes elétricos e mecânicos*	B Carcaças plásticas	A + B Furadeiras industriais
Vendas: 100 000 unidades a $ 100			$ 10 000 000
Custos variáveis			
Material direto	$ 4 400 000	$ 500 000	$ 4 900 000
Mão-de-obra direta	$ 400 000	$ 300 000	$ 700 000
Custos indiretos de fabricação variáveis	$ 100 000	$ 200 000	$ 300 000
Outros custos variáveis	$ 100 000	—	$ 100 000
Comissão de vendas a 10% das vendas	$ 1 000 000	—	$ 1 000 000
Custos variáveis totais	$ 6 000 000	$ 1 000 000	$ 7 000 000
Margem de contribuição	—	—	$ 3 000 000
Custos fixos totais	$ 2 220 000	$ 480 000	$ 2 700 000
Lucro operacional			$ 300 000

* Não incluindo os custos de carcaças plásticas (coluna B).

vez, o custo de peças compradas é mais elevado do que o custo de fazê-las nas próprias instalações da empresa, se há capacidade ociosa, mas comprar as peças é menos oneroso que comprar as instalações para produzi-las.

PROBLEMA RESUMIDO PARA REVISÃO

PROBLEMA

A Figura 6.1 contém dados da Block Company para o ano recentemente encerrado. A empresa fabrica furadeiras elétricas industriais. A Figura 6.1 mostra os custos da carcaça plástica separadamente dos custos dos componentes elétricos e mecânicos.

1. Durante o ano, um cliente prospectivo em um mercado não-relacionado ofereceu $ 82 mil por mil furadeiras. As furadeiras seriam adicionadas às cem mil unidades vendidas. As taxas de comissões de vendas regulares haviam sido pagas. O presidente rejeitou o pedido porque "isso estava abaixo de nossos custos de $ 97 por unidade". Qual deveria ser o lucro operacional caso o pedido tivesse sido aceito?
2. Um fornecedor ofereceu manufaturar os suprimentos do ano de cem mil carcaças plásticas por $ 13,50 cada. Qual seria o efeito no lucro operacional se a Block Company tivesse comprado as carcaças, em vez de fabricado? Suponha que $ 350 mil de custos fixos atribuídos às carcaças seriam evitados se elas tivessem sido compradas.
3. A empresa poderia ter comprado as carcaças por $ 13,50 cada e utilizado o espaço vago para a manufatura de uma versão de luxo das furadeiras. Suponha que 20 mil unidades de luxo tivessem sido fabricadas (e vendidas, em adição às cem mil unidades regulares) a um custo variável unitário de $ 90, excluindo as carcaças e os 10 por cento de comissões de vendas. As 20 mil carcaças plásticas extras poderiam também ser compradas a $ 13,50 cada. O preço de vendas seria $ 130. Todos os custos fixos pertencentes às carcaças plásticas teriam continuado em razão de esses custos serem relacionados, principalmente, às instalações de manufatura utilizadas. Qual seria o lucro operacional se a Block tivesse comprado as carcaças e fabricado e vendido as unidades de luxo?

SOLUÇÃO

1. Os custos de atender ao pedido especial são os seguintes:

Material direto	$ 49 000
Mão-de-obra direta	$ 7 000
Custos indiretos de fabricação variáveis	$ 3 000
Outros custos variáveis	$ 1 000
Comissão de vendas a 10% de 82 000	$ 8 200
Custo variável total	$ 68 200
Preço de venda	$ 82 000
Margem de contribuição	$ 13 800

O lucro operacional seria $ 300 000 + $ 13 800, ou $ 313 800, se o pedido tivesse sido aceito. Em um sentido, a decisão de rejeitar a oferta implica que a Block Company está disposta a investir $ 13 800 em ganhos imediatos renunciados (custo de oportunidade), a fim de preservar a estrutura de longo prazo do preço de venda.

2. Supondo que $ 350 mil dos custos fixos pudessem ter sido evitados ao não fabricar as carcaças e que outros custos fixos tivessem continuado, a alternativa poderia ser resumida como segue:

	Fazer	Comprar
Custo de compra		$ 1 350 000
Custo variável	$ 1 000 000	
Custos fixos evitáveis	$ 350 000	
Custos relevantes totais	$ 1 350 000	$ 1 350 000

Se as instalações utilizadas para as carcaças plásticas se tornassem ociosas, à Block Company seria indiferente fazer ou comprar. O lucro operacional não seria afetado.

3. O efeito de comprar as carcaças plásticas e usar as instalações vagas para a manufatura de uma versão de luxo de suas furadeiras é:

As vendas aumentariam em 20 000 unidades a $ 130			$ 2 600 000
Os custos variáveis excluídos das peças aumentariam em 20 000 unidades a $ 90		$ 1 800 000	
Mais comissão de vendas: 10% de $ 2 600 000		$ 260 000	$ 2 060 000
Margem de contribuição sobre 20 000 unidades			$ 540 000
Carcaças: 120 000, em vez de 100 000, seriam necessárias			
Comprar 120 000 a $ 13,50		$ 1 620 000	
Fabricar 100 000 a $ 10 (apenas os custos variáveis são relevantes)		$ 1 000 000	
Excedente de custo da compra externa			$ 620 000
Custos fixos: inalterados			—
Desvantagem de fabricar as unidades de luxo			$ 80 000

O lucro operacional declinaria para $ 220 000 ($ 300 000 − $ 80 000). As unidades de luxo trariam uma margem de contribuição de $ 540 mil, mas os custos adicionais de comprar as carcaças em vez de fabricá-las seriam $ 620 mil, levando a uma desvantagem líquida de $ 80 mil.

Custos de produtos conjuntos

Natureza dos produtos conjuntos

Quando dois ou mais produtos manufaturados têm valores de venda relativamente significativos e não são identificáveis em separado como produtos individuais até seu ponto de separação, eles são chamados de **produtos conjuntos**. O **ponto de separação** é aquele da junção da manufatura, em que os produtos conjuntos se tornam individualmente identificáveis. Quaisquer custos além daquele estágio são chamados de **custos separáveis**, porque não são parte do processo conjunto e podem ser identificados exclusivamente com os produtos individuais. Os custos de manufatura de produtos conjuntos anteriores ao ponto de separação são chamados de **custos conjuntos**. Exemplos de produtos conjuntos incluem produtos químicos, madeira, farinha e os produtos de refinarias de petróleo e abatedouros de gado. Uma empresa abatedora de gado não pode abater um bife; ela tem de abater um boi, que fornece vários cortes de carne coberta, couro e aparas. Para ilustrar os custos conjuntos, suponha que a Dow Chemical Company produza dois produtos químicos, X e Y, em conseqüência de um processo conjunto em particular. O custo conjunto de processar é $ 100 mil. Isso inclui custos de matéria-prima e os custos de processar até o ponto onde X e Y seguirão de maneiras separadas. Ambos os produtos são vendidos à indústria de petróleo para ser usados como ingredientes da gasolina. O relacionamento é o seguinte:

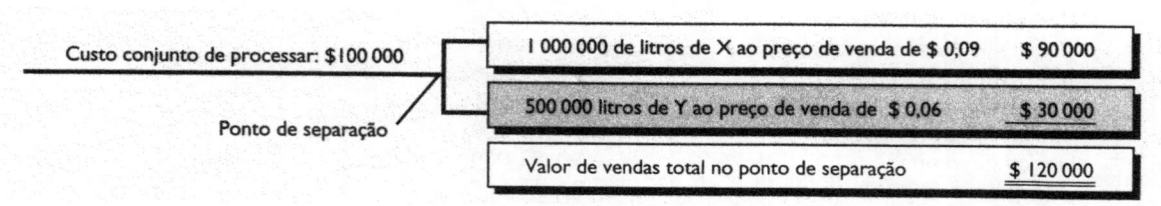

Custo conjunto de processar: $100 000		
	1 000 000 de litros de X ao preço de venda de $ 0,09	$ 90 000
Ponto de separação	500 000 litros de Y ao preço de venda de $ 0,06	$ 30 000
	Valor de vendas total no ponto de separação	$ 120 000

VENDER OU PROCESSAR ADICIONALMENTE

Os gestores, freqüentemente, enfrentam decisões sobre se vendem os produtos conjuntos no ponto de separação ou se processam adicionalmente alguns ou todos os produtos. Suponha que os 500 mil litros de Y possam ser processados adicionalmente e vendidos à indústria de plásticos como produto YA, um ingrediente para laminação de plástico. O custo de processamento adicional seria $ 0,08 por litro para manufatura e distribuição, um total de $ 40 mil para 500 mil litros. O preço de venda líquido para YA seria de $ 0,16 por litro, um total de $ 80 mil. O produto X não pode ser processado adicionalmente e será vendido no ponto de separação, mas a gestão está indecisa a respeito do produto Y. Deveria o Y ser vendido ou processado para YA? Para responder a essa questão, precisamos descobrir os custos relevantes envolvidos. Como os custos conjuntos devem ser incorridos para alcançar o ponto de separação, eles podem parecer relevantes. Entretanto, não podem afetar nenhuma coisa além do ponto de separação. Conseqüentemente, não diferem entre as alternativas e são completamente irrelevantes para a questão de vender ou processar adicionalmente. A única abordagem que renderá resultados válidos é concentrar sobre os custos e receitas separáveis além do ponto de separação, como mostrado na Figura 6.2.

Essa análise mostra que seria mais lucrativo, em $ 10 mil, processar Y além do ponto de separação do que vendê-lo no ponto de separação. Sucintamente, é lucrativo estender o processamento ou incorrer em custos de distribuição adicionais sobre um produto conjunto, se a receita adicional excede as despesas adicionais.

A Figura 6.3 ilustra outra maneira de comparar as alternativas: vender Y no ponto de separação e processar Y além do ponto de separação. Ela inclui os custos conjuntos, que são os mesmos para cada alternativa e, conseqüentemente, não afetam a diferença.

A alocação dos custos conjuntos não afetariam a decisão, como a Figura 6.3 demonstra. Os custos conjuntos não são alocados na figura: não importa como eles possam ser alocados, os efeitos no lucro total seriam inalterados. A cobertura adicional dos custos conjuntos e a valorização dos estoques pode ser encontrada no Capítulo 12.

A IRRELEVÂNCIA DOS CUSTOS PASSADOS

A habilidade em reconhecer e, conseqüentemente, ignorar os custos irrelevantes é, algumas vezes, tão importante para os responsáveis pelas decisões quanto identificar os custos relevantes. Como sabemos se os custos passados, embora algumas vezes sejam preditores, são irrelevantes na tomada de decisão? Considere tais custos passados como estoques obsoletos e o valor contábil de equipamentos antigos, para ver por que eles são irrelevantes para as decisões.

ESTOQUE OBSOLETO

Suponha que a General Dinamics tenha cem peças de avião obsoletas em seu estoque. Os custos de manufatura originais dessas peças foram $ 100 mil. A General Dinamics pode reusinar as peças por $ 30 mil e, então, vendê-las por $ 50 mil, ou sucateá-las por $ 5 mil. O que deveria ser feito?

Figura 6.2 Ilustração de vender ou processar adicionalmente.

	Vender no ponto de separação, como Y	Processar adicionalmente e vender como YA	Diferença
Receitas	$ 30 000	$ 80 000	$ 50 000
Custos separáveis além do ponto de separação a $ 0,08	—	$ 40 000	$ 40 000
Efeitos no lucro	$ 30 000	$ 40 000	$ 10 000

Figura 6.3 Análise de vender ou processar adicionalmente — Empresa como um todo.

	(1) Alternativa um			(2) Alternativa dois			(3) Efeitos Diferenciais
	X	Y	Total	X	YA	Total	
Receitas	$ 90 000	$ 30 000	$ 120 000	$ 90 000	$ 80 000	$ 170 000	$ 50 000
Custos conjuntos			$ 100 000			$ 100 000	—
Custos separáveis			—		$ 40 000	$ 40 000	$ 40 000
Custos totais			$ 100 000			$ 140 000	$ 40 000
Efeitos sobre o lucro			$ 20 000			$ 30 000	$ 10 000

Essa é uma situação infeliz, ainda que os $ 100 mil de custos passados sejam irrelevantes para a decisão de reusinar ou sucatear. Os únicos fatores relevantes são as receitas e os custos futuros esperados:

	Reusinar	Sucatear	Diferença
Receita futura esperada	$ 50 000	$ 5 000	$ 45 000
Custos futuros esperados	$ 30 000	—	$ 30 000
Excesso relevante de receita sobre custos	$ 20 000	$ 5 000	$ 15 000
Custo histórico de estoque acumulado*	$ 100 000	$ 100 000	—
Prejuízo total líquido sobre o projeto	$ (80 000)	$ (95 000)	$ 15 000

* *Irrelevante porque não é afetado pela decisão.*

Como você pode ver na quarta linha da tabela acima, podemos ignorar completamente os $ 100 mil de custo histórico e ainda chegar a $ 15 mil de diferença, o número-chave nesta análise.

VALOR CONTÁBIL DO EQUIPAMENTO ANTIGO

Como as peças obsoletas, o valor contábil do equipamento não é uma consideração relevante na decisão para repor o equipamento. Por quê? Porque esse é um custo passado, não um custo futuro. Quando o equipamento é comprado, seus custos são distribuídos sobre (ou debitados a) períodos futuros, nos quais se espera que o equipamento seja utilizado. Esse custo periódico é chamado de **depreciação**. O **valor contábil** (ou o **valor contábil líquido**) do equipamento é o custo original menos a depreciação acumulada.

A depreciação acumulada é a soma de todas as depreciações acumuladas nos períodos passados. Suponha, por exemplo, que uma máquina de $ 10 mil, com uma de vida útil de dez anos, tenha uma depreciação de $ 1 mil por ano. Ao final de seis anos, a depreciação acumulada será 6 × $ 1 000 = $ 6 000, e o valor contábil será $ 10 000 – $ 6 000 = $ 4 000.

Considere os seguintes dados para uma decisão de substituir uma máquina antiga:

	Máquina antiga	Máquina de reposição
Custo original	$ 10 000	$ 8 000
Vida útil em anos	10	4
Idade atual em anos	6	0
Vida útil restante em anos	4	4
Depreciação acumulada	$ 6 000	0
Valor contábil	$ 4 000	Ainda não adquirido
Valor residual (em dinheiro) agora	$ 2 500	Ainda não adquirido
Valor residual em 4 anos	0	0
Custos operacionais anuais em dinheiro (manutenção, energia, reparos, aditivos resfriadores, e assim por diante)	$ 5 000	$ 3 000

Fomos solicitados a preparar uma análise comparativa de duas alternativas. Antes de prosseguir, considere alguns conceitos importantes. A faceta mais amplamente mal entendida de tomar decisões de reposição é o papel do valor contábil do equipamento antigo na decisão. O valor contábil, nesse contexto, às vezes é chamado de **custo perdido**, que é realmente apenas uma outra expressão para o custo histórico ou passado, um custo que já foi incorrido e, conseqüentemente, é irrelevante para o processo de tomada de decisão. Vez ou outra, nós todos tentamos suavizar o orgulho ferido que surge ao termos tomado uma decisão de compra ruim, por utilizar um item em vez de substituí-lo. É um engano sério pensar, entretanto, que uma ação atual ou futura pode influenciar o impacto de longo prazo de um desembolso passado. Todos os custos passados foram pelo ralo. Nada pode mudar o que já aconteceu.

A irrelevância dos custos passados para decisões não significa que conhecê-los seja inútil. Freqüentemente, os gestores usam os custos passados para apoiá-los a predizer os custos futuros. Além disso, os custos passados afetam pagamentos futuros, para efeitos do imposto de renda (como explicado no Capítulo 11). O custo passado em si, no entanto, não é relevante. O único custo relevante é o custo futuro predito.

Ao decidir repor ou manter o equipamento existente, devemos considerar a relevância de quatro itens,[1] comumente encontrados:

---

1. *Para simplificar, ignoramos as considerações do imposto de renda e os efeitos do valor dos juros do dinheiro neste capítulo. Entretanto, o valor contábil é irrelevante mesmo que o imposto de renda seja considerado por causa do item relevante ser, então, o imposto no fluxo de caixa e não o valor contábil. O valor contábil é informação essencial para predizer o montante e o momento do futuro imposto no fluxo de caixa, mas, por si só, ele é irrelevante. Para maior esclarecimento, veja o Capítulo 11.*

- *Valor contábil do equipamento antigo:* Irrelevante porque é um custo passado (histórico). Conseqüentemente, a depreciação sobre o equipamento antigo é irrelevante.
- *Valor residual do equipamento antigo:* Relevante (ordinariamente) porque é uma entrada de caixa futura esperada que, geralmente, difere entre as alternativas.
- *Ganho ou perda no descarte:* Essa é a diferença entre o valor contábil e o valor residual. É, conseqüentemente, uma combinação sem sentido de itens irrelevantes e relevantes. A forma de combinação, perda (ou ganho) no descarte obscurece a distinção entre o valor contábil irrelevante e o valor de descarte relevante. Conseqüentemente, é melhor pensar em cada um separadamente.
- *Custo do equipamento novo:* Relevante porque é uma saída de caixa futura esperada, que diferirá entre as alternativas. Conseqüentemente, a depreciação do equipamento novo é relevante.

A Figura 6.4 mostra a relevância desses itens em nosso exemplo. O valor contábil do equipamento antigo é irrelevante, independentemente da técnica de tomada de decisão utilizada. A coluna de 'diferença', na Figura 6.4, mostra que os $ 4 mil de valor contábil do equipamento antigo não diferem entre as alternativas. Ele seria completamente ignorado para fins de tomada de decisão. A diferença é apenas de oportunidade. O montante baixado é ainda $ 4 mil, independentemente de qualquer alternativa disponível. Os $ 4 mil aparecem na demonstração de resultado ou como uma dedução de $ 4 mil dos $ 2,5 mil de proventos em dinheiro recebidos para obter $ 1,5 mil de perda no descarte no primeiro ano, ou como $ 1 mil de depreciação em cada um dos quatro anos.

Agora, porém, ele parece ser irrelevante para a decisão de reposição. Em contrapartida, os $ 2 mil de depreciação anual sobre o equipamento novo é relevante, porque a depreciação total de $ 8 mil é um custo futuro que pode ser evitado ao não se repor. Os três itens relevantes — custos operacionais, valor de descarte e custo de aquisição — dão à reposição uma vantagem líquida de $ 2,5 mil.

EXAME DAS ALTERNATIVAS SOBRE O LONGO PRAZO

A Figura 6.4 é o primeiro exemplo que vemos envolvendo mais de um ano. Examinar as alternativas sobre a vida inteira do equipamento assegura que itens não-recorrentes peculiares (tais como perda sobre o descarte) não obstruem a visão vital de longo prazo para muitas decisões gerenciais[2].

A Figura 6.5 concentra-se apenas nos itens relevantes: os custos operacionais em dinheiro, o valor do descarte do equipamento antigo e a depreciação sobre o equipamento novo. Para demonstrar que o montante de valor contábil do equipamento antigo não afetará a resposta, suponha que o valor contábil do equipamento antigo seja de $ 500 mil em vez de $ 4 mil. Sua resposta final não mudará. A vantagem cumulativa da reposição ainda é $ 2,5 mil. (Se você está em dúvida, rearranje esse exemplo usando $ 500 mil como valor contábil.)

Figura 6.4 Comparação de custos — Reposição de equipamento incluindo itens relevantes e irrelevantes.

	Quatro anos juntos		
	Manter	Repor	Diferença
Custos operacionais em dinheiro	$ 20 000	$ 12 000	$ 8 000
Equipamento antigo (valor contábil)			
Baixa periódica como depreciação	$ 4 000	—	
ou			—
Soma da baixa		$ 4 000 *	
Valor do descarte	—	$ (2 500) *	$ 2 500
Máquina nova			
Custo de aquisição	—	$ 8 000 **	$ (8 000)
Custos totais	$ 24 000	$ 21 500	$ 2 500

A vantagem da reposição é $ 2,5 mil para os quatro anos juntos.
* Em uma demonstração de resultado formal, esses dois itens seriam combinados como 'prejuízo sobre descarte' de $ 4 000 – $ 2 500 = $ 1 500.
** Em uma demonstração de resultado formal, a baixa como uma depreciação em linha reta de $ 8 000 ÷ 4 = $ 2 000 para cada um dos quatro anos.

---

2. Uma análise mais completa, que inclui o momento de receitas e custos, aparece no Capítulo 11.

Figura 6.5 Comparação do custo — Reposição de equipamento; apenas itens relevantes.

	Quatro anos juntos		
	Manter	Repor	Diferença
Custo operacional em dinheiro	$ 20 000	$ 12 000	$ 8 000
Valor do descarte da máquina antiga	—	$ (2 500)	$ 2 500
Máquina nova, custo de aquisição	—	$ 8 000	$ (8 000)
Custos relevantes totais	$ 20 000	$ 17 500	$ 2 500

tomada cinco Às vezes, é difícil aceitar a proposição de que os custos passados ou perdidos sejam irrelevantes para as decisões. Considere o bilhete que você tem para um jogo de futebol importante em dezembro. Após obter o bilhete, você descobre que o jogo passará na televisão, e você realmente prefere assistir ao jogo no conforto de sua residência. Sua decisão a respeito de ir ao campo ou assistir pela televisão depende de você ter ganho o bilhete ou de ter pago $ 80 por ele?

Resposta
O montante pago, se for $ 0, $ 80 ou $ 1 mil, não deve fazer nenhuma diferença para a decisão. Você tem o bilhete e pagou por ele. Isso não pode ser mudado. Se você realmente preferir assistir ao jogo pela televisão, poderá ter sido uma decisão ruim pagar $ 80 pelo bilhete, mas você não pode apagar a decisão ruim. Tudo o que você pode fazer é escolher a ação futura que tenha o maior valor para você. Você não deve sofrer com uma experiência menos prazerosa só porque pagou $ 80 pelo bilhete.

Primeiro, os negócios

Custos perdidos e contratos governamentais

É fácil concordar com o fato de que — em teoria — os custos perdidos devem ser ignorados quando se tomam decisões. Na prática, porém, os custos perdidos freqüentemente influenciam as decisões importantes, em especial quando um tomador de decisão não deseja admitir que uma decisão anterior para investir fundos foi ruim.

Considere dois exemplos da *St. Louis Post Dispatch*:

1. Larry O. Welch, chefe da assessoria da força aérea, foi observado dizendo: "O B-2 já está em produção; cancele-o, e os $ 17 bilhões de investimentos adiantados estão perdidos".

2. Les Aspin, presidente do Comitê da Casa de Serviços Armados, foi observado declarando: "Com $ 17 bilhões já investidos nele, o B-2 é muito oneroso para ser cancelado".

Os $ 17 bilhões já investidos no B-2 são um custo perdido. Ele está 'perdido' independentemente de a produção do B-2 ser cancelada ou não. E se a produção do B-2 é muito onerosa para continuar, dependerá apenas dos custos futuros necessários para completar a produção, comparados ao valor dos B-2 completos. Os $ 17 bilhões foram relevantes quando a decisão original para começar seu desenvolvimento foi tomada, mas, agora que o dinheiro foi gasto, ela não é mais relevante. Nenhuma decisão pode afetá-la. Por que os líderes inteligentes considerariam os $ 17 bilhões relevantes na decisão de continuar a produção do B-2? Provavelmente, porque é difícil admitir que nenhum benefício seria derivado dos $ 17 bilhões de investimento. Aqueles que defendem o cancelamento da produção do B-2 considerariam o resultado da decisão de investimento original desfavorável. Com perfeita percepção tardia, eles acreditam que o investimento não deveria ter sido feito. É da natureza humana encarar com desagrado o dever de admitir que $ 17 bilhões foram desperdiçados. Ainda assim, é mais importante evitar aplicar dinheiro bom em cima de dinheiro ruim — isto é, se o valor dos B-2 não são, pelo menos, iguais ao do investimento futuro nele, a produção deve ser encerrada, independentemente do montante gasto até a data.

Falhar em ignorar os custos perdidos não é privilégio do governo dos Estados Unidos. Em referência à armazenagem de plutônio para as bombas da Rússia, o ministro de energia atômica do país declarou: "Gastamos muito dinheiro para apenas misturá-lo com dejetos radioativos e enterrá-lo". Enterrar o plutônio pode ou não ser a melhor decisão, mas o montante já gasto não é relevante para a decisão.

Fontes: Adaptado de J. Berg, J. Dickhaut e C. Kanodia, "The role of private information in the sunk cost phenomenon", artigo não-publicado, 12 de novembro de 1991; M. Wald e M. Gordon, "Russia treasures plutonium, but U.S. wants to destroy it", em *New York Times*, 19 de agosto de 1994, p. A1.

A IRRELEVÂNCIA DOS CUSTOS FUTUROS QUE NÃO DIFEREM

Além dos custos passados, alguns custos futuros podem ser irrelevantes porque serão os mesmos sob todas as alternativas viáveis. Esses também podem, com segurança, ser ignorados para a tomada de uma decisão em particular. Os salários de muitos membros da alta gestão são exemplos de custos futuros esperados que não serão afetados pela decisão sob consideração.

Outros custos futuros irrelevantes incluem custos fixos que permanecerão inalterados por tais considerações, tanto se se selecionar a máquina X ou a Y. Não é apenas o caso de dizer, entretanto, que os custos fixos são irrelevantes e os custos variáveis, relevantes. Os custos variáveis podem ser irrelevantes, e os custos fixos podem ser relevantes. As comissões de vendas, por exemplo, podem ser pagas sobre um pedido, independentemente de ele ter sido atendido pela fábrica G ou H. Os custos variáveis serão irrelevantes sempre que não diferirem entre as alternativas sob consideração; os custos fixos serão relevantes sempre que diferirem entre as alternativas sob consideração.

CAUTELA COM OS CUSTOS UNITÁRIOS

A ilustração de precificação do Capítulo 5 mostrou que os custos unitários devem ser analisados com cuidado na tomada de decisão. Há duas maneiras principais de estar errado:

- A inclusão de custos irrelevantes, tais como $ 3 de alocação de custos fixos inevitáveis no exemplo de fazer ou comprar da GE (página 196), que resultaria em um custo unitário de $ 11, em vez do custo relevante unitário de $ 8.
- Comparações de custos unitários não calculados sob a mesma base de volume, como o seguinte exemplo demonstra.

O pessoal das vendas de máquinas, por exemplo, freqüentemente gaba-se dos custos unitários baixos de usar as novas máquinas. Algumas vezes, eles negligenciam em apontar que os custos unitários estão baseados em produção excedente, muito além do volume de atividade de seus clientes prospectivos. Suponha que uma máquina nova de $ 100 mil, com um período de vida útil de cinco anos, possa produzir 100 mil unidades por ano, a um custo variável de $ 1 por unidade, ao contrário de um custo variável por unidade de $ 1,50 com a máquina antiga. O representante de vendas reclama que a nova máquina reduzirá custos em $ 0,30 por unidade. A máquina nova é uma aquisição valiosa?

A máquina nova é atrativa à primeira vista. Se o volume esperado do cliente for cem mil unidades, comparações de custo unitário são válidas, contanto que a depreciação nova também seja considerada. Suponha que o valor de descarte do equipamento antigo seja zero. Como depreciação é uma alocação de custos históricos, a depreciação na máquina antiga é irrelevante. Em contrapartida, a depreciação da máquina nova é relevante, porque a máquina nova envolve um custo futuro que pode ser evitado ao não se adquiri-la.

	Máquina antiga	Máquina nova
Unidades	100 000	100 000
Custo variável	$ 150 000	$ 100 000
Depreciação em linha reta	—	$ 20 000
Custos relevantes totais	$ 150 000	$ 120 000
Custos relevantes unitários	$ 1,50	$ 1,20

Aparentemente, o representante de vendas está correto. Se o volume esperado do cliente for apenas 30 mil unidades por ano, no entanto, os custos unitários mudarão em favor da máquina antiga.

	Máquina antiga	Máquina nova
Unidades	30 000	30 000
Custo variável	$ 45 000	$ 30 000
Depreciação em linha reta	—	$ 20 000
Custos relevantes totais	$ 45 000	$ 50 000
Custos relevantes unitários	$ 1,50	$ 1,6667

Geralmente, seja cuidadoso com os custos fixos unitários. Use os custos totais em vez dos unitários. Então, se desejável, os totais podem ser convertidos em unitários.

CONFLITOS ENTRE TOMADA DE DECISÃO E AVALIAÇÃO DE DESEMPENHO

A essa altura você deve saber tomar boas decisões, baseadas em dados relevantes. Saber como tomar essas decisões e realmente tomá-las, entretanto, são duas coisas diferentes. Os gestores podem ser tentados a tomar decisões que sabem ser pobres se as medidas de desempenho, no caso, recompensá-los por aquelas decisões. Para motivar os gestores a tomar decisões ótimas, métodos de avaliação de seu desempenho devem ser compatíveis com a análise de decisão.

Considere a decisão de reposição mostrada na Figura 6.5 (página 204), em que a reposição da máquina teve uma vantagem de $ 2,5 mil sobre mantê-la. Para motivar os gestores a fazer a escolha certa, o método utilizado para avaliar o desempenho deve ser compatível com o modelo de decisão — isto é, esse deve mostrar o melhor desempenho quando os gestores repõem a máquina do que quando a mantêm. Como o desempenho é freqüentemente medido pelo lucro contábil, considere o lucro contábil do primeiro ano após a reposição, comparado com os dos anos 2, 3 e 4.

	Ano 1		Anos 2, 3 e 4	
	Manter	Repor	Manter	Repor
Custo operacional em dinheiro	$ 5 000	$ 3 000	$ 5 000	$ 3 000
Depreciação	$ 1 000	$ 2 000	$ 1 000	$ 2 000
Prejuízo no descarte ($ 4 000 – $ 2 500)	—	$ 1 500	—	—
Total de despesas contra resceitas	$ 6 000	$ 6 500	$ 6 000	$ 5 000

Se a máquina for mantida em vez de reposta, os custos do primeiro ano serão $ 6 500 – $ 6 000 = $ 500 mais baixos, e o lucro do primeiro ano será $ 500 mais alto. Visto que os gestores, naturalmente, desejam tomar decisões que maximizem a medida de seu desempenho, podem estar inclinados a manter a máquina. Esse é um exemplo de conflito entre a análise para tomada de decisão e o método utilizado para avaliar o desempenho.

O conflito será especialmente severo se os gestores forem, com freqüência, transferidos de uma posição para outra. Por quê? Porque os $ 500 de vantagem do primeiro ano para manter a máquina serão compensados por $ 1 mil anuais de vantagem da reposição nos anos 2 a 4. (Observe que a diferença líquida de $ 2,5 mil em favor da reposição, ao longo dos quatro anos juntos, é o mesmo da Figura 6.5.) Um gestor que muda para uma nova posição após o primeiro ano, entretanto, carrega um prejuízo inteiro no descarte, sem colher os benefícios dos custos operacionais reduzidos nos anos 2 a 4.

A decisão de repor a máquina mais cedo do que o planejado também revela que a decisão original de comprar a máquina pode ter sido falha. A máquina antiga foi comprada há seis anos, por $ 10 mil. Sua vida útil esperada era de dez anos. Se, entretanto, uma máquina melhor estiver agora disponível, a vida útil da máquina antiga era, de fato, de seis anos, e não dez. Esse *feedback* sobre a vida real da máquina antiga tem dois efeitos possíveis: o primeiro é bom e o segundo é ruim. Primeiro, os gestores podem aprender com o engano inicial. Se a vida útil da máquina antiga foi superestimada, como acreditar na predição de que a máquina nova terá uma vida útil de quatro anos? O *feedback* pode ajudar a evitar a repetição de erros passados. Segundo, um outro erro pode ser cometido para cobrir o inicial. Um prejuízo 'sobre o descarte' pode alertar os superiores em relação à predição incorreta da vida econômica utilizada na decisão inicial. Ao evitar a reposição, o valor contábil remanescente de $ 4 mil é distribuído ao longo do futuro como 'depreciação', expressão mais atraente que 'prejuízo no descarte'. Os superiores podem nunca descobrir sobre a predição incorreta da vida econômica. A abordagem de lucro contábil para a avaliação de desempenho mistura os efeitos financeiros de várias decisões, escondendo a estimativa errônea inicial da vida útil e a falha corrente de repor.

O conflito entre a tomada de decisão e a avaliação de desempenho é um problema muito difundido na prática. Infelizmente, não há solução fácil. Na teoria, os contadores podem avaliar o desempenho de maneira compatível com a tomada de decisão. Em nosso exemplo do equipamento, isso significaria predizer os efeitos no resultado ano a ano, ao longo do horizonte de planejamento de quatro anos, observando que o primeiro ano seria pobre e avaliando o desempenho real contra as predições.

O problema é que avaliar o desempenho, decisão por decisão, é um procedimento dispendioso. Conseqüentemente, medidas agregadas são utilizadas. Uma demonstração de resultado, por exemplo, mostra os resultados de muitas decisões, não apenas a única decisão de comprar uma máquina. Conseqüentemente, em muitos casos, como em nosso exemplo do equipamento, os gestores podem ser mais pesadamente influenciados pelos efeitos do primeiro ano na demonstração de resultados. Assim, os gestores relutam em examinar horizontes muito longos, que beneficiariam a empresa.

Como a demonstração de resultado influencia a tomada de decisão

Quando os executivos usam as demonstrações de resultado para avaliar o desempenho, os gestores precisam saber de que maneira suas decisões afetarão o resultado, como relatado nas demonstrações. Algumas demonstrações de resultado rastreiam os custos fixos e variáveis usando a abordagem de margem de contribuição, embora outras adotem a abordagem por absorção, usada em relatórios para usuários externos. Para realçar os efeitos diferentes dessas abordagens, suponha que, em 2001, a Samson Company tenha custos de material direto de $ 7 milhões e custos de mão-de-obra direta de $ 4 milhões. Suponha também que a empresa tenha incorrido em custos indiretos de manufatura, ilustrados na Figura 6.6, e em despesas de venda e administrativas, ilustradas na Figura 6.7. O total de vendas foi $ 20 milhões. Finalmente, suponha que as unidades produzidas sejam iguais às unidades vendidas, isto é, não há alteração nos níveis de estoque. (Dessa maneira, evitamos algumas complicações desnecessárias e sem importância nesse estágio.[3])

Observe que as Figuras 6.6 e 6.7 subdividem os custos como variáveis ou fixos. Muitas empresas não fazem tais subdivisões em suas demonstrações de resultado. Além disso, quando tais subdivisões são feitas, algumas vezes decisões arbitrárias são necessárias sobre se um dado custo é variável, fixo ou parcialmente fixo (por exemplo, os reparos). Não obstante, para alinhar as demonstrações de resultado com as informações que seriam utilizadas na tomada de decisão, muitas empresas estão tentando relatar a extensão na qual seus custos são aproximadamente variáveis ou fixos.

Abordagem por absorção

A Figura 6.8 apresenta a demonstração de resultado da Samson usando a **abordagem por absorção** (custeio por absorção), abordagem utilizada por empresas para relatórios contábeis externos. As empresas que usam essa abordagem consideram todos os custos indiretos de manufatura (variáveis e fixos) os custos do produto (inventariáveis), que se tornam uma despesa na forma de custo dos produtos vendidos apenas quando ocorrem as vendas.

Observe, na Figura 6.8, que o lucro bruto ou a margem bruta é a diferença entre as vendas e o custo de manufatura dos produtos vendidos. Observe também que as classificações primárias de custos na demonstração de resultado são de três principais funções de gestão: manufatura, vendas e administrativas.

Abordagem por contribuição

Em contrapartida, a Figura 6.9 apresenta a demonstração de resultado da Samson usando a **abordagem por contribuição** (custeio variável ou custeio direto). A abordagem por contribuição não é permitida para relatórios contábeis externos. Muitas empresas, no entanto, usam essa abordagem para propósitos internos (contabilidade gerencial) e um formato por absorção para propósitos externos, porque esperam os benefícios de tomar melhores decisões ao exceder os custos extras de usar sistemas de relatórios diferentes simultaneamente.

Figura 6.6 Samson Company.

Planilhas de análise de custos indiretos de manufatura para o ano encerrado em 31 de dezembro de 2001 (em $ milhares)

Planilha 1: Custos variáveis		
Suprimentos (lubrificantes, ferramentas descartáveis, aditivos resfriadores, lixas)	$ 150	
Mão-de-obra de manuseio de materiais (operadores de empilhadeiras)	$ 700	
Reparos	$ 100	
Energia	$ 50	$ 1 000
Planilha 2: Custos fixos		
Salários dos gestores	$ 200	
Treinamento de empregados	$ 90	
Piquenique da fábrica e festa de feriado	$ 10	
Salários dos supervisores	$ 700	
Depreciação, fábrica e equipamentos	$ 1 800	
Impostos prediais	$ 150	
Seguro	$ 50	$ 3 000
Total de custos indiretos de manufatura		$ 4 000

---

3. *Essas complexidades são discutidas nos Capítulos 14 e 15.*

Figura 6.7 Samson Company.

Planilhas de análise de despesas de vendas e administrativas para o ano encerrado em 31 de dezembro de 2001 (em $ milhares)

Planilha 3: Despesas de venda			
Variáveis			
Comissões de vendas		$ 700	
Despesas de embarque para produtos vendidos		$ 300	$ 1 000
Fixas			
Propaganda		$ 700	
Salários de vendas		$ 1 000	
Outros		$ 300	$ 2 000
Total de despesas de venda			$ 3 000

Planilha 4: Despesas administrativas			
Variáveis			
Alguns salários de escriturários		$ 80	
Tempo de computador alugado		$ 20	$ 100
Fixas			
Salários de escritório		$ 100	
Outros salários		$ 200	
Depreciação das instalações de escritório		$ 100	
Despesas de auditoria		$ 40	
Despesas legais		$ 100	
Outras		$ 360	$ 900
Total de despesas administrativas			$ 1 000

Figura 6.8 Samson Company.

Demonstração de resultado por absorção para o ano encerrado em 31 de dezembro de 2001 (em $ milhares)

Vendas		$ 20 000
Menos: Custos de manufatura dos produtos vendidos		
Material direto	$ 7 000	
Mão-de-obra direta	$ 4 000	
Indiretos de manufatura (Planilhas 1 mais 2)*	$ 4 000	$ 15 000
Margem bruta ou lucro bruto		$ 5 000
Despesas de venda (Planilha 3)	$ 3 000	
Despesas administrativas (Planilha 4)	$ 1 000	
Total de despesas de vendas e administrativas		$ 4 000
Lucro operacional		$ 1 000

As Planilhas 1 e 2 estão na Figura 6.6. As Planilhas 3 e 4 estão na Figura 6.7.

Para propósitos de decisão, a principal diferença entre a abordagem por contribuição e a abordagem por absorção é que a primeira enfatiza a distinção entre os custos variáveis e fixos. Suas classificações primárias de custos são por padrões de comportamento de custos variáveis e fixos, não por funções empresariais.

A demonstração de resultado por contribuição fornece uma margem de contribuição, que é calculada após deduzir das receitas todos os custos variáveis, inclusive custos variáveis de venda e administrativos. Essa abordagem torna mais fácil entender o impacto das variações na demanda de venda no lucro operacional. Ela também se encaixa nitidamente com a análise custo–volume–lucro (CVL), ilustrada no Capítulo 2, e as análises de decisão neste capítulo e no anterior.

Um dos principais benefícios da abordagem por contribuição é que ela revela o papel dos custos fixos no lucro operacional. Antes que uma empresa possa obter lucro, ela primeiro precisa recuperar os custos fixos em que incorreu para manufaturar e outras funções da cadeia de valor. Esse destaque dos custos fixos totais foca a atenção da gestão no comportamento e controle dos custos fixos ao realizar planos de curto e longo prazos. Lembre-se de que os defensores da abordagem por contribuição não mantêm que os custos fixos sejam desimportantes ou

Figura 6.9 Samson Company.

Demonstração de resultado por contribuição para o ano encerrado em 31 de dezembro de 2001 (em $ milhares)

Vendas		$ 20 000
Menos: Despesas variáveis		
Material direto	$ 7 000	
Mão-de-obra direta	$ 4 000	
Custo indireto de manufatura variável (Planilha 1)*	$ 1 000	
Total dos custos variáveis de manufatura de produtos vendidos	$ 12 000	
Despesas variáveis de vendas (Planilha 3)	$ 1 000	
Despesas variáveis administrativas (Planilha 4)	$ 100	
Total de despesas variáveis		$ 13 100
Margem de contribuição		$ 6 900
Menos: Despesas fixas		
Manufatura (Planilha 2)	$ 3 000	
Vendas (Planilha 3)	$ 2 000	
Administrativas (Planilha 4)	$ 900	$ 5 900
Lucro operacional		$ 1 000

As Planilhas 1 e 2 estão na Figura 6.6. As Planilhas 3 e 4 estão na Figura 6.7.

irrelevantes. Eles revelam, entretanto, que as distinções entre os comportamentos dos custos variáveis e fixos são cruciais para certas decisões.

A diferença entre a margem bruta (da abordagem por absorção) e a margem de contribuição (da abordagem por contribuição) está surpreendendo as empresas de manufatura. Por quê? Porque os custos fixos de manufatura são considerados uma parte dos custos dos produtos vendidos em um sistema de custeio por absorção, e esses custos fixos reduzem a margem bruta correspondente. Os custos fixos de manufatura, no entanto, não reduzem a margem de contribuição, que é afetada apenas pelas receitas e pelos custos variáveis.

COMPARANDO AS ABORDAGENS POR CONTRIBUIÇÃO E POR ABSORÇÃO

Essencialmente, a abordagem por contribuição deduz os custos variáveis das vendas para calcular a margem de contribuição, e, então, deduz os custos fixos para medir o lucro. Isso é geralmente compatível com as análises utilizadas para tomar decisões. Em contraste, a abordagem por absorção deduz os custos de manufatura das vendas para calcular a margem bruta e, então, deduz os custos que não de manufatura para medir o lucro. Esse formato é menos útil para a tomada de decisão. Considere os seguintes desdobramentos de custos em quatro maneiras.

	Custos de manufatura	Custos que não de manufatura
Custos variáveis	A. Custos de manufatura variáveis	B. Custos que não de manufatura variáveis
Custos fixos	C. Custos de manufatura fixos	D. Custos que não de manufatura fixos

As demonstrações de resultado por contribuição e por absorção seriam como segue.

Demonstração de resultado por contribuição	Demonstração de resultado por absorção
Vendas	Vendas
Menos: A + B	Menos: A + C
Margem de contribuição	Margem bruta
Menos: C + D	Menos: B + D
Lucro	Lucro

Problema resumido para revisão

Problema

1. Reveja as Figuras 6.6 a 6.9. Suponha que todos os custos variáveis flutuem em proporção direta com as unidades produzidas e vendidas e que todos os custos fixos não sejam afetados ao longo de um intervalo amplo de produção e vendas. Qual seria o lucro operacional se as vendas (aos preços de vendas normais) fossem de $ 20,9 milhões em vez de $ 20 milhões? Que demonstração, a demonstração de resultado por absorção ou a demonstração de resultado por contribuição, você usaria como referência para sua resposta? Por quê?
2. Suponha que o treinamento de empregados (Figura 6.6) fosse considerado como variável, em vez de custo fixo, a uma taxa de $ 90 000 ÷ 1 000 000 unidades, ou $ 0,09 por unidade. Em que sua responda ao item 1 mudaria?

Solução

1. O lucro operacional aumentaria de $ 1 milhão para $ 1 310 500, calculado como segue.

Aumento na receita	$ 900 000
Aumento na margem de contribuição total:	
O índice de margem de contribuição na demonstração por contribuição	
(Figura 6.9) é $ 6 900 000 ÷ $ 20 000 000 = 0,345	
O índice multiplicado pelo aumento da receita é 0,345 × $ 900 000	$ 310 500
Aumento nas despesas fixas	0
Lucro operacional antes do aumento	$ 1 000 000
Novo lucro operacional	$ 1 310 500

Os cálculos são facilmente efetuados usando-se dados da demonstração de resultado por contribuição. Em contrapartida, a demonstração de custeio por absorção tradicional deve ser analisada e dividida em categorias variáveis e fixas, antes que o efeito sobre o lucro operacional possa ser estimado.

2. O índice de margem de contribuição original seria mais baixo, porque os custos variáveis seriam elevados em $ 0,09 por unidade: ($ 6 900 000 − $ 90 000) ÷ $ 20 000 000 = 0,3405.

	Nível dado	Nível mais alto	Diferença
Receitas	$ 20 000 000	$ 20 900 000	$ 900 000
Despesa variável ($ 13 100 000 + 90 000)	$ 13 190 000	$ 13 783 550 *	$ 593 550
Margem de contribuição a 0,3405	$ 6 810 000	$ 7 116 450	$ 306 450
Despesas fixas ($ 5 900 000 − $ 90 000)	$ 5 810 000	$ 5 810 000	—
Lucro operacional	$ 1 000 000	$ 1 306 450	$ 306 450

$ 20 900 000 − $ 7 116 450 ou (1 − 0,3405) × $ 20 900 000.

Material fundamental de avaliação

6-A1. Fazer ou comprar

A Sunshine State Fruit Company vende laranjas de qualidade *premium* e outras frutas cítricas por pedidos pelo correio.

Proteger a fruta durante o embarque é importante; assim, a empresa projeta e produz caixas de embarque. O custo anual das 80 mil caixas é de:

Materiais	$ 120 000
Mão-de-obra	$ 20 000
Custos indiretos de fabricação	
Variáveis	$ 16 000
Fixos	$ 60 000
Total	$ 216 000

Conseqüentemente, o custo médio por caixa é $ 2,70.

Suponha que a Weyerhauser submeta uma oferta para fornecer caixas à Sunshine State por $ 2,35 a caixa. A Sunshine State deve dar à Weyerhauser as especificações de projeto da caixa, e as caixas serão feitas de acordo com essas especificações.

1. Quanto, se for o caso, a Sunshine State economizaria ao comprar as caixas da Weyerhauser?
2. Que fatores subjetivos afetariam a decisão da Sunshine State de fazer ou comprar as caixas?
3. Suponha que todos os custos fixos representem a depreciação no equipamento, que foi comprado por $ 600 mil, ocorrida aproximadamente no fim de sua vida de dez anos. Um equipamento novo de reposição custará $ 1 milhão e também espera-se que dure dez anos. Nesse caso, quanto, se assim for, a Sunshine State economizaria ao comprar as caixas da Weyerhauser?

6-A2. Produtos conjuntos: vender ou processar adicionalmente

A Karlsson Chemical Company produziu três produtos conjuntos, a um custo conjunto de $ 120 mil. Esses produtos foram processados adicionalmente e vendidos como se segue:

Produtos químicos	Vendas	Custos do processamento adicional
A	$ 230 000	$ 190 000
B	$ 330 000	$ 300 000
C	$ 175 000	$ 100 000

A empresa teve uma oportunidade de vender, no ponto de separação, diretamente a outros processadores. Se aquela alternativa tivesse sido selecionada, as vendas teriam sido: A, $ 54 mil; B, $ 28 mil; C, $ 54 mil.

A empresa espera operar no mesmo nível de produção e vendas no ano vindouro. Considere toda a informação disponível e suponha que todos os custos incorridos após o ponto de separação são variáveis.

1. A empresa poderia aumentar o lucro operacional alterando suas decisões de processar? Se sim, qual seria o lucro operacional geral esperado?
2. Quais produtos devem ser processados adicionalmente e quais devem ser vendidos no ponto de separação?

6-A3. Papel da reposição de equipamento antigo

Em 2 de janeiro de 2001, a Huang Company instalou uma máquina de moldagem especial novinha, de $ 93 mil, para produzir um novo produto. O produto e a máquina têm uma vida esperada de três anos. O valor esperado de descarte da máquina, depois de três anos, é zero.

Em 3 de janeiro de 2001, Kang Lee, um vendedor de sucesso para um fabricante de máquinas-ferramenta, disse ao sr. Huang: "Eu gostaria de saber antecipadamente dos seus planos de compra. Posso fornecer-lhe máquinas com tecnologia superior por $ 102 mil. A máquina que você acabou de comprar pode ser vendida por $ 17 mil. Garanto que nossa máquina economizará $ 35 mil por ano em custos operacionais em dinheiro, embora ela também não vá ter valor residual depois de três anos".

Huang examinou alguns dados técnicos. Embora tenha confiança nas reivindicações de Lee, contestou: "Estou travado agora. Minhas alternativas são claras: o descarte resultará em uma perda; manter e usar o equipamento antigo evita tal perda. Eu tenho cérebro suficiente para evitar uma perda quando minha outra alternativa é reconhecer uma perda. Eu tive de usar aquele equipamento até que recuperássemos nosso dinheiro".

Espera-se que os custos operacionais anuais da máquina antiga sejam $ 60 mil, excluindo a depreciação. As vendas, todas em dinheiro, serão $ 915 mil por ano. Outras despesas monetárias anuais serão $ 810 mil, independentemente dessa decisão. Suponha que o equipamento em questão seja o único ativo fixo da empresa. Ignore o imposto de renda e o valor do dinheiro no tempo.

1. Prepare demonstrações de recebimentos e desembolsos de caixa do modo como apareceriam em cada um dos próximos três anos, sob ambas as alternativas. Qual é o total cumulativo de aumento ou diminuição no caixa para os três anos?
2. Prepare demonstrações de resultado do modo como apareceriam em cada um dos três anos, sob ambas as alternativas. Suponha depreciação em linha reta. Qual é o aumento ou diminuição cumulativa no lucro líquido para os três anos?
3. Suponha que o custo do equipamento 'antigo' fosse $ 1 milhão em vez de $ 93 mil. A diferença líquida calculada nos itens 1 e 2 mudaria? Explique.
4. Como Kang Lee, responda às contestações do sr. Huang.
5. Quais são os itens irrelevantes em cada uma de suas apresentações para os itens 1 e 2? Por que são irrelevantes?

6-A4. Demonstrações de resultado diretas

A O'Sullivan Company tem os seguintes dados de manufatura para o ano de 2001 (em $ milhares):

Estoques inicial e final	Nenhum
Material direto consumido	$ 400
Mão-de-obra direta	$ 330
Suprimentos	$ 20
Utilidades — Parcela variável	$ 40
Utilidades — Parcela fixa	$ 12
Mão-de-obra indireta — Parcela variável	$ 90
Mão-de-obra indireta — Parcela fixa	$ 40
Depreciação	$ 110
Impostos prediais	$ 20
Salários dos supervisores	$ 50

As despesas de venda foram $ 300 mil (incluindo $ 60 mil que foram variáveis) e as despesas gerais administrativas foram $ 144 mil (incluindo $ 24 mil que foram variáveis). As vendas foram $ 1,85 milhão.

A mão-de-obra direta e os suprimentos foram considerados custos variáveis.

1. Prepare duas demonstrações de resultado, uma usando a abordagem por contribuição e outra usando a abordagem por absorção.
2. Suponha que todos os custos variáveis flutuem diretamente em proporção às vendas e que os custos fixos não sejam afetados ao longo de um intervalo muito amplo das vendas. Qual teria sido o lucro operacional se as vendas tivessem sido $ 2,05 milhões em vez de $ 1,85 milhão? Qual demonstração de resultado você usaria para ajudar a obter sua resposta? Por quê?

6-B1. Fazer ou comprar

Suponha que um executivo da BMW, na Alemanha, está tentando decidir se a empresa deve continuar a manufaturar um componente do motor ou comprá-lo da Frankfort Corporation por 52 euros (EUR) cada um. Espera-se que a demanda para o ano vindouro seja a mesma do ano atual: 200 mil unidades. Os dados para o ano atual são os seguintes:

Material direto	EUR	5 000 000
Mão-de-obra direta	EUR	1 900 000
Custos indiretos de fabricação, variáveis	EUR	1 100 000
Custos indiretos de fabricação, fixos	EUR	2 500 000
Custos totais	EUR	10 500 000

Se a BMW fabricar os componentes, os custos unitários do material direto aumentarão em 10 por cento. Se a BMW comprar os componentes, 40 por cento dos custos fixos serão evitados. Os outros 60 por cento continuarão, independentemente de os componentes serem manufaturados ou comprados. Suponha que os custos indiretos de fabricação variáveis variem com o volume de produção.

1. Tabule uma comparação das alternativas fazer ou comprar. Mostre os montantes totais e unitários. Calcule a diferença numérica entre fabricar e comprar. Suponha que a capacidade agora utilizada para fabricar os componentes se tornará ociosa se os componentes forem comprados.
2. Suponha também que a capacidade da BMW, na questão, possa ser alugada a uma empresa eletrônica local por EUR 1,25 milhão para o ano vindouro. Tabule uma comparação dos custos relevantes líquidos das três alternativas: fazer, comprar e deixar a capacidade ociosa, comprar e alugar. Qual é a alternativa mais favorável? Por quanto no total?

6-B2. Vender ou processar adicionalmente

A ConAgra, Inc. produz produtos de carne com nomes de marcas tais como Swift, Armour e Butterball. Suponha que uma fábrica da empresa processe carne bovina em vários produtos. Para simplificar, suponha que haja apenas três produtos: bife, hambúrguer e couro, e que o boi médio custa $ 750. Os três produtos emergem de um processo que custa, para funcionar, $ 150 por boi, e a produção de um boi pode ser vendida pelos seguintes montantes líquidos:

Bifes (100 libras)	$ 400
Hambúrgueres (500 libras)	$ 600
Couro (120 libras)	$ 100
Total	$ 1 100

Suponha que cada um desses três produtos possa ser vendido imediatamente ou processado adicionalmente em outras fábricas da ConAgra. O bife pode ser o prato principal nos jantares congelados vendidos sob o rótulo da Healthy Choice. Os vegetais e as sobremesas nos 400 jantares produzidos das cem libras de bifes custariam $ 120, e os custos de produção, vendas e outros, para as 400 refeições, totalizariam $ 350. Cada refeição seria vendida, no atacado, por $ 2,15.

O hambúrguer poderia ser transformado em bifes moídos *salisbury* congelados, sob o rótulo Armour. O único custo adicional seria $ 200 de custo de processamento das 500 libras de hambúrguer. Os bifes *salisbury* congelados são vendidos, no atacado, a $ 1,70 por libra.

O couro pode ser vendido antes ou depois do custo de curtimento. O custo de curtimento de um couro é $ 80, e o couro curtido pode ser vendido a $ 175.

1. Calcule o lucro total para o caso de todos os três produtos serem vendidos no ponto de separação.
2. Calcule o lucro total para o caso de todos os três produtos serem processados adicionalmente antes de ser vendidos.
3. Quais produtos devem ser vendidos no ponto de separação? Quais devem ser processados adicionalmente?
4. Calcule o lucro total no caso de seu plano no item 3 ser seguido.

6-B3. Modelos de decisão e desempenho
Tome como referência o problema anterior.

1. Suponha que o 'modelo de decisão' favorecido pela alta gestão tenha consistido de uma comparação de acumulação de três anos de caixa sob cada alternativa. Como gestor de operações do escritório, qual alternativa você escolheria? Por quê?
2. Suponha que o 'modelo de avaliação de desempenho' tenha enfatizado a minimização dos custos gerais de operações de fotocópias para o primeiro ano. Qual alternativa você escolheria?

6-B4. Demonstrações de resultado por contribuição e por absorção
A seguinte informação foi tirada dos registros da Manitoba Manufacturing Company, para o ano encerrado em 31 de dezembro de 2001. Não havia estoques iniciais ou finais.

Vendas	$ 10 000 000
Comissões de vendas	$ 500 000
Propaganda	$ 200 000
Despesas de embarque	$ 300 000
Salários dos executivos administrativos	$ 100 000
Salários dos escriturários administrativos (variáveis)	$ 400 000
Seguro contra incêndio sobre os equipamentos da fábrica	$ 2 000
Impostos prediais sobre os equipamentos da fábrica	$ 10 000
Aluguel de longo prazo, fábrica	$ 150 000
Salário do superintendente da fábrica	$ 30 000
Salários dos supervisores	$ 100 000
Material direto consumido	$ 4 000 000
Mão-de-obra direta	$ 2 000 000
Brocas de corte consumidas	$ 60 000
Pesquisa de métodos de fabricação	$ 40 000
Abrasivos para usinagem	$ 100 000
Mão-de-obra indireta	$ 800 000
Depreciação dos equipamentos	$ 300 000

1. Prepare uma demonstração de resultado por contribuição e uma demonstração de resultado por absorção. Se você estiver em dúvida sobre qualquer padrão de comportamento de custo, decida na base de se o custo total em questão flutuará substancialmente ao longo de um amplo intervalo de volume. Prepare uma planilha de apoio separada dos custos indiretos de manufatura, subdividida em custos variáveis e fixos.
2. Suponha que todos os custos variáveis flutuem diretamente em proporção às vendas e que os custos fixos não sejam afetados ao longo de um amplo intervalo de vendas. Qual teria sido o lucro operacional se as vendas tivessem sido de $ 10,5 milhões em vez de $ 10 milhões? Que demonstração de resultado você usaria para ajudá-lo na resposta? Por quê?

Material adicional de avaliação

Questões

6-1. Distinga entre custo de oportunidade e custo desembolsável.

6-2. "Eu tive uma chance de alugar minha casa de veraneio por duas semanas por $ 800, mas escolhi mantê-la ociosa. Não quero estranhos vivendo na minha casa de veraneio." Que termo, neste capítulo, descreve os $ 800? Por quê?

6-3. "Os contadores não registram regularmente os custos de oportunidade nos registros contábeis formais." Por quê?

6-4. Compare um custo incremental e um custo diferencial.

6-5. "O custo incremental é a adição aos custos de manufatura de uma unidade." Você concorda? Explique.

6-6. "Os custos diferenciais ou custos incrementais de aumentar a produção de mil automóveis para 1,2 mil automóveis por semana seriam os custos adicionais de produzir 200 automóveis adicionais." Se a produção fosse reduzida de 1,2 mil para mil automóveis por semana, como o declínio nos custos seria chamado?

6-7. "Os fatores qualitativos, geralmente, favorecem a fabricação em vez da compra de um componente." Você concorda? Explique.

6-8. "As escolhas são, freqüentemente, mal rotuladas como simplesmente fazer ou comprar." Você concorda? Explique.

6-9. O que é ponto de separação e por que ele é importante na análise dos custos conjuntos?

6-10. "Nenhuma técnica utilizada para atribuir custos conjuntos a produtos individuais deve ser usada para decisões gerenciais em relação a se um produto deve ser vendido no ponto de separação ou processado adicionalmente." Você concorda? Explique.

6-11. "Os estoques que foram comprados por $ 5 mil não deveriam ser vendidos por menos de $ 5 mil, porque tal venda resultaria em um prejuízo." Você concorda? Explique.

6-12. "A recuperação dos custos perdidos é o objetivo principal por ocasião da reposição de um equipamento." Você concorda? Explique.

6-13. "Custos passados são relevantes na maioria dos exemplos porque fornecem o ponto de partida para o processo de decisão inteiro." Você concorda? Por quê?

6-14. Quais dos seguintes itens são relevantes para as decisões de reposição? Explique.
a) Valor contábil do equipamento antigo.
b) Valor de descarte do equipamento antigo.
c) Custo do novo equipamento.

6-15. "Alguns custos futuros esperados podem ser irrelevantes." Você concorda? Explique.

6-16. "Os custos variáveis são irrelevantes sempre que não diferirem entre as alternativas sob consideração." Você concorda? Explique.

6-17. Há dois motivos principais por que os custos unitários devem ser analisados com cuidado na tomada de decisão. Quais são eles?

6-18. "O pessoal de vendas de máquinas, às vezes, gaba-se erroneamente sobre os baixos custos unitários de usar suas máquinas." Identifique uma fonte de erro a respeito da estimativa dos custos unitários.

6-19. Dê exemplo de uma situação em que o modelo de avaliação de desempenho não é compatível com o modelo de decisão.

6-20. "Avaliar o desempenho, decisão por decisão, é dispendioso. Medidas agregadas, tais como a demonstração de resultado, são freqüentemente utilizadas." Como pode o amplo uso das demonstrações de resultado afetar as decisões dos gestores sobre como comprar equipamentos?

6-21. Qual é a vantagem da abordagem por contribuição, quando comparada com a abordagem por absorção?

6-22. "As classificações primárias de custos são por padrões de comportamento de custos variáveis e fixos, não por funções empresariais." Nomeie três termos, geralmente utilizados, que descrevem esse tipo de demonstração de resultado.

Exercícios cognitivos

6-23. Mensuração do custo de oportunidade

"Os contadores não podem mensurar o custo de oportunidade. Apenas os gestores têm o conhecimento para mensurá-lo." Você concorda com essa declaração? Por que sim ou por que não?

6-24. Decisões de terceirização

Decisões sobre terceirizar serviços, como contabilidade de folha de pagamento e desenvolvimento de sistemas, são muito parecidas com decisões de fazer ou comprar. Que fatores de custos devem influenciar a decisão sobre terceirizar funções de folha de pagamento?

6-25. Custos históricos e decisões de estoque

Explique por que às vezes é melhor vender o estoque por menos do que o montante pago por ele.

6-26. Demonstração de resultado e gestores de vendas

Suponha que Chee Wong esteja encarregado das vendas de flocos congelados da Kellogg's. Que tipo de demonstração de resultado, por absorção ou contribuição, Wong descobriria ser mais útil para suas decisões? Por quê?

EXERCÍCIOS

6-27. Custos de oportunidade

Valerie Monroe é uma advogada empregada por uma grande empresa de advocacia, com salário de $ 85 mil por ano. Ela está considerando tornar-se uma profissional independente, o que, é provável, geraria $ 320 mil em receitas operacionais ao ano e $ 220 mil em despesas operacionais.

1. Apresente duas tabelas dos efeitos do lucro anual dessas duas alternativas. A segunda tabela deve incluir o custo de oportunidade da compensação de Monroe como empregada da empresa.

2. Suponha que Monroe prefira menos risco e escolha permanecer como empregada. Mostre uma tabela dos efeitos no lucro da rejeição da oportunidade de prática independente.

6-28. Custo de oportunidade de um hospital

Uma administradora do Sacred Heart Hospital está considerando como usar algum espaço disponível, uma vez que a clínica de clientes externos mudou para um novo edifício. Ela estreitou suas escolhas, como segue:

a) Usar o espaço para expansão do laboratório de testes. A receita anual futura esperada seria $ 320 mil; custos futuros, $ 290 mil.

b) Usar o espaço para expansão da clínica oftalmológica. A receita anual futura esperada seria $ 500 mil; custos futuros, $ 480 mil.

c) A loja de presentes seria alugada por um varejista independente, que deseja expandir seus negócios para o espaço vago. O varejista ofereceu $ 11 mil para o aluguel anual do espaço. Todas as despesas operacionais seriam bancadas por ele. O horizonte de planejamento da administradora é indefinido. Ela, entretanto, decidiu que os dados anuais fornecidos seriam suficientes para guiar sua decisão.

Tabule os dados totais relevantes a respeito das alternativas de decisão. Omita o conceito de custo de oportunidade em uma tabela, mas use o conceito na segunda tabela. Como administradora, que tabela você preferiria se pudesse receber apenas uma delas?

6-29. Fazer ou comprar

Suponha que uma divisão da Bose fabrique um componente eletrônico para seus alto-falantes. Seus processos de manufatura para o componente são uma parte altamente automatizada de um sistema de produção *just-in-time*. Toda mão-de-obra é considerada custo indireto de fabricação, e todo o CIF é considerado como fixo em relação ao volume de produção. Os custos de produção, para cem mil unidades do componente, se apresentam como segue:

Materiais diretos		$ 300 000
Custos indiretos de fabricação		
Mão-de-obra indireta	$ 80 000	
Suprimentos	$ 30 000	
Custos de ocupação alocados	$ 40 000	$ 150 000
Custo total		$ 450 000

Uma empresa pequena local ofereceu fornecer os componentes a um preço de $ 3,35 cada um. Se a divisão descontinuasse sua produção dos componentes, economizaria dois terços dos custos de suprimentos e $ 30 mil do custo de mão-de-obra indireta. Todos os outros custos indiretos continuariam.

O gestor da divisão, recentemente, assistiu a um seminário sobre comportamento de custo e aprendeu a respeito dos custos fixos e variáveis. Ele deseja continuar a fabricar o componente, porque o custo variável de $ 3 está abaixo dos $ 3,35 oferecidos.

1. Calcule o custo relevante de (a) fazer e (b) comprar o componente. Qual alternativa é menos dispendiosa e por quanto?
2. Que fatores qualitativos podem influenciar a decisão a respeito de fazer ou comprar o componente?

6-30. Vender ou processar adicionalmente

Uma fábrica petroquímica da Chevron produz dois produtos, A e B, em conseqüência de um processo conjunto em particular. Ambos os produtos são vendidos aos fabricantes como ingredientes para produtos químicos sortidos. O produto A é vendido no ponto de separação por $ 0,25 por galão; o B, por $ 0,30 por galão. Os dados para abril são os seguintes:

Custo conjunto de processamento	$ 1 600 000
Galões produzidos e vendidos	
A	4 000 000
B	2 500 000

Suponha que, em abril, os 2,5 milhões de galões de B poderiam ter sido processados adicionalmente para *superB*, a um custo adicional de $ 225 mil. A produção do *superB* seria vendida a $ 0,38 por galão. O produto A seria vendido no ponto de separação em qualquer evento. O produto B deve ser processado adicionalmente em abril e vendido como *superB*? Mostre os cálculos.

6-31. Produtos conjuntos, múltipla escolha

De um processo conjunto em particular, a McClung Company produz três produtos: A, B e C. Cada produto pode ser vendido no ponto de separação ou processado adicionalmente. O processamento adicional não exige instalações especiais, e os custos de produção de processamento adicional são inteiramente variáveis e rastreáveis aos produtos envolvidos. Em 20X0, todos os três produtos foram processados além do ponto de separação. Os custos de produção conjunta para o ano foram $ 72 mil. Os valores de vendas e custos necessários para avaliar a política de produção da McClung, em 20X0, são os seguintes:

Produto	Unidades produzidas	Valores realizáveis líquidos (valores de venda) no ponto de separação	Custos adicionais e valores de vendas se processados adicionalmente	
			Valores de custos	Vendas adicionais
A	6 000	$ 25 000	$ 42 000	$ 9 000
B	4 000	$ 41 000	$ 45 000	$ 7 000
C	2 000	$ 24 000	$ 32 000	$ 8 000

Responda às seguintes questões de múltipla escolha:

1. Para as unidades de C, o custo de produção unitário mais relevante para uma decisão de vender ou processar adicionalmente é:
   a) $ 4.
   b) $ 12.
   c) $ 5.
   d) $ 9.

2. Para maximizar os lucros, a McClung deveria sujeitar os seguintes produtos a processamento adicional:
   a) C apenas.
   b) A, B e C.
   c) B e C apenas.
   d) A apenas.

6-32. Estoque obsoleto

A livraria local comprou mais calendários '*farside*' do que poderia vender; era próximo de junho, e 200 calendários permaneciam em estoque. A loja pagou $ 4,50 por cada um deles e vendeu-os por $ 8,95. Desde fevereiro, eles haviam estado à venda por $ 6 e, há duas semanas, o preço foi reduzido para $ 5. Ainda assim, alguns calendários estavam sendo vendidos.

A gestora da livraria pensou que não valeria mais a pena usar o espaço de prateleira para os calendários. O proprietário da Birmingham Collectibles ofereceu comprar todos os 200 calendários por $ 240. Ele pretendia guardá-los por alguns anos e, então, vendê-los como itens de novidade. A gestora da livraria não estava segura de que queria vender os calendários por $ 1,20 cada, pois haviam custado $ 4,50. A única alternativa, entretanto, era sucateá-los, porque a publicadora não os receberia como devolução.

1. Calcule a diferença nos lucros entre aceitar a oferta de $ 240 e sucatear os calendários.
2. Descreva como os $ 4,50 × 200 = $ 900 pagos pelos calendários afetam sua decisão.

6-33. Investimento relevante

Roberta Alsdorf obteve um novo caminhão ao preço de tabela, incluindo opções de $ 22 mil. O revendedor deu a ela uma 'generosa barganha' de $ 5,5 mil pelo velho caminhão, que tinha um preço de atacado de $ 3 mil. O imposto sobre vendas era $ 1 260.

Os custos operacionais anuais em dinheiro, do caminhão antigo, eram $ 4 200. Espera-se que o novo caminhão reduza esses custos em um terço, para $ 2 800 por ano. Calcule o montante do investimento original do novo caminhão. Explique seu raciocínio.

6-34. Divisão fraca

A Winnetka Electronics Company pagou $ 8 milhões em dinheiro, quatro anos atrás, para adquirir uma empresa que fabrica *drives* de CD-ROM. Essa empresa havia operado como uma divisão da Winnetka e apresentou um prejuízo de $ 500 mil em cada ano, desde sua aquisição.

O retorno mínimo desejado para essa divisão é que, quando um novo produto estiver totalmente desenvolvido, ela deverá retornar um lucro líquido de $ 500 mil por ano, para um futuro previsível.

Recentemente, a IBM Corporation ofereceu comprar a divisão da Winnetka por $ 5 milhões. O presidente da Winnetka comentou: "Eu tenho um investimento de $ 10 milhões para recuperar ($ 8 milhões mais os prejuízos de $ 500 mil para os quatro anos). Tenho, finalmente, essa situação de volta; assim, oponho-me a vender a divisão agora".

Prepare uma resposta para o comentário do presidente. Indique como tomar essa decisão. Seja tão específico quanto possível.

6-35. Custo de oportunidade

Rosiland Volkert é uma psiquiatra que está em uma demanda pesada. Mesmo tendo aumentado seus honorários consideravelmente durante os últimos cinco anos, a dra. Volkert ainda não pode acomodar todos os pacientes que desejam sua assistência.

Volkert conduziu seis horas de apontamentos, seis dias da semana, por 48 semanas no ano. Seus honorários médios são $ 150 por hora. Seus custos variáveis são irrelevantes e podem ser ignorados para propósitos de decisão. Ignore o imposto de renda.

1. Volkert está preocupada por trabalhar seis dias por semana. Ela está considerando tirar folga em sábados alternados. Qual será seu lucro anual:
   a) Se trabalhar todos os sábados?
   b) Se trabalhar sábado sim, sábado não?
2. Qual será seu custo de oportunidade, por ano, por não trabalhar sábados alternados?
3. Suponha que a dra. Volkert tenha decidido, definitivamente, tirar folga em sábados alternados. Ela adora reparar seu carro esporte, fazendo o serviço ela mesma. Se trabalhasse em seu carro durante metade de um sábado, quando ela, por outro lado, não assistiria seus pacientes, qual seria seu custo de oportunidade?

6-36. Demonstração direta por absorção

A Winthrop Company tem os seguintes dados, em milhares, para um período específico:

Vendas	$ 690
Materiais diretos	$ 210
Mão-de-obra	$ 150
Custos indiretos de manufatura	$ 170
Despesas de venda e administrativas	$ 150

Não havia estoques inicial ou final. Calcule:

a) Custo de manufatura dos produtos vendidos.
b) Lucro bruto.
c) Lucro operacional.
d) Custo de conversão (custo total de manufatura menos o custo de materiais).

6-37. Demonstração do resultado por contribuição direta

A Ono Ltd. tem os seguintes dados, em ¥ milhões (em milhões de ienes), para um referido período:

Vendas	¥ 780
Materiais diretos	¥ 290
Mão-de-obra direta	¥ 140
Custos indiretos de fabricação variáveis	¥ 60
Despesas variáveis de venda e administrativas	¥ 100
Custos indiretos de fabricação fixos	¥ 120
Despesas fixas de venda e administrativas	¥ 45

Não havia estoques inicial ou final. Calcule:

a) Custos variáveis de manufatura dos produtos vendidos.
b) Margem de contribuição.
c) Lucro operacional.

6-38. Demonstração por contribuição e por absorção diretas

A Azteca Company tem os seguintes dados (em milhões) para um período recente. Preencha as lacunas. Não havia estoques inicial ou final.

a)	Vendas	$ 940
b)	Material direto consumido	$ 350
c)	Mão-de-obra direta	$ 210
	Custos indiretos de manufatura:	
d)	Variáveis	$ 100
e)	Fixos	$ 50
f)	Custos variáveis de manufaturados dos produtos vendidos	_____
g)	Custos de manufatura dos produtos vendidos	_____
	Despesas de venda e administrativa:	
h)	Variáveis	$ 90
i)	Fixas	$ 80
j)	Lucro bruto	_____
k)	Margem de contribuição	_____

6-39. Demonstração por absorção

A Pretoria Jewelry tinha os seguintes dados (em milhares de *rands* sul-africanos) para um referido período. Suponha que não haja estoques. Preencha os espaços em branco.

Vendas	R	_____
Materiais diretos	R	370
Mão-de-obra direta		_____
Custos indiretos de manufatura		_____
Custos de manufatura dos produtos vendidos	R	780
Margem bruta	R	120
Despesas de venda e administrativas		_____
Lucro operacional	R	30
Custos primários (materiais diretos + mão-de-obra direta)	R	600

6-40. Demonstração de resultado por contribuição

A Malcheski Company tem os seguintes dados (em milhares) para um referido período. Suponha que não haja estoques.

Mão-de-obra direta	$ 170
Materiais diretos	$ 210
Custos indiretos de manufatura variáveis	$ 110
Margem de contribuição	$ 210
Despesas fixas de vendas e administrativas	$ 100
Lucro operacional	$ 20
Vendas	$ 980

Calcule:

a) Custos variáveis de manufatura dos produtos vendidos.
b) Despesas variáveis de vendas e administrativas.
c) Custos indiretos fixos de manufatura.

Problemas

6-41. Quartos de hotel e custos de oportunidade

A Hilton Hotels Corporation opera muitos hotéis em todo o mundo. Suponha que um de seus hotéis de Chicago esteja enfrentando dificuldades por causa da abertura de diversos hotéis novos competidores.

Para acomodar seu pessoal do vôo, a American Airlines ofereceu à Hilton um contrato, para o ano vindouro, que fornece uma taxa de $ 50 por noite por quarto, para um mínimo de 50 quartos, por 365 noites. Esse contrato asseguraria à Hilton a venda de 50 quartos todas as noites, mesmo que alguns deles ficassem vagos algumas noites. O gestor da Hilton tem uma intuição mista sobre o contrato. Em diversas noites de pico durante o ano, o hotel poderia vender o mesmo espaço a $ 100 por quarto.

1. Suponha que o gestor da Hilton assine o contrato. Qual será o custo de oportunidade dos 50 quartos, em 20 de outubro, noite de uma grande convenção de varejistas, quando cada quarto de hotel próximo estiver ocupado? Qual será o custo de oportunidade em 28 de dezembro, quando se espera que apenas dez desses quartos estejam alugados a uma taxa média de $ 90?
2. Se a taxa anual redonda, por quarto, for, em média, $ 90, que porcentagem de ocupação dos 50 quartos em questão teriam de ser alugados para tornar a Hilton indiferente em aceitar a oferta?

6-42. Fazer ou comprar

A Eaton Corporation, baseada em Cleveland, é uma fabricante global de produtos altamente engenheirados, que serve os mercados industrial, de veículos, de construção, comercial, aeroespacial e de semicondutores. Ela freqüentemente subcontrata trabalho de outros fabricantes, dependendo de as instalações da Eaton estarem totalmente ocupadas. Suponha que a Eaton esteja para tomar algumas decisões finais em relação ao uso de suas instalações de manufatura para o ano vindouro. Os custos de fabricar a peça ML7X, componente-chave do sistema de controle de emissões, são os seguintes:

	Custo total para 50 000 unidades	Custo por unidade
Material direto	$ 400 000	$ 8
Mão-de-obra direta	$ 300 000	$ 6
Custo indireto de fabricação variável	$ 150 000	$ 3
Custo indireto de fabricação fixo	$ 300 000	$ 6
Custo total de manufatura	$ 1 150 000	$ 23

Outro fabricante ofereceu vender a mesma peça, para a Eaton, por $ 20 cada. Os custos indiretos de fabricação fixos consistem de depreciação, impostos prediais, seguros e salários de supervisores. Todos os custos indiretos de fabricação fixos permaneceriam se a Eaton comprasse os componentes, exceto aqueles custos de $ 100 mil, pertencentes a algum pessoal de supervisão e custódia, que poderiam ser evitados.

1. Suponha que a capacidade agora utilizada para fabricar as peças se tornará ociosa se as peças forem compradas. A Eaton deve comprar ou fazer as peças? Mostre os cálculos.
2. Suponha que a capacidade agora utilizada para fabricar as peças irá ou ser alugada para um fabricante próximo por $ 65 mil para o ano, ou ser usada para fabricar filtros de óleo que renderão uma contribuição ao lucro de $ 200 mil. A Eaton deveria comprar ou fazer a peça ML7X? Mostre os cálculos.

6-43. Análise de custo relevante

A seguir estão os custos unitários de fabricar e vender um único produto a um nível normal de cinco mil unidades por mês e preço unitário de venda atual de $ 90:

Custos de manufatura
　Material direto $ 35
　Mão-de-obra direta $ 12
　Custos indiretos de fabricação variáveis $ 8
　Custos indiretos de fabricação fixos (total para o ano: $ 300 000) $ 5
Despesas de vendas e administrativas
　Variáveis $ 15
　Fixas (total para o ano: $ 480 000) $ 8

Considere cada item separadamente. Rotule todos os cálculos e apresente suas soluções em uma forma que seria compreensível ao presidente da empresa.

1. Esse produto é, geralmente, vendido a uma taxa de 60 mil unidades por ano. Está predito que um aumento no preço para $ 97 diminuirá o volume em 10 por cento. Quanto pode ser aumentado em propaganda sob esse plano, sem ter uma queda no lucro operacional anual abaixo do nível atual?

2. A empresa recebeu uma proposta, de um fornecedor externo, para fabricar e embarcar esse item diretamente aos clientes da empresa, assim que os pedidos de venda sejam encaminhados. Os custos variáveis de venda e administrativos cairiam 40 por cento. Se a proposta do fornecedor for aceita, a empresa usará sua própria fábrica para produzir um novo produto. O novo produto seria vendido pelos agentes do fabricante a 10 por cento de comissão, baseada no preço de venda de $ 40 cada. As características de custo desse produto, baseadas no volume anual normal predito, são as seguintes:

	Por unidade
Material direto	$ 6
Mão-de-obra direta	$ 12
Custos indiretos de fabricação variáveis	$ 8
Custos indiretos de fabricação fixos	$ 6
Custos de manufatura	$ 32
Despesas de vendas e administrativas	
Variáveis (comissão)	10% do preço de venda
Fixas	$ 2

Qual é o preço máximo, por unidade, que a empresa pode suportar pagar ao fornecedor pela subcontratação da produção do produto antigo inteiro? Suponha o seguinte:

- O total de custos indiretos de fabricação fixos e o total de despesas de venda fixas não se alteram, e a nova linha de produto é adicionada.
- A proposta do fornecedor não será considerada a menos que o lucro líquido anual atual possa ser mantido.
- O preço de venda do produto antigo permanecerá inalterado.
- Todos os $ 300 mil de custos indiretos fixos de manufatura serão atribuídos ao novo produto.

6-44. Precificação em hotel e uso de capacidade

Um empresa em crescimento, em uma grande cidade, ofereceu um contrato de um ano ao Holiday Inn, de 200 quartos, para alugar 40 quartos a taxas reduzidas de $ 50 por quarto, em vez da taxa regular de $ 85. A empresa assinará o contrato para 365 dias de ocupação, porque seu pessoal visitante de manufatura e de *marketing* estão virtualmente certos de usar todo o espaço em cada noite.

Cada quarto ocupado tem um custo variável de $ 12 por noite (para limpeza, lavanderia, roupa de cama perdida e eletricidade extra).

A gestora do hotel espera uma taxa de ocupação de 85 por cento para o ano; assim, está relutante em assinar o contrato. Se o contrato for assinado, a taxa de ocupação dos 160 quartos restantes será de 95 por cento.

1. Calcule o total de margem de contribuição para o ano com e sem o contrato. O contrato é lucrativo para o Holiday Inn?
2. Calcule a taxa mais baixa, por quarto, que o hotel deveria aceitar sobre o contrato, de modo que a margem de contribuição total fosse a mesma com ou sem o contrato.

6-45. Passagens aéreas especiais

O gestor de operações da Alaska Airlines está tentando decidir se adota um novo desconto para a passagem aérea. Focalize um avião 737 de 134 assentos, operando, agora, a um fator de carga de 56 por cento, isto é, na média o avião tem 0,56 × 134 = 75 passageiros. Os preços regulares produzem uma receita média de $ 0,12 por passageiro, por milha.

Suponha que uma média de desconto de 40 por cento do preço (que está sujeita a restrições em relação ao tempo de partida e à duração da estadia) produzirá três novos passageiros adicionais. Suponha também que três dos passageiros previamente comprometidos aceitem as restrições e mudem para o preço com desconto do preço regular.

1. Calcule a receita total por avião, por milha, com e sem os preços com descontos.
2. Suponha que o máximo de alocação permitida para o novo preço com desconto seja de 50 assentos. Esses serão preenchidos. Como antes, alguns passageiros previamente comprometidos aceitarão as restrições e trocarão para o preço com desconto do preço regular. Quantos terão de trocar, de modo que a receita total por milha seja a mesma com ou sem o plano de descontos?

6-46. Custos conjuntos e análise incremental

A Mario of Milan, fabricante de vestidos para mulheres da alta moda, está planejando comercializar um novo vestido para coquetel na estação vindoura. A Mario of Milan fornece a varejistas da Europa e dos Estados Unidos.

Quatro jardas do material são necessárias para produzir o modelo do vestido. Algum material permanecerá após o corte, o qual poderá ser vendido como retalho. O material restante poderia também ser utilizado para manufaturar um conjunto combinado de capa e bolsa de mão. Se o material restante for utilizado para a capa e a bolsa de mão, entretanto, mais cuidado será necessário no corte, que terá seus custos aumentados.

A empresa espera vender 1 250 vestidos se nenhum conjunto combinado de capa e bolsa estiver disponível. Uma pesquisa de mercado revela que as vendas dos vestidos será 20 por cento mais elevada se o conjunto combinado de capa e bolsa estiver disponível.

A pesquisa de mercado indica que a capa e a bolsa não serão vendidas individualmente, mas apenas como acessórios do vestido. As várias combinações dos vestidos, capas e bolsas que, espera-se, sejam vendidas pelos varejistas são as seguintes:

	Porcentagem do total
Conjuntos completos de vestido, capa e bolsa	70%
Vestidos e capas	6%
Vestidos e bolsas	15%
Apenas vestidos	9%
Total	100%

O material consumido nos vestidos custa EUR 80 a jarda, ou EUR 320 para cada vestido. O custo do corte do vestido, se a capa e a bolsa não forem manufaturadas, está estimado em EUR 100 por vestido, e os retalhos resultantes podem ser vendidos por EUR 25 para cada vestido cortado. Se a capa e a bolsa forem manufaturadas, os custos do corte serão aumentados em EUR 36 por vestido. Não haverá nenhum retalho vendável se as capas e bolsas forem manufaturadas nas quantidades estimadas. Os preços de venda e os custos para completar os três itens, uma vez que eles estejam cortados, são os seguintes:

	Preço de venda unitário	Custo unitário para completar (excluídos os custos de material e operação de corte)
Vestido	EUR 1 050	EUR 400
Capa	EUR 140	EUR 100
Bolsa	EUR 50	EUR 30

1. Calcule o lucro ou prejuízo incremental para a Mario of Milan de manufaturar as capas e as bolsas em conjunto com os vestidos.
2. Identifique qualquer fator não-quantitativo que poderia influenciar a gestão da empresa em suas decisões de manufaturar as capas e as bolsas que combinem com os vestidos.

6-47. Custo relevante

Os custos unitários da Debraceny Company para manufaturar e vender um dado item ao nível de atividade planejada de dez mil unidades por mês são:

Custos de manufatura
- Materiais diretos — $ 4,20
- Mão-de-obra direta — $ 0,60
- CIF variável — $ 0,70
- CIF fixo — $ 0,80

Despesas de venda
- Variáveis — $ 3,00
- Fixas — $ 1,10

Ignore o imposto de renda em todos os itens. Essas quatro partes não têm conexão entre si.

1. Calcule o lucro operacional anual planejado ao preço de venda de $ 12 por unidade.
2. Calcule o lucro operacional anual esperado se o volume puder ser aumentado em 20 por cento quando os preços de venda forem reduzidos para $ 11. Suponha que os padrões de comportamento de custos implicados estejam corretos.
3. A empresa deseja procurar um pedido para cinco mil unidades de um cliente estrangeiro. As despesas variáveis de venda para o pedido serão 40 por cento menores do que o usual, mas os custos fixos para obter o pedido serão $ 6 mil. As vendas domésticas não serão afetadas. Calcule o preço de venda de equilíbrio mínimo por unidade a ser considerado.
4. A empresa tem um estoque de duas mil unidades desse item, remanescentes do modelo do último ano. Estes devem ser vendidos por canais regulares, a preços reduzidos. O estoque será sem valor, a menos que vendido dessa maneira. Que custo unitário é relevante para estabelecer o preço de venda mínimo dessas duas mil unidades?

6-48. Máquina nova

Espera-se que uma máquina nova de $ 300 mil tenha uma vida útil de cinco anos e um valor terminal igual a zero. Ela pode produzir 40 mil unidades por ano, a um custo variável de $ 4 por unidade. O custo variável é $ 6 por unidade com uma máquina antiga, que tem um valor contábil de $ 150 mil. Está sendo depreciada em uma base de linha reta a $ 30 mil por ano. Espera-se também que ela tenha um valor terminal igual a zero. Seu valor atual de descarte é também igual a zero, porque é um equipamento altamente especializado. O vendedor da máquina nova preparou a seguinte comparação:

	Máquina antiga	Máquina nova
Unidades	40 000	40 000
Custo variável	$ 160 000	$ 240 000
Depreciação em linha reta	$ 60 000	$ 30 000
Custo total	$ 220 000	$ 270 000
Custo unitário	$ 5,50	$ 6,75

Ele disse: "A máquina nova é, obviamente, uma aquisição valiosa. Você economizará $ 1,25 para cada unidade que produzir".

1. Você concorda com a análise do vendedor? Se não, como a mudaria? Seja específico. Ignore os impostos.
2. Prepare uma análise de custos diferenciais totais e unitários para o caso de o volume anual ser de 20 mil unidades.
3. Em que volume anual as máquinas antigas e novas teriam os mesmos custos relevantes totais?

6-49. Abordagem conceitual

Uma grande fábrica de peças de automóveis foi construída há quatro anos, na cidade de Pensilvânia, atendida por duas ferrovias. A PC Railroad comprou 40 vagões de carga especializados de 60 pés como resultado direto do tráfego adicional gerado pela nova fábrica. O investimento foi baseado em uma vida útil estimada de 20 anos.

Agora, a ferrovia competidora tem oferecido os serviços à fábrica com novos vagões de carga de 86 pés, que habilitariam operações de embarque mais eficientes na fábrica. A empresa de peças de automóveis está ameaçando trocar os transportadores, a menos que a PC Railroad compre dez novos vagões de carga de 86 pés.

A gestão de *marketing* da PC deseja comprar os novos vagões, mas o gestor operacional da PC diz: "O investimento novo é indesejável. Ele realmente consiste de novos desembolsos mais a perda sobre os velhos vagões de carga. Os velhos vagões devem ser baixados a um valor residual baixo, se não puderem ser usados como originalmente pretendido". Avalie os comentários. Qual é a abordagem conceitual correta para a análise quantitativa nessa decisão?

6-50. Valor contábil de equipamento antigo
Considere os seguintes dados:

	Equipamento antigo	Equipamento novo proposto
Custo original	$ 24 000	$ 12 000
Vida útil, em anos	8	3
Idade atual, em anos	5	0
Vida útil restante, em anos	3	3
Depreciação acumulada	$ 15 000	0
Valor contábil	$ 9 000	*
Valor de descarte (em dinheiro) agora	$ 3 000	*
Custos operacionais anuais em dinheiro (manutenção, energia, reparos, lubrificantes, etc.)	$ 12 000	$ 8 000

Ainda não adquirido.

1. Prepare uma comparação de custos de todos os itens relevantes para os próximos três anos juntos. Ignore os impostos.
2. Prepare uma comparação de custos que inclua os itens relevantes e irrelevantes. (Veja a Figura 6.4, na página 203.)
3. Prepare uma demonstração comparativa do total de despesas contra as receitas para o primeiro ano. O gestor estaria inclinado a comprar o novo equipamento? Explique.

6-51. Modelos de decisão e de desempenho
Consulte o Problema 6-A3.

1. Suponha que o 'modelo de decisão' favorecido pela alta gestão tenha consistido de uma comparação de uma acumulação de riqueza de três anos sob cada alternativa. Qual alternativa você escolheria? Por quê? (A acumulação de riqueza significa aumento cumulativo de dinheiro em caixa.)
2. Suponha que o 'modelo de avaliação de desempenho' tenha enfatizado o lucro líquido de uma subunidade (como uma divisão), em cada ano, em vez de considerar cada projeto, um por um. Qual alternativa você esperaria que o gestor escolhesse? Por quê?
3. Suponha os mesmos dados quantitativos existentes, mas que 'a empresa' fosse uma cidade e que 'a máquina' fosse um computador em um departamento de tesouraria. Suas respostas mudariam para as duas primeiras partes? Por quê?

6-52. Revisão de custos relevantes
O *New York Times* relatou que Neil Simon planejou abrir seu *show*, *London Suite*, fora da Broadway. Por quê? Por motivos financeiros. O produtor, Emanuel Azenberg, predisse os seguintes custos, antes mesmo que o *show* fosse aberto:

	Na Broadway	Fora da Broadway
Cenários, trajes, iluminação	$ 357 000	$ 87 000
Montagem (construção do cenário, etc.)	$ 175 000	$ 8 000
Salários de ensaios	$ 102 000	$ 63 000
Honorários de diretor e projetista	$ 126 000	$ 61 000
Propagandas	$ 300 000	$ 121 000
Administração	$ 235 000	$ 100 000
Total	$ 1 295 000	$ 440 000

A média de preços dos bilhetes na Broadway é $ 55, e os teatros podem acomodar cerca de mil pessoas por *show*. Os preços médios fora da Broadway são de apenas $ 40, e os teatros podem acomodar apenas 500 pessoas. Normalmente, os *shows* acontecem oito vezes por semana, na Broadway e fora dela. As despesas operacionais semanais fora da Broadway são, em média, $ 82 mil; elas são, em média, $ 124 mil extras na Broadway, para um total semanal de $ 206 mil.

1. Suponha que 400 pessoas assistam a cada *show*, na Broadway ou fora dela. Compare os resultados financeiros semanais de uma produção na Broadway e uma produção fora da Broadway.
2. Suponha que a média de assistência seja 75 por cento da capacidade, na Broadway ou fora dela. Compare os resultados financeiros semanais de uma produção na Broadway e uma fora da Broadway.
3. Calcule a assistência, por *show*, necessária apenas para cobrir as despesas semanais, na Broadway e fora dela.
4. Suponha que a assistência média, na Broadway, fosse 600 pessoas por *show* e, fora dela, 400. Calcule o lucro líquido total para um funcionamento de 26 semanas na Broadway e fora dela. Esteja seguro de incluir os custos de pré-estréia.
5. Repita o item 4 para um funcionamento de cem semanas.
6. Usando os números da assistência dos itens 4 e 5, calcule o número de semanas em que uma produção da Broadway deve funcionar antes do ponto de equilíbrio, e o número de semanas em que uma produção fora da Broadway deve funcionar antes do ponto de equilíbrio.
7. Usando os números da assistência dos itens 4 e 5, determine por quanto tempo um *show* deve funcionar antes que o lucro de uma produção da Broadway exceda aquele de uma produção fora dela.
8. Se fosse Neil Simon, você preferiria o *show London Suite* na Broadway ou fora dela? Explique.

6-53. Fazer ou comprar, custos de oportunidade e ética

A Camden Food Products, Inc. produz uma ampla variedade de alimentos e produtos afins. As operações de tomate enlatado da empresa dependem, parcialmente, do crescimento de tomates das próprias fazendas da Camden e, parcialmente, de tomates comprados de outros fazendeiros. A fazenda de tomate da Camden está nos limites de Sharpestown, uma cidade de tamanho médio, em rápido crescimento. Ela produz oito milhões de libras de tomates por ano e emprega 55 pessoas. Os custos anuais do cultivo de tomates nessa fazenda são:

Custos variáveis de produção	$ 600 000
Custos fixos de produção	$ 1 200 000
Custos de embarque (todos variáveis)	$ 200 000
Custos totais	$ 2 000 000

Os custos fixos da produção incluem a depreciação de máquinas e equipamentos, mas não da terra, porque a terra não deve ser depreciada. A Camden possui a terra, que foi comprada por $ 600 mil, há muitos anos. Uma avaliação recente colocou o valor da terra em $ 15 milhões, porque é um local privilegiado para um parque industrial e um *shopping center*.

A Camden poderia comprar todos os tomates de que necessita no mercado, por $ 0,25 por libra, entregues em sua fábrica. Se fizesse isso, venderia a fazenda e fecharia as operações em Sharpestown. Se a fazenda fosse vendida, $ 300 mil dos custos fixos anuais seriam economizados. A Camden pode investir o excedente de caixa e ganhar uma taxa anual de 8 por cento.

1. Quanto custa para a Camden, anualmente, a terra usada para cultivar tomates?
2. Quanto a Camden economizaria anualmente se fechasse a fazenda de tomates? Isso é mais ou menos do que seria pago para comprar os tomates no mercado?
3. Que questões éticas estão envolvidas na decisão de fechar a fazenda de tomates?

6-54. Irrelevância dos custos passados na Starbucks

A Starbucks compra grãos de café inteiros, de alta qualidade, e os torra, sua marca registrada, e os vende com outros produtos relacionados a café, sobretudo por meio de suas lojas de varejo operadas pela empresa.

Suponha que o gestor de controle de qualidade da Starbucks tenha descoberto um lote de mil libras de grãos torrados que não satisfazem os padrões de qualidade da empresa. A política da empresa não permitiria que tais grãos fossem vendidos com o nome da Starbucks nele. Ela poderia, entretanto, reprocessá-los e, então, vendê-los nas lojas de varejo da Starbucks, ou poderia vendê-los como estão no mercado de grãos de café atacadista.

Suponha que os grãos fossem, inicialmente, comprados por $ 2 mil e que o custo total de torrar o lote fosse $ 1,5 mil, incluindo $ 500 de custo variável e $ 1 mil de custos fixos (principalmente depreciação do equipamento). O preço de atacado ao qual a Starbucks poderia vender os grãos seria $ 2,65 por libra. Os compradores pagariam os custos de embarque da fábrica da Starbucks para seus armazéns.

Se os grãos fossem reprocessados, os custos de processamento seriam $ 600, porque esses grãos não exigem tanto processamento quanto os novos. Todos os $ 600 seriam custos adicionais, isto é, custos que não seriam incorridos sem o reprocessamento. Os grãos seriam vendidos às lojas de varejo por $ 3,70 a libra, e a Starbucks teria de pagar uma média de $ 0,20 por libra para embarcar os grãos para as lojas.

1. A Starbucks deve vender os grãos no mercado como estão por $ 2,65 por libra, ou deve reprocessá-los e vender por meio de suas próprias lojas de varejo? Por quê?
2. Calcule o montante de lucro extra que a Starbucks obteria da alternativa que você selecionou no item 1, comparando com o que ganharia com a outra alternativa.
3. Quais números de custos no problema foram irrelevantes para sua análise? Explique por que eles foram irrelevantes.

Casos

6-55. Fazer ou comprar

A Minnetonka Corporation, que produz e vende a atacadistas uma linha altamente bem-sucedida de esquis aquáticos, decidiu diversificar para estabilizar as vendas durante todo o ano. A empresa está considerando a produção de esquis *cross-country*.

Após considerável pesquisa, uma linha de esquis *cross-country* foi desenvolvida. Por causa da natureza conservadora do gestor da empresa, entretanto, o presidente da Minnetonka decidiu introduzir apenas um tipo de esqui novo, para o inverno vindouro. Se o produto for um sucesso, uma expansão adicional nos anos futuros será iniciada. O esqui selecionado é um esqui de mercado de massa, com uma amarração especial. Será vendido aos atacadistas por $ 80 o par. Por causa da capacidade disponível, nenhuma despesa fixa adicional será incorrida para produzir os esquis. Uma despesa fixa de $ 100 mil será absorvida pelos esquis, entretanto, para alocar uma participação justa dos custos fixos presentes da empresa aos novos produtos.

Usando as vendas e produção estimadas de dez mil pares de esquis como o volume esperado, o departamento de contabilidade desenvolveu os seguintes custos por par de esquis e amarrações:

Mão-de-obra direta	$ 35
Material direto	$ 30
Custos indiretos totais	$ 15
Total	$ 80

A Minnetonka abordou um subcontratante para discutir a possibilidade de comprar as amarrações. O preço de compra das amarrações do subcontratante seria $ 5,25 por amarração, ou $ 10,50 por par. Se a Minnetonka Corporation aceitar a proposta de compra, ela predirá que a mão-de-obra direta e os custos indiretos de fabricação variáveis serão reduzidos em 10 por cento e que os custos de material direto serão reduzidos em 20 por cento.

1. A Minnetonka Corporation deve fabricar ou comprar as amarrações? Mostre os cálculos para apoiar sua resposta.
2. Qual seria o preço de compra máximo aceitável para a Minnetonka Corporation para as amarrações? Apóie sua resposta com uma explicação apropriada.
3. Em vez das vendas de dez mil pares de esquis, as estimativas revisadas mostram um volume de vendas de 12,5 mil pares. Nesse novo volume, equipamento adicional, a um aluguel anual de $ 10 mil, deve ser adquirido para manufaturar as amarrações. Esse custo incremental seria o único custo fixo adicional exigido, mesmo que as vendas aumentassem para 30 mil pares. (O nível de 30 mil é a meta para o terceiro ano de produção.) Sob essas circunstâncias, a Minnetonka Corporation deveria fazer ou comprar as amarrações? Mostre os cálculos, para apoiar sua resposta.
4. A empresa tem a opção de fabricar e comprar ao mesmo tempo. Qual seria sua resposta ao item 3 se essa alternativa fosse considerada? Mostre os cálculos para apoiar sua resposta.
5. Que fatores não-quantificáveis a Minnetonka Corporation deveria considerar ao determinar se deve fazer ou comprar as amarrações?

6-56. Fazer ou comprar

O equipamento antigo da Rohr Company para fazer submontagens está desgastado. A empresa está considerando dois cursos de ação: substituir completamente o equipamento antigo por um novo ou comprar submontagens de um fornecedor externo confiável, que cotou um preço unitário de $ 1, por um contrato de sete anos, para um mínimo de 50 mil unidades por ano. A produção era de 60 mil unidades em cada um dos últimos dois anos. Não se espera que as necessidades futuras, para os próximos sete anos, flutuem além de 50 mil a 70 mil unidades por ano. Os registros de custos para os dois anos passados revelam os seguintes custos unitários de manufaturar para as submontagens:

Material direto	$ 0,30
Mão-de-obra direta	$ 0,35
CIF variáveis	$ 0,10
CIF fixos (incluindo $ 0,10 de depreciação e $ 0,10 para CIF fixos departamentais diretos)	$ 0,25
	$ 1,00

O equipamento novo custará $ 188 mil em dinheiro, durará sete anos e terá um valor de descarte de $ 20 mil. O valor atual de descarte do equipamento antigo é $ 10 mil.

O representante de vendas do equipamento novo resumiu sua posição como se segue: O aumento da velocidade da máquina reduzirá a mão-de-obra direta e os CIF variáveis, em $ 0,35 por unidade. Considere a experiência do último ano de um de seus principais competidores com equipamento idêntico. Eles produziram 100 mil unidades sob condições operacionais muito comparáveis às suas e mostraram os seguintes custos unitários:

Material direto	$ 0,30
Mão-de-obra direta	$ 0,05
CIF variáveis	$ 0,05
CIF fixos, incluindo depreciação de $ 0,24	$ 0,40
Total	$ 0,80

Para os objetivos desse caso, suponha que nenhuma instalação ociosa possa ser posta como uso alternativo. Suponha também que $ 0,05 do antigo custo unitário da Rohr seja alocado como CIF fixos, que não serão afetados pela decisão.

1. O presidente solicita a você que compare as alternativas na base de um custo total anual e na base unitária das necessidades anuais de 60 mil unidades. Qual alternativa parece mais atrativa?
2. Sua resposta ao item 1 mudaria se as necessidades fossem 50 mil unidades? Setenta mil unidades? Em que nível de volume a Rohr estaria indiferente entre fazer ou comprar as submontagens? Mostre seus cálculos.
3. Que fatores, outros que não os precedentes, o contador deveria trazer à atenção da gestão para apoiá-los na tomada de sua decisão? Inclua as considerações que podem ser aplicadas ao fornecedor externo.

6-57. Análise com a demonstração de resultado por contribuição

Os seguintes dados foram condensados do relatório das operações da Avignon Corporation de 2001 (em milhões de EUR):

	Variável	Fixo	Total
Custo de manufatura dos produtos vendidos	EUR 400	EUR 180	EUR 580
Despesas de venda e administrativas	EUR 140	EUR 60	EUR 200
Vendas			EUR 900

1. Prepare a demonstração de resultado de 2001, na forma de contribuição, ignorando o imposto de renda.
2. As operações da Avignon foram razoavelmente estáveis de ano a ano. Ao planejar o futuro, a alta gestão está considerando diversas opções para mudar o padrão anual das operações. Foi solicitado a você realizar uma análise de seus efeitos estimados. Use sua demonstração de resultado por contribuição como estrutura para calcular o lucro operacional estimado (em milhões) sob cada uma das seguintes suposições separadas e não-relacionadas:

    a) Suponha que uma redução de 10 por cento nos preços de vendas causasse um aumento de 30 por cento no volume físico de produtos manufaturados e vendidos.
    b) Suponha que um gasto anual de EUR 30 milhões, para uma campanha de promoção de vendas especial, habilitasse a empresa a aumentar seu volume físico em 10 por cento, sem mudança nos preços de venda.
    c) Suponha que um reprojeto básico das operações de manufatura aumentasse os custos fixos de manufatura em EUR 80 milhões e diminuísse os custos variáveis de manufatura em 15 por cento por unidade do produto, mas sem efeito no volume físico ou no preço de venda.

d) Suponha que um reprojeto básico das operações de venda e administrativas dobrasse as despesas fixas anuais para venda e administração e aumentasse as despesas variáveis para vendas e administração em 25 por cento, por unidade de produto, mas que também aumentasse o volume físico em 20 por cento. Os preços de venda seriam aumentados em 5 por cento.

e) Você preferiria usar a demonstração de resultado na forma por absorção para as análises precedentes? Explique.

3. Discuta a desejabilidade das alternativas *a* a *d* do item 2. Se apenas uma alternativa pudesse ser selecionada, qual você escolheria? Explique.

capítulo 7
O orçamento-mestre

Esta entrada para o hotel Ritz-Carlton projeta sua imagem de qualidade. Alta qualidade é dispendiosa, e os gestores do Ritz-Carlton devem avaliar as despesas planejadas para as características de melhoria da qualidade *versus* receitas adicionais que essas características trarão.

Objetivos de aprendizagem

Ao terminar de estudar este capítulo, você deverá estar apto a:

1. Explicar as principais características e vantagens de um orçamento-mestre.
2. Seguir as principais etapas para preparar um orçamento-mestre.
3. Preparar o orçamento operacional e as planilhas de apoio.
4. Preparar o orçamento financeiro.
5. Entender as dificuldades da previsão de vendas.
6. Antecipar os possíveis problemas comportamentais provocados por orçamentos.
7. Usar uma planilha para desenvolver um orçamento (Apêndice 7).
8. **Entender a importância do orçamento para os gestores.**

Se você viaja sempre, deve saber que há uma grande diferença entre permanecer em um motel barato e em um hotel cinco estrelas de classe mundial. Você pode pensar na diferença como se isso fosse viajar em um velho Ford Pinto *versus* em um Rolls-Royce. O primeiro cuida das suas necessidades básicas, mas o segundo o cerca de conforto e luxo, atendendo a cada um de seus desejos. A experiência de permanecer em um hotel luxuoso pode simplesmente deixá-lo sem fôlego. Ninguém sabe isso melhor que os gestores da cadeia de hotéis Ritz-Carlton. Apesar de tudo, a palavra *ritzy*, que significa *glamour* e luxo, é realmente derivada do nome do hotel Ritz. Graças à feroz competição no setor, os gestores do Ritz-Carlton têm sua parcela de desafios em operar hotéis bem-sucedidos.

O que torna o funcionamento de um hotel de classe mundial um sucesso? Boa localização, uma comida deliciosa, luxo, serviços personalizados e qualidade são os ingredientes essenciais. Você pode, porém, ser surpreendido ao aprender que, nos hotéis Ritz-Carlton, o processo orçamentário é também um item importante para o sucesso. De acordo com Ralph Vick, gestor-geral do Phoenix Ritz-Carlton, "orçamentos são cruciais para o sucesso financeiro final dos nossos hotéis". Por que os orçamentos são tão importantes? Principalmente porque servem como um mapa rodoviário por meio do qual se alcançam os objetivos. Os orçamentos são uma ferramenta do gestor para entender, planejar e controlar as operações, e o Ritz-Carlton deseja dar aos seus gestores a melhor ferramenta possível. Em conseqüência disso, a empresa leva o processo orçamentário muito a sério.

Nos hotéis Ritz-Carlton, todos os empregados, do gestor do hotel ao *controller* e aos zeladores mais novos, estão envolvidos no processo orçamentário. Trabalhando em equipe, eles estabelecem alvos orçamentários para as despesas que podem controlar. Esses números-alvo ajudam não apenas no planejamento, mas também no controle e na avaliação de desempenho dos empregados. Os resultados reais são comparados com os números-alvo previamente orçados, e os trabalhadores são avaliados com base nas diferenças. Mesmo as medidas não-financeiras de desempenho são importantes. Os gestores do Ritz-Carlton usam medidas não-financeiras de qualidade e satisfação dos clientes, além dos relatórios contábeis, para avaliar e recompensar os empregados.

O planejamento é a chave para uma boa gestão. Essa declaração é certamente verdadeira para o Ritz-Carlton, e é também verdadeira para os outros tipos de organização — pequenas empresas familiares, grandes corporações, agências governamentais e organizações sem fins lucrativos —, bem como para indivíduos. A maioria dos estudantes bem-sucedidos que tiram boas notas, financiam sua educação e completam sua graduação oportunamente, por exemplo, faz isso porque planeja seu tempo, seu trabalho e sua recreação. Esses estudantes estão orçando seus recursos escassos para fazer o melhor uso do seu tempo, dinheiro e energia. Do mesmo modo, os proprietários de empresas e os gestores necessitam orçar seus recursos — os quais incluem tudo, desde matéria-prima a recursos humanos e instalações — para fazer o melhor e mais lucrativo uso daquilo de que dispõem para trabalhar.

Os orçamentos podem cobrir assuntos diversos, como quanto tempo é necessário despender no lixamento de uma peça de madeira, até quanto dinheiro a empresa alocará em pesquisa e desenvolvimento no ano vindouro. Os orçamentos da empresa sempre visam extrair o máximo dos recursos disponíveis.

Neste capítulo, veremos os usos e benefícios dos orçamentos e consideraremos a elaboração do orçamento-mestre.

Orçamentos e a organização

A maioria das pessoas associa a palavra 'orçamento' com limitações de gastos. Os governos, por exemplo, freqüentemente aprovam orçamentos de dispêndio para suas várias secretarias e agências. Assim, esperam que as agências mantenham seus dispêndios prescritos pelo orçamento. Em contraste, a maioria das organizações empresariais usa orçamentos para focalizar a atenção nas operações e finanças da empresa, não apenas no limite de gastos. Os orçamentos destacam antecipadamente os problemas potenciais e as vantagens, permitindo aos gestores tomar atitudes para evitar esses problemas ou usar sabiamente as vantagens.

O orçamento é uma ferramenta que apóia os gestores em suas funções de planejamento e controle. O interessante é que os orçamentos apóiam os gestores, com sua função de controle, não apenas para examinar o futuro, mas também para examinar o passado. Os orçamentos, certamente, lidam com o que os gestores planejam para o futuro. Eles, entretanto, também podem ser utilizados para avaliar o que aconteceu no passado. Os orçamentos podem ser utilizados como um nível de referência (*benchmark*) que permite aos gestores comparar o desempenho real com o desempenho estimado ou desejado. Manter registros é uma tradição americana, quer no campo de futebol, quer na sala de reuniões, e os orçamentos fornecem os padrões para avaliar e 'registrar os atores' da empresa.

Pesquisas recentes mostram exatamente como os orçamentos podem ser valiosos. Estudos após estudos têm demonstrado que os orçamentos são as ferramentas mais amplamente utilizadas e altamente cotadas para a redução de custos e controle. Os defensores do orçamento vão tão longe que reivindicam que o processo orçamentário force o gestor a tornar-se um administrador melhor e colocar o planejamento à frente da mente do gestor. Na verdade, muitas empresas aparentemente saudáveis têm falido porque os gestores falharam em projetar, monitorar e ajustar os orçamentos para as condições mutantes.

Vantagens dos orçamentos

Um orçamento é um plano de negócios formal. Todos os gestores fazem algum tipo de planejamento. Algumas vezes, os planos não são expressos. Tais planos podem funcionar em uma pequena organização, mas assim que esta cresce os planejamentos informais deixam de ser suficientes. Um plano mais formal — um sistema orçamentário — se torna uma necessidade.

Os gestores céticos têm reclamado: "Eu enfrento muitas incertezas e complicações para realizar um orçamento que valha a pena para mim". Afaste-se de tais reclamações. Planejar e orçar são especialmente importantes em ambientes incertos. Um orçamento permite reações sistemáticas a mudanças, em vez de caóticas. O Natural Resources Group da W. R. Grace & Co., por exemplo, reduziu muito sua expansão planejada em reação a uma abundância mundial de petróleo e gás. Um alto executivo cotado no relatório anual da empresa declarou que "a gestão usou o processo de planejamento da empresa para ajustar-se às mudanças nas condições operacionais".

Três benefícios principais do orçamento são os seguintes:

1. Os orçamentos compelem os gestores a pensar no futuro pela formalização de suas responsabilidades para planejar.
2. Os orçamentos fornecem expectativas definidas, que são a melhor estrutura para julgar o desempenho subseqüente.

3. Os orçamentos ajudam os gestores na coordenação de seus esforços, de modo que os planos das subunidades da organização satisfaçam os objetivos da organização como um todo.

Vamos olhar mais de perto cada um desses benefícios.

Formalização do planejamento

O orçamento força os gestores a pensar no futuro — antecipar-se e preparar-se para mudanças nas condições. O processo orçamentário torna o planejamento uma responsabilidade explícita dos gestores. Muito freqüentemente, os gestores operam na base cotidiana, apagando um incêndio após o outro. Eles simplesmente 'não têm tempo' para nenhum pensamento bem-elaborado além dos problemas do dia seguinte. O planejamento passa a segundo plano ou é obliterado pelas pressões diárias.

O problema com a abordagem cotidiana para gerir uma organização é que os objetivos nunca são cristalizados. Os gestores reagem aos eventos correntes em vez de planejar para o futuro. Para preparar um orçamento, um gestor deve estabelecer metas, objetivos e políticas para ajudá-lo em suas realizações. Os objetivos são o ponto de destino; os orçamentos são os mapas rodoviários que nos guiam àquele destino. Sem metas e objetivos, as operações da empresa ficam sem direção, os problemas não são visualizados e os resultados são difíceis de interpretar depois disso.

Estrutura para avaliar o desempenho

As metas orçadas e o desempenho são, geralmente, uma base melhor para avaliar os resultados reais do que o desempenho passado. As notícias de que uma empresa teve vendas de $ 100 milhões em determinado ano, quando comparadas com $ 80 milhões do ano anterior, pode ou não indicar que a empresa tem sido eficaz e alcançado seus objetivos. Talvez as vendas deveriam ter sido $ 110 milhões nesse ano. O principal inconveniente de usar os resultados históricos para avaliar o desempenho atual é que as ineficiências podem estar ocultadas no desempenho passado. As mudanças nas condições econômicas, de tecnologia, pessoal, concorrência, e assim por diante, também limitam a utilidade das comparações com o passado.

Comunicação e coordenação

Os orçamentos dizem aos empregados o que se espera deles. Ninguém gosta de ficar à deriva, sem saber o que o chefe espera dele ou tem esperança de alcançar. Um bom processo orçamentário comunica em ambos os sentidos: do topo para a base e da base para o topo. A alta gestão torna claras as metas e objetivos da organização em suas diretrizes orçamentárias. Os empregados e os gestores de nível mais baixo, então, informam os gestores de nível superior como eles planejam alcançar as metas e os objetivos.

Os orçamentos também ajudam os gestores a coordenar os objetivos. Um orçamento força o pessoal de compras, por exemplo, a integrar seus planos às necessidades de produção, enquanto os gestores da produção usam o orçamento de vendas e entregam uma programação para ajudá-los a antecipar e planejar as necessidades de empregados e instalações físicas. Da mesma maneira, os gestores financeiros usam o orçamento de vendas, as necessidades de compra, e assim por diante, para antecipar a necessidade de caixa da empresa. Assim, o processo orçamentário força os gestores a visualizar o relacionamento das atividades de seus departamentos com as dos outros departamentos e da empresa como um todo.

tomada cinco A Level 3 Communications focalizou sua estratégia empresarial no fornecimento 'de uma marca ampla, continuamente atualizável, de infra-estrutura internacional IP (Internet protocol) para empresas centradas na Web'. O prejuízo da empresa nas operações contínuas aumentou de $ 487 milhões em 1999 para $ 1 455 milhão em 2000. Suponha que o prejuízo orçado em 2000 fosse $ 1,8 milhão. Avalie o desempenho para 2000.

Resposta
Comparar o desempenho da Level 3 em 2000 com o de 1999 faz parecer que o desempenho derrapou porque o prejuízo foi $ 968 maior em 2000 do que em 1999. O prejuízo, entretanto, foi $ 345 menor do que o orçado, mostrando que a empresa se saiu melhor do que o esperado. Durante esse período, a Level 3 estava implementando uma importante mudança na estratégia, a fim de reconhecer a nova economia da Internet. A empresa declarou: "Estamos bem à frente de nossos planos originais para nos posicionar como um provedor líder de serviços de infra-estrutura de banda larga". Comparar os resultados reais com os planos dá um quadro melhor de quão bem a Level 3 está alcançando seus planos do que comparar com resultados passados.

Tipos de orçamento

Há diversos tipos diferentes de orçamento utilizados por empresas. O orçamento mais comum orientado para futuro é o **plano estratégico**, que estabelece as metas e os objetivos gerais da organização. Alguns analistas empresariais não classificarão o plano estratégico como um orçamento real; assim, como não lida com uma dimensão temporal específica, ele não produz demonstrações contábeis previstas. Em qualquer caso, o plano estratégico leva ao **planejamento de longo prazo**, que produz demonstrações contábeis previstas para um período de cinco a dez anos. As demonstrações contábeis são estimativas do que a gestão gostaria de ver nas demonstrações contábeis futuras da empresa. As decisões feitas durante o planejamento de longo prazo incluem adicionar ou eliminar linhas de produtos, projetar e localizar novas fábricas, aquisições de edifícios e equipamentos, e outros compromissos de longo prazo. Os planos de longo prazo são coordenados com os **orçamentos de capital**, que detalham os dispêndios planejados para instalações, equipamentos, novos produtos e outros investimentos a longo prazo.

Os planos e os orçamentos de longo prazo dão direção à empresa e as metas para o futuro, enquanto os planos de curto prazo guiam as operações cotidianas. Os gestores que prestam atenção apenas nos orçamentos de curto prazo perderão rapidamente de vista as metas de longo prazo. Do mesmo modo, os gestores que prestam atenção apenas nos orçamentos a longo prazo poderiam enrolar-se gerindo mal as operações do dia-a-dia. Deve haver um modo intermediário, que permita aos gestores prestar atenção aos seus orçamentos de curto prazo enquanto ainda mantêm à vista os planos de longo prazo. Aqui entra o **orçamento-mestre**, que é uma análise extensiva do primeiro ano do plano de longo prazo. Um orçamento-mestre resume as atividades planejadas de todas as subunidades de uma organização — vendas, produção, distribuição e finanças. O orçamento-mestre quantifica as metas de vendas, os direcionadores de custos de atividade, as compras, a produção, o lucro líquido, o saldo de caixa e todos os outros objetivos que a gestão especificar. Ele expressa esses montantes na forma de demonstrações contábeis projetadas e em planilhas operacionais de apoio. Essas planilhas de apoio fornecem a informação, que é altamente detalhada para aparecer nas demonstrações contábeis reais. Assim, o orçamento-mestre é um plano de negócios periódico, que inclui um conjunto coordenado de planilhas operacionais detalhadas e demonstrações contábeis. Ele inclui as previsões de vendas, despesas, recebimentos e desembolsos de caixa e o balanço patrimonial. Os orçamentos-mestres (também chamados de 'demonstrações *pro forma*', outra expressão para demonstrações contábeis projetadas) podem consistir de doze orçamentos mensais para o ano ou, talvez, orçamentos mensais para apenas o primeiro trimestre e orçamentos trimestrais para os três trimestres remanescentes do ano. No processo de preparar o orçamento-mestre, os gestores tomam muitas decisões importantes sobre como melhor desdobrar os recursos da organização.

Os **orçamentos contínuos**, ou orçamentos móveis, são uma forma muito comum de orçamentos-mestres, que simplesmente adicionam um mês no futuro assim que o mês anterior se encerra e é eliminado. Assim, o orçamento torna-se um processo em andamento em vez de periódico. Os orçamentos contínuos forçam os gestores a sempre pensar sobre os próximos doze meses, não apenas nos meses restantes de um ciclo orçamentário fixo. Assim que adicionam um novo décimo segundo mês a um orçamento contínuo, os gestores podem atualizar os outros onze meses também. Eles podem, então, comparar os resultados mensais reais com ambos: o plano original e o plano mais recentemente revisado.

Componentes do orçamento-mestre

Os termos utilizados para descrever as planilhas específicas de orçamento variam de organização para organização. A maioria dos orçamentos-mestres, entretanto, tem elementos em comum. O orçamento-mestre comum para as empresas não-manufatureiras tem os seguintes componentes:

A. Orçamento operacional.

  1. Orçamento de vendas (e outros orçamentos com direcionadores de custo, conforme necessário).

  2. Orçamento de compras.

  3. Orçamento de custo dos produtos vendidos.

  4. Orçamento de despesas operacionais.

  5. Demonstração de resultado orçada.

B. Orçamento financeiro.

  1. Orçamento de capital.

  2. Orçamento de caixa.

  3. Balanço patrimonial orçado.

A Figura 7.1 mostra os relacionamentos entre as várias peças de um orçamento-mestre para uma empresa não-manufatureira. Além dessas categorias, as empresas manufatureiras que mantêm estoques preparam orçamentos de estoque final e orçamentos adicionais para cada tipo de atividade com recurso (como mão-de-obra, materiais e custos indiretos de fabricação).

As duas peças principais de um orçamento-mestre são o orçamento operacional e o orçamento financeiro. O **orçamento operacional** focaliza a demonstração de resultado e suas planilhas de apoio. Embora às vezes chamado de plano de lucro, um orçamento operacional pode mostrar um prejuízo orçado, ou pode até mesmo ser utilizado para orçar despesas em uma organização ou agência sem receitas de vendas. Em contraste, o **orçamento financeiro** focaliza os efeitos que o orçamento operacional e outros planos (como orçamentos de capital e restituição de dívidas) terão no caixa.

Além disso, para o orçamento-mestre, há inúmeras formas de orçamentos especiais e relatórios relacionados. Um relatório, por exemplo, pode detalhar as metas e os objetivos para melhorias na qualidade ou na satisfação do cliente durante o período do orçamento.

Preparação do orçamento-mestre

Vamos retornar à Figura 7.1 e rastrear a preparação dos componentes do orçamento-mestre. Siga cada etapa cuidadosa e completamente. Embora o processo possa parecer, na maior parte, mecânico, lembre-se de que o processo do orçamento-mestre gera as decisões-chave com relação a todos os aspectos da cadeia de valor da empresa. Conseqüentemente, o primeiro esboço do orçamento pode levar a decisões que acionarão esboços subseqüentes antes que um orçamento final seja escolhido.

A Cooking Hut

Para ilustrar o processo orçamentário, usaremos como exemplo a Cooking Hut Company (CHC), varejista local de uma ampla variedade de itens de cozinha e salas de jantar, tais como cafeteiras, pratarias e roupas de mesa. A empresa aluga uma loja de varejo, de tamanho médio, numa comunidade próxima de Denver. A gestão da CHC prepara um orçamento contínuo para ajudar nas decisões financeiras e operacionais. Para simplificar nesta ilustração, o horizonte de planejamento é de apenas quatro meses, de abril a julho. No passado, as vendas aumentaram durante essa estação.

As cobranças da empresa, entretanto, têm ficado sempre muito atrás de suas vendas. Em conseqüência, a empresa tem, freqüentemente, se encontrado pressionada a levantar caixa para compras, salários dos empregados

Figura 7.1 Preparação do orçamento-mestre para empresas não-manufatureiras.

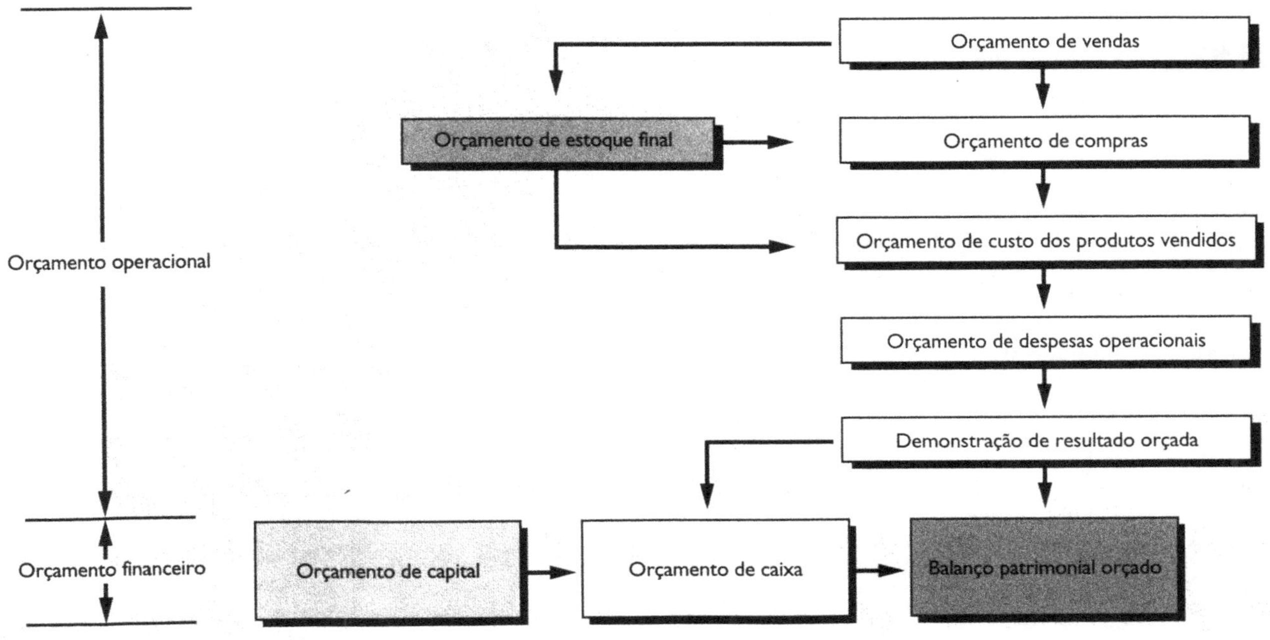

e outros desembolsos operacionais. Para ajudar a enfrentar esse aperto de caixa, a CHC tem usado empréstimos de curto prazo dos bancos locais, restituindo a eles quando há entrada de caixa. A CHC planeja manter o uso desse sistema.

A Figura 7.2 é o balanço patrimonial de encerramento para o ano fiscal encerrado em 31 de março de 20X1. As vendas em março foram $ 40 mil. As vendas mensais são previstas como segue:

Abril	$ 50 000
Maio	$ 80 000
Junho	$ 60 000
Julho	$ 50 000
Agosto	$ 40 000

A gestão espera que as cobranças de vendas futuras sigam a experiência passada: os clientes pagam 60 por cento das vendas em dinheiro e 40 por cento a crédito. Todos os clientes a crédito são cobrados no mês seguinte às vendas. Os $ 16 mil de contas a receber em 31 de março representam vendas a crédito feitas em março (40 por cento de $ 40 mil). Os clientes incobráveis são irrelevantes e, assim, ignorados. Para simplificar, ignoraremos todos os impostos municipais, estaduais e federais nesta ilustração.

Como as entregas dos fornecedores e as demandas dos clientes são incertas, no final de cada mês a CHC deseja ter disponível um estoque básico de itens avaliado em $ 20 mil mais 80 por cento do custo de produtos vendidos esperados para o mês seguinte. O custo de mercadorias vendidas são, em média, 70 por cento das vendas. Conseqüentemente, o estoque em 31 de março é $ 20 000 mais 0,7 (0,8 × vendas de abril de $ 50 000) = $ 20 000 + $ 28 000 = $ 48 000. Os termos de compra disponíveis para a CHC são líquidos de trinta dias. A CHC paga, para cada compra mensal, 50 por cento durante o mês e 50 por cento durante o mês seguinte. Conseqüentemente, o saldo das contas a pagar de 31 de março é 50 por cento das compras de março, ou seja, $ 33 600 × 0,5 = $ 16 800.

A CHC paga honorários e comissões quinzenalmente, metade em um mês após eles terem recebido. Eles são divididos em duas parcelas: salários fixos mensais de $ 2,5 mil e comissões iguais a 15 por cento das vendas, as quais assumiremos ser uniformes durante cada mês. Conseqüentemente, o saldo em 31 de março, dos honorários e comissões a pagar provisionados, é: (0,5 × $ 2 500) + 0,5(0,15 × $ 40 000) = $ 1 250 + $ 3 000 = $ 4 250. A CHC pagará estes $ 4 250 em 15 de abril.

Além da compra de novos acessórios por $ 3 mil em dinheiro, em abril, as outras despesas mensais da CHC são as seguintes:

Despesas diversas	5% das vendas, pagos quando incorridas
Aluguel	$ 2 000, pagos quando incorrido
Seguro	$ 200 de expiração por mês
Depreciação, incluindo novos acessórios	$ 500 por mês

Figura 7.2 A Cooking Hut Company.

Balanço patrimonial em 31 de março de 20X1

Ativos

Ativos circulantes		
Caixa	$ 10 000	
Contas a receber, líquido (0,4 × vendas de março de $ 40 000)	$ 16 000	
Estoque de mercadorias: $ 20 000 + 7 (0,8 × vendas de abril de $ 50 000)	$ 48 000	
Seguros não-expirados	$ 1 800	$ 75 800
Ativos fixos		
Equipamentos, acessórios e outros	$ 37 000	
Depreciação acumulada	$ 12 800	$ 24 200
Total de ativos		$ 100 000

Passivos e patrimônio líquido

Passivos circulantes		
Contas a pagar (0,5 × compras de março de $ 33 600)	$ 16 800	
Honorários e comissões a pagar provisionados ($ 1 250 + $ 3 000)	$ 4 250	$ 21 050
Patrimônio líquido		$ 78 950
Total de passivos e patrimônio líquido		$ 100 000

PRIMEIRO, OS NEGÓCIOS

A Photon vê a luz

A Photon Technology International, Inc. fabrica instrumentos eletroópticos utilizados em pesquisa médica e procedimentos diagnósticos. As vendas, em 2000, foram pouco acima de $ 7 milhões. Seus produtos são o estado-da-arte, mas até o início de 1990, a Photon não tinha um procedimento orçamentário formal. Como muitas empresas pequenas, em crescimento rápido, o orçamento não era uma prioridade, mas assim que as vendas se aproximaram dos $ 5 milhões e a empresa se encontrou às vésperas de um desastre financeiro um orçamento tornou-se essencial. A cobrança das vendas dos clientes estava vagarosa, os desembolsos para pesquisa e desenvolvimento eram elevados, e a Photon estava rapidamente deficitária em caixa.

A Photon contratou um gestor financeiro profissional, que instituiu um processo orçamentário que liga o fluxo de caixa, a pesquisa e desenvolvimento em alta tecnologia intensiva, o treinamento e instrução dos clientes e a customização de produto no local. A coordenação de todos esses fatores é absolutamente crítica nessa nova empresa de alta tecnologia. Esse processo orçamentário desenvolve três cenários inferenciais:

- Um orçamento otimista, em que tudo segue como esperado.
- Um orçamento pessimista, que prediz exatamente o oposto.
- Um orçamento mais provável, em que cada previsão do orçamento (vendas, cobranças das vendas, atividade por direcionador de custo, comportamento de custo, e assim por diante) é examinada e estabelecida em um nível real.

Esse processo orçamentário permite à Photon antecipar os problemas de fluxo de caixa antes que eles ameacem a sobrevivência da empresa e comuniquem a necessidade de recursos críticos dentro dela. A Photon acredita que implementar um processo orçamentário formal era uma etapa crítica em sua transição de uma empresa do ponto de lançamento à sua maturidade.

Fonte: Adaptado de Charles L. Grant, "High-tech budgeting", em *Management Accounting*, maio de 1991, pp. 30-31, e *Photon Technology International, 2000 Annual Report*.

A empresa deseja um mínimo de $ 10 mil como saldo de caixa no fim de cada mês. Para manter isso simples, assumiremos que a CHC pode tomar emprestado e restituir empréstimos em múltiplos de $ 1 mil. A gestão planeja tomar caixa emprestado não mais do que o necessário e restituir tão prontamente quanto possível. Suponha que a tomada de empréstimo ocorra no início do mês e a restituição no fim do mês em questão. Os juros são pagos, sob os termos desse acordo de crédito, quando o empréstimo relacionado for restituído. A taxa de juros é 12 por cento ao ano.

ETAPAS NA PREPARAÇÃO DE UM ORÇAMENTO-MESTRE

As principais etapas na preparação de um orçamento-mestre são as que seguem.

Dados básicos

1. Usando os dados gerados, prepare as seguintes planilhas detalhadas para cada um dos meses do horizonte de planejamento:

    a) Orçamento de vendas.

    b) Cobrança do dinheiro dos clientes.

    c) Orçamento de compras.

    d) Desembolso para compras.

    e) Orçamento de despesa operacional.

    f) Desembolsos para as despesas operacionais.

Orçamento operacional

2. Usando essas planilhas, prepare uma demonstração de resultado orçada para os quatro meses que se encerram em 31 de julho de 20X1 (Figura 7.3).

Orçamento financeiro

3. Usando os dados gerados e as planilhas de apoio, prepare as seguintes demonstrações contábeis projetadas:

    a) Orçamento de capital.

    b) Orçamento de caixa, incluindo detalhes dos empréstimos tomados, das restituições e dos juros, para cada mês do horizonte de planejamento (Figura 7.4).

    c) Balanço patrimonial orçado encerrado em 31 de julho de 20X1 (Figura 7.5).

Figura 7.3 — A Cooking Hut Company.

Demonstração de resultado orçada para os quatro meses que se encerram em 31 de julho de 20X1

	Dados		Fonte de dados
Vendas		$ 240 000	Planilha A
Custo dos produtos vendidos		$ 168 000	Planilha C
Margem bruta		$ 72 000	
Despesas operacionais			
Honorários e comissões	$ 46 000		Planilha E
Aluguel	$ 8 000		Planilha E
Diversas	$ 12 000		Planilha E
Seguros	$ 800		Planilha E
Depreciação	$ 2 000	$ 68 800	Planilha E
Lucro operacional		$ 3 200	
Despesa de juros		$ 440	Figura 7.4
Lucro líquido		$ 2 760	

Figura 7.4 — A Cooking Hut Company.

Orçamento de caixa para quatro meses que se encerram em 31 de julho de 20X1

	Abril	Maio	Junho	Julho
Saldo de caixa inicial	$ 10 000	$ 10 550	$ 10 980	$ 10 080
Saldo de caixa mínimo desejado	$ 10 000	$ 10 000	$ 10 000	$ 10 000
Saldo de caixa disponível (x)	$ 0	$ 550	$ 980	$ 80
Recebimentos e desembolsos de caixa				
Cobrança dos clientes (Planilha B*)	$ 46 000	$ 68 000	$ 68 000	$ 54 000
Pagamentos por mercadoria (Planilha D)	$ (42 700)	$ (48 300)	$ (40 600)	$ (32 900)
Pagamentos por despesas operacionais (Planilha F)	$ (13 750)	$ (18 250)	$ (18 000)	$ (15 250)
Compras de novos acessórios (dado)	$ (3 000)			
Recebimentos e desembolsos de caixa líquidos (y)	$ (13 450)	$ 1 450	$ 9 400	$ 5 850
Excedente (deficiência) de caixa antes do financiamento (x + y)	$ (13 450)	$ 2 000	$ 10 380	$ 5 930
Financiamento				
Tomada de empréstimo (no início do mês)	$ 14 000 †	—	—	—
Restituição (no fim do mês)	—	$ (1 000)	$ (10 000)	$ (3 000)
Juros (12% ao ano‡)	—	$ (20)	$ (300)	$ (120)
Total de aumento (diminuição) do financiamento de caixa (z)	$ 14 000	$ (1 020)	$ (10 300)	$ (3 120)
Saldo final de caixa (saldo inicial + y + z)	$ 10 550	$ 10 980	$ 10 080	$ 12 810

* As letras estão em conformidade com a explicação do texto.
† A tomada de empréstimo e a restituição do principal são realizadas em múltiplos de $ 1 mil, a uma taxa de juros de 12 por cento ao ano.
‡ Cálculos de juros: $0{,}12 \times \$1\,000 \times 2/12$; $0{,}12 \times \$10\,000 \times 3/12$; $0{,}12 \times \$3\,000 \times 4/12$.

As organizações com sistemas orçamentários eficazes têm diretrizes específicas para as etapas e o momento da preparação do orçamento. Embora os detalhes possam diferir, as diretrizes, invariavelmente, incluem as etapas precedentes. Enquanto seguimos essas etapas na preparação do orçamento-mestre da CHC, esteja seguro de que você entende a fonte de cada número em cada planilha e orçamento.

ETAPA 1: PREPARAÇÃO DOS DADOS BÁSICOS

Etapa 1A: Orçamento de vendas

O orçamento de vendas (Planilha A na tabela seguinte) é um ponto de partida para o orçamento da CHC, porque os níveis de estoque, as compras e as despesas operacionais são engrenados ao nível previsto das vendas. A previsão de vendas acurada é essencial para um orçamento eficaz. (A previsão de vendas é considerada na seção final deste capítulo.)

Figura 7.5 A Cooking Hut Company.

Balanço patrimonial orçado em 31 de julho de 20X1

Ativos		
Ativos circulantes		
Caixa (Figura 7.4)	$ 12 810	
Contas a receber, líquido (0,4 × vendas de julho de $ 50 000, Planilha A)	$ 20 000	
Estoque de mercadorias (Planilha C)	$ 42 400	
Seguros não-expirados ($ 1 800 − $ 800)	$ 1 000	$ 76 210
Ativos fixos		
Equipamentos, acessórios e outros ($ 37 000 + $ 3 000 de acessórios)	$ 40 000	
Depreciação acumulada ($ 12 800 + $ 2 000 de despesas de depreciação)	$ (14 800)	$ 25 200
Total de ativos		$ 101 410
Passivos e patrimônio líquido		
Passivos circulantes		
Contas a pagar (0,5 × compras de julho de $ 29 400, Planilha C)	$ 14 700	
Honorários e comissões a pagar provisionados (0,5 × $ 10 000, Planilha E)	$ 5 000	$ 19 700
Patrimônio líquido ($ 78 950 + 2 760 de lucro líquido)		$ 81 710
Total de passivos e patrimônio líquido		$ 101 410

Nota: Os saldos iniciais são utilizados como ponto de partida para o cálculo do seguro não-expirado, ativos fixos e patrimônio líquido.

As vendas de março são incluídas na Planilha A porque afetam as cobranças de caixa de abril. Rastreie a coluna final da Planilha A para a primeira linha da Figura 7.3. Em organizações sem fins lucrativos, as previsões de receita ou algum nível de serviços também são os pontos focais para o orçamento.

Os exemplos são receitas de clientes e reembolsos governamentais esperados pelos hospitais e doações esperadas pelas igrejas. Se nenhuma receita for gerada, como é o caso da proteção municipal contra incêndio, um nível desejado de serviço é predeterminado.

Etapa 1B: Cobranças de caixa dos clientes

É mais fácil preparar a Planilha B, cobranças de caixa, ao mesmo tempo que preparamos o orçamento de vendas. As cobranças de caixa dos clientes incluem as vendas a vista do mês corrente, mais as vendas a crédito do mês anterior. Usaremos o total de cobranças na preparação do orçamento de caixa — Figura 7.4.

	Março	Abril	Maio	Junho	Julho	Abril–Julho Total
Planilha A: Orçamento de vendas						
Vendas a crédito, 40%	$ 16 000	$ 20 000	$ 32 000	$ 24 000	$ 20 000	
Mais vendas a vista, 60%	$ 24 000	$ 30 000	$ 48 000	$ 36 000	$ 30 000	
Total de vendas	$ 40 000	$ 50 000	$ 80 000	$ 60 000	$ 50 000	$ 240 000
Planilha B: Cobrança de caixa						
Vendas a vista neste mês		$ 30 000	$ 48 000	$ 36 000	$ 30 000	
Mais 100% do último mês de vendas a crédito		$ 16 000	$ 20 000	$ 32 000	$ 24 000	
Total de cobranças		$ 46 000	$ 68 000	$ 68 000	$ 54 000	

Etapa 1C: Orçamento de compras

Após orçar as vendas e as cobranças de caixa, prepararemos o orçamento de compras (Planilha C). O total de mercadorias necessárias será a soma do estoque final desejado, mais a quantidade necessária para atender à demanda de vendas orçadas. O total necessário será parcialmente satisfeito pelo estoque inicial; o remanescente deve vir das compras planejadas. Essas compras são calculadas da seguinte maneira:

compras orçadas = estoque final desejado
                      + custo dos produtos vendidos − estoque inicial

Rastreie os números do total de compras da coluna final da Planilha C para a segunda linha da Figura 7.3.

	Março	Abril	Maio	Junho	Julho	Abril–Julho Total
Planilha C: Orçamento de compras						
Estoque final desejado	$ 48 000*	$ 64 800	$ 53 600	$ 48 000	$ 42 400	
Mais custo produtos vendidos†	$ 28 000	$ 35 000	$ 56 000	$ 42 000	$ 35 000	$ 168 000
Total necessário	$ 76 000	$ 99 800	$ 109 600	$ 90 000	$ 77 400	
Menos estoque inicial	$ 42 400‡	$ 48 000	$ 64 800	$ 53 600	$ 48 000	
Compras	$ 33 600	$ 51 800	$ 44 800	$ 36 400	$ 29 400	
Planilha D: Desembolsos para compras						
50% das compras do último mês		$ 16 800	$ 25 900	$ 22 400	$ 18 200	
Mais 50% das compras deste mês		$ 25 900	$ 22 400	$ 18 200	$ 14 700	
Desembolsos para compras		$ 42 700	$ 48 300	$ 40 600	$ 32 900	

* $ 20 000 + (0,8 × custos dos produtos vendidos de abril) = $ 20 000 + 0,8($ 35 000) = $ 48 000.
† 0,7 × vendas de março de $ 40 000 = $ 28 000; 0,7 × vendas de abril de $ 50 000 = $ 35 000, e assim por diante.
‡ $ 20 000 + (0,8 × custos dos produtos vendidos de março de $ 28 000) = $ 20 000 + $ 22 400 = $ 42 400.

Etapa 1D: Desembolso para compras

Em seguida, usaremos o orçamento de compras para desenvolver a Planilha D, desembolso para compras. Em nosso exemplo, os desembolsos incluem 50 por cento das compras do mês corrente e 50 por cento das compras do mês anterior. Usaremos o total de desembolsos na preparação do orçamento de caixa — Figura 7.4.

Etapa 1E: Orçamento de despesa operacional

O orçamento de despesas operacionais depende de diversos fatores. As variações mês a mês no volume de vendas e outras atividades por direcionadores de custos influenciam diretamente muitas despesas operacionais. Exemplos de despesas direcionadas pelo volume de vendas incluem comissões de vendas e muitas despesas da entrega. Outras despesas, como aluguel, seguro, depreciação e salários, não são influenciadas pelas vendas dentro do intervalo relevante apropriado, e nós as consideraremos fixas. Rastreie as despesas operacionais totais na coluna final da Planilha E, que resume essas despesas, para a demonstração de resultado orçada — Figura 7.3.

	Março	Abril	Maio	Junho	Julho	Abril–Julho Total
Planilha E: Orçamento de despesas operacionais						
Honorários (fixos)	$ 2 500	$ 2 500	$ 2 500	$ 2 500	$ 2 500	
Comissões (15% das vendas do mês corrente)	$ 6 000	$ 7 500	$ 12 000	$ 9 000	$ 7 500	
Total de honorários e comissões	$ 8 500	$ 10 000	$ 14 500	$ 11 500	$ 10 000	$ 46 000
Despesas diversas (5% das vendas correntes)		$ 2 500	$ 4 000	$ 3 000	$ 2 500	$ 12 000
Aluguel (fixo)		2 000	2 000	2 000	2 000	8 000
Seguros (fixos)		200	200	200	200	800
Depreciação (fixa)		500	500	500	500	2 000
Total de despesas operacionais		$ 15 200	$ 21 200	$ 17 200	$ 15 200	$ 68 800

Etapa 1F: Desembolso para despesas operacionais

Os desembolsos para as despesas operacionais estão baseados no orçamento de despesas operacionais. Os desembolsos incluem 50 por cento dos honorários e comissões e as despesas diversas e de aluguel do último mês e do mês corrente. Usaremos o total desses desembolsos ao preparar o orçamento de caixa — Figura 7.4.

	Março	Abril	Maio	Junho	Julho	Abril–Julho Total
Planilha F: Desembolsos para despesas operacionais						
Honorários e comissões						
50% de despesas do último mês		$ 4 250	$ 5 000	$ 7 250	$ 5 750	
50% de despesas deste mês		$ 5 000	$ 7 250	$ 5 750	$ 5 000	
Total de honorários e comissões		$ 9 250	$ 12 250	$ 13 000	$ 10 750	
Despesas diversas		$ 2 500	$ 4 000	$ 3 000	$ 2 500	
Aluguel		$ 2 000	$ 2 000	$ 2 000	$ 2 000	
Total de desembolsos		$ 13 750	$ 18 250	$ 18 000	$ 15 250	

ETAPA 2: PREPARAÇÃO DO ORÇAMENTO OPERACIONAL

As Etapas 1A, 1C e 1E fornecem informação suficiente para construir uma demonstração de resultado orçada das operações (Figura 7.3). A demonstração de resultado estará completa após a adição das despesas de juros, que poderemos calcular apenas depois que o orçamento de caixa tenha sido preparado. O resultado orçado das operações é, freqüentemente, o nível de referência para avaliar o desempenho gerencial.

ETAPA 3: PREPARAÇÃO DO ORÇAMENTO FINANCEIRO

A segunda principal parte do orçamento-mestre é o orçamento financeiro, que consiste no orçamento de capital, orçamento de caixa e balanço patrimonial final. Este capítulo focaliza o orçamento de caixa e o balanço patrimonial final. O Capítulo 11 discute o orçamento de capital. Em nossa ilustração, a compra de $ 3 mil em novos acessórios seria incluída no orçamento de capital.

Etapa 3B: Orçamento de caixa

O **orçamento de caixa** é uma demonstração de recebimentos e desembolsos de caixa planejados. O orçamento de caixa é pesadamente afetado pelo nível das operações resumidas nas demonstrações de resultado orçadas. O orçamento de caixa tem as seguintes principais seções, em que as letras w, x, y e z se referem às linhas da Figura 7.4 que resumem os efeitos daquela seção:

- O saldo de caixa disponível (x) é igual ao saldo de caixa inicial, menos o saldo mínimo de caixa desejado.
- Os recebimentos e desembolsos de dinheiro (y):
  1. Os recebimentos de caixa dependem das cobranças das contas a receber de clientes, vendas a vista e outras fontes de receitas operacionais em dinheiro, como juros recebidos em notas a receber. Rastreie o total de cobranças da Planilha B na Figura 7.4.
  2. Os desembolsos para compras dependem dos termos de crédito estendidos pelos fornecedores e dos hábitos de contas a pagar dos compradores. Rastreie os pagamentos da mercadoria da Planilha D na Figura 7.4.
  3. A folha de pagamento depende dos honorários, salários e termos de comissões e das datas de pagamento. Rastreie os honorários e comissões da Planilha F na Figura 7.4.
  4. Alguns custos e despesas dependem dos termos contratuais para pagamentos das prestações, de hipotecas, aluguéis, arrendamentos e itens diversos. Rastreie os desembolsos das despesas operacionais da Planilha F na Figura 7.4.
  5. Outros desembolsos incluem desembolsos para ativos fixos, investimentos a longo prazo, dividendos e coisas do gênero. Um exemplo são os $ 3 mil de dispêndio para novos acessórios.
- O caixa necessário (ou utilizado por) para financiamentos (z) depende do total disponível do saldo de caixa, x na Figura 7.4, e dos recebimentos e desembolsos de caixa líquidos, y. Se o caixa disponível, mais os recebimentos de caixa líquidos, menos desembolsos for negativo, a tomada de empréstimo será necessária — a Figura 7.4 mostra que a CHC emprestará $ 14 mil em abril, para cobrir as deficiências planejadas. Se for positivo, os empréstimos poderão ser restituídos — $ 1 mil, $ 10 mil e $ 3 mil serão restituídos em maio, junho e julho, respectivamente. Os desembolsos pertinentes para as despesas de juros estão, geralmente, contidas nessa seção do orçamento de caixa. Rastreie as despesas de juros calculadas na Figura 7.3, que, então, estará completa.
- O saldo de caixa final é o saldo de caixa inicial + y + z. O financiamento, z, tem um efeito positivo (tomada de empréstimo) ou negativo (restituição) sobre o saldo de caixa. O orçamento de caixa ilustrativo mostra o padrão de curto prazo, financiamento 'autoliquidante'. Os picos sazonais, freqüentemente, resultam em pesados drenos no caixa — para as compras de mercadorias e despesas operacionais — antes de a empresa fazer as vendas e cobrar o caixa de seus clientes. O empréstimo resultante é 'autoliquidante' — isto é, a empresa usa o dinheiro emprestado para adquirir a mercadoria para vendas e usa os proventos de vendas para restituir o empréstimo. Esse 'ciclo de capital de giro' movimenta-se do caixa para estoques e para contas a receber, e volta para o caixa.

Os orçamentos de caixa ajudam a gestão a evitar ter ociosidade de caixa desnecessária, por um lado, e deficiências de caixa desnecessárias, por outro. Um programa de financiamento bem gerido mantém os saldos de caixa, evitando que se tornem muito grandes ou muito pequenos.

Etapa 3C: Balanço patrimonial orçado

A etapa final na preparação do orçamento-mestre é construir um balanço patrimonial orçado (Figura 7.5), que projeta cada item do balanço patrimonial de acordo com o plano de negócios, como expresso nas planilhas ante-

PRIMEIRO, OS NEGÓCIOS

Empreendedores, planos de negócios e orçamentos

A última década viu um florescer de atividades empreendedoras. As empresas iniciantes em uma variedade de setores de alta tecnologia têm apresentado um crescimento rápido para empresas multibilionárias. Considere a InfoSpace, Inc. como exemplo. A presidente e chefe estrategista, Naveen Jain, fundou a InfoSpace em abril de 1996, após deixar a Microsoft. Jain tornou a InfoSpace pública em dezembro de 1998. Em março de 2000, o valor de mercado das ações da InfoSpace era $ 30 bilhões. A visão de Jain para a InfoSpace é grande: "Quando a história da prevenção da revolução [da informação] for escrita, um nome receberá o crédito por ajudar a mapear sua rota e potencializar seu progresso: InfoSpace".

Como decolar uma empresa recém-iniciada? Um componente essencial para assegurar fundos iniciais para a decolagem é o desenvolvimento de um plano de negócios. A Small Business Administration, do governo federal, recomenda um plano de negócios com três seções:

1. **A empresa** — inclui uma descrição da empresa, um plano de *marketing*, uma avaliação da concorrência, uma lista de procedimentos operacionais e uma escala de pessoal.

2. **Dados financeiros** — incluem os seguintes itens:
   - Solicitação de empréstimos.
   - Lista de equipamentos de capital e fornecedores.
   - Balanço patrimonial.
   - Análise do ponto de equilíbrio.
   - Projeções de resultado *pro forma* (demonstrações de lucros e perdas).
   - Um resumo de três anos.
   - Detalhe mensal para o primeiro ano.
   - Detalhe trimestral para o segundo e o terceiro anos.
   - Suposições a respeito das projeções em que foram baseadas.
   - Fluxo de caixa *pro forma*.

3. **Documentos de apoio** — incluem uma variedade de documentos legais e informações sobre os principais envolvidos, fornecedores, clientes, etc.

Os dados financeiros são uma parte importante de um plano de negócios, do qual o orçamento é a peça central.

Sem um orçamento bem desenvolvido, empresas como a InfoSpace não poderiam levantar o capital necessário para começar e expandir seus negócios. As projeções de resultado *pro forma* e o fluxo de caixa *pro forma*, essencialmente uma demonstração de resultado orçada e uma demonstração de fluxo de caixa orçada, são imprescindíveis para predizer os prospectos futuros de qualquer negócio. Eles são especialmente críticos para avaliar os prospectos de uma nova empresa que tem pouca história para analisar.

A importância de um orçamento para o início de uma empresa foi enfatizado por Jim Rowan, antigo vice-presidente sênior da Sun America, Inc., que saiu para formar uma nova empresa, a EncrypTix. Ele levantou $ 36 milhões em fundos de investimento para girar a EncrypTix fora da Stamps.com. A empresa focaliza a entrega e armazenagem de tíquetes, cupons e comprovantes pela Internet. Rowan declarou: "O item-chave para uma decolagem é desenvolver um orçamento e colocá-lo como uma estaca na terra, de maneira que você possa medir-se em relação a ele. Ele não é o teto, não está esculpido em pedras, mas você tem de ter algo assim como nível de referência".

O orçamento não é, freqüentemente, a tarefa mais emocionante para os empreendedores. A falta de um orçamento confiável, entretanto, é um dos principais motivos por que os capitalistas de risco se recusarão a financiar a decolagem de empresas. Além disso, ele é uma das principais causas de falência das empresas. Qualquer um que desejasse ser um empreendedor estaria mais bem informado ao estudar orçamento e aprender como ele pode ser uma ferramenta poderosa para a gestão da empresa e para promover a empresa para os investidores em potencial.

Fontes: Adaptado de "Small business administration", em *The bussiness plan: road map to success* (http://www.sba.gov/starting/indexbusplans.html), *InfoSpace 2000 Annual Report* (http://www.infospace.com/about/annual_report/html/home.htm), e K. Klein, "Budgeting helps secure longevity", em *Los Angeles Times*, 2 de agosto de 2000, p. C6.

---

riores. Especificamente, os saldos iniciais em 31 de março seriam aumentados ou diminuídos à luz dos recebimentos e desembolsos de caixa esperados na Figura 7.4, e à luz dos efeitos dos itens não-monetários, que aparecem na demonstração de resultado da Figura 7.3. O seguro não-expirado, por exemplo, diminuiria seu saldo de $ 1,8 mil em 31 de março para $ 1 mil em 31 de julho, mesmo que seja um item não-monetário.

Quando o orçamento-mestre completo é formulado, a gestão pode considerar todas as principais demonstrações contábeis como uma base para mudar o curso dos eventos. A formulação inicial das demonstrações contábeis, por exemplo, pode alertar a gestão para tentar novas estratégias de venda a fim de gerar maior demanda. Alternativamente, a gestão pode explorar os efeitos de vários ajustes no momento dos recebimentos e desembolsos. A grande deficiência de caixa em abril, por exemplo, pode levar a enfatizar as vendas a vista ou a uma tentativa de acelerar as cobranças de contas a receber. De qualquer maneira, o primeiro esboço do orçamento-mestre raramente é o esboço final. À medida que ele é retrabalhado, o processo orçamentário torna-se uma parte integral do processo de gestão em si — orçamento é planejamento e comunicação.

tomada cinco Como o orçamento operacional difere do orçamento financeiro?

Resposta

O orçamento operacional focaliza a demonstração de resultado, que é preparada usando-se o princípio da competência contábil. Ele mede receitas e despesas. Em contrapartida, o orçamento financeiro focaliza principalmente o fluxo de caixa. Ele mede os recebimentos e desembolsos de caixa. O orçamento operacional é uma medida melhor do desempenho geral, mas o orçamento financeiro é essencial para planejar as necessidades de caixa. Uma falta de caixa, em vez de um desempenho operacional pobre, freqüentemente põe as empresas em dificuldades.

DIFICULDADES DA PREVISÃO DE VENDAS

Como você viu no exemplo da CHC, o orçamento de vendas é a fundação do orçamento-mestre inteiro. A acurácia dos orçamentos de compras, programas de produção e custos estimados dependem do detalhe e da acurácia (em unidades monetárias, unidades físicas e o composto) das vendas orçadas. Nos hotéis Ritz-Carlton, o processo de desenvolver o orçamento de vendas envolve a previsão de níveis de ocupação de quartos, grupos de eventos, banquetes e outras atividades. A alta gestão, inicialmente, estabelece os custos dessas atividades. As equipes de empregados de cada departamento, então, fornecem idéias para melhorias (reduções de custos). Os gestores preparam os orçamentos departamentais mensalmente, baseados no orçamento-mestre anual.

Como dissemos anteriormente e como você deve ter notado da prática de orçamento da Ritz-Carlton, o orçamento de vendas depende inteiramente das previsões de vendas. Embora *orçamento de vendas* e *vendas previstas* soem como se fossem a mesma coisa, fique atento, pois não é necessariamente assim. A **previsão de vendas** é uma predição das vendas sob um certo conjunto de condições. Um **orçamento de vendas** é o resultado das decisões para criar as condições que gerarão o nível desejado de vendas. Você pode, por exemplo, ter previsões de vendas em vários níveis de propaganda. A previsão para um nível que você decide implementar torna-se um orçamento. As previsões de vendas são, geralmente, preparadas sob a direção dos altos executivos de vendas. Os fatores importantes a ser considerados pelos previsores de vendas incluem os seguintes:

1. *Padrões de vendas passadas*: A experiência passada, combinada com as vendas passadas detalhadas por linha de produto, região geográfica e tipo de cliente, pode ajudar a predizer vendas futuras.
2. *Estimativas feitas pela força de vendas*: A força de vendas da empresa é, freqüentemente, a melhor fonte de informação a respeito dos desejos e planos dos clientes.
3. *Condições econômicas gerais*: As predições para muitos indicadores econômicos, como produto nacional bruto e índice de produção industrial (local e estrangeira), são publicadas regularmente. O conhecimento de como as vendas se relacionam a esses indicadores pode ajudar na previsão de vendas.
4. *Ações dos concorrentes*: As vendas dependem da força e das ações dos concorrentes. Para prever vendas, uma empresa deve considerar as estratégias e as reações prováveis dos concorrentes, tais como mudanças em seus preços, qualidade de produtos ou serviços.
5. *Mudanças nos preços das empresas*: As vendas podem ser aumentadas pela diminuição do preço e vice-versa. Uma empresa deve considerar os efeitos das mudanças no preço sobre a demanda dos clientes (veja o Capítulo 5).
6. *Mudanças no composto dos produtos*: As mudanças no composto dos produtos, freqüentemente, podem afetar não apenas os níveis de vendas, mas também a margem de contribuição geral. Identificar os produtos mais lucrativos e delinear os métodos para aumentar suas vendas são uma parte-chave para uma gestão bem-sucedida.
7. *Estudos de pesquisa de mercado*: Algumas empresas contratam especialistas em mercado para obter informação sobre as condições de mercado e das preferências dos clientes. Tal informação é útil aos gestores para fazer previsões de vendas e tomar decisões de composto de produto.
8. *Planos de propaganda e promoção de vendas*: A propaganda e outros custos promocionais afetam os níveis de vendas. Uma previsão de vendas deveria estar baseada em efeitos antecipados das atividades promocionais.

A previsão de vendas, geralmente, combina várias técnicas. Além das opiniões da assessoria de vendas, análises estatísticas de correlações entre vendas e indicadores econômicos (preparada por economistas e membros da assessoria de pesquisa de mercado) fornecem apoio valioso. As opiniões da gestão de linha também influenciam sobremaneira as previsões finais de vendas. Finalmente, não importa quanto os especialistas técnicos estejam acostumados a prever; o orçamento de vendas é responsabilidade da gestão de linha.

A previsão de vendas é ainda um tanto mística, mas seus procedimentos estão tornando-se mais formalizados e sendo revisados mais seriamente devido à intensidade das pressões competitivas globais. Embora este livro não inclua uma discussão detalhada da preparação do orçamento de vendas, a importância de uma previsão de vendas acurada não pode ser superenfatizada.

Curiosamente, governos e outras organizações sem fins lucrativos também enfrentam um problema similar para prever vendas. O orçamento para receitas de uma cidade, por exemplo, pode depender de uma variedade de fatores, como impostos prediais preditos, multas de tráfego, multas de estacionamento, taxas de licença e imposto de renda municipal. Por sua vez, os impostos prediais dependem da extensão de novas construções e, em muitas localidades, do aumento do valor dos imóveis. Assim, um orçamento municipal pode exigir previsão tão sofisticada quanto a exigida por uma empresa privada.

Convencendo empregados a aceitar o orçamento

Não importa quão exatas sejam as previsões de vendas: se os orçamentos devem beneficiar uma organização, eles precisam apoiar todos os empregados da empresa. A atitude da alta gestão influenciará fortemente as atitudes dos trabalhadores dos níveis operacionais e gerenciais em relação ao orçamento. Mesmo com o apoio da alta gestão, entretanto, os orçamentos — e os gestores que os implementarão — podem trabalhar em oposição.

Os gestores, freqüentemente, comparam os resultados reais com os orçamentos e avaliam os subordinados. Poucos indivíduos ficam imediatamente ansiosos a respeito das técnicas usadas para verificar seu desempenho. Às vezes, os gestores de nível baixo consideram os orçamentos como corporificação de restrições, atitudes negativas da alta gestão. Os contadores reforçam essa visão se utilizam um orçamento apenas para apontar as falhas dos gestores. Tais atitudes negativas são, até mesmo, piores quando o objetivo principal do orçamento é limitar os gastos. Os orçamentos, por exemplo, são geralmente impopulares nas agências governamentais, onde são utilizados unicamente para requerer e autorizar financiamentos. Para evitar atitudes negativas em relação aos orçamentos, os contadores e a alta gestão devem demonstrar como os orçamentos podem ajudar cada gestor e empregado a alcançar melhores resultados. Só então os orçamentos se tornarão uma ajuda positiva na motivação dos empregados em todos os níveis, para trabalhar em direção às metas, ao conjunto de objetivos, mensurar os resultados acuradamente e dirigir a atenção para as áreas que precisam de investigação.

Um outro problema sério das relações humanas que pode obscurecer os benefícios dos orçamentos surge se eles forçam um conjunto de metas de desempenho, mas os empregados e os gestores são recompensados por medidas de desempenho diferentes. Um orçamento, por exemplo, pode concentrar-se nos custos correntes de produção, mas os gestores e empregados podem ser recompensados pela qualidade da produção (taxa de defeitos) e pela entrega oportuna dos produtos aos clientes (porcentagem de entregas no prazo). Essas medidas de desempenho poderiam estar em conflito direto.

A importância superficial dos aspectos humanos do orçamento não pode ser superenfatizada. Muito freqüentemente, a alta gestão e os contadores preocupam-se demasiadamente com a mecânica dos orçamentos, ignorando o fato de que a eficácia de qualquer sistema orçamentário depende diretamente de os gestores e os empregados afetados entenderem e aceitarem o orçamento. Os orçamentos criados com a participação ativa de todos os empregados afetados são, em geral, mais eficazes do que os orçamentos impostos aos subordinados. Esse envolvimento é geralmente chamado de **orçamento participativo**.

O sistema orçamentário do Ritz-Carlton, por exemplo, inclui todos os empregados do hotel e caracteriza, assim, um sistema participativo. De fato, a 'compra' do orçamento pelos empregados é tão importante no Ritz-Carlton que os grupos de empregados autodirecionados, em todos os níveis da empresa, têm autoridade para mudar as operações baseadas no orçamento do modo como acreditam ser melhor.

Modelos de planejamento financeiro

Tendo em vista que um orçamento bem-feito considera todos os aspectos da empresa (a cadeia de valor inteira), ele serve como um modelo eficaz para a tomada de decisão. Os gestores podem, por exemplo, usar o orçamento-mestre para predizer como as várias decisões podem afetar a empresa no longo e no curto prazos. Usando o orçamento-mestre dessa maneira, ele torna-se um processo passo a passo no qual os planos tentativos são revisados assim que os gestores mudam a visão sobre os vários aspectos das atividades esperadas.

PRIMEIRO, OS NEGÓCIOS

Orçamento baseado em atividade

O custeio baseado em atividade (ABC) está crescendo em popularidade. As empresas, entretanto, não percebem os benefícios reais do ABC até que o integrem totalmente a seus sistemas orçamentários. Freqüentemente, os contadores são 'donos' do sistema de custeio de uma empresa, mas o sistema orçamentário pertence aos gestores. Usar uma estrutura baseada em atividade para orçamento significa que todos os gestores devem focalizar a gestão de atividades. Eles devem preparar seus orçamentos usando a mesma estrutura usada pelo sistema ABC. Em 1997 e 1998, por exemplo, a Dow Chemical integrou seu novo sistema ABC a seus processos orçamentários. Para ter sucesso, isso exigiu um esforço de treinamento maciço assistido "por *controllers*, contadores, especialistas em assuntos de processo, 'donos' de centros de custos, líderes dos negócios de manufatura e gestores gerais locais". Com os orçamentos coerentes com os relatórios de custos, a Dow ganhou muitos benefícios com seu sistema orçamentário baseado em atividade.

Para verificar como o orçamento baseado em atividade ajuda uma empresa, vamos comparar os métodos usando o departamento de compras de uma empresa como exemplo. O resultados do ano anterior do departamento de compra devem aparecer como segue, baseados em uma visão tradicional dos custos:

Departamento de compras	
Salários	$ 200 000
Benefícios	$ 75 000
Suprimentos	$ 30 000
Viagem	$ 10 000
Total	$ 315 000

Se a gestão deseja reduzir custos em 10 por cento no geral ($ 31,5 mil) usando a visão tradicional dos custos, as compras podem simplesmente reduzir cada categoria de custos em 10 por cento. Esse método de redução de custo é, algumas vezes, referenciado como 'corte-e-queime', entretanto, os gestores é que freqüentemente acabam sendo queimados por essa técnica. Na Borg-Warner Automotive, por exemplo, praticamente todos os gestores expressaram insatisfação com o processo orçamentário. Os gestores fazem estimativas de custos todos os anos, como parte do procedimento orçamentário anual. Como a empresa usou uma técnica de redução de custos corte-e-queime, esses orçamentos foram 'quase seguramente' devolvidos com uma diretriz para cortar custos generalizadamente. Os gestores ficaram frustrados, porque eles começaram a superestimar custos para compensar os cortes que sabiam que viriam.

Usando a informação de custo baseado em atividade, o orçamento do departamento de compras pode aparecer da seguinte maneira:

Departamento de compras	
Atividade	
Certificar 10 novos fornecedores	$ 65 450
Emitir 450 pedidos de compra	$ 184 640
Emitir 275 liberações	$ 64 910
Total	$ 315 000

O orçamento baseado em atividade liga os dados financeiros com as atividades que consomem os recursos relacionados. Em vez de usar o método corte-e-queime, o departamento, agora, almeja atividades específicas, que podem ser reduzidas sem prejudicar a eficácia geral. O departamento pode, por exemplo, estar apto a reduzir o número de certificações de fornecedores para cinco. Supondo que os custos de certificação de fornecedores sejam variáveis com relação ao número de fornecedores, isso reduziria os custos de certificação por 5 × ($ 65 450 ÷ 10), ou $ 32 725, permitindo que os departamentos satisfaçam ou excedam seu alvo de orçamento.

Muitas empresas que implementam o ABC primordialmente para fins de custeio de produto descobrem muitos outros benefícios após a implementação. Um processador de lanches, por exemplo, usou um modelo de planejamento financeiro para fim de custeio de produto baseado em atividade, mas após implementar o modelo a empresa agora usa-o para orçamento, projeções de força de trabalho, novas estratégias de precificação e racionalização de produtos.

Fontes: Adaptado de "Implementing activity-based costing: the model aproach", do Institute of Management Accounting and Sapling Corporation, novembro de 1994; G. Hanks, M. Fried e J. Huber, "Shifting gears at Borg-Warner Automotive", em *Management Accounting*, fevereiro de 1994, pp. 25-29; J. Damitio, G. Hayes e P. Kintzele, "Integrating ANC and ABM at Dow Chemical", em *Management Accounting Quarterly*, inverno de 2000, pp. 22-26.

Hoje, a maioria das grandes empresas desenvolveu **modelos de planejamento financeiro**, modelos matemáticos de orçamento-mestre, que podem reagir a qualquer conjunto de suposições sobre vendas, custos, composto de produto, e assim por diante. Os modelos da Dow Chemical, por exemplo, usam 140 entradas de custos separadas, constantemente revisadas, baseados em diversos direcionadores de custos diferentes.

Ao descrever matematicamente os relacionamentos entre todas as atividades operacionais e financeiras cobertas no orçamento-mestre e entre os outros fatores principais, internos e externos, que podem afetar os resultados das decisões gerenciais, os modelos de planejamento financeiro permitem aos gestores avaliar os impactos preditos de várias alternativas, antes que as decisões finais sejam selecionadas. Um gestor pode, por exemplo, desejar predizer as conseqüências da mudança do composto de produtos oferecidos para vendas, a fim de enfatizar diversos produtos com os prospectos mais elevados para crescimento. Um modelo de planejamento financeiro forneceria orçamentos operacionais e financeiros futuros sob suposições alternativas a respeito do composto de produtos, níveis de vendas, restrições de produção, níveis de qualidade, programação, e assim por diante. O mais importante é que os gestores podem obter respostas a questões inferenciais, tais como: 'O que ocorrerá se as vendas forem 10 por cento abaixo das previsões? O que ocorrerá se os preços dos materiais aumentarem 8 por cento, em vez de 4 por cento, como esperado? O que ocorrerá se um novo contrato sindical garantir um aumento de 6 por cento levando em consideração a melhoria de produtividade da mão-de-obra?'.

Os modelos de planejamento financeiro têm encurtado drasticamente os tempos de reação dos gestores. Um plano revisado para uma grande empresa que tenha ocupado muitos contadores, por muitos dias, para ser preparado a mão, pode ser preparado agora em minutos. A Public Service Electric & Gas, por exemplo, uma empresa de utilidade pública de New Jersey, pode rodar seu orçamento-mestre total diversas vezes em um dia, se necessário.

Aviso: O uso do *software* de planilha em computadores pessoais colocou os modelos de planejamento financeiro ao alcance até das pequenas organizações. O pronto acesso à modelagem poderosa, entretanto, não garante resultados plausíveis ou confiáveis. Os modelos de planejamento financeiro são apenas tão bons quanto as suposições e as entradas utilizadas para elaborar e manipulá-los — o que os especialistas de computador chamam de GIGO (*garbage in, garbage out* — entra lixo, sai lixo). Quase todo CFO tem uma história de horror a contar sobre seguir um mau conselho de um modelo de planejamento financeiro defeituoso.

Problema resumido para revisão

Não tente resolver este problema até que entenda cada etapa do exemplo da CHC, neste capítulo.

Problema

A Country Store é uma loja de varejo para uma variedade de ferragem e utilidades domésticas. A proprietária da Country Store está ansiosa para preparar um orçamento para o próximo trimestre, que é tipicamente bem ocupado. Ela está muito preocupada com sua posição de caixa, porque espera que terá de tomar empréstimo para financiar as compras em antecipação às vendas. Ela coletou todos os dados necessários para preparar o orçamento simplificado, mostrado na Figura 7.6. Além disso, ela comprará equipamentos em abril por $ 19 750 em dinheiro e pagará dividendos de $ 4 mil em junho. Reveja a estrutura do exemplo no capítulo e, então, prepare um orçamento-mestre para a Country Store para os meses de abril, maio e junho. A solução segue após os dados do orçamento. Observe que há algumas diferenças menores entre este exemplo e o mostrado neste capítulo. Estas são identificadas na Figura 7.6 e na solução. A diferença principal está no pagamento de juros sobre o empréstimo. A tomada de empréstimo ocorre no fim do mês, quando o dinheiro é necessário. As restituições (se apropriadas) ocorrem no fim do mês, quando há caixa disponível. Os juros também são pagos em dinheiro, no fim do mês, a uma taxa anual de 12 por cento sobre o montante de notas a pagar em circulação durante aquele mês.

Figura 7.6 A Country Store.

Dados do orçamento

Balanço patrimonial em 31 de março de 20X1		Despesas orçadas (por mês)	
Ativos		Honorários e salários	$ 7 500
Caixa	$ 9 000	Frete na entrega como	
Contas a receber	$ 48 000	porcentagem de vendas	6%
Estoque	$ 12 600	Propaganda	$ 6 000
Ativo fixo (líquido)	$ 200 000	Depreciação	$ 2 000
Total de ativos	$ 269 600	Outras despesas, como	
		porcentagem de vendas	4%
Passivos e patrimônio líquido		Política de estoque mínimo como	
Juros a pagar	0	porcentagem do custo dos produtos	
Notas a pagar	0	vendidos do mês seguinte	30%
Contas a pagar	$ 18 300		
Capital em ações	$ 180 000		
Lucros retidos	$ 71 300		
Total de passivos e patrimônio líquido	$ 269 600		

Vendas orçadas			Outros dados	
Março (real)	$	60 000	Saldo de caixa mínimo exigido	$ 8 000
Abril	$	70 000	Composto de vendas, a vista/a prazo	
Maio	$	85 000	Vendas a vista	20%
Junho	$	90 000	Vendas a prazo (cobradas no mês seguinte)	80%
Julho	$	50 000	Taxa de lucro bruto	40%
			Taxa de juros sobre empréstimos (juros pagos em dinheiro mensalmente)	12%
			Estoque pago no:	
			Mês da compra	50%
			Mês após a compra	50%

Solução

Planilha A: Orçamento de vendas

	Abril	Maio	Junho	Total
Vendas a prazo, 80%	$ 56 000	$ 68 000	$ 72 000	$ 196 000
Vendas a vista, 20%	$ 14 000	$ 17 000	$ 18 000	$ 49 000
Total de vendas	$ 70 000	$ 85 000	$ 90 000	$ 245 000

Planilha B: Cobrança de caixa

	Abril	Maio	Junho	Total
Vendas a vista	$ 14 000	$ 17 000	$ 18 000	$ 49 000
Cobranças do mês anterior	$ 48 000	$ 56 000	$ 68 000	$ 172 000
Total de cobranças	$ 62 000	$ 73 000	$ 86 000	$ 221 000

Planilha C: Orçamento de compras

	Abril	Maio	Junho	Total
Estoque final desejado	$ 15 300	$ 16 200	$ 9 000	$ 40 500
Mais custo dos produtos vendidos	$ 42 000	$ 51 000	$ 54 000	$ 147 000
Total necessário	$ 57 300	$ 67 200	$ 63 000	$ 187 500
Menos estoque inicial	$ 12 600	$ 15 300	$ 16 200	$ 44 100
Total de compras	$ 44 700	$ 51 900	$ 46 800	$ 143 400

Planilha D: Desembolso de caixa para compras

	Abril	Maio	Junho	Total
Para março*	$ 18 300			$ 18 300
Para abril	$ 22 350	$ 22 350		$ 44 700
Para maio		$ 25 950	$ 25 950	$ 51 900
Para junho			$ 23 400	$ 23 400
Total de desembolsos	$ 40 650	$ 48 300	$ 49 350	$ 138 300

* Montante a pagar em 31 de março de 20X1, balanço patrimonial.

Planilhas E e F: Despesas operacionais e desembolso para despesas (exceto juros)

	Abril	Maio	Junho	Total
Despesas em dinheiro				
Honorários e salários	$ 7 500	$ 7 500	$ 7 500	$ 22 500
Fretes na entrega	$ 4 200	$ 5 100	$ 5 400	$ 14 700
Propaganda	$ 6 000	$ 6 000	$ 6 000	$ 18 000
Outras despesas	$ 2 800	$ 3 400	$ 3 600	$ 9 800
Total de desembolsos para despesas	$ 20 500	$ 22 000	$ 22 500	$ 65 000
Despesas não monetárias: Depreciação	2 000	2 000	2 000	6 000
Total de despesas	$ 22 500	$ 24 000	$ 24 500	$ 71 000

A Country Store
Orçamento de caixa
Abril–Junho de 20X1

	Abril	Maio	Junho
Saldo inicial de caixa	$ 9 000	$ 8 000	$ 8 000
Saldo mínimo de caixa desejado	$ 8 000	$ 8 000	$ 8 000
Saldo de caixa disponível	$ 1 000	0	0
Recebimentos e desembolsos de caixa			
Cobranças dos clientes	$ 62 000	$ 73 000	$ 86 000
Compras para estoque	$ (40 650)	$ (48 300)	$ (49 350)
Despesas operacionais	$ (20 500)	$ (22 000)	$ (22 500)
Compras de equipamento	$ (19 750)	0	0
Dividendos	0	0	$ (4 000)
Juros*	0	$ (179)	$ (154)
Recebimentos e desembolso de caixa líquidos	$ (18 900)	$ 2 521	$ 9 996
Excedente (deficiência) de caixa antes do financiamento	$ (17 900)	$ 2 521	$ 9 996
Financiamento			
Tomada de empréstimo†	$ 17 900	$ 0	$ 0
Restituições	0	$ (2 521)	$ (9 996)
Total de financiamento de caixa	$ 17 900	$ (2 521)	$ (9 996)
Saldo final de caixa	$ 8 000	$ 8 000	$ 8 000

* Neste exemplo, os juros são pagos sobre o montante do empréstimo durante o mês: Maio (0,12 ÷ 12) × ($ 17 900) = $ 179; junho (0,12 ÷ 12) × ($ 17 900 – $ 2 521) = $ 154.

† Neste exemplo, os empréstimos tomados estão, no fim do mês, no montante necessário. As restituições também são feitas no fim do mês, quando o excedente de caixa permitir.

A Country Store
Demonstração de resultado orçada
Abril–Junho de 20X1

	Abril	Maio	Junho	Abril–Junho Total
Vendas	$ 70 000	$ 85 000	$ 90 000	$ 245 000
Custo dos produtos vendidos	$ 42 000	$ 51 000	$ 54 000	$ 147 000
Margem bruta	$ 28 000	$ 34 000	$ 36 000	$ 98 000
Despesas operacionais				
Salários e honorários	$ 7 500	$ 7 500	$ 7 500	$ 22 500
Frete de entrega	$ 4 200	$ 5 100	$ 5 400	$ 14 700
Propaganda	$ 6 000	$ 6 000	$ 6 000	$ 18 000
Outras	$ 2 800	$ 3 400	$ 3 600	$ 9 800
Juros*	—	$ 179	$ 154	$ 333
Depreciação	$ 2 000	$ 2 000	$ 2 000	$ 6 000
Total de despesas operacionais	$ 22 500	$ 24 179	$ 24 654	$ 71 333
Lucro operacional líquido	$ 5 500	$ 9 821	$ 11 346	$ 26 667

* Observe que as despesas de juros são a taxa de juros mensal vezes o montante tomado emprestado mantido para o mês: maio (0,12 ÷ 12) × ($ 17 900) = $ 179; junho (0,12 ÷ 12) × ($ 15 379) = $ 154.

A Country Store
Balanço patrimonial orçado para encerramento
Abril–Junho 20X1

Ativos	Abril	Maio	Junho*
Ativos circulantes			
Caixa	$ 8 000	$ 8 000	$ 8 000
Contas a receber	$ 56 000	$ 68 000	$ 72 000
Estoque	$ 15 300	$ 16 200	$ 9 000
Total de ativos circulantes	$ 79 300	$ 92 200	$ 89 000
Ativos fixos, menos depreciação acumulada†	$ 217 750	$ 215 750	$ 213 750
Total de ativos	$ 297 050	$ 307 950	$ 302 750
Passivos e patrimônio líquido			
Passivos			
Contas a pagar	$ 22 350	$ 25 950	$ 23 400
Notas a pagar	$ 17 900	$ 15 379	$ 5 383
Total de passivos	$ 40 250	$ 41 329	$ 28 783
Patrimônio líquido			
Capital em ações	$ 180 000	$ 180 000	$ 180 000
Lucros retidos	$ 76 800	$ 86 621	$ 93 967
Total de patrimônio líquido	$ 256 800	$ 266 621	$ 273 967
Total de passivos e patrimônio líquido	$ 297 050	$ 307 950	$ 302 750

* O balanço patrimonial de 30 de junho de 20X1 é o balanço patrimonial final para o trimestre.
† $ 200 000 + $ 19 750 − $ 2 000 = $ 217 750.

APÊNDICE 7: USAR UMA PLANILHA PARA DESENVOLVER UM ORÇAMENTO

O *software* de planilha eletrônica para computadores pessoais é uma ferramenta extremamente poderosa e flexível para o orçamento. Uma vantagem óbvia da planilha é que os erros aritméticos são praticamente inexistentes. O valor real das planilhas, entretanto, é que elas podem ser usadas para fazer modelos matemáticos (um modelo de planejamento financeiro) da organização. Esse modelo pode ser utilizado repetidas vezes, a um custo muito baixo, e ser alterado para refletir as possíveis mudanças nas vendas esperadas, direcionadores de custo, e assim por diante. O objetivo deste apêndice é ilustrar a análise de sensibilidade, um aspecto do poder e flexibilidade do programa de planilha, que tem feito desse programa uma ferramenta indispensável ao orçamento.

Lembre-se do exemplo da CHC deste capítulo. Suponha que ela tenha preparado seu orçamento-mestre usando um programa de planilha. Para simplificar as mudanças no orçamento, as previsões relevantes e outros detalhes do orçamento foram colocados na Figura 7.7. Observe que, por simplificação, apenas os dados necessários para o orçamento de compras foram mostrados aqui. O orçamento-mestre completo requereria uma tabela maior, com todos os dados do capítulo.

Um planilha consiste de uma grade em que cada 'célula' cai em uma linha e em uma coluna. Rotulamos cada célula com sua coluna (uma letra) e sua linha (um número). O estoque inicial para o período de orçamento, por exemplo, está em 'D4', o qual mostra $ 48 mil.

Ao referir-se aos endereços das células dos dados do orçamento, você pode gerar um orçamento de compras (Figura 7.8) dentro da mesma planilha, incorporando as fórmulas em vez de números na planilha. Considere a Figura 7.8. Em vez de digitar $ 48 mil como estoque inicial de abril no orçamento de compras na célula D17, digite uma 'fórmula' com o endereço da célula para o estoque inicial da tabela precedente, =D4 (o endereço da célula precedido de um sinal '=' — uma regra para a planilha identificar uma fórmula; algumas planilhas usam '+' para indicar uma fórmula). Do mesmo modo, todas as células do orçamento de compras serão compostas de fórmulas contendo endereços de células, em vez de números. O total necessário em abril (D16) é =D13 + D14, e as compras de abril (D19) são orçadas para ser =D16 − D17. Os números para maio, junho e julho são calculados da mesma maneira dentro das respectivas colunas. Essa abordagem dá à planilha maior flexibilidade, porque você pode mudar qualquer número nos dados do orçamento na Figura 7.7 (por exemplo, as vendas previstas), e o *software* recalcula automaticamente os números no orçamento de compras inteiro.

A Figura 7.8 mostra as fórmulas utilizadas para o orçamento das compras. A Figura 7.9 é um orçamento de compras que mostra os números gerados pelas fórmulas na Figura 7.8, usando os dados de entrada da Figura 7.7.

Figura 7.7 A Cooking Hut Company.

Dados do orçamento (coluna e linhas rotuladas são dadas pela planilha)

	A	B	C	D	E	F	G
1	Dados do orçamento						
2	Previsão de vendas		Outras informações				
3							
4	Março (real)	$ 40 000	Estoque inicial	$ 48 000			
5	Abril	50 000	Estoque final desejado: montante base	$ 20 000			
6	Maio	80 000	Mais porcentagem de custo				
7	Junho	60 000	dos produtos vendidos				
8	Julho	50 000	do próximo mês	80%			
9	Agosto	40 000	Custo dos produtos vendidos como				
10			uma porcentagem de vendas	70%			

Figura 7.8 A Cooking Hut Company.

Fórmulas do orçamento de compras

	A	B	C	D	E	F	G
11	Planilha c						
12	Orçamento de compras			Abril	Maio	Junho	Julho
13	Estoque final desejado			=D5 + D8* (D10*B6)	=D5 + D8* (D10*B7)	=D5 + D8* (D10*B8)	=D5 + D8* (D10*B9)
14	Mais custos dos produtos vendidos			=D10*B5	=D10*B6	=D10*B7	=D10*B8
15							
16	Necessidade total			=D13 + D14	=E13 + E14	=F13 + F14	=G13 + G14
17	Menos estoque inicial			=D4	=D13	=E13	=F13
18							
19	Compras			=D16 − D17	=E16 − E17	=F16 − F17	=G16 − G17
20							

Figura 7.9 A Cooking Hut Company.

Orçamento de compras

	A	B	C	D	E	F	G
11	Planilha C						
12	Orçamento de compras			Abril	Maio	Junho	Julho
13	Estoque final desejado			$ 64 800	$ 53 600	$ 48 000	$ 42 400
14	Mais custos dos produtos vendidos			$ 35 000	$ 56 000	$ 42 000	$ 35 000
15							
16	Necessidade total			$ 99 800	$ 109 600	$ 90 000	$ 77 400
17	Menos estoque inicial			$ 48 000	$ 64 800	$ 53 600	$ 48 000
18							
19	Compras			$ 51 800	$ 44 800	$ 36 400	$ 29 400
20							

Agora, o que ocorreria se as vendas pudessem ser 10 por cento mais elevadas do que o inicialmente previsto de abril até agosto? Que efeito essa previsão alternativa teria nas compras orçadas? Mesmo revisar esse simples orçamento de compras exigiria um número considerável de recálculo manual. Simplesmente mudar as previsões de vendas na planilha da Figura 7.7, entretanto, resultaria em uma revisão quase instantânea do orçamento de compras. A Figura 7.10 mostra a alternativa de previsões de vendas (digitada em **negrito**) e outros dados inalterados, bem como o orçamento de compras revisado. Podemos alterar cada peça dos dados do orçamento na tabela, e facilmente ver ou imprimir os efeitos sobre as compras. Esse tipo de análise, avaliando os efeitos das variações das entradas no orçamento, para cima ou para

Figura 7.10 A Cooking Hut Company.

Orçamento de compras

	A	B	C	D	E	F	G
1	Dados orçados						
2	Previsão de venda		Outras informações				
3							
4	Março (real)	$ 40 000	Estoque inicial	$ 48 000			
5	Abril	$ 55 000	Estoque final desejado: montante base	$ 20 000			
6	Maio	$ 88 000	Mais porcentagem				
7	Junho	$ 66 000	de custo dos produtos				
8	Julho	$ 55 000	vendidos do próximo mês	80%			
9	Agosto	$ 44 000	Custo dos produtos vendidos				
10			como uma porcentagem de	70%			
11	Planilha C		vendas				
12	Orçamento de compras			Abril	Maio	Junho	Julho
13	Estoque final desejado			$ 69 280	$ 56 960	$ 50 800	$ 44 640
14	Mais custos dos produtos vendidos			$ 38 500	$ 61 600	$ 46 200	$ 38 500
15							
16	Necessidade total			$ 107.780	$ 118 560	$ 97 000	$ 83 140
17	Menos estoque inicial			$ 48 000	$ 69 280	$ 56 960	$ 50 800
18							
19	Compras			$ 59 780	$ 49 280	$ 40 040	$ 32 340
20							

baixo, é chamado de análise de sensibilidade. A **análise de sensibilidade** para o orçamento é uma variação sistemática da entrada de dados no orçamento, a fim de determinar os efeitos de cada variação. Esse tipo de análise 'inferencial' é um dos usos mais poderosos das planilhas para modelos de planejamento financeiro. Observe também que, geralmente, não é uma boa idéia variar mais de um tipo de entrada no orçamento de cada vez, a menos que elas sejam obviamente relacionadas, porque, fazendo isso, fica difícil isolar os efeitos de cada variação.

Cada planilha, cada orçamento operacional e cada orçamento financeiro do orçamento-mestre podem ser preparados em uma planilha. Cada planilha estaria ligada a um endereço de célula apropriado, assim como os dados de entrada para o orçamento (Figura 7.7) estão ligados ao orçamento de compras (Figuras 7.8 e 7.9). Como no orçamento de compras, idealmente todas as células no orçamento-mestre são fórmulas, não números. Dessa maneira, cada entrada no orçamento pode ser objeto da análise de sensibilidade, se desejado, simplesmente mudando os dados do orçamento na Figura 7.7.

A preparação do orçamento-mestre em um planilha consome tempo — na primeira vez. Depois, as economias de tempo e a capacidade de planejamento, por meio da análise de sensibilidade, são enormes se comparadas com a abordagem manual. Um problema pode ocorrer, entretanto, se o modelo de orçamento-mestre não for bem documentado e alguma outra pessoa, além do próprio autor, tentar modificar o modelo do planilha. Todas as suposições devem ser descritas dentro da planilha ou em um documento separado de preparação de orçamento.

MATERIAL FUNDAMENTAL DE AVALIAÇÃO

Nota especial: Os problemas 7-A1 e 7-B1 fornecem revisões do único problema da maioria dos tópicos deste capítulo. Os leitores que preferirem concentrar-se em porções menores dos fundamentos devem considerar alguns dos outros problemas.

7-A1. Preparar o orçamento-mestre

A Video Hut, Inc. tem a firme opinião de usar a gestão altamente descentralizada. Você é o novo gestor da loja da empresa no *shopping center* America. Você sabe muito a respeito de como comprar, como expor na vitrina, como vender e como reduzir os furtos de lojas. Você sabe pouco sobre contabilidade e finanças, entretanto.

A alta gestão está convencida de que o treinamento para a alta gestão deve incluir uma participação ativa dos gestores de lojas no processo orçamentário. Foi solicitado a você que preparasse um orçamento-mestre completo da sua loja para os meses de junho, julho e agosto. Você é responsável pela completa preparação real.

Toda a contabilidade é centralizada, de maneira que você não tem ajuda de especialistas em suas dependências. Além disso, amanhã o gestor da filial e o assistente de *controller* estarão aqui para examinar seu trabalho; nessa ocasião, eles apoiarão você na formulação do documento de orçamento final. A idéia é que você prepare o orçamento algumas vezes, de modo que ganhe mais confiança sobre os assuntos contábeis. Você deseja causar uma impressão favorável em seus superiores. Assim, você obtém os seguintes dados de 31 de maio de 2001:

		Vendas recentes e projetadas	
Caixa	$ 29 000		
Estoque	$ 420 000	Abril	$ 300 000
Contas a receber	$ 369 000	Maio	$ 350 000
Móveis e utensílios líquidos	$ 168 000	Junho	$ 700 000
Total de ativos	$ 986 000	Julho	$ 400 000
Contas a pagar	$ 475 000	Agosto	$ 400 000
Patrimônio líquido	$ 511 000	Setembro	$ 300 000
Total de passivos e patrimônio líquido	$ 986 000		

As vendas a prazo são 90 por cento do total das vendas. As contas a prazo são cobradas 80 por cento no mês seguinte à venda e 20 por cento no segundo mês. Suponha que os débitos incobráveis sejam irrelevantes e possam ser ignorados. As contas a receber em 31 de maio são o resultado das vendas a prazo de abril e maio:

$(0,20 \times 0,90 \times \$ 300\,000 = \$ 54\,000) + (1,0 \times 0,90 \times \$ 350\,000 = \$ 315\,000) = \$ 369\,000$

A média do lucro bruto sobre as vendas é 40 por cento.

A política é adquirir bastante estoque em cada mês para igualar as vendas projetadas do mês seguinte. Todas as compras são pagas no mês seguinte.

Os salários, honorários e comissões, em média, são 20 por cento do valor das vendas; todas as outras despesas variáveis são 4 por cento das vendas. As despesas fixas de aluguel, impostos prediais e diversas sobre a folha de pagamento e outros itens são $ 55 mil mensais. Suponha que essas despesas variáveis e fixas exijam um desembolso de caixa todo mês. A depreciação é $ 3 mil mensalmente.

Em junho, $ 55 mil serão desembolsados para aquisição de utensílios adquiridos em maio. O saldo de 31 de maio das contas a pagar inclui esse montante.

Suponha que um saldo mínimo de caixa de $ 25 mil deva ser mantido. Suponha também que todos os empréstimos tomados sejam efetuados no início do mês e todas as restituições sejam feitas no fim do mês de restituição. Os juros são pagos apenas no momento da restituição do principal. A taxa de juros é 10 por cento ao ano; arredonde os cálculos de juros para o mais próximo de dez unidades monetárias. Todos os empréstimos e restituições do principal devem ser feitos em múltiplos de $ 1 mil.

1. Prepare uma demonstração de resultado orçada para o trimestre vindouro, uma demonstração orçada de recebimentos e desembolsos de caixa mensal (para os próximos três meses) e um balanço patrimonial orçado para 31 de agosto de 2001. Todas as operações são avaliadas na base antes do imposto de renda, de modo que o imposto de renda pode ser ignorado aqui.
2. Explique por que há necessidade de um empréstimo bancário e quais as fontes de caixa operacional para restituição do empréstimo bancário.

7-B1. Preparar o orçamento-mestre

A Auckland Tent Company, pequena empresa da Nova Zelândia que vende barracas, deseja um orçamento-mestre para os próximos três meses, iniciando em 1º de janeiro de 20X1. Ela deseja um saldo mínimo de caixa final de $ NZ 5 mil a cada mês. As vendas são previstas no preço médio de atacado de $NZ 80 por barraca. Em janeiro, a Auckland Tent está iniciando entregas *just-in-time* (JIT) dos fornecedores, o que significa que as compras se igualam às vendas esperadas. Em 1º de janeiro, as compras cessarão, até que o estoque alcance $NZ 6 mil; após esse momento, as compras se igualarão às vendas.

Os custos de mercadorias são, em média, $NZ 40 por barraca. As compras durante qualquer mês são pagas completamente durante o mês seguinte. Todas as vendas são a prazo, pagáveis dentro de 30 dias, mas a experiência tem mostrado que 60 por cento das vendas atuais são cobradas no mês corrente, 30 por cento no mês seguinte e 10 por cento no mês subseqüente. Os débitos incobráveis são irrelevantes.

As despesas operacionais mensais se apresentam como segue:

Honorários e salários	$ NZ	15 000
Seguro expirado	$ NZ	125
Depreciação	$ NZ	400
Diversas	$ NZ	2 500
Aluguel	$ NZ	250/mês + 10% de vendas trimestrais acima de $NZ 10 000

Os dividendos em dinheiro de $NZ 1,5 mil devem ser pagos trimestralmente, começando em 15 de janeiro, e são declarados no dia 15 do mês anterior. Todas as despesas operacionais são pagas quando incorridas, exceto o seguro, a depreciação e o aluguel. O aluguel de $NZ 250 é pago no início de cada mês, e os 10 por cento adicionais das vendas são pagos trimestralmente, no dia 10 do mês seguinte ao fim do trimestre. A próxima parcela é devida em 10 de janeiro.

A empresa planeja comprar alguns utensílios por $NZ 4 mil, em dinheiro, em março.

O dinheiro pode ser tomado emprestado e restituído em múltiplos de $NZ 500, a uma taxa de juros de 10 por cento ao ano. A gestão deseja minimizar a tomada de empréstimo e restituí-la rapidamente. Os juros serão calculados e pagos quando o principal for restituído. Suponha que a tomada de empréstimo ocorra no início do mês em questão e a restituição no fim do mês. O dinheiro nunca é tomado emprestado no início e restituído no fim do mesmo mês. Calcule os juros até a unidade monetária mais próxima.

Ativos em 31 de dezembro de 20X0		Passivos em 31 de dezembro de 20X0	
Caixa	$ NZ 5 000	Contas a pagar (mercadorias)	$ NZ 35 550
Contas a receber	$ NZ 12 500	Dividendos a pagar	$ NZ 1 500
Estoque*	$ NZ 39 050	Aluguel a pagar	$ NZ 7 800
Seguro não-expirado	$ NZ 1 500		$ NZ 44 850
Ativos fixos, líquidos	$ NZ 12 500		
	$ NZ 70 550		

Saldo de estoque de 30 de novembro = $NZ 16 000.

Vendas recentes e previstas

Outubro	$ NZ 38 000	Dezembro	$ NZ 25 000	Fevereiro	$ NZ 75 000	Abril	$ NZ 45 000
Novembro	$ NZ 25 000	Janeiro	$ NZ 62 000	Março	$ NZ 38 000		

1. Prepare um orçamento-mestre que inclua uma demonstração de resultado orçada, balanço patrimonial, demonstração de recebimentos, desembolsos de caixa e planilhas de apoio para os meses de janeiro a março de 20X1.
2. Explique por que há necessidade de um empréstimo bancário e que fontes operacionais fornecem o caixa para a restituição do empréstimo bancário.

MATERIAL ADICIONAL DE AVALIAÇÃO

QUESTÕES

7-1. O orçamento é utilizado principalmente para manter registro, direcionar atenção ou solucionar problemas?

7-2. Como planejamento estratégico, planejamento de longo prazo e orçamento diferem?

7-3. "Os orçamentos de capital são planos para gerenciar dívidas de longo prazo e ações ordinárias." Você concorda? Explique.

7-4. "Eu oponho-me aos orçamentos contínuos porque eles fornecem um alvo móvel. Os gestores nunca sabem ao que visar." Discuta.

7-5. "As demonstrações *pro forma* são as preparadas em conjunto com os orçamentos contínuos." Você concorda? Explique.

7-6. Por que o desempenho orçado é melhor que o desempenho passado como base para avaliar os resultados reais?

7-7. "Os orçamentos são aprovados em ambientes relativamente estáveis. Tudo, porém, muda tão rapidamente no setor eletrônico que o orçamento é uma perda de tempo." Comente essa declaração.

7-8. Quais são os benefícios principais do orçamento?

7-9. "O orçamento é um ônus desnecessário para muitos gestores. Ele toma o tempo de problemas cotidianos muito importantes." Você concorda? Explique.

7-10. Diferencie um orçamento operacional de um orçamento financeiro.

7-11. Por que a previsão de vendas é o ponto de partida para o orçamento?

7-12. Compare entre despesas operacionais e desembolsos para as despesas operacionais.

7-13. Qual é o principal objetivo de um orçamento de caixa?

7-14. Compare uma previsão de vendas de um orçamento de vendas.

7-15. Que fatores influenciam a previsão de vendas?

7-16. "A educação e a habilidade de vendas são características-chave do orçamento." Explique.

7-17. O que são modelos de planejamento financeiro?

7-18. "Os modelos de planejamento financeiro guiam os gestores por meio do processo de orçamento, de modo que os gestores não necessitem realmente entender de orçamento." Você concorda? Explique.

7-19. "Eu não posso ser incomodado com o estabelecimento de meu orçamento mensal em um planilha eletrônica. Ele toma muito tempo e esforço valiosos." Comente.

7-20. Como as planilhas eletrônicas apóiam a aplicação da análise de sensibilidade?

Exercícios cognitivos

7-21. Orçamentos como limitações de gastos
Muitas organizações sem fins lucrativos usam os orçamentos primordialmente para limitar os gastos. Por que isso limita a eficácia dos orçamentos?

7-22. O pessoal de vendas e o orçamento
O orçamento de vendas é a base do orçamento-mestre inteiro. Como o pessoal de vendas ajuda a formular o orçamento? Compare o papel do pessoal de vendas ao de uma função de assessoria central, como pesquisa de mercado.

7-23. Orçamentos-mestres para pesquisa e desenvolvimento
O texto focaliza orçamentos para organizações que têm receitas e despesas. Suponha que você fosse o gestor de uma divisão de pesquisa e desenvolvimento de uma empresa de biotecnologia. Como os orçamentos seriam úteis para você?

7-24. Orçamentos de produção e avaliação de desempenho
A fábrica de Akron, da American Tire Company, prepara um orçamento-mestre anual, todo mês de novembro, para o ano seguinte. No fim de cada ano, ela compara os custos reais incorridos aos custos orçados. Como a American Tire pode convencer seus empregados a aceitar o orçamento e se esforçar para satisfazer ou superar os custos orçados?

Exercícios

7-25. Preencha os espaços em branco
Entre com a palavra ou frase que melhor completa o seguinte:

1. O processo de orçamento financeiro inclui os seguintes orçamentos:
   a) _____
   b) _____
   c) _____
   d) _____
2. O processo de orçamento-mestre geralmente começa com o orçamento _____.
3. O processo de orçamento de produção geralmente começa com o orçamento _____.
4. Um orçamento _____ é um plano revisado mensal ou trimestralmente, eliminando um período e adicionando outro.
5. O planejamento estratégico estabelece as _____.

7-26. Orçamento de caixa
Brenda Peterson e Molly Chan estão preparando um plano para submeter a investidores de risco, em busca de financiamento para seus negócios, a Adventure.com. A empresa planeja despender $ 300 mil em equipamento no primeiro trimestre de 2002. Os salários e outras despesas operacionais (pagas quando incorridas) serão $ 30 mil por mês, iniciando em janeiro de 2002 e continuando nesse nível depois disso. A empresa receberá sua primeira receita em janeiro de 2003, com cobrança de caixa, em média, de $ 25 mil por mês, para todo o ano de 2003. Em janeiro de 2004, espera-se que as cobranças de caixa aumentem em $ 100 mil por mês e continuem nesse nível depois disso.

Quanto financiamento de capital de risco deve a Adventure.com buscar? Suponha que a empresa necessite de financiamento para cobrir todas as suas necessidades de caixa até que os recebimentos de caixa comecem a exceder os desembolsos.

7-27. Compras e custo dos produtos vendidos

A Bridgeford Co., atacadista de autopeças, orçou as seguintes vendas para os meses indicados:

	Junho 20X2	Julho 20X2	Agosto 20X2
Vendas a prazo	$ 1 800 000	$ 1 920 000	$ 2 040 000
Vendas a vista	$ 240 000	$ 250 000	$ 260 000
Total de vendas	$ 2 040 000	$ 2 170 000	$ 2 300 000

Todas as mercadorias são precificadas por *markup* para as vendas a seus custos de fatura mais 25 por cento. Os estoques de mercadoria, no início de cada mês, são 30 por cento dos custos dos produtos vendidos projetados daquele mês.

1. Calcule os custos orçados de produtos vendidos para o mês de junho de 20X2.
2. Calcule as compras de mercadorias orçadas para julho de 20X2.

7-28. Orçamentos de compras e vendas

Todas as vendas da Acme Building Supplies (ABS) são feitas a prazo. As vendas são faturadas duas vezes ao mês: no dia 10 para a última metade das vendas do mês anterior, e no dia 20 para a primeira metade das vendas do mês atual. Os termos de todas as vendas são dois décimos, líquido de 30. Com base na experiência passada, a experiência da cobrança das contas a receber é a seguinte:

Dentro do período de desconto	80%
No 30º dia	18%
Incobrável	2%

O valor das vendas dos embarques para maio de 20X1 foi $ 750 mil. As vendas previstas para os próximos quatro meses são:

Junho	$ 800 000
Julho	$ 900 000
Agosto	$ 900 000
Setembro	$ 750 000

A média de margem da ABS nesses produtos é 20 por cento do preço de vendas.

As compras de mercadorias da ABS para revenda que satisfazem a demanda de vendas do mês atual e mantêm um estoque final mensal desejado são 25 por cento das vendas do próximo mês. Todas as compras são a prazo, com termos de 30 dias líquidos. A ABS paga metade das compras mensais no mês de compra e a outra metade no mês seguinte. Todas as vendas e compras ocorrem uniformemente durante o mês.

1. Quanto caixa a ABS pode planejar cobrar das contas a receber durante julho de 20X1?
2. Quanto a ABS pode planejar cobrar em setembro sobre as vendas feitas em agosto de 20X1?
3. Calcule o valor orçado, em dinheiro, do estoque da ABS em 31 de agosto de 20X1.
4. Quanta mercadoria a ABS deve planejar comprar durante junho de 20X1?
5. Quanto a ABS deve orçar em agosto de 20X1 para o pagamento de mercadoria comprada?

7-29. Orçamento de vendas

Suponha que a Gap Store tenha os seguintes dados:

- Contas a receber, 31 de maio: (0,3 × vendas de maio de $ 450 000) = $ 135 000.
- Vendas previstas mensais: junho, $ 400 000; julho, $ 440 000; agosto, $ 500 000; setembro, $ 530 000.

As vendas consistem de 70 por cento a vista e 30 por cento a prazo. Todas as contas são cobradas no mês seguinte às vendas. As contas incobráveis são irrelevantes e podem ser ignoradas.

Prepare uma planilha do orçamento de vendas e uma planilha do orçamento de cobrança de caixa para junho, julho e agosto.

7-30. Orçamento de vendas

Um atacadista japonês de roupas preparava seu orçamento de vendas para o primeiro trimestre de 20X2. As vendas previstas são (em milhares de ienes):

Janeiro	¥ 180 000
Fevereiro	¥ 210 000
Março	¥ 240 000

As vendas são 20 por cento a vista e 80 por cento a prazo. Cinqüenta por cento das contas a receber são cobradas no mês da venda, 40 por cento no mês seguinte ao da venda e 10 por cento no outro mês. Nenhuma conta incobrável é antecipada. As contas a receber no início de 20X2 eram ¥ 94 milhões (10 por cento de vendas a prazo de novembro, de ¥ 160 milhões, e 50 por cento de vendas a prazo de dezembro, de ¥ 156 milhões).

Prepare uma planilha mostrando as vendas e as cobranças de caixa para janeiro, fevereiro e março de 20X2.

7-31. Orçamento de cobrança de caixa

A Mideast Carpet Specialties descobriu que as cobranças de caixa dos clientes tendem a ocorrer no seguinte padrão:

Cobrado dentro do período de desconto no mês da venda	50%
Cobrado dentro do período de desconto de caixa no primeiro mês após o mês de venda	10%
Cobrado após o período de desconto de caixa no primeiro mês após o mês de venda	25%
Cobrado após o período de desconto de caixa no segundo mês após o mês de venda	12%
Incobrável	3%
Total das vendas em qualquer mês (antes dos descontos de caixa)	100%
Desconto de caixa permissível como uma porcentagem do preço da fatura	1%

Calcule o total de caixa orçado a ser cobrado em março se as vendas são preditas da seguinte maneira: $ 350 mil para janeiro, $ 400 mil para fevereiro e $ 450 mil para março.

7-32. Orçamento de compras

A Quantrill Furniture Mart planeja níveis de estoque (ao custo) no fim de cada mês como segue: Maio, $ 250 mil; junho, $ 220 mil; julho, $ 270 mil; agosto, $ 240 mil.

Espera-se que as vendas sejam: Junho, $ 440 mil; julho, $ 350 mil; agosto, $ 400 mil. O custo dos produtos vendidos é 60 por cento das vendas.

As compras em abril foram $ 250 mil; em maio, $ 180 mil. As compras de um mês são pagas como segue: 10 por cento durante aquele mês; 80 por cento no mês seguinte; os 10 por cento restantes no mês subseqüente.

Prepare as planilhas de orçamento para junho, julho e agosto para as compras e os desembolsos para compras.

7-33. Orçamento de compra

O estoque da Dublin Appliance Company era £ 210 mil em 31 de maio. A gestora estava nervosa porque o estoque estava muito alto. Adotou as seguintes políticas a respeito das compras e estoque de mercadorias. Ao fim de qualquer mês, o estoque deveria ser £ 15 mil mais 90 por cento do custo das mercadorias a ser vendidas durante o mês seguinte. O custo das mercadorias vendidas é, em média, 60 por cento das vendas. Os termos de compra são geralmente líquidos de 30 dias. As compras de um mês são pagas como segue: 20 por cento durante aquele mês e 80 por cento durante o mês seguinte.

As compras em maio tinham sido £ 150 mil. Espera-se que as vendas sejam: em junho, £ 300 mil; julho, £ 280 mil; agosto, £ 340 mil; setembro, £ 400 mil.

1. Calcule o montante em que o estoque em 31 de maio excedia as políticas da gestora.
2. Prepare planilhas de orçamento para junho, julho e agosto para compras e para desembolsos para compras.

7-34. Orçamento de caixa

Considere a demonstração de resultado da Figura 7.11.

O saldo de caixa, em 31 de maio de 20X1, é $ 18 mil. Os proventos de vendas são cobrados como segue: 80 por cento no mês das vendas; 10 por cento no segundo mês; 10 por cento no terceiro mês.

As contas a receber eram $ 40 mil em 31 de maio de 20X1, consistindo de $ 16 mil das vendas de abril e $ 24 mil das vendas de maio.

As contas a pagar em 31 de maio de 20X1 eram $ 145 mil. A Durham Company paga 25 por cento das compras durante o mês da compra e o restante durante o mês seguinte. Todas as despesas operacionais que exigem dinheiro são pagas durante o mês de reconhecimento. Os seguros e o imposto predial são pagos anualmente em dezembro, entretanto.

Prepare um orçamento de caixa para junho. Restrinja sua análise aos dados apresentados. Ignore o imposto de renda e outros itens que possam afetar o caixa.

Problemas

7-35. Orçamento de caixa

Jean Kim é gestora de uma importante loja de presentes, a Kim News and Gifts. Dos seguintes dados, o sra. Kim deseja um orçamento de caixa que mostre os recebimentos e desembolsos de caixa esperados para o mês de abril e o saldo de caixa esperado em 30 de abril de 20X2.

Figura 7.11 Durham Company.

Demonstração de resultado orçada para o mês encerrado em 30 de junho de 20X1 (em milhares)

Vendas		$ 290
Estoque, 31 de maio	$ 50	
Compras	$ 192	
Disponível para a venda	$ 242	
Estoque, 30 de junho	$ 40	
Custo dos produtos vendidos		$ 202
Margem bruta		$ 88
Despesas operacionais		
Honorários	$ 36	
Utilidades públicas	$ 5	
Propaganda	$ 10	
Depreciação	$ 2	
Despesas de escritório	$ 4	
Seguro e imposto predial	$ 3	$ 60
Lucro operacional		$ 28

- Notas bancárias vencidas em 10 de abril: $ 90 mil mais $ 4,5 mil de juros.
- Depreciação de abril: $ 2,1 mil.
- Apólice de seguro de dois anos, vencida em 14 de abril, para renovação: $ 1,5 mil, a ser pago em dinheiro.
- Saldo de caixa planejado, 31 de março de 20X2: $ 80 mil.
- Compra de mercadorias para abril: $ 450 mil; 40 por cento pagos no mês da compra, 60 por cento no mês seguinte.
- Contas a receber de clientes em 31 de março: $ 60 mil das vendas de fevereiro; $ 450 mil das vendas de março.
- Folhas de pagamento devidas em abril: $ 90 mil.
- Outras despesas para abril, pagáveis em abril: $ 45 mil.
- Impostos provisionados para abril, pagáveis em junho: $ 7,5 mil.
- Vendas de abril: $ 1 milhão; metade cobrado no mês das vendas, 40 por cento no mês seguinte, 10 por cento no terceiro mês.
- Contas a pagar, 31 de março de 20X2: $ 460 mil.

Prepare o orçamento de caixa.

7-36. Orçamento de caixa

Prepare uma demonstração de recebimentos e desembolsos de caixa estimados para outubro de 20X1, para a Bouquet Company, que vende um produto, sabão herbal, por caixa. Em 1º de outubro de 20X1, o balancete parcial mostrava:

Caixa	$ 4 800	
Contas a receber	$ 15 600	
Provisão para devedores duvidosos		$ 1 900
Estoque de mercadorias	$ 9 000	
Contas a pagar, mercadoria		$ 6 600

A empresa paga suas compras dentro de dez dias. Suponha que um terço das compras de qualquer mês seja devido e pago no mês seguinte.

O custo das mercadorias compradas é $ 12 por caixa. No fim de cada mês, deseja-se ter um estoque igual a 50 por cento em unidades das vendas do mês seguinte.

Os termos de vendas incluem um desconto de 1 por cento, se o pagamento for feito no fim do mês calendário. A experiência passada indica que 60 por cento dos faturamentos serão cobrados durante o mês das vendas, 30 por cento no mês calendário seguinte, 6 por cento no terceiro mês calendário. Quatro por cento são incobráveis. O ano fiscal da empresa começa em 1º de agosto.

Preço de venda unitário	$ 20
Vendas reais de agosto	$ 12 000
Vendas reais de setembro	$ 36 000
Vendas estimadas de outubro	$ 30 000
Vendas estimadas de novembro	$ 22 000
Total de vendas esperadas no ano fiscal	$ 360 000

Excluindo os devedores duvidosos, o total de vendas orçadas e despesas administrativas gerais para o ano fiscal são estimadas em $ 61,5 mil, dos quais $ 24 mil são despesas fixas (que incluem $ 13,2 mil de despesa de depreciação anual). A Bouquet Company incorre nessas despesas fixas uniformemente durante o ano. O saldo das despesas de venda e administrativas gerais varia com as vendas. As despesas são pagas assim que incorridas.

7-37. Orçamento do Ritz-Carlton

Suponha que o Ritz-Carlton tenha um hotel com 300 quartos, em um clima tropical. A gestão espera que a taxa de ocupação seja de 95 por cento em dezembro, janeiro e fevereiro; de 85 por cento em novembro, março e abril; de 70 por cento no restante do ano. O aluguel médio por quarto é $ 250 por noite. Destes, na média, 10 por cento são recebidos como um depósito no mês anterior ao da estadia; 60 por cento é recebido no mês da estadia; 28 por cento é cobrado no mês após. Os 2 por cento restantes são incobráveis.

A maioria dos custos de funcionamento do hotel é fixa. Os custos variáveis são apenas $ 30 por quarto ocupado por noite. Os salários fixos (incluindo benefícios) são $ 395 mil por mês, a depreciação é $ 350 mil por mês, e os outros custos operacionais fixos são $ 125 mil por mês; as despesas de juros são $ 500 mil por mês. Os custos e salários variáveis são pagos no mês em que são incorridos, a depreciação é registrada no fim de cada trimestre, outros custos operacionais fixos são pagos assim que incorridos, e os juros são pagos a cada mês de junho e dezembro.

1. Prepare um orçamento de caixa mensal para esse hotel Ritz-Carlton. Para simplificar, suponha que haja 30 dias em cada mês.
2. Quanto aumentaria o lucro anual do hotel se as taxas de ocupação aumentassem cinco pontos percentuais em cada mês da baixa estação (isto é, de 70 para 75 por cento de maio até outubro)?

7-38. Orçamento baseado em atividade

Uma diretriz recente de Helen Endicott, CEO da Warren Communications, instruiu cada departamento a cortar seus custos em 10 por cento. O orçamento tradicional para o departamento de embarques e recebimentos era o seguinte:

Salários: 4 empregados a $ 42 000	$ 168 000
Benefícios a 20%	$ 33 600
Depreciação, base de linha reta	$ 76 000
Suprimentos	$ 43 400
CIF a 35% dos custos diretos	$ 112 350
Total	$ 433 350

Conseqüentemente, o departamento de embarques e recebimentos necessita descobrir $ 43 335 para cortar.

Rick Tulchin, recentemente graduado em MBA, foi solicitado a reduzir $ 43 300 do orçamento do departamento de embarques e recebimentos. Como primeira etapa, ele reorganizou o orçamento tradicional em um orçamento baseado em atividades.

Recebimento, 620 000 libras	$ 93 000
Embarque, 404 000 caixas	$ 202 000
Manuseio, 11 200 movimentos	$ 112 000
Manutenção de registros, 65 000 transações	$ 26 350
Total	$ 433 350

1. Que ações Tulchin pode sugerir para obter um corte de orçamento de $ 43 335? Por que essas seriam as melhores ações a ser realizadas?
2. Que orçamento o ajudou a responder melhor ao item 1? Explique.

7-39. Orçamento, comportamento e ética

Desde que Simon Dunlop se tornou presidente da Yukon Mining, Ltd., o orçamento se tornou um dos principais focos para os gestores. De fato, fazer orçamentos era uma meta tão importante, que apenas dois gestores que não tinham alcançado seus orçamentos em 20X0 (em 2 por cento e em 4 por cento, respectivamente) foram sumariamente demitidos. Isso causou uma preocupação a todos os gestores quando estabeleceram seus orçamentos de 20X1.

A divisão de cobre YML da Yukon Mining teve os seguintes resultados para 20X0:

Vendas, 1,6 milhão de libras a $ 0,95/libra	$ 1 520 000
Custos variáveis	$ 880 000
Custos fixos, principalmente depreciação	$ 450 000
Lucro antes do imposto de renda	$ 190 000

Sheila Kosta, gestora-geral da divisão de cobre da YML, recebeu o memorando de Dunlop que continha o seguinte:

Esperamos que seu lucro para 20X1 seja de pelo menos $ 209 mil. Prepare um orçamento de como você planeja alcançar isso.

Kosta estava preocupada, porque o mercado de cobre tinha suavizado recentemente. Sua equipe de pesquisa de mercado previu que as vendas seriam abaixo dos níveis de 20X0 e que os preços, provavelmente, estariam entre $ 0,92 e $ 0,94 por libra. Seu gestor de manufatura relatou que a maioria dos custos fixos eram comprometidos e que havia poucas eficiências a ser ganhas nos custos variáveis. Ele indicou que, talvez, uma economia de 2 por cento nos custos variáveis pudesse ser alcançada, mas certamente não mais do que isso.

1. Prepare um orçamento para Kosta submeter à matriz. Que dilemas Kosta enfrenta na preparação do orçamento?
2. Que problemas você vê no processo orçamentário da Yukon Mining?
3. Suponha que Kosta tenha submetido um orçamento que mostrasse um lucro de $ 209 mil. Agora está no fim de 20X1 e ela não teve um bom ano. Apesar de um declínio nas vendas de todo o setor, as vendas da divisão de cobre YML empataram com as vendas do último ano, de 1,6 milhão de libras, e o preço médio por libra foi $ 0,945, próximo do nível do último ano e bem acima daquela previsão. Os custos variáveis foram cortados em 2 por cento, por meio de um esforço extensivo. Ainda assim, as projeções de lucro foram mais do que $ 9 mil abaixo do orçamento. Kosta estava preocupada com seu emprego; assim, ela se aproximou do *controller* e solicitou que a planilha de depreciação fosse alterada. Ao estender a vida de alguns equipamentos por dois anos, $ 15 mil de depreciação puderam ser economizados em 20X1. Estimar a vida econômica dos equipamentos é difícil, e seria difícil provar que as vidas antigas eram melhores do que as novas vidas propostas. O que o *controller* deve fazer? Que questões éticas isso levanta?

7-40. Planilhas e análise de sensibilidade da demonstração de resultado

Estude o Apêndice 7. Uma loja da Borders Books, no *shopping center* Northcenter tinha as seguintes vendas orçadas, que são uniformes durante todo o mês:

Maio	$ 450 000
Junho	$ 375 000
Julho	$ 330 000
Agosto	$ 420 000

O custo dos produtos vendidos são, em média, 70 por cento das vendas, e a mercadoria é comprada essencialmente quando necessário. Os empregados ganham salários fixos de $ 22 mil (total) mensais e comissões de 10 por cento sobre as vendas correntes do mês, pagos quando recebidos. Outras despesas são: aluguel, $ 6 mil, pagos no dia primeiro de cada mês para a ocupação daquele mês; despesas diversas, 6 por cento das vendas, pagas quando incorridas; seguro, $ 450 por mês, de uma apólice de um ano, que foi paga em 2 de janeiro; depreciação, $ 3,05 mil por mês.

1. Usando o *software* de planilha, prepare uma tabela de dados do orçamento para a loja Borders Books.
2. Continue a planilha do item 1 e prepare as planilhas do orçamento para:
   a) Desembolsos para as despesas operacionais.
   b) Resultado operacional para junho, julho e agosto.
3. Ajuste os dados do orçamento apropriadamente para cada um dos seguintes cenários independentemente e recalcule os lucros operacionais usando a planilha:
   a) Uma promoção de vendas que custará $ 30 mil em maio poderia aumentar as vendas em cada um dos três meses seguintes em 5 por cento.
   b) Eliminar as comissões de vendas e aumentar os salários dos empregados para $ 52,5 mil por mês poderia diminuir as vendas conseqüentes em líquidos de 2 por cento.

7-41. Planilhas e análise de sensibilidade de despesas operacionais

Estude o Apêndice 7. A divisão de CD-ROM (CDRD) da Micro Storage, Inc. produz *drives* de CD-ROM de alta qualidade para computadores pessoais. Os *drives* são montados a partir de componentes comprados.

Os custos (valor) adicionados pela CDRD são custos indiretos (que incluem a mão-de-obra de montagem), embalagem e embarque. A CDRD produz *drives* de duas velocidades: 5X e 10X. O comportamento dos custos da CDRD é o seguinte:

	Fixos	Variáveis	
Componentes comprados			
Drives de 10X		$ 100	por componente
Drives de 5X		$ 40	por componente
Custos indiretos	$ 40 000	$ 16	por componente
Embalagem	$ 8 000	$ 4	por movimentação
Embarque	$ 8 000	$ 2	por movimentação

Ambos os *drives* de CD-ROM exigem cinco componentes. Conseqüentemente, o custo total dos componentes para os *drives* de 10X é $ 500 e para os de 5X é $ 200. A CDRD usa um orçamento contínuo de seis meses, que é revisado mensalmente. As previsões de vendas para os próximos oito meses são as seguintes:

	Drives de 10X	*Drives* de 5X
Outubro	3 200 unidades	4 000 unidades
Novembro	2 400	3 000
Dezembro	5 600	7 000
Janeiro	3 200	4 000
Fevereiro	3 200	4 000
Março	2 400	3 000
Abril	2 400	3 000
Maio	2 800	3 500

Trate cada evento sucessivamente.

1. Use o *software* de planilha para preparar uma tabela de informação orçamentária e um orçamento de despesa operacional para a divisão de CD-ROM de outubro até março. Incorpore a expectativa de que as vendas de *drives* de 5X serão 125 por cento dos *drives* de 10X. Prepare uma planilha que possa ser revisada facilmente para meses sucessivos.

2. As vendas reais de outubro foram 2 800 *drives* de 10X e 3 600 *drives* de 5X. Esse resultado provocou uma revisão na CDRD para suas previsões de vendas declinarem em 10 por cento. Revise o orçamento de despesas operacionais de novembro até abril.

3. No fim de novembro, a CDRD decide que a proporção de *drives* de 10X e *drives* de 5X está mudando. Espera-se que as vendas de *drives* de 5X seja 150 por cento das vendas dos *drives* de 10X. As vendas previstas de *drives* de 10X são inalteradas do item 2. Revise o orçamento de despesas operacionais de dezembro até maio.

Casos

7-42. Orçamento de caixa abrangente

Wilma Brown, tesoureira da Columbia Civic Theater (CCT), preparava uma solicitação de empréstimo para o Northeast National Bank em dezembro de 2001. O empréstimo era necessário para satisfazer necessidades de caixa do teatro para o ano 2002. Em poucos anos, a CCT havia se estabelecido como um teatro *premier*. Além de sua série regular de subscrições, ela iniciou uma série de novos direitos de peças e ofereceu uma produção para feriados muito popular. De fato, a produção para feriados foi a mais bem-sucedida financeiramente entre as atividade do teatro, fornecendo uma base para apoiar as produções inovadoras que foram artisticamente importantes para o teatro, mas não tão bem-sucedidas financeiramente.

No total, o teatro se deu bem financeiramente, como mostrado nas Figuras 7.12 e 7.13. Suas operações lucrativas habilitaram-no a construir seu próprio edifício e adquirir, em geral, um grande número de ativos.

Ela teria, pelo menos, equilibrado todos os anos desde sua incorporação, e a gestão antecipou as operações lucrativas continuadas. A Corporate Comunity para as artes em Columbia e diversas fundações privadas fizeram muitas doações para o teatro, e espera-se que tais doações continuem. Muito recentemente, o maior banco da cidade concordou em patrocinar a produção de um novo *show* por um direito de *show* local. O diretor de desenvolvimento do teatro, Richard Talman, esperou que tais patrocínios corporativos aumentassem no futuro.

Para fornecer instalações para o crescimento antecipado do teatro, a CCT começou um trabalho de ampliação do seu edifício dois anos atrás. As novas instalações são desejadas principalmente para apoiar as ofertas de teatro experimental, que foram se tornando mais numerosas. A expansão de capital deveria ser completada em 2002; tudo o que restou foi a aquisição e instalação da iluminação, equipamento de som e outros novos equipamentos a ser comprados em 2002.

Figura 7.12 Columbia Civic Theater.

Balanço patrimonial em 31 de dezembro (em $ milhares)

	1999	2000	2001
Ativos			
Caixa	$ 2 688	$ 229	$ 208
Contas a receber	$ 2 942	$ 3 372	$ 4 440
Estoque de suprimentos	$ 700	$ 700	$ 500
Total de ativos circulantes	$ 6 330	$ 4 301	$ 5 148
Instalações e equipamentos	$ 2 643	$ 4 838	$ 5 809
Total de ativos	$ 8 973	$ 9 139	$ 10 957
Passivos e patrimônio líquido			
Empréstimo bancário	$ 0	$ 0	$ 1 620*
Contas a pagar	$ 420	$ 720	$ 780
Provisão para despesas de folha de pagamento	$ 472	$ 583	$ 646
Hipoteca, circulante	$ 250	$ 250	$ 250
Total de passivos circulantes	$ 1 142	$ 1 553	$ 3 296
Outras contas a pagar	$ 270		
Hipoteca a pagar, longo prazo	$ 3 750	$ 3 500	$ 3 250
Ativos líquidos**	$ 3 811	$ 4 086	$ 4 411
Total de passivo e patrimônio líquido	$ 8 973	$ 9 139	$ 10 957

* Inclui $ 32 mil de juros provisionados.
** A conta 'ativos líquidos' para organizações sem fins lucrativos é similar ao 'patrimônio líquido' para uma empresa.

Figura 7.13 Columbia Civic Theater.

Demonstração de resultado para o ano encerrado em 31 de dezembro (em $ milhares)

	1999	2000	2001
Vendas de ingressos	$ 3 303	$ 4 060	$ 5 263
Contribuições	$ 1 041	$ 1 412	$ 1 702
Doações e outras receitas	$ 1 202	$ 1 361	$ 1 874
Total de receitas	$ 5 546	$ 6 833	$ 8 839
Despesas*			
Produção	$ 4 071	$ 4 805	$ 6 307
Operações	$ 271	$ 332	$ 473
Relações públicas e desenvolvimento da comunidade	$ 1 082	$ 1 421	$ 1 734
Despesas totais	$ 5 424	$ 6 558	$ 8 514
Excesso de receitas sobre despesas	$ 122	$ 275	$ 325

* As despesas incluem depreciação de $ 355, $ 370 e $ 470, e de despesas gerais e administrativas de $ 1 549, $ 1 688 e $ 2 142, nos anos 1999, 2000 e 2001, respectivamente.

A Columbia Civic Theater tomou emprestado capital de giro do Northeast National Bank, por diversos anos nos últimos tempos. Para qualificar-se para um empréstimo, o teatro teve de concordar com:

1. Pagar completamente o empréstimo por um mês durante o ano.
2. Manter saldos de caixa e contas a receber iguais a (ou maior do que) 120 por cento do empréstimo.
3. Manter um saldo de caixa em reciprocidade de $ 200 mil o tempo todo.

No passado, o teatro não teve nenhum problema para satisfazer essas exigências, entretanto, em 2001, esteve inapto para reduzir o empréstimo a zero por um mês inteiro. Embora o Northeast tenha continuado a estender as necessidades de crédito, a gestora de empréstimos expressou sua preocupação com a situação. Ela solicitou um orçamento de caixa trimestral, para justificar o financiamento necessário para 2002. A sra. Brown começou a reunir os dados necessários para preparar tal orçamento.

Figura 7.14 Columbia Civic Theater.

Receitas trimestrais estimadas e contas a receber de fim de trimestre para o ano encerrado em 31 de dezembro de 2002 (em $ milhares)

	Vendas de ingressos		Contribuições		Doações	
	Receitas	Contas a receber de fim de trimestre	Receitas	Contas a receber de fim de trimestre	Receitas	Contas a receber de fim de trimestre
Primeiro trimestre	$ 852	$ 2 795	$ 75	$ 794	$ 132	$ 1 027
Segundo trimestre	$ 1 584	$ 3 100	$ 363	$ 888	$ 448	$ 1 130
Terceiro trimestre	$ 2 617	$ 3 407	$ 1 203	$ 1 083	$ 1 296	$ 1 240
Quarto trimestre	$ 1 519	$ 3 683	$ 442	$ 1 170	$ 528	$ 1 342

A CCT recebeu receitas de três principais fontes: vendas de ingressos, contribuições e doações. A sra. Brown formou a Figura 7.14 para calcular o saldo de contas a receber para cada uma dessas fontes em 2002. Ela supôs que a CCT continuaria suas práticas normais para receitas de doações e cobranças de penhores.

A maioria das despesas era constante mês a mês. Uma exceção foram os suprimentos, os quais eram comprados duas vezes por ano, em dezembro e em junho. Em 2002, a CCT espera comprar $ 200 mil de suprimentos em junho e $ 700 mil em dezembro, em termos de líquidos de 30 dias. Esperava-se que o estoque de suprimentos, no fim de dezembro, fosse $ 600 mil. A despesa de depreciação de $ 500 mil foi planejada para 2002, e outras despesas eram esperadas ocorrer a uma taxa constante de $ 710 mil por mês durante o ano, dos quais $ 700 mil eram custos de folha de pagamento. Os salários e honorários eram pagos na segunda-feira da primeira semana seguinte ao fim do mês. Os outros $ 10 mil de outras despesas eram pagos quando incorridos.

A parcela principal do equipamento novo a ser instalado em 2002 devia ser entregue em setembro; os pagamentos, que totalizam $ 400 mil, seriam feitos em quatro prestações mensais iguais, iniciando em setembro. Além disso, são previstas compras de pequenos equipamentos a $ 20 mil por mês, durante todo o ano. Elas são pagas na entrega.

No fim de 1999, a CCT havia tomado emprestados $ 4 milhões (classificados como hipoteca a pagar) da Farmers' Life Insurance Company. O teatro está restituindo o empréstimo ao longo de 16 anos, com pagamentos iguais em junho e dezembro de cada ano. Os juros, a 5 por cento ao ano, são pagos também com o saldo não pago em cada uma dessas datas. O total de pagamentos de juros para 2002, de acordo com os cálculos da sra. Brown, seriam $ 172 mil.

Os juros sobre o empréstimo do capital de giro do Northeast estavam a uma taxa anual de 8 por cento; o pagamento de juros de 2001 seria feito em 10 de janeiro de 2002, e aquele juro de 2002 seria pago em 10 de janeiro de 2003. O empréstimo de capital de giro foi tomado no primeiro dia do trimestre em que os fundos são necessários e eles são restituídos no último dia do trimestre, quando fundos extras são gerados. A CCT tem tentado manter um saldo de caixa mínimo de $ 200 mil todo o tempo, mesmo que as exigências do empréstimo não sejam feitas.

1. Calcule as entradas e saídas de caixa para cada trimestre de 2002. Quais são as exigências do empréstimo da CCT para cada trimestre?
2. Prepare uma demonstração de resultado projetada e o balanço patrimonial para a CCT para 2002.
3. Prepare a demonstração projetada de fluxos de caixa para 2002.
4. Que estratégia de financiamento você recomendaria para a CCT?

7-43. Orçamento de caixa para um hospital

O St. John Hospital fornece uma ampla faixa de serviços de saúde em sua comunidade. A diretoria do St. John autorizou os seguintes dispêndios de capital:

Bomba balão intra-aorta	$ 1 400 000
Scanner tomográfico computadorizado	$ 850 000
Equipamento de raios X	$ 550 000
Equipamento de laboratório	$ 1 200 000
Total	$ 4 000 000

Os dispêndios são planejados para 1º de outubro de 20X2, e a diretoria deseja saber o montante de empréstimo a ser tomado necessário naquela data. Jill Todd, *controller* do hospital, recolheu as seguintes informações a ser utilizadas na preparação de uma análise dos fluxos de caixa futuros.

- Faturamentos, feitos no mês do serviço, para os primeiros seis meses de 20X2 são:

Mês	Montante real
Janeiro	$ 5 300 000
Fevereiro	$ 5 300 000
Março	$ 5 400 000
Abril	$ 5 400 000
Maio	$ 6 000 000
Junho	$ 6 000 000

Noventa por cento do faturamento do St. John são feitos para terceiros, como a Blue Cross, o governo federal ou estadual e companhias de seguro privadas. Os 10 por cento restantes do faturamento são feitos diretamente de clientes. Os padrões históricos das cobranças do faturamento são:

	Faturamentos de terceiros	Faturamentos de clientes diretos
Mês de serviço	20%	10%
Mês seguinte de serviço	50%	40%
Segundo mês seguinte de serviço	20%	40%
Incobrável	10%	10%

Os faturamentos estimados para os últimos seis meses de 20X2 são listados a seguir. Todd espera que o mesmo padrão de faturamento e cobrança experimentado durante os primeiros seis meses de 20X2 continuem durante os últimos seis meses do ano.

Mês	Montante estimado
Julho	$ 5 400 000
Agosto	$ 6 000 000
Setembro	$ 6 600 000
Outubro	$ 6 800 000
Novembro	$ 7 000 000
Dezembro	$ 6 600 000

- A seguinte planilha apresenta as compras que têm sido feitas durante os últimos três meses e as compras planejadas para os últimos seis meses de 20X2.

Mês	Montante
Abril	$ 1 300 000
Maio	$ 1 450 000
Junho	$ 1 450 000
Julho	$ 1 500 000
Agosto	$ 1 800 000
Setembro	$ 2 200 000
Outubro	$ 2 350 000
Novembro	$ 2 700 000
Dezembro	$ 2 100 000

Todas as compras são feitas a prazo, e as contas a pagar são liquidadas no mês seguinte às compras.

- Os salários para cada mês, durante o restante de 20X2, são esperados em $ 1,8 milhão por mês, mais 20 por cento de faturamentos desse mês. Os salários são pagos no mês de serviço.
- A despesa de depreciação mensal do St. John é $ 150 mil.
- O St. John incorre em despesas de juros de $ 180 mil por mês e faz pagamentos de juros de $ 540 mil no último dia de cada trimestre do calendário.
- Espera-se que a renda do fundo de dotação continue a totalizar $ 210 mil por mês.
- O St. John tem um saldo de caixa de $ 350 mil em 1º de julho de 20X2 e uma política de manutenção de saldo de caixa mínimo de 10 por cento das compras do mês corrente.

- O St. John Hospital emprega um relatório periódico no ano calendário.

1. Prepare uma planilha de recebimentos de caixa orçados por mês para o terceiro trimestre de 20X2.
2. Prepare uma planilha de desembolso de caixa orçado por mês para o terceiro trimestre de 20X2.
3. Determine o montante de empréstimo tomado necessário em 1º de outubro de 20X2 para adquirir os itens de capital, totalizando $ 4 milhões.

7-44. Orçamento abrangente para uma universidade

Suponha que você seja o *controller* da Western Idaho State University. A presidente da universidade, Willa Redcloud, está preparando-se para sua campanha anual de levantamento de fundos para 2001-2002. Para estabelecer um alvo apropriado, ela solicitou a você que preparasse um orçamento para o ano acadêmico. Você coletou os seguintes dados para o ano corrente (2000-2001):

	Divisão de graduação	Divisão de pós-graduação
Salário médio dos membros da faculdade	$ 46 000	$ 46 000
Média de carga horária das aulas no semestre em hora–crédito por ano (oito cursos de graduação ou seis de pós-graduação)	24	18
Número médio de estudantes por classe	30	20
Registro total (estudantes de tempo integral e meio período)	3 600	1 800
Número médio de hora–crédito por semestre efetuado em cada ano por estudante	25	20
Carga de tempo integral, horas do semestre por ano	30	24

Para 2001-2002, toda a faculdade e a equipe receberão um aumento de salário de 6 por cento. Espera-se que os registros de graduação declinem em 2 por cento, mas que os registros de pós-graduação aumentem 5 por cento.

- O orçamento 2001-2002 para a operação e manutenção das instalações é de $ 500 mil, que inclui $ 240 mil para salários e honorários. A experiência até este ponto nesse ano indica que o orçamento está acurado. Os salários e os honorários aumentarão 6 por cento e outros custos operacionais aumentarão $ 12 mil no período 2001-2002.

- Os orçamentos de 2000-2001 e 2001-2002 para o restante das despesas são:

	2000-2001	2001-2002
Administrativos gerais	$ 500 000	$ 525 000
Biblioteca		
Aquisições	$ 150 000	$ 155 000
Operações	$ 190 000	$ 200 000
Serviços de saúde	$ 48 000	$ 50 000
Atividades atléticas internas	$ 56 000	$ 60 000
Atividades atléticas interfaculdades	$ 240 000	$ 245 000
Seguro e aposentadoria	$ 520 000	$ 560 000
Juros	$ 75 000	$ 75 000

- A anuidade é $ 70 por hora–crédito. Além disso, o poder legislativo do Estado fornece $ 780 por estudante em tempo integral. (O equivalente de tempo integral é 30 horas de graduação ou 24 horas de pós-graduação.) As bolsas de estudo anuais são outorgadas a 30 estudantes de graduação em tempo integral e 50 estudantes de pós-graduação em tempo integral.

- As receitas, exceto a anuidade e o aporte legislativo são:

	2000-2001	2001-2002
Renda de doações	$ 200 000	$ 210 000
Lucro líquido de serviços auxiliares	$ 325 000	$ 335 000
Recebimentos de atividades atléticas interfaculdades	$ 290 000	$ 300 000

- O edifício de sala de aula de química/física necessita ser remodelado durante o período de 2001-2002. Os custos projetados são $ 575 mil.

1. Prepare uma planilha para 2001-2002, que mostre, por divisão: matrículas previstas; total de horas–crédito; matrícula equivalente a tempo integral; número de membros da faculdade necessários.

2. Calcule o orçamento para os salários da faculdade para 2001-2002 por divisão.
3. Calcule o orçamento para a receita de anuidade e o aporte legislativo para 2001-2002 por divisão.
4. Prepare uma planilha para a presidente Redcloud, mostrando o montante que deve ser arrecadado pela campanha anual de levantamento de fundos.

capítulo 8

Orçamentos flexíveis e análises de variações

Arcos dourados podem ser encontrados até mesmo em Moscou. Os restaurantes do McDonald's estão localizados em mais de 120 países.

Objetivos de aprendizagem

Ao terminar de estudar este capítulo, você deverá estar apto a:

1. Distinguir entre orçamentos flexíveis e orçamentos-mestres (estáticos).
2. Usar fórmulas de orçamento flexível para elaborar um orçamento flexível baseado em volume de vendas.
3. Preparar um orçamento flexível baseado em atividades.
4. Entender o relacionamento da avaliação de desempenho entre orçamentos-mestres (estáticos) e orçamentos flexíveis.
5. Calcular as variações do orçamento flexível e as variações da atividade de vendas.
6. Calcular e interpretar as variações de preço e de consumo (uso) para insumos baseado nas atividades direcionadoras de custos.
7. Calcular as variações de eficiência e de dispêndio dos custos indiretos de fabricação variáveis.
8. **Entender como a gestão utiliza os orçamentos flexíveis para avaliar o desempenho financeiro da empresa.**

Uma pesquisa recente classificou o McDonald's como a maior marca mundial. Mais de 1,6 mil novos restaurantes do McDonald's foram abertos em 2000, a maioria deles fora dos Estados Unidos. Você pode comer um *Big Mac* sob os arcos dourados em mais de 120 países.

Com receitas maiores que $ 14 bilhões e mais de 28 mil restaurantes, o desafio é assegurar que o sabor de cada *Big Mac* seja o mesmo. Como o McDonald's mantém o controle dos custos e da qualidade? Como assegura que cada um dos 35 milhões de clientes que atende diariamente receba o mesmo valor? Ele usa padrões, orçamentos e análise de variação. Os padrões para o material, por exemplo, são os mesmos para hambúrgueres, onde quer que eles sejam vendidos — um pão de hambúrguer, um bife de carne moída para hambúrguer, uma fatia de pepino em conserva, um oitavo de colher de sopa de cebola desidratada, um quarto de colher de sopa de mostarda, meia onça de *catchup*. As variações dos materiais são calculadas para cada um desses ingredientes calculando-se o montante realmente utilizado comparado com aquele que deveria ser usado, dado o número e os tipos de sanduíche vendidos.

Os gestores do McDonald's orçam as vendas para cada hora durante o dia. Com base nas vendas orçadas, a mão-de-obra é programada. Se as vendas forem menores do que as orçadas, os gestores poderão controlar o custo da mão-de-obra liberando os empregados para sair mais cedo.

O McDonald's também usa padrões não-financeiros para ajudar a alcançar suas metas de qualidade e serviço. O tempo-padrão para atender um cliente, por exemplo, é 310 segundos, da escolha do quadro de menu até a liberação do cliente. A carne cozida que não é consumida em um sanduíche dentro de 30 minutos é destruída. Uma vez que um sanduíche seja feito e colocado no escaninho de transferência, ele deve ser vendido dentro de dez minutos, ou será descartado.

Como é o caso no McDonald's, os gestores e os empregados de toda a organização desejam saber como estão se comportando na realização de suas metas. Os gestores de alto nível também desejam saber como a organização está satisfazendo seus objetivos financeiros. Saber o que deu errado e o que deu certo deve auxiliar os gestores a planejar e gerir mais eficazmente em períodos futuros.

Este capítulo introduz os orçamentos flexíveis, que são aqueles projetados para conduzir a gestão às áreas reais de desempenho financeiro que merecem atenção. Os gestores podem aplicar esse mesmo processo básico para controlar outras áreas importantes de desempenho, tais como qualidade e serviço.

Orçamentos flexíveis: ponte entre orçamentos estáticos e resultados reais

Orçamentos estáticos

O **orçamento estático** é, na verdade, apenas um outro nome para o orçamento-mestre. Todos os orçamentos-mestres discutidos no Capítulo 7 são estáticos ou inflexíveis, porque, mesmo que possam ser facilmente revisados, eles supõem níveis fixos de atividade. Em outras palavras, um orçamento-mestre é preparado para apenas um nível de um dado tipo de atividade. Considere, por exemplo, uma empresa que usa um sistema de custeio tradicional, com apenas um direcionador de custo. A Dominion Company é uma empresa de um único departamento, em Toronto, que fabrica e vende uma mala de rodinha, desmontável, popular entre as tripulações de vôo das empresas aéreas. Manufaturar essa mala transportadora exige diversas operações manuais e mecânicas. O produto tem algumas variações, mas pode ser visto, para nossos propósitos, essencialmente como um único produto com um preço de venda. Suponha que o direcionador de custo seja o volume de vendas (isto é, unidades vendidas) e que o nível projetado de atividade (volume de vendas) seja nove mil unidades. Todos os números do orçamento serão, então, baseados nas vendas projetadas, de nove mil unidades.

Todos os resultados reais poderão ser comparados com os montantes originais orçados, mesmo que, por exemplo, o volume de vendas desvie e seja apenas de sete mil unidades, em vez das nove mil planejadas originalmente. O orçamento-mestre (estático) para junho de 20X1 incluiu a demonstração de resultado condensada, mostrada na Figura 8.1, coluna 2. Os resultados reais para junho de 20X1 estão na coluna 1. As diferenças ou variações entre os resultados reais e o orçamento-mestre estão na coluna 3. O orçamento-mestre previu a produção e venda de nove mil unidades, mas apenas 7 mil foram realmente produzidas e vendidas. Não há estoque inicial ou final, as unidades fabricadas em junho foram vendidas em junho.

O relatório de desempenho, na Figura 8.1, compara os resultados reais com o orçamento-mestre. Relatório de desempenho é uma expressão genérica que, geralmente, significa uma comparação dos resultados reais com algum orçamento. Um relatório de desempenho útil incluirá as variações que dirigem a atenção da gestão para desvios significativos dos resultados esperados, permitindo a gestão por exceção. Lembre-se de que uma variação representa um desvio entre o montante real e o esperado ou orçado. A Figura 8.1 mostra as variações de resultados reais do orçamento-mestre; elas são chamadas de **variações do orçamento-mestre (estático)**. As receitas reais que excedem as receitas esperadas resultam em uma variação de receitas favorável. Quando as receitas reais estão abaixo das esperadas, as variações são desfavoráveis. Da mesma maneira, as despesas reais que excedem as despesas orçadas resultam em **variações de despesas desfavoráveis**, e as despesas reais menores que as orçadas resultam em **variações de despesas favoráveis**. Cada variação significativa deve levar um gestor a perguntar: "Por quê?". Ao explicar por que uma variação ocorre, os gestores são forçados a reconhecer as mudanças que têm afetado as receitas ou os custos e que podem afetar decisões futuras.

Suponha que o presidente da Dominion Company solicite que você explique por que houve prejuízo operacional de $ 11,57 mil, quando um lucro de $ 12,8 mil fora orçado. Claramente, as vendas estavam $ 62 mil abaixo das expectativas, mas as variações favoráveis para os custos variáveis são enganadoras. Considerando o nível de atividades de vendas menor do que o projetado, o controle de custo era realmente satisfatório? Você realmente esperaria pagar $ 196,2 mil por despesas variáveis, quando apenas sete mil unidades foram produzidas? É natural que não! Conseqüentemente, a comparação dos resultados reais com o orçamento-mestre não é muito útil para a gestão por exceção.

Orçamentos flexíveis

Um nível de referência mais útil para a análise é o orçamento flexível. **Orçamento flexível** (às vezes chamado de 'orçamento variável') é aquele que se ajusta para as mudanças no volume de vendas e outras atividades direcionadoras de custos. O orçamento flexível é idêntico ao orçamento-mestre no formato, mas os gestores podem

Figura 8.1 — Dominion Company.

Relatório de desempenho usando o orçamento-mestre para o mês encerrado em 30 de junho de 20X1

	Real (1)	Orçamento-mestre (2)	Variações no orçamento-mestre (3)
Unidades	7 000	9 000	2 000
Vendas	$ 217 000	$ 279 000	$ 62 000 D
Despesas variáveis			
Despesas variáveis de manufatura	$ 151 270	$ 189 000	$ 37 730 F
Despesas de transporte (vendas)	$ 5 000	$ 5 400	$ 400 F
Despesas administrativas	$ 2 000	$ 1 800	$ 200 D
Despesas variáveis totais	$ 158 270	$ 196 200	$ 37 930 F
Margem de contribuição	$ 58 730	$ 82 800	$ 24 070 D
Despesas fixas			
Despesas fixas de manufatura	$ 37 300	$ 37 000	$ 300 D
Despesas fixas de venda e administrativas	$ 33 000	$ 33 000	—
Despesas fixas totais	$ 70 300	$ 70 000	$ 300 D
Lucro (prejuízo) operacional	$ (11 570)	$ 12 800	$ 24 370 D

D = *As variações de despesas desfavoráveis ocorrem quando as despesas reais são maiores que as orçadas.*
F = *As variações de despesas favoráveis ocorrem quando as despesas reais são menores que as orçadas.*

preparÁ-lo para qualquer nível de atividade. Assim, quando as vendas passam a ser de sete mil unidades em vez de nove mil, os gestores podem usar o orçamento flexível para preparar um novo orçamento baseado nesse novo nível de direcionador de custo. Podemos ver, então, que as despesas variáveis totais deveriam estar baseadas no nível de vendas de sete mil e comparar esse montante ao resultado real. Para a avaliação de desempenho, o orçamento flexível seria preparado nos níveis reais de atividade alcançados. Em contraste, o orçamento-mestre é mantido fixo ou estático, para servir como nível de referência original para a avaliação de desempenho. Ele mostra receitas e custos apenas para os níveis originalmente planejados de atividade.

A abordagem do orçamento flexível diz: "Dê-me qualquer nível de atividade que você escolher e eu fornecerei um orçamento feito sob medida para esse nível em particular". Muitas empresas, 'rotineiramente', flexibilizam seus orçamentos para ajudar a avaliar o desempenho financeiro mais recente. Os gestores do Ritz-Carlton, por exemplo, avaliam o desempenho financeiro mensal dos hotéis de toda a empresa comparando os resultados reais aos novos, bem como orçamentos flexíveis que são preparados para os níveis reais de atividade.

Fórmulas de orçamento flexível

O orçamento flexível é baseado em suposições de receita e comportamento de custo (dentro do intervalo relevante) com relação aos direcionadores de custos apropriados. As funções de custos que você usou no Capítulo 2 e estimou no Capítulo 3 podem ser utilizadas como fórmulas no orçamento flexível, que incorpora os efeitos sobre cada custo e receita causados pelas mudanças nas atividades. As Figuras 8.2 e 8.3 mostram o orçamento flexível simples da Dominion Company, que tem um único direcionador de custo: unidades de produção (produzidas). Acredita-se que as funções de custo da Dominion Company ou as fórmulas de orçamento flexível sejam válidas dentro do intervalo relevante de sete mil a nove mil unidades. Esteja seguro de que você entende que cada coluna da Figura 8.2 (sete mil, oito mil e nove mil unidades, respectivamente) está preparada com as mesmas fórmulas de orçamento flexível — e qualquer nível de atividade dentro do intervalo pode ser utilizado, como mostrado no gráfico da Figura 8.3. Observe que se espera que os custos fixos sejam constantes por todo esse intervalo de atividade.

Orçamentos flexíveis baseados em atividade

O orçamento flexível para a Dominion Company mostrado na Figura 8.2 está baseado em um único direcionador de custo: unidades de produto. Para empresas que usam um sistema de custeio baseado em volume, tradicional, essa é uma abordagem apropriada para o orçamento flexível.

As empresas que têm um sistema de custeio baseado em atividade (ABC) usam uma abordagem mais detalhada. O **orçamento flexível baseado em atividade** está apoiado nos custos orçados para cada nível de atividade e direcionador de custos relacionado. A Figura 8.4 mostra um orçamento flexível baseado em atividade para a Dominion

Figura 8.2 Dominion Company.
Orçamentos flexíveis

	Fórmula de orçamentos flexíveis	Orçamentos flexíveis para vários níveis de atividade de vendas/produção		
Fórmula de orçamento por unidade				
Unidades		7 000	8 000	9 000
Vendas	$ 31,00	$ 217 000	$ 248 000	$ 279 000
Custos/Despesas variáveis				
Custos variáveis de manufatura	$ 21,00	$ 147 000	$ 168 000	$ 189 000
Despesas de embarque (vendas)	$ 0,60	$ 4 200	$ 4 800	$ 5 400
Administrativos	$ 0,20	$ 1 400	$ 1 600	$ 1 800
Total de custos/Despesas variáveis	$ 21,80	$ 152 600	$ 174 400	$ 196 200
Margem de contribuição	$ 9,20	$ 64 400	$ 73 600	$ 82 800
Fórmula de orçamento por mês				
Custos fixos				
Custos fixos de manufatura	$ 37 000	$ 37 000	$ 37 000	$ 37 000
Custos fixos de venda e administrativos	$ 33 000	$ 33 000	$ 33 000	$ 33 000
Total de custos fixos	$ 70 000	$ 70 000	$ 70 000	$ 70 000
Lucro (prejuízo) operacional		$ (5 600)	$ 3 600	$ 12 800

Figura 8.3 Dominion Company.
Gráfico de orçamento flexível de custos

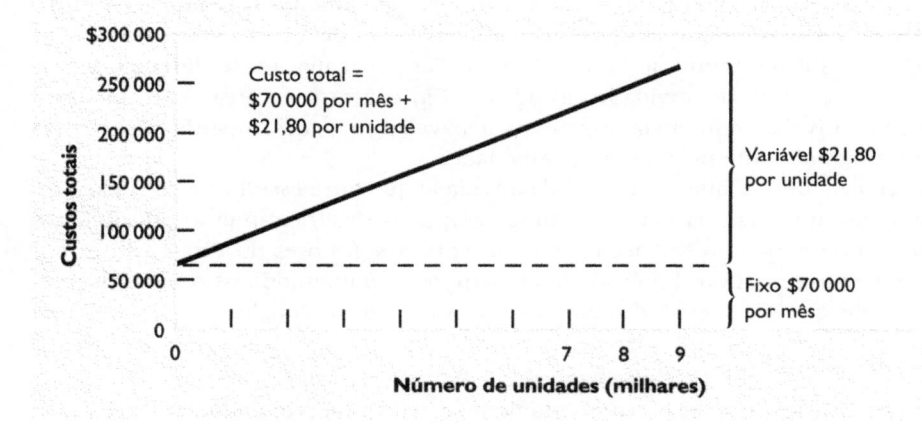

[Gráfico: Custo total = $70 000 por mês + $21,80 por unidade. Variável $21,80 por unidade; Fixo $70 000 por mês. Eixo X: Número de unidades (milhares), de 0 a 9. Eixo Y: Custos totais, de 0 a $300 000.]

Company. Há quatro atividades: processar, preparar, negociar e administrar. Em cada atividade, os custos dependem de um direcionador de custo apropriado. Compare o orçamento flexível tradicional (Figura 8.2) e o orçamento flexível baseado em atividade (Figura 8.4). Observe que as colunas das oito mil unidades nas Figuras 8.4 e 8.2 são as mesmas, mas em outros volumes os custos divergem. A diferença-chave é que alguns custos de manufatura fixos com relação às unidades são variáveis no que se refere aos direcionadores de custos 'preparações', isto é, os custos fixos de manufatura ($ 37 mil) na Figura 8.2 incluem custos de preparação que são amplamente fixos com relação às 'unidades produzidas', mas que variam com respeito ao 'número de preparações'. Um exemplo é o custo de suprimentos utilizados para preparar a rodada de produção. Cada vez que uma preparação é feita, os suprimentos são usados. Conseqüentemente, o custo dos suprimentos varia diretamente com o número de preparações. Nenhum suprimento de preparação, entretanto, é utilizado durante a produção; assim, há pouca mudança dos custos de suprimentos ao longo de amplos intervalos de unidades produzidas.

Essa diferença básica se deve ao fato de os custos totais orçados serem diferentes, usando duas abordagens — os orçamentos flexíveis baseados em atividade fornecem medidas mais acuradas do comportamento de custo.

Quando uma empresa deve usar os orçamentos flexíveis baseados em atividade? Quando uma parcela significativa de seus custos variar com os direcionadores de custo além das unidades de produção. Em nosso exemplo da Dominion, os $ 500 por preparação é o único de tais custos. Para o restante deste capítulo, ignoraremos o fato de

Figura 8.4 Dominion Company.

Orçamento flexível baseado em atividade para o mês encerrado em 30 de junho de 20X1

	Fórmula do orçamento	Unidades		
		7 000	8 000	9 000
Vendas	$ 31,00	$ 217 000	$ 248 000	$ 279 000
ATIVIDADES				
Processar		*Direcionador de custos: Número de horas-máquina*		
Nível do direcionador de custo		14 000	16 000	18 000
Custos variáveis	$ 10,50	$ 147 000	$ 168 000	$ 189 000
Custos fixos	$ 13 000	$ 13 000	$ 13 000	$ 13 000
Total de custos de atividade de processar		$ 160 000	$ 181 000	$ 202 000
Preparar		*Direcionador de custos: Número de preparações*		
Nível do direcionador de custo		21	24	27
Custos variáveis	$ 500	$ 10 500	$ 12 000	$ 13 500
Custos fixos	$ 12 000	$ 12 000	$ 12 000	$ 12 000
Total de custos de atividade de preparar		$ 22 500	$ 24 000	$ 22 500
Negociar		*Direcionador de custos: Número de pedidos*		
Nível do direcionador de custo		350	400	450
Custos variáveis	$ 12,00	$ 4 200	$ 4 800	$ 5 400
Custos fixos	$ 15 000	$ 15 000	$ 15 000	$ 15 000
Total de custos de atividade de negociar		$ 19 200	$ 19 800	$ 20 400
Administrar		*Direcionador de custos: Número de unidades*		
Nível do direcionador de custo		7 000	8 000	9 000
Custos variáveis	$ 0,20	$ 1 400	$ 1 600	$ 1 800
Custos fixos	$ 18 000	$ 18 000	$ 18 000	$ 18 000
Total de custos de atividade de administrar		$ 19 400	$ 19 600	$ 19 800
Total dos custos		$ 221 100	$ 244 400	$ 267 700
Lucro (prejuízo) operacional		$ (4 100)	$ 3 600	$ 11 300

esse custo variar com o número de preparações e voltaremos a supor que as operações da Dominion são simples o suficiente, de modo que um orçamento flexível tradicional com um único direcionador de custo seja apropriado.

AVALIAÇÃO DE DESEMPENHO FINANCEIRO USANDO ORÇAMENTOS FLEXÍVEIS

Comparar o orçamento flexível aos resultados reais alcança um propósito importante de avaliação de desempenho. Há dois motivos por que os resultados reais podem diferir do orçamento-mestre. O primeiro é que as vendas e outras atividades direcionadoras de custo não foram as mesmas que as originalmente previstas. O segundo é que as receitas ou os custos variáveis por unidade de atividade e os custos fixos por período não foram como esperado. Embora esses motivos possam não ser completamente independentes (por exemplo, preços de vendas por unidade mais elevados podem ter causado níveis de vendas unitárias menores), ele é útil para separar esses efeitos, porque pessoas diferentes podem ser responsáveis para cada um e porque diferentes ações da gestão podem ser indicadas.

O intento de usar o orçamento flexível para a avaliação de desempenho é isolar efeitos inesperados nos resultados reais, que podem ser corrigidos se adversos ou ser melhorados se benéficos.

Como o orçamento flexível é preparado no nível real da atividade (em nosso exemplo, volume de vendas), quaisquer variações entre o orçamento flexível e os resultados reais não podem ser devidas aos níveis de atividade. Elas devem ser devidas a desvios dos custos reais ou receitas dos montantes da fórmula do orçamento flexível — por causa da precificação ou do controle de custos. Essas variações entre o orçamento flexível e os resultados reais são chamadas de **variações do orçamento flexível**.

Em contrapartida, quaisquer diferenças ou variações entre o orçamento-mestre e o orçamento flexível são devidas a níveis de atividade, não ao controle de custos. Essas últimas diferenças entre os montantes do orçamento-mestre e os montantes do orçamento flexível são chamadas de **variações de nível de atividade**. Em outras palavras, a diferença original que vimos entre os resultados reais e o orçamento-mestre original, o qual anteriormente não podíamos explicar por completo, realmente tem dois componentes: a variação da atividade de vendas e a variação do orçamento flexível.

Considere a Figura 8.5. O orçamento flexível (coluna 3), tomado da Figura 8.2 (e simplificado), fornece uma ponte explanatória entre o orçamento-mestre (coluna 5) e os resultados reais (coluna 1). As variações para o lucro operacional são resumidas na base da Figura 8.5. Observe que a soma das variações do nível de atividade (aqui variações das atividades de vendas, porque vendas é a única atividade usada como direcionador de custo) e variações do orçamento flexível se igualam ao total das variações do orçamento-mestre.

ISOLANDO AS CAUSAS DE VARIAÇÕES

Os gestores usam comparações entre resultados reais, orçamentos-mestres e orçamentos flexíveis para avaliar o desempenho organizacional. Ao avaliar o desempenho, ele é útil para distinguir entre **eficácia** — o grau no qual uma meta, objetivo ou alvo é alcançado — e **eficiência** — o grau no qual os insumos são consumidos em relação a um dado nível de produtos.

O desempenho pode ser eficaz, eficiente, ambos ou nenhum dos dois. A Dominion Company, por exemplo, estabeleceu um objetivo, no orçamento-mestre, de manufaturar e vender nove mil unidades; apenas sete mil

---

tomada cinco Considere o exemplo simples de uma empresa que planeja vender mil unidades de um produto por $ 2 a unidade. Os custos variáveis orçados são $ 1 por unidade, e o lucro operacional orçado é $ 400. Suponha que a empresa realmente venda 800 unidades e realize um lucro operacional de $ 200. Calcule e interprete a variação do orçamento-mestre, a variação da atividade de vendas e a variação do orçamento flexível.

Resposta
A variação do orçamento-mestre é $ 400 – $ 200 = $ 200 D. A variação da atividade de vendas é a perda da margem de contribuição sobre as 200 unidades das vendas perdidas: $ 1,00 × 200 = $ 200. Conseqüentemente, a variação do orçamento flexível é $ 0. O declínio inteiro do lucro operacional foi causado pela falha em satisfazer as unidades de venda alvo de mil unidades. A operação foi eficiente, mas não eficaz.

Figura 8.5 Dominion Company.

Resumo do desempenho para o mês encerrado em 30 de junho de 20X1

	Resultados reais ao nível real de atividade* (1)	Variações no orçamento flexível† (2) = (1) – (3)	Orçamento flexível para atividade de vendas reais‡ (3)	Variações da atividade de vendas (4) = (3) – (5)	Orçamento-mestre (5)
Unidades	7 000	—	7 000	2 000 D	9 000
Vendas	$ 217 000	—	$ 217 000	$ 62 000 D	$ 279 000
Custos variáveis	$ 158 270	$ 5 670 D	$ 152 600	$ 43 600 F	$ 196 200
Margem de contribuição	$ 58 730	$ 5 670 D	$ 64 400	$ 18 400 D	$ 82 800
Custos fixos	$ 70 300	$ 300 D	$ 70 000	—	$ 70 000
Lucro operacional	$ (11 570)	$ 5 970 D	$ (5 600)	$ 18 400 D	$ 12 800

Variações totais do orçamento flexível, $ 5 970 D

Variações totais das atividades de vendas, $ 18 400 D

Variações totais do orçamento-mestre, $ 24 370 D

D = *Desfavorável*.
F = *Favorável*.
* *Números da Figura 8.1.*
† *Números mostrados em mais detalhes na Figura 8.6.*
‡ *Números da coluna de sete mil unidades na Figura 8.2.*

foram realmente fabricadas e vendidas, entretanto. O desempenho, como medido pelas variações na atividade de vendas, foi ineficaz, porque o objetivo de vendas não foi alcançado.

O desempenho da Dominion foi eficiente? Os gestores julgam o grau de eficiência* ao comparar os produtos reais alcançados (sete mil unidades) com os insumos reais (como custos dos materiais diretos e mão-de-obra direta). Quanto menos insumos forem consumidos para produzir um dado produto, mais eficiente será a operação. Como indicado pelas variações do orçamento flexível, a Dominion foi ineficiente, porque o custo real de seus insumos excedeu o custo esperado para o nível real de produto.

VARIAÇÕES DE ORÇAMENTOS FLEXÍVEIS

Lembre-se de que a medida das variações de orçamento flexível é a *eficiência* das operações no nível *real* de atividades. As primeiras três colunas da Figura 8.5 comparam os resultados reais com os montantes do orçamento flexível. As variações do orçamento flexível são as diferenças entre as colunas 1 e 3, que totalizam $ 5,97 mil desfavoráveis:

total de variações do orçamento flexível = total dos resultados reais − total dos resultados planejados do orçamento flexível
= (− $ 11 570) − (− $ 5 600)
= − $ 5 970, ou $ 5 970 desfavoráveis

O total de variações do orçamento flexível surge dos preços de vendas recebidos e dos custos variáveis e fixos incorridos. A Dominion Company não teve nenhuma diferença entre o preço de vendas real e o preço de vendas do orçamento flexível; assim, devemos focalizar as diferenças entre os custos reais e os custos do orçamento flexível no nível real de sete mil unidades de atividade. Sem o orçamento flexível na coluna 3, não podemos separar os efeitos das diferenças em comportamento de custos dos efeitos de variações nas atividades de vendas. As variações do orçamento flexível indicam se as operações foram eficientes ou não, e podem formar a base para a avaliação de desempenho periódica. Os gestores de operações estão em melhor posição para explicar as variações do orçamento flexível.

As empresas que usam as variações principalmente para apontar o culpado, com freqüência descobrem que os gestores recorrem a trapaças e subversão para burlar o sistema. Os gestores de operações, geralmente, têm mais informação a respeito daquelas operações do que os gestores de nível mais elevado. Se essa informação for utilizada contra eles, os gestores de nível mais baixo poderão esperar reter ou distorcer informações valiosas para sua própria proteção. Uma empresa de manufatura, por exemplo, realmente reduziu o orçamento departamental do período seguinte por um montante das variações desfavoráveis do departamento no período atual. Se uma divisão tivesse obtido um orçamento de despesas de $ 50 mil e experimentado uma variação desfavorável de $ 2 mil, o orçamento do período seguinte seria ajustado em $ 48 mil. Esse sistema leva os gestores a trapacear e falsificar os relatórios para evitar variações desfavoráveis. Podemos criticar a ética dos gestores departamentais, mas o sistema era tão enganador quanto os gestores.

A Figura 8.6 apresenta um cálculo expandido, linha por linha, das variações para todos os itens do orçamento-mestre da Dominion. Observe como a maioria dos custos que obtiveram variações aparentemente favoráveis, quando um orçamento-mestre foi usado como base para comparação (veja a Figura 8.1), têm, na realidade, variações desfavoráveis. Não conclua automaticamente que as variações favoráveis do orçamento flexível sejam boas e que as variações desfavoráveis sejam ruins. Em vez disso, interprete todas as variações como sinais de que as operações reais não ocorreram exatamente como previsto quando as fórmulas de orçamento flexível foram estabelecidas. Qualquer custo que diferir significativamente do orçamento flexível merece uma explicação. A última coluna da Figura 8.6 dá explicações possíveis para as variações da Dominion Company.

VARIAÇÕES DA ATIVIDADE DE VENDAS

As **variações da atividade de vendas** medem como os gestores eficazes estão alcançando os objetivos planejados de vendas. Na Dominion Company, a atividade de vendas caiu duas mil unidades em relação ao nível planejado. As três colunas finais da Figura 8.5 mostram claramente como as variações das atividades de venda (totalizando $ 18 400 D) são afetadas por qualquer mudança nos preços unitários ou custos variáveis. Por quê? Porque os mesmos preços unitários orçados e custos variáveis são usados na elaboração de ambos, orçamento-mestre e flexível. Conseqüentemente, todos os preços unitários e custos variáveis são mantidos constantes nas colunas 3 a 5.

---

* *A definição econômica de eficiência (output ÷ input = eficiência) corresponde à declaração dos autores. Entre engenheiros e contadores, entretanto, a eficiência pode ser conceituada como 'consumo previsto de recursos dividido por consumo real de recursos', e eficácia representada por 'produto obtido dividido por produto planejado', o que leva ao conceito de 'produtividade sistêmica = eficácia ÷ eficiência'. Nesse caso, os conceitos podem levar a uma ligeira confusão no entendimento da diferença entre os conceitos de eficiência econômica e produtividade sistêmica. (N. do T.)*

Figura 8.6 — Dominion Company.

Relatório de desempenho de controle de custos para o mês encerrado em 30 de junho de 20X1

	Custos reais incorridos	Orçamento flexível*	Variações do orçamento flexível†	Explicação
Unidades	7 000	7 000	—	
Custos variáveis				
Material direto	$ 69 920	$ 70 000	$ 80 F	Menores preços, mas maior consumo
Mão-de-obra direta	$ 61 500	$ 56 000	$ 5 500 D	Maiores taxas de remuneração e maior uso
Mão-de-obra indireta	$ 9 100	$ 11 900	$ 2 800 F	Decréscimo do tempo de preparação
Tempo ocioso	$ 3 550	$ 2 800	$ 750 D	Excesso de paradas para manutenção
Tempo de limpeza	$ 2 500	$ 2 100	$ 400 D	Limpeza de solventes derramados
Suprimentos	$ 4 700	$ 4 200	$ 500 D	Maiores preços e maior consumo
Custos variáveis de manufatura	$ 151 270	$ 147 000	$ 4 270 D	
Embarque	$ 5 000	$ 4 200	$ 800 D	Uso de frete aéreo para cumprir a entrega
Administração	$ 2 000	$ 1 400	$ 600 D	Excesso de cópias e telefonemas de longa distância
Total de custos variáveis	$ 158 270	$ 152 600	$ 5 670 D	
Custos fixos				
De supervisão da fábrica	$ 14 700	$ 14 400	$ 300 D	Aumento de salários
Aluguel da fábrica	$ 5 000	$ 5 000	—	
Depreciação de equipamento	$ 15 000	$ 15 000	—	
Outros custos fixos de fábrica	$ 2 600	$ 2 600	—	
Custos fixos de manufatura	$ 37 300	$ 37 000	$ 300 D	
Custos fixos de vendas e administrativos	$ 33 000	$ 33 000	—	
Total de custos fixos	$ 70 300	$ 70 000	$ 300 D	
Total de custos variáveis e fixos	$ 228 570	$ 222 600	$ 5 970 D	

* Da coluna de sete mil unidades da Figura 8.2.
† Este é um desdobramento linha por linha das variações na coluna 2 da Figura 8.5.

O total das variações da atividade de venda informa os gestores de que uma queda das metas de vendas em duas mil unidades causou, no lucro operacional, uma redução $ 18,4 mil maior do que inicialmente orçado (um prejuízo de $ 5,6 mil em vez de um lucro de $ 12,8 mil). Em suma, a queda das vendas em duas mil unidades levou a Dominion Company a incorrer em um total de variação de atividade de vendas de duas mil unidades a uma margem de contribuição de $ 9,20 por unidade (da primeira coluna da Figura 8.2):

total da variação da atividade de vendas = (unidades reais de vendas − unidades de vendas do orçamento-mestre) × margem de contribuição orçada por unidade
= (9 000 − 7 000) × $ 9,20
= $ 18 400 desfavoráveis

Quem tem responsabilidade sobre a variação da atividade de venda? Os gestores de *marketing*, geralmente, têm a responsabilidade primeira de alcançar o nível de vendas especificado no orçamento estático. Certamente, as variações nas vendas podem ser atribuíveis a muitos fatores[1]. Não obstante, os gestores de *marketing* estão em melhores posições para explicar por que as atividades de vendas obtidas são diferentes dos planos.

---

1. As variações das atividades de vendas, por exemplo, podem ser subdivididas em quantidade de vendas, composto de vendas, tamanho do mercado e variações da participação do mercado. Tais variações da atividade de vendas podem resultar de mudanças no produto, mudanças na demanda do cliente, propaganda eficaz, e assim por diante.

Estabelecendo padrões

Os custos esperados, ou custos-padrão, são a fundação de um sistema de planejamento e controle. **Custo esperado** é o mais provável de ser obtido. **Custo-padrão** é um custo por unidade, cuidadosamente desenvolvido, que deve ser obtido. Ele é, com freqüência, sinônimo de custo esperado, mas algumas empresas, intencionalmente, estabelecem padrões acima ou abaixo dos custos esperados, para criar os incentivos desejados.

Que padrão de desempenho esperado deveria ser usado em orçamentos flexíveis? Ele deveria ser tão estrito que raramente (se alguma vez) pode ser alcançado? Ele deveria ser obtenível 50 por cento das vezes? 90 por cento? 20 por cento? Os indivíduos que trabalharam a vida inteira estabelecendo e avaliando padrões para desempenho discordam; assim, não há respostas universais para essa questão.

Os **padrões de perfeição** (também chamados de 'padrões ideais') são expressões do desempenho mais eficiente possível, sob as melhores condições concebíveis, usando especificações e equipamento existentes. Nenhuma provisão é feita para desperdício, sucata, quebras de máquina e coisas do gênero. Aqueles que favorecem o uso de padrões de perfeição sustentam que as variações desfavoráveis resultantes lembrarão constantemente o pessoal da necessidade contínua de melhorias em todas as fases da operação. Embora a preocupação por melhorias contínuas seja amplamente difundida, esses padrões não são amplamente utilizados, porque eles têm um efeito adverso sobre a motivação dos empregados. Estes tendem a ignorar metas não-razoáveis, especialmente se não compartilharão dos ganhos de satisfazer padrões de perfeição impostos. As organizações que aplicam a filosofia JIT (discutida no Capítulo 1) tentam alcançar melhorias contínuas 'da base para o topo', não pela prescrição do que deveria ser alcançado via padrões de perfeição.

Padrões correntes obteníveis são os níveis de desempenho que podem ser alcançados por esforços em níveis realísticos. Algumas permissões são levadas em conta para defeitos, sucatas, desperdícios e tempo não-produtivo normais. Há, pelo menos, duas interpretações populares do significado dos padrões correntes obteníveis. A primeira tem um conjunto de padrões desafiadores o suficiente para que os empregados considerem sua obtenção tão altamente provável, caso o esforço e a diligência normal sejam exercidos, isto é, as variações devem ser aleatórias e irrelevantes. Então, os padrões são predições do que provavelmente ocorrerá, antecipando algumas ineficiências. Os gestores aceitam os padrões como sendo metas razoáveis. Os principais motivos para padrões 'razoáveis', então, são:

1. Os padrões resultantes servem para múltiplos fins. O mesmo custo, por exemplo, pode ser utilizado para orçamento financeiro, avaliação de estoque e orçamento de desempenho departamental. Em contrapartida, os padrões de perfeição não podem ser utilizados para avaliação de estoque ou orçamento financeiro, porque se sabe que os custos são inacurados.

2. Os padrões razoáveis têm um impacto motivacional desejável em empregados, especialmente quando combinado com os incentivos para a melhoria contínua. Os padrões representam desempenho futuro razoável, e não metas fantasiosas. Conseqüentemente, as variações desfavoráveis dirigem a atenção para o desempenho que não está alcançando as expectativas razoáveis.

Uma segunda interpretação dos padrões correntes obteníveis é que os padrões são desafiadores, isto é, os empregados consideram seu alcance como possível, embora improvável. Os padrões podem ser alcançados apenas por operações muito eficientes. As variações tendem a ser desfavoráveis; não obstante, os empregados aceitam os padrões como sendo objetivos desafiadores, mas não metas não-razoáveis. É possível alcançar a melhoria contínua usando padrões correntes obteníveis? Sim, mas as expectativas devem refletir a produtividade melhorada e ser ajustadas aos sistemas de incentivo para recompensar essas melhorias.

Substituições entre as variações

Como as operações das organizações são ligadas umas às outras, o nível de desempenho em uma área de operações afetará o desempenho em outras áreas. Praticamente toda combinação de efeitos é possível: as melhorias em uma área podem levar a melhorias em outras e vice-versa. Da mesma maneira, o desempenho abaixo do padrão em uma área pode ser compensado por desempenho superior em outras. Uma organização de serviço, por exemplo, pode gerar variações de mão-de-obra favoráveis ao contratar representantes de vendas menos aptos e, assim, de menor remuneração, mas essa variação favorável pode levar a uma satisfação desfavorável do cliente e a futuras variações de atividades de vendas desfavoráveis. Em uma outra situação, uma empresa de manufatura pode experimentar variações de materiais desfavoráveis, ao comprar materiais de qualidade maior a um preço maior do que o planejamento, mas essa variação pode ser mais do que compensada por variações favoráveis causadas por menos desperdício, menor número de inspeções e produtos de maior qualidade.

Por causa de muitas interdependências entre as atividades, um rótulo 'desfavorável' ou 'favorável' não deve levar o gestor a ir direto para conclusões. Por si só, tais rótulos apenas levantam questões e fornecem indícios para as causas

> ## PRIMEIRO, OS NEGÓCIOS
>
> ### A necessidade de adaptar as abordagens do custo-padrão
>
> O uso de custos-padrão e análise de variação esteve sob ataque durante as últimas duas décadas do século XX. Os críticos defendem que comparar custos reais com padrões predeterminados é uma abordagem estática, que não funciona bem com o ambiente dinâmico, rápido e JIT de hoje. As empresas, entretanto, continuam a usar padrões e a mensurar desempenho contra eles. Pesquisas em cinco países diferentes têm mostrado que entre 65 por cento e 86 por cento das empresas manufatureiras usam o custo-padrão, com o alto nível de 86 por cento sendo aplicados nos Estados Unidos. As empresas têm, aparentemente, adaptado a abordagem para ajustar seus ambientes modernos.
>
> Para aplicar padrões em um ambiente dinâmico, como os gestores deveriam medir e relatar as variações? Primeiro, os padrões devem ser regularmente avaliados. Se uma empresa estiver em um estado de melhoria contínua, os padrões deverão ser constantemente revisados. Segundo, os padrões e variações devem mensurar variáveis estratégicas chave. O conceito de estabelecer um nível de referência, comparar os resultados reais ao nível de referência e identificar causas para quaisquer diferenças é universal. Ele pode ser aplicado a muitos tipos de medida, tais como quantidade de produção ou qualidade, bem como a custos. Finalmente, as variações não devem levar à fixação de culpa. Os padrões são planos, e as coisas não sairão sempre conforme o plano — freqüentemente com ninguém sendo culpado.
>
> Uma empresa que adaptou os custos-padrão para satisfazer suas necessidades particulares foi a Brass Product Division (BPD), na Parker Hannifin Corporation. A BPD usa os custos-padrão e variações para apontar áreas de problema que necessitam de atenção se a divisão está para alcançar suas metas de melhoria contínua. Entre as mudanças que têm aumentado o valor da informação do custo-padrão estão uma informação de custo de produto mais oportuna, variações calculadas em níveis mais detalhados e reuniões regulares, mantidas para ajudar os empregados a entender seu impacto nas variações.
>
> A BPD também criou três novas variações:
> - Variação de quantidade em rodadas-padrão: Examina o efeito do tamanho do lote real, comparado ao tamanho do lote ótimo para rodadas de produção.
> - Variação de substituição de materiais: Compara os custos de materiais aos custos de materiais alternativos.
> - Variação de método: Mensura os custos usando as máquinas reais, comparados aos custos usando máquinas alternativas.
>
> As três variações usam o conceito de estabelecer um padrão e comparar os resultados reais ao padrão, mas não aplicam as fórmulas de variação de custo-padrão tradicional. Foi prematuro declarar mortos os custos-padrão. Eles estão vivos e bem em muitas empresas. Há cada vez menos ambientes, entretanto, em que as análises de variação tradicional são úteis, e cada vez mais ambientes em que gestores e contadores devem adaptar os conceitos de custo-padrão para ajustar as necessidades particulares de uma empresa.
>
> Fontes: Adaptado de D. Johnsen e P. Sopariwala, "Standard costing is alive and well at Parker Brass," em *Management Accounting Quarterly*, inverno de 2000, pp. 12-20; C. B. Cheatham e L. R. Cheatham, "Redesigning cost systems: Is standard costing obsolete?", em *Accounting Horizons*, dezembro de 1996, pp. 23-31; C. Horngren, G. Foster e S. Datar, *Cost accounting: A managerial enfasis* (Upper Saddle River, NJ: Prentice Hall, 2000), p. 226.

do desempenho. Eles são direcionadores de atenção, não solucionadores de problemas. Além disso, a causa de variações pode ser falsa expectativa, em vez de execução de planos pelos gestores. Uma das primeiras questões que um gestor deve considerar, quando explicar uma grande variação, é se as expectativas eram válidas.

QUANDO INVESTIGAR AS VARIAÇÕES

Quando as variações devem ser investigadas? Os gestores reconhecem que, mesmo se tudo ocorrer como planejado, as variações são improváveis de ser exatamente zero. Eles predizem um intervalo de variações 'normais'. Esse intervalo está, geralmente, baseado em análises econômicas de quão grande uma variação deve ser antes que a investigação possa valer a pena. Para alguns itens críticos, qualquer desvio pode disparar um acompanhamento. Para a maioria dos itens, um mínimo de desvio, em unidades monetárias ou em porcentagem do orçamento, pode ser necessário antes que os gestores esperem que investigações valham a pena. Uma variação de 4 por cento em um custo de material de $ 1 milhão, por exemplo, pode merecer mais atenção do que uma variação de 20 por cento em um custo de reparos de $ 10 mil. Como saber exatamente quando investigar é difícil, muitas organizações desenvolveram regras de dedão como: 'Investigue todas as variações que excedam $ 5 mil ou 25 por cento dos custos esperados, o que for menor'.

COMPARAÇÕES COM OS RESULTADOS DO PERÍODO ANTERIOR

Algumas organizações comparam os resultados reais do período do orçamento mais recente com os resultados do último ano para alguns períodos, em vez de usar os níveis de referência do orçamento flexível. Uma organização pode, por exemplo, comparar os resultados reais de junho de 20X2 com os resultados reais de junho de 20X1. Em geral, essas comparações não são tão úteis para avaliação de desempenho de uma organização quanto comparações de resultados reais com os resultados planejados para o mesmo período. Por quê? Porque muitas mudanças, provavelmente, ocorreram no ambiente e na organização. Tais mudanças tornam uma comparação ao longo dos anos inválida. Muito poucas organizações e ambientes são tão estáveis que a única diferença entre agora e um ano atrás seja apenas uma passagem de tempo. Mesmo as comparações com os resultados reais do último mês podem não ser tão úteis quanto comparações com orçamentos flexíveis. As comparações ao longo do tempo podem ser úteis para analisar tendências em variáveis-chave, como volume de vendas, participação de mercado e composto do produto, mas elas não ajudam a responder questões como: 'Por que tivemos um prejuízo de $ 11,57 mil em junho quando esperávamos um lucro de $ 12,8 mil?'.

PROBLEMA RESUMIDO PARA REVISÃO

PROBLEMA

Tome como referência os dados contidos nas Figuras 8.1 e 8.2. Suponha que produção e vendas reais foram de 8,5 mil unidades, em vez de sete mil; os custos variáveis reais foram $ 188,8 mil; os custos fixos reais foram $ 71,2 mil. O preço de venda permaneceu $ 31 por unidade.

1. Calcule as variações do orçamento-mestre. O que isso diz a você sobre a eficiência das operações? E a eficácia das operações?
2. Calcule a variação da atividade de vendas. O desempenho da função de *marketing* é a única explicação para essa variação? Por quê?
3. Usando um orçamento flexível no nível de atividade real, calcule a margem de contribuição orçada, o lucro operacional orçado e a variação do orçamento flexível. O que você aprende com essa variação?

SOLUÇÃO

1.

lucro operacional real = (8 500 × $ 31) – $ 188 800 – $ 71 200 = $ 3 500
lucro operacional do orçamento-mestre = $ 12 800 (da Figura 8.1)
variação do orçamento-mestre = $ 12 800 – $ 3 500 = $ 9 300 D

Três fatores afetam a variação do orçamento-mestre: atividade de vendas, eficiência e variação nos preços. Não há meio de dizer, das variações do orçamento-mestre sozinho, quanto dos $ 9 300 D foram causados devido a cada um desses fatores.

2.

variação da atividade de vendas = margem de contribuição unitária orçada × diferença entre as unidades de vendas do orçamento-mestre e as unidades de vendas reais
= $ 9,20 por unidade MC × (9 000 – 8 500)
= $ 4 600 D

Essa variação é rotulada como variação da atividade de vendas, porque ela quantifica o impacto sobre o lucro operacional do desvio do alvo de vendas original, enquanto mantém o preço e a eficiência dos fatores constantes. Essa é uma medida da eficácia das operações — a Dominion foi ineficaz em alcançar seus objetivos de vendas. Certamente, a falha em alcançar o alvo de vendas pode ser rastreado para diversas causas além do controle do pessoal de *marketing*, incluindo falta de materiais, paradas de fábrica, e assim por diante.

3. As fórmulas do orçamento da Figura 8.2 são a base para as seguintes respostas:

margem de contribuição do orçamento flexível = $ 9,20 × 8 500 = $ 78 200
lucro operacional do orçamento flexível = $ 78 200 – $ 70 000 de custos fixos = $ 8 200
lucro operacional real = $ 3 500 (do item 1)
variação do orçamento flexível = $ 8 200 – $ 3 500 = $ 4 700 D

A variação do orçamento flexível mostra que a empresa gastou $ 4,7 mil mais para produzir e vender as 8,5 mil unidades do que ela deveria se as operações tivessem sido eficientes e os preços de vendas unitários não se tivessem alterado. Observe que essa variação, mais os $ 4 600 D do total de variação de atividade de vendas, totaliza os $ 9 300 D de variação do orçamento-mestre.

Variações do orçamento flexível em detalhes

O restante deste capítulo investiga a variação do orçamento flexível em detalhes. A ênfase está nas variações de custos da subdivisão da mão-de-obra, materiais e custos indiretos de fabricação em suas partes componentes. Observe que, em empresas onde os custos de mão-de-obra direta são pequenos em relação ao total dos custos (isto é, em empresas altamente automatizadas), os custos de mão-de-obra direta podem ser tratados como um item de custos indiretos de fabricação. Tais empresas não calculam padrões de mão-de-obra em separado, orçamentos ou variações.

Variações de padrões de materiais e mão-de-obra

Considere o custo-padrão de materiais diretos de $ 10 e o custo-padrão de mão-de-obra direta de $ 8 da Dominion Company. Esses padrões por unidade são derivados de dois componentes: uma quantidade-padrão de insumos e um preço-padrão para os insumos.

	Padrões		
	Insumos-padrão esperados por unidade de produto	Preço-padrão esperado por unidade de insumo	Custo-padrão esperado por unidade de produto
Material direto	5 libras	$ 2/libra	$ 10
Mão-de-obra direta	½ hora	$ 16/hora	$ 8

Uma vez que os padrões são estabelecidos e os resultados reais observados, podemos mensurar as variações do orçamento flexível. Para mostrar como a análise de variações pode ser mais aprofundada, reconsideraremos os custos de materiais e de mão-de-obra direta na Dominion, como mostrado na Figura 8.6, e suporemos que a produção de sete mil unidades do produto realmente ocorreu:

- Material direto: A Dominion comprou e consumiu 36,8 mil libras de materiais, a um preço unitário real de $ 1,90 para um custo real total de $ 69,92 mil.
- Mão-de-obra direta: A Dominion usou 3,75 mil horas de mão-de-obra, a um preço (taxa) horário real de $ 16,40, por um custo total de $ 61,5 mil.

As variações do orçamento flexível para materiais diretos e mão-de-obra direta são $ 80 F e $ 5 500 D, respectivamente:

	(1) Custos reais	(2) Orçamento flexível	(3) Variação do orçamento flexível
Material direto	$ 69 920	$ 70 000	$ 80 F
Mão-de-obra direta	$ 61 500	$ 56 000	$ 5 500 D

Os totais do orçamento flexível (coluna 2) para materiais diretos e mão-de-obra direta são os montantes que teriam sido gastos com a eficiência esperada. Eles são, freqüentemente, rotulados como custos-padrão total permitidos, calculados da seguinte maneira:

orçamento flexível ou custo-padrão total permitido	=	unidades de produtos bons alcançados	×	insumos permitidos por unidade de produto	×	preço unitário padrão do insumo		
custo-padrão do material direto permitido	=	7 000 unidades	×	5 libras	×	$ 2,00 por libra	=	$ 70 000
custo-padrão da mão-de-obra direta permitida	=	7 000 unidades	×	½ hora	×	$ 16, 00 por hora	=	$ 56 000

Antes de seguir a leitura, observe, particularmente, que os montantes do orçamento flexível (isto é, o custo-padrão permitido) são amarrados à questão inicial: Qual foi o produto alcançado? Sempre pergunte a si mesmo: Qual foi a produção boa? Então, prossiga com seus cálculos do custo-padrão total permitido para a produção boa alcançada.

Variações de preço e consumo (uso)

As variações do orçamento flexível (coluna 3 na tabela anterior) mensuram a eficiência relativa com a qual a Dominion produziu suas sete mil unidades. Podemos examinar essa eficiência analisando se a Dominion consumiu mais ou menos dos recursos do que o planejado para o nível real de produção alcançada e se pagou mais ou menos do que o planejado para cada unidade de recurso consumido. Medimos esses dois componentes ao calcular as variações de preço e consumo, que subdividem cada variação do orçamento flexível nas seguintes partes:

1. *Variação de preço*: Diferença entre o preço do insumo real e o preço do insumo padrão, multiplicado pela quantidade real de insumos consumidos.
2. *Variação de consumo (uso)*: Diferença entre a quantidade de insumos realmente consumida (usada) e a quantidade de insumos que deveria ter sido consumida para alcançar a quantidade real de produção, multiplicada pelo preço esperado de insumos (também chamada de 'variação de quantidade' ou 'variação de eficiência').

O objetivo desses cálculos de variação é manter ou o preço ou o consumo constantes, de modo que o efeito do outro possa ser isolado. Ao calcular a variação de preço, você mantém o consumo dos insumos constante no nível real de consumo. Ao calcular a variação de consumo, você mantém o preço constante ao preço-padrão. Para a Dominion Company, as variações de preço são:

variação de preço de matéria direto = (preço real − preço-padrão) × quantidade real
= ($ 1,90 − $ 2,00) por libra × 36 800 libras
= $ 3 680 favoráveis

variação de preço (taxa) da mão-de-obra direta = (preço real − preço padrão) × quantidade real
= ($ 16,40 − $ 16,00) por hora × 3 750 horas
= $ 1 500 desfavoráveis

As variações de consumo são:

variação de consumo (uso) do material direto = (quantidade real consumida − quantidade-padrão permitida) × preço-padrão
= [36 800 − (7 000 × 5)] libras × $ 2,00 por libra
= (36 800 − 35 000) × $ 2
= $ 3 600 desfavoráveis

variação de consumo (uso) de mão-de-obra direta = (quantidade real usada − quantidade-padrão permitida) × preço (taxa) padrão
= [3 750 − (7 000 × ½)] horas × $ 16 por hora
= (3 750 − 3 500) × $ 16
= $ 4 000 desfavoráveis

Para determinar se uma variação é favorável ou desfavorável, use a lógica em vez de memorizar a fórmula. Uma variação de preço é favorável se o preço real for menor do que o padrão. Uma variação de consumo é favorável se a quantidade real consumida for menor do que a quantidade-padrão permitida. Os relacionamentos opostos implicam variações desfavoráveis.

Observe que a soma do preço (taxa) da mão-de-obra direta e as variações de consumo são iguais à variação de mão-de-obra direta do orçamento flexível. Além disso, a soma do preço de material direto e as variações de consumo são iguais à variação total do orçamento flexível de material direto:

variação do orçamento flexível para materiais diretos = $ 3 680 favoráveis + $ 3 600 desfavoráveis
= $ 80 favoráveis

variação do orçamento flexível para mão-de-obra direta = $ 1 500 desfavoráveis + $ 4 000 desfavoráveis
= $ 5 500 desfavoráveis

INTERPRETAÇÃO DAS VARIAÇÕES DE PREÇO E CONSUMO (USO)

Quando viável, os gestores tentam separar as variações que estão sujeitas à sua influência direta daquelas que não estão. A abordagem usual é separar fatores de preço de fatores de consumo. Os fatores de preço, freqüentemente, estão menos sujeitos a controle imediato do que os fatores de consumo, principalmente por causa de forças externas, como condições econômicas gerais, que podem influenciar os preços. Mesmo quando os fatores de preço forem considerados como estando fora do controle da gestão, isolá-los ajudará a focalizar o consumo eficiente dos insumos. Os preços de *commodities* de trigo, aveia, milho e arroz, por exemplo, podem estar fora do controle da General Mills.

Ao separar as variações de preço das variações de consumo, o fabricante de cereal matinal pode focalizar se o grão foi consumido eficientemente.

As variações de preço e de consumo são úteis porque fornecem *feedback* aos responsáveis pelos insumos. Essas variações, entretanto, não devem ser a única informação utilizada para tomar decisão, controlar ou avaliar. O foco exclusivo em variações de preço dos materiais por agentes de compra ou compradores, por exemplo, pode funcionar contra as metas da gestão da qualidade total e do JIT de uma organização. Um comprador pode estar motivado a obter variações de preço de materiais favoráveis ao comprar em grandes quantidades e comprando materiais de baixa qualidade.

O resultado poderia, então, ser custos excessivos de manuseio de estoque e de oportunidade e aumento nos defeitos de manufatura, por causa do material defeituoso. Da mesma maneira, o foco exclusivo sobre as variações do preço da mão-de-obra e do uso poderia motivar os supervisores a usar trabalhadores com baixa qualificação ou sobrecarregar os trabalhadores com tarefas críticas, o que poderia comprometer a qualidade dos produtos e serviços.

As variações, em si, não mostram por que o lucro operacional orçado foi ou não foi alcançado. Elas, entretanto, levantam questões, fornecem indícios e direcionam a atenção. Uma explicação possível para o conjunto de variações da Dominion, por exemplo, é que um gestor pode ter feito uma substituição — ele pode ter comprado alguns materiais a um preço favorável, que estavam com uma qualidade abaixo do padrão, economizando $ 3,68 mil (as variações dos preços de materiais). O desperdício excessivo pode ter quase compensado essa economia, como indicado pela variação de consumo de material desfavorável de $ 3,6 mil e a variação líquida do orçamento flexível de $ 80 favoráveis. O desperdício de material também pode ter causado, pelo menos, parte do excesso de uso da mão-de-obra direta. Suponha que mais de $ 80 dos $ 4 mil desfavoráveis da variação de uso da mão-de-obra direta tenham sido causados pelo retrabalho de unidades com materiais defeituosos. Então, a substituição do gestor não foi bem-sucedida. As ineficiências de custos causadas pelo uso de materiais abaixo do padrão excederam as economias dos preços favoráveis.

A Figura 8.7 mostra graficamente os cálculos de variação do preço e uso para a mão-de-obra. O custo-padrão (ou orçamento flexível) é a quantidade-padrão multiplicada pelo preço-padrão — retângulo sombreado mais claro, à esquerda. A variação de preço é a diferença entre o preço unitário, real e padrão, multiplicado pela quantidade real utilizada — retângulo sombreado mais escuro, em cima. A variação de uso é o preço-padrão multiplicado pela diferença entre a quantidade real utilizada e a quantidade-padrão permitida para a produção boa alcançada — retângulo sombreado mais claro, à direita. (Note que a parte clara do gráfico retrata apenas variações desfavoráveis.)

---

tomada cinco Considere uma planta de produção que se supõe produzir 50 unidades por hora e trabalhar oito horas por dia. Em 23 de março, a planta produziu 325 unidades. Devido a paradas de máquina, ela operou por apenas 7,5 horas aquele dia. Usando a mesma estrutura conceitual utilizada para separar variações de uso e de preço, determine quanto das 75 unidades de queda na produção foi causado por trabalhar apenas 7,5 horas e quanto foi causado pelas ineficiências durante as horas de operação real.

Resposta
A produção normal seria 8 × 50 = 400 unidades por dia. Se a única diferença da planta fosse perder meia hora do tempo produtivo, a produção teria sido 7,5 × 50 = 375 unidades. Conseqüentemente, 25 unidades de queda na produção foram motivadas pelas paradas de máquina. As outras 375 − 325 = 50 unidades foram causadas pela produção de menos de 50 unidades por hora. A taxa real de produção foi 325 ÷ 7,5 = 43,3 unidades por hora — 6,7 unidades a menos do que o orçado.

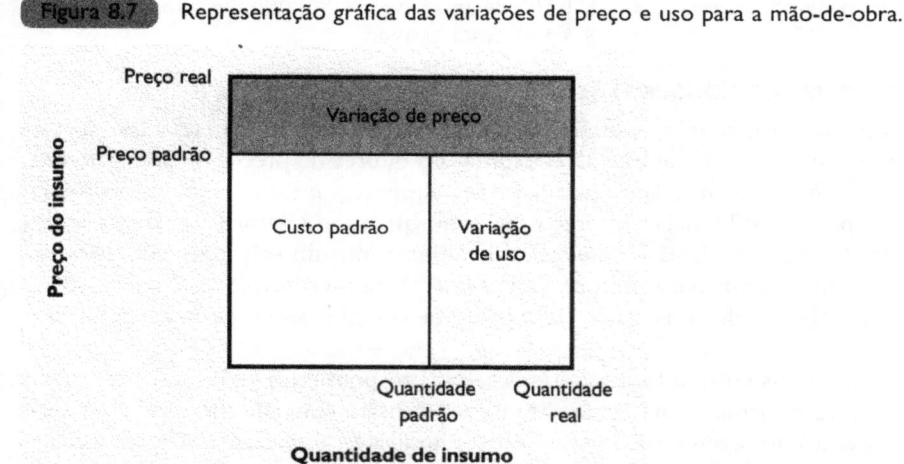

Figura 8.7 Representação gráfica das variações de preço e uso para a mão-de-obra.

Efeitos dos estoques

A análise da Dominion Company foi simplificada porque não houve estoques de produtos acabados — todas as unidades produzidas foram vendidas no mesmo período — e porque não houve estoque de material direto — os materiais foram comprados e consumidos no mesmo período. O que ocorreria se houvesse estoque de produtos acabados e a produção não fosse igual às vendas?

A variação da atividade de vendas, então, é a diferença entre o orçamento estático e o orçamento flexível para o número de unidades vendidas. Em contraste, as variações de custo do orçamento flexível comparam os custos reais com os custos do orçamento flexível para o número de unidades produzidas.

O que ocorreria se houvesse estoques de materiais diretos? Geralmente, os gestores desejam *feedback* rápido e querem que as variações sejam identificadas da maneira mais prática e rápida. No caso do preço de materiais diretos, o tempo significa quando os materiais são comprados, em vez de quando são consumidos, o que pode ocorrer muito mais tarde. Conseqüentemente, a variação de preço dos materiais, geralmente, é baseada na quantidade comprada, mensurada no momento das compras. A variação de consumo de materiais permanece baseada na quantidade consumida. Suponha que a Dominion Company tenha comprado 40 mil libras de materiais (em vez das 36,8 mil libras consumidas) a $ 1,90 por libra. A variação de preço de material seria (preço real × preço padrão) × material comprado = ($ 1,90 – $ 2,00) por libra × 40 000 libras = $ 4 000 favoráveis. A variação de consumo de material permaneceria em $ 3,6 mil desfavoráveis, porque ela está baseada no material consumido.

Variações de custos indiretos de fabricação

Acabamos de ver que as variações de material direto e mão-de-obra direta são subdivididas, freqüentemente, em componentes de preço e consumo. Em contraste, muitas organizações acreditam que não vale a pena monitorar os itens de custos indiretos de fabricação individuais na mesma extensão. Conseqüentemente, as variações de custos indiretos de fabricação não são sempre subdivididas além das variações do orçamento flexível — a complexidade da análise pode não valer o esforço.

Não obstante, em alguns casos, pode ser valioso subdividir as variações de custos indiretos de fabricação do orçamento flexível, especialmente aqueles dos CIF variáveis. Parte das variações do orçamento flexível de CIF variável está relacionada ao controle dos direcionadores de custo e parte ao controle do dispêndio de CIF em si. Quando as atividades direcionadoras de custos reais diferem do montante-padrão permitido a produção real alcançada, ocorrerá uma **variação de eficiência dos CIF variáveis**. Suponha que o custo de suprimentos da Dominion Company, um custo de CIF variável, seja direcionado pelas horas de mão-de-obra direta. Uma taxa de custos indiretos de fabricação variáveis de $ 0,60 por unidade na Dominion seria equivalente a $ 1,20 por hora de mão-de-obra direta (porque meia hora é permitida por unidade de produto). Da variação de $ 500 desfavoráveis, $ 300 desfavoráveis são devidos ao uso de 3,75 mil horas de mão-de-obra direta em vez das 3,5 mil permitidas pelo orçamento flexível, como calculado a seguir:

$$\begin{aligned}
\text{variação de eficiência dos CIF variáveis para suprimentos} &= \left(\text{horas de mão-de-obra direta reais} - \text{horas de mão-de-obra direta padrão permitida}\right) \times \text{taxa de CIF variável padrão por hora} \\
&= (3\,750 \text{ horas reais} - 3\,500 \text{ horas padrão permitidas}) \times \$\,1,20 \text{ por hora} \\
&= \$\,300 \text{ desfavoráveis}
\end{aligned}$$

Esse consumo de suprimentos de $ 300 excedentes é atribuível à ineficiência do uso da atividade direcionadora de custos: horas de mão-de-obra direta. Sempre que a atividade direcionadora de custos real exceder aquela permitida para a produção real alcançada, as variações de eficiência para o CIF serão desfavoráveis e vice-versa. Essencialmente, essa variação da eficiência diz à gestão o custo de não controlar o uso da atividade direcionadora de custo. O restante das variações do orçamento flexível mensura o controle de dispêndio de custos indiretos de fabricação em si, dada a atividade direcionadora de custo real.

$$\begin{aligned}
\text{variação de dispêndio do CIF variável para suprimentos} &= \text{CIF variável real} - (\text{taxa de CIF variável padrão} \times \text{horas de mão-de-obra direta real utilizadas}) \\
&= \$\,4\,700 - (\$\,1,20 \times 3\,750 \text{ horas}) \\
&= \$\,4\,700 - \$\,4\,500 \\
&= \$\,200 \text{ desfavoráveis}
\end{aligned}$$

Isto é, a **variação de dispêndio de CIF variável** é a diferença entre o CIF variável real e o montante de CIF variável orçado para o nível real de atividade direcionadora de custo.

Como em outras variações, as de CIF, por elas mesmas, não podem identificar as causas para resultados que diferem dos orçamentos estáticos e flexíveis. A única maneira de a gestão descobrir por que o desempenho dos CIF não coincide com o orçamento é investigar as possíveis causas. A distinção entre variações de dispêndio e consumo, entretanto, fornece um trampolim para mais investigação.

ABORDAGEM GERAL

A Figura 8.8 apresenta a análise de material direto e mão-de-obra direta em um formato que merece um estudo minucioso. A abordagem geral está no alto da figura. As aplicações específicas seguem a partir daí. Mesmo que a figura possa parecer desnecessariamente complexa no início, seu uso repetido solidificará seu entendimento da análise de variação. Naturalmente, as outras variações do orçamento flexível da Figura 8.6 poderiam ser analisadas adicionalmente, da mesma maneira que a mão-de-obra direta e o material direto são analisados na Figura 8.8. Tal investigação detalhada depende da percepção dos gestores sobre se os benefícios extras excederão os custos extras da análise.

A coluna *A* da Figura 8.8 contém os custos reais incorridos para os insumos durante o período do orçamento que está sendo avaliado. A coluna *B* apresenta os custos do orçamento flexível para os insumos, considerando os

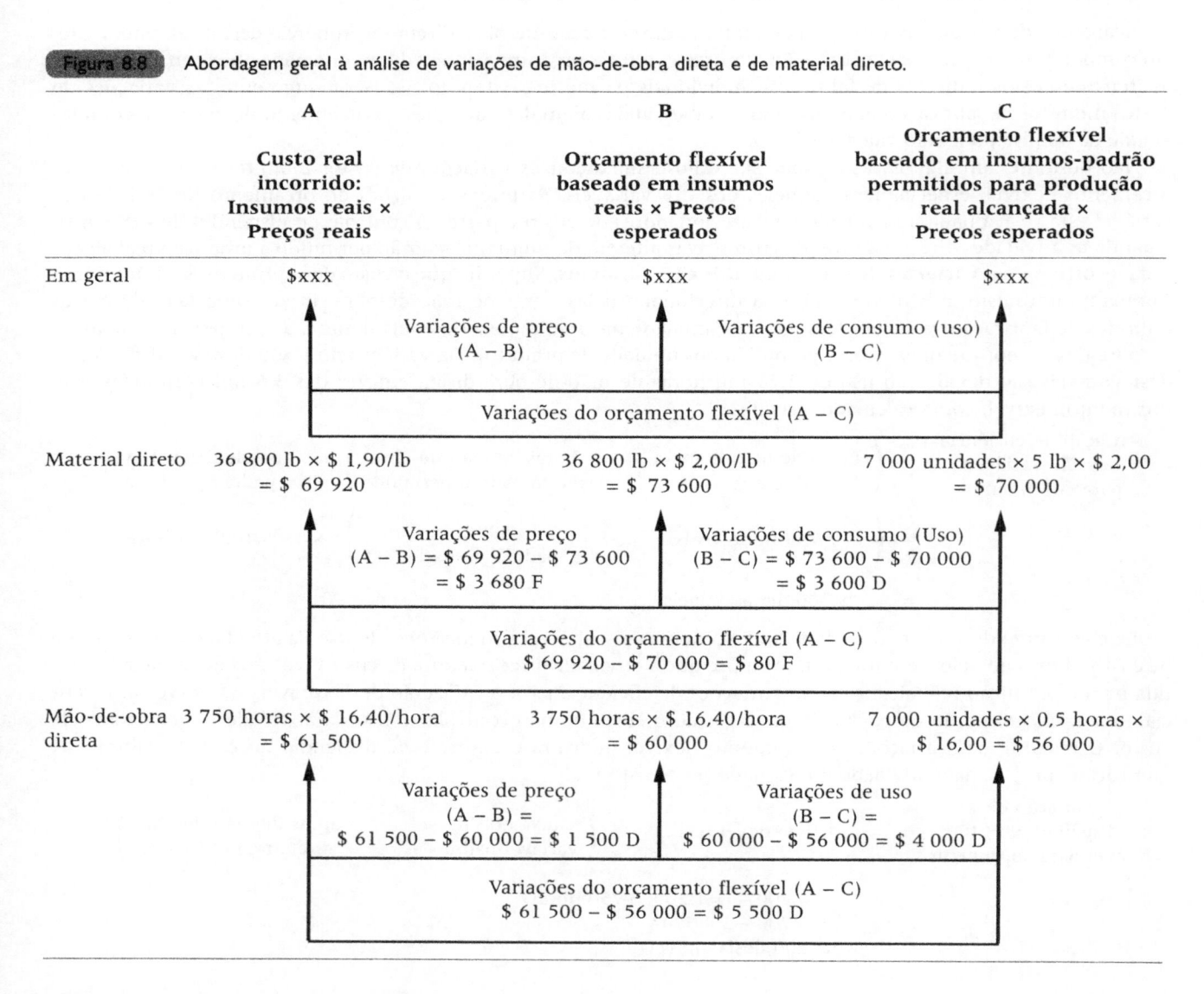

Figura 8.8 Abordagem geral à análise de variações de mão-de-obra direta e de material direto.

	A Custo real incorrido: Insumos reais × Preços reais	B Orçamento flexível baseado em insumos reais × Preços esperados	C Orçamento flexível baseado em insumos-padrão permitidos para produção real alcançada × Preços esperados
Em geral	$xxx	$xxx	$xxx
	↑ Variações de preço (A − B)	↑ Variações de consumo (uso) (B − C)	↑
	Variações do orçamento flexível (A − C)		
Material direto	36 800 lb × $ 1,90/lb = $ 69 920	36 800 lb × $ 2,00/lb = $ 73 600	7 000 unidades × 5 lb × $ 2,00 = $ 70 000
	↑ Variações de preço (A − B) = $ 69 920 − $ 73 600 = $ 3 680 F	↑ Variações de consumo (Uso) (B − C) = $ 73 600 − $ 70 000 = $ 3 600 D	↑
	Variações do orçamento flexível (A − C) $ 69 920 − $ 70 000 = $ 80 F		
Mão-de-obra direta	3 750 horas × $ 16,40/hora = $ 61 500	3 750 horas × $ 16,40/hora = $ 60 000	7 000 unidades × 0,5 horas × $ 16,00 = $ 56 000
	↑ Variações de preço (A − B) = $ 61 500 − $ 60 000 = $ 1 500 D	↑ Variações de uso (B − C) = $ 60 000 − $ 56 000 = $ 4 000 D	↑
	Variações do orçamento flexível (A − C) $ 61 500 − $ 56 000 = $ 5 500 D		

insumos reais consumidos, usando os preços esperados, mas o consumo real. A coluna *C* é um montante do orçamento flexível, usando ambos — preços esperados e consumos esperados — para os produtos realmente alcançados. (Esse é o montante do orçamento flexível da Figura 8.6 para sete mil unidades.) A coluna *B* é introduzida entre *A* e *C*, usando preços esperados e consumo real. A diferença entre as colunas *A* e *B* é atribuída às variações de preços, porque o consumo é mantido constante entre *A* e *B* nos níveis reais. A diferença entre as colunas *B* e *C* é atribuída à variação de consumo, porque o preço é mantido constante entre *B* e *C* nos níveis esperados.

A produção real alcançada na coluna *C* é mensurada em unidades de produto. A maioria das organizações, entretanto, manufatura uma variedade de produtos. Quando as variedades de unidades são adicionadas juntas, a soma é, com freqüência, um número sem sentido (seria como somar maçãs e laranjas). Conseqüentemente, todas as unidades de produção são, na maioria das vezes, expressas em termos de insumos-padrão permitidos para sua produção, tais como libras (ou quilos) de frutas. As horas de mão-de-obra também podem tornar-se o denominador comum para mensurar o total de volume de produção. Assim, a produção, em vez de ser expressa como 12 mil cadeiras e três mil sofás, poderia ser expressa como 20 mil horas-padrão permitidas (ou, mais acuradamente, como horas-padrão de insumos permitidas para a produção alcançada). *Lembre-se de que as horas-padrão permitidas são a medida da produção real alcançada.*

A idéia-chave ilustrada na Figura 8.8 é a versatilidade do orçamento flexível. Um orçamento flexível está engrenado ao volume de atividade, e a Figura 8.8 mostra que o volume de atividade pode ser mensurado em termos de insumos reais consumidos (colunas *A* e *B*) ou insumos-padrão permitidos para a produção real alcançada (coluna *C*).

A Figura 8.9 resume a abordagem geral das variações de custos indiretos de fabricação. As variações do orçamento flexível para itens de CIF fixos não são subdivididas aqui. As variações do orçamento flexível de CIF fixos estão discutidas mais detalhadamente no Capítulo 15. Observe que as variações da atividade de vendas para CIF fixos é zero, porque, desde que as atividades permaneçam dentro de intervalos relevantes, o orçamento de CIF fixo é o mesmo em ambos os níveis de atividade: planejada e real.

Figura 8.9 Abordagem geral à análise de variações de custos indiretos de fabricação.

	A Custo indiretos de fabricação reais incorridos	B Orçamento flexível baseado em insumos reais × Preços esperados	C Orçamento flexível baseado em insumos-padrão permitidos para a produção real alcançada × Preço esperado
Suprimentos (e outros itens semelhantes de custos indiretos de fabricação variáveis)	$ 4 700 (dado)	3 750 horas × $ 1,20 / hora = $ 4 500	3 500 horas × $ 1,20 / hora = $ 4 200

Variações de dispêndio
(A − B)
$ 4 700 − $ 4 500 = $ 200 D

Variações de eficiência
(B − C)
$ 4 500 − $ 4 200 = $ 300 D

Variações do orçamento flexível
(A − C)
$ 4 700 − $ 4 200 = $ 500 D

| Supervisão da
fábrica (e outros
itens semelhantes de
custos indiretos de
fabricação variáveis) | $ 14 700 | | $ 14 400 |

Variações do orçamento flexível
(A − C)
$ 14 700 − $ 14 400 = $ 300 D

Problema resumido para revisão

Problema

As seguintes questões estão baseadas nos dados contidos na ilustração da Dominion Company utilizada neste capítulo.

- Materiais diretos: Padrão, 5 libras por unidade a $ 2 por libra.
- Mão-de-obra direta: Padrão, meia hora a $ 16 por hora.

Suponha que os resultados reais tenham sido os seguintes para a produção de 8,5 mil unidades:

- Material direto: A Dominion comprou e consumiu 46 mil libras a um preço unitário real de $ 1,85 por libra, a um custo total real de $ 85,1 mil.
- Mão-de-obra direta: A Dominion usou 4 125 horas de mão-de-obra, a uma taxa horária real de $ 16,80, para um custo real total de $ 69,3 mil.

1. Calcule a variação do orçamento flexível e as variações do preço e consumo para material direto e mão-de-obra direta.
2. Suponha que a empresa esteja organizada de modo que o gestor de compras assuma a responsabilidade principal pela compra de materiais e o gestor de produção seja responsável pelo uso de materiais. Suponha os mesmos fatos como no item 1, exceto que o gestor de compras comprou 60 mil libras de material. Isso significa que há um estoque final de 14 mil libras de material. Recalcule as variações de materiais.

Solução

1. As variações são:

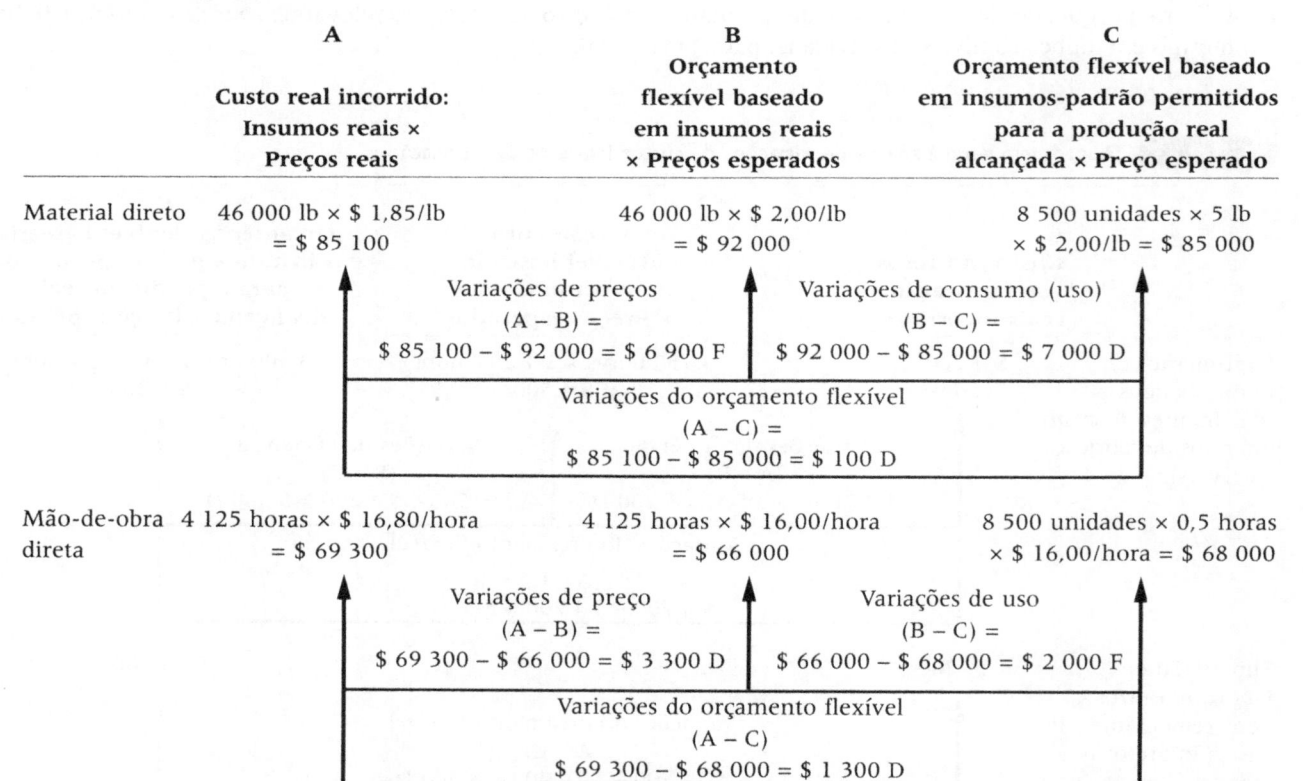

	A Custo real incorrido: Insumos reais × Preços reais	B Orçamento flexível baseado em insumos reais × Preços esperados	C Orçamento flexível baseado em insumos-padrão permitidos para a produção real alcançada × Preço esperado
Material direto	46 000 lb × $ 1,85/lb = $ 85 100	46 000 lb × $ 2,00/lb = $ 92 000	8 500 unidades × 5 lb × $ 2,00/lb = $ 85 000

Variações de preços
(A − B) =
$ 85 100 − $ 92 000 = $ 6 900 F

Variações de consumo (uso)
(B − C) =
$ 92 000 − $ 85 000 = $ 7 000 D

Variações do orçamento flexível
(A − C) =
$ 85 100 − $ 85 000 = $ 100 D

Mão-de-obra direta	4 125 horas × $ 16,80/hora = $ 69 300	4 125 horas × $ 16,00/hora = $ 66 000	8 500 unidades × 0,5 horas × $ 16,00/hora = $ 68 000

Variações de preço
(A − B) =
$ 69 300 − $ 66 000 = $ 3 300 D

Variações de uso
(B − C) =
$ 66 000 − $ 68 000 = $ 2 000 F

Variações do orçamento flexível
(A − C) =
$ 69 300 − $ 68 000 = $ 1 300 D

2. As variações de preço são isoladas no ponto de controle mais lógico — o momento da compra, em vez do momento de consumo. Por sua vez, o departamento operacional que consome por último é, geralmente, cobrado por algum preço predeterminado, orçado, esperado ou padrão, em vez dos preços reais. Isso representa uma ligeira modificação da abordagem no item 1, como mostrado na página seguinte.

Observe que essa variação de preço favorável no saldo pode não ser um bom resultado — a Dominion Company pode não desejar o estoque extra em excesso de suas necessidades imediatas, e a variação de preço favorável pode refletir que a qualidade do material é mais baixa do que a planejada. Observe também que a variação de consumo (uso) é a mesma nos itens 1 e 2. Tipicamente, as variações de preço e consumo para materiais seriam, agora, relatadas separadamente e não adicionadas no conjunto, porque elas estão baseadas em medidas diferentes de volume. A variação de preço está baseada nos insumos comprados, mas a variação de consumo (uso) está baseada nos insumos consumidos (utilizados).

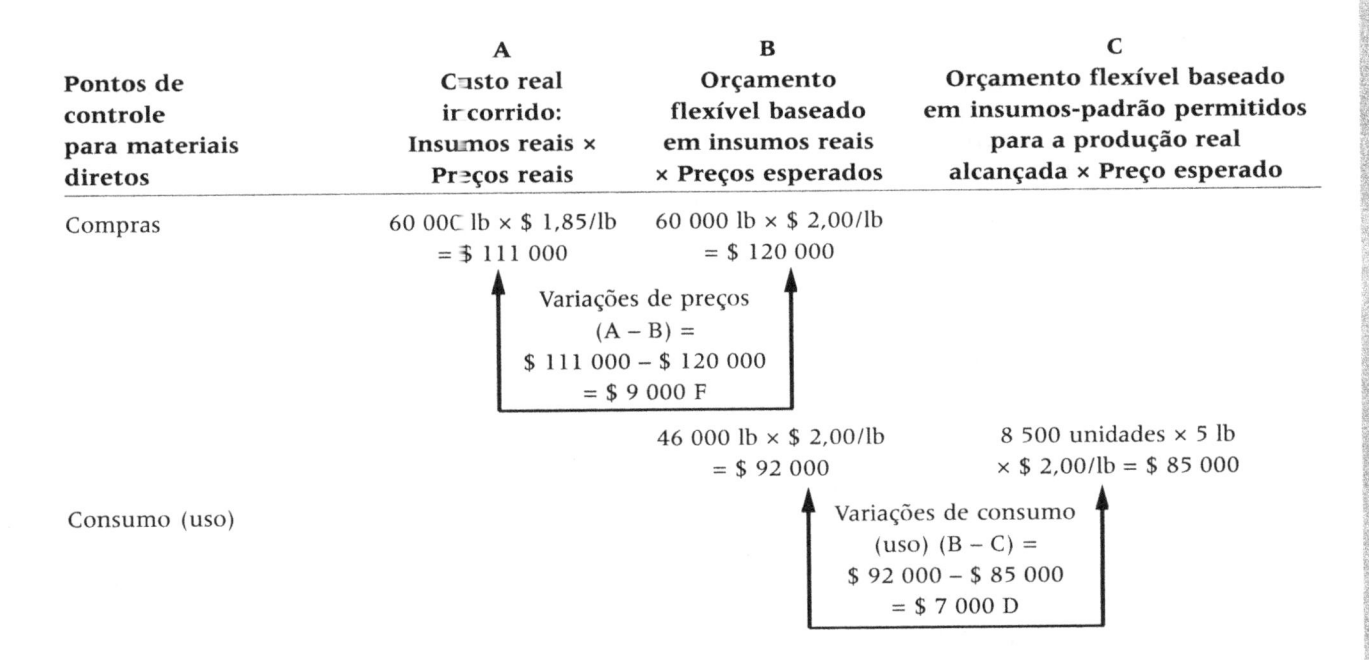

Pontos de controle para materiais diretos	**A** Custo real incorrido: Insumos reais × Preços reais	**B** Orçamento flexível baseado em insumos reais × Preços esperados	**C** Orçamento flexível baseado em insumos-padrão permitidos para a produção real alcançada × Preço esperado
Compras	60 000 lb × $ 1,85/lb = $ 111 000	60 000 lb × $ 2,00/lb = $ 120 000	
	Variações de preços (A − B) = $ 111 000 − $ 120 000 = $ 9 000 F		
Consumo (uso)		46 000 lb × $ 2,00/lb = $ 92 000	8 500 unidades × 5 lb × $ 2,00/lb = $ 85 000
		Variações de consumo (uso) (B − C) = $ 92 000 − $ 85 000 = $ 7 000 D	

MATERIAL FUNDAMENTAL DE AVALIAÇÃO

8-A1. Orçamentos flexíveis e orçamentos estáticos

A gestora-geral da Magellen Shipping Company relata trimestralmente a seu presidente o desempenho operacional da empresa. A empresa usa um orçamento baseado em expectativas detalhadas para o trimestre vindouro. A gestora-geral acabou de receber um relatório de desempenho trimestral condensado, mostrado na Figura 8.10.

Embora estivesse nervosa por não obter receita suficiente, ela estava feliz por seu desempenho de custos ter sido favorável; de outra maneira, seu lucro operacional líquido estaria pior ainda. O presidente estava totalmente infeliz e reclamou: "Eu posso ver algum mérito na comparação do desempenho real com o desempenho orçado, porque podemos ver que a receita real coincidiu com nosso melhor palpite para propósitos de orçamento, mas não posso ver como esse relatório de desempenho me ajuda a avaliar o desempenho do controle de custos".

1. Prepare um orçamento flexível em colunas para a Magellen Shipping em níveis de receita de $ 7 milhões, $ 8 milhões e $ 9 milhões. Use o formato das últimas três colunas da Figura 8.2. Suponha que os preços e o composto de produtos vendidos sejam iguais aos preços e composto orçados.
2. Expresse o orçamento flexível para custos na forma de fórmula.
3. Prepare uma tabela condensada que mostre a variação do orçamento-mestre (estático), a variação de atividade de vendas e a variação do orçamento flexível. Use o formato da Figura 8.5.

8-A2. Variações do nível de atividade

O departamento de consultoria de sistemas da North Carolina Textiles projeta sistemas para coletar dados, codificar e relatar informações que satisfaçam as necessidades de outros departamentos dentro da empresa. Um direcionador de custo geral é o número de requisições feitas ao departamento de consultoria de sistemas. O custo variável esperado do manuseio de uma requisição era $ 500, e o número de requisições esperadas para junho de 20X1 era 75. Os custos fixos mensais para o departamento (salários, depreciação de equipamentos, espaço) foram orçados em $ 65 mil.

O número real de requisições atendidas pela consultoria de sistemas em junho de 20X1 foi 90, e o total de custos incorridos pelo departamento foi $ 114 mil. Desse montante, $ 78 mil foram de custos fixos.

Figura 8.10 Relatório de desempenho operacional da Magellen Shipping.

Segundo trimestre de 20X1

	Orçamento	Real	Variação
Receitas líquidas	$ 8 000 000	$ 7 600 000	$ 400 000 D
Combustível	$ 160 000	$ 157 000	$ 3 000 F
Reparos e manutenção	$ 80 000	$ 78 000	$ 2 000 F
Suprimentos diversos	$ 800 000	$ 788 000	$ 12 000 F
Folha de pagamento variável	$ 5 360 000	$ 5 200 000	$ 160 000 F
Total de custos variáveis*	$ 6 400 000	$ 6 223 000	$ 177 000 F
Supervisão	$ 180 000	$ 184 000	$ 4 000 D
Aluguel	$ 160 000	$ 160 000	—
Depreciação	$ 480 000	$ 480 000	—
Outros custos fixos	$ 160 000	$ 158 000	$ 2 000 F
Total de custos fixos	$ 980 000	$ 982 000	$ 2 000 D
Total de custos debitados contra a receita	$ 7 380 000	$ 7 205 000	$ 175 000 F
Lucro operacional	$ 620 000	$ 395 000	$ 225 000 D

D = *Desfavorável.*
F = *Favorável.*

* Para propósitos desta análise, suponha que todos esses custos são totalmente variáveis com relação à receita de vendas. Na prática, muitos são mistos e têm de ser subdivididos em componentes variáveis e fixos, antes que uma análise significativa possa ser feita. Suponha também que os preços e os compostos de serviços vendidos permaneçam inalterados.

Calcule as variações do orçamento-mestre (estático) e as variações de orçamento flexível para os custos variáveis e fixos para o departamento de consultoria de sistemas para junho de 20X1.

8-A3. Variações de material direto e mão-de-obra direta

A Modern Outdoor Lighting, Inc. fabrica trilhos de metal esculpidos, postes de luminárias e outros ornamentos. Os seguintes padrões foram desenvolvidos para uma linha de postes de luminárias:

	Insumos-padrão esperados para cada unidade de produto alcançada	Preço-padrão por unidade de insumo
Materiais diretos	5 libras	$ 10 por libra
Mão-de-obra direta	5 horas	$ 25 por hora

Durante o mês de abril, 550 postes de luminárias foram programados para a produção. Apenas 525, entretanto, foram realmente produzidos.

Os materiais diretos comprados e consumidos ficaram em 2 750 libras, a um preço unitário de $ 8,50 por libra. A mão-de-obra direta realmente paga foi $ 26 por hora, e 2 850 horas foram utilizadas.

1. Calcule o custo-padrão por poste de luminária para materiais diretos e mão-de-obra direta.
2. Calcule as variações de preço e variações de consumo para materiais diretos e mão-de-obra direta.
3. Com base nesses dados esboçados, que indícios para a investigação são fornecidos pelas variações?

8-B1. Relatório resumido de desempenho

Considere os seguintes dados para a Tax Preparation Services, Inc.:

- Dados do orçamento-mestre: vendas, 2,5 mil clientes a $ 350 cada; custos variáveis, $ 250 por cliente; custos fixos, $ 150 mil.
- Resultados reais a preços reais: vendas, 3 mil clientes a $ 360 cada; custos variáveis, $ 800 mil; custos fixos, $ 160,5 mil.

1. Prepare um relatório de desempenho resumido similar ao da Figura 8.5.
2. Preencha os espaços em branco:

Lucro operacional do orçamento-mestre	$ —	
Variações		
Variações da atividade de vendas	$ —	
Variações do orçamento flexível	$ —	$ —
Lucro operacional real		$ —

8-B2. Variações de materiais e mão-de-obra

Considere os seguintes dados:

	Material direto	Mão-de-obra direta
Preço real por unidade de insumo (libra e hora)	$ 8	$ 12
Preço-padrão por unidade de insumo	$ 7	$ 13
Insumos-padrão permitidos por unidade de produto	$ 10	$ 2
Unidades reais de insumos	$ 112 000	$ 30 000
Unidades reais de produção (produto)	$ 14 400	$ 14 400

1. Calcule as variações de preço, consumo e do orçamento flexível para material direto e mão-de-obra direta. Use *D* ou *F* para indicar se as variações são desfavoráveis ou favoráveis.
2. Prepare uma explicação plausível para o desempenho.

8-B3. Variações de custos indiretos de fabricação variáveis

Você foi solicitado a preparar uma análise de custos indiretos de fabricação, no departamento de processamento de pedidos pelo correio de uma empresa de confecções da Lands' End. Como etapa inicial, você prepara o resumo de alguns eventos que contêm custos indiretos de fabricação para o período mais recente. A variação do orçamento flexível de CIF variável foi $ 6 mil desfavoráveis. O preço-padrão do CIF variável por pedido foi $ 0,06. A taxa de dez pedidos por hora é considerada como a produtividade-padrão por escriturário. Os CIF totais incorridos foram $ 203,2 mil, dos quais $ 134,5 mil eram fixos. Não houve variação para CIF fixos. A variação de dispêndio do CIF variável foi $ 1,5 mil favorável.

Calcule o seguinte:

1. Variação da eficiência dos CIF variáveis.
2. Horas reais de insumo.
3. Horas-padrão permitidas por produção alcançada.

Material adicional de avaliação

Questões

8-1. Compare variações favoráveis e variações desfavoráveis.

8-2. "O flexível do orçamento flexível relaciona-se unicamente a custos variáveis." Você concorda? Explique.

8-3. "Nós queremos um orçamento flexível porque os custos são difíceis de predizer. Precisamos da flexibilidade para mudar os custos orçados assim que os preços dos insumos mudam." O orçamento flexível serve a esse propósito? Explique.

8-4. Explique o papel do entendimento do comportamento do custo e das atividades direcionadoras de custos para o orçamento flexível.

8-5. "Um orçamento flexível baseado em atividade tem uma flexibilidade para cada atividade." Você concorda? Explique.

8-6. "A eficácia e a eficiência caminham juntas. Você não pode ter uma sem ter a outra." Você concorda? Explique.

8-7. Diferencie variação do orçamento-mestre e variação do orçamento flexível.

8-8. "Os gestores devem ser recompensados por variações favoráveis e punidos por variações desfavoráveis." Você concorda? Explique.

8-9. "Um bom sistema de controle coloca a culpa de cada variação desfavorável em alguém na organização. Sem atribuir culpas, ninguém assumirá a responsabilidade pelo controle de custo." Você concorda? Explique.

8-10. Quem é, geralmente, responsável pelas variações da atividade de vendas? Por quê?

8-11. Diferencie entre padrões de perfeição e padrões correntes obteníveis.

8-12. Quais são as duas possíveis interpretações de 'padrões correntes obteníveis'?

8-13. "Padrão é um ponto em uma banda ou intervalo de resultados aceitáveis." Avalie essa declaração.

8-14. "As variações de preços devem ser calculadas mesmo se os preços são considerados como estando fora do controle da empresa." Você concorda? Explique.

8-15. Quais são algumas causas comuns de variações de consumo?

8-16. "Falhas em alcançar os padrões de preço são de responsabilidade do gestor de compras." Você concorda? Explique.

8-17. As variações de preço de material direto geralmente são reconhecidas quando os materiais são comprados ou quando são consumidos? Por quê?

8-18. Por que as técnicas para controlar os custos indiretos de fabricação diferem daquelas para controlar materiais diretos?

8-19. Como as variações de dispêndio dos custos indiretos de fabricação variáveis diferem daquelas de variação de preços da mão-de-obra direta?

Exercícios cognitivos

8-20. Responsabilidade do *marketing* por variações da atividade de vendas

Suponha que uma empresa tenha orçado um lucro operacional de $ 100 sobre as vendas de $ 1 mil. As vendas reais foram $ 900. O departamento de *marketing* asseverou que, como as vendas foram 10 por cento abaixo, ele era responsável por $ 10 de queda no lucro. Qualquer queda adicional deveria ser de responsabilidade de outro departamento. Comente essa colocação.

8-21. Responsabilidade da produção por variações do orçamento flexível

Suponha que um gestor de fábrica tenha planejado produzir cem unidades de produto por $ 1 mil. Em vez disso, a produção real foi 110 unidades. Quando os custos ficaram abaixo $ 1,1 mil, a gestora da fábrica alegou que deveria obter crédito por uma variação favorável igual ao montante pelo qual o custo real ficou abaixo dos $ 1,1 mil. Comente essa alegação.

8-22. Responsabilidade do gestor de compras

O gestor de compras de uma empresa comprou cinco mil libras de material por $ 5,50 a libra, em vez das $ 6 orçadas, resultando em uma variação favorável de $ 2,5 mil. A empresa tem uma política de recompensar os empregados com 20 por cento de todas as economias de custo que gerem. Antes de premiar o gestor de compras com um bônus de $ 500, que outras variações você deveria verificar para determinar o total do efeito da decisão de compra? Explique.

8-23. Variação da eficiência do custo indireto de fabricação variável

A Helton Company tinha uma variação de eficiência de CIF variável de $ 1 000 D. Nem o gestor da fábrica, que era o principal responsável pela programação da mão-de-obra, nem o gestor administrativo, que era responsável pela maioria dos serviços de apoio, sentiram-se responsáveis pela variação. Quem deve ser o responsável? Por quê?

Exercícios

8-24. Orçamento flexível básico

O superintendente de polícia da cidade de Jacksonville está tentando predizer os custos de operar uma frota de carros de polícia. Entre os itens de interesse, estão o combustível, $ 0,15 por milha, e a depreciação, $ 5 mil por carro ao ano.

O gestor está preparando um orçamento flexível para o ano vindouro. Prepare os montantes do orçamento flexível para combustível e depreciação, para cada carro, a um nível de 30 mil, 40 mil e 50 mil milhas.

8-25. Orçamento flexível

A Western Woolens tem um departamento que fabrica cachecóis. Considere os seguintes dados para um mês recente:

	Fórmula de orçamento por unidade	Diversos níveis de produção		
		6 000	7 000	8 000
Unidades	—			
Vendas	$ 18	$?	$?	$?
Custos variáveis				
Material direto	$?	$ 48 000	$?	$?
Combustível	$ 2	$?	$?	$?
Custos fixos				
Depreciação		$?	$ 16 000	$?
Salários		$?	$?	$ 42 000

Preencha os espaços desconhecidos (os pontos de interrogação).

8-26. Orçamento flexível básico

Os preços orçados para materiais e mão-de-obra direta por unidade de produto acabado são $ 13 e $ 5, respectivamente. O gestor de produção está satisfeito com os seguintes dados:

	Orçamento-mestre (estático)	Custos reais	Variação
Materiais diretos	$ 104 000	$ 98 000	$ 6 000 F
Mão-de-obra direta	$ 40 000	$ 37 600	$ 2 400 F

A felicidade do gestor é justificada? Prepare um relatório que possa fornecer uma explicação mais detalhada sobre por que o orçamento estático (mestre) não foi alcançado. A produção boa foi 6,8 mil unidades.

8-27. Variações do nível de atividade

Os custos de materiais de apoio para a Pennsylvania Steel Company (PSC) são custos variáveis que dependem do peso do material (placa de aço, aço fundido, etc.) movimentado. Para o período de orçamento atual e baseado na produção programada, a PSC esperou movimentar 750 mil libras de material, a um custo de $ 0,25 por libra. Diversos pedidos foram cancelados pelos clientes, e a PSC movimentou apenas 650 mil libras de material. O total de custos de materiais de apoio para o período foi $ 169 mil.

Compare os custos reais de apoio com os custos de apoio do orçamento-mestre, calculando o orçamento-mestre, o nível de atividade e as variações do orçamento flexível para custos de materiais de apoio.

8-28. Variações de material direto

A Costume Shirt Company usa um tecido especial na produção de camisas sociais. Durante o mês de agosto, a Costume Shirt comprou dez mil jardas quadradas de tecido a $ 6,95 por jarda e consumiu 7,9 mil jardas quadradas na produção de 3,8 mil camisas. O padrão permitido é de duas jardas a $ 7,10 por jarda para cada camisa.

Calcule a variação do preço de material e a variação de consumo do material.

8-29. Variações de mão-de-obra

A cidade de Las Vegas tem uma loja de placas, em que as placas de ruas de todos os tipos são manufaturadas e reparadas. O gestor da loja usa padrões para julgar o desempenho. Como um escriturário, por engano, descartou alguns registros de mão-de-obra, a gestora tem apenas dados parciais para o mês de abril. Ela sabe que o total de variação da mão-de-obra direta foi $ 1 855 favoráveis, e o preço da mão-de-obra padrão foi $ 14 por hora. Além disso, um aumento recente do pagamento produziu uma variação desfavorável no preço da mão-de-obra, para abril, de $ 980. As horas reais de insumos foram 1,75 mil.

1. Calcule o preço de mão-de-obra real por hora.
2. Determine as horas-padrão permitidas para a produção alcançada.

8-30. Variações de consumo

A Hong Kong Toy Company produziu nove mil ursos de pelúcia. O padrão permitido de material direto é duas libras por urso, a um custo, por libra, de $ 3. Realmente, 16,5 mil libras de materiais (insumos) foram consumidas para produzir os nove mil ursos (produtos).

Da mesma maneira, supõe-se levarem cinco horas de mão-de-obra direta para produzir um urso, e o custo-padrão horário da mão-de-obra é $ 3, mas 46,5 mil horas (insumos) foram utilizadas para produzir nove mil ursos. Calcule as variações de consumo para material direto e mão-de-obra direta.

8-31. Variações de mão-de-obra e de material

Taxa-padrão de mão-de-obra direta	$ 14,00
Taxa real de mão-de-obra direta	$ 12,20
Horas-padrão de mão-de-obra	12 000
Variação do uso de mão-de-obra direta — desfavorável	$ 14 000
Preço unitário padrão dos materiais	$ 4,50
Quantidade real comprada	1 800
Quantidade-padrão permitida para a produção real	1 650
Variação do preço de compra dos materiais — favorável	$ 288

1. Calcule as horas reais trabalhadas, arredondando para a hora mais próxima.

2. Calcule o preço de compra real por unidade de materiais, arredondando para o centavo mais próximo.

8-32. Variações de material e mão-de-obra
Considere os seguintes dados:

	Material direto	Mão-de-obra direta
Custos incorridos: Insumos reais × preços reais incorridos	$ 152 000	$ 79 000
Insumos reais × preços esperados	$ 165 000	$ 74 000
Insumos-padrão permitidos por produção real alcançada × preços esperados	$ 172 500	$ 71 300

Calcule preço, consumo e variações de orçamento flexível para material direto e mão-de-obra direta. Use *D* ou *F* para indicar se as variações são desfavoráveis ou favoráveis.

PROBLEMAS

8-33. National Park Service
O National Park Service preparou o seguinte orçamento para um de seus parques nacionais para 20X1:

Receita de ingressos	$ 5 000 000
Custos variáveis (diversos)	$ 500 000
Margem de contribuição	$ 4 500 000
Custos fixos (diversos)	$ 4 500 000
Lucro operacional	$ 0

Os ingressos foram baseados em uma média de 25 mil veículos–admissão/dia (veículos multiplicados pelo número de dias no parque) por semana, para a temporada de 20 semanas, multiplicada pela admissão média e outros ingressos de $ 10 por veículo–admissão/dia.

A temporada foi um sucesso para as primeiras quatro semanas. Houve, entretanto, grandes incêndios florestais durante a quinta semana. Uma grande porcentagem do parque foi danificada pelos incêndios. Em conseqüência, o número de visitantes caiu rapidamente durante o restante da temporada.

O total de receitas caiu $ 1 milhão do orçamento original. Os custos variáveis caíram como esperado, e os custos fixos não foram afetados, exceto pela contratação extra de bombeiros, a um custo de $ 350 mil.

Prepare um resumo do desempenho, em colunas, mostrando o orçamento original (estático), as variações da atividade de vendas, o orçamento flexível, as variações do orçamento flexível e os resultados reais.

8-34. Orçamentos flexível e estático
A Beta Alpha Psi, uma fraternidade contábil, recentemente patrocinou um jantar dançante. O orçamento original (estático) e os resultados reais foram os seguintes:

	Orçamento	Real	Variação
Participantes	75	90	
Receita	$ 2 625	$ 3 255	$ 630 F
Pratos de frango a $ 17,60	$ 1 320	$ 1 668	$ 348 D
Bebidas, $ 6 por pessoa	$ 450	$ 466	$ 16 D
Aluguel do clube, $ 75 mais 8% de imposto	$ 81	$ 81	$ 0
Música, 3 horas a $ 250 por hora	$ 750	$ 875	$ 125 D
Lucro	$ 24	$ 165	$ 141 F

1. Subdivida cada variação em uma parcela da variação da atividade de vendas e em uma parcela da variação do orçamento flexível. Use o formato da Figura 8.5.
2. Forneça explicações possíveis para as variações.

8-35. Explicação resumida
A Capeletti Company produziu 80 mil unidades, oito mil a mais que o orçado. Os dados da produção são os seguintes — exceto para as unidades físicas, todas as unidades são em dinheiro:

	Resultados reais ao preço real	Variações do orçamento flexível	Orçamento flexível	Variações na atividade de vendas	Orçamento estático (mestre)
Unidades físicas	80 000	—	?	?	72 000
Vendas	?	6 400 F	?	?	720 000
Custos variáveis	492 000	?	480 000	?	?
Margem de contribuição	?	?	?	?	?
Custos fixos	?	8 000 D	?	?	200 000
Lucro operacional	?	?	?	?	?

1. Preencha os espaços desconhecidos (os pontos de interrogação).
2. Dê uma explicação sucinta sobre por que o lucro operacional alvo original não foi alcançado.

8-36. Explicação da variação no lucro

A Dominguez Credit Services produz relatórios para clientes sobre suas classificações de crédito. As margens de contribuição padrão da empresa estão, em média, 70 por cento das vendas em dinheiro, e a média dos preços de venda são $ 50 por relatório. A produtividade média é de quatro relatórios por hora. Alguns preparadores trabalham por comissões de vendas e outros por uma taxa horária. O orçamento-mestre para 20X1 havia predito processar 800 mil relatórios, mas apenas 700 mil foram processados.

Os custos fixos de aluguel, supervisão, propaganda e outros itens foram orçados em $ 21 milhões, mas o orçamento foi excedido em $ 700 mil, por causa da propaganda extra na tentativa de explodir as vendas.

Não houve variações do preço de venda médio, mas as comissões reais pagas para os preparadores e a produtividade real por hora resultaram em variações do orçamento flexível (isto é, variações do preço total e da eficiência) para custos variáveis de $ 900 mil desfavoráveis.

O presidente da Dominguez estava infeliz, porque o lucro operacional orçado de $ 7 milhões não foi alcançado. Ele disse: "Certo, tivemos variações desfavoráveis de custo variável, mas nosso lucro operacional ficou muito abaixo daquilo. Explique, por favor, por quê".

Explique por que o lucro operacional orçado não foi alcançado. Use uma apresentação similar à da Figura 8.5. Dados suficientes foram apresentados para permitir-lhe a elaboração de uma apresentação completa ao preencher os itens conhecidos e, então, calcular os desconhecidos. Complete sua explicação resumindo o que aconteceu em não mais de três sentenças.

8-37. Variações do orçamento flexível e atividade na Burger King

Suponha que uma franquia da Burger King, em Bangcoc, tivesse orçado vendas para 2000 de B 7,3 milhões (em que B significa *baht*, a unidade monetária de Thai). Esperava-se que os custos dos produtos vendidos e outros custos variáveis fossem de 70 por cento das vendas. Os custos fixos anuais orçados eram B 1,8 milhão. A recuperação da economia de Thai causou um aumento nas vendas reais, em 2000, de B 9,2 milhões, e um aumento nos lucros reais de B 570 mil. Os custos fixos em 2000 foram como orçados. A franquia ficou satisfeita com o aumento nos lucros.

1. Calcule a variação da atividade de vendas e a variação do orçamento flexível para 2000. O que a franquia pôde aprender com essas variações?
2. Suponha que, em 2001, a economia de Thai enfraqueça e as vendas da franquia caiam de volta para B 7,3 milhões. Dado o que aconteceu em 2000, o que você espera que aconteça com os lucros em 2001?

8-38. Resumo do desempenho de uma linha aérea

Considere o desempenho (em $ milhares) da Rocky Mountain Airlines para um dado ano, na seguinte tabela:

	Resultados reais aos preços reais	Orçamento-mestre	Variação
Receita	$?	$ 300 000	$?
Despesas variáveis*	$ 200 000	$ 195 000*	$ 5 000 D
Margem de contribuição	$?	$ 105 000	$?
Despesas fixas	$ 82 000	$ 80 000	$ 2 000 D
Lucro operacional	$?	$ 25 000	$?

* *Inclui um combustível de jato de $ 90 mil.*

O orçamento-mestre foi baseado em um orçamento de $ 0,20 por receita por passageiro–milha. Uma receita por passageiro–milha significa um passageiro pagando o vôo de uma milha. Uma diminuição na tarifa aérea média de 8 por cento ajudou a gerar um aumento, em passageiro–milhas voadas, que excedeu em 10 por cento o orçamento estático para o ano.

O preço por galão de combustível do jato aumentou acima do preço utilizado para formular o orçamento estático. O aumento médio do preço de combustível do jato para o ano foi 10 por cento.

1. Como explicação para o presidente, prepare um relatório de desempenho resumido que seja similar ao da Figura 8.5.
2. Suponha que os custos de combustível do jato sejam puramente variáveis e que o uso do combustível tenha ocorrido no mesmo nível de eficiência predito no orçamento estático. Que parte das variações do orçamento flexível para as despesas variáveis é atribuível às despesas de combustível do jato? Explique.

8-39. Orçamento flexível da universidade

A Inverness University oferece um programa de educação continuada extensiva em muitas cidades, por toda a Escócia. Para a conveniência de professores e equipe administrativa, e também para economizar custos, a universidade opera uma frota de veículos. Essa frota operou com 25 veículos até fevereiro deste ano, quando um automóvel adicional foi adquirido. A frota fornece gasolina, óleo e outros suprimentos para os veículos e contrata um mecânico, que faz manutenção rotineira e reparos menores. Os principais reparos são feitos em uma oficina comercial próxima. Um supervisor gerencia as operações. A cada ano, o supervisor prepara um orçamento operacional, informando ao gestor da universidade os fundos necessários para operar a frota. A depreciação sobre os automóveis é registrada num orçamento, de modo a determinar o custo por quilômetro.

A planilha abaixo apresenta o orçamento anual aprovado pela universidade. Os custos reais para março são comparados com um doze avos do orçamento anual.

Frota de veículos da universidade
Relatório de orçamento para março de 20X1

	Orçamento anual	Orçamento de um mês	Real de março	Acima (abaixo)
Gasolina	£ 82 500	£ 6 875	£ 8 200	£ 1 325
Óleo, reparos menores, peças e suprimentos	£ 15 000	£ 1 250	£ 1 300	£ 50
Reparos externos	£ 2 700	£ 225	£ 50	£ (175)
Seguro	£ 4 800	£ 400	£ 416	£ 16
Salários e benefícios	£ 21 600	£ 1 800	£ 1 800	—
Depreciação	£ 22 800	£ 1 900	£ 1 976	£ 76
	£ 149 400	£ 12 450	£ 13 742	£ 1 292
Total de quilômetros	1 500 000	125 000	140 000	
Custo por quilômetro	£ 0,0996	£ 0,0996	£ 0,0982	
Número de automóveis	25	25	26	

O orçamento anual foi elaborado com base nas seguintes suposições:

a) 25 automóveis na frota.
b) 60 mil quilômetros ao ano por automóvel.
c) 8 quilômetros por litro, para cada automóvel.
d) £ 0,44 por litro de gasolina.
e) £ 0,01 por quilômetro para óleo, reparos menores, peças e suprimentos.
f) £ 108 por automóvel em reparos externos.

A supervisora está infeliz com o relatório mensal que compara o orçamento e os custos reais para março; ela reclama que lhe foi apresentado um desempenho injusto. Seu empregador anterior usou um orçamento flexível para comparar os custos reais com os montantes orçados.

1. Empregando as técnicas do orçamento flexível, prepare um relatório que mostre os montantes orçados, os custos reais e a variação mensal para março.
2. Explique, sucintamente, a base dos seus números de orçamento para os reparos externos.

8-40. Orçamento flexível baseado em atividade

A análise do comportamento de custo para quatro centros de atividade do departamento de faturamento da Portland Power Company é dado a seguir:

Centro de atividade	Custos rastreáveis		Atividade direcionadora de custos
	Variáveis	Fixos	
Consulta de contas	$ 79 910	$ 155 270	3 300 horas de mão-de-obra
Correspondência	$ 9 800	$ 25 584	2 800 cartas
Faturamento de contas	$ 154 377	$ 81 400	2 440 000 linhas
Verificação de contas	$ 10 797	$ 78 050	20 000 contas

O departamento de faturamento elabora um orçamento flexível para cada centro de atividade com base nos seguintes intervalos de atividade direcionadora de custos:

Centro de atividade	Direcionador de custo	Intervalo relevante	
Consulta de contas	Horas de mão-de-obra	3 000	5 000
Correspondência	Cartas	2 500	3 500
Faturamento de contas	Linhas	2 000 000	3 000 000
Verificação de contas	Contas	15 000	25 000

1. Desenvolva fórmulas de orçamento flexível para cada um dos quatro centros de atividade.
2. Calcule os custos totais orçados em cada centro de atividade para cada um destes níveis de atividade direcionadora de custos:
    a) A menor atividade no intervalo relevante.
    b) O ponto médio do intervalo relevante.
    c) A atividade mais alta no intervalo relevante.
3. Determine a função de custo total para o departamento de faturamento.
4. A seguinte tabela dá os resultados reais para o departamento de faturamento. Prepare um relatório de desempenho de controle de custo, comparando o orçamento flexível aos resultados reais para cada centro de atividade. Calcule as variações do orçamento flexível.

Centro de atividade	Nível de direcionador de custos (real)		Custo real
Consulta de contas	4 400	horas de mão-de-obra	$ 235 400
Correspondência	3 250	cartas	$ 38 020
Faturamento de contas	2 900 000	linhas	$ 285 000
Verificação de contas	22 500	contas	$ 105 320

8-41. Análise de variação direta

A Mesabi Iron Works, Inc. usa um sistema de custo padrão. Os dados do mês relativos às suas fundições de ferro são os seguintes:

- Material comprado e consumido: 3,3 mil libras.
- Custos de mão-de-obra direta incorridos: 5 500 horas, $ 20,9 mil.
- Custos indiretos de fabricação variáveis incorridos: $ 4 785.
- Unidades acabadas produzidas: 1 mil.
- Custo de material real: $ 0,95 por libra.
- Taxa de custos indiretos de fabricação variáveis: $ 0,80 por hora.
- Custos-padrão de mão-de-obra direta: $ 4 por hora.
- Custo-padrão de material: $ 1 por libra.
- Libras-padrão de material em uma unidade acabada: 3.
- Horas-padrão de mão-de-obra direta por unidade acabada: 5.

Prepare planilhas de todas as variações, usando os formatos das Figuras 8.8 e 8.9.

8-42. Análise de variação

A Zurich Chocolate Company usa custos-padrão e orçamento flexível para controlar sua manufatura de chocolates finos. O agente de compras é responsável pelas variações do preço de materiais, e o gestor de produção é responsável por todas as outras variações. Os dados operacionais para a semana anterior estão resumidos a seguir:

- Unidades acabadas produzidas: 4 mil caixas de chocolates.

- Material direto: Compras, 6,4 mil libras de chocolate a SF 15,5 (onde SF representa francos suíços) por libra; o preço-padrão é SF 16 por libra. Consumidas: 4,3 mil libras. Padrão permitido por caixa produzida: 1 libra.
- Mão-de-obra direta: Custos reais, 6,3 mil horas a SF 30,5, ou SF 192 150. Padrão permitido por caixa produzida: 1,5 hora. O preço-padrão por hora de mão-de-obra direta é SF 30.
- Custos indiretos de manufatura variáveis: Custos reais, SF 69,5 mil. A fórmula do orçamento é SF 10 por hora de mão-de-obra direta padrão.

1. Calcule o seguinte:
   a) Variação de preço de compra do material.
   b) Variação de consumo do material.
   c) Variação de preço da mão-de-obra direta.
   d) Variação de uso da mão-de-obra direta.
   e) Variação de dispêndio dos CIF variáveis.
   f) Variação da eficiência dos CIF variáveis.

   (Dica: Para o formato, veja a solução do problema resumido para sua revisão.)

2. Responda:
   a) Qual é a permissão do orçamento para a mão-de-obra direta?
   b) Qual seria a diferença se a produção fosse de cinco mil caixas?

8-43. Similaridade das variações da mão-de-obra direta e do CIF variável

A C. Chan Company teve grande dificuldade para controlar os custos em Cingapura durante os últimos três anos. No último mês, um sistema de custo-padrão e orçamento flexível foi instalado. Uma condensação dos resultados para um departamento é a seguinte:

	Custo esperado por hora de mão-de-obra direta padrão	Variação do orçamento flexível
Lubrificantes	$ 0,60	$ 330 F
Outros suprimentos	$ 0,30	$ 225 D
Retrabalho	$ 0,60	$ 450 D
Outros custos de mão-de-obra indireta	$ 1,50	$ 450 D
Total de CIF variável	$ 3,00	$ 795 D

F = Favorável.
D = Desfavorável.

O departamento havia planejado, inicialmente, manufaturar nove mil montagens de alto-falantes em seis mil horas de mão-de-obra direta padrão permitida. As faltas de materiais e uma onda de calor resultaram em uma produção de 8,1 mil unidades com 5,7 mil horas de mão-de-obra direta reais. A taxa de salário padrão é $ 5,25 por hora, que foi $ 0,20 mais elevada do que a taxa horária média real.

1. Prepare um relatório de desempenho detalhado, com duas seções principais: mão-de-obra direta e CIF variável.
2. Prepare uma análise resumida das variações de preço e consumo para a mão-de-obra direta e dispêndio e variações de eficiência para CIF variável.
3. Explique as similaridades e diferenças entre as variações de mão-de-obra direta e CIF variável. Quais são algumas das causas prováveis das variações de CIF?

8-44. Variações de material, mão-de-obra e CIF

A Belfair Kayak Company fabrica caiaques moldados em plástico. Os custos-padrão para um nível básico de caiaque para água doce são:

Materiais diretos: 60 libras a $ 5,50 por libra	$ 330
Mão-de-obra direta: 1,5 hora a $ 16 por hora	$ 24
CIF: $ 12 por caiaque	$ 12
Total	$ 366

A taxa de CIF supõe uma produção de 450 caiaques por mês. A função do CIF é $ 2 808 + $ 5,76 × número de caiaques.

Durante o mês de março, a Belfair produziu 430 caiaques e teve os seguintes resultados reais:

Materiais diretos comprados	28 000 libras a $ 5,30/lb	
Materiais diretos consumidos	27 000 libras	
Mão-de-obra direta	660 horas a $ 15,90/hora	
CIF real	$ 5 320	

1. Calcule as variações de material, mão-de-obra e CIF.
2. Interprete as variações.
3. Suponha que o CIF variável tenha sido $ 3,84 por hora de mão-de-obra, em vez de $ 5,76 por caiaque. Calcule a variação da eficiência do CIF variável e a variação de dispêndio do CIF total. Essas variações levariam você a uma interpretação diferente das variações do CIF com relação ao item 2? Explique.

8-45. Automação e mão-de-obra direta como CIF

A Birmingham Precision Machining tem um processo de manufatura altamente automatizado para produzir uma variedade de autopeças. Por meio do uso de manufatura assistida por computador e robótica, a empresa reduziu seus custos de mão-de-obra para apenas 5 por cento do total dos custos de manufatura. Conseqüentemente, a mão-de-obra não é contabilizada como um item separado, mas é considerada parte do CIF.

Considere uma peça utilizada em um sistema de freios antibloqueáveis. O orçamento estático, para produzir 750 unidades em março de 20X1, é:

Materiais diretos	$ 18 000*
CIF	
Suprimentos	$ 1 875
Energia	$ 1 310
Aluguel e outros serviços do edifício	$ 2 815
Mão-de-obra da fábrica	$ 1 500
Depreciação	$ 4 500
Custos totais de manufatura	$ 30 000

* 3 libras por unidade × $ 8 por libra × 750 unidades.

Os suprimentos e a energia são considerados como CIF variável. Os outros itens de CIF são custos fixos.

Os custos reais, em março de 20X1, para produzir 900 unidades de peças de freio foram:

Materiais diretos	$ 21 645*
CIF	
Suprimentos	$ 2 125
Energia	$ 1 612
Aluguel e outros serviços do edifício	$ 2 775
Mão-de-obra da fábrica	$ 1 625
Depreciação	$ 4 500
Custos totais de manufatura	$ 34 282

* 2 775 libras compradas e consumidas a $ 7,80 cada.

1. Calcule:
   a) As variações de preço e de consumo dos materiais diretos.
   b) As variações do orçamento flexível para cada um dos itens do CIF.
2. Comente sobre como a Birmingham Precision Machining contabiliza e controla a mão-de-obra da fábrica.

8-46. Permissões-padrão de materiais

A New Jersey Chemical Company fornece principalmente a usuários industriais. Foi solicitado a você que desenvolva um custo-padrão de produto para uma nova solução que a empresa planeja introduzir.

A nova solução química é feita combinando *altium* e *bollium*, fervendo a mistura, adicionando *credix* e engarrafando a solução resultante em recipientes de 20 litros. A mistura inicial, que é de 20 litros em volume, consiste de 24 quilogramas de *altium* e 19,2 litros de *bollium*. Uma redução de 20 por cento do volume ocorre durante o processo de ebulição. A solução é, então, resfriada ligeiramente, antes que dez quilogramas de *credix* sejam adicionados; a adição do *credix* não afeta o volume líquido total.

Os preços de compra da matéria-prima utilizada na manufatura dessa nova solução química são os seguintes:

Altium	$ 2,10 por quilograma
Bollium	$ 1,90 por litro
Credix	$ 2,80 por quilograma

Determine a quantidade-padrão para cada uma das matérias-primas necessárias para produzir 20 litros da nova solução química da New Jersey Chemical Company e o custo-padrão de materiais dos 20 litros do novo produto.

8-47. Papel de unidades defeituosas e tempo improdutivo no estabelecimento de padrões

Tong Kim possui e opera a KimTee Machining, subcontratada para diversos contratantes do setor aeroespacial. Quando o sr. Kim vence uma concorrência para produzir uma peça de equipamento, ele estabelece custos-padrão para a produção de um item. Então, compara os custos de manufatura reais com os padrões para avaliar a eficiência da produção.

Em abril de 20X1, a KimTee venceu uma concorrência para produzir 15 mil unidades de um componente blindado, utilizado em dispositivos de navegação. As especificações para os componentes estavam muito rígidas, e o sr. Kim previa que 20 por cento dos componentes pudessem falhar em sua inspeção final, mesmo que todo cuidado fosse tomado na produção. Não houve maneira de identificar itens defeituosos antes de a produção estar completa. Conseqüentemente, as 18,75 mil unidades tiveram de ser produzidas para se obter 15 mil componentes bons. Os padrões foram ajustados para incluir uma permissão para o número de itens defeituosos esperados.

Cada componente final continha 3,2 libras de materiais diretos e esperava-se que a sucata normal da produção fosse, em média, um adicional de 0,4 libra por unidade. Esperava-se que o material direto custasse $ 11,25 por libra mais $ 0,75 por libra para embarque e manuseio.

A usinagem dos componentes exigiu muita atenção de operadores habilitados. Cada componente exigiu quatro horas de tempo de usinagem. Os operadores de máquinas foram pagos a $ 22 por hora e trabalharam 40 horas semanais. Dessas 40 horas, uma média de 32 foram gastas diretamente na produção. As outras oito horas consistiram de tempo para paradas e de espera, quando as máquinas estavam quebradas ou não havia trabalho a ser feito. Não obstante, todos os pagamentos para os operadores de máquinas foram considerados mão-de-obra direta, fosse ela tempo gasto diretamente na produção ou não. Além da taxa de remuneração básica, a KimTee pagou benefícios indiretos, em média, de $ 6 por hora e encargos sociais de 10 por cento das remunerações básicas.

Determine o custo-padrão de materiais diretos e mão-de-obra direta para cada unidade boa de produto.

8-48. Revisão dos principais pontos deste capítulo

As seguintes questões estão baseadas nos dados da Dominion Company, contidos na Figura 8.1 e na tabela da página 276.

1. Suponha que a produção e as vendas reais tenham sido de oito mil unidades em vez de sete mil.
   a) Calcule a variação da atividade de vendas. O desempenho da função de *marketing* é a única explicação para essa variação? Por quê?
   b) Usando um orçamento flexível, calcule a margem de contribuição orçada, o lucro operacional orçado, o material direto orçado e a mão-de-obra direta orçada.

2. Suponha que os resultados reais tenham sido os seguintes, para a produção de oito mil unidades:
   - Material direto: 42 mil libras foram consumidas, a um preço unitário real de $ 1,85, para um custo real total de $ 77,7 mil.
   - Mão-de-obra direta: 4,14 mil horas foram utilizadas, a uma taxa horária real de $ 16,40, para um custo total real de $ 67 896.

   Calcule a variação do orçamento flexível e as variações do preço e consumo para materiais diretos e mão-de-obra direta. Apresente suas respostas na forma mostrada na Figura 8.8.

3. Suponha que a empresa esteja organizada de maneira que o gestor de compras assuma a responsabilidade principal pelos preços da aquisição dos materiais, e o gestor de produção assuma a responsabilidade principal para o consumo, mas não pelos preços unitários. Suponha os mesmos fatos do item 2, exceto que o gestor de compras adquiriu 60 mil libras de materiais a $ 1,85 por libra. Isso significa que há um estoque final de 18 mil libras. Sua análise de variação de materiais no item 2 mudaria? Por quê? Mostre os cálculos.

8-49. Problema de revisão sobre padrões e orçamentos flexíveis (as respostas são fornecidas)

A Aspen Leather Company fabrica uma variedade de produtos de couro. Ela usa custos-padrão e orçamento flexível para apoiar o planejamento e o controle. O CIF variável orçado ao nível de 45 mil horas de mão-de-obra direta é $ 27 mil.

Durante o mês de abril, a empresa teve uma variação de eficiência de CIF variável desfavorável de $ 1,15 mil. As compras de materiais foram $ 241,9 mil. Os custos de mão-de-obra direta real incorridos foram $ 140,7 mil. A variação de uso da mão-de-obra direta foi de $ 5,1 mil desfavorável. A taxa de remuneração média real foi $ 0,20 mais baixa do que a taxa de remuneração padrão média.

A empresa usa uma taxa de CIF variável de 20 por cento do custo de mão-de-obra direta padrão para propósitos de orçamento flexível. O CIF variável real para o mês foi $ 30,75 mil.

Calcule os seguintes montantes; use *D* ou *F* para indicar se as variações foram desfavoráveis ou favoráveis.

1. Custo-padrão mão-de-obra direta por hora.
2. Horas de mão-de-obra direta reais trabalhadas.
3. Total de variação de preço de mão-de-obra direta.
4. Total do orçamento flexível para custos de mão-de-obra direta.
5. Total de variação de mão-de-obra direta.
6. Variação de dispêndio do CIF variável no total.

Respostas ao problema 8-49

1. $ 3. A taxa de CIF variável é $ 0,60, obtida pela divisão de $ 27 mil por 45 mil horas. Conseqüentemente, a taxa de mão-de-obra direta deve ser $ 0,60 ÷ 0,20 = $ 3.
2. 50 250 horas. Custos reais: $ 140 700 ÷ ($ 3 − $ 0,20) = 50 250 horas.
3. $ 10 050 F. 50 250 horas reais × $ 0,20 = $ 10 050.
4. $ 145 650. A variação de consumo foi $ 5 100 D. Conseqüentemente, o excesso de horas deve ter sido $ 5 100 ÷ $ 3 = 1 700. Conseqüentemente, as horas-padrão permitidas devem ser 50 250 − 1 700 = 48 550. O orçamento flexível = 48 550 × $ 3 = $ 145 650.
5. $ 4 950 F. $ 145 650 − $ 140 700 = $ 4 950 F; ou $ 10 050 F − $ 5 100 D = $ 4 950 F.
6. $ 470 D. Orçamento flexível = 48 550 × 0,60 = $ 29 130. Variação total = $ 30 750 − $ 29 130 = $ 1 620 D. Variação de preço = $ 1 620 − $ 1 150. Variação de eficiência: $ 470 D.

Casos

8-50. Custos hospitalares e explicação das variações

A sala de emergência do St. Joseph Hospital usa um orçamento flexível baseado em clientes examinados como medida de atividade. Uma equipe adequada de atendentes e os médicos chamados devem ser mantidos o tempo todo; assim, a atividade de clientes não afeta a programação dos médicos. A programação das enfermeiras varia conforme o volume, entretanto. Um padrão de 0,5 hora de enfermeira por visita de cliente foi estabelecido. O pagamento horário médio para as enfermeiras é $ 15, variando de $ 9 a $ 18 por hora. Todos os materiais são considerados suprimentos, como parte do CIF; não há material direto. Um estudo estatístico mostrou que o custo dos suprimentos e outros CIF variáveis são mais proximamente associados com enfermeiras–hora do que com visitas de clientes. O padrão de suprimentos e outros CIF variáveis é $ 10 por enfermeira–hora.

A médica chefe da unidade de emergência, Beverly Mossman, é responsável pelo controle dos custos. Durante o mês de outubro, a unidade de emergência tratou quatro mil clientes. O orçamento e os custos reais foram os seguintes:

	Orçamento	Real	Variação
Visita de pacientes	3 800	4 000	200
Enfermeiras–hora	1 900	2 075	175
Custo da enfermagem	$ 28 500	$ 33 125	$ 4 625
Suprimentos e outros CIF variáveis	$ 19 000	$ 20 320	$ 1 320
Custos fixos	$ 92 600	$ 92 600	$ 0
Custo total	$ 140 100	$ 146 045	$ 5 945

1. Calcule as variações de preço e consumo para os custos de enfermagem.
2. Calcule as variações de eficiência e dispêndio para suprimentos e outros CIF variáveis.
3. Solicitou-se à dra. Mossman que explicasse as variações ao chefe da equipe. Forneça as explicações possíveis.

8-51. ABC e orçamento flexível

O novo departamento de impressão fornece serviços para outros departamentos da Connecticut Federal Insurance Company. Antes do estabelecimento do departamento de impressão interno, os departamentos contratavam impressoras externas para o serviço de impressão. A política de impressão da Connecticut Federal é cobrar o departamento usuário, para os custos variáveis de impressão, na base do número de páginas impressas. Os custos fixos são recuperados no preço dos serviços externos.

O orçamento do primeiro ano para o departamento de impressão foi baseado no custo total esperado do departamento, dividido pelo número planejado de páginas a ser impressas. O número anual projetado para páginas a ser impressas foi 420 mil, e o custo variável total foi orçado em $ 420 mil. Esperava-se que a maioria dos clientes do governo e todos os serviços internos usassem apenas impressão de uma única cor. Os clientes comerciais eram principalmente de impressões em quatro cores. Os custos variáveis eram estimados baseados no custo variável médio de impressão de uma página de quatro cores, que é um quarto gráfico e três quartos texto. Os custos anuais esperados para cada divisão eram os seguintes:

Departamento	Páginas impressas planejadas	Custo variável por página	Despesas orçadas
Clientes do governo	120 000	$ 1	$ 90 000
Clientes comerciais	250 000	$ 1	$ 300 000
Administração central	50 000	$ 1	$ 30 000
Total	420 000		$ 420 000

Após o primeiro mês de uso do departamento de impressão interna, o departamento de impressão anunciou que sua estimativa de custo variável de $ 1 por página era muito baixo. Os custos reais do primeiro mês foram $ 50 mil para imprimir 40 mil páginas:

Clientes do governo	9 000 páginas
Clientes comerciais	27 500
Administração central	3 500

Três motivos foram citados para os custos mais altos do que o esperado: todos os departamentos estavam usando mais serviços de impressão do que o planejado, e os serviços do governo e internos usavam mais impressão em quatro cores e mais gráficos do que o esperado. O departamento de impressão também argumentou que o equipamento de impressão adicional de quatro cores teria de ser comprado se a demanda para impressão em quatro cores continuasse a crescer.

1. Compare os resultados reais do departamento de impressão, o orçamento estático e o orçamento flexível para o mês encerrado.
2. Discuta os motivos possíveis para o orçamento estático para o departamento de impressão estar inacurado.
3. Um estudo do ABC, completado por um consultor, indicou que os custos de impressão foram direcionados pelo número de páginas ($ 0,30 por página) e pelo uso de cores ($ 1 extra por página em cor).
   a) Discuta os efeitos prováveis de usar os resultados ABC para o orçamento e controle do departamento de impressão.
   b) Discuta as suposições a respeito do comportamento de custo implicado nos resultados do estudo do ABC.
   c) Os clientes comerciais, durante o primeiro mês (27,5 mil páginas), usaram quatro cores por página. Compare o custo de clientes comerciais sob o sistema antigo e o sistema ABC proposto.

8-52. Análise de desempenho

O Springfield Community Hospital opera uma clínica de clientes externos em uma cidade, a diversas milhas do hospital principal. Por diversos anos, a clínica esforçou-se apenas para atingir o ponto de equilíbrio. O orçamento financeiro da clínica para 2001 é o seguinte:

Clínica de cliente externo
Orçamento para 2001

		Total	Por cliente
Receitas (4 000 pacientes a $ 180 cada)		$ 720 000	$ 180
Custo de serviços			
Médicos	$ 240 000		
Enfermeiras e técnicos	$ 180 000		
Suprimentos	$ 60 000		
CIF	$ 252 000	$ 732 000	$ 183
Prejuízo líquido		$ (12 000)	$ (3)

Em média, os faturamentos para cada cliente–visita eram previstos em $ 180. Espera-se que os custos em 2001 sejam, em média, $ 183 por cliente–visita, como a seguir:

Tempo do médico	$ 60
Tempo da enfermeira e do técnico	$ 45
Suprimentos	$ 15
CIF	$ 63
Total	$ 183

A clínica é, geralmente, assessorada por um médico, que deve estar presente, haja ou não um cliente a ser visitado. Atualmente, cerca de 10 por cento do tempo dos médicos é ocioso. A clínica emprega enfermeiras e técnicos para satisfazer a carga de trabalho real necessária por conta das consultas marcadas pelos clientes. Seus custos médios são de $ 30 por hora, e os usos variam proporcionalmente com o número de clientes–visitas. O custo de suprimentos é também variável com relação a pacientes–visitas. Os CIF fixos em 2001 foram $ 180 mil; os restantes $ 72 mil de CIF foram variáveis com relação às visitas de clientes. Incluídos nos CIF fixos estavam $ 30 mil de custos administrativos gerais do hospital, que o hospital aloca para a clínica, e $ 37,5 mil de depreciação da propriedade e dos equipamentos da clínica.

Jeri McCullough, *controller* do Springfield Community Hospital, relatou que o prejuízo em 2001 representou o quinto ano consecutivo de prejuízos. Ela explicou que não sente ser correto para os clientes do hospital principal subsidiar aqueles que usam a clínica. Conseqüentemente, sugeriu que, a menos que ela pudesse mudar, a clínica deveria ser fechada. Emilio Martinez, vice-presidente administrativo do hospital, que estava encarregado de supervisionar a clínica, discordou: "Fornecemos um serviço valioso para a comunidade com aquela clínica. Mesmo que estejamos perdendo dinheiro, vale a pena mantê-la aberta".

No fim de 2001, os resultados reais da clínica para o ano foram:

		Total
Receitas (3 800 pacientes a $ 180)		$ 684 000
Custo dos serviços		
Médicos	$ 231 000	
Enfermeiras e técnicos (5 800 horas)	$ 182 700	
Suprimentos	$ 58 500	
CIF	$ 232 000	$ 704 200
Prejuízo líquido		$ (20 200)

1. O Springfield Community Hospital economizaria dinheiro se a clínica de clientes externos fosse fechada? Explique.
2. Explique a diferença entre o prejuízo orçado de $ 12 mil e o prejuízo real de $ 20,2 mil (isto é, a variação do orçamento-mestre de $ 8,2 mil) em tantos detalhes quanto possível. Da análise dos resultados de 2001, que ações você sugeriria para evitar um prejuízo em 2002?

capítulo 9

SISTEMAS DE CONTROLE GERENCIAL E CONTABILIDADE POR RESPONSABILIDADE

Médicos e pacientes da Foundation Health Systems se beneficiam dos últimos e mais avançados sistemas de gestão hospitalar, que oferecem assistência médica de alta qualidade a um preço acessível.

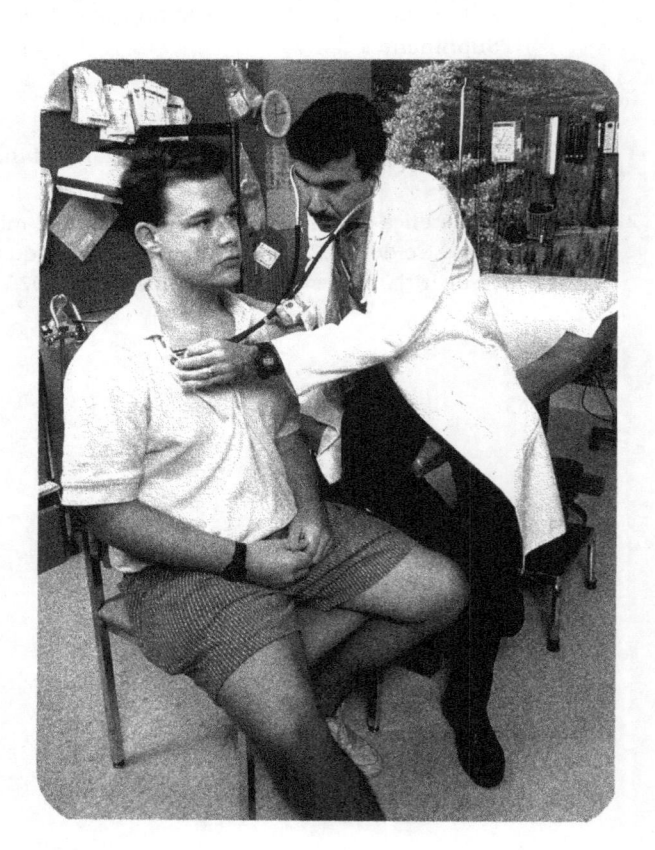

Objetivos de aprendizagem

Ao terminar de estudar este capítulo, você deverá estar apto a:

1. Descrever o relacionamento entre os sistemas de controle gerencial e as metas organizacionais.
2. Usar a contabilidade por responsabilidade para definir uma subunidade organizacional, como um centro de custo, um centro de resultado ou um centro de investimento.
3. Comparar o desempenho financeiro e não-financeiro e explicar por que o balanced scorecard está se tornando uma ferramenta importante de controle gerencial.
4. Explicar a importância de avaliar o desempenho e como isso impacta a motivação, a congruência de metas e o esforço dos empregados.
5. Preparar demonstrações de resultado por segmento, para avaliar centros de resultado e centros de investimento, usando os conceitos de margem de contribuição e custos controláveis.
6. Medir o desempenho em relação aos objetivos de qualidade, tempo de ciclo e produtividade.
7. Descrever as dificuldades do controle gerencial nas organizações de serviços e nas organizações sem fins lucrativos.
8. **Entender como um sistema de controle gerencial utiliza as informações contábeis.**

São 2h30 da madrugada. Você não se sente bem. Você deve telefonar para o seu médico? Ir até um pronto-socorro? O que você está sentindo é algo com que deve se preocupar? Você necessita de um atendimento médico de boa qualidade e precisa dele agora, não amanhã pela manhã, e você não deseja preocupar-se com os custos. Isso soa familiar? Esse é um dilema que todos nós já enfrentamos algumas vezes. Uma organização de assistência médica que tem uma solução para esse problema comum é a Foundation Health Systems, Inc. (FHS).

A Foundation Health Systems, Inc. é uma das maiores organizações de assistência médica dos Estados Unidos. Com mais de 12 mil empregados e receitas de mais de $ 8,7 bilhões, a FHS fornece cobertura para mais de quatro milhões de associados.

As organizações de assistência médica precisam competir como qualquer outro negócio, oferecendo um serviço de alta qualidade a um preço acessível e no momento em que é necessário. A fim de manter sua vantagem competitiva, a FHS começou a desenvolver um programa: um sistema de informações chamado 'gestão médica de quarta geração'. De acordo com o dr. Malik Hasan, ex-presidente e CEO da FHS, esse novo sistema de controle gerencial foi criado "porque a maior oportunidade para melhorar, sobretudo a qualidade, e diminuir os custos dos cuidados médicos, está em gerir a assistência ao cliente por meio da ligação eletrônica de todo o sistema de entrega de assistência à saúde". O sistema "fornece a médicos e provedores de assistência à saúde acesso eletrônico, de uso amigável e instantâneo, a informações abrangentes a respeito do histórico médico dos pacientes e o melhor tratamento clínico recomendado".

O resultado? Uma referência rápida e pré-aprovada ao melhor recurso clínico: se um especialista, um pronto-socorro ou centro de cuidados urgentes, seu médico regular, ou para auto-ajuda segura. Em outras palavras, um cliente satisfeito! E, como um bônus, os custos são reduzidos. Como médico diretor, John Danaher explica: "Apontamentos em papel e duplicação de laboratórios e testes radiológicos são eliminados".

Os capítulos anteriores apresentaram muitas ferramentas importantes de gestão de custos utilizadas pelos contadores gerenciais. As ferramentas, como custeio baseado em atividades (ABC), custeio relevante, orçamento e análise de variação, são úteis por si mesmas. Elas são mais úteis, entretanto, quando fazem parte de um sistema integrado — um plano lógico e ordenado para coordenar e avaliar todas as atividades da cadeia de valores da organização. Como no caso da FHS, os gestores da maioria das organizações percebem, atualmente, que o sucesso de longo prazo depende do foco em custos, qualidade e serviços — três componentes de vantagem competitiva. Este capítulo considera como o sistema de controle gerencial ajuda os gestores a focalizar os recursos e talentos dos indivíduos em uma organização sobre metas como custos, qualidade e serviços. Como você verá, nenhum sistema de controle gerencial único é inerentemente superior a outro. O 'melhor' sistema é aquele que, consistentemente, leva às ações que alcançam as metas e objetivos organizacionais.

Este capítulo sustenta-se nos anteriores para apresentar como as ferramentas individuais da contabilidade gerencial são combinadas sistematicamente para ajudar a alcançar os objetivos organizacionais.

Sistemas de controle gerencial

O **sistema de controle gerencial** é uma integração lógica das técnicas para reunir e usar as informações a fim de tomar decisões de planejamento e controle, motivar o comportamento de empregados e avaliar o desempenho. Os objetivos de um sistema de controle gerencial são:

- Comunicar claramente os objetivos da organização.
- Assegurar que os gestores e os empregados entendam as ações específicas exigidas deles para alcançar os objetivos organizacionais.
- Comunicar os resultados das ações a toda a organização.
- Assegurar que os gestores possam adaptar-se às mudanças no ambiente.

A Figura 9.1 mostra os componentes de um sistema de controle gerencial. Consultaremos essa figura freqüentemente neste capítulo, enquanto consideramos o projeto e a operação do sistema de controle gerencial.

Sistemas de controle gerencial e metas organizacionais

Um sistema de controle gerencial bem projetado ajuda e coordena o processo de tomada de decisões e motiva os indivíduos da organização a atuar harmoniosamente. Ele também facilita a previsão dos níveis de receita e direcionadores de custos, orçamento, mensuração e avaliação de desempenho.

O primeiro e mais básico componente de um sistema de controle gerencial são as metas da organização. Por quê? Porque o foco do sistema de controle gerencial está na tomada de decisão da gestão interna e em motivar (e, então, avaliar) o desempenho coerente com as metas da organização. Como mostrado na Figura 9.2, estabelecer metas, escolher ações e desenvolver medidas de desempenho envolvem gestores de todos os níveis.

A Figura 9.2 mostra que a alta gestão estabelece metas, medidas de desempenho e alvos para a organização como um todo (organização geral). A gestão revisa essas metas em bases periódicas, geralmente uma vez por ano. Essas metas fornecem uma estrutura de longo prazo, em torno da qual uma organização formará seu plano abrangente de posicionamento no mercado. Como a Figura 9.1 mostra, as metas respondem à questão: 'O que queremos alcançar?'. Metas sem medidas de desempenho, entretanto, não motivam os gestores.

O objetivo das medidas de desempenho é estabelecer direção e motivar os gestores. Em seu livro *Cracking the Value Code*, Boulton, Libert e Samek declaram que tendemos a "valorizar o que medimos, mas nem sempre medimos o que valorizamos". As mensurações fornecem incentivos, de maneira que é importante que as medidas de desempenho estejam amarradas aos objetivos valorizáveis. De outro modo, os gestores que alcançam medidas de desempenho elevadas podem não criar valor para uma empresa e seus proprietários. Uma das principais cadeias de hotéis de luxo, a Luxury Suites, por exemplo, tem os seguintes objetivos e respectivas medidas de desempenho:

Figura 9.1 Sistema de controle gerencial.

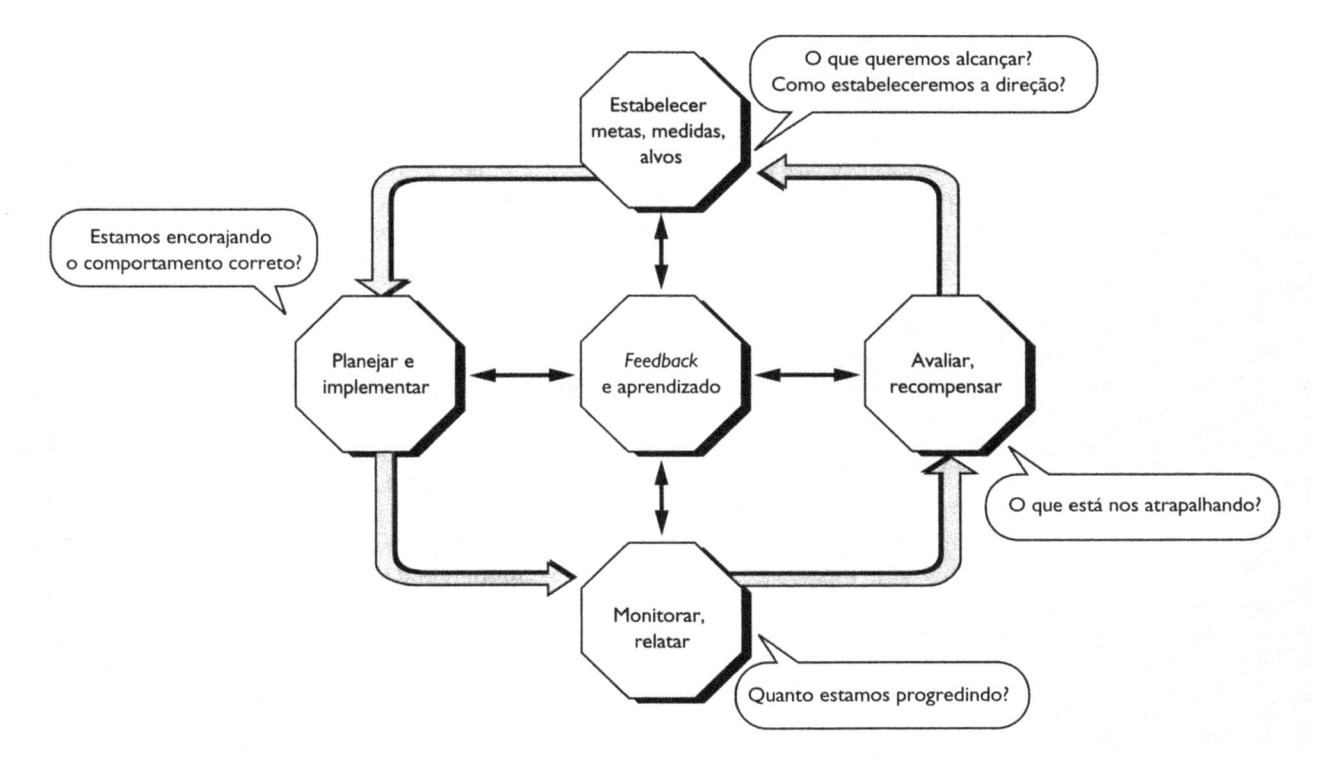

Estabelecer metas, medidas, alvos — O que queremos alcançar? Como estabeleceremos a direção?

Planejar e implementar — Estamos encorajando o comportamento correto?

Feedback e aprendizado

Avaliar, recompensar — O que está nos atrapalhando?

Monitorar, relatar — Quanto estamos progredindo?

Metas organizacionais	Medidas de desempenho
Exceder as expectativas dos hóspedes	• Índice de satisfação
	• Número de estadias repetidas
Maximizar o rendimento das receitas	• Taxa de ocupação
	• Tarifa por quarto
	• Lucro antes dos custos fixos
Foco na inovação	• Produtos/serviços novos implementados por ano
	• Número de sugestões dos empregados

Figura 9.2 Estabelecer metas, objetivos e medidas de desempenho.

A alta gestão desenvolve metas, medidas e alvos para a organização como um todo. Ela também identifica os processos críticos necessários para alcançar as metas.

A alta gestão e os gestores de processos críticos desenvolvem fatores-chave de sucesso e medidas de desempenho. Eles também identificam ações específicas.

Os gestores de processo crítico e os gestores de nível mais baixo desenvolvem medidas de desempenho específicas para cada ação.

Os alvos das metas são níveis quantificáveis específicos das medidas. Um alvo para a taxa de ocupação da medida de desempenho, por exemplo, pode ser 'pelo menos 70 por cento'.

Como você pode ver, as metas e suas respectivas medidas de desempenho são muito amplas. De fato, elas são, freqüentemente, muito vagas para guiar gestores e empregados. Em conseqüência, a alta gestão também identifica **fatores chave de sucesso**, que são características ou atributos que os gestores devem alcançar, de maneira a conduzir a organização em direção às suas metas. Considere o Luxury Suites. Um exemplo de fator-chave de sucesso para que a meta exceda as expectativas do hóspede é a pontualidade, isto é, para o Luxury Suites alcançar sua meta de exceder as expectativas do hóspede, ele deve fornecer serviços pontuais. As medidas de desempenho para a pontualidade incluiriam tempo de registros de entrada, tempo de registros de saída e tempo de atendimento aos pedidos dos hóspedes (por exemplo, número de vezes que a campainha do telefone toca antes que alguém da recepção atenda).

Embora os fatores-chave de sucesso e as medidas de desempenho relacionadas dêem aos gestores mais foco do que as metas da organização toda em geral, eles ainda não dão aos gestores de nível mais baixo e aos empregados a direção de que precisam para guiar suas ações diariamente. Como mostrado na Figura 9.2, para estabelecer essa direção, a alta gestão trabalha com os gestores de nível mais baixo, dentro da unidade de negócios apropriada, para selecionar ações tangíveis específicas (ou atividades) que possam ser realizadas e observadas no curto prazo. Os exemplos das ações específicas relacionadas à pontualidade são implementar um sistema de registro de entradas expresso e treinar a equipe para usar o novo sistema de registros de entrada.

Equilibrar as várias metas é uma parte importante do controle de gestão. Os gestores, freqüentemente, enfrentam decisões de substituição (*trade-off*). Um gestor de vendas, por exemplo, pode aumentar 'a medida de satisfação do empregado' (uma pesquisa com os empregados) ao estabelecer padrões mais baixos para reagir às solicitações dos clientes. Essa ação pode melhorar a medida de satisfação do empregado e do gestor, mas resultar em clientes insatisfeitos.

Projeto de sistemas de controle gerencial

Para projetar um sistema de controle gerencial que satisfaça as necessidades da organização, os gestores precisam identificar os centros (áreas) de responsabilidade, desenvolver medidas de desempenho, estabelecer uma estrutura de monitoramento e relatório, ponderar custos e benefícios e fornecer motivação para alcançar a congruência de metas e o esforço gerencial.

Identificando centros (áreas) de responsabilidade

Os projetistas de sistemas de controle de gestão devem considerar os centros de responsabilidade desejados em uma organização. Um **centro (área) de responsabilidade** envolve um conjunto de atividades e recursos designados ao gestor, a um grupo de gestores ou a outros empregados. Um conjunto de máquinas e atividades de usinagem, por exemplo, pode ser um centro de responsabilidade para um supervisor de produção. O departamento de produção total pode ser um centro de responsabilidade para o chefe de departamento. Finalmente, a organização inteira pode ser um centro de responsabilidade para o presidente. Em algumas organizações, a responsabilidade da gestão é compartilhada por grupos de empregados para criar ampla 'propriedade' de decisões da gestão, permitindo a tomada de decisão criativa e impedindo que a preocupação de uma pessoa (ou displicência) com riscos de falha domine as decisões.

Um sistema de controle gerencial eficaz dá a cada gestor a responsabilidade por um grupo de atividades e ações; assim, como mostrado na Figura 9.1, monitora e relata os resultados das atividades e a influência do gestor naqueles resultados. Tal sistema exerce atração inata para a maioria dos gestores de alto nível, porque os ajuda a delegar a tomada de decisão e os libera para planejar e controlar. Os gestores de nível mais baixo apreciam a autonomia de tomada de decisão que herdam. Assim, os projetistas de sistema aplicam a **contabilidade por responsabilidade** para identificar quais partes da organização têm responsabilidade primária para cada ação, bem como desenvolvem medidas de desempenho e alvos e projetam relatórios dessas medidas por centro de responsabilidade. Os centros de responsabilidade, geralmente, têm metas múltiplas e ações que o sistema de controle de gestão monitora. Os centros de responsabilidade, via de regra, são classificados de acordo com suas responsabilidades financeiras, como centros de custos, centros de resultado (lucros) ou centros de investimentos.

Centros de custo, de resultado (lucro) e de investimento

Centro de custo é um centro de responsabilidade no qual um gestor é responsável apenas por custos. Suas responsabilidades financeiras são controlar e relatar custos. Um departamento inteiro pode ser considerado um único centro de custo, ou um departamento pode conter diversos centros de custo. Embora um departamento de montagem possa ser supervisionado por um único gestor, por exemplo, ele pode conter diversas linhas de montagem e considerar cada uma delas um centro de custo em separado. Do mesmo modo, dentro de cada linha, máquinas separadas ou equipamentos de teste podem ser considerados centros de custo separados. A determinação do número de centros de custo depende das considerações de custo–benefício. Os benefícios de pequenos centros de custo (para planejamento, controle e avaliação) excedem os custos elevados de relatar?

Ao contrário dos centros de custo, os **centros de resultado (lucro)** têm a responsabilidade de controlar tanto receitas quanto custos (ou despesas) — isto é, a lucratividade. Apesar do nome, um centro de resultado (lucro) pode existir em organizações sem fins lucrativos (embora ele possa não ser referido como tal), quando um centro de responsabilidade recebe receitas para seus serviços. A Western Area Power Authority (WAPA), por exemplo, é cobrada pela recuperação de seus custos de operações por meio de vendas de energia para utilidades elétricas no lado ocidental dos Estados Unidos. A WAPA, essencialmente, é um centro de resultado com o objetivo de alcançar o ponto de equilíbrio. Todos os gestores de centros de resultado são responsáveis por ambos, receitas e custos, mas pode não se esperar que eles maximizem os lucros.

Um **centro de investimento** vai um passo além de um centro de resultado. Seu sucesso é medido não apenas por seu resultado, mas também pelo capital investido relacionado ao resultado, como em um índice de resultado ao valor do capital empregado. Na prática, *o centro de investimento* não é muito utilizado. Em vez disso, a expressão 'centro de resultado' é utilizada indiscriminadamente para descrever centros que são sempre atribuídos à responsabilidade por receitas e despesas, mas podem ou não ser atribuídos à responsabilidade pelo investimento de capital.

DESENVOLVIMENTO DE MEDIDAS DE DESEMPENHO

Os gestores empresariais estão reconhecendo, cada vez mais, a importância das medidas de desempenho eficazes. Uma atitude típica dos gestores é: "Você simplesmente não pode gerenciar nada que não possa mensurar". Como a maioria dos centros de responsabilidade têm múltiplas metas e ações, apenas algumas dessas metas e ações são expressas em termos financeiros, tais como orçamentos de operações, alvos de lucro ou retorno exigido sobre o investimento, dependendo da classificação financeira do centro. Outras metas e ações que devem ser alcançadas simultaneamente são de natureza não-financeira. Muitas empresas, por exemplo, listam intendência ambiental, responsabilidade social e aprendizagem organizacional como metas-chave. Um sistema de controle gerencial bem-projetado desenvolve e relata as medidas de desempenho financeiras e não-financeiras. As boas medidas de desempenho deverão:

- Relatar as metas organizacionais.
- Equilibrar os interesses de curto e longo prazos.
- Refletir a gestão das ações e atividades-chave.
- Ser afetadas por ações dos gestores e dos empregados.
- Ser facilmente entendidas pelos empregados.
- Ser utilizadas na avaliação e recompensa de gestores e empregados.
- Ser razoavelmente objetivas e fáceis de mensurar.
- Ser utilizadas consistente e regularmente.

Ambas as medidas de desempenho, financeiras e não-financeiras, são importantes. Algumas vezes, contadores e gestores focalizam muito as medidas financeiras, como lucro ou variações de custos, porque estão prontamente disponíveis no sistema de contabilidade. Os gestores, entretanto, podem melhorar o controle operacional, ao considerar também medidas de desempenho não-financeiras. Tais medidas podem ser mais oportunas e mais proximamente afetadas por empregados nos níveis mais baixos da organização, onde o produto é fabricado ou o serviço é prestado. As medidas não-financeiras são, freqüentemente, mais fáceis de quantificar e entender. Assim, os empregados podem ser facilmente motivados em direção ao alcance das metas de desempenho. A AT&T Universal Card Services, por exemplo, que recebeu o prestigioso prêmio da Baldrige National Quality Award (apresentado pelo Departamento de Comércio dos Estados Unidos), usa 18 medidas de desempenho para seus processos de consulta de clientes. Essas medidas incluem a velocidade média de resposta, taxa de abandono e tempo de processamento da solicitação (três dias comparados com a média do setor, de 34 dias).

Freqüentemente, os efeitos de um desempenho não-financeiro pobre (por exemplo, falta de aprendizagem organizacional, melhoria de processo e baixa satisfação dos clientes) não aparecem nas medidas financeiras até que já se tenha perdido muito tempo. Medidas financeiras, com freqüência, são indicadores defasados, que chegam muito tarde para ajudar a impedir problemas e assegurar a saúde da organização. O que é necessário são indicadores orientadores. Em conseqüência, muitas empresas, agora, dão maior importância à gestão das atividades que direcionam receitas e custos, em vez de esperar para explicar as receitas ou os custos por si, depois que as atividades tenham ocorrido. Um desempenho financeiro superior, geralmente, deriva de um desempenho não-financeiro superior.

Monitoramento e relatório de resultados e o *balanced scorecard*

Observe que a Figura 9.1 tem o *feedback* e a aprendizagem no centro do sistema de controle gerencial. Em todos os pontos no processo de planejamento e controle, é vital que existam comunicações eficazes entre todos os níveis de gestão e empregados.

De fato, a aprendizagem organizacional de toda a empresa é um alicerce para ganhar e manter a força financeira. Rich Teerlink, antigo CEO da Harley-Davidson, disse: "Se você ensina fantoches, eles tomam decisões tolas mais rapidamente". A Harley-Davidson gasta $ 1 mil por ano por empregado em treinamento. A Harley teve vendas em 2000 próximas de $ 2,9 bilhões, crescimento de 18 por cento nas vendas de um ano e crescimento de 30 por cento nos lucros de um ano. Também tem sido dito que a única vantagem competitiva sustentável é a taxa na qual os gestores da empresa aprendem. Mesmo essa poderosa capacidade competitiva, entretanto, pode ser superada pelos concorrentes que desenvolvem ou contratam capital intelectual mais rápido.

Uma vez que uma empresa tem capital intelectual superior, como ela pode manter melhor sua liderança? A Figura 9.3 mostra como a aprendizagem organizacional leva à força financeira. A aprendizagem organizacional é monitorada por medidas como tempo de treinamento, rotatividade de empregados e classificações de satisfação da equipe de assessoria sobre pesquisas junto aos empregados. O resultado da aprendizagem é um processo de melhoria contínua, que é monitorado por medidas como tempo de ciclo, número de defeitos (qualidade) e custos de atividade. Os clientes valorizarão a melhora no tempo de reação (tempo de ciclo mais baixo), qualidade mais elevada e preços mais baixos; assim, o aumento de sua demanda por produtos e serviços. A demanda aumentada, combinada com os custos reduzidos para fabricar e entregar os produtos e serviços, resulta na força financeira assim monitorada por medidas como rentabilidade do produto e os lucros. É importante notar que a organização bem-sucedida não pára com o ciclo de aprendizagem → melhoria de processo → aumento na satisfação do cliente → força financeira melhorada. Os benefícios da força financeira melhorada, o excesso de recursos financeiros, devem ser reinvestidos dentro da organização, suportando ambos: aprendizagem contínua e melhoria de processo contínua. A mensagem da Figura 9.3 é que o direcionador-chave do desempenho da empresa é a cultura dentro dela, que promove a aprendizagem contínua e o crescimento em todos os níveis de gestão. Não é adequado o uso de dinheiro para treinar gestores se a aprendizagem resultante não se traduz em processos, produtos e serviços melhorados. Estes exigem uma cultura de aprendizagem, de modo que os gestores sejam motivados a converter aprendizagem em crescimento.

Não há garantias de que cada um dos componentes automaticamente 'siga' o sucesso do componente precedente. Se não há nenhuma melhoria em um ou mais processos empresariais principais, a cadeia de causa–efeito pode ser rompida. Uma falta de melhoria no *marketing* e em técnicas de distribuição, por exemplo, pode levar à falha devida à inabilidade de colocar os produtos e serviços 'novos e melhorados' no local desejado pelo cliente. O *e-commerce* é um bom exemplo disso. A questão é que a melhoria nos processos empresariais deve tomar lugar por intermédio de todas as partes da cadeia de valor.

Uma organização que fornece um bom exemplo da aplicação dessa cultura de aprendizagem empresarial é a General Electric Company (GE). Com vendas de mais de $ 100 bilhões, a GE tem demonstrado uma habilidade notável para gerar lucros formidáveis em uma ampla faixa de setores, incluindo telecomunicações (NBC), equipamentos de transporte, motores de aviões, utensílios domésticos, iluminação, equipamentos de controle e distribuição de energia, geradores e turbinas, reatores nucleares, equipamentos médicos de radiologia, plásticos e serviços financeiros. Em 1999, a GE foi nomeada 'a mais admirada empresa da América', na revista *Fortune*.

O CEO John Welch assim explica o sucesso da GE:

> [...] *a General Electric prega que os valores das contribuições de cada indivíduo prosperam na aprendizagem, anseiam por melhores idéias e têm a flexibilidade e a velocidade para pôr a melhor idéia em ação todos os dias. Somos uma empresa aprendiz, uma empresa que estuda seus próprios sucessos e falhas e os de outras empresas — uma empresa que tem a autoconfiança e os recursos para realizar grandes mudanças e perseguir numerosas oportunidades, baseada em idéias e discernimentos vencedores, independentemente de sua fonte. Esse apetite por aprender, e a habilidade para agir rapidamente no que aprende, fornecerá à GE aquilo que acreditamos ser uma vantagem competitiva sustentável e insuperável.*[1]

---

1. *Fonte:* Relatório anual de 1998 *da General Electric*.

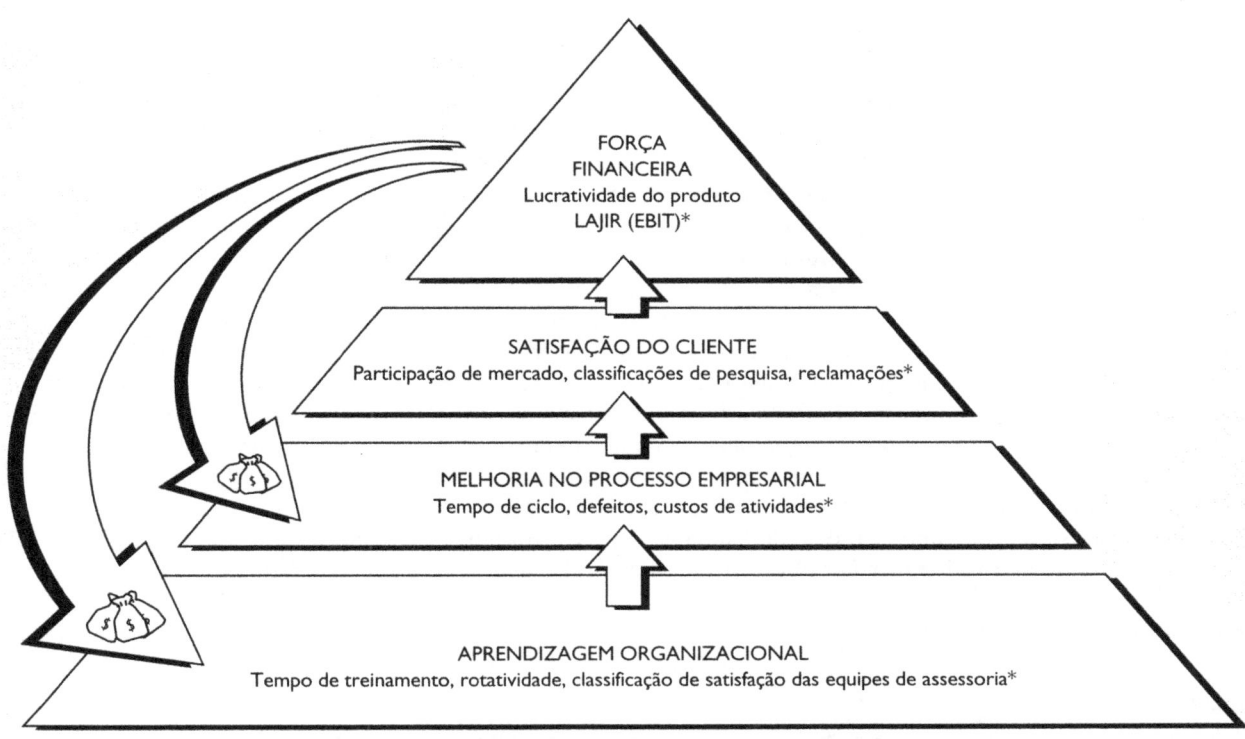

Figura 9.3 Os componentes de uma organização bem-sucedida e medidas de alcance.

```
                    FORÇA
                  FINANCEIRA
            Lucratividade do produto
                  LAJIR (EBIT)*

              SATISFAÇÃO DO CLIENTE
    Participação de mercado, classificações de pesquisa, reclamações*

           MELHORIA NO PROCESSO EMPRESARIAL
           Tempo de ciclo, defeitos, custos de atividades*

              APRENDIZAGEM ORGANIZACIONAL
   Tempo de treinamento, rotatividade, classificação de satisfação das equipes de assessoria*
```

* Exemplos de medidas de desempenho usadas para monitorar o alcance do componente.

Remoção das fronteiras

O que exatamente John Welch quer dizer por 'habilidade para agir rapidamente no que aprende'? Ele se refere a uma filosofia de liderança de gestão que ignora as fronteiras organizacionais ao implementar a aprendizagem. De acordo com Welch:

> *Esses novos líderes estão mudando o DNA da cultura da GE. O* workout, *nos anos 1980, abriu nossa cultura para as idéias de todos, em todo lugar; matou o pensamento NIH (not invented here) [NIA — não inventado aqui], dizimou a burocracia e fez do comportamento sem fronteiras uma parte reflexiva e natural de nossa cultura, criando, conseqüentemente, a cultura da aprendizagem[2]...*

Como mostrado na Figura 9.1, monitorar e relatar os resultados das atividades empresariais é um componente-chave de um sistema de controle de gestão. A Figura 9.2 indica que os gestores identificam as ações e relatam medidas de desempenho que estão ligadas ao alcance das metas e objetivos. Uma vez que essas medidas de desempenho e ações são identificadas, uma organização deve obter informação sobre o atingimento dos resultados desejados. Isso é feito por meio do sistema de relatório de desempenho. Os relatórios de desempenho eficazes alinham os resultados com as metas e objetivos dos gestores, fornecem orientação aos gestores, comunicam as metas e seus níveis de atingimento por toda a organização e habilitam as organizações a antecipar e reagir às mudanças de maneira oportuna.

O *balanced scorecard*

Há diversas abordagens para relatar o desempenho. Cada abordagem tenta ligar a estratégia organizacional às ações de gestores e empregados.

Uma abordagem popular de relatório de desempenho é o **balanced scorecard**, que é uma medida de desempenho e um sistema de informação que realiza um equilíbrio entre as medidas financeiras e operacionais, liga o desempenho às recompensas e fornece reconhecimento explícito para a diversidade de metas organizacionais.

---

2. *O termo* workout *refere-se a um processo, na GE, em que grupos de empregados se encontram em intervalos regulares para pensar em maneiras de melhorar a GE. Então, a liderança vem e ouve suas idéias.*

Empresas como a Champion International, a AT&T, a Allstate e a Apple Computer usam o *balanced scorecard* para focar a atenção da gestão em itens sujeitos à ação, em uma base mensal e diária.

Uma vantagem da abordagem do *balanced scorecard* é que os gestores de linha podem ver o relacionamento entre as medidas não-financeiras, que eles freqüentemente podem relacionar mais facilmente às suas próprias ações, e as medidas financeiras, que relacionam às metas organizacionais. Outra vantagem do *balanced scorecard* é seu foco em medidas de desempenho de cada um dos quatro componentes da organização bem-sucedida, mostrada na Figura 9.3. Isso realça o processo de aprendizagem, porque os gestores aprendem os resultados de suas ações e como essas ações estão ligadas às metas organizacionais.

Como se parece um *balanced scorecard*? A Figura 9.4 mostra um *balanced scorecard* para a cadeia de hotéis Luxury Suites. Esse *scorecard* é para a organização como um todo. Ele tem medidas de desempenho para os quatro componentes do sucesso organizacional. Há muitos *scorecards* (registros) para uma organização. De fato, cada área de responsabilidade terá seu próprio *scorecard*.

Os *scorecards*, para alguns centros de responsabilidade de nível mais baixo centrados estritamente nas operações diárias, podem ser totalmente focalizados em apenas um dos quatro componentes. Deveríamos observar, também, que nem todas as medidas de desempenho aparecem nos *scorecards*. Os gestores dos centros de responsabilidade incluem apenas aquelas medidas que são **indicadores-chave de desempenho** (*key performance indicators* — *KPI*) — medidas que direcionam a organização para alcançar suas metas. A alta gestão do Luxury Suites, por exemplo, estabelece 'exceder as expectativas dos hóspedes' como uma meta organizacional. O *balanced scorecard* deveria ter, pelo menos, um indicador-chave de desempenho ligado a essa meta.

O índice de satisfação do cliente, índice de lealdade à marca, número de melhorias e o tempo de ciclo médio para as medidas de registros de entrada e registros de saída, todos estão ligados a essa meta.

Problema resumido para revisão

Problema

Considere nosso exemplo, a cadeia de hotéis Luxury Suites. Como já observamos, a alta gestão estabeleceu 'exceder as expectativas do hóspede' como uma meta da organização toda. Entre os fatores-chave de sucesso estão a pontualidade de serviços ao cliente e a qualidade do serviço personalizado. Susan Pierce, vice-presidente de vendas, é a gestora responsável pelas ações exigidas para alcançar a meta de exceder as expectativas do hóspede. Ela já identificou uma ação (objetivo) para o ano vindouro: atualizar as capacidades do departamento de serviços ao cliente.

1. Identifique as diversas medidas de desempenho possíveis para a qualidade do fator-chave de sucesso dos *serviços personalizados*.
2. Recomende diversas ações específicas ou atividades associadas à atualização das capacidades do departamento de serviços ao cliente, que direcionariam a Luxury Suites para sua meta de exceder as expectativas dos clientes.

Solução

1. As medidas de desempenho para a qualidade do fator-chave de sucesso *serviços personalizados* incluem o número de variações de registro, a classificação das questões 'da equipe de assessoria instruída e amigável' sobre a pesqui-

Figura 9.4 *Balanced scorecard* para o hotéis Luxury Suites.

Componentes e medidas	Alvo	Resultado
Força financeira		
Receita (em $ milhões) por serviço novo	$ 50	$ 58
Receita por chegada	$ 75	$ 81
Satisfação dos clientes		
Índice de satisfação dos clientes	95	88
Índice de lealdade à marca	60	40
Melhoria do processo empresarial		
Número de melhorias	8	8
Tempo médio de ciclo (em minutos) para os registros de entrada e saída	15	12
Aprendizagem organizacional		
Porcentagem de pessoal retreinado	80	85
Horas de treinamento por empregado	30	25

tomada cinco Quando os altos gestores estabelecem metas organizacionais, eles deveriam tentar fornecer um equilíbrio entre as metas financeiras e não-financeiras. Usando os quatro componentes de uma organização bem-sucedida, mostrada na Figura 9.3, indique o componente associado às seguintes metas da Whirlpool:
- Compromisso do pessoal.
- Qualidade total.
- Satisfação do cliente.
- Desempenho financeiro.
- Crescimento e inovação.

Resposta
Os componentes listados na Figura 9.3 estão ligados, de uma maneira causal, de baixo para cima. Usando as cinco metas estabelecidas pelos altos gestores na Whirlpool, podemos fazer a seguinte declaração de causa–efeito:
Se a Whirlpool realizar um compromisso sólido com seu pessoal, o crescimento e a inovação ocorrerão como parte da aprendizagem organizacional da empresa. Isso levará à melhoria de processos empresariais que aumentam a qualidade total de seus produtos, os quais, então, levarão ao aumento da satisfação do cliente. O resultado final dos clientes satisfeitos é o desempenho financeiro melhorado. A força financeira sustentável deve resultar em reinvestimento em ambos: pessoas e processos internos da Whirlpool.

sa de hóspedes, o número de reclamações, a porcentagem de retorno de hóspedes e a porcentagem de clientes com perfil de cliente completo (perfis de clientes com necessidades especiais).
2. Ações específicas ou atividades incluem treinamento de empregados, implemento de uma lista de chamada (lista de serviços e opções disponíveis ao hóspede) e monitoramento dos cumprimentos da lista, bem como desenvolvimento de uma pesquisa de satisfação do cliente, e replanejamento dos registros dos hóspedes e dos processos de reservas.

PONDERAÇÃO DOS CUSTOS E BENEFÍCIOS

O projetista do sistema de controle gerencial também deve ponderar os custos e benefícios das várias alternativas, dadas as necessidades da organização. Nenhum sistema é perfeito, mas um sistema pode ser melhor do que outros se puder melhorar as decisões operacionais a um custo razoável.

Os benefícios e os custos do sistema de controle gerencial são, freqüentemente, difíceis de mensurar, e ambos podem tornar-se evidentes apenas após a experimentação ou o uso. O diretor de política contábil do Citicorp, por exemplo, declarou que, após diversos anos de experiência com um sistema de controle gerencial muito detalhado, o sistema provou ser muito dispendioso para administrar em relação aos benefícios percebidos. Em conformidade, o Citicorp planejou retornar a um mais simples, menos oneroso — e menos preciso — sistema de controle gerencial.

MOTIVANDO OS EMPREGADOS, POR MEIO DE RECOMPENSAS, A ALCANÇAR A CONGRUÊNCIA DE METAS E EXERCER O ESFORÇO GERENCIAL

Para alcançar o máximo benefício a um mínimo custo, um sistema de controle gerencial deve promover a congruência de metas e o esforço gerencial. A congruência de metas existe quando os indivíduos e os grupos visam às mesmas metas organizacionais. A **congruência de metas** é alcançada quando os empregados, trabalhando em seus próprios melhores interesses percebidos, tomam decisões que ajudam a satisfazer as metas gerais da organização. O **esforço gerencial** é definido como o exercício em direção a uma meta ou objetivo. O esforço, aqui, significa não apenas trabalhar mais rápido, mas também trabalhar melhor. Como resultado, o esforço inclui todas as ações conscientes (como supervisionar, planejar e pensar) que resultam em mais eficiência e eficácia. Esforço é uma questão de grau — isso é otimizado quando os indivíduos e grupos realizam seus objetivos.

A congruência de metas pode existir com pouco esforço de acompanhamento, e vice-versa, mas as recompensas são necessárias para ambos ser alcançados. Como mostrado na Figura 9.1, o desafio do projeto de sistema de controle gerencial é especificar metas e ações e a avaliação de desempenho e do sistema de recompensa, que induzem (ou, pelo menos, não desencorajam) as decisões dos empregados que alcançariam as metas organizacionais.

Uma organização pode, por exemplo, especificar uma de suas metas a ser continuamente melhorada em termos de eficiência e eficácia dos empregados. Os empregados, entretanto, podem perceber que as melhorias contínuas resultarão em padrões mais rígidos, ritmos mais rápidos de trabalho e perda de empregos. Mesmo que concordassem com a gestão em que as melhorias contínuas são completamente necessárias, não esperariam exercer esforço para melhorias contínuas, a menos que houvesse recompensas para realizar esse esforço em seus próprios melhores interesses.

Como um outro exemplo, os estudantes podem registrar-se em um curso de faculdade porque suas metas são aprender a respeito de contabilidade gerencial. A faculdade e os estudantes compartilham a mesma meta, mas a congruência de metas não é suficiente. A faculdade também introduz recompensas na forma de sistemas de classificação, a fim de estimular o esforço do estudante. Classificar é uma forma de avaliação de desempenho, como é o uso dos relatórios de controle gerencial para aumentos, promoções e outras formas de recompensa, em outros ambientes. A avaliação de desempenho é um meio amplamente utilizado para melhorar a congruência e o esforço, porque a maioria dos indivíduos tende a desempenhar-se melhor quando recebe um *feedback* que está amarrado a seus próprios interesses. Então, a Allen-Bradley, a Corning e outras manufatureiras que estabelecem melhorias de qualidade como metas críticas põem alvos de qualidade no plano de bônus dos altos gestores. A Corning também tem incentivos de qualidade para os trabalhadores da fábrica.

Para alcançar a congruência de metas e o esforço gerencial, os projetistas de controle gerencial focalizam a motivação dos empregados. A **motivação** tem sido definida como uma direção de algumas metas selecionadas, que criam esforço e ação em direção às metas. Ainda, os empregados diferem amplamente em suas motivações. A tarefa do projetista de sistema é mais complexa, mal-estruturada e mais afetada por comportamento humano do que muitas pessoas acreditam em primeira mão. O projetista de sistema deve alinhar o auto-interesse dos indivíduos com as metas da organização. Assim, o projetista deve focalizar o impacto motivacional diferente — como cada sistema provocará a reação das pessoas — do sistema de controle gerencial *versus* outro.

A contabilidade por responsabilidade, orçamentos, variações e o estoque inteiro de ferramentas de controle gerencial deveriam influenciar construtivamente o comportamento. Eles podem, entretanto, ser mal-empregados, como ferramentas negativas para punir, colocar a culpa ou descobrir de quem é a falha. Vistos positivamente, eles incentivam os empregados a melhorar as decisões. Usados negativamente, colocam uma ameaça aos empregados, que resistirão e solaparão o uso de tais técnicas.

Para ver como falhar em antecipar o impacto motivacional pode causar problemas, considere que, há alguns anos, na Rússia, os gestores da Moscow Cable Company decidiram reduzir o desperdício de cobre e, realmente, cortaram seu uso em 60 por cento naquele ano. Em conseqüência, eles tiveram apenas $ 40 mil em valor de sucata, em vez dos $ 100 mil originalmente orçados. A alta gestão do governo central, então, multou a fábrica em $ 45 mil, por não satisfazer seu orçamento em sucata. O que você pensa que isso provocou na motivação dos gestores da Cable Company para o controle do desperdício?

CONTROLABILIDADE E MENSURAÇÃO DE DESEMPENHO FINANCEIRO

Os sistemas de controle gerencial, freqüentemente, distinguem entre eventos controláveis e incontroláveis e entre custos controláveis e incontroláveis. No geral, os gestores dos centros de responsabilidade estão em melhor posição para explicar seus resultados dos centros, mesmo que tenham pouca influência sobre eles. Um importador de uvas do Chile para os Estados Unidos, por exemplo, sofreu uma perda repentina de vendas, diversos anos atrás, após algumas de suas uvas terem sido descobertas contendo o veneno cianeto. A adulteração foi além do controle do importador; assim, o sistema de controle gerencial do importador comparou os lucros reais aos lucros do orçamento flexível (veja o Capítulo 8), dado que as vendas reais estavam anormalmente baixas. Essa comparação separou os efeitos da atividade de volumes — níveis de vendas — dos efeitos da eficiência e relatou a lucratividade do importador, dada a queda incontrolável nas vendas.

Um **custo incontrolável** é qualquer custo que não possa ser afetado pela gestão de um centro de responsabilidade, dentro de um dado período de tempo. Um supervisor de pedido pelo correio, por exemplo, pode ser responsável apenas por custos de mão-de-obra, custos de embarque, erros e ajustes de pedidos e a satisfação do cliente. O supervisor não seria responsável pelos custos do sistema de apoio de informação porque ele não poderia controlar esse custo.

O **custo controlável** inclui qualquer custo que seja influenciado pela decisão e pelas ações de um gestor. Os custos do sistema de informação de pedido pelo correio, por exemplo, embora incontroláveis pelo supervisor de pedido pelo correio, são controláveis pelo gestor encarregado do sistema de informação.

Em um sentido, o termo 'controlável' é um engano, porque nenhum custo está completamente sob o controle de um gestor. O termo é amplamente utilizado, entretanto, para referir-se a qualquer custo que seja afetado pelas decisões de um gestor, mesmo que não totalmente 'controlado'. Então, o custo de operação do sistema de informação de pedido pelo correio pode ser afetado pelas falhas de equipamento ou *software* que não estão completamente — mas parcialmente — sob o controle do gestor do sistema de informação, que seria o responsável por todos os custos do sistema de informação, mesmo os de tempo de manutenção.

A distinção entre custos controláveis e incontroláveis atende a um propósito de informação. Os custos que são completamente incontroláveis nada dizem a respeito das decisões e ações de um gestor, porque, por definição, nada que o gestor faça afetará os custos. Tais custos seriam ignorados na avaliação de desempenho do gestor do centro de responsabilidade. Em contraste, relatar os custos controláveis fornece evidência a respeito do desempenho do gestor.

Como a responsabilidade pelos custos pode ser difundida, os projetistas de sistemas devem depender do entendimento do comportamento dos custos para ajudar a identificar os custos controláveis. Esse entendimento tem sido obtido, cada vez mais, por meio do sistema ABC (veja o Capítulo 4). A Procter & Gamble e a Upjohn, Inc., por exemplo, estão experimentando o sistema ABC em algumas divisões. A Procter & Gamble atribui sua experiência ao sistema de controle gerencial de ABC para identificar custos controláveis em uma de suas divisões de detergentes, a qual leva a mudanças estratégicas importantes.

Margem de contribuição

Muitas organizações combinam a abordagem da contribuição para mensuração do resultado com a contabilidade por responsabilidade — isto é, elas relatam por comportamento de custos, bem como por graus de controlabilidade.

A Figura 9.5 indica a abordagem da contribuição para mensurar o desempenho financeiro de várias unidades organizacionais (ou segmentos) da Barleycorn, Inc., uma empresa de mercearias a varejo. Os **segmentos** são os centros (áreas) de responsabilidade pelos quais uma medida separada de receitas e custos é obtida. Estude essa figura cuidadosamente. Ela fornece perspectivas sobre como um sistema de controle gerencial pode ser projetado para explorar o comportamento de custos, a controlabilidade, o desempenho do gestor e o desempenho do centro de responsabilidade, simultaneamente.

A linha (a), na Figura 9.5, mostra a margem de contribuição, as receitas de vendas menos todas as despesas variáveis. A margem de contribuição é especialmente útil para predizer o impacto sobre o resultado das variações de curto prazo no volume de atividade. Os gestores podem, rapidamente, calcular qualquer variação esperada no resultado, multiplicando aumentos nas vendas monetárias pelo índice de margem de contribuição. O índice de margem de contribuição para carnes na divisão oeste é: $ 180 ÷ $ 900 = 0,20. Assim, um aumento de $ 1 mil em vendas de carnes na divisão oeste deveria produzir um aumento de $ 200 no resultado (0,20 × $ 1 000 = $ 200), se não houvesse variação nos preços de venda, por unidade de despesa operacional, ou composto de vendas entre as lojas 1 e 2.

Contribuição controlável por gestores de segmentos (áreas)

As linhas (b) e (c), na Figura 9.5, separam a contribuição controlável pelos gestores dos segmentos (b) da contribuição geral do segmento (c). Os projetistas do sistema de controle gerencial distinguem entre os segmentos como um investimento econômico e o gestor como um tomador de decisão profissional. Um período prolongado de estiagem junto a uma população idosa, por exemplo, pode afetar adversamente a conveniência de investimentos econômicos continuados em um centro de esqui, mas o gestor do centro pode fazer um trabalho excelente sob essas circunstâncias.

O gestor da loja 1 pode ter influência sobre alguma propaganda local, mas não outro tipo de propaganda; alguns salários fixos, mas não outros salários, e assim por diante. Além disso, o gestor da divisão de carnes, em ambos os níveis, de loja e de divisão, pode ter influência zero sobre a depreciação da loja ou sobre o salário do presidente. Conseqüentemente, a Figura 9.5 separa os custos pela controlabilidade. Os gestores em todos os níveis são solicitados a explicar a contribuição total do segmento, mas são responsáveis apenas pela contribuição controlável.

Observe que os custos fixos controláveis pelos gestores do segmento são deduzidos da margem de contribuição para obter a contribuição controlável por gestores de segmento. Esses custos controláveis são, geralmente, custos fixos discricionários, como propaganda local e alguns salários, mas não o salário do próprio gestor. Outros custos fixos não-controláveis (mostrados entre as linhas a e b) não são alocados no desdobramento, porque não são considerados controláveis a esse ponto na organização. Isto é, dos $ 160 mil de custos fixos que são controláveis pelo gestor da divisão oeste, $ 140 mil são também controláveis pelos subordinados (gestores da mercearia, de produtos e de carnes), mas $ 20 mil não são. O último é controlável pelo gestor da divisão oeste, mas não pelos gestores de níveis mais baixos. Da mesma maneira, os $ 30 mil daquela mesma linha são custos atribuíveis ao departamento de carne da divisão oeste, mas não às lojas individuais.

Em muitas organizações, os gestores têm autonomia para substituir alguns custos variáveis por custos fixos. Para economizar materiais variáveis e custos de mão-de-obra, os gestores podem realizar pesados desembolsos para automação, gestão da qualidade, programas de treinamento de empregados, e assim por diante. Além disso, as decisões de propaganda, pesquisa e promoção de vendas têm efeitos nas atividades de vendas e, assim, nas margens de contribuição. A contribuição controlável inclui essas despesas e tenta capturar os resultados das substituições (*trade-offs*).

Figura 9.5 Barleycorn, Inc.

Abordagem da contribuição: Modelo de demonstração de resultados, por segmentos* (em $ milhares)

	Empresa como um todo	Desdobramento da empresa em duas divisões			Desdobramento apenas da Divisão Oeste				Desdobramento da Divisão Oeste, apenas carnes	
		Divisão Leste	Divisão Oeste	Não-Alocado[†]	Mercearia	Produção	Carnes	Não Alocado[†]	Loja 1	Loja 2
Vendas líquidas	$ 4 000	$ 1 500	$ 2 500	—	$ 1 300	$ 300	$ 900	—	$ 600	$ 300
Custos variáveis										
Custo das mercadorias vendida	$ 3 000	$ 1 100	$ 1 900	—	$ 1 000	$ 230	$ 670	—	$ 450	$ 220
Despesas operacionais variáveis[‡]	260	100	160	—	100	10	50	—	35	15
Total de custos variáveis	$ 3 260	$ 1 200	$ 2 060	—	$ 1 100	$ 240	$ 720	—	$ 485	$ 235
a) Margem de contribuição	$ 740	$ 300	$ 440	—	$ 200	$ 60	$ 180	—	$ 115	$ 65
Menos: custos fixos controláveis por gestores de segmento[§]	260	100	160	$ 20	40	10	90	$ 30	35	25
b) Contribuição controlável por gestores de segmento	$ 480	$ 200	$ 280	$ (20)	$ 160	$ 50	$ 90	$ (30)	$ 80	$ 40
Menos: custos fixos controláveis por outros[¶]	200	90	110	20	40	10	40	10	22	8
c) Contribuição por segmentos	$ 280	$ 110	$ 170	$ (40)	$ 120	$ 40	$ 50	$ (40)	$ 58	$ 32
Menos: custos não-alocados[‖]	100									
d) Lucro antes do imposto de renda	$ 180									

* Três tipos de segmento são ilustrados aqui: divisões, linhas de produtos e lojas. Ao ler na forma cruzada, observe que o foco se torna mais estreito: das divisões leste e oeste, para a divisão oeste apenas; e para a divisão oeste, apenas carnes.
[†] Apenas aqueles custos claramente identificáveis com uma linha de produtos devem ser alocados.
[‡] Principalmente salários e custos relacionados com a folha de pagamento.
[§] Alguns exemplos são: publicidade, promoção de vendas, salário dos vendedores, consultorias da gestão, custos de treinamento e supervisão.
[¶] Alguns exemplos são: depreciação, impostos prediais, seguros e, talvez, salários do gestor de segmentos.
[‖] Esses custos não são claramente, ou praticamente, alocáveis a algum segmento, exceto por alguma base de alocação altamente questionável.

As distinções, na Figura 9.5, entre que itens pertencem a que classificação de custos, são inevitavelmente não bem definidas. Determinar a controlabilidade, por exemplo, é sempre um problema quando os custos de departamento de serviços são alocados a outros departamentos. O gestor da loja deveria assumir uma parte dos custos da divisão-sede? Se sim, quanto e em que base? Quanto, se alguma, da depreciação da loja ou arrendamento deveria ser deduzida no cálculo da contribuição controlável? Não há resposta fácil para essas questões.

Cada organização arranja meios que a beneficiam mais com o custo relativamente mais baixo (ao contrário da situação em sistemas de contabilidade financeira externa, que deve seguir regulamentações estritas).

CONTRIBUIÇÃO POR SEGMENTO (ÁREAS)

A contribuição por segmentos, linha (c) na Figura 9.5, é uma tentativa de aproximar o desempenho financeiro do segmento, como distinto do desempenho financeiro de seu gestor, que é medido na linha (b). Os 'custos fixos controláveis por outros' incluem custos comprometidos (como depreciação e imposto predial) e custos discricionários (como salário do gestor do segmento). Esses custos são atribuíveis ao segmento, mas são primariamente controláveis apenas nos níveis mais elevados de gestão.

CUSTOS NÃO-ALOCADOS

A Figura 9.5 mostra 'os custos não-alocados' imediatamente antes da linha (d). Eles podem incluir custos da sede corporativa, como os custos da alta gestão e alguns serviços de níveis corporativos (por exemplo, despesas legais e tributárias). Quando uma relação causa–e–efeito persuasiva ou uma justificativa baseada em atividade para alocar tais custos não pode ser encontrada, muitas organizações favorecem sua não-alocação aos segmentos.

A abordagem de crescimento realça a objetividade relativa de vários meios de mensurar o desempenho financeiro. A margem de contribuição, em si, tende a ser mais objetiva. Conforme você lê de cima para baixo no relatório, as alocações se tornam mais subjetivas, e as medidas resultantes de contribuições ou lucro tornam-se mais sujeitas a controvérsias, ou questionáveis.

Embora tais controvérsias possam ser usos improdutivos do tempo de gestão, as alocações dirigem a atenção dos gestores aos custos da organização inteira e levam ao controle de custos organizacionais.

MEDIDAS DE DESEMPENHO NÃO-FINANCEIRAS

Por muitos anos, as organizações têm monitorado seu desempenho não-financeiro. As organizações de vendas, por exemplo, têm acompanhado os clientes para assegurar sua satisfação, e os fabricantes têm rastreado os defeitos de manufatura e o desempenho de produto.

Em anos recentes, a maioria das organizações desenvolveu uma nova consciência acerca da importância de controlar o desempenho de áreas não-financeiras, como qualidade, tempo de ciclo e produtividade.

Os gestores devem tentar distinguir entre eventos controláveis e incontroláveis e custos, ao projetar relatórios financeiros por segmento. Para cada um dos seguintes custos de um negócio comercial (por exemplo, uma loja de departamento), indique se é um custo variável, um custo fixo controlável por gestores de segmento, um custo fixo controlável por alguém além do gestor do segmento, ou um custo que é normalmente não-alocado.

- Impostos prediais.
- Supervisão da força de vendas.
- Depreciação da loja.
- Custo dos produtos vendidos.
- Propaganda da loja local.
- Propaganda em nível corporativo.
- Relações públicas em nível corporativo.
- Mão-de-obra de vendas temporária.

Respostas
Os custos variáveis são, geralmente, controláveis pelo gestor da loja. Os custos dos produtos vendidos e a mão-de-obra de vendas temporária são exemplos.

Os custos fixos controláveis pelo gestor do segmento (loja) incluem propaganda da loja local e supervisão da força de vendas local. O gestor da loja, geralmente, decide o nível apropriado para esses custos.

Os custos fixos controláveis por aqueles outros além do gestor da loja incluem imposto predial e depreciação da loja. Esses custos relacionam-se diretamente com a loja, mas o gestor da loja não pode mudá-los.

Os custos não-alocados incluem propaganda e relações públicas em nível corporativo. Esses custos têm uma ligação tênue com a loja.

CONTROLE DE QUALIDADE

Controle de qualidade é o esforço para assegurar que os produtos e serviços realizem as necessidades dos clientes. Essencialmente, os clientes ou fregueses definem a qualidade comparando suas necessidades aos atributos do produto ou serviço. Os compradores julgam, por exemplo, a qualidade de um automóvel baseados em confiabilidade, desempenho, estilo, segurança e imagem relativos às suas necessidades, orçamentos e alternativas. Definir qualidade em termos de necessidades dos clientes é apenas metade da batalha. Permanece ainda o problema de alcançar e manter o nível desejado de qualidade. Há muitas abordagens para controlar qualidade. A abordagem tradicional nos Estados Unidos era inspecionar os produtos após terem sido completados e rejeitar ou retrabalhar aqueles que falharam nas inspeções. Uma vez que testar é caro, freqüentemente apenas uma amostra dos produtos era inspecionada. Julgava-se o processo sob controle quando um número de produtos defeituosos não excedesse um nível aceitável de qualidade. Isso significava que alguns produtos defeituosos poderiam ainda ser enviados para os clientes.

Nos anos recentes, entretanto, as empresas dos Estados Unidos confrontaram-se com o sucesso de produtos japoneses e tiveram de aprender que essa é uma maneira muito onerosa de controlar a qualidade. Todos os recursos consumidos para fabricar produtos defeituosos e detectá-los são desperdiçados, ou um retrabalho considerável pode ser necessário para corrigir os defeitos. Além disso, é muito oneroso reparar produtos em uso por um cliente ou conquistar de volta um cliente insatisfeito. O antigo CEO da IBM, John Akers, foi citado no *Wall Street Journal*, dizendo: "Estou doente e cansado de visitar fábricas para ouvir nada além de grandes coisas sobre qualidade e tempo de ciclo — e, então, visitar os clientes que me contam os problemas".[3] Os altos custos de alcançar a qualidade pela 'inspeção interna' são evidentes no **relatório de custo da qualidade**, que indica o impacto financeiro da qualidade. O relatório mostrado na Figura 9.6 mensura quatro categorias de custos da qualidade.

1. *Prevenção:* Custos incorridos para prevenir a produção de produtos defeituosos ou entrega de serviços abaixo do padrão, incluindo as análises da engenharia para aprimorar o projeto do produto para melhor manufatura, melhorias em processos de produção, aumentos da qualidade de insumos de materiais e programas de treinamento de pessoal.
2. *Avaliação:* Custos incorridos para identificar produtos ou serviços defeituosos, incluindo inspeção e testes.
3. *Falha interna:* Custos de componentes defeituosos e produtos ou serviços finais sucateados ou retrabalhados; também custos de atrasos causados por produtos ou serviços defeituosos.
4. *Falha externa:* Custos causados pela entrega de produtos ou serviços defeituosos aos clientes, como reparos no campo, devoluções e despesas de garantia.

Esse relatório mostra que a maioria dos custos incorridos pela Eastside Manufacturing Company são devidos a falhas internas ou externas. Esses custos, entretanto, quase que certamente são subdemonstrados. Baixa qualidade pode resultar em grandes custos de oportunidade, por causa de atrasos internos e perda de vendas. Os problemas de qualidade na construção de automóveis americanos nas décadas de 70 e 80, por exemplo, provavelmente provocaram vendas perdidas que foram significativamente mais onerosas do que os custos tangíveis mensuráveis em qualquer relatório de custo da qualidade.

Nos anos recentes, mais e mais empresas norte-americanas têm repensado o controle da qualidade. Em vez disso, elas têm adotado uma abordagem primeiramente exposta por um americano, W. Edwards Deming, e abraçada por empresas japonesas décadas atrás: a **gestão da qualidade total** (*total quality management* — TQM). Seguindo o velho adágio: "Uma onça de prevenção vale mais que uma libra de cura [é melhor prevenir do que remediar]", isso focaliza a prevenção dos defeitos e a satisfação do cliente. A abordagem TQM está baseada na suposição de que os custos de qualidade são minimizados quando uma empresa alcança altos níveis de qualidade. A gestão da qualidade total é a aplicação dos princípios da qualidade para todos os esforços da organização em satisfazer os clientes. O departamento de comércio dos Estados Unidos premia com o Baldrige Award as empresas que obtêm excelência em qualidade, baseado em suas realizações da qualidade orientada para o cliente. A TQM tem implicações significativas para as metas, estrutura e sistemas de controle gerencial da organização. Para a TQM funcionar, os empregados devem ser muito bem-treinados nos processos, produtos ou serviços e no uso da informação de controle de qualidade.

Para implementar a TQM, os empregados são treinados para preparar, interpretar e agir sobre os gráficos de controle da qualidade, como aqueles mostrados na Figura 9.7. O **gráfico de controle da qualidade** é uma plotagem estatística de medidas das várias dimensões ou atributos dos produtos. Essa plotagem ajuda a detectar desvios dos

---

3. Citado em Graham Sharman, "When quality control gets in the way of quality", em Wall Street Journal, 24 de fevereiro de 1992, p. A14.

Figura 9.6 Eastside Manufacturing Company.

Relatório de Custo da Qualidade* (em $ milhares)

Mês			Área de custo da qualidade	Até esta data		
Real	Planejado	Variação		Real	Planejado	Variação
			1. Custo da prevenção			
3	2	1	A. Qualidade-administração	5	4	1
16	18	(2)	B. Qualidade-engenharia	37	38	(1)
7	6	1	C. Qualidade-planejamento por outros	14	12	2
5	7	(2)	D. Garantia de fornecedores	13	14	1
31	33	(2)	Total de custo da qualidade	69	68	1
5,5%	6,1%		% do total de custo da qualidade	6,2%	6,3%	
			2. Custo de avaliação			
31	26	5	A. Inspeção	55	52	3
12	14	(2)	B. Teste	24	28	(4)
7	6	1	C. Insp. e teste de materiais comprados	15	12	3
11	11	0	D. Auditorias de qualidade de produtos	23	22	1
3	2	1	E. Manutenção de insp. e teste de equip.	4	4	0
2	2	0	F. Material consumido em insp. e teste	5	4	1
66	61	5	Total do custo de avaliação	126	122	4
11,8%	11,3%		% do total de custo da qualidade	11,4%	11,3%	
			3. Custo de falha interna			
144	140	4	A. Sucata e retrabalho – manufatura	295	280	15
55	53	2	B. Sucata e retrabalho – engenharia	103	106	(3)
28	30	(2)	C. Sucata e retrabalho – fornecedor	55	60	(5)
21	22	(1)	D. Investigação da falha	44	44	0
248	245	3	Total do custo de falha interna	497	490	7
44,3%	45,4%		% do total de custo da qualidade	44,9%	45,3%	
345	339	6	Total do custo de qualidade interna (1+2+3)	692	680	12
61,6%	62,8%		% do total de custo da qualidade	62,6%	62,8%	
			4. Custo de qualidade de falha externa			
75	66	9	A. Desp. garantia – manufatura	141	132	9
41	40	1	B. Desp. garantia – engenharia	84	80	4
35	35	0	C. Desp. garantia – vendas	69	70	(1)
46	40	6	D. Custo de garantia no campo	83	80	3
18	20	(2)	E. Investigação da falha	37	40	(3)
215	201	14	Total do custo de falha externa	414	402	12
38,4%	37,2%		% do total de custo da qualidade	37,4%	37,2%	
560	540	20	Total do custo de qualidade	1 106	1 082	24
9 872	9 800		Total do custo de produtos	20 170	19 600	
5,7%	5,5%		% do total de custo da qualidade/total do custo de produtos	5,5%	5,5%	

*Adaptado de Allen H. Seed III, Adapting management accounting practice to an advanced manufacturing environment (National Association of Accountants, 1988), Tabela 5.2, p. 76.

processos antes que estes gerem defeitos, e também identifica variação excessiva nas dimensões ou atributos que seriam endereçados pelos engenheiros de processo ou projeto. O gráfico da Figura 9.7 mostra que, em geral, a Eastside Manufacturing Company não está satisfazendo sua meta de de 0,6 por cento de defeitos (que é uma taxa relativamente alta). Olhando esse gráfico, um gestor saberia que ações corretivas devem ser empreendidas.

Figura 9.7 Eastside Manufacturing Company.
Gráfico de controle da qualidade

Gráfico de controle da qualidade

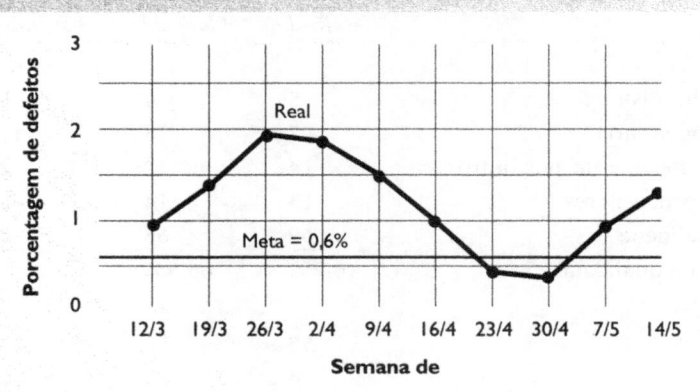

[Gráfico de linhas mostrando Porcentagem de defeitos (eixo Y, 0 a 3) versus Semana de (eixo X, de 12/3 a 14/5). Linha "Real" oscila entre aproximadamente 0,3 e 2,0. Linha horizontal "Meta = 0,6%".]

PRIMEIRO, OS NEGÓCIOS

Baixa qualidade quase produziu curto-circuito em empresa de eletrônicos

A Penril DataComm, projetista e fabricante de equipamentos de comunicação de dados de Maryland, estava a ponto de um desastre financeiro resultante do custo de baixa qualidade.

A Penril realizou 100 por cento de inspeção em muitos de seus processos de manufatura e retrabalhou ou sucateou um terço de toda sua produção. A Penril girou sua sorte financeira com base no esforço de qualidade total. Os resultados de um programa de qualidade customizado incluíam:

- Aumento de 1 266 por cento nos lucros por empregado.
- Aumento de 95 por cento nas receitas.
- Diminuição de 81 por cento nos defeitos por unidade.
- Diminuição de 83 por cento em falhas externas (falhas durante os primeiros três meses em campo).
- Diminuição de 73 por cento nos serviços de garantia de reparos no primeiro ano.
- Redução do tempo de resposta aos pedidos de clientes de dez semanas para três dias.

A nova missão da Penril é 'construir um ambiente onde as expectativas internas e externas do cliente sejam satisfeitas em cada transação'. A Penril apóia essa missão seguindo seis princípios:

1. A qualidade é a prioridade número um. Isso exige uma mudança de pensamento de curto prazo para longo prazo. Os recursos são alocados para esforços da qualidade, e as equipes de qualidade são recompensados por melhorias.

2. Foco no cliente. Clientes e fornecedores atuam como equipes de engenharia simultânea para 'construir a voz do cliente em todos os aspectos do negócio'.

3. Enfatizar a prevenção e a melhoria contínua. "A inspeção apenas mantém o *status quo*." A qualidade total significa reformar projetos, modificar políticas e procedimentos e treinar pessoas nas práticas corretas.

4. Gestão utilizando dados. A análise estatística é utilizada para controle de processos.

5. Total envolvimento dos empregados. De acordo com a Penril, a medida mais importante na competição pela liderança em qualidade é a taxa de melhoria, e essa taxa é maximizada pelo envolvimento de todos como uma equipe. O conceito de equipe na Penril libera a energia dos empregados, o que melhora o moral, a comunicação, o respeito e a confiança. O treinamento inclui habilidades no trabalho, conceitos de gestão da qualidade total, estatística, controle de processo estatístico, habilidades de solução de conflitos, habilidades de apresentação e habilidades de comunicação.

6. Gestão de função cruzada. Os processos cruzam os departamentos de maneira que cada equipe de função cruzada inclui membros de todas as áreas envolvidas no processo. A comunicação é melhorada pelas freqüentes reuniões e pelos boletins de notícias. Os empregados apresentam relatórios de qualidade que documentam os esforços de melhoria.

Talvez, a melhor medida do sucesso do novo foco em qualidade da Penril esteja na reação dos clientes — os negócios têm dobrado em três anos, desde que o programa começou. "Sabemos que não há maior testemunho para a qualidade da empresa do que ter outra empresa pedindo para projetarmos um produto para ela, elaborá-lo para ela e colocar o nome do cliente no produto."

Fonte: Adaptado de "Poor quality nearly short-circuits electronic company", em Chet Marchwinski (ed.), *Productivity*, fevereiro de 1993, pp. 1-3.

CONTROLE DO TEMPO DE CICLO

Uma chave para melhorar a qualidade é reduzir o tempo de ciclo. **Tempo de ciclo**, ou tempo do processamento, é o tempo tomado para completar um produto ou serviço ou qualquer dos componentes de um produto ou serviço. Ele é uma medida resumida da eficiência e eficácia da manufatura ou serviço e um direcionador de custo importante. Quanto mais tempo um produto ou serviço ficar em processo, mais custos serão consumidos. O baixo tempo de ciclo significa completar rapidamente um produto ou serviço (sem defeitos). Reduzir o tempo de ciclo exige processos continuamente uniformes e de alta qualidade e também cria aumento na flexibilidade e rápidas respostas às necessidades do cliente. Com a diminuição do tempo de ciclo, os problemas de qualidade se tornam evidentes ao longo de todo o processo e devem ser resolvidos, caso a qualidade deva ser melhorada. A diminuição do tempo de ciclo também resulta em trazer produtos ou serviços mais rapidamente para os clientes, uma característica que os clientes valorizam nos produtos e serviços.

As empresas medem o tempo de ciclo para os estágios importantes de um processo e para o processo como um todo. Um meio eficaz de medir o tempo de ciclo é usar o código de barras, em que este (similar aos símbolos, na maioria dos produtos de mercearia) é fixado em cada componente ou produto e lido no final de cada estágio de completude. O tempo de ciclo é medido, para cada estágio, como o tempo entre as leituras do código de barras. O código de barras também permite o rastreamento efetivo de materiais e produtos para estoques, programação e entrega.

A Figura 9.8 mostra um exemplo de relatório de tempo de ciclo. (O tempo de ciclo também pode ser demonstrado em um gráfico de controle.) Esse relatório mostra que a Eastside Manufacturing Company está satisfazendo seus objetivos de tempo de ciclo em dois de seus cinco estágios de processo de produção. Esse relatório é semelhante aos de orçamento flexível do Capítulo 8. As explicações das variações indicam que materiais de qualidade inferior e projetos inferiores levam a retrabalho e retestes extensivos.

CONTROLE DA PRODUTIVIDADE

Mais da metade das empresas nos Estados Unidos gere a produtividade como parte do esforço para melhorar sua competitividade. A **produtividade** é uma medida de produtos divididos pelos insumos*. Quanto menos insumos necessários para produzir um dado produto, mais produtiva a organização. A simples definição, entretanto, levanta difíceis questões de mensuração.

Como os produtos e insumos devem ser medidos? Geralmente, questões específicas de controle de gestão determinam as medidas mais apropriadas de insumos e produtos. Organizações de mão-de-obra intensiva (especialmente serviços) estão preocupadas com o aumento da produtividade da mão-de-obra; assim, medidas baseadas na mão-de-obra são apropriadas. Empresas altamente automatizadas estão apreensivas com o uso de máquinas e a produtividade dos investimentos de capital; assim, medidas baseadas em capacidade, como porcentagem do tempo de máquinas disponíveis, podem ser mais importantes para elas. Empresas de manufatura em geral estão preocupadas com o uso eficiente de materiais; assim, para elas, medidas de rendimento de material (um índice dos produtos de materiais sobre os insumos de materiais) podem ser indicadoras úteis da produtividade. Em todos os casos de índices de produtividade, uma medida do recurso que a gestão deseja controlar está no denominador (o insumo) e alguma medida do objetivo de usar os recursos está no numerador (o produto).

A Figura 9.9 mostra 12 medidas de produtividade possíveis. Como você pode ver, elas variam bastante, de acordo com o tipo de recurso com o qual a gestão está preocupada.

ESCOLHA DAS MEDIDAS DE PRODUTIVIDADE

Quais medidas de produtividade uma empresa deve escolher para gerir? A escolha depende dos comportamentos desejados. Os gestores, em geral, concentram-se em alcançar os níveis de desempenho desejados por seus superiores. Logo, se a alta gestão avalia o desempenho do subordinado com base na produtividade da mão-de-obra direta, os gestores de níveis mais baixos focalizarão a melhoria dessa medida específica.

O desafio em escolher medidas de produtividade está em que um gestor pode estar apto a melhorar uma medida singular, mas acabar prejudicando o desempenho de algum outro setor da organização. Longas rodadas de produção, por exemplo, podem melhorar a produtividade das máquinas, mas resultar em estoques excessivos. Porém, a produtividade melhorada da mão-de-obra no curto prazo pode ser acompanhada por uma alta taxa de defeitos em produtos.

É improvável que o uso de uma única medida de produtividade resulte em melhorias gerais no desempenho. A escolha dos controles de gestão exige o equilíbrio das substituições que os empregados possam esperar fazer para

---

Ver medida de eficiência no Capítulo 8. (N. do T.)

PRIMEIRO, OS NEGÓCIOS

Mensuração do custo da qualidade

Freqüentemente, as empresas não investem em equipamentos que promovem qualidade porque é difícil quantificar todos os benefícios e custos de usá-los. Uma empresa desenvolveu um programa de *software* que habilita a melhor mensuração desses benefícios e custos.

A Perceptron, Inc., sediada em Farmington Hills, Michigan, produz sistemas de mensuração industrial, à base de *laser*, ópticos, aeroespaciais, sistemas sem contato para indústrias automotivas, ferramentas e equipamentos para empresas. Esses sistemas são utilizados para medir a acurácia da montagem de produtos.

Os técnicos da linha de montagem podem usar os dados fornecidos pelos equipamentos da Perceptron para tomar atitudes preventivas a fim de corrigir problemas de imediato, eliminando virtualmente a necessidade de inspetores de controle de qualidade altamente remunerados.

A Perceptron desenvolveu um programa de *software* de computador que ajuda o pessoal da fábrica a identificar e quantificar os benefícios e custos ocultos de adquirir e usar equipamentos de qualidade. Alguns dos principais benefícios e custos do investimento em sistemas de mensuração em linha e atividades preventivas associadas são:

BENEFÍCIOS QUANTIFICÁVEIS
- Resposta mais rápida aos problemas de variação, conduzindo a custos médios reduzidos dos problemas de processo de manufatura.
- Custos reduzidos de produção de sucata e reparo das detecções antecipadas dos defeitos.
- Estoques reduzidos de produtos em processo e peças com custos de manter estoque e de obsolescência reduzidos, devido às mudanças de engenharia.
- Maior tempo produtivo e de processamento mais estáveis reduz os custos de horas extras e terceirização.
- Custos de produção a jusante e garantia reduzidos.
- Maior qualidade do suprimento de peças devido à detecção prévia de defeitos no processo.

CUSTOS
- Custo de aquisição de equipamentos, incluindo transporte e instalação.
- Treinamento.
- Mão-de-obra de programação inicial.
- Manutenção.
- Mão-de-obra de mensuração.
- Inspeção do processo.

Fonte: Adaptado de Alahassane Diallon Zafar, U. Khan e Curtis F. Vail, "Measuring the cost of investment in quality equipment", em *Management Accounting*, agosto de 1994, pp. 32-35.

Figura 9.8 Eastside Manufacturing Company.

Relatório de tempo de ciclo para a segunda semana de maio

Estágio do processo	Tempo de ciclo real*	Tempo de ciclo padrão	Variação	Explicação
Processamento de materiais	2,1	2,5	0,4 F	
Montagem da placa de circuitos	44,7	28,8	15,9 D	Qualidade ruim dos materiais causou retrabalho
Montagem de unidades de fontes de energia	59,6	36,2	23,4 D	Mudança de engenharia exigiu a reconstrução de todas as fontes de energia
Montagem de produto	14,6	14,7	0,1 F	
Teste funcional e ambiental	53,3	32,0	21,3 D	Falha do *software* nos testes de procedimentos exigiu retestes

F = *Favorável*.
D = *Desfavorável*.
* *Tempo médio por estágio ao longo da semana.*

melhorar suas avaliações de desempenho. Muitas organizações focalizam o controle da gestão em atividades mais fundamentais, como o controle da qualidade e do serviço e o uso de medidas de produtividade para monitorar os benefícios reais das melhorias nessas atividades.

Figura 9.9 Medidas de produtividade.

Recurso	Possíveis produtos (numerador)		Possíveis insumos (denominador)
Mão-de-obra	Horas-padrão de mão-de-obra direta alocadas para produtos bons	÷	Horas de mão-de-obra direta real utilizada
	Receita de vendas	÷	Número de empregados
	Receita de vendas	÷	Custos de mão-de-obra direta
	Depósito bancário/atividade de empréstimo (para um banco)	÷	Número de empregados
	Chamadas de serviços	÷	Número de empregados
	Pedidos de clientes	÷	Número de empregados
Materiais	Peso dos produtos	÷	Peso dos insumos
	Número de unidades boas	÷	Número total de unidades
Equipamento, capital, capacidade física	Tempo utilizado (por exemplo, horas)	÷	Tempo disponível para uso
	Tempo disponível para uso	÷	Tempo (por exemplo, 24 horas por dia)
	Horas-máquina esperadas para produtos bons	÷	Horas-máquina reais
	Receita de vendas	÷	Custo da mão-de-obra direta

MEDIDAS DE PRODUTIVIDADE AO LONGO DO TEMPO

Tenha cuidado ao comparar medidas de produtividade ao longo do tempo. Mudanças no processo ou na taxa de inflação podem mostrar-se enganadoras. Considere, por exemplo, a produtividade da mão-de-obra na SBC Communications, Inc. (empresa de telecomunicações global dos Estados Unidos). Uma medida de produtividade rastreada pela SBC é a receita de vendas por empregado.

	1999	1995	Mudança percentual
Total de receitas (em milhões)	$ 49 489	$ 37 134	+33,3%
Empregados	$ 204 530	$ 182 610	+12,0%
Receita por empregado (não ajustado para a inflação)	$ 241 695	$ 203 351	+18,9%

PRIMEIRO, OS NEGÓCIOS

A Nissan obtém a máxima classificação de produtividade por quatro anos consecutivos

Pelo quarto ano consecutivo, a fábrica da Nissan, em Smyrna, Tennessee, tem sido classificada como a planta de montagem mais produtiva da América do Norte. A medida utilizada foi o número de trabalhadores por veículo. A Nissan usou 2,23 trabalhadores por veículo, comparados com 3,09 da Ford, 3,29 da Chrysler e 3,47 da GM.

Como eles fizeram isso? A chave é uma "força de trabalho altamente motivada", de acordo com Barry Watson, gestor do departamento de fábrica da Nissan em Smyrna. Um número de esforços "simples, mas eficazes" estão no centro do sucesso da fábrica.

Esses esforços incluem:
- Eventos sociais, como o dia da família e piqueniques.
- Treinamento contínuo.
- Envolvimento de gestores e empregados, por meio de reuniões de grupo no início de cada turno. Eles abrem duas vias de discussão, focalizando idéias para melhorar a produtividade e reduzir custos.
- Impacto, nas equipes de gestores e empregados, para avaliação e implementação das idéias.

Uma idéia foi submetida, por exemplo, para elaborar uma tabela especial que reduziria significativamente o tempo demandado em mudar equipamentos entre rodadas de produção. A idéia foi implementada e resultou em um aumento de 15 por cento no número de unidades montadas em cada rodada de produção.

Fonte: Harbor and Associates, Inc., *Auto Manufacturing Productivity Report*, junho de 1997.

Por essa medida, entretanto, a SBC parece ter alcançado um aumento de 18,9 por cento na produtividade da mão-de-obra. O total de receita não tem sido ajustado para os efeitos da inflação. Devido à inflação, cada unidade monetária de 1995 era equivalente a 1,0909 unidade monetária de 1999. Conseqüentemente, as receitas de vendas de 1995 da SBC, expressas em dinheiro de 1999 (para ser equivalente às receitas de vendas de 1999), são $ 37 134 × 1,0909 = $ 40 509. As receitas de vendas ajustadas, por empregado, de 1995, são as seguintes:

	1999	1995 (ajustadas)	Mudança porcentual
Total de receitas (em milhões)	$ 49 489	$ 40 509	22,2%
Empregados	$ 204 530	$ 182 610	12,0%
Receita por empregado (ajustada para a inflação)	$ 241 695	$ 221 833	9,1%

O ajuste pelos efeitos da inflação revela que a produtividade da mão-de-obra da SBC aumentou apenas 9,1 por cento, e não 18,9 por cento.

SISTEMAS DE CONTROLE GERENCIAL EM ORGANIZAÇÕES DE SERVIÇO, GOVERNAMENTAIS E SEM FINS LUCRATIVOS

A maioria das organizações de serviço, governamentais e sem fins lucrativos tem mais dificuldade de implementar sistemas de controle gerencial do que as empresas de manufatura. Por quê? O principal problema é que os produtos de serviço e de organizações sem fins lucrativos são mais difíceis de medir do que os carros ou computadores produzidos por manufatureiras. Em conseqüência, pode ser mais difícil saber se o serviço prestado é, por exemplo, de alta qualidade até muito tempo depois de ter sido prestado.

A chave para o controle gerencial bem-sucedido em qualquer organização é o treinamento apropriado e a motivação dos empregados para alcançar a congruência de metas e esforços, seguida de constante monitoramento dos objetivos estabelecidos de acordo com os processos e fatores críticos de sucesso, mas isso é mesmo mais importante em organizações orientadas para serviços.

A MBNA America, por exemplo, grande emitente de cartões de crédito bancários, identifica a retenção de clientes como seu fator-chave de sucesso. A MBNA treina cuidadosamente seus representantes de clientes. A cada dia, ela mede e relata o desempenho sobre 14 objetivos condizentes com a retenção de clientes e premia cada empregado baseada nesses objetivos.

As medidas incluem responder a cada chamada no segundo toque da campainha, manter o computador ativo 100 por cento do tempo e processar solicitações de linha de crédito dentro de uma hora. Os empregados têm ganhado bônus de até 20 por cento dos salários anuais ao alcançar esses objetivos.

As organizações sem fins lucrativos e governamentais também têm problemas adicionais projetando e implementando um objetivo que seja similar à 'linha inferior' (lucro líquido) financeira, que, freqüentemente, serve como um poderoso incentivo no setor privado. Além disso, muitas pessoas buscam posições em organizações sem fins lucrativos principalmente por outras recompensas além das monetárias. Os voluntários da Peace Corps, por exemplo, recebem muito pouco pagamento, mas sentem muita satisfação em ajudar a melhorar as condições de países subdesenvolvidos. Assim, os incentivos monetários são, geralmente, menos eficazes em organizações sem fins lucrativos. Os sistemas de controle de organizações sem fins lucrativos, provavelmente, nunca serão tão altamente desenvolvidos como os de empresas com fins lucrativos, porque:

1. As metas e objetivos organizacionais são menos claros. Além disso, são freqüentemente múltiplos, exigindo substituições difíceis.

2. Os profissionais (por exemplo, professores, advogados, médicos, cientistas, economistas) tendem a dominar organizações sem fins lucrativos. Por causa do seu *status* profissional percebido, eles têm sido menos receptivos à instalação ou melhoria de sistemas de controles formais.

3. As mensurações são mais difíceis porque:

    a) Não há medida de lucro.

    b) Há grandes quantidades de custos fixos discricionários, o que torna difícil especificar e medir o relacionamento entre insumos e produtos.

4. Há menos pressão competitiva de outras organizações ou de 'proprietários' para melhorar o sistema de controle gerencial. Como resultado, muitas cidades dentro dos Estados Unidos, por exemplo, estão 'privatizando' alguns serviços essenciais, como saneamento, ao contratar empresas privadas.
5. O papel do orçamento é, freqüentemente, mais uma questão de realizar jogos de negociação com as fontes de financiamento para obter a maior autorização possível do que o rigor no planejamento.
6. As motivações e incentivos de indivíduos podem diferir daqueles das organizações com fins lucrativos.

O futuro dos sistemas de controle gerencial

Conforme as organizações amadurecem e os ambientes mudam, os gestores devem expandir e refinar suas ferramentas de controle gerencial. As técnicas de controle gerencial que foram bem satisfatórias dez ou vinte anos atrás podem não ser adequadas para muitas organizações hoje.

Freqüentemente, um ambiente mutável implica que as organizações devem estabelecer metas diferentes ou fatores-chave de sucesso. Metas diferentes criam ações diferentes e alvos relacionados, bem como níveis de referência diferentes para a avaliação de desempenho. Obviamente, o sistema de controle gerencial deve evoluir também, ou a organização pode não gerir seus recursos eficaz e eficientemente. Determinados princípios de controle gerencial que serão sempre importantes e que podem guiar o reprojeto dos sistemas para atender às novas necessidades de gestão são os seguintes:

1. Sempre esperar que indivíduos sejam puxados na direção de seus próprios interesses. Você poderá se ver agradavelmente surpreendido com alguns indivíduos que ajam desinteressadamente, mas os sistemas de controle gerencial devem ser projetados para tirar vantagem do comportamento humano mais típico. Tenha consciência de que o interesse próprio pode ser percebido de maneiras diferentes em culturas diferentes.
2. Projetar incentivos de modo que os indivíduos que persigam seus próprios interesses estejam também alcançando os objetivos da organização. Se houver objetivos múltiplos (como é, geralmente, o caso), os incentivos múltiplos serão apropriados. Não subestime a dificuldade de equilibrar esses incentivos — alguma experimentação pode ser necessária para alcançar objetivos múltiplos.
3. Avaliar o desempenho real baseado no desempenho previsto ou planejado, revisado, se possível, para a produção real alcançada. O conceito de orçamento flexível pode ser aplicado à maioria das metas e ações, financeiras e não-financeiras.
4. Considerar o desempenho não-financeiro tão importante quanto o financeiro. No curto prazo, um gestor pode estar apto a gerar bom desempenho financeiro, enquanto negligencia o não-financeiro, mas isso não será provável em um prazo mais longo.
5. Arranjar as medidas de desempenho por meio de toda a cadeia de valor da empresa. Isso assegura que todas as atividades críticas para o sucesso de longo prazo da empresa estejam integradas em um sistema de controle gerencial.
6. Revisar periodicamente o sucesso do sistema de controle gerencial. As metas estão sendo alcançadas? O sucesso em realizar uma ação significa que as metas estão sendo alcançadas também? Os indivíduos possuem, entendem e usam a informação do controle gerencial eficazmente?
7. Aprender com os sucessos de controle gerencial (e falhas) dos competidores em todo o mundo. A despeito das diferenças culturais, o comportamento humano é notavelmente similar. As aplicações bem-sucedidas de novas tecnologias e de controle de gestão podem ser observadas no desempenho de outros.

Problema resumido para revisão

Problema

A Book & Game Company tem duas livrarias: a Auntie e a Merlin. Cada loja tem gestores com grande autoridade de decisões em toda sua loja. Propaganda, pesquisa de mercado, aquisição de livros, serviços jurídicos e outras funções de assessoria, entretanto, são geridas pelo escritório central. O sistema de contabilidade atual da Book & Game Company aloca todos os custos nas lojas. Os resultados para 20X1 foram:

Item	Total da empresa	Auntie	Merlin
Receita de vendas	$ 700 000	$ 350 000	$ 350 000
Custo das mercadorias vendidas	$ 450 000	$ 225 000	$ 225 000
Margem bruta	$ 250 000	$ 125 000	$ 125 000
Despesas operacionais			
Salários e honorários	$ 63 000	$ 30 000	$ 33 000
Suprimentos	$ 45 000	$ 22 500	$ 22 500
Aluguel e utilidades públicas	$ 60 000	$ 40 000	$ 20 000
Depreciação	$ 15 000	$ 7 000	$ 8 000
Custos de assessoria alocados	$ 60 000	$ 30 000	$ 30 000
Total de despesas operacionais	$ 243 000	$ 129 500	$ 113 500
Lucro (prejuízo) operacional	$ 7 000	$ (4 500)	$ 11 500

Cada gestor de livraria toma decisões que afetam salários e honorários, suprimentos e depreciação. Em contraste, o aluguel e as utilidades públicas estão além do controle dos gestores, porque estes não escolhem a localização ou o tamanho da loja.

Os suprimentos são custos variáveis. Os salários e honorários variáveis são iguais a 8 por cento do custo das mercadoria vendidas; o restante dos salários e honorários é um custo fixo. O aluguel, as utilidades públicas e a depreciação também são custos fixos. Os custos alocados de assessoria não são afetados por nenhum evento nas livrarias, mas são alocados como uma proporção das receitas de vendas.

1. Usando a abordagem da contribuição, prepare um relatório de desempenho que distinga o desempenho de cada livraria do desempenho do gestor da livraria.
2. Avalie o desempenho financeiro de cada livraria.
3. Avalie o desempenho financeiro de cada gestor.

Solução

1. Veja a Figura 9.10.
2. Os desempenhos financeiros das livrarias (isto é, segmentos da empresa) são mais bem avaliados pela linha 'contribuição por livraria'. A loja Merlin tem uma contribuição substancialmente mais elevada, apesar dos níveis iguais de receitas de vendas nas duas lojas. O principal motivo para essa vantagem é o aluguel e as utilidades públicas mais baixos, pagos pela Merlin.
3. O desempenho financeiro dos gestores é julgado melhor pela linha 'contribuição controlável por gestores'. Por essa medida, o desempenho do gestor da Auntie é melhor que o da Merlin. A margem de contribuição é

Figura 9.10 A Book & Game Company.

Relatório de desempenho

Item	Total da empresa	Auntie	Merlin
Receita de vendas	$ 700 000	$ 350 000	$ 350 000
Custos variáveis			
Custo das mercadorias vendidas	$ 450 000	$ 225 000	$ 225 000
Salários e honorários	$ 36 000	$ 18 000	$ 18 000
Suprimentos	$ 45 000	$ 22 500	$ 22 500
Total de custos variáveis	$ 531 000	$ 265 500	$ 265 500
Margem de contribuição por livraria	$ 169 000	$ 84 500	$ 84 500
Menos: custos fixos controláveis por gestor de livraria			
Salários e honorários	$ 27 000	$ 12 000	$ 15 000
Depreciação	$ 15 000	$ 7 000	$ 8 000
Total de custos fixos controláveis	$ 42 000	$ 19 000	$ 23 000
Contribuição controlável por gestores	$ 127 000	$ 65 500	$ 61 500
Menos: custos fixos controláveis por outros			
Aluguel e utilidades públicas	$ 60 000	$ 40 000	$ 20 000
Contribuição por livraria	$ 67 000	$ 25 500	$ 41 500
Custos não-alocados	$ 60 000		
Lucro operacional	$ 7 000		

a mesma para cada loja, mas o gestor da Merlin pagou $ 4 mil a mais em custos fixos controláveis do que o gestor da Auntie. Naturalmente, essa decisão poderia ser benéfica no longo prazo. O que está faltando em cada um desses relatórios por segmento é o orçamento-mestre e o orçamento flexível do ano, que seriam um nível de referência melhor para avaliar ambos os desempenhos: da livraria e do gestor.

MATERIAL FUNDAMENTAL DE AVALIAÇÃO

9-A1. Responsabilidade do agente de compra

A Acme Electronic Company, empresa privada, tem a terceirização de uma grande empresa aeroespacial na Costa Leste. Embora a Acme tenha feito a menor oferta, a empresa aeroespacial estava relutante em conceder os negócios a ela, principiante nesse tipo de atividade. Conseqüentemente, a Acme assegurou a empresa aeroespacial de sua força financeira, ao submeter suas demonstrações contábeis auditadas.

Além disso, a Acme concordou com uma cláusula de penalidade de $ 2 mil para cada dia de entrega atrasada, qualquer que fosse o motivo. Jean Lou, agente de compras da Acme, é responsável por adquirir materiais e peças em tempo hábil para satisfazer as programações da produção. Ela passou um pedido para um fornecedor da Acme para um componente manufaturado importante. O fornecedor, que teve um registro confiável por atender aos programas, deu a Lou uma data de entrega aceitável. Lou verificou diversas vezes, e estava segura de que o componente chegaria à Acme conforme a programação.

Na data especificada pelo fornecedor para embarque à Acme, Lou foi informada de que o componente havia se danificado durante a inspeção final. Ele foi entregue dez dias mais tarde. Lou havia permitido quatro dias extras para possíveis atrasos, mas a Acme estava seis dias atrasada na entrega para a empresa aeroespacial e, assim, teve de pagar uma multa de $ 12 mil.

Qual departamento deveria assumir a penalidade? Por quê?

9-A2. Abordagem de contribuição para contabilidade por responsabilidade

George McBee possui e opera uma pequena cadeia de lojas de conveniência em Denver e em Colorado Springs. O organograma da empresa é o seguinte:

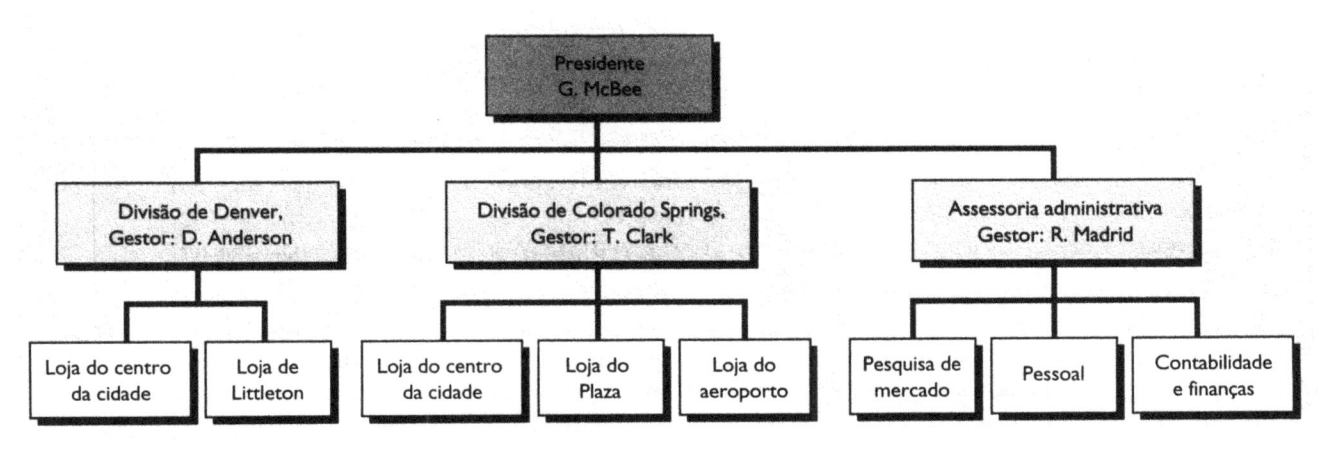

McBee teve os seguintes resultados financeiros para 20X1 (em milhares):

Receita de vendas	$ 8 000
Custo das mercadorias vendidas	$ 5 000
Margem bruta	$ 3 000
Despesas operacionais	$ 2 200
Lucro antes do imposto de renda	$ 800

Os seguintes dados sobre as operações de 20X1 estavam também disponíveis:

1. As cinco lojas usaram a mesma fórmula de precificação; conseqüentemente, todas tiveram a mesma porcentagem de margem bruta.
2. As vendas foram maiores nas duas lojas do centro, com 30 por cento do total do volume de vendas em cada uma. As lojas do Plaza e do aeroporto forneceram, cada uma, 15 por cento do total do volume de vendas, e a loja de Littleton forneceu 10 por cento.

3. Os custos variáveis operacionais foram 10 por cento da receita para as lojas do centro. As outras tiveram custos variáveis menores e fixos maiores. Seus custos operacionais variáveis foram apenas 5 por cento da receita de vendas.
4. Os custos fixos sobre os quais os gestores das lojas tinham controle eram: $ 125 mil em cada uma das lojas do centro; $ 160 mil no Plaza e aeroporto; e $ 80 mil em Littleton.
5. Os $ 910 mil restantes de custos operacionais consistiram de:
    a) $ 180 mil controláveis pelo gestor da divisão de Colorado Springs, mas não pelas lojas individuais.
    b) $ 130 mil controláveis pelo gestor da divisão de Denver, mas não pelas lojas individuais.
    c) $ 600 mil controláveis pela assessoria administrativa.
6. Dos $ 600 mil gastos pela assessoria administrativa, $ 350 mil eram diretamente suportados pela divisão de Colorado Springs, com 20 por cento para a loja do centro, 30 por cento para cada uma das lojas do Plaza e do aeroporto, e 20 por cento para as operações de Colorado Springs em geral. Outros $ 150 mil eram suportados pela divisão de Denver, 50 por cento para a loja do centro, 25 por cento para a loja de Littleton, e 25 por cento suportado pelas operações de Denver em geral. Os outros $ 100 mil foram para despesas corporativas gerais. Prepare uma demonstração de resultado por segmento, usando a abordagem de contribuição para a contabilidade por responsabilidade. Use o formato da Figura 9.5. Os cabeçalhos das colunas devem ser:

Empresa como um todo	Desdobramento em duas divisões		Desdobramento da divisão de Denver			Desdobramento da divisão de Colorado Springs			
	Denver	Colorado Springs	Não-alocado	Centro da cidade	Littleton	Não-alocado	Centro da cidade	Plaza	Aeroporto

9-A3. Comparação de produtividade

A World Comm e a Intertel são empresas de comunicações. Os dados comparativos para 1995 e 2001 são:

		World Comm	Intertel
Receita de vendas	1995	$ 5 824 000 000	$ 7 658 000 000
	2001	$ 6 764 000 000	$ 9 667 000 000
Número de empregados	1995	56 600	75 900
	2001	54 800	76 200

Suponha que cada unidade monetária de 1995 seja equivalente a 1,2 unidade monetária de 2001, devido à inflação.

1. Calcule as medidas de produtividade de 1995 e 2001 em termos de receitas por empregados para a World Comm e a Intertel.
2. Compare as variações na produtividade, entre 1995 e 2001, da World Comm com as da Intertel.

9-B1. Contabilidade por responsabilidade

A Filler Company produz peças de máquinas de precisão. A Filler usa um sistema de custo-padrão, calcula variações de custo-padrão para cada departamento e relata-as aos gestores de departamento. Os gestores usam a informação para melhorar suas operações. Os superiores usam a mesma informação para avaliar o desempenho dos gestores.

Sharon Keller foi, recentemente, promovida a gestora do departamento de montagem da empresa. Ela havia reclamado de que o sistema, como projetado, era desvantajoso para seu departamento. Incluída entre as variações cobradas dos departamentos, está uma de unidades refugadas. A inspeção ocorre no fim do departamento de montagem. Os inspetores tentam identificar a causa da rejeição; assim, aquele departamento onde o erro ocorreu pode ser cobrado pelo erro. Nem todos os erros, entretanto, podem ser facilmente identificados com um departamento. As unidades não identificadas são totalizadas e apropriadas aos departamentos, de acordo com o número de erros identificados. A variação para unidades refugadas em cada departamento é uma combinação dos erros causados pelo departamento, mais uma parcela das causas de refugos não identificadas.

1. A queixa de Keller é válida? Explique o(s) motivo(s) para sua resposta.
2. O que você recomendaria que a empresa fizesse para solucionar esse problema com Keller e sua reclamação?

9-B2. Contribuição divisional, desempenho e margem por segmento

O presidente da Northwest Railroad deseja obter uma visão geral das operações da empresa, particularmente em relação à comparação dos negócios de carga e passageiro. Ele ouviu sobre as abordagens de 'contribuição' para alocações de custos, que enfatizam os padrões de comportamento de custos e as margens de contribuição, bem como as contribuições controláveis pelos gestores de segmentos e as contribuições por segmentos. O presidente contratou você como consultor para ajudá-lo. Ele lhe passou as seguintes informações.

O total de receitas em 20X0 foi $ 80 milhões, dos quais $ 72 milhões eram transporte de carga e $ 8 milhões transporte de passageiros. Cinqüenta por cento deste último foi gerado pela Divisão 1; 40 por cento pela Divisão 2; 10 por cento pela Divisão 3.

Os custos variáveis totais foram $ 45 milhões, dos quais $ 36 milhões causados pelo transporte de carga. Dos $ 9 milhões alocáveis ao transporte de passageiros, $ 3,3 milhões, $ 2,8 milhões e $ 2,9 milhões poderiam ser alocados às Divisões 1, 2 e 3, respectivamente.

Os custos fixos discricionários separáveis foram $ 8 milhões, dos quais $ 7,6 milhões foram aplicados ao transporte de carga. Do restante, $ 80 mil não poderiam ser alocados às divisões específicas, embora fossem claramente rastreáveis ao transporte de passageiros em geral. Às Divisões 1, 2 e 3 deveriam ser alocados $ 240 mil, $ 60 mil e $ 20 mil, respectivamente.

Os custos totais comprometidos separáveis, que não foram considerados como sendo controláveis pelos gestores do segmento, foram $ 25 milhões, dos quais 90 por cento foram alocados ao transporte de carga. Dos 10 por cento rastreáveis ao transporte de passageiros, às Divisões 1, 2 e 3 deveriam ser alocados $ 1,5 milhão, $ 350 mil e $ 150 mil, respectivamente; o saldo não foi alocado a uma divisão específica.

Os custos fixos comuns, que não são claramente alocáveis a qualquer parte da empresa, foram de $ 800 mil.

1. O presidente solicitou a você que preparasse demonstrações, dividindo os dados, para a empresa como um todo, entre o transporte de carga e de passageiro e, então, subdividindo o transporte de passageiros em três divisões.
2. Algumas ferrovias competidoras promovem ativamente uma série de excursões de um dia, nos fins de semana de verão. Muito freqüentemente, essas excursões são planejadas de modo que os vagões com os turistas sejam engatados em trens de passageiros regularmente programados. Quais custos são relevantes para tomar decisões de realizar tais excursões? Outras ferrovias que enfrentam o mesmo quadro de custos gerais se recusam a conduzir tais excursões. Por quê?
3. Para propósitos desta análise, mesmo que os números possam ser irreais, suponha que os números da Divisão 2 representem uma realização específica para um trem, em vez de uma divisão. Suponha ainda que a ferrovia tenha pedido, às autoridades governamentais, permissão para eliminar a Divisão 2. Qual seria o efeito no lucro líquido da empresa em geral para 20X1, supondo que os números sejam acurados e que as operações de 20X1 sejam, sob todos os aspectos, uma duplicação das operações de 20X0?

9-B3. Relatório de custo da qualidade

A Divisão de Manufatura da Green River, Inc. fabrica uma variedade de móveis domésticos. A empresa prepara relatórios mensais sobre custos da qualidade. No início de 2001, o presidente da Green River solicitou a você, *controller*, que comparasse os custos da qualidade em 2000 com os de 1998. Ele desejava ver apenas os números anuais totais de 2000 comparados com os de 1998. Você preparou o relatório mostrado na Figura 9.11.

1. Para cada uma das quatro áreas de custo da qualidade, explique que tipos de custos são incluídos e como eles variaram entre 1998 e 2000.
2. Avalie o desempenho total da qualidade em 2000, comparado com o de 1998. O que você supõe que tenha causado as variações observadas nos custos da qualidade?

Figura 9.11 Green River, Inc.

Relatório de custo da qualidade (em $ milhares)

Área de custo de qualidade	Custos de 1998	Custos de 2000
1. Custo de prevenção	45	107
% do total do custo da qualidade	3,3%	12,4%
2. Custo de avaliação	124	132
% do total do custo da qualidade	9,1%	15,2%
3. Custo de falha interna	503	368
% do total do custo da qualidade	36,9%	42,5%
Total de custo da qualidade interna (1 + 2 + 3)	672	607
% do total do custo da qualidade	49,3%	70,1%
4. Custo de falha externa	691	259
% do total do custo da qualidade	50,7%	29,9%
Total do custo da qualidade	1 363	866
Total do custo do produto	22 168	23 462

Material adicional de avaliação

Questões

9-1. Que é um sistema de controle gerencial?

9-2. Quais são os principais componentes de um sistema de controle gerencial?

9-3. O que é um fator-chave de sucesso?

9-4. Quais são os propósitos de um sistema de controle gerencial?

9-5. "As metas são inúteis sem medidas de desempenho." Você concorda? Explique.

9-6. "Há outras metas corporativas além da melhora do lucro." Nomeie três.

9-7. Como a gestão determina seus fatores-chave de sucesso?

9-8. Dê três exemplos de como os gestores podem melhorar o desempenho a curto prazo, em detrimento dos resultados de longo prazo.

9-9. Nomeie três tipos de centro de responsabilidade (áreas).

9-10. Como os centros de resultado (lucro) e os centros de investimento diferem entre si?

9-11. "A avaliação de desempenho busca alcançar a congruência de metas e o esforço gerencial." Descreva qual é o significado dessa declaração.

9-12. Liste cinco características de uma boa medida de desempenho.

9-13. "Os gestores de centros de resultado devem ser mantidos responsáveis pelo resultado inteiro do centro. Eles são responsáveis por resultados, mesmo que não controlem todos os fatores que os afetam." Discuta.

9-14. O que é um *balanced scorecard* e por que mais e mais empresas estão usando um?

9-15. O que são indicadores-chave de desempenho?

9-16. Quais são as quatro medidas não-financeiras de desempenho que os gestores entendem úteis?

9-17. "Os custos variáveis são controláveis e os custos fixos são incontroláveis." Você concorda? Explique.

9-18. "A margem de contribuição é a melhor medida de desempenho de curto prazo." Você concorda? Explique.

9-19. Dê quatro exemplos de segmentos.

9-20. "Sempre tente distinguir entre o desempenho de um segmento e seu gestor." Por quê?

9-21. "A abordagem da margem de contribuição para avaliação de desempenho é falha, porque focalizar apenas a margem de contribuição ignora aspectos importantes do desempenho." Você concorda? Explique.

9-22. Há quatro categorias de custos no relatório de custo da qualidade; explique-os.

9-23. Por que as empresas aumentam sua ênfase no controle de qualidade na prevenção de defeitos?

9-24. "Medidas não-financeiras de desempenho podem ser controladas apenas como medidas financeiras." Você concorda? Explique.

9-25. Identifique três medidas de produtividade da mão-de-obra, uma utilizando todas as medidas físicas, uma utilizando todas as medidas financeiras, e uma que combine as medidas físicas e financeiras.

9-26. Discuta as dificuldades de comparar medidas de produtividade ao longo do tempo.

9-27. "Os sistemas de controle nas organizações sem fins lucrativos nunca serão tão altamente desenvolvidos quanto nas organizações com fins lucrativos." Você concorda? Explique.

Exercícios cognitivos

9-28. Sistemas de controle gerencial e inovação

O presidente de uma empresa de alta tecnologia em rápido crescimento observou: "Desenvolver orçamentos e comparar o desempenho com os orçamentos pode ser muito bom para algumas empresas, mas nós desejamos encorajar as inovações e o empreendedorismo. Os orçamentos se dão bem com a burocracia e não com a inovação". Você concorda? Como pode um sistema de controle gerencial encorajar a inovação e o empreendedorismo?

9-29. Contabilidade por responsabilidade municipal

Em 1975, a cidade de Nova York evitou simplesmente uma falência. Em 1990, ela tinha o sistema de orçamento e relatório mais sofisticado do que qualquer outra municipalidade, e seus problemas orçamentários haviam quase desaparecido. O *Integrated Financial Management System* (IFMS) "identifica claramente os gestores de linha nas agências e correlaciona as alocações e despesas com a estrutura organizacional... Além disso, os gestores têm mais tempo para tomar medidas corretivas quando as variações entre o dispêndio orçado e o real começam a desenvolver-se". (*FE — The Magazine for Financial Executives*, 1, nº 8, p. 26.)

Discuta como um sistema de contabilidade por responsabilidade como o IFMS pode ajudar a administrar uma municipalidade como a cidade de Nova York.

9-30. Sistemas de controle e comportamento organizacional
Como os contadores necessitam considerar fatores comportamentais ao projetar um sistema de controle gerencial?

9-31. Sistemas de controle e a função produção da cadeia de valor
Em anos recentes, muitas organizações têm focalizado o valor de controlar o desempenho não-financeiro como uma chave para melhorar a produtividade. Em particular, para ganhar e manter uma vantagem competitiva, as empresas focalizam a qualidade e o tempo de ciclo. Discuta como a qualidade, o tempo de ciclo e a produtividade estão relacionados.

Exercícios

9-32. Indicadores-chave de desempenho
Uma pesquisa sobre gestão de desempenho sugere que as organizações podem competir de maneira mais eficaz ao identificar e monitorar os elementos mais proximamente ligados ao sucesso organizacional. Um indicador-chave de desempenho pode ser pensado como uma medida que direciona o sucesso organizacional. Para cada um dos seguintes setores, identifique dois indicadores-chave de desempenho.

1. Setor de transportes aéreos.
2. Setor de varejo de mercadorias.
3. Tecnologia.
4. Setor público.

9-33. Responsabilidade por políticas de emprego estável
A Sargent Metal Fabricating Company tem manufaturado máquinas-ferramentas por vários anos e tem reputação em todos os setores, por realizar um trabalho de alta qualidade. A empresa está enfrentando uma irregularidade de produção ao longo dos anos. Tem sido uma política da empresa demitir soldadores tão logo haja serviço insuficiente para mantê-los ocupados, e recontratá-los quando a demanda está assegurada.

A empresa, entretanto, agora está com relações de trabalho pobres e descobre que é muito difícil contratar bons soldadores, por causa de sua política de demissão. Conseqüentemente, a qualidade do trabalho tem declinado constantemente.

O gestor da fábrica propôs que os soldadores, que ganham $ 18 por hora, sejam retidos durante os períodos mais lentos para realizar trabalhos de manutenção da fábrica menos importantes, que são realizados, normalmente, por trabalhadores que ganham $ 14 por hora no departamento de manutenção da fábrica.

Você, como *controller*, deve decidir o procedimento contábil mais apropriado para lidar com os salários dos soldadores que estão fazendo o trabalho de manutenção da fábrica. Que departamento(s) deve(m) ser debitado(s) por esse trabalho, e a que taxa? Discuta as implicações do seu plano.

9-34. Plano de compensação do balconista
Você é gestor de uma loja de departamentos em Kyoto. As vendas estão sujeitas a variações mês a mês, dependendo dos esforços individuais dos balconistas de vendas. Um novo plano de salários mais bônus está vigente há quatro meses, e você está recebendo um relatório de desempenho de vendas. O plano fornece uma base salarial de ¥ 45 mil por mês, um bônus de ¥ 68 mil em cada mês se a quota de vendas mensal for alcançada, e uma comissão adicional de 5 por cento de todas as vendas sobre a cota mensal. A cota é ajustada em aproximadamente 3 por cento acima das vendas do mês anterior, para motivar os balconistas em relação ao aumento de vendas (em milhares).

		Balconista A	Balconista B	Balconista C
Janeiro	Cota	¥ 4 500	¥ 1 500	¥ 7 500
	Real	¥ 1 500	¥ 1 500	¥ 9 000
Fevereiro	Cota	¥ 1 545	¥ 1 545	¥ 9 270
	Real	¥ 3 000	¥ 1 545	¥ 3 000
Março	Cota	¥ 3 090	¥ 1 590	¥ 3 090
	Real	¥ 5 250	¥ 750	¥ 9 000
Abril	Cota	¥ 5 400	¥ 775	¥ 9 270
	Real	¥ 1 500	¥ 780	¥ 4 050

1. Calcule a compensação para cada balconista para cada mês.
2. Avalie o plano de compensação. Seja específico. Que mudanças você recomendaria?

9-35. Medidas comuns sobre um *balanced scorecard*

Listadas abaixo estão medidas de desempenho comuns que aparecem no *balanced scorecard*. Indique se a medida listada está primordialmente associada às perspectivas financeira, do cliente, a processos internos ou à aprendizagem e crescimento.

- Tempo de ciclo de desenvolvimento de produto.
- Retenção de clientes-alvo.
- Fluxo de caixa líquido.
- Horas de treinamento.
- Taxa de rotatividade de empregados.
- Custo de manuseio de material por unidade.
- Participação de mercado.
- Retorno sobre as vendas.
- Receita do crescimento em segmentos.
- Insalubridade e doenças ocupacionais.
- Dias de vendas em estoque.
- Custo médio por fatura.

9-36. Metas e objetivos na fundação dos sistemas de saúde

A Foundation Health Systems, Inc. (FHS) fornece assistência à saúde para mais de quatro milhões de associados. Como uma organização de assistência à saúde gerida, a empresa procura fornecer serviços de assistência à saúde de alta qualidade, a um custo razoável. Muitos depositários interessados têm interesse nas operações da FHS, incluindo os doutores e outro pessoal médico, os clientes, as companhias de seguro, as agências reguladoras governamentais e o público em geral. Prepare uma meta e uma medida para avaliar as realizações daquela meta para cada uma das seguintes áreas-chave:

- Satisfação do cliente.
- Uso eficiente do laboratório de testes.
- Uso do tempo dos médicos.
- Manutenção de instalações atualizadas.
- Desempenho financeiro geral.

9-37. Avaliação de desempenho

Matthew Kennedy é uma empresa corretora de valores que avalia seus empregados com base na atividade de vendas geradas. Recentemente, a empresa também começou a avaliar seus corretores com o número de novos clientes gerados.

Discuta como essas duas medidas de desempenho podem ser consistentes e como podem conflitar. Você acredita que essas medidas são apropriadas para a meta de lucratividade a longo prazo?

9-38. As teorias de qualidade comparadas

Examine os dois gráficos abaixo. Compare a abordagem da gestão de qualidade total à teoria de qualidade tradicional. Qual teoria você acredita que representa as realidades atuais do ambiente competitivo global de hoje? Explique.

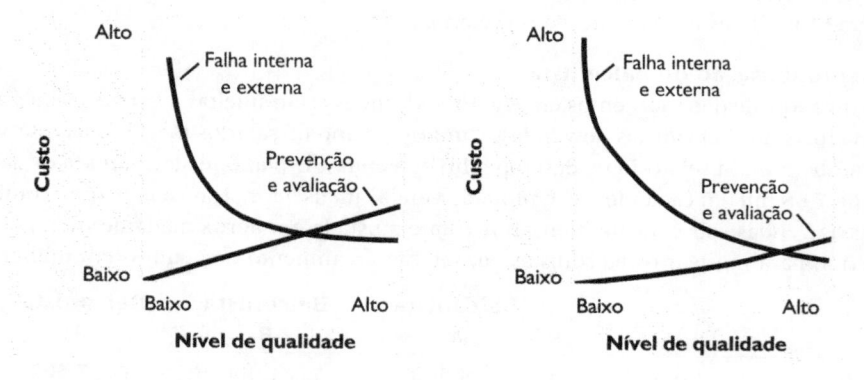

9-39. Gráfico de controle de qualidade

A Baffin Manufacturing Company estava preocupada a respeito de um número de unidades defeituosas que estavam sendo produzidas. Há um tempo, a empresa tinha a porcentagem de unidades defeituosas caindo para menos de 50 por mil, mas, recentemente, as taxas de defeitos estavam próximas, ou até mesmo acima, de 1 por cento. A empresa decidiu representar graficamente seus defeitos para as últimas oito semanas (40 dias de trabalho), começando na segunda-feira, 1º de setembro, e indo até a sexta-feira, 24 de outubro. O gráfico está mostrado na Figura 9.12.

Figura 9.12 Baffin Manufacturing Company.

Gráfico de controle de qualidade para 1º de setembro a 24 de outubro

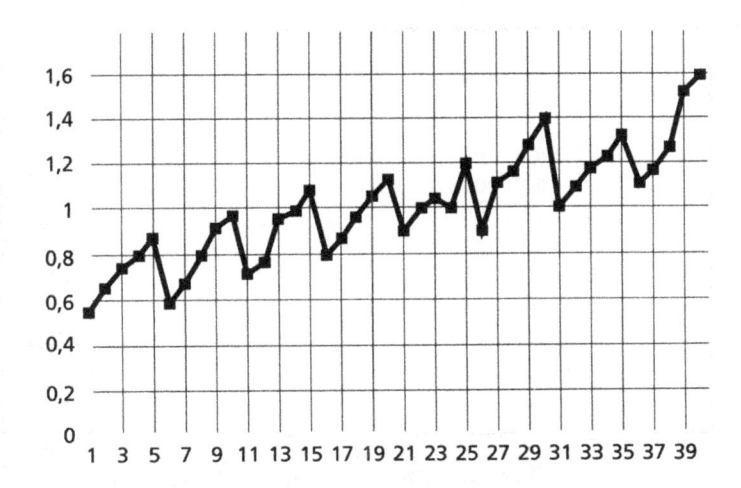

1. Identifique duas tendências importantes evidentes no gráfico de controle da qualidade.
2. O que a gestão da Baffin pode fazer para lidar com cada tendência?

9-40. Relatório de tempo de ciclo

A MainFrame Computers monitora de perto seu tempo de ciclo para prevenir atrasos na programação e custos excessivos. O tempo de ciclo padrão para a manufatura de placas de circuito impressas para um de seus computadores é 25,5 horas. Considere os seguintes dados de tempo de ciclo das últimas seis semanas, para a produção de placa de circuitos:

Semana	Unidades completadas	Tempo de ciclo total
1	564	14 108 horas
2	544	14 592
3	553	15 152
4	571	16 598
5	547	17 104
6	552	16 673

Analise o desempenho do tempo do ciclo da placa de circuito à luz dos objetivos de 25,5 horas.

Problemas

9-41. Metas múltiplas e lucratividade

As seguintes metas múltiplas foram identificadas pela GE:

- Rentabilidade.
- Posição no mercado.
- Produtividade.
- Liderança do produto.
- Desenvolvimento de pessoal.
- Atitudes do empregado.
- Responsabilidade pública.
- Equilíbrio de metas entre curto e longo prazos.

A GE é um empresa imensa, altamente descentralizada. Ao mesmo tempo em que desenvolveu essas metas, tinha aproximadamente 170 centros de responsabilidade chamados de 'departamentos', embora seja um termo enganoso. Na maioria das outras empresas, esses departamentos seriam chamados de 'divisões'. Alguns departamentos da GE, por exemplo, tiveram vendas de mais de $ 500 milhões.

O desempenho de cada gestor departamental era avaliado anualmente em relação às metas múltiplas especificadas. Um grupo de mensuração especial foi estabelecido para descobrir meios de quantificar a realização de cada uma das áreas. Dessa maneira, a avaliação de desempenho se tornaria mais objetiva assim que as várias medidas fossem desenvolvidas e melhoradas.

1. Como você mediria o desempenho em cada uma dessas áreas? Seja específico.
2. Podem outras metas ser englobadas como ingredientes de uma medida formal de rentabilidade? Em outras palavras, a rentabilidade, por si mesma, pode ser definida para incluir as outras metas?

9-42. Contabilidade por responsabilidade, centros de resultado e a abordagem da contribuição

Considere os seguintes dados para as operações do ano de um revendedor de automóveis:

Vendas de veículos	$ 2 400 000
Vendas de peças e serviços	$ 600 000
Custo das vendas de veículos	$ 1 920 000
Peças e materiais de serviços	$ 180 000
Peças e mão-de-obra de serviços	$ 240 000
Peças e CIF de serviços	$ 60 000
CIF da revenda geral	$ 120 000
Propaganda de veículos	$ 120 000
Comissões de vendas, veículos	$ 48 000
Salários de vendas, veículos	$ 60 000

O presidente da revenda tinha há muito considerado uma margem sobre o material e a mão-de-obra para as atividades de peças e serviços como o montante que se supunha cobrir todos os CIF de peças e serviços, mais todos os CIF gerais da revenda. Em outras palavras, o departamento de peças e serviços é visto como uma operação recuperadora de custos, e as vendas de veículos como uma atividade que produz lucros.

1. Prepare uma demonstração operacional departamentalizada que se harmonize com a visão do presidente.
2. Prepare uma demonstração operacional alternativa que reflita uma visão diferente das operações de revenda. Suponha que $ 12 mil e $ 60 mil dos $ 120 mil de CIF gerais possam ser alocados com segurança ao departamento de peças e serviços e às vendas de veículos, respectivamente. Os $ 48 mil restantes não podem ser alocados, exceto de maneira altamente arbitrária.
3. Comente os méritos relativos dos itens 1 e 2.

9-43. Incentivos na antiga União Soviética

Antes de o país ser dividido, oficiais que foram da União Soviética haviam sido gestores recompensados por exceder um plano de cinco anos com alvo para quantidades de produção. Um problema surgiu, entretanto, porque os gestores, naturalmente, tenderam a predizer baixos volumes, de modo que os alvos seriam estabelecidos em baixos níveis. Isto atrapalhava o planejamento: faltava boa informação a respeito das possibilidades de produção.

Os soviéticos, então, distinguiram uma nova medida de avaliação de desempenho. Suponha que F seja a previsão da produção, A seja a produção real, e X, Y e Z sejam constantes positivas estabelecidas pelos altos oficiais, com X, Y, $Z > 0$. As seguintes medidas de desempenho foram projetadas para motivar alta produção e previsões acuradas:

$$\text{performance} = (Y \times F) + [\, X \times (A - F)\,], \text{ se } F \text{ for menor ou igual a } A$$
$$(Y \times F) - [\, Z \times (A - F)\,], \text{ se } F \text{ for maior que } A$$

Considere a Moscow Automotive Factory. Durante 19X6, o gestor da fábrica, Nicolai Konstantin, havia predito um número de automóveis que poderiam ser produzidos durante o próximo ano.

Ele estava confiante de que pelo menos 700 mil automóveis seriam produzidos em 19X7 e, mais provavelmente, poderiam produzir 800 mil automóveis. Com sorte, eles poderiam até produzir 900 mil. Os oficiais do governo disseram a ele que uma nova medida de avaliação de desempenho seria usada e que: $X = 0,50$, $Y = 0,80$, $Z = 1,00$, para 19X7 e 19X8.

1. Suponha que Konstantin tenha predito a produção de 800 mil automóveis e que 800 mil foram produzidos. Calcule a medida de desempenho.
2. Suponha, outra vez, que 800 mil automóveis foram produzidos. Calcule a medida de desempenho para o caso de Konstantin ter sido conservador e predito apenas 700 mil automóveis. Calcule também a medida de desempenho se ele houvesse predito 900 mil automóveis.
3. Agora, suponha que seja novembro de 19X7 e esteja claro que o alvo de 800 mil não pode ser alcançado. A medida de desempenho motiva os esforços continuados para aumentar a produção? Suponha que esteja claro que o alvo de 800 mil será alcançado facilmente. O sistema motivaria esforços continuados para aumentar a produção?

9-44. Balanced scorecard

A Zenon Medical Instruments Company (ZMIC) revisou, recentemente, seu sistema de avaliação de desempenho. A empresa identificou quatro metas principais e diversos objetivos exigidos para alcançar cada meta. Ruth Sanchez, *controller* da ZMIC, sugeriu que um *balanced scorecard* fosse utilizado para relatar o progresso para o alcance das metas. Em uma reunião recente, ela disse aos gestores da ZMIC que listar as metas era somente a primeira etapa da instalação de um novo sistema de mensuração de desempenho. Cada objetivo tem de ser acompanhado por uma ou mais medidas para monitorar o progresso em direção à realização dos objetivos. Ela pediu ajuda aos gestores na identificação das medidas apropriadas.

As metas e os objetivos determinados pela alta gestão da ZMIC foram:

1. Mantenha uma forte saúde financeira.
    a) Mantenha saldos de caixa suficientes para assegurar a sobrevivência financeira.
    b) Consiga o crescimento consistente das vendas e do resultado.
    c) Forneça retornos excelentes aos acionistas.
2. Forneça serviços excelentes aos clientes.
    a) Forneça produtos que satisfaçam as necessidades dos clientes.
    b) Satisfaça as necessidades dos clientes oportunamente.
    c) Satisfaça as necessidades de qualidade dos clientes.
    d) Seja o fornecedor preferido dos clientes.
3. Esteja entre os líderes do setor em inovações de produto e processo.
    a) Traga produtos novos para o mercado antes dos competidores.
    b) Conduza a competição em inovação do processo de produção.
4. Desenvolva e mantenha processos de produção eficientes e avançados.
    a) Seja excelente em eficiência de manufatura.
    b) Projete produtos eficiente e rapidamente.
    c) Satisfaça ou supere programações de lançamento de produtos.

Proponha, ao menos, uma medida de desempenho para cada uma das metas da ZMIC.

9-45. Produtividade

No início de 20X1, a NorthernComm, uma empresa internacional de comunicações por telefone sediada nos Estados Unidos, comprou o controle da Telecom Corporation em um país do Leste Europeu. Uma medida-chave de produtividade monitorada pela NorthernComm é o número de linhas de telefone de cliente por empregado. Considere os seguintes dados:

	20X1 sem a Telecom	20X1 com a Telecom	20X0
Linhas de cliente	15 054 000	19 994 000	14 615 000
Empregados	74 520	114 590	72 350
Linhas por empregado	202	174	202

1. Quais são as produtividades da NorthernComm em 20X0 e em 20X1, sem a Telecom?
2. Quais são as produtividades da NorthernComm em 20X1, com a Telecom e da Telecom?
3. Que dificuldades você prevê para o caso de a NorthernComm trazer a produtividade da Telecom alinhada?

9-46. Medida de produtividade

A lavanderia da Grace teve os seguintes resultados em 20X1 e 20X3:

	20X1	20X3
Libras da lavanderia processadas	1 360 000 libras	1 525 000 libras
Receita de vendas	$ 720 000	$ 1 394 000
Mão-de-obra direta trabalhada	45 100 horas	46 650 horas
Custo de mão-de-obra direta	$ 316 000	$ 498 000

Grace usou, em 20X3, as mesmas instalações de 20X1. Durante os três últimos anos, entretanto, a empresa colocou mais reforço no treinamento dos empregados. O gestor da Grace estava curioso sobre se o treinamento aumentara a produtividade da mão-de-obra.

1. Calcule a medida de produtividade da mão-de-obra para 20X3, baseado inteiramente em medidas físicas. Faça o mesmo para 20X1. Isto é, dos dados fornecidos, escolha as medidas de produto físico e insumos físicos e use-os para comparar a produtividade da mão-de-obra de 20X3 com a de 20X1.
2. Calcule uma medida de produtividade da mão-de-obra para 20X3, baseado inteiramente em medidas financeiras. Faça o mesmo para 20X1. Isto é, dos dados fornecidos, escolha medidas de produto financeiro e insumos financeiros, e use-os para comparar a produtividade financeira da mão-de-obra de 20X3 com a de 20X1.
3. Suponha que a seguinte medida da produtividade tenha sido utilizada:

$$\text{produtividade} = \frac{\text{receita de vendas}}{\text{horas de mão-de-obra direta trabalhadas}}$$

Devido à inflação, cada unidade monetária de 20X1 é equivalente a 1,4 unidade de 20X3. Calcule os números apropriados de produtividade para comparar a produtividade de 20X3 com a de 20X1.

Casos

9-47. Substituições entre objetivos

A Computer Data Service (CDS) realiza serviços de sistemas de informação rotineiros e customizados para muitas empresas, em uma grande área metropolitana do meio-oeste dos Estados Unidos. A CDS construiu uma reputação de serviços de alta qualidade ao cliente e segurança no trabalho para seus empregados. O serviço de qualidade e a satisfação do cliente têm sido as submetas principais da CDS — reter uma força de trabalho habilidosa e motivada tem sido um fator importante para alcançar as metas. No passado, paradas temporárias nos negócios não significavam demissão de empregados; assim, alguns empregados foram requeridos para realizar outras tarefas que não as suas usuais. Em antecipação ao crescimento dos negócios, a CDS arrendou novo equipamento, que, começando em agosto, adicionou $ 10 mil por mês em custos operacionais.

Três meses atrás, entretanto, um novo competidor começou a oferecer os mesmos serviços aos clientes da CDS a preços, em média, 20 por cento mais baixos que os dela. Rico Estrada, fundador e presidente da empresa, acredita que uma redução significativa do preço é necessária para manter a participação no mercado da empresa e evitar a ruína financeira, mas ele está confuso a respeito de como alcançar isso sem comprometer a qualidade, o serviço e a boa vontade de sua força de trabalho.

A CDS tem um objetivo de produtividade de 20 clientes por empregado. O sr. Estrada não acredita que possa aumentar a produtividade e ainda manter a qualidade e a flexibilidade para as necessidade dos clientes. A CDS também monitora o custo médio por cliente e o número de ajustes da satisfação do cliente (resolução de reclamações). A taxa de margem de faturamento médio é 25 por cento do custo. Considere os seguintes dados dos últimos seis meses:

	Junho	Julho	Agosto	Setembro	Outubro	Novembro
Número de clientes	797	803	869	784	723	680
Número de empregados	40	41	44	43	43	41
Custo médio por cliente	$ 153	$ 153	$ 158	$ 173	$ 187	$ 191
Salário médio por empregado	$ 3 000	$ 3 000	$ 3 000	$ 3 000	$ 3 000	$ 3 000

1. Discuta as substituições que Rico Estrada está enfrentando.
2. Você pode sugerir soluções para esse dilema de substituição?

9-48. Relacionamento entre estratégia e fatores-chave de sucesso: Goodyear

Como é o caso de qualquer empresa, quando a competição aumenta, as margens encolhem e a chave para a competitividade sustentada é o controle de custo. Freqüentemente, o controle de custo se traduz em corte de custo via demissão de empregados. Em 1999, a Goodyear demitiu entre 2,5 mil a 2,8 mil empregados na América do Norte, Ásia e América Latina, em um esforço para economizar até $ 150 milhões por ano. Os alvos de demissão foram fábricas velhas e ineficientes, como a de Gadsden, Alabama, fábrica que empregava cerca de 1,3 mil pessoas.

Como a ação dolorosa de fechar fábricas se liga à estratégia corporativa geral? De acordo com a Goodyear, uma de suas quatro metas estratégicas é "ser o produtor de mais baixo custo das três grandes empresas globais". Os fatores-chave de sucesso para essa meta incluem "melhoria contínua da produtividade na cadeia de valor completa" e "controle de despesas de vendas, administrativas e geral". Um dos meios mais seguros para melhorar rapidamente a eficiência da produção geral é fechar uma planta mais velha e ineficiente quando existem situações de supercapacidade. A ligação entre ação, fatores críticos de sucesso e objetivos estratégicos está feita.

Visite o website da Goodyear e prepare um relatório de uma página que atualize os planos estratégicos da empresa. Liste as metas gerais da Goodyear, os fatores críticos de sucesso e as ações estratégicas.

9-49. A cultura de aprendizagem na GE

A GE tem sido líder em seu compromisso com a cultura de aprendizagem. Baseado em informações do website da GE, prepare um relatório, de uma página, que descreva os programas da GE que apóiam a cultura de aprendizagem.

9-50. Programas de qualidade, iniciativas estratégicas, GE

Uma das três principais iniciativas estratégicas da GE, em 1998, foi a qualidade Six Sigma. Os seguintes comentários foram feitos por John Welch Jr., CEO da GE, no relatório anual de 1998:

> *A qualidade Six Sigma, nossa terceira iniciativa de crescimento, é, em si, um produto da aprendizagem. Após observar os efeitos transformacionais que essa ciência, esse meio de vida e trabalho, tem sobre as poucas empresas que a perseguiram, nós apostamos no Six Sigma como uma empresa com vontade de ferro há apenas três anos atrás. Investimos mais de $ 1 bilhão em esforço, e o retorno financeiro começou agora a entrar numa fase exponencial — mais de $ 750 milhões de dólares em economias, além de nosso investimento em 1998, com $ 1,5 bilhão em vista para 1999.*
>
> *O Six Sigma direciona economias de maneira impressionante, mas é uma mudança radical nas medidas gerais da eficiência operacional que nos excita muito. Por anos — décadas — temos nos esforçado para melhorar os índices de margens operacionais do capital de giro. Nosso progresso foi tipicamente medido na base de pontos para margens e décimos de pontos do capital de giro. O Six Sigma veio junto com 1995, quando nossa margem estava na faixa de 13,6 por cento e um giro de 5,8. No fim de 1998, a margem atingiu os 16,7 por cento e o giro atingiu 9,2. Esses números são um indicador do progresso e do momentum em nossa jornada do Six Sigma.*
>
> *O índice de dispêndio com fábrica e equipamentos em relação à depreciação é outra medida de eficiência do ativo. Esse número, em 1998, caiu para 1,2 e estará na faixa de 0,7 — 0,8 no futuro, como uma 'fábrica oculta' após 'fábrica oculta' — literalmente, 'capacidade livre' — foi descoberta pelo processo de melhoria do Six Sigma.*
>
> *Sim, temos tido algum sucesso de produto inicialmente e aqueles clientes que têm sido tocados por ele entendem o que esse Six Sigma, de que eles têm ouvido muito falar, realmente significa. Como, porém, celebramos nosso progresso e contamos nosso ganho financeiro, necessitamos focar na peça mais poderosa de aprendizagem que temos visto em 1998, resumido perfeitamente na maneira como a maioria de nossos clientes deve estar pensando que é: "Quando eu terei os benefícios do Six Sigma?". "Quando minha empresa incorporar a experiência da GE, eu lerei a respeito no relatório anual da GE?". Questões como essas estão sendo feitas porque, até agora, nosso processo de melhoria Six Sigma tem se concentrado principalmente em nossos próprios processos internos e em medidas internas como 'pedido para entrega' ou 'tempo de ciclo operacional'. E ao focar dessa maneira — para dentro de nossos processos — temos tendido a usar toda a nossa energia e a ciência Six Sigma para 'mover o meio' para, por exemplo, reduzir os tempos de pedido para entrega de uma média de, digamos, dezoito dias, para catorze dias, como refletido no exemplo abaixo.*
>
> *Temos repetido esse tipo de melhoria, mais e mais, em milhares de processos da GE e temos sido recompensados por ele com menos 'retrabalho' e maiores fluxos de caixa.*

Considere um exemplo do tempo que a GE leva para entregar um pedido. Suponha que uma amostra de dez pedidos seja tomada antes e após implementar o Six Sigma, com os seguintes resultados:

Tempos de entrega de pedidos (dias)

Antes do Six Sigma	Depois do Six Sigma
30	22
12	20
11	5
13	8
26	19
14	8
16	7
20	12
24	18
14	21

Calcule a média e o desvio-padrão do tempo de entrega do pedido antes e após a implementação do Six Sigma. De uma perspectiva do cliente, como você veria os resultados do Six Sigma como retratados pelo CEO Welch?

9-51. Revisão dos Capítulos 1 a 9

Ben Gleneagle, gestor-geral da Boulder Division of Colorado Enterprises, Inc., estava se preparando para uma reunião de gestão. Seu *controller* divisional lhe deu a seguinte informação:

1. Orçamento-mestre para o ano fiscal encerrado em 30 de junho de 20X1:

Vendas (50 000 unidades de A e 70 000 unidades de B)	$ 850 000
Custo de manufatura dos bens vendidos	$ 670 000
Margem de manufatura	$ 180 000
Despesas de venda e administrativas	$ 120 000
Lucro operacional	$ 60 000

2. Custo de manufatura variável padrão por unidade:

	Produto A		Produto B	
Material direto	10 peças a $ 0,25	$ 2,50	5 libras a $ 0,10	$ 0,50
Mão-de-obra direta	1 hora a $ 3,00	$ 3,00	0,3 hora a $ 2,50	$ 0,75
CIF variável	1 hora a $ 2,00	$ 2,00	0,3 hora a $ 2,50	$ 0,75
Total		$ 7,50		$ 2,00

3. Todas as despesas administrativas e de vendas orçadas são comuns, despesas fixas; 60 por cento são despesas discricionárias.

4. Demonstração de resultado para o ano fiscal de 30 de junho de 20X1:

Vendas (53 000 unidades de A e 64 000 unidades de B)	$ 850 000
Custo de manufatura dos produtos vendidos	$ 685 200
Margem de manufatura	$ 164 800
Despesas administrativas e de vendas	$ 116 000
Lucro operacional	$ 48 800

5. Os preços de vendas para os produtos A e B foram $ 10 e $ 5, respectivamente. Os preços de vendas reais igualaram-se aos preços de vendas orçados.

6. Programa de custos de manufatura variáveis reais dos produtos vendidos, por produto (quantidades reais entre parênteses):

Produto A:	Material	$ 134 500	(538 000 peças)
	Mão-de-obra	$ 156 350	(53 000 horas)
	CIF	$ 108 650	(53 000 horas)
Produto B:	Material	$ 38 400	(320 000 libras)
	Mão-de-obra	$ 50 000	(20 000 horas)
	CIF	$ 50 000	(20 000 horas)
Total		$ 537 900	

7. Os produtos A e B são manufaturados em instalações separadas. Dos custos de manufatura fixos orçados, $ 130 mil são separáveis como segue: $ 45 mil para o produto A e $ 85 mil para o produto B. Dez por cento desses custos separados são discricionários. Todas as outras despesas de manufatura fixas orçadas, separáveis e comuns, são comprometidas.

8. Não há estoque inicial ou final.

Durante a próxima reunião de gestão, é muito provável que alguma das informações de seu controle seja discutida. Em antecipação, você se prepara para responder às possíveis questões:

1. Determine o ponto de equilíbrio orçado da empresa, em dinheiro; o índice de margem de contribuição geral e as margens de contribuição de unidade por produto.
2. Considerando os produtos A e B como segmentos da empresa, encontre a contribuição por segmento orçada para cada um.
3. Decidiu-se alocar as despesas de venda e administrativas orçadas para os segmentos (no item 2) como segue: Os custos comprometidos na base da unidade do composto de vendas orçados e os custos discricionários na base da unidade de composto de vendas real. Quais são as alocações de despesas finais? Avalie sucintamente o método de alocação.
4. Como você responderia a uma proposta para basear as comissões para os vendedores sobre o valor de venda (receita) dos pedidos recebidos? Suponha que todos os vendedores tenham a oportunidade de vender ambos os produtos.

5. Determine a margem de contribuição real da empresa e a 'contribuição controlável por gestor de segmento' para o ano fiscal encerrado em 30 de junho de 20X1. Suponha que não haja variações nos custos fixos comprometidos.
6. Determine a 'variação de atividade de vendas' para cada produto, para o ano fiscal encerrado em 30 de junho de 20X1.
7. Determine e identifique todas as variações nos custos de manufatura variáveis, por produto, para o ano fiscal encerrado em 30 de junho de 20X1.

capítulo 10

Controle gerencial em organizações descentralizadas

A loja da Niketown, na cidade de Nova York, é um marco bastante conhecido. Dizer apenas 'Niketown' para um motorista de táxi é como dizer 'aeroporto'.

Objetivos de aprendizagem

Ao terminar de estudar este capítulo, você deverá estar apto a:

1. Definir descentralização e identificar seus benefícios e custos esperados.
2. Distinguir entre centros de resultado e descentralização.
3. Definir preços de transferência e identificar seus objetivos.
4. Identificar as vantagens e desvantagens relativas de basear os preços de transferência em custos totais, custos variáveis e preços de mercado.
5. Identificar os fatores que afetam os preços de transferência das multinacionais.
6. Explicar como a ligação das recompensas aos resultados dos centros de responsabilidade afetam os incentivos e o risco.
7. Calcular o retorno sobre o investimento (return on investment — ROI), o resultado residual e o valor econômico adicionado (economic value added — EVA) e contrastá-los com os critérios para avaliar o desempenho de segmentos da organização.
8. Comparar as vantagens e desvantagens das várias bases para mensurar o capital investido utilizado pelos segmentos da organização.
9. **Entender o papel dos sistemas de controle gerencial em organizações descentralizadas.**

Philip Knight, CEO da Nike, conta uma história. Recentemente, um dos executivos da Nike estava na cidade de Nova York, tentando pegar um táxi com um motorista que não falava inglês. Fez diversas tentativas para que o motorista entendesse seus sinais, todas sem sucesso. Então, perguntou: "Onde fica a Niketown?". Com extrema clareza, como se tivesse acabado de graduar-se em oratória, o motorista disse: "Niketown! Qüinquagésima Sétima avenida com a Quinta!".

De 1986 a 2000, as receitas da Nike aumentaram de $ 1 bilhão para mais de $ 8 bilhões. Durante esse mesmo período, a porcentagem de receitas de fora dos Estados Unidos aumentou de 25 por cento para 40 por cento. As vendas globais de vestuários contabilizam mais de um terço das receitas da Nike. A amostragem de endossos (contratos promocionais com times esportivos, indivíduos e organizações famosos) dá outra perspectiva da presença global da empresa: Michael Jordan, o time de futebol Italian National Soccer, a estrela de tênis alemã Michael Stich, a estrela de golfe Tiger Woods. De fato, assista a qualquer evento esportivo na televisão e você, provavelmente, verá o logotipo da Nike 'Swoosh'.

A Nike tomou uma decisão consciente para ser global — um processo de dez anos que está, agora, gerando uma recompensa financeira substancial. Quais são algumas das chaves para o sucesso quando uma empresa, como a Nike, decide expandir significativamente suas ações no exterior?

Um elemento crítico é entender a relevância da marca para os mercados locais. A Nike obtém seu entendimento ao delegar tomadas de decisões gerenciais para os níveis de mercado local.

Os gestores locais da Nike na Alemanha, por exemplo, tomaram a decisão de assinar e endossar contratos com o piloto campeão mundial de Fórmula 1, Michael Schumacher. De acordo com Philip Knight, "há cinco anos, para realizar tal negócio, teria sido necessária a intervenção da matriz... Mas nessa época essa foi uma decisão tomada no próprio país". O gestor local alemão sabia que Schumacher era extremamente importante para o mercado alemão e que isso seria um "direcionador de resultado, culturalmente significativo, e um lance de melhoria da marca". Knight atribui esse lance à descentralização rumo aos 36 por cento de aumento das vendas internacionais da Nike. "É um grande exemplo do que tentaremos fazer: tomar decisões em lugares distantes."

Visto que organizações como a Nike crescem e empreendem atividades mais diversas e complexas, muitos escolhem delegar a autoridade da tomada de decisão aos gestores, ao longo de toda a organização.

Essa delegação de liberdade (autonomia) para tomar decisões é chamada de **descentralização**. Quanto menos essa liberdade (autonomia) existir na organização, maior será a descentralização, que é uma questão de grau ao longo de um *continuum*.

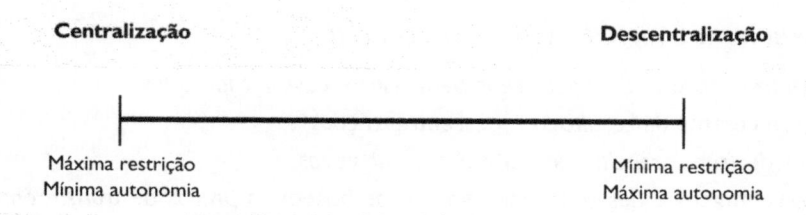

```
        Centralização                          Descentralização
        |————————————————————————————————————————|
     Máxima restrição                         Mínima restrição
     Mínima autonomia                         Máxima autonomia
```

Este capítulo focaliza o papel dos sistemas de controle gerencial nas organizações descentralizadas. Após fornecer uma visão geral de descentralização, o capítulo versa sobre os problemas especiais criados quando um segmento de uma organização cobra de outro por fornecer bens ou serviços. A partir daí, discute como as medidas de desempenho podem ser utilizadas para motivar os gestores. Finalmente, as medidas utilizadas para avaliar a lucratividade das unidades descentralizadas são introduzidas e comparadas.

O aumento da sofisticação nas telecomunicações — especialmente *e-mail* e equipamentos de fax — ajudou na descentralização. A separação geográfica não deve significar mais falta de acesso à informação. Tanto as divisões de vendas como as de produção estão sendo realocadas em locais distantes das sedes, sem que a alta gestão perca conhecimento do que se passa nas unidades.

Centralização *versus* descentralização

A descentralização não é válida para todas as empresas. Considere o setor de linhas áreas internacionais em meados de 1990. A maioria das companhias de linhas aéreas, como a South China Airlines, a Iberia Airlines e a Air France, estava se descentralizando. Em contraste, ao mesmo tempo, a Sabena, companhia de linha aérea de propriedade estatal da Bélgica, estava se reorganizando para reverter sua tendência em direção à descentralização. No setor de seguros, a Aetna estava se descentralizando, ao mesmo tempo em que a Equitable se centralizava. Vamos observar alguns motivos por que as empresas escolhem (ou não) descentralizar-se.

Custos e benefícios

Há muitos benefícios em haver, ao menos, alguma descentralização para a maioria das organizações. Primeiro, os gestores de nível mais baixo têm a melhor informação a respeito das condições locais e, conseqüentemente, podem estar aptos a tomar melhores decisões do que seus superiores. Segundo, a descentralização dá aos gestores a habilidade de tomada de decisão e outras habilidades de gestão que os ajudam a promover-se na organização, assegurando a continuidade da liderança. Além disso, os gestores apreciam *status* mais elevado por serem independentes e, assim, ficam mais motivados.

Naturalmente, a descentralização tem seu preço. Os gestores podem tomar decisões que não sejam do mais alto interesse da organização, ou porque agem para melhorar o desempenho de seus próprios segmentos à custa da organização, ou porque não estão conscientes de fatos relevantes dos outros segmentos. Os gestores de organizações descentralizadas também tendem a duplicar os serviços que podem ser menos dispendiosos se centralizados (por exemplo, contabilidade, propaganda e pessoal). Além disso, sob a descentralização, os custos de acumular e processar a informação freqüentemente sobem, porque os relatórios da contabilidade por responsabilidade são necessários para a alta gestão aprender sobre as unidades descentralizadas e seus gestores e avaliar ambos. Finalmente, os gestores de unidades descentralizadas podem desperdiçar tempo negociando com outras unidades a respeito de bens ou serviços que uma fornece à outra.

A descentralização é mais popular nas organizações com fins lucrativos — onde produtos e insumos podem ser mensurados — do que naquelas sem fins lucrativos. Aos gestores pode ser dada mais autonomia quando os resultados de suas decisões são mensuráveis de maneira que possam ser responsabilizados por elas. As decisões subótimas nas empresas com fins lucrativos tornam-se evidentes a partir do lucro inadequado gerado. Na maioria das organizações sem fins lucrativos, há falta de medidas de desempenho confiáveis, de modo que assegurar maior autonomia aos seus gestores é mais arriscado.

Terreno intermediário

As filosofias de descentralização diferem sobremaneira. Considerações de custo–benefício, em geral, exigem que algumas decisões gerenciais estejam altamente descentralizadas, e outras, centralizadas.

Para ilustrar, muitas das funções de solução de problemas e direção de atenção dos *controllers* podem ser descentralizadas e manuseadas nos níveis mais baixos, visto que o planejamento de imposto de renda e os registros em massa, como folha de pagamento, podem ser altamente centralizados.

A descentralização é mais bem-sucedida quando os segmentos de uma organização são relativamente independentes uns dos outros — isto é, as decisões de um gestor em um segmento não afetarão os lucros de outro. Se os segmentos fazem muita compra ou venda interna, muita compra dos mesmos fornecedores externos, ou muita venda para os mesmos mercados externos, eles são candidatos a uma maior centralização.

No Capítulo 9, enfatizamos que os testes de custo–benefício, a congruência de metas e o esforço gerencial devem todos ser considerados ao projetar-se um sistema de controle. Se a gestão decidiu em favor de maior descentralização, a **autonomia do segmento**, a delegação do poder de tomar decisões para os gestores dos segmentos de uma organização, também é crucial. Para a descentralização funcionar, entretanto, essa autonomia deve ser real, não apenas superficial. Na maioria das circunstâncias, os altos gestores devem estar dispostos a manter as decisões tomadas pelos gestores do segmento.

Centros de resultado e descentralização

Não confunda os centros de resultado (responsáveis por receitas e despesas) com a descentralização (liberdade ou autonomia para tomar decisões). Eles são conceitos inteiramente separados. Embora os centros de resultado possam ajudar a descentralização, um pode existir sem o outro. Alguns gestores de centros de resultados possuem grande autonomia para tomar decisões a respeito de contratos de mão-de-obra, escolha de fornecedores, compras de equipamentos, decisões de pessoal, e assim por diante. Em contraste, outros gestores de centros de resultado podem necessitar da aprovação da alta gestão para quase todas as decisões que acabam de ser mencionadas.

Certamente, os centros de custos podem ser mais descentralizados do que os centros de resultados, se o gestor do centro de custos tiver mais autonomia para tomar decisões.

A literatura contém muitas críticas aos centros de resultados na medida em que aos gestores são dadas as responsabilidades pelo lucro, sem mensurar a autoridade. Conseqüentemente, a crítica continua, o centro de resultados é 'artificial', porque os gestores não são livres para tomar um número suficiente de decisões que afete o lucro.

Tais críticas confundem os centros de resultado e a descentralização. A questão fundamental, ao decidir entre usar um centro de custo ou um centro de resultado para um dado segmento, não é se existe grande descentralização. Em vez disso, a questão fundamental é: 'Irá um centro de resultado resolver melhor os problemas de congruência de metas e de esforço de gestão do que um centro de custo?'. Em outras palavras: 'Eu predigo que um centro de resultado induzirá os gestores a tomar um conjunto coletivo de decisões melhor do ponto de vista da organização como um todo?'.

Todos os sistemas de controle são imperfeitos. Os julgamentos a respeito de seus méritos devem concentrar-se no fato de que sistemas alternativos trarão mais das ações que a alta gestão busca. Uma fábrica pode, por exemplo, parecer ser um centro de custo 'natural', porque seu gestor não tem influência sobre as decisões de *marketing* de seus produtos. Além disso, algumas empresas avaliam um gestor de fábrica pela lucratividade da fábrica. Por quê? Porque essa ampla base de avaliação afetará o comportamento do gestor da fábrica. Em vez de estar apenas preocupado em fazer funcionar um eficiente centro de custos, o gestor da fábrica agora, 'naturalmente', considera o controle de qualidade com mais cuidado e reage a solicitações especiais dos clientes de maneira mais simpática. Um centro de resultado pode, então, obter o comportamento desejado do gestor da fábrica, o que um centro de custo não pode.

Ao projetar sistemas de controle contábil, os altos gestores devem considerar o impacto do sistema no comportamento desejado pela organização.

> ### PRIMEIRO, OS NEGÓCIOS
>
> **Descentralização durante a última década**
>
> Muitas empresas se moveram para descentralizar suas operações de uma maneira ou outra, durante a última década. Entre elas estão a PepsiCo, a DuPont e a Procter & Gamble. Uma empresa, porém, que se manteve fora em seus esforços para descentralizar foi a Johnson & Johnson (J&J). A J&J (vendas de 2000 de $ 29 bilhões, 98 mil empregados e operações em 51 países), fabricante de Tylenol, Band-Aids, talco de bebê, Pepcid AC e muitos outros produtos, tem uma longa história de descentralização, começando em 1930. Como declarado em seu Relatório Anual de 1999, a empresa considera uma vantagem competitiva básica que cada uma de suas 190 unidades de negócios sejam fortalecidas para agir independentemente — "Nossas gestões individuais são responsáveis por seus negócios... Por meio da descentralização, combinamos as vantagens de ser grandes com a agilidade e foco de pequenas empresas".
>
> Embora, no final, a responsabilidade recaia sobre os executivos da sede da J&J em New Brunswick, New Jersey, alguns presidentes de segmento vêem seus chefes apenas quatro vezes ao ano. Um artigo da *Business Week* qualificou a J&J como "um modelo de como fazer a descentralização funcionar". O CEO Ralph Larson diz que a descentralização "fornece um senso de propriedade e responsabilidade para uma empresa que você, simplesmente, não pode obter de outra maneira".
>
> Larson vê seu papel como o de fornecer direção, mas dando aos gestores liberdade criativa. A J&J passou o início de 1990 sintonizando seu sistema descentralizado para eliminar erros onerosos, que poderiam ter sido evitados com maior orientação da alta gestão. Também, a J&J incorreu em altos custos indiretos de fabricação, quando as unidades independentes duplicaram muitas funções.
>
> Larson introduziu métodos de coordenar as unidades independentes, ao mesmo tempo em que preserva o básico da descentralização. Embora, talvez, sintonize o grau de descentralização de cima para baixo, Larson promete que a J&J "nunca abandonará o princípio da descentralização, o qual é dado aos nossos executivos operacionais a propriedade de um negócio. Eles são os responsáveis finais".
>
> Fontes: Adaptado de "A big company that works", em *Business Week*, 4 de maio de 1992, pp. 124-130; Relatório Anual da Johnson & Johnson de 2000.

PREÇO DE TRANSFERÊNCIA

Muito poucos problemas surgem em organizações descentralizadas, quando todos os segmentos são independentes um do outro. Os gestores do segmento podem, então, focalizar apenas seus próprios segmentos, sem ferir a organização como um todo. Em contraste, quando os segmentos interagem muito, há uma possibilidade aumentada de que o que é melhor para um prejudique o outro o suficiente para ter um efeito negativo na organização inteira. Tal situação pode ocorrer quando um segmento fornece produtos ou serviços a outro e cobra dele um preço de transferência. Os **preços de transferência** são os montantes cobrados por um segmento de uma organização, pelos produtos ou serviços que fornece a outros segmentos da mesma organização. Muito freqüentemente, o termo está associado com materiais, peças ou produtos acabados. O preço de transferência significa receita para o segmento produtor do produto ou serviço, e custo para o segmento adquirente.

OBJETIVOS DO PREÇO DE TRANSFERÊNCIA

Por que os sistemas de preço de transferência existem? O principal motivo é comunicar dados que levarão a decisões congruentes em meta. Os preços de transferência devem, por exemplo, orientar os gestores a tomar as melhores decisões possíveis com relação a se compram ou vendem produtos e serviços dentro ou fora da organização total. Um outro motivo importante é avaliar o desempenho do segmento e, assim, motivar o gestor vendedor e o gestor comprador em decisões congruentes em meta. Finalmente, as empresas multinacionais usam o preço de transferência para minimizar seus impostos, taxas e tarifas mundialmente. É fácil descrever as metas, mas elas são difíceis de ser alcançadas.

As organizações resolvem seus problemas usando preços baseados em custos para algumas transferências, preços baseados no mercado para outras e preços negociados para outras ainda. Em conseqüência, não espere obter uma única resposta universalmente aplicável na área de preço de transferência.

É um assunto de preocupação contínua para a alta gestão. Sempre que houver calmaria na conversação com um gestor, tente perguntar: 'Você tem algum problema com o preço de transferência?'. A resposta, geralmente, será: 'Deixe-me falar a respeito de dificuldades peculiares de preço de transferência em minha organização'. Um gestor de uma grande empresa de produtos de madeira elegeu o preço de transferência o mais problemático assunto de controle de gestão da sua empresa.

Transferências ao custo

Quase metade das principais empresas no mundo transfere itens ao custo. Há, entretanto, muitas definições possíveis de custo. Algumas empresas usam apenas custo variável, outras usam custo total, e outras ainda usam o custo total mais uma margem de lucro. Algumas utilizam os custos-padrão e algumas o custo real.

Quando o preço de transferência é alguma versão do custo, ele é quase idêntico à alocação de custo (veja os Capítulos 4 e 12). Os custos são acumulados em um segmento e, então, atribuídos (ou transferidos) para um outro segmento. Os detalhes desse processo estão cobertos no Capítulo 12, mas dois pontos importantes merecem atenção aqui.

Primeiro, transferir ou alocar custos pode desorientar o padrão de comportamento do custo. Considere uma manufatureira de computador, tal como a Apple, que fabrica teclados em uma divisão e os transfere para uma outra divisão, para montagem dos computadores pessoais. O gestor da divisão de teclado pode ter bom conhecimento dos direcionadores de custos que afetam os custos dos teclados, mas, se um único preço de transferência por unidade for cobrado quando houver transferência de teclados para a divisão de montagem, o único direcionador de custo que afeta o custo para a divisão de montagem é 'unidades de teclados'. Os direcionadores de custos outros, que não as unidades produzidas, são ignorados, e as distinções entre custos fixos e variáveis são obscurecidas. O gestor da divisão de montagem vê o custo inteiro dos teclados como um custo variável, independentemente de qual seja o comportamento de custo verdadeiro.

Outros problemas surgem se o custo real é utilizado como um preço de transferência. Como o custo real não pode ser conhecido antecipadamente, o segmento de compra não estará apto a planejar seus custos. Mais importante ainda: Visto que um preço de transferência baseado em custos reais apenas transfere custos de ineficiências para a divisão compradora, faltará incentivo à divisão fornecedora para controlar seus custos.

Assim, recomenda-se usar os custos orçados ou padrão, em vez dos custos reais, para a alocação de custos e preços de transferência baseados nos custos.

Preços de transferência baseados no mercado

Se houver um mercado competitivo para os produtos ou serviços que estão sendo transferidos internamente, usar o preço de mercado como preço de transferência levará, em geral, a uma congruência de metas e ao esforço gerencial desejado. O preço de mercado pode vir de listas de preços publicadas para produtos ou serviços similares, ou ser um preço cobrado por uma divisão de produção para seus clientes externos. Se for este último, o preço de transferência interno poderá ser o preço do mercado externo, menos as despesas de vendas e entrega que não sejam incorridas nos negócios internos. O principal inconveniente dos preços baseados no mercado é que os preços de mercado nem sempre estão disponíveis para itens transferidos internamente.

Considere a Outdoor Equipment Companhia, Inc. (OEC), fabricante de equipamentos externos que produz tecidos e engrenagens para todos os tipos de atividade externa. Uma divisão da OEC fabrica tecidos que são usados em muitos produtos finais, bem como vendidos diretamente a clientes externos; outra divisão fabrica barracas. Uma barraca em particular exige cinco jardas quadradas de um tecido impermeável especial. Deveria a divisão de barraca obter o tecido da divisão de tecidos da empresa ou comprá-lo de um fornecedor externo?

Suponha que o preço de mercado do tecido seja de $ 10 por jarda quadrada, ou $ 50 por barraca, e suponha, por enquanto, que a divisão de tecido pode vender sua produção inteira para clientes externos, sem incorrer em qualquer custo de *marketing* ou embarque. O gestor da divisão de barracas recusará pagar um preço de transferência maior do que $ 50 para o tecido de cada barraca. Por quê? Porque, se o preço de transferência for maior do que $ 50, ele comprará o tecido de fornecedor externo, de modo a maximizar o lucro de sua divisão.

Além disso, o gestor da divisão de tecidos não venderá cinco jardas quadradas do tecido por menos de $ 50. Por quê? Porque ele pode vendê-lo no mercado por $ 50; assim, qualquer preço menor reduzirá o lucro de sua divisão. O único preço de transferência que permite a ambos os gestores maximizar o lucro de sua divisão é $ 50, o preço de mercado. Se os gestores tivessem autonomia para tomar decisões, um deles recusaria a produção interna do tecido a qualquer preço de transferência outro que não $ 50.

Suponha, agora, que a divisão de tecidos incorra em $ 1 por jarda quadrada em custos de *marketing* e embarque, que podem ser evitados ao transferir o tecido para a divisão de barracas, em vez de negociar no mercado para clientes externos. A maioria das empresas usaria, então, um preço de transferência de $ 9 por jarda quadrada, ou $ 45 por barraca, freqüentemente chamado de preço de transferência 'sem preço de mercado'.

> **PRIMEIRO, OS NEGÓCIOS**
>
> **Custeio baseado em atividade (ABC) e preço de transferência**
>
> A Teva Pharmaceutical Industries Ltd. é fabricante mundial de medicamentos. Tem sede em Israel e alcançou vendas, em 2000, de $ 1,75 bilhão. A Teva entrou no mercado de medicamentos genéricos lucrativos em meados de 1980. Como parte de sua estratégia, a empresa descentralizou seus negócios farmacêuticos em centros de custos e de resultados, como delineado aqui.
>
> Cada uma das divisões de *marketing* compra medicamentos genéricos da divisão de manufatura. Antes da descentralização, cada divisão de *marketing* era um centro de receitas.
>
> Com a nova estrutura organizacional, a gestão teve de decidir sobre como mensurar os custos da divisão de *marketing*, porque os lucros eram, agora, a chave da medida de desempenho financeiro.
>
> Uma chave do custo para as divisões de *marketing* é o preço de transferência pago por medicamentos comprados da divisão de manufatura. A gestão considerou diversas bases alternativas para os preços de transferência da empresa. O preço de mercado foi rejeitado porque não havia um mercado pronto. O preço negociado foi rejeitado porque a gestão acreditou que as discussões resultantes sobre o preço apropriado seriam longas e improdutivas. Os custos variáveis (matéria-prima e embalagem) foram adotados por um curto período de tempo. Eventualmente, entretanto, ele foi rejeitado, porque não leva a decisões congruentes — os produtos que usam muitos recursos escassos não foram diferenciados daqueles que usam poucos. Além disso, quando uma fonte local para o medicamento não existia, o preço de mercado estava sempre acima do preço de transferência a custo variável. Assim, os gestores da divisão de manufatura da Teva tinham pouco incentivo para manter custos baixos.
>
> O custo total foi rejeitado porque o sistema de custeio tradicional não capturava a estrutura de custo real da divisão de manufatura. Especificamente, o sistema subcusteou os produtos de baixo volume e supercusteou os de alto volume. O sistema rastreou apenas a matéria-prima diretamente aos produtos. Os custos de manufatura restantes foram divididos em dois grupos de custos e alocados com base nas horas de mão-de-obra e horas–máquina. Um problema com o sistema tradicional foi sua inabilidade para capturar e alocar corretamente os custos que não adicionam valor da atividade de preparação. A extensão dos erros nos custos dos produtos não era conhecida, mas a falta de confiança no sistema de custo tradicional levou à rejeição do custo total como base de preço de transferência.
>
> A gestão da Teva adotou o sistema ABC para melhorar a acurácia dos custos de seus produtos. Esse sistema tem cinco centros de atividade e grupos de custo relacionados: recebimento, manufatura, embalagem, garantia de qualidade e embarque. Devido ao aumento drástico na acurácia de custeio, a gestão estava apta a adotar o custo total baseado em atividade como preço de transferência. Os gestores da Teva estão contentes com seu sistema de preço de transferência. Os benefícios incluem o aumento de confiança em que os custos estão sendo transferidos proximamente alinhados com os custos reais de curto e longo prazo que estão sendo incorridos, aumentou a comunicação entre as divisões e a conscientização dos custos dos produtos de baixo volume e os custos de capacidade exigidos para apoiar esses produtos.
>
> Fontes: Adaptado de Robert Kaplan, Dan Weiss e Eyal Desheh, "Transfer pricing with ABC", em *Management Accounting*, maio de 1997, pp. 20-28; Relatório Anual da Teva Pharmaceutical Industries, LTD, 2000.

A divisão de tecidos teria o mesmo montante líquido tanto da transferência ($ 45, sem nenhum custo de *marketing* ou embarque) como da venda externa ($ 50 menos $ 5 de custos de *marketing* e embarque), visto que a divisão de barraca economiza $ 5 por barraca. Assim, a OEC se beneficia no geral.

PRECIFICAÇÃO COM O CUSTO VARIÁVEL

Os preços de mercado têm apelação inata em um contexto de centro de resultado, mas eles não são as respostas de cura a todos os problemas de preço de transferência. Algumas vezes, os preços de mercado não existem, são inaplicáveis ou impossíveis de determinar. Nenhum mercado intermediário, por exemplo, pode existir para peças especializadas, ou os mercados podem ser muito pequenos ou dispersos para permitir a determinação de preços confiáveis. Quando os preços de mercado não podem ser utilizados, versões de 'custo mais margem de lucro' são, freqüentemente, utilizados como um substituto justo. Para ilustrar, considere, mais uma vez, a Outdoor Equipment Company.

A Figura 10.1 mostra seus preços de venda e custos variáveis por unidade. Nesse exemplo, os custos variáveis da divisão de tecidos, de $ 8 por jarda, são os únicos custos afetados pela produção adicional de tecidos para transferir para a divisão de barracas. Ao receber cinco jardas de tecidos, a divisão de barracas gasta um adicional de $ 53 para processar e vender cada barraca. Se o tecido deveria ser manufaturado e transferido para a divisão de barracas, dependeria da existência de capacidade ociosa na divisão de tecidos (demanda insuficiente dos clientes externos).

Como a Figura 10.1 mostra, se não houvesse capacidade ociosa na divisão de tecidos, a ação ótima para a empresa como um todo seria a divisão de tecidos vender externamente a $ 50. Por quê? Porque a divisão de

Figura 10.1 Dados para análise dos preços de transferência.

Vender o tecido externamente		Usar o tecido para fabricar barracas			
Preço de mercado por jarda do tecido para clientes externos	$ 10	Preço de venda de barracas completas			$ 100
Custos variáveis por jarda do tecido	$ 8	Custos variáveis:			
Margem de contribuição por jarda	$ 2	Divisão de fabricação (5 jardas a $ 8)		$ 40	
Total de contribuição para a empresa para 50 000 jardas	$ 100 000	Divisão de barracas			
		Processamento	$ 41		
		Vendas	$ 12	$ 53	$ 93
		Margem de contribuição			$ 7
		Total de contribuição para a empresa para 10 000 barracas			$ 70 000

barracas incorreria em $ 53 de custos variáveis adicionais, mas adicionaria apenas $ 50 de receitas adicionais ($ 100 – $ 50). Usar o preço de mercado forneceria a correta motivação para tal decisão porque, se o tecido fosse transferido, o custo da divisão de barracas seria $ 50 + $ 53 ou $ 103, que seria $ 3 mais alto do que sua perspectiva de receitas de $ 100 por unidade. Assim, a divisão de barracas não escolheria comprar da divisão de tecidos ao preço de mercado de $ 50. Certamente, a divisão de barracas também não compraria de fornecedores externos ao preço de $ 50. Se o tecido não estiver disponível por menos de $ 50 por barraca, essa barraca em particular não será produzida.

O que ocorreria se a divisão de tecidos tivesse capacidade ociosa suficiente para satisfazer todas as necessidades da divisão de barracas? A ação ótima seria produzir o tecido e transferi-lo para a divisão de barracas. A capacidade ociosa implica que a divisão de tecidos não pode vender o tecido para clientes externos e, conseqüentemente, teria contribuição nula. Se não houvesse produção e transferência, a divisão de barracas e a empresa como um todo renunciariam a uma contribuição total de $ 70 mil. Nessa situação, o custo variável seria a melhor base para o preço de transferência e levaria à decisão ótima para a empresa como um todo. Para ser mais preciso, o preço de transferência seria todos os custos adicionais incorridos pela produção do tecido a ser transferido. Se uma soma total de custos de preparação, por exemplo, for necessária para produzir as 50 mil jardas quadradas de tecido exigidas, o custo de preparação deverá ser adicionado ao custo variável no cálculo do preço de transferência apropriado. (No exemplo não há tal custo.)

PREÇOS DE TRANSFERÊNCIA NEGOCIADOS

As empresas altamente comprometidas com a autonomia do segmento freqüentemente permitem aos gestores negociar os preços de transferência. Os gestores podem considerar ambos, custos e preços de mercado, em suas negociações, mas nenhuma política exige isso deles. Os defensores dos preços de transferência negociados sustentam que os gestores envolvidos têm melhor conhecimento do que a empresa ganhará ou perderá produzindo e transferindo o produto ou o serviço; assim, negociações abertas permitem aos gestores tomar decisões ótimas. Os críticos de preços negociados focalizam o tempo e o esforço despendidos na negociação, uma atividade que não adiciona nada diretamente aos lucros da empresa.

COMPORTAMENTO DISFUNCIONAL

Virtualmente, qualquer tipo de política de preço de transferência pode levar a um **comportamental disfuncional** — ações tomadas em conflito com as metas organizacionais. A Gulf Oil fornece um exemplo claro. Segmentos tentaram fazer seus resultados parecerem bons à custa de outros. Resultado comum: os pagamentos transferidos inflacionados entre os segmentos da Gulf, uma vez que cada um disputou para explodir seu próprio resultado final. Um alto gestor, reconhecendo o problema, foi citado na *Business Week*: "A Gulf não soará a campainha de sua caixa registradora até que tenhamos feito uma venda externa".

O que aciona tal comportamento? Reconsidere a situação mostrada na Figura 10.1. Suponha que a divisão de tecidos tenha capacidade ociosa. Como vimos, quando há capacidade ociosa, o preço de transferência ótimo é o custo variável de $ 40 (isto é, $ 8 por jarda). Desde que o tecido valha pelo menos $ 40 para a divisão de barraca, a empresa como um todo se sairá melhor com a transferência. Não obstante, em uma empresa descentralizada, o gestor da divisão de tecidos, trabalhando no melhor interesse da divisão, pode argumentar que o preço de transferência deveria ser baseado nos preços de mercado, em vez de no custo variável. Se a divisão for um centro de resultado, seu objetivo será obter um preço tão alto quanto possível, porque isso maximizará a contribuição para o lucro da divisão. (Essa estratégia supõe que o número de unidades transferidas não será afetado pelo preço de transferência — uma suposição freqüentemente duvidosa.)

Se a empresa usa uma política de preço de transferência baseada no mercado quando a divisão de tecidos tem capacidade ociosa, o comportamento disfuncional pode ocorrer. A um preço de transferência de $ 50, o gestor da divisão de barracas não comprará o tecido e não fabricará a barraca. Por quê? Porque, a um preço de transferência de $ 50 e com custos de processamento adicionais de $ 53, o custo da divisão, de $ 103, excederá o preço de venda da barraca, de $ 100. Como o verdadeiro custo adicional do tecido para a empresa é $ 40, ela renuncia a uma contribuição de $ 100 – ($ 40 + $ 53) = $ 7 por barraca.

Suponha, agora, que a divisão de tecidos não tenha capacidade ociosa. Uma política de preço de transferência ao custo variável pode levar a decisões disfuncionais. O gestor da divisão de barracas pode guiar-se por um preço de transferência baseado em custo variável. Apesar de tudo, um preço de transferência o mais baixo possível maximizaria o lucro da divisão de barracas, mas tal política não motivaria a divisão de tecido a produzir o tecido para a divisão de barracas. Visto que a produção poderia ser vendida no mercado externo por qualquer preço acima do custo variável, a divisão de tecidos usaria sua capacidade para produzir para o mercado, independentemente de quão valioso o tecido possa ser para a divisão de barracas.

Como tais dilemas são resolvidos? Uma possibilidade é que a alta gestão imponha um preço de transferência 'justo' e insista que a transferência seja feita. Os gestores em uma empresa descentralizada, entretanto, freqüentemente encaram tais ordens como solapando sua autonomia.

Alternativamente, aos gestores pode ser dada a liberdade para negociar os preços de transferência por si mesmos. O gestor da divisão de barracas pode consultar o preço de venda da barraca, $ 100, menos o custo adicional que a divisão incorre em fabricá-la, $ 53, e decidir comprar tecido a qualquer preço menor do que $ 100 – $ 53 = $ 47. A divisão de barracas adicionará a seus lucros ao fabricar as barracas, se o preço de transferência estiver abaixo de $ 47.

Da mesma maneira, o gestor da divisão de tecidos consultará os custos para produzir e transferir o tecido. Se houver capacidade ociosa, qualquer preço de transferência acima de $ 40 aumentará o lucro da divisão de tecidos. Se, entretanto, não houver capacidade ociosa, de modo que transferir uma unidade cause a renúncia de uma venda externa a $ 50, o preço de transferência mínimo aceitável para a divisão de tecidos será $ 50.

A negociação resultará em uma transferência, se o preço máximo de transferência que a divisão de barracas está disposta a pagar for maior do que o preço de transferência mínimo que a divisão de tecidos está disposta a aceitar. Quando a divisão de tecidos tiver capacidade ociosa, uma transferência a um preço entre $ 40 e $ 47 ocorrerá. O preço de transferência exato pode depender da habilidade de negociação dos dois gestores de divisão. Se a divisão de tecidos, porém, não tiver capacidade ociosa, a transferência não ocorrerá. Conseqüentemente, as decisões dos gestores serão congruentes com o melhor interesse da empresa.

O que a alta gestão de uma organização descentralizada deveria fazer caso visse o gestor do segmento tomando decisões disfuncionais? Como usual, a resposta é 'depende'. A alta gestão pode intervir e forçar a transferência, mas, fazendo isso, solapa a autonomia dos gestores do segmento e a noção geral de descentralização. A intervenção freqüente resulta em recentralização. Na verdade, se mais centralização for desejada, a organização poderá ser reprojetada combinando os segmentos.

Os altos gestores que desejam encorajar a descentralização assegurar-se-ão, freqüentemente, de que os gestores da divisão de produção e de compras entendam todos os fatos e, então, permitam aos gestores negociar um preço de transferência. Mesmo quando os altos gestores suspeitam de que uma decisão disfuncional possa ser tomada, eles podem engolir em seco e aceitar o julgamento dos gestores do segmento como um custo de descentralização. (Certamente, a tomada de decisão disfuncional pode ser um motivo para mudar o projeto organizacional ou mudar os gestores.)

Gestores de segmento bem-treinados e informados, que entendem os custos de oportunidade e os custos fixos e variáveis, freqüentemente tomarão melhores decisões do que os altos gestores. O gestor da divisão de produção conhece melhor os vários usos de sua capacidade, e o gestor da divisão de compras sabe melhor que lucro pode ser realizado nos itens a ser transferidos. Além disso, a negociação permite aos segmentos reagir flexivelmente às mudanças nas condições de mercado, quando estabelecem preços de transferência. Um preço de transferência pode ser apropriado em um momento de capacidade ociosa, e outro quando a demanda aumenta e as operações usam a plena capacidade.

Para aumentar a disposição dos gestores do segmento em acomodar as necessidades do outro, em benefício da organização como um todo, os altos gestores confiam nas comunicações formais e informais.

Eles podem, informalmente, pedir aos gestores do segmento para ser 'bons cidadãos da empresa' e sacrificar os resultados para o bem da organização. Eles também podem formalizar essa comunicação com base na avaliação de desempenho e recompensas em toda a empresa, bem como nos resultados do segmento. No caso de nosso fabricante de equipamento externo, a contribuição para a empresa como um todo, $ 70 mil no exemplo da capacidade ociosa, poderia ser desdobrado entre as divisões de tecido e de barraca, talvez igualmente, talvez em proporção aos custos variáveis de cada uma, ou talvez via negociação.

A NECESSIDADE DE MUITOS PREÇOS DE TRANSFERÊNCIA

Como você pode ver, raramente há um único preço de transferência que assegure as decisões desejadas. O preço de transferência 'correto' depende das circunstâncias econômicas e legais e da decisão que se está enfrentando. As organizações podem ter de fazer substituições entre precificação para a congruência e precificação para estimular o esforço da gestão. Além do mais, o preço ótimo, para qualquer um, pode diferir daquele empregado para relatar impostos ou para outras necessidades externas.

O imposto de renda, os impostos prediais e as tarifas freqüentemente influenciam o estabelecimento dos preços de transferência, de maneira que a empresa como um todo se beneficiará, mesmo que o desempenho de um segmento possa sofrer. Para maximizar as deduções tributárias pela porcentagem de amortizações permitidas, por exemplo, as quais são baseadas na receita, uma empresa de petróleo pode desejar transferir petróleo cru para outros segmentos a um preço tão alto quanto o legalmente possível.

O preço de transferência também é influenciado, em algumas situações, pelas leis do Estado sobre comércio justo e as leis nacionais antitruste. Por causa das diferenças em estruturas tributárias nacionais ao redor do mundo, ou por causa das diferenças nos resultados de várias divisões e subsidiárias, a empresa pode desejar elevar os lucros e fazer o 'dump' de produtos, se for legalmente possível. Essas considerações adicionais ilustram os limites da descentralização, em que interdependências fortes existem e explicam por que a mesma empresa pode usar preços de transferência diferentes para propósitos diferentes.

PREÇO DE TRANSFERÊNCIA MULTINACIONAL

As políticas de preço de transferência de empresas domésticas focalizam a congruência de metas e a motivação. Em empresas multinacionais, outros fatores podem dominar. Empresas multinacionais, por exemplo, usam preços de transferência para minimizar o imposto de renda mundial, taxas de importação e tarifas.

Suponha que uma divisão, em um país com alíquota de imposto de renda elevado, produza um subcomponente para outra divisão, em um país com alíquota de imposto de renda baixo. Ao estabelecer um preço de transferência baixo, a maioria dos lucros de produção pode ser reconhecida no país com alíquota de imposto de renda baixo, minimizando, dessa maneira, os impostos. Do mesmo modo, itens produzidos por divisões em países com alíquota de imposto de renda baixa e transferidos para uma divisão em um país com alíquota de imposto de renda baixa teriam um preço de transferência baixo, para minimizar os impostos.

Algumas vezes, os efeitos do imposto de renda são compensados por taxas de importação. Geralmente, as taxas de importação são baseadas no preço pago por um item, se comprado de uma empresa externa ou transferido de outra divisão. Conseqüentemente, os preços de transferência baixos, em geral, conduzem a baixas taxas de importação.

Certamente, as autoridades tributárias reconhecem o incentivo em estabelecer preços de transferência para minimizar os impostos e as taxas de importação. Conseqüentemente, a maioria dos países tem restrições sobre os preços de transferência permitidos.* As multinacionais dos Estados Unidos devem seguir as regras do *Internal Revenue Code*, especificando que as transferências estão precificadas ao valor de mercado 'sem favorecimento' (*arm's-length*),** ou a valores que seriam utilizados se as divisões fossem independentes. Mesmo com essa regra, as empresas têm alguma liberdade ao decidir um preço apropriado 'sem favorecimento'.

Considere um item produzido pela divisão A em um país com alíquota de imposto de renda de 25 por cento e transferido para a divisão B, em um país com alíquota de imposto de renda de 50 por cento. Além disso, é acrescida uma taxa de importação igual a 20 por cento do preço do item em avaliação. Suponha que o custo unitário pleno do item seja $ 100 e o custo variável $ 60. Se as autoridades tributárias permitissem o preço de transferência ao custo variável ou ao custo total, qual deveria ser escolhido?

---

* No Brasil, os preços de transferência estão regulamentados pela Lei nº 9 430/96, art. 18; Lei nº 9 959/00, art. 2º; art. 241 do RIR/99, no qual os preços de transferência são: preços independentes comparados — PIC; preço de revenda menos lucro — PRL; custo de produção mais lucro — CPL. (N. do T.)

** É conhecido como o princípio da distância de um braço, o afastamento entre negociadores desconhecidos, enquanto o 'arm's length principle' ou 'arm's length standard' seria violado entre partes relacionadas para benefício mútuo em detrimento de terceiros, isto é, a prática de preços injustos para efeito de tributação. (N. do T.)

Ao transferir a $ 100, em vez de a $ 60, a empresa ganha $ 2 por unidade. Suponha que as taxas de importação não sejam dedutíveis para propósitos de imposto.

Efeito de transferir a $ 100 em vez de a $ 60	
Imposto de *A* é $ 40 mais alto; conseqüentemente, *A* paga 25% × $ 40 a mais de imposto de renda	$ (10)
Imposto de *B* é $ 40 mais baixo; conseqüentemente, *B* paga 50% × $ 40 a menos de imposto de renda	$ 20
Taxas de importação são pagas por *B* sobre um adicional de $ 100 − $ 60 = $ 40; conseqüentemente, *B* paga 20% × $ 40 mais taxas	$ (8)
Economias líquidas da transferência a $ 100, em vez de $ 60	$ 2

Empresas podem também usar os preços de transferência para evitar restrições financeiras impostas por alguns governos. Um país pode, por exemplo, restringir o montante de dividendos pagos a proprietários estrangeiros. Pode ser mais fácil para uma empresa obter dinheiro de uma divisão estrangeira como pagamento por itens transferidos do que como dividendos em dinheiro.

Em suma, o preço de transferência é mais complexo em uma empresa multinacional do que em uma empresa doméstica. As empresas multinacionais têm mais objetivos a ser alcançados por meio de políticas de transferência, e alguns dos objetivos, freqüentemente, conflitam entre si.

MEDIDAS DE DESEMPENHO E CONTROLE GERENCIAL

Os preços de transferência afetam os lucros dos segmentos, afetando, desse modo, as medidas de desempenho dos centros de resultado. Esta seção dá uma visão mais geral de como as medidas de desempenho afetam os incentivos dos gestores.

MOTIVAÇÃO, DESEMPENHO E RECOMPENSAS

A Figura 10.2 mostra os critérios e decisões enfrentados pela alta gestão ao projetar um sistema de controle gerencial. Usando os critérios de custo–benefício e os critérios motivacionais de congruência e esforço, a alta gestão escolhe centros de responsabilidade (por exemplo, centro de custo *versus* centro de resultado), medidas de desempenho e recompensas.

Os **incentivos** são definidos como aquelas recompensas baseadas em desempenho formal e informal, que melhoram o esforço gerencial em direção às metas organizacionais. Como os $ 70 mil de contribuição, na Figura 10.1, por exemplo, são desdobrados entre as divisões de tecido e de barraca, eles afetam as medidas de seu desempenho. Por sua vez, as medidas de desempenho podem afetar as recompensas dos gestores.

Numerosas escolhas de medidas de desempenho têm sido descritas neste livro, tais como: Se usar padrões apertados ou frouxos, medir o desempenho divisional por margens de contribuição ou lucros operacionais, e usar medidas financeiras e não-financeiras de desempenho. Pesquisas sobre recompensas têm rendido um princípio básico, que é simples e importante: Os gestores tendem a concentrar seus esforços nas áreas em que o desempenho

tomada cinco — Um preço de transferência apropriado entre duas divisões de uma empresa pode ser determinado a partir dos seguintes dados:

Divisão de fabricação
    Preço de mercado de submontagem $ 50
    Custo variável de submontagem $ 20
    Capacidade em excesso (em unidades)   1 000
Divisão de montagem
    Número de unidades necessárias   900

Qual é a faixa natural de negociação para as duas divisões?

Resposta
A faixa natural de negociação para as duas divisões está entre $ 20 e $ 50. Se as submontagens estiverem disponíveis por $ 50 cada no mercado, a divisão de montagem não estará disposta a pagar mais do que $ 50 à divisão de fabricação. Visto que há um excesso de capacidade na divisão de fabricação, qualquer preço acima do custo variável de $ 20 resultará em uma margem de contribuição positiva. Nenhum preço abaixo de $ 20 será aceitável para a divisão de fabricação.

Figura 10.2 Critérios e escolhas ao projetar um sistema de controle gerencial.

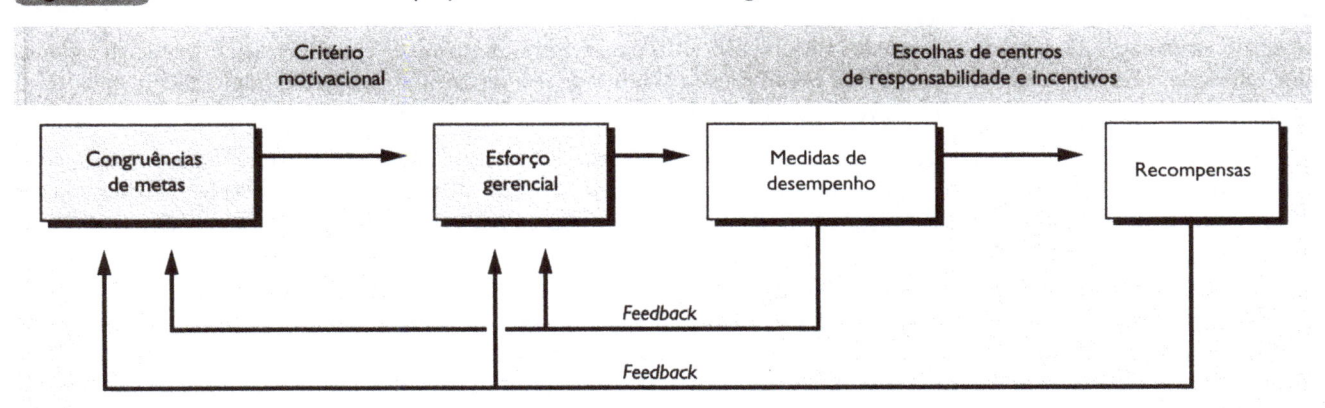

Critério motivacional		Escolhas de centros de responsabilidade e incentivos	
Congruências de metas →	Esforço gerencial →	Medidas de desempenho →	Recompensas

Feedback (de Medidas de desempenho para Esforço gerencial)
Feedback (de Recompensas para Congruências de metas)

é medido e em que afeta as recompensas. Pesquisas mostram que, quanto mais objetivas as medidas de desempenho, mais provavelmente os gestores se esforçarão.

Assim, as medidas contábeis, que fornecem avaliações relativamente objetivas de desempenho, são importantes. Ainda mais se os indivíduos acreditarem não haver conexão entre seus comportamentos e suas medidas de desempenho, eles não verão como alterar seu desempenho para afetar suas recompensas.

A escolha de recompensas pertence claramente a um sistema geral de controle gerencial. As recompensas podem ser monetárias e não-monetárias. Os exemplos incluem aumento de salário, bônus, promoção, elogios, auto-satisfação, escritórios bem decorados e salas de jantar privativas. O projeto de um sistema de recompensas, entretanto, está principalmente preocupado com os altos gestores, que, freqüentemente, ouvem o conselho de muitas fontes além dos contadores.

TEORIA DE REPRESENTAÇÃO (*AGENCY*), DESEMPENHO, RECOMPENSAS E RISCO

Ligar recompensas a desempenho é desejável, mas, freqüentemente, o desempenho de um gestor pode não ser mensurado diretamente. Os resultados de um centro de responsabilidade, por exemplo, pode ser mensurado facilmente, mas o efeito de um gestor naqueles resultados (isto é, desempenho gerencial) pode não ser. Idealmente, as recompensas devem ser baseadas no desempenho gerencial, mas, na prática, elas em geral dependem dos resultados financeiros do centro de responsabilidade do gestor. O desempenho gerencial e os resultados do centro de responsabilidade estão certamente relacionados, mas fatores além do controle de um gestor também afetam os resultados. Quanto maior a influência dos fatores não-controláveis sobre os resultados do centro de responsabilidade, mais problemas haverá em usar os resultados para representar o desempenho de um gestor. Os lucros de um centro de distribuição regional da Airborne Express, por exemplo, aumentaram drasticamente em 1997. Quais dos seguintes fatores, que contribuíram para o aumento no lucro, eram controláveis pelo gestor regional?

- A duração da greve dos trabalhadores de um dos competidores (UPS) resultou em muitos clientes anteriores da UPS mudarem para a Airborne.
- O centro regional implementou um novo sistema de gestão de custos, resultando em uma redução significativa nos custos de manuseio de pacotes.
- O crescimento geral da população na região tem sido muito maior do que havia sido a média para o sistema inteiro da Airborne.
- Os custos de combustível na região não foram aumentados tanto quanto no sistema geral.
- A rotatividade de empregados é menor do que a média do sistema. Os empregados citam seu relacionamento excelente com os colegas, empregados e gestores como um motivo para seu alto nível de satisfação no trabalho.

O desempenho do gestor regional deveria ser mensurado pelos lucros resultantes comparados com o sistema Airborne geral? Que outras medidas poderiam ser utilizadas? Dos fatores listados, é provável que uma parcela significativa do lucro do centro regional tenha sido devido a fatores não controláveis pelo gestor regional (a greve da UPS, o crescimento populacional e os custos de combustível). É provável, contudo, que o gestor tenha feito um bom trabalho de refinamento no sistema de gestão de custos e criado um ambiente de trabalho produtivo para todos os empregados.

Os economistas descrevem as escolhas formais de medidas de desempenho e recompensas como **teoria da representação** (*agency theory*). Quando a alta gestão contrata um gestor, ambos devem concordar com um contrato de emprego que detalhe as medidas de desempenho e como elas afetarão as recompensas[1]. Um gestor pode, por exemplo, receber um bônus de 15 por cento de seu salário, se seu centro de responsabilidade alcançar o lucro orçado. De acordo com a teoria da representação, os contratos de emprego substituirão três fatores:

1. *Incentivo:* Quanto mais a recompensa de um gestor depender de uma medida de desempenho, mais incentivo ele terá para realizar ações que maximizem aquela medida. A alta gestão deve definir a medida de desempenho para promover a congruência de metas e as bases necessárias para recompensá-las a atingir o esforço gerencial.

2. *Risco:* Quanto maior a influência dos fatores incontroláveis sobre a recompensa do gestor, mais risco o gestor assume. As pessoas, geralmente, evitam o risco; assim, os gestores devem receber mais, caso se espere que assumam mais risco. Criar incentivo ao ligar as recompensas aos resultados do centro de responsabilidade, que é geralmente desejável, tem o efeito colateral indesejável de impor risco aos gestores.

3. *Custo de mensurar o desempenho:* A substituição de incentivo por risco não é necessária se o desempenho do gestor for perfeitamente mensurado. Por quê? Porque, então, ao gestor pode ser pago um montante fixo, se desempenhar como esperado, e nada, se não o fizer. Se desempenhará ou não, é completamente controlável pelo gestor, e a observação do nível de desempenho é tudo o que é necessário para determinar a compensação ganha. Medir diretamente o desempenho de um gestor, todavia, é em geral dispendioso e, às vezes, inviável. Os resultados do centro de responsabilidade estão mais prontamente disponíveis. O critério de custo-benefício, na maioria das vezes, indica que a mensuração perfeita do desempenho de um gestor não vale o seu custo.

Considere um promotor de concertos, contratado por um grupo de investidores para promover e administrar um *show* de *rock* ao ar livre. Se os investidores não podem medir diretamente o esforço e o critério do promotor, eles, provavelmente, pagarão um bônus baseado no sucesso econômico do concerto. O bônus motivaria o promotor a colocar seu esforço em direção à geração de um lucro, mas o promotor estaria assumindo um grande risco. O que acontecerá, por exemplo, se chover? Embora não seja culpa do promotor, o tempo poderá manter os fãs afastados e arruinar o concerto. Fatores tais como mau tempo também poderão afetar o sucesso econômico do concerto. O promotor poderá fazer um bom trabalho e, ainda assim, não receber o bônus.

Suponha que os investidores ofereçam um contrato com uma parte do pagamento garantida e uma parte em bônus. Uma maior parcela do bônus, comparada com a parcela garantida, cria mais incentivo, mas isso também significa um pagamento total esperado maior para compensar o promotor pelo risco adicionado.

PROBLEMA RESUMIDO PARA REVISÃO

PROBLEMA

Examine a Figura 10.1. Além daqueles dados, suponha que a divisão de tecidos tenha custos fixos de manufatura anuais de $ 800 mil e que se espera uma produção anual de 500 mil jardas quadradas. O 'custo totalmente alocado' por jarda quadrada foi calculado como segue:

Custos variáveis por jarda quadrada	$ 8,00
Custos fixos: $ 800 000 ÷ 500 000 jardas quadradas	$ 1,60
Custo totalmente alocado por jarda quadrada	$ 9,60

Conseqüentemente, o 'custo totalmente alocado' das cinco jardas quadradas exigidas para uma barraca é 5 × $ 9,60 = $ 48.

Suponha que a divisão de tecidos tenha capacidade ociosa. A divisão de barracas está considerando se compra tecido suficiente para dez mil barracas. Cada barraca será vendida a $ 100. Os custos adicionais mostrados na Figura 10.1 para a divisão de barracas deverão prevalecer. Se as transferências forem baseadas no custo totalmente alocado, os gestores da divisão de barracas deverão comprar? Explique. A empresa como um todo se beneficiaria se o gestor da divisão de barracas decidisse comprar? Explique.

---

[1]. Freqüentemente, as medidas de desempenho e as recompensas são implícitas. Promoção, por exemplo, é uma recompensa, mas, geralmente, os requisitos para uma promoção não são explícitos.

SOLUÇÃO

O gestor da divisão de barracas não compraria. O preço de transferência resultante de $ 48 tornaria a aquisição do tecido não-atrativa para a divisão de barracas:

Divisão de barracas			
Preço de vendas do produto final			$ 100
Deduzidos os custos			
Preço de transferência pago para a divisão de tecidos (custo totalmente alocado)		$ 48	
Custos adicionais (da Figura 10.1)			
Processamento	$ 41		
Vendas	$ 12	$ 53	
Custos totais da divisão de barracas			$ (1,60)
Contribuição para o lucro da divisão de barracas			$ (1)
Contribuição para a empresa como um todo (da Figura 10.1)			$ 7

Como a Figura 10.1 mostra, a empresa como um todo se beneficiaria em $ 70 mil (10 000 barracas × $ 7) se o tecido fosse transferido.

A principal lição aqui é que, quando a capacidade ociosa existir na divisão fornecedora, os preços de transferência baseados nos custos totalmente alocados poderão induzir a decisões errôneas. Trabalhando em seu próprio melhor interesse, o gestor da divisão de barracas não tem incentivo para comprar da divisão de tecidos.

MEDIDAS DE LUCRATIVIDADE

Um objetivo favorito da alta gestão é maximizar a lucratividade. Gestores de segmentos em organizações descentralizadas são, freqüentemente, avaliados com base na lucratividade de seu segmento.

O problema é que a lucratividade não significa a mesma coisa para todas as pessoas. É o lucro líquido? O lucro antes dos impostos? A porcentagem de lucro líquido baseado na receita? É um montante absoluto? Uma porcentagem? Nesta seção, consideramos as forças e fraquezas de diversas medidas comumente usadas.

RETORNO SOBRE O INVESTIMENTO

Muito freqüentemente, os gestores exploram o lucro operacional líquido ou as porcentagens de lucro, sem amarrá-los às medidas associadas a investimentos com a geração do lucro. Dizer que o projeto A tem um lucro operacional de $ 200 mil e o projeto B tem um lucro operacional de $ 150 mil é uma declaração insuficiente sobre a lucratividade. Um teste melhor de lucratividade é a taxa de ROI, que é resultado (ou lucro) dividido pelo investimento exigido para obter aquele resultado ou lucro. Dados os mesmos riscos, para qualquer montante dado de recursos exigidos, o investidor deseja um máximo de resultado. Se o projeto A exige um investimento de $ 500 mil e o projeto B exige apenas $ 250 mil, todas as outras coisas permanecendo iguais, onde você colocaria seu dinheiro?

$$\text{ROI} = \frac{\text{lucro}}{\text{investimento}}$$

$$\text{ROI do projeto } A = \frac{\$\ 200\ 000}{\$\ 500\ 000} = 40\%$$

$$\text{ROI do projeto } B = \frac{\$\ 150\ 000}{\$\ 250\ 000} = 60\%$$

O ROI é um denominador comum útil. Pode ser comparado com as taxas internas e externas da organização e com oportunidades em outros projetos e setores. Ele é afetado por dois itens principais: **porcentagem de lucro sobre a receita** (também chamado de **retorno sobre as vendas**) — resultado dividido pela receita — e **giro de capital** — receita dividida pelo capital investido.

$$\begin{aligned}
\text{retorno sobre o investimento} &= \frac{\text{lucro}}{\text{capital investido}} \\
&= \frac{\text{lucro}}{\text{receita}} \times \frac{\text{receita}}{\text{capital investido}} \\
&= \text{porcentagem de lucro sobre a receita} \times \text{giro de capital}
\end{aligned}$$

Uma melhoria em qualquer uma dessas taxas sem mudar a outra melhorará a taxa de retorno sobre o capital investido. Considere um exemplo desses relacionamentos:

	Taxa de retorno sobre o capital investido (%)	=	$\dfrac{\text{Lucro}}{\text{Receitas}}$	×	$\dfrac{\text{Receita}}{\text{Capital investido}}$
Panorama atual	20	=	$\dfrac{16}{100}$	×	$\dfrac{100}{80}$
Alternativas					
1. Aumento na porcentagem de lucro ao reduzir despesas	25	=	$\dfrac{20}{100}$	×	$\dfrac{100}{80}$
2. Aumento no giro por decréscimo em investimentos	25	=	$\dfrac{16}{100}$	×	$\dfrac{100}{64}$

A alternativa 1 é uma maneira popular de melhorar o desempenho. Os gestores alertas tentam diminuir as despesas sem reduzir as vendas, ou aumentar as vendas sem aumentar as despesas relacionadas. A alternativa 2 é menos óbvia, mas ela pode ser uma maneira mais rápida para melhorar o desempenho. Aumentar o giro do capital investido significa gerar receitas mais elevadas para cada unidade monetária investida em tais ativos, como caixa, contas a receber, estoques ou equipamentos. Há um nível ótimo de investimentos nesses ativos. Havendo muito, é desperdício, mas havendo muito pouco pode prejudicar o crédito e a habilidade de competir nas vendas. Aumentar o giro é uma das vantagens de implementar a filosofia JIT (veja o Capítulo 1). Muitas empresas que implementaram os sistemas de produção e compra JIT realizaram melhorias drásticas em seu ROI.

RESULTADO RESIDUAL (*RESIDUAL INCOME* — RI) E EVA

Muitos gestores concordam que mensurar o retorno em relação ao investimento fornece um teste final da lucratividade. O ROI é essa comparação. Alguns gestores, entretanto, favorecem a ênfase em montantes absolutos do lucro, em vez de uma taxa de porcentagem do retorno. Eles usam o **RI**, definido como o lucro operacional após imposto de renda, menos os juros 'imputados'. Os juros 'imputados' referem-se ao **custo de capital**, que a empresa deve pagar para adquirir mais capital — se ela tem ou não, realmente, de adquirir mais capital para assumir um projeto. Em suma, o RI diz a você quanto o lucro operacional, após o imposto de renda de sua empresa, excede o que ela está pagando pelo capital. Suponha, por exemplo, que o lucro operacional após o imposto de renda da divisão fosse $ 900 mil, o capital investido médio (total de ativos) na divisão para o ano fosse $ 10 milhões, e a sede corporativa avaliasse uma cobrança de juros imputada de 8 por cento:

Lucro operacional divisional após o imposto de renda	$ 900 000
Menos juros imputados sobre o capital investido médio (0,08 × $ 10 000 000)	$ 800 000
Igual ao RI	$ 100 000

Há diversas maneiras diferentes para calcular o RI, dependendo de como uma empresa escolhe definir os termos utilizados. Uma variante popular cunhada e negociada pela Stern Stewart & Co. é **valor econômico adicionado** ou **EVA**. Na forma de fórmula, a Stern Stewart define o EVA como:

EVA = lucro operacional após imposto de renda ajustado – custo do capital investido (%)
× capital investido médio ajustado

O custo do capital investido (%) é o custo das exigibilidades a longo prazo e patrimônio líquido ponderados por seus tamanhos relativos para a empresa ou divisão. A Stern & Stewart faz ajustes específicos para as medidas de relatórios contábeis do lucro operacional após imposto de renda e do capital investido. Esses ajustes convertem o lucro operacional após imposto de renda em uma aproximação melhor do resultado em caixa, e o capital investido em uma aproximação melhor do caixa investido nos recursos econômicos que a empresa utiliza para criar valor. Exemplos desses ajustes incluem:

- Uso de impostos pagos, em vez de despesas com impostos.
- Capitalização de despesas de pesquisa e desenvolvimento.
- Uso de PEPS para avaliação de estoque (assim, as empresas que usam o UEPS devem adicionar de volta a reserva UEPS ao capital investido e mudar na reserva para o lucro operacional após o imposto de renda).

- Adição de *goodwill* não-registrado e amortização acumulada do *goodwill* ao capital e adição de volta da amortização do *goodwill* para o resultado operacional após imposto de renda.
- Se a empresa deduz qualquer despesa de juros no cálculo do lucro operacional, ela deve adicionar essa despesa de juros (após imposto de renda) ao seu lucro operacional após imposto de renda.

Para ilustrar, suponha que uma empresa invista $ 4 milhões em 2 de janeiro de 20X0, em pesquisa e desenvolvimento de um produto que prova ser um sucesso, com um ciclo de vida de produto de quatro anos (20X0 a 20X3). Antes de contabilizar a P & D, os lucros operacionais em cada ano eram $ 12 milhões, e o capital era $ 50 milhões. Os custos de capital da empresa são 10 por cento. Para simplificar, ignoraremos o imposto de renda, embora o EVA, geralmente, use os números após o imposto de renda.

Normalmente, o relatório contábil exige que a empresa despese os $ 4 milhões inteiros como incorridos sem ativo relatado no balanço patrimonial. Em suma, os princípios de contabilidade geralmente aceitos supõem que não há valor futuro a ser realizado desses dispêndios. Em contraste, as empresas que usam o EVA vêem P & D como investimento de capital. Para propósitos de calcular o EVA, essa empresa capitalizaria esses dispêndios e os despesaria ao longo do ciclo de vida do produto. Além disso, a empresa deduziria do lucro operacional uma despesa de capital de 10 por cento do saldo médio de capital em circulação durante o ano. Uma comparação dos efeitos no lucro e no capital, entre a contabilidade para relatório contábil e a mensuração do EVA, é a seguinte (em milhões):

Ano	Lucro operacional contábil	Lucro operacional ajustado	Capital contábil	Capital médio ajustado**	Despesa de capital EVA a 10%
20X0	$ 8	$ 8 + $ 4 − $ 1 = $ 11*	$ 50	$ 53,5	$ 5,35
20X1	$ 12	$ 12 − $ 1 = $ 11	$ 50	$ 52,5	$ 5,25
20X2	$ 12	$ 12 − $ 1 = $ 11	$ 50	$ 51,5	$ 5,15
20X3	$ 12	$ 12 − $ 1 = $ 11	$ 50	$ 50,5	$ 5,05

* Lucro operacional contábil + despesas de P & D − amortização de P & D = $ 8 + $ 4 − $ 1 = $ 11.
** Capital médio ajustado: 20X0, ½ × ($ 54 + $ 53); 20X1, ½ × ($ 53 + $ 52); etc.

Essencialmente, o cálculo do EVA diz que a empresa necessita gerar receitas menos custos operacionais desse projeto excedentes a $ 4,8 milhões, antes que qualquer valor econômico seja adicionado ou criado para os proprietários. Os primeiros $ 4 milhões cobrem o custo do P & D em si, e o $ 0,8 milhão adicional paga o capital necessário. Observe que a despesa de capital em quatro anos, sem o investimento em P & D, teria sido 4 × $ 50 000 × 10% = $ 20 milhões, comparados aos $ 20,8 milhões de despesa de capital com o investimento em P & D. Em contraste, sob a contabilidade convencional, a empresa relataria um 'lucro no ciclo de vida' positivo, assim que as receitas cumulativas menos os custos operacionais excedessem $ 4 milhões.

A Stern & Stewart identificou mais de cem ajustes diferentes como aquele para P & D. Mais freqüentemente, entretanto, ela recomenda apenas alguns para um cliente específico. Muitas empresas fazem seus próprios ajustes também. Independentemente, todas as empresas que usam o EVA usam o conceito básico do lucro operacional após imposto de menos o custo de capital.

O RI e o EVA têm recebido muita atenção, recentemente, como classificações das empresas que os estão adotando como medidas de desempenho financeiro. A AT&T, a Coca-Cola, a Csx, a FMC e a Quaker Oats asseveram que, usando o EVA, motivam os gestores a tomar decisões que aumentam o valor para os acionistas. Todas essas empresas são bem-sucedidas. Por quê? Porque fazem um trabalho melhor do que seus competidores ao alocar, gerir e redesdobrar os recursos de capital escassos (ativos fixos, como equipamentos pesados, computadores, edifícios e capital de giro).

ROI ou EVA?

Por que algumas empresas preferem o EVA ao ROI? Para uma divisão com um lucro operacional líquido de $ 900 mil e um capital investido médio de $ 10 milhões, a abordagem do ROI mostra:

Lucro operacional líquido divisional após impostos	$ 900 000
Capital investido médio	$ 10 000 000
Retorno sobre o investimento	9%

Sob o ROI, a mensagem básica é: Vá adiante e maximize sua taxa de retorno, uma porcentagem. Assim, se o desempenho for medido pelo ROI, os gestores da divisão que ganham, atualmente, 20 por cento poderão ser

> Uma empresa que esteve melhorando seu desempenho em EVA drasticamente, ao longo da última década, é a IBM. Calcule o EVA da IBM para 2000, usando os seguintes dados (em $ milhões):
>
> | | 2000 |
> |---|---|
> | Lucro operacional após imposto de renda | $ 8 153 |
> | Patrimônio líquido médio | $ 20 568 |
> | Exigíveis a longo prazo médios | $ 29 363 |
> | Custo de capital (presumido) | 12% |
>
> **Resposta**
>
> EVA = lucro operacional após imposto de renda − porcentagem do custo de capital × capital investido
> = $ 8 153 − 0,12 × ($ 20 568 + $ 29 363)
> = $ 8 153 − 0,12 × $ 49 931
> = $ 8 153 − $ 5 992
> = $ 2 161
>
> Observe que, em 1993, a IBM tinha um EVA negativo de cerca de $ 13 bilhões. Essa melhoria drástica no valor criado resultou em uma elevação da posição da IBM na classificação de valor adicionado de mercado da *Fortune*, de 1 000 para 11. Usamos os dados relatados nas demonstrações contábeis da IBM, sem os ajustes defendidos pela Stern, Stewart e outras.

relutantes em investir em projetos em que ganhem apenas 15 por cento, porque, fazendo assim, reduziriam seu ROI médio.

Do ponto de vista da empresa como um todo, entretanto, a alta gestão pode desejar que esse gestor de divisão aceite projetos em que ganhe 15 por cento. Por quê? Suponha que o custo de capital da empresa seja 8 por cento. Investir em projetos ganhando 15 por cento aumentará a lucratividade da empresa. Quando o desempenho é medido pelo RI, os gestores tendem a investir em qualquer projeto ganhando mais do que a taxa de juros imputada e, assim, elevar os lucros da empresa, isto é, a abordagem do RI promove a congruência de metas e o esforço gerencial. Sua mensagem básica é: Vá adiante e maximize o RI, um montante absoluto em dinheiro.

A General Electric (GE) foi uma das primeiras empresas a adotar a abordagem do RI. Considere duas divisões da GE como exemplo.

A divisão *A* tem lucro operacional líquido de $ 200 mil; a divisão *B* tem um lucro operacional líquido de $ 50 mil. Ambas têm um capital investido médio de $ 1 milhão. Suponha que um projeto seja proposto, podendo ser empreendido pela divisão *A* ou *B*. O projeto ganhará 15 por cento anualmente sobre um investimento de $ 500 mil, ou $ 75 mil por ano. O custo de capital para o projeto é 8 por cento. O ROI e o RI, com e sem o projeto, são os seguintes:

	Sem projeto		Com projeto	
	Divisão *A*	Divisão *B*	Divisão *A*	Divisão *B*
Resultado operacional líquido	$ 200 000	$ 50 000	$ 275 000	$ 125 000
Capital investido	$ 1 000 000	$ 1 000 000	$ 1 500 000	$ 1 500 000
ROI (lucro operacional líquido ÷ capital investido)	20%	5%	18,3%	8,3%
Custo de capital (8% × capital investido)	$ 80 000	$ 80 000	$ 120 000	$ 120 000
RI (lucro operacional líquido − custo de capital)	$ 120 000	$ (30 000)	$ 155 000	$ 5 000

Suponha que você seja o gestor da divisão *A*. Se sua avaliação estivesse baseada no ROI, você investiria no projeto? Não. Ele diminuiria seu ROI de 20 por cento para 18,3 por cento. Suponha, porém, que você esteja na divisão *B*. Você investiria? Sim, porque o ROI aumentaria de 5 por cento para 8,3 por cento. Em geral, nas empresas que usam o ROI, as divisões menos lucrativas têm mais incentivo para investir em novos projetos do que as divisões mais lucrativas.

Agora, suponha que você seja avaliado usando o RI. O projeto seria igualmente atrativo para qualquer divisão. O RI aumentaria em $ 35 mil para cada divisão, $ 155 000 − $ 120 000 para *A* e $ 5 000 − (−$ 30 000) para *B*. Ambas divisões têm o mesmo incentivo para investir no projeto, e o incentivo depende da lucratividade do projeto, comparada com o custo de capital utilizado por ele.

Em geral, o uso do RI ou do EVA promoverá a congruência de metas e levará a melhores decisões usando o ROI. Considere as seguintes declarações, extraídas de relatórios anuais recentes.

Ao focar no EVA, os empregados por toda a Alltrista estão tomando decisões estratégicas e operacionais que aumentarão o EVA e, por sua vez, o valor para o acionista. O EVA é nossa medida de desempenho principal, porque [...] ele alinha nossos processos internos, estratégias empresariais e comportamento dos empregados na busca da realização do potencial de criação do valor.

Alltrista Corporation

A Siemens foca o EVA como um padrão pelo qual medimos o sucesso de nossos esforços. O padrão de desempenho do EVA encoraja nosso pessoal a ser eficiente, produtivo e pró-ativo, ao pensar a respeito de nossos clientes e seus clientes. Esses atributos traduzem-se em crescimento lucrativo e retornos mais elevados.

Siemens Corporation

A Alltrista Corporation fabrica produtos de metal e plástico. Exemplos de ações levadas a efeito pela Alltrista que ajudaram a melhorar o EVA da empresa incluem a venda da sua unidade Metal Services Company, porque a empresa não estava obtendo retorno suficiente para cobrir os custos de capital investido. A aquisição da marca Kerr de produtos enlatados melhorou o EVA, porque a Kerr obteve um retorno em excesso do capital utilizado. Finalmente, a Alltrista melhorou as eficiências operacionais na divisão de embalagem plástica, sem investir mais capital.

A Siemens Corporation, com vendas em 2000 de EU 78 bilhões (onde EU significa 'euros') — cerca de US$ 69 bilhões —, projeta, desenvolve e fabrica sistemas elétricos e eletrônicos. Os produtos incluem geradores para utilidades públicas, equipamentos de telecomunicações, telefones sem fio e equipamentos médicos eletrônicos, incluindo dispositivos de terapia e de detecção de câncer. Exemplos das ações realizadas pela Siemens para melhorar o EVA incluem a venda da Siecor, empresa de cabos de fibra óptica, para a Corning, e a venda de seu negócio de varejo e operações bancárias. Como declarado pela Siemens: "Desinvestir em negócios selecionados gerou fundos para mais investimentos estratégicos".

Ainda assim, a maioria das empresas usa o ROI. Por quê? Provavelmente, porque é mais fácil de os gestores entenderem, e ele facilita a comparação entre as divisões. Além disso, combinar o ROI com o crescimento apropriado e os alvos de lucro pode minimizar as motivações disfuncionais do ROI.

UM EXAME CUIDADOSO SOBRE O CAPITAL INVESTIDO

Para aplicar o ROI ou o RI, lucro e capital investido devem ser medidos. Há, entretanto, muitas interpretações diferentes para esses conceitos. Para entender o que os números do ROI ou do RI realmente significam, você deve, primeiro, determinar como o capital investido e o lucro estão sendo definidos e medidos. Discutimos várias definições de lucro no Capítulo 9; não as repetiremos aqui. Exploraremos, entretanto, várias definições de capital investido.

DEFINIÇÃO DE CAPITAL INVESTIDO

Considere as seguintes classificações do balanço patrimonial:

Ativos circulantes	$ 400 000	Passivos circulantes	$ 200 000
Terrenos, instalações e equipamentos, líquidos	$ 800 000	Exigível a longo prazo	$ 400 000
Construção em andamento	$ 100 000	Patrimônio líquido	$ 700 000
Total de ativos	$ 1 300 000	Total de passivos e patrimônio líquido	$ 1 300 000

Definições possíveis do capital investido e dos seus valores no balanço patrimonial precedente incluem:

1. *Total de ativos:* Todos os ativos são incluídos, $ 1 300 000.
2. *Totais de ativos empregados:* Todos os ativos, exceto exclusões acordadas da construção em andamento, $ 1 300 000 – $ 100 000 = $ 1 200 000.
3. *Total de ativos, menos o passivo circulante:* Todos os ativos, exceto aquela parcela suprida por credores a curto prazo, $ 1 300 000 – $ 200 000 = $ 1 100 000. Algumas vezes, isso é expresso como capital investido a longo prazo; observe que ele também pode ser calculado ao adicionar os passivos de longo prazo e o patrimônio líquido, $ 400 000 + $ 700 000 = $ 1 100 000, que é a definição usada pelo EVA.
4. *Patrimônio líquido:* Foca o investimento dos proprietários do negócio, $ 700 000.

Todo o precedente deve ser calculado como médias para o período sob revisão. Essas médias podem estar baseadas simplesmente nos saldos iniciais e finais ou em médias mais complicadas, que ponderam as mudanças nos investimentos ao longo dos meses.

Para medir o desempenho dos gestores da divisão, recomenda-se alguma das três definições de ativos, em vez do patrimônio líquido. Se a missão do gestor da divisão for colocar todos os ativos em seu melhor uso, sem considerar seu financiamento, o total de ativos será o melhor. Se a alta gestão ordena ao gestor que mantenha ativos extras que não são atualmente produtivos, o total de ativos empregados será melhor. Se o gestor tiver controle direto sobre obter crédito de curto prazo e empréstimos bancários, o total de ativos menos o passivo circulante será melhor.

Um fator comportamental chave na escolha da definição de investimento é que os gestores focalizarão a atenção na redução daqueles ativos e no aumento daqueles passivos que forem incluídos na definição. Na prática, a maioria das empresas que usa o ROI ou o RI inclui todos os ativos no capital investido, e cerca de metade (sobretudo as empresas que usam o EVA) deduz alguma parcela dos passivos circulantes.

Poucas empresas alocam as dívidas de longo prazo em suas divisões e, assim, têm uma aproximação do patrimônio líquido em cada divisão. Essa prática, no entanto, tem mérito duvidoso. Em geral, os gestores da divisão têm pouca responsabilidade pela gestão financeira de longo prazo de suas divisões, como distinguido da gestão operacional. As bases de investimento dos gestores de divisão das duas empresas podem diferir radicalmente se uma empresa tiver dívida de longo prazo pesada e a outra estiver livre de dívidas.

ALOCAÇÕES DE ATIVOS ÀS DIVISÕES

Enquanto as alocações de custo afetam apenas o lucro, as alocações de ativos afetam o capital investido das divisões em particular. O objetivo é alocar esse capital de uma maneira que seja congruente em metas, estimulando o esforço gerencial, e reconheça a autonomia do segmento tanto quanto possível. (Enquanto os gestores sentirem que estão sendo tratados uniformemente, eles tenderão a ser mais tolerantes com as imperfeições das alocações.)

Um critério freqüente para a alocação de ativos é a evitabilidade, isto é, o montante alocável, para qualquer segmento dado, com o propósito de avaliar o desempenho da divisão, é o montante que a empresa, como um todo, poderia evitar ao não ter tal segmento. Bases geralmente utilizadas para a alocação, quando os ativos não são diretamente identificáveis com uma divisão específica, incluem:

Classe de ativos	Possíveis bases de alocação
Caixa corporativa	Necessidades de caixa orçadas
Contas a receber	Vendas ponderadas por prazos de pagamento
Estoques	Vendas ou consumos orçados
Instalações e equipamentos	Consumo de serviços em termos de previsões de longo prazo da demanda ou da área ocupada

A base de alocação deve ser a medida de produção ou o direcionador de custo da atividade que causou a aquisição do ativo. Quando a alocação de um ativo certamente for arbitrária (isto é, nenhuma atividade causal pode ser identificada), muitos gestores pensarão que é melhor não alocar.

Deveria o caixa ser incluído no investimento de uma divisão, se a sede corporativa controlar estritamente os saldos de caixa? Os argumentos poderão pender para ambos os lados, mas o gestor é, geralmente, considerado responsável pelo volume de negócios gerados pela divisão. Por sua vez, esse volume, provavelmente, terá um efeito direto nas necessidades de caixa geral da empresa.

Uma base popular de alocação para caixa é unidades monetárias de vendas. A alocação de caixa na base de unidades monetárias de vendas, entretanto, raramente captura os fundamentos econômicos das manutenções de caixa. Como o Capítulo 7 explica, as necessidades de caixa são influenciadas pela manutenção de fatores que incluem termos de pagamento de clientes e credores.

O controle central de caixa é, geralmente, empreendido para reduzir as manutenções do que seria usado se cada divisão tivesse uma conta em separado. As flutuações nas necessidades de caixa de cada divisão podem compensar-se entre si. A divisão A, por exemplo, pode ter uma deficiência de caixa de $ 1 milhão em fevereiro, mas a divisão B, em compensação, pode ter um excesso de caixa de $ 1 milhão. Tomadas em conjunto para o ano, as divisões A, B, C, D e E poderiam exigir um investimento combinado em caixa de, por exemplo, $ 16 milhões, se todas fossem entidades independentes, mas de apenas $ 8 milhões se o caixa fosse centralmente controlado. Assim, se a divisão C exigir, de maneira ordinária, um investimento de $ 4 milhões em caixa como uma entidade em separado, a ela seria alocado um investimento de apenas $ 2 milhões, como um segmento da empresa no qual o caixa fosse centralmente controlado.

AVALIAÇÃO DE ATIVOS

Quaisquer que sejam os ativos incluídos no capital investido em uma divisão, eles devem ser mensurados de alguma maneira. Deveriam os ativos contidos na base de investimento ser avaliados ao valor contábil bruto ou ao valor contábil líquido? **Valor contábil bruto** é o custo original de um ativo, antes de deduzir as depreciações acumuladas. **Valor contábil líquido** é o custo original de um ativo, menos qualquer depreciação acumulada. Deveriam os valores ser baseados em custo histórico ou em alguma versão do valor corrente?

A prática é superenfatizar a favor de usar o valor contábil líquido baseado no custo histórico. Muito poucas empresas usam o custo de reposição ou qualquer outro tipo de valor corrente. O custo histórico tem sido amplamente criticado por muitos anos como fornecedor de uma base errônea para tomar decisões e avaliar desempenho. Como os Capítulos 5 e 6 apontam, os custos históricos, por si, são irrelevantes para tomar decisões econômicas. Apesar dessas críticas, os gestores têm sido vagarosos para sair do custo histórico.

Por que o custo histórico é utilizado tão amplamente? Alguns críticos diriam que a completa ignorância é a explicação, mas uma resposta mais persuasiva vem da análise custo–benefício. Os sistemas contábeis são dispendiosos. Os registros históricos devem ser mantidos para muitas finalidades legais; assim, eles já estão em uso. Nenhum dinheiro adicional deve ser gasto para avaliar o desempenho baseado em custos históricos. Além disso, muitos altos gestores acreditam que tal sistema fornece a congruência de meta desejada e esforço gerencial e que um sistema mais sofisticado não melhoraria radicalmente as decisões operacionais coletivas. Alguns acreditam, de fato, que usar os valores correntes causaria confusão, a menos que uma grande soma fosse gasta educando o pessoal.

Os custos históricos podem até melhorar algumas decisões, porque eles são mais objetivos do que os custos correntes. Além disso, os gestores podem predizer melhor os efeitos do custo histórico de suas decisões; assim, suas decisões podem ser mais influenciadas pelo sistema de controle. Some-se a isso que a incerteza envolvida com as medidas de custo corrente pode impor riscos indesejáveis sobre gestores. Em suma, o sistema de custo histórico pode ser superior para avaliação rotineira do desempenho. Em exemplos não-rotineiros, como repor um equipamento ou eliminar uma linha de produtos, os gestores devem conduzir estudos especiais para recolher avaliações correntes que pareçam relevantes.

Finalmente, embora os sistemas de custo histórico sejam comuns, a maioria das organizações bem geridas não usam o sistema de custo histórico sozinho. As alternativas viáveis aos gestores não são:

| Sistema de custo histórico | *versus* | Sistema de valor corrente |

Mais acuradamente declarado, as alternativas são:

| Custo histórico: orçamento *versus* real | *versus* | Valor corrente: orçamento *versus* real |

Um sistema orçamentário, se baseado em custo histórico ou valor corrente, força os gestores a planejar e controlar suas operações. A maioria dos gestores parece preferir concentrar-se em melhorar seu sistema orçamentário a custo histórico existente.

Em suma, nossa abordagem de custo–benefício não fornece respostas universais com relação a tais assuntos controversos, como valores históricos *versus* valores correntes, ou retorno sobre o investimento *versus* RI. Em vez disso, usando um teste de custo–benefício, cada organização deve julgar por si mesma se um sistema de controle alternativo ou de técnica contábil melhorará a tomada de decisão coletiva. O último é um critério básico.

Muito freqüentemente, a literatura se engaja em discussões pró e contra sobre que alternativa está mais próxima da perfeição ou é mais verdadeira do que outra, em alguns sentidos lógicos. A abordagem de custo–benefício não está preocupada com a 'verdade' ou a 'perfeição'. Em vez disso, ela pergunta: Você acha que o sistema percebido 'mais verdadeiro' ou 'mais lógico' vale seu custo adicionado? Ou: Nosso sistema imperfeito existente fornecerá quase o mesmo conjunto de decisões se for administrado habilidosamente?

Instalações e equipamentos: brutos ou líquidos?

Ao avaliar ativos, é importante distinguir entre os valores contábeis brutos e líquidos. A maioria das empresas usa o valor contábil líquido ao calcular sua base de investimento. De acordo com uma pesquisa recente, entretanto, uma minoria significativa usa o valor contábil bruto. Os proponentes do valor contábil bruto sustentam que isso facilita as comparações entre os anos e entre as fábricas ou divisões.

Considere o exemplo de uma peça de equipamento de $ 600 mil, com uma vida de três anos e sem valor residual:

Ano	Lucro operacional antes da depreciação	Depreciação	Lucro operacional	Investimento médio			
				Valor contábil líquido*	Taxa de retorno	Valor contábil bruto	Taxa de retorno
1	$ 260 000	$ 200 000	$ 60 000	$ 500 000	12%	$ 600 000	10%
2	$ 260 000	$ 200 000	$ 60 000	$ 300 000	20%	$ 600 000	10%
3	$ 260 000	$ 200 000	$ 60 000	$ 100 000	60%	$ 600 000	10%

* ($ 600 000 + $ 400 000) ÷ 2; ($ 400 000 + $ 200 000) ÷ 2; e assim por diante.

A taxa de retorno sobre o valor contábil líquido se eleva com a idade do equipamento. Poderia aumentar mesmo se o lucro operacional declinasse gradualmente através dos anos. Em contraste, a taxa de retorno do valor contábil bruto fica inalterada se o lucro operacional não variar. A taxa decresceria se o lucro operacional declinasse gradualmente através dos anos.

Os defensores do uso do valor contábil líquido sustentam que:

- Ele é menos confuso, porque é consistente com os ativos mostrados no balanço patrimonial convencional e com os cálculos de lucro líquido.
- A principal crítica do valor contábil líquido não é peculiar ao seu uso para propósitos do ROI. Ela é, realmente, uma crítica de usar o custo histórico como base para avaliação.

O efeito na motivação deve ser considerado quando se escolher entre valor contábil bruto e líquido. Os gestores avaliados pelo uso do valor contábil bruto tenderão a repor os ativos mais cedo do que aqueles gestores de empresas que usam o valor contábil líquido. Considere uma máquina com quatro anos de idade, com custo original de $ 1 mil e valor contábil líquido de $ 200. Ela pode ser substituída por uma máquina nova que também custe $ 1 mil. A escolha do valor contábil bruto ou líquido não afeta o lucro líquido. A base de investimento, entretanto, cresce de $ 200 para $ 1 mil em uma empresa que use o valor contábil líquido, mas permanece em $ 1 mil em uma empresa que use o valor contábil bruto. Para maximizar o ROI ou o RI, os gestores desejam uma base de investimento baixa. Os gestores de empresa que usam o valor contábil líquido tenderão a manter os velhos ativos com seus baixos valores contábeis.

As empresas que usam o valor contábil bruto terão menos incentivos para manter os ativos velhos. Conseqüentemente, para motivar os gestores a usar a tecnologia de produção mais avançada, o valor contábil bruto será preferido. O valor líquido de ativo promove uma abordagem mais conservadora para repor ativos.

Chaves para os sistemas de controle gerencial bem-sucedidos

Os sistemas de controle gerencial bem-sucedidos têm diversos fatores-chave, além de medidas de lucratividade apropriadas. Em seguida, exploraremos alguns desses fatores.

Foco na controlabilidade

Como o Capítulo 9 explicou (veja a Figura 9.5), a alta gestão deve distinguir entre o desempenho do gestor da divisão e o desempenho da divisão como um investimento pela empresa. Eles devem avaliar os gestores na base de seu desempenho controlável (em muitos casos, alguma contribuição controlável em relação ao investimento controlável). Eles devem, porém, basear tais decisões no aumento ou na diminuição de investimento em uma divisão, sobre a viabilidade econômica da divisão, não no desempenho de seus gestores.

Essa distinção ajuda a clarificar algumas dificuldades vexatórias. A alta gestão pode, por exemplo, desejar usar uma base de investimento para aferir o desempenho econômico de uma loja de varejo, mas o gestor pode ser melhor julgado focalizando o resultado e esquecendo-se de qualquer alocação de investimento. Se o investimento for designado para o gestor, o alvo deverá avaliar apenas aquele investimento que o gestor pode controlar. A controlabilidade depende de quais decisões os gestores podem tomar levando em consideração o tamanho da base de investimento. Por exemplo, em uma empresa altamente descentralizada, os gestores podem influenciar o tamanho desses ativos e fazer julgamentos considerando o montante apropriado de créditos de curto prazo e, talvez, algum crédito de longo prazo.

Gestão por objetivos

A **gestão por objetivos (GPO)** descreve as formulações conjuntas de um gestor ou seu superior sobre um conjunto de metas e planos para alcançar as metas para um período vindouro. Para nossos propósitos aqui, os termos 'metas' e 'objetivos' são sinônimos. Os planos, freqüentemente, tomam a forma de um orçamento de contabilidade por responsabilidade (bem como os objetivos suplementares, como níveis de treinamento de gestão e segurança, que podem não ser incorporados a um orçamento contábil). O desempenho do gestor é, então, avaliado em relação àqueles objetivos orçados acordados.

Independentemente de ele estar assim rotulado, uma abordagem GPO diminui as reclamações sobre falta de controlabilidade, por causa de sua pressão sobre resultados orçados, isto é, um orçamento é negociado entre um gestor particular e seu superior para um período em particular e um conjunto particular de influências esperadas internas e externas. Dessa maneira, um gestor pode aceitar mais prontamente uma atribuição para um segmento menos bem-sucedido. Este é preferível a um sistema que enfatiza a lucratividade absoluta para sua própria causa. A menos que o foco seja colocado nos resultados correntemente obteníveis, os gestores aptos estarão relutantes em aceitar responsabilidade por segmentos que estão com problemas econômicos.

Assim, um orçamento habilidoso e uma avaliação de desempenho inteligente seguirão um longo caminho em direção à superação de uma desculpa comum: "Estou sendo responsabilizado por itens além do meu controle". *

Orçamentos sob encomenda para gestores

Muitos dos efeitos motivacionais incômodos de sistemas de avaliação de desempenho podem ser minimizados pelo uso astuto de orçamentos. A conveniência de um orçamento sob encomenda para gestores particulares não pode ser superenfatizada. Um sistema ROI ou RI, por exemplo, pode promover a congruência de metas e o esforço gerencial, se a alta gestão exigir que todos focalizem o que é correntemente obtenível e no período orçamentário vindouro. De maneira geral, os gestores divisionais não têm liberdade (autonomia) total para tomar as principais decisões de investimento sem consultar a gestão sênior.

Problema resumido para revisão

Problema

Uma divisão tem ativos de $ 200 mil, passivos circulantes de $ 20 mil e lucro operacional líquido de $ 60 mil.
1. Qual é o ROI da divisão?
2. Se o custo médio ponderado de capital for 14 por cento, qual será o EVA?
3. Que efeito poderá ser esperado no comportamento da gestão caso o ROI seja usado para medir o desempenho?
4. Que efeito poderá ser esperado no comportamento da gestão caso o EVA seja usado para medir o desempenho?

Solução

1. ROI é $ 60 000 ÷ $ 200 000 = 30%. Uma alternativa é $ 60 000 ÷ $ 180 000 = 33%.
2. EVA = $ 60 000 − 0,14 ($ 180 000) = $ 60 000 − $ 25 200 = $ 34 800.
3. Se o ROI for usado, o gestor estará inclinado a rejeitar os projetos que não obtenham um ROI de pelo menos 30 por cento. Do ponto de vista da organização como um todo, isso poderá ser indesejável, porque suas melhores oportunidades de investimento poderão encontrar-se naquela divisão e ter uma taxa de, por exemplo, 22 por cento. Se uma divisão estiver obtendo um alto ROI, será menos provável expandir se for julgada via ROI do que se for julgada via EVA.
4. Se o EVA for usado, o gestor estará inclinado a aceitar todos os projetos nos quais a taxa de retorno esperada exceda o custo médio ponderado de capital. A divisão do gestor, mais provavelmente, expandirá, porque seu objetivo é maximizar o montante em dinheiro em vez de uma taxa.

Material fundamental de avaliação

10-A1. Taxa de retorno e preço de transferência

Considere os seguintes dados com relação às operações orçadas da divisão Atlanta da Machine Products, Inc.:

---

* As espressões 'gestão por objetivos' (GPO), 'administração por objetivos' (APO), 'direção por objetivos' (DPO) ou, em inglês, 'management by objectives' (MBO), deram origem a outras terminologias, como 'mission based management' (MBM), 'managing for results' (MFR ou M4R), 'administração por resultados' (APR) e 'results based management' (RBM), que decorrem de uma tentativa de controlar cenários projetados por gestores sob acordos particulares, como se observa no texto. (N. do T.)

Ativos médios disponíveis	
Contas a receber	$ 150 000
Estoques	$ 300 000
Instalações e equipamento, líquidos	$ 450 000
Total	$ 900 000
CIF fixos	$ 300 000
Custos variáveis	$ 1 por unidade
Taxa de retorno desejada sobre os ativos médios disponíveis	25%
Volume esperado	150 000 unidades

1. Responda:
    a) Qual preço de venda unitário médio é necessário para obter a taxa de retorno desejada sobre os ativos médios disponíveis?
    b) Qual seria o giro de ativo esperado?
    c) Qual seria a porcentagem de lucro operacional sobre as vendas em dinheiro?
2. Solucione:
    a) Se o preço de venda for como calculado acima, que taxa de retorno será obtida sobre os ativos disponíveis, se o volume de vendas for de 180 mil unidades?
    b) E se o volume de vendas for 120 mil unidades?
3. Suponha que 45 mil unidades devam ser vendidas para outra divisão da mesma empresa e que apenas 105 mil unidades possam ser vendidas para os clientes externos. A gestora da outra divisão tenta impedir a tentativa do preço de venda de $ 4. Ela tem uma oferta de $ 2,25, alegando poder manufaturar as unidades, por si mesma, àquele preço. O gestor da divisão vendedora examinou seus próprios dados. Ele havia decidido que deveria eliminar $ 60 mil de estoques, $ 90 mil de instalações e equipamentos e $ 22,5 mil de CIF fixos, caso não vendesse para a outra divisão e vendesse apenas 105 mil unidades para clientes externos. Ele deveria vender por $ 2,25? Mostre os cálculos para apoiar sua resposta.

10-A2. Disputa do preço de transferência

A Mason Corporation, fabricante de equipamentos de transporte, é altamente descentralizada. Cada chefe de divisão tem plena autoridade sobre todas as decisões com relação às vendas para clientes internos ou externos.

A divisão Pacific sempre adquiriu um certo componente de equipamento da divisão Southern. Quando informada de que a divisão Southern estava aumentando seu preço unitário para $ 330, entretanto, a gestão da divisão Pacific decidiu comprar o componente dos fornecedores externos, ao preço de $ 300.

A divisão Southern adquiriu, recentemente, algum equipamento especializado, que foi utilizado principalmente para fabricar esse componente. O gestor citou as altas despesas de depreciação resultantes como justificativa para aquele aumento de preço. Ele pediu ao presidente da empresa que instruísse a divisão Pacific a comprar da Southern ao preço de $ 330. Ele forneceu os seguintes dados para apoiar a solicitação:

Compras anuais de componentes da Pacific	2 000 unidades
Custos variáveis por unidade da Southern	$ 285
Custos fixos por unidade da Southern	$ 30

1. Suponha que não haja alternativa de uso das instalações da Southern. A empresa como um todo se beneficiará das compras da divisão Pacific dos fornecedores externos por $ 300 a unidade? Mostre os cálculos para apoiar sua resposta.
2. Suponha que as instalações internas da Southern não estariam ociosas de outra maneira. Os equipamentos e outras instalações seriam designados para outras operações de produção, que também exigiriam um desembolso anual adicional de $ 40,5 mil. A divisão Pacific deveria comprar dos fornecedores externos a $ 300 por unidade?
3. Suponha que não haja uso alternativo para as instalações internas da Southern e que o preço de venda externo caia em $ 30. A divisão Pacific deveria comprar dos fornecedores externos?
4. Como presidente, como você responderia à solicitação do gestor da divisão Southern? Sua resposta diferiria, dependendo das situações específicas descritas nos itens 1 a 3 acima? Por quê?

10-A3. Preços de transferência

Consulte o Problema 10-A2, apenas o item 1. Suponha que a divisão Southern pudesse modificar o componente a um custo variável adicional de $ 12 por unidade e vendesse as duas mil unidades para outros clientes por $ 330.

Então, a empresa como um todo se beneficiaria, caso a divisão Pacific comprasse os dois mil componentes dos fornecedores externos a $ 300 por unidade?

10-A4. Cálculos do ROI simples e RI
Considere os seguintes dados (em milhares):

	Divisão A	Divisão B	Divisão C
Capital médio investido	$ 1 000	$ 600	$ 800
Receitas	$ 3 600	$ 1 800	$ 8 000
Lucro	$ 180	$ 126	$ 80

1. Para cada divisão, calcule a porcentagem de lucro sobre as receitas (ou retorno sobre as vendas), o giro de capital e o ROI.
2. Qual divisão tem o melhor desempenho? Explique.
3. Suponha que cada divisão seja avaliada a uma taxa de juros imputados de 10 por cento sobre o capital investido. Calcule o RI para cada divisão. Qual divisão tem o melhor desempenho baseado no RI? Explique.

10-B1. Preço de transferência
A Burger-Rama Enterprises opera uma cadeia de *stands* de hambúrgueres em *drive-in* em Cape Cod, durante as dez semanas da estação de verão. Aos gestores de todos os *stands* foi dito que agissem como se fossem donos do *stand* e, assim, eles são julgados com base em seu desempenho de lucro. A Burger-Rama Enterprises alugou uma máquina de sorvetes para o verão, para fornecer sorvetes a seus *stands*. O aluguel da máquina é $ 1,8 mil. À Burger-Rama não é permitido vender sorvetes a outros comerciantes, porque ela não pode obter uma licença de produção de laticínios. O gestor da máquina de sorvetes cobra dos *stands* $ 4 por galão. Os números operacionais para a máquina para o verão são os seguintes:

Vendas para os *stands* (8 000 galões a $ 4)		$ 32 000
Custos variáveis a $ 2,10 por galão	$ 16 800	
Custos fixos		
Aluguel da máquina	$ 1 800	
Outros custos fixos	$ 5 000	$ 23 600
Margem operacional		$ 8 400

O gestor do Cape Drive-In, um dos *drive-ins* da Burger-Rama, está pedindo permissão para assinar um contrato para comprar sorvete de um fornecedor externo a $ 3,30 por galão. O Cape Drive-In consome 1,5 mil galões de sorvete durante o verão. Jane Garton, *controller* da Burger-Rama, pede uma requisição a você. Você determina que os outros custos fixos de operação da máquina decrescerão em $ 480, se a Cape Drive-In comprar de um fornecedor externo. Garton deseja uma análise da requisição em termos de objetivos gerais da empresa e uma explicação de sua conclusão. Qual é o preço de transferência apropriado?

10-B2. Taxa de retorno e preço de transferência
A divisão Tokyo da Toy King fabrica unidades do jogo 'Go' e vende-as no mercado japonês por ¥ 6 mil cada. Os seguintes dados são do orçamento de 20X2 da divisão Tokyo:

Custos variáveis	¥ 3 800 por unidade
CIF fixo	¥ 6 080 000
Total de ativos	¥ 12 500 000

A Toy King instruiu a divisão Tokyo para orçar uma taxa de retorno sobre o total dos ativos (antes dos impostos) de 20 por cento.

1. Suponha que a divisão Tokyo espere vender 3,4 mil jogos durante 20X2.
   a) Que taxa de retorno será obtida sobre o total dos ativos?
   b) Qual seria o giro de capital esperado?
   c) Qual seria a porcentagem de lucro operacional sobre as vendas?
2. A divisão Tokyo está considerando ajustes no orçamento para alcançar a taxa de retorno desejada de 20 por cento sobre o total dos ativos.
   a) Quantas unidades devem ser vendidas para obter o retorno desejado se nenhuma outra parte do orçamento for alterado?

b) Suponha que as vendas não possam ser aumentadas além de 3,4 mil unidades. Quanto o total de ativos deverá ser reduzido para obter o retorno desejado? Suponha que, para cada ¥ 1 mil de decréscimo no total de ativos, os custos fixos diminuam em ¥ 100.

3. Suponha que apenas 2,4 mil unidades possam ser vendidas no mercado japonês. Outras 1,4 mil unidades, entretanto, podem ser vendidas para a divisão de *marketing* americana da Toy King. O gestor de Tokyo ofereceu vender as 1,4 mil unidades por ¥ 5,5 mil cada. O gestor da divisão de *marketing* americana opôs-se, com uma oferta de pagar ¥ 5 mil por unidade, asseverando que pode subcontratar a produção a um produtor americano, a um custo equivalente a ¥ 5 mil. O gestor de Tokyo sabe que, se sua produção caísse para 2,4 mil unidades, ele poderia eliminar alguns ativos, reduzindo o total de ativos para ¥ 10 milhões e um CIF fixo anual de ¥ 4,9 milhões. O gestor de Tokyo deveria vender por ¥ 5 mil a unidade? Apóie suas respostas com os cálculos relevantes. Ignore os efeitos de imposto de renda e as taxas de importação.

10-B3. ROI ou RI

A T. A. Lincoln Co. é um grande conglomerado integrado com operações de embarque, metalúrgica e mineração por todo o mundo. O gestor-geral da divisão Havy Metals planeja submeter um orçamento de capital proposto para 20X2 para inclusão no orçamento da empresa toda.

O gestor da divisão tem por consideração os seguintes projetos, que exigem um desembolso de capital. Todos os projetos têm risco igual.

Projeto	Investimento exigido	Retorno
1	$ 4 800 000	$ 1 200 000
2	$ 1 900 000	$ 627 000
3	$ 1 400 000	$ 182 000
4	$ 950 000	$ 152 000
5	$ 650 000	$ 136 500
6	$ 300 000	$ 90 000

O gestor da divisão deve decidir qual dos projetos aprovar. A empresa tem um custo de capital de 15 por cento. Um montante de $ 12 milhões está disponível para a divisão para fins de investimento.

1. Qual será o total do investimento, o total do retorno, o retorno sobre o capital investido e o RI do gestor racional da divisão se:
    a) A empresa tiver uma regra de que todos os projetos que prometem 20 por cento ou mais devem ser aprovados.
    b) O gestor da divisão for avaliado sobre sua habilidade em maximizar seu retorno sobre o capital investido. (Suponha que essa é uma divisão nova, sem capital investido.)
    c) Espera-se que o gestor de divisão maximize o RI como calculado ao usar os 15 por cento de custo de capital.
2. Qual das três abordagens induzirá à política de investimento mais eficaz para a empresa como um todo? Explique.

Material adicional de avaliação

Questões

10-1. "A descentralização tem benefícios e custos." Nomeie três de cada um.

10-2. Sistemas sofisticados de contabilidade e de comunicações ajudam a descentralização. Explique como eles realizam isso.

10-3. "A essência da descentralização é o uso de centros de resultado." Você concorda? Explique.

10-4. Por que a descentralização é mais popular em organizações com fins lucrativos do que em organizações sem fins lucrativos?

10-5. Que tipos de organização preferem a descentralização à centralização?

10-6. Por que os sistemas de preço de transferência são necessários?

10-7. Descreva dois problemas que podem surgir quando se usam os custos totais reais com o preço de transferência.

10-8. Como a presença ou a ausência de capacidade ociosa afeta a política de preço de transferência ótima?

10-9. "Usamos custos variáveis como preços de transferência para assegurar que nenhuma decisão disfuncional seja feita." Discuta isso.

10-10. Qual é a principal vantagem dos preços de transferência negociados? Qual é a principal desvantagem?

10-11. Discuta dois fatores que afetam os preços de transferência de multinacionais, mas que têm pouco efeito nas transferências puramente domésticas.

10-12. Qual é o principal benefício da técnica do ROI para mensurar o desempenho?

10-13. Que dois itens principais afetam o ROI?

10-14. Defina o EVA e descreva três maneiras de uma empresa melhorar seu EVA.

10-15. O ROI da divisão *A* é 20 por cento; da divisão *B* é 10 por cento. A cada gestor de divisão é pago um bônus baseado em seu ROI divisional. Discuta se cada gestor de divisão aceitaria ou rejeitaria um projeto proposto com uma taxa de retorno de 15 por cento. Qual deles tomaria uma decisão diferente caso os gestores fossem avaliados usando o RI com uma taxa de juros imputada de 11 por cento? Explique.

10-16. Dê quatro definições possíveis de capital investido que podem ser utilizadas na mensuração do ROI ou do RI.

10-17. "Os gestores que usam um sistema de contabilidade de custo histórico verificam no passado o que algo custou ontem, em vez de no futuro o que esse algo custará amanhã." Você concorda? Por quê?

10-18. A Ross Company usa o valor contábil líquido como medida de capital investido ao calcular o ROI. Um gestor de divisão sugeriu que a empresa mudasse para o uso do valor contábil bruto. Que diferença, na motivação dos gestores de divisão, pode resultar de tal mudança? Você supõe que a maioria dos ativos, na divisão do gestor proponente da mudança, seja relativamente nova ou velha? Por quê?

10-19. Descreva GPO.

Exercícios cognitivos

10-20. Medidas de desempenho e teoria econômica

Os economistas descrevem as escolhas formais de medidas de desempenho e recompensas como a teoria da representação (*agency theory*). De acordo com a teoria da representação, os contratos de emprego substituem três fatores. Nomeie-os e descreva-os sucintamente.

10-21. Comparação de medidas financeiras de desempenho

"Ambos, ROI e RI, usam o lucro e o capital investido para medir o desempenho. Conseqüentemente, na realidade, não importa qual usemos." Você concorda? Explique.

10-22. Preço de transferência e comportamento organizacional

O principal objetivo para o sistema de preço de transferência é comunicar os dados que levarão a decisões congruentes em metas pelos gestores de unidades de negócio diferentes. Quando os gestores realizam ações que conflitam com as metas organizacionais, existe comportamento disfuncional. Por que a alta gestão, algumas vezes, aceita os julgamentos de um gestor divisional, mesmo que o gestor da divisão pareça comportar-se de maneira disfuncional?

Exercícios

10-23. Custos variáveis e um preço de transferência

O custo variável de um calendário de mesa é $ 5, e seu valor de mercado é $ 6,25, em um ponto de transferência da divisão de impressão para a divisão de dobragem. O custo variável da divisão de dobragem para adicionar uma capa de couro sintético é $ 2,80, e o preço de venda final do calendário é $ 8,50.

1. Prepare uma tabela de margem de contribuição por unidade, para o desempenho da divisão de dobragem e o desempenho geral da empresa, sob duas alternativas:
   a) Vender para clientes externos no ponto de transferência.
   b) Adicionar a capa e, então, vender para clientes externos.
2. Como gestor da divisão de dobragem, que alternativa você escolheria? Explique.

10-24. Preço de transferência máximo e mínimo

A Benson Company fabrica bicicletas. Os componentes são feitos em várias divisões e transferidos para a divisão Omaha, para montagem do produto final. A divisão Omaha pode também comprar componentes de fornecedores externos. As rodas são feitas na divisão Lincoln, que também vende rodas para clientes externos. Todas as divisões são centros de resultado, e os gestores estão livres para negociar preços de transferência. Os preços e custos para as divisões Lincoln e Omaha são:

	Divisão Lincoln
Preço de venda para os clientes externos	$ 12
Preço de transferência interno	?
Custos	
Custos variáveis por roda	$ 8
Total de custos fixos	$ 320 000
Produção orçada	$ 64 000 rodas*

Inclui a produção para transferência para Omaha.

	Divisão Omaha
Preço de venda para clientes externos	$ 160
Custos	
Rodas, por bicicleta	?
Outros componentes, por bicicleta	$ 80
Outros custos variáveis, por bicicleta	$ 40
Total de custos fixos	$ 640 000
Produção orçada	$ 16 000 bicicletas

Os custos fixos, em ambas as divisões, não serão afetados pela transferência das rodas da Lincoln para a Omaha.

1. Calcule o preço de transferência máximo, por roda, que a divisão Omaha estaria disposta a pagar para comprar rodas da divisão Lincoln.
2. Calcule o preço de transferência mínimo, por roda, ao qual a divisão Lincoln estaria disposta a produzir e vender rodas para a divisão Omaha. Suponha que a Lincoln tenha um excesso de capacidade.

10-25. Preços de transferência multinacionais

A Global Enterprises, Inc. tem divisões de produção e *marketing* por todo o mundo. Um produto particular é produzido no Japão, onde a alíquota de imposto de renda é 30 por cento, e transferido para a divisão de *marketing* na Suécia, onde a alíquota de imposto de renda é 60 por cento. Suponha que a Suécia coloque um imposto de importação de 10 por cento sobre os produtos e que as taxas de importação não sejam dedutíveis para fins do imposto de renda.

Os custos variáveis do produto são $ 200 e os custos totais são $ 400. Suponha que a empresa possa selecionar, legalmente, um preço de transferência em qualquer ponto entre o custo variável e o custo total.

1. Que preço de transferência deveria a Global Enterprises usar para minimizar os impostos? Explique por que esse é um preço de transferência minimizador de impostos.
2. Calcule o montante de impostos economizados ao utilizar o preço de transferência do item 1, em vez do preço de transferência que resultaria em impostos maiores.

10-26. Cálculos do ROI simples

Foram dados a você os seguintes dados:

Vendas	$ 130 000 000
Capital investido	$ 50 000 000
Retorno sobre o investimento	12%

Calcule o seguinte:

1. Giro do capital.
2. Lucro líquido.
3. Lucro líquido como uma porcentagem de vendas.

10-27. Cálculo do ROI simples
Preencha os espaços em branco:

	Divisão A	Divisão B	Divisão C
Porcentagem de lucro sobre as receitas	7%	3%	____%
Giro de capital	4%	____%	4%
Taxa de retorno sobre o capital investido	____%	24%	20%

10-28. Cálculos do ROI simples e RI
Considere os seguintes dados:

	Divisão X	Divisão Y	Divisão Z
Capital investido	$ 2 000 000	$ _____	$ 1 250 000
Lucro	$ _____	$ 182 000	$ 150 000
Receitas	$ 4 000 000	$ 3 640 000	$ _____
Porcentagem do lucro sobre as receitas	2,5%	____%	____%
Giro de capital	____	____	3
Taxa de retorno sobre o capital investido	____%	14%	____%

1. Prepare uma apresentação tabular similar, preenchendo todos os espaços em branco.
2. Qual divisão tem o melhor desempenho? Explique.
3. Suponha que cada divisão seja avaliada como uma taxa de juros imputada de 12 por cento sobre o capital investido. Calcule o RI para cada divisão.

10-29. EVA na Briggs & Stratton
A Briggs & Stratton Corporation é a maior fabricante mundial de refrigeradores de ar com motores a gasolina para equipamentos elétricos externos. Seus motores são utilizados por empresas que fabricam aparadores de grama e equipamentos de jardinagem.

De acordo com o relatório anual de 1999 da empresa, "a gestão subscreveu a premissa de que o valor da Briggs & Stratton será melhorado se o capital investido nas operações da empresa renderem um retorno em dinheiro que seja maior do que o esperado pelo supridor de capital".

Os seguintes dados são do relatório anual de 1999, da Briggs & Stratton (em $ milhares):

	1999	1998
Lucro operacional ajustado antes do imposto de renda	$ 187 994	$ 131 546
Pagamento do imposto em dinheiro	$ 65 255	$ 41 102
Capital médio investido ajustado	$ 697 887	$ 716 112
Custo de capital	10,3%	10,0%

1. Calcule o valor econômico adicionado para a Briggs & Stratton para 1998 e 1999.
2. O desempenho geral da Briggs & Stratton melhorou de 1998 para 1999? Explique.

10-30. Comparação de bases de ativo e patrimônio líquido
A Alamo Footware tem ativos de $ 2 milhões e uma dívida de longo prazo de $ 800 mil a 10 por cento. A Shirley Shoes tem ativos de $ 2 milhões e nenhuma dívida de longo prazo. O lucro operacional anual (antes dos juros) de ambas as empresas é $ 500 mil.

1. Calcule a taxa de retorno sobre:
   a) Ativos disponíveis.
   b) Patrimônio líquido.
2. Avalie os méritos relativos de cada base para avaliar a gestão operacional.

10-31. Descobrindo o desconhecido
Considere os seguintes dados:

	Divisão		
	J	K	L
Lucro	$ 140 000	$ _____	$ _____
Receitas	$ _____	$ _____	$ _____
Capital investido	$ _____	$ 3 000 000	$ 16 000 000
Porcentagem de lucro sobre receitas	7%	4%	____%
Giro de capital	4	____	3
Taxa de retorno sobre o capital investido	____%	20%	15%
Taxa de juros imputados sobre o capital investido	20%	12%	____%
RI	$ _____	$ _____	$ 480 000

1. Prepare uma apresentação tabular similar, preenchendo todos os espaços em branco.
2. Qual divisão tem o melhor desempenho? Explique.

PROBLEMAS

10-32. Centros de resultado e preço de transferência em um revendedor de automóveis

Um grande revendedor de automóveis está instalando um sistema de contabilidade por responsabilidade e três centros de resultado: peças e serviços, veículos novos e veículos usados. Aos três gestores de departamento foi dito que abrissem suas lojas como se fossem donos dos negócios. Há, entretanto, um acordo interdepartamental. Por exemplo:

a) O departamento de peças e serviços prepara os novos carros para entrega final e conserta os carros usados antes da revenda.

b) A principal fonte de estoques do departamento de carros usados tem sido os carros negociados como parte do pagamento dos carros novos. O proprietário da revendedora pediu que você rascunhasse uma declaração da política da empresa sobre preços de transferências, juntamente com regras específicas a ser aplicadas nos exemplos citados. Ele disse a você que a clareza seria de grande importância, porque suas declarações seriam a base para eliminar as disputas de preços de transferência.

10-33. Preço de transferência

A divisão Riply Pump da Dependable Motors Company produz bombas de água para automóveis. Ela tem sido a única fornecedora de bombas de água para a divisão automotiva e cobra $ 30 por unidade, preço de mercado corrente para muitos grandes atacadistas. A divisão Riply Pump também vende para lojas varejistas externas a $ 38 por unidade. Normalmente, as vendas externas montam em 25 por cento do total do volume de vendas de um milhão de bombas de água por ano. Os dados anuais típicos combinados para a divisão são os seguintes:

Vendas	$ 32 000 000
Custos variáveis a $ 24 por bomba de água	$ 24 000 000
Custos fixos	$ 3 000 000
Total de custos	$ 27 000 000
Margem bruta	$ 5 000 000

A Farmington Pump Company, entidade inteiramente separada, ofereceu à divisão automotiva bombas de água comparáveis, a um preço constante de $ 28 por unidade. A divisão Riply Pump reclamou que, possivelmente, não poderia confrontar esses preços, porque não lucraria nenhuma margem a $ 28.

1. Suponha que você seja o gestor da divisão automotiva. Comente a reclamação da Riply Pump. Suponha que o volume externo normal não possa ser aumentado.
2. A divisão Riply Pump percebe que pode aumentar as vendas externas em 750 mil bombas de água por ano, ao aumentar os custos fixos em $ 2 milhões e os custos variáveis em $ 3 por unidade, enquanto reduz o preço de venda para $ 36. Suponha que a capacidade máxima seja um milhão de bombas por ano. A divisão deveria rejeitar os negócios intracompanhia e concentrar-se nas vendas externas?

10-34. Concessão de preço de transferência

Você é o *controller* divisional da divisão Nashville da General Electronics, Inc. Sua divisão está operando na capacidade. A divisão Memphis pediu que a Nashville fornecesse a peça número A45K, que usará em um novo modelo de caixa de contenção que está introduzindo. A Nashville, atualmente, vende a peça número A45K, para clientes externos, a $ 10 cada.

A divisão Memphis propôs pagar $ 6,90 por peça. O custo total da caixa de contenção é:

Peças compradas de fornecedores externos	$ 28,10
Peça número A45K da Nashville	$ 6,90
Outros custos variáveis	$ 17,50
CIF fixo	$ 10,00
Total	$ 62,50

A Memphis está operando a 50 por cento da capacidade, e sua caixa de contenção é uma introdução de produto novo, importante para aumentar seu uso de capacidade. Baseada em uma abordagem de custeio-alvo, a gestão da divisão Memphis decidiu que, pagando mais de $ 6,90 pela peça, tornaria a produção da caixa de contenção inviável, por causa de seu preço de venda predito ser apenas $ 62,50.

A General Electronics avalia os gestores divisionais na base do retorno sobre o investimento antes do imposto de renda e no lucro monetário comparado ao orçamento.

1. Como *controller* divisional da divisão Nashville, você recomendaria o suprimento da peça número A45K para a divisão Memphis por $ 6,90 cada? Por quê, ou por que não?
2. Seria uma vantagem econômica no curto prazo da General Electronics para que a divisão Nashville suprisse a peça para a divisão Memphis? Explique sua resposta.
3. Discuta as dificuldades organizacionais e comportamentais, se existirem, inerentes a essa situação. Como *controller* da Nashville, o que você aconselharia ao presidente da General Electronics fazer nessa situação?

10-35. Preços de transferência e capacidade ociosa

A divisão Grand Rapids, da National Woodcraft, compra madeira, que usa para fabricar mesas, cadeiras e outros móveis de madeira. A maioria da madeira é comprada da Northwoods Mill, também uma divisão da National Woodcraft. As divisões Grand Rapids e Northwoods Mill são centros de resultado.

A divisão Grand Rapids propõe produzir uma nova cadeira, estilo Shaker, que será vendida por $ 92. O gestor está explorando a possibilidade de comprar a madeira necessária da Northwoods Mill. Está planejada a produção de 800 cadeiras, usando a capacidade da divisão Grand Rapids, que está atualmente ociosa.

A divisão Grand Rapids pode comprar a madeira de um fornecedor externo por $ 72. A National Woodcraft tem uma política de precificar as transferências internas ao custo totalmente alocado.

Suponha os seguintes custos para a produção de uma cadeira e a madeira necessária para tal:

Northwoods Mill		Divisão Grand Rapids		
Custos variáveis	$ 48	Custos variáveis		
Custos fixos alocados	$ 22	Madeira da Northwoods Mill		$ 70
Custos totalmente alocados	$ 70	Custos variáveis da divisão Grand Rapids		
		Manufatura	$ 21	
		Vendas	$ 6	$ 27
		Total de custos variáveis		$ 97

1. Suponha que a Northwoods Mill tenha capacidade ociosa e, conseqüentemente, não incorreria em custos fixos adicionais para produzir a madeira necessária. O gestor da divisão Grand Rapids compraria a madeira para sua cadeira da Northwoods Mill, dada a política de preço de transferência existente? Por quê, ou por que não? A empresa como um todo se beneficiaria se o gestor decidisse comprar da Northwoods Mill? Explique.
2. Suponha que não haja capacidade ociosa na Northwoods Mill e que a madeira necessária para uma cadeira possa ser vendida para clientes externos por $ 72. A empresa como um todo se beneficiaria se o gestor decidisse comprar? Explique.

10-36. Princípios de preço de transferência

Uma empresa de consultoria, a Galaxy, Inc., é descentralizada, com 25 escritórios em todo o país. A sede está baseada em São Francisco. Outra divisão operacional está localizada em São José, 50 milhas distante de São Francisco. Uma subsidiária operacional de impressão, a Kwik Print, está localizada no edifício da sede. A alta gestão indicou a conveniência de o escritório de São José usar a Kwik Print para relatórios impressos. Todas as despesas são eventualmente faturadas para o cliente, mas a Galaxy está preocupada em manter tais despesas competitivas.

A Kwik Print cobra de São José o seguinte:

Página fotografada para a impressora *offset* (custo de preparação)	$ 0,25
Custo de impressão por página	$ 0,014

A essa taxa, as vendas da Kwik Print têm uma margem de contribuição de 60 por cento do CIF fixo. As ofertas externas para cem cópias de um relatório de 120 páginas necessárias imediatamente foram:

Print 4U	$ 204,00
Jiffy Press	$ 180,25
Kustom Print	$ 186,00

Essas três impressoras estão localizadas dentro de um raio de cinco milhas entre Galaxy–São José e podem ter os relatórios prontos em dois dias. Um mensageiro teria de ser enviado para deixar o original e pegar as cópias. O mensageiro, geralmente, vai à sede, mas, no passado, foram necessárias viagens especiais para entregar o original ou pegar as cópias. Leva de três a quatro dias para se obterem as cópias da Kwik Print (por causa das dificuldades extras de programação na entrega e coleta).

O controle de qualidade na Kwik Print é pobre. Os relatórios recebidos no passado continham páginas dobradas, ocasionalmente colocados em desordem ou com páginas suprimidas completamente. (Em uma ocasião, um memorando intracompanhia, que indicava a economia direta da Galaxy, foi introduzido em um relatório. Felizmente, o escritório de São José detectou o erro antes que o relatório fosse distribuído aos clientes.) O grau de controle de qualidade, nas três lojas de cópias externas, era desconhecido.

(Apesar de as diferenças nos custos parecerem imateriais nesse caso, considere os números como significativos para focar os assuntos-chave.)

1. Se você fosse o tomador de decisões na Galaxy–São José, para qual loja de impressão daria seus negócios? Essa decisão é economicamente ótima do ponto de vista da empresa inteira?
2. Qual seria o preço de transferência ideal nesse caso, se baseado apenas nas considerações econômicas?
3. O tempo é um fator importante na manutenção da boa vontade do cliente. Há um retorno potencial nos negócios com ele. Dada essa perspectiva, qual poderia ser a decisão ótima para a empresa?
4. Comente sobre a sabedoria da alta gestão ao indicar o uso da Kwik Print.

10-37. Preços de transferência negociados

A divisão de montagem da Chicago Office Furniture, Inc. necessita de 1,2 mil unidades de submontagem da divisão de fabricação. A empresa tem uma política de preços de transferência negociados. A divisão de fabricação tem capacidade suficiente para produzir duas mil unidades adicionais de submontagem. Seu custo variável de produção é $ 22. O preço de mercado da submontagem é $ 50.

Qual é a faixa de negociação natural para um preço de transferência entre as duas divisões? Explique por que nenhum preço abaixo de sua faixa seria aceitável. Também explique por que nenhum preço acima de sua faixa seria aceitável.

10-38. Preços de transferência multinacionais

A Malone Medical Instruments, Inc. produz uma variedade de produtos médicos em sua fábrica de Seattle. A empresa tem divisões de vendas mundiais. Uma dessas divisões de vendas está localizada em Oslo, Noruega.

Suponha que a alíquota de imposto de renda dos Estados Unidos seja 34 por cento e que a alíquota norueguesa seja 60 por cento, e uma taxa de importação de 15 por cento seja imposta nos suprimentos médicos trazidos para a Noruega.

Um dos produtos fabricados em Seattle e levados para a Noruega é o monitor cardíaco. O custo variável de produção é $ 300 por unidade, e o custo totalmente alocado é $ 550 por unidade.

1. Suponha que os governos norueguês e americano permitam que os custos sejam variáveis ou totalmente alocados. Qual preço deveria a Malone Medical Instruments escolher para minimizar o total de imposto de renda e das taxas de importação? Calcule o montante que a empresa economizaria se usasse o preço de transferência sugerido por você, em vez da alternativa. Suponha que as taxas de importação não sejam dedutíveis para propósitos de imposto de renda.
2. Suponha que o parlamento norueguês tenha aprovado uma lei diminuindo a alíquota de imposto de renda para 50 por cento e aumentando as taxas de importação sobre os monitores cardíacos para 20 por cento. Repita o item 1, usando esses novos fatos.

10-39. Teoria da representação (*agency*)

A Lambo Company planeja contratar um gestor para sua divisão no Kenya. O presidente da Lambo e a vice-presidente de pessoal estão tentando decidir sobre um incentivo apropriado para o contrato de emprego.

O gestor operará longe da sede corporativa de Londres; assim, a avaliação por observação pessoal será limitada. O presidente insiste na necessidade de um grande incentivo para produzir lucros; ele favorece um salário de £ 14 mil e um bônus de 10 por cento dos lucros acima de £ 120 mil. Se os proventos de operações forem como o esperado, os lucros serão de £ 460 mil, e o gestor receberá £ 48 mil. Ambos, no entanto, lucros e compensação, podem ser mais ou menos do que o planejado.

A vice-presidente de pessoal afirma que £ 48 mil é mais do que a maioria dos gestores da divisão Lambo realiza. Ela está segura de que um gestor competente pode ser contratado por um salário garantido de £ 36 mil. "Por que pagar £ 48 mil quando podemos, provavelmente, contratar a mesma pessoa por £ 36 mil?", ela argumentou.

1. Que fatores afetariam a escolha da Lambo no contrato de emprego? Inclua uma discussão dos prós e contras de cada contrato proposto.
2. Por que a compensação esperada é maior com o plano de bônus do que com o salário fixo?

10-40. Margens e giro

O retorno sobre o investimento é freqüentemente, expresso como o produto de dois componentes: giro de capital e retorno sobre vendas. Você está pensando em investir em uma de três empresas, todas do mesmo setor, e são dadas as seguintes informações:

	Empresa		
	X	Y	Z
Vendas	$ 6 000 000	$ 2 500 000	$ 37 500 000
Lucro	$ 900 000	$ 375 000	$ 375 000
Capital	$ 3 000 000	$ 12 500 000	$ 12 500 000

1. Por que você desejaria desdobrar o retorno sobre o investimento em retorno sobre as vendas e giro de capital?
2. Calcule o retorno sobre vendas, o giro de capital e o retorno sobre investimentos para as três empresas, e comente sobre o desempenho relativo das empresas tão plenamente quanto os dados permitirem.

10-41. EVA versus RI, Briggs & Stratton

Esta é uma extensão do Exercício 10-29. A diferença básica entre o EVA e as medidas de RI é o foco magnificado no fluxo de caixa pelo EVA. As empresas que usam o EVA realizam diversos ajustes no lucro operacional da demonstração de resultado e no capital investido do balanço patrimonial. Exemplos comuns desses ajustes incluem a capitalização de custos de pesquisa e desenvolvimento e os custos de garantia relatados na base de caixa. A maioria das empresas que usa o EVA realiza apenas alguns desses ajustes (de 5 a 15).

Os seguintes dados foram tirados do relatório anual de 1999 da Briggs & Stratton (em $ milhares).

Lucro das operações	$ 180 136
Provisão para imposto de renda	$ 63 670
Ajustes líquidos adicionados ao lucro operacional para o EVA	$ 7 858
Capital médio ponderado empregado para o EVA	$ 697 887
Total do patrimônio líquido, 27 de junho de 1999	$ 365 910
Impostos em dinheiro	$ 65 255
Total dos passivos circulantes, 27 de junho de 1999	$ 282 502
Total de ativos, 27 de junho de 1999	$ 875 885
Total do patrimônio líquido, 28 de junho de 1998	$ 316 488
Total de passivos circulantes, 28 de junho de 1998	$ 222 945
Total de ativos, 28 de junho de 1998	$ 793 409
Estimativa da gestão do custo de capital	10,3%

Prepare uma planilha que calcule e compare o EVA ao RI para a Briggs & Stratton.

10-42. ROI por segmento de negócio

A Weston Services, Inc. faz negócios em três segmentos diferentes: entretenimento; publicação/informação; finanças comerciais/consumidores. Os resultados para o ano atual foram (em $ milhões):

	Receitas	Lucro operacional	Total de ativos
Entretenimento	$ 1 272,2	$ 223,0	$ 1 120,1
Publicação/informação	$ 705,5	$ 121,4	$ 1 308,7
Finanças comerciais/consumidores	$ 1 235,0	$ 244,6	$ 924,4

1. Calcule o seguinte para cada segmento de negócio:
   a) Porcentagem do lucro sobre as receitas.
   b) Giro de capital.
   c) ROI.
2. Comente sobre as diferenças no retorno sobre o investimento entre os segmentos de negócio. Inclua motivos para as diferenças.

10-43. EVA na Nike

A Nike, Inc. é o maior vendedor de calçados atléticos e conjuntos de roupas atléticas no mundo. Seus resultados contábeis para os anos fiscais de 1999 e 2000 incluem (em $ milhões):

	2000	1999
Receitas	$ 8 995	$ 8 777
Despesas operacionais	$ 8 010	$ 7 920
Despesas de juros	$ 45	$ 44
Imposto de renda	$ 340	$ 295
Capital investido médio (total de ativos menos passivos circulantes)	$ 3 759	$ 3 748

1. Suponha que o custo de capital da Nike seja 12,5 por cento. Calcule o EVA da empresa para 1999 e 2000. Suponha que as definições de lucro operacional após imposto de renda e o capital investido sejam relatadas nos relatórios anuais da Nike sem os ajustes defendidos pela Stewart Stern ou outros.
2. Discuta a mudança no EVA entre 1999 e 2000.

10-44. Avaliação de desempenho divisional

Como CEO da Tiger Shoe Company, você examinou as seguintes medidas de desempenho das três divisões (em $ milhares):

Divisão	Ativos líquidos baseados em		Lucro operacional baseados em*	
	Custo histórico	Custo de reposição	Custo histórico	Custo de reposição
Sapatos	$ 15 000	$ 15 000	$ 2 700	$ 2 700
Roupas	$ 45 000	$ 55 000	$ 6 750	$ 6 150
Acessórios	$ 30 000	$ 48 000	$ 4 800	$ 3 900

* As diferenças no lucro operacional entre o custo histórico e o custo de reposição são atribuíveis às diferenças nas receitas de depreciação.

1. Calcule, para cada divisão, a taxa de retorno sobre os ativos líquidos e o RI baseado no custo histórico e no custo de reposição. Para calcular o RI, use 10 por cento como taxa de retorno mínima desejada.
2. Classifique o desempenho de cada divisão, sob cada uma das quatro medidas diferentes calculadas no item 1.
3. Qual dessas medidas indica o desempenho das divisões? Dos gestores das divisões? Que medida você prefere? Por quê?

10-45. EVA

A Coca-Cola Company utiliza o EVA para avaliar o desempenho da alta gestão. Em 2000, a Coca-Cola tinha lucros operacionais líquidos de $ 3 691 milhões, imposto de renda de $ 1 222 milhão e passivos não-circulantes médios mais patrimônio líquido de $ 11,64 milhões. A estrutura capital da empresa é cerca de 30 por cento de dívidas de longo prazo e 70 por cento de patrimônio líquido. Suponha que o custo da dívida após imposto de renda seja de 5 por cento e que o custo do patrimônio líquido seja de 12 por cento.

1. Calcule o EVA da Coca-Cola. Adote as definições de lucro operacional após imposto de renda e o capital investido, como relatadas nos relatórios anuais da Coca-Cola, sem os ajustes defendidos pela Stern Stewart ou outros.
2. Explique o que o EVA lhe diz sobre o desempenho da alta gestão da Coca-Cola em 1999.

10-46. Uso do valor contábil bruto ou líquido dos ativos fixos

Suponha que uma fábrica particular tenha adquirido $ 800 mil de ativos fixos, com uma vida útil de quatro anos e nenhum valor residual. Será usada depreciação em linha reta. Julga-se o gestor da fábrica sobre o resultado em relação a esses ativos fixos. O lucro líquido anual, após deduzir a depreciação, é $ 80 mil.

Suponha que as vendas e todas as despesas, exceto depreciação, estejam em uma base de caixa. Os dividendos são iguais ao lucro líquido. Assim, o caixa, no montante das despesas da depreciação, será acumulado em cada ano.

O desempenho do gestor da fábrica é julgado em relação aos ativos fixos porque todos os ativos correntes, incluindo o caixa, são considerados sob controle da empresa central. Suponha (irrealisticamente) que qualquer caixa acumulado permaneça ocioso. Ignore o imposto de renda.

1. Prepare uma tabela comparativa das taxas de retorno da fábrica e da taxa de retorno geral da empresa baseado em:
   a) Ativos brutos (isto é, custo original).
   b) Valor contábil líquido dos ativos.
2. Avalie os méritos relativos dos ativos brutos e do valor contábil líquido dos ativos como bases de investimento.

10-47. Papel do valor econômico e do valor de reposição

(Este problema exige o entendimento do conceito de valor presente. Veja Apêndice B.)

"Para mim, o valor econômico é a única base justificável para mensurar os ativos da fábrica para propósitos de avaliação de desempenho. Por valor econômico eu quero dizer o valor presente dos serviços futuros esperados. Ainda, nem mesmo fazemos isso nas aquisições de novos ativos — isto é, podemos calcular um valor presente líquido positivo, usando o fluxo de caixa descontado, mas registramos os ativos a não mais do que seu custo. Dessa maneira, o excesso de valor presente não é mostrado no balanço patrimonial inicial. Além disso, é improvável que o uso do custo de reposição nos anos subseqüentes resulte na demonstração do valor econômico. O custo de reposição, provavelmente, será menor do que o valor econômico, a qualquer instante dado da vida de um ativo.

Os valores de mercado são totalmente não-atrativos para mim, porque eles representam o segundo melhor valor alternativo — isto é, eles ordinariamente representam o montante máximo obtenível de uma alternativa que foi rejeitada. Obviamente, se o valor de mercado exceder o valor econômico dos ativos em uso, eles deverão ser vendidos. Na maioria das instâncias, entretanto, o oposto é verdadeiro; os valores de mercado de ativos individuais estão muito abaixo de seus valores econômicos em uso.

Obter e registrar os valores presentes totais de ativos individuais baseados nas técnicas de fluxos de caixa descontados é uma alternativa inviável. Eu, conseqüentemente, concluo que o custo de reposição (menos depreciação acumulada) de ativos similares que produzem serviços similares é a melhor aproximação prática do valor econômico dos ativos em uso. Certamente, é mais apropriado para a avaliação de desempenho da divisão do que o desempenho do gestor da divisão."

Avalie criticamente esses comentários. Por favor, não divague; concentre-se nas declarações descritas entre aspas.

10-48. Revisão dos principais pontos deste capítulo

A Indiana Instruments Company utiliza a forma descentralizada de estrutura organizacional e considera cada uma de suas divisões como um centro de investimentos. A divisão Fort Wayne está, atualmente, vendendo 15 mil filtros de ar por ano, embora tenha capacidade produtiva suficiente para produzir 21 mil unidades por ano. Os custos de manufatura variáveis montam em $ 17 por unidade, enquanto os custos fixos totais montam em $ 90 mil. Esses 15 mil filtros de ar são vendidos para clientes externos a $ 37 por unidade.

A divisão de Indianápolis, que também é uma parte da Indiana Instruments, tem dado mostras de que gostaria de comprar 1,5 mil filtros de ar da divisão Fort Wayne, mas a um preço de $ 36 por unidade. Esse é o preço que a divisão de Indianápolis está atualmente pagando para fornecedores externos.

1. Calcule o efeito sobre o lucro operacional da empresa como um todo no caso de a divisão de Indianápolis comprar os 1,5 mil filtros de ar da divisão Fort Wayne.
2. Qual é o preço mínimo que a divisão Fort Wayne estaria disposta a aceitar para esses 1,5 mil filtros de ar?
3. Qual é o preço máximo que a divisão de Indianápolis estaria disposta a pagar por esses 1,5 mil filtros de ar?
4. Suponha, em vez disso, que a divisão Fort Wayne esteja atualmente produzindo e vendendo 21 mil filtros de ar por ano para clientes externos. Qual será o efeito sobre o lucro operacional geral da Indiana Instruments

Company se for exigido, pela alta gestão, que a divisão Fort Wayne venda os 1,5 mil filtros de ar para a divisão de Indianapolis por:

   a) $ 17 a unidade?
   b) $ 36 a unidade?

5. Para esta questão apenas, suponha que a divisão Fort Wayne esteja atualmente ganhando um lucro operacional anual de $ 36 mil e que o capital médio investido da divisão seja $ 300 mil. O gestor da divisão tem oportunidade de investir em uma proposta que exigirá um investimento adicional de $ 20 mil e aumentará o lucro operacional anual em $ 2,2 mil.

   a) O gestor da divisão deveria aceitar essa proposta no caso de a Indiana Instruments Company usar o ROI na avaliação de desempenho de seus gestores divisionais?
   b) E se a empresa usar o EVA? (Suponha um custo de capital de 9 por cento.)

Casos

10-49. Gestão por objetivos

Roger Brandt é o CEO da Langston Company. Brandt tem uma formação em gestão financeira e é conhecido por toda a organização como um 'executivo sem sentido'. Quando Brandt se tornou CEO, ele enfatizou a redução de custos e economizou e introduziu um controle de custo abrangente e um sistema orçamentário. As metas da empresa e os planos orçamentários foram estabelecidos por Brandt e dados a seus subordinados para implementação. Alguns executivos-chave da empresa foram demitidos ou rebaixados, por falhar em satisfazer os planos orçamentários projetados. Sob a liderança de Roger Brandt, a Langston tornou-se novamente estável financeiramente e lucrativa, após diversos anos de desempenho fraco.

Recentemente, Brandt tornou-se preocupado com o lado humano da organização e interessado nas técnicas de gestão referidas como GPO. Se houver benefícios positivos suficientes da GPO, ele planeja implementar o sistema por toda a empresa. Ele percebe, porém, que não entende completamente a GPO, porque não entende como ela difere do sistema atual de estabelecer objetivos firmes e planos orçamentários.

1. Explique sucintamente o que a GPO envolve e identifique suas vantagens e desvantagens.
2. O estilo de gestão de Roger Brandt incorpora as premissas do valor humano e metas da GPO? Explique sua resposta.

10-50. Centros de resultado e serviços centrais

A Sun Manufacturing, Inc., manufatureira da marca Sunlite de pequenas utilidades domésticas, tem um departamento de consultoria de engenharia (DCE). A principal tarefa do departamento é ajudar o departamento de produção a melhorar seus métodos e processos operacionais.

Por vários anos, a Sun tem cobrado o custo dos serviços de consultoria do departamento de produção baseada em um acordo assinado entre os gestores envolvidos. O acordo especifica o escopo do projeto, as economias preditas e o número de horas de consultoria exigidas. A cobrança do departamento de produção está baseada nos custos para o departamento de engenharia de serviços prestados. As horas do engenheiro sênior, por exemplo, custam mais do que as horas do engenheiro júnior.

Um custo indireto de prestação de serviços está incluído. O acordo é, na realidade, um contrato de 'preço fixo', isto é, o gestor de produção conhece o custo total do projeto antecipadamente. Uma pesquisa recente revelou que os gestores de produção têm um alto nível de confiança nos engenheiros. A gestora do departamento DCE supervisiona o trabalho de cerca de 40 engenheiros e dez técnicos. Ela se reporta ao gestor de engenharia, que se reporta ao vice-presidente de manufatura.

A gestora do DCE tem liberdade para aumentar ou diminuir o número de engenheiros sob sua supervisão. Sua avaliação de desempenho está baseada em muitos fatores, incluindo as economias incrementais anuais para a empresa, excedentes aos custos de operar o DCE.

Os departamentos de produção são centros de resultado. Seus bens são transferidos para os departamentos subseqüentes, como o departamento de vendas ou a divisão de vendas, a preços que se aproximam dos preços de mercado para produtos similares.

A alta gestão está seriamente considerando um plano 'sem cobrança', isto é, os departamentos de produção receberiam os serviços da engenharia por absolutamente nenhum custo. Os proponentes do novo plano sustentam que ele motivaria os gestores de produção a tirar melhores vantagens dos talentos de engenharia. Em todos os outros aspectos, o novo sistema estaria inalterado em relação ao sistema atual.

1. Compare os planos atual e proposto. Quais são seus pontos fortes e fracos? Em particular, a gestora do DCE tenderia a contratar a quantidade 'ótima' de talentos de engenharia?
2. Qual plano você defenderia? Por quê?

capítulo 11
Orçamento de Capital

Os esquiadores, freqüentemente, não percebem o planejamento e o investimento que estão por trás da preparação das pistas. Os gestores da Deer Valley Lodge, um centro de esqui na Wasatch Mountains de Utah e uma das anfitriãs das olimpíadas de inverno de 2002, entendem isso plenamente. Muito esforço é dedicado às decisões de orçamento de capital — decisões que afetam o lazer, o conforto e a segurança de seus hóspedes.

Objetivos de aprendizagem

Ao terminar de estudar este capítulo, você deverá estar apto a:

1. Descrever as decisões de orçamento de capital e usar o método do valor presente líquido (VPL) para tomar tais decisões.
2. Avaliar projetos de investimento utilizando a análise de sensibilidade.
3. Calcular a diferença entre o VPL de dois projetos, utilizando abordagens de projeto total e abordagem diferencial.
4. Identificar os fluxos de caixa relevantes para análises de VPL.
5. Calcular o VPL após o imposto de renda dos projetos.
6. Explicar o efeito após imposto de renda sobre o caixa da eliminação de ativos.
7. Calcular o impacto da inflação sobre um projeto de orçamento de capital.
8. Usar o modelo do período de recuperação (payback) e o modelo de taxa de retorno contábil e compará-los com o modelo VPL.
9. Reconciliar os conflitos entre utilizar um modelo de VPL para tomar uma decisão e usar o lucro contábil para avaliar o desempenho relacionado.
10. **Entender como as empresas tomam decisões de investimento de capital a longo prazo e de que maneira tais decisões podem afetar os resultados financeiros das empresas para os anos vindouros.**

O investimento de capital é, provavelmente, a última coisa que você pensaria ao deslizar nas pistas cobertas de neve das Montanhas Rochosas — a menos que aconteça de você ser o gestor de um centro de esqui. Um convidado do centro pode ver as pistas, os teleféricos e um agradável alojamento aquecido, enquanto o gestor do centro verá milhões de dólares do valor dos investimentos.

Considere o Deer Valley Lodge, um centro de esqui de primeira classe, nas Wasatch Mountains de Utah. O Deer Valley tem uma forte orientação ao cliente — que o diretor de finanças, Jim Madsen, chama de 'a diferença do Deer Valley'. Desde os assistentes que ajudam com os esquis até as refeições *gourmet* nos alojamentos, a Deer Valley é um centro de esqui de primeira classe. Quando as instalações se tornam muito saturadas, o centro limita as vendas e aumenta o valor dos ingressos, para evitar que as filas do teleférico se tornem muito longas. Depois que a aglomeração obrigou os diretores do Deer Valley a fechar os escritórios de vendas de ingressos mais cedo por diversas vezes, em 1994-1995, os gestores começaram a pensar que era tempo de expandir.

O Deer Valley mantém um plano de expansão de capital de dez anos. Os planos recentes incluíram cinco novos teleféricos, que expandirão as operações para próximo do Empire Canyon, um alojamento diário e uma nova instalação de estacionamento. Ao mensurar continuamente a lotação, usando medidas tais como tempo de espera para os teleféricos e o comprimento das filas nos restaurantes e cafeterias, os gestores do Deer Valley decidiram quando a próxima fase de expansão de capital será necessária.

Uma fase de expansão capital foi necessária justamente antes de o Deer Valley ser anfitrião das olimpíadas de inverno em 2002. O Deer Valley caracterizou os estilos *slalom* e *freestyle* de esquiar, com a competição *slalom*, em uma rodada de esqui chamada 'Saiba que você não manda no campeão', e os eventos aéreos na Coruja Branca. Enquanto os atletas treinaram suas habilidades para competir nesses eventos, os gestores do Deer Valley melhoraram suas instalações por meio de investimentos de capital adicional.

Orçamento de capital para programas ou projetos

Centros de esqui como o Deer Valley não são as únicas empresas que enfrentam decisões sobre investimento de capital e expansão. Em algum momento, toda empresa precisa decidir onde e como gastar seu dinheiro nos principais projetos que afetarão os resultados financeiros da empresa para os anos vindouros. Este capítulo concentra-se nas decisões de planejamento e controle para programas ou projetos que afetam resultados financeiros ao longo de mais do que apenas o ano seguinte. Tais decisões exigem investimentos de grandes montantes de recursos (capital), que são freqüentemente chamados de 'desembolsos de capital'. A expressão **orçamento de capital** descreve o planejamento a longo prazo para realizar e financiar tais desembolsos.

O orçamento de capital tem três fases:

1. Identificar investimentos potenciais.
2. Escolher que investimentos realizar (que inclui obter dados para ajudar nas decisões).
3. Monitorar, ou 'auditar posteriormente', os investimentos.

Os contadores, geralmente, não são envolvidos na fase 1, mas desempenham papéis importantes nas fases 2 e 3.

Por que os contadores estão envolvidos em decisões de orçamento de capital? Eles funcionam, basicamente, como especialistas de informação. Como você sabe, um dos propósitos do sistema de gestão de custos é fornecer mensurações de custos para decisões estratégicas, como as principais decisões de orçamento de capital.

Os contadores recolherão e interpretarão tanta informação quanto possível, para ajudar os gestores a tomar tais decisões. Para ajudar a organizar o que poderia ser páginas e páginas do valor da informação, os contadores confiam nos modelos de orçamento de capital. Vamos olhar como alguns desses modelos funcionam.

Modelos de fluxo de caixa descontado (FCD)

Os modelos mais amplamente utilizados de orçamento de capital são os **modelos de fluxo de caixa descontado (FCD)**. Esses modelos focalizam entradas e saídas de caixa do projeto, enquanto levam em consideração o valor do dinheiro no tempo. Eles são baseados no velho ditado que "um pássaro na mão vale mais do que dois voando" — isto é, que uma unidade monetária na mão hoje vale mais do que uma unidade monetária a ser recebida (ou gasta) de hoje a cinco anos. Esse ditado se aplica porque o uso do dinheiro tem um custo (juros), tanto quanto o uso de um edifício ou de um automóvel pode ter um custo (aluguel). Mais de 85 por cento das grandes empresas industriais nos Estados Unidos usam o modelo de FCD.

Principais aspectos do FCD

Como o nome sugere, o modelo de FCD focaliza entradas e saídas de caixa esperadas, em vez de o lucro líquido. As empresas investem dinheiro hoje, de modo a receber dinheiro em períodos futuros. Os modelos FCD comparam o valor das saídas de caixa de hoje com o valor das futuras *entradas de caixa*.

Os métodos FCD são baseados na teoria dos juros compostos, com que você deve estar familiarizado por meio de outros cursos de contabilidade financeira. Para aqueles de vocês que conhecem os juros compostos e o valor do dinheiro no tempo e estão um pouco enferrujados, assegurem-se lendo o Apêndice B. Não tentem aprender sobre os métodos FCD até que estejam aptos a usar as Tabelas 1 e 2 do Apêndice B.

Para ilustrar como os modelos FCD funcionam, usaremos o seguinte exemplo por todo o restante desta seção: Um gestor de construção e pavimentos da Universidade de Minnesota está considerando a compra de algum equipamento de manutenção do gramado, que se espera aumente a eficiência e produza economias de caixa operacional de $ 2 mil por ano. A vida útil do equipamento é de quatro anos, após o que terá um valor residual líquido de zero. O equipamento custará $ 6 075 agora, e a taxa de retorno mínima desejada é 10 por cento ao ano.

Valor presente líquido (VPL)

Focalizaremos a versão mais popular de FCD, o **método do VPL**. O método VPL calcula o valor presente (VP) de todos os fluxos de caixa futuros esperados, usando uma taxa de retorno mínimo desejado, que depende do risco de um projeto proposto — quanto maior o risco, maior a taxa. Com base no custo de capital — que a empresa paga para adquirir mais capital —, essa taxa mínima é também chamada de **taxa de retorno exigida**, **taxa de atratividade** ou **taxa de desconto**. Usando essa taxa exigida, os gestores determinam a soma dos valores presentes de todos os fluxos de caixa esperados do projeto. Se essa soma for positiva, o projeto é desejável. Se a soma for negativa, o projeto é indesejável. Por quê? Um VPL positivo significa que aceitar o projeto aumentará o valor da empresa, porque o valor presente das entradas de caixa do projeto excedem o VP de suas saídas. (Um VPL de zero significa que o VP das entradas de caixa se iguala ao VP das saídas de caixa, e o projeto estará exatamente no ponto de equilíbrio.) Ao escolher entre diversos investimentos, os gestores devem selecionar aquele de maior VPL.

APLICANDO O MÉTODO DO VPL

Para aplicar o método do VPL, você pode usar as seguintes três etapas, que são mostradas na Figura 11.1.

1. *Preparar um diagrama de entrada e saída de caixa relevantes esperadas:* O lado direito da Figura 11.1 mostra como esses fluxos de caixa são esboçados. As saídas de caixa estão entre parênteses. Esteja certo de incluir a saída de caixa no tempo zero, a data da aquisição. Você não tem de usar um esboço, mas os esboços ajudam-no a ver os custos e os relacionamentos dos custos.

2. *Encontrar o VP de cada entrada ou saída de caixa esperada:* Examine a Tabela 1 no Apêndice B. Encontre o fator de VP para o fluxo de caixa de cada ano da linha e coluna corretas da tabela. Multiplique cada entrada ou saída de caixa esperada pelo fator VP apropriado. Os $ 2 mil de economias de caixa que ocorrerão em dois anos, por exemplo, valem hoje $ 2 000 × 0,8264 = $ 1 653.

3. *Somar os VPs individuais:* A soma é o VPL do projeto. Aceite o projeto cujo VPL seja positivo, e rejeite um projeto cujo VPL seja negativo.

O valor, hoje (no tempo zero), das quatro entradas de caixa de $ 2 mil é $ 6 340. O gestor paga apenas $ 6 075 para obter essas entradas de caixa. Assim, o VP líquido é $ 6 340 – $ 6 075 = $ 265, de maneira que o investimento é desejável.

Figura 11.1 Método do VPL.

Investimento original: $ 6 075. Vida útil: quatro anos. Entrada de caixa anual de operações: $ 2 mil. Taxa de retorno mínima desejada: 10 por cento. As saídas de caixa estão entre parênteses; as entradas de caixa não estão. Os totais dos VPs estão arredondados para a unidade monetária mais próxima.

	Valor presente de $ 1, descontado a 10%	Valor presente total	Esboço de fluxos de caixa no fim do ano				
			0	1	2	3	4
Abordagem 1: Descontar cada entrada de caixa anual separadamente*							
Fluxos de caixa							
Economias anuais	0,9091	$ 1 818		$ 2 000			
	0,8264	$ 1 653			$ 2 000		
	0,7513	$ 1 503				$ 2 000	
	0,6830	$ 1 366					$ 2 000
Valor presente das entradas de caixas futuras		$ 6 340					
Desembolso inicial	1,0000	$ (6 075)	$ (6 075)				
VP líquido		$ 265					
Abordagem 2: Usando a tabela de anuidade†							
Economias anuais	3,1699	$ 6 340		$ 2 000	$ 2 000	$ 2 000	$ 2 000
Desembolso inicial	1,0000	$ (6 075)	$ (6 075)				
VP líquido		$ 265					

* VP da Tabela 1, Apêndice B.
† VPs da anuidade da Tabela 2, Apêndice B. (Incidentalmente, as calculadoras ou computadores podem dar respostas ligeiramente diferentes daquelas tabelas, por causa das diferenças de arredondamento.)

Escolha da tabela correta

A Figura 11.1 também mostra uma outra maneira de calcular o VPL, mostrado aqui como a abordagem 2. As etapas básicas são as mesmas da abordagem 1. A única diferença é que a abordagem 2 usa a Tabela 2 no Apêndice B, em vez da Tabela 1. A Tabela 2 é uma tabela de anuidade, que fornece um atalho para reduzir os cálculos manuais. Ela dá os fatores de desconto para calcular o VP de uma *série* de fluxos de caixa iguais em intervalos iguais. Como os quatro fluxos de caixa, em nosso exemplo, são todos iguais, você pode usar a Tabela 2 para realizar um cálculo do VP, em vez de usar a Tabela 1 para realizar quatro cálculos individuais. A Tabela 2 apenas soma os fatores de VP pertinentes da Tabela 1. Conseqüentemente, o fator de anuidade para os quatro anos a 10 por cento é:[1]

$$0{,}9091 + 0{,}8264 + 0{,}7513 + 0{,}6830 = 3{,}1698$$

Cuidado para não usar a tabela errada. Você deve usar a Tabela 1 para descontar montantes individuais, a Tabela 2 para uma série de montantes iguais. Certamente, a Tabela 1 é a base para a Tabela 2, e pode ser utilizada para todos os cálculos de VP. Você pode evitar as Tabelas 1 e 2 inteiramente ao usar a função de VP em uma calculadora manual, ou a função de VP em um programa de planilha de computador.

Encorajamos você, entretanto, a usar as tabelas ao aprender o método do VPL. Usar as tabelas dar-lhe-á melhor entendimento do processo de cálculo do VP. Uma vez que esteja confortável com o método, você pode tirar vantagem da velocidade e conveniência de calculadoras e computadores.

Efeito da taxa mínima

A taxa de retorno mínima desejada pode ter um efeito grande nos VPLs. Quanto maior a taxa de retorno mínima desejada, menor o VPL de cada entrada de caixa futura. Por quê? Porque, quanto maior a taxa de retorno, mais ela custa para você esperar pelo caixa, em vez de tê-la disponível para investir hoje. Assim, as taxas exigidas mais elevadas levam a VPLs menores de projetos. A uma taxa de 16 por cento, por exemplo, o VPL do projeto, na Figura 11.1, seria –$ 479 (isto é, $ 2 000 × 2,7982 = $ 5 596, que é $ 479 menor do que o investimento exigido de $ 6 075), em vez dos +$ 265 calculados com uma taxa de 10 por cento. (O fator VP 2,7982 é tirado da Tabela 2, no Apêndice B.) Quando a taxa de retorno desejada for 16 por cento, em vez de 10 por cento, o projeto fica indesejável a um preço de $ 6 075.

Suposições do modelo VPL

Temos de fazer duas suposições principais para usar o modelo VPL. Primeiro, supomos um mundo de certeza, isto é, agimos como se as entradas e saídas de caixa preditas fossem certas, ao ocorrer nos momentos especificados. Segundo, supomos que os mercados de capitais sejam perfeitos, isto é, se precisarmos ter caixa extra em qualquer tempo, poderemos tomar emprestado ou emprestar dinheiro à mesma taxa de juros.

Essa taxa é nossa taxa de retorno mínima desejada. Se essas suposições forem satisfeitas, nenhum modelo poderá ser melhor do que o VPL.

Para confirmar seu entendimento das Tabelas 1 e 2, calcule o seguinte, usando uma taxa de desconto de 8 por cento:

1. VP de $ 1 mil, a ser recebido em cinco anos.
2. VP de $ 1 mil, a ser recebido no final de cada um dos cinco anos.
3. VP de $ 1 mil, a ser recebido no final dos anos 3, 4 e 5.

Resposta

A solução para o item 1 exige o fator da linha 5, coluna de 8% da Tabela 1:

$ 1 000 × 0,6806 = $ 680,60

A solução para o item 2 exige o fator da linha 5, coluna de 8% da Tabela 2:

$ 1 000 × 3,9927 = $ 3 992,70

A solução para o item 3 pode ser feita de diversas maneiras. Duas delas são:
- Usar apenas a Tabela 2: $ 1 000 × (3,9927 – 1,7833) = $ 2 209,40
- Usar as Tabelas 1 e 2: $ 1 000 × 2,5771 × 0,8573 = $ 2 209,35

Essas duas soluções diferem por um erro de arredondamento de $ 0,05.

---

[1]. *Os erros de arredondamento causam uma diferença de 0,0001 entre o fator da Tabela 2 e a soma dos fatores da Tabela 1.*

Infelizmente, o mundo real não tem a certeza, nem é um mercado de capital perfeito. Não obstante, o modelo VPL é, geralmente, preferido a outros modelos, porque as suposições da maioria dos outros modelos são até menos realísticas. O modelo VPL não é perfeito, mas, geralmente, satisfaz nossos critérios de custo–benefício, isto é, os benefícios de melhores decisões baseadas no VPL são maiores do que o custo de aplicá-lo. Os modelos mais sofisticados, freqüentemente, não melhoram decisões o suficiente para valer seu custo.

Depreciação e VPL

Os cálculos do VPL não incluem deduções para a depreciação. Por quê? Porque o VPL está baseado nas entradas e saídas de caixa, e não nos conceitos contábeis de receitas e despesas.[2] A depreciação não é um fluxo de caixa; é uma maneira de alocar os custos de um ativo de longa vida (que, geralmente, foi pago em dinheiro contra a compra) em períodos diferentes. Como a saída de caixa para o custo do ativo já foi registrada e contabilizada, deduzir a depreciação dos futuros fluxos de caixa seria como contá-los duas vezes — uma vez na compra e, novamente, na vida do ativo.

Revisão das regras de decisão

Esteja certo de que você entende por que o método VPL funciona, não apenas como aplicá-lo. O tomador de decisões, em nosso exemplo, não pode comparar diretamente uma saída de caixa imediata de $ 6 075 com uma série de entradas de caixa futuras de $ 2 mil cada uma, por causa do valor do dinheiro no tempo. O modelo VPL ajuda a comparação, ao expressar todos os montantes em unidades monetárias de hoje (como dólares, francos, marcos, reais ou ienes), no momento zero. A taxa de retorno exigida mede o custo de usar o dinheiro. A uma taxa de 12 por cento, a comparação seria:

Saída de caixa em unidades monetárias de hoje	$ (6 075)
Entrada de caixa equivalente em unidades monetárias de hoje a 12%	$ 6 075
VPL	$ 0

Conseqüentemente, a uma taxa de retorno exigida de 12 por cento, o tomador de decisões fica indiferente entre ter $ 6 075 agora ou ter um fluxo de quatro anos de entradas de caixa de $ 2 mil em cada ano. Se a taxa de juros fosse 16 por cento, o tomador de decisões acharia o projeto não-atrativo, porque o VPL seria $ 479 negativos, como mostrado no seguinte gráfico.

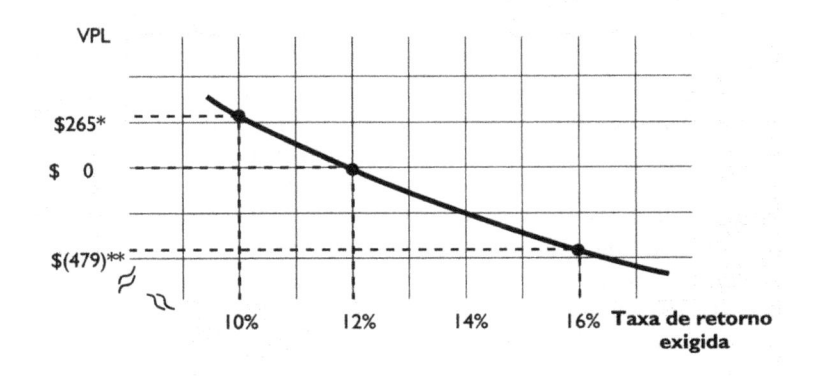

* ($ 2 000 × 3,1699) – $ 6 075 = $ 265
** ($ 2 000 × 2,7982) – $ 6 075 = $ (479)

A 10 por cento, o VPL é $ 265 positivo; assim, o projeto é desejável. A todas as taxas abaixo de 12 por cento, o VPL é positivo. A todas as taxas acima de 12 por cento, o VPL é negativo.

---

2. Por todo este capítulo, nossos exemplos freqüentemente supõem que as entradas de caixa são equivalentes às receitas e que as saídas de caixa são equivalentes às despesas (exceto para depreciação). Certamente, se as receitas e despesas forem contabilizadas no regime de competência contábil, haverá adiantamentos e postergações de entradas e saídas de caixa que um modelo de FCD preciso deve reconhecer. Uma venda de $ 10 mil a prazo, por exemplo, pode ser registrada como receita em um período, mas a entrada de caixa relacionada não será reconhecida em um modelo FCD até a cobrança, que pode ser em um segundo período. Tais refinamentos não são feitos neste capítulo.

Análise de sensibilidade e avaliação do risco nos modelos FCD

Visto que o futuro é incerto, as entradas de caixa reais podem diferir daquelas que são esperadas ou preditas. Para examinar essa incerteza, os gestores, freqüentemente, usam a análise de sensibilidade, as quais mostram as conseqüências financeiras que ocorreriam se as entradas de caixa reais e as saídas diferissem das esperadas. Isso pode responder às questões inferenciais se-então? Questões como: O que aconteceria com meu VPL se minhas predições de vida útil ou fluxo de caixa mudarem? A melhor maneira para entender a análise de sensibilidade é vê-la em ação; assim, vamos dar uma olhada em um exemplo.

Suponha que um gestor saiba que as entradas de caixa reais, na Figura 11.1, pudessem cair abaixo do nível predito de $ 2 mil. Quão abaixo dos $ 2 mil deve a entrada de caixa anual cair, antes que o VPL se torne negativo? A entrada de caixa no ponto em que o VPL = 0 é o 'ponto de equilíbrio' do fluxo de caixa:

$$\begin{aligned} \text{VPL} &= 0 \\ (3{,}1699 \times \text{fluxo de caixa}) - \$\,6\,075 &= 0 \\ \text{fluxo de caixa} &= \$\,6\,075 \div 3{,}1699 \\ &= \$\,1\,916 \end{aligned}$$

Se a entrada de caixa anual for menor do que $ 1 916, o VPL ficará negativo, e o projeto deverá ser rejeitado. Conseqüentemente, as entradas de caixa anuais podem cair até $ 2 000 – $ 1 916 = $ 84, ou 4,2 por cento, antes de o gestor mudar a decisão.

Os gestores gostam da análise de sensibilidade porque ela pode dar-lhes respostas imediatas sobre eventos futuros possíveis. Ela também mostra aos gestores quão arriscado um dado projeto pode ser, ao mostrar quão sensível a decisão é às mudanças nas predições. Quanto mais sensíveis as mudanças em um projeto (quanto mais o VPL muda de acordo com as mudanças do fluxo de caixa), mais arriscado ele é. Certamente, a análise de sensibilidade pode tornar-se complicada muito rapidamente, e fazer todos os cálculos à mão pode ser complicado e tedioso. Felizmente, há vários *softwares* de análise de sensibilidade disponíveis, que permitem aos gestores e contadores acomodar-se, enquanto os computadores fazem todo o trabalho.

Comparação do VPL de dois projetos

Até aqui, vimos como usar o método VPL para avaliar um único projeto dado. Na prática, os gestores muito raramente examinam um único projeto ou opção de cada vez. Em vez disso, eles precisam comparar diversas opções para ver qual é a melhor ou mais lucrativa. Veremos, agora, como usar o VPL para comparar duas ou mais alternativas.

Abordagem do projeto total *versus* abordagem diferencial

Dois métodos comuns para comparar as alternativas são: a abordagem do projeto total e a abordagem diferencial.

A **abordagem do projeto total** calcula o impacto total nos fluxos de caixa para cada alternativa e, então, converte esses fluxos de caixa totais em seus VPs. Essa é a abordagem mais popular e pode ser utilizada para qualquer número de alternativas. A alternativa com o maior VPL dos fluxos de caixa totais é a melhor.

A **abordagem diferencial** calcula as diferenças nos fluxos de caixa entre alternativas e, então, converte essas diferenças em seus VPs. Esse método não pode ser utilizado para comparar mais de duas alternativas. Freqüentemente, as duas alternativas em comparação são: aceitar um projeto e rejeitar.

Vamos comparar as abordagens diferencial e do projeto total. Suponha que uma empresa possua uma máquina de embalar comprada três anos atrás por $ 56 mil. A máquina tem uma vida útil remanescente de cinco anos, mas exigirá uma revisão importante no final de mais dois anos, a um custo de $ 10 mil. Seu valor residual, agora, é $ 20 mil. Seu valor residual predito em cinco anos é $ 8 mil, supondo que a revisão principal de $ 10 mil será feita como programado. Os custos operacionais de caixa preditos dessa máquina são $ 40 mil anualmente. Um representante de vendas ofereceu uma máquina substituta por $ 51 mil, ou por $ 31 mil mais a máquina antiga. A máquina nova reduzirá os custos operacionais de caixa anuais em $ 10 mil, não exigirá nenhuma reforma, terá uma vida útil de cinco anos e um valor residual de $ 3 mil. Se a taxa de retorno mínima desejada for 14 por cento, o que a empresa deverá fazer para minimizar os custos a longo prazo? (Tente resolver este problema por si mesmo, antes de examinar a solução que se segue.)

Independentemente da abordagem utilizada, talvez a parte mais difícil de realizar decisões de orçamento de capital seja predizer os fluxos de caixa relevantes. Verifique que os eventos causados ao fluxo de caixa, para dentro ou para fora, poderão ser muito complicados, especialmente quando houver muitas origens de fluxos de caixa. Você, entretanto, não pode comparar as alternativas se não conhecer seus custos; assim, a primeira etapa para a abordagem de projeto total ou abordagem diferencial é arranjar os fluxos de caixa relevantes por projeto. A Figura 11.2 mostra como os fluxos de caixa, para cada alternativa, são esboçados. A próxima etapa depende da abordagem utilizada.

- *Abordagem do projeto total:* Determine o VPL dos fluxos de caixa para cada projeto individual. Escolha o projeto com o VPL positivo maior (isto é, o maior benefício) ou o VPL negativo menor (isto é, o menor custo).
- *Abordagem diferencial:* Calcule os fluxos de caixa diferenciais. Em outras palavras, subtraia os fluxos de caixa para o projeto B dos fluxos de caixa para o projeto A para cada ano. Lembre-se de que as entradas de caixas são números positivos, enquanto as saídas são negativas. Em seguida, calcule o VP dos fluxos de caixa diferenciais. Se esse VP for positivo, escolha o projeto A; se for negativo, escolha o projeto B.

A Figura11.2 ilustra ambas as abordagens. Observe que ambos os métodos produzem a mesma resposta. Em conseqüência, esses métodos podem ser utilizados intercambiavelmente, desde que haja apenas duas alternativas sob consideração. Visto que nosso exemplo tem apenas duas alternativas, podemos usar qualquer método. Se nosso exemplo tivesse mais de duas alternativas, nossa única escolha seria usar a abordagem do projeto total.

Fluxos de caixa relevantes para o VPL

Como dissemos anteriormente, predizer os fluxos de caixa é a parte mais difícil do orçamento de capital. Quando você arranjar os fluxos de caixa relevantes, esteja seguro de considerar quatro tipos de entradas e saídas de caixa:

- Entradas e saídas de caixa iniciais no tempo zero.
- Investimentos em contas a receber e estoques.
- Valores residuais futuros.
- Fluxo de caixa operacional.

Entradas e saídas de caixa iniciais no tempo zero

Esses fluxos de caixa incluem saídas de caixa para compra e instalação de equipamentos e outros itens necessários para o novo projeto, e outras entradas ou saídas de caixa da eliminação de quaisquer itens que sejam repostos.

Na Figura 11.2, os $ 20 mil recebidos da venda da máquina antiga foram contrabalançados com os $ 51 mil do preço de compra da máquina nova, resultando em uma saída de caixa líquida de $ 31 mil. Se a máquina antiga não pudesse ser vendida, qualquer custo incorrido para desmontá-la e descartá-la teria sido adicionado ao preço de compra da máquina nova.

Investimentos em contas a receber e estoques

Investimentos em contas a receber e estoques são saídas de caixa iniciais tanto quanto investimentos em instalações e equipamentos. No modelo VPL, os desembolsos iniciais são entradas no esboço de fluxos de caixa no tempo zero. Contas a receber e estoques, entretanto, geralmente diferem de instalações e equipamentos no final da vida útil do projeto. Investimentos em instalações e equipamentos são, em geral, utilizados durante a vida do projeto, deixando pouco, se algum, valor residual. Em contraste, os investimentos originais inteiros em contas a receber e estoques são, geralmente, recuperados quando o projeto termina. Conseqüentemente, todos os investimentos iniciais são tipicamente considerados como saídas de caixa no momento zero, e seu valor residual final, se algum, é considerado como entradas de caixa no final da vida útil do projeto.

O exemplo da Figura 11.2 não exigiu investimento adicional em estoque ou contas a receber. A expansão da loja de varejo, entretanto, envolve, por exemplo, um investimento adicional em um edifício e em instalações elétricas mais estoques. Tais investimentos seriam mostrados no formato da Figura 11.2 como segue:

		Esboço dos fluxos de caixa		
Final de ano	0	1	2 ... 19	20
Investimento em edifícios e instalações elétricas	(10)			1
Investimento em capital de giro (estoques)	(6)			6

Como a tabela mostra, o valor residual de edifícios e instalações elétricas pode ser pequeno. O investimento inteiro em estoques, porém, seria ordinariamente recuperado quando a empresa terminasse seu empreendimento.

A diferença entre o desembolso inicial para o capital de giro (na maior parte, contas a receber e estoques) e o VP de sua recuperação é o VP do custo de usar capital de giro no projeto.

Figura 11.2 Abordagem de projeto total *versus* diferencial para o VPL.

	Fator de desconto do VP a 14%	VP total		Esboço dos fluxos de caixa após imposto de renda ao final do ano				
			0	1	2	3	4	5
I. Abordagem de projeto total								
A. Repor								
Custos operacionais em dinheiro recorrentes, usando uma tabela de anuidade*	3,4331	$ (102 993)		($ 30 000)	($ 30 000)	($ 30 000)	($ 30 000)	($ 30 000)
Valor residual, final do ano 5	0,5194	$ 1,558						$ 3 000
Investimento inicial exigido	1,0000	$ (31 000)	($ 31 000)					
VP das saídas de caixa líquidas		$ (132 435)						
B. Manter								
Custos operacionais em dinheiro recorrentes, usando uma tabela de anuidade*	3,4331	$ (137 324)		($ 40 000)	($ 40 000)	($ 40 000)	($ 40 000)	($ 40 000)
Reforma, final do ano 2	0,7695	$ (7 695)			($ 10 000)			
Valor residual, final do ano 5	0,5194	$ 4 155						$ 8 000
VP das saídas de caixa líquidas		$ (140 864)						
Diferença a favor da reposição		$ 8 429						
II. Abordagem diferencial								
A–B. Análise confinada às diferenças								
Economias operacionais de caixa recorrentes, usando uma tabela de anuidade*	3,4331	$ 34 331		$ 10 000	$ 10 000	$ 10 000	$ 10 000	$ 10 000
Reforma evitada, final do ano 2	0,7695	$ 7 695			$ 10 000			
Diferença no valor residual, final do ano 5	0,5194	$ (2 597)						$ (5 000)
Investimento inicial exigido	1,0000	($ 31 000)	($ 31 000)					
VP líquido da reposição		$ 8 429						

Tabela 2. Apêndice B.

Valores residuais futuros

Os ativos, além de contas a receber e estoques, podem ter valores residuais relevantes. O valor residual, no fim de um projeto, é um aumento na entrada de caixa no ano do descarte. Os erros em prever valores residuais finais são, geralmente, não-cruciais, porque o VP é, geralmente, pequeno.

Fluxos de caixa operacionais

O principal propósito da maioria dos investimentos é afetar as entradas e saídas de caixa operacionais. Muitos desses efeitos são difíceis de mensurar, e três pontos merecem menção especial.

Primeiro, usar a análise de custos relevantes, os únicos fluxos de caixa relevantes são aqueles que diferirão entre as alternativas. Freqüentemente, os custos indiretos fixos serão os mesmos sob todas as alternativas disponíveis. Se assim for, eles poderão ser seguramente ignorados. Na prática, não é fácil identificar exatamente quais custos diferirão entre as alternativas.

PRIMEIRO, OS NEGÓCIOS

Orçamento de capital para a tecnologia da informação

Pesquisas recentes têm mostrado que quase todas as grandes empresas usam os métodos de fluxo de caixa descontado (FCD) para suas decisões de orçamento de capital. Isso é verdadeiro na maioria dos países desenvolvidos no mundo, não apenas nos Estados Unidos. Mesmo com o FCD se tornando dominante, no entanto, ele está sendo criticado por alguns, por conduzir a um excesso de cautela nas decisões de investimento em tecnologia de informação (TI).

Os críticos sustentam que os benefícios dos investimentos em TI são difíceis de quantificar e que tais investimentos levam a oportunidades não-visualizáveis. Ao ignorar alguns dos benefícios e oportunidades potenciais, as empresas deixam passar investimentos em TI desejáveis.

Recentemente, duas maneiras de retificar essa situação foram sugeridas. Ambas usam os princípios básicos da análise FCD, mas adicionam graus de sofisticação para ajudar a identificar e valorizar todos os benefícios e investimentos em TI: o uso do custeio baseado em atividade (ABC), para melhor definir e quantificar os benefícios dos investimentos em TI; o uso de modelos de precificação de opções, para reconhecer o valor de opções futuras que resultam dos investimentos em TI.

Usar o ABC para melhor avaliar os benefícios de um investimento em TI é, simplesmente, um refinamento de como mensurar os fluxos de caixa para um modelo FCD. Scott Gamster, da Performance Management Practice da Grant Thornton, sugere que a análise do orçamento de capital dos investimentos em TI verificam basicamente os custos diretos e benefícios e ignoram muitas das economias em custos indiretos. Como um sistema ABC focaliza custos indiretos, ele pode ajudar a identificar outros impactos em custos dos novos sistemas de TI. A atenção para as atividades levam os gestores a avaliar melhor os vários impactos sobre o novo sistema de TI. Por exemplo, um sistema de planejamento de recursos empresariais (*enterprise resource planning* — ERP) transformará muito do trabalho em muitas atividades de uma empresa. Examinar cada atividade à luz do potencial da implementação de um ERP ajudará os gestores a avaliar o impacto total do novo sistema.

A outra sugestão é usar a teoria de precificação de opções para valorizar os investimentos em TI. Esse é um refinamento do FCD, não uma alternativa para ele. Ela foi aplicada a uma decisão sobre a oportunidade do desdobramento dos serviços de débito do ponto-de-venda pela Yankee 24, rede bancária eletrônica compartilhada em New England. Ela reconhece explicitamente as oportunidades futuras criadas por uma decisão de investimento corrente e usa uma faixa completa de resultados possíveis para determinar um valor do investimento potencial. Não é nosso propósito descrever os modelos de precificação de opções; deixaremos que os livros de finanças o façam. A essência dos modelos, entretanto, é o impacto das possíveis opções futuras no valor de uma decisão de investimento atual. O investimento, hoje, por exemplo, pode eliminar a opção de realizar um investimento similar em seis meses, quando mais informação estiver disponível. Ou o investimento, hoje, pode criar uma infra-estrutura que permitirá investimentos adicionais no futuro, que não seriam possíveis de outra maneira. Limitar ou expandir opções futuras pelas decisões de investimento hoje, pode, certamente, afetar a desejabilidade do investimento.

Críticas dos modelos FCD para investimentos em TI deveriam conduzir a refinamentos do FCD, não à rejeição dele. Certamente, se os refinamentos não forem utilizados, os gestores deverão usar o julgamento considerando os impactos subjetivos do investimento, que não estão mensurados na análise FCD.

Fontes: Adaptado de S. Gamster, "Using activity based management to justify ERP implementation", em *Journal of Cost Management*, setembro/outubro de 1999, pp. 24-33; M. Benaroch e R. J. Kauffman, "A case for using real options price analsys to evaluate information technology project investments", em *Information Systems Research*, março de 1999, pp. 70-76; G. C. Arnold e P. D. Aatzopoulos, "The theory-practice gap in capital budgeting: evidence from the United Kingdom", em *Journal of Business Finance and Accounting*, junho/julho de 2000, pp. 603-626.

Segundo, como mencionado antes, a depreciação e os valores contábeis devem ser ignorados. O custo dos ativos é reconhecido pelo desembolso inicial, não pela depreciação, como calculado sob o regime de competência contábil.

Terceiro, uma redução na saída de caixa é tratada da mesma maneira que uma entrada de caixa. Ambas significam aumentos no valor.

Fluxos de caixa para investimentos em tecnologia

Muitas decisões de orçamento de capital comparam o empreendimento em um investimento possível com fazer nada. Tal decisão é um investimento em um sistema de produção altamente automatizado, para repor um sistema tradicional. Os fluxos de caixa preditos para o sistema automatizado deveriam ser comparados com aqueles preditos para a continuidade do sistema atual no futuro.

Os últimos não são necessariamente os fluxos de caixa correntemente experimentados. Por quê? Porque o ambiente competitivo está mudando. Se outros investirem em sistemas automatizados, a falha em investir poderá causar um declínio nas vendas e uma estrutura de custo não-competitiva. O futuro sem um sistema automatizado poderá ser um declínio contínuo em fluxos de caixa.

Suponha que uma empresa tenha uma entrada de caixa líquida de $ 10 mil este ano, usando um sistema tradicional. Investir em um sistema automatizado aumentará as entradas de caixa líquidas para $ 12 mil. Falhar em investir causará, nas entradas de caixa líquidas, uma queda para $ 8 mil. O benefício do investimento é uma entrada de caixa de $ 12 000 – $ 8 000 = $ 4 000, e não $ 12 000 – $ 10 000 = $ 2 000.

Problema resumido para revisão

Problema

Reveja o problema e a solução mostrados na Figura 11.2. Conduza uma análise de sensibilidade, como indicado abaixo. Considere cada item como independente dos outros.

1. Calcule o VPL para o caso de a taxa de retorno mínima desejada ser 20 por cento.
2. Calcule o VPL para o caso de os custos operacionais em caixa preditos serem $ 35 mil, em vez de $ 30 mil, usando a taxa de desconto de 14 por cento.
3. Por quanto podem as economias operacionais de caixa cair dos $ 30 mil preditos antes que o VPL do projeto alcance zero, usando a taxa de desconto original de 14 por cento?

Solução

1. Tanto a abordagem do projeto total quanto a abordagem diferencial podem ser usadas. A abordagem diferencial mostrará:

	VP total
Economias operacionais em caixa recorrentes, usando uma tabela de anuidade (Tabela 2): 2,9906 × $ 10 000 =	$ 29 906
Reforma evitada: 0,6944 × $ 10 000 =	$ 6 944
Diferença em valores residuais: 0,4019 × $ 5 000 =	$ (2 010)
Investimento inicial incremental	$ (31 000)
VPL de reposição	$ 3 840

2.
Valor do VPL na Figura 11.2	$ 8 429
VP dos $ 5 mil adicionais de custos operacionais anuais, 3,4331 × $ 5 000	$ (17 166)
VPL novo	$ (8 737)

Com os $ 5 mil menores nas economias anuais, a nova máquina tem um VPL negativo e, conseqüentemente, não é desejável.

3. Faça X = economias operacionais em caixa anuais, e descubra o valor de X em que o VPL = 0.

Então:
$$0 = 3{,}4331(X) + \$\,7\,695 - \$\,2\,597 - \$\,31\,000$$
$$3{,}4331X = \$\,7\,545$$
$$X = \$\,7\,545$$

(Observe que $ 7 695, $ 2 597 e $ 31 000 estão na linha inferior da Figura 11.2.)

Se as economias anuais caírem de $ 10 mil para $ 7 545, um decréscimo de $ 2 455, ou quase 25 por cento, o VPL alcançará o zero.

Um meio alternativo para obter a mesma resposta seria dividir o VPL de $ 8 429 (veja a linha inferior da Figura11.2) por 3,4331, obtendo $ 2 455, o montante da diferença anual em economias, que eliminaria os $ 8 429 de VPL.

IMPOSTOS DE RENDA E ORÇAMENTO DE CAPITAL

Devemos considerar outro tipo de fluxo de caixa quando tomamos decisões de orçamento de capital: o imposto de renda. Os impostos de renda pagos pelas empresas são saídas de caixa. Seu papel básico no orçamento de capital não difere do de qualquer outra saída de caixa. Os impostos, todavia, tendem a estreitar as diferenças de caixa entre os projetos. Se as economias de caixa das operações de um projeto sobre outro, por exemplo, forem $ 1 milhão, uma alíquota de 40 por cento de imposto encolheria as economias para $ 600 mil. Por quê? Porque $ 400 mil (40% × $ 1 000 000) das economias teriam de ser pagos como impostos.

As empresas, nos Estados Unidos, devem pagar impostos de renda federal e estadual. Os impostos federais estão baseados na renda, com alíquotas de impostos aumentando assim que as vendas aumentam. A alíquota do imposto federal atual sobre lucro tributável corporativo ordinário abaixo de $ 50 mil é 15 por cento. As alíquotas, então, aumentam até que as empresas com lucro tributável acima de $ 335 mil paguem entre 34 por cento e 38 por cento sobre o lucro adicional. As alíquotas de imposto estadual variam amplamente de estado para estado. Conseqüentemente, a alíquota de imposto total que uma empresa tem de pagar, alíquotas federais mais alíquotas estaduais, também variam amplamente.

No orçamento de capital, a alíquota de imposto relevante é a **alíquota de imposto de renda marginal**, isto é, a alíquota de imposto paga sobre montantes adicionais de lucro antes do imposto de renda. Suponha que uma empresa pague imposto de renda de 15 por cento, nos primeiros $ 50 mil de lucro antes do imposto de renda, e 30 por cento sobre o lucro antes do imposto de renda acima dos $ 50 mil. Qual é a alíquota do imposto de renda marginal de uma empresa, quando ela tem um lucro antes do imposto de renda de $ 75 mil? A alíquota marginal é 30 por cento, porque a empresa pagará 30 por cento de qualquer lucro adicional em impostos. Em contraste, a alíquota de imposto de renda média da empresa é apenas 20 por cento (isto é, 15% × $ 50 000 + 30% × $ 25 000 = $ 15 000 de impostos sobre $ 75 mil do lucro antes do imposto de renda). Quando avaliarmos os efeitos tributários das decisões de orçamento de capital, usaremos sempre a alíquota de imposto marginal, porque é a alíquota aplicada aos fluxos de caixa adicionais gerados por um projeto proposto.

EFEITOS DE DEDUÇÕES DE DEPRECIAÇÃO

As organizações que pagam imposto de renda geralmente mantêm dois conjuntos de registros — um para relatar ao público e um para relatar às autoridades tributárias. Nos Estados Unidos, essa prática não é ilegal ou imoral — de fato, ela é necessária. O relatório tributário deve seguir regras detalhadas, projetadas para alcançar certas metas sociais. Essas regras, em geral, não conduzem às demonstrações contábeis que melhor mensuram os resultados e a posição contábeis da organização; assim, ela será mais informativa para os usuários das demonstrações contábeis se um conjunto separado de regras for utilizado para relatório contábil. Neste capítulo, estamos preocupados com a mensuração dos pagamentos em dinheiro para os impostos. Conseqüentemente, focalizamos as regras de relatório tributário, não aquelas utilizadas para relatórios contábeis ao público.

Um item que, freqüentemente, difere entre relatórios tributários e relatórios públicos é a depreciação. Lembre-se de que a depreciação está distribuída no custo de um ativo ao longo de sua vida útil. A legislação e os regulamentos do imposto de renda geralmente permitem que o custo seja distribuído ao longo da vida depreciável, que são mais curtos do que a vida útil dos ativos. Além disso, as autoridades tributárias dos Estados Unidos permitem a **depreciação acelerada**, que debita uma maior proporção do custo de um ativo nos anos iniciais e menos nos anos finais. Em contraste, a depreciação de um ativo para propósitos de relatório público é, geralmente, o mesmo em cada ano, chamada de 'depreciação em linha reta' (ou 'linear'). Um ativo de $ 10 mil depreciado, ao longo de sua vida útil de cinco anos, por exemplo, resultaria em uma depreciação em linha reta de $ 10 000 ÷ 5 = $ 2 mil em cada ano, mas em depreciação acelerada de mais de $ 2 mil por ano, nos anos iniciais, e menos de $ 2 mil nos anos finais.

A Figura 11.3 mostra o inter-relacionamento do lucro antes dos impostos, imposto de renda e depreciação, para a Martin's Printing. Suponha que a empresa tenha um ativo fixo único: uma impressora que foi comprada por $ 125 mil em dinheiro. A impressora tem um **período de recuperação** de cinco anos, que é o número de anos sobre o qual um ativo é depreciado para propósitos de imposto. O uso da impressora produz receitas de vendas anuais de $ 130 mil e despesas (excluindo a depreciação) de $ 70 mil. O custo de compra da impressora é dedutível do imposto, na forma de depreciação anual.

Figura 11.3 Martin's Printing.

Análise básica da demonstração de resultado, imposto de renda e fluxos de caixa

	Demonstração de resultado anual tradicional	
(S)	Vendas	$ 130 000
(E)	Menos: despesas, excluindo depreciação	$ 70 000
(D)	Depreciação (em linha reta)	$ 25 000
	Total de despesas	$ 95 000
	Lucro antes do imposto de renda	$ 35 000
(T)	Imposto de renda a 40%	$ 14 000
(I)	Lucro líquido	$ 21 000

Efeito total após imposto de renda sobre o caixa:
ou S − E − T = $ 130 000 − $ 70 000 − $ 14 000 = $ 46 000
ou I + D = $ 21 000 + $ 25 000 = $ 46 000

	Análise dos mesmos fatos para o orçamento de capital	
	Efeitos no caixa das operações:	
(S − E)	Entrada de caixa das operações: $ 130 000 − $ 70 000	$ 60 000
	Saída de imposto de renda a 40%	$ 24 000
	Entrada após imposto de renda das operações (excluindo depreciação)	$ 36 000
	Efeitos no caixa da depreciação:	
(D)	Depreciação em linha reta: $ 125 000 ÷ 5 = $ 25 000	
	Economias de imposto de renda a 40%	$ 10 000
	Efeito total após imposto de renda sobre o caixa	$ 46 000

Depreciar um ativo fixo como a impressora cria uma dedução de imposto futura. Nesse caso, essas deduções totalizarão o preço de compra de $ 125 mil. O VP dessa dedução depende diretamente de seus efeitos anuais específicos nos pagamentos de imposto de renda futuros. Conseqüentemente, o período de recuperação, o método de depreciação selecionado, as alíquotas de imposto e as taxas de desconto, todos afetarão o VP.

A Figura 11.4 analisa os dados da Martin's Printing para o orçamento de capital, supondo que a empresa use depreciação em linha reta para propósitos de imposto. O VPL é $ 40 821 para o investimento nesse ativo.

Os $ 125 mil de investimento realmente incluem dois fluxos de caixa: entradas líquidas das operações mais economias de saídas de imposto de renda (que têm o mesmo efeito no orçamento de capital que a adição de uma entrada de caixa), porque a empresa pode deduzir a depreciação no cálculo do lucro tributável. A escolha do método de depreciação não afetará as entradas de caixa das operações, mas os métodos de depreciação diferentes afetarão as saídas de caixa para o imposto de renda. Isto é, o método de linha reta produzirá um VP de economias tributárias, e o método acelerado produzirá um VP diferente.

DEDUÇÕES TRIBUTÁRIAS, EFEITOS NO CAIXA E A OPORTUNIDADE

Observe que os efeitos de caixa líquido das operações, na Figura 11.4, são calculados ao se multiplicarem os montantes antes do imposto de renda por 1 − a alíquota de imposto. Ou 1 − 0,40 = 0,60. O efeito total é o fluxo de caixa, em si, menos o efeito do imposto. Cada $ 1 adicional de vendas também adiciona $ 0,40 de impostos, conduzindo a uma entrada de caixa líquida de $ 0,60. Cada $ 1 adicional de despesas de caixa reduz os impostos em $ 0,40, conduzindo a uma saída de caixa líquida de $ 0,60. Assim, o efeito após imposto de renda dos $ 130 000 − $ 70 000 = $ 60 000 de entrada de caixa líquida das operações é $ 130 000 × 0,60 − $ 70 000 × 0,60 = ($ 130 000 − $ 70 000) × 0,60 = $ 60 000 × 0,60 = $ 36 000.

Em contraste, os efeitos após imposto de renda das despesas não-monetárias (depreciação) são calculados ao multiplicar a dedução do imposto de $ 25 mil pela alíquota de imposto em si, ou $ 25 000 × 0,40 = $ 10 000. Observe que essa é uma entrada de caixa, porque é uma diminuição no pagamento do imposto. O efeito total no caixa de uma despesa não-monetária é apenas o efeito de economia tributária.

Por todas as ilustrações deste capítulo, suporemos que todo o fluxo de imposto de renda ocorre ao mesmo tempo que os fluxos de caixa relacionados antes do imposto de renda. Suporemos, por exemplo, que ambos — a entrada de caixa líquida antes do imposto de renda de $ 60 mil e o pagamento do imposto relacionado de $ 24 mil — ocorreram no ano 1 e que nenhuma parte do pagamento do imposto foi atrasada até o ano 2. Também supore-

Figura 11.4 Impacto do imposto de renda sobre a análise de orçamento de capital.

Suponha: Custo original do equipamento, $ 125 mil; vida de cinco anos; valor residual zero; entrada de caixa anual das operações antes dos impostos, $ 60 mil; alíquota de imposto de renda, 40 por cento; taxa de retorno após imposto de renda exigida, 12 por cento. Todos os itens estão em unidades monetárias, exceto os fatores de desconto. Os fluxos de caixa após impostos são os da Figura 11.3.

	Fatores de desconto, 12% das tabelas apropriadas	VP total a 12%	Esboço dos fluxos de caixa após impostos ao final do ano					
			0	1	2	3	4	5
Efeitos no caixa das operações, excluindo a depreciação, $ 60 000 × (1 – 0,40)	3,6048	$ 129 773	←	36 000	36 000	36 000	36 000	36 000
Efeitos no caixa da depreciação em linha reta: economias de imposto de renda, $ 25 000 × 0,40	3,6048	$ 36 048	←	10 000	10 000	10 000	10 000	10 000
Efeito total após imposto de renda sobre o caixa		$ 165 821						
Investimento	1,0000	$ (125 000)	$ (125 000)					
VPL do investimento		$ 40 821						

mos que as empresas em questão são lucrativas, isto é, terão lucro tributável suficiente de todas as fontes, para usar todos os benefícios sobre o lucro nas situações descritas.

DEPRECIAÇÃO ACELERADA

Os governos, freqüentemente, permitem a depreciação acelerada para encorajar investimentos em ativos de longa vida. Para ver por que a depreciação acelerada é atrativa aos investidores, reconsidere os fatos da Figura 11.4. Suponha, como é o caso em alguns países, que o investimento inicial inteiro possa ser baixado imediatamente para relatórios do imposto de renda. Veremos que o VPL aumentará de $ 40 821 para $ 54 773.

	VPs	
	Como na Figura 11.4	*Baixa completa imediata*
Efeitos no caixa das operações	$ 129 773	$ 129 773
Efeitos no caixa da depreciação	$ 36 048	$ 50 000*
Efeito total no caixa após imposto de renda	$ 165 821	$ 179 773
Investimento	$ (125 000)	$ (125 000)
VPL	$ 40 821	$ 54 773

* *Suponha que o efeito no imposto ocorre simultaneamente com o investimento no momento zero: $ 125 000 × 0,40 = $ 50 000.*

Em resumo, quanto mais cedo você puder depreciar, maior o VP das economias do imposto de renda. As economias do imposto total serão as mesmas, independentemente do método de depreciação. No exemplo, as economias tributárias da dedução da depreciação é ou 0,40 × $ 125 000 = $ 50 000 imediatamente ou 0,40 × $ 25 000 = $ 10 000 por ano durante cinco anos, a um total de $ 50 mil. O valor do dinheiro no tempo, entretanto, torna as economias imediatas mais valiosas do que as economias futuras. Os lemas no planejamento tributário do lucro são: 'Quando houver uma escolha legal, faça a dedução mais cedo do que tarde' e 'Reconheça o lucro tributável mais tarde do que cedo'.

Os gestores têm uma obrigação com os acionistas de minimizar e postergar impostos na extensão permitida pela lei. Os gestores astutos, por exemplo, usam a depreciação acelerada, em vez da depreciação em linha reta, sempre que a lei permite seu uso. Isso é chamado de 'evitação tributária'. O planejamento tributário cuidadoso pode ter grandes lucros financeiros. Em contraste, os gestores não devem engajar-se em evasão tributária, que é reduzir ilegalmente os tributos, ao registrar deduções fictícias ou falhar em relatar lucro. Os gerentes que *evitam* tributos obtêm bônus; aqueles que *evadem* tributos, freqüentemente, vão parar na cadeia.

SISTEMA MODIFICADO DE RECUPERAÇÃO ACELERADA DE CUSTO

Sob a legislação do imposto de renda dos Estados Unidos, as empresas depreciam a maioria dos ativos usando o sistema modificado de recuperação acelerada de custo (*Modified Accelerated Cost Recovery System* — MACRS). Esse sistema especifica um período de recuperação e uma programação de depreciação acelerada para todos os tipos de ativo. Cada ativo é colocado em uma das oito classes mostradas na Figura 11.5.

A Figura 11.6 apresenta planilhas de depreciação MACRS para períodos de recuperação de 3, 5, 7 e 10 anos. Observe que cada planilha se estende um ano além do período de recuperação, porque o MACRS supõe meio ano de depreciação no primeiro ano e meio ano no último ano. Assim, uma planilha de depreciação MACRS de três anos tem meio ano de depreciação no ano 1 e no ano 4, e um ano completo de depreciação nos anos 2 e 3. Podemos aplicar a depreciação do MACRS ao exemplo da Figura 11.4 como segue, supondo que a impressora comprada seja um ativo MACRS de cinco anos.

Ano	Alíquota de imposto (1)	Fator de VP a 12% (2)	Depreciação (3)			VP da economia tributária (1) × (2) × (3)
1	0,40	0,8929	$ 125 000 × 0,2000	=	$ 25 000	$ 8 929
2	0,40	0,7972	$ 125 000 × 0,3200	=	40 000	$ 12 755
3	0,40	0,7118	$ 125 000 × 0,1920	=	24 000	$ 6 833
4	0,40	0,6355	$ 125 000 × 0,1152	=	14 400	$ 3 660
5	0,40	0,5674	$ 125 000 × 0,1152	=	14 400	$ 3 268
6	0,40	0,5066	$ 125 000 × 0,0576	=	7 200	$ 1 459
						$ 36 904

Quanto a Martin's Printing ganha, ao usar o MACRS, em vez de a depreciação em linha reta? Os $ 36 904 de VP das economias tributárias são $ 856 maiores com o MACRS, do que os $ 36 048 alcançados com a depreciação em linha reta (veja Figura 11.4).

Figura 11.5 Exemplos de ativos em classes do sistema modificado de recuperação acelerada de custo (MACRS).

3 anos	Ferramentas especiais para diversos setores específicos; unidades de tratores fora de estrada.
5 anos	Automóveis; caminhões; equipamentos de pesquisa; computadores; maquinaria e equipamentos em setores selecionados.
7 anos	Móveis de escritório; trilhos de ferrovias; maquinaria e equipamentos na maioria dos setores.
10 anos	Equipamentos de transporte aquático; maquinaria e equipamentos em setores selecionados.
15 anos	A maioria das melhorias da terra; maquinaria e equipamentos em setores selecionados.
20 anos	Construções agrícolas; geração de eletricidade e equipamentos de distribuição.
27,5 anos	Propriedade residencial para alugar.
31,5 anos	Propriedade não-residencial.

Figura 11.6 Planilhas de depreciação MACRS selecionadas.

Ano do imposto	Propriedade de 3 anos	Propriedade de 5 anos	Propriedade de 7 anos	Propriedade de 10 anos
1	33,33%	20,00%	14,29%	10,00%
2	44,45%	32,00%	24,49%	18,00%
3	14,81%	19,20%	17,49%	14,40%
4	7,41%	11,52%	12,49%	11,52%
5		11,52%	8,93%	9,22%
6		5,76%	8,92%	7,37%
7			8,93%	6,55%
8			4,46%	6,55%
9				6,56%
10				6,55%
11				3,28%

VP DA DEPRECIAÇÃO MACRS

Nas decisões de orçamento de capital, os gestores, freqüentemente, desejam saber o VP das economias tributárias da depreciação. A Figura 11.7 fornece VPs para $ 1, a ser depreciados ao longo das planilhas MACRS, para períodos de recuperação de 3, 5, 7 e 10 anos, para uma variedade de taxas de juros.

Considere, por exemplo, uma empresa com um ativo de três anos e 10 por cento de taxa de retorno mínima desejada. O VP de $ 1 da depreciação MACRS é:

Ano	Depreciação* (1)	Fator de VP a 10% (2)	VP da depreciação (1) × (2)
1	$ 0,3333	0,9091	$ 0,3030
2	$ 0,4445	0,8264	$ 0,3673
3	$ 0,1481	0,7513	$ 0,1113
4	$ 0,0741	0,6830	$ 0,0506
Total de depreciação	$ 1,0000		
Valor presente da depreciação de $ 1, mostrado na Figura 11.7			$ 0,8322

Da coluna de propriedade de três anos da Figura 11.6.

Você pode encontrar o VP das economias tributárias em três etapas:

1. Encontre o fator da Figura 11.7 para um período de recuperação apropriado e uma taxa de retorno exigida.
2. Multiplique o fator pela alíquota do imposto para encontrar as economias tributárias por unidade monetária de investimento.
3. Multiplique o resultado pelo montante do investimento para descobrir as economias tributárias totais. Considere nosso investimento de $ 125 mil em equipamento com um período de recuperação MACRS de cinco anos. Uma taxa de retorno exigida após imposto de renda de 12 por cento e uma alíquota de imposto de 40 por cento produzem economias tributárias com VP de 0,7381 × 0,40 × $ 125 000 = $ 36 905. Isso difere dos $ 36 904, calculados anteriormente, em $ 1 por erro de arredondamento.

Figura 11.7 VP de $ 1 da depreciação MACRS.

Taxa de desconto	3 anos	5 anos	7 anos	10 anos
3%	0,9439	0,9215	0,9002	0,8698
4%	0,9264	0,8975	0,8704	0,8324
5%	0,9095	0,8746	0,8422	0,7975
6%	0,8931	0,8526	0,8155	0,7649
7%	0,8772	0,8315	0,7902	0,7344
8%	0,8617	0,8113	0,7661	0,7059
9%	0,8468	0,7919	0,7432	0,6792
10%	0,8322	0,7733	0,7214	0,6541
12%	0,8044	0,7381	0,6810	0,6084
14%	0,7782	0,7055	0,6441	0,5678
15%	0,7657	0,6902	0,6270	0,5492
16%	0,7535	0,6753	0,6106	0,5317
18%	0,7300	0,6473	0,5798	0,4993
20%	0,7079	0,6211	0,5517	0,4702
22%	0,6868	0,5968	0,5257	0,4439
24%	0,6669	0,5740	0,5019	0,4201
25%	0,6573	0,5631	0,4906	0,4090
26%	0,6479	0,5526	0,4798	0,3985
28%	0,6299	0,5327	0,4594	0,3787
30%	0,6128	0,5139	0,4404	0,3606
40%	0,5381	0,4352	0,3632	0,2896

Por que os gestores gostam da depreciação acelerada para propósitos tributários? Considere um investimento de $ 100 mil em um ativo com vida econômica de dez anos e um período de recuperação MACRS de dez anos. O ativo não tem valor residual ao final dos dez anos. A alíquota de imposto é 40 por cento, e a taxa de retorno exigida é 10 por cento. Qual é o VP da economia tributária de depreciação, usando a depreciação em linha reta? Qual é o VP das economias tributárias da depreciação, usando a depreciação do MACRS? Que método de depreciação é mais benéfico para a empresa?

Resposta

A depreciação em linha reta = $ 10 000 por ano; assim, as economias tributárias são 0,40 × $ 10 000 = $ 4 000 por ano.

Assim, o VP das economias tributárias é $ 4 000 × 6,1446 = $ 24 578,40.

O VP da depreciação MACRS é 0,6541 × 0,40 × $ 100 000 = $ 26 164. Embora as economias tributárias totais sejam $ 40 mil, independentemente do método de depreciação, o programa de depreciação acelarada MACRS cria um VP maior em $ 26 164 − $ 24 578,40 = $ 1 585,60.

GANHOS OU PERDAS NA ELIMINAÇÃO

A eliminação de equipamento em dinheiro também pode afetar o imposto de renda. Suponha que a Martin's Printing venda sua impressora de $ 125 mil, no final do terceiro ano, após três anos de depreciação em linha reta.

Se a Martin's Printing vender por seu valor contábil $ 125 000 − (3 × $ 25 000) = $ 50 000, não haverá efeito tributário. Se a Martin's Printing receber mais que $ 50 000, haverá um ganho e um pagamento de imposto adicional. Se a empresa receber menos do que $ 50 mil, haverá uma perda e uma economia tributária.

A seguinte tabela mostra os efeitos, no fluxo de caixa, para preços de venda de $ 70 mil e $ 20 mil:

(a)	Recebimentos de caixa da venda	$ 70 000	$ 20 000
	Valor contábil: [$ 125 000 − 3 ($ 25 000)]	$ 50 000	$ 50 000
	Ganho (perda)	$ 20 000	$ (30 000)
	Efeito no imposto de renda a 40%:		
(b)	Economia tributária, um efeito de entrada:		
	0,40 × perda		$ 12 000
(c)	Imposto pago, uma saída: 0,40 × ganho	$ (8 000)	
	Entradas de caixa líquidas da venda:		
	(a) mais (b)		$ 32 000
	(a) menos (c)	$ 62 000	

PROBLEMA RESUMIDO PARA REVISÃO

PROBLEMA

Considere a oportunidade de investimento da Figura 11.4: Custo original do equipamento, $ 125 mil; vida econômica, cinco anos; valor residual final, zero; entrada de caixa anual antes do imposto de renda das operações, $ 60 mil; alíquota do imposto de renda, 40 por cento; taxa de retorno exigida após imposto de renda, 12 por cento.

Suponha que um equipamento seja um ativo MACRS de cinco anos para propósitos tributários. O VPL é:

	VP
Efeitos de operações no caixa*: $ 60 000 × (1 − 0,40) × 3,6048	$ 129 773
Efeitos, no caixa, da depreciação nas economias tributárias, usando o MACRS: $ 125 000 × 0,40 × 0,7381†	$ 36 905
Efeito total no caixa após imposto de renda	$ 166 678
Investimento	$ 125 000
VPL	$ 41 678

* Veja a Figura 11.4 para detalhes.
† O fator 0,7381 é da Figura 11.7.

Considere cada item independentemente. Calcule o VPL do investimento para cada um.

1. Suponha que se espere que o equipamento seja vendido, em dinheiro, por $ 20 mil, imediatamente após o final do ano 5.
2. Ignore a suposição do item 1. Retorne aos dados originais. Suponha que a vida econômica do equipamento seja de oito anos, e não de cinco, mas que o MACRS, ao longo dos cinco anos seja ainda permitido para propósitos tributários.

Solução

1. VPL como dado		$ 41 678
Recebimentos de caixa da venda	$ 20 000	
Valor contábil	$ 0	
Ganhos	$ 20 000	
Impostos de renda a 40%	$ 8 000	
Efeito total no caixa após imposto de renda	$ 12 000	
VPs dos $ 12 000 a ser recebidos em 5 anos a 12%, $ 12 000 × 0,5674		$ 6 809
VPL do investimento		$ 48 487
2. VPL como dado		$ 41 678
Mais VP de $ 36 000 por ano por 8 anos		
Fator de desconto de 4,9676 × $ 36 000 =	$ 178 834	
Dedução do VP de $ 36 000 por ano por 5 anos	$ 129 773	
Aumento no VP		$ 49 061
VPL		$ 90 739

O investimento seria muito atrativo. Observe, especialmente, que o período de recuperação para propósitos tributários e a vida útil econômica do ativo precisam ser iguais. A legislação tributária especifica vidas (ou períodos de recuperação) para vários tipos de ativos depreciáveis. A vida útil econômica do ativo não afeta a vida tributária. Assim, uma vida útil mais longa para um ativo aumenta os fluxos de caixa operacionais, sem decrescer o VP das economias tributárias.

Confusão a respeito da depreciação

Os significados de 'depreciação' e 'valor contábil' são amplamente mal-entendidos. Vamos rever seus papéis em decisões. Suponha que um banco esteja considerando a reposição de algum equipamento de cópias antigo com um valor contábil de $ 30 mil, um valor residual final esperado de zero, um valor residual corrente de $ 12 mil e uma vida útil remanescente de três anos. Por simplificação, suponha que o banco faça depreciação em linha reta de $ 10 mil anualmente.

A alíquota de imposto é 40 por cento. Esses dados devem ser examinados em perspectiva, como a Figura 11.8 indica. Em particular, observe que as entradas para o modelo de decisão são os efeitos tributários sobre o lucro predito no caixa.

Os valores contábeis e a depreciação podem ser necessários para realizar predições. Por si mesmos, entretanto, eles não são entradas para os modelos de decisão FCD.

Orçamento de capital e inflação

Além dos impostos, os tomadores de decisões de orçamento de capital devem considerar os efeitos da inflação sobre suas predições de fluxo de caixa. A **inflação** é o declínio no poder de compra geral da unidade monetária. Uma unidade monetária hoje, por exemplo, comprará apenas metade do que comprava no início da década de 1980. A uma taxa de inflação anual de 5 por cento, os preços médios sobem mais de 60 por cento, ao longo de dez anos. Em países como Brasil e Argentina, as taxas de inflação anuais de três dígitos (isto é, preços médios mais do que dobram a cada ano) têm sido comuns e têm afetado significativamente as decisões empresariais. Se a inflação significativa for esperada ao longo da vida de um projeto, isso deve ser específica e consistentemente analisado no modelo de orçamento de capital.

Atenção para a consistência

A chave para considerações apropriadas de inflação no orçamento de capital é o tratamento consistente da taxa de retorno mínima desejada e as entradas e saídas de caixa preditas. Podemos alcançar tal consistência incluindo um elemento para inflação em ambos: taxa do retorno mínima desejada e predições de fluxo de caixa.

Figura 11.8 Perspectiva de valor contábil e depreciação.

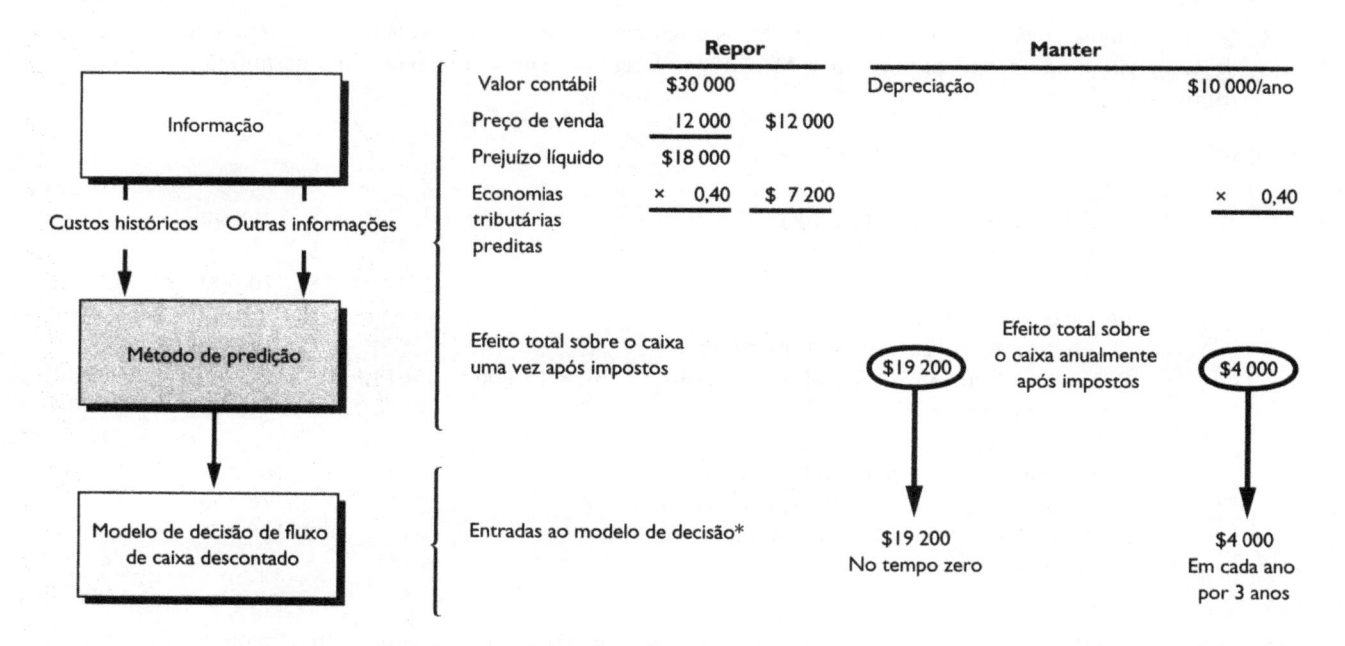

	Repor		Manter	
Valor contábil	$30 000		Depreciação	$10 000/ano
Preço de venda	12 000	$12 000		
Prejuízo líquido	$18 000			
Economias tributárias preditas	× 0,40	$ 7 200		× 0,40
Efeito total sobre o caixa uma vez após impostos		$19 200	Efeito total sobre o caixa anualmente após impostos	$4 000
Entradas ao modelo de decisão*		$19 200 No tempo zero		$4 000 Em cada ano por 3 anos

Blocos do fluxograma à esquerda: Informação (Custos históricos, Outras informações) → Método de predição → Modelo de decisão de fluxo de caixa descontado.

* *Certamente, haverá outras entradas relacionadas a esse modelo de decisão — por exemplo, o custo de novos equipamentos e as diferenças nos fluxos de caixa anuais futuros das operações.*

Muitas empresas baseiam sua taxa de retorno mínima desejada nas taxas de juros de mercado, também chamadas de **taxas nominais**, que incluem o elemento inflação. Considere, por exemplo, três possíveis componentes de uma taxa nominal de 12 por cento.

(a)	Elemento livre de risco — a taxa de juros 'pura'	3%
(b)	Elemento de risco do negócio — o prêmio de 'risco', que é exigido por tomar riscos maiores	5%
(a) + (b)	Freqüentemente chamado de 'taxa real'	8%
(c)	Elemento inflação — o prêmio exigido devido à deterioração esperada do poder de compra geral da unidade monetária	4%
(a) + (b) + (c)	Freqüentemente chamado de 'taxa nominal'	12%

Quatro pontos percentuais acima dos 12 por cento de retorno compensam o investidor por receber pagamentos futuros em moedas inflacionadas, isto é, em moedas com menor poder de compra daquela investida. Conseqüentemente, baseando a taxa de retorno mínima desejada nas taxas cotadas no mercado, automaticamente incluem um elemento inflação na taxa. As empresas que baseiam suas taxas de retorno mínimo desejado nas taxas de mercado devem também ajustar suas predições de fluxo de caixa para a inflação antecipada. Suponha, por exemplo, que uma empresa espere vender mil unidades de um produto, em cada um dos dois anos seguintes. Suponha que o preço deste ano seja $ 50 e que a inflação cause o aumento do preço do ano seguinte para $ 52,50. Essa entrada de caixa predita do ano é 1 000 × $ 50 = $ 50 000, e a entrada de caixa ajustada pela inflação do ano seguinte é 1 000 × $ 52,50 = $ 52 500. Os fluxos de caixa ajustados pela inflação são as entradas e saídas esperadas, após ajustados os preços, para refletir a inflação antecipada.

Considere outra ilustração: Custo de compra de equipamentos, $ 200 mil; vida útil, cinco anos; valor residual final, zero; economias de caixa operacional antes do imposto de renda por ano, $ 83 333 (em moeda de 20X0); alíquota do imposto de renda, 40 por cento. Para simplificar, supomos uma depreciação ordinária em linha reta de $ 200 000 ÷ 5 = $ 40 000 por ano. A taxa mínima desejada após o imposto de renda está baseada nas taxas de mercado cotadas, 25 por cento. Isso inclui o fator de inflação de 10 por cento.

A Figura 11.9 indica maneiras corretas e incorretas de analisar os efeitos da inflação. As palavras-chave são 'consistência interna'. A análise correta usa uma taxa mínima desejada, que inclui um elemento atribuível à inflação, e explicitamente ajusta os fluxos de caixa operacionais preditos para o efeito da inflação. Observe que a análise correta favorece a compra do equipamento, mas a análise incorreta não.

Figura 11.9 Inflação e orçamento de capital.

Esboço dos fluxos de caixa relevantes (no final do ano)

Descrição	Fator de VP	VP	0	1	2	3	4	5
Análise correta								
(Certifique-se de que a taxa de desconto inclui um elemento atribuível à inflação e ajusta os fluxos de caixa preditos pelos efeitos inflacionários.)								
Entradas de caixa operacionais:								
Entradas antes do imposto de renda em unidades monetárias de 20X0 $83 333								
Efeito tributário a 40% $33 333								
Efeito do caixa após imposto de renda $50 000								
	0,8000	$ 44 000		$ 55 000*				
	0,6400	$ 38 720			$ 60 500			
	0,5120	$ 34 074				$ 66 550		
	0,4096	$ 29 985					$ 73 205	
	0,3277	$ 26 388						$ 80 526
Subtotal		$173 167						
Depreciação anual $ 200 000 ÷ 5 = $ 40 000 Efeito no caixa, das economias de depreciação no imposto de renda a 40% = $ 40 000 × 0,40 = $ 16 000	2,6893	$ 43 029		$ 16 000†	$ 16 000	$ 16 000	$ 16 000	$ 16 000
Investimento em equipamentos	1,0000	($200 000)	($ 200 000)					
VPL		$ 16 196						
Análise incorreta								
(Um erro comum é incluir um elemento de inflação na taxa de desconto como acima, mas não ajustar as entradas de caixa preditas.)								
Entradas de caixa operacionais após imposto de renda	2,6893	$134 465		$ 50 000	$ 50 000	$ 50 000	$ 50 000	$ 50 000
Efeito da depreciação	2,6893	$ 43 029		$ 16 000	$ 16 000	$ 16 000	$ 16 000	$ 16 000
Investimento em equipamentos	1,0000	($200 000)	($ 200 000)					
VPL		($ 22 506)						

* Em cada ano, é ajustado para a inflação antecipada: $ 50 000 × 1,10; $ 50 000 × 1,10²; $ 50 000 × 1,10³; e assim por diante.
† A inflação não afetará as economias anuais no imposto de renda das depreciações. Por quê? Porque a dedução de imposto de renda deve estar baseada no custo original do ativo em moeda de 20X0.

A análise incorreta, na Figura 11.9, é inerentemente sem consistência. As entradas de caixa preditas excluem os ajustes pela inflação. Em vez disso, elas estão declaradas em moeda de 20X0. A taxa de desconto, entretanto, inclui um elemento atribuível à inflação. Tal falha analítica pode induzir a uma recusa imprudente da compra.

O papel da depreciação

A análise correta, na Figura 11.9, mostra que os efeitos tributários da depreciação não são ajustados pela inflação. Por quê? Porque as leis do imposto de renda, nos Estados Unidos, permitem uma dedução da depreciação baseada em moedas originais de investimento, nada mais.

Os críticos das leis do imposto de renda enfatizam que o investimento de capital é desencorajado por não permitir os ajustes das deduções de depreciação por efeitos inflacionários. O VPL na Figura 11.9, por exemplo, seria maior se a depreciação não fosse confinada ao montante de $ 40 mil por ano. O último gera uma economia de $ 16 mil em moeda de 20X1, $ 16 mil em moeda de 20X2, e assim por diante. Os defensores das leis tributárias existentes nos Estados Unidos afirmam que o investimento de capital é encorajado de muitas outras maneiras. O exemplo mais proeminente é a provisão para depreciação acelerada ao longo das vidas, que são muito mais curtas do que as vidas econômicas dos ativos.

Melhoria das predições com *feedback*

Prever e lidar com as mudanças de preços é uma habilidade de gestão valiosa, especialmente quando a inflação é significativa. A auditoria e o *feedback* devem ajudar a avaliar as habilidades preditivas da gestão.

O ajuste dos fluxos de caixa operacionais da Figura 11.9 usa um taxa de 10 por cento ao *nível geral de preços*. Onde for viável, entretanto, os gestores devem usar taxas *específicas* ou predições feitas sob encomenda para mudanças nos preços dos materiais, mão-de-obra e outros itens. Essas predições podem ter variações percentuais diferentes, de ano para ano.

Problemas resumidos para revisão

Problema

Examine a análise correta, na Figura 11. Suponha que as entradas de caixa operacionais tenham persistido por um ano adicional. Calcule o VP das entradas para o sexto ano. Ignore a depreciação.

Solução

A entrada de caixa operacional seria $ 50 000 × $1,10^6$, ou $ 80 526 × 1,10, ou $ 88 579. Seu VP seria $ 88 579 × 0,2621, o fator da Tabela 1 do Apêndice B (período da linha 6, coluna de 25%), ou $ 23 217.

Problema

Examine a planilha de depreciação MACRS na página 385. Suponha uma taxa de inflação antecipada de 7 por cento. Como você mudaria os VPs da depreciação para acomodar a taxa de inflação?

Solução

Os cálculos da página 385 não mudariam. A inflação não afeta os efeitos tributários da depreciação. A legislação do imposto de renda dos Estados Unidos permite uma dedução baseada em dólares originais investidos, nada mais.

Outros modelos para analisar decisões de longo prazo

Embora mais e mais empresas estejam usando modelos FCD para tomar suas decisões de orçamento de capital, há ainda outros modelos em uso. Todos esses modelos são mais simples do que o VPL, mas são também menos úteis. Muitas empresas, entretanto, ainda usam esses modelos menores, que podem fornecer alguma informação suplementar interessante aos modelos de FCD. Examinaremos os modelos de período de recuperação (*payback*) e taxa de retorno contábil.

Modelo *payback*

O *payback*, ou **período de recuperação**, é o tempo que se levará para recuperar, na forma de entradas de caixa de operações, o dinheiro inicial investido em um projeto. Suponha que $ 12 mil sejam gastos em uma máquina com uma vida útil estimada de oito anos. Esperam-se economias anuais de $ 4 mil nas saídas de caixa das operações. A depreciação é ignorada. O período de recuperação é de três anos, calculados da seguinte maneira:

$$\text{período de recuperação} = \frac{\text{montante incremental inicial investido}}{\text{entradas de caixa incrementais anuais iguais das operações}}$$

$$P = \frac{I}{O} = \frac{\$\,12\,000}{\$\,4\,000} = 3 \text{ anos}$$

Essa fórmula do período de recuperação pode ser utilizada apenas quando houver entradas de caixa anuais iguais das operações. Quando as entradas de caixa anuais não forem iguais, deveremos somar o fluxo de caixa líquido de cada ano, até que o investimento inicial seja recuperado. Suponha o seguinte padrão de fluxo de caixa:

Final do ano	0	1	2	3
Investimento	($ 31 000)			
Entradas de caixa		$ 10 000	$ 20 000	$ 10 000

O cálculo do período de recuperação é:

	Investimento	Entradas de caixa líquidas	
Ano	inicial	*Em cada ano*	*Acumulado*
0	$ 31 000	—	—
1	—	$ 10 000	$ 10 000
2	—	$ 20 000	$ 30 000
2,1	—	$ 1 000	$ 31 000

Nesse caso, o período de recuperação está ligeiramente além do segundo ano. A interpolação dentro do terceiro ano revela que o 0,1 ano adicional é necessário para recuperar os $ 1 mil finais, tornando o período de recuperação em 2,1 anos:

$$2 \text{ anos} + \left(\frac{\$\,1\,000}{\$\,10\,000} \times 1 \text{ ano}\right) = 2,1 \text{ anos}$$

Uma fraqueza principal do modelo de *payback* é que ele não mensura a lucratividade, que é uma meta primária das empresas. O modelo *payback* apenas mensura quão rapidamente o dinheiro de um investimento pode ser recuperado. Um projeto com um período de recuperação mais curto, todavia, não é necessariamente preferível a um com um período de recuperação mais longo. Afinal de contas, uma empresa pode recuperar seu investimento inteiro imediatamente ao não investir.

Às vezes, os gestores usam o período de recuperação como uma estimativa grosseira do risco de um projeto. Suponha que uma empresa enfrente mudanças tecnológicas rápidas. Os fluxos de caixa, além dos primeiros poucos anos, podem ser extremamente incertos. Em tal situação, os projetos que recuperam seus investimentos rapidamente podem ser menos arriscados do que aqueles que exigem uma espera mais longa, até que o caixa comece a fluir de volta.

Modelo de taxa de retorno contábil

O **modelo de taxa de retorno contábil** (TRC, ou *accouting rate-of-return* — ARR) expressa o retorno de um projeto como o aumento no lucro operacional anual médio esperado, dividido pelo investimento inicial exigido.

$$\text{TRC (ARR)} = \frac{\text{aumento no lucro operacional anual médio esperado}}{\text{investimento inicial exigido}}$$

$$= \frac{O - D}{I} = \frac{\text{entradas de caixa anuais médias das operações} - \text{depreciação anual média incremental}}{\text{investimento inicial exigido}}$$

Seus cálculos se encaixam mais proximamente com os modelos de contabilidade convencionais, de calcular a lucro e o investimento exigido, e mostram o efeito de um investimento sobre as demonstrações contábeis de uma organização.

Para ver como o TRC (ARR) funciona, suponha os mesmos fatos da Figura 11.1: O investimento é $ 6 075, a vida útil é quatro anos, o valor residual estimado é zero, e a entrada de caixa anual esperada das operações é $ 2 mil. A depreciação anual seria $ 6 075 ÷ 4 = $ 1 518,75, arredondada para $ 1 519. Substitua esses valores na equação de TRC:

$$\text{TRC} = \frac{\$\,2\,000 - \$\,1\,519}{\$\,6\,075} = 7,9\%$$

Algumas empresas usam o 'investimento médio' (freqüentemente, suposto para equipamentos como sendo a média do valor contábil ao longo da vida útil) em vez do investimento original no denominador. Conseqüentemente, o denominador[3] transforma-se em $ 6 075 ÷ 2 = $ 3 037,50:

$$TRC = \frac{\$ 2\,000 - \$ 1\,519}{\$ 3\,037,50} = 15,8\%$$

O modelo de TRC está baseado na demonstração contábil familiar, preparada sob o regime contábil de competência. Ao contrário do modelo de *payback*, o modelo contábil, pelo menos, tem a lucratividade como um objetivo. Não obstante ele tenha uma desvantagem importante: O modelo contábil ignora o valor do dinheiro no tempo. As unidades monetárias futuras esperadas são, erroneamente, consideradas como iguais às unidades monetárias presentes. Os modelos de FCD, explicitamente, permitem a força dos juros e o tempo do fluxo de caixa. Em contraste, o modelo contábil está baseado em médias anuais. Ele usa conceitos de investimento e lucro originalmente projetados para propósitos bem diferentes dos contábeis, para lucros e posição financeira periódicos.

Avaliação de desempenho

Conflito potencial

Muitos gestores são relutantes em aceitar os modelos de FCD como a melhor maneira para tomar decisões de orçamento de capital. Sua relutância vem do amplo uso do lucro contábil para avaliação de desempenho. Isto é, os gestores tornam-se frustrados se são instruídos para usar um modelo de FCD para tomar decisões, mas são avaliados, mais tarde, usando um modelo que não o FCD, tal como o modelo de taxa de retorno contábil típico.

Para ilustrar, considere o conflito potencial que pode surgir no exemplo da Figura 11.1. Lembre-se de que o VPL era $ 265, baseado em uma taxa de retorno exigida de 10 por cento e um desembolso de $ 6 075, que gerariam economias de caixa de $ 2 mil para cada um dos quatro anos e não tinha valor residual final. Usando o lucro contábil calculado com a depreciação em linha reta, a avaliação de desempenho para os anos 1 a 4 seria:

	Ano 1	Ano 2	Ano 3	Ano 4
Economias operacionais em caixa	$ 2 000	$ 2 000	$ 2 000	$ 2 000
Depreciação em linha reta, $ 6 075 ÷ 4	$ 1 519	$ 1 519	$ 1 519	$ 1 519*
Efeito no lucro operacional	$ 481	$ 481	$ 481	$ 481
Valor contábil no início do ano	$ 6 075	$ 4 556	$ 3 037	$ 1 518
Taxa de retorno contábil	7,9%	10,6%	15,8%	31,7%

* Total de depreciação, de 4 × $ 1 519 = $ 6 076, difere de $ 6 075 por causa do erro de arredondamento.

Muitos gestores estariam relutantes em repor equipamento, apesar do VPL positivo, se seu desempenho fosse avaliado pelo lucro contábil. Eles estariam especialmente relutantes se, provavelmente, forem transferidos para novas posições (cargos) a cada ano ou dois. Por quê?

Esse sistema contábil de competência subestima o retorno nos anos iniciais, especialmente no ano 1, quando o retorno está abaixo da taxa exigida, e um gestor pode não estar por perto para colher os benefícios dos retornos superestimados mais tarde.

Como o Capítulo 6 indicou, a relutância gerencial em repor seria reforçada se uma perda contábil grande, sobre equipamentos antigos, aparecessem na demonstração de resultado do ano 1 — mesmo que tal perda fosse irrelevante em um modelo de decisão construído apropriadamente. Assim, a avaliação de desempenho baseada em medidas contábeis típicas pode causar a rejeição de importantes projetos de longo prazo, como investimentos em sistemas de produção tecnologicamente avançados. Esse padrão pode ajudar a explicar por que muitas empresas dos Estados Unidos parecem ser excessivamente orientadas para o curto prazo.

Reconciliação do conflito

A melhor maneira de reconciliação de qualquer conflito potencial, entre orçamento de capital e avaliação de desempenho, é usar o modelo de FCD tanto para as decisões de orçamento de capital como para a avaliação de

---

3. *O investimento médio comprometido com o projeto declinaria a uma taxa de $ 1 519 por ano, de $ 6 075 para zero; assim, o investimento médio seria o saldo inicial mais o saldo final ($ 6 075 + 0) dividido por 2, ou $ 3 037,50.*

desempenho. As empresas que usam o EVA para a avaliação de desempenho, como descrito no Capítulo 10, evitam alguns desses conflitos. Embora o EVA use o regime de competência contábil para mensurar os lucros e investimentos em vez de fluxos de caixa, ele é, conceitualmente, similar ao método VPL de orçamento de capital. O EVA e o VPL reconhecem que o valor é criado apenas após um projeto cobrir seu custo de capital.

Uma outra maneira de reconciliação do conflito é conduzir uma avaliação de acompanhamento das decisões de orçamento de capital, freqüentemente chamadas de 'auditoria posterior' (*post audit*). As maiores empresas (76 por cento, em uma pesquisa recente) auditam posteriormente pelo menos algumas das decisões de capital. Os propósitos de uma auditoria posterior incluem:

1. Verificar quais dispêndios de investimento estão se processando no prazo e dentro do orçamento.
2. Comparar os fluxos de caixa reais com aqueles originalmente preditos, de maneira a motivar predições cuidadosas e honestas.
3. Fornecer informação para melhorar predições futuras de fluxos de caixa.
4. Avaliar a continuidade do projeto.

Ao focalizar a auditoria posterior sobre os fluxos de caixa reais *versus* preditos, a avaliação é consistente com o processo de decisão.

Auditorias posteriores de todas as decisões de orçamento de capital, entretanto, são onerosas. A maioria dos sistemas contábeis é projetada para avaliar o desempenho operacional de produtos, departamentos, divisões, territórios, e assim por diante, ano após ano. Em contraste, as decisões de orçamento de capital, freqüentemente, lidam com projetos individuais, e não com o conjunto de projetos, que estão, geralmente, sendo geridos, ao mesmo tempo, pelos gestores divisionais ou de departamento. Conseqüentemente, em geral, apenas algumas decisões de orçamento de capital selecionadas são auditadas.

Os conflitos arraigados entre o modelo contábil de competência e o tradicional e vários modelos de decisão formais representam um dos mais sérios problemas não-resolvidos nos projetos de sistemas de controle gerencial. A alta gestão não pode esperar a congruência de metas, se favorecer o uso de um tipo de modelo para decisões e o uso de outro tipo para a avaliação de desempenho.

MATERIAL FUNDAMENTAL DE AVALIAÇÃO

Nota especial: Em todo o material de avaliação em que os impostos são considerados, suponha, a menos que indicado de outra maneira, que:

- Todos os fluxos de caixa de imposto de renda ocorrem simultaneamente com os fluxos de caixa antes do imposto de renda.
- As empresas em questão terão lucro tributável suficiente de outras fontes, para usar todos os benefícios do imposto de renda das situações descritas.

11-A1. Exercícios de juros compostos: Respostas fornecidas

Use a tabela de juros apropriada do Apêndice B para completar os seguintes exercícios. As respostas aparecem no final do material de atribuição para este capítulo.

1. É seu 55º aniversário. Você planeja trabalhar mais cinco anos, antes de aposentar-se. Então, você e sua esposa desejam tirar $ 20 mil para uma viagem de turismo ao redor do mundo. Que soma total você tem de investir, agora, para acumular os $ 20 mil? Suponha que sua taxa de retorno mínima desejada seja:
   a) 5 por cento, compostos anualmente.
   b) 10 por cento, compostos anualmente.
   c) 20 por cento, compostos anualmente.

2. Você deseja gastar $ 2 mil em umas férias, no final de cada um dos próximos cinco anos. Que soma total você tem de investir, agora, para tirar as cinco férias? Suponha que sua taxa de retorno mínima desejada seja:
   a) 5 por cento, compostos anualmente.
   b) 10 por cento, compostos anualmente.
   c) 20 por cento, compostos anualmente.

3. Com 60 anos, você descobre que seu empregador está se mudando para outra localização. Recebe uma indenização de $ 100 mil. Você tem algumas economias e pensa sobre se se aposenta agora ou não.

   a) Se você investir os $ 100 mil agora a 5 por cento, compostos anualmente, quanto dinheiro poderá sacar de sua conta, em cada ano, de maneira que, ao final de cinco anos, haja um saldo zero?

   b) Responda ao item *a*, supondo que você invista 10 por cento.

4. Dois jogadores de basquetebol da NBA, Johnson e Jackson, assinaram contratos de cinco anos, de $ 30 milhões. A 16 por cento, compostos anualmente, qual dos seguintes contratos é mais desejável em termos de VP? Mostre os cálculos, para apoiar sua resposta.

   Entradas de caixa anuais (em milhares)

Ano	*Johnson*	*Jackson*
1	$ 10 000	$ 2 000
2	$ 8 000	$ 4 000
3	$ 6 000	$ 6 000
4	$ 4 000	$ 8 000
5	$ 2 000	$ 10 000
	$ 30 000	$ 30 000

11-A2. VPL para decisões de investimento

Um gestor do Centro de Computação Administrativa da Western State University está considerando adquirir 60 computadores. Os computadores custarão $ 330 mil a vista, tendo valor residual zero e vida útil de três anos. As economias em caixa anuais das operações serão $ 150 mil. A taxa de retorno exigida é de 14 por cento. Não há impostos.

1. Calcule o VPL.
2. O centro de computação deveria adquirir os computadores? Explique.

11-A3. Impostos, depreciação em linha reta e VP

Um gestor do BankSoft.com está considerando adquirir 60 computadores utilizados para projetar *softwares*. Os computadores custarão $ 330 mil a vista e terão o valor residual final de zero. O período de recuperação de custo e vida útil são ambos de três anos. As economias de caixa anuais antes do imposto de renda das operações serão $ 150 mil. A alíquota do imposto de renda é 40 por cento, e a taxa de retorno exigida após imposto de renda é 12 por cento.

1. Calcule o VPL, supondo depreciação em linha reta de $ 110 mil anualmente, para propósitos tributários. O BankSoft.com dever adquirir os computadores? Explique.
2. Suponha que os computadores serão depreciados, totalmente, ao final do ano 3, mas que poderão ser vendidos por $ 45 mil a vista. Calcule o VPL. O BankSoft.com deve adquirir os computadores? Explique.
3. Ignore o item 2. Suponha que a taxa de retorno exigida após imposto de renda seja de 8 por cento, em vez de 12 por cento. Os computadores devem ser adquiridos? Mostre os cálculos.

11-A4. MACRS e VPs

O presidente da Tristate Power Company está considerando se compra alguns equipamentos de sua fábrica South Plains. O equipamento custará $ 1,5 milhão a vista e terá uma vida útil de dez anos e valor residual final zero. As economias de caixa anuais antes do imposto de renda, antes das operações, serão $ 350 mil. A alíquota do imposto de renda é 40 por cento, e a taxa de retorno exigida após o imposto de renda é 16 por cento.

1. Calcule o VPL, usando um período de recuperação de custos de sete anos e a depreciação MACRS para propósitos tributários. O equipamento deve ser adquirido?
2. Suponha que a vida econômica do equipamento seja de 15 anos, o que significa que haverá $ 350 mil de economias de caixa anuais adicionais das operações nos anos 11 a 15. Suponha que um período de recuperação de custo de sete anos seja utilizado. O equipamento deveria ser adquirido? Mostre os cálculos.

11-A5 Ganhos ou perdas na eliminação

Um ativo com valor contábil de $ 50 mil foi vendido a vista em 1º de janeiro de 20X1. Suponha dois preços de venda: $ 60 mil e $ 30 mil. Para cada um dos preços de venda, prepare uma tabela dos ganhos ou perdas, o efeito no imposto de renda e o efeito após imposto de renda total no caixa. A alíquota de imposto de renda aplicável é 30 por cento.

11-B1. Exercícios de juros compostos

Use a tabela apropriada para calcular o seguinte:

1. Você sempre sonhou em fazer uma viagem à Great Barrier Reef. Que soma total você tem de investir, hoje, para obter, em três anos, os $ 12 mil necessários para a viagem? Suponha que você possa investir o dinheiro a:
   a) 4 por cento, compostos anualmente.
   b) 10 por cento, compostos anualmente.
   c) 18 por cento, compostos anualmente.
2. Você está considerando a aposentadoria parcial. Para fazer isso, precisa usar parte de suas economias para suplementar sua renda para os próximos cinco anos. Suponha que você necessite de $ 15 mil extra por ano. Que soma total você terá de investir, agora, para suplementar sua renda por cinco anos?

   Suponha que sua taxa de retorno mínima desejada seja:
   a) 4 por cento, compostos anualmente.
   b) 10 por cento, compostos anualmente.
   c) 18 por cento, compostos anualmente.
3. Você acabou de ganhar um total de $ 400 mil na loteria total. Você decidiu investir o prêmio e sacar montantes iguais a cada ano, por dez anos. Quanto você pode sacar, em cada ano, e ter um saldo zero no final de dez anos, se você investir a:
   a) 5 por cento, compostos anualmente.
   b) 10 por cento, compostos anualmente.
4. A um atleta profissional foi oferecida a escolha de dois contratos de salários por quatro anos; o contrato A por $ 1,4 milhão e o contrato B por $ 1,3 milhão:

	Contrato A	Contrato B
Final do ano 1	$ 200 000	$ 450 000
Final do ano 2	$ 300 000	$ 350 000
Final do ano 3	$ 400 000	$ 300 000
Final do ano 4	$ 500 000	$ 200 000
Total	$ 1 400 000	$ 1 300 000

Qual contrato tem o maior VP a 14 por cento composto anualmente? Mostre os cálculos para apoiar sua resposta.

11-B2. VPL para decisões de investimento

O chefe do departamento de oncologia do St.Vincent's Hospital está considerando a compra de algum equipamento utilizado para pesquisa de câncer. O custo é $ 400 mil, a vida econômica é cinco anos, e não há valor residual final. As entradas de caixa anuais das operações aumentariam em $ 140 mil, e a taxa de retorno exigida é de 16 por cento. Não há impostos.

1. Calcule o VPL.
2. O equipamento deve ser adquirido? Explique.

11-B3. Impostos, depreciação em linha reta e VPL

O presidente da Biogen, Inc., empresa de biotecnologia, está considerando a compra de algum equipamento utilizado para pesquisa e desenvolvimento. O custo é $ 400 mil, a vida econômica e o período de recuperação de custo são ambos de cinco anos, e não há valor residual final. As entradas de caixa anuais das operações antes do imposto de renda aumentariam em $ 140 mil, a alíquota do imposto de renda é 40 por cento, e a taxa de retorno exigida após imposto de renda é 14 por cento.

1. Calcule o VPL, supondo depreciação em linha reta de $ 80 mil anuais para propósitos tributários. A Biogen deve adquirir o equipamento?
2. Suponha que o ativo estará totalmente depreciado ao final do ano 5, mas seja vendido por $ 30 mil a vista. A Biogen deve adquirir o equipamento? Mostre os cálculos.
3. Ignore o item 2. Suponha que a taxa de retorno exigida após imposto de renda seja 10 por cento, em vez de 14 por cento. A Biogen deve adquirir o equipamento? Mostre os cálculos.

11-B4. MACRS e VPs

O gestor-geral de uma empresa de mineração do Alaska tem a possibilidade de comprar uma nova perfuratriz, ao custo total de $ 250 mil. O período de recuperação de custos é cinco anos. As entradas de caixa anuais adicionais antes do imposto de renda das operações são $ 82 mil, a vida econômica do equipamento é de cinco anos, não há valor residual, a alíquota do imposto de renda é de 35 por cento, e a taxa de retorno exigida após imposto de renda é de 16 por cento.

1. Calcule o VPL, supondo uma depreciação MACRS para propósitos tributários. A empresa deve adquirir o equipamento?
2. Suponha que a vida econômica do equipamento seja de seis anos, o que significa que haverá entradas de caixa de $ 82 mil das operações nos próximos seis anos. O período de recuperação de custos ainda é de cinco anos. A empresa deve adquirir o equipamento? Mostre os cálculos.

11-B5. Impostos de renda e eliminação de ativos
Suponha que a alíquota de imposto de renda para a Ibanez Company seja de 30 por cento.

1. O valor contábil de uma máquina antiga é $ 20 mil. A Ibanez vendeu a máquina por $ 9 mil a vista. Qual é o efeito dessa decisão nos fluxos de caixa, após imposto de renda?
2. O valor contábil de uma máquina antiga é $ 20 mil. A Ibanez vendeu a máquina por $ 35 mil a vista. Qual é o efeito dessa decisão nos fluxos de caixa, após imposto de renda?

Material adicional de avaliação

Questões

11-1. O orçamento de capital tem três fases: identificação de investimentos potenciais; seleção de investimentos; auditoria posterior de investimentos. Qual é o papel dos contadores em cada fase?

11-2. Por que o fluxo de caixa descontado é um método superior para o orçamento de capital?

11-3. "Quanto mais elevada a taxa de retorno mínima desejada, maior o preço que a empresa estará disposta a pagar por equipamento que economiza custo." Você concorda? Explique.

11-4. "O modelo FCD supõe certeza e mercados de capitais perfeitos. Assim, ele é pouco prático para usar na maioria das situações do mundo real." Você concorda? Explique.

11-5. "A contagem dupla de custos ocorre se a depreciação for considerada separadamente nas análises de FCD." Você concorda? Explique.

11-6. "Podemos usar a análise de sensibilidade porque nossas predições de fluxo de caixa são muito inacuradas." Comente.

11-7. Por que deveria a abordagem diferencial para as alternativas sempre levar às mesmas decisões que a abordagem do projeto total?

11-8. "O modelo VPL não deve ser utilizado para decisões de investimentos sobre tecnologia avançada, como sistemas de manufatura integrados por computador." Você concorda? Explique.

11-9. Distinga entre as alíquotas de imposto média e marginal.

11-10. "O congresso deve aprovar a lei que proíbe as empresas de manter dois conjuntos de livro." Você concorda? Explique.

11-11. Compare evitação de impostos e evasão de impostos.

11-12. Explique por que os métodos de depreciação acelerada são superiores aos métodos em linha reta para propósitos de imposto de renda.

11-13. "Um investimento em equipamentos realmente obtém dois fluxos de caixa." Você concorda? Explique.

11-14. Por que as deduções tributárias deveriam ser tomadas mais cedo do que mais tarde?

11-15. "A convenção MACRS de meio ano leva os ativos a ser depreciados além das vidas especificadas nas planilhas de recuperação MACRS." Você concorda? Explique.

11-16. "Quando há imposto de renda, a depreciação é um desembolso de caixa." Você concorda? Explique.

11-17. Quais são os três componentes das taxas de juros de mercado (nominal)?

11-18. Descreva como a consistência interna é alcançada ao considerar-se a inflação em um modelo de orçamento de capital.

11-19. "Os investimentos de capital são sempre mais lucrativos em tempos inflacionários, porque as entradas de caixa das operações, geralmente, aumentam com a inflação." Comente essa declaração.

11-20. "Se as abordagens de FCD são superiores aos métodos *payback* e taxa de retorno contábil, por que deveríamos preocupar-nos em aprender os outros? Tudo isso é confuso." Responda essa contestação.

11-21. Qual é a falha básica do modelo *payback*?

11-22. Explique como um conflito pode surgir entre modelos de decisão de orçamento de capital e métodos de avaliação de desempenho.

Exercícios cognitivos

11-23. Investimento em pesquisa e desenvolvimento

"É impossível usar os métodos de FCD para avaliar investimentos em pesquisa e desenvolvimento. Não há economias de custos para medir, e nós nem mesmo sabemos que produtos podem surgir de nossas atividades de P&D." Essa é uma declaração de um gestor de P&D, que foi questionado para justificar investimentos em um projeto de pesquisa importante baseado em seu VPL esperado. Você concorda com sua declaração? Explique.

11-24. Avaliação de empresas e VPL

Quando uma empresa escolhe investir em um projeto com um VPL positivo, o que, geralmente, acontecerá ao valor da empresa? O que acontecerá a esse valor quando a empresa investir em um projeto com VPL negativo?

11-25. Reposição de instalações de produção

Uma empresa manufatureira, recentemente, considerou substituir uma de suas máquinas iniciais por um modelo mais novo, mais rápido e mais acurado. Que fluxos de caixa essa decisão, provavelmente, afetará? Liste ambos os fluxos de caixa que seriam fáceis de quantificar e aqueles para os quais a mensuração seria difícil.

Exercícios

11-26. Exercício de juros compostos

Rose Francisco deseja comprar uma casa de $ 300 mil. Ela acumulou $ 100 mil de entrada, mas deseja tomar emprestados $ 200 mil, em uma hipoteca de 30 anos. Para simplificar, suponha pagamentos de hipoteca anuais, ao final de cada ano, e nenhuma despesa de empréstimo.

1. Quais serão os pagamentos anuais de Rose Francisco, se sua taxa de juros, recomposta anualmente, for:
   a) 8 por cento?
   b) 10 por cento?
   c) 12 por cento?
2. Repita o item 1 para um hipoteca de 15 anos.
3. Suponha que Rose Francisco tenha de escolher entre uma hipoteca de 30 e de 15 anos, qualquer uma à taxa de juros de 10 por cento. Calcule os pagamentos totais e os juros totais pagos sobre:
   a) Uma hipoteca de 30 anos.
   b) Uma hipoteca de 15 anos.

11-27. Exercício de juros compostos

Suponha que a General Electric (GE) deseje tomar emprestado dinheiro do Chase Manhattan Bank. Eles concordam com uma taxa anual de 12 por cento.

1. Suponha que a GE concorde em restituir $ 500 milhões ao final de quatro anos. Quanto o Chase Manhattan emprestará à GE?
2. Suponha que a GE concorde em restituir um total de $ 500 milhões, a uma taxa de $ 125 milhões, ao final de cada um dos quatro anos seguintes. Quanto o Chase Manhattan emprestará à GE?

11-28. Exercício de juros compostos

Um empreiteiro de edificações solicitou a você um empréstimo. Você está ponderando várias propostas para a restituição:

1. Uma soma total de $ 800 mil, de hoje a quatro anos. Quanto você emprestará, se sua taxa de retorno desejada for:
   a) 12 por cento, compostos anualmente?
   b) 20 por cento, compostos anualmente?
2. Repita o item 1, mas suponha que as taxas de juros sejam compostas semestralmente.
3. Suponha que o empréstimo deva ser pago, no total, em pagamentos iguais de $ 200 mil, ao final de cada um dos quatro anos seguintes. Quanto você emprestará, se sua taxa de retorno desejada for:
   a) 12 por cento, compostos anualmente?
   b) 20 por cento, compostos anualmente?

11-29. Relacionamentos básicos das tabelas de juros

1. Suponha que você tome emprestados $ 100 mil, agora, a 14 por cento de juros, compostos anualmente. O montante tomado emprestado, mais juros, serão restituídos a uma soma total, ao final de oito anos. Quanto deve ser restituído? Use a Tabela 1 e a equação básica VP = montante futuro × fator de conversão.
2. Suponha os mesmos fatos, exceto que o empréstimo será restituído em parcelas iguais, ao final dos oito anos. Quanto deve ser restituído em cada ano? Use a Tabela 2 e a equação básica: VP = montantes anuais futuros × fator de conversão.

11-30. VP e salários do esporte

Por causa de um teto de salários, aos times da National Basketball Association não é permitido exceder um certo limite anual, nos salários totais dos jogadores. Suponha que o Los Angeles Lakers tenha programado salários exatamente iguais ao seu teto de $ 30 milhões para 20X1. Programou-se que Kobe O'Neal, jogador estrela, receberia $ 6 milhões em 20X1. Para liberar o dinheiro para pagar um prêmio de principiante, O'Neal concordou em diferir $ 2 milhões de seu salário por dois anos, tempo pelo qual o teto de salários teria sido aumentado. Seu contrato exigiu pagamentos de salários de $ 6 milhões em 20X1, $ 7 milhões em 20X2 e $ 8 milhões em 20X3. Agora, ele receberá $ 4 milhões em 20X1, ainda $ 7 milhões em 20X2 e $ 10 milhões em 20X3. Para simplificar, suponha que todos os salários sejam pagos em 1º de julho do ano em que estão programados. A taxa de retorno mínima desejada de O'Neal é 12 por cento. O diferimento de salário de O'Neal tem algum custo? Se sim, quanto? Calcule o VP do sacrifício em 1º de julho de 20X1. Explique.

11-31. VPL simples

Preencha os espaços em branco.

	Número de anos			
	8	18	20	28
Montante de entradas de caixa anuais*	$ 10 000	$ _____	$ 9 000	$ 7 000
Investimento inicial exigido	$ _____	$ 80 000	$ 65 000	$ 29 099
Taxa de retorno mínima desejada	14%	20%	_____%	25%
VPL	$ 5 613	($ 13 835)	$ 2 225	$ _____

Para ser recebido no final de cada ano.

11-32. Equipamento novo

A Lippert Office Equipment Company ofereceu vender alguns novos equipamentos de embalagem para a Diaz Company. O preço de tabela é $ 42 mil, mas a Lippert concordou em permitir uma troca por algum equipamento antigo, no valor de $ 15 mil.

O equipamento antigo estava avaliado ao valor contábil de $ 7 700 e poderia ser vendido, imediatamente, por $ 10 mil a vista. Espera-se que as economias operacionais de caixa sejam de $ 5 mil anualmente, para os próximos 12 anos. A taxa de retorno mínima desejada é 12 por cento. O equipamento antigo tem uma vida útil remanescente de 12 anos. O equipamento antigo e o novo terão valor residual zero, ao final de 12 anos. Diaz deve comprar o equipamento novo? Mostre seus cálculos, usando o método VPL. Ignore o imposto de renda.

11-33. VPs de entradas de caixa

A Lighting.com Company acabou de ser estabelecida. Os planos operacionais indicam os seguintes fluxos de caixa esperados:

	Fluxos de saída	Fluxos de entrada
Investimento inicial agora	$ 220 000	$ —
Final do ano: 1	$ 150 000	$ 200 000
2	$ 200 000	$ 250 000
3	$ 250 000	$ 300 000
4	$ 300 000	$ 400 000
5	$ 350 000	$ 450 000

1. Calcule o VPL para todos esses fluxos de caixa. Esse deve ser um montante único. Use a taxa de desconto de 14 por cento.
2. Suponha que a taxa mínima desejada seja 12 por cento. Sem mais cálculos, determine se o VPL é positivo ou negativo. Explique.

11-34. Análise de sensibilidade

O Pennsylvania Optical Group está considerando a substituição de um sistema de faturamento antigo por um *software* novo, que deve economizar $ 5 mil por ano, em custos operacionais de caixa. O sistema antigo tem valor residual zero, mas ele poderia ser utilizado pelos próximos 12 anos. A vida útil estimada do novo *software* é 12 anos e custará $ 25 mil. A taxa de retorno mínima desejada é 10 por cento.

1. Qual é o período de recuperação?
2. Calcule o VPL.
3. A gestão está insegura sobre a vida útil. Qual deveria ser o VPL, se a vida útil fosse:
    a) Cinco anos, em vez de doze?
    b) Vinte anos, em vez de doze?
4. Suponha que a vida seja de 12 anos, mas as economias seriam $ 3 mil ao ano, em vez de $ 5 mil. Qual seria o VPL?
5. Suponha que as economias anuais sejam de $ 4 mil por oito anos. Qual seriam os VPLs?

11-35. VPL e análise de sensibilidade

A Skykomish County Jail tem, atualmente, sua lavanderia funcionando por uma manutenção local, a um custo anual de $ 46 mil. Ela está considerando a compra de lavadoras de roupa, secadoras e passadoras, a um custo total instalado de $ 50 mil, de modo que os usuários possam lavar suas próprias roupas. A County espera economias de $ 15 mil por ano e que as máquinas durem cinco anos. A taxa de retorno desejada é 10 por cento. Resolva cada item separadamente.

1. Calcule o VPL do investimento nas instalações de lavanderia.
2. Suponha:
    a) Que as máquinas durem apenas quatro anos. Calcule o VPL.
    b) Que as máquinas durem sete anos. Calcule o VPL.
3. Suponha:
    a) Que as economias anuais sejam apenas $ 12 mil. Calcule o VPL.
    b) Que as economias anuais sejam $ 18 mil. Calcule o VPL.
4. Calcule:
    a) A estimativa mais otimista do VPL, combinando os melhores resultados dos itens 2 e 3.
    b) A estimativa mais pessimista do VPL, combinando os piores resultados dos itens 2 e 3.
5. Aceite a estimativa de vida esperada de cinco anos. Qual é a economia mínima anual que justificaria o investimento nas instalações da lavanderia?

11-36. Depreciação, imposto de renda, fluxos de caixa

Preencha os espaços em branco (em $ milhares):

(S)	Vendas		540
(E)	Despesas excluindo depreciação		350
(D)	Depreciação		100
	Total de despesas		450
	Lucro antes do imposto de renda		?
(T)	Imposto de renda a 40%		?
(I)	Lucro líquido		?
	Efeitos no caixa das operações		
	Entrada de caixa das operações		?
	Saída de caixa de imposto de renda a 40%		?
	Entrada de caixa após imposto de renda das operações		?
	Efeito da depreciação		
	Depreciação		?
	Economias do imposto de renda		?
	Efeito total após imposto de renda no caixa		?

11-37. Efeito após imposto de renda no caixa

A demonstração de resultado da CableNet Company de 20X0 incluiu o seguinte:

Vendas	$ 1 200 000
Menos: despesas, excluindo a depreciação	$ 600 000
Depreciação	$ 400 000
Total de despesas	$ 1 000 000
Lucro antes do imposto de renda	$ 200 000
Imposto de renda (40%)	$ 80 000
Lucro líquido	$ 120 000

Calcule o efeito total após imposto de renda no caixa. Use o formato da segunda parte da Figura 11.3, 'análise dos mesmos fatos para orçamento de capital'.

11-38. Depreciação MACRS

Em 2001, a Elston Shoe Company adquiriu os seguintes ativos e, imediatamente, os colocou em serviço.

1. Ferramentas especiais (um ativo de três anos MACRS), que custavam $ 40 mil em 1º de fevereiro.
2. Um computador *desktop*, que custava $ 7 mil em 15 de dezembro.
3. Equipamento especial de calibração, que foi usado em pesquisa e desenvolvimento e custava $ 5 mil em 7 de julho.
4. Um conjunto de armários arquivos, que custavam $ 4 mil, comprado em 1º de março.

Calcule a depreciação para propósitos tributários, sob o método prescrito MACRS, para 2001 e 2002.

11-39. VP da depreciação MACRS

Calcule o VP das economias tributárias MACRS para cada um dos seguintes cinco ativos:

	Custo do ativo	Período de recuperação	Taxa de desconto	Alíquota de imposto
(a)	$ 220 000	3 anos	12%	35%
(b)	$ 560 000	5 anos	10%	40%
(c)	$ 55 000	7 anos	16%	50%
(d)	$ 910 000	10 anos	8%	35%
(e)	$ 390 000	10 anos	15%	25%

11-40. Inflação e orçamento de capital

O chefe de uma pequena divisão empresarial de uma das principais empresas de consultoria propôs investir $ 300 mil em computadores pessoais para a equipe de assessoria. A vida útil e o período de recuperação para os computadores são ambos de cinco anos. Utiliza-se a depreciação MACRS. Não há valor residual. Espera-se da compra uma economia de mão-de-obra de $ 125 mil por ano (em unidades monetárias do ano zero). A alíquota do imposto de renda é 45 por cento, a taxa de retorno exigida após imposto de renda é de 20 por cento, que inclui um elemento atribuível à inflação de 4 por cento.

1. Calcule o VPL dos computadores. Use a taxa de retorno nominal exigida e ajuste os fluxos de caixa para a inflação. (Por exemplo, o fluxo de caixa do ano 1 = 1,04 × fluxo de caixa do ano 0.)
2. Calcule o VPL dos computadores, usando a taxa de retorno nominal exigida, sem ajustar os fluxos de caixa pela inflação.
3. Compare suas respostas nos itens 1 e 2. Qual está correta? Usar a análise incorreta, geralmente, conduziria ao superinvestimento ou ao subinvestimento? Explique.

11-41. Sensibilidade do orçamento de capital em relação à inflação

Raul Montoya, presidente de uma empresa atacadista mexicana, está considerando se investe 425 mil pesos em novos equipamentos semi-automáticos de carregamento, que durarão cinco anos, têm valor de sucata igual a zero e geram economias operacionais de caixa, em uso de mão-de-obra, de 160 mil pesos anualmente, usando os preços e taxas de salário de 20X0. É 31 de dezembro de 20X0. A taxa de retorno mínima desejada é 18 por cento, por ano, após impostos.

1. Calcule o VPL do projeto. Use 160 mil pesos como economias para cada um dos cinco anos. Suponha uma alíquota de imposto de renda de 40 por cento e, por simplificação, suponha depreciação ordinária em linha reta de 425 mil pesos ÷ 5 = 85 000 pesos anualmente, para propósitos tributários.
2. Montoya está preocupado em saber se o modelo do item 1 fornece uma análise correta dos efeitos da inflação. Ele sustenta que uma taxa de 18 por cento incorpora um elemento atribuível à inflação antecipada. Para

propósitos dessa análise, ele supõe que a taxa existente de inflação, 10 por cento anualmente, persistirá ao longo dos próximos cinco anos. Repita o item 1, ajustando as economias operacionais de caixa para cima, usando a taxa de inflação de 10 por cento.

3. Qual análise, do item 1 ou 2, está correta? Por quê?

11-42. VPL, TRC e *payback*

A Long Lake Dairy King está considerando uma proposta de investir em um sistema de alto-falantes que permitiria a seus empregados atender os clientes no *drive-through*. O custo do sistema (incluindo instalação das janelas especiais e das modificações no corredor de automóveis) é $ 60 mil. Jenna Holding, gestora da Long Lake Dairy King, espera que as operações do *drive-through* aumentem as vendas anuais em $ 50 mil, com um índice de margem de contribuição de 40 por cento. Suponha que o sistema tenha uma vida econômica de seis anos, tempo no qual não terá valor residual. A taxa de retorno exigida é de 12 por cento. Ignore os impostos.

1. Calcule o período de recuperação. Essa é uma boa medida de lucratividade?
2. Calcule o VPL. Holding deveria aceitar a proposta? Por que sim ou por que não?
3. Usando o modelo de taxa de retorno contábil, calcule a taxa de retorno sobre o investimento inicial.

11-43. Comparação das técnicas de orçamento de capital

O Sunnyside Swim Club está considerando a compra de um novo aquecedor de piscina, a um custo de $ 16 mil. Ele deveria economizar $ 4 mil em custos operacionais em caixa, por ano. Sua vida útil estimada é de oito anos, e terá valor residual zero. Ignore os impostos.

1. Qual é o período de recuperação?
2. Calcule o VPL para o caso de a taxa de retorno mínima desejada ser de 8 por cento. A empresa deve comprar? Por quê?
3. Usando o modelo de taxa de retorno contábil, calcule a taxa de retorno sobre o investimento inicial.

PROBLEMAS

11-44. Reposição de equipamentos de escritório

A Northern Illinois University está considerando substituir algumas copiadoras Canon por copiadoras mais rápidas, compradas da Kodak. A administração está muito preocupada a respeito da elevação dos custos de operações durante a última década.

Para converter para a Kodak, dois operadores teriam de ser retreinados. O treinamento e a remodelação exigidos custariam $ 4 mil.

As três máquinas Canon da Northern Illinois foram compradas por $ 10 mil cada, há cinco anos. Sua expectativa de vida era de dez anos. Seu valor de revenda, agora, é $ 1 mil cada e será zero em mais cinco anos. O custo total do novo equipamento Kodak será $ 49 mil; terá um valor residual zero em cinco anos.

Os três operadores Canon serão pagos a $ 8 hora cada um. Eles trabalham, geralmente, uma semana de 40 horas. As paradas de máquinas ocorrem mensalmente em cada máquina, tendo por resultado custos de reparo de $ 50 por mês e horas extras de quatro horas, a uma hora e meia por máquina, por mês, para completar a carga de trabalho mensal normal. O *toner*, os suprimentos e outros custos montam $ 100 por mês para cada copiadora Canon.

O sistema Kodak exigirá apenas dois operadores regulares, em uma semana de trabalho normal de 40 horas cada, para fazer o mesmo trabalho. As taxas são $ 10 por hora, e nenhuma hora extra é esperada. O *toner*, suprimentos, e assim por diante, custarão um total de $ 3,3 mil anualmente. A manutenção e os reparos são plenamente atendidos pela Kodak por $ 1 050 anualmente. (Suponha um ano de 52 semanas.)

1. Usando técnicas de FCD, calcule o VP de todos os fluxos de caixa relevantes, sob ambas alternativas, para o período de cinco anos descontados a 12 por cento. Como uma universidade sem fins lucrativos, a Northern Illinois não paga imposto de renda.
2. A Northern Illinois deveria manter as copiadoras Canon ou substituí-las se a decisão estiver baseada apenas nos dados fornecidos?
3. Que outras considerações podem afetar a decisão?

11-45. Decisão de reposição para equipamento ferroviário

A Santa Fe Railroad está considerando a reposição de um novo dispositivo de levantamento automático, utilizado para manutenção de trilho, que pode ser acoplado a uma compactadeira de produção. A compactadeira elétrica atual custou $ 24 mil, há cinco anos, e teve uma vida estimada de 12 anos. De hoje a um ano, a máquina exigirá uma reforma importante, estimada em $ 6 mil. Ela pode ser eliminada, agora, por meio de uma troca de venda a vista por $ 4 mil. Ela não terá valor ao final de outros sete anos.

O acessório de levantamento automático acoplado tem um preço de entrega de $ 72 mil e uma vida estimada de 12 anos. Por causa dos desenvolvimentos futuros antecipados em máquinas de manutenção combinadas, percebe-se que a máquina será eliminada, no final do sétimo ano, para tirar vantagem de novas máquinas desenvolvidas. O valor de vendas estimado, ao final de sete anos, é de $ 5 mil.

Testes têm mostrado que a máquina de levantamento automático produzirá uma superfície mais uniforme no trilho do que a compactadeira elétrica em uso agora. O novo equipamento eliminará um trabalhador cuja compensação anual, incluindo benefícios indiretos, é $ 30 mil.

O trabalho de manutenção dos trilhos é sazonal, e o equipamento, normalmente, funciona de 1º de maio a 31 de outubro de cada ano. Os operadores de máquina e trabalhadores são transferidos para outros trabalhos após 31 de outubro, à mesma taxa de pagamento.

O vendedor assevera que a manutenção normal anual da nova máquina custará cerca de $ 1 mil por ano. Como a máquina de levantamento automática é mais complicada do que a máquina operada manualmente, ela, provavelmente, exigirá uma revisão completa ao final do quarto ano, ao custo estimado de $ 7 mil.

Os registros mostram a manutenção normal anual da compactadeira elétrica em $ 1 200. O consumo de combustível das duas máquinas é igual. A Santa Fe deveria manter ou substituir a compactadeira elétrica? Uma taxa de retorno de 10 por cento é desejada. Calcule os VPs. Ignore o imposto de renda.

11-46. Fluxo de caixa descontado, fluxo de receitas desiguais e custos relevantes

T. Green, proprietária de um curso de golfe de nove buracos na fronteira de uma grande cidade, está considerando uma proposta de que o curso seja iluminado e operado à noite. A sra. Green comprou o curso, no início do ano passado, por $ 450 mil. Suas receitas de operações durante a estação de 28 semanas foram $ 125 mil. Os desembolsos totais para o ano, para todos os propósitos, foram $ 78 mil.

O investimento exigido em iluminação para esse curso está estimado em $ 100 mil. O sistema exigirá 300 lâmpadas de mil watts cada. A eletricidade custa $ 0,08 por quilowatt-hora. A média esperada de horas de operação por noite são cinco. Devido ao mau tempo ocasional e ao encurtamento provável das operações noturnas, no início e no final da estação, estima-se que haverá apenas 130 noites de operação por ano. A mão-de-obra para manter o curso aberto à noite custará $ 75 por noite. Os custos dos bulbos de lâmpadas estão estimados em $ 1,5 mil por ano; outros serviços de manutenção e reparo, por ano, montarão em 4 por cento do custo inicial do sistema de iluminação. O imposto predial sobre esse equipamento será, aproximadamente, 1,7 por cento de seu custo inicial. É estimado que a receita média, por noite de operação, seja de $ 450 para os primeiros dois anos.

Considerando a probabilidade da concorrência da iluminação de outros cursos de golfe, a sra. Green decidiu que não fará o investimento, a menos que possa realizar, pelo menos, 10 por cento por ano sobre seu investimento. Por causa da concorrência antecipada, espera-se que a receita caia para $ 300 por noite, para os anos 3 a 5. Estima-se que o equipamento de iluminação terá um valor residual de $ 35 mil ao final do período de cinco anos. Usando técnicas de FCD, determine se a sra. Green deveria instalar o sistema de iluminação.

11-47. Investimento em máquina e em capital de giro

A Edinburgh Company tem uma máquina antiga de cervejaria com um valor residual líquido de £ 15 mil, agora, e £ 4 mil de hoje a cinco anos. Uma nova máquina de cervejaria é oferecida por £ 62 mil a vista, ou £ 47 mil com a troca. A máquina nova resultará em uma saída de caixa operacional anual de £ 40 mil, comparada com a saída de caixa anual da máquina antiga, de £ 52 mil. O valor residual da máquina nova, em cinco anos, será de £ 4 mil.

Como a máquina nova produzirá resultados mais rapidamente, o investimento médio em estoques, ao usar a máquina nova, será £ 160 mil, em vez de £ 200 mil.

A taxa de retorno mínima desejada é de 20 por cento. A empresa usa técnicas de FCD para guiar essas decisões.

A nova máquina de cervejaria deveria ser adquirida? Mostre seus cálculos. Os procedimentos da empresa exigem o cálculo do VP de cada alternativa. A alternativa mais desejável é aquela com o maior custo. Suponha que o VP de £ 1 a 20 por cento, por cinco anos, seja £ 40; o VP de uma anuidade de £ 1 a 20 por cento, por cinco anos, é £ 3.

11-48. Decisão de reposição

A Metropolitan Commuter Rail, Inc. incluiu um carro de cafeteria no trem de passageiros que opera. As operações iniciais do carro de cafeteria mostram um prejuízo constante, que é esperado persistir, como segue:

Receita (em dinheiro)		$ 200 000
Despesas por alimentação, suprimentos, etc. (em dinheiro)	$ 100 000	
Salários	$ 110 000	$ 210 000
Prejuízo líquido (Ignore a depreciação sobre o carro de jantar em si.)		($ 10 000)

A Auto-vend Company ofereceu vender máquinas de vendas automáticas para a Metropolitan por $ 22 mil, menos uma permissão de troca de $ 3 mil no equipamento antigo (que é mantido ao valor contábil de $ 3 mil e pode ser vendido, imediatamente, por $ 3 mil a vista), utilizado, agora, nas operações do carro de cafeteria. A vida útil do equipamento de venda é estimada em dez anos, com valor de sucata zero. A experiência de outros lugares tem levado os executivos a predizer que o equipamento servirá 50 por cento mais refeições do que o carro de jantar, mas os preços serão 50 por cento menores, de maneira que a nova receita será, provavelmente, de $ 150 mil. Espera-se que a variedade e a combinação de refeições vendidas sejam as mesmas do carro de cafeteria. Uma empresa de *buffet* atenderá completamente e suprirá as refeições e bebidas para as máquinas, pagando 10 por cento das receitas à Metropolitan e arcando com todos os custos de refeições, reparos, etc.

Todos os empregados do carro de jantar serão demitidos imediatamente. Sua rescisão será paga num total de $ 30 mil. Um atendente, entretanto, que tem algum conhecimento geral de máquinas de vender, será necessário para um turno por dia. O custo anual da Metropolitan para o atendente será $ 13 mil.

Por motivos políticos e outros, a ferrovia não abandonará definitivamente o serviço de refeição. O antigo equipamento terá valor de sucata zero ao final de dez anos.

Usando os dados precedentes, calcule o que se pede. Rotule os cálculos. Ignore o imposto de renda.

1. Use o método VPL para analisar o investimento incremental. Suponha uma taxa de retorno mínima desejada de 10 por cento. Para este problema, suponha que o VP de $ 1 a 10 por cento, a ser recebido ao final de dez anos, seja $ 0,40 e que o VP de uma anuidade de $ 1 a 10 por cento, por dez anos, seja $ 6 mil.
2. Qual seria o montante mínimo de receita anual que a Metropolitan teria de receber da empresa de *buffet* para justificar a realização do investimento? Mostre os cálculos.

11-49. Minimização dos custos de transporte sem imposto de renda

A Lumens Company produz dispositivos elétricos industriais e residenciais em sua instalação de manufatura localizada em Phoenix. O embarque de produtos da empresa para um armazém do leste é manuseado por carregadores comuns, a uma taxa de $ 0,26 por libra de dispositivos. O armazém está localizado em Cleveland, a 2,5 mil milhas de Phoenix.

Audrey Harris, tesoureira da Lumens, está considerando se compra um caminhão para transportar os produtos para o armazém do leste. Os seguintes dados sobre o caminhão estão disponíveis:

Preço de compra	$ 35 000
Vida útil	5 anos
Valor residual após 5 anos	$ 0
Capacidade do caminhão	10 000 libras
Custos operacionais em dinheiro do caminhão	$ 0,90 por milha

Harris percebe que um investimento nesse caminhão é particularmente atrativo, por causa de sua negociação bem-sucedida com a Retro, Inc. para retorno de produtos da Retro, de Cleveland para Phoenix, em cada viagem de ida e volta do armazém. A Retro concordou em pagar à Lumens $ 2,4 mil por carga de produtos da Retro transportados de Cleveland para Phoenix até e incluindo cem cargas por ano.

O gestor de *marketing* da Lumens estimou que 500 mil libras de dispositivos teriam de ser embarcados para o armazém do leste, a cada ano, nos próximos cinco anos. O caminhão seria completamente carregado em cada viagem de ida e volta. Ignore o imposto de renda.

1. Suponha que a Lumens exigisse uma taxa de retorno mínima de 20 por cento. O caminhão deveria ser comprado? Mostre os cálculos para apoiar sua resposta.
2. Qual seria o número mínimo de viagens garantido pela Retro, Inc. para tornar o negócio aceitável para a Lumens, com base apenas nos números apresentados?
3. Que fatores qualitativos poderiam influenciar sua decisão? Seja específico.

11-50. Depreciação em linha reta, depreciação MACRS e baixa imediata

O sr. Wong comprou um *freezer* novo de $ 30 mil para sua mercearia, em 2 de janeiro de 2001. O *freezer* tem uma vida econômica e um período de recuperação de cinco anos, a taxa de retorno mínima desejada pelo sr. Wong é de 12 por cento, e sua alíquota de imposto de renda é de 40 por cento.

1. Suponha que o sr. Wong use a depreciação em linha reta para propósitos tributários. Calcule o VP das economias tributárias da depreciação. Suponha que um ano inteiro de depreciação tenha sido efetuado no final de 2001.
2. Suponha que o sr. Wong use a depreciação MACRS para propósitos tributários. Calcule o VP das economias tributárias da depreciação.

3. Suponha que ao sr. Wong seja permitido deduzir, imediatamente, o custo inteiro do *freezer* para propósitos tributários. Calcule o VP das economias tributárias da depreciação.

4. Qual dos três métodos de dedução do custo do *freezer* o sr. Wong preferiria, caso todos os três fossem permitidos para propósitos tributários? Por quê?

11-51. MACRS, valor residual

A Maddox Company estima que pode economizar $ 10 mil por ano de custos operacionais anuais de caixa para os cinco anos seguintes se comprar uma máquina para propósito especial a um custo de $ 33 mil. O valor residual é esperado em $ 4 mil, embora nenhum valor residual seja fornecido para usar a depreciação MACRS (período de recuperação de cinco anos) para propósitos tributários. O equipamento será vendido no início do sexto ano; para esta análise, suponha que os proventos sejam recebidos no final do quinto ano. A taxa de retorno mínima desejada após imposto de renda é de 12 por cento. Suponha que a alíquota do imposto de renda seja de 45 por cento.

1. Usando o método do VPL, mostre se o investimento é desejável.
2. Suponha que o equipamento produzirá economias por sete anos, em vez de cinco. O valor residual esperado é zero no final do sétimo ano. Usando o método do VPL, mostre se o investimento é desejável.

11-52. Compra de equipamento

A Kansas City Clinic, uma instalação médica com fins lucrativos, está planejando despender $ 45 mil para um equipamento de raio X moderno. Ela reporá o equipamento, que tem valor contábil zero e nenhum valor residual, embora o equipamento antigo possa durar ainda outros sete anos.

O equipamento novo economizará $ 13,5 mil em custos operacionais de caixa para cada um dos sete anos seguintes, no tempo em que será vendido por $ 6 mil. Uma reforma importante, que custa $ 5 mil, ocorrerá no final do quarto ano; o equipamento antigo não exigirá tal reforma. O custo inteiro da reforma é dedutível para propósitos tributários no quarto ano. O equipamento tem um período de recuperação de cinco anos. A depreciação MACRS é utilizada para propósitos tributários. A taxa de retorno mínima desejada após impostos é de 12 por cento. A alíquota de imposto de renda aplicável é 40 por cento.

Calcule o VPL após imposto de renda. O novo equipamento é um investimento desejável?

Casos

11-53. Investimento no CAD/CAM

A Gustav Borg Manufacturing Company está considerando a instalação de um sistema de manufatura assistida por computador (CAD/CAM). A proposta atual pede a implementação de apenas a parcela do CAD do sistema. Bergit Olsson, gestor encarregado do projeto e planejamento da produção, estimou que a parcela do CAD do CAD/CAM poderia fazer o trabalho de cinco projetistas, que recebem, agora, SKr 260 mil cada, por ano (52 semanas × 40 horas × SKr 125 por hora), em que SKr é o símbolo da coroa sueca.

O sistema CAD/CAM pode ser comprado por SKr 1,6 milhão. (A parcela CAD não pode ser comprada separadamente.) Os custos anuais desembolsáveis de rodar a parcela do CAD do sistema é SKr 900 mil. Espera-se que o sistema seja utilizado por oito anos. A taxa de retorno mínima desejada por Gustav Borg é de 12 por cento.

1. Calcule o VPL do investimento no sistema CAD/CAM. O sistema deve ser comprado? Explique.
2. Suponha que Olsson não esteja seguro sobre suas predições de economia e vida econômica. Possivelmente, apenas quatro projetistas serão substituídos, mas, se tudo funcionar bem, apenas uns seis poderão ser substituídos. Se os melhores sistemas se tornarem disponíveis, o sistema CAD/CAM poderá ser utilizado por apenas cinco anos, mas isso pode durar mais ou menos dez anos. Prepare predições pessimistas, mais prováveis, e otimistas do VPL. Essa análise tornaria você mais confiante ou menos confiante em sua decisão no item 1? Explique.
3. Que fatores subjetivos poderiam influenciar sua decisão?

11-54. Investimento em tecnologia

A Kentucky Auto Parts Company está considerando a instalação de um sistema de manufatura integrada por computador (CIM), como parte de sua implementação de uma filosofia JIT. Benjamin Goldworthy, presidente da empresa, está convencido de que o novo sistema é necessário, mas ele precisa dos números para convencer a diretoria. Esse é um movimento importante para a empresa, e a aprovação do nível de diretoria é exigido.

A Leah Goldworthy, filha de Benjamin, foi atribuída a tarefa de justificar o investimento. Ela é graduada em administração e entende o uso do VPL para decisões de orçamento de capital. Para identificar custos relevantes, ela desenvolveu a seguinte informação. A Kentucky Auto Parts Company produz uma variedade de pequenos componentes automotivos e os vende a fabricantes de automóveis. Isso tem uma participação de mercado de 40 por cento, com os seguintes resultados condensados, esperados para 2001:

Vendas		$ 12 000 000
Custo dos produtos vendidos		
Variáveis	$ 4 000 000	
Fixos	$ 4 300 000	$ 8 300 000
Despesas de vendas e administrativas		
Variáveis	$ 2 000 000	
Fixas	$ 400 000	$ 2 400 000
Lucro operacional		$ 1 300 000

A instalação do sistema CIM custará $ 6 milhões, e espera-se que o sistema tenha uma vida útil de seis anos, sem valor residual. Em 2002, os custos de treinamento para o pessoal excederão qualquer economia de custo em $ 400 mil. Nos anos 2003 até 2007, o custo variável dos produtos vendidos diminuirá em 40 por cento, uma economia anual de $ 1,6 milhão. Não haverá nenhuma economia de custos fixos dos produtos vendidos — de fato, ele aumentará pelo montante da depreciação em linha reta do novo sistema. As despesas de venda e administrativas não serão afetadas. A taxa de retorno exigida é de 12 por cento. Suponha que todos os fluxos de caixa ocorrerão no final do ano, exceto o investimento inicial, que ocorrerá no início de 2002.

1. Suponha que Leah Goldworthy assuma que a produção e as vendas continuarão, para os próximos seis anos, como têm sido em 2001, na ausência do investimento em CIM. Calcule o VPL de investir no CIM.
2. Suponha, agora, que Leah prediga que será difícil competir se o CIM não for instalado. De fato, ela empreendeu uma pesquisa de mercado, que estima uma queda na participação de mercado de três pontos percentuais por ano, começando em 2002, na ausência do investimento no CIM (isto é, a participação de mercado será 37 por cento em 2002, 34 por cento em 2003, 31 por cento em 2004, etc.). Seu estudo mostrou também que o nível de vendas no mercado ficará o mesmo, e não se espera mudança nos preços de mercado. Calcule o VPL de investir no CIM.
3. Prepare um memorando de Leah Goldworthy aos diretores da Kentucky Auto Parts Company. No memorando, explique por que a análise no item 2 é apropriada e por que as análises como as do item 1 causam às empresas o subinvestimento em projetos de alta tecnologia. Inclua uma explanação dos fatores qualitativos que não estejam incluídos nos cálculos do VPL.

11-55. Investimento em qualidade

A Brisbane Manufacturing Company produz um único modelo de CD *player*, que é vendido para fabricantes australianos de sistemas de som. Cada CD é vendido por $ 210, resultando em uma margem de contribuição de $ 70, antes de considerar qualquer custo de inspeção, correção de defeitos de produto ou restituição aos clientes.

Em 20X1, a alta gestão da Brisbane está contemplando uma mudança em seu sistema de controle de qualidade. Atualmente, $ 40 mil são gastos, todos os anos, em inspeções de controle de qualidade. A Brisbane produz e embarca 50 mil CD *players* por ano. Na produção desses CD *players*, uma média de duas mil unidades defeituosas são produzidas. Destas, 1,5 mil são identificadas pelo processo de inspeção, e uma média de $ 85 é gasta, em cada uma, para corrigir os defeitos. Os outros 500 CD *players* são embarcados para os clientes. Quando um cliente descobre um CD *player* defeituoso, a Brisbane reembolsa os $ 210 do preço de compra.

Quanto mais os clientes mudam para o sistema de estoque JIT e processos de produção automatizados, mais a receita de produtos defeituosos impõe maiores problemas para eles. Algumas vezes, um CD *player* defeituoso causa-lhes um atraso na linha de produção inteira enquanto é reposto. As empresas que competem com a Brisbane reconhecem essa situação, e a maioria já começou programas de controle de qualidade extensivos. Se a Brisbane não melhorar a qualidade, espera-se que o volume de vendas caia em cinco mil CD *players* por ano, começando após 20X2:

	Vendas preditas, em unidades de volume, *sem* o programa de controle de qualidade	Vendas preditas, em unidades de volume, *com* o programa de controle de qualidade
20X2	50 000	50 000
20X3	45 000	50 000
20X4	40 000	50 000
20X5	35 000	50 000

O programa de controle de qualidade proposto tem dois elementos. Primeiro, a Brisbane gastaria $ 900 mil, imediatamente, para treinar os trabalhadores a reconhecer e corrigir os defeitos no momento em que eles ocorrem. Espera-se que isso corte, de dois mil para 500, o número de CD *players* defeituosos produzidos, sem incorrer em custos adicionais de manufatura. Segundo, um ponto de inspeção mais adiantado substituiria a inspeção atual. Isso exigiria a compra de uma máquina de raio X, a um custo de $ 200 mil mais custos operacionais anuais adicionais de $ 50 mil a mais do que o custo de inspeção. A detecção adiantada de defeitos reduziria o montante médio gasto para corrigir os defeitos de $ 85 para $ 50, e apenas 50 CD *players* defeituosos seriam embarcados para os clientes. Para competir, a Brisbane reembolsaria uma vez e meia o preço de compra ($ 315) para os CD *players* defeituosos entregues aos clientes.

A alta gestão da Brisbane decidiu que um período de planejamento de quatro anos é suficiente para analisar essa decisão. A taxa de retorno mínima desejada é 20 por cento. Para simplificar, suponha que, sob o sistema de controle de qualidade atual, se o volume de produção diminuir, o número de CD *players* defeituosos produzidos permanecerão em dois mil. Suponha, também, que todos os fluxos de caixa anuais ocorram no final do ano relevante.

A Brisbane Manufacturing Company deve empreender o novo programa de controle de qualidade? Explique usando o modelo VPL. Ignore o imposto de renda.

SOLUÇÕES DOS EXERCÍCIOS DE JUROS COMPOSTOS

PROBLEMA 11-A1

A abordagem geral para esses exercícios centra-se em uma questão fundamental: Com qual das duas tabelas básicas estou lidando? Nenhum cálculo deve ser feito antes de essa questão ser respondida com segurança. Se você cometeu qualquer erro, é possível que tenha utilizado a tabela errada.

1. Da Tabela 1, Apêndice B:
    a) $ 15 670
    b) $ 12 418
    c) $ 8 038

Os $ 20 mil são um montante de valor futuro. Você deseja o VP daquele montante:

$$VP = \$\ 20\ 000 \times \left[\frac{1}{(1+i)^n}\right]$$

O fator da conversão, $1 \div (1+i)^n$, está na linha 5 da Tabela 1. Substituindo:

$$VP = \$\ 20\ 000\ (0{,}7835) = \$\ 15\ 670$$
$$VP = \$\ 20\ 000\ (0{,}6209) = \$\ 12\ 418$$
$$VP = \$\ 20\ 000\ (0{,}4019) = \$\ 8\ 038$$

Observe que, quanto maior a taxa de juros, menor o VP.

2. Da Tabela 2, Apêndice B:
    a) $ 8 659,00
    b) $ 7 581,60
    c) $ 5 981,20

Os $ 2 mil sacados são um montante anual uniforme, uma anuidade. Você precisa descobrir o VP de uma anuidade para cinco anos:

VP_A = saques anuais × F, em que F é o fator de conversão.

Substituindo:

$$VP_A = \$\ 2\ 000\ (4{,}3295) = \$\ 8\ 659{,}00$$
$$VP_A = \$\ 2\ 000\ (3{,}7908) = \$\ 7\ 581{,}60$$
$$VP_A = \$\ 2\ 000\ (2{,}9906) = \$\ 5\ 981{,}20$$

3. Da Tabela 2:
    a) $ 23 097,36
    b) $ 26 379,66

Você tem $ 100 000, o VP de sua anuidade contemplada. Você deve descobrir a anuidade que irá apenas exaurir o principal investido em cinco anos:

$$\begin{aligned}
VP_A &= \text{saques anuais} \times F \\
\$\,100\,000 &= \text{saques anuais} \times 4{,}3295 \\
\text{saques anuais} &= \$\,100\,000 \div 4{,}3295 \\
&= \$\,23\,097{,}36 \\
\$\,100\,000 &= \text{saques anuais} \times 3{,}7908 \\
\text{saques anuais} &= \$\,100\,000 \div 3{,}7908 \\
&= \$\,26\,379{,}66
\end{aligned}$$

4. As quantidades estão em milhares. Da Tabela 1: O contrato de Johnson é preferível; seu VP excede o do contrato de Jackson em $ 21 572 – $ 17 720 = $ 3 852. Observe que a unidade monetária próxima é mais valiosa do que a unidade monetária distante.

Ano	VP a 16% da Tabela 1	VP do contrato de Johnson	VP do contrato de Jackson
1	0,8621	$ 8 621	$ 1 724
2	0,7432	$ 5 946	$ 2 973
3	0,6407	$ 3 844	$ 3 844
4	0,5523	$ 2 209	$ 4 418
5	0,4761	$ 952	$ 4 761
		$ 21 572	$ 17 720

capítulo

12 ALOCAÇÃO DE CUSTOS

Kevin Rollins, presidente e CEO da Dell Computer Corporation, com uma estação de trabalho da Dell. A estação de trabalho é utilizada por engenheiros, bancários e outros para realizar aplicações complexas, como projetos tridimensionais assistidos por computador, desenvolvimento de *software* e modelagem econômico-financeira.

Objetivos de aprendizagem

Ao terminar de estudar este capítulo, você deverá estar apto a:

1. *Explicar os principais motivos para alocar custos.*
2. *Alocar os custos variáveis e fixos de departamentos de serviço a outras unidades organizacionais.*
3. *Alocar os custos centrais de uma organização.*
4. *Usar os métodos direto e escalonado para alocar custos de departamentos de serviço para departamentos usuários.*
5. *Usar o custeio baseado em atividade (ABC) para alocar custos, em um ambiente de manufatura moderno, para produtos e serviços.*
6. *Usar os métodos de unidades físicas e valor relativo de vendas para alocar custos conjuntos para os produtos.*
7. **Entender como a alocação de custos é utilizada no planejamento e controle de custos.**

Com receitas anuais de mais de $ 31 bilhões, a Dell Computer Corporation é a produtora líder de sistemas de computador (*desktops*, *notebooks* e servidores de rede para grandes empresas) nos Estados Unidos e número um mundial. Com instalações de manufatura em Tennessee, Texas, Brasil, China, Irlanda e Malásia, a Dell ganhou reputação por produtos de computador de alta qualidade e serviço personalizado. A empresa ganhou o prêmio *Readers Choice*, por serviços pessoais e confiabilidade, da revista *Fortune*, e foi classificada como número três, na lista da *Fortune*, das empresas americanas mais admiradas. Muitas organizações, incluindo o Census Bureau, dos Estados Unidos, a Toyota Motors Sales, dos Estados Unidos, e a Boeing, selecionaram os computadores da Dell por causa de sua qualidade e do compromisso da Dell em servir.

Como qualquer empresa, os gestores da Dell sabem que alguns de seus produtos são mais lucrativos do que outros. Sabem também que alguns métodos de distribuição são mais dispendiosos do que outros. Infelizmente, até que os contadores da Dell reprojetassem seu sistema de custeio, os gestores não tinham um sólido entendimento de quais produtos ou canais de distribuição eram menos ou mais lucrativos.

Por quê? Porque o antigo sistema de alocação de custos da Dell não era acurado o bastante. Um simples sistema de acumulação de custos era utilizado para coletar custos nas categorias mão-de-obra direta, materiais diretos e custos indiretos. O sistema não alocava os custos indiretos das funções mais valiosas da cadeia de valor para os produtos. Em vez disso, a Dell somava uma margem geral aos custos de produção para as funções de custos da cadeia de valor, como pesquisa e desenvolvimento, projeto, *marketing*, distribuição e serviços ao cliente.

Quando a lucratividade e o crescimento da Dell atingiram seu patamar, na década de 90, os gestores determinaram que uma chave para o sucesso de longo prazo da empresa era projetar um sistema de custeio que alocasse acuradamente todos os custos da cadeia de valor aos produtos e canais de distribuição; assim, habilitariam os gestores a determinar a lucratividade por produto e por canal.

O novo sistema de alocação de custos da Dell — um sistema ABC — foi substituído por diversos anos e está ainda evoluindo. O processo de desenvolvimento inicial teve um comprometimento significativo dos gestores em todos os níveis, mas envolveu profundamente o time da gestão. Os benefícios têm sido claros. De fato, os resultados de uma análise ABC levou a Dell a descontinuar a distribuição para o mercado consumidor, por meio de canais de varejo. De acordo com John Jonez, vice-presidente e *controller* da Dell Americas Operations, "o ABC realmente tem permitido à Dell ir para o próximo nível de entendimento de sua lucratividade para cada um dos produtos que vende".

Assim como a Dell, a alocação de custos é de importância estratégica para a maioria das empresas. O computador de uma universidade, por exemplo, é utilizado para ensinar e realizar pesquisas financiadas pelo governo. Quanto de seu custo deve ser atribuído a projetos de pesquisa? Uma cidade cria uma unidade especial de polícia para investigar uma série de assaltos relacionados. Qual é o custo total do esforço? Uma empresa usa uma máquina para fazer duas linhas de produtos diferentes. Quanto do custo da máquina pertence a cada linha de produto? Esses são todos problemas de alocação de custos, o assunto deste capítulo.

Os Capítulos 12 a 14 descrevem os **sistemas de contabilidade de custo** — as técnicas utilizadas para determinar os custos de um produto, serviço, cliente ou outro objeto de custo. Um sistema de contabilidade de custo coleta e classifica custos e os atribui a objetos de custos. A meta de um sistema de contabilidade de custo é mensurar o custo de projetar, desenvolver, produzir (ou comprar), vender, distribuir e prestar serviços específicos aos produtos ou serviços. A alocação de custos está no centro da maioria dos sistemas de contabilidade de custos.

Alocação de custos em geral

Como foi apontado no Capítulo 4, a alocação de custos é, fundamentalmente, um problema de ligar algum custo ou grupo de custos a um ou mais objetos de custo, tais como produtos, departamentos, classes de clientes, atividades e divisões. O ideal é que a alocação de custos designe cada custo ao objeto de custo que o causou.

Nós ligamos custos a objetos de custo ao selecionar direcionadores de custos apropriados. Um direcionador utilizado para alocar custos é chamado, freqüentemente, de **base de alocação de custo**. Empresas, com freqüência, alocam os principais custos, como tinta de impressão para um jornal e mão-de-obra direta profissional para uma empresa de advocacia aos departamentos, às ordens de serviço e aos projetos em uma base de item por item, usando os direcionadores óbvios de custos, como toneladas de tinta de impressão consumidas ou horas de mão-de-obra utilizadas. Outros custos não importantes o suficiente para justificar sua alocação individual são agrupados e, então, alocados juntos. Lembre-se de que um grupo de custo é um grupo de custos individuais, alocados a objetos de custos com a utilização de um único direcionador. Aluguel de edifícios, custos de utilidades públicas e serviços de zeladoria, por exemplo, podem estar no mesmo grupo de custos porque uma empresa aloca todos eles na base de metros quadrados de espaço ocupado. Ou uma universidade poderia agrupar todos os custos operacionais de seu escritório de matrículas e alocá-los à sua faculdade na base de número de estudantes em cada faculdade. Em suma, todos os custos, em um dado grupo, devem ser causados pelo mesmo fator. O fator é o direcionador de custo.

Muitos termos diferentes são utilizados para descrever a alocação de custos, na prática. Você pode encontrar termos tais como 'alocar', 'aplicar', 'absorver', 'atribuir', 'realocar', 'rastrear', 'designar', 'distribuir', 'redistribuir', 'carregar', 'sobrecarregar', 'apropriar' e 'reapropriar' sendo utilizados alternativamente para descrever a alocação de custos aos objetos de custos.

Alocação e sistemas de gestão de custos

Que lógica devemos usar para alocar os custos? Essa pergunta incomoda muitos usuários internos e fornecedores de serviços em todas as organizações. A resposta depende do(s) principal(is) propósito(s) de alocação de custos.

Os custos são alocados por vários motivos, cada um com raízes no principal propósito de um sistema de gestão de custo (CMS ou SGC). Como discutido no Capítulo 4, o sistema de contabilidade de custo é uma ferramenta básica, utilizada para implementar um sistema de gestão de custo, e a alocação de custo é um elemento-chave do sistema de contabilidade de custo. Lembre-se de que os três principais objetivos de um sistema de gestão de custos são fornecer mensurações de custos para relatórios externos, para tomada de decisão estratégica e controle operacional. Vamos ver como os quatro motivos seguintes para a alocação apóiam os principais propósitos de um CMS.

1. *Predizer os efeitos econômicos das decisões de planejamento e controle e fornecer* feedback *para a avaliação de desempenho:* Os gestores de uma unidade organizacional devem estar alerta a todas as conseqüências de suas

decisões, mesmo às conseqüências fora de suas unidades. Os exemplos são: A adição de um novo curso em uma universidade, que cause um trabalho adicional do escritório de registros; a adição de um novo vôo ou passageiro adicional, em uma companhia aérea, que exija serviços de reserva e registro; a adição de uma nova especialidade, em uma clínica médica, que produza mais trabalho para o departamento de registros médicos. Esse motivo apóia os propósitos de tomada de decisão estratégica e controles operacionais de um CMS.

2. *Obter motivação desejada:* As alocações de custos, freqüentemente, influenciam o comportamento da gestão e, assim, promovem a congruência de metas e o esforço gerencial. Conseqüentemente, em algumas organizações, os custos de serviços legais ou de auditoria interna ou consultoria de gestão interna não são alocados, porque a alta gestão deseja encorajar seu uso. Em outras organizações, os custos de tais itens estimulam os gestores a assegurar-se de que os benefícios de serviços específicos excedam os custos. Esse motivo apóia o propósito de controle operacional de um CMS.

3. *Calcular o lucro e as avaliações de ativos:* As empresas alocam custos para produtos e projetos, para mensurar os custos de estoque e os custos de produtos vendidos. Esse motivo apóia o propósito de relatório externo do CMS.

4. *Justificar custos ou obter reembolsos:* Algumas vezes, os preços são baseados diretamente nos custos. Contratos governamentais, por exemplo, freqüentemente especificam um preço que inclui reembolsos por custos mais alguma margem de lucro. Nesses exemplos, as alocações de custos se tornam substitutas de um trabalho usual do mercado em estabelecer preços. Esse motivo apóia o relatório externo e os propósitos estratégicos de um CMS.

Idealmente, uma única alocação de custos atende a todos os propósitos simultaneamente, mas milhares de gestores e contadores testemunharam que, para a maioria dos custos, esse ideal é raramente alcançado. Em vez disso, as alocações de custos são, freqüentemente, uma fonte principal de descontentamento e confusão para as partes afetadas. Alocar custos fixos, geralmente, causa grandes problemas. Quando não se podem obter todos os propósitos simultaneamente, o gestor e o contador devem iniciar o ataque a um problema de alocação de custos, tentando identificar qual dos objetivos deve dominar em uma situação particular enfrentada.

Freqüentemente, o custeio de estoque para fins de relatório externo domina, em princípio, por causa de exigência imposta externamente. Quando os gestores usam alocações na tomada de decisões e avaliação de desempenho, eles devem considerar o ajuste das alocações utilizadas para satisfazer os propósitos de custeio de estoque. Em geral, o benefício adicionado de usar alocações separadas, para propósitos de planejamento e controle e custeio de estoque, é muito maior do que o custo adicionado.

Três tipos de alocação

Como mostra a Figura 12.1, há três tipos básicos de alocação de custos.

1. *Alocação de custos à unidade organizacional apropriada:* Os custos diretos são fisicamente rastreados para a unidade, mas os custos dos recursos consumidos conjuntamente por mais de uma unidade são alocados com base em atividades direcionadoras de custos na unidade. Alguns exemplos são: Alocar aluguel aos departamentos com base no espaço ocupado; alocar depreciação de equipamentos de aquecimento e ar-

Figura 12.1 Três tipos de alocação de custos.

Sistema de contabilidade de custos acumula custos

Alocação tipo 1: Custos alocados às unidades organizacionais	Objetivos de custos 1: Unidades organizacionais

Alocação tipo 2: Custos alocados de uma unidade organizacional para outra	Objetivos de custos 2: Unidades organizacionais que recebem produtos ou serviços

Alocação tipo 3: Custos alocados para atividades, produtos, serviços ou clientes	Objetivos de custos 3: atividades, produtos, serviços ou clientes

condicionado com base em metros cúbicos; alocar despesas gerais administrativas com base no custo direto total.

2. *Realocação dos custos de uma unidade organizacional para outra unidade:* Quando uma unidade fornece produtos ou serviços a outra, os custos são transferidos juntamente com os produtos ou serviços. Algumas unidades, chamadas **departamentos de serviços**, existem apenas para apoiar outros departamentos, e seus custos são totalmente realocados. Exemplos incluem departamento pessoal, departamento de lavanderia nos hospitais e departamento jurídico em empresas industriais.

3. *Alocação de custos de uma unidade organizacional em particular para atividades, produtos, serviços ou clientes:* O departamento de pediatria de uma clínica médica aloca seus custos aos clientes; a atividade de montagem de uma empresa de manufatura, às unidades montadas; o departamento tributário de uma empresa de auditoria, aos clientes. Os custos alocados para as atividades, produtos, serviços ou clientes incluem aqueles custos alocados para a unidade organizacional nas alocações dos tipos 1 e 2.

Os três tipos de alocação são, fundamentalmente, similares. Vamos olhar primeiro para como os custos do departamento de serviços são alocados aos departamentos de produção.

ALOCAÇÃO DE CUSTOS DOS DEPARTAMENTOS DE SERVIÇOS

DIRETRIZES GERAIS

As diretrizes preferidas para alocar custos de departamentos de serviços são:

1. Estabelecer parte ou todos os detalhes a respeito da alocação de custo, antecipadamente, à prestação dos serviços, em vez de após o fato. Essa abordagem estabelece as 'regras do jogo', de modo que todos os departamentos possam planejar apropriadamente.

2. Alocar grupos de custos variáveis e fixos separadamente. Observe que um departamento de serviços (como um departamento de computação) pode conter múltiplos grupos de custos se mais de um direcionador de custos causar os custos do departamento. No mínimo, deveria haver um grupo de custos variáveis e um grupo de custos fixos.

3. Avaliar o desempenho usando os orçamentos para cada departamento de serviço (assessoria), assim como para cada departamento de produção ou operação (linha). O desempenho de um departamento de serviço é avaliado ao compararem-se os custos reais com os orçados, independentemente de como os custos são alocados. Pelo orçamento, os grupos de custos variáveis e grupos de custos fixos podem ser identificados para uso nas alocações.

Considere o exemplo do departamento de computação de uma universidade que atende a dois principais usuários: a escola de administração e a escola de engenharia. A Figura 12.2 mostra o sistema de alocação. Mostramos os três tipos de alocação na Figura 12.2. O tipo 1 de alocação inclui custos tais como os de energia e construção. Esses custos são, primeiro, acumulados pelo sistema de contabilidade de custo e, então, alocados às unidades organizacionais, incluindo o departamento de computação. O tipo 2 de alocação inclui a dos recursos de custo variável e custo fixo, do departamento de computação, para as escolas de administração e de engenharia. Finalmente, a alocação dos custos da escola de administração e engenharia para os programas é do tipo 3.

Vamos focalizar a alocação do tipo 2, do departamento de computação para as escolas de administração e engenharia.

Suponha que haja dois motivos principais para as alocações: predizer os efeitos econômicos do uso do computador e motivar as duas escolas e os indivíduos a usar suas capacidades mais plenamente. Como a universidade deveria alocar os custos do departamento de computação (salários, depreciação, energia, materiais, e assim por diante) às duas escolas?

Começaremos analisando em detalhes os custos do departamento de computação. A atividade básica realizada é o processamento de computador. O computador *mainframe* foi adquirido por um arrendamento de cinco anos, que não é cancelável, a menos que se paguem os altos custos de penalidades. Os recursos consumidos incluem tempo de processamento, tempo do operador, energia, materiais e espaço do edifício.

Suponha que a universidade tenha realizado a análise do comportamento dos custos e que a fórmula do orçamento para o ano vindouro seja $ 100 mil mensais de custos fixos, mais $ 200 de custos variáveis, por hora do tempo de computador utilizado. Consulte a Figura 12.2, que mostra como aplicar a diretriz 2 — o tópico das duas seções seguintes.

Figura 12.2 — Alocações de grupos de custos variáveis e fixos.

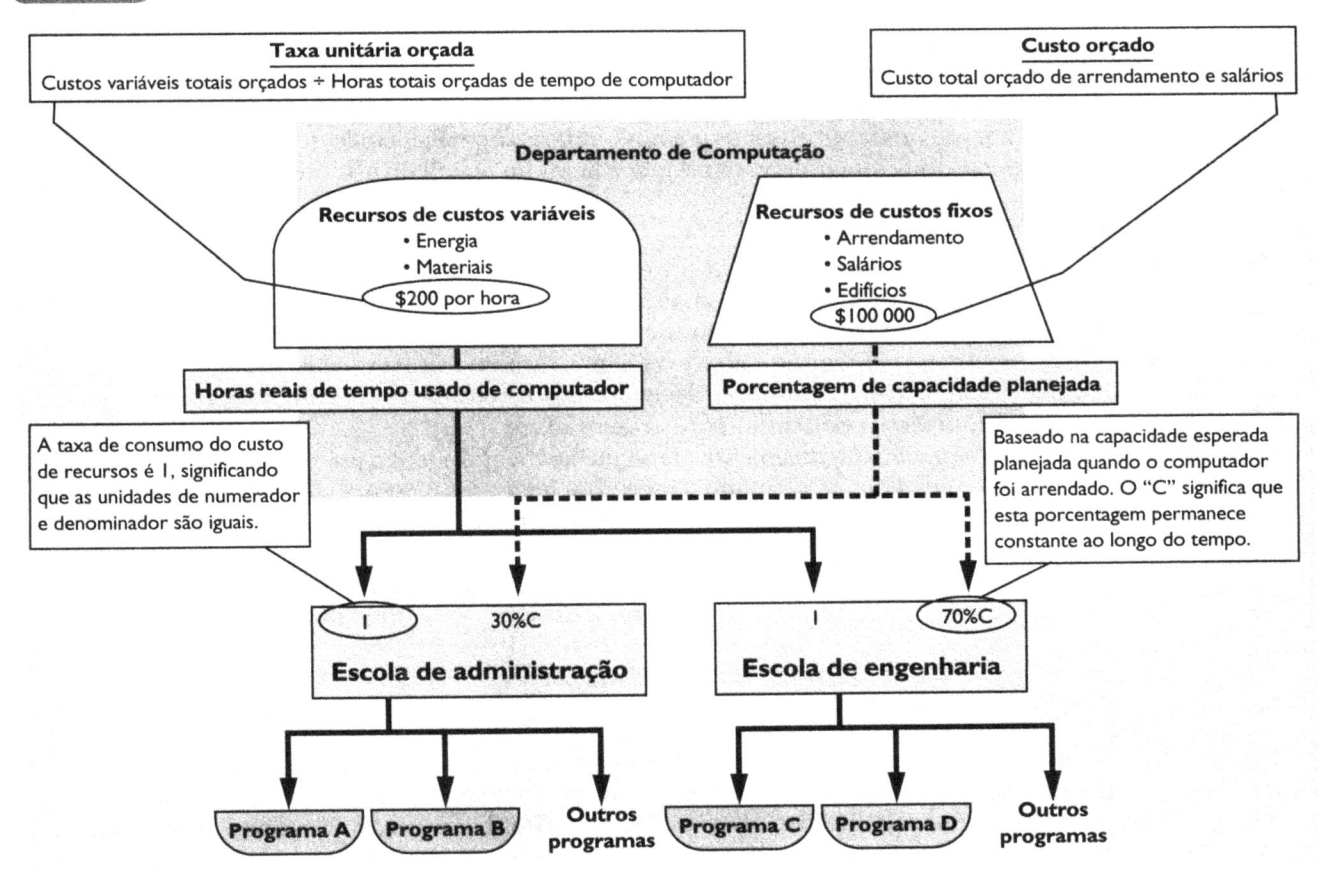

Taxa unitária orçada
Custos variáveis totais orçados ÷ Horas totais orçadas de tempo de computador

Custo orçado
Custo total orçado de arrendamento e salários

Departamento de Computação

Recursos de custos variáveis
- Energia
- Materiais
$200 por hora

Recursos de custos fixos
- Arrendamento
- Salários
- Edifícios
$100 000

Horas reais de tempo usado de computador

Porcentagem de capacidade planejada

A taxa de consumo do custo de recursos é 1, significando que as unidades de numerador e denominador são iguais.

Baseado na capacidade esperada planejada quando o computador foi arrendado. O "C" significa que esta porcentagem permanece constante ao longo do tempo.

1 — 30%C → **Escola de administração**
1 — 70%C → **Escola de engenharia**

Escola de administração → Programa A, Programa B, Outros programas
Escola de engenharia → Programa C, Programa D, Outros programas

GRUPO DE CUSTOS VARIÁVEIS

Os custos do grupo de custos variáveis incluem energia e materiais. O direcionador de custo para o grupo de custos variáveis é horas reais de tempo de computador utilizadas. Conseqüentemente, a universidade deve alocar custos variáveis como segue:

taxa unitária orçada × horas reais de tempo de computador utilizadas

O relacionamento causa–efeito é claro: Quanto maior o uso, maiores os custos totais. Nesse exemplo, a taxa utilizada seria a orçada, de $ 200 por hora. A taxa seria determinada dividindo-se o total de custos orçados de energia e materiais pelo total de horas orçadas de tempo de computador.

O uso das taxas de custos orçados, em vez das de custos reais, com a finalidade de alocar custos variáveis dos departamentos de serviços protege os departamentos usuários da intervenção das flutuações de preços e também, freqüentemente, protege-os de ineficiências nos departamentos de serviços.

Quando uma organização aloca o custo real total do departamento de serviço, ela assegura, aos gestores dos departamentos usuários, a responsabilidade pelos custos além de seus controles, e fornece menos incentivo para os departamentos de serviços ser eficientes. Ambos os efeitos são indesejáveis.

Considere a alocação dos custos variáveis para um departamento que usa 600 horas de tempo de computador. Suponha que as ineficiências, no departamento de computação, causadas pelos custos variáveis, sejam $ 140 mil, em vez das 600 horas × $ 200 = $ 120 000 orçadas. Um bom esquema de alocação de custos seria alocar apenas os $ 120 mil para os departamentos consumidores e deixar os $ 20 mil remanescentes como uma variação orçamentária desfavorável não-alocada do departamento de computação. Esse esquema mantém o gestor do departamento de computação responsável pela variação de $ 20 mil e reduz o ressentimento dos gestores usuários. Os gestores dos departamentos usuários, às vezes, reclamam mais vigorosamente da incerteza sobre as alocações e da gestão ruim de um departamento de serviços, do que a respeito da escolha de um direcionador de custo (como o valor da mão-de-obra direta ou o número de empregados). Tais reclamações serão menos prováveis se os gestores de departamentos de serviços tiverem a responsabilidade do orçamento, e os departamentos usuários forem protegidos das flutuações de preço a curto prazo e das ineficiências.

Considere um departamento de reparo e manutenção de automóvel para o governo estadual. As secretarias que usam o serviço do departamento devem receber preços sólidos por vários serviços. Imagine o sentimento de um chefe de secretaria que tenha reparado um automóvel da secretaria e que tenha sido dito a ele: "Normalmente, seu reparo teria tomado cinco horas, entretanto, tivemos um novo empregado trabalhando nele, e o trabalho levou dez horas. Conseqüentemente, devemos cobrar de você pelas dez horas do tempo de mão-de-obra".

GRUPO DE CUSTO FIXO

Considere novamente nosso exemplo do departamento de computação da universidade. Os custos, no grupo de custos fixos, incluem pagamento de arrendamento, salários dos operadores e custos de ocupação do edifício (depreciação, seguro, e assim por diante). O direcionador de custo para o grupo de custos fixos é a quantidade de capacidade que as duas escolas estimaram que eles exigiriam, quando a universidade adquiriu as instalações de computadores. Conseqüentemente, os custos fixos devem ser alocados como segue: porcentagem de capacidade disponível orçada para uso multiplicada por custos fixos orçados totais.

Suponha que o reitor havia predito, originalmente, o uso médio mensal a longo prazo para a administração em 210 horas, e para a engenharia, em 490 horas, em um total de 700 horas. Essas estimativas do reitor resultaram em um conjunto de custos fixos comprometidos, que permanecem incontroláveis, na maior parte, ao longo de muitos anos. O grupo de custos fixos seria alocado da seguinte maneira:

	Administração	Engenharia
Custos fixos por mês		
210/700, ou 30% de $ 100 000	$ 30 000	
490/700, ou 70% de $ 100 000		$ 70 000

Essa abordagem da soma global predeterminada está baseada na capacidade disponível a longo prazo para o usuário, independentemente do real uso mês a mês. O raciocínio é que planejar a longo prazo, com relação ao nível geral de serviços e o uso esperado relativo, afeta o nível de custos fixos, não as flutuações a curto prazo nos níveis de serviços e o uso real relativo. Observe a alocação desses seis custos na Figura 12.2.

Uma força principal do uso da capacidade disponível, em vez da capacidade utilizada, ao alocar os custos fixos orçados, é que as alocações de curto prazo aos departamentos usuários não são afetadas pelo uso real de outros departamentos usuários. Tal abordagem da soma orçada é mais provável ter os efeitos motivacionais desejados ao requisitar os serviços em ambos, curto e longo prazos.

Na prática, os grupos de custo fixo, freqüentemente, são alocados inapropriadamente, na base da capacidade utilizada, não da capacidade disponível. Suponha que o departamento de computação tenha alocado os custos reais totais após o fato. No fim do mês, os custos reais totais seriam alocados em proporção às horas reais utilizadas pelo departamento consumidor. Compare os custos arcados pelas duas escolas quando a administração usa 200 horas e a engenharia 400 horas.

Custos totais incorridos: $ 100 000 + (600 × $ 200) = $ 220 000	
Administração: 200/600 × $ 220 000 =	$ 73 333
Engenharia: 400/600 × $ 220 000 =	$ 146 667
Custo total alocado	$ 220 000

O que acontece se a administração usa apenas cem horas durante o mês seguinte, e a engenharia ainda usa 400 horas?

Custos totais incorridos: $ 100 000 + (500 × $ 200) = $ 200 000	
Administração: 100/500 × $ 200 000	$ 40 000
Engenharia: 400/500 × $ 200 000	$ 160 000
Custo total alocado	$ 200 000

A engenharia não fez nada de maneira diferente, mas deve portar um custo adicional de $ 13 333, um aumento de 9 por cento. Seus custos a curto prazo dependem do que outros consumidores usaram, não apenas de suas próprias ações. Esse fenômeno é causado por um método defeituoso de alocação para a parcela de custos fixos dos custos totais, um método em que as alocações são altamente sensíveis às flutuações nos volumes reais utilizados

> ### PRIMEIRO, OS NEGÓCIOS
>
> #### A Dow Chemical usa o ABC para melhorar sua alocação de custos de serviços
>
> A Dow Chemical acredita que o sistema de alocação ABC é a fundação de seu sistema de gestão de custos. A Dow, com receitas anuais de mais de $ 19 bilhões, tem três segmentos de negócios principais: plásticos, produtos químicos e produtos agrícolas. A Dow trocou de um sistema de alocação tradicional para o ABC, em meados de 1990, como parte de uma mudança principal em sua estratégia total. Ela vendeu seus negócios farmacêuticos, de energia e de produtos ao consumidor e estabeleceu uma meta para ser a empresa número um em produtos químicos, plásticos e em agrociência. A Dow acreditou que, para alcançar suas metas, necessitava melhorar a qualidade e a acurácia de seu sistema de custeio, incluindo os custos de seus serviços internos, como os fornecidos pelos departamentos de recursos humanos e de manutenção.
>
> Os fornecedores de serviços, como recursos humanos e manutenção, identificaram as principais atividades desempenhadas, determinaram os direcionadores de custos apropriados para cada atividade e calcularam os custos para cada atividade e serviços fornecidos para os departamentos usuários. O foco nas atividades tem levado a um melhor entendimento dos custos por todos e melhor controle de custos. Uma técnica que os gestores da Dow usam para melhorar o controle de custos é o *benchmarking*.
>
> Os fornecedores de serviços usam os níveis de referência (*benchmarking*) de seus custos contra os dos fornecedores externos, para assegurar que os custos do serviço ou atividade sejam competitivos. Outra vantagem do sistema ABC é o planejamento e a utilização de recursos melhorados.
>
> Ao focar em atividades e seus direcionadores de custos relacionados, os gestores do departamento de manutenção da Dow podem planejar mais eficazmente os recursos de manutenção necessários e sua disponibilidade.
>
> No geral, desde que a companhia integrou o ABC em seu sistema de gestão de custos, ela tem percebido benefícios significativos.
>
> Fonte: J. Damitio, G. Hayes e P. Kintzele, "Integrating ABC and ABM at Dow Chemical", em *Management Accounting Quarterly*, inverno de 2000, pp. 22-26.

por vários departamentos consumidores. Essa fraqueza é evitada ao utilizar a alocação de uma soma predeterminada de custos fixos, com base no uso orçado.

Considere o exemplo precedente, da oficina de reparos de automóveis. Você não ficaria feliz se viesse buscar seu carro e alguém lhe dissesse: "Nossos custos indiretos fixos de prestação de serviços diários são $ 1 mil. Seu carro foi o único na loja hoje; assim, cobramos de você o total de $ 1 mil. Se tivéssemos processado cem carros hoje, sua despesa seria de apenas $ 10".

PROBLEMAS COM O USO DE SOMAS GLOBAIS

Usar alocações de somas globais pode causar problemas. Se uma empresa aloca custos fixos na base de planos de longo prazo, há uma tendência natural, da parte dos gestores, para subestimar seu uso planejado e, assim, obter uma fração menor da alocação de custos. A alta gestão pode contra-atacar essas tendências, monitorando as predições, e acompanhar e usar o *feedback* para manter as predições futuras mais honestas.

Em algumas organizações, há até mesmo recompensas definidas, na forma de aumentos de salário, para gestores que fazem predições acuradas. Além disso, alguns métodos de alocação de custos fornecem penalidades para subpredições. Suponha, por exemplo, que um gestor prediga o uso de 210 horas e, então, demande 300 horas. O gestor ou não obtém as horas, ou paga um preço alto para cada hora além das 210 em tais sistemas.

ALOCAÇÃO DE CUSTOS CENTRAIS (CUSTOS COMUNS)

A necessidade aparente de alocar custos centrais é a manifestação de uma crença bem difundida e bem assentada de que todos os custos devem, de algum modo, ser totalmente alocados para as partes produtoras de receitas (operacionais) da organização. Tais alocações nem são necessárias de um ponto de vista contábil, nem úteis como informação gerencial. Por esse motivo, os custos centrais não são considerados parte da cadeia de valor neste texto. A maioria dos gestores, contudo, aceita-as como um fato da vida — desde que todos os gestores pareçam ser tratados da mesma forma e 'justamente'.

Sempre que possível, o direcionador de custo preferido para serviços centrais é o uso ou consumo, seja ele real ou estimado. Os custos de serviços como relações públicas, despesas indiretas da gestão corporativa, departamento de imóveis e departamento de planejamento corporativo, porém, são os menos prováveis para ser alocados na base do uso. Processamento de dados, propaganda e pesquisas operacionais são os mais prováveis de escolher o uso como um direcionador de custo.

As empresas que alocam custos centrais pelo uso tendem a gerar menos ressentimento. Considere a experiência da JCPenney Co., como relatado na *Business Week*:

> *O escritório do controller desejou que as subsidiárias como a Thrift Drug Co. e as operações de seguro baseassem suas participações de pessoal corporativo, pessoal, legal e de auditoria em suas receitas. As subsidiárias contestaram afirmando que mantiveram seus próprios departamentos, pessoal e legal, e deveriam ser avaliadas por menos... O subcomitê abordou esse tema ao solicitar aos departamentos corporativos um cálculo aproximado do tempo e dos custos envolvidos em atender às subsidiárias. O plano de alocação final, baseado nesses estudos, custou às divisões menos do que foi avaliado inicialmente, mas mais do que desejavam pagar. Não obstante, o plano foi implementado facilmente.*

O uso nem sempre é uma maneira economicamente viável para alocar custos centrais. Também, muitos custos centrais, como o salário do presidente e despesas relacionadas, relações públicas, serviços legais, planejamento tributário, propaganda institucional e pesquisa básica, são difíceis de alocar na base de causa–efeito. Em conseqüência, algumas empresas usam direcionadores de custos, como a receita de cada divisão, o custo dos produtos vendidos em cada divisão, o total de ativos de cada divisão ou o total de custos de cada divisão (antes da alocação de custos centrais), para alocar custos centrais.

O uso dos direcionadores de custos antecedentes fornece uma indicação grosseira do relacionamento causa–efeito. Basicamente, entretanto, eles representam uma 'habilidade para portar' a filosofia de alocação de custos. Os custos de propaganda institucional, como a boa vontade de patrocínio de um programa em uma estação de televisão não-comercial, por exemplo, pode ser alocado a todos os produtos e divisões na base do montante de venda de cada um, mas tais custos precedem as vendas. Eles são custos discricionários, enquanto determinados por políticas de gestão, não por resultados de vendas. Embora 60 por cento das empresas, em uma grande pesquisa, usem receitas de vendas como um direcionador de custos para propósitos de alocação de custo, elas raramente são verdadeiras como um direcionador de custo, no sentido de ser uma atividade que causa os custos.

USO DE VENDAS ORÇADAS PARA ALOCAÇÃO

Se uma empresa percebe que deve alocar os custos dos serviços centrais com base nas vendas, mesmo que os custos não variem em proporção às vendas, o uso de vendas orçadas é preferível ao uso de vendas reais. Pelo menos, esse método significa que a sorte de outros departamentos não afetará os custos de curto prazo de um dado departamento.

Suponha, por exemplo, que uma empresa aloque $ 100 de custos fixos de propaganda central na base de vendas potenciais em dois territórios.

	Territórios		Total	Porcentagem
	A	B		
Vendas orçadas	$ 500	$ 500	$ 1 000	100
Propaganda central alocada	$ 50	$ 50	$ 100	10

Considere as possíveis diferenças nas alocações quando as vendas reais se tornam conhecidas.

	Territórios	
	A	B
Vendas reais	$ 300	$ 600
Propaganda central		
1. Alocado na base de vendas orçadas	$ 50	$ 50
ou		
2. Alocado na base de vendas reais	$ 33	$ 67

Compare a alocação 1 com a 2. A alocação 1 é preferível. Ela indica um baixo índice de vendas para propaganda no território *A*. Isso dirige a atenção para onde é desejada. Em contraste, a alocação 2 encharca o território *B* com mais custos de propaganda, por causa dos resultados alcançados, e alivia o território *A*, apesar de seu baixo sucesso. Esse é um outro exemplo da confusão que pode surgir quando as alocações de custo, para um departamento consumidor, dependem da atividade de outro departamento consumidor.

SERVIÇOS RECÍPROCOS

Em nosso exemplo do departamento de computação, assumimos que os serviços de computador foram fornecidos apenas para duas outras unidades. O que aconteceria se o departamento de computação fornecesse também serviços de computador a outras unidades de serviços, como a administração e a biblioteca? Os departamentos de serviço, freqüentemente, apóiam outros departamentos de serviços, além dos departamentos de produção. Esses serviços são chamados de 'serviços recíprocos' ou 'interdepartamentais'.

Considere uma empresa de manufatura com dois departamentos de produção — moldagem e acabamento — e dois departamentos de serviço — gestão das instalações (aluguel, aquecimento, iluminação, serviços de zeladoria, e assim por diante) e pessoal. Todos os custos, em um dado departamento de serviço, presumem-se ser causados por um único direcionador de custo e, conseqüentemente, terem sua variação proporcional a ele. A empresa decidiu que o melhor direcionador de custo para os custos de gestão de instalações é a metragem quadrada ocupada e que o melhor direcionador de custo para o pessoal é o número de empregados. A Figura 12.3 mostra os custos diretos, a metragem quadrada ocupada e o número de empregados para cada departamento. Observe que a gestão de instalações fornece serviços para o departamento de pessoal, além de fornecer serviços para os departamentos de produção, e que o departamento pessoal ajuda os empregados na gestão de instalações, bem como aqueles do departamento de produção.

Há dois métodos populares para alocar custos de departamentos de serviços em tais casos: o método direto e o método por degraus.

Método direto

Como o nome indica, o **método direto** ignora outros departamentos de serviços ao alocar qualquer custo de dado departamento de serviço para os departamentos geradores de receita — produção (operacionais). Em outras palavras, o método direto ignora os serviços que a gestão de instalações fornece para o departamento pessoal e os serviços que o departamento pessoal fornece para a gestão de instalações. Os custos da gestão de instalações são alocados com base na metragem quadrada relativa ocupada pelos departamentos de produção apenas.

- O total de metragem quadrada dos departamentos de produção = 15 000 + 3 000 = 18 000.
- Os custos da gestão de instalações alocados à moldagem = (15 000 ÷ 18 000) × $ 126 000 = $ 105 000.
- Os custos da gestão de instalações alocados ao acabamento = (3 000 ÷ 18 000) × $ 126 000 = $ 21 000.

Do mesmo modo, os custos do departamento de pessoal são alocados apenas para os departamentos de produção, na base do número relativo de empregados dos departamentos de produção.

- Total de empregados dos departamentos de produção = 80 + 320 = 400.
- Custos de pessoal alocado para moldagem = (80 ÷ 400) × $ 24 000 = $ 4 800.
- Custos de pessoal alocado para acabamento = (320 ÷ 400) × $ 24 000 = $ 19 200.

Método por degraus

O **método por degraus** (**escalonado**) reconhece que alguns departamentos de serviços apóiam as atividades de outros departamentos de serviços, bem como aqueles dos departamentos operacionais.

Uma seqüência de alocações é escolhida, geralmente, quando inicia com os departamentos de serviços que prestam os maiores serviços (medidos pelos custos) para o maior número de outros departamentos de serviços. O último departamento de serviços, na seqüência, é aquele que presta menos serviços para o menor número de outros departamentos de serviços. Uma vez que os custos de um departamento são alocados para outros departamentos, nenhum custo de departamento de serviço subseqüente é alocado de volta para ele.

Figura 12.3 Direcionadores de custos.

	Departamentos de serviços		Departamentos de produção	
	Gestão de instalações	Pessoal	Moldagem	Acabamento
Custo direto do departamento	$ 126 000	$ 24 000	$ 100 000	$ 160 000
Metragem quadrada	3 000	9 000	15 000	3 000
Número de empregados	20	30	80	320
Horas de mão-de-obra direta			2 100	10 000
Horas–máquina			30 000	5 400

Em nosso exemplo, alocamos os custos da gestão de instalações primeiro. Por quê? Porque a gestão de instalações presta mais apoio ao departamento pessoal do que este à gestão de instalações.[1] Examine a Figura 12.4. Após alocar os custos da gestão de instalações, não alocamos nenhum custo de volta à gestão de instalações, mesmo que o departamento pessoal forneça algum serviço para a gestão de instalações. Os custos de pessoal a ser alocados para os departamentos de produção incluem o montante alocado para o departamento pessoal da gestão de instalações ($ 42 mil), além dos custos diretos do departamento pessoal, de $ 24 mil.

Examine a última coluna da Figura 12.4. Antes da alocação, os quatro departamentos incorreram em custos de $ 410 mil. No degrau 1, deduzimos os $ 126 mil da gestão de instalações e os adicionamos a outros três departamentos. Não houve efeito líquido no custo total. No degrau 2, deduzimos os $ 66 mil do departamento pessoal e os adicionamos aos dois departamentos restantes. Outra vez, o custo total não foi afetado. Após a alocação, os $ 410 mil restantes estavam todos em moldagem e acabamento. Nenhum foi deixado no departamento de gestão de instalações ou no departamento pessoal.

Comparação dos métodos

Compare os custos dos departamentos de produção sob os métodos direto e por degraus, como mostrado na Figura 12.5. Observe que o método de alocação pode afetar muito os custos. A moldagem parece ser uma operação muito mais dispendiosa para um gestor que usa o método direto do que seria para um que usa o método por degraus.

Inversamente, o acabamento parece ser mais dispendioso para um gestor que usa o método por degraus.

Qual método é melhor? Geralmente, o método por degraus.[2] Por quê? Porque ele reconhece os efeitos do apoio mais significativo fornecido pelos departamentos de serviços a outros departamentos de serviços. Em nosso exemplo, o método direto ignora a seguinte possível ligação de causa–efeito: Se o custo da gestão de instalações é causada pelo espaço utilizado, o espaço utilizado pelo pessoal causa $ 42 mil de custo da gestão de instalações. Se o espaço utilizado pelo pessoal é causado pelo número de empregados do departamento de produção assistido, o número de empregados do departamento de produção, não a metragem quadrada, causa os $ 42 mil do custo de gestão de instalações. O departamento de produção com a maioria dos empregados, não aquele com a maioria da metragem quadrada, deve portar esse custo.

A grande virtude do método direto é sua simplicidade. Se os dois métodos não produzem resultados significativamente diferentes, muitas empresas optam por usar o método direto, por ser mais fácil para os gestores entenderem.

CUSTOS NÃO RELACIONADOS AOS DIRECIONADORES DE CUSTO

Nosso exemplo que ilustra os métodos de alocação diretos e por degraus supõe que um único direcionador de custo possa ser utilizado para alocar todos os custos em um dado departamento de serviços. Supusemos, por exem-

Figura 12.4 Alocação por degraus.

	Gestão das instalações	Pessoal	Moldagem	Acabamento	Total
Custos diretos do departamento antes da alocação	$ 126 000	$ 24 000	$ 100 000	$ 160 000	$ 410 000
Degrau 1					
Gestão das instalações	$ (126 000)	(9 ÷ 27) × $ 126 000 = $ 42 000	(15 ÷ 27) × $ 126 000 = $ 70 000	(3 ÷ 27) × $ 126 000 = $ 14 000	
Degrau 2					
Pessoal		$ (66 000)	(80 ÷ 400) × $ 66 000 = $ 13 200	(320 ÷ 400) × $ 66 000 = $ 52 800	
Custo total após a alocação	$ 0	$ 0	$ 183 200	$ 226 800	$ 410 000

1. Como deveríamos determinar qual dos dois departamentos de serviços fornece mais serviço para o outro? Uma maneira é realizar o degrau 1 do método por degraus com a gestão de instalações alocada primeiro, e, então, repetir, supondo que o departamento pessoal seja alocado primeiro. Com a gestão das instalações alocadas primeiro, $ 42 000 são alocados para pessoal, como mostrado na Figura 12.4. Se o departamento pessoal fosse alocado primeiro, (20 ÷ 420) × $ 24 000 = $ 1 143 seriam alocados para a gestão de instalações. Como $ 1 143 é menor do que $ 42 000, a gestão de instalações é alocada primeiro.
2. A acurácia teórica mais defensável é gerada pelo método de custo recíproco, que raramente é utilizado na prática, por ser mais difícil de ser entendido. As equações simultâneas e a álgebra linear são utilizadas para resolver o impacto dos serviços de interação mútua.

Figura 12.5 Método direto *versus* por degraus.

	Moldagem		Acabamento	
	Direto*	*Por degraus***	*Direto**	*Por degraus***
Custos diretos do departamento	$ 100 000	$ 100 000	$ 160 000	$ 160 000
Alocado da gestão de instalações	$ 105 000	$ 70 000	$ 21 000	$ 14 000
Alocado do pessoal	$ 4 800	$ 13 200	$ 19 200	$ 52 800
Total de custos	$ 209 800	$ 183 200	$ 200 200	$ 226 800

* Da Figura 12.3.
** Da Figura 12.4.

plo, que a metragem quadrada ocupada pode ser utilizada para alocar todos os custos da gestão de instalações. A metragem quadrada adicional resultaria em custos de gestão de instalações adicionais. O que acontecerá, porém, se alguns dos custos da gestão de instalações forem independentes da metragem quadrada? Três métodos alternativos de alocação deveriam ser considerados:

1. Identifique os direcionadores de custo adicionais. Divida os custos da gestão de instalações em dois ou mais grupos de custos diferentes e use um direcionador de custo diferente para alocar os custos em cada grupo. Algumas empresas podem, até, adotar sistemas ABC para melhorar o sistema de alocação. As atividades-chave desempenhadas no departamento de gestão de instalações são identificadas com os direcionadores de custos plausíveis e confiáveis. Esses direcionadores de custos tornam-se as bases de alocação para ser usadas para alocar os custos de atividade da gestão de instalações para os departamentos usuários.

2. Divida os custos da gestão de instalações em dois grupos de custos, um com custos que variam na proporção da metragem quadrada (custos variáveis) e um com os custos não afetados pela metragem quadrada (custos fixos). Aloque o primeiro, usando o método direto ou por degraus, mas não aloque o último. Os custos não-alocados são custos de período para a organização, mas não são considerados como custos de um departamento operacional em particular.

3. Aloque todos os custos pelo método direto ou por degraus, usando a metragem quadrada como direcionadora de custo. Essa alternativa supõe, implicitamente, que, a longo prazo, a metragem quadrada causará todos os custos da gestão de instalações — mesmo se uma relação causal de curto prazo não for facilmente identificável. Em outras palavras, usar mais metragem quadrada pode não causar um aumento imediato em todos os custos da gestão de instalações, mas, eventualmente, tais custos se elevarão lentamente, proporcionalmente aos aumentos na metragem quadrada.

Suponha que um único direcionador de custo cause a maioria dos custos em um departamento de serviços. Então, as alternativas 2 e 3 serão muito atrativas. Apenas uma pequena parcela dos custos será de não-alocados (na alternativa 2) ou de alocados arbitrariamente (na alternativa 3). Se, porém, grandes montantes de custos não forem relacionados ao único direcionador de custo, a alternativa 1 deverá ser seriamente considerada.

ALOCAÇÃO DE CUSTOS PARA OS OBJETOS FINAIS DE CUSTO

Até este ponto, concentramo-nos na alocação de custos para as divisões, departamentos e segmentos similares de uma empresa. A alocação de custos é quase sempre levada uma etapa adiante — para os objetos finais de custos. Exemplos são produtos como: automóveis, móveis, jornais, serviços (bancários, assistência médica, educação e clientes). Às vezes, a alocação dos custos totais dos departamentos para os produtos ou serviços geradores de receita é chamada de 'aplicação de custos' ou 'atribuição de custos'. Os custos são alocados aos produtos para propósitos de avaliação de estoque (relatório externo) e para propósitos de decisão, como precificar e adicionar ou eliminar produtos (decisões estratégicas). A alocação de custos é também desempenhada para fins de reembolso de custos. Como notado anteriormente, muitos empreiteiros ou fornecedores do Ministério da Defesa são reembolsados pelos 'custos' de produzir produtos para o governo. Focalizaremos as duas principais abordagens para alocação de custos aos objetos finais de custos: a abordagem tradicional e a abordagem do ABC. Mantenha em mente que o objetivo principal da alocação é alcançar um nível de acurácia que apóie os propósitos de alocação da gestão.

ABORDAGEM TRADICIONAL

A abordagem tradicional usa as seguintes etapas para alocar custos aos produtos, serviços ou clientes:

Suponha que você esteja em uma equipe de função cruzada que está discutindo como alocar os custos de um departamento de compra. Foi sugerido que o 'número de pedidos de compras emitidos' é o melhor direcionador de custo. Um gráfico de dispersão de custos totais *versus* número de pedidos de compra emitidos, entretanto, mostra o seguinte:

Uma vez que os dados indicavam claramente (muita dispersão nos dados) que um único direcionador de custos, 'número de pedidos de compra emitidos', não era uma medida confiável do trabalho feito no departamento, a equipe resolveu investigar. Ela descobriu que o trabalho do departamento de compra envolveu avaliar e certificar novos fornecedores, além de emitir pedidos de compra. Quais métodos alternativos de alocação você recomendaria?

Resposta
Como a maior porcentagem dos custos do departamento de compra não é relacionada a um único direcionador de custo, 'número de pedidos de compra', um segundo grupo de custos deve ser usado com outro direcionador de custos, como 'número de novos fornecedores'.

---

1. Aloque os custos relacionados à produção para a operação (linha) ou produção ou departamentos geradores de receita. Isso inclui alocar os custos de departamentos de serviços para os departamentos de produção, seguindo as diretrizes precedentes. Os departamentos de produção, então, contêm todos os custos: Seus custos diretos de departamento e os custos dos departamentos de serviço.
2. Selecione um ou mais direcionadores de custos em cada departamento de produção. Você pode, por exemplo, alocar uma parcela dos custos departamentais na base de horas de mão-de-obra direta, outra parcela na base de horas–máquina, e o restante na base do número de preparações de máquinas.
3. Aloque (aplique) os custos totais acumulados na etapa 1 para os produtos ou serviços, que são os resultados dos departamentos operacionais, usando os direcionadores de custos especificados na etapa 2. Se você usar apenas um direcionador de custo, dois grupos de custos deverão ser mantidos, um para os custos variáveis e outro para os custos fixos. Aloque os custos variáveis na base da atividade direcionadora de custo real. Aloque os custos fixos na base da atividade direcionadora de custo orçada, ou deixe-os não-alocados.

Considere nosso exemplo da manufatura e suponha que o método por degraus fosse utilizado para alocar os custos do departamento de serviço. A Figura 12.4 mostrou os custos totais de $ 183,2 mil acumulados na moldagem, e $ 226,8 mil no acabamento. Observe que os $ 410 mil de custos totais de manufatura residem nos departamentos de produção. Para alocar esses custos para os produtos produzidos, os direcionadores deverão ser selecionados para cada departamento. Usaremos um único direcionador de custo para cada departamento e suporemos que todos os custos são causados por ele. Suponha que as horas–máquina sejam a melhor medida do que causa os custos no departamento de moldagem e que as horas de mão-de-obra direta direcionem os custos no acabamento.

A Figura 12.3 mostrou 30 mil horas–máquina totais utilizadas na moldagem e 10 mil horas de mão-de-obra direta no acabamento. Conseqüentemente, os custos são alocados aos produtos como segue:

Moldagem: $ 183 200 ÷ 30 000 horas–máquina = $ 6,11 por hora–máquina
Acabamento: $ 226 800 ÷ 10 000 horas de mão-de-obra direta = $ 22,68 por hora de mão-de-obra direta

Um produto que demandasse quatro horas–máquina na moldagem e duas horas de mão-de-obra direta no acabamento teria um custo de:

$$(4 \times \$\ 6{,}11) + (2 \times \$\ 22{,}68) = \$\ 24{,}44 + \$\ 45{,}36 = \$\ 69{,}80$$

A abordagem tradicional para alocação dos custos aos objetos finais de custos foca a acumulação dos custos dentro dos departamentos; então, aloca os custos departamentais para os departamentos operacionais e, finalmente, aos produtos, serviços ou clientes. Os sistemas de custeio tradicionais, pobremente projetados, podem resultar em incentivos para os gestores usarem recursos (e serviços) incorretamente quando há falta de um bom relacionamento de causa–efeito entre os custos alocados e os recursos reais (e serviços) consumidos. Por causa do potencial para má orientação da informação de custos, muitas empresas buscam melhorar a tomada de decisão estratégica e operacional aumentando a acurácia dos custos de produtos, serviços ou clientes. Elas têm adotado uma abordagem diferente para o projeto de seus sistemas de alocação de custos ABC.

Abordagem do ABC

A diferença básica entre os sistemas tradicionais de alocação de custos e os sistemas ABC é que os sistemas ABC focalizam custos acumulados nas atividades-chave, enquanto os sistemas tradicionais de alocação de custos focalizam acumulação de custos dentro das unidades organizacionais, como departamentos.

A acurácia da alocação nos sistemas ABC é maior do que nos sistemas de custeio tradicionais, por causa da ênfase nos direcionadores de custos escolhidos, que têm um relacionamento causa–efeito com as atividades e os recursos consumidos. Os sistemas ABC também são mais complexos, devido aos detalhes necessários na acumulação de custos por atividades. No ABC, focalizamos, primeiro, as atividades exigidas para produzir o produto ou serviço. Então, acumulamos todos os custos de recursos baseados em seus usos, ao realizar as atividades.

Muitos gestores de empresas de manufatura modernas (e em empresas de serviços automatizados) acreditam ser impróprio alocar todos os custos com base em medidas de volume. Usar horas ou custo de mão-de-obra — ou mesmo horas–máquina — como o único direcionador de custo raramente satisfaz o critério de causa–efeito desejado na alocação de custo. Se muitos custos forem causados por direcionadores não baseados em volume, o ABC deverá ser considerado. Lembre-se do Capítulo 4, quando projetamos um sistema ABC: Os contadores identificam atividades de custo indireto de fabricação significativas (processamento mecânico, montagem, inspeção de qualidade, e assim por diante), e então alocam os custos de recursos de custos indiretos de fabricação consumidos para realizar aquelas atividades, para as atividades que usam os direcionadores de custos. Finalmente, eles alocam os custos agrupados de cada atividade para os produtos que usam os direcionadores de custos (às vezes chamados de 'direcionadores de atividade'). De fato, o sistema ABC toma um grande grupo de custos indiretos de fabricação e os desdobra em diversos grupos, cada um associado a uma atividade-chave.

Ilustração do ABC: abordagem na manufatura

O Capítulo 4 introduziu um procedimento de quatro etapas para o projeto e implementação de sistemas ABC. Consideramos esse mesmo procedimento de quatro etapas para o departamento de moldagem de uma empresa manufatureira que produz peças de plástico usando máquinas de moldagem por injeção. O processo de moldagem produz três linhas de produtos, com diversas demandas nas várias atividades e recursos. A linha de produto *A* consiste de produtos simples, produzidos em alto volume (suporte de fita adesiva). Os produtos da linha *B* são de volume e complexidade médios (corpo de lanterna). A linha de produto *C* consiste de produtos complexos, produzidos em pequenos lotes (corpo de máquina fotográfica pequena).

O anterior, tradicional, sistema de custeio alocava os custos indiretos de fabricação com base na quantidade de horas de mão-de-obra direta utilizada para produzir cada produto. A taxa utilizada para alocar os custos indiretos de fabricação era $ 27 por hora de mão-de-obra direta. Essa taxa foi calculada dividindo-se o total de custos indiretos de fabricação esperados ($ 1,08 milhão) pelo total de mão-de-obra direta esperada (40 mil). A empresa alocou 6 ÷ 40 = 15% do total de custos de recursos de CIF para a linha de produto *C*, porque 6 mil das 40 mil horas de mão-de-obra direta total foram exigidas para produzir as 150 mil unidades do *C*. O uso desse direcionador baseado em volume para alocar os CIF (indiretos) resultou no custo unitário para as três linhas de produtos mostradas na última linha da Figura 12.6.

A gestão implementou o ABC nesse departamento de manufatura, usando o procedimento de quatro etapas delineado no Capítulo 4. A linha de produto *C* é típica de produtos complexos, que exigem relativamente mais recursos indiretos das atividades de preparação e usinagem. A gestão acreditava que o sistema de custeio anterior poderia ter subcusteado tais produtos.

Figura 12.6 Custo do produto baseado no sistema de custeio tradicional.

	Linha de produto A	Linha de produto B	Linha de produto C
Material direto	$ 1 050 000	$ 575 000	$ 240 000
Mão-de-obra direta (operadores)	$ 344 000	$ 303 000	$ 123 000
CIF a $ 27 por HMOD*			
Linha de produto A (18 000 HMOD)	$ 486 000		
Linha de produto B (16 000 HMOD)		$ 432 000	
Linha de produto C (6 000 HMOD)			$ 162 000
Custo total	$ 1 880 000	$ 1 310 000	$ 525 000
Unidades produzidas	1 000 000	500 000	150 000
Custo unitário	$ 1,88	$ 2,62	$ 3,50

Etapa 1

Determine o objetivo de custo, os centros de atividades-chave, os recursos e os direcionadores de custo relacionados. O objetivo do custeio é determinar os custos das linhas de produto A, B e C. O material direto e a mão-de-obra direta (operadores de máquinas) são rastreados diretamente para cada produto. A Figura 12.7 lista os recursos indiretos restantes, juntamente com os dois centros de atividade e direcionadores de custo escolhidos.

Etapa 2

Desenvolva um mapa baseado em processo representando o fluxo de atividades, recursos e seus inter-relacionamentos. Os inter-relacionamentos entre as atividades e os recursos foram determinados com base em entrevistas com o pessoal-chave. A Figura 12.8 descreve o fluxo de atividades e recursos.

Observe que o comportamento do custo para cada recurso é também mostrado. Entender o comportamento de custo dos recursos é vital durante o processo de planejamento. Se se esperasse, por exemplo, que o volume da linha do produto A aumentasse (dentro do intervalo relevante de atividade), as horas–máquina e o número de preparações aumentariam. Os únicos custos que se espera aumentarem, entretanto, são os de materiais diretos, suprimentos e energia, porque são recursos de custo variável. Como os recursos restantes são de custo fixo, seus custos não aumentariam em reação ao aumento das preparações ou horas–máquina.

Etapa 3

Colete dados relevantes a respeito dos custos e do fluxo físico das unidades de direcionador de custo entre os recursos e as atividades. Usando o mapa de processo como guia, os contadores coletam o custo exigido e os dados operacionais, por meio de entrevistas adicionais com o pessoal relevante.

A Figura 12.8 mostra o resumo dos dados coletados para os dois centros de atividades identificados na etapa 1. Para cada centro de atividade, os dados coletados incluem o rastreio dos custos indiretos de fabricação e o fluxo físico das unidades direcionadoras de custos. As taxas de consumo de atividade são mostradas nos três objetos de custos. Quando multiplicamos cada taxa pelo total de unidades de produtos, o resultado é o fluxo físico de cada atividade. No último período, por exemplo, setenta preparações foram realizadas para fabricar 500 mil unidades da

Figura 12.7 Centros de atividade, direcionadores de custo e recursos.

Departamento de moldagem

Centro de atividade	Direcionador de custo	Recursos consumidos
Preparação	Número de preparações	Tempo de manutenção mecânica Energia (As máquinas têm de permanecer ligadas durante a atividade de preparação.) Ocupação de espaço Tempo da máquina de moldagem
Processo de moldagem	Horas–máquina	Suprimentos Energia Tempo de máquinas de moldagem Ocupação de espaço Tempo de manutenção mecânica

*Horas de mão-de-obra direta. (N. do T.)

Figura 12.8 Mapa baseado no processo das operações do departamento de moldagem.

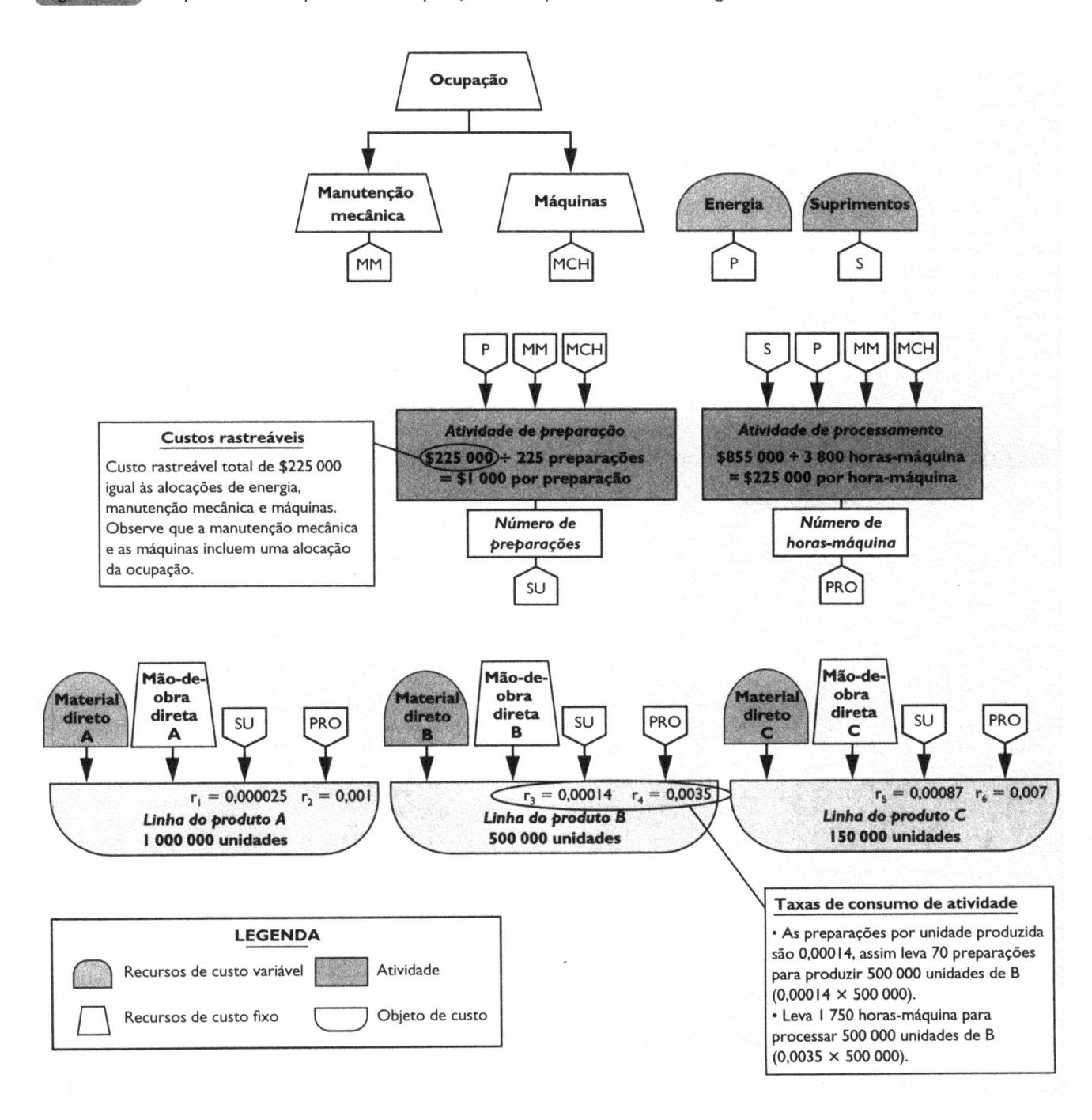

```
                              Ocupação
                             /        \
                Manutenção              Máquinas         Energia      Suprimentos
                mecânica
                   |                        |               |              |
                  MM                       MCH              P              S
```

Custos rastreáveis
Custo rastreável total de $225 000 igual às alocações de energia, manutenção mecânica e máquinas. Observe que a manutenção mecânica e as máquinas incluem uma alocação da ocupação.

Atividade de preparação
$225 000 ÷ 225 preparações
= $1 000 por preparação

Entradas: P, MM, MCH
Saída: Número de preparações → SU

Atividade de processamento
$855 000 ÷ 3 800 horas-máquina
= $225 000 por hora-máquina

Entradas: S, P, MM, MCH
Saída: Número de horas-máquina → PRO

Linha do produto A — 1 000 000 unidades
Entradas: Material direto A, Mão-de-obra direta A, SU, PRO
$r_1 = 0,000025$ $r_2 = 0,001$

Linha do produto B — 500 000 unidades
Entradas: Material direto B, Mão-de-obra direta B, SU, PRO
$r_3 = 0,00014$ $r_4 = 0,0035$

Linha do produto C — 150 000 unidades
Entradas: Material direto C, Mão-de-obra direta C, SU, PRO
$r_5 = 0,00087$ $r_6 = 0,007$

Taxas de consumo de atividade
- As preparações por unidade produzida são 0,00014, assim leva 70 preparações para produzir 500 000 unidades de B (0,00014 × 500 000).
- Leva 1 750 horas-máquina para processar 500 000 unidades de B (0,0035 × 500 000).

LEGENDA
- Recursos de custo variável
- Recursos de custo fixo
- Atividade
- Objeto de custo

linha de produto B, que deu uma taxa de consumo de 0,00014 preparação por unidade (70/500 mil). Os cálculos similares para as linhas de produto A e C resultam em um total de número de preparações de (25 + 70 + 130) = 225.

Etapa 4

Calcule e interprete a nova informação baseada em atividade. A Figura 12.9 mostra os cálculos para determinar o custo por unidade para cada linha de produto. Os resultados confirmaram as crenças da gestão — a linha de produto C estava sendo subcusteada em $ 4,86 — $ 3,50 = $ 1,36 por unidade, ou 39 por cento. A Figura 12.10 compara a alocação dos CIF usando o sistema de custeio anterior com o sistema ABC. A alocação da linha de produto A dos CIF diminuíram de 45 por cento para 23,1 por cento, enquanto a alocação da linha de produto C

Figura 12.9 — Resultados-chave do estudo do ABC.

Atividade/Recurso [Unidades direcionadoras]	Custos rastreáveis (1)	Fluxo físico total de unidades direcionadoras (2)	Custo por unidades direcionadoras (1) ÷ (2)
Preparação [número de preparações]	$ 225 000	225 preparações	$ 1 000
Processo de moldagem [horas-máquina]	$ 855 000	3 800 horas-máquina	$ 225

		Linha de produto A		Linha de produto B		Linha de produto C	
	Custo por unidades direcionadoras	Fluxo físico de unidades direcionadoras	Custo	Fluxo físico de unidades direcionadoras	Custo	Fluxo físico de unidades direcionadoras	Custo
Material direto			$ 1 050 000		$ 575 000		$ 240 000
Mão-de-obra direta			$ 344 000		$ 303 000		$ 123 000
Custos de preparação	$ 1 000	25	$ 25 000	70	$ 70 000	130	$ 130 000
Processo de moldagem	$ 225	1 000	$ 225 000	1 750	$ 393 750	1 050	$ 236 250
Total			$ 1 644 000		$ 1 341 750		$ 729 250
Unidades produzidas			1 000 000		500 000		150 000
Custo por unidade			$ 1,64		$ 2,68		$ 4,86

Figura 12.10 — Comparação dos sistemas de custeio.

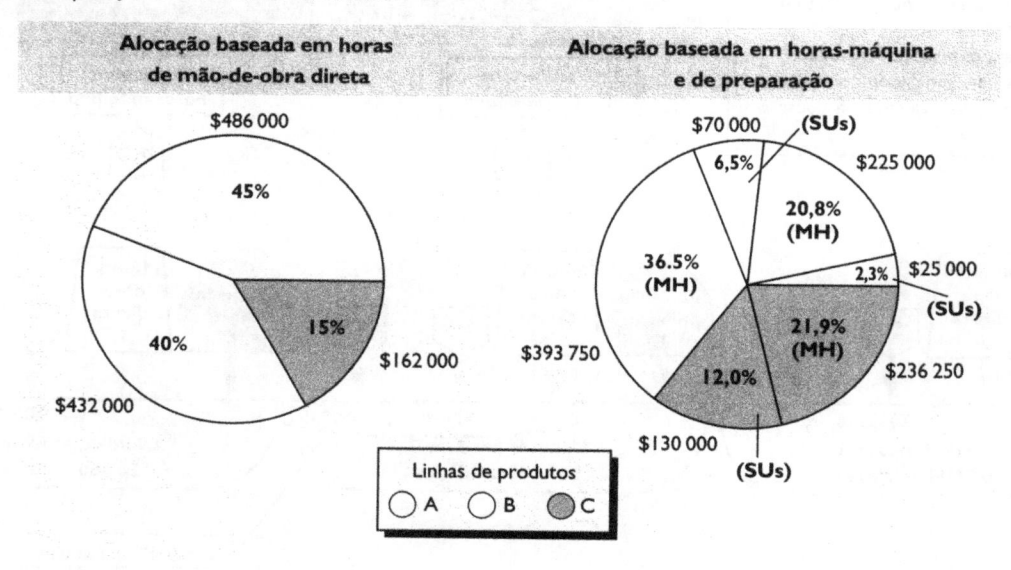

Alocação baseada em horas de mão-de-obra direta
- $486 000 — 45%
- $162 000 — 15%
- $432 000 — 40%

Alocação baseada em horas-máquina e de preparação
- $70 000 (SUs) — 6,5%
- $225 000 — 20,8% (MH)
- $25 000 (SUs) — 2,3%
- $236 250 — 21,9% (MH)
- $130 000 (SUs) — 12,0%
- $393 750 — 36,5% (MH)

Linhas de produtos: A, B, C

aumentou de 15 por cento para 33,9 por cento. Observe que o uso de apenas dois direcionadores de custo adicionais (horas–máquina e preparações) pode fazer uma diferença significativa no custeio do produto. Muitas empresas usam mais de 20 direcionadores de custos diferentes para melhorar a acurácia de seu sistema de custeio de produção, mas os custos associados ao uso de muitos centros de atividade podem ser altos. Os critérios de custo–benefício devem ser aplicados em cada caso.

Efeito do ABC

Muitas empresas adotaram o ABC nos anos recentes. Considere, por exemplo, a Schrader Bellows, que aumentou o número de direcionadores de custos utilizados para alocar os custos aos produtos. O direcionador de custos que tem o maior efeito sobre os custos unitários foi o número de preparações de máquina. As mudanças resultantes nos custos unitários para os sete produtos da empresa foram drásticas, como mostra a Figura 12.11. Exceto para o produto 7, os produtos com baixo volume e alto número de preparações por unidade tiveram grandes aumentos em custos unitários. Os produtos com alto volume e poucas preparações por unidade tiveram diminuições nos custos unitários. Embora o produto 7 tivesse baixo volume, seu custo unitário diminuiu, porque ele era montado com componentes utilizados em grandes volumes em outros produtos.

O custo unitário dos componentes diminuiu por causa de seu alto volume e relativamente poucas preparações.

Confirme seu entendimento dos sistemas de alocação tradicional e ABC calculando a alocação de custos indiretos de fabricação de alto-falantes de luxo para a Louder & Better. A empresa fabrica dois tipos de alto-falantes, um simples (S) e um de luxo (D). Os diagramas abaixo mostram como o sistema de alocação seria feito sob o ABC *versus* o tradicional. O departamento de produção tem CIF de $ 36 mil. Como diferem as alocações ABC *versus* tradicional?

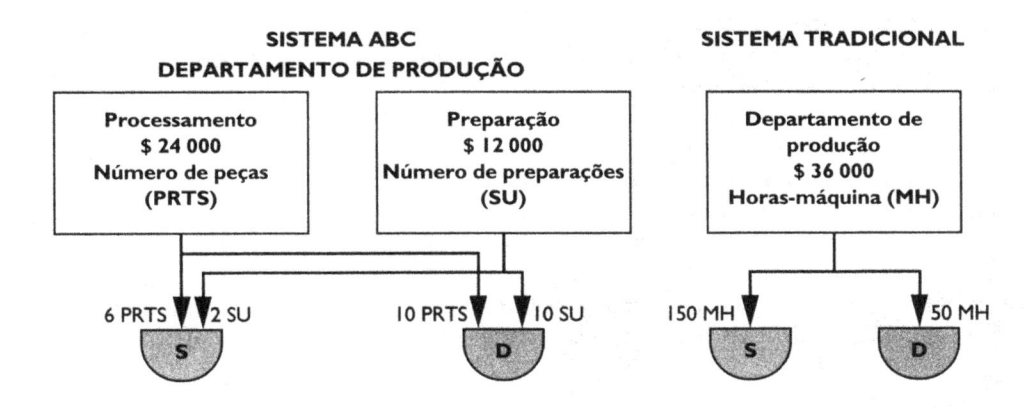

SISTEMA ABC
DEPARTAMENTO DE PRODUÇÃO

Processamento
$ 24 000
Número de peças
(PRTS)

Preparação
$ 12 000
Número de preparações
(SU)

6 PRTS, 2 SU → S
10 PRTS, 10 SU → D

SISTEMA TRADICIONAL

Departamento de produção
$ 36 000
Horas-máquina (MH)

150 MH → S
50 MH → D

Alocação ABC para o de luxo, D
$ 24 000 × (10 ÷ 16) + $ 12 000 × (10 ÷ 12) =
$ 15 000 + $ 10 000 = $ 25 000

Alocação tradicional para o de luxo, D
$ 36 000 × (50 ÷ 200) = $ 9 000

Resposta
No sistema tradicional, o produto de luxo recebe apenas 25 por cento dos CIF, porque ele usa apenas 25 por cento das horas–máquina. No sistema ABC, porém, ele recebe 72 por cento do CIF, porque ele usa 63 por cento das peças e 83 por cento das preparações.

Figura 12.11 Schrader Bellows.*

Custos antes e depois do sistema ABC

Produto	Custo unitário Volume de vendas	Sistema antigo	Sistema ABC	Porcentagem de mudança
1	43 562 unidades	$ 7,85	$ 7,17	(8,7)
2	500	$ 8,74	$ 15,45	76,8
3	53	$ 12,15	$ 82,49	578,9
4	2 079	$ 13,63	$ 24,51	79,8
5	5 670	$ 12,40	$ 19,99	61,2
6	11 169	$ 8,04	$ 7,96	(1,0)
7	423	$ 8,47	$ 6,93	(18,2)

* Esse exemplo é de R. Cooper e R. Kaplan, "How cost accounting systematically distorts product costs", em W. Bruns Jr. e R. Kaplan, Accounting and management: Field study perspectives (Boston, Mass.: Harvard Business School Press, 1987), pp. 204-228.

ALOCAÇÃO DE CUSTOS CONJUNTOS E DE SUBPRODUTOS

Os custos conjuntos e os custos de subprodutos criam problemas especialmente difíceis de alocação de custos. Por definição, tais custos se relacionam a mais de um produto e não podem ser identificados separadamente com um produto individual. Vamos, agora, examinar esses casos especiais, começando com custos conjuntos.

CUSTOS CONJUNTOS

Até aqui, assumimos que os direcionadores de custos podem ser identificados com um produto individual. Se estamos, por exemplo, alocando custos de atividade aos produtos ou serviços na base de horas–máquina, supomos que a quantidade de tempo de máquina consumida na fabricação de cada produto pode ser mensurada. As entradas, entretanto, são, às vezes, adicionadas ao processo de produção antes que o produto individual seja identificável separadamente (isto é, antes do ponto de separação).

Lembre-se do Capítulo 6, em que chamamos tais custos de 'custos conjuntos'. Os custos conjuntos incluem todos os insumos de materiais, mão-de-obra e CIF incorridos antes do ponto de separação.

Suponha que um departamento tenha mais de um produto e que alguns custos sejam conjuntos. Como devem tais custos conjuntos ser alocados aos produtos? Como observado no Capítulo 6, a alocação de custos conjuntos não deve afetar as decisões sobre os produtos individuais. Não obstante, os custos de produtos conjuntos são rotineiramente alocados aos produtos, para propósitos de avaliação de estoque e determinação do lucro.

Considere o exemplo dos custos de produtos conjuntos que usamos no Capítulo 6. Um departamento da Dow Chemical Company fabrica dois produtos químicos, X e Y. Os custos conjuntos são $ 100 mil, e a produção é um milhão de litros de X e 500 mil litros de Y. O produto X é vendido por $ 0,09 o litro e Y a $ 0,06 o litro. Geralmente, alguma parte do custo conjunto de $ 100 mil será alocada ao estoque de X e o restante, ao estoque de Y. Tais alocações são úteis apenas para propósito de estoque. Como explicado no Capítulo 6, as alocações de custos conjuntos devem ser ignoradas para decisões como vender um produto conjunto ou processá-lo adicionalmente.

Duas maneiras convencionais de alocar custos conjuntos para produtos são amplamente utilizadas: unidades físicas e valores relativos de vendas. Se uma empresa usasse unidades físicas, alocaria os custos conjuntos como a seguir:

	Litros	Ponderação	Alocação de custos conjuntos	Valor de venda no ponto de separação
X	1 000 000	10 ÷ 15 × $ 100 000	$ 66 667	$ 90 000
Y	500 000	5 ÷ 15 × $ 100 000	$ 33 333	$ 30 000
	1 500 000		$ 100 000	$ 120 000

Essa abordagem mostra que o custo conjunto de $ 33 333 de produzir Y excede seus $ 30 mil do valor de vendas no ponto de separação, aparentemente indicando que Y não deve ser produzido. Tal alocação, entretanto, não é útil na tomada de decisões de produção. Nenhum dos dois produtos poderia ser produzido separadamente.

Uma decisão para produzir Y deve ser uma decisão para produzir X e Y. Como a receita total de $ 120 mil excede o total de custos conjuntos de $ 100 mil, ambos serão produzidos. A alocação não foi útil para essa decisão.

O método de unidades físicas exige uma unidade física comum para mensurar a saída de cada produto. Metros de tábua, por exemplo, é uma unidade comum para uma variedade de produtos no setor madeireiro. Algumas vezes, entretanto, tal denominador comum está faltando. Considere a produção de carne e couro de um abatedouro de gado. Você pode usar libras ou quilos como denominador comum, mas as libras ou os quilos não são uma medida boa da produção de couro. Como alternativa, muitas empresas usam o método do valor relativo de venda para alocar os custos conjuntos. A seguinte alocação resulta da aplicação do método do valor relativo de vendas para o departamento da Dow Chemical:

	Valor relativo de vendas no ponto de separação	Ponderação	Alocação dos custos conjuntos
X	$ 90 000	90 ÷ 120 × $ 100 000	$ 75 000
Y	$ 30 000	30 ÷ 120 × $ 100 000	$ 25 000
	$ 120 000		$ 100 000

A ponderação está baseada nos valores de venda dos produtos individuais. Visto que o valor de venda de X, no ponto de separação, é $ 90 mil, e que o total do valor de vendas, no ponto de separação, é $ 120 mil, ao X são alocados 90/120 do custo conjunto.

Para cada produto seria atribuída, agora, uma parcela do custo conjunto, que é menos do que seu valor de venda no ponto de separação. Observe como o custo de alocação de um produto particular como Y depende não apenas do valor de vendas de Y, mas também do valor de vendas do X. Suponha, por exemplo, que você seja o gestor do produto Y. Você planejou vender os 500 mil litros por $ 30 mil, alcançando um lucro de $ 30 000 – $ 25 000 = $ 5 000. Tudo saiu como esperado, exceto que o preço de X caiu para $ 0,07 o litro, para uma receita de $ 70 mil, em vez de $ 90 mil. Em vez de 30/120 do custo conjunto, Y recebeu 30/100 × $ 100 000 = $ 30 000 e teve um lucro de $ 0. Apesar de as operações de Y terem sido exatamente como planejado, o método de alocação de custos causou um lucro de Y de $ 5 mil abaixo do planejado.

O método do valor relativo de venda pode também ser utilizado quando um ou mais dos produtos conjuntos não puderem ser vendidos no ponto de separação. Para aplicar o método, aproximamos o valor de vendas no ponto de separação como a seguir:

valor de vendas no ponto de separação = valor de vendas final − custos separáveis

Suponha, por exemplo, que os 500 mil litros de Y exijam $ 20 mil de processamento além do ponto de separação, após o qual ele poderá ser vendido por $ 0,10 o litro. O valor de vendas no ponto de separação seria ($ 0,10 × 500 000) − $ 20 000 = $ 50 000 − $ 20 000 = $ 30 000.

Custos de subprodutos

Os subprodutos são similares aos produtos conjuntos. Um **subproduto** é aquele que, como um produto conjunto, não é identificável individualmente até que a manufatura alcance o ponto de separação. Os subprodutos diferem dos produtos conjuntos porque eles têm valor total de vendas relativamente insignificante, em comparação com os outros produtos que surgem no ponto de separação. Em contraste, os produtos conjuntos têm um valor de venda total relativamente significativo no ponto de separação, em comparação com os outros itens produzidos conjuntamente. Exemplos de subprodutos são: a glicerina da fabricação de sabão e as sobras da tecelagem de tecidos e carpetes.

Se contarmos um item como subproduto, alocaremos a ele apenas os custos separáveis. Alocaremos todos os custos conjuntos aos produtos principais. Quaisquer receitas dos subprodutos, menos seus custos separáveis, serão deduzidas dos custos dos produtos principais.

Considere uma empresa madeireira que venda serragem, gerada na produção de madeira, para empresas fabricantes de aglomerados. Suponha que a empresa considere a serragem um subproduto. Em 20X1, as vendas de serragem totalizaram $ 30 mil, e o custo de carregamento e embarque da serragem (isto é, custos incorridos além do ponto de separação) foi de $ 20 mil. O custo do estoque de serragem consistiria apenas dos $ 20 mil de custo separável. A empresa não alocaria para a serragem nenhum custo conjunto de produzir madeira e serragem. Ela deduziria a diferença entre a receita e o custo separável, $ 30 000 − $ 20 000 = $ 10 000, do custo da madeira produzida.

Problema resumido para revisão

Problema

As organizações não-manufatureiras, freqüentemente, descobrem ser útil alocar os custos aos produtos ou serviços finais. Considere um hospital. A produção de um hospital não é tão fácil de ser definida como a de uma fábrica. Suponha as seguintes medidas de produção de três departamentos geradores de receita:

Departamento	Medidas de produção*
Radiologia	Filmes de raio X processados
Laboratório	Testes realizados
Serviços diários aos clientes†	Clientes–dia de assistência (isto é, o número de clientes multiplicado pelo número de dias de estada de cada cliente)

*Estas transformam-se em 'produtos' dos objetos de custo, as várias atividades geradoras de receita de um hospital.
† Haveria muitos desses departamentos, como obstetrícia, pediatria e ortopedia. Além disso, pode haver ambos: assistência de cliente interno e externo.

A produção orçada para 20X1 é de 60 mil filmes de raio X processados na radiologia, 50 mil testes realizados no laboratório e 30 mil clientes–dia em serviços diários aos clientes.

Além dos departamentos geradores de receita, o hospital tem três departamentos de serviços: administração e serviços fiscais, operações e manutenção da instalação e lavanderia. (Naturalmente, os hospitais reais têm mais de três departamentos geradores de receita e mais de três departamentos de serviços. Este problema está simplificado para manter os dados simples.)

O hospital decidiu que o direcionador para os custos de serviços administrativos e fiscais são os custos diretos do departamento dos outros departamentos. O direcionador de custo para as operações e manutenção das instalações é a metragem quadrada ocupada, e para a lavanderia é o quilo de roupas. Os dados pertinentes do orçamento para 20X1 são:

	Custos diretos de departamento	Metragem quadrada ocupada	Quilos de roupa
Serviços administrativos e fiscais	$ 1 000 000	1 000	—
Operações e manutenção da instalação	$ 800 000	2 000	—
Lavanderia	$ 200 000	5 000	—
Radiologia	$ 1 000 000	12 000	80 000
Laboratório	$ 400 000	3 000	20 000
Serviços diários aos clientes	$ 1 600 000	80 000	300 000
Total	$ 5 000 000	103 000	400 000

1. Aloque os custos do departamento de serviço usando o método direto.
2. Aloque os custos do departamento de serviço usando o método por degraus. Aloque os serviços administrativos e fiscais em primeiro lugar, as operações e manutenção das instalações em segundo e a lavanderia em terceiro.
3. Calcule o custo unitário da produção em cada um dos departamentos geradores de receita usando:
    a) Os custos determinados, pelo método direto, para alocar custos dos departamentos de serviços (item 1).
    b) Os custos determinados, pelo método por degraus, para alocar custos dos departamentos de serviços (item 2).

Solução

1. A Figura 12.12 mostra as soluções para os três itens. O método direto é apresentado primeiro. Observe que nenhum custo de departamento de serviço é alocado a outro departamento de serviço. Conseqüentemente, as alocações são baseadas nas quantidades relativas de direcionador de custos apenas no departamento gerador de receita. Ao alocar as operações e manutenção das instalações, por exemplo, a metragem quadrada ocupada pelos departamentos de serviços é ignorada. Os direcionadores de custos são os 95 mil metros quadrados ocupados pelos departamentos geradores de receita.

    Observe que o custo total dos departamentos geradores de receita após a alocação, $ 1 474 386 + $ 568 596 + $ 2 957 018 = $ 5 000 000, é igual ao total dos custos diretos do departamento, em todos os seis departamentos, antes da alocação.

2. A metade inferior da Figura 12.12 mostra o método por degraus. Os custos dos serviços administrativos e fiscais são alocados para todos os cinco departamentos restantes. Como os custos dos próprios departamentos não são alocados para si mesmos, o direcionador de custos consiste de $ 4 milhões de custos diretos do departamento nos cinco departamentos, excluídos os serviços administrativos e fiscais.

    As operações e manutenção das instalações são alocadas na base da metragem quadrada. Nenhum custo será alocado a si mesmo ou de volta para os serviços administrativos e fiscais. Conseqüentemente, a metragem quadrada utilizada para a alocação é de cem mil metros quadrados ocupados pelos outros quatro departamentos.

    A lavanderia é alocada em terceiro lugar. Nenhum custo será alocado de volta para os primeiros dois departamentos, mesmo que tenham utilizado os serviços de lavanderia.

    Como no método direto, observe que os custos totais dos departamentos geradores de receita após a alocação, $ 1 430 000 + $ 545 000 + $ 3 025 000 = $ 5 000 000, é igual ao total dos custos diretos do departamento antes da alocação.

3. As soluções são rotuladas em **3a** e **3b** na Figura 12.12. Compare os custos unitários derivados do método direto com aqueles do método por degraus. Em muitos exemplos, os custos finais do produto não podem diferir muito, para garantir o investimento em um método de alocação de custos que seja mais extravagante do que o método direto. Às vezes, porém, mesmo as pequenas diferenças podem ser significativas para uma agência governamental ou qualquer instituição que pague por um grande volume de serviços baseados em custos. Na Figura 12.12, por exemplo, o 'custo' de um teste de laboratório 'médio' é de $ 11,37 ou de $ 10,90. Isso pode ser significativo para o comitê fiscal dos diretores fiduciários de um hospital, que devem decidir sobre os preços do hospital. Assim, a alocação de custos é uma técnica que, freqüentemente, ajuda a responder a questões vitais, como: 'Quem deve pagar o quê, e quanto?'.

Figura 12.12 Alocação de custos do departamento de serviços: Métodos direto e por degraus.

	Serviços admin. e fiscais	Operações e manutenção de instalações	Lavanderia	Radiologia	Laboratório	Serviços diários aos clientes
Base acumulada	*Custos acumulados*	*Metragem quadrada*	*Quilos*			
1. Método direto						
Custo direto departamental antes da alocação	$ 1 000 000	$ 800 000	$ 200 000	$ 1 000 000	$ 400 000	$ 1 600 000
Serviços administrativos e fiscais	$ (1 000 000)	—	—	333 333*	133 333	533 334
Operações e manutenção das instalações		$ (800 000)	—	101 053†	25 263	673 684
Lavanderia			$ (200 000)	40 000‡	10 000	150 000
Custos totais após a alocação				$ 1 474 386	$ 568 596	$ 2 957 018
Produção de produtos em filmes, testes e cliente–dia, respectivamente				60 000	50 000	30 000
3a. Custo unitário de produção				$ 24 573	$ 11 372	$ 98 567
2. Método por degraus						
Custo direto departamental antes da alocação	$ 1 000 000	$ 800 000	$ 200 000	$ 1 000 000	$ 400 000	$ 1 600 000
Serviços administrativos e fiscais	$ (1 000 000)	200 000§	50 000	250 000	100 000	400 000
Operações e manutenção das instalações		$(1 000 000)	50 000¶	120 000	30 000	800 000
Lavanderia			$ (300 000)	60 000#	15 000	225 000
Custos totais após a alocação				$ 1 430 000	$ 545 000	$ 3 025 000
Produção de produtos em filmes, testes e clientes–dia, respectivamente				60 000	50 000	30 000
3b. Custo unitário de produção				$ 23 833	$ 10 900	$ 100 833

* $ 1 000 000 ÷ (1 000 000 + 400 000 + 1 600 000) = $ 0,33 e 1/3 × 1 000 000 = $ 333 333; e assim por diante.
† $ 800 000 ÷ (12 000 + 3 000 + 80 000) = $ 8,4210526; $ 8,4210526 × 12 000 metros quadrados = $ 101 053; e assim por diante.
‡ $ 200 000 ÷ (80 000 + 20 000 + 300 000) = $ 0,50; $ 0,50 × 80 000 = $ 40 000; e assim por diante.
§ $ 1 000 000 ÷ (800 000 + 200 000 + 1 000 000 + 400 000 + 1 600 000) = $ 0,25; 0,25 × 800 000 = $ 200 000; e assim por diante.
¶ $ 1 000 000 ÷ (5 000 + 12 000 + 3 000 + 80 000) = $ 10,00; $ 10,00 × 5 000 metros quadrados = $ 50 000; e assim por diante.
# $ 300 000 ÷ (80 000 + 20 000 + 300 000) = $ 0,75; $ 0,75 × 80 000 = $ 60 000; e assim por diante.

Material fundamental de avaliação

12-A1. Alocação de custos centrais (comuns)

A Central Railroad aloca todos os CIF corporativos comuns para suas divisões. Alguns custos, como custos internos especificados de auditoria e legais, são identificados na base do tempo gasto. Outros custos, entretanto, são mais difíceis de alocar, de maneira que a receita alcançada em cada divisão é usada como uma base de alocação.

Exemplos de tais custos são salários dos executivos, viagens, secretaria, utilidades públicas, aluguel, depreciação, doações, planejamento corporativo e custos de *marketing* gerais. As alocações na base da receita para 20X1 foram (em milhões):

Divisão	Receitas	Custos alocados
Northern	$ 120	$ 6
Planalto	$ 240	$ 12
Planície	$ 240	$ 12
Total	$ 600	$ 30

Em 20X2, a receita da Northern permaneceu inalterada. A receita da Planície, contudo, aumentou para $ 280 milhões, por causa de grandes importações não-usuais. Os últimos são problemáticos de prever por causa das variações no mercado mundial. A Planalto tem esperado um ligeiro aumento na receita, mas diversas condições competitivas resultaram em um declínio para $ 200 milhões. O custo total alocado na base da receita foi novamente $ 30 milhões, apesar do aumento de outros custos. O presidente estava satisfeito com o fato de os custos comuns não terem aumentado para o ano.

1. Calcule as alocações de custos para cada divisão para 20X2.
2. Como cada gestor de divisão, provavelmente, se sente a respeito da alocação de custos de 20X2, quando comparada com 20X1? Quais são as fraquezas de usar as receitas como uma base para a alocação de custo?
3. Suponha que as receitas orçadas para 20X2 fossem $ 120, $ 240 e $ 280, respectivamente, e as receitas orçadas fossem utilizadas como um direcionador de custos para a alocação. Calcule as alocações de custos para cada divisão para 20X2. Você prefere esse método àquele utilizado no item 1? Por quê?
4. Muitos contadores e gestores se opõem a alocar custos comuns. Por quê?

12-A2. Métodos de alocação direto e por degraus

A Pinney Tool & Die tem três departamentos de serviços:

	Custos departamentais orçados
Cafeteria, receita de $ 100 000 menos despesas de $ 250 000	$ 150 000
Engenharia	$2 500 000
Administração geral da fábrica	$ 950 000

Os direcionadores de custos são orçados como a seguir:

Departamentos de produção	Empregados	Horas de engenharia trabalhadas para departamentos de produção	Horas de mão-de-obra totais
Usinagem	100	50 000	250 000
Montagem	450	20 000	600 000
Acabamento e pintura	50	10 000	100 000

1. A Pinney aloca todos os custos dos departamentos de serviços diretamente aos departamentos da produção, sem alocação a outros departamentos de serviços. Mostre quanto dos custos orçados de cada departamento de serviço é alocado a cada departamento de produção. Para planejar seu trabalho, examine o item 2 antes de empreender esta questão.
2. A empresa decidiu usar o método de alocação de custo por degraus. A administração geral da fábrica seria alocada primeiro, então a cafeteria e, depois, a engenharia. Os empregados da cafeteria trabalharam 30 mil horas de mão-de-obra por ano. Houve 50 empregados de engenharia, com cem mil horas de mão-de-obra

totais. Recalcule os resultados do item 1 usando o método por degraus. Mostre seus cálculos. Compare os resultados dos itens 1 e 2. De que método de alocação você é a favor? Por quê?

12-A3. ABC de dois estágios

A Yamaguchi Company fabrica placas de circuito impressas em um subúrbio de Kyoto. O processo de produção é automatizado, com máquinas robotizadas controladas por computador, que montam cada placa de circuito de um suprimento de peças e, então, soldam as peças na placa. As atividades de manuseio do material e de garantia da qualidade usam uma combinação de mão-de-obra e equipamento. Embora poucos dos recursos utilizados sejam variáveis com relação às mudanças na demanda das placas, esses custos não são relevantes, comparados com os recursos de custo fixo utilizados.

A Yamaguchi fabrica três tipos de placa de circuito, modelos 1, 2 e 3. As etapas de 1 a 3 do processo de projeto para um sistema ABC foram completadas. A Figura 12.13 mostra o mapa baseado em processo das operações da Yamaguchi.

1. Calcule o custo de produção dos três tipos de placa de circuito e o custo por placa de circuito para cada tipo.
2. Suponha que o projeto do modelo 1 pudesse ser simplificado de modo que exigisse apenas dez peças distintas (em vez de 20) e levasse apenas três minutos do tempo de teste (em vez de cinco). Calcule o custo da placa de circuito do modelo 1 e o custo por placa de circuito. Os custos por placa de circuito dos modelos 2 e 3 mudariam? Explique.

12-A4. Produtos conjuntos

A Benjamin Metals, Inc. compra minério bruto, no mercado aberto, e o processa em dois produtos finais, A e B. O minério custa $ 12 por libra, e o processo que o separa em A e B tem um custo de $ 4 por libra. Durante 20X1, a Benjamin planeja produzir 200 mil libras de A e 600 mil libras de B das 800 mil libras de minério. O produto A é vendido por $ 30 a libra, e o B por $ 15 a libra. A empresa aloca custos conjuntos para os produtos individuais para propósitos de avaliação de estoque.

Figura 12.13 Sistema ABC de dois estágios da Yamaguchi Company.

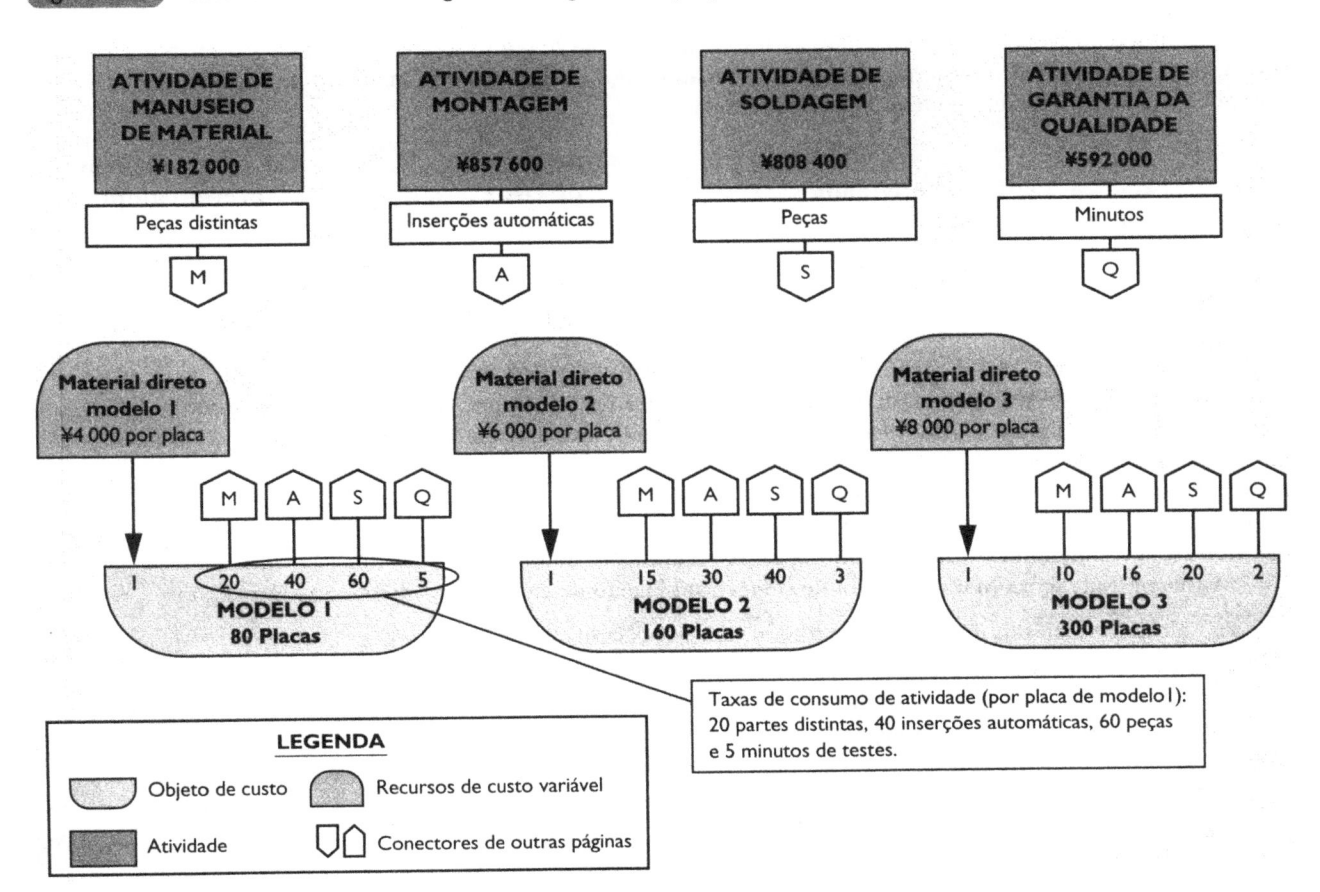

1. Aloque todos os custos conjuntos para A e B usando o método das unidades físicas.
2. Aloque todos os custos conjuntos para A e B usando o método de valor relativo de vendas.
3. Suponha que B não possa ser vendido na forma em que emerge do processo conjunto. Em vez disso, ele deve ser processado adicionalmente, a um custo fixo de $ 300 mil mais um custo variável de $ 1 por libra. Então, ele pode ser vendido por $ 21,50 a libra. Aloque todos os custos conjuntos de A e B usando o método do valor relativo de venda.

12-B1. Alocação de custos dos departamentos de serviços

A Chief Cleaning, Inc. fornece serviços de limpeza para uma variedade de clientes. A empresa tem duas divisões de produção, residencial e comercial, e dois departamentos de serviços, pessoal e administrativo. A empresa decidiu alocar todos os custos do departamento de serviços para o departamento de produção — o departamento pessoal na base de número de empregados, e o administrativo na base dos custos diretos do departamento. O orçamento para 20X2 mostra:

	Pessoal	Administrativo	Residencial	Comercial
Custos diretos do departamento	$ 70 000	$ 90 000	$ 240 000	$ 400 000
Número de empregados	6	10	36	24
Horas de mão-de-obra direta			30 000	45 000
Metros quadrados limpos			4 500 000	9 970 000

1. Aloque os custos do departamento de serviços usando o método direto.
2. Aloque os custos do departamento de serviços usando o método por degraus. Os custos do departamento pessoal devem ser alocados primeiro.
3. Suponha os preços da empresa por hora no departamento residencial e por metro quadrado limpo no comercial. Usando os resultados das alocações por degrau do item 2:
   a) Calcule o custo de fornecer uma hora de mão-de-obra direta do serviço no departamento residencial.
   b) Calcule o custo de limpar um metro quadrado do espaço no departamento comercial.

12-B2. Sistema ABC

A Cunningham Novelty Company fabrica uma variedade de lembranças para visitantes da Nova Zelândia. A divisão Beebee manufatura pássaros *kiwi*, usando uma operação altamente automatizada. O sistema ABC, recentemente instalado, tem quatro centros de atividade.

Centro de atividade	Direcionador de custos	Custo por unidade direcionadora
Recebimento e manuseio de materiais	Quilogramas dos materiais	$ 1,20 por quilograma
Preparação da produção	Número de preparações	$ 50 por preparação
Corte, costura e montagens	Número de unidades	$ 0,40 por unidade
Embalagem e embarque	Número de pedidos	$ 10 por pedido

Dois produtos são o '*kiwi*-padrão' e o '*kiwi*-gigante'. Eles requerem 0,20 e 0,40 quilogramas de materiais, respectivamente, a um custo de material de $ 1,30 por *kiwi*-padrão e $ 2,20 por *kiwi*-gigante. Uma linha de montagem controlada por computador fabrica todos os produtos. Quando uma rodada de produção de um produto diferente é iniciada, um processo de preparação é exigido para programar os computadores e fazer outras mudanças no processo. Normalmente, 500 *kiwis*-padrão são produzidos por preparação, mas apenas 200 *kiwis*-gigante.

Os produtos são embalados e embarcados separadamente; assim, uma requisição de um cliente para, por exemplo, três produtos diferentes é considerada como três requisições diferentes.

A Ausiland Waterfront Market acabou de colocar um pedido de cem *kiwis*-padrão e 50 *kiwis*-gigante.

1. Calcule o custo dos produtos embarcados para a Ausiland Waterfront Market.
2. Suponha que os produtos feitos para a Ausiland Waterfront Market tenham exigido que a marca 'AWM' fosse impressa em cada *kiwi*. Por causa do processo automatizado, a impressão das iniciais não tomou tempo extra ou materiais, mas exigiu uma preparação de produção especial para cada produto. Calcule os custos dos produtos embarcados para a Ausiland Waterfront Market.
3. Explique como o sistema ABC ajudou a Cunningham Novelty a mensurar os custos dos produtos individuais, ou de pedidos, melhor do que um sistema tradicional, que aloca todos os custos que não de materiais baseados na mão-de-obra direta.

Material adicional de avaliação

Questões

12-1. Qual é o objetivo de um sistema de contabilidade de custos?

12-2. "Um grupo de custos é aquele fisicamente rastreado para os objetos de custos apropriados." Você concorda? Explique.

12-3. Liste cinco termos que são, às vezes, utilizados como substitutos de 'alocar'.

12-4. Quais são os quatro propósitos da alocação de custos?

12-5. Quais são os três tipos de alocação?

12-6. Liste três diretrizes para a alocação de custos de departamentos de serviços.

12-7. Por que as taxas de custos orçados deveriam ser utilizadas, em vez das taxas de custos reais, para alocar os custos variáveis dos departamentos de serviços?

12-8. "Nós usamos o método de alocação da soma global para custos fixos alguns anos atrás, mas abandonamos isso porque os gestores sempre predizem o uso abaixo do que eles realmente usam." Esse é um problema comum? Como pode ser prevenido?

12-9. Descreva, sucintamente, os dois métodos populares para alocar custos de departamentos de serviços.

12-10. "O método por degrau aloca mais custos para os departamentos de produção do que o método direto." Você concorda? Explique.

12-11. Em que a expressão 'aplicação de custos' difere de 'alocação de custos'?

12-12. O que é um direcionador de custos não relacionado a volume? Cite dois exemplos.

12-13. Como são alocados os custos de vários recursos de CIF para os produtos, serviços ou clientes em um sistema ABC?

12-14. "Um grupo de custos para um recurso particular é ou um grupo de custo variável ou um grupo de custo fixo. Não deveria haver um grupo de custos mistos." Você concorda? Explique.

12-15. Cite quatro exemplos de atividades e respectivos direcionadores de custos que possam ser utilizados em um sistema ABC para alocar custos a produtos, serviços ou clientes.

12-16. O Capítulo 6 explicou que os custos conjuntos não deveriam ser alocados para produtos individuais para propósitos de decisão. Para que propósitos tais custos são alocados aos produtos?

12-17. Explique, sucintamente, cada uma das duas maneiras convencionais de alocação de custos conjuntos de produtos.

12-18. O que são subprodutos e como os contabilizamos?

Exercícios cognitivos

12-19. Alocação e comportamento de custo
Há três diretrizes gerais para ser utilizadas quando se alocam custos de departamentos de serviços (apoio). Uma dessas diretrizes lida com o comportamento do custo dos custos de apoio. Por que muitas empresas alocam os custos fixos de sustentação separadamente dos custos variáveis de apoio?

12-20. Alocação e a função vendas
Algumas confusões podem surgir quando as alocações de custos a um departamento consumidor depende das atividades de outro departamento consumidor. "Uma base geralmente mal-empregada para a alocação de custos de apoio comuns é o montante em dinheiro *real* de vendas." Explique.

12-21. Alocação e *marketing*
Muitas empresas estão alocando mais custos que não de produção por causa do aumento da magnitude desses custos na cadeia de valor. Uma função da cadeia de valor que está recebendo mais atenção é o *marketing*. Como deveriam os custos de propaganda nacionais ser alocados aos territórios?

12-22. Sistemas de gestão de custos e alocação baseada em atividade
Muitos gestores estão confusos a respeito do valor da alocação baseada em atividade. Um comentário típico é: "A alocação baseada em atividade é útil para o custeio de produtos, mas não para o controle operacional." Você concorda? Explique.

Exercícios

12-23. Alocações baseadas em vendas

A Pionier's Markets tem três lojas de mercearia na área metropolitana de Topeka. Os custos comuns são alocados usando as vendas como direcionador de custo. A seguir, estão as vendas orçadas e reais durante novembro:

	Sunnyville	Wedgewood	Capital
Vendas orçadas	$ 600 000	$ 1 000 000	$ 400 000
Vendas reais	$ 600 000	$ 700 000	$ 500 000

Os custos comuns de $ 180 mil devem ser alocados em novembro.

1. Calcule os custos comuns alocados a cada loja com as vendas orçadas como direcionador de custos.
2. Calcule os custos comuns alocados a cada loja com as vendas reais como direcionador de custos.
3. Que vantagens existem em usar as vendas orçadas, em vez das reais, para alocar os custos comuns?

12-24. Alocações diretas e por degrau, alocação baseada em atividade e mapa de processo

A Dallas Building Maintenance, Inc. fornece serviços de limpeza para uma variedade de clientes. A empresa tem duas divisões de produção — residencial e comercial — e dois serviços de departamento — pessoal e administrativo. A empresa usa um sistema de alocação baseado em atividade em cada uma de suas divisões de produção. Previamente, os custos dos departamentos de apoio de serviço não têm sido alocados. A empresa, entretanto, decidiu alocar todos os custos do departamento de serviços para os departamentos de produção — o departamento pessoal na base do número de empregados, e o administrativo na base dos custos diretos das atividades em cada divisão. A Dallas usa um mapa de processo como parte de seu sistema de alocação baseado em atividade. O mapa de processo baseado no orçamento de 20X2 é mostrado na Figura 12.14 (página 435).

1. Determine os custos alocados para as divisões residencial e comercial usando o método direto.
2. Determine os custos alocados às divisões residencial e comercial usando o método por degraus. Os custos do departamento pessoal devem ser alocados primeiro.
3. Explique como os custos deveriam ser alocados para cada cliente nas divisões residencial e comercial.

12-25. Custos conjuntos e mapa de processo

O processo de produção da Hernandez Chemical Company, para dois de seus solventes, pode ser diagramado usando-se um mapa de processo, como mostrado na Figura 12.15.

O custo conjunto de insumos, incluindo custos de processamento antes do ponto de separação, é $ 400 mil. O solvente *A* pode ser vendido no ponto de separação por $ 20 o galão, e o solvente *B* por $ 60 o galão.

1. Aloque os $ 400 mil de custos conjuntos para os solventes *A* e *B* pelo método das unidades físicas.
2. Aloque os $ 400 mil de custos conjuntos para os solventes *A* e *B* pelo método de valor relativo de vendas.

12-26. Custeio de subprodutos

A Jones Press Company compra maçãs de pomares locais e as prensa para produzir o suco de maçã. A polpa que permanece após a prensagem é vendida a fazendeiros, como alimento de animais domésticos. Esse alimento de animais domésticos é contabilizado como subproduto.

Durante o ano fiscal de 20X2, a empresa pagou $ 800 mil pela compra de oito milhões de libras de maçãs.

Após processar, sobrou um milhão de libras de polpa. A Jones gastou $ 30 mil para embalar e embarcar a polpa, que foi vendida por $ 50 mil.

1. Quanto dos custos conjuntos das maçãs é alocado à polpa?
2. Calcule o custo total de estoque (e, conseqüentemente, o custo dos produtos vendidos) para a polpa.
3. Suponha que $ 130 mil fossem gastos para prensar as maçãs e $ 150 mil para filtrar, pasteurizar e embalar o suco de maçã. Calcule o custo total de estoque do suco de maçã produzido.

Problemas

12-27. Base de alocação de hospitais

José Ortiz, administrador do Saint Jude Hospital, interessou-se em obter alocações de custos mais acuradas na base de causa–efeito. Os $ 150 mil de custos de lavanderia haviam sido alocados na base de 600 mil libras de roupas processadas para todos os departamentos, ou $ 0,25 por libra.

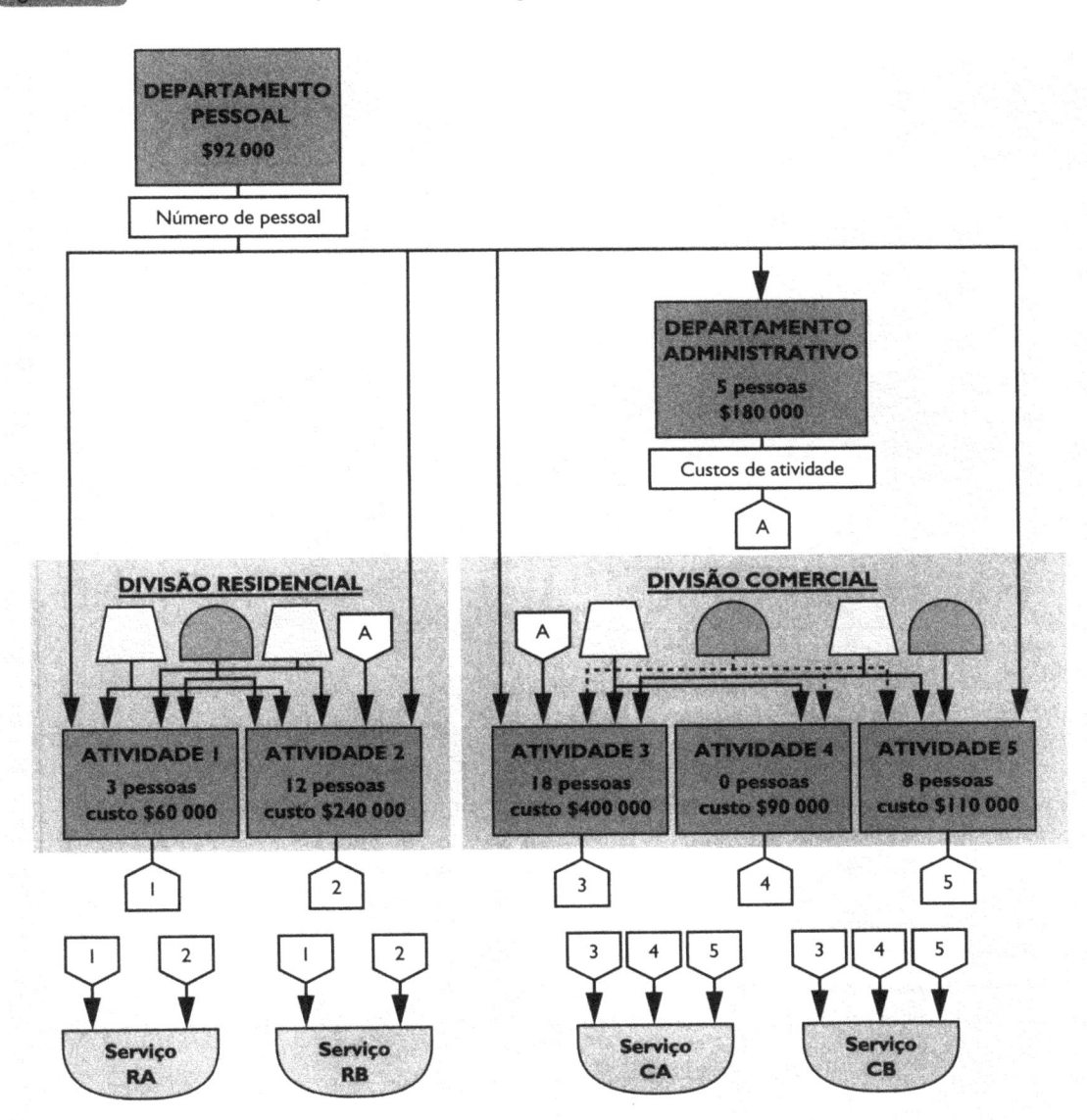

Figura 12.14 Sistema de alocação da Dallas Building Maintenance, Inc.

```
                    DEPARTAMENTO
                      PESSOAL
                      $92 000
                         |
                  Número de pessoal
                         |
          ┌──────────────┼──────────────┐
          │              ▼              │
          │       DEPARTAMENTO          │
          │       ADMINISTRATIVO        │
          │         5 pessoas           │
          │         $180 000            │
          │              │              │
          │        Custos de atividade  │
          │              │              │
          │             (A)             │
          │                             │
   DIVISÃO RESIDENCIAL          DIVISÃO COMERCIAL

   ATIVIDADE 1   ATIVIDADE 2    ATIVIDADE 3   ATIVIDADE 4   ATIVIDADE 5
   3 pessoas     12 pessoas     18 pessoas    0 pessoas     8 pessoas
   custo $60 000 custo $240 000 custo $400 000 custo $90 000 custo $110 000
       │             │              │             │             │
      (1)           (2)            (3)           (4)           (5)

    Serviço       Serviço        Serviço                    Serviço
      RA            RB             CA                         CB
```

Ortiz está preocupado porque os oficiais de assistência médica do governo exigirão estatísticas ponderadas para ser utilizadas na alocação de custos. Ele pediu a você: "Por favor, desenvolva uma base revisada para alocação de custos de lavanderia. Ela deve ser melhor do que a base atual, mas não demasiadamente complexa".

Você estuda a situação e descobre que a lavanderia processa um grande volume de uniformes para enfermeiras e médicos estudantes e para pessoal de dieta, de manutenção do ambiente e outras pessoas. Em particular, os jalecos ou jaquetas desgastados pelo pessoal, no departamento de radiologia, demandam uma quantidade incomum de trabalho manual.

Um estudo especial de lavanderia para a radiologia revelou que 7,5 mil das 15 mil libras eram jaquetas e jalecos cinco vezes mais dispendiosos para processar, do que os itens regulares de lavanderia. Diversos motivos explicaram a diferença, mas a principal era que isso envolvia trabalho manual.

Suponha que nenhuma exigência especial fosse necessária no departamento, além da radiologia. Revise as bases de alocação de custos e calcule a nova taxa de alocação de custo. Calcule o total de custo cobrado da radiologia usando libras e a nova base.

12-28. Custo de tráfego de passageiro

A Southwestern Pacific Railroad (SP) tem uma operação de comutação que atende passageiros ao longo de uma rota entre San Jose e San Francisco. Os problemas de alocação de custos foram destacados em uma notícia de jornal

Figura 12.15 Processo conjunto da Hernandez Chemical Company.

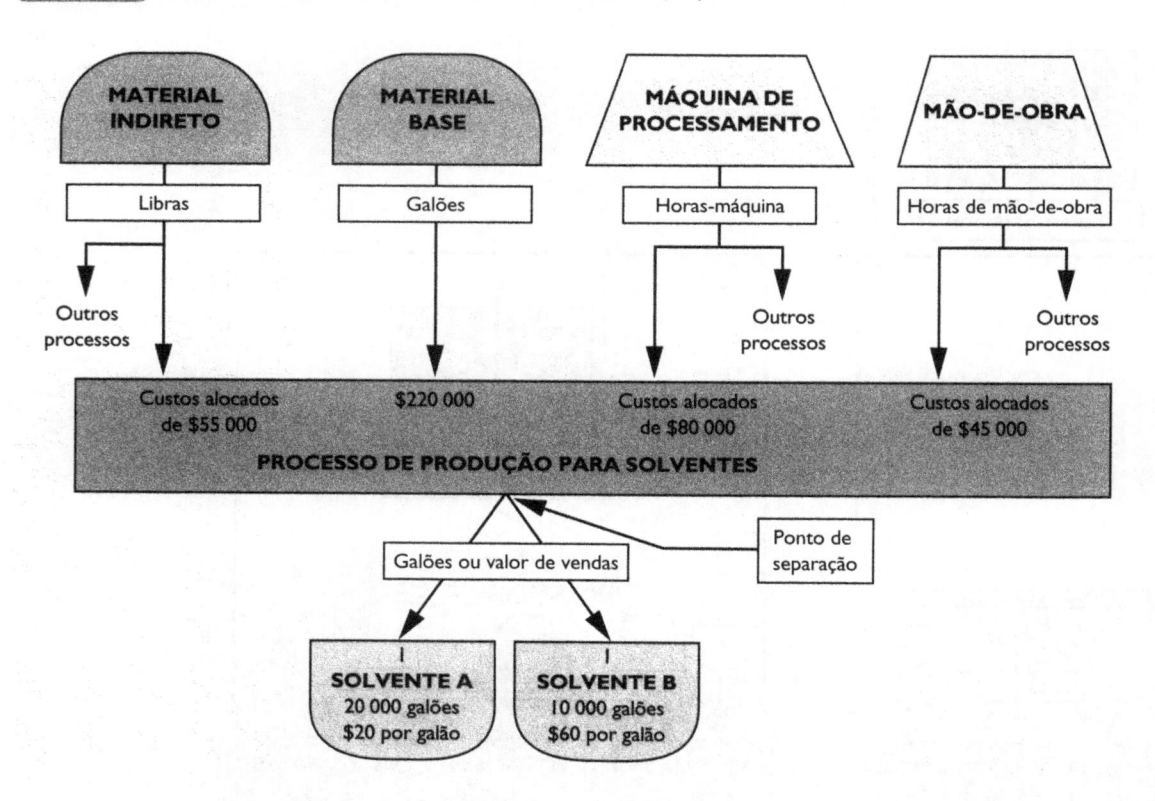

```
MATERIAL INDIRETO — Libras — Custos alocados de $55 000
MATERIAL BASE — Galões — $220 000
MÁQUINA DE PROCESSAMENTO — Horas-máquina — Custos alocados de $80 000
MÃO-DE-OBRA — Horas de mão-de-obra — Custos alocados de $45 000
```

PROCESSO DE PRODUÇÃO PARA SOLVENTES

Galões ou valor de vendas — Ponto de separação

SOLVENTE A: 20 000 galões, $20 por galão
SOLVENTE B: 10 000 galões, $60 por galão

sobre a aplicação da SP, para a Public Utilities Commission (PUC), de um aumento de taxas. A assessoria da PUC reclamou que 'os custos anuais evitáveis' de rodar a operação eram $ 700 mil, em contraste com a reivindicação dos oficiais da SP, de um prejuízo de $ 9 milhões. A estimativa da PUC estava baseada em que a SP estaria apta a economizar se cortasse a operação de comutação.

A estimativa de prejuízo da SP foi baseada em um método de 'custos de alocação total', que aloca uma parte dos custos de manutenção e CIF comuns aos serviços de passageiros.

Se a PUC aceitasse sua própria estimativa, um aumento da taxa de 25 por cento seria justificado, visto que a SP procurou um aumento da taxa de 96 por cento.

A PUC insistiu em que os custos de comutação representavam menos de 1 por cento dos custos do sistema todo da SP e que 57 por cento dos custos de comutação eram derivados de algum tipo de método de alocação — compartilhando os custos de outras operações.

O representante da SP declarou que 'o custo evitável' não é uma maneira apropriada para alocar custos com a finalidade de calcular taxas. Disse que "não é justo incluir apenas os tão chamados custos acima dos trilhos", porque há outros custos reais associados ao serviço de comutação. Exemplos são: manter as conexões suaves e fazer inspeções de trilho mais freqüentes.

1. Como comissário de utilidades públicas, que abordagem em direção à alocação de custos você favoreceria para tomar decisões considerando as tarifas? Explique.
2. Como as flutuações no tráfego de frete afetariam os custos de comutação sob o método da SP?

12-29. Alocação de custos de transportes

A Vigil Trucking Company tem um departamento de serviços e dois departamentos operacionais regionais. O padrão de comportamento de custos orçados do departamento de serviços é $ 750 mil mensais em custos fixos, mais $ 0,75 por mil toneladas–quilômetro, operadas nas regiões norte e sul. (Toneladas–quilômetro é o número de toneladas transportadas multiplicado pelo número de quilômetros viajados.) Os custos mensais reais do departamento de serviços são alocados usando-se toneladas–quilômetro operadas como direcionador de custo.

1. A Vigil processou 500 milhões de toneladas–quilômetro de tráfego em abril, metade em cada região operacional. Os custos reais do departamento de serviços foram, exatamente, iguais aos preditos pelo orçamento para 500

milhões de toneladas–quilômetro. Calcule os custos que seriam alocados a cada região operacional na base de toneladas–quilômetro reais.

2. Suponha que a região norte fosse flagelada por greves, de maneira que o frete manuseado fosse muito menor do que o originalmente antecipado. A região norte movimentou apenas 150 milhões de toneladas–quilômetro de tráfego. A região sul manuseou 250 milhões de toneladas–quilômetro. Os custos reais foram, exatamente, como os orçados para esse nível mais baixo de atividade. Calcule os custos que seriam alocados para as regiões norte e sul na base real de toneladas–quilômetro. Observe que os custos totais serão menores.

3. Consulte os fatos do item 1. Várias ineficiências causaram, ao departamento de serviços, a incorrência nos custos totais de $ 1,25 milhão. Calcule os custos a ser alocados nas regiões norte e sul. As alocações são justificadas? Se não, que melhoria você sugere?

4. Consulte os fatos do item 2. Suponha que desembolsos de investimentos sortidos para equipamentos atendessem à região norte a um nível de 360 milhões de toneladas–quilômetro, e à região sul a um nível de 240 milhões de toneladas–quilômetro. Suponha que os custos fixos fossem alocados na base dessa capacidade de serviço. Os custos variáveis são alocados usando-se uma taxa-padrão predeterminada por mil toneladas–quilômetro. Calcule os custos a ser alocados a cada departamento. Quais são as vantagens desse método sobre os outros?

12-30. Equipamentos de hospital

Muitos estados têm uma comissão de hospitais que deve aprovar a aquisição de equipamentos médicos especificados antes que os hospitais do estado possam qualificar-se para os reembolsos baseados em custos relacionados àqueles equipamentos. Isto é, os hospitais não podem faturar as agências governamentais pelo uso dos equipamentos a menos que a comissão originalmente tenha autorizado a aquisição.

Dois hospitais em tal estado propuseram a aquisição e o compartilhamento do mesmo equipamento de raio X dispendioso, a ser usado para casos incomuns. A depreciação e os custos fixos relacionados de operações do equipamento foram preditos em $ 15 mil por mês. Os custos variáveis foram preditos em $ 30 por procedimento por cliente.

A comissão solicitou a cada hospital que predissesse seu uso do equipamento ao longo de sua vida útil esperada, de cinco anos. O Premier Hospital predisse um uso médio de 75 raios X por mês; o St. Mary's Hospital de 50 raios X por mês. A comissão considerou essa informação crítica para o tamanho e o grau de sofisticação a ser justificados. Isto é, se o número de raios X excedesse a uma certa quantidade por mês, uma configuração diferente de espaço, equipamento e pessoal seria exigida, o que significaria custos fixos mais elevados por mês.

1. Suponha que os custos fixos sejam alocados na base do uso médio predito do hospital por mês. Os custos variáveis são alocados na base de $ 30 por raio X, custo variável orçado da taxa, para o ano fiscal corrente. Em outubro, o Premier Hospital teve 50 raios X, e o St. Mary's Hospital teve 50 raios X. Calcule os custos totais alocados ao Premier Hospital e ao St. Mary's Hospital.

2. Suponha que o gestor do equipamento tenha tido várias ineficiências operacionais, de modo que o custo total de outubro foi $ 19,5 mil. Você mudaria suas respostas ao item 1? Por quê?

3. Um método tradicional de alocação de custo não usa o método do item 1. Em vez disso, uma taxa de alocação depende dos custos reais e do volume real encontrado. Os custos reais são totalizados para o mês e divididos pelo número real de raios X durante o mês. Suponha que os custos reais concordem exatamente com o orçamento, num total de cem raios X reais. Calcule os custos totais alocados ao Premier Hospital e ao St. Mary's Hospital. Compare os resultados com os do item 1. Qual é a principal fraqueza do método tradicional? Quais são alguns dos possíveis efeitos comportamentais?

4. Descreva todos os efeitos comportamentais indesejáveis do método descrito no item 1. Como você contra-atacaria quaisquer tendências em direção às deliberadas predições falsas do uso a longo prazo?

12-31. Método direto para alocação de departamentos de serviços

A Sanders Instruments Company tem dois departamentos de produção: instrumentos mecânicos e instrumentos eletrônicos. Além disso, há dois departamentos de serviços: serviços no prédio e de recebimento e manuseio de materiais. A empresa compra uma variedade de peças componentes, com as quais os departamentos montam os instrumentos para venda em mercados domésticos e internacionais.

A divisão de instrumentos eletrônicos é altamente automatizada. Os custos de manufatura dependem principalmente do número de subcomponentes em cada instrumento. Em contraste, a divisão de instrumentos mecânicos confia, primariamente, na grande força de trabalho para montagem manual de instrumentos. Seus custos dependem das horas de mão-de-obra direta.

Os custos dos serviços no prédio dependem basicamente da metragem quadrada ocupada. Os custos de recebimento e manuseio de materiais dependem primariamente do total do número de componentes manuseados.

Os instrumentos M1 e M2 são produzidos no departamento de instrumentos mecânicos; E1 e E2 são produzidos no departamento de instrumentos eletrônicos. Seguem-se os dados sobre esses produtos:

	Custo de material direto	Número de componentes	Horas de mão-de-obra direta
M1	$ 74	25	4,0
M2	$ 86	21	8,0
E1	$ 63	10	1,5
E2	$ 91	15	1,0

Os números do orçamento para 20X2 incluem:

	Serviços no prédio	Recebimento e manuseio de materiais	Instrumentos mecânicos	Instrumentos eletrônicos
Custos diretos de departamento (excluindo custos de materiais diretos)	$ 180 000	$ 120 000	$ 680 000	$ 548 000
Metros quadrados ocupados		5 000	50 000	25 000
Número de instrumentos finais produzidos			8 000	10 000
Número médio de componentes por instrumento			10	16
Horas de mão-de-obra direta			30 000	8 000

1. Aloque os custos dos departamentos de serviços usando o método direto.
2. Usando os resultados do item 1, calcule os custos, por hora de mão-de-obra direta, do departamento de instrumentos mecânicos e os custos por componente do departamento de instrumentos eletrônicos.
3. Usando os resultados do item 2, calcule o custo por unidade de produto para os instrumentos M1, M2, E1 e E2.

12-32. Método por degraus para alocação do departamento de serviços
Consulte os dados no problema 12-31.
1. Aloque os custos dos departamentos de serviços usando o método por degraus.
2. Usando os resultados do item 1, calcule os custos, por hora de mão-de-obra direta, do departamento de instrumentos mecânicos e os custos por componente do departamento de instrumentos eletrônicos.
3. Usando os resultados do item 2, calcule o custo por unidade de produto para os instrumentos M1, M2, E1 e E2.

12-33. Alocações baseadas em atividade
A St. Louis Whole Sales Distributors usa o sistema ABC para determinar o custo de manuseio de seus produtos. Uma atividade importante é receber os embarques no armazém. Três recursos apóiam essa atividade: o registro e a manutenção do registro; mão-de-obra; inspeção.

O registro e a manutenção de registro representam um custo variável direcionado pelo número de embarques recebidos. O custo por embarque é de $ 16,50.

A mão-de-obra é direcionada pelas libras de mercadorias recebidas. Visto que a mão-de-obra é contratada em turnos, ela é fixa para grandes intervalos de volume. Atualmente, os custos de mão-de-obra estão funcionando a $ 23 mil por mês, para manusear 460 mil libras. Esse mesmo custo se aplicaria a todos os volumes entre 300 mil libras e 550 mil libras.

Finalmente, a inspeção é um custo variável direcionado pelo número de caixas recebidas. Os custos de inspeção são $ 2,75 por caixa.

Um produto distribuído pela St. Louis Whole Sales Distributors são doces. Há uma ampla variedade de doces; assim, muitos embarques diferentes são manuseados no armazém. Em julho, o armazém recebeu 550 embarques, consistindo em quatro mil caixas, que pesam um total de 80 mil libras.

1. Calcule o custo de receber embarques de doce durante julho.
2. A gestão está considerando a eliminação de marcas de doce que têm níveis pequenos de vendas. Isso reduziria o volume do armazém para 220 embarques, consistindo em 2,5 mil caixas pesando um total de 60 mil libras. Calcule o montante de economias da eliminação das marcas de pequenos volumes de vendas.
3. Suponha que os custos de recebimento fossem estimados em base por libra. Qual seria o total de custos de recebimentos, por libra, de doces recebidos em julho? Se a gestão tivesse utilizado esse custo para estimar o efeito de eliminar as 20 mil libras de doces, que engano ela poderia ter cometido?

12-34. Alocações baseadas em atividade na Dell Computer

A Dell Computer Corporation instalou um sistema ABC para ajudar a determinar a lucratividade de seus produtos e clientes. O sistema é bem complexo e levou diversos anos para ser plenamente implementado. Considere um exemplo hipotético, simplificado, de um componente de tal sistema.

A Dell oferece três linhas de computadores *notebook*, que usam os processadores Pentium. Considere a linha Inspiron 7500. Suponha que haja apenas três atividades necessárias para produzir um desses computadores *notebook*: recebimento de subcomponentes; montagem dos computadores; inspeção dos computadores. Os computadores são fabricados por encomenda contra pedido; assim, cada pedido tem um custo potencialmente diferente. Conseqüentemente, para avaliar a lucratividade do produto ou cliente, é importante que os gestores da Dell saibam quanto cada pedido custa. Suponha que o custo de um pedido de computadores seja, simplesmente, o custo dos subcomponentes utilizados, mais o custo das três atividades necessárias para converter os subcomponentes em produtos finais.

Suponha que uma análise de atividade tenha revelado que o custo total de receber subcomponentes é 4 por cento do valor destes; o custo total da montagem, $ 24 por subcomponente; o custo total de inspeção, $ 56 por computador. O custo da inspeção é quase inteiramente variável, mas apenas cerca de metade dos custos de recebimento e montagem são variáveis em níveis correntes de operação.

Suponha que a Dell tenha recebido um pedido, de uma empresa de auditoria, para 15 computadores para sua equipe de auditores. Os computadores são idênticos: em cada um exigem-se 12 subcomponentes, que custam, para a Dell, $ 1,1 mil. A lista de preços dos computadores, na configuração exigida, era $ 1,99 mil.

1. Calcule o custo, por computador, para os 15 computadores pedidos pela empresa de auditoria.
2. Suponha que o cliente estivesse negociando um desconto de 10 por cento do preço de lista. Qual seria o lucro da Dell no pedido de 15 computadores se ela concedesse o desconto?
3. Que papel deveria o custo desempenhar na precificação dos computadores da Dell?

12-35. Custos conjuntos e decisões

Uma empresa química tem um processo por lote que leva mil galões de matéria-prima e os transforma em 80 libras de X1 e 400 libras de X2. Embora os custos conjuntos de sua produção sejam $ 1,2 mil, ambos os produtos são sem valor no ponto de separação. Os custos separáveis adicionais de $ 350 são necessários para dar ao X1 um valor de venda de $ 1 mil como produto A. Da mesma maneira, os custos separáveis adicionais de $ 200 são necessários para dar ao X2 um valor de vendas de $ 1 mil como produto B.

Você está encarregado de processar o lote e comercializar ambos os produtos. (Mostre seus cálculos para cada resposta.)

1. a) Supondo que você acredite em atribuir custos conjuntos em base física, aloque o lucro total de $ 250 por lote para os produtos A e B.
   b) Você pararia de processar um dos produtos? Por quê?
2. a) Supondo que você acredite em atribuir custos conjuntos na base de valor realizável líquido (valor relativo de vendas), aloque o lucro operacional total de $ 250 por lote para os produtos A e B. Se não houver mercado para X1 e X2 em seus pontos de separação, um valor realizável líquido será, geralmente, imputado, ao tomar os últimos valores de vendas no ponto-de-venda e retroceder no processo, até obter valores relativos de vendas aproximados 'sintéticos' no ponto de separação. Os valores sintéticos são aqueles utilizados como ponderação para alocar os custos conjuntos aos produtos.
   b) Você tem relatórios internos de lucratividade por produto, nos quais os custos conjuntos são atribuídos numa base de valor realizável líquido. Seu chefe engenheiro diz que, após verificar esses relatórios, desenvolveu um método de obter mais do produto B e, correspondentemente, menos do produto A de cada lote, sem mudar os fatores de custos por libra. Você aprovaria esse novo método? Por quê? Qual seria o lucro operacional geral, se mais 40 libras de B fossem produzidas, e menos 40 libras de A?

Casos

12-36. Alocação, taxas de departamento e horas de mão-de-obra *versus* horas–máquina

A Tolbert Manufacturing Company tem dois departamentos de produção: usinagem e montagem. O sr. Tolbert automatizou, recentemente, o departamento de usinagem. A instalação de um sistema CAM com as estações de trabalho robotizadas reduziu drasticamente o montante de mão-de-obra direta exigida. Enquanto isso, o departamento de montagem permaneceu com mão-de-obra intensiva.

A empresa sempre usou uma taxa para a empresa toda com base nas horas de mão-de-obra direta como um direcionador de custo para aplicar todos os custos (exceto de materiais diretos) aos produtos finais. O sr. Tolbert estava considerando duas alternativas: continuar usando as horas de mão-de-obra direta como único direcionador de custos, mas usar taxas diferentes na usinagem e montagem; usar horas–máquina como direcionador de custo no departamento de usinagem, mas continuar com as horas de mão-de-obra direta na montagem.

Os dados orçados para 20X2 são:

	Usinagem	Montagem	Total
Custo total (exceto materiais diretos) após alocar os custos de departamentos de serviços	$ 525 000	$ 420 000	$ 945 000
Horas–máquina	105 000	*	105 000
Horas de mão-de-obra direta	15 000	30 000	45 000

Não-aplicável.

1. Suponha que Tolbert continuasse a usar uma taxa para a empresa toda com base nas horas de mão-de-obra direta para aplicar todos os custos de manufatura (exceto materiais diretos) aos produtos finais. Calcule a taxa de aplicação de custos que seria utilizada.
2. Suponha que Tolbert continuasse a usar horas de mão-de-obra direta como o único direcionador de custo, mas taxas diferentes na usinagem e montagem.
   a) Calcule a taxa de aplicação de custos para a usinagem.
   b) Calcule a taxa de aplicação de custos para a montagem.
3. Suponha que Tolbert tenha mudado o sistema de contabilidade de custos para usar horas–máquina como direcionador de custos na usinagem e horas de mão-de-obra direta na montagem.
   a) Calcule a taxa de aplicação de custo para a usinagem.
   b) Calcule a taxa de aplicação de custo para a montagem.
4. Três produtos usam as seguintes horas–máquina e horas de mão-de-obra direta:

	Horas–máquina em usinagem	Horas de mão-de-obra direta em usinagem	Horas de mão-de-obra direta em montagem
Produto A	10	1,0	14
Produto B	17	1,5	3
Produto C	14	1,3	8

   a) Calcule o custo de manufatura de cada produto (excluindo materiais diretos) usando uma taxa para a empresa toda, baseado nas horas de mão-de-obra direta.
   b) Calcule o custo de manufatura de cada produto (excluindo materiais diretos) usando horas de mão-de-obra direta como direcionador de custos, mas com taxas de aplicação de custos diferentes na usinagem e na montagem.
   c) Calcule os custos de manufatura de cada produto (excluindo materiais diretos) usando uma taxa de aplicação de custo baseada em horas de mão-de-obra direta na montagem e horas–máquina na usinagem.
   d) Compare e explique os resultados dos itens 4a, 4b e 4c.

12-37. Bases múltiplas de alocação

A Glasgow Electronics Company produz três tipos de placas de circuito: *L*, *M* e *N*. O sistema de contabilidade de custos utilizado pela Glasgow, até 2000, aplicou todos os custos, exceto os materiais diretos para os produtos que usam horas de mão-de-obra direta como único direcionador de custos. Em 2000, a empresa empreendeu um estudo de custos. O estudo determinou que havia seis fatores principais causando custos a ser incorridos. Um novo sistema foi projetado com um grupo de custos separados para cada um dos seis fatores. Os fatores e os custos associados a cada um são os seguintes:

1. *Horas de mão-de-obra direta:* Os custos de mão-de-obra direta e benefícios indiretos relacionados e encargos sociais sobre folha de pagamento.
2. *Horas–máquina:* Custos de depreciação, reparos e manutenção.
3. *Libras de materiais:* Custos de recebimentos, manuseio e estocagem de materiais.
4. *Número de preparações de produção:* Mão-de-obra utilizada para mudar as configurações de maquinaria e computadores para um novo lote de produção.
5. *Número de ordens de produção:* Custos de produção programada e processamento de pedidos.
6. *Número de pedidos embarcados:* Todas as despesas de embalagem e embarque.

A empresa está, agora, preparando um orçamento para 2002. O orçamento inclui as seguintes predições:

	Placa L	Placa M	Placa N
Unidades a ser produzidas	10 000	800	5 000
Custos de materiais diretos	£ 66/unidade	£ 88/unidade	£ 45/unidade
Horas de mão-de-obra direta	4/unidade	18/unidade	9/unidade
Horas–máquina	7/unidade	15/unidade	7/unidade
Libras de materiais	3/unidade	4/unidade	2/unidade
Número de preparações da produção	100	50	50
Número de ordens de produção	300	200	70
Número de pedidos embarcados	1 000	800	2 000

O total de custo orçado para 2002 é £ 3 712 250, dos quais £ 955 400 foram de custo de materiais diretos, e o montante em cada um dos seis grupos de custos definidos acima é:

Grupo de custo*	Custo
1	£ 1 391 600
2	£ 936 000
3	£ 129 600
4	£ 160 000
5	£ 25 650
6	£ 114 000
Total	£ 2 756 850

Identificado pelo direcionador de custo utilizado.

1. Prepare um orçamento que mostre o custo total orçado e o custo unitário para cada placa de circuito. Use o novo sistema com os seis grupos de custos (mais uma aplicação direta separada dos custos de materiais diretos).
2. Calcule os custos orçados, total e unitário, de cada placa de circuito, caso seja utilizado o antigo sistema baseado em horas de mão-de-obra direta.
3. Como você avaliaria se o novo sistema é melhor do que o antigo?

capítulo 13

Sistema de acumulação de custos por ordem de serviço

Na Dell Computer Corporation, os trabalhadores montam os computadores com base em especificações individuais dos clientes. A atividade de montagem é uma parte-chave do processo de produção.

Objetivos de aprendizagem

Ao terminar de estudar este capítulo, você deverá estar apto a:

1. Distinguir entre o sistema de acumulação de custos por ordem de serviço e por processo de produção.
2. Preparar lançamentos de diário resumidos, para transações típicas de um sistema de acumulação de custos por ordem de serviço.
3. Calcular as taxas de custos indiretos de fabricação (CIF) orçadas e os CIF aplicados à produção.
4. Usar direcionadores de custos apropriados para a aplicação de CIF.
5. Identificar o significado e o propósito das taxas de CIF normalizadas.
6. Usar um sistema de custeio baseado em atividade em um ambiente por ordem de serviço.
7. Mostrar como o sistema de acumulação de custos por ordem de serviço é utilizado nas organizações.
8. **Entender como um sistema de acumulação de custos por ordem de serviço rastreia o fluxo de custos aos produtos.**

A Dell Computer Corporation é a comerciante líder mundial de *marketing* direto de sistemas de computador feitos sob encomenda. A Dell não manufatura componentes de computador (por exemplo, placas de circuito, discos rígidos), mas, em vez disso, monta-os em computadores na base de encomenda.

A Dell foi a pioneira no 'modelo de negócios diretos' — vender diretamente aos usuários finais, em vez de usar uma rede de revendedores, o que evita a margem do revendedor e dá à Dell uma vantagem competitiva no preço. Os clientes podem projetar seus próprios sistemas de computador nas especificações que desejam, escolhendo entre opções com todos os complementos. Antes de pedir, os clientes podem receber avisos e cotações de preços para uma ampla variedade de configurações de computador.

Uma vez tirado o pedido, ele é montado em uma célula de manufatura chamada *mod* (modular). Há uma *mod* separada para cada 'linha de negócios' da Dell (Dimension Desktop PC, OptiPlex Desktops para ambientes de rede, Notebooks Latitude e Inspiron, servidores de rede PowerEdge e PowerApp, e os produtos de estação de trabalho Precision). A gestão considera a rápida reação aos pedidos do cliente uma chave para ganhar e manter uma vantagem competitiva.

Os pedidos na Dell podem ser tirados por telefone ou solicitados pela internet. De fato, cerca de 50 por cento da receita da Dell é derivada do site da empresa na Internet, www.dell.com, com receitas diárias superiores a $ 40 milhões e 'metas de vendas batidas' semanais acima de três milhões. Os clientes podem revisar, configurar e apreçar sistemas dentro da linha de produto inteira da Dell. Os web sites também oferecem páginas de suporte aos sistemas personalizados e serviços técnicos. "A internet foi feita sob encomenda para a Dell", disse Michael Dell, presidente e CEO. "Clientes de todos os tipos preferem o contato direto. Eles gostam de imediatismo, conveniência, economia e tratamentos personalizados, fornecidos, diretamente na Internet, pela experiência do cliente."

Visto que cada computador é construído para as especificações do cliente, cada pedido é considerado uma ordem de serviço separada para propósitos de custeio.

Por que os gestores da Dell e de outras companhias necessitariam saber o custo do produto? Os contadores calculam os custos dos produtos para ambos os propósitos: tomada de decisão e relatórios contábeis. Eles fornecem custos do produto para os gestores, para avaliação da política de precificação e linha de produtos. Os gestores da Chrysler, por exemplo, necessitam saber o custo de cada tipo de automóvel que está sendo produzido para estabelecer preços, determinar as estratégias de *marketing* e produção para os vários modelos e avaliar as operações da produção. Ao mesmo tempo, os custos de produto aparecem como custos de produtos vendidos nas demonstrações de resultado e nos valores de estoque de produtos acabados no balanço patrimonial. Embora fosse possível ter dois sistemas de custeio de produtos, um para a tomada de decisão da gestão e um para relatório contábil, raramente os benefícios de usar os dois sistemas completamente separados excederiam os custos. Conseqüentemente, as necessidades para tomada de decisão e para relatórios contábeis influenciam o projeto de sistemas de custeio de produto.

Neste capítulo, focalizaremos um tipo de sistema de custeio de produto: o sistema de acumulação de custos por ordem de serviço. Veremos os elementos de tais sistemas e como eles rastreiam o fluxo de custos. Esse sistema focaliza os custos envolvidos na produção de bens e serviços (isto é, na fase de produção da cadeia de valor). Os custos de atividades nas outras fases da cadeia de valor (P&D, projeto, distribuição, *marketing* e serviços ao cliente) são custos de período, não custos de produto, e eles são despesados imediatamente e excluídos dos custos de produto para a avaliação de estoque e outros propósitos de relatórios externos. Devido a este capítulo apoiar-se pesadamente na terminologia e nos conceitos explicados nos Capítulos 4 e 12, você pode desejar rever esses capítulos antes de continuar a leitura deste.

Distinção entre sistema de acumulação de custos por ordem e por processo

Os dois sistemas mais comuns de custeio de produto são o sistema de acumulação de custos por ordem e o sistema de acumulação de custos por processo.

O **custeio por ordem de serviço** (ou, simplesmente, **custeio por ordem**) aloca custos aos produtos que são prontamente identificados pelas unidades individuais ou por lotes, cada um dos quais exigindo graus variáveis de atenção e habilidade. Os setores que geralmente usam os métodos por ordem de serviço incluem construção, impressão, aeronáutica, móveis, maquinaria de finalidades especiais e algumas manufaturas por encomenda ou produtos únicos.

O **custeio por processo** calcula a média dos custos ao longo de grandes números de produtos quase idênticos. É encontrado mais freqüentemente em setores como indústria química, petróleo, plásticos, borracha, madeira, processamento de alimentos, vidros, mineração, cimento e carne enlatada ou embalada. Esses setores envolvem a produção em massa de unidades semelhantes, que, geralmente, passam por um processo contínuo de uma série de etapas uniformes de produção, chamadas 'operações' ou 'processos'.

A distinção entre os métodos de custo por ordem ou custo por processo centralizam muito em como o custeio do produto é realizado. O custeio por ordem aplica custos a ordens específicas, que podem consistir de uma única unidade física (como um sofá feito sob encomenda) ou poucas unidades semelhantes (como uma dúzia de mesas) em um lote distinto ou um lote de serviço. Em contraste, o custeio por processo lida com grandes massas de unidades homogêneas e uma ampla média de custos unitários.

O ponto mais importante é que o custeio do produto é um processo médio. O custo unitário utilizado para propósitos de estoque é o resultado de obter algum custo acumulado (por exemplo, a soma de custos de atividades relacionadas de produção) de produção e dividi-lo por alguma medida de produção. A distinção básica entre o custeio por ordem de serviço e o custeio por processo é a amplitude do denominador: em um custeio por ordem de serviço, o denominador é pequeno (por exemplo, uma pintura, cem folhetos de propaganda ou uma máquina de embalagem especial); no custeio por processo, o denominador é grande (por exemplo, milhares de quilos, litros ou metros cúbicos de madeira).

O custeio por ordem e o custeio por processo são os extremos de um *continuum* dos sistemas de custeio potenciais. Cada empresa projeta seu próprio sistema de contabilidade para ajustar suas atividades de produção subjacentes. Algumas empresas usam sistemas de custeio híbridos, que são as misturas de idéias de ambos: custeio por ordem e custeio por processo. O Capítulo 14 descreve o custeio por processo.

ILUSTRAÇÃO DO CUSTEIO POR ORDEM

O custeio por ordem é melhor apreendido por meio de exemplo, mas, primeiro, examinemos os registros básicos utilizados em sistema de custo por ordem. A peça central do sistema de custeio por ordem é o **registro de custo por ordem** (também chamado **folha de custo por ordem** ou **ordem de serviço**, **ordem de fabricação** ou **ordem de produção**), mostrado na Figura 13.1. Todos os custos para um produto particular, serviços ou lotes de produtos são registrados no registro de custo por ordem. Um arquivo de registros de custos por ordem para serviços parcialmente completados fornece detalhes de apoio para a conta de estoque de produtos em processo, freqüentemente chamada simplesmente de 'produtos em processo' (PEP). Um arquivo de registros de custos por ordem compreende a conta de estoques de produtos acabados.

Como a Figura 13.1 mostra, o registro de custo por ordem resume a informação contida nos documentos-fonte, como requisições de materiais e cartão de ponto de mão-de-obra.

As **requisições de materiais** são registros de materiais utilizados nas ordens particulares. Os **cartões de ponto da mão-de-obra** (ou **cartões de ponto**) registram o tempo de um trabalhador direto em particular despendido em cada ordem.

Hoje, os registros de custos das ordens e os documentos-fonte são, provavelmente, arquivos de computador, e não registros em papel ou papelão. De fato, com os lançamentos de dados *on-line*, código de barras e leitora ou escaneador óptico, muitas das informações necessárias para tais registros entram no computador sem nem mesmo

Figura 13.1 Registro de custos por ordem completada e amostra de documentos fontes.

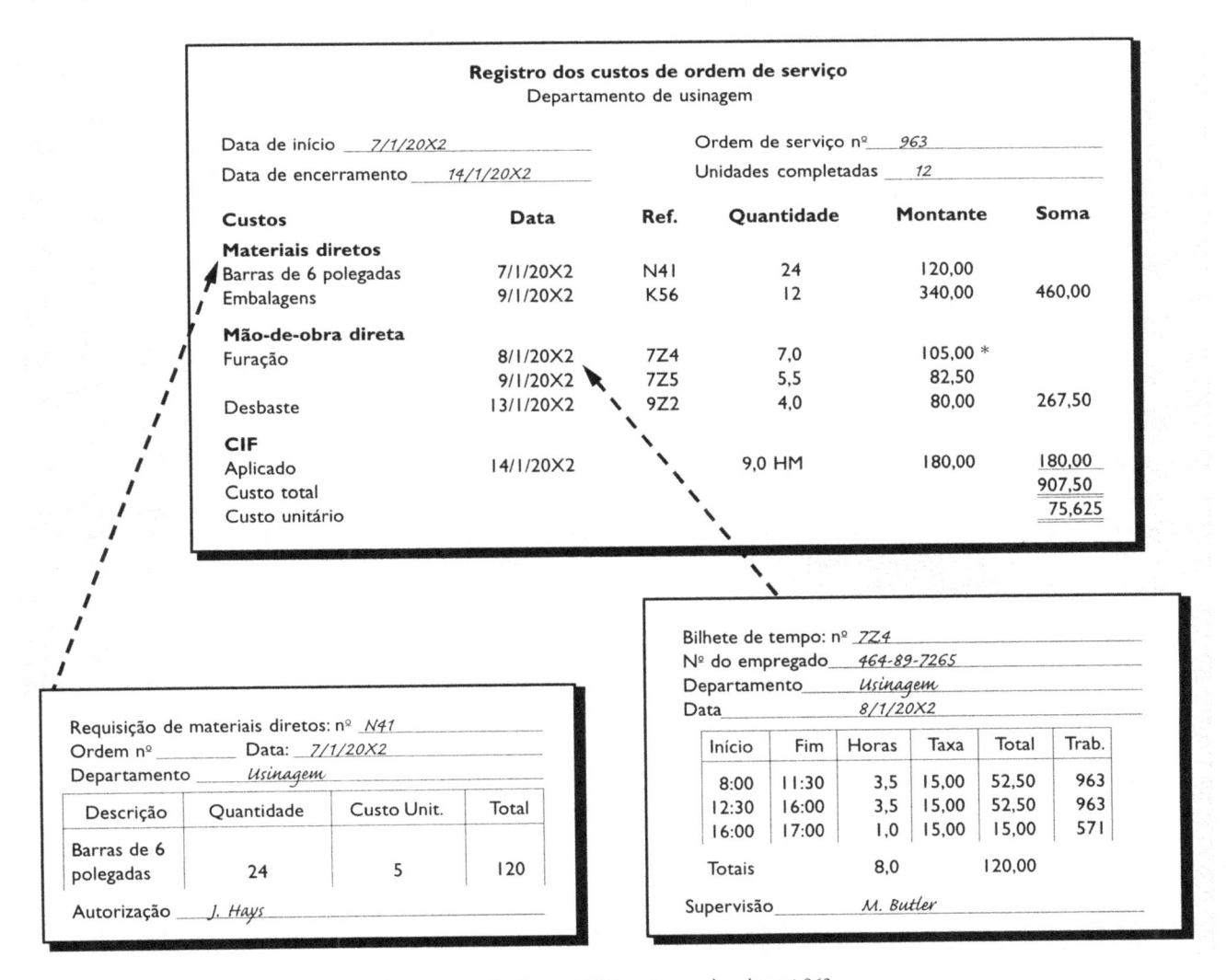

Registro dos custos de ordem de serviço
Departamento de usinagem

Data de início __7/1/20X2__   Ordem de serviço nº __963__
Data de encerramento __14/1/20X2__   Unidades completadas __12__

Custos	Data	Ref.	Quantidade	Montante	Soma
Materiais diretos					
Barras de 6 polegadas	7/1/20X2	N41	24	120,00	
Embalagens	9/1/20X2	K56	12	340,00	460,00
Mão-de-obra direta					
Furação	8/1/20X2	7Z4	7,0	105,00 *	
	9/1/20X2	7Z5	5,5	82,50	
Desbaste	13/1/20X2	9Z2	4,0	80,00	267,50
CIF					
Aplicado	14/1/20X2		9,0 HM	180,00	180,00
Custo total					907,50
Custo unitário					75,625

Requisição de materiais diretos: nº __N41__
Ordem nº ____ Data: __7/1/20X2__
Departamento __Usinagem__

Descrição	Quantidade	Custo Unit.	Total
Barras de 6 polegadas	24	5	120

Autorização __J. Hays__

Bilhete de tempo: nº __7Z4__
Nº do empregado __464-89-7265__
Departamento __Usinagem__
Data __8/1/20X2__

Início	Fim	Horas	Taxa	Total	Trab.
8:00	11:30	3,5	15,00	52,50	963
12:30	16:00	3,5	15,00	52,50	963
16:00	17:00	1,0	15,00	15,00	571
Totais		8,0		120,00	

Supervisão __M. Butler__

* Observe que sete das oito horas e $ 105 dos $ 120 no cartão de ponto 7Z4 pertencem à ordem nº 963.

ser escritas no papel. Não obstante, se os registros estão em papel ou em arquivos de computador, o sistema de contabilidade deve coletar e manter as mesmas informações básicas.

Quando cada ordem é iniciada, seu próprio registro de custo é criado. Assim que as unidades são elaboradas, os lançamentos são feitos no registro de custo da ordem. Três classes de custos são acumuladas no registro de custo da ordem assim que as unidades passam pelos departamentos: as requisições de materiais são a fonte dos custos de materiais diretos, os cartões de ponto fornecem os custos da mão-de-obra, e as taxas de custos indiretos de fabricação orçados (uma taxa separada para cada grupo de custos indiretos de fabricação) são utilizadas para aplicar os CIF da fábrica aos produtos. (O cálculo dessas taxas orçadas será descrito mais tarde, neste capítulo.)

REGISTROS BÁSICOS DA ENRIQUEZ MACHINE PARTS COMPANY

Para ilustrar o funcionamento de um sistema de custeio por ordem de serviço, usaremos os registros e lançamentos de diários da Enriquez Machine Parts Company. Em 31 de dezembro de 20X1, a empresa tinha os seguintes estoques:

Materiais diretos (12 tipos)	$ 110 000
PEP	—
Produtos acabados (unidades não vendidas de duas ordens)	$ 12 000

O resumo das transações pertinentes é o seguinte para o ano 20X2:

		Usinagem	Montagem	Total
1.	Materiais diretos comprados a prazo	—	—	$ 1 900 000
2.	Materiais diretos requisitados para manufatura	$ 1 000 000	$ 890 000	$ 1 890 000
3.	Custos incorridos de mão-de-obra direta	$ 200 000	$ 190 000	$ 390 000
4a.	CIF incorridos	$ 290 000	$ 102 000	$ 392 000
4b.	CIF aplicados	$ 280 000 *	$ 95 000	$ 375 000
5.	Custo dos produtos acabados e transferidos para estoque de produtos acabados	—	—	$ 2 500 000
6a.	Vendas a prazo	—	—	$ 4 000 000
6b.	Custo dos produtos vendidos	—	—	$ 2 480 000

* *Explicamos a natureza dos CIF aplicados mais adiante, neste capítulo.*

A Figura 13.2 representa uma visão do fluxo geral de custos por meio do sistema de custeio por ordem de serviço da Enriquez Machine Parts Company[1]. A figura resume os efeitos das transações nas contas-chave de manufatura nos livros da empresa. Ao prosseguir na explicação detalhada das transações, mantenha a verificação de cada explicação confrontando com a visão geral da Figura 13.2.

EXPLICAÇÃO DAS TRANSAÇÕES

O resumo a seguir, que analisa transação por transação, explicará como o custeio de produto é alcançado. Os lançamentos são, geralmente, feitos assim que as transações ocorrem. Para obter uma visão geral mais extensa, entretanto, nossa ilustração usa um resumo para o ano 20X2 inteiro.

---

1. *A Figura 13.2 e a seguinte explicação das transações supõem conhecimento de procedimentos de contabilidade básica. Usaremos os razonetes para uma conta da empresa. Os lançamentos à esquerda do razonete são débitos e aqueles à direita são créditos. Os razonetes de contas ativas, como contas de estoque, mostram aumentos do lado esquerdo (débito) e diminuição do lado direito (crédito) do razonete:*

Estoque	
Saldo inicial	Diminuições
Aumentos	
Saldo final	

As transações que afetam as contas são registradas como lançamentos de diário. Os lançamentos a débito (lado esquerdo) são mostrados alinhados na margem esquerda, e os lançamentos a crédito (lado direito) são indentados e, freqüentemente, uma explicação é incluída. Uma transferência de $ 10 mil do estoque de materiais diretos para o estoque de PEP, por exemplo, seria mostrada da seguinte maneira:

Estoque de PEP 10 000
    Estoque de materiais diretos 10 000

Para aumentar o estoque de PEP e diminuir o estoque de material direto em $ 10 000.

Figura 13.2 Custeio por ordem de serviço, fluxo geral de custos (em milhares).

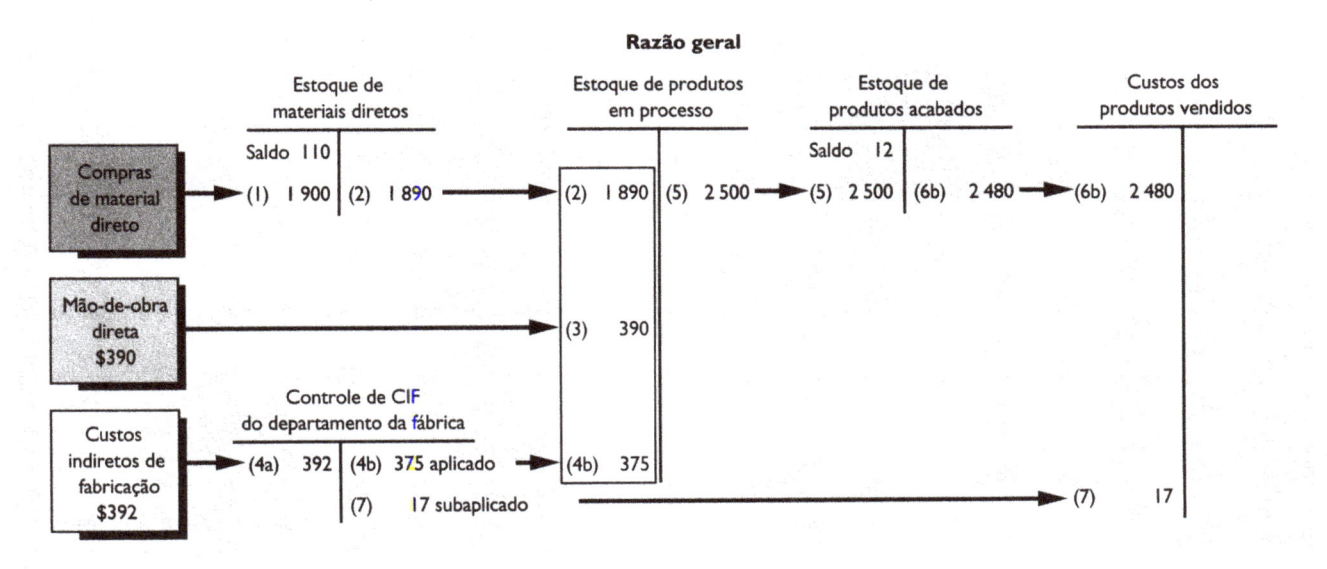

Razão geral

Estoque de materiais diretos	Estoque de produtos em processo	Estoque de produtos acabados	Custos dos produtos vendidos
Saldo 110		Saldo 12	
(1) 1 900 (2) 1 890	(2) 1 890 (5) 2 500	(5) 2 500 (6b) 2 480	(6b) 2 480

Compras de material direto →

Mão-de-obra direta $390 → (3) 390

Custos indiretos de fabricação $392 →

Controle de CIF do departamento da fábrica
(4a) 392 (4b) 375 aplicado → (4b) 375
(7) 17 subaplicado ————————→ (7) 17

1. **Transação:** Materiais diretos comprados, $ 1 900 000
   Análise: O ativo estoque de materiais diretos é aumentado. O passivo contas a pagar é aumentado.
   Lançamento de diário: Estoque de materiais diretos .... $ 1 900 000
       Contas a pagar .... $ 1 900 000

2. **Transação:** Materiais diretos requisitados, $ 1 890 000
   Análise: O ativo estoque de PEP é aumentado. O ativo estoque de materiais diretos é diminuído.
   Lançamento de diário: Estoque de PEP .... $ 1 890 000
       Estoque de materiais diretos .... $ 1 890 000

3. **Transação:** Custo de mão-de-obra direta incorrido, $ 390 000
   Análise: O ativo estoque de PEP é aumentado. O passivo salários a pagar é aumentado.
   Lançamento de diário: Estoque de PEP .... $ 390 000
       Salários a pagar .... $ 390 000

4a. **Transação:** CIF da fábrica incorridos, $ 392 000
   Análise: Esses custos reais são, primeiro, debitados das contas de CIF departamentais, que podem ser considerados como ativos, até que seus montantes sejam mais tarde 'eliminados' ou transferidos para outras contas. Cada departamento tem contas CIF detalhadas, como mão-de-obra indireta, utilidades públicas, reparos, depreciação, seguros e impostos prediais. Esses detalhes apóiam uma conta resumida de controle de CIF departamental da fábrica. Os gestores são responsáveis por controlar esses custos, item por item. Assim que esses custos são debitados dos departamentos, as outras contas afetadas são correspondidas nos ativos e passivos. Exemplos incluem caixa, contas a pagar, provisões a pagar e depreciação acumulada.
   Lançamento de diário: Controle de CIF departamental da fábrica .... $ 392 000
       Caixa, contas a pagar e várias outras contas do balanço patrimonial ..... $ 392 000

4b. **Transação:** CIF da fábrica aplicados, $ 95 000 + $ 280 000 = $ 375 000
   Análise: O ativo estoque de PEP é aumentado. O ativo controle de CIF departamental da fábrica é diminuído. (Uma explicação mais completa ocorrerá mais tarde, neste capítulo.)
   Lançamento de diário: Estoque de PEP .... $ 375 000
       Controle de CIF departamental da fábrica .... $ 375 000

5. Transação: Custo de produtos completados, $ 2 500 000

Análise: O ativo estoque de produtos acabados é aumentado. O ativo estoque de PEP é diminuído.

Lançamento de diário: Estoque de produtos acabados .... $ 2 500 000

    Estoque de PEP .... $ 2 500 000

6a. Transação: Vendas a prazo, $ 4 000 000

Análise: O ativo contas a receber é aumentado. A conta de receita de vendas é aumentada.

Lançamento de diário: Contas a receber.. $ 4 000 000

    Vendas .... $ 4 000 000

6b. Transação: Custo dos produtos vendidos, $ 2 480 000

Análise: A despesa custo dos produtos vendidos é aumentada. O ativo estoque de produtos acabados é diminuído.

Lançamento de diário: Custo dos produtos vendidos..................... $ 2 480 000

    Estoque de produtos acabados .... $ 2 480 000

Resumo das transações

Reveja a Figura 13.2. Ela resume as transações da Enriquez para o ano, focalizando as contas de estoque. O estoque de PEP recebe atenção central. Os custos de materiais diretos consumidos, mão-de-obra direta e CIF de fábrica aplicados ao produto são trazidos para o PEP.

Por sua vez, os custos de produtos completados são transferidos do PEP para produtos acabados. Assim que os produtos são vendidos, seus custos se tornam despesa, na forma de custos dos produtos vendidos. A contabilidade de fim de ano, para os $ 17 mil de CIF subaplicados, será explicada mais tarde.

Contabilidade de CIF

No exemplo da Enriquez Machine Parts Company, os CIF da fábrica de $ 375 mil foram aplicados à conta PEP. Esta seção descreve como determinar o montante de CIF da fábrica aplicados.

Como os CIF da fábrica são aplicados aos produtos

Os gestores precisam conhecer os custos do produto, a fim de tomar decisões contínuas, como quais produtos enfatizar e quais desenfatizar e de precificação do produto. Idealmente, todos os custos, incluindo os CIF, são conhecidos quando essas decisões devem ser tomadas. Infelizmente, os CIF reais não estão disponíveis quando os gestores precisam deles. Por esse motivo, as taxas de CIF orçadas (predeterminadas) são utilizadas para aplicar os CIF às ordens, assim que elas são completadas.

tomada cinco Confirme seu entendimento do custeio do produto em um ambiente por ordem de serviço, indicando as transações ocorridas para cada um dos seguintes lançamentos de diário. Qual destas transações registra custos reais *versus* custos estimados?

1. Estoque de PEP.. XXX

    Salários a pagar... XXX

2. Estoque PEP... XXX

    Controle de CIF departamental da fábrica XXX

3. Custo dos produtos vendidos XXX

    Produtos acabados XXX

Resposta

O primeiro lançamento registra o custo real da mão-de-obra direta rastreado à ordem específica que está sendo custeada. O segundo lançamento é feito quando a ordem está completada, para registrar a aplicação de CIF da fábrica. Essa é uma estimativa dos custos dos recursos indiretos utilizados para completar a ordem.

O último lançamento registra o custo dos produtos vendidos quando o pedido é embarcado. Esse custo é uma combinação de custos reais (material direto e mão-de-obra direta) e custo estimado (CIF de fábrica aplicados).

O tamanho dos CIF, em muitas empresas de manufatura, é grande o suficiente para motivá-las a pesquisar meios de convertê-los em custos diretos. A Dell Computer Corporation aumentou a acurácia de suas informações de custos de produtos ao converter alguns de seus CIF de fábrica de custos indiretos para diretos. Como isso foi feito? Dedicando mão-de-obra de montagem e equipamento da fábrica para linhas de produto específicas. Células de manufatura (trabalho, *mods*) fazem a montagem e o *software* carrega as linhas de produto específicas. Isso torna mais fácil rastrear os custos de equipamentos aos produtos. Não obstante, custos CIF significativos ainda faltam ser alocados.

TAXAS DE APLICAÇÃO DE CIF ORÇADAS

As etapas seguintes resumem como contabilizar os CIF de fábrica:

1. Selecione um ou mais direcionadores de custos para servir como base para aplicar custos CIF. Os exemplos incluem horas de mão-de-obra direta, custos de mão-de-obra direta, horas–máquina e preparações de produção. O direcionador de custos deveria ser uma atividade que fosse um denominador comum para, sistematicamente, relacionar um custo ou um grupo de custos, como o custo de maquinaria, custos de preparação ou custos de energia, com os produtos. O(s) direcionador(es) de custo deveria(m) ser a melhor medida disponível dos relacionamentos de causa–efeito entre os CIF e o volume de produção.
2. Prepare um orçamento de CIF da fábrica para o período de planejamento, geralmente um ano. Os dois itens-chave são: CIF orçados e volume orçado dos direcionadores de custos. Haverá um conjunto de CIF orçados e um nível de direcionador de custos orçado associado para cada grupo de CIF. Nas empresas com sistemas de produção simples, pode haver apenas um conjunto.
3. Calcule as **taxas de CIF da fábrica orçadas**, dividindo os CIF totais orçados para cada grupo de custo pelo nível de direcionador de custo orçado.
4. Obtenha dados e direcionador de custos reais (como horas–máquina) conforme as ordens são produzidas.
5. Aplique os CIF orçados nas ordens, multiplicando as taxas orçadas pelos dados de direcionador de custos reais.
6. No final do ano, contabilize quaisquer diferenças entre o montante de CIF realmente incorridos e os CIF aplicados aos produtos.

ILUSTRAÇÃO DE APLICAÇÃO DE CIF

Agora que você conhece as etapas de contabilização dos CIF de fábrica em um sistema de custeio por ordem, podemos examinar como eles funcionam em um exemplo real. Considere a ilustração da Enriquez novamente.

Este orçamento de CIF de manufatura foi preparado para o ano vindouro, 20X3:

	Usinagem	Montagem
Mão-de-obra indireta	$ 75 600	$ 36 800
Suprimentos	$ 8 400	$ 2 400
Utilidades públicas	$ 20 000	$ 7 000
Reparos	$ 10 000	$ 3 000
Aluguel da fábrica	$ 10 000	$ 6 800
Supervisão	$ 42 600	$ 35 400
Depreciação do equipamento	$ 104 000	$ 9 400
Seguro, impostos prediais, etc.	$ 7 200	$ 2 400
Total	$ 277 800	$ 103 200

Enquanto os produtos são elaborados, a Enriquez aplica os CIF da fábrica às ordens. Utiliza-se uma taxa de CIF orçada, calculada como segue:

$$\text{taxa de aplicação dos CIF orçados} = \frac{\text{total dos CIF da fábrica orçados}}{\text{total da quantidade do direcionador de custos orçado, como custos de mão-de-obra direta ou horas–máquina}}$$

Suponha que as horas–máquina sejam escolhidas como único direcionador de custos no departamento de usinagem e que o custo de mão-de-obra direta seja escolhido no departamento de montagem. As taxas de custos indiretos de fabricação são as seguintes:

	Ano 20X3	
	Usinagem	Montagem
CIF de manufatura orçados	$ 277 800	$ 103 200
Horas–máquina orçadas	69 450	
Custos de mão-de-obra direta orçados		$ 206 400
Taxa de CIF orçada, por hora–máquina: $ 277 800 ÷ 69 450 =	$ 4	
Taxa de CIF orçada, por unidade monetária de mão-de-obra direta: $ 103 200 ÷ $ 206 400 =		50%

Observe que as taxas de CIF são orçadas; elas são estimadas. Essas taxas são, então, utilizadas para aplicar os CIF com base nos eventos reais, isto é, o total de CIF aplicados em nossa ilustração é o resultado da multiplicação das horas–máquina reais ou custo de mão-de-obra pelas taxas orçadas:

Usinagem: horas–máquina reais de 70 000 × $ 4 =	$ 280 000
Montagem: custos de mão-de-obra direta reais de $ 190 000 × 0,50 =	$ 95 000
Total de CIF da fábrica aplicados	$ 375 000

O resumo dos lançamentos de diário para a aplicação é (lançamento **4b**):

4b. Estoque de PEP .... $ 375 000

    Controle de CIF departamental da fábrica............. $ 375 000

Escolha de direcionadores de custos

Como observado diversas vezes neste livro, nenhum direcionador de custo é o correto para todas as situações.

A meta dos contadores é descobrir o direcionador que melhor liga a causa e o efeito. No departamento de usinagem da Enriquez, o uso de máquinas causa a maioria dos CIF — por exemplo, depreciação e reparos. Conseqüentemente, as horas–máquina são o direcionador de custo e a base apropriada para aplicar os CIF. Assim, a Enriquez deve manter o rastreio das horas–máquina utilizadas para cada ordem, criando e adicionando o levantamento dos dados de custos, isto é, os custos de materiais diretos, de mão-de-obra direta e as horas–máquina devem ser acumulados para cada ordem.

Em contraste, a mão-de-obra direta é o principal direcionador de custo do departamento de montagem da Enriquez, porque as peças são montadas manualmente. Os trabalhadores são pagos em taxas horárias iguais. Conseqüentemente, tudo o que é necessário é aplicar a taxa de 50 por cento de CIF ao custo da mão-de-obra direta já lançado nos registros de custo da ordem.

Nenhum registro separado da ordem das horas de mão-de-obra tem de ser mantido. Se as taxas de mão-de-obra horárias diferirem muito para os desempenhos individuais de tarefas idênticas, as horas de mão-de-obra, em vez de unidades monetárias despendidas para a mão-de-obra, podem ser utilizadas como base. De outro modo, um trabalhador de $ 9 por hora causaria mais CIF aplicados do que um trabalhador de $ 8 por hora, mesmo que o mesmo tempo fosse provavelmente gasto e as mesmas instalações utilizadas para cada empregado para o mesmo trabalho.

Algumas vezes, o custo da mão-de-obra direta é o melhor direcionador de custos indiretos de fabricação, mesmo se as taxas de salário variarem dentro de um departamento. Um trabalhador altamente habilitado, por exemplo, pode usar mais equipamento dispendioso e ter mais apoio de mão-de-obra indireta. Além disso, muitos CIF incluem benefícios indiretos de mão-de-obra dispendiosos, tais como pensões e encargos sociais. Os últimos são, freqüentemente, mais proximamente direcionados pelo custo da mão-de-obra direta do que pelas horas da mão-de-obra direta.

Se um departamento identificar mais de um direcionador de custos para o CIF, esses custos deverão, idealmente, ser colocados em tantos grupos de custos quantos direcionadores de custos houver. Na prática, tal sistema é muito oneroso para muitas organizações. Em vez disso, essas organizações selecionam alguns direcionadores de custos (freqüentemente, apenas um) para servir de base para a alocação do CIF. A regra 80-20 (ótimo de Pareto) pode ser utilizada nessas situações. Em muitos casos, 80 por cento do CIF total podem ser contabilizados com apenas poucos direcionadores (20 por cento de todos os direcionadores identificados). Uma empresa pode identificar, por exemplo, dez grupos de CIF separados, com dez direcionadores diferentes. Freqüentemente, cerca de 80 por cento do custo total podem ser aplicados com apenas dois direcionadores.

Os direcionadores de custos selecionados devem ser aqueles que causam a maioria dos CIF. Suponha, por exemplo, que as horas–máquina causem 70 por cento dos CIF em um departamento particular, que o número de peças componentes cause 20 por cento, e que cinco direcionadores de custos combinados causem os outros 10 por

Primeiro, os negócios

Alocação de CIF na Harley-Davidson

Em 1999, a Harley-Davidson, sediada em Milwaukee, fabricante de motocicletas, conquistou a posição número um no mercado da Honda, pela primeira vez em três décadas.

A Harley-Davidson (vendas em 2000 de $ 2,9 bilhões) é a única grande produtora de motocicletas sediada nos Estados Unidos. Uma das chaves para o retorno da empresa à competitividade foi a adoção da filosofia JIT. Não é incomum, para uma empresa, descobrir que uma mudança em um componente importante das operações exige uma mudança correspondente no sistema de contabilidade da empresa.

O principal foco do sistema de contabilidade foi a mão-de-obra direta, que não apenas se tornou uma parte do custo do produto em si, mas também funcionou como uma base de propósitos múltiplos para a alocação dos CIF. A mão-de-obra direta, entretanto, era apenas 10 por cento do custo total do produto. Certamente, isso não gerou a maioria dos CIF. Quando o processo de produção da Harley-Davidson mudou, um sistema de contabilidade havia permanecido estático.

O primeiro ponto que se tornou aparente com o sistema JIT foi que informações detalhadas sobre os custos de mão-de-obra direta não eram úteis aos gestores. Era dispendioso ter o tempo gasto de cada trabalhador direto registrado em cada produto ou peça e, então, dar entrada na informação desses cartões de ponto no sistema de contabilidade. Se cada um dos 500 trabalhadores diretos, por exemplo, trabalhassem em 20 produtos por dia, o sistema deveria registrar dez mil lançamentos por dia, que representariam 200 mil lançamentos por mês. O tempo gasto pelos trabalhadores diretos para registrar o tempo, por escriturários para dar entrada dos dados no sistema e por contadores para verificar a acurácia dos dados era enorme — e todos produziam informações de custos de produtos que eram usadas para relatório contábil, mas inúteis para os gestores.

O sistema JIT forçou os gestores da manufatura a focar a satisfação dos clientes e minimizar as atividades que não adicionam valor. Gradualmente, os contadores começaram a focalizar os mesmos objetivos. Os clientes da contabilidade eram os gestores que usavam a informação contábil, e o esforço colocado nas atividades que não ajudavam os gestores eram profundamente contraprodutivas (valor não-adicionado). Conseqüentemente, eliminar os registros consumidores de tempo, onerosos em custos de mão-de-obra detalhados, tornaram-se uma prioridade.

A mão-de-obra direta foi eliminada como um custo direto e, conseqüentemente, não poderia ser utilizada para a alocação de CIF.

Após considerar horas de processo, fluxo através do tempo, valor material e custos individuais por unidade como direcionadores de custos possíveis para alocar CIF, a empresa selecionou horas de processo. A mão-de-obra direta e os CIF foram combinados para formar custos de conversão, que foram aplicados aos produtos na base do total de horas de processo. Isso não resultou em custos significativamente diferentes do velho sistema, mas o sistema novo foi muito mais simples e menos oneroso. Apenas o material direto foi rastreado diretamente para o produto. Os custos de conversão foram aplicados na conclusão da produção com base em uma medida simples de tempo de processo.

Os sistemas de contabilidade devem gerar benefícios maiores do que seus custos. Sistemas mais sofisticados não são, necessariamente, melhores. O principal objetivo da Harley-Davidson na mudança de seu sistema contábil foi a simplificação: eliminar tarefas desnecessárias e dinamizar outras. Essas mudanças resultaram em um sistema de contabilidade revitalizado.

Fontes: Adaptado de W. T. Turk, "Management accounting revitalized: the Harley-Davidson experience", em B. J. Brinker, ed., *Emergent Practice in Cost Management* (Boston, Warren, Gorham & Lamont, 1990), pp. 155-166; K. Barron, "Hog Wild", em *Forbes*, 15 de maio de 2000.

---

cento. Em vez de usar os outros sete grupos de custos, alocados na base de sete direcionadores de custos, a maioria dos gestores usaria um direcionador de custo — horas–máquina — para alocar todos os CIF. Outros atribuiriam todos os custos a dois grupos de custos, um alocado na base de horas–máquina e um na base do número de peças componentes.

Não importa quais direcionadores de custos sejam escolhidos; as taxas de CIF serão aplicadas dia após dia, por todo o ano, aos custos das várias ordens trabalhadas em cada departamento. Todo o CIF é aplicado a todas as ordens trabalhadas durante o ano, na base apropriada de horas–máquina ou custos de mão-de-obra direta de cada ordem. Suponha que as predições da gestão coincidam exatamente com os montantes reais (uma situação extremamente improvável). Então, o total de CIF aplicados nas ordens do ano por meio dessas taxas orçadas seria igual ao total de CIF realmente incorridos.

Considere a Dell Computer Corporation. Como dissemos anteriormente, a Dell converteu muitos de seus custos indiretos de fabricação em custos diretos. Dois custos importantes, que não podem ser diretamente rastreados (isto é, custos indiretos), entretanto, são instalações e engenharia. O custo das instalações inclui custos de ocupação, como depreciação da fábrica, seguro e impostos. Esses custos são alocados usando-se o direcionador de custos 'metragem quadrada utilizada para cada linha de negócios (linha de montagem)'. As atividades da engenharia de produtos e processos são parte da fase de projeto da cadeia de valor da empresa, e os custos associados incorridos são significativos. Esses custos são alocados às linhas de negócios usando-se 'uma complexidade' de direcionador de custos (por exemplo, número de peças distintas na placa-mãe). Os produtos de computadores servidores, por exemplo, exigem muito mais tempo de engenharia e esforço, devido à complexidade do produto, comparado com os *laptops* ou PCs, de maneira que isso seria refletido em um grande número de peças distintas na placa-mãe. Assim, os produtos servidores recebem uma alocação muito maior dos custos da engenharia do que os *laptops* ou PCs.

Problemas da aplicação dos CIF

Taxas de CIF normalizadas

Basicamente, nossa ilustração demonstrou a abordagem de custeio normal. Por que o termo 'normal'? Porque uma taxa de custos indiretos de fabricação média anual é utilizada, consistentemente, durante todo o ano, para o custeio do produto, sem alterá-lo diária e mensalmente.

Os custos de produtos resultantes 'normais' incluem uma média ou uma parte normalizada dos CIF. Como os CIF reais são incorridos por departamento mês a mês, eles são debitados aos departamentos. Assim, rotulamos o sistema como **sistema de custeio normal**. O custo do produto manufaturado é composto do material direto real, mão-de-obra direta real e CIF aplicados normais.

Durante o ano e ao final do ano, o montante de CIF real incorrido raramente será igual ao montante aplicado. Essa variação entre o custo incorrido e o aplicado pode ser analisada. O mais comum — e importante — contribuidor dessas variações está no nível operacional diferente de volumes, e não no nível utilizado como um denominador no cálculo da taxa de CIF orçada (por exemplo, usando cem mil horas de mão-de-obra direta orçada como denominador e, então, trabalhando, realmente, apenas 80 mil horas). Outras causas freqüentemente contribuidoras incluem uma previsão pobre, uso ineficiente de itens de CIF, mudanças no preço em itens de CIF individuais, comportamento errático de itens de CIF individuais (por exemplo, reparos feitos apenas durante o tempo de folga) e variações do calendário (por exemplo, 20 dias de trabalho em um mês, 22 no próximo).

Todas essas peculiaridades do CIF estão misturadas em um grupo de CIF anual. Assim, uma taxa anual é orçada e utilizada independentemente das peculiaridades mensais de CIFs específicos. Tal abordagem é mais defensável do que, digamos, aplicar o CIF real para cada mês. Por quê? Porque um custo normal de produto é mais útil para decisões e mais representativo para propósitos de custeio de estoque do que um custo de produto 'real' distorcido por flutuações mensais no volume de produção e por comportamentos erráticos de muitos CIF. Um empregado de uma fábrica de gesso que usa um sistema de custo de produto 'real', por exemplo, teve o privilégio de comprar 'ao custo' itens fabricados pela empresa. Os empregados fizeram piadas sobre os benefícios de comprar 'ao custo' durante os meses de alto volume, quando os custos unitários eram menores devido ao volume ser mais alto, como mostrado na seguinte tabela:

	CIF reais			Horas de mão-de-obra direta	Taxa* de aplicação de CIF real por HMOD
	Variáveis	*Fixos*	*Totais*		
Mês de volume de pico	$ 60 000	$ 40 000	$ 100 000	100 000	$ 1,00
Mês de volume baixo	$ 30 000	$ 40 000	$ 70 000	50 000	$ 1,40

* *Divida CIF totais pelas horas de mão-de-obra direta. Observe que a presença dos CIF fixos causa a flutuação nos CIF unitário de $ 1,00 para $ 1,40. O componente variável é $ 0,60 por hora em ambos os meses, mas o componente fixo é $ 0,40 no mês de volume de pico ($ 40 000 ÷ 100 000) e $ 0,80 nos meses de volumes baixos ($ 40 000 ÷ 50 000).*

O sistema geral que acabamos de descrever é algumas vezes chamado de sistema de custeio real porque todo o esforço é feito para rastrear os custos reais, quando incorridos, para as unidades físicas beneficiadas.

Eliminação de CIF subaplicados ou superaplicados

Nossa ilustração da Enriquez continha os seguintes dados:

	Transação	
4a.	CIF da fábrica incorridos	$ 392 000
4b.	CIF da fábrica aplicados	$ 375 000
	CIF da fábrica subaplicados	$ 17 000

O total de custos de $ 392 mil deve, eventualmente, ser debitado para despesas de alguma maneira. Os $ 375 mil se tornarão parte da despesa de custos de produtos vendidos, quando os produtos aos quais eles são aplicados forem vendidos. Os $ 17 mil restantes também devem tornar-se despesa por algum método.

Quando as taxas orçadas são utilizadas, a diferença entre os CIF incorridos e aplicados é geralmente acumulada durante o ano. Quando o montante aplicado aos produtos excede o montante incorrido pelos departamentos, a diferença é chamada de **CIF superaplicado**. Quando o montante aplicado é menor do que o incorrido, a diferença é chamada de **CIF subaplicado**. Ao final do ano, a diferença ($ 17 mil subaplicados de nossa ilustração) é eliminada com uma baixa ou por um rateio.

Baixa imediata

Sob o método da baixa imediata, os $ 17 mil são considerados como uma redução no lucro corrente, ao adicionar os CIF subaplicados ao custo dos produtos vendidos. A mesma lógica é seguida para os CIF superaplicados, exceto que o resultado seria uma diminuição no custo dos produtos vendidos.

A teoria subjacente da baixa direta é que a maioria dos produtos elaborados tem sido vendida, e um método mais elaborado de eliminação não vale o trabalho extra. Outra justificativa é que os CIF extras representados pelos CIF subaplicados não se qualificam como parte do custo de estoque final, porque eles não representam ativos. Eles devem ser baixados porque representam, na maior parte, ineficiência ou subutilização de instalações disponíveis no período corrente.

A baixa imediata elimina os $ 17 mil de diferença com um lançamento de diário simples, rotulado como transação 7 na Figura 13.2.

7. Custo dos produtos vendidos (ou uma despesa separada contra uma receita) .... $ 17 000
    Controle de CIF departamental da fábrica .... $ 17 000

Para encerrar os CIF subaplicados diretamente para custos de produtos vendidos.

Por causa de sua simplicidade, o método de baixa imediata é mais comumente utilizado.

Rateio entre os estoques

Um outro método rateia os CIF superaplicados ou subaplicados entre o estoque de PEP, produtos acabados e o custo dos produtos vendidos. **Ratear** os CIF subaplicados significa atribuí-los em proporção ao tamanho dos saldos de contas finais. Teoricamente, se o objetivo é obter alocações de custos o mais acuradas possível, todos os CIF de ordens individuais elaboradas devem ser recalculados, usando-se as taxas reais em vez das taxas orçadas. Essa abordagem é raramente viável; assim, um ataque prático é ratear na base dos saldos finais em cada uma das três contas (PEP, $ 155 mil; produtos acabados, $ 32 mil; custo dos produtos vendidos, $ 2,48 milhões).

	(1) Saldo final de 20X2 não-ajustado*	(2) Rateio de CIF subaplicado		(3) Saldo final de 20X2 ajustado
PEP	$ 155 000	155/2 667 × 17 000 = $	988	$ 155 988
Produtos acabados	$ 32 000	32/2 667 × 17 000 = $	204	$ 32 204
Custo dos produtos vendidos	$ 2 480 000	2 480/2 667 × 17 000 = $	15 808	$ 2 495 808
Total	$ 2 667 000		$ 17 000	$ 2 684 000

* Veja detalhes na Figura 13.2.

Os lançamentos de diário para o rateio são os seguintes:

PEP 988
Produtos acabados 204
Custo dos produtos vendidos 15 808
    Controle de CIF departamental da fábrica 17 000
Ratear os CIF subaplicados finais entre as três contas.

Os montantes rateados para estoques, aqui, não são significativos. Na prática real, o rateio é feito apenas quando os valores de estoque são materialmente afetados.

O USO DAS TAXAS DE APLICAÇÃO VARIÁVEIS E FIXAS

Como vimos, a aplicação dos CIF é o aspecto mais problemático do custeio de produto. A presença de custos fixos é o principal motivo para as dificuldades do custeio. A maioria das empresas não tem feito distinção entre o comportamento de custo fixo e variável no projeto de seus sistemas de contabilidade. O departamento de usinagem da Enriquez Machine Parts Company, por exemplo, desenvolveu a seguinte taxa:

$$\text{taxa de aplicação de CIF orçado} = \frac{\text{CIF totais orçados}}{\text{horas–máquina orçadas}}$$

$$= \frac{\$\ 277\ 800}{69\ 450} = \$\ 4 \text{ por hora–máquina}$$

Algumas empresas, entretanto, distinguem entre CIF variáveis e CIF fixos para custeio de produtos, bem como para propósitos de controle. Se o departamento de usinagem da Enriquez tivesse feito essa distinção, o aluguel, a supervisão, a depreciação e o seguro teriam sido considerados como parcela fixa do total de CIF de manufatura, e duas taxas teriam sido desenvolvidas:

$$\text{taxa de aplicação de CIF variáveis orçados} = \frac{\text{CIF variáveis totais orçados}}{\text{horas–máquina orçadas}}$$

$$= \frac{114\ 000}{69\ 450}$$

$$= 1{,}64 \text{ por hora–máquina}$$

$$\text{taxa de aplicação de CIF fixos orçados} = \frac{\text{CIF fixos totais orçados}}{\text{horas–máquina orçadas}}$$

$$= \frac{\$\ 163\ 800}{69\ 450}$$

$$= \$\ 2{,}36 \text{ por hora–máquina}$$

Tais taxas podem ser utilizadas para custeio de produto. As distinções entre a incorrência de CIF variáveis e CIF fixos podem também ser feitas para propósitos de controle.

CUSTEIO/GESTÃO BASEADOS EM ATIVIDADE EM UM AMBIENTE DE CUSTEIO POR ORDEM

Independentemente da natureza do sistema de produção da empresa, haverá sempre recursos compartilhados entre produtos diferentes. Os custos desses recursos são parte dos CIF e devem ser contabilizados no sistema de contabilidade de custos da empresa. Em muitos casos, a magnitude dos CIF é grande o bastante para justificar investir em um sistema de custeio que forneça informação de custos acurada. Se essa informação de custo for utilizada para relatório de estoques, para custos de ordens ou para planejamento e controle de custos, mais freqüentemente os benefícios de custos mais acurados excederão os custos de instalar e manter o sistema de custo. Como temos visto, o ABC aumenta a acurácia do custeio porque focaliza as relações de causa e efeito entre o trabalho realizado (atividades) e o consumo de recursos (custos).

ILUSTRAÇÃO DE UM SISTEMA ABC EM UM AMBIENTE DE ORDEM DE SERVIÇO

Ilustramos um sistema ABC em um ambiente de ordem de serviço, considerando novamente a Dell Computer Corporation. O que motivou a Dell a adotar o ABC? Os gestores da empresa citam dois motivos: os alvos agressivos de redução de custos estabelecidos pela alta gestão e a necessidade de entender a lucratividade das linhas de produto. Como é o caso de qualquer empresa, entender a lucratividade significa compreender a estrutura de custo da empresa como um todo. Uma das vantagens-chave de um sistema ABC é seu foco no entendimento de como o trabalho (atividade) está relacionado com o consumo de recursos (custos).

Assim, um sistema ABC foi uma escolha lógica para a Dell e, naturalmente, uma vez que seus gestores melhoraram seu entendimento da estrutura de custos da empresa, a redução de custos por meio da gestão baseada em atividade foi muito mais fácil.

Como a maioria das empresas que implementam o ABC, a Dell começou a desenvolver seu sistema ABC ao focalizar os processos mais críticos (os principais) por toda a cadeia de valor. Esses foram o projeto e os processos de produção. Depois que o sistema inicial foi colocado em funcionamento, as fases restantes da cadeia de valor foram adicionadas. A Figura 13.3 mostra as funções (ou os processos principais) que adicionam valor aos produ-

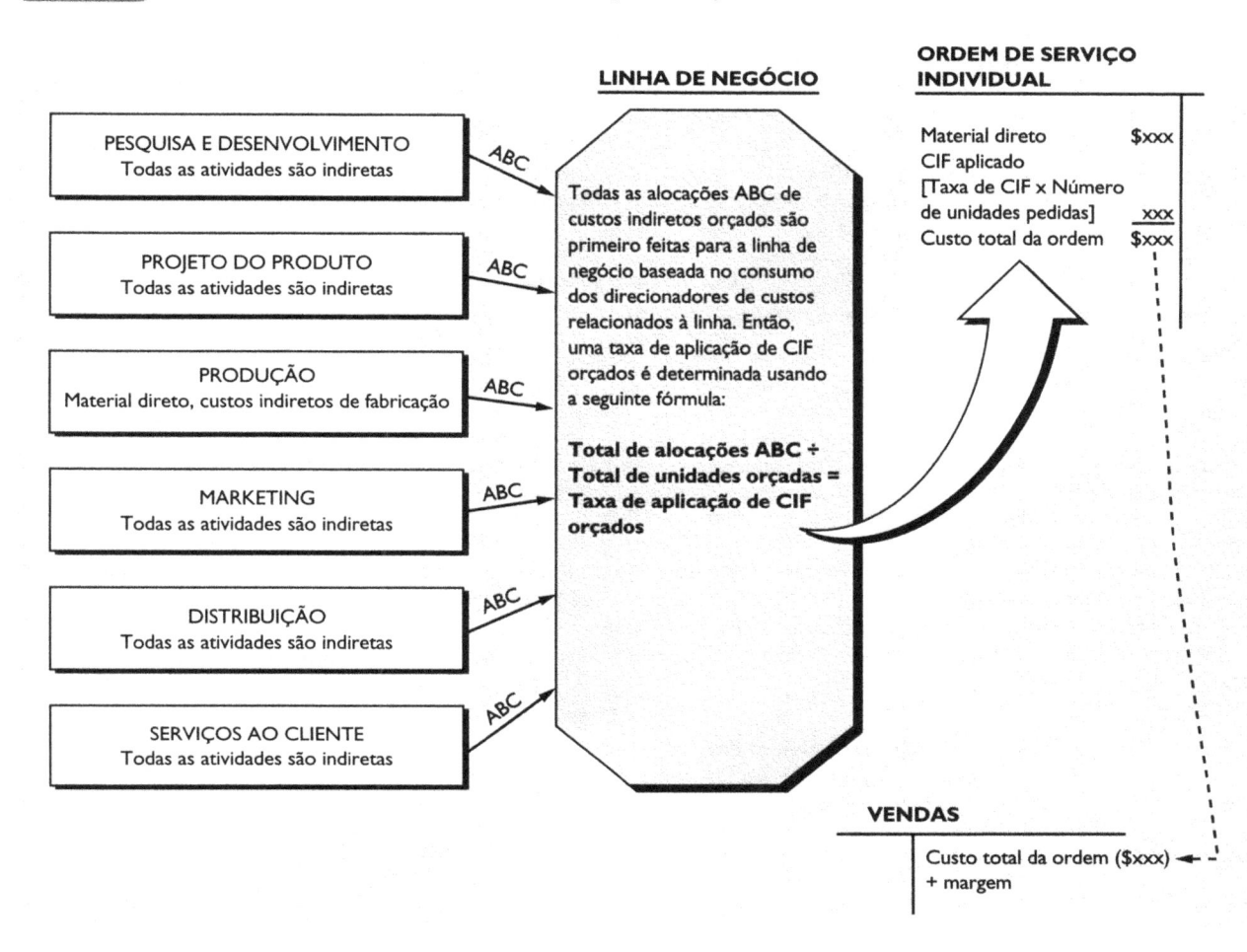

Figura 13.3 Cadeia de valor e sistema ABC da Dell Computer Corporation.

```
PESQUISA E DESENVOLVIMENTO          ABC →
Todas as atividades são indiretas

PROJETO DO PRODUTO                   ABC →
Todas as atividades são indiretas

PRODUÇÃO                             ABC →        LINHA DE NEGÓCIO
Material direto, custos indiretos de fabricação
                                                  Todas as alocações ABC de
MARKETING                            ABC →        custos indiretos orçados são
Todas as atividades são indiretas                 primeiro feitas para a linha de
                                                  negócio baseada no consumo
DISTRIBUIÇÃO                         ABC →        dos direcionadores de custos
Todas as atividades são indiretas                 relacionados à linha. Então,
                                                  uma taxa de aplicação de CIF
SERVIÇOS AO CLIENTE                  ABC →        orçados é determinada usando
Todas as atividades são indiretas                 a seguinte fórmula:

                                                  Total de alocações ABC ÷
                                                  Total de unidades orçadas =
                                                  Taxa de aplicação de CIF
                                                  orçados
```

ORDEM DE SERVIÇO INDIVIDUAL

Material direto	$xxx
CIF aplicado	
[Taxa de CIF x Número de unidades pedidas]	xxx
Custo total da ordem	$xxx

VENDAS

Custo total da ordem ($xxx)
+ margem

---

tos da empresa e como os custos dessas funções são designados para uma ordem de serviço individual sob o sistema ABC corrente.

Para entender a lucratividade da linha de produtos, os gestores da Dell identificaram as atividades-chave para as fases de pesquisa e desenvolvimento, projeto de produto, produção, distribuição, *marketing* e serviços ao cliente. Então, eles usaram os direcionadores de custos apropriados para alocar os custos de atividade às linhas de produtos produzidos. Enquanto cada uma das fases mostradas na Figura 13.3 for importante, focalizaremos as fases de projeto e produção do produto. O projeto de produto é uma das funções de valor adicionado mais importantes da Dell. O papel do projeto é fornecer um produto de computador sem defeito, que seja fácil de manufaturar e confiável para o cliente. Os custos de engenharia (basicamente salários e depreciação dos equipamentos CAD) contabilizam a maioria dos custos de projeto. Esses custos são indiretos e, assim, devem ser alocados às linhas de produto que usam um direcionador de custo.

Os custos de produção incluem materiais diretos e CIF da fábrica. Os CIF da fábrica consistem de seis centros de atividade e grupos relacionados: recebimento, preparação, montagem, teste, embalagem e embarque. Os custos de instalações (depreciação da fábrica, seguro e impostos) são considerados parte da função de produção e são alocados a cada centro de atividade com base na metragem quadrada ocupada pelo centro.

Na Dell, o total de custos indiretos orçados anuais alocados para uma linha de produtos é dividido pelo total de unidades orçadas produzidas, para descobrir a taxa de CIF orçada. Essa taxa, que é ajustada periodicamente para refletir mudanças no orçamento, é utilizada para o custo das ordens individuais.

A Dell está, agora, desdobrando os custos de cada centro de atividade entre as atividades de valor adicionado e as que não adicionam valor. Os custos que não adicionam valor são alvo de programas de redução de custos. Um exemplo de atividade que não adiciona valor é a de preparação na função de produção.

Consulte a Figura 13.3. Um dos propósitos básicos de um sistema ABC é aumentar a acurácia dos custos dos produtos de maneira que os gestores tenham um alto nível de confiança nas decisões baseadas em custos. Suponha que os gestores da Dell determinem preços para computadores, adicionando uma margem ao custo calculado na Figura 13.3. Se o total de custo da ordem calculado for $ 1 200, por exemplo, uma margem suficiente para 'cobrir' todos os custos não-alocados e fornecer um lucro razoável será adicionada. Usando a tabela abaixo, determine se a porcentagem de margem sob o sistema ABC é maior ou menor do que sob o sistema de 1993. Qual sistema produz maior nível de confiança sobre se o preço de um computador é mais adequado para cobrir todos os custos e fornecer um lucro razoável? Por quê?

Função da cadeia de valor	ABC ou não-alocado	
	Sistema de custeio de 1993	Sistema ABC
Pesquisa e desenvolvimento	Não-alocado	ABC
Projeto	Não-alocado	ABC
Produção	Alocação tradicional	ABC
Marketing	Não-alocado	ABC
Distribuição	Não-alocado	ABC
Serviços ao cliente	Não-alocado	ABC

Resposta

Em 1993, a margem sobre o custo era baseada apenas no custo de produção. Assim, a margem era alta, de maneira que todos os custos não-alocados seriam cobertos e resultariam em um lucro razoável.

Os gestores tinham um nível baixo de confiança nesse sistema de custos. O sistema ABC forneceu melhorias nas estimativas de todos os custos da cadeia de valor. O tamanho da margem foi baixo e o nível de confiança nos custos fornecidos foi alto.

CUSTEIO DE PRODUTO EM ORGANIZAÇÕES DE SERVIÇOS E SEM FINS LUCRATIVOS

Este capítulo concentrou-se em como aplicar os custos aos produtos manufaturados. A abordagem de custeio por ordem, entretanto, é utilizada também em situações que não de manufatura. As universidades, por exemplo, têm 'projetos' de pesquisa; as empresas de linhas áreas têm 'ordens' de reparo e inspeção; os contadores públicos têm 'serviços' de auditoria. Em tais situações, o foco muda de custos de produtos para custos de serviços.

Em organizações sem fins lucrativos, o 'produto' não é, geralmente, chamado de 'ordem de produção'. Em vez disso, ele pode ser chamado de 'programa' ou uma 'classe' de serviços. Um 'programa' é um grupo de atividades identificável, que, freqüentemente, produz saídas na forma de serviços, em vez de produtos. Exemplos incluem um programa de segurança, um programa de educação, um programa de aconselhamento familiar.

Os custos ou receitas podem ser rastreados para clientes individuais de um hospital, casos de bem-estar social individual e projetos de pesquisas universitárias individuais. Os departamentos, entretanto, com freqüência funcionam simultaneamente em muitos programas; assim, o desafio do custeio por ordem de serviço é 'aplicar' os custos dos vários departamentos aos vários programas. Só então os gestores poderão tomar decisões mais sábias a respeito da alocação de recursos limitados entre programas competidores.

Nos setores de serviços — como os de reparo, consultoria, legal e serviços de contabilidade —, cada pedido de cliente é uma ordem diferente, com uma conta especial ou número de pedido.

Às vezes, apenas os custos são rastreados diretamente à ordem; às vezes, apenas a receita é rastreada; às vezes, ambos. As lojas de reparo de automóveis, por exemplo, em geral têm uma ordem de reparo para cada carro elaborado, com espaço para alocar custos de materiais e mão-de-obra. Aos clientes é permitido verificar apenas uma cópia que mostra os preços de varejo dos materiais, das peças e a mão-de-obra faturada para seus pedidos. Se o gestor de reparo deseja dados de custos, um sistema pode ser projetado de modo que os custos de peças e mão-de-obra 'reais' de cada ordem sejam rastreados para a cópia em duplicata da ordem de reparo. Isso porque você, freqüentemente, vê os mecânicos de automóveis 'marcando a entrada' e 'marcando a saída' de seus tempos de início e parada em 'cartões de ponto', assim que cada nova ordem é elaborada.

ORÇAMENTOS E CONTROLE DE SERVIÇOS

Em muitas organizações de serviços e em algumas operações de manufatura, as ordens de serviço são utilizadas não apenas para custeio de produto, mas também para propósitos de planejamento e controle. Uma empresa de contabilidade e auditoria, por exemplo, pode ter um orçamento condensado para 20X2 como segue:

Receita	$10 000 000	100%
Mão-de-obra direta (para horas de profissionais debitadas aos serviços)	$ 2 500 000	25%
Contribuição para cobrir os custos indiretos de prestação de serviços (CIPS) e o lucro operacional	$ 7 500 000	75%
CIPS (todos os custos restantes)	$ 6 500 000	65%
Lucro operacional	$ 1 000 000	10%

Nessa ilustração:

$$\text{taxa de CIPS orçada} = \frac{\text{CIPS orçados}}{\text{mão-de-obra direta orçada}}$$

$$= \frac{\$\ 6\ 500\ 000}{\$\ 2\ 500\ 000} = 260\%$$

Assim que cada serviço é orçado, o sócio encarregado da auditoria prediz o número esperado de horas diretas profissionais necessárias. As horas diretas profissionais são aquelas trabalhadas por sócios, gestores e auditores subordinados, para completar o serviço.

Os custos de mão-de-obra direta orçados são os custos horários pertinentes multiplicados pelas horas orçadas. O tempo dos sócios é debitado para o serviço em taxas mais elevadas do que o tempo dos subordinados.

Como os CIPS são aplicados? Empresas de contabilidade geralmente usam ou custos de mão-de-obra direta ou horas de mão-de-obra direta como direcionador de custos para a aplicação de CIPS. Em nosso exemplo, a empresa usa custos de mão-de-obra direta. Tal prática implica que os sócios exigem, proporcionalmente, mais CIPS de apoio para cada uma de suas horas debitadas.

O total de custo orçado de um serviço é o custo de mão-de-obra direta mais os CIPS aplicados (260 por cento do custo da mão-de-obra direta nessa ilustração), mais quaisquer outros custos diretos.

O sócio do serviço usa um orçamento para uma auditoria específica que inclui escopo e etapas detalhadas. O orçamento para auditoria de caixa ou contas a receber, por exemplo, especificaria o trabalho exato a ser feito, o número de horas e as horas necessárias do tempo do sócio, tempo do gestor e tempo do subordinado. O sócio monitora o progresso ao comparar as horas registradas até a data com o orçamento original e com as horas estimadas restantes no serviço. Obviamente, se uma despesa de auditoria fixa tiver sido cotada, a lucratividade de um serviço dependerá de a auditoria poder ser realizada dentro dos limites de tempo orçados.

ACURÁCIA DOS CUSTOS DE SERVIÇOS

Suponha que uma empresa de contabilidade tenha custos sobre um serviço de auditoria como segue:

Mão-de-obra profissional direta	$ 50 000
CIPS aplicados 260% de $ 50 000	$ 130 000
Total de custos, excluindo custos de viagem	$ 180 000
Custos de viagem	$ 14 000
Total de custos do serviço	$ 194 000

Dois custos — mão-de-obra profissional e custos de viagem — são rastreados para as ordens, mas apenas a mão-de-obra profissional direta é um direcionador de custos para os CIPS. (Observe que os custos reembolsados pelo cliente — como custos de viagem — não adicionam aos CIPS e não devem estar sujeitos a nenhuma margem no estabelecimento das despesas.)

Os gestores das empresas de serviços, como empresas de auditoria e consultoria, freqüentemente usam ou os custos orçados, ou 'reais', dos serviços como guia para precificar e alocar esforço entre serviços particulares ou clientes. Dessa maneira, a acurácia dos custos dos vários serviços pode afetar as decisões.

ABC EM AMBIENTES DE SERVIÇOS E SEM FINS LUCRATIVOS

Nosso exemplo da empresa de contabilidade descreveu um sistema de custeio por ordem relativamente simples, amplamente utilizado. Apenas dois itens de custo direto (custos de mão-de-obra profissional direta e de viagem) foram utilizados e apenas uma única taxa de aplicação de CIPS foi utilizada.

Em anos recentes, para obter custos mais acurados, muitas empresas de serviços profissionais têm refinado seus sistemas de processamento de dados e adotado o ABC. Os computadores ajudam a acumular informação, que é, de longe, mais detalhada do que era viável alguns anos atrás. Como observado em capítulos anteriores, empresas que usam o ABC, geralmente mudam as classificações de custos de CIPS para custos diretos. Usando nossos números presumidos previamente para mão-de-obra direta ($ 50 mil) e viagem ($ 14 mil), reclassificamos os custos de nosso serviço de auditoria da seguinte maneira:

Mão-de-obra profissional direta	$ 50 000
Mão-de-obra de apoio direta, como custos de secretaria	$ 10 000
Benefícios indiretos a toda mão-de-obra direta*	$ 24 000
Chamadas telefônicas	$ 1 000
Fotocópias	$ 2 000
Tempo de computador	$ 7 000
Total de custo direto	$ 94 000
CIPS aplicados†	$ 103 400
Total de custos, excluindo custos de viagem	$ 197 400
Custos de viagem	$ 14 000
Total de custos do serviço	$ 211 400

* 40% da taxa presumida multiplicados por ($ 50 000 + $ 10 000) = $ 24 000.
† 110% da taxa presumida multiplicados por custos diretos totais de $ 94 000 = $ 103 400.

Em um sistema ABC, os custos como mão-de-obra direta de apoio, chamadas telefônicas, fotocópias e tempo de computador são aplicados por mensurações diretas de seus usos em cada serviço. Os custos restantes a ser alocados são atribuídos a grupos de custos baseados em suas causas. O direcionador de custos para outros CIPS é o total de custo direto.

A abordagem mais detalhada de ABC produzirá, quase sempre, os custos totais, que diferem dos custos totais em uma abordagem geral mostrada anteriormente: $ 211,4 mil comparados com $ 194 mil. Naturalmente, qualquer diferença positiva ou negativa será atribuível a ter mais tipos de custos rastreados diretamente para o serviço.

Efeitos de classificação nas taxas de CIPS

A abordagem do ABC também tem reduzido as taxas de aplicação de CIPS, supondo 110 por cento do total de custo direto, em vez de 260 por cento da mão-de-obra direta utilizada no primeiro exemplo, por dois motivos. Primeiro, há menos CIPS, porque mais custos são rastreados diretamente. Segundo, a base de aplicação é mais ampla, incluindo todos os custos diretos, em vez de apenas mão-de-obra direta.

Mesmo com o ABC, algumas empresas podem preferir continuar aplicando seu CIPS com base nos custos de mão-de-obra direta, em vez de no total de custos diretos. Por quê? Porque os sócios acreditam que os CIPS são, predominantemente, afetados pelo montante de custos de mão-de-obra direta, em vez de outros custos diretos, como chamadas telefônicas, mas, pelo menos, o ABC das empresas tomou uma decisão explícita: de que os custos de mão-de-obra direta são um direcionador de custo melhor.

Se o direcionador de CIPS deve ser o total de custos diretos, os custos, ou horas de mão-de-obra profissional, ou algum outro direcionador de custo, são um problema complicado para muitas empresas, incluindo a maioria das empresas de serviços profissionais. Idealmente, a análise da atividade deve descobrir os principais direcionadores de custos e esses direcionadores devem todos ser utilizados para a aplicação de CIPS. Na prática, apenas um ou dois direcionadores de custos são, geralmente, utilizados.

Problema resumido para revisão

Problema

Reveja a ilustração da Enriquez, especialmente a Figura 13.2. Prepare uma demonstração de resultado para 20X2 até a linha de lucro bruto. Use o método de baixa imediata para CIF superaplicado ou subaplicado.

Solução

A Figura 13.4 recapitula o impacto final da ilustração da Enriquez nas demonstrações contábeis. Observe como a baixa imediata significa que os $ 17 mil são somados aos custos dos produtos vendidos. Ao estudar a Figura 13.4, rastreie os três elementos principais, do custo (material direto, mão-de-obra direta e CIF da fábrica) até as contas.

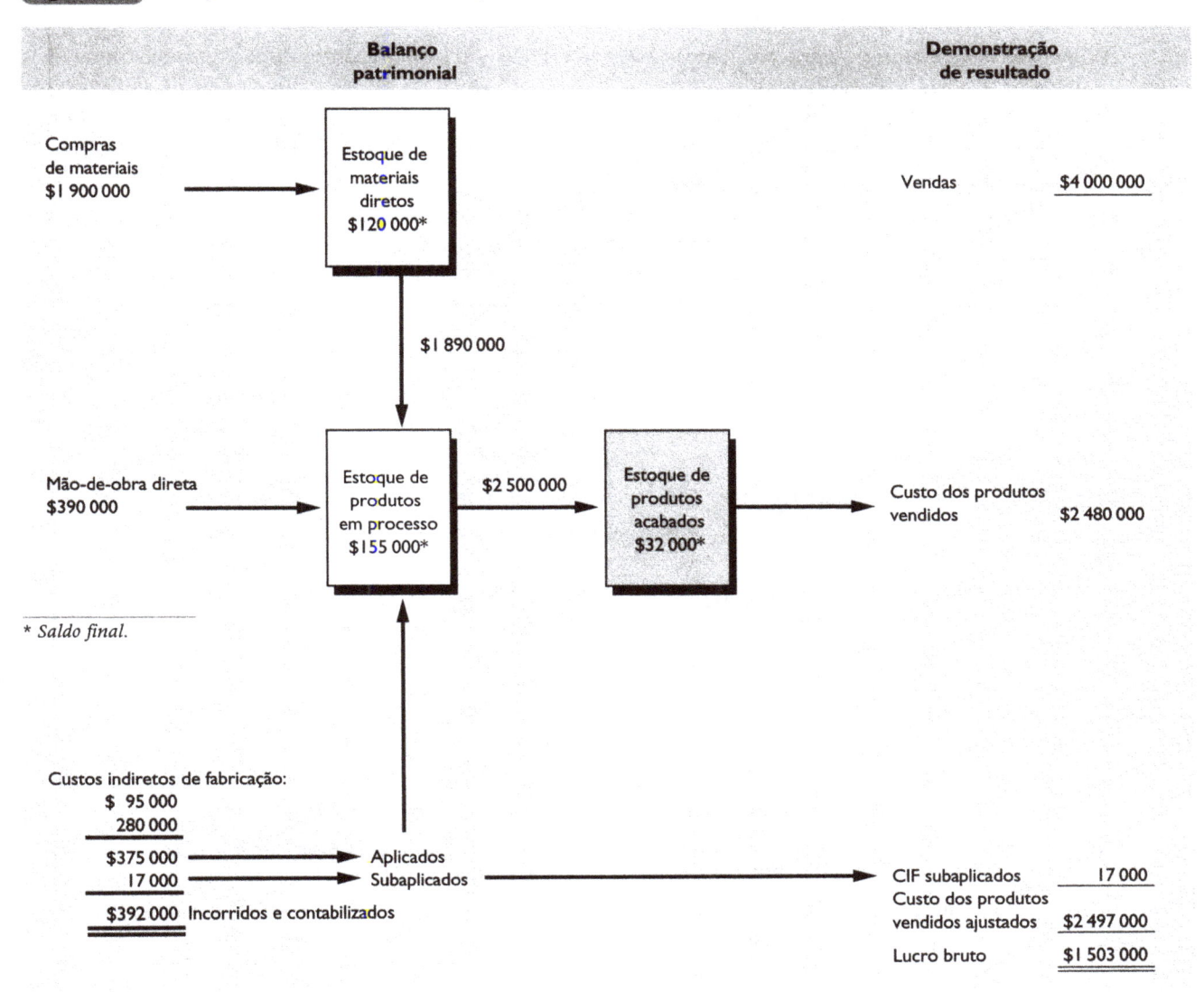

Figura 13.4 Relação dos custos nas demonstrações contábeis.

Balanço patrimonial

Compras de materiais $1 900 000 → Estoque de materiais diretos $120 000*

$1 890 000 ↓

Mão-de-obra direta $390 000 → Estoque de produtos em processo $155 000* — $2 500 000 → Estoque de produtos acabados $32 000*

Saldo final.

Custos indiretos de fabricação:
$ 95 000
  280 000
─────────
$375 000 → Aplicados
  17 000 → Subaplicados
─────────
$392 000 Incorridos e contabilizados

Demonstração de resultado

Vendas	$4 000 000
Custo dos produtos vendidos	$2 480 000
CIF subaplicados	17 000
Custo dos produtos vendidos ajustados	$2 497 000
Lucro bruto	$1 503 000

MATERIAL FUNDAMENTAL DE AVALIAÇÃO

13-A1. Lançamentos de diário básicos

Os seguintes dados (em milhares) resumem as operações da fábrica da Lewis Manufacturing Co. para 20X1, seu primeiro ano de funcionamento:

a.	Materiais diretos comprados a vista	$ 360
b.	Materiais diretos emitidos e utilizados	$ 330
c.	Mão-de-obra diretamente utilizada na produção	$ 125
d1.	Mão-de-obra indireta	$ 80
d2.	Depreciação da fábrica e equipamentos	$ 55
d3.	Diversos CIF (geralmente, seriam detalhados)	$ 40
e.	CIF: 180% da mão-de-obra direta	?

f. Custo da produção completada	$	625
g. Custo dos produtos vendidos	$	400

1. Prepare lançamentos de diário resumidos. Omita as explicações. Para propósitos deste problema, combine os itens de **d** como 'CIF incorridos'.
2. Mostre os razonetes para todos os estoques, custo dos produtos vendidos e controle dos CIF departamentais da fábrica. Calcule os saldos finais de estoques. Não ajuste os CIF da fábrica superaplicados ou subaplicados.

13-A2. Contabilidade de CIF, taxas orçadas

A McFarland Aeronautics Company usa uma taxa de CIF orçada na aplicação do CIF para ordens de serviços individuais na base de hora–máquina, para o departamento *A*, e na base de horas de mão-de-obra direta para o departamento *B*. No início de 20X1, a gestão da empresa fez as seguintes predições orçamentárias:

	Departamento A	Departamento B
Custo de mão-de-obra direta	$ 1 500 000	$ 1 200 000
Custos indiretos de fabricação	$ 1 820 000	$ 1 000 000
Horas de mão-de-obra direta	90 000	125 000
Horas–máquina	350 000	20 000

Os registros de custos dos meses recentes mostram as seguintes acumulações para a ordem de produção nº 455:

	Departamento A	Departamento B
Materiais colocados na produção	$ 12 000	$ 32 000
Custo de mão-de-obra direta	$ 10 800	$ 10 000
Horas de mão-de-obra direta	900	1 250
Horas–máquina	3 500	150

1. Qual é a taxa de CIF orçada a ser aplicada no departamento *A*? E no departamento *B*?
2. Qual é o total de CIF da ordem de produção nº 455?
3. Se a ordem de produção nº 455 consistir de 120 unidades de produto, qual será o custo unitário dessa ordem?
4. Ao final de 20X1, os resultados reais para as operações do ano foram os seguintes:

	Departamento A	Departamento B
CIF reais incorridos	$ 1 300 000	$ 1 200 000
Horas reais de mão-de-obra direta	80 000	120 000
Horas–máquina reais	300 000	25 000

Encontre os CIF subaplicados ou superaplicados para cada departamento e para a fábrica como um todo.

13-A3. Eliminação dos CIF

A Shoreline Marine Manufacturing aplica o CIF de fábrica usando horas–máquina e números de peças de componentes como direcionadores de custos. Em 20X1, os CIF de fábrica reais incorridos foram $ 134 mil, e os CIF de fábrica aplicados foram $ 126 mil. Antes da eliminação dos CIF de fábrica subaplicados ou superaplicados, o custo dos produtos vendidos foi de $ 525 mil; o lucro bruto foi de $ 60 mil, e os estoques finais foram:

Materiais diretos	$ 25 000
PEP	$ 75 000
Produtos acabados	$ 150 000
Total de estoques	$ 250 000

1. Os CIF de fábrica foram subaplicados ou superaplicados? Em quanto?
2. Suponha que a Shoreline baixe os CIF de fábrica subaplicados ou superaplicados como um ajuste para o custo dos produtos vendidos. Prepare os lançamentos de entrada e calcule os ajustes no lucro bruto.
3. Suponha que a Shoreline rateie os CIF de fábrica subaplicados ou superaplicados com base nos saldos de final de ano não-ajustados. Prepare o lançamento de diário e calcule o lucro bruto ajustado.
4. Suponha que os CIF de fábrica reais tenham sido de $ 124 mil, em vez de $ 134 mil, e que a Shoreline baixe os CIF de fábrica subaplicados e superaplicados como um ajuste para o custo dos produtos vendidos. Prepare o lançamento de diário e calcule o lucro bruto ajustado.

13-B1. Lançamentos de diário básicos

Considere os seguintes dados para a London Printing Company (em milhares):

Estoques, 31 de dezembro de 20X1
- Materiais diretos £ 18
- PEP £ 25
- Produtos acabados £ 100

As transações resumidas para 20X2 são:

a.	Compras de materiais diretos	£ 109
b.	Materiais diretos utilizados	£ 95
c.	Mão-de-obra direta	£ 105
d.	CIF incorridos	£ 90
e.	CIF aplicados, 80% da mão-de-obra direta	?
f.	Custo dos produtos acabados e transferidos para estoque de produtos acabados	£ 280
g.	Custo dos produtos vendidos	£ 350
h.	Vendas a prazo	£ 600

1. Prepare lançamentos de diário resumidos para as transações de 20X2. Omita as explicações.
2. Mostre os razonetes para todos os estoques, custo dos produtos vendidos e controle de CIF departamental da fábrica. Calcule os saldos finais dos estoques. Não ajuste os CIF de fábrica subaplicados ou superaplicados.

MATERIAL ADICIONAL DE AVALIAÇÃO

QUESTÕES

13-1. "Há diferentes custos de produtos para propósitos diferentes." Nomeie, ao menos, dois propósitos.

13-2. Distinga entre custeio por ordem e custeio por processo.

13-3. Como o custeio híbrido se relaciona ao custeio por ordem e ao custeio por processo?

13-4. Descreva os detalhes de apoio PEP em um sistema de custeio por ordem.

13-5. Que tipos de documento-fonte fornecem informações para os registros de custeio por ordem?

13-6. Suponha que uma empresa use horas–máquina como direcionador de custos para os CIF da fábrica. Como a empresa calcula a taxa de aplicação de CIF orçada? Como ela calcula os montantes de CIF de fábrica aplicados para uma ordem em particular?

13-7. Explique o papel da conta de controle de CIF departamental da fábrica em um sistema de custo por ordem.

13-8. "Cada departamento deve escolher um direcionador de custo a ser utilizado para aplicação de custos." Você concorda? Explique.

13-9. "Algumas vezes, o custo de mão-de-obra direta é o melhor direcionador de custo para alocação de CIF, mesmo que as taxas de salário variem dentro de um departamento." Você concorda? Explique.

13-10. Identifique quatro direcionadores de custos que uma empresa manufatureira possa usar para aplicar os CIF de fábrica às ordens.

13-11. A comparação dos CIF reais com os CIF orçados é parte do processo de custeio de produto ou parte do processo de controle? Explique.

13-12. Quais são alguns motivos para as diferenças entre os montantes de CIF incorridos e aplicados?

13-13. "Sob a aplicação de CIF reais, os custos unitários aumentam conforme os volumes aumentam e vice-versa." Você concorda? Explique.

13-14. Defina custeio normal.

13-15. Qual é o melhor método teórico para alocar CIF subaplicado ou superaplicado, supondo que o objetivo seja obter aplicações de custos o mais acuradas possível?

13-16. Dê três exemplos de setores de serviços que utilizem a abordagem de custeio por ordem.

13-17. "Quando o processamento de dados se torna mais econômico, mais custos do que apenas o de material direto e mão-de-obra direta serão classificados como custos diretos, sempre que viável." Dê três exemplos de tais custos.

Exercícios cognitivos

13-18. Objetivos da acumulação de custos por ordem
"Custos por ordem são acumulados para propósitos de avaliação de estoque e determinação do lucro." Cite dois outros propósitos.

13-19. Custeio por ordem comparado ao custeio por processo
"A distinção básica entre o custeio por ordem e o custeio por processo é a amplitude do denominador." Explique.

13-20. Relacionamento entre direcionadores de custos e CIF de fábrica
"Deve haver um relacionamento forte entre os CIF de fábrica incorridos e o direcionador de custos escolhido para sua aplicação. Por quê?"

13-21. Alocação de custos em empresas de serviços
"As empresas de serviços rastreiam apenas os custos com mão-de-obra direta às ordens. Todos os outros custos são aplicados como uma porcentagem de mão-de-obra direta ao custo." Você concorda? Explique.

Exercícios

13-22. Materiais diretos
Para cada um dos seguintes casos independentes, preencha os espaços em branco (em $ milhões):

	1	2	3	4
Estoque de materiais diretos, 31 de dezembro de 20X1	8	8	5	—
Comprados		5	9	—	8
Consumidos	7	—	7	3
Estoque de materiais diretos, 31 de dezembro de 20X2	—	6	9	7

13-23. Materiais diretos
A Genesis Athletic Shoes teve um estoque final de materiais diretos de $ 8 milhões. Durante o ano, a empresa adquiriu $ 15 milhões de materiais diretos adicionais e utilizou $ 12 milhões. Calcule o estoque inicial.

13-24. Uso da conta de estoque de PEP
A produção de setembro resultou na seguinte atividade em uma conta-chave da Colebury Casting Company (em milhares):

Estoque de PEP	
Saldo em 1º de setembro	12
Materiais diretos consumidos	50
Mão-de-obra direta debitada às ordens	25
CIF aplicados às ordens	55

As ordens 13N e 37Q, com custos totais de $ 70 mil e $ 54 mil, respectivamente, foram completadas em setembro.

1. Faça um lançamento de diário para a produção completada em setembro.
2. Calcule o saldo de estoque PEP, em 30 de setembro, após ter registrado a produção completada.
3. Faça lançamentos de diário a crédito da ordem 13N para $ 98 mil.

13-25. Análise de dados de custo por ordem
Os registros de custo por ordem da Naomi Remodeling, Inc. continha os seguintes dados:

Ordem nº	Datas			Total de custo da ordem em 31 de maio
	Iniciada	Acabada	Vendida	
1	19/4	14/5	15/5	$ 2 800
2	26/4	22/5	25/5	$ 8 800
3	2/5	6/6	8/6	$ 7 200
4	9/5	29/5	5/6	$ 8 100
5	14/5	14/6	16/6	$ 3 900

Calcule:
1. Estoque de PEP em 31 de maio.

2. Estoque de produtos acabados em 31 de maio.
3. Custo dos produtos vendidos da Naomi para maio.

13-26. Análise de dados de custo por ordem

A Cabrillo Construction Company constrói casas em especulação, isto é, as casas são iniciadas antes que qualquer comprador seja conhecido. Mesmo que o comprador concorde em comprar a casa em construção, nenhuma venda é registrada até que a casa seja completada e aceita para entrega. Os registros de custos por ordem continham o seguinte (em milhares):

Ordem nº	Datas Iniciada	Acabada	Vendida	Total de custo da ordem em 30 de setembro	Total de custo de construção agregado em outubro
43	26/4	7/9	8/9	$ 180	
51	17/5	14/9	17/9	$ 170	
52	20/5	30/9	4/10	$ 150	
53	28/5	14/10	18/10	$ 200	$ 50
61	3/6	20/10	24/11	$ 115	$ 20
62	9/6	21/10	27/10	$ 180	$ 25
71	7/7	6/11	22/11	$ 118	$ 36
81	7/8	24/11	24/12	$ 106	$ 48

1. Calcule o custo da Cabrillo de:
   a) Estoque de construção em processo em 30 de setembro e 31 de outubro.
   b) Estoque de casas acabadas em 30 de setembro e 31 de outubro.
   c) Custo das casas vendidas para setembro e outubro.
2. Prepare lançamentos de diários resumidos para a transferência de casas completadas de construção em processo para casas acabadas, para setembro e outubro.
3. Registre as vendas a vista (preço = $ 345 mil) e o custo da casa vendida para a ordem 53.

13-27. Descobrindo as incógnitas

A Chickadee Manufacturing Company tem os seguintes saldos (em milhões) em 31 de dezembro de 20X1:

Estoque de PEP	$ 14
Estoque dos produtos acabados	$ 175
Estoque de materiais diretos	$ 65
CIF incorridos	$ 180
CIF aplicados a 150 por cento do custo da mão-de-obra direta	$ 150
Custo dos produtos vendidos	$ 350

O custo dos materiais diretos comprados durante 20X1 foi $ 275. O custo dos materiais diretos requisitados para a produção, durante 20X1, foi $ 235. O custo dos produtos acabados foi $ 493, todos em milhões.

Antes de considerar qualquer ajuste de final de ano para os CIF subaplicados ou superaplicados, calcule os saldos de estoque inicial de materiais diretos, PEP e produtos acabados.

13-28. CIF subaplicados e superaplicados

A Starr Welding Company aplica CIF de fábrica a uma taxa de $ 8,50 por hora de mão-de-obra direta. Os dados selecionados para as operações de 20X1 são (em milhares):

	Caso 1	Caso 2
Horas de mão-de-obra direta	30	36
Custo da mão-de-obra direta	$ 220	$ 245
Custo de mão-de-obra indireta	$ 32	$ 40
Comissões de venda	$ 20	$ 15
Depreciação, equipamentos de manufatura	$ 22	$ 32
Custo de materiais diretos	$ 230	$ 250
Custo de combustível da fábrica	$ 35	$ 47
Depreciação, armazém de produtos acabados	$ 5	$ 17
Custo dos produtos vendidos	$ 420	$ 510
Todos os outros custos da fábrica	$ 138	$ 204

Cálcule para ambos os casos:

1. CIF de fábrica aplicados.
2. Total de CIF de fábrica incorridos.
3. Montante de CIF subaplicados ou superaplicados.

13-29. Eliminação de CIF

Suponha o seguinte no final de 20X1 (em milhares):

Custos dos produtos vendidos	$ 250
Estoque de materiais diretos	$ 80
PEP	$ 100
Produtos acabados	$ 150
Controle de CIF departamental da fábrica (saldo a crédito)	$ 50

1. Suponha que os CIF subaplicados ou superaplicados sejam considerados como ajustes para o custo dos produtos vendidos. Prepare os lançamentos de diário.
2. Suponha que os CIF subaplicados ou superaplicados sejam rateados entre as contas apropriadas, na proporção de seus saldos finais não-ajustados. Mostre os cálculos e prepare os lançamentos de diário.
3. Qual ajuste, do item 1 ou do item 2, resultaria em lucro bruto mais elevado? Explique, indicando o montante da diferença.

PROBLEMAS

13-30. Custeio por ordem na Dell Computer

Os processos de manufatura da Dell Computer, em sua instalação de Austin, Texas, consistem de montagem, teste funcional e controle de qualidade dos sistemas de computador da empresa. O processo de manufatura por encomenda da empresa é projetado para permitir à empresa produzir rapidamente sistemas de computador customizados. A empresa, por exemplo, contrata vários fornecedores para manufaturar computadores *notebook* Latitude, sem base configurada e, então, a Dell customiza esses sistemas para embarcar para os clientes. O controle de qualidade é mantido por meio de teste dos componentes, peças e submontagens, em vários estágios do processo de manufatura.

Descreva como a Dell pode preparar um sistema de custeio por ordem, para determinar os custos de seus computadores. Qual é a 'ordem' para a Dell? Como podem ser alocados os custos de componentes, montagem, teste e controle de qualidade para cada 'ordem'?

13-31. Relacionamentos dos custos de manufatura

Os dados selecionados a respeito das operações do ano fiscal passado da Wallis Manufacturing Company são (em milhares):

	Estoques	
	Inicial	Final
Matérias-primas	$ 70	$ 90
PEP	$ 75	$ 35
Produtos acabados	$ 100	$ 120
Outros dados:		
Matérias-primas consumidas		$ 468
Total de custos de manufatura debitados à produção durante o ano (inclui matérias-primas, mão-de-obra direta e CIF aplicados a uma taxa de 80% de mão-de-obra direta)		$ 864
Custo dos produtos disponíveis para venda		$ 1 026
Despesas gerais e de venda		$ 50

Responda cada um dos seguintes itens:

1. Calcule o custo das matérias-primas compradas durante o ano.
2. Calcule os custos de mão-de-obra debitados para a produção durante o ano.

3. Calcule o custo dos produtos manufaturados durante o ano.
4. Calcule o custo dos produtos vendidos durante o ano.

13-32. Custeio por ordem em organizações sem fins lucrativos

O custeio por ordem geralmente é identificado com empresas de manufatura. Setores de serviços e organizações sem fins lucrativos, entretanto, também usam o método. Suponha que uma agência de serviço social tenha um sistema de contabilidade de custos que rastreie custos por departamento (por exemplo, aconselhamento familiar, bem-estar geral e apoio à infância) e por caso. Dessa maneira, Hillary Pratt, gestora da agência, está mais apta a determinar como seus recursos limitados (a maioria, trabalhadores sociais profissionais) podem ser alocados.

Além disso, as interações da gestora com os superiores e vários políticos é mais frutífera quando ela pode citar os custos dos vários tipos de caso.

O orçamento condensado, por linha de item, para o departamento geral de bem-estar da agência para 20X1 é mostrado a seguir:

Salários profissionais			
Nível 12	5 a $ 35 000 =	$ 175 000	
Nível 10	21 a $ 26 000 =	546 000	
Nível 8	34 a $ 18 000 =	612 000	$ 1 333 000
Outros custos			$ 479 880
Total de custos			$ 1 812 880

Para custear os vários casos, a gestora favoreceu o uso de uma única taxa de aplicação de CIPS, baseada no índice do total de CIPS pela mão-de-obra direta. Este último foi definido como os salários de profissionais designados para os casos específicos.

Os trabalhadores profissionais preencheram um relatório semanal 'tempo no caso', que aproximou as horas gastas para cada caso.

As instruções para o relatório foram as seguintes: "Indique quanto tempo (em horas) você gasta em cada caso. O tempo não-atribuído deve ser listado separadamente". Cerca de 20 por cento do tempo disponível ficou não-atribuído para casos específicos. Ele era utilizado para desenvolvimento profissional (por exemplo, programas de educação continuada). O 'tempo não-atribuído' transforma-se em uma parte dos 'CIPS', como distinto da mão-de-obra direta.

1. Calcule a 'taxa de CIPS' como uma porcentagem da mão-de-obra direta (isto é, os salários profissionais atribuíveis).
2. Suponha que a última semana seja caso de bem-estar, cliente nº 537, tenha exigido duas horas do tempo de nível 12, quatro horas do tempo de nível 10 e nove horas do tempo de nível 8. Quanto custo da ordem deve ser alocado ao cliente nº 537 para a semana? Suponha que todos os empregados profissionais trabalhem 1,8 mil horas por ano.

13-33. Custeio por ordem em uma empresa de consultoria

A Lubbock Engineering Consultants é uma empresa de engenheiros civis profissionais. Ela faz, na maior parte das ordens, levantamentos de serviços para o setor de construção pesada por todo o Texas. A empresa obtém suas ordens ao fornecer cotações de preços fixos; assim, a lucratividade depende da habilidade de predizer o tempo exigido para as várias subtarefas nas ordens. (Essa situação é similar à dos profissionais de auditoria, em que os tempos são orçados para as etapas de auditoria como reconciliação de caixa e confirmação de contas a receber.)

Um cliente pode ser atendido por vários profissionais da equipe, que mantém posições na hierarquia de sócios a gestores e engenheiros sêniores a assistentes. Além disso, há secretárias e outros empregados.

A engenharia de Lubbock tem o seguinte orçamento para 20X2:

Compensação da equipe profissional	$ 3 600 000
Outros custos	$ 1 449 000
Total dos custos orçados	$ 5 049 000

Cada membro da equipe profissional deve submeter um relatório semanal de tempo, que é utilizado para debitar as horas aos registros das ordens de serviço dos clientes. O relatório de tempo tem sete colunas, uma para cada dia da semana. Suas linhas são as seguintes:

- Horas debitáveis
  Cliente 156
  Cliente 183
  Etc.
- Horas não-debitáveis
  Atendimento ao seminário sobre equipamentos novos
  Tempo não-atribuído
  Etc.

Por sua vez, esses relatórios de tempo são utilizados para debitar as horas e custos para os registros de ordem de serviço aos clientes.

O sócio gestor considera esses registros de ordem absolutamente essenciais para mensurar a lucratividade das várias ordens e fornecer 'uma base de experiência para melhorar as predições das ordens futuras'.

1. Essa empresa aplica CIPS para as ordens a uma porcentagem orçada da compensação profissional debitada diretamente nas ordens ('mão-de-obra direta'). Para todas as categorias de pessoal profissional, as horas debitáveis médias são 85 por cento das horas disponíveis. As horas não-debitáveis são consideradas como CIPS adicional. Qual é a taxa de CIPS como uma porcentagem da mão-de-obra direta, e os custos da compensação profissional debitáveis?
2. Um engenheiro sênior trabalha 48 semanas por ano, 40 horas por semana. Sua compensação é de $ 60 mil. Ele trabalhou em duas ordens durante a semana passada, devotando dez horas para a ordem 156 e 30 horas para a ordem 183. Quanto de custo deve ser debitado para a ordem 156, por causa de seu trabalho nela?

13-34. Escolha de direcionadores de custo em uma empresa de contabilidade

Brenda McCoy, gestora sócia da McCoy, Brennan e Cable, uma empresa de contabilidade e auditoria, está considerando o desejo de rastrear mais custos para as ordens do que apenas a mão-de-obra direta. Dessa maneira, a empresa estará apta a justificar o faturamento aos clientes. Os custos do último ano foram:

Mão-de-obra profissional direta	$ 5 000 000
CIPS	$ 10 000 000
Total de custos	$ 15 000 000

Os seguintes custos foram incluídos nos CIPS:

Tempo de computador	$ 750 000
Custo de secretaria	$ 700 000
Fotocópia	$ 250 000
Benefícios indiretos para mão-de-obra direta	$ 800 000
Tempo de chamadas telefônicas com os clientes (estimado, mas não tabulado)	$ 500 000
Total	$ 3 000 000

As técnicas de processamento de dados da empresa agora tornam viável documentar e rastrear esses custos para as ordens individuais.

Como experimento, em dezembro, Brenda McCoy arranjou o rastreamento desses custos para seis serviços de auditoria. Dois registros de ordem mostraram o seguinte:

	Serviços	
	Eagledale Company	First Valley Bank
Mão-de-obra profissional direta	$ 15 000	$ 15 000
Benefícios indiretos para mão-de-obra direta	$ 3 000	$ 3 000
Tempo de chamadas telefônicas com clientes	$ 1 500	$ 500
Tempo de computador	$ 3 000	$ 700
Custos de secretaria	$ 2 000	$ 1 500
Fotocópia	$ 500	$ 300
Custo direto total	$ 25 000	$ 21 000

1. Calcule a taxa de aplicação de CIPS com base nos custos do último ano.
2. Suponha que os custos do último ano tenham sido reclassificados, de modo que $ 3 milhões sejam considerados como custos diretos, em vez de CIPS. Calcule a taxa de aplicação de CIPS como uma porcentagem de mão-de-obra direta e como uma porcetagem do total de custos diretos.
3. Usando as três taxas calculadas nos itens 1 e 2, calcule o total de custos dos serviços para a Eagledale Company e para a First Valley Bank.
4. Suponha que o faturamento dos clientes fosse baseado em uma margem de 30 por cento do total de custos das ordens. Calcule o faturamento que resultaria do item 3.
5. Que método de custeio por ordem e aplicação de CIPS você favoreceria? Explique.

13-35. Custos alocados e serviços públicos

O grande júri do condado de Napa, Califórnia, debitou para a cidade de St. Helena um sobrefaturamento aos clientes de serviços de água e esgoto. A cidade alocou 'CIPS administrativos' ao orçamento do departamento de água e esgoto. Esses custos foram, então, adicionados às ordens de serviços, isto é, às contas dos clientes do departamento de água e esgoto. O grande júri chamou os $ 76 581,20 alocados ao departamento, em 1996-1997, de 'meramente um ardil' para gerar fundos para cobrir despesas da cidade que não estavam relacionadas com os serviços de água e esgoto, resultando em 'contas de água inchadas' para os clientes locais.

O diretor de finanças da cidade explicou que a alocação de CIPS foi uma maneira de faturar, nas contas do departamento de água e esgoto da cidade, o tempo que os outros departamentos gastavam com assuntos de água e esgoto. O prefeito John Brown concluiu: "Está muito claro, para mim, que eles [o grande júri] não sabem o que estão falando".

1. A despesa de CIPS era um custo legítimo para o departamento de água e esgoto, a ser coberto pelas contas de água e esgoto? Explique seu raciocínio aos cidadãos de St. Helena.
2. Suponha que ao menos uma parte da despesa de CIPS seja um custo legítimo do departamento de água e esgoto. Sugira mudanças possíveis no sistema de contabilidade, que forneceriam uma medida mais acurada dos custos dos serviços fornecidos ao departamento de água e esgoto por outros departamentos.

Casos

13-36. Taxas múltiplas de CIF e ABC

Uma divisão da Hewlett-Packard monta e testa placas de circuitos impressos (PC). A divisão tem muitos produtos diferentes. Alguns são de elevado volume; outros, de baixo volume. Durante anos, os CIF de manufatura foram aplicados aos produtos usando-se uma única taxa, baseada nas unidades monetárias de mão-de-obra. A mão-de-obra direta, entretanto, encolheu para 6 por cento do total dos custos de manufatura.

Os gestores decidiram refinar o sistema de custeio de produto da divisão. Abolindo a categoria de mão-de-obra direta, eles incluíram toda a mão-de-obra de manufatura como parte dos CIF de fábrica. Eles também identificaram diversas atividades e o direcionador de custo apropriado para cada uma. O direcionador de custo para a primeira atividade, a estação de início, foi o número de placas de PC não-montadas. A taxa de aplicação foi calculada como segue:

$$\text{taxa de aplicação para atividade da estação de início} = \frac{\text{total de CIF orçado para a atividade}}{\text{placas de PC não-montadas orçadas por ano}}$$

$$= \frac{\$ 150\ 000}{125\ 000} = \$ 1,20$$

Cada vez que uma placa de PC não-montada passa pela atividade da estação inicial, $ 1,20 é adicionado ao custo da placa. O custo do produto é a soma dos custos diretamente rastreados para a placa, mais os CIF acumulados em cada uma das atividades de manufatura na seqüência.

Usando números supostos, considere os seguintes dados a respeito da placa de PC 37:

Materiais diretos	$ 55,00
CIF aplicados	?
Total de custo de produtos manufaturados	?

As atividades envolvidas na produção da placa 37 e os direcionadores de custos relacionados de PC foram:

Atividade	Direcionador de custo	CIF de fábrica aplicados para cada atividade		
1. Estação inicial	Nº de placas de PC não-montadas	1 × $ 1,20	=	$ 1,20
2. Inserção axial	Nº de inserções axiais	39 × 0,07	=	?
3. Inserção DIP	Nº de inserções DIP	? × 0,20	=	5,60
4. Inserção manual	Nº de inserções manuais	15 × ?	=	6,00
5. Soldador de onda	Nº de placas soldadas	1 × 3,20	=	3,20
6. Recarga	Nº de inserções de recarga	8 × 0,60	=	4,80
7. Teste	Tempo-padrão da placa em atividade de teste	0,15 × 80,00	=	?
8. Análise de defeitos	Tempo-padrão para análise de defeitos ou reparos	0,05 × ?	=	4,50
Total				$?

1. Preencha os espaços em branco.
2. Como a mão-de-obra direta é identificada com os produtos sob esse sistema de custeio de produto?
3. Por que os gestores favoreceriam essa taxa de CIF múltipla, sistema ABC, em vez do sistema antigo?

13-37. Um ou dois direcionadores de custos

A Matterhorn Instrumentos Co., em Genebra, Suíça, tem o seguinte orçamento de 20X1 para seus dois departamentos, em francos suíços (FS):

	Usinagem	Acabamento	Total
Mão-de-obra direta	FS 300 000	FS 800 000	FS 1 100 000
CIF de fábrica	FS 960 000	FS 800 000	FS 1 760 000
Horas–máquina	60 000	20 000	80 000

No passado, a empresa usou uma única taxa de aplicação de CIF para a empresa toda, com base no custo de mão-de-obra direta. Como suas linhas de produtos expandiram, entretanto, e a competição se intensificou, Hans Volkert, presidente da empresa, questionou a acurácia dos lucros ou prejuízos mostrados nos vários produtos.

A Matterhorn fabrica ferramentas sob encomenda, para pedidos especiais dos clientes. Para ser competitiva e ainda realizar um lucro razoável, é essencial que a empresa mensure o custo de cada pedido de cliente. O sr. Volkert focalizou a alocação de CIF como um problema potencial. Ele sabe que mudanças em custos são mais pesadamente afetadas pelas horas–máquinas no departamento de usinagem e pelos custos de mão-de-obra direta no departamento de acabamento. Como *controller* da empresa, você obteve os seguintes dados a respeito dos pedidos típicos dos clientes:

	Número dos pedidos	
	K102	*K156*
Usinagem		
Materiais diretos	FS 4 000	FS 4 000
Mão-de-obra direta	FS 3 000	FS 1 500
Horas–máquina	1 200	100
Acabamento		
Mão-de-obra direta	FS 1 500	FS 3 000
Horas–máquina	120	120

1. Calcule as seis taxas de aplicação de CIF da fábrica, três baseadas nos custos da mão-de-obra direta e três baseadas em horas–máquina para usinagem, acabamento e para a fábrica como um todo.

2. Use as taxas de aplicação para calcular o total de custos dos pedidos K102 e K156 como segue:
   a) A taxa da fábrica como um todo, baseada nos custos de mão-de-obra direta.
   b) Usinagem baseada nas horas–máquina e acabamento baseado nos custos da mão-de-obra direta.
3. Avalie suas respostas ao item 2. Que conjuntos de custos por ordem você prefere? Por quê?

capítulo

14

Sistemas de acumulação de custos por processo

Nessa mina, de propriedade de Nally & Gibson Georgetown, Inc. e por ela operada, as rochas calcárias são mineradas de uma pedreira, embarcadas para essa instalação de processamento, processada e estocada. A empresa utiliza um sistema de custeio por processo de produção para determinar os custos dessas atividades.

Objetivos de aprendizagem

Ao terminar de estudar este capítulo, você deverá estar apto a:

1. Explicar as idéias básicas subjacentes ao custeio por processo e como elas diferem do custeio por ordem.
2. Calcular a produção em termos de unidades equivalentes.
3. Calcular os custos e preparar os lançamentos de diários para as principais transações em um sistema de custeio por processo.
4. Demonstrar como a presença de estoques iniciais afeta o cálculo de custos unitários sob o método da média ponderada (MP).
5. Demonstrar como a presença de estoques iniciais afeta o cálculo de custos unitários sob o método 'primeiro a entrar, primeiro a sair' (PEPS — em inglês, first-in, first-out — FIFO).
6. Usar o custeio retrocedido com um sistema de produção JIT.
7. **Entender como um sistema de custeio por processo rastreia os custos aos produtos.**

Não olhe agora, mas você provavelmente está cercado de produtos fabricados pela Nally & Gibson Georgetown, Inc. De fato, se você está em uma residência ou em um dormitório, é provável que haja cerca de 400 toneladas desse produto perto — nas ruas e entradas de automóveis, nas calçadas, nas paredes e pode até ser na pasta de dentes. O que é isso? Calcário.

A Nally & Gibson é um dos principais produtores de produtos de calcário utilizados para propósitos industriais e comerciais. O calcário é usado em estradas, pavimentos de escola, concretos de calçadas, edifícios, produtos de melhoria de solo, casas residenciais e em cerca de um milhão de outros lugares (sim, mesmo em algumas pastas de dentes).

Fabricar produtos de calcário é um exemplo excelente de sistema de produção por processo. Uma única saída — rocha calcária — está sujeita a diversos processos, que resultam em produtos calcários acabados. O processo de produção básico, que converte a rocha calcária em calcário utilizável, é fácil de entender e é razoavelmente simples. Basicamente, a rocha calcária é minerada da pedreira da Nally & Gibson e da jazida em Georgetown, Kentucky, e embarcada para instalações de processamento. Ela passa por diversos estágios de esmagamento e moagem,* dependendo de quão fino o produto acabado precisa ser. A natureza fácil e homogênea desses processos pode fazer você pensar que o sistema de contabilidade de custos utilizado para rastrear os custos de produtos também deve ser simples e, talvez, até mesmo sem importância para o sucesso da empresa. A informação acurada e oportuna de custos, entretanto, é crítica para ambos: Custeio de produto e tomada de decisão na Nally & Gibson.

A alocação acurada dos custos de mineração e transporte do calcário e, então, o esmagamento do calcário para formar os vários produtos, por exemplo, é essencial para o sucesso da empresa. O siste-

---

* *Uma pedreira de rocha calcária, no Brasil, deve ter uma licença do Ministério de Minas e Energia, sob o direito de lavra, para explorar a jazida de calcário, bem como licença do Ministério da Defesa, para operar com explosivos, os quais primeiro explodem a rocha em bancadas, das quais se extraem rochas grandes (matacões), que são explodidas por fogachos, para gerar pedras menores. Essas são britadas em cremalheiras e peneiradas, gerando britas 4, 3, 2, 1, pedriscos e pó de pedra. As rochas classificadas por tamanho de furo de peneira são comercializadas conforme essa classificação. (N. do T.)*

ma de contabilidade de custos da empresa acumula os custos desses processos e, então, calcula um custo médio por tonelada de produto. De acordo com o presidente da empresa, Frank Hamilton Jr: "Se a Nally & Gibson não mantivesse um controle sobre os custos, não estaríamos aqui".

Como uma empresa como a Nally & Gibson atribui custos a seus produtos? Apesar de tudo, é difícil atribuir custos às peças individuais do calcário esmagado. As empresas que produzem grandes quantidades de produtos genéricos ou homogêneos, como grampos ou batatas fatiadas ou em tiras para fritura, em um processo contínuo, não usam as técnicas de custeio por ordem que vimos antes. Por quê? Primeiro, porque não há uma produção discreta. A empresa não espera por um pedido específico do cliente. A empresa faz uma previsão da demanda para o produto e o produz para satisfazer essa demanda esperada. Segundo, é surpreendentemente difícil (e oneroso) rastrear os custos para uma batata frita específica ou mesmo uma única carga de caminhão de calcário. E não haveria benefício em fazê-lo em termos de acurácia aumentada. Assim, o critério de custo–benefício dita claramente que a empresa determine os custos unitários usando quantidades muito maiores — digamos, a produção toda de um mês.

O custeio por processo atribui custos ao mensurar os custos de produção geral e calcular uma média deles com base na produção total em unidades, ao longo de um período de tempo — geralmente, um mês. O custo unitário médio resultante é, então, utilizado para determinar o custo de estoque e o custo dos produtos vendidos. Este capítulo explicará o custeio por processo.

O BÁSICO SOBRE CUSTEIO POR PROCESSO

Como notamos no Capítulo 13, todo custeio de produto usa uma média para determinar os custos por unidade de produção. Às vezes, essas médias são aplicadas a um número relativamente pequeno de unidades, como um trabalho de impressão em particular, produzido em um sistema de produção por ordem de serviço. Outras vezes, as médias podem ter de ser extremamente amplas, baseadas em produtos genéricos de um sistema de produção por processo, tal como assentar um leito de estrada de calcário. Os sistemas de custeio por processo aplicam os custos aos produtos como aqueles que são geralmente produzidos em massa, em produção contínua, por meio de uma série de processos de produção. Esses processos, geralmente, ocorrem em departamentos separados, embora o único departamento, algumas vezes, contenha mais de um processo.

CUSTEIO POR PROCESSO, COMPARADO COM O CUSTEIO POR ORDEM

Será, provavelmente, mais fácil entender o custeio por processo se você compará-lo com algo que já conhece: O custeio por ordem. O custeio por ordem e o custeio por processo são utilizados por tipos diferentes de produto. As empresas dos setores, como impressoras, construção e manufatura de móveis, nos quais cada unidade ou lote (ordem) de produto é único e facilmente identificável, usam o custeio por ordem. O custeio por processo é utilizado quando há uma produção em massa, por meio de uma seqüência de diversos processos, como misturar e cozinhar. Os exemplos incluem produtos químicos, farinha, vidro, pasta de dentes e calcário.

A Figura 14.1 mostra as principais diferenças entre custeio por ordem e custeio por processo. O custeio por processo exige diversas contas de produtos em processo, uma para cada processo (ou departamento). Quando os produtos são movimentados de processo para processo, seus custos são transferidos conforme ocorrem.

Considere o sistema de custeio por processo da Nally & Gibson. O sistema de produção da empresa tem quatro processos principais, como mostrado na Figura 14.2. A rocha calcária é, primeiro, obtida da superfície da pedreira ou das jazidas. A rocha é, então, transportada para a planta, por trem ou caminhão. Na planta, a rocha é esmagada (britada) e selecionada (peneirada) nos vários tamanhos exigidos pelos clientes. O calcário esmagado é, então, estocado em grandes pilhas de estoque para embarque. Cada processo exige recursos. Os recursos de materiais diretos são a rocha calcária, que está empilhada ou minerada. Os recursos de mão-de-obra direta e CIF são utilizados em todos os quatro processos.

A abordagem do custeio por processo não distingue entre unidades individuais de produto. Em vez disso, ela acumula custos para um período e divide-os pelas quantidades produzidas durante o período, para obter uma média ampla de custos unitários.

O custeio por processo pode ser aplicado a atividades que não de manufatura, bem como a atividades de manufatura. Podemos, por exemplo, dividir os custos de fornecer testes de licença para motoristas de automóveis do estado pelo número de testes fornecidos, e podemos dividir os custos de um departamento de classificação de uma agência de correio pelo número de itens classificados.

Figura 14.1 Comparação do custeio por ordem com o custeio por processos.

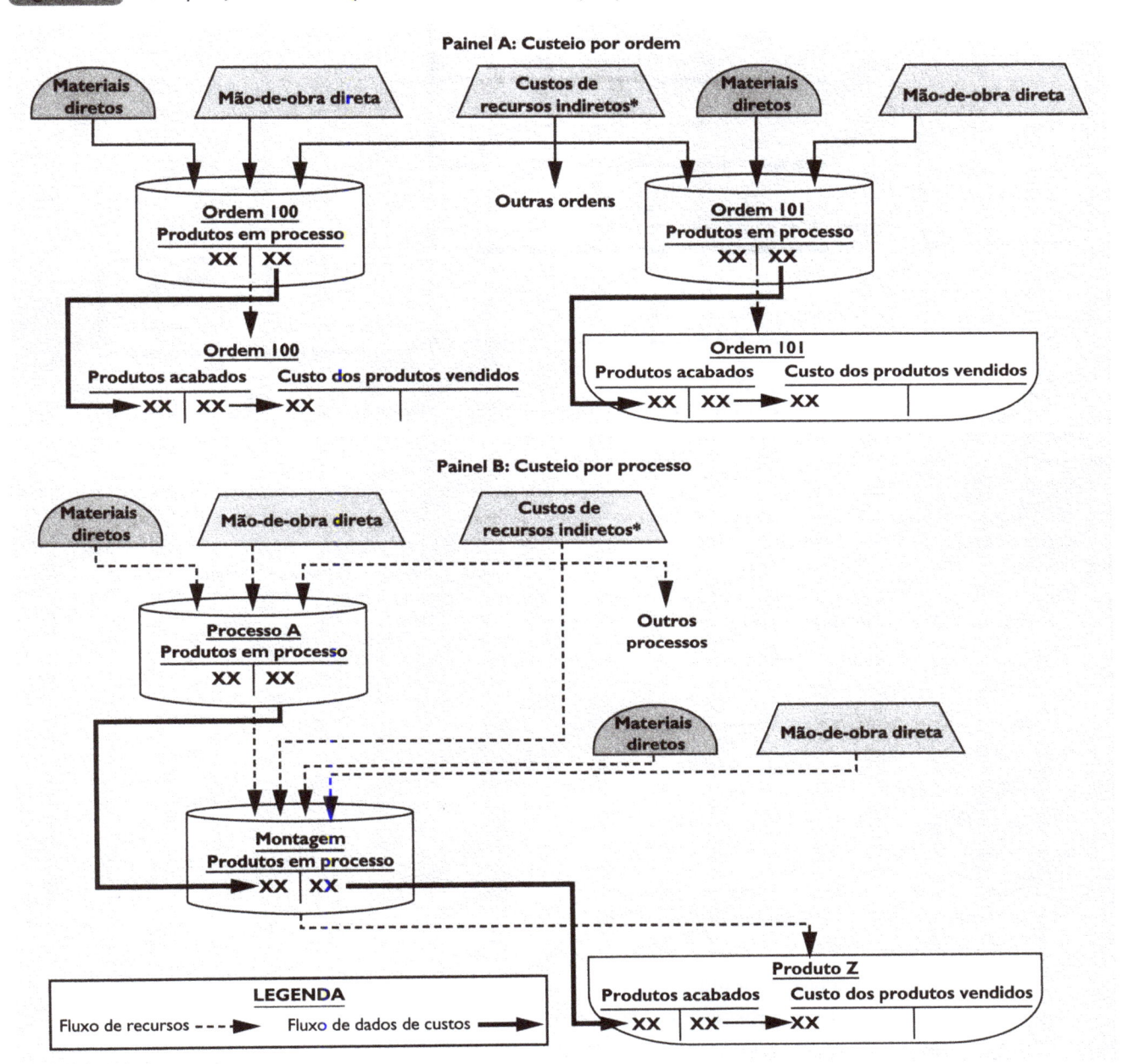

Painel A: Custeio por ordem

Painel B: Custeio por processo

LEGENDA
Fluxo de recursos ---▶   Fluxo de dados de custos ━━▶

* Para simplificar, mostramos apenas um grupo de custos de recursos indiretos, que tem o comportamento de custos fixos. Na realidade, deveria haver diversos grupos de custos com comportamentos de custos fixos e variáveis. Cada um desses grupos de custos de recursos indiretos seria alocado usando-se um direcionador de custos apropriado.

Para obter uma percepção grosseira do custeio por processo, considere a Magenta Midget Frozen Vegetables. Ela cozinha rapidamente pequenas cenouras, feijão e outros vegetais, antes de congelá-los. Tem apenas dois processos: Cozinhar e congelar. Como o seguinte razonete mostra, os custos dos vegetais cozidos (em milhões de unidades monetárias) são transferidos do departamento de cozimento para o departamento de congelamento:

Produtos em processo — Cozimento			
Materiais diretos	14	Custo dos produtos completados transferidos para o próximo departamento	
Mão-de-obra direta	4		
CIF da fábrica	8		
	26		24
Estoque final	2		

Produtos em processo — Congelamento			
Custos transferidos de cozimento	24	Custo dos produtos completados transferidos para produtos acabados	
Mão-de-obra direta	1		
CIF da fábrica	2		
	27		25
Estoque final	2		

CAPÍTULO 14 SISTEMA DE ACUMULAÇÃO DE CUSTOS POR PROCESSO

Figura 14.2 Custeio por processo na Nally & Gibson.

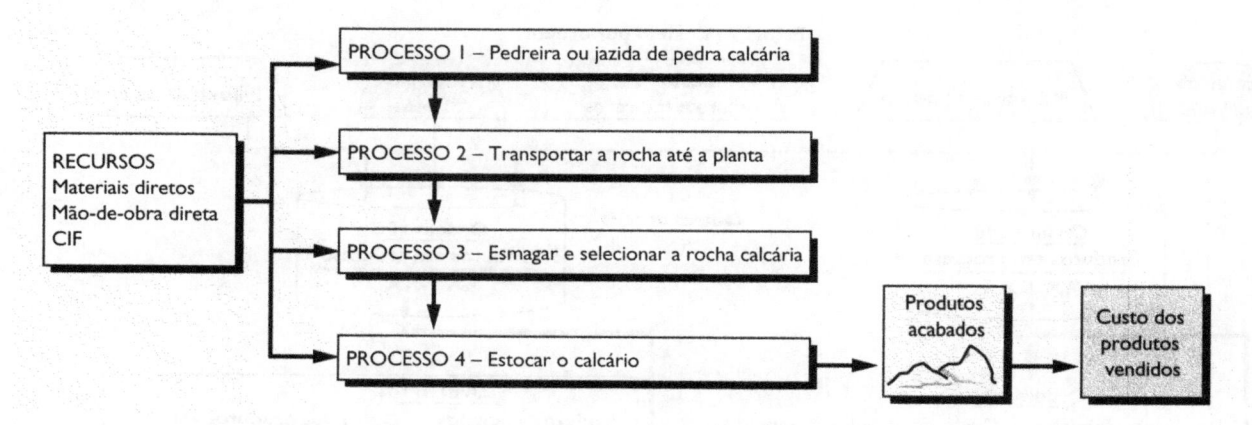

```
RECURSOS              →  PROCESSO 1 – Pedreira ou jazida de pedra calcária
Materiais diretos     →  PROCESSO 2 – Transportar a rocha até a planta
Mão-de-obra direta    →  PROCESSO 3 – Esmagar e selecionar a rocha calcária
CIF                   →  PROCESSO 4 – Estocar o calcário   →  Produtos acabados  →  Custo dos produtos vendidos
```

O montante de custo a ser transferido é determinado pela divisão dos custos acumulados no departamento de cozimento pelos quilos de vegetais processados. O custo por quilo resultante é, então, multiplicado pelos quilos de vegetais transferidos fisicamente para o departamento de congelamento.

Os lançamentos de diários para os sistemas de custeio por processo são similares àqueles do sistema de custeio por ordem, isto é, materiais diretos, mão-de-obra direta e CIF de fábrica são contabilizados como antes.

Agora, entretanto, há mais de uma única conta de produtos em processo para todas as unidades que estão sendo manufaturadas. Há uma conta de produtos em processo (PEP) para cada departamento processador, produtos em processo — cozimento e produtos em processo —, congelamento, em nosso exemplo.

Os dados da Magenta Midget serão registrados como segue:

1. Produtos em processo — cozimento 14
   Estoque de materiais diretos 14
   Para registrar os materiais diretos consumidos
2. Produtos em processo — cozimento 4
   Salários a pagar 4
   Para registrar a mão-de-obra
3. Produtos em processo — cozimento 8
   CIF da fábrica 8
   Para registrar os CIF de fábrica aplicados ao produto
4. Produtos em processo — congelamento 24
   Produtos em processo — cozimento 24
   Para transferir produtos do processo de cozimento
5. Produtos em processo — congelamento 1
   Salários a pagar 1
   Para registrar a mão-de-obra direta
6. Produtos em processo — congelamento 2
   CIF de fábrica 2
   Para registrar os CIF de fábrica aplicados ao produto
7. Produtos acabados 25
   Produtos em processo — congelamento 25
   Para transferir produtos do processo de congelamento

O problema central do custeio de produto é como cada departamento deve calcular o custo de produtos transferidos para outro departamento, e o custo dos produtos remanescentes no departamento. Se o mesmo montante de trabalho for feito em cada unidade transferida e em cada unidade do estoque final, a solução será fácil. O total de custos é, simplesmente, dividido pelo total de unidades. Então, esse custo unitário é utilizado para calcular o custo total de unidades transferidas para outros departamentos e o custo remanescente das unidades não-acabadas. Se as unidades em estoque, entretanto, estiverem cada uma parcialmente completada, o sistema de custeio do produto deverá distinguir entre os custos de unidades totalmente completadas e transferidas para outros departamentos e o custo de unidades parcialmente completadas, mas ainda não transferidas.

Os sistemas de manufatura por processo variam em projeto. O projeto mostrado no Painel B da Figura 14.1 (bem como da Figura 14.2) é seqüencial — unidades passam do processo A para o processo B e assim por diante, até que o produto seja acabado. Muitos outros projetos são encontrados na prática — cada um elaborado para satisfazer necessidades específicas de produção. Os processos podem, por exemplo, ser operados em paralelo, até a montagem final. Nesse caso, o processo A e o processo B podem ocorrer ao mesmo tempo, para produzir peças diferentes do produto acabado. Qualquer que seja o *layout* específico, os princípios básicos do custeio por processo são os mesmos.

APLICAÇÃO DO CUSTEIO POR PROCESSO

Para ajudá-lo a entender melhor nossa discussão do custeio por processo, usaremos o exemplo da Oakville Wooden Toys, Inc. A empresa compra madeira como um material direto para o seu departamento de modelagem. O departamento processa apenas um tipo de brinquedo: Marionetes.

As marionetes são transferidas para o departamento de acabamento, onde são modeladas à mão, e as cordas, a pintura e a roupa são adicionadas.

O departamento de modelagem manufaturou 25 mil unidades idênticas durante abril, e seus custos naquele mês foram:

Materiais diretos		$ 70 000
Custos de conversão		
Mão-de-obra direta	$ 10 625	
CIF de fábrica	$ 31 875	$ 42 500
Custos a contabilizar		$ 112 500

O custo unitário dos produtos completados seria, simplesmente, $ 112 500 ÷ 25 000 = $ 4,50. Uma especificação mostraria o seguinte:

Materiais diretos, $ 70 000 ÷ 25 000	$ 2,80
Custos de conversão, $ 42 500 ÷ 25 000	$ 1,70
Custo unitário de uma marionete totalmente completada	$ 4,50

O que aconteceria, porém, se nem todas as 25 mil marionetes fossem completadas durante o mês de abril? Suponha, por exemplo, que cinco mil estivessem em processo no final do mês de abril — apenas 20 mil estivessem iniciadas e totalmente completadas. Todas as unidades — tanto aquelas transferidas adiante como aquelas ainda em estoque — receberam todos os materiais diretos necessários. Apenas as unidades transferidas, entretanto, receberam o montante total de recursos de conversão. As cinco mil marionetes que permaneceram em processo receberam apenas 25 por cento dos recursos de conversão. Como o departamento de modelagem deveria calcular o custo de produtos transferidos e o custo de produtos remanescentes no estoque final de PEP? A resposta repousa nas seguintes cinco etapas.

- Etapa 1: Resuma o fluxo de unidades físicas.
- Etapa 2: Calcule a produção em termos de unidades equivalentes.
- Etapa 3: Resuma os custos totais a ser contabilizados, que são os custos aplicados em PEP.
- Etapa 4: Calcule os custos unitários.
- Etapa 5: Aplique os custos às unidades completadas e às unidades no estoque final de PEP.

UNIDADES FÍSICAS E UNIDADES EQUIVALENTES (ETAPAS 1 E 2)

A Etapa 1, como mostra a primeira coluna da Figura 14.3, rastreia as unidades físicas de produção. Como deveria a produção — o resultado do trabalho do departamento — ser mensurada? Esse rastreio nos diz que temos um total de 25 mil unidades físicas a ser contabilizadas, mas nem todas elas têm a mesma produção do departamento de modelagem. Por que não? Porque apenas 20 mil unidades foram totalmente completadas e transferidas adiante. As cinco mil unidades restantes estão apenas parcialmente completas, e às unidades parcialmente comple-

Figura 14.3 Produção do departamento de modelagem em unidades equivalentes.

Mês encerrado em 30 de abril de 20X1

Fluxo de produção	(Etapa 1) Unidades físicas	(Etapa 2) Unidades equivalentes	
		Materiais diretos	Conversão
Iniciado e completado	20 000	20 000	20 000
PEP, estoque final*	5 000	5 000	1 250*
Unidades contabilizadas	25 000		
Trabalho realizado até a data*		25 000	21 250*

5 000 unidades físicas × 0,25 do grau de completude de custos de conversão.

tas não pode ser dada a mesma ponderação da produção completada. Como resultado, temos de declarar a produção não em termos de unidades físicas, mas em termos de unidades equivalentes.

As **unidades equivalentes** são o número de unidades completadas que poderiam ter sido produzidas dos insumos aplicados. Quatro unidades que estão cada uma metade completadas, por exemplo, representam duas unidades equivalentes. Se cada unidade estivesse um quarto completada, as quatro juntas representariam uma unidade equivalente. Assim, as unidades equivalentes são determinadas ao multiplicar as unidades físicas pela porcentagem de completude.

Em nosso exemplo, como mostra a Etapa 2 da Figura 14.3, a produção seria medida como 25 mil unidades equivalentes de custo de materiais diretos, mas apenas 21 250 unidades equivalentes de custos de conversão. Por que temos apenas 21 250 unidades equivalentes de custos de conversão, mas 25 mil de custos de materiais diretos? Porque os materiais diretos foram totalmente adicionados a todas as 25 mil unidades. Em contraste, apenas 25 por cento dos custos de conversão foram aplicados para cinco mil unidades parcialmente completadas, as quais teriam sido suficientes para completar apenas 1 250 unidades, em adição às 20 mil que foram realmente completadas.

Certamente, para calcular as unidades equivalentes, você precisa estimar quanto de um dado recurso foi aplicado para as unidades em processo, o que nem sempre é tarefa fácil. Algumas estimativas são mais fáceis de fazer do que outras. Estimar o montante de materiais diretos consumidos, por exemplo, é bem fácil. Como você mede, entretanto, quanta energia, mão-de-obra de manutenção ou supervisão foi utilizada em uma dada unidade? Os custos de conversão podem envolver um número desses recursos difíceis de medir, os quais deixam sua estimativa de quanto esforço total leva para completar uma unidade e quanto daquele esforço foi, realmente, colocado nas unidades em processo.

Elaborar estimativas acuradas é mais complicado em setores como têxteis, em que há muito trabalho em produtos em processo em todos os momentos. Para simplificar a estimativa, algumas empresas decidiram que todo produto em processo deve estar ou um terço, ou metade, ou dois terços completo. Nos casos em que o processamento contínuo deixa, grosseiramente, a mesma quantidade em processo no final de cada mês, os contadores ignoram produtos em processo e atribuem todos os custos de produção mensais para as unidades completadas e transferidas adiante.

Medir em unidades equivalentes não está confinado às situações de manufatura. Tais medidas são uma maneira popular de expressar cargas de trabalho em termos de um denominador comum. Departamentos de radiologia, por exemplo, medem sua produção em termos de unidades ponderadas. Vários procedimentos de raio X são classificados em termos de tempo, suprimentos e custos relacionados devotados a cada um. Um simples raio X do tórax pode receber um peso de um, mas um raio X do crânio pode receber um peso de três, porque ele usa três vezes mais recursos (por exemplo, tempo dos técnicos) que um procedimento com um peso de um.

Confirme seu entendimento do conceito de unidades equivalentes, calculando as unidades equivalentes para material, mão-de-obra direta e CIF, para o seguinte caso hipotético na Nally & Gibson (consulte a Figura 14.2). No processo 3 — britagem e peneiração da rocha calcária —, 400 toneladas de rocha calcária foram transportadas para a planta durante o mês de março. Não havia estoque inicial de rocha. Durante o mês de março, 320 toneladas foram britadas, peneiradas e estocadas. No final de março, 80 toneladas de rocha estavam 40 por cento britadas e peneiradas. A mão-de-obra direta e o CIF foram incorridos uniformemente durante o processo de britagem e peneiração.

Resposta

O material direto é a rocha calcária entregue na planta. Como a britagem e a peneiração da rocha podem começar imediatamente, supomos que o material direto está sempre 100 por cento completado. Assim, as unidades equivalentes de material direto são as 400 toneladas inteiras. As 320 toneladas de rocha que foram estocadas estavam 100 por cento completadas com relação à mão-de-obra direta e CIF. As 80 toneladas de rocha que estavam no processo, no final do mês de março, estavam 40 por cento completas, isto é, 32 toneladas equivalentes (80 toneladas × 0,40). Assim, o trabalho total feito durante março é de 400 toneladas de material direto e 352 toneladas equivalentes (isto é, 320 + 32) de mão-de-obra direta e CIF.

CÁLCULO DE CUSTOS DOS PRODUTOS (ETAPAS 3 A 5)

A Figura 14.4 é um relatório de custo de produção. Ela mostra as Etapas 3 a 5 do custeio por processo. A Etapa 3 resume os custos totais a ser contabilizados (isto é, os custos totais em PEP ou débitos para PEP — modelagem). A Etapa 4 obtém os custos unitários, ao dividir as duas categorias de custos totais pelas medidas apropriadas de unidades equivalentes.

O custo unitário da unidade completada — custo de materiais, mais custos de conversão — é $ 2,80 + $ 2,00 = $ 4,80.[1] A Etapa 5, então, usa esses custos unitários para aplicar os custos aos produtos. As 20 mil unidades acabadas estão completas em termos de custos de materiais diretos e custos de conversão. Então, podemos multiplicar os custos unitários totais pelo número de unidades completadas para determinar seus custos. As cinco mil unidades físicas em processo estão totalmente completadas em termos de materiais diretos. Conseqüentemente, os materiais diretos aplicados a produtos em processo são cinco mil unidades equivalentes multiplicadas por $ 2,80, ou $ 14 mil. Em contraste, as cinco mil unidades físicas estão 25 por cento completadas em termos de custos de conversão. Assim, os custos de conversão aplicados a produtos em processo são 1 250 unidades equivalentes (25 por cento das cinco mil unidades físicas multiplicados por $ 2,00, ou $ 2 500).

Os lançamentos de diário para os dados de nossa ilustração apareceriam como:

1. Produtos em processo — modelagem 70 000
    Estoque de materiais diretos 70 000
    Materiais adicionados à produção em abril

Figura 14.4 Relatório de custos da produção do departamento de modelagem.

Mês encerrado em 30 de abril de 20X1

		Custos totais	Detalhes	
			Materiais diretos	Custos de conversão
(Etapa 3)	Custo a ser contabilizado	$ 112 500	$ 70 000	$ 42 500
(Etapa 4)	Dividido por unidades equivalentes		÷ 25 000	÷ 21 250
	Custos unitários	$ 4,80	$ 2,80	$ 2,00
(Etapa 5)	Aplicação dos custos:			
	Às unidades completadas e transferidas ao departamento de acabamento, 20 000 unidades a $ 4,80	$ 96 000		
	Às unidades não completadas e ainda em processo, em 30 de abril, 5 000 unidades			
	Materiais diretos	$ 14 000	$ 5 000 ($ 2,80)	
	Custos de conversão	$ 2 500		$ 1 250 ($ 2,00)
	PEP, 30 de abril	$ 16 500		
	Total de custos contabilizados	$ 112 500		

---

1. *Porque o custo unitário é de $ 4,80, em vez dos $ 4,50 calculados na página 475. Porque o custo de $ 42,5 mil de custos de conversão é distribuído por 21 250 unidades em vez de 25 mil unidades.*

2. Produtos em processo — modelagem 10 625

      Salários a pagar 10 625

   Mão-de-obra direta em abril

3. Produtos em processo — modelagem 31 875

      CIF de fábrica 31 875

   CIF de fábrica aplicados em abril

4. Produtos em processo — acabamento 96 000

      Produtos em processo — modelagem 96 000

Os $ 112,5 mil adicionados em produtos em processo — conta de modelagem, menos $ 96 mil transferidos adiante, deixam um estoque final de $ 16,5 mil:

Produtos em processo – Modelagem

1. Materiais diretos $ 70 000	4. Transferido para o acabamento	$ 96 000
2. Mão-de-obra direta 10 625		
3. CIF da fábrica 31 875		
Custos a contabilizar 112 500		
Saldo em 30 de abril 16 500		

Problema resumido para revisão

Problema

A Taylor Plastics fabrica uma variedade de produtos plásticos. Seu departamento de extrusão tem a seguinte produção e custos:

Unidades
   Iniciadas e completadas: 30 000 unidades
   Iniciadas e ainda em processo: 10 000 unidades; 100% completadas para materiais diretos,
   mas 60% completadas para custos de conversão

Custos aplicados
   Total: $ 81 600; materiais diretos, $ 60 000; conversão, $ 21 600

Calcule o custo do processo completado e o custo do estoque final de PEP para o departamento de extrusão da Taylor.

Solução

	(Etapa 1)	(Etapa 2) Unidades equivalentes	
Fluxo de produção	Unidades físicas	Materiais diretos	Conversão
Iniciadas e completadas	30 000	30 000	30 000
Produtos em processos finais	10 000	10 000*	6 000*
Unidades contabilizadas	40 000		
Processo realizado até a data		40 000	36 000

10 000 × 100% = 10 000; 10 000 × 60% = 6 000.

	Custos totais	Detalhes	
		Materiais diretos	Custos de conversão
Etapa 3 Custo a ser contabilizado	$ 81 600	$ 60 000	$ 21 600
Etapa 4 Dividido por unidades equivalentes		÷ 40 000	÷ 36 000
Custos unitários	$ 2,10*	$ 1,50	$ 0,60
Etapa 5 Aplicação dos custos:			
Às unidades completadas e transferidas ao departamento de acabamento, 30 000 unidades a $ 2,10	$ 63 000		
Ao estoque final de PEP, 10 000 unidades			
Materiais diretos	$ 15 000	10 000 ($ 1,50)	
Custos de conversão	$ 3 600		6 000 ($ 0,60)
PEP, estoque final	$ 18 600		
Total dos custos contabilizados	$ 81 600		

Custo unitário ($ 2,10) = custos de materiais diretos ($ 1,50) + custos de conversão ($ 0,60).

EFEITOS DE ESTOQUES INICIAIS

Até aqui, nossos exemplos têm sido muito diretos, porque todas as unidades foram iniciadas durante o período. Em outras palavras, não havia unidades no estoque inicial. A presença de unidades no estoque inicial realmente complica o assunto, e muito.

Então, como contabilizamos custos de produtos agora que há unidades no estoque inicial? Bem, ainda usamos as mesmas cinco etapas, como fizemos antes, mas nossos resultados dependem do sistema de estoque utilizado. Os dois sistemas de estoque mais populares são o método da média ponderada e o método 'primeiro a entrar, primeiro a sair' (PEPS). Nas duas seções seguintes, exploraremos cada um desses métodos, usando os seguintes dados do nosso exemplo da Oakville para o mês de maio. Lembre-se de que o estoque final de PEP para abril, no departamento de modelagem, era de cinco mil unidades. Essas unidades serão o estoque inicial para maio.

Unidades
  Produtos em processo, 30 de abril: 5 000 unidades; 100% completados para materiais, mas apenas 25% completados para custos de conversão
  Unidades iniciadas em maio: 26 000
  Unidades completadas em maio: 24 000
  Produtos em processo, 31 de maio: 7 000 unidades; 100% completados para materiais, mas apenas 60% completados para custos de conversão

Custos
  Produtos em processo, 30 de abril
    Materiais diretos $ 14 000
    Custos de conversão $ 2 500 $ 16 500
  Materiais diretos adicionados durante maio $ 82 100
  Custos de conversão adicionados durante maio ($ 14 560 + $ 42 160) $ 56 720
  Total de custos a contabilizar $ 155 320*

Observe que os $ 155 320 de total de custos a contabilizar incluem os $ 16 500 de estoque inicial, além dos $ 138 820 adicionados durante maio.

MÉTODO DA MÉDIA PONDERADA

O **método de custeio por processo da média ponderada (MP)** determina o total de custos ao adicionar o total de custos de todo trabalho realizado no período corrente e o trabalho realizado em períodos precedentes, no estoque inicial de PEP do período corrente. Esse total é dividido pelas unidades equivalentes de trabalho realizado até a data, quer o trabalho tenha sido feito no período corrente, quer no anterior.

Por que a expressão 'média ponderada' é utilizada para descrever esse método? Basicamente porque os custos unitários para aplicar custos aos produtos são afetados pelo total de custo incorrido até a data, independentemente de esses custos terem incorrido durante o período corrente ou antes dele.

A Figura 14.5 mostra as primeiras duas etapas desse método, os cálculos das unidades físicas e unidades equivalentes. Os cálculos das unidades equivalentes ignoram se todas as 31 mil unidades a ser contabilizadas vêm do estoque de PEP inicial, ou se todas foram iniciadas no mês de maio, ou alguma combinação deles. A Figura 14.6 apresenta um relatório de custo de produção, resumindo as Etapas 3 a 5, levando em conta os cálculos de custo dos produtos.

Método primeiro a entrar, primeiro a sair

O **método primeiro a entrar, primeiro a sair (PEPS ou FIFO)** distingue claramente o trabalho realizado no período corrente do trabalho realizado previamente, no estoque inicial de PEP. O cálculo de unidades equivalentes é confinado ao trabalho realizado no período corrente (na ilustração, para maio).

A Figura 14.7 apresenta as Etapas 1 e 2. A maneira mais fácil de calcular as unidades equivalentes sob o método PEPS é, primeiro, calcular os custos associados com o trabalho realizado até a data, como mostrado na Figura 14.7. Segundo, deduzir o trabalho realizado antes do período corrente. Os custos restantes representam o trabalho realizado durante o período corrente, que é a chave para o cálculo dos custos unitários para o método PEPS.

Figura 14.5 Método MP da produção em unidades equivalentes do departamento de modelagem.

Mês encerrado em 31 de maio de 20X1

Fluxo de produção	(Etapa 1) Unidades físicas	(Etapa 2) Unidades equivalentes	
		Materiais diretos	Conversão
Produtos em processo, 30 de abril	5 000 (25%)*		
Iniciado em maio	26 000		
Total a contabilizar	31 000		
Completado e transferido adiante durante o período atual	24 000	24 000	24 000
Produtos em processo, 31 de maio	7 000 (60%)*	7 000	4 200 †
Unidades contabilizadas	31 000		
Processo realizado até a data		31 000	28 200

* Graus de completude para custos de conversão nas datas de estoques.
† 0,60 × 7 000 = 4 200.

Figura 14.6 Relatório dos custos de produção do departamento de modelagem, método MP.

Mês encerrado em 31 de maio de 20X1

		Totais	Detalhes	
			Materiais diretos	Custos de conversão
Etapa 3	Produtos em processo, 30 de abril	$ 16 500	$ 14 000	$ 2 500
	Custos adicionados correntemente	$ 138 820	$ 82 100	$ 56 720
	Total de custos a contabilizar	$ 155 320	$ 96 100	$ 59 220
Etapa 4	Divisor, unidades equivalentes por trabalhos realizados até a data*		$ 31 000	$ 28 200
	Custos unitários (médias ponderadas)	$ 5,20	$ 3,10	$ 2,10
Etapa 5	Aplicação dos custos			
	Completados e transferidos, 24 000 unidades ($ 5,20)	$ 124 800		
	Produtos em processo, 31 de maio, 7 000 unidades			
	Materiais diretos	$ 21 700	$ 7 000 ($ 3,10)	
	Custos de conversão	$ 8 820		$ 4 200* ($ 2,10)
	Total de produtos em processo	$ 30 520		
	Total de custos contabilizados	$ 155 320		

* Unidades equivalentes para o trabalho realizado. Para mais detalhes, veja a Figura 14.5.

Figura 14.7 Produção em unidades equivalentes do departamento de modelagem, método PEPS.

Mês encerrado em 31 de maio de 20X1

Fluxo de produção (O mesmo que na Figura 14.5)	(Etapa 1) Unidades físicas	(Etapa 2) Unidades equivalentes	
		Materiais diretos	Conversão
Produtos em processo, 30 de abril	5 000 (25%)*		
Iniciado em maio	26 000		
A contabilizar	31 000		
Completado e transferido adiante durante o período corrente	24 000	24 000	24 000
Produtos em processo, 31 de maio	7 000 (60%)*	7 000	4 200 †
Unidades contabilizadas	31 000		
Trabalho realizado até a data		31 000	28 200
Menos: Unidades equivalentes de processo dos períodos precedentes, incluídos no estoque inicial		5 000 ‡	1 250 §
Processo realizado apenas no período corrente		26 000	26 950

* *Graus de completude para custos de conversão nas datas de estoques.*
† *0,60 × 7 000 = 4 200 unidades equivalentes.*
‡ *5 000 × 1,00 = 5 000 unidades equivalentes.*
§ *5 000 × 0,25 = 1 250 unidades equivalentes.*

A Figura 14.8 é o relatório do custo de produção. Ele apresenta as Etapas 3 a 5. O saldo de estoque inicial, de $ 16,5 mil, é mantido separado dos custos correntes, porque os cálculos dos custos das unidades equivalentes estão confinados aos custos adicionados apenas em maio.

A metade inferior da Figura 14.8 mostra as duas maneiras de calcular os custos dos produtos completados e transferidos adiante. A primeira e mais rápida maneira é calcular os $ 30 943 de produtos em processo finais e, então, deduzi-los dos $ 155 320 de total de custos a ser contabilizado, obtendo $ 124 377. Como verificação da acurácia, é aconselhável usar a segunda maneira: Calcule o custo das mercadorias transferidas de maneira detalhada, indicada na nota de rodapé da Figura 14.8.

Figura 14.8 Relatório de custo de produção do departamento de modelagem, método PEPS.

Mês encerrado em 31 de maio de 20X1

		Totais	Detalhes Materiais diretos	Custos de conversão
Etapa 3	Produtos em processo, 30 de abril	$ 16 500	(trabalho realizado antes de maio)	
	Custos adicionados correntemente	$ 138 820	$ 82 100	$ 56 720
	Total de custos a contabilizar	$ 155 320		
Etapa 4	Divisor, unidades equivalentes para processos realizados apenas em maio		$ 26 000*	$ 26 950
	Custos unitários (base PEPS)	$ 5,2623	$ 3,1577	$ 2,1046
Etapa 5	Aplicação de custos			
	Produtos em processo, 31 de maio			
	Materiais diretos	$ 22 104	$ 7 000 ($ 3,1577)	
	Custos de conversão	$ 8 839		$ 4 200 * ($ 2,1046)
	Total de produtos em processo (7 000 unidades)	$ 30 943		
	Completado e transferido adiante (24 000 unidades), $ 155 320 – $ 30 943	$ 124 377 †		
	Total de custos contabilizados	$ 155 320		

* *Unidades equivalentes de processos realizados. Veja a Figura 14.7 para mais detalhes.*
† *Verificação*

Produtos em processo, 30 de abril	$ 16 500
Custos adicionais para completar, custos de conversão de 75% de 5 000 × $ 2,1046 =	$ 7 892
Iniciado e completado, 26 000 – 7 000 = 19 000; 19 000 × $ 5,2623 =	$ 99 984
Total de custos transferidos	
Custos unitários transferidos, $ 124 376 ÷ 24 000 = $ 5,1823	$ 124 376 (erro de arredondamento, $ 1)

Diferenças entre os métodos PEPS e MP

A diferença-chave entre os métodos PEPS e MP é o cálculo das unidades equivalentes:

- PEPS: As unidades equivalentes são baseadas no trabalho realizado apenas no período corrente.
- MP: As unidades equivalentes são baseadas no trabalho realizado no período corrente, bem como no trabalho realizado anteriormente, no estoque inicial do período corrente de PEP.

Essas diferenças nas unidades equivalentes levam às diferenças em custos unitários, bem como a diferenças nos custos aplicados aos produtos completados e mantidos em processo. Em nosso exemplo, o método PEPS resulta em um estoque de PEP maior em 31 de maio e em um custo menor, em maio, de produtos transferidos adiante:

	MP*	PEPS†
Custo dos produtos transferidos adiante	$ 124 800	$ 124 377
Estoque final de PEP	$ 30 520	$ 30 943
Total de custos contabilizados	$ 155 320	$ 155 320

* Da Figura 14.6.
† Da Figura 14.8.

As diferenças, em custos unitários, entre os métodos PEPS e MP geralmente são insignificantes porque:

- Mudanças nos preços de materiais, taxas de mão-de-obra e outros custos de manufatura de mês a mês tendem a ser pequenas.
- Mudanças no volume de produção e níveis de estoque também tendem a ser pequenas.

Você observou que não há dúvida de que o método PEPS envolve cálculos mais detalhados do que o método MP. Esse é o motivo por que o PEPS quase nunca é utilizado, na prática, para propósitos de custeio do produto. As unidades equivalentes a PEPS, para o trabalho realizado corrente, entretanto, são essenciais para propósitos de planejamento e controle. Por quê? Porque elas isolam a produção para um período em particular. Considere o nosso exemplo. Os cálculos PEPS das unidades equivalentes ajudam os gestores a mensurar a eficiência do desempenho independente de maio e de abril. Assim, os orçamentos ou padrões para cada custo departamental do mês podem ser comparados com os resultados reais, à luz do trabalho realmente realizado durante qualquer mês dado.

Custos recebidos em transferência

Muitas empresas que usam o custeio por processo têm processos de produção seqüenciais. A Oakville Wooden Toys, por exemplo, transfere os itens completados do departamento de modelagem para o departamento de acabamento. O departamento de acabamento chamaria os custos dos itens que recebe de **custos recebidos em transferência** — custos incorridos em departamentos anteriores, para itens que foram recebidos por um departamento subseqüente. Eles são similares, mas não idênticos, a custos de materiais diretos adicionais. Como os custos recebidos em transferência são uma combinação de todos os tipos de custo (de materiais diretos e de conversão) incorridos em departamentos anteriores, eles não devem ser chamados de 'custos de materiais diretos' em um departamento subseqüente.

Contabilizamos os custos recebidos em transferência conforme contabilizamos materiais diretos, com uma exceção: Os custos recebidos em transferência são mantidos separados dos materiais diretos adicionados ao departamento. Conseqüentemente, os relatórios, como os das Figuras 14.6 e 14.8, incluem três colunas de custos, em vez de duas: Custos recebidos em transferência, custos de material direto e custos de conversão. O custo unitário total será a soma dos três tipos de custo unitário.

tomada cinco Consulte a Figura 14.1, Painel B. Identifique um exemplo de:
a) Custo recebido em transferência.
b) Recurso de custo variável.
c) Recurso de custo fixo.
d) Custo de recurso indireto para o sistema de custeio por processo.

Resposta
Um exemplo de custo recebido em transferência é o total de custos acumulados e registrados na conta de produtos em processo do processo A. Esse custo é transferido ao processo de montagem como 'custo recebido em transferência'. Os materiais diretos adicionados no processo A e no processo de montagem são custos variáveis.

Os custos de mão-de-obra direta no processo A e de montagem são fixos. Um exemplo de custo de recurso indireto é o material indireto e a mão-de-obra indireta utilizada para o processo A e o processo de montagem.

Observe que, embora mostremos os custos de recursos indiretos como fixos, eles podem ser fixos, variáveis ou mistos.

Primeiro, os negócios

ABC na Snack Peanut Company

Os americanos consomem mais de 300 milhões de libras de aperitivos de amendoim por ano. O principal produtor de aperitivos de amendoins é a Planters Specialty Products Company, uma unidade operacional da Nabisco, Inc. A Planters comercializa torradas comuns, torradas secas, amendoins salgados e amendoins sem sal, nos Estados Unidos. Processar um aperitivo de amendoim envolve diversas atividades. A maioria dos aperitivos de amendoim são descascados antes de ser tostados. Os amendoins podem ser tostados em óleo ou a seco, antes de ser embalados e embarcados.

Como seria visto um sistema ABC em uma empresa de aperitivos de amendoim? Primeiro, vamos verificar o quadro geral. As principais atividades, no processamento de amendoins, são mostradas abaixo. Observe que, em um sistema ABC, a atenção é focalizada nos relacionamentos operacionais entre as principais atividades, sem considerar 'as fronteiras departamentais'. Em um sistema tradicional, teríamos alguns departamentos operacionais, como 'departamentos de descascamento e fritura' e 'departamentos de embalagem e embarque'.

As atividades de receber, movimentar e estocar seriam parte da função de apoio (serviços) ou departamentos em um sistema tradicional. Enquanto esses departamentos ainda existirem em uma empresa que usa um sistema ABC, o foco estará no entendimento dos inter-relacionamentos das atividades, sem considerar os departamentos.

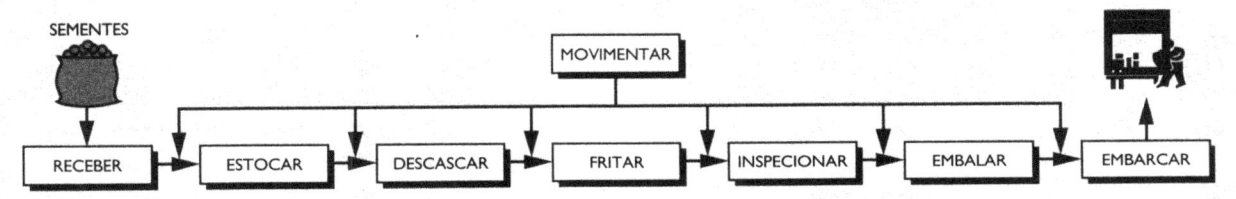

SEMENTES → RECEBER → ESTOCAR → DESCASCAR → FRITAR → INSPECIONAR → EMBALAR → EMBARCAR
(MOVIMENTAR)

Agora, vamos verificar mais de perto as atividades de descascar e fritar, os recursos relacionados e as atividades de apoio e movimentação. Para manter nossa apresentação gerível, alguns recursos, como materiais indiretos e de supervisão, foram omitidos.

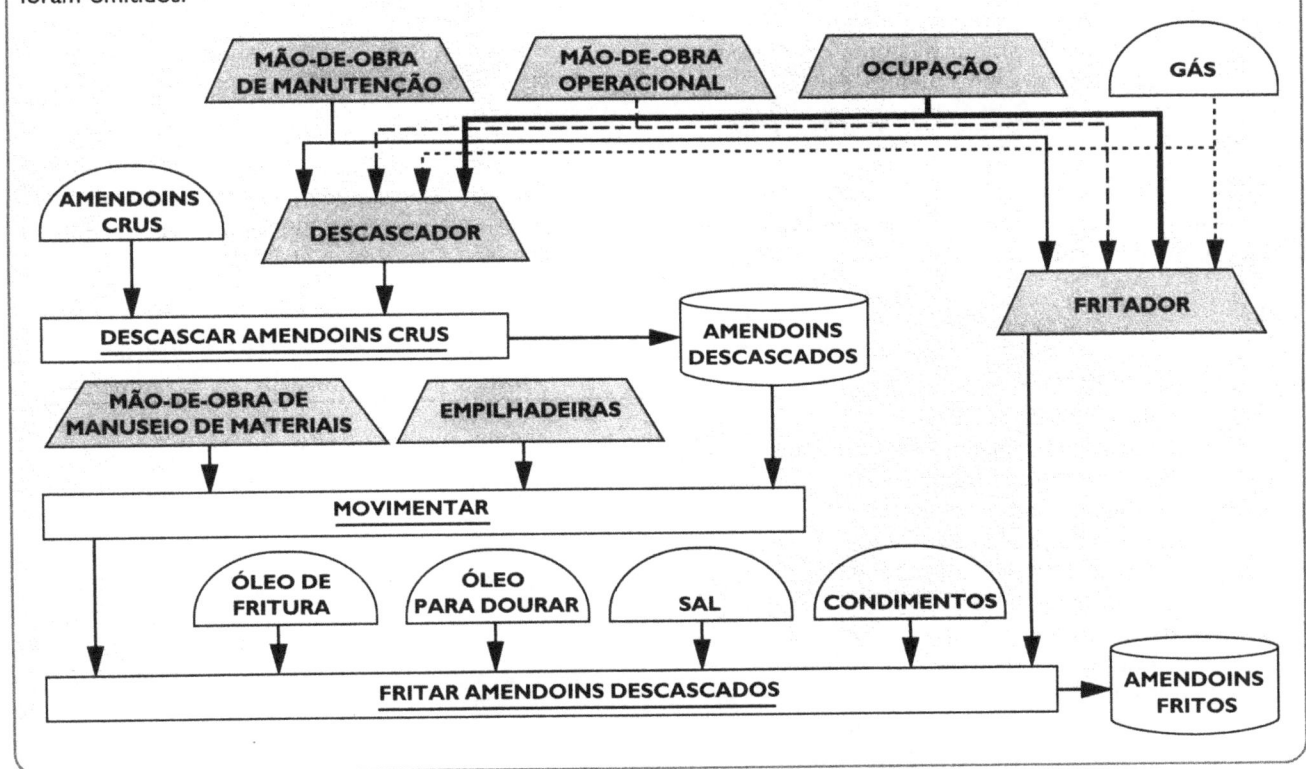

PROBLEMA RESUMIDO PARA REVISÃO

PROBLEMA

Considere o departamento de cozimento da Middleton Foods, uma empresa britânica de processamento de alimentos. Calcule o custo do processo completado e o custo do estoque final de PEP, usando o método MP e o método PEPS.

Unidades
  Saldo inicial de PEP:
  5 000 unidades; 100% completados para materiais,
  40% completados para custos de conversão
  Iniciadas durante o mês: 28 000 unidades
  Completadas durante o mês: 31 000 unidades
  Saldo final de PEP: 2 000 unidades;
  100% completados para materiais,
  50% para custos de conversão

Custos
  Saldo inicial de PEP
    Materiais diretos   £ 8 060
    Custo de conversão   £ 1 300   £ 9 360
  Materiais diretos adicionados no mês corrente   £ 41 440
  Custos de conversão adicionados no mês corrente   £ 14 700
  Total de custos a contabilizar   £ 65 500

SOLUÇÃO

Fluxo de produção	(Etapa 1) Unidades físicas	(Etapa 2) Unidades equivalentes	
		Material	Conversão
Completados e transferidos adiante	31 000	31 000	31 000
Estoque final de PEP	2 000	2 000*	1 000*
1. Unidades equivalentes, MP	33 000	33 000	32 000
Menos: produtos em processo iniciais	5 000	5 000†	2 000†
2. Unidades equivalentes, PEPS	28 000	28 000	30 000

* 2 000 × 100% = 2 000; 2 000 × 50% = 1 000.
† 5 000 × 100% = 5 000; 5 000 × 40% = 2 000.

Observe, especialmente, que o processo realizado até a data é a base para calcular as unidades equivalentes sob o método MP. Em contraste, a base para calcular as unidades equivalentes sob o método PEPS é o processo realizado apenas no período corrente.

1.

Método MP	Custo total	Materiais diretos	Custos de conversão
Saldo inicial de PEP	£ 9 360	£ 8 060	£ 1 300
Custos adicionados correntemente	£ 56 140	£ 41 440	£ 14 700
Custos totais a contabilizar	£ 65 500	£ 49 500	£ 16 000
Unidades equivalentes, MP		÷ 33 000	÷ 32 000
Custos unitários, MP	£ 2,00	£ 1,50	£ 0,50
Transferidos adiante, 31 000 × £ 2,00	£ 62 000		
Saldo final de PEP			
Materiais diretos	£ 3 000	£ 2 000 (£ 1,50)	
Custos de conversão	£ 500		£ 1 000 (£ 0,50)
Total de PEP	£ 3 500		
Total de custos contabilizados	£ 65 500		

2.

Método PEPS	Custo total	Materiais diretos	Custos de conversão
Saldo inicial de PEP	£ 9 360	(processo realizado antes do mês)	
Custos adicionados correntemente	£ 56 140	£ 41 440	£ 14 700
Total de custos a contabilizar	£ 65 500		
Unidades equivalentes, PEPS		÷ 28 000	÷ 30 000
Custos unitários, PEPS	£ 1,97	£ 1,48	£ 0,49
Saldo final de PEP			
Materiais diretos	£ 2 960	£ 2 000 (£ 1,48)	
Custos de conversão	£ 490		£ 1 000 (£ 0,49)
Total de PEP	£ 3 450		
Transferidos adiante, £ 65 500 – £ 3 450	£ 62 050*		
Total de custos contabilizados	£ 65 500		

Verificação
Saldo inicial de PEP	£ 9 360
Custos para completar, 60% × 5 000 × £ 0,49	£ 1 470
Iniciado e completado,	
(31 000 – 5 000) (£1,48 + £ 0,49)	£ 51 220
Total de custos transferidos	£ 62 050
Custos unitários transferidos, £ 62 050 ÷ 31 000 = £ 2,00161	

CUSTEIO POR PROCESSO EM UM SISTEMA JIT: CUSTEIO RETROCEDIDO

Rastrear custos por meio de vários estágios de estoque — materiais diretos, PEP, estoque para cada processo (ou departamento) e estoque de produtos acabados — torna o sistema de contabilidade complexo. Se não houvesse estoques, todos os custos seriam debitados diretamente do custo dos produtos vendidos, e os sistemas de contabilidade seriam muito mais simples. As organizações que usam os sistemas de produção JIT, geralmente têm muito pouco ou nenhum estoque. Em conseqüência, um sistema de contabilidade tradicional, que rastreia custos por meio de diversos tipos diferentes de estoque, pode ser impróprio, ou mesmo inútil, para elas. Uma dessas empresas é a Eagle-Gypsum Products Company. A empresa opera em Colorado Rockies e manufatura placas de parede de gesso para uso comercial e residencial. Como muitas empresas que usam o sistema de produção JIT, a Eagle-Gypsum tem níveis de estoque muito baixos e usa o custeio retrocedido, um sistema de contabilidade que aplica custos aos produtos apenas quando a produção está completa. Como funciona o custeio retrocedido? Como já vimos, ele é um sistema de custeio muito simples.

PRINCÍPIOS DO CUSTEIO RETROCEDIDO

O custeio retrocedido tem apenas duas categorias de custo: Custos de materiais e custos de conversão. Sua única peculiaridade é a ausência da conta estoque de PEP. Os custos de materiais reais são lançados em uma conta de estoque de materiais e os custos de mão-de-obra e CIF reais são lançados em uma conta de custos de conversão. Os custos são transferidos dessas duas contas provisórias diretamente para o estoque de produtos acabados. Alguns sistemas retrocedidos eliminam até mesmo as contas de estoque de produtos acabados e transferem os custos diretamente para custos de produtos vendidos, especialmente se os produtos não são mantidos em estoque, mas embarcados imediatamente à completude.

Os sistemas retrocedidos supõem que a produção é completada logo depois da aplicação das atividades de conversão e que os saldos das contas de custos de conversão sempre permanecerão próximos de zero. Os custos são transferidos adiante quase de imediato, após terem sido inicialmente registrados.

EXEMPLO DE CUSTEIO RETROCEDIDO

A Speaker Technology, Inc. (STI) produz alto-falantes para sistemas estéreo de automóveis. A STI, recentemente, introduziu um sistema de produção JIT e um custeio retrocedido. Considere a produção de julho para o alto-falante modelo AX27. O custo de material padrão por unidade do AX27 é de $ 14, e o custo de conversão unitário padrão é de $ 21. Durante o mês de julho, a STI comprou materiais por $ 5,6 mil, incorreu em custos de conversão de $ 8,4 mil (o qual incluiu todos os custos de mão-de-obra e CIF de manufatura) e completou e vendeu 400 unidades do AX27. O custeio retrocedido é realizado em três etapas:

1. *Registrar os custos de materiais e conversão reais:* Por simplificação, supomos, por enquanto, que os custos de materiais e conversão reais foram idênticos aos custos-padrão. Como os materiais são comprados, os sistemas retrocedidos somam seus custos à conta de estoque de materiais:

Estoque de materiais..	$ 5 600	
Contas a pagar (ou caixa)		$ 5 600
Para registrar compras de materiais		

   .... Da mesma maneira, assim que os custos de mão-de-obra direta e CIF de manufatura são incorridos, eles são adicionados à conta de custos de conversão:

Custos de conversão	$ 8 400	
Provisão de salários e outras contas		$ 8 400
Para registrar custos de conversão incorridos		

2. *Aplicar custos às unidades completadas:* Quando a produção está completa, os custos do estoque de materiais e das contas de custos de conversão são transferidos diretamente para produtos acabados, com base no número de unidades completadas e no custo-padrão de cada unidade:

Estoque de produtos acabados (400 × $ 35)	$ 14 000	
Estoque de materiais		$ 5 600
Custos de conversão		$ 8 400
Para registrar custos de produção completada		

   Por causa dos curtos tempos de ciclo de produção, há pouca demora entre adições para contas de custos de conversão e transferências para produtos acabados. As contas de custos de conversão, conseqüentemente, permanecem próximas de zero.

3. *Registrar custo de produtos vendidos durante o período:* Os custos-padrão dos itens vendidos são transferidos de estoque de produtos acabados para custo de produtos vendidos:

Custo de produtos vendidos	$ 14 000	
Estoque de produtos acabados		$ 14 000
Para registrar o custo de 400 unidades vendidas a $ 35 por unidade		

   .... Suponha que as unidades completadas sejam entregues imediatamente para os clientes; assim, os estoques de produtos acabados são insignificantes. As Etapas 2 e 3 podem, então, ser combinadas, e a conta de estoque de produtos acabados, eliminada:

Custo de produtos vendidos	$ 14 000	
Estoque de material		$ 5 600
Custos de conversão		$ 8 400

   O que aconteceria se os custos reais adicionados à conta de custos de conversão não fossem iguais aos montantes-padrão transferidos para estoque de produtos acabados? As variações seriam tratadas como CIF superaplicados ou subaplicados. Os sistemas retrocedidos supõem que os saldos das contas de custos de conversão devam ser, aproximadamente, zero o tempo todo. Qualquer saldo remanescente na conta ao final de um período contábil é debitado para custos dos produtos vendidos.

   Suponha que os custos de conversão reais para julho tenham sido de $ 8 600 e o montante transferido para produtos acabados (isto é, aplicados aos produtos) de $ 8 400. O saldo de $ 200 na conta de custos de conversão, no final do mês, seria baixado para custos de produtos vendidos:

Custo de produtos vendidos	$ 200	
Custos de conversão		$ 200
Para reconhecer os custos de conversão subaplicados		

PROBLEMA RESUMIDO PARA REVISÃO

PROBLEMA

A versão mais extrema (e mais simples) do custeio retrocedido faz os lançamentos de custeio do produto em apenas um ponto. Suponha que a STI não tivesse a conta de estoque de materiais (a transferir para nenhuma conta de estoque de PEP). Os materiais não são 'comprados' até que sejam necessários para a produção. Conseqüentemente, a STI lança os custos de materiais e os de conversão diretamente em suas contas de estoque de produtos acabados.

Prepare lançamentos de diário (sem explicações) e razonetes para a produção de julho das 400 unidades. Como fornecido anteriormente, as compras de materiais totalizaram $ 5 600, e os custos de conversão foram de $ 8 400. Por que uma empresa poderia usar esse tipo extremo de custeio retrocedido?

SOLUÇÃO

Em uma etapa, os custos de material e de conversão são aplicados aos estoques dos produtos acabados:

Estoques de produtos acabados.............	$ 14 000	
Contas a pagar...................................		$ 5 600
Salários a pagar e outras contas		$ 8 400

	Estoque de produtos acabados	Contas a pagar, salários a pagar e outras contas
Materiais	5 600	5 600
Custos de conversão	8 400	8 400

Esse exemplo mostra que o custeio retrocedido é simples e barato. Ele fornece custos de produtos razoavelmente acurados se os estoques de materiais são baixos (a maioria, provavelmente, por causa da programação de entrega JIT) e se os tempos de ciclo de produção são curtos, de maneira que, a qualquer momento, apenas montantes sem conseqüência de custos de materiais e de conversão sejam incorridos para produtos que ainda não tenham sido completados.

APÊNDICE 14: SISTEMAS HÍBRIDOS — CUSTEIO DE OPERAÇÃO

O custeio por ordem e o custeio por processo são, realmente, extremos ao longo de um *continuum* de sistemas de custeio potenciais. Cada empresa projeta seu próprio sistema de contabilidade para ajustar suas atividades de produção subjacentes. Muitas empresas usam os **sistemas de custeio híbridos**, que são combinações de idéias dos custeios por ordem e por processo. Este apêndice discute um dos muitos sistemas de custeio híbridos possíveis: O custeio por operações.

NATUREZA DO CUSTEIO POR OPERAÇÕES

O **custeio por operações** é um sistema de custeio híbrido muitas vezes utilizado no lote ou grupo de manufatura de produtos similares, mas que têm características individuais suficientes para ser distintos um do outro. Tais produtos — por exemplo, computadores pessoais, roupas e semicondutores — são identificados, especificamente, por ordens de serviço e, com freqüência, são variações de um único projeto, mas exigem operações diferentes para ser completados. Paletós de conjuntos, por exemplo, podem diferir, exigindo vários materiais e operações manuais. Da mesma maneira, uma manufatureira têxtil pode aplicar tratamentos químicos especiais (como impermeabilização) em alguns tecidos, mas não em outros.

O custeio por operações pode envolver a produção em massa, mas há uma variedade suficiente de produtos para tê-los programados em lotes ou grupos diferentes, cada um exigindo uma seqüência particular de operações.

Uma operação é um método, ou técnica, padronizado, desempenhado de modo repetitivo, independentemente das características distintivas dos produtos acabados. Exemplos incluem cortar, aplainar, lixar, pintar e tratar quimicamente. Os produtos são fabricados por meio de várias operações em grupos, como especificado nas ordens de serviço ou de produção. Essas ordens de produção listam passo a passo os materiais diretos necessários e as operações exigidas para fabricar o produto acabado.

Suponha que um fabricante de roupas produza duas linhas de *blazer*. Os *blazers* de lã usam os melhores materiais e submetem-se a mais operações do que os de poliéster, como segue:

	Blazers de lã	*Blazers* de poliéster
Materiais diretos	Lã Forro de cetim Botões de osso	Poliéster Forro de raiom Botões de plástico
Operações	1. Cortar o tecido 2. Verificar as bordas 3. Costurar o corpo 4. Verificar as costuras 5. — 6. Costurar colarinhos e lapelas à mão	1. Cortar o tecido 2. — 3. Costurar o corpo 4. — 5. Costurar os colarinhos e lapelas à máquina 6. —

Os custos dos *blazers* são copiados para uma ordem de produção. Como no custeio por ordem, os materiais diretos — diferentes para cada ordem de produção — são especificamente identificados com a ordem apropriada. Os custos de conversão — mão-de-obra direta mais CIF de fábrica — são inicialmente copiados para cada operação. Um direcionador de custo, como o número de unidades processadas ou de minutos ou segundos utilizados, é identificado para cada operação, e um custo de conversão por unidade de atividade direcionadora de custo é calculado. Então, os custos de conversão são aplicados aos produtos de maneira similar à aplicação dos CIF de fábrica em um sistema de custeio por ordem.

Exemplo de lançamentos de custeio por operação

Suponha que nosso fabricante tenha duas ordens de produção, uma para cem *blazers* de lã e outra para 200 *blazers* de poliéster, como segue:

	Blazers de lã	*Blazers* de poliéster
Número de blazers	100	200
Materiais diretos	$ 2 500	$ 3 100
Custos de conversão		
1. Cortar tecido	$ 600	$ 1 200
2. Verificar bordas	$ 300	—
3. Costurar corpo	$ 500	$ 1 000
4. Verificar costuras	$ 600	—
5. Costurar colarinhos e lapelas à máquina	—	$ 800
6. Costurar colarinhos e lapelas à mão	$ 700	—
Total de custos de manufatura	$ 5 200	$ 6 100

A mão-de-obra direta e os CIF de fábrica desaparecem como classificações separadas em um sistema de custeio por operações. A soma desses custos é, mais freqüentemente, chamada de 'custos de conversão'. Os custos de conversão são aplicados aos produtos com base nas taxas orçamentárias da empresa para realizar cada operação. Suponha, por exemplo, que os custos de conversão da operação 1, cortar o tecido, sejam direcionados por horas–máquina e orçados para o ano da seguinte maneira:

$$\text{taxa orçada para custos de conversão aplicados para cortar tecido para o produto} = \frac{\text{custos de conversão orçados para cortar tecido para o ano (mão-de-obra direta, energia, reparos, suprimentos, outros CIF de fábrica dessa operação)}}{\text{horas–máquina orçadas cortar tecidos}}$$

$$\text{taxa por hora–máquina} = \frac{(\$\ 150\ 000 + \$\ 450\ 000)}{(20\ 000\ \text{horas–máquina})} = \$\ 30\ \text{por hora–máquina}$$

Assim que os produtos são manufaturados, os custos de conversão são aplicados às ordens de produção, multiplicando-se a taxa horária de $ 30 pelo número de horas–máquina utilizadas para cortar tecidos.

Se 20 horas–máquina são necessárias para cortar tecido para os cem *blazers* de lã, o custo de conversão envolvido é $ 600 (20 horas × $ 30 por hora). Para os 200 *blazers* de poliéster, o custo de conversão para cortar tecido é duas vezes o do *blazer* de lã, $ 1,2 mil (40 horas × $ 30), porque cada *blazer* leva o mesmo tempo para ser cortado, e há o dobro de *blazers* de poliéster.

O resumo de lançamentos de diário para aplicar custos aos *blazers* de poliéster são os seguintes. (Lançamentos para *blazers* de lã seriam similares.)

O lançamento de diário para a requisição de materiais diretos para 200 *blazers* de poliéster é:

Estoque de PEP (*blazers* de poliéster)	3 100	
Estoque de materiais diretos		3 100

A mão-de-obra direta e os CIF de fábrica são subpartes de uma conta de custos de conversão em um sistema de custeio por operação. Suponha que os custos de conversão reais de $ 3 150 tenham sido lançados em uma conta de custos de conversão:

Custos de conversão	$ 3 150	
Provisão de salários a pagar, depreciação acumulada, contas a pagar, etc.		$ 3 150

A aplicação dos custos de conversão aos produtos, em um custeio por operação, é similar à aplicação dos CIF de fábrica em um custeio por ordem. Utiliza-se a taxa orçada por unidade direcionadora de custo. Para aplicar os custos de conversão aos duzentos *blazers* de poliéster, o seguinte resumo dos lançamentos é feito para as operações 1, 3 e 5 (cortar tecido, costurar corpo e costurar colarinhos e lapelas à máquina):

Estoque de PEP (*blazers* de poliéster)	$ 3 000	
Custos de conversão, cortar tecido..		$ 1 200
Custos de conversão, costurar corpo		$ 1 000
Custos de conversão, costurar colarinhos e lapelas à máquina		$ 800

Após o lançamento, o estoque de PEP tem o seguinte saldo a débito:

Estoque de produtos em processo (*blazers* de poliéster)

Materiais diretos	3 100
Custos de conversão aplicados	3 000
Saldo	6 100

Assim que os *blazers* são completados, seus custos são transferidos para o estoque de produtos acabados da maneira comum.

Qualquer superaplicação ou subaplicação dos custos de conversão é eliminada no final do ano, da mesma maneira que os CIF subaplicados e superaplicados em um sistema de custeio por ordem. Nesse caso, os custos de conversão foram debitados por custos reais de $ 3 150 e creditados por custos aplicados de $ 3 mil. O saldo a débito de $ 150 indica que os custos de conversão foram subaplicados.

Material fundamental de avaliação

14-A1. Custeio por processo básico

A Rockmania, Inc. produz *compact disks* (CD) *players* portáteis em grandes quantidades. Por simplificação, suponha que a empresa tenha dois departamentos: Montagem e teste. Os custos de manufatura do departamento de montagem, durante o mês de fevereiro, foram:

Materiais diretos adicionados		$ 60 800
Custos de conversão		
Mão-de-obra direta	$ 50 000	
CIF de fábrica	$ 40 000	$ 90 000
Custos de montagem a contabilizar		$ 150 800

Não havia nenhum estoque inicial de PEP. Suponha que o processo de 19 mil CD *players* tenha sido iniciado, no departamento de montagem, durante fevereiro, mas que apenas 17 mil tenham sido totalmente completados. Todas as partes foram fabricadas ou colocadas em processo, mas apenas metade da mão-de-obra direta estava completada para cada um dos CD *players* que permaneceram em processo.

1. Calcule as unidades equivalentes e os custos unitários para fevereiro.
2. Calcule os custos das unidades completadas e transferidas ao departamento de teste. Também calcule o custo do estoque final de PEP.

14-A2. Método MP para custeio por processo

A Lucero Company manufatura furadeiras elétricas. O material é introduzido no início do processo no departamento de montagem. Os custos de conversão são aplicados uniformemente por todo o processo. Assim que o processo é completado, os produtos são imediatamente transferidos ao departamento de acabamento.

Os dados para o departamento de montagem, para o mês de julho de 20X1, são os seguintes:

Produtos em processo, 30 de junho: $ 175 500 (consistindo de $ 138 000 de materiais e $ 37 500 de custos de conversão); 100% completados para materiais diretos, mas apenas 25% completados para custos de conversão	10 000	unidades
Unidades iniciadas durante o mês de julho	80 000	unidades
Unidades completadas durante o mês de julho	70 000	unidades
Produtos em processo, 31 de julho: 100% completados para materiais diretos, mas apenas 50% completados para custos de conversão	20 000	unidades
Materiais diretos adicionados durante julho	$ 852 000	
Custos de conversão adicionados durante julho	$ 634 500	

1. Calcule o total de custo dos produtos transferidos adiante do departamento de montagem durante julho.
2. Calcule o total dos custos do estoque final de PEP. Prepare um relatório de custo de produção ou uma tabulação ordenada similar de seu trabalho. Suponha que o custeio de produtos seja pela MP.

14-A3. Custeio retrocedido

A Thermo Controls, Inc. fabrica termostatos eletrônicos para residências e escritórios. A divisão Westplains fabrica um produto, o Autotherm, que tem um custo-padrão de $ 37, consistindo em $ 22 de materiais e $ 15 de custos de conversão.

Em janeiro, as compras reais de materiais totalizaram $ 45 mil, os custos de mão-de-obra foram $ 11 mil, e os CIF de manufatura foram $ 19 mil. A produção completada foi de duas mil unidades.

A divisão Westplains usa um sistema de custeio retrocedido, que registra custos nas contas de estoque de materiais e custos de conversão e aplica custos aos produtos no momento em que a produção é completada. Não havia estoque de produtos acabados em 1º de janeiro e havia 20 unidades em 31 de janeiro.

1. Prepare lançamentos de diário (sem explicações) para registrar os custos de janeiro para a divisão Westplains. Inclua a compra de materiais, a incorrência de mão-de-obra e CIF, a aplicação de custos aos produtos e o reconhecimento de custos de produtos vendidos.
2. Suponha que os CIF de manufatura reais tenham sido $ 22 mil, em vez de $ 19 mil. Prepare lançamentos de diário para reconhecer os custos de conversão subaplicados ao final de janeiro.

Material adicional de avaliação

Questões

14-1. Cite três exemplos de setores em que os sistemas de custeio por processo são, provavelmente, utilizados.

14-2. Cite três exemplos de organizações sem fins lucrativos em que os sistemas de custeio por processo, provavelmente, sejam utilizados.

14-3. "Há cinco etapas-chave na contabilidade de custo por processo." Quais são elas?

14-4. Identifique a principal distinção entre as primeiras duas etapas e as três etapas finais das cinco etapas principais da contabilidade para custos por processo.

14-5. Suponha que uma universidade tenha dez mil estudantes de tempo integral e cinco mil estudantes de meio período. Usando o conceito de unidades equivalentes, calcule o número de estudantes de 'tempo integral equivalente'.

14-6. "Unidades equivalentes são o trabalho realizado até a data." Que método de custeio por processo está sendo descrito?

14-7. Apresente uma equação que descreva o fluxo físico, em custeio por processo, quando há estoques iniciais nos produtos em processo.

14-8. "O estoque inicial é considerado como se fosse um lote de produtos separados e distintos dos produtos iniciados e completados por um processo durante o período corrente." Que método de custeio por processo está sendo descrito?

14-9. Por que o 'trabalho realizado apenas no período corrente' é uma mensuração-chave das unidades equivalentes?

14-10. "O total de custos de conversão é dividido pelas unidades equivalentes para o trabalho realizado até a data." Essa citação descreve o método MP ou o método PEPS?

14-11. "O custeio por processo PEPS é útil para planejamento e controle, mesmo se não for utilizado para custeio de produto." Você concorda? Explique.

14-12. Em que os custos recebidos em transferência são similares aos custos de materiais diretos? Em que são diferentes?

14-13. Explique o que acontece em um sistema de custeio retrocedido quando o montante de custos de conversão real, em um período, excede o montante aplicado aos produtos completados durante aquele período.

14-14. Cite três exemplos de setores que, provavelmente, usam custeio por operação.

14-15. "No custeio por operação, os custos de conversão médios são aplicados aos produtos de maneira similar à aplicação dos CIF de fábrica no sistema de custeio por ordem." Você concorda? Explique.

Exercícios cognitivos

14-16. Propósito do custeio do produto em um ambiente de produção por processo

Todo custeio de produto usa médias para determinar o custo por unidade de produto gerado. No sistema de produção por ordem, as médias são baseadas em um número de unidades relativamente pequeno. Em um ambiente de produção por processo, o número de unidades é muito maior. Uma vez determinado o custo unitário médio, qual é o problema central do custeio de produto no custeio por processo?

14-17. Métodos MP e PEPS

"Geralmente, as diferenças nos custos unitários sob os métodos PEPS e MP são insignificantes." Você concorda? Explique.

14-18. Custeio por processo em um ambiente JIT

As empresas que usam sistemas de produção JIT, geralmente têm estoques muito pequenos ou nenhum estoque. Em consequência, um sistema de contabilidade tradicional pode ser impróprio. Muitas dessas empresas têm adotado sistemas de custeio retrocedido. Os sistemas de custeio retrocedido funcionam apenas para empresas que usam o sistema de produção JIT? Explique.

Exercícios

14-19. Custeio por processo básico

Um departamento da Mayberry Textiles produz tecidos de algodão. Todos os materiais diretos são introduzidos no início do processo. Os custos de conversão são incorridos uniformemente durante todo o processo.

Em maio, não havia estoque inicial. Unidades iniciadas, completadas e transferidas adiante: 650 mil. Unidades em processo, em 31 de maio: 220 mil. Cada unidade no estoque final de PEP estava 60 por cento convertida. Os custos incorridos durante maio: Materiais diretos, $ 3 654 mil; custos de conversão, $ 860 200.

1. Calcule o total do processo realizado em unidades equivalentes e o custo unitário para abril.
2. Calcule o custo das unidades completadas e transferidas. Calcule também o custo das unidades no estoque final de PEP.

14-20. Fluxo desigual

Um departamento da Wamago Technology Company manufatura calculadoras manuais básicas. Diversos materiais são adicionados em vários estágios do processo. A capa da frente externa e a caixa de embalagem, que representam 10 por cento do total dos custos de materiais, são adicionadas na etapa final do processo de montagem. Todos os outros materiais são considerados 'em processo' ao tempo em que a calculadora alcança um estágio de 50 por cento de completude.

Setenta e quatro mil calculadoras foram iniciadas na produção durante 20X1. No final do ano, seis mil calculadoras estavam em vários estágios de completude, mas todas elas estavam além do estágio de 50 por cento e, na média, eram consideradas 70 por cento completadas.

Os seguintes custos foram incorridos durante o ano: Materiais diretos, $ 205 520; custos de conversão, $ 397 100. Não havia estoque de PEP.

1. Prepare uma planilha de unidades físicas e unidades equivalentes.
2. Tabule custos unitários, custo dos produtos completados e custo do estoque final de PEP.

14-21. Unidades físicas
Preencha os espaços em branco em unidades físicas:

Fluxo de produção	Casos A	B
Produtos em processo, estoque inicial	1 500	4 000
Iniciados	6 000	?
Completados e transferidos	?	8 000
Produtos em processo, estoque final	2 000	3 000

14-22. Unidades equivalentes
O departamento de preparação da Blackburn Paints, Inc. tinha o seguinte fluxo de produção de tinta látex (em galões) para o mês de abril:

Galões completados	
De produtos em processo em 1º de abril	5 000
Da produção de abril	25 000
	30 000

Os materiais diretos são adicionados no início do processo. Os galões de produtos em processo, em 30 de abril, eram dez mil. Os produtos em processo em 1º de abril estavam 30 por cento completos em custos de conversão, e os produtos em processo em 30 de abril estavam 50 por cento completos em custos de conversão.

Quais são as unidades equivalentes (galões) de produção para:

a) Materiais diretos?
b) Custos de conversão para o mês de abril, usando o método PEPS?

14-23. Unidades equivalentes, PEPS
Preencha os espaços em branco.

Fluxo de produção	(Etapa 1) Unidades físicas	(Etapa 2) Unidades equivalentes Materiais diretos	Custos de conversão
PEP, estoque inicial	30 000*		
Iniciado	45 000		
A contabilizar	75 000		
Completados e transferidos adiante	?	?	?
PEP, estoque final	2 000 †	?	?
Unidades contabilizadas	75 000		
Processo realizado até a data		?	?
Menos: Unidades equivalentes de processo dos períodos anteriores incluídos no estoque inicial		?	?
Processo realizado apenas no período corrente (método PEPS)		?	?

* Grau de completude: Materiais diretos, 80%; custos de conversão, 40%.
† Grau de completude: Materiais diretos, 40%; custos de conversão, 10%.

14-24. PEPS e custos unitários de materiais diretos

A Lindberg Company usa o método de custos por processo PEPS. Considere o seguinte para julho:

- Estoque inicial, 15 000 unidades, 70% completados com relação a materiais diretos, cujo custo é $ 89 250.
- Unidades completadas, 80 000.
- Custo de materiais colocados em processo durante julho, $ 580 000.
- Estoque final, 5 000 unidades, 60% completados com relação a materiais.

Calcule o custo de materiais diretos por unidade equivalente para o processo realizado apenas em julho.

PROBLEMAS

14-25. Custeio por processo na Nally & Gibson

A Nally & Gibson produz rocha calcária britada, entre outros produtos, utilizados na construção de auto-estradas. Para produzir a rocha calcária britada, a empresa começa com a rocha calcária de sua jazida em Georgetown, Kentucky, e produz rochas por meio de um processo de britagem. Suponha que, em 1º de maio, a Nally & Gibson tenha 24 toneladas de rocha (75 por cento completadas) em processo de britagem. O custo do estoque inicial de PEP era $ 6 mil. Durante maio, a empresa adicionou 288 toneladas de rocha de sua jazida e, no final do mês, 15 toneladas permaneceram em processo, em média um terço completada. O custo da rocha da jazida para os últimos cinco meses foi de $ 120 por tonelada. O custo de mão-de-obra e CIF durante maio, no processo de britagem da rocha, foi de $ 40 670. A Nally & Gibson usa o custeio por processo MP.

1. Calcule o custo por tonelada de rocha britada para a produção de maio.
2. Calcule o custo do estoque de produtos em processo ao final do mês de maio.
3. Suponha que o orçamento flexível para mão-de-obra e CIF fosse $ 16 mil, mais $ 80 por tonelada. Avalie o controle de custos de CIF e mão-de-obra durante maio.

14-26. Custeio por processo e ABC

Considere o processo de produção de batata *chip* em uma empresa como a Frito-Lay. A Frito-Lay usa uma tecnologia de fluxo contínuo, que é projetada para altos volumes de produto. Na instalação de Plano, Texas, entre seis mil e sete mil libras de batatas *chips* são produzidas a cada hora. A fábrica opera 24 horas por dia. Leva 30 minutos para produzir completamente um saco de batatas *chips*, da batata crua até o produto final embalado.

1. Que características de produto e processo da batata *chip* dita o sistema de contabilidade de custo utilizado? Descreva o melhor sistema de custeio projetado para a Frito-Lay.
2. Que características de produto e processo ditam o uso de um sistema ABC? Que implicações isso tem para a Frito-Lay?
3. Quando os estoques iniciais estão presentes, o custeio de produto se torna mais complicado. Estime a magnitude relativa dos estoques iniciais da Frito-Lay, comparados com o total de produção. Que implicações isso tem para o sistema de custeio?

14-27. Custos por processo em organizações sem fins lucrativos

A Secretaria da Receita Federal deve processar milhões de declarações de imposto de renda anualmente. Quando o contribuinte envia uma declaração, documentos como demonstrações de impostos retidos e pagamentos são confrontados com os dados submetidos. Então, várias outras inspeções dos dados são conduzidas. Naturalmente, algumas declarações são mais complicadas do que outras; assim, o tempo esperado permitido para processar uma declaração é estimado em uma declaração 'média'.

Alguns especialistas de mensuração de trabalho têm monitorado de perto o processamento em uma agência em particular. Eles estão verificando maneiras de melhorar a produtividade.

Suponha que três milhões de declarações tenham sido recebidas em 15 de abril. Em 22 de abril, os grupos de mensuração de trabalho descobriram que todos os suprimentos (cartões perfurados, inspeções de pagamentos, e assim por diante) foram afixados às declarações, mas 40 por cento das declarações ainda tinham de passar por uma inspeção final. As outras declarações estavam totalmente completadas.

1. Suponha que a inspeção final represente 20 por cento do tempo de processamento geral nesse processo. Calcule o total de processos realizados, em termos de unidades equivalentes.
2. Os materiais e os suprimentos consumidos foram $ 600 mil. Para esses cálculos, os materiais e os suprimentos são considerados apenas como materiais diretos. Os custos de conversão foram de $ 4 830 mil. Calcule os custos unitários de materiais e suprimentos e os de conversão.
3. Calcule o custo de declarações ainda não processadas completamente.

14-28. Custeio retrocedido

A Everest Controls manufatura uma variedade de instrumentos de mensuração. Um dos produtos é um altímetro utilizado por excursionistas e escaladores de montanha. A Everest adotou uma filosofia JIT, com um sistema de produção robotizado, automatizado, controlado por computador. A empresa programa a produção apenas após um pedido ser recebido; os materiais e as peças chegam apenas quando são necessários; o tempo de ciclo da produção para os altímetros é menos de um dia, e as unidades completadas são embaladas e embarcadas como parte do ciclo de produção.

O sistema de custeio retrocedido da Everest tem apenas três contas relacionadas à produção de altímetros: Estoque de materiais e peças, custos de conversão e estoque de produtos acabados. No início de abril (como no início de cada mês), cada uma das três contas tem um saldo zero.

A seguir, estão as transações de abril relacionadas à produção dos altímetros:

Materiais e peças comprados	$ 287 000
Custos de conversão incorridos	$ 92 000
Altímetros produzidos	11 500 unidades

O custo orçado (ou padrão) para um altímetro é de $ 24 para materiais e peças e de $ 8 para custos de conversão.

1. Prepare um resumo de lançamentos de diário para a produção de altímetros em abril.
2. Calcule o custo dos produtos vendidos para abril. Explique qualquer suposição que você tenha feito.
3. Suponha que os custos de conversão reais incorridos durante abril tenham sido $ 95 mil, em vez de $ 92 mil, e que todos os outros fatos eram como os fornecidos. Prepare os lançamentos de diário adicionais que seriam exigidos no final de abril. Explique por que os lançamentos são necessários.

14-29. Custeio por operações com estoque final de PEP

Estude o Apêndice 14. A Sonar Instruments, Inc. usa três operações em seqüência para fabricar dois modelos de seus sonares de profundidade para pesca esportiva. A informação da produção, para março, é a seguinte:

	Ordens de produção	
	Para 1 000 sonares de profundidade padrão	*Para 1 000 sonares de profundidade de luxo*
Materiais diretos (custos reais aplicados)	$ 57 000	$ 100 000
Custos de conversão (custos predeterminados aplicados na base de horas–máquina utilizadas)		
Operação 1	$ 19 000	$ 19 000
Operação 2	$?	$?
Operação 3	—	$ 15 000
Total de custos de manufatura aplicados	$?	$?

1. A Operação 2 foi altamente automatizada. Os custos de produtos dependem das taxas de aplicação orçadas para custos de conversão, com base em horas–máquina. Os custos orçados para 20X1 foram $ 220 mil de mão-de-obra direta e $ 580 mil de CIF de fábrica. As horas–máquina orçadas foram de 20 mil. Cada sonar de profundidade exigiu seis minutos de tempo na Operação 2. Calcule os custos de processamento de mil sonares de profundidade na Operação 2.
2. Calcule o total de custos de manufatura de mil sonares de profundidade e o custo por sonar de profundidade padrão e de luxo.

3. Suponha que, no final do ano, 500 sonares de profundidade padrão estivessem em processo apenas pela Operação 1 e que 600 sonares de luxo estivessem em processo apenas pela Operação 2. Calcule o custo do estoque final de PEP. Suponha que nenhum material direto seja aplicado na Operação 2, mas que $ 10 mil do custo de materiais diretos, de $ 100 mil, do sonar de luxo, sejam aplicados a cada um dos mil sonares processados na Operação 3.

capítulo 15

APLICAÇÃO DE CUSTOS INDIRETOS DE FABRICAÇÃO: CUSTEIO VARIÁVEL E POR ABSORÇÃO

A L.A. Darling Company projeta, manufatura e instala vitrinas, como essa da Best Buy Computers.

Objetivos de aprendizagem

Ao terminar de estudar este capítulo, você deverá estar apto a:

1. Elaborar uma demonstração de resultado usando a abordagem do custeio variável.
2. Elaborar uma demonstração de resultado usando a abordagem do custeio por absorção.
3. Calcular a variação de volume de produção e mostrar como ela deve aparecer na demonstração de resultado.
4. Distinguir entre as três bases de custos alternativas de um sistema de custeio por absorção: Real, normal e padrão.
5. Explicar por que uma empresa pode preferir usar uma abordagem de custeio variável.
6. Identificar os dois métodos de eliminar as variações do custo-padrão ao final de um ano e explicar a racionalidade de cada um.
7. **Entender como os sistemas de custeio de produto afetam o resultado operacional.**

Lembre-se da última vez em que você comprou em uma das seguintes lojas: Wal-Mart, JCPenney, Kmart, Dillards, Best Buy, T. J. Maxx. Você se lembra de alguma coisa a respeito das características da loja? Possibilidades existem de a resposta ser: "Não". As características da loja, como prateleiras, balcões, prateleiras de ornamentos e vitrinas, são uma parte importante do programa de comercialização de todas as lojas de desconto, especialidades e de departamentos, mas não muitas pessoas se preocupam com isso quando estão comprando. Uma empresa líder do setor de características de loja é a L. A. Darling Company.

A L. A. Darling Company funciona em associação com os principais varejistas, como a Wal-Mart, para projetar, manufaturar e instalar vitrinas de lojas. A Darling segue suas raízes tradicionais desde 1897, e hoje emprega cerca de 2,5 mil pessoas. Ela é membro da Marmon Group, uma associação internacional de mais de cem fabricantes e empresas de serviços. As vendas anuais da Marmon excederam $ 6,5 bilhões.

Recentemente, quando um dos principais varejistas empreendeu um programa de crescimento agressivo, ele selecionou a Darling para satisfazer suas necessidades de características. De acordo com Ray Watson, *controller*, "uma das vantagens que a Darling oferece às empresas é sua grande capacidade de produção". Enquanto isso dá à empresa uma vantagem competitiva, no entanto, a contabilidade dos custos de capacidade, a maioria dos quais custos indiretos de manufatura, é um desafio real. Como a Darling contabilizaria esses CIF fixos para propósitos de custeio do produto e determinação de resultado? A Darling deveria considerar esses custos ao avaliar o desempenho dos gestores? Watson explica que a abordagem por absorção é exigida para relatório externo, mas fornece pouco valor para mensurar a lucratividade por cliente. Como resultado, a Darling usa a abordagem da contribuição, combinada com o custeio baseado em atividades (ABC), para propósitos de tomada de decisão e avaliação de desempenho.

Muitas empresas baseiam a avaliação dos gestores, ao menos em parte, no lucro do segmento organizacional que geram. Conseqüentemente, os gestores esforçam-se para fazer seu desempenho parecer bom, ao tomar decisões que aumentam o lucro. Como nós, todavia, deveríamos medir o lucro? Os contadores realizam muitos julgamentos quando mensuram o lucro, e um dos mais importantes é a escolha do método apropriado para calcular os custos do produto. Alguns gestores pensam que o custeio do produto é um assunto de interesse apenas para contadores. Quando descobrem, entretanto, que os custos de produto afetam suas avaliações, eles rapidamente começam a prestar atenção à determinação dos custos dos produtos. Apenas conhecendo as influências dos custos dos produtos, eles se tornarão aptos a predizer como suas decisões afetarão os lucros e melhorarão suas avaliações.

Nos três capítulos precedentes, concentramo-nos em como um sistema de contabilidade acumula custos por departamentos ou atividades e aplica os custos para produtos ou serviços produzidos por aqueles departamentos ou atividades. Este capítulo concentra-se nas duas principais variações de custeio de produto: Custeio variável e custeio por absorção. Observe que, embora usemos um sistema de custeio de produto padrão aqui para propósitos ilustrativos, essas variações podem ser utilizadas em um sistema de custeio de produto não-padrão também.

Custeio variável *versus* custeio por absorção

Contabilidade para custos indiretos de manufatura fixos

Comparamos os dois métodos principais de custeio do produto neste capítulo: Custeio variável (abordagem da contribuição) e custeio por absorção (funcional, custeio pleno ou abordagem da demonstração contábil). Esses métodos diferem em apenas um aspecto: O custo indireto de manufatura fixo é excluído do custo dos produtos sob o custeio variável, mas é incluído no custo dos produtos sob o custeio por absorção.

Como mostra a Figura 15.1, um sistema de custeio variável trata o custo indireto de manufatura fixo (CIF de fábrica fixos) como um custo de período a ser imediatamente despesado contra as vendas — não como um custo de produto a ser contado como estoque e despesado contra as vendas como custo dos produtos vendidos quando o estoque for vendido. Observe que a única diferença entre o custeio variável e o por absorção é a contabilidade para custo indireto de manufatura fixo.[1]

O custeio por absorção é mais amplamente utilizado do que custeio variável. Por quê? Porque nem a profissão contábil pública, nem a Secretaria da Receita Federal, aprova o custeio variável para propósitos de demonstração contábil ou tributária. Conseqüentemente, todas as empresas americanas usam o custeio por absorção para seus relatórios aos acionistas e às autoridades tributárias.

O crescente uso da abordagem de contribuição nas mensurações de desempenho e análises de custo, entretanto, tem levado ao crescente uso do custeio variável para propósitos de relatório interno. Mais da metade das principais empresas nos Estados Unidos usam o custeio variável para algum relatório interno, e quase um quarto o usa como formato interno básico. A Muncie, de Indiana, por exemplo, fábrica da BorgWarner Corporation, recentemente mudou seu relatório de desempenho da linha de produto de uma abordagem de custeio por absorção para custeio variável. Por quê? Porque o custeio variável "conecta o desempenho da manufatura mais proximamente com as medidas daquele desempenho, ao remover o impacto dos níveis de estoque mutantes dos resultados financeiros".

Até uma ou duas décadas atrás, o uso do custeio variável para relatórios internos era dispendioso. Ele exige que a informação seja processada de duas maneiras, uma para relatório externo e uma para relatório interno.

O crescente uso e o decréscimo nos custos dos computadores têm reduzido o custo adicionado de um sistema de custeio variável. A maioria dos gestores não enfrenta mais a questão de investir em um sistema de custeio variável separado. Em vez disso, eles simplesmente escolhem um formato de custeio variável ou custeio por absorção para relatórios. Muitos sistemas de contabilidade bem projetados utilizados hoje podem produzir qualquer formato.

Fatos para ilustração

Para ver exatamente como os dois sistemas de custeio do produto funcionam, usaremos a Greenberg Company como ilustração. A Greenberg Company fabrica uma peça de reposição (um anel de plástico) para grandes máqui-

---

[1]. *O custeio variável é, às vezes, chamado de 'custeio direto'. Custeio variável, entretanto, é uma expressão mais descritiva; assim, nós a usaremos exclusivamente neste texto.*

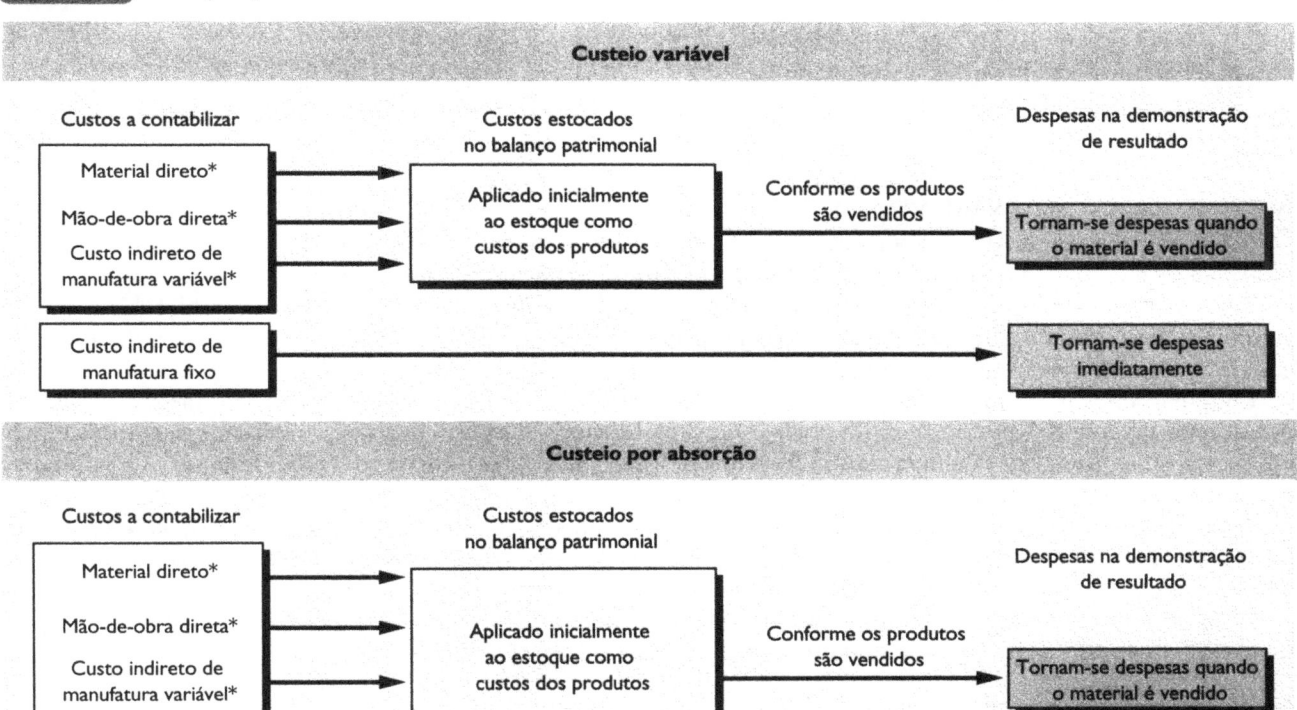

Figura 15.1 — Comparação do fluxo de custos.

Custeio variável

Custos a contabilizar:
- Material direto*
- Mão-de-obra direta*
- Custo indireto de manufatura variável*

→ Custos estocados no balanço patrimonial: Aplicado inicialmente ao estoque como custos dos produtos → Conforme os produtos são vendidos → Despesas na demonstração de resultado: Tornam-se despesas quando o material é vendido

- Custo indireto de manufatura fixo → Tornam-se despesas imediatamente

Custeio por absorção

Custos a contabilizar:
- Material direto*
- Mão-de-obra direta*
- Custo indireto de manufatura variável*
- Custo indireto de manufatura fixo

→ Custos estocados no balanço patrimonial: Aplicado inicialmente ao estoque como custos dos produtos → Conforme os produtos são vendidos → Despesas na demonstração de resultado: Tornam-se despesas quando o material é vendido

* À medida que os produtos são manufaturados, os custos são 'aplicados' aos estoques, geralmente por meio do uso de custos unitários.

nas de moldagem por injeção de plástico. Cada máquina exige quatro novos anéis por ano. Em 20X0 e 20X1, a empresa teve os seguintes custos-padrão para a produção dos anéis.

Dados básicos de produção a custo padrão	
Material direto	$ 1,30
Mão-de-obra	$ 1,50
Custos indiretos de manufatura variáveis	$ 0,20
Custos variáveis padrão por anel	$ 3,00

O orçamento anual para CIF de fábrica fixos é de $ 150 mil. A produção esperada (ou orçada) é de 150 mil anéis por ano, e o preço de venda é de $ 5 por anel. Por simplificação, suporemos que o único direcionador de custo, para os $ 0,20 por anel de custos indiretos de manufatura variáveis, seja os anéis produzidos.[2] Também suporemos que as despesas de vendas e administrativas orçadas e reais são $ 65 mil por ano de custo fixo mais as comissões de vendas a 5 por cento das unidades monetárias de venda. As quantidades de produto reais são:

	20X0	20X1
Em unidades (anéis)		
Estoque inicial	—	30 000
Produção	170 000	140 000
Vendas	140 000	160 000
Estoque final	30 000	10 000

Não há variações dos custos de manufatura variáveis padrão, e o custo indireto de manufatura fixo real incorrido é exatamente $ 150 mil por ano.

---

[2]. Cada vez mais as empresas estão usando a análise por atividade para identificar os direcionadores de custo relevantes para os custos indiretos de manufatura. O uso de direcionadores de custo outros que não as unidades de produção não afetam os princípios básicos ilustrados nos exemplos que se seguem.

Com base nessa informação, podemos:

1. Preparar demonstrações de resultado para 20X0 e 20X1 sob o custeio variável.
2. Preparar demonstrações de resultado para 20X0 e 20X1 sob o custeio por absorção.
3. Mostrar uma reconciliação da diferença nos resultados operacionais para 20X0, 20X1 e os dois anos como um todo.

Método de custeio variável

Iniciamos preparando demonstrações de resultado sob o custeio variável. A demonstração de custeio variável mostrada na Figura 15.2 tem um formato familiar da abordagem de contribuição, o mesmo formato introduzido no Capítulo 6. A única característica nova da Figura 15.2 é a presença de um cálculo detalhado de custo dos produtos vendidos, que é afetado pelas mudanças nos estoques iniciais e finais. (Em contraste, a demonstração de resultado dos capítulos anteriores supunha que não havia variação nos estoques iniciais e finais.)

Contabilizamos os custos do produto, aplicando todos os custos de manufatura variáveis aos produtos elaborados, a uma taxa de $ 3 por anel; assim, valorizamos os estoques aos custos variáveis padrão. Em contraste, não aplicamos quaisquer custos de manufatura fixos aos produtos, mas os consideramos como despesas no período em que são incorridos.

Antes de continuar a leitura, esteja seguro de rastrear os fatos do nosso exemplo da Greenberg para a apresentação na Figura 15.2, etapa por etapa. Observe que deduzimos os custos variáveis dos produtos vendidos e as despesas de vendas e administrativas variáveis, no cálculo da margem de contribuição.

As despesas de vendas e administrativas variáveis, entretanto, não são estocáveis. Elas são afetadas apenas pelo nível de vendas, não pelas variações no estoque.

Método do custeio por absorção

A Figura 15.3 mostra a estrutura do custeio por absorção padrão. Como se pode ver, ela difere do formato custeio variável de três maneiras.

Primeiro, o custo unitário do produto utilizado para calcular o custo dos produtos vendidos é $ 4, e não $ 3. Por quê? Porque o custo indireto de manufatura fixo de $ 1 é adicionado ao custo de manufatura variável de $ 3. O custo indireto de manufatura fixo de $ 1 aplicado a cada unidade é a **taxa de CIF fixos**. Determinamos essa taxa

Figura 15.2 Greenberg Company — Demonstrações de resultado comparativas, usando o custeio variável.

Anos 20X0 e 20X1 (em $ milhares)

		20X0	20X1
Vendas, 140 000 e 160 000 anéis, respectivamente	(1)	$ 700	$ 800
Despesas variáveis			
Custos de manufatura variáveis dos produtos vendidos			
Estoque inicial, ao custo variável padrão de $ 3		$ —	$ 90
Mais: Custo variável dos produtos manufaturados padrão, 170 000 e 140 000 anéis, respectivamente		$ 510	$ 420
Disponível para venda, 170 000 anéis em cada ano		$ 510	$ 510
Menos: Estoque final, ao custo variável padrão de $ 3		$ 90*	$ 30†
Custo de manufatura variável dos produtos vendidos		$ 420	$ 480
Despesas variáveis de vendas, a 5% do valor das vendas		$ 35	$ 40
Total das despesas variáveis	(2)	$ 455	$ 520
Margem de contribuição	(3) = (1) − (2)	$ 245	$ 280
Despesas fixas			
CIF fixos		$ 150	$ 150
Despesas de vendas e administrativas fixas		$ 65	$ 65
Total de despesas fixas	(4)	$ 215	$ 215
Lucro operacional, custeio variável	(3) − (4)	$ 30	$ 65

* 30 000 anéis × $ 3 = $ 90 000.
† 10 000 anéis × $ 3 = $ 30 000.

Figura 15.3 Greenberg Company — Demonstrações comparativas de resultados, usando o custeio por absorção.

Anos 20X0 e 20X1 (em $ milhares)

	20X0		20X1	
Vendas		$ 700		$ 800
Custo dos produtos vendidos				
Estoque inicial, ao custo-padrão por absorção de $ 4*	$ —		$ 120	
Custo dos produtos manufaturados ao padrão de $ 4	$ 680		$ 560	
Disponível para vendas	$ 680		$ 680	
Menos: Estoque final ao custo-padrão por absorção de $ 4	$ 120		$ 40	
Custo dos produtos vendidos, ao padrão		$ 560		$ 640
Lucro bruto ao padrão		$ 140		$ 160
Variação do volume de produção†		$ 20 F		$ 10 D
Margem bruta ou lucro bruto, ao real		$ 160		$ 150
Despesas de venda e administrativas		$ 100		$ 105
Lucro operacional		$ 60		$ 45

*Custo variável $ 3
Custo fixo ($ 150 000 / 150 000) $ 1
Custo-padrão por absorção $ 4

†Cálculo da variação do volume de produção baseado no volume esperado de produção, de 150 000 anéis:

20X0	$ 20 000 F	(170 000 − 150 000) × $ 1
20X1	$ 10 000 D	(140 000 − 150 000) × $ 1
Dois anos juntos	$ 10 000 F	(310 000 − 300 000) × $ 1

D = Desfavorável.
F = Favorável.

dividindo os CIF fixos orçados pela atividade direcionadora de custo esperada; nesse caso, o volume de produção esperado para o período orçado é:

$$\text{taxa de CIF fixos} = \frac{\text{custos indiretos de manufatura fixos orçados}}{\text{volume de produção esperado}} = \frac{\$ 150\,000}{150\,000 \text{ unidades}} = \$ 1$$

Segundo, os CIF fixos de fábrica não aparecem como uma linha separada na demonstração de resultado do custeio por absorção. Em vez disso, eles aparecem em dois locais: Como parte do custo dos produtos vendidos e como uma variação do volume de produto.[3] Uma **variação do volume de produção** (que explicamos em mais detalhes na próxima seção deste capítulo) aparece sempre que a produção real desvia do volume de produção esperado, utilizado no cálculo da taxa de CIF fixos:

variação do volume de produção = (volume real − volume esperado) × taxa de CIF fixos

Finalmente, o formato para uma demonstração de resultado pelo custeio por absorção separa os custos nas principais categorias: De manufatura e não-manufatura. Em contraste, uma demonstração de resultado do custeio variável separa os custos em categorias principais: Fixos e variáveis. Em uma demonstração do custeio por absorção, receita menos custo de manufatura (fixos e variáveis) é o lucro bruto ou a margem bruta. Em uma demonstração de custeio variável, receita menos todos os custos variáveis (de manufatura e não-manufatura) é a margem de contribuição. Essa diferença é ilustrada por uma comparação condensada da demonstração de resultado de 20X1 (em $ milhares):

Custeio variável			Custeio por absorção		
Receita	$	800	Receita	$	800
Todos os custos variáveis	$	520	Todos os custos de manufatura*	$	650
Margem de contribuição	$	280	Margem bruta	$	150
Todos os custos fixos	$	215	Todos os custos que não de manufatura	$	105
Lucro operacional	$	65	Lucro operacional	$	45

* O custo por absorção padrão dos produtos vendidos, mais a variação do volume de produção.

Apesar da importância de tais diferenças na maioria dos setores, mais e mais empresas não estão preocupadas com a escolha entre o custeio variável e o custeio por absorção. Por quê? Porque elas implementaram os métodos de produção de JIT (veja o Capítulo 1) e reduziram acentuadamente os níveis de estoque. Não há diferença no

---

3. Em geral, essa seria uma variação da atividade direcionadora de custo. Em nosso exemplo, o volume de produção é o único direcionador de custo; assim, ele pode ser chamado de uma variação de volume de produção.

resultado pelo custeio variável e custeio por absorção, se o nível de estoque não muda, e as empresas com pouco estoque geralmente experimentam apenas variações *insignificantes* de estoque.

PRIMEIRO, OS NEGÓCIOS

Custeio variável na Nortel Networks

A Nortel Networks é líder "global em telefone, dados, telefone sem fio e soluções de conexão para a internet", baseada no Canadá. Na década de 1990, enquanto ainda era conhecida como Northern Telecom, a Nortel, gradualmente, veio a entender que suas demonstrações de resultado pelo custeio por absorção padrão não forneciam a informação de que os gestores necessitavam. A empresa também descobriu que o problema era mais de forma do que de substância. A informação necessária para uma demonstração de resultado mais significativa estava no sistema de contabilidade, mas a demonstração de resultado tradicional relatada não apresentava a informação da maneira mais útil. Conseqüentemente, os contadores da Nortel adotaram uma abordagem de 'custeio variável' para a demonstração de resultado.

As necessidades de relatório estatutárias e regulatórias não permitiam à Northern Telecom abandonar completamente o custeio por absorção. A solução da empresa deixou a linha superior — receitas — e a linha inferior — lucros antes dos impostos — inalteradas, mas tudo entre elas era relatado diferentemente, da seguinte maneira:

Receita
    Custo dos produtos
Margem de contribuição do produto
    Custos de manufatura/operacionais
    Provisões para estoque
    Introdução de novos produtos
    Vendas e *marketing*
Margem direta
    Custo administrativo
    Outras despesas (receitas) operacionais
Lucro operacional
    Avaliações corporativas
    Outras despesas (receitas) não-operacionais
Lucros antes dos ajustes de balanço patrimonial
    Ajustes de balanço patrimonial
Lucro antes do imposto de renda

Essa forma representa uma aplicação extrema do custeio variável. Apenas os custos de materiais diretos são considerados custos de produto. Todos os outros custos, incluindo mão-de-obra direta e CIF variáveis, são custos de período, que são levados à despesa quando incorridos, não adicionados ao estoque. A mão-de-obra direta, por exemplo, é parte dos custos de manufatura. O montante debitado em qualquer período é o montante realmente incorrido naquele período, independentemente de a mão-de-obra estar relacionada aos produtos vendidos ou àqueles ainda em estoque.

Quatro medidas de 'lucro' são utilizadas pelos gestores: Margem do produto (para medir o valor adicionado), margem direta (para medir resultados da produção e venda do produto), lucro operacional (para medir o total dos resultados das operações) e lucro antes dos ajustes de balanço patrimonial (para medir os efeitos nos lucros da empresa toda).

A principal diferença entre o velho sistema de custeio por absorção e o novo sistema é que o novo sistema despesa todos os custos, exceto de materiais, enquanto o velho sistema capitalizava uma parcela deles. Reconciliar os dois sistemas foi um problema da contabilidade, não relacionado às operações do negócio. Conseqüentemente, uma linha final foi adicionada à demonstração de resultado para fornecer uma reconciliação — ajustes do balanço patrimonial. Isso representa a diferença entre as demonstrações pelo custeio por absorção e variável, quando necessária para relatórios estatutários e regulatórios, mas isso pode ser ignorado pelos gestores.

Os esforços da Nortel ilustram dois pontos importantes. Primeiro: É possível adaptar o método contábil para satisfazer necessidades específicas dos gestores. Segundo: As empresas freqüentemente não têm de escolher entre custeio por absorção e variável — qualquer forma pode ser produzida pelo mesmo sistema de contabilidade básico.

Fonte: P. Sharman, "Time to re-examine the P&L", em *CMA Magazine*, setembro de 1991, pp. 22-25; *Nortel Networks* 1999 *Anual Report* (http://www.nortelnetworks.com/corporate/investor/reports/index.html).

Não confunda *margem bruta* com *margem de contribuição*. Liste as maneiras em que essas duas margens diferem.

Resposta

Entre as diferenças, estão as seguintes:
- A margem bruta aparece nas demonstrações de resultado do custeio por absorção; a margem de contribuição é uma demonstração de resultado do custeio variável.
- A margem bruta é receita menos custos de manufatura; a margem de contribuição é receita menos todos os custos variáveis.
- A margem bruta está baseada na categorização dos custos por função; a margem de contribuição divide os custos por comportamento de custo.
- A margem bruta é exigida para relatórios contábeis externos; a margem de contribuição é, principalmente, útil para decisões de curto prazo da gestão.

CIF FIXOS E CUSTOS DE PRODUTOS POR ABSORÇÃO

Todas as três diferenças entre as formas do custeio variável e custeio por absorção surgem porque as duas tratam os custos indiretos de manufatura fixos diferentemente. Nesta e em seções subseqüentes, exploraremos como contabilizar CIF de fábrica em um sistema de custeio por absorção.

Custos unitários fixos e variáveis

Continuando nosso exemplo da Greenberg Company, começamos comparando os custos indiretos de manufatura no orçamento flexível utilizado para propósitos de orçamento e controle departamental com os custos indiretos de manufatura aplicados aos produtos sob um sistema de custeio por absorção. Para explorar as suposições básicas por trás do custeio por absorção, desdobraremos também o custo indireto de manufatura em componentes variáveis e fixos. (A maioria dos sistemas de custeio por absorção real não realizam tal separação.)

Considere os seguintes gráficos de CIF variáveis:

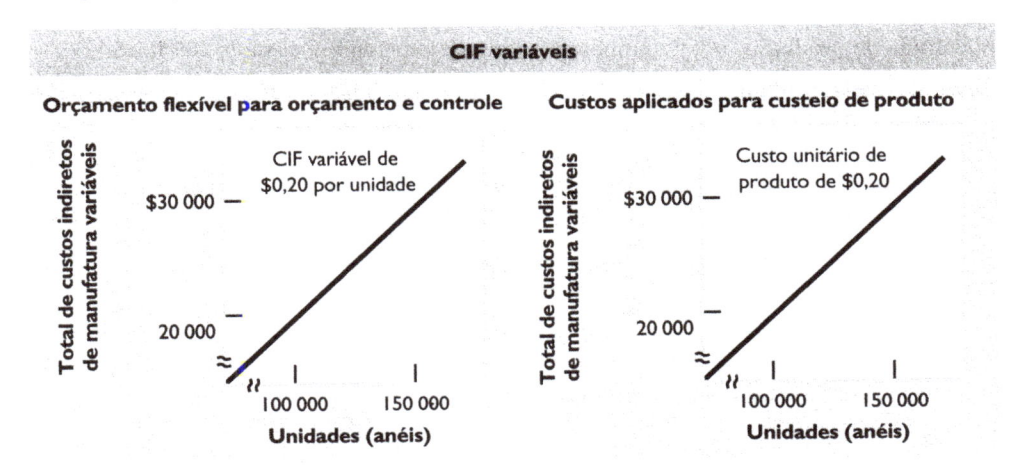

CIF variáveis

Orçamento flexível para orçamento e controle — CIF variável de $0,20 por unidade.

Custos aplicados para custeio de produto — Custo unitário de produto de $0,20.

Observe que os dois gráficos são idênticos. Os CIF variáveis esperados do orçamento flexível são os mesmos aplicados aos produtos. Tanto CIF variáveis quanto aplicados orçados são $ 0,20 por anel. Cada vez que produzimos mil anéis adicionais, esperamos incorrer em $ 200 de CIF variáveis adicionais e somamos $ 200 de CIF variáveis à conta de estoque para anéis.

Os custos variáveis utilizados para orçamento e controle são os mesmos para custeio do produto.

Em contraste, o gráfico para CIF fixos aplicados diferem daquele para o orçamento flexível:

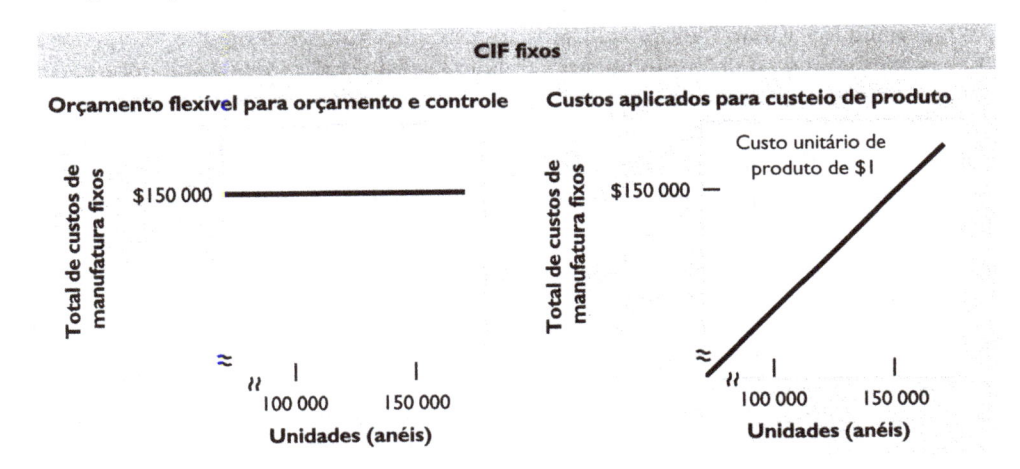

CIF fixos

Orçamento flexível para orçamento e controle — $150 000.

Custos aplicados para custeio de produto — Custo unitário de produto de $1.

Nota: Esses gráficos não estão na mesma escala que os precedentes.

O orçamento flexível para CIF fixos é uma soma global em um montante orçado de $ 150 mil. Ele é afetado pelo volume. Em contraste, o custo fixo aplicado depende do volume real.

$$\text{custo fixo aplicado} = \text{volume real} \times \text{taxa de CIF fixos}$$
$$= \text{unidades produzidas} \times \$\,1$$

Suponha que o volume real seja igual ao volume esperado, de 150 mil anéis. Os CIF fixos aplicados deveriam ser 150 000 anéis × $ 1 por anel = $ 150 000, o mesmo montante do orçamento flexível. Sempre que o volume real diferir do volume esperado, entretanto, os custos utilizados para orçamento e controle diferirão daqueles utilizados para custeio do produto. Para propósitos de orçamento e controle, os gestores usam o padrão de comportamento do custo real para custos fixos. Em contraste, como os gráficos indicam, a abordagem de custeio do produto por absorção trata esses custos fixos como se tivessem um padrão de comportamento de custo variável. A diferença entre o CIF fixo aplicado e o orçado é a variação do volume de produção.

NATUREZA DA VARIAÇÃO DO VOLUME DE PRODUÇÃO

Calculamos a variação do volume de produção como segue:

variação do volume de produção = CIF fixos aplicados − CIF fixos orçados
= (volume real × taxa de CIF fixos) − (volume esperado × taxa de CIF fixos)

ou

variação do volume de produção = (volume real − volume esperado) × taxa de CIF fixos

Na prática, a variação do volume de produção é, geralmente, chamada simplesmente de **variação de volume**. Usamos a expressão 'variação de volume de produção' porque é uma descrição mais precisa da natureza fundamental da variação.

Uma variação do volume de produção surge quando o volume de produção real alcançado não coincide com o esperado, utilizado como denominador para calcular a taxa de CIF fixos para propósitos do custeio do produto:

1. Quando o volume de produção esperado e o volume de produção real são idênticos, não há variação do volume de produção.

2. Quando o volume real é menor do que o volume esperado, a variação do volume de produção é desfavorável, porque o uso das instalações é menor do que o esperado e os CIF fixos são subaplicados. Ele é mensurado na Figura 15.3, para 20X1, da seguinte maneira:

variação do volume de produção = (volume real − volume esperado) × taxa de CIF fixos orçada
= (140 000 unidades − 150 000 unidades) × $ 1
= − $ 10 000, ou $ 10 000 D

ou

variação do volume de produção = orçado menos aplicado
= $ 150 000 − $ 140 000 = $ 10 000 D

A variação do volume de produção desfavorável de $ 10 mil aumenta os custos de manufatura mostrados na demonstração de resultado. Por quê? Lembre-se de que $ 150 mil de custos de manufatura fixos foram incorridos, mas apenas $ 140 mil foram aplicados aos estoques. Conseqüentemente, apenas $ 140 mil serão debitados como despesa, quando o estoque for vendido. O custo real de $ 150 mil, porém, deve ser debitado à despesa algumas vezes, de maneira que os $ 10 mil extras são uma despesa adicionada na demonstração de resultado corrente.

3. Quando o volume real excede o volume esperado, como foi o caso em 20X0, a variação do volume de produção é favorável, porque o uso das instalações é melhor do que o esperado, e os CIF fixos são superaplicados.

variação do volume de produção = (170 000 unidades − 150 000 unidades) × $ 1 = $ 20 000 F

Nesse caso, $ 170 mil serão debitados por meio do estoque. Visto que a Greenberg incorre em custos reais de apenas $ 150 mil, as despesas futuras serão sobredeclaradas em $ 20 mil. Conseqüentemente, reduzimos as despesas do período corrente pela variação favorável de $ 20 mil.

A variação do volume de produção é a medida convencional do custo de partida do nível de atividade originalmente utilizado para estabelecer a taxa de CIF fixos.[4] A maioria das empresas considera as variações de volume de produção como além do controle imediato, embora, algumas vezes, um gestor responsável por volume tenha de dar alguma explicação ou fazer uma investigação.

---

4. *Não confunda a variação do volume de produção descrita aqui com a variação do volume de vendas descrita no Capítulo 8. Apesar da nomenclatura similar, são conceitos completamente diferentes.*

tomada cinco Alguns contadores sustentam que a variação do volume de produção é uma boa medida de quão bem uma empresa usa sua capacidade: Variações favoráveis (desfavoráveis) implicam o uso eficaz (ineficaz) da capacidade. Não caia nessa armadilha. Por quê?

Resposta
A variação do volume de produção diz a você uma coisa, e apenas uma: Se a produção real está acima ou abaixo do volume predito utilizado no estabelecimento da taxa de CIF fixos. Se um gestor puder evitar uma variação do volume de produção desfavorável reduzindo o preço o suficiente para usar a capacidade ociosa, mas o resultado for um declínio na margem de contribuição (isto é, o preço novo é menor do que o custo variável), isso não será um uso eficaz da capacidade. Se uma variação de volume de produção favorável ocorrer por causa do excesso de produção, forçado por meio e apesar de declínios na qualidade ou outras ineficiências causadas pela sobrecarga das instalações de produção, a variação 'favorável' será, certamente, indesejável.

Algumas vezes, a falha em obter o volume esperado é causada por ociosidade, devido ao total de vendas decepcionante, à programação de produção pobre, a quebras incomuns de máquinas, paradas de trabalhadores habilitados, greves, tempestades e coisas do gênero.

Não há variação de volume de produção para CIF variáveis. O conceito de variação do volume de produção surge para CIF fixos por causa do conflito entre contabilidade para controle (por orçamentos flexíveis) e contabilidade para custeio de produto (pelas taxas de aplicação). Observe, novamente, que o orçamento de CIF fixos serve para propósitos de controle, visto que o desenvolvimento de uma taxa de custeio de produto resulta no tratamento de CIF fixos como se fossem um custo variável.

Lembre-se, sobretudo, de que os custos fixos são, simplesmente, não-divisíveis, como são os custos variáveis. Em vez disso, eles vêm em grandes porções e estão relacionados à provisão de grandes lotes de produção ou à capacidade de vendas, não à produção ou à venda de uma única unidade do produto.

SELEÇÃO DO NÍVEL ESPERADO DE ATIVIDADE PARA CALCULAR A TAXA DE CIF FIXOS

A taxa de CIF fixos, em uma estrutura de custeio por absorção, depende do nível de atividade esperado, escolhido como denominador no cálculo. Quanto maior o nível de atividade, menor a taxa.

A seleção de um nível de atividade apropriado para o denominador é uma questão de julgamento. A gestão, geralmente, deseja aplicar um único custo fixo padrão, representativo para uma unidade de produto, ao longo de um período de pelo menos um ano, apesar das mudanças mês a mês no nível de atividade. Conseqüentemente, o custo fixo total predito e o nível de atividade esperado, utilizado no cálculo da taxa de CIF fixos, devem cobrir, pelo menos, o período de um ano. A maioria dos gestores favorece o uso do nível de atividade anual orçado como nível de atividade esperado no denominador. Outros favorecem o uso de alguma aproximação de longo prazo (três a cinco anos) de atividade 'normal'. Outros, ainda, defendem o uso da capacidade plena ou máxima (freqüentemente chamada de 'capacidade prática').

Embora as taxas de CIF fixos sejam, freqüentemente, importantes para custeio de produto e precificação de longo prazo, elas têm significância limitada para propósitos de controle. Em níveis reduzidos de atividade da gestão, quase nenhum custo fixo está sob o controle direto. Mesmo em níveis mais elevados de atividade da gestão, muitos custos fixos são incontroláveis no curto prazo, dentro de amplos intervalos de atividade antecipada.

CUSTEIO REAL, NORMAL E PADRÃO

As variações de CIF não estão restritas ao sistema de custeio padrão. Muitas empresas rastreiam os custos de materiais diretos reais e de mão-de-obra direta reais aos produtos ou serviços, mas usam taxas orçadas para aplicar os CIF. Chamamos tal procedimento de **custeio normal**. O seguinte quadro compara o custeio normal com as duas outras maneiras básicas de aplicar custos pelo método de custeio por absorção.

	Custeio real	Custeio normal	Custeio padrão
Materiais diretos	Custos reais	Custos reais	Preços ou taxas-padrão × insumos-padrão permitidos para produção real
Mão-de-obra direta	Custos reais	Custos reais	
CIF variáveis de fábrica	Custos reais	Taxas orçadas × insumos reais alcançada	
CIF fixos de fábrica			

Extrair os CIF fixos de fábrica desse quadro produz uma comparação das mesmas três maneiras básicas de aplicar custos pelo método do custeio variável. O custeio por absorção normal e o custeio por absorção padrão geram variações de volume de produção. Além disso, os sistemas de custeio normal e padrão produzem todas as outras variações de CIF sob as formas variável e por absorção.

RECONCILIAÇÃO DO CUSTEIO VARIÁVEL E CUSTEIO POR ABSORÇÃO

Podemos, facilmente, reconciliar os resultados operacionais mostrados nas Figuras 15.2 e 15.3. A diferença no lucro é igual à diferença no montante total de custos indiretos de manufatura fixos, debitados como despesa durante um dado ano. (Veja a Figura 15.4.) Os $ 150 mil de CIF de manufatura fixos incorridos em 20X1 são, automaticamente, o montante reconhecido como despesa em uma demonstração de resultado do custeio variável. Sob o custeio por absorção, os CIF de manufatura fixos aparecem em dois lugares: Custo dos produtos vendidos e variação do volume de produção.

Sob o custeio por absorção, $ 30 mil de custos fixos foram incorridos antes de 20X1 e mantidos no estoque inicial. Durante 20X1, $ 140 mil de CIF de manufatura fixos foram adicionados ao estoque, e $ 10 mil ainda foram mantidos no estoque final de 20X1. Assim, os CIF de manufatura fixos incluídos nos custos dos produtos vendidos para 20X1 foram $ 30 000 + $ 140 000 − $ 10 000 = $ 160 000. Além disso, a variação do volume de produção é de $ 10 mil, desfavorável. O total de CIF de manufatura fixos debitados como despesas de 20X1 sob custeio por absorção é $ 170 mil, ou $ 20 mil mais do que os $ 150 mil debitados sob o custeio variável. Conseqüentemente, o resultado pelo custeio variável de 20X1 é maior em $ 20 mil.

Podemos, rapidamente, explicar as diferenças no lucro operacional pelo custeio variável e pelo custeio por absorção, multiplicando a taxa de CIF fixos do custeio do produto pela variação no total de unidades nos estoques iniciais e finais. Considere o ano 20X1: A variação nos estoques foi de 20 mil unidades; assim, a diferença no lucro líquido deveria ser 20 000 unidades × $ 1,00 = $ 20 000.

Lembre-se de que é o relacionamento entre vendas e produção que determina a diferença entre o resultado pelo custeio variável e pelo custeio por absorção. Sempre que as vendas excederem a produção, isto é, quando o estoque diminuir, o resultado pelo custeio variável será maior do que o resultado pelo custeio por absorção.

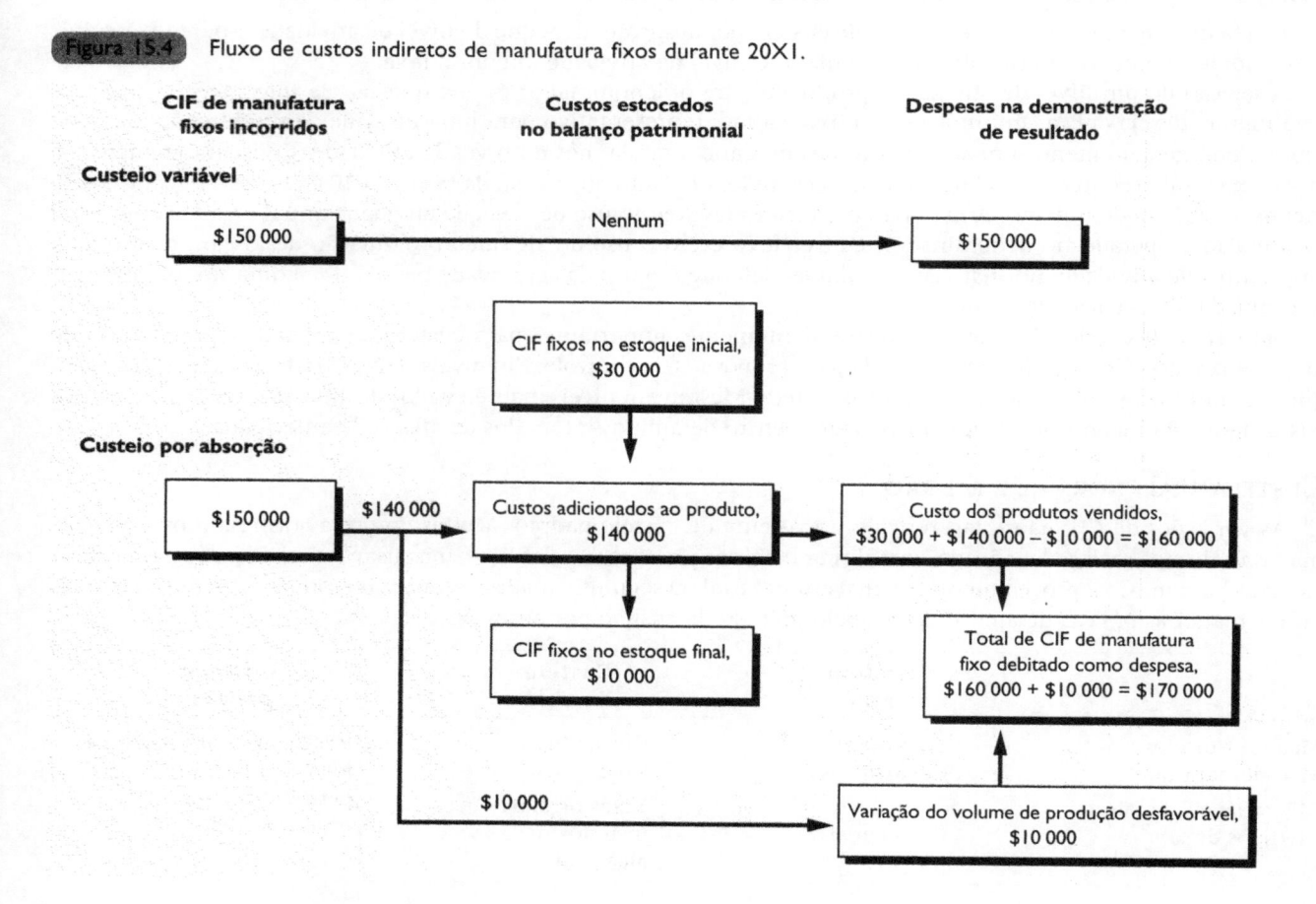

Figura 15.4 Fluxo de custos indiretos de manufatura fixos durante 20X1.

Em um estoque e sistema de produção JIT, os estoques são mínimos, de maneira que as vendas e a produção são quase as mesmas. Isso significa que a diferença entre o lucro variável e por absorção nos sistemas JIT não é significativa.

Por que usar o custeio variável?

Por que muitas empresas usam o custeio variável para demonstrações internas? Um dos motivos é que o volume de produção afeta o lucro pelo custeio por absorção, mas não tem efeito no resultado pelo custeio variável. Considere a demonstração pelo custeio por absorção de 20X1 na Figura 15.3, a qual mostra um lucro operacional de $ 45 mil. Suponha que um gestor decida produzir dez mil unidades adicionais em dezembro de 20X1, mesmo que elas permaneçam não-vendidas. Isso afetará o lucro operacional? Note que o lucro bruto não se alterará. Por quê? Porque ele está baseado nas vendas, não na produção. A variação do volume de produção, entretanto, mudará:

$$\text{Se produção} = 140\ 000 \text{ unidades}$$
$$\text{Variação do volume de produção} = (150\ 000 - 140\ 000) \times \$\ 1 = \$\ 10\ 000\ D$$
$$\text{Se produção} = 150\ 000 \text{ unidades}$$
$$\text{Variação do volume de produção} = (150\ 000 - 150\ 000) \times \$\ 1 = 0$$

Como não há variação de volume de produção quando 150 mil unidades são produzidas, o novo lucro operacional é igual ao lucro bruto, menos as despesas de vendas e administrativas, $ 160 000 – $ 105 000 = $ 55 000. Conseqüentemente, aumentar a produção em dez mil unidades, sem nenhum aumento nas vendas, aumenta o lucro operacional pelo custeio por absorção em $ 10 mil, de $ 45 mil para $ 55 mil.

Como tal aumento na produção afetará a demonstração pelo custeio variável na Figura 15.2? Nada mudará. A produção não afeta o lucro operacional sob o custeio variável.

Suponha que a avaliação de desempenho de um gestor esteja amplamente baseada no lucro operacional. Se a empresa usa a abordagem do custeio por absorção, um gestor pode ficar tentado a produzir unidades desnecessárias, apenas para aumentar o lucro operacional relatado. Não haverá tentação com o custeio variável.

As empresas também escolhem o custeio variável ou o custeio por absorção baseadas em qual sistema elas acreditam que dará um sinal melhor sobre o desempenho. Uma empresa orientada para vendas pode preferir o custeio variável, porque seu lucro é afetado, primeiro, pelo nível de vendas. Em contraste, uma empresa orientada para a produção — por exemplo, uma empresa que pode facilmente vender todas as unidades que produz — pode preferir o custeio por absorção. Por quê? Porque a produção adicional aumenta o lucro operacional com o custeio por absorção, mas não com o custeio variável.

Efeito de outras variações

Até aqui, nossos exemplos ignoraram, deliberadamente, a possibilidade de qualquer variação, exceto a variação do volume de produção, que aparece apenas na demonstração de custeio por absorção. Todas as outras variações aparecem tanto nas demonstrações de resultado pelo custeio variável como por absorção. Nesta seção, consideraremos outras variações, que foram explicadas no Capítulo 8.

Variações do orçamento flexível

Retornando à Greenberg Company, suporemos alguns fatos adicionais para o ano 20X1 (o segundo dos dois anos cobertos pelo nosso exemplo):

Variações de orçamento flexível	
Material direto	Nenhum
Mão-de-obra direta	$ 34 000 D
CIF de fábrica variáveis	$ 3 000 D
CIF de fábrica fixos	$ 7 000 D
Dados de apoio (utilizados para calcular as variações acima, como mostrado no Apêndice 15)	
Horas de mão-de-obra direta padrão permitidas para 140 000 unidades produzidas	35 000
Taxa de mão-de-obra direta padrão por hora	$ 6
Horas de mão-de-obra direta reais de insumos	40 000
Taxa de mão-de-obra direta real por hora	$ 6,10
CIF de manufatura variáveis realmente incorridos	$ 31 000
CIF de manufatura fixos realmente incorridos	$ 157 000

Como o Capítulo 8 explicou, as variações do orçamento flexível podem surgir tanto para CIF variáveis como para CIF fixos. Considere o seguinte:

	Montantes reais	Montante de orçamento flexível a 140 000 unidades	Variações de orçamento flexível
CIF de fábrica variáveis	$ 31 000	$ 28 000	$ 3 000 D
CIF de fábrica fixos	$ 157 000	$ 150 000	$ 7 000 D

A Figura 15.5 mostra o relacionamento entre a variação do orçamento flexível para CIF fixos e a variação de volume de produção. A diferença entre os CIF fixos reais e aqueles aplicados aos produtos são os CIF subaplicados (ou superaplicados). Como os CIF fixos reais de $ 157 mil excedem os $ 140 mil aplicados, os CIF fixos são subaplicados em $ 17 mil, o que significa que a variação é desfavorável. Os $ 17 mil de CIF fixos subaplicados têm dois componentes: Uma variação de volume de produção de $ 10 mil D e uma variação do orçamento flexível de CIF fixos (também chamada de 'variação de dispêndio de CIF fixos' ou, simplesmente, 'variação de orçamento de CIF fixos') de $ 7 mil D.

Todas as outras variações que não a de volume de produção são, essencialmente, variações do orçamento flexível. Elas medem os componentes das diferenças entre os montantes reais e os montantes de orçamento flexível, para a produção alcançada. Os orçamentos flexíveis são, primeiro, projetados para apoiar o planejamento e o controle, em vez de o custeio do produto. A variação do volume de produção não é uma variação do orçamento flexível. Ela é projetada para apoiar o custeio do produto.

A Figura 15.6 contém a demonstração de resultado sob o custeio por absorção que incorpora esses novos fatos. Essas novas variações prejudicam o resultado em $ 44 mil, porque, como a variação do volume de produção, elas são todas variações desfavoráveis, debitadas contra o resultado em 20X1. Quando as variações de custo são favoráveis, elas aumentam o lucro operacional.

ELIMINAÇÃO DAS VARIAÇÕES DE CUSTO-PADRÃO

Os defensores do custeio-padrão reclamam que as variações, geralmente, estão sujeitas a controle corrente, especialmente quando os padrões são vistos como sendo correntemente obteníveis. Conseqüentemente, eles acreditam que as variações não são estocáveis e deveriam ser consideradas como ajustes ao resultado do período, em vez de ser adicionadas aos estoques. Dessa maneira, as avaliações de estoque seriam mais representativas dos custos desejáveis e obteníveis.

Figura 15.5 Variações de CIF fixos para 20X1. (Os dados são da Figura 15.3.)

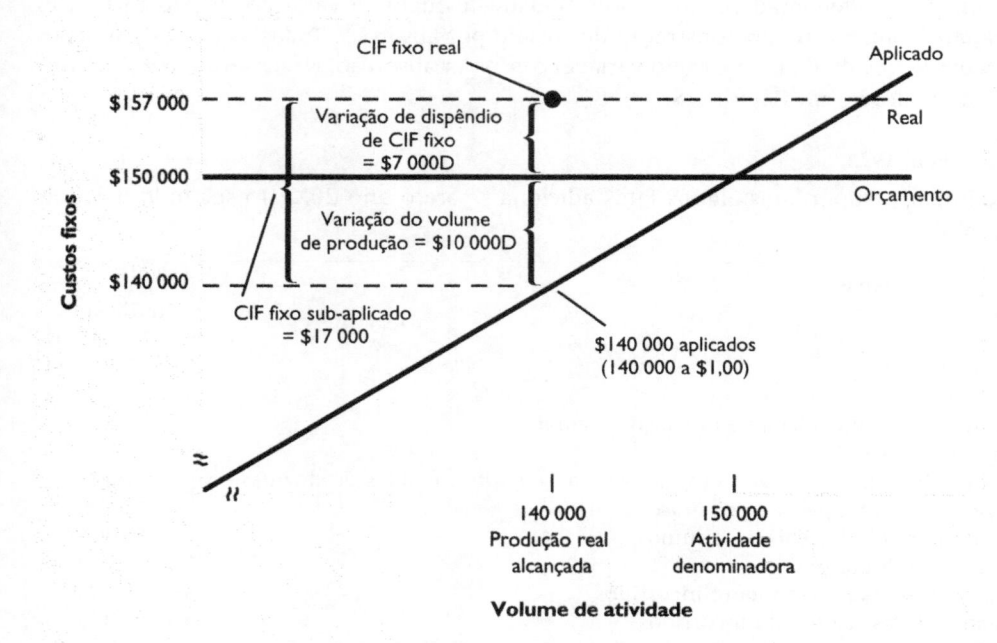

Figura 15.6 Modificação do custeio por absorção da Figura 15.3 para 20X1.

(Fatos adicionais estão no texto)

		(em milhares)
Vendas, 160 000 a $ 5		$ 800
Estoque inicial ao padrão, 30 000 a $ 4	$ 120	
Custo dos produtos manufaturados ao padrão, 140 000 a $ 4	$ 560	
Disponível para venda, 170 000 a $ 4	$ 680	
Menos estoque final ao padrão, 10 000 a $ 4	$ 40	
Custo dos produtos vendidos ao padrão, 160 000 a $ 4		$ 640
Lucro bruto ao padrão		$ 160
Variações do orçamento flexível, ambas desfavoráveis		
Custos de manufatura variáveis ($ 34 000 + $ 3 000)	$ 37	
CIF de fábrica fixos	$ 7	
Variações do volume de produção (surgem apenas devido aos CIF fixos), desfavoráveis	$ 10	
Total de variações		$ 54
Lucro bruto ao 'real'		$ 106
Despesas de venda e administrativas		$ 105
Lucro operacional		$ 1

Outros favorecem a atribuição das variações aos estoques e custos dos produtos vendidos, relacionados à produção durante o período em que as variações surgiram. Isso é, freqüentemente, chamado de 'variações de rateio'. O rateio torna as avaliações de estoque mais representativas dos custos 'reais' incorridos para obter os produtos. Na prática, a menos que as variações e os níveis de estoque sejam significativos, as variações são, geralmente, não-rateadas. Conseqüentemente, na prática, todas as variações de custo são tipicamente consideradas como ajustes do resultado corrente.

Onde as variações aparecem na demonstração, geralmente não é importante. A Figura 15.6 mostra as variações como um componente do lucro bruto ao 'real', mas elas poderiam aparecer em qualquer outro lugar, como uma seção completamente separada, na demonstração de resultado. Tal colocação ajudaria a distinguir entre custeio do produto (isto é, o custo dos produtos vendidos, ao padrão) e reconhecimento de perda (variações desfavoráveis são 'perdas' ou custos 'expirados', porque representam desperdício e ineficiência devido a custos não-qualificáveis como estocáveis; isto é, desperdício não é um ativo). A colocação da variação não afeta o lucro operacional.

PROBLEMA RESUMIDO PARA REVISÃO

PROBLEMA

1. Reconsidere as Figuras 15.2 e 15.3. Suponha que a produção, em 20X1, fosse de 145 mil unidades, em vez de 140 mil unidades, mas as vendas fossem de 160 mil unidades. Suponha que as variações líquidas, para todos os custos de manufatura variáveis, fossem de $ 37 mil, desfavoráveis. Considere essas variações como ajustes ao custo padrão dos produtos vendidos. Suponha também que os custos fixos reais fossem de $ 157 mil. Prepare as demonstrações de resultado para 20X1 sob o custeio variável e sob o custeio por absorção.
2. Explique por que o lucro operacional foi diferente sob o custeio variável e sob o custeio por absorção. Mostre seus cálculos.
3. Sem considerar o item 1, o custeio variável ou o custeio por absorção forneceriam a um gestor mais detalhes para influenciar o lucro das operações de curto prazo, por meio de decisões de programação da produção? Por quê?

SOLUÇÃO

1. Veja as Figuras 15.7 e 15.8. Observe que o estoque final será de 15 mil unidades, em vez de dez mil unidades.
2. O declínio nos níveis de estoque é 30 000 – 15 000, ou 15 000 unidades. A taxa de CIF fixos por unidade, no custeio por absorção, é $ 1. Conseqüentemente, $ 15 mil de CIF fixos a mais foram debitados contra as

Figura 15.7 Greenberg Company.

Demonstração de resultado (custeio variável), ano de 20X1 (em $ milhares)

Vendas			$ 800
Estoque inicial, ao custo-padrão variável de $ 3	$ 90		
Mais: Custo variável dos produtos manufaturados	$ 435		
Disponível para venda	$ 525		
Menos: Estoque final, ao custo padrão variável de $ 3	$ 45		
Custo variável dos produtos vendidos, ao padrão		$ 480	
Variações líquidas do orçamento flexível para todos os custos variáveis, desfavoráveis		$ 37	
Custo variável dos produtos vendidos, ao 'real'		$ 517	
Despesas de vendas variáveis, a 5% do valor das vendas		$ 40	
Total de custos variáveis debitados contra as vendas			$ 557
Margem de contribuição			$ 243
CIF de fábrica fixos		$ 157*	
Despesas de venda e administrativas fixas		$ 65	
Total de despesas fixas			$ 222
Lucro operacional			$ 21†

* Isso poderia ser mostrado em duas linhas, $ 150 mil no orçamento, mais $ 7 mil de variação.
† A diferença entre este e os $ 65 mil de lucro operacional da Figura 15.2 ocorre por causa dos $ 37 mil desfavoráveis de variações de custo variável e dos $ 7 mil desfavoráveis de variação do orçamento flexível de custo fixo.

Figura 15.8 Greenberg Company.

Demonstração de resultado (custeio por absorção) ano de 20X1 (em $ milhares)

Vendas		$ 800
Estoque inicial, ao custo padrão de $ 4	$ 120	
Custo dos produtos manufaturados, ao padrão	$ 580	
Disponível para venda	$ 700	
Menos: Estoque final, ao padrão	$ 60	
Custo dos produtos vendidos, ao padrão	$ 640	
Variações líquidas do orçamento flexível para todos os custos de manufatura variáveis, desfavoráveis	$ 37	
Variações do orçamento flexível de CIF de fábrica fixos, desfavoráveis	$ 7	
Variação do volume de produção, desfavorável	$ 5*	
Total de variações	$ 49	
Custo dos produtos vendidos, ao real		$ 689†
Lucro bruto, ao 'real'		$ 111
Despesas de vendas e administrativas		
Variáveis	$ 40	
Fixas	$ 65	$ 105
Lucro operacional		$ 6‡

* A variação do volume de produção é $ 1 × (150 000 de volume esperado – 145 000 de produção real).
† Essa forma difere, ligeiramente, da Figura 15.6. A diferença é deliberada; ela ilustra que os formatos de demonstração de resultado não são rígidos.
‡ Compare esse resultado com os $ 1 000 de lucro operacional da Figura 15.6. A única diferença é rastreável à produção de 145 mil unidades, em vez de 140 mil unidades, resultando em uma variação do volume de produção desfavorável de $ 5 mil, em vez de $ 10 mil.

operações sob o custeio por absorção, do que sob o custeio variável. A demonstração de custeio variável mostra CIF de fábrica fixos de $ 157 mil, em que a demonstração de custeio por absorção inclui CIF de fábrica fixos em três locais: $ 160 mil em custo dos produtos vendidos, $ 7 mil D em variação do orçamento flexível de CIF de fábrica fixos, e $ 5 mil D como variação do volume de produção, para um total de $ 172 mil. Geralmente, quando os estoques declinam, o custeio por absorção mostrará menos resultado do que o custeio variável; quando os estoques se elevam, o custeio por absorção mostra mais resultado do que o custeio variável.

3. O custeio por absorção fornecerá a um gestor mais detalhes para influenciar um lucro operacional via programação da produção. O lucro operacional flutuará em harmonia com as variações nas vendas líquidas sob o custeio variável, mas ele é influenciado por ambas, produção e vendas, sob o custeio por absorção. Compare, por exemplo, o custeio variável nas Figuras 15.2 e 15.7. Como a segunda nota da Figura 15.7 indica, o lucro operacional pode ser afetado por variações diversas (mas não a variação do volume de produção) sob o custeio variável, mas a programação da produção, por si mesma, não terá efeito no lucro operacional.

Porém, compare o lucro operacional das Figuras 15.6 e 15.8. Como a terceira nota da Figura 15.8 explica, a programação da produção, bem como as vendas, influencia o lucro operacional. A produção foi de 145 mil em vez de 140 mil unidades. Assim, $ 5 mil de CIF fixos se tornaram uma parte do estoque final (um ativo), em vez de parte da variação do volume de produção (uma despesa) — isto é, a variação do volume de produção é $ 5 mil mais baixa e o estoque final contém $ 5 mil mais CIF fixos na Figura 15.8 do que na Figura 15.6. O gestor soma $ 1 ao lucro operacional de 20X1 em cada unidade de produção, sob o custeio por absorção, mesmo que a unidade não seja vendida.

A Figura 15.9 compara os efeitos do custeio variável e do custeio por absorção.

APÊNDICE 15: COMPARAÇÕES DE VARIAÇÕES DE VOLUME DE PRODUÇÃO COM OUTRAS VARIAÇÕES

A única nova variação introduzida neste capítulo foi a variação do volume de produção, que surge porque a contabilidade dos CIF fixos deve servir a dois mestres: O propósito de controle orçamentário e o propósito do custeio do produto. Vamos examinar essa variação em perspectiva, ao usar a abordagem originalmente demonstrada na Figura 8.9. O resultado da abordagem aparece na Figura 15.10, a qual merece que você estude cuidadosamente, em particular as duas notas explicativas. Por favor, pondere a Figura antes de continuar a leitura.

Figura 15.9 Efeitos comparativos no lucro.

	Custeio variável	Custeio por absorção	Comentários
1. CIF de fábrica fixos são estocados?	Não.	Sim.	Questão teórica básica de quando um custo deve tornar-se uma despesa.
2. Variação do volume de produção?	Não.	Sim.	A escolha do volume esperado de produção afeta a mensuração do lucro operacional sob o custeio por absorção.
3. Tratamento de outras variações?	O mesmo.	O mesmo.	Ressalta o fato de que a diferença básica é a contabilidade para CIF de fábrica fixos, não a contabilidade para CIF de fábrica variáveis.
4. Classificações entre custos variáveis e fixos são rotineiramente efetuadas?	Sim.	Não.	O custo por absorção, entretanto, pode ser modificado para obter subclassificações de custos variáveis e fixos, se desejado.
5. Efeitos usuais das variações nos níveis de estoques no lucro operacional			As diferenças são atribuíveis ao momento da transformação de CIF de fábrica fixos em despesas.
Produção = vendas	Igual.	Igual.	
Produção > vendas	Menor.*	Maior.†	
Produção < vendas	Maior.	Menor.	
6. Relacionamentos custo–volume–lucro	Amarrado às vendas.	Amarrado à produção e às vendas.	O controle de gestão se beneficia: Os efeitos das variações no volume sob o lucro operacional são mais fáceis de entender sob o custeio variável.

* Isto é, mais baixo do que o custeio por absorção.
† Isto é, mais alto do que o custeio variável.

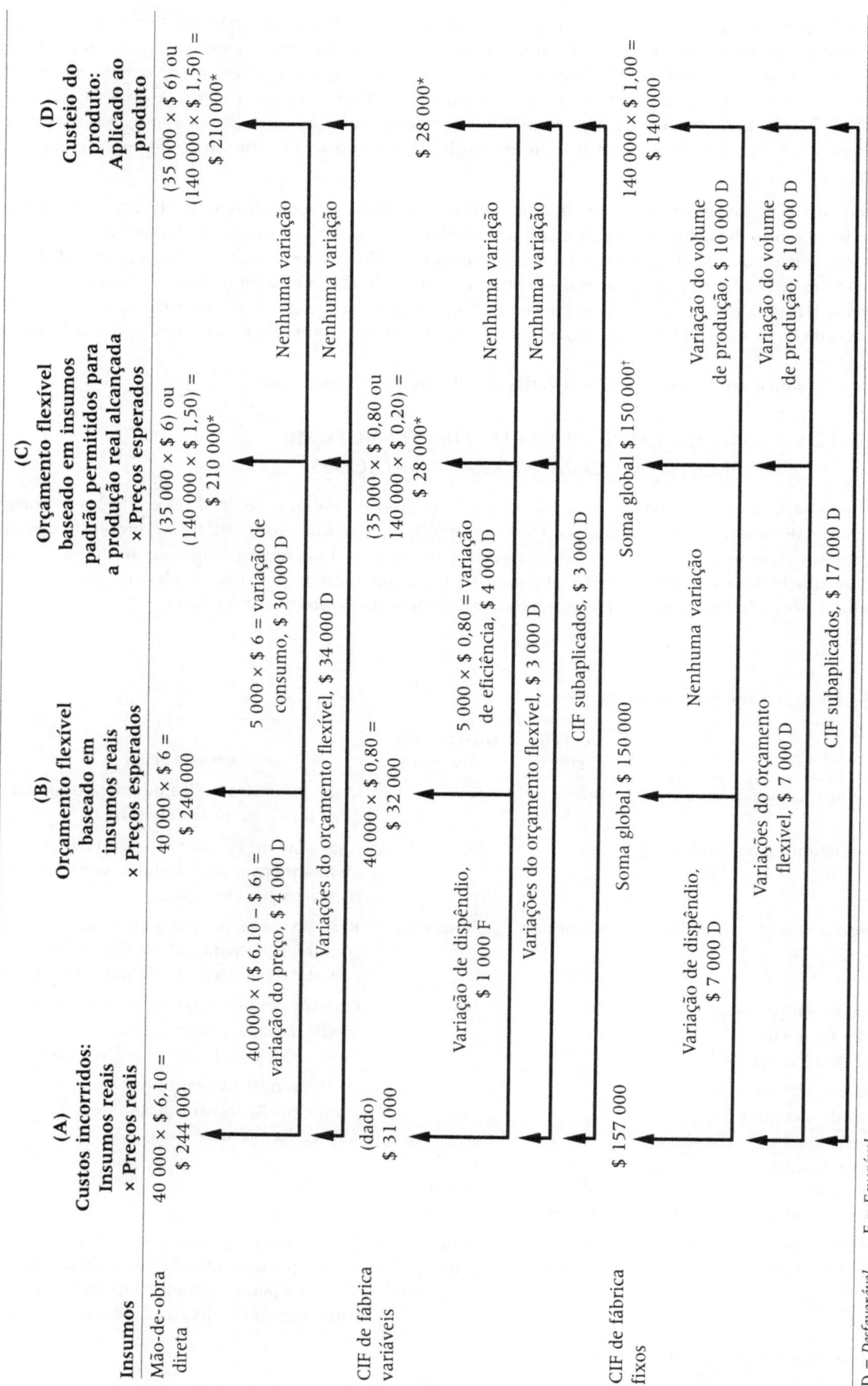

Figura 15.10 Análise de variações.
(Os dados são do texto para 20X1)

Insumos	(A) Custos incorridos: Insumos reais × Preços reais	(B) Orçamento flexível baseado em insumos reais × Preços esperados	(C) Orçamento flexível baseado em insumos padrão permitidos para a produção real alcançada × Preços esperados	(D) Custeio do produto: Aplicado ao produto
Mão-de-obra direta	40 000 × $ 6,10 = $ 244 000	40 000 × $ 6 = $ 240 000	(35 000 × $ 6) ou (140 000 × $ 1,50) = $ 210 000*	(35 000 × $ 6) ou (140 000 × $ 1,50) = $ 210 000*
	← 40 000 × ($ 6,10 – $ 6) = variação do preço, $ 4 000 D →	← 5 000 × $ 6 = variação de consumo, $ 30 000 D →	Nenhuma variação	
	← Variações do orçamento flexível, $ 34 000 D →		Nenhuma variação	
CIF de fábrica variáveis	(dado) $ 31 000	40 000 × $ 0,80 = $ 32 000	(35 000 × $ 0,80 ou 140 000 × $ 0,20) = $ 28 000*	$ 28 000*
	← Variação de dispêndio, $ 1 000 F →	← 5 000 × $ 0,80 = variação de eficiência, $ 4 000 D →	Nenhuma variação	
	← Variações do orçamento flexível, $ 3 000 D →		Nenhuma variação	
	← CIF subaplicados, $ 3 000 D →			
CIF de fábrica fixos	$ 157 000	Soma global $ 150 000	Soma global $ 150 000†	140 000 × $ 1,00 = $ 140 000
	← Variação de dispêndio, $ 7 000 D →	Nenhuma variação	← Variação do volume de produção, $ 10 000 D →	
	← Variações do orçamento flexível, $ 7 000 D →		← Variação do volume de produção, $ 10 000 D →	
	← CIF subaplicados, $ 17 000 D →			

D = Desfavorável.   F = Favorável.

* Observe, especialmente, que o orçamento flexível para custos variáveis sobe e desce em proporção direta com a produção. Observe também que o propósito do controle orçamentário e o propósito de custeio de produto harmonizam-se completamente. O total de custos no orçamento flexível sempre concordará com os custos variáveis padrão aplicados aos produtos, porque eles são baseados nos custos-padrão por unidade, multiplicados pelas unidades produzidas.

† Em contraste com os custos variáveis, o total do orçamento flexível para custos fixos sempre será o mesmo, independentemente das unidades produzidas. O propósito de controle orçamentário e o propósito de custeio de produto, entretanto, conflitam; sempre que a produção real diferir da produção esperada, os custos-padrão aplicados ao produto diferirão do orçamento flexível. Essa diferença é a variação do volume de produção. Nesse caso, a variação do volume de produção pode ser calculada multiplicando-se a taxa de $ 1 pela diferença entre os 150 mil de volume esperado e as 140 mil unidades de produção alcançada.

A Figura 15.11 compara, graficamente, os CIF variáveis e fixos analisados na Figura 15.10. Observe como a linha de controle orçamentário e a linha de custeio de produto (a linha aplicada) são sobrepostas no gráfico para os CIF variáveis, mas diferem no gráfico para os CIF fixos.

Os CIF subaplicados ou superaplicados são sempre a diferença entre os CIF reais incorridos e os CIF aplicados. Uma análise pode, então, ser feita:

CIF subaplicados = (variação do orçamento flexível) + (variação do volume de produção)
para os CIF variáveis = $ 3 000 + 0 = $ 3 000
para os CIF fixos = $ 7 000 + $ 10 000 = $ 17 000

MATERIAL FUNDAMENTAL DE AVALIAÇÃO

15-A1. Comparação entre custeio variável e custeio por absorção

Considere a seguinte informação, pertinente às operações do ano da Conigliaro Company:

Unidades produzidas	3 000
Unidades vendidas	2 250
Mão-de-obra direta	$ 4 500
Material direto consumido	$ 3 000
Despesas de vendas e administrativas (todas fixas)	$ 900
CIF de manufatura fixos	$ 4 000
CIF de manufatura variáveis	$ 2 500
Todos os estoques iniciais	$ 0
Margem bruta (lucro bruto)	$ 2 400
Estoque de materiais diretos, final	$ 400
Estoque de PEP, final	$ 0

1. Qual é o custo do estoque final de produtos acabados sob o custeio variável?
2. Qual é o custo do estoque final de produtos acabados sob o custeio por absorção?
3. O lucro operacional seria maior ou menor sob o custeio variável? Em quanto? Por quê?

(Resposta: $ 1 000 mais baixos, mas explique por quê.)

Figura 15.11 Comparação dos propósitos de controle e custeio de produto, CIF variáveis e CIF fixos (sem escala).

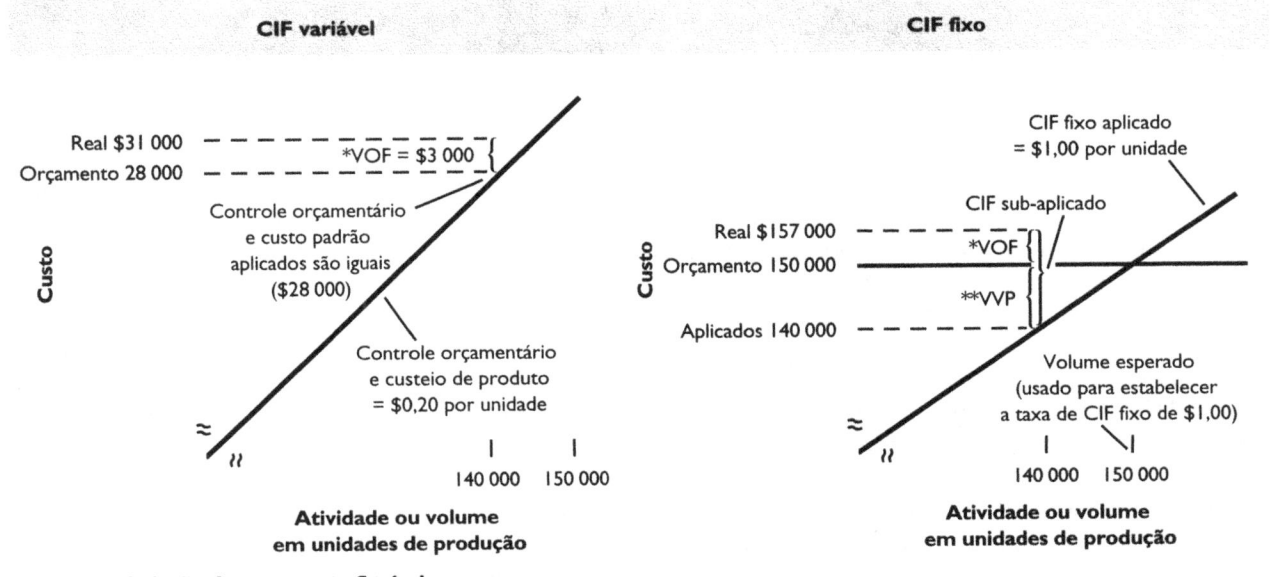

CIF variável

Real $31 000
Orçamento 28 000
*VOF = $3 000
Controle orçamentário e custo padrão aplicados são iguais ($28 000)
Controle orçamentário e custeio de produto = $0,20 por unidade
140 000   150 000
Atividade ou volume em unidades de produção

CIF fixo

CIF fixo aplicado = $1,00 por unidade
CIF sub-aplicado
Real $157 000
*VOF
Orçamento 150 000
**VVP
Aplicados 140 000
Volume esperado (usado para estabelecer a taxa de CIF fixo de $1,00)
140 000   150 000
Atividade ou volume em unidades de produção

*VOF = Variação do orçamento flexível;
**VVP = Variação do volume de produção.

15-A2. Comparação entre custeio por absorção e custeio variável

Examine a demonstração de resultado simplificada da Zhang Company, baseada no custeio variável. Suponha que o volume orçado para o custeio por absorção em 20X0 e 20X1 fosse 1,4 mil unidades e que o total de custos fixos fossem idênticos em 20X0 e 20X1. Não há estoque inicial nem final de PEP.

Demonstração de resultado
Ano encerrado em 31 de dezembro, 20X1

Vendas, 1 280 unidades a $ 12		$ 15 360
Menos custos variáveis		
Estoque de começo, 110 unidades a $ 7	$ 770	
Custos de manufatura variáveis de produtos manufaturados, 1 200 unidades a $ 7	$ 8 400	
Custos variáveis de produtos manufaturados disponíveis para a venda	$ 9 170	
Estoque final, 30 unidades a $ 7	$ 210	
Custos variáveis de produtos manufaturados vendidos	$ 8 960	
Despesas variáveis de vendas e administrativas	$ 600	
Total de custos variáveis		$ 9 560
Margem de contribuição		$ 5 800
Menos custos fixos		
CIF de fábrica fixos ao orçamento	$ 4 200	
Despesas fixas de vendas e administrativas	$ 350	
Total de custos fixos		$ 4 550
Lucro operacional		$ 1 250

1. Prepare uma demonstração de resultado baseada no custeio por absorção. Suponha que os custos fixos reais fossem iguais aos custos fixos orçados.
2. Explique a diferença, no lucro operacional, entre o custeio por absorção e o custeio variável. Seja específico.

MATERIAL ADICIONAL DE AVALIAÇÃO

QUESTÕES

15-1. "Com o custeio variável, apenas o material direto e a mão-de-obra direta são estocados." Você concorda? Por quê?

15-2. "O custeio por absorção considera mais categorias de custos como custos de produto." Explique. Seja específico.

15-3. "Um crescente número de empresas está usando o custeio variável em seus relatórios corporativos anuais." Você concorda? Explique.

15-4. Por que o custeio variável é utilizado apenas para relatórios internos e não para relatórios contábeis externos ou propósitos tributários?

15-5. Compare a margem de contribuição com a margem bruta.

15-6. Como os CIF fixos são aplicados aos produtos?

15-7. Nomeie três maneiras em que um formato de custeio por absorção difere de um formato de custeio variável.

15-8. "O orçamento flexível para orçamento e controle difere dos custos aplicados para custeio de produto." Que tipo de custo está sendo descrito? Explique.

15-9. "O custeio variável é consistente com a análise custo–volume–lucro." Explique.

15-10. "Em um sistema de custeio por absorção padrão, o montante de CIF de manufatura fixos aplicados aos produtos raramente é igual aos CIF de manufatura fixos orçados." Você concorda? Explique.

15-11. "O montante em dinheiro da variação do volume de produção depende de qual volume esperado de produção é escolhido para determinar a taxa de CIF fixos." Explique.

15-12. Por que não há variação do volume de produção para a mão-de-obra direta?

15-13. "Uma variação desfavorável do volume de produção significa que os custos de manufatura fixos não têm sido bem controlados." Você concorda? Explique.

15-14. "O custo fixo por unidade é diretamente afetado pelo volume esperado selecionado como o denominador." Você concorda? Explique.

15-15. "As variações do volume de produção surgem com o custeio por absorção normal e o custeio por absorção padrão, mas não com o custeio real." Explique.

15-16. "O lucro pelo custeio por absorção excede o lucro pelo custeio variável quando o número de unidades vendidas excede o número de unidades produzidas." Você concorda? Explique.

15-17. Suponha que será pago a um gestor um bônus, apenas se o lucro operacional pelo custeio por absorção padrão exceder o orçamento. Se o lucro operacional, durante novembro, for ligeiramente abaixo do orçamento, o que o gestor poderá fazer, em dezembro, para aumentar sua probabilidade de receber o bônus?

15-18. Por que as empresas com níveis pequenos de estoque estão, geralmente, despreocupadas com a escolha do custeio variável ou por absorção?

15-19. "As variações de CIF surgem apenas com os sistemas de custeio por absorção." Você concorda? Explique.

Exercícios cognitivos

15-20. Contabilidade para custos fixos
Aplicar custos fixos aos produtos parece causar todos os tipos de problema. Por que as empresas continuam a usar os sistemas de contabilidade que atribuem custos fixos aos produtos na base por unidade?

15-21. Decisões de *marketing* e custeio por absorção
As decisões de precificação de produto e promoção deveriam, geralmente, ser baseadas em seus efeitos na margem de contribuição, não na margem bruta. Explique como o uso de um formato de custeio por absorção, para a demonstração de resultado, pode fornecer informações enganadoras sobre o efeito das decisões de precificação e promoção.

15-22. Avaliação da produção usando as variações do volume de produção
A variação do volume de vendas (veja o Capítulo 8) destaca o efeito, no lucro, das vendas que excedem ou ficam aquém das vendas-alvo. A variação do volume de produção fornece informação paralela para avaliar os efeitos de excesso ou queda dos alvos de produção? Explique.

15-23. Custeio por absorção e a cadeia de valor
Muitos custos, na cadeia de valor de um produto, como os custos de pesquisa e desenvolvimento e projeto de produto, são considerados custos de período e não são atribuídos às unidades de produto. Um sistema de custeio por absorção poderia ser expandido para aplicar tais custos aos produtos. Quais seriam as vantagens e as desvantagens de fazê-lo? Isso ajudaria os gestores a tomar melhores decisões?

Exercícios

15-24. Comparação simples entre custeio variável e por absorção
A Hassan Company empreendeu negócios, em 1º de janeiro de 20X0, com ativos no valor de $ 150 mil em caixa e patrimônio líquido de $ 150 mil. Em 20X0, ela manufaturou alguns estoques ao custo de $ 60 mil, incluindo $ 16 mil para aluguel da fábrica e outros CIF de fábrica fixos. Em 20X1, ela não manufaturou nada e vendeu metade dos seus estoques por $ 43 mil a vista. Em 20X2, ela não manufaturou nada e vendeu a metade restante por outros $ 43 mil a vista. Ela não teve despesas fixas em 20X1 ou 20X2. Não há outras transações de qualquer tipo. Ignore o imposto de renda.

Prepare um balanço patrimonial e uma demonstração de resultado para 20X0, 20X1 e 20X2, sob o custeio por absorção e o custeio variável (custeio direto).

15-25. Comparações ao longo de quatro anos
A Ramanathan Corporation empreendeu negócios, em 1º de janeiro de 20X0, para produzir e vender um único produto. Os números do lucro operacional relatado sob o custeio por absorção e custeio variável, para os primeiros quatro anos de operação, são:

Ano	Custeio por absorção	Custeio variável
20X0	$ 80 000	$ 60 000
20X1	$ 70 000	$ 60 000
20X2	$ 50 000	$ 50 000
20X3	$ 40 000	$ 70 000

O custo de produção padrão por unidade, os preços de vendas, as taxas de aplicação (absorção) e o nível de volume esperado foram os mesmos em cada ano. Não houve variação de orçamento flexível para nenhum tipo de custo. Todas as despesas que não são de manufatura foram fixas e não houve variação de custos de manufatura em nenhum ano.

1. Em que ano(s) as 'unidades produzidas' foram iguais às 'unidades vendidas'?
2. Em que ano(s) as 'unidades produzidas' excederam as 'unidades vendidas'?
3. Qual é o montante, em dinheiro, dos estoques de produtos acabados em 31 de dezembro de 20X3? (Forneça o valor pelo custeio por absorção.)
4. Qual é a diferença entre 'unidades produzidas' e 'unidades vendidas' em 20X3, se você sabe que a taxa de aplicação dos CIF de manufatura fixos pelo custeio por absorção é $ 3 por unidade? (Forneça respostas em unidades.)

15-26. Custeio variável e por absorção

Os dados da Des Moines Manufacturing Company para 20X1 são os seguintes:

Vendas: 12 000 unidades a $ 17 cada	
Produção real	15 000 unidades
Volume esperado de produção	18 000 unidades
Custos de manufatura incorridos	
Variáveis	$ 120 000
Fixos	$ 63 000
Custos que não de manufatura incorridos	
Variáveis	$ 24 000
Fixos	$ 18 000

1. Determine o lucro operacional para 20X1, supondo que a empresa use a abordagem de custeio variável para o custeio de produto. (Não prepare a demonstração.)
2. Suponha que não haja estoque em 1º de janeiro de 20X1; nenhuma variação é alocada ao estoque; e a empresa usa uma abordagem de 'absorção total'. Calcule:
   a) O custo atribuído ao estoque em 31 de dezembro de 20X1.
   b) O lucro operacional para o ano encerrado em 31 de dezembro de 20X1. (Não prepare a demonstração.)

15-27. Reconciliação do lucro operacional entre custeio variável e por absorção

A Decker Tools, Inc. produziu 12 mil furadeiras elétricas durante 20X1. A produção esperada era de apenas 10,5 mil furadeiras. A taxa de CIF fixos da empresa é de $ 8 por furadeira. O lucro operacional pelo custeio por absorção, para o ano, é de $ 18 mil, baseado nas vendas de 11 mil furadeiras.

1. Calcule:
   a) CIF fixos orçados.
   b) Variação do volume de produção.
   c) Lucro operacional pelo custeio variável.
2. Reconcilie o lucro operacional pelo custeio por absorção e pelo custeio variável. Inclua o montante da diferença entre os dois e uma explicação para a diferença.

15-28. Variações de CIF

Estude o Apêndice 15. Considere os seguintes dados para a Gonzalez Company:

	CIF de fábrica	
	Fixo	*Variável*
Real incorrido	$ 14 300	$ 13 300
Orçamento para horas padrão permitidas para a produção alcançada	$ 12 500	$ 11 000
Aplicados	$ 11 600	$ 11 000
Orçamento para horas reais de insumos	$ 12 500	$ 11 400

Com base na informação anterior, preencha os espaços em branco abaixo. Esteja seguro de marcar suas variações *F* para favorável e *D* para desfavorável.

a) Variação do orçamento flexível $_____   Fixo $ _____
    Variável $ _____

b) Variação do volume de produção $_____   Fixo $_____
                                                                                       Variável $_____

c) Variação de dispêndio $_____   Fixo $_____
                                                              Variável $_____

d) Variação de eficiência $_____   Fixo $_____
                                                         Variável $_____

PROBLEMAS

15-29. Comparação entre custeio variável e custeio por absorção

Números simples são utilizados neste problema para realçar os conceitos cobertos no capítulo.

Suponha que a Perth Woolen Company produza um tapete que é vendido por $ 20. A Perth usa um sistema de custo padrão. Os custos de produção variáveis padrão totais são $ 8 por tapete, os custos de manufatura fixos são $ 150 mil por ano, e as despesas de venda e administrativas são $ 30 mil por ano, todos custos fixos. O volume de produção esperado é de 25 mil tapetes por ano.

1. Para cada uma das seguintes nove combinações de vendas reais e produção (em milhares de unidades) para 20X1, prepare demonstrações de resultado condensadas, sob o custeio variável e sob o custeio por absorção.

	(1)	(2)	(3)	(4)	(5)	(6)	(7)	(8)	(9)
Vendas em unidades	15	20	25	20	25	30	25	30	35
Produção em unidades	20	20	20	25	25	25	30	30	30

Use os seguintes formatos:

Custeio variável		**Custeio por absorção**	
Receita	$ aa	Receita	$ aa
Custo dos produtos vendidos	$ (bb)	Custo dos produtos vendidos	$ (uu)
Margem de contribuição	$ cc	Lucro bruto ao padrão	$ vv
Custos de manufatura fixos	$ (dd)	Variação do volume de produção (desfavorável)	$ ww
Despesas de vendas e administrativas fixas	$ (ee)	Lucro bruto ao 'real'	$ xx
		Despesas de vendas e administrativas	$ (yy)
Lucro operacional	$ ff	Lucro operacional	$ zz

2. Responda:
   a) Em qual das nove combinações o lucro pelo custeio variável é maior do que o lucro pelo custeio por absorção? Em qual é maior? Em qual é o mesmo?
   b) Em qual das nove combinações a variação do volume de produção é desfavorável? Favorável?
   c) Quanto lucro é adicionado ao vender uma ou mais unidades sob o custeio variável? Sob o custeio por absorção?
   d) Quanto lucro é adicionado ao produzir uma ou mais unidades sob o custeio variável? Sob o custeio por absorção?
   e) Suponha que as vendas, em vez da produção, seja um fator crítico na determinação do sucesso da Perth Woolen Company. Qual formato, custeio variável ou por absorção fornece medidas melhores de desempenho?

15-30. Fundamentos de variações de CIF

A Durant Company está instalando um sistema de custo padrão por absorção e um orçamento de CIF flexível. Os custos padrão foram, recentemente, desenvolvidos para seu único produto, e são os seguintes:

Material direto, 3 quilos a $ 20	$ 60
Mão-de-obra direta, 2 horas a $ 14	$ 28
CIF variáveis, 2 horas a $ 5	$ 10
CIF fixos	$?
Custo padrão por unidade de produto acabado	$?

A atividade de produção esperada é expressa como 7,5 mil horas de mão-de-obra padrão por mês. Os CIF fixos são esperados em $ 60 mil por mês. A taxa de CIF fixos predeterminada, para o custeio do produto, não é alterada de mês em mês.

1. Calcule a taxa de CIF fixos apropriada por hora de mão-de-obra direta padrão e por unidade.
2. Represente graficamente o seguinte, para a atividade de zero a dez mil horas.
   a) CIF variáveis orçados.
   b) CIF variáveis aplicados ao produto.
3. Represente graficamente o seguinte, para a atividade de zero a dez mil horas.
   a) CIF fixos orçados.
   b) CIF fixos aplicados ao produto.
4. Suponha que seis mil horas de mão-de-obra padrão sejam permitidas para a produção alcançada durante um dado mês. Os CIF variáveis reais de $ 31 mil foram incorridos; os CIF fixos reais alcançados montaram em $ 62 mil. Calcule o seguinte:
   a) Variação do orçamento flexível para CIF fixos.
   b) Variação do volume de produção para CIF fixos.
   c) Variação do orçamento flexível para CIF variáveis.
5. Suponha que 7,8 mil horas de mão-de-obra direta padrão sejam permitidas para a produção alcançada durante um dado mês. Os CIF reais incorridos montaram em $ 99,7 mil, dos quais $ 62 mil foram fixos. Calcule o seguinte:
   a) Variação do orçamento flexível para CIF fixos.
   b) Variação do volume de produção para CIF fixos.
   c) Variação do orçamento flexível para CIF variáveis.

15-31. CIF fixos e capacidade prática

As atividades esperadas da fábrica de papel da Goldberg Paper Company eram de 45 mil horas–máquina por mês. A capacidade prática era de 60 mil horas–máquina por mês. As horas–máquina padrão permitidas para a produção real alcançada em janeiro eram 54 mil. Os itens de CIF de fábrica fixos orçados eram:

Depreciação, equipamento	$ 340 000
Depreciação, edifício da fábrica	$ 64 000
Supervisão	$ 47 000
Mão-de-obra indireta	$ 234 000
Seguro	$ 18 000
Impostos prediais	$ 17 000
Total	$ 720 000

Por causa das dificuldades de programação não antecipadas e da necessidade de mais mão-de-obra indireta, os CIF de fábrica fixos reais foram de $ 747 mil.

1. Usando a capacidade prática como base para aplicar CIF de fábrica fixos, prepare um resumo de análise das variações de CIF fixos para janeiro.
2. Usando a atividade esperada como base para aplicar os CIF de fábrica fixos, prepare um resumo de análise das variações de CIF fixos para janeiro.
3. Explique por que algumas de suas variações nos itens 1 e 2 são as mesmas e por que algumas diferem.

15-32. Análise de resultado operacional

A Leeds Tool Company produz e vende uma variedade de produtos trabalhados à máquina. A empresa emprega um sistema de contabilidade de custo padrão para propósitos de manter registros.

No início de 20X1, o presidente da Leeds Tool apresentou o orçamento para a diretoria da empresa. A diretoria aceitou o lucro-alvo de 20X1, de £ 16,8 mil, e concordou em pagar ao presidente um bônus sobre os lucros excedentes ao alvo. O presidente estava confiante de que o lucro excederia o alvo do orçamento, já que o relatório de vendas mensais recebido havia mostrado que as vendas para o ano excederiam o orçamento em 10 por cento. O presidente ficou preocupado e confuso quando o *controller* apresentou um ajuste previsto em 30 de novembro de 20X1, indicando que o lucro seria 14 por cento abaixo do orçamento:

Leeds Tool Company
Previsão do resultado operacional

	Previsão em	
	1/1/X1	*30/11/X1*
Vendas	£ 156 000	£ 171 600
Custo das vendas ao padrão	£ 108 000 *	£ 118 800
Margem bruta ao padrão	£ 48 000	£ 52 800
CIF de manufatura fixo super (sub) absorvido	£ 0	£ (6 000)
Margem bruta real	£ 48 000	£ 46 800
Despesas de venda	£ 11 200	£ 12 320
Despesas administrativas	£ 20 000	£ 20 000
Total de despesas operacionais	£ 31 200	£ 32 320
Lucro antes do imposto de renda	£ 16 800	£ 14 480

* Inclui CIF de manufatura fixos de £ 30 000.

Não houve variação no preço de venda ou no composto de produto desde a previsão de 1º de janeiro de 20X1. A única variação de custo na demonstração de renda é o CIF de manufatura subabsorvido. Essa surgiu porque a empresa produziu apenas 16 mil horas–máquina padrão (as horas–máquina orçadas eram 20 mil) durante 20X1, como resultado de um corte em matéria-prima quando seu principal fornecedor foi fechado em uma greve.

Felizmente, o estoque de produtos acabados da Leeds Tool era grande o suficiente para preencher todos os pedidos de vendas recebidos.

1. Analise e explique por que o lucro declinou, apesar do aumento nas vendas e do bom controle sobre os custos. Mostre os cálculos.
2. Que planos, se algum, poderia a Leeds Tool Company adotar, durante o mês de dezembro, para melhorar seu lucro relatado no final do ano? Explique sua resposta.
3. Ilustre e explique como a Leeds Tool Company poderia adotar um procedimento de relatório de custo interno alternativo que evitasse o efeito desconcertante do procedimento atual. Mostre as previsões revisadas sob sua alternativa.
4. O procedimento alternativo descrito no item 3 seria aceitável pela diretoria para propósitos de relatório contábil? Explique.

15-33. Eliminação de variações

Em janeiro de 20X1, a Louisiana Garden Equipment Company iniciou uma divisão para fabricar aparadores de grama. A gestão esperava que esses aparadores fossem significativamente melhores do que a maioria dos competidores no mercado. Durante 20X1, ela produziu cem mil aparadores de grama. Os resultados contábeis foram os seguintes:

- Vendas: 75 000 unidades a $ 18
- Mão-de-obra direta ao padrão: 100 000 × $ 8 = $ 800 000
- Variações de mão-de-obra direta: $34 000 D
- Materiais diretos ao padrão: 100 000 × $ 5 = $ 500 000
- Variações de material direto: $ 9 500 D
- CIF incorridos ao padrão: 100 000 × $ 4 = $ 400 000
- Variações de CIF: $ 3 500 F

A Louisiana usa um sistema de custeio por absorção e permite que as divisões escolham um de dois métodos de contabilidade para variações:

a) Débito direto ao resultado.
b) Rateio para a produção do período. O método **b** exige que as variações sejam distribuídas igualmente sobre as unidades produzidas durante o período.

1. Calcule o lucro operacional da divisão:
   a) Usando o método **a**.
   b) Usando o método **b**.

Suponha que não haja despesas de vendas e administrativas.

2. Calcule o valor do estoque final:
   a) Usando o método **a**.
   b) Usando o método **b**.

   Observe que não havia estoque inicial.

3. Qual é o principal argumento que apóia cada método?

15-34. Problema direto sobre o sistema de custo-padrão

Estude o Apêndice 15. A Winnipeg Chemical Company usa orçamentos flexíveis e um sistema de custo padrão.

- Custos de mão-de-obra direta incorridos, 12 000 horas, $ 150 000
- CIF variáveis incorridos, $ 37 000
- Variação do orçamento flexível para CIF fixos, $ 1 600, favoráveis
- Unidades acabadas produzidas, 1 800
- CIF fixos incorridos, $ 38 000
- CIF variáveis aplicados a $ 3 por hora
- Custo de hora de mão-de-obra padrão, $ 13 por hora
- Denominador da produção por mês, 2 000 unidades
- Horas de mão-de-obra direta padrão por unidade acabada, 6

Prepare uma análise de todas as variações (similar à da Figura 15.10).

Casos

15-35. Custeio por absorção e incentivo para produzir

Charlene Wolcott é gestora da Boulder Division da Colorado Metals, Inc. Sua divisão fabrica um único produto, que é vendido para clientes industriais. A demanda é sazonal, mas é prontamente predizível. O orçamento da divisão para 20X1 pedia uma produção e vendas de 120 mil unidades, com a produção de dez mil unidades em cada mês e vendas variando entre 8 mil e 13 mil unidades por mês. O orçamento da divisão para 20X1 tinha lucro operacional de $ 660 mil:

Vendas (120 000 × $ 55)	$ 6 600 000
Custo dos produtos vendidos (120 000 × $ 45)	$ 5 400 000
Margem bruta	$ 1 200 000
Despesas de venda e administrativas (todas fixas)	$ 540 000
Lucro operacional	$ 660 000

Ao final de novembro, as vendas haviam defasado as projeções, com apenas 105 mil unidades vendidas. As vendas de nove mil unidades foram, originalmente, orçadas e eram ainda esperadas para dezembro. A produção toda de novembro havia permanecido estável em dez mil unidades por mês, e o custo de produção havia sido exatamente como orçado:

Materiais diretos, 110 000 × $ 14	$ 1 540 000
Mão-de-obra direta, 110 000 × $ 10	$ 1 100 000
CIF variáveis, 110 000 × $ 8	$ 880 000
CIF fixos	$ 1 430 000
Total de custo de produção	$ 4 950 000

O lucro operacional da divisão, para os primeiros 11 meses de 20X1, foram:

Vendas (105 000 × $ 55)	$ 5 775 000
Custo dos produtos vendidos (105 000 × $ 45)	$ 4 725 000
Margem bruta	$ 1 050 000
Despesas de vendas e administrativas (todas fixas)	$ 495 000
Lucro operacional	$ 555 000

Wolcott recebe um bônus anual apenas se o lucro operacional de sua divisão exceder o orçamento. Ela não vê maneira de aumentar as vendas além de nove mil unidades em dezembro.

1. Da demonstração de resultado orçada e real mostrada, determine se a Colorado Metals usa o custeio direto ou por absorção.

2. Suponha que a Colorado Metals use o sistema de custeio por absorção padrão.
   a) Calcule o lucro operacional de 20X1, para o caso de dez mil unidades serem produzidas e nove mil unidades serem vendidas em dezembro.
   b) Como Wolcott poderia alcançar seu lucro operacional orçado para 20X1?
3. Suponha que a Colorado Metals use um sistema de custeio variável padrão.
   a) Calcule o lucro operacional para 20X1, para o caso de dez mil unidades serem produzidas e nove mil unidades serem vendidas em dezembro.
   b) Como Wolcott poderia alcançar seu lucro operacional para 20X1?
4. Que sistema motiva Wolcott a tomar a decisão que é do melhor interesse da Colorado Metals? Explique.

15-36. Mensuração de estoque, programação da produção e avaliação de desempenho divisional

A Calais Company explora a competição entre os chefes de suas várias divisões e recompensa o melhor desempenho com bonificações ao final do ano, que variam entre 5 e 10 por cento do lucro operacional líquido da divisão (antes de considerar o bônus ou o imposto de renda). O gestor divisional tem grande discrição ao estabelecer a programação da produção.

A divisão Brittany produz e vende um produto para o qual há uma demanda estável, mas que pode ter sazonalidade e flutuações de ano para ano. Em 30 de novembro de 20X0, Veronique Giraud, gestora da divisão Brittany, está preparando uma programação de produção para dezembro. Os seguintes dados estão disponíveis de 1º de janeiro a 30 de novembro (EUR = euro, unidade monetária européia):

Estoque inicial, 1º de janeiro, em unidades		10 000
Preço de vendas, por unidade	EUR	400
Total de custos fixos incorridos para manufatura	EUR	9 350 000
Total de custos fixos: Outros (não-estocáveis)	EUR	9 350 000
Total de custos variáveis para manufaturar	EUR	18 150 000
Total de outros custos variáveis (flutua com unidades vendidas)	EUR	4 000 000
Unidades produzidas		110 000
Unidades vendidas		100 000
Variações		Nenhuma

A produção, em outubro e novembro, foi de dez mil unidades em cada mês. A capacidade prática é 12 mil unidades por mês. O espaço de estocagem disponível máximo para o estoque é de 25 mil unidades. O panorama das vendas de dezembro até fevereiro é de seis mil unidades mensalmente. Para manter uma central de empregados-chave, a produção mensal não pode ser programada em menos de quatro mil unidades sem a permissão especial do presidente. O estoque nunca é menor do que dez mil unidades.

O denominador utilizado para aplicar CIF de fábrica fixos é considerado como 120 mil unidades anualmente. A empresa usa um sistema de custeio por absorção padrão. Todas as variações são eliminadas no final do ano, como um ajuste para custo de produtos vendidos padrão.

1. Dadas as restrições, como declarado, e supondo que Giraud deseje maximizar o lucro líquido da empresa para 20X0:
   a) Quantas unidades devem ser programadas para a produção em dezembro?
   b) Que lucro operacional líquido será relatado em 20X0 como um todo, supondo que os custos implicados no padrão de comportamento continuarão, em dezembro, como estavam durante o ano até esta data? Mostre seus cálculos.
   c) Se a produção de dezembro for programada em quatro mil unidades, qual será o lucro líquido relatado?
2. Suponha que seja utilizado o custeio variável padrão, em vez do custeio por absorção padrão.
   a) Qual seria o lucro líquido para 20X0, supondo que a programação da produção para dezembro seja aquela do item **1a**?
   b) Supondo que a produção de dezembro seja de quatro mil unidades?
   c) Reconcilie, neste item, os lucros líquidos com aqueles do item 1.
3. Do ponto de vista dos interesses a longo prazo da empresa como um todo, que programação da produção deveria a gestora da divisão estabelecer? Explique completamente. Inclua em sua explicação uma comparação da influência motivadora do custeio por absorção e do custeio variável nessa situação.

4. Suponha o custeio por absorção padrão. Giraud deseja maximizar seu desempenho no lucro após o imposto de renda a longo prazo. Fornecidos os dados do início do problema, suponha que a alíquota do imposto de renda será a metade de 20X1. Suponha também que as baixas de final de ano das variações sejam aceitáveis para propósitos de imposto de renda. Quantas unidades devem ser programadas para a produção de dezembro? Por quê?

apêndice A
LEITURAS RECOMENDADAS

As leituras a seguir ajudarão os leitores que desejarem aprofundar-se mais em alguns tópicos dentro daquilo que é possível neste livro. Há um certo perigo em compilar um grupo de leituras recomendadas. Inevitavelmente, alguns livros ou periódicos de valor são omitidos. Além disso, tal lista não pode incluir livros publicados subseqüentemente à data da compilação. A lista não é detalhada, mas sugere muitas leituras excelentes.

PERIÓDICOS

JORNAIS PROFISSIONAIS

Os seguintes jornais profissionais estão normalmente disponíveis em bibliotecas de universidades e incluem artigos sobre a aplicação da contabilidade gerencial:

- *Accounting Horizons*. Publicado pela *American Accounting Association*, apresenta artigos orientados para as práticas atuais em todas as áreas da contabilidade.
- *CMA Management*. Publicado pelo CMA do Canadá, inclui muitas pesquisas orientadas para a prática da contabilidade gerencial.
- *Financial Executive*. Publicado pelo *Financial Executives Institute*, enfatiza assuntos de política geral para executivos contábeis e financeiros.
- *GAO Journal*. Trata de assuntos da contabilidade gerencial para o *General Accounting Office* (GAO) do governo dos Estados Unidos.
- *Harvard Business Review*. Publicada pela *Harvard Business School*, é dirigida aos administradores em geral, mas contém artigos excelentes sobre as aplicações da contabilidade gerencial.
- *Journal of Accountancy*. Publicado pelo *American Institute of CPAs*, enfatiza a contabilidade financeira e é dirigido aos contadores públicos certificados (*certified public accountants* — CPAs), profissionais praticantes de auditoria.
- *Journal of Strategic Performance Measurement*. Trata de assuntos relacionados à mensuração de desempenho.
- *Management Accounting Quarterly*. Publicado pelo *Institute of Management Accountants*, contém artigos práticos com inclinação acadêmica.
- *Strategic Finance*. Publicado pelo *Institute of Management Accountants*, contém muitos artigos sobre aplicações reais de organizações individuais.
- *Business Week, Forbes, Fortune, The Economist, The Wall Street Journal*. Publicações populares, que tratam de uma variedade de tópicos em negócios e economia; freqüentemente, seus artigos se relacionam com contabilidade gerencial.

Jornais acadêmicos

O jornal acadêmico que focaliza mais diretamente pesquisas atuais de gestão e contabilidade de custos é o *Journal of Management Accounting Research*, publicado pela seção de contabilidade gerencial da *American Accounting Association*. A *The Accounting Review*, publicação de pesquisa geral da *American Accounting Associaton*, e o *Journal of Accounting Research*, publicado pela *University of Chicago*, e o *Contemporary Accounting Research*, publicado pela *Canadian Academic Association*, tratam de todos os tópicos contábeis em um nível mais teórico. O *Accounting Organizations and Society*, jornal britânico, publica muitas pesquisas sobre aspectos comportamentais da contabilidade gerencial. O *The Journal of Accounting and Economics* trata de pesquisas contábeis com base econômica.

Livros em contabilidade gerencial

A maioria dos tópicos deste texto é tratada mais detalhadamente em muitos livros intitulados *Contabilidade de custos*, incluindo *Contabilidade de custos: Uma ênfase gerencial*, de C. T. Horngren, G. Foster e Srikant Datar (Prentice Hall, 2000). Você pode encontrar um tratamento mais avançado em *Contabilidade gerencial avançada*, 3. ed., de R. S. Kaplan e Anthony A. Atkinson (3. ed., Prentice Hall, 1998).

O *Finance Executives Institute* (Avenida Madison, 10, Caixa Postal 1938, Morristown, NJ 07960) e o *Institute of Management Accounting* (Paragon Drive, 10, Caixa Postal 433, Montvale, NJ 07645-0433) têm listas longas de publicações de pesquisas contábeis.

Manuais, textos gerais e livros de casos

Os livros desta lista têm ampla aplicação aos assuntos de contabilidade gerencial. Os manuais (*handbooks*) são referências básicas. Os textos são projetados para uso em salas de aula, mas podem ser úteis para estudos autodidáticos. Os livros de casos registram aplicações atuais de companhias reais.

- BELKAOUI, A. *Handbook of cost accounting*. Quorum Books, 1991.
- BIERMAN Jr., H., BONINI C. e HAUSMAN, W. *Quantitative analysis for management*. 9. ed., Homewood, IL, Richard D. Irwin, 1997.
- BIERMAN Jr., H. e SMIDT, S. *The capital budgeting decision*. 8. ed., Nova York, Macmillan, 1992. Expande a discussão de orçamento de capital no Capítulo 11.
- BRINKER, B. (ed.) *Guide to cost management*. Nova York: John Wiley & Sons, 2000.
- LUKKA, K. e GROOT, T. (eds.). *Cases in management accounting: Practices in european companies*. Londres, Financial Times Management, 2000.
- MANNING, G. *Financial investigation and forensic accounting*. Boca Raton, FL, CRC Press, 1999.
- PRYOR, T. et al. *Activity dictionary: A comprehensive reference tool for ABM and ABC*. ICMS, Inc., 1992.
- ROTCH, W., ALLEN, B. e BROWNLEE, R. *Cases in management accounting and control systems*. 3. ed., Upper Saddle River, NJ, Prentice Hall, 1995.
- SHANK, J. *Cases in cost management: A strategic emphasis*. 2. ed., Cincinnati, South-Western, 2000.

Natureza estratégica da contabilidade gerencial

Os contadores gerenciais percebem que a informação de custo e desempenho é a mais útil para as organizações quando ajuda a definir alternativas estratégicas e a gerir recursos para alcançar objetivos estratégicos. Os livros desta lista, embora não necessariamente contábeis, fornecem fundamentos valiosos à interação entre estratégia e informação contábil.

- ANSARI, S. e BELL, J. *Target costing: The next frontier in strategic cost management*. Chicago, Irwin, 1997.
- EHRBAR, A. *EVA: The real key to creating wealth*. Nova York, Wiley, 1998.
- HRONEC, S. *Vital signs*. Nova York: Amacom, 1993.
- PORTER, M. *The Michael Porter trilogy*. Nova York, Free Press, 1998.
- RAPPAPORT, A. *Creating shareholder value: A guide for manager's and investors*. Nova York, Free Press, 1997.
- SMALL, P. *The ultimate game of strategy: Establishing a personal niche in the world of e-business*. Upper Saddle River, NJ, Prentice Hall, 2001.
- STEWART, G. *The quest for value*. Harper Business, 1999.

Manufatura moderna

Os seguintes livros fornecem estrutura sobre a natureza da manufatura moderna.

- CHASE, R. e AQUILANO, N. *Production and operation management*. Homewood, IL, Irwin, 1997.
- HEIZER, J. e RENDER, B. *Principles of operations management and interactive CD*. 4. ed., Upper Saddle River, NJ, Prentice Hall, 2001.
- SCHONBERGER, R. *World class manufacturing: The next decade*. Nova York, Free Press, 1996.
- TEECE, D. *Competitive challenge*. Harper Business, 1987.
- ZUBOFF, S. *In the age of the smart machine*. Nova York: Basic Books, 1989.

Contabilidade gerencial em arranjos de manufatura moderna

Estes livros apresentam respostas de contadores gerenciais e outros, para mudanças nos métodos e práticas de manufatura.

- ATKINSON, A. et al. *Management accountting*. 2. ed., Upper Saddle River, NJ, Prentice Hall, 1997.
- BENNETT, R. et al. *Cost accounting for factory automation*. Montvale, NJ, National Association of Accountants, 1987.
- COOPER, R. e KAPLAN, R. *Design of cost management systems*. 2. ed., Upper Saddle River, NJ, Prentice Hall, 1999.
- GOLDRATT, E. *Critical chain*. Croton-On-Hudson, NY: North River Press, Inc., 1997.
- GOLDRATT, E. e COX, J. *The goal*. Croton-On-Hudson, NY, North River Press, Inc., 1992. Um conto que ilustra o novo ambiente de manufatura.
- KAPLAN, R. (ed.) *Measures for manufacturing excellence*. Boston, MA, Harvard Business School Press, 1990.
- KAPLAN R. e COOPER, R. *Cost & Effect*. Boston, Harvard Business Review, 1998.
- PLAYER, S. e LACERDA, R. *Arthur Andersen's global lessons in activity-based management*. Nova York, Wiley, 1999.

Sistemas de controle gerencial

Os tópicos dos Capítulos 7 a 10 podem ser mais explorados em diversos livros, incluindo:

- ANTHONY, R. N. e GOVINDARAJAN, V. *Management control systems*. 10. ed., Irwin/ McGraw-Hill, 2001.
- ARROW, K. J. *The limits of organization*. Nova York, Norton, 1974. Um clássico de leitura agradável, pelo laureado Nobel.
- BRIMSON, J. e ANTOS, J. *Driving value using activity-based budgeting*. Nova York, Wiley, 1999.
- EMMANUEL, C., MERCHANT, K. e OTLEY, D. *Accounting for management control*. Chapman & Hall, 1990.
- KAPLAN, R. e NORTON, D. *Balanced scorecard*. Boston, Harvard Business School Press, 1996.
- MACIARIELLO, J. A. e KIRBY, C. *Management control systems: Using adaptive systems to attain control*. Upper Saddle River, NJ, Prentice Hall, 1994.
- MERCHANT, K. *Modern management control systems: Text and cases*. Upper Saddle River, NJ, Prentice Hall, 1998.
- SIMONS, R. *Performance measurement and control systems for implementing strategy*. Upper Saddle River, NJ, Prentice Hall, 2000.
- SOLOMONS, D. *Divisional performance: Measurement and control*. Nova York: Markus Wiener, 1983. Reimpressão de um clássico ainda relevante de 1965.

Contabilidade gerencial em organizações sem fins lucrativos

Muitos livros discutem a contabilidade gerencial em organizações sem fins lucrativos, especialmente as de planos de saúde. Quatro exemplos são:

- ANTHONY, R. N. e YOUNG, D. W. *Management control in nonprofit organizations*. 6. ed., Homewood, IL, Irwin, 1998.
- BRIMSON, J. e ANTOS, J. *Activity-based management for service industries, government entities and nonprofit organizations*. Nova York, Wiley, 1998.

- HERZLINGER, R. e NITTERHOUSE, D. *Financial accounting and managerial control for nonprofit organizations.* Cincinnati, OH, Southwester Publishing Co., 1994.
- NEUMANN, B. e BOLES, K. *Management accounting for healthcare organizations.* 5. ed., Precept Press, 1998.

Livros em contabilidade financeira

O volume companheiro deste livro, *Introdução à contabilidade financeira*, fornece uma expansão do material de contabilidade financeira. Um tratamento mais detalhado dos tópicos pode ser encontrado nos livros intitulados *Contabilidade intermediária*, incluindo o de D. Kieso, J. Weygandt e T. Warfield (Nova York, John Wiley, 2000).

As opiniões do *Accounting Principles Board* (Quadro de Princípios Contábeis) estão disponíveis no *American Institute of CPAs* (Avenue of the Americas, 1211, New York, NY, 10036-8775). O instituto também tem uma série de estudos de pesquisa sobre uma variedade de tópicos. Os pronunciamentos do *Financial Accounting Standards Board* (FASB) estão disponíveis em escritórios da associação (Merritt 7, 401, Caixa Postal 5116, Norwalk, CT 06856-5116).

A contabilidade financeira possui uma literatura tão extensa que é impossível fornecer uma lista curta dos livros que tratam do campo adequadamente. Mencionaremos, contudo, alguns livros que abrangem uma ampla região de assuntos. Para uma perspectiva das práticas contábeis em grandes empresas, veja dois livros de M. Stevens, *The accounting wars* (Macmillan, 1985) e *The big six* (Touchstone Books, 1992). A interação dos relatórios contábeis com os incentivos econômicos da gestão é tratada no texto e nas leituras de R. Ball e C. Smith, *The economics of accounting policy choice* (Nova York, McGraw-Hill, 1992). A aplicação dessa pesquisa à análise de demonstrações contábeis é fornecida por C. Stickney e P. Brown, em *Financial statement analysis* (4. ed., Harcourt Brace, 1999).

Recursos *on-line*

Os recursos *on-line* são demasiadamente extensos para uma lista detalhada. A melhor maneira de acessá-los pode ser usar uma boa rotina de busca. Listaremos, entretanto, alguns URLs que poderão orientá-lo no início:

- ABC Technologies: Informação sobre o ABC, http://www.abctech.com/.
- AICPA's Center for Excellence in Financial Management: Informação para CPAs sobre negócios e indústrias, http://www.aicpa.org/cefm/index.htm.
- BetterManagement.com: Inclui materiais sobre o sistema ABC e painel de indicadores estratégicos (*balanced scorecard*), http://www.bettermanagement.com.
- CMA Canadá: Muitos serviços, incluindo Padrões das Práticas de Contabilidade Gerencial Estratégica *(Strategic Management Accounting Practice Standards)*, http://www.cma-canada.org/cmabusiness.asp.
- Consortium for Advanced Manufacturing International (CAM-I): Biblioteca *on-line*, http://www.cam-i.org/Web_store/web_store.cgi?page=management.html.
- Economic Profit Frontiers: Informação adicional sobre EVA, http://www.epfrontiers.com.
- Hyperion Solutions: *Software* para gestão baseada em atividade e painel de indicadores estratégicos (*balanced scorecard*), http://www.hyperion.com/.
- Institute of Management Accountants: Uma variedade de serviços, incluindo índice de publicações de pesquisa, http://www.imanet.org/.
- Metrus Group: Uma variação do painel de indicadores estratégicos (*balanced scorecard*), http://www.metrus.com/spg.shtml.
- Stern Stewart: Informação sobre EVA pela empresa que desenvolveu a técnica, http://www.eva.com/.

apêndice B

FUNDAMENTOS DE JUROS COMPOSTOS E USO DAS TABELAS DE VALOR PRESENTE

NATUREZA DOS JUROS

Juro é o custo do uso do dinheiro. Ele é o aluguel cobrado pelo dinheiro, da mesma maneira que é cobrado aluguel, freqüentemente, para o uso de automóveis ou barcos.

O juro nem sempre envolve um desembolso de caixa. O conceito de juro aplica-se à propriedade de fundos, bem como ao empréstimo de fundos. O motivo de o juro dever ser considerado *em todos* os fundos em uso, independentemente de sua fonte, é que a seleção de uma alternativa, necessariamente, compromete os fundos que poderiam ser, de outra maneira, investidos em alguma outra oportunidade. A mensuração dos juros é, nesses casos, o retorno renunciado pela rejeição do uso alternativo. Um ativo da casa ou dos negócios de plena propriedade, por exemplo, não está livre de custos. Os fundos assim investidos poderiam, alternativamente, ser investidos em títulos de dívida do governo ou em algum outro empreendimento. A mensuração desse custo de oportunidade depende de quais receitas alternativas estão disponíveis.

Os jornais, freqüentemente, contêm propagandas de instituições financeiras que citam taxas de juros 'compostos'. Este apêndice explica os juros compostos, incluindo o uso de tabelas de valor presente (VP).

Os **juros simples** são calculados multiplicando-se uma taxa de juros por um montante principal invariável. Em contraste, os **juros compostos** são calculados multiplicando-se uma taxa de juros por um montante principal, que aumenta a cada período de juros com os juros previamente acumulados (não pagos). Os juros acumulados são adicionados ao principal, para transformar-se no principal do próximo período. Suponha, por exemplo, que você tenha depositado $ 10 mil em uma instituição financeira que prometeu pagar uma taxa de juros de 10 por cento ao ano. Então, você deixou o montante ser acumulado durante três anos, antes de retirar todo o saldo do depósito. Os depósitos de juros simples acumular-se-iam em $ 13 mil no fim dos três anos:

	Principal	Juros simples	Saldo, final do ano
Ano 1	$ 10 000	$ 10 000 × 0,10 = $ 1 000	$ 11 000
Ano 2	$ 10 000	$ 10 000 × 0,10 = $ 1 000	$ 12 000
Ano 3	$ 10 000	$ 10 000 × 0,10 = $ 1 000	$ 13 000

Os juros compostos fornecem juros sobre juros, isto é, mudanças do principal, de período a período. O depósito acumularia até $ 10 000 × (1,10)^3 = $ 10 000 × 1,331 = $ 13 310:

	Principal	Juros simples	Saldo, final do ano
Ano 1	$ 10 000	$ 10 000 × 0,10 = $ 1 000	$ 11 000
Ano 2	$ 11 000	$ 11 000 × 0,10 = $ 1 100	$ 12 100
Ano 3	$ 12 100	$ 12 100 × 0,10 = $ 1 210	$ 13 310

A 'força' dos juros compostos pode ser surpreendente. Os mesmos depósitos seriam, por exemplo, acumulados como segue:

	Ao final do ano		
	10 anos	20 anos	40 anos
Juros simples			
$ 10 000 + 10 ($ 1 000) =	$ 20 000		
$ 10 000 + 20 ($ 1 000) =		$ 30 000	
$ 10 000 + 40 ($ 1 000) =			$ 50 000
Juros compostos			
$ 10 000 × (1,10)^{10} = $ 10 000 × 2,5937 =	$ 25 937		
$ 10 000 × (1,10)^{20} = $ 10 000 × 6,7275 =		$ 67 275	
$ 10 000 × (1,10)^{40} = $ 10 000 × 45,2593 =			$ 452 593

Os cálculos manuais de juros compostos tornam-se rapidamente penosos. Assim, as tabelas de juros compostos foram construídas para facilitar os cálculos. (Certamente, muitas calculadoras de mão contêm programas que dão respostas rápidas.) Centenas de tabelas estão disponíveis, mas apenas usaremos as duas mais úteis para o orçamento de capital.[1]

Tabela 1: VP de $ 1

Como deveríamos expressar a entrada ou saída de caixa futuro em termos de seu valor equivalente hoje (no tempo zero)? A Tabela 1 apresenta os fatores que fornecem o VP de um único montante, fluxo de caixa de soma total, para ser recebido ou pago no final do período futuro.[2]

Suponha que você invista, hoje, $ 1. Ele aumentará para $ 1,06 em um ano, à taxa de juros de 6 por cento; isto é, $ 1 × 1,06 = $ 1,06. No final do segundo ano, seu valor será ($ 1 × 1,06) × 1,06 = $ 1 × (1,06)^2 = $ 1,124. No final do terceiro ano, será $ 1 × (1,06)^3 = 1,191. Em geral, o $ 1 aumenta em $(1 + i)^n$ em n anos, à taxa de juros de i por cento.

Para determinar o VP, reverta esse processo de acumulação. Se $ 1 deve ser recebido em um ano, ele vale $ 1 ÷ 1,06 = $ 0,9434 hoje, a uma taxa de juros de 6 por cento. Suponha que você invista $ 0,9434 hoje. Em um ano, você terá $ 0,9434 × 1,06 = $ 1. Assim, $ 0,9434 é o VP de $ 1 de hoje a um ano, à taxa de 6 por cento. Se o $ 1 for recebido dentro de dois anos, seu VP será de $ 1,00 ÷ (1,06)^2 = $ 0,8900. A fórmula geral para o VP de um montante S a ser recebido ou pago em n períodos, a uma taxa de juros de i por cento por período, é:

$$VP = \frac{S}{(1 + i)^n}$$

A Tabela 1 fornece fatores para VP de $ 1 de várias taxas de juros, ao longo de diversos períodos diferentes. Os VPs são chamados também de 'valores descontados', e o processo de encontrar o VP é o **desconto**. Você pode pensar nisso como o desconto (diminuição) do valor de uma entrada ou de uma saída de caixa. Por que o valor é descontado? Porque o dinheiro deverá ser recebido ou pago no futuro, não hoje.

Suponha que uma cidade proeminente esteja emitindo uma nota promissória de três anos, quase sem juros, que promete pagar uma soma total de $ 1 mil exatamente em três anos a partir de hoje. Você deseja uma taxa de retorno de exatamente 6 por cento, composto anualmente. Quanto você estaria disposto a pagar agora por essa nota de três anos? A situação é esboçada a seguir:

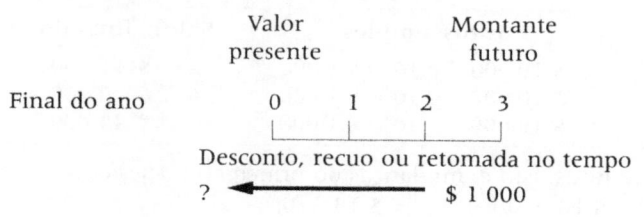

```
                    Valor           Montante
                    presente        futuro
   Final do ano     0      1    2    3
                    |_____|____|____|
                    Desconto, recuo ou retomada no tempo
                    ?  ◄──────── $ 1 000
```

---
1. Para tabelas adicionais, veja R. Vichas, Handbook of financial mathematics, formulas and tables (Upper Saddle River, NJ, Prentice Hall, 1979).

2. Os fatores estão arredondados para quatro casas decimais. Os exemplos deste livro usam esses fatores arredondados. Se você usar tabelas com arredondamentos diferentes, ou se usar uma calculadora ou um microcomputador, suas respostas poderão diferir das fornecidas, por causa de uma pequena variação de arredondamento.

O fator, na coluna de período 3 e linha de 6 por cento da Tabela 1, é de 0,8396. O VP do pagamento de $ 1 mil é $ 1 000 × 0,8396 = $ 839,60. Você estaria disposto a pagar $ 839,60 pelos $ 1 mil a ser recebidos em três anos.

Suponha que os juros sejam compostos semestralmente, em vez de anualmente. Quanto você estaria disposto a pagar? Os três anos transformam-se em seis períodos de pagamento de juros. A taxa por período é metade da taxa anual, ou 6% ÷ 2 = 3%. O fator, na coluna de período 6 e linha 3 por cento da Tabela 1, é 0,8375. Você estaria disposto a pagar $ 1 000 × 0,8375, ou somente $ 837,50, em vez de $ 839,60.

Como verificação adicional de seu entendimento, reveja os exemplos anteriores de juros compostos. Suponha que a instituição financeira tenha prometido pagar $ 13 310 ao final de três anos. Quanto você estaria disposto a depositar no tempo zero, se desejasse uma taxa de retorno de 10 por cento composto anualmente? Usando a Tabela 1, o fator, na coluna de período 3 e linha de 10 por cento, é 0,7513. Multiplique esse fator pelo montante futuro:

$$VP = 0{,}7513 \times \$\ 13\ 310 = \$\ 10\ 000$$

Um diagrama desse cálculo é mostrado a seguir:

Final do ano	0	1	2	3
10% Fator de VP	Valor presente			Montante futuro
0,7513	$ 10 000	←		$ 13 310

Pare por um momento. Use a Tabela 1 para obter os VPs de:

1. $ 1,7 mil, a 20 por cento, ao final de 20 anos.
2. $ 8,3 mil, a 10 por cento, ao final de 12 anos.
3. $ 8 mil, a 4 por cento, ao final de quatro anos.

Respostas

1. $ 1 700 × 0,0261 = $ 44,37.
2. $ 8 300 × 0,3186 = $ 2 644,38.
3. $ 8 000 × 0,8548 = $ 6 838,40.

TABELA 2: VP DE UMA ANUIDADE COMUM DE $ 1

Uma anuidade comum é uma série de fluxos de caixa iguais, que ocorrem no final de períodos sucessivos de igual duração. Seu VP é chamado de VPA. Suponha que você compre uma nota de uma municipalidade que promete pagar $ 1 mil ao final de *cada um* dos três anos. Quanto você deveria estar disposto a pagar, se desejasse uma taxa de retorno de 6 por cento, composta anualmente?

Você poderia resolver esse problema usando a Tabela 1. Primeiro, encontre o VP de cada pagamento e, então, some os VPs, como na Figura B.1. Você está disposto a pagar $ 943,40 pela primeira parcela; $ 890,00 pela segunda, e $ 839,60 pela terceira, um total de $ 2 673,00.

Uma vez que cada pagamento de caixa é de $ 1 mil, com períodos iguais de um ano entre eles, a nota é uma anuidade comum. A Tabela 2 fornece um método de atalho. O VP da Figura B.1 pode ser expresso como:

$$VP_A = \$\ 1\ 000 \times \frac{1}{1{,}06} + \$\ 1\ 000 \times \frac{1}{(1{,}06)^2} + \$1\ 000 \times \frac{1}{(1{,}06)^3}$$

$$= \$\ 1\ 000 \left[\frac{1}{1{,}06} + \frac{1}{(1{,}06)^2} + \frac{1}{(1{,}06)^3} \right]$$

Os três termos entre colchetes são os primeiros três números da coluna de 6 por cento da Tabela 1, e sua soma está na terceira linha da coluna de 6 por cento da Tabela 2: 0,9434 + 0,8900 + 0,8396 = 2,6730. Em vez de calcular três VPs e somá-los, você pode, simplesmente, multiplicar o fator de VP da Tabela 2 pela parcela de pagamento de caixa: 2,6730 × $ 1 000 = $ 2 673.

Esse atalho será especialmente valioso se os pagamentos ou recebimentos de caixa se estenderem para muitos períodos. Considere um pagamento de caixa anual de $ 1 mil, por 20 anos, com taxa de 6 por cento. O VP, calculado na Tabela 2, será $ 1 000 × 11,4699 = $ 11 469,90. Para usar a Tabela 1 nesse cálculo, você faria 20 multiplicações e somaria, então, os 20 produtos.

Figura B.1

Pagamento	Final do ano Fator da Tabela 1	VP 0	1	2	3
1	$\frac{1}{1,06} = 0,9434$	$ 943,40	$ 1 000		
2	$\frac{1}{(1,06)^2} = 0,8900$	$ 890,00		$ 1 000	
3	$\frac{1}{(1,06)^3} = 0,8396$	$ 839,60			$ 1 000
Total		$ 2 673,00			

Os fatores da Tabela 2 podem ser calculados utilizando-se a seguinte fórmula geral:

$$VP_A = \frac{1}{i}\left[1 - \frac{1}{(1+i)^n}\right]$$

Aplicando em nosso exemplo:

$$VP_A = \frac{1}{0,06}\left[1 - \frac{1}{(1,06)^3}\right] = \frac{1}{0,06}(1 - 0,8396) = \frac{0,1604}{0,06} = 2,6730$$

Use a Tabela 2 para obter os VPs das seguintes anuidades comuns:

1. $ 1,6 mil à taxa de 20 por cento, por 20 anos.
2. $ 8,3 mil à taxa de 10 por cento, por 12 anos.
3. $ 8 mil à taxa de 4 por cento, por quatro anos.

Respostas

1. $ 1 600 × 4,8696 = $ 7 791,36.
2. $ 8 300 × 6,8137 = $ 56 553,71.
3. $ 8 000 × 3,6299 = $ 29 039,20.

Em particular, observe que, quanto mais elevada a taxa de juros, menor o VP.

Tabela I VP de $1.

$$VP = \frac{1}{(1+i)^n}$$

Períodos	3%	4%	5%	6%	7%	8%	10%	12%	14%	16%	18%	20%	22%	24%	25%	26%	28%	30%	40%
1	0,9709	0,9615	0,9524	0,9434	0,9346	0,9259	0,9091	0,8929	0,8772	0,8621	0,8475	0,8333	0,8197	0,8065	0,8000	0,7937	0,7813	0,7692	0,7143
2	0,9426	0,9246	0,9070	0,8900	0,8734	0,8573	0,8264	0,7972	0,7695	0,7432	0,7182	0,6944	0,6719	0,6504	0,6400	0,6299	0,6104	0,5917	0,5102
3	0,9151	0,8890	0,8638	0,8396	0,8163	0,7938	0,7513	0,7118	0,6750	0,6407	0,6086	0,5787	0,5507	0,5245	0,5120	0,4999	0,4768	0,4552	0,3644
4	0,8885	0,8548	0,8227	0,7921	0,7629	0,7350	0,6830	0,6355	0,5921	0,5523	0,5158	0,4823	0,4514	0,4230	0,4096	0,3968	0,3725	0,3501	0,2603
5	0,8626	0,8219	0,7835	0,7473	0,7130	0,6806	0,6209	0,5674	0,5194	0,4761	0,4371	0,4019	0,3700	0,3411	0,3277	0,3149	0,2910	0,2693	0,1859
6	0,8375	0,7903	0,7462	0,7050	0,6663	0,6302	0,5645	0,5066	0,4556	0,4104	0,3704	0,3349	0,3033	0,2751	0,2621	0,2499	0,2274	0,2072	0,1328
7	0,8131	0,7599	0,7107	0,6651	0,6227	0,5835	0,5132	0,4523	0,3996	0,3538	0,3139	0,2791	0,2486	0,2218	0,2097	0,1983	0,1776	0,1594	0,0949
8	0,7894	0,7307	0,6768	0,6274	0,5820	0,5403	0,4665	0,4039	0,3506	0,3050	0,2660	0,2326	0,2038	0,1789	0,1678	0,1574	0,1388	0,1226	0,0678
9	0,7664	0,7026	0,6446	0,5919	0,5439	0,5002	0,4241	0,3606	0,3075	0,2630	0,2255	0,1938	0,1670	0,1443	0,1342	0,1249	0,1084	0,0943	0,0484
10	0,7441	0,6756	0,6139	0,5584	0,5083	0,4632	0,3855	0,3220	0,2697	0,2267	0,1911	0,1615	0,1369	0,1164	0,1074	0,0992	0,0847	0,0725	0,0346
11	0,7224	0,6496	0,5847	0,5268	0,4751	0,4289	0,3505	0,2875	0,2366	0,1954	0,1619	0,1346	0,1122	0,0938	0,0859	0,0787	0,0662	0,0558	0,0247
12	0,7014	0,6246	0,5568	0,4970	0,4440	0,3971	0,3186	0,2567	0,2076	0,1685	0,1372	0,1122	0,0920	0,0757	0,0687	0,0625	0,0517	0,0429	0,0176
13	0,6810	0,6006	0,5303	0,4688	0,4150	0,3677	0,2897	0,2292	0,1821	0,1452	0,1163	0,0935	0,0754	0,0610	0,0550	0,0496	0,0404	0,0330	0,0126
14	0,6611	0,5775	0,5051	0,4423	0,3878	0,3405	0,2633	0,2046	0,1597	0,1252	0,0985	0,0779	0,0618	0,0492	0,0440	0,0393	0,0316	0,0254	0,0090
15	0,6419	0,5553	0,4810	0,4173	0,3624	0,3152	0,2394	0,1827	0,1401	0,1079	0,0835	0,0649	0,0507	0,0397	0,0352	0,0312	0,0247	0,0195	0,0064
16	0,6232	0,5339	0,4581	0,3936	0,3387	0,2919	0,2176	0,1631	0,1229	0,0930	0,0708	0,0541	0,0415	0,0320	0,0281	0,0248	0,0193	0,0150	0,0046
17	0,6050	0,5134	0,4363	0,3714	0,3166	0,2703	0,1978	0,1456	0,1078	0,0802	0,0600	0,0451	0,0340	0,0258	0,0225	0,0197	0,0150	0,0116	0,0033
18	0,5874	0,4936	0,4155	0,3503	0,2959	0,2502	0,1799	0,1300	0,0946	0,0691	0,0508	0,0376	0,0279	0,0208	0,0180	0,0156	0,0118	0,0089	0,0023
19	0,5703	0,4746	0,3957	0,3305	0,2765	0,2317	0,1635	0,1161	0,0829	0,0596	0,0431	0,0313	0,0229	0,0168	0,0144	0,0124	0,0092	0,0068	0,0017
20	0,5537	0,4564	0,3769	0,3118	0,2584	0,2145	0,1486	0,1037	0,0728	0,0514	0,0365	0,0261	0,0187	0,0135	0,0115	0,0098	0,0072	0,0053	0,0012
21	0,5375	0,4388	0,3589	0,2942	0,2415	0,1987	0,1351	0,0926	0,0638	0,0443	0,0309	0,0217	0,0154	0,0109	0,0092	0,0078	0,0056	0,0040	0,0009
22	0,5219	0,4220	0,3418	0,2775	0,2257	0,1839	0,1228	0,0826	0,0560	0,0382	0,0262	0,0181	0,0126	0,0088	0,0074	0,0062	0,0044	0,0031	0,0006
23	0,5067	0,4057	0,3256	0,2618	0,2109	0,1703	0,1117	0,0738	0,0491	0,0329	0,0222	0,0151	0,0103	0,0071	0,0059	0,0049	0,0034	0,0024	0,0004
24	0,4919	0,3901	0,3101	0,2470	0,1971	0,1577	0,1015	0,0659	0,0431	0,0284	0,0188	0,0126	0,0085	0,0057	0,0047	0,0039	0,0027	0,0018	0,0003
25	0,4776	0,3751	0,2953	0,2330	0,1842	0,1460	0,0923	0,0588	0,0378	0,0245	0,0160	0,0105	0,0069	0,0046	0,0038	0,0031	0,0021	0,0014	0,0002
26	0,4637	0,3607	0,2812	0,2198	0,1722	0,1352	0,0839	0,0525	0,0331	0,0211	0,0135	0,0087	0,0057	0,0037	0,0030	0,0025	0,0016	0,0011	0,0002
27	0,4502	0,3468	0,2678	0,2074	0,1609	0,1252	0,0763	0,0469	0,0291	0,0182	0,0115	0,0073	0,0047	0,0030	0,0024	0,0019	0,0013	0,0008	0,0001
28	0,4371	0,3335	0,2551	0,1956	0,1504	0,1159	0,0693	0,0419	0,0255	0,0157	0,0097	0,0061	0,0038	0,0024	0,0019	0,0015	0,0010	0,0006	0,0001
29	0,4243	0,3207	0,2429	0,1846	0,1406	0,1073	0,0630	0,0374	0,0224	0,0135	0,0082	0,0051	0,0031	0,0020	0,0015	0,0012	0,0008	0,0005	0,0001
30	0,4120	0,3083	0,2314	0,1741	0,1314	0,0994	0,0573	0,0334	0,0196	0,0116	0,0070	0,0042	0,0026	0,0016	0,0012	0,0010	0,0006	0,0004	0,0000
40	0,3066	0,2083	0,1420	0,0972	0,0668	0,0460	0,0221	0,0107	0,0053	0,0026	0,0013	0,0007	0,0004	0,0002	0,0001	0,0001	0,0001	0,0000	0,0000

Tabela 2 VP de uma anuidade comum de $ 1.

$$VP_A = \frac{1}{i}\left[1 - \frac{1}{(1+i)^n}\right]$$

Períodos	3%	4%	5%	6%	7%	8%	10%	12%	14%	16%	18%	20%	22%	24%	25%	26%	28%	30%	40%
1	0,9709	0,9615	0,9524	0,9434	0,9346	0,9259	0,9091	0,8929	0,8772	0,8621	0,8475	0,8333	0,8197	0,8065	0,8000	0,7937	0,7813	0,7692	0,7143
2	1,9135	1,8861	1,8594	1,8334	1,8080	1,7833	1,7355	1,6901	1,6467	1,6052	1,5656	1,5278	1,4915	1,4568	1,4400	1,4235	1,3916	1,3609	1,2245
3	2,8286	2,7751	2,7232	2,6730	2,6243	2,5771	2,4869	2,4018	2,3216	2,2459	2,1743	2,1065	2,0422	1,9813	1,9520	1,9234	1,8684	1,8161	1,5889
4	3,7171	3,6299	3,5460	3,4651	3,3872	3,3121	3,1699	3,0373	2,9137	2,7982	2,6901	2,5887	2,4936	2,4043	2,3616	2,3202	2,2410	2,1662	1,8492
5	4,5797	4,4518	4,3295	4,2124	4,1002	3,9927	3,7908	3,6048	3,4331	3,2743	3,1272	2,9906	2,8636	2,7454	2,6893	2,6351	2,5320	2,4356	2,0352
6	5,4172	5,2421	5,0757	4,9173	4,7665	4,6229	4,3553	4,1114	3,8887	3,6847	3,4976	3,3255	3,1669	3,0205	2,9514	2,8850	2,7594	2,6427	2,1680
7	6,2303	6,0021	5,7864	5,5824	5,3893	5,2064	4,8684	4,5638	4,2883	4,0386	3,8115	3,6046	3,4155	3,2423	3,1611	3,0833	2,9370	2,8021	2,2628
8	7,0197	6,7327	6,4632	6,2098	5,9713	5,7466	5,3349	4,9676	4,6389	4,3436	4,0776	3,8372	3,6193	3,4212	3,3289	3,2407	3,0758	2,9247	2,3306
9	7,7861	7,4353	7,1078	6,8017	6,5152	6,2469	5,7590	5,3282	4,9464	4,6065	4,3030	4,0310	3,7863	3,5655	3,4631	3,3657	3,1842	3,0190	2,3790
10	8,5302	8,1109	7,7217	7,3601	7,0236	6,7101	6,1446	5,6502	5,2161	4,8332	4,4941	4,1925	3,9232	3,6819	3,5705	3,4648	3,2689	3,0915	2,4136
11	9,2526	8,7605	8,3064	7,8869	7,4987	7,1390	6,4951	5,9377	5,4527	5,0286	4,6560	4,3271	4,0354	3,7757	3,6564	3,5435	3,3351	3,1473	2,4383
12	9,9540	9,3851	8,8633	8,3838	7,9427	7,5361	6,8137	6,1944	5,6603	5,1971	4,7932	4,4392	4,1274	3,8514	3,7251	3,6059	3,3868	3,1903	2,4559
13	10,6350	9,9856	9,3936	8,8527	8,3577	7,9038	7,1034	6,4235	5,8424	5,3423	4,9095	4,5327	4,2028	3,9124	3,7801	3,6555	3,4272	3,2233	2,4685
14	11,2961	10,5631	9,8986	9,2950	8,7455	8,2442	7,3667	6,6282	6,0021	5,4675	5,0081	4,6106	4,2646	3,9616	3,8241	3,6949	3,4587	3,2487	2,4775
15	11,9379	11,1184	10,3797	9,7122	9,1079	8,5595	7,6061	6,8109	6,1422	5,5755	5,0916	4,6755	4,3152	4,0013	3,8593	3,7261	3,4834	3,2682	2,4839
16	12,5611	11,6523	10,8378	10,1059	9,4466	8,8514	7,8237	6,9740	6,2651	5,6685	5,1624	4,7296	4,3567	4,0333	3,8874	3,7509	3,5026	3,2832	2,4885
17	13,1661	12,1657	11,2741	10,4773	9,7632	9,1216	8,0216	7,1196	6,3729	5,7487	5,2223	4,7746	4,3908	4,0591	3,9099	3,7705	3,5177	3,2948	2,4918
18	13,7535	12,6593	11,6896	10,8276	10,0591	9,3719	8,2014	7,2497	6,4674	5,8178	5,2732	4,8122	4,4187	4,0799	3,9279	3,7861	3,5294	3,3037	2,4941
19	14,3238	13,1339	12,0853	11,1581	10,3356	9,6036	8,3649	7,3658	6,5504	5,8775	5,3162	4,8435	4,4415	4,0967	3,9424	3,7985	3,5386	3,3105	2,4958
20	14,8775	13,5903	12,4622	11,4699	10,5940	9,8181	8,5136	7,4694	6,6231	5,9288	5,3527	4,8696	4,4603	4,1103	3,9539	3,8083	3,5458	3,3158	2,4970
21	15,4150	14,0292	12,8212	11,7641	10,8355	10,0168	8,6487	7,5620	6,6870	5,9731	5,3837	4,8913	4,4756	4,1212	3,9631	3,8161	3,5514	3,3198	2,4979
22	15,9369	14,4511	13,1630	12,0416	11,0612	10,2007	8,7715	7,6446	6,7429	6,0113	5,4099	4,9094	4,4882	4,1300	3,9705	3,8223	3,5558	3,3230	2,4985
23	16,4436	14,8568	13,4886	12,3034	11,2722	10,3711	8,8832	7,7184	6,7921	6,0442	5,4321	4,9245	4,4985	4,1371	3,9764	3,8273	3,5592	3,3254	2,4989
24	16,9355	15,2470	13,7986	12,5504	11,4693	10,5288	8,9847	7,7843	6,8351	6,0726	5,4509	4,9371	4,5070	4,1428	3,9811	3,8312	3,5619	3,3272	2,4992
25	17,4131	15,6221	14,0939	12,7834	11,6536	10,6748	9,0770	7,8431	6,8729	6,0971	5,4669	4,9476	4,5139	4,1474	3,9849	3,8342	3,5640	3,3286	2,4994
26	17,8768	15,9828	14,3752	13,0032	11,8258	10,8100	9,1609	7,8957	6,9061	6,1182	5,4804	4,9563	4,5196	4,1511	3,9879	3,8367	3,5656	3,3297	2,4996
27	18,3270	16,3296	14,6430	13,2105	11,9867	10,9352	9,2372	7,9426	6,9352	6,1364	5,4919	4,9636	4,5243	4,1542	3,9903	3,8387	3,5669	3,3305	2,4997
28	18,7641	16,6631	14,8981	13,4062	12,1371	11,0511	9,3066	7,9844	6,9607	6,1520	5,5016	4,9697	4,5281	4,1566	3,9923	3,8402	3,5679	3,3312	2,4998
29	19,1885	16,9837	15,1411	13,5907	12,2777	11,1584	9,3696	8,0218	6,9830	6,1656	5,5098	4,9747	4,5312	4,1585	3,9938	3,8414	3,5687	3,3317	2,4999
30	19,6004	17,2920	15,3725	13,7648	12,4090	11,2578	9,4269	8,0552	7,0027	6,1772	5,5168	4,9789	4,5338	4,1601	3,9950	3,8424	3,5693	3,3321	2,4999
40	23,1148	19,7928	17,1591	15,0463	13,3317	11,9246	9,7791	8,2438	7,1050	6,2335	5,5482	4,9966	4,5439	4,1659	3,9995	3,8458	3,5712	3,3332	2,5000

Glossário

abordagem diferencial (*differential approach*).   Método para comparar alternativas, que calcula as diferenças nos fluxos de caixa entre alternativas e, então, converte essas diferenças em fluxos de caixa a seus valores presentes.

abordagem do projeto total (*total project approach*).   Método para comparar alternativas, que calcula o impacto total nos fluxos de caixa para cada alternativa e, então, converte esses fluxos de caixa totais em seus valores presentes.

abordagem por absorção (*absorption approach*).   Abordagem de custeio que considera todos os custos indiretos de fabricação (variáveis e fixos) como custos do produto (estocável), que se torna uma despesa na forma de custo de manufatura dos produtos vendidos apenas quando ocorrem as vendas.

abordagem por contribuição (*contribution approach*).   Método de relatórios internos (contabilidade gerencial) que enfatiza a distinção entre custos variáveis e fixos, para propósitos de tomar melhores decisões.

acumulação de custo (*cost accumulation*).   Coleta de custos por alguma classificação 'natural', tal como materiais (matérias-primas) ou mão-de-obra ou atividades desempenhadas.

ajustes (*adjustments*). Registro de transações implícitas, em contraposição às transações explícitas que disparam quase todos os lançamentos rotineiros cotidianos.

alavancagem operacional (*operating leverage*).   Índice de custos fixos em relação às variáveis da empresa.

alíquota de imposto de renda marginal (*marginal income tax rate*).   Alíquota de imposto paga sobre montantes adicionais de lucro antes do imposto de renda.

alocação de custos (*cost allocation*).   Rastreamento e reatribuição de custos para um ou mais objetos de custos, tais como atividades, departamentos, clientes ou produtos.

análise contábil (*account analysis*).   Seleciona um direcionador de custo plausível e classifica cada conta como custo variável ou custo fixo.

análise custo–volume–lucro (*CVL ou CVP — cost-volume-profit analysis*).   Estudo dos efeitos do volume de produção sobre receitas (vendas), despesas (custos) e lucro líquido.

análise de atividade (*activity analysis*).   Processo para identificar direcionadores de custos apropriados e seus efeitos nos custos de elaborar um produto ou prestar um serviço.

análise de engenharia (*engineering analysis*).   Revisão sistemática de materiais, suprimentos, mão-de-obra, serviços de apoio e instalações necessárias para produtos e serviços, mensurando o comportamento dos custos de acordo com quais custos deveriam ser, não com quais custos têm sido.

análise de sensibilidade (*sensitivity analysis*).   Em orçamento, a variação sistemática dos dados de entrada do orçamento, para determinar os efeitos de cada variação no orçamento.

aplicação de custo (*cost application*).   Alocação do total de custos departamentais para produtos ou serviços geradores de receita.

ativos (*assets*).   Recursos econômicos que se espera beneficiem atividades futuras.

auditoria (*audit*).   Exame ou inspeção profunda das demonstrações contábeis e dos registros das empresas, feito de acordo com as normas de auditoria geralmente aceitas. Ela culmina com o testemunho dos contadores de que as demonstrações contábeis da gestão estão em conformidade com os princípios de contabilidade geralmente aceitos.

auditoria de gestão (*management audit*). Revisão para determinar se as políticas e procedimentos especificados pela alta gestão estão sendo implementados.

auditoria posterior (*post-audit*). Avaliação de acompanhamento das decisões de orçamento de capital.

autonomia do segmento (*segment autonomy*). Delegação do poder de tomar decisões para os gestores dos segmentos de uma organização.

autoridade de assessoria (*staff authority*). Autoridade exercida para aconselhar, mas não comandar. Pode ser exercida de cima para baixo, lateralmente, ou de baixo para cima.

autoridade de linha (*line authority*). Autoridade exercida de cima para baixo sobre os subordinados.

B2B (*business-to-business*). Comércio eletrônico de uma empresa para outra.

B2C (*business-to-consumer*). Comércio eletrônico de uma empresa para um cliente.

balanced scorecard **(painel de indicadores estratégicos).** Sistema de relatório e mensuração de desempenho, que realiza um equilíbrio entre as medidas financeiras e operacionais, liga o desempenho às recompensas e fornece reconhecimento explícito para a diversidade de metas organizacionais.

balanço patrimonial (demonstração da posição financeira, demonstração da condição financeira) (*balance sheet, statement of financial position, statement of financial condition*). Demonstração instantânea da situação financeira de uma organização em um momento no tempo.

base de alocação de custos (*cost-allocation base*). Direcionador de custo quando é utilizado para alocar custos.

benchmarking **(nível de referência).** Processo contínuo de mensurar produtos, serviços e atividades *versus* os melhores níveis de desempenho.

benchmarks. Regras gerais intuitivas que especificam níveis apropriados de índices financeiros.

cadeia de valor (*value chain*). Conjunto de funções empresariais que adiciona valor aos produtos ou serviços de uma organização.

capacidade prática (*practical capacity*). Capacidade máxima ou plena.

cartões de ponto da mão-de-obra (cartões de tempo) (*labor time tickets, time cards*). Registro do tempo que um trabalhador direto em particular gasta em cada trabalho.

centro (área) de responsabilidade (*responsibility center*). Conjunto de atividades e recursos atribuídos a um gestor, grupo de gestores ou outros empregados.

centro de custo (*cost center*). Centro (área) de responsabilidade no qual o gestor é responsável apenas por custos.

centro de investimento (*investment center*). Centro (área) de responsabilidade cujo sucesso é medido não apenas por seu resultado, mas também por relacionar esse resultado ao seu capital investido, como em um índice de resultado ao valor do capital empregado.

centro de resultado (*profit center*). Centro (área) de responsabilidade para controlar receitas, bem como custos (ou despesas) — isto é, a lucratividade.

certified management accountant **(contador gerencial certificado) (CMA).** A contraparte gerencial interna do contador CPA (auditor externo).

certified public accountant **(contador público certificado, auditor externo) (CPA).** Nos Estados Unidos, um contador obtém seu título pela combinação de instrução formal, experiência qualificadora e aprovação em um exame nacional escrito, de dois dias.

ciclo de vida do produto (*product life cycle*). Os vários estágios por meio dos quais um produto passa, da concepção e desenvolvimento até a introdução no mercado, passando pela maturidade e, finalmente, chegando à descontinuidade do produto.

ciclo operacional (*operating cycle*). Tempo passado durante o qual uma empresa gasta caixa para adquirir produtos e serviços que usa para realizar a produção da organização, que, por sua vez, ela vende aos clientes, que pagam suas contas com dinheiro.

CIF subaplicado (*under-applied overhead*). Excesso de CIF reais sobre os CIF aplicados aos produtos.

CIF superaplicado (*over-applied overhead*). Excesso de CIF aplicados aos produtos sobre os CIF reais incorridos.

coeficiente de determinação (R^2) (*coefficient of determination*). Medida de quanto da flutuação de um custo é explicada por variações no direcionador de custos.

comércio eletrônico (*electronic commerce, e-commerce*). Condução de negócios *on-line*.

comportamento disfuncional (*dysfunctional behavior*). Qualquer ação tomada em conflito com as metas organizacionais.

comportamento de custo (*cost behavior*). Modo como os custos estão relacionados com as atividades de uma organização e são por elas afetados.

comportamento de custo linear (*linear cost-behavior*). Atividade que pode ser representada graficamente com uma linha reta porque se presume que os custos sejam fixos ou variáveis.

composto de vendas (*sales mix*). Proporções relativas ou combinações de quantidades de produtos que constituem o total de vendas.

concorrência imperfeita (*imperfect competition*). Mercado no qual o preço que uma empresa cobra por uma unidade influenciará a quantidade de unidades que ela vende.

concorrência perfeita (*perfect competition*). Mercado no qual uma empresa pode vender tanto de um produto quanto puder produzir, tudo a um único preço de mercado.

congruência de metas (*goal congruence*). Condição na qual os empregados, trabalhando em seus próprios melhores interesses pessoais, tomam decisões que ajudam a satisfazer as metas gerais da organização.

conta (*account*). Cada item de uma demonstração contábil.

contabilidade de custos (*cost accounting*). Parte do sistema de contabilidade que mensura os custos para os propósitos da tomada de decisão gerencial e relatórios contábeis.

contabilidade financeira (*financial accounting*). Ramo da contabilidade que desenvolve informações para tomadores de decisões externos, como acionistas, fornecedores, bancos e agências regulatórias governamentais.

contabilidade gerencial (*management accounting*). Processo de identificar, mensurar, acumular, analisar, preparar, interpretar e comunicar informações que auxiliam os gestores a cumprir objetivos organizacionais.

contabilidade por responsabilidade (*responsibility accounting*). Identificação de que partes da organização têm a responsabilidade primária para cada objetivo, desenvolvimento de medidas e alvos a ser alcançados e criação de relatórios dessas medidas por subunidades da organização ou centros de responsabilidade.

contas a pagar (*accounts payable*). Montante devido aos fornecedores por compras a prazo.

contas a receber (*accounts receivable*). Montante devido pelos clientes por vendas a prazo.

controle de qualidade (*quality control*). Esforço para assegurar que os produtos e serviços realizem as necessidades dos clientes.

controller (*comptroller*). Executivo contábil de uma organização. O termo *comptroller* é utilizado basicamente nas organizações governamentais.

critério custo–benefício (*cost-benefit criterion*). Abordagem que, implicitamente, subjaz às decisões sobre o projeto de sistemas de contabilidade. Assim que um sistema é mudado, seus benefícios potenciais devem exceder seus custos adicionais.

custeio-alvo (custeio-meta) (*target costing*). Ferramenta de gestão de custos para realizar reduções de custos como um foco-chave por toda a vida de um produto.

custeio por processo (*process costing*). Método de alocar custos aos produtos pelo custo médio sobre grandes números de produtos quase idênticos.

custeio kaizen (*kaizen costing*). Expressão japonesa para a melhoria contínua durante a manufatura.

custeio por operação (*operation costing*). Sistema de custeio híbrido, freqüentemente utilizado na manufatura de lotes ou grupos de produtos que têm algumas características comuns mais algumas características individuais.

custeio por ordem de serviço (custeio por ordem) (*job order costing, job costing*). Método de alocar custos aos produtos que são prontamente identificados por unidades individuais ou lotes, cada um dos quais exige graus variáveis de atenção e habilidade.

custeio retrocedido (*backflush costing*). Sistema de contabilidade que aplica custos aos produtos apenas quando a produção está completada.

custo (*cost*). Sacrifício ou abandono dos recursos por um propósito em particular, geralmente mensurado em unidades monetárias, que devem ser pagas por produtos e serviços.

custo (receita) diferencial (*differential cost or revenue*). Diferença no custo (receita) total entre duas alternativas.

custo de capital (*cost of capital*). O que uma empresa deve pagar para adquirir mais capital, se ela realmente tem ou não de obter mais capital para empreender um projeto.

custo de oportunidade (*opportunity cost*). Contribuição máxima disponível para o lucro abandonada (ou desprezada) ao se usarem recursos limitados para um propósito em particular.

custo de valor adicionado (*value-added cost*). O custo necessário de uma atividade que não pode ser eliminado sem afetar o valor do produto para o cliente.

custo dos produtos vendidos (*cost of goods sold*). Custo da mercadoria adquirida, ou manufaturada, e revendida.

custo esperado (*expected cost*). Custo mais provável de ser obtido.

custo fixo (*fixed cost*). Custo que não é imediatamente afetado pelas variações no nível do direcionador de custos.

custo incontrolável (*uncontrollable costs*). Custos que não podem ser afetados pela gestão de um centro de responsabilidade, dentro de um certo período de tempo.

custo incremental (*incremental cost*). Outra expressão para custo diferencial, quando uma alternativa inclui todos os custos da outra mais algum custo adicional.

custo marginal (*marginal cost*). Custo adicional resultante da produção e venda de uma unidade adicional.

custo médio ponderado (*weighted-average cost*). Método de avaliação de estoque que atribui o mesmo custo unitário a cada unidade disponível para venda. O custo unitário é calculado ao dividir o custo de todas as unidades disponíveis para venda pelo número das unidades disponíveis.

custo normal (*normal cost*). Sistema de custo que aplica os custos de materiais diretos reais e mão-de-obra direta real aos produtos ou serviços, mas usa taxas orçadas para aplicar os CIF.

custo-padrão (*standard cost*). Custo por unidade, cuidadosamente determinado, que deve ser obtido.

custo perdido (*sunk cost*). Custo que já foi incorrido e, conseqüentemente, é irrelevante para o processo de tomada de decisão.

custo total (custo totalmente alocado ou custo pleno) (*full cost, fully allocated cost*). Total de todos os custos de manufatura, mais o total de todos os custos de venda e administrativos.

custo variável (*variable cost*). Custo que varia em proporção direta às variações do nível de direcionador de custos.

custos comuns (*common costs*). Custos de instalações e serviços que são compartilhados pelos usuários.

custos conjuntos (*joint costs*). Custos de manufatura de produtos conjuntos anteriores ao ponto de separação.

custos controláveis (*controllable cost*). Qualquer custo influenciado pela decisão e pelas ações de um gestor.

custos de capacidade (*capacity costs*). Custos fixos de estar apto a alcançar um nível desejado de produção ou fornecer um nível desejado de serviço, enquanto se mantêm os atributos de produtos e serviços, tais como qualidade.

custos de conversão (*conversion costs*). Custos de mão-de-obra direta, mais custos indiretos de fabricação.

custos de mão-de-obra direta (*direct-labor costs*). Salários de toda a mão-de-obra que podem ser rastreados específica e exclusivamente para os produtos manufaturados, de maneira economicamente viável.

custos de material direto (*direct-material costs*). Custos de aquisição de todos os materiais identificados fisicamente como parte dos produtos manufaturados e que podem ser rastreados aos produtos manufaturados, de maneira economicamente viável.

custos de período (*period costs*). Custos deduzidos como despesas durante o período corrente, sem passar pelo estágio de estoque.

custos de produtos (*product costs*). Custos identificados com produtos produzidos ou comprados para revenda.

custos desembolsáveis (*outlay costs*). Custos que exigem um desembolso de caixa futuro.

custos diretos (*direct costs*). Custos que podem ser identificados específica e exclusivamente com um dado objeto de custo, de maneira economicamente viável.

custos evitáveis (*avoidable costs*). Custos que não continuarão a incorrer se uma operação em andamento for mudada ou eliminada.

custos fixos comprometidos (*committed fixed costs*). Custos que surgem da posse de instalações, equipamentos e de uma organização básica: Grande parcela indivisível de custos que a organização está obrigada a incorrer ou, geralmente, não deveria considerar evitável.

custos fixos discricionários (*discretionary fixed costs***).** Custos determinados pela gestão como parte do processo de planejamento periódico, de modo a satisfazer as metas da organização. Eles não têm um relacionamento óbvio com os níveis de capacidade ou de atividade de produção.

custos indiretos (*indirect costs***).** Custos que não podem ser identificados específica e exclusivamente com um dado objeto de custo, de maneira economicamente viável.

custos indiretos de manufatura (gastos gerais, despesas gerais da fábrica, custos indiretos de fabricação) (*indirect manufacturing costs, factory burden, factory overhead, manufacturing overhead***).** Todos os custos outros que não os de material direto ou mão-de-obra direta associados com o processo de manufatura.

custos inevitáveis (*unavoidable costs***).** Custos que continuam mesmo que uma operação seja eliminada.

custos mistos (*mixed costs***).** Custos que contêm elementos de comportamento de custos variáveis e custos fixos.

custos não-alocados (*unallocated costs***).** Custos para os quais não podemos identificar nenhum relacionamento com um objeto de custo.

custos não-expirados (*unexpired costs***).** Qualquer ativo que, ordinariamente, se torna uma despesa em períodos futuros — por exemplo, estoque e aluguel pagos antecipadamente.

custos por degrau (*step cost***).** Custos que variam abruptamente em intervalos de atividade devido aos recursos e seus custos estarem disponíveis apenas em parcelas indivisíveis.

custos primários (*prime costs***).** Custos de mão-de-obra direta, mais custos de material direto.

custos que não adicionam valor (*non-value added costs***).** Custos que podem ser eliminados sem afetar o valor do produto para o cliente.

custos recebidos em transferência (*transfer-in costs***).** Em um custeio por processo, os custos incorridos em um departamento precedente, para os itens que foram recebidos por um departamento subseqüente.

custos separáveis (*separable costs***).** Qualquer custo além do ponto de separação.

demonstração de resultado (*income statement***).** Demonstração que mede o desempenho de uma organização confrontando suas realizações (receitas dos clientes, que são, geralmente, chamadas de 'vendas') e seu esforços (custo dos produtos vendidos e outras despesas).

departamentos de serviço (*service department***).** Unidades que existem apenas para apoiar outros departamentos.

depreciação (*depreciation***).** Custo periódico do equipamento, que é distribuído sobre (ou debitado a) os períodos futuros nos quais se espera que o equipamento seja utilizado.

depreciação acelerada (*accelerated depreciation***).** Padrão de depreciação, que debita maior proporção do custo de um ativo para os anos iniciais e menor para os anos finais, da vida útil.

descentralização (*decentralization***).** Delegação de autonomia (liberdade) para tomar decisões. Quanto mais baixo na organização essa autonomia (liberdade) existir, maior o grau de descentralização.

direção de atenção (*attention directing***).** Relato e interpretação de informação que ajudam os gestores a focalizar problemas, imperfeições, ineficiências e oportunidades operacionais.

direcionador de custos (*cost driver***).** Qualquer medida de produção que cause custos (isto é, cause o uso de recursos onerosos).

documentos-fonte (*source documents***).** A evidência explícita de todas as transações que ocorrem em uma operação da entidade — por exemplo, notas de venda e faturas de compra.

e-compras (*e-procurement***).** Compra de insumos de manufatura e operações eletronicamente.

efeito incremental (*incremental effect***).** Variação no resultado total (tais como receitas, despesas ou lucro) sob uma nova condição na comparação com alguma condição dada ou conhecida.

eficácia (*effectiveness***).** Grau em que uma meta, objetivo ou alvo é satisfeito.

eficiência (*efficiency***).** Grau em que os insumos são consumidos em relação a um dado nível de produção.

elasticidade de preço (*price elasticity***).** Efeito das variações de preço sobre volumes de venda.

engenharia de valor (*value engineering***).** Técnica de redução de custo, utilizada principalmente durante o estágio de projeto, que usa a informação a respeito de todas as funções da cadeia de valor para satisfazer as necessidades do cliente, ao mesmo tempo em que reduz custos.

equilíbrio custo–benefício (*cost-benefit balance***).** Ponderação dos custos estimados contra os benefícios prováveis, consideração básica na escolha entre sistemas e métodos contábeis.

equivalentes de caixa (*cash equivalents*). Investimentos de curto prazo que podem ser facilmente convertidos em dinheiro com pouca demora.

esforço gerencial (*management effort*). Exercício em direção a uma meta ou objetivo, incluindo todas as ações conscientes (como supervisionar, planejar e pensar) que resultam em mais eficiência e eficácia.

faixa relevante (intervalo relevante) (*relevant range*). Limite do nível de atividade direcionadora de custo, dentro da qual um relacionamento específico entre custos e os direcionadores de custos é válido.

fator limitativo (recurso escasso) (*limiting factor, scarce resource*). Item que restringe ou limita a produção ou venda de um produto ou serviço.

fatores-chave de sucesso (*key-success factors*). Características ou atributos que devem ser alcançados de modo a direcionar a organização para suas metas.

filosofia *just-in-time* (JIT) (*just-in-time philosophy*). Filosofia para eliminar o desperdício, ao reduzir o tempo gasto por produtos no processo de produção e eliminar o tempo gasto por produtos nas atividades que não adicionam valor.

fluxo de caixa (*cash flow*). Geralmente, refere-se ao fluxo de caixa líquido das atividades operacionais.

função de custo (*cost function*). Equação algébrica utilizada pelos gestores para descrever os relacionamento entre um custo e seu(s) direcionador(es).

gestão baseada em atividade (GBA ou ABM — *activity-based management*). Uso de um sistema de custeio baseado em atividade para melhorar as operações de uma organização.

gestão da qualidade total (*total quality management* — **TQM**). Aplicação dos princípios da qualidade para todos os esforços da organização em satisfazer os clientes.

gestão por exceção (*management by exception*). Concentração em áreas que se desviam dos planos, ignorando áreas que se presume funcionarem bem.

gestão por objetivos (GPO ou MBO — *management by objectives*). Formulação conjunta, por um gestor e seu superior, de um conjunto de metas e planos para alcançar as metas para um período vindouro.

giro de capital (*capital turnover*). Receita dividida pelo capital investido.

giro de estoque (*inventory turnover*). Número de vezes em que um estoque médio é vendido por ano.

gráfico de controle da qualidade (*quality control chart*). Plotagem estatística de medidas das várias dimensões ou atributos dos produtos.

grupo de custos (*cost pool*). Grupo de custos individuais alocado aos objetos de custos usando um único direcionador de custo.

identificação específica (*specific identification*). Método de avaliar estoques que reconhece o custo real pago por item específico vendido.

implicações comportamentais (*behavioral implications*). Efeito do sistema de contabilidade sobre o comportamento (decisões) dos gestores.

incentivos (*incentives*). Recompensas baseadas em desempenho formal e informal, que melhoram o esforço gerencial em direção às metas organizacionais.

Indicadores-chave de desempenho (*key-performance indicators*). Medidas que direcionam a organização para alcançar suas metas.

índice de custo variável (porcentagem de custo variável) (*variable cost ratio, variable cost percentage*). Todos os custos variáveis divididos pelas vendas.

inflação (*inflation*). Declínio do poder de compra geral da unidade monetária.

informação relevante (*relevant information*). Custos ou receitas futuras preditas, que diferenciarão os cursos alternativos de ação.

***Institute of Management Accountants* (IMA) (Instituto de Contadores Gerenciais)**. Maior organização profissional de contadores dos Estados Unidos, cujo maior interesse é a contabilidade gerencial.

Lei contra Práticas de Corrupção Internacional (*Foreign Corrupt Practices Act*). Lei americana que proíbe suborno e outras práticas de corrupção e exige que os registros contábeis sejam mantidos em detalhes e acurácia razoáveis e que um sistema apropriado de controle contábil interno seja mantido.

lucro líquido (*net income*). A popular 'linha inferior' — o resíduo após deduzir das receitas todas as despesas, inclusive imposto de renda.

manter registro (*scorekeeping*). Acumulação e classificação de dados.

manufatura celular (*cellular manufacturing*). Sistema de produção no qual as máquinas são organizadas em células de manufatura, de acordo com as necessidades específicas de uma família de produto.

margem (*markup*). Montante pelo qual o preço excede os custos.

margem bruta (lucro bruto) (*gross margin, gross profit*). Excesso das vendas sobre o total de custo dos produtos vendidos.

margem de contribuição (lucro marginal) (*contribution margin, marginal income*). Preço de vendas por unidade, menos o custo variável por unidade.

margem de segurança (*margin of safety*). Unidades de venda planejadas, menos as unidades de venda no ponto de equilíbrio; ela mostra quão abaixo as vendas podem estar do nível planejado, antes que ocorram prejuízos.

mensuração de custos (*cost measurement*). Estimativa ou predição de custos como uma função de direcionadores apropriados de custos.

mensuração do comportamento do custo (*measurement of cost behavior*). Entendimento e quantificação de como as atividades de uma organização afetam os níveis de custos.

mercado de capital eficiente (*efficient capital market*). Mercado no qual os preços de mercado refletem completamente todas as informações disponíveis ao público.

método alto-baixo (*high-low method*). Método simples para mensurar uma função de custos linear dos dados de custos passados, focalizando os pontos de atividade mais alta e de atividade mais baixa e ajustando uma reta através desses dois pontos.

método de ajuste visual (*visual fit method*). Método em que um analista de custo ajusta visualmente uma linha reta através de um lote de todos os dados disponíveis.

método de custeio do processo da média ponderada (*weighted-average process-costing method — WA*). Método de custeio do processo que adiciona o custo de todo o processo realizado no período corrente para o processo realizado em período precedente, sobre o estoque inicial do período corrente de produtos em processo, e divide o total pelas unidades equivalentes de processo realizado até aquela data.

método de custeio do processo primeiro a entrar, primeiro a sair (*PEPS ou FIFO — first-in, first-out process-costing method*). Método de custeio do processo que distingue prontamente o processo elaborado correntemente daquele elaborado previamente, no estoque inicial de produtos em processo.

método direto (*direct method*). Método para alocar custos dos departamentos de serviços, que ignora outros departamentos de serviços quando quaisquer dados custos dos departamentos de serviços são alocados aos departamentos geradores de receita (operacionais).

método do valor presente líquido (*VPL ou NPV — net present value method*). Abordagem de fluxo de caixa descontado para orçamento de capital, que calcula o valor presente de todos os fluxos de caixa futuros esperados, usando uma taxa de retorno mínima desejada.

método por degrau (método do escalonamento) (*step-down method*). Método para alocar custos do departamento de serviço, que reconhece que alguns departamentos de serviço apóiam as atividades de outros departamentos de serviços, bem como as dos departamentos operacionais.

modelo de decisão (*decision model*). Qualquer método utilizado para fazer uma escolha que exige, às vezes, procedimentos quantitativos elaborados.

modelo de taxa de retorno contábil (*TRC ou ARR — accounting rate-of-return model*). Modelo de orçamento de capital, que não de FCD, expresso como o aumento no lucro operacional anual médio esperado, dividido pelo investimento inicial exigido.

modelos de fluxo de caixa descontado (FCD) (*discounted-cash-flow models*). Tipo de modelo de orçamento de capital, que focaliza as entradas e saídas de caixa, enquanto leva em consideração o valor do dinheiro no tempo.

modelos de planejamento financeiro (*financial planning models*). Modelos matemáticos de orçamento-mestre, que podem reagir a qualquer conjunto de suposições sobre vendas, custos e composto de produto.

motivação (*motivation*). Direcionador para alguma meta selecionada, que cria esforço e ação em direção à meta.

objeto de custo (*cost objective, cost object*). Qualquer propósito para o qual uma mensuração de custos em separado é desejada. Exemplos incluem departamentos, produtos, atividades, áreas e territórios.

orçamentação de capital (*capital budgeting*). Planejamento a longo prazo, para realizar e financiar investimentos que afetam resultados financeiros mais do que apenas o ano seguinte.

orçamento (*budget*). Expressão quantitativa de um plano de ação e um apoio para coordenar e implementar o plano.

orçamento contínuo (orçamento móvel) (*continuous budget, rolling budget*). Forma comum de orçamento-mestre, que adiciona um mês no futuro, assim que o mês anterior se encerre e seja eliminado.

orçamento de caixa (*cash budget*). Demonstração de recebimentos e desembolsos de caixa planejados.

orçamento de capital (*capital budget*). Orçamento que detalha os dispêndios planejados para instalações, equipamentos, novos produtos e outros investimentos a longo prazo.

orçamento de vendas (*sales budget*). Resultado das decisões para criar as condições que gerarão o nível desejado de vendas.

orçamento financeiro (*financial budget*). Peça do orçamento-mestre que focaliza os efeitos que o orçamento operacional e outros planos (como orçamentos de capital e restituição de dívidas) terão no caixa.

orçamento flexível (orçamento variável) (*flexible budget, variable budget*). Orçamento que se ajusta às variações em volume de vendas e outras atividades direcionadoras de custos.

orçamento flexível baseado em atividade (*activity-based flexible budget*). Orçamento baseado nos custos orçados para cada atividade e direcionador de custos relacionados.

Orçamento-mestre (*master budget*). Orçamento que resume as atividades planejadas de todas as subunidades de uma organização.

orçamento operacional (plano de lucro) (*operating budget, profit plan*). Parte principal do orçamento-mestre, que focaliza a demonstração de resultado e suas planilhas de apoio.

orçamento participativo (*participative budgeting*). Orçamentos formulados com a participação ativa de todos os empregados afetados.

padrões correntes obteníveis (*currently attainable standards*). Níveis de desempenho que podem ser alcançados por esforços em níveis realísticos.

padrões de conduta ética para profissionais da contabilidade gerencial e gestão financeira (*standards of ethical conduct for practitioners of management accounting and financial management*). Código de conduta desenvolvido pelo *Institute of Management Accountants*, que inclui competência, confidencialidade, integridade e objetividade.

padrões de perfeição (padrões ideais) (*perfection standards, ideal standards*). Expressões do desempenho mais eficiente possível, sob as melhores condições concebíveis, usando especificações e equipamentos existentes.

payback **(período de recuperação)**. Período que se levará para recuperar, na forma de entradas de caixa das operações, o dinheiro inicial investido em um projeto.

período de recuperação (*recovery period*). Número de anos ao longo dos quais um ativo é depreciado para propósitos tributários.

planejamento de longo prazo (*long-range planning*). Produção de demonstrações contábeis previstas para períodos de cinco a dez anos.

plano estratégico (*strategic plan*). Plano que estabelece as metas e objetivos gerais de uma organização.

ponto de equilíbrio (*break-even point*). Nível de vendas no qual as receitas se igualam às despesas e o lucro é zero.

ponto de separação (*split-off point*). Ponto de junção da manufatura, em que os produtos conjuntos se tornam individualmente identificáveis.

porcentagem de lucro sobre a receita (retorno sobre as vendas) (*income percentage of revenue, return on sales*). Resultado dividido pela receita.

precificação discriminatória (*discriminatory pricing*). Cobrar preços diferentes, para clientes diferentes, pelo mesmo produto ou serviço.

precificação predatória (*predatory pricing*). Estabelecimento de preços tão baixos, que os competidores são direcionados para fora do mercado. O precificador predatório, então, não tem concorrentes significativos e pode elevar os preços drasticamente.

preços de transferência (*transfer price*). Montantes debitados por um segmento de uma organização para produtos ou serviços fornecidos a outros segmentos da mesma organização.

predição de custo (*cost prediction*). Aplicação de medidas de custo para níveis de atividades futuras esperadas, aos custos futuros previstos.

previsão de vendas (*sales forecast*). Predição das vendas sob um certo conjunto de condições.

primeiro a entrar, primeiro a sair (**PEPS ou FIFO** — *first-in, first-out*). Método de avaliação de estoque que supõe que os estoques adquiridos mais cedo são vendidos (consumidos) primeiro.

princípios de contabilidade geralmente aceitos (**PCGAs ou GAAP** — *generally accepted accounting principles*). Conceitos ou diretrizes abrangentes e práticas detalhadas, incluindo todas as convenções, regras e procedimentos que, juntos, tornam aceitas as práticas de contabilidade em um dado momento.

processo crítico (*critical process*). Série de atividades relacionadas que afetam diretamente a realização das metas de uma organização.

produtividade (*productivity*). Medida de produtos divididos por insumos.

produtos conjuntos (*joint products*). Dois ou mais produtos manufaturados que têm valores de vendas relativamente significativos e não são identificáveis separadamente como produtos individuais, até seu ponto de separação.

provisão (*accrue*). Acumulação de contas a receber ou a pagar durante um dado período, mesmo que nenhuma transação explícita ocorra.

ratear (*prorate*). Atribuir CIF subaplicados ou superaplicados na proporção do tamanho dos saldos finais das contas.

ratear as variações (*prorating the variances*). Atribuir as variações aos estoques e custos dos produtos vendidos relacionados à produção, durante o período em que as variações surgiram.

receita (*revenue*). Aumento nas reivindicações dos proprietários, que surgem da entrega de produtos ou serviços.

receita marginal (*marginal revenue*). Receita adicional resultante da venda de uma unidade adicional.

recuperação de custo (*cost recovery*). Conceito segundo o qual ativos, como estoques, despesas antecipadas e equipamentos são levados adiante como ativos porque se espera recuperar seus custos na forma de entradas de caixa (ou redução das saídas de caixa) em períodos futuros.

regime de caixa (*cash basis*). Processo de contabilidade em que o reconhecimento da receita e da despesa ocorre quando o dinheiro é recebido e desembolsado.

regime de competência (*accrual basis*). Processo de contabilidade que reconhece o impacto das transações nas demonstrações contábeis no momento em que as receitas e despesas ocorrem, em vez de quando o dinheiro é recebido ou desembolsado.

registro de custo por ordem (**folha de custo por ordem, ordem de serviço**) (*job cost record, job cost sheet, job order*). Documento que mostra todos os custos para um produto, serviço ou lote de produtos em particular.

regressão dos mínimos quadrados (**análise de regressão**) (*least squares regression, regression analysis*). Mede uma função de custo objetivamente, usando a estatística para ajustar uma função de custo para todos os dados.

relatório de custo da qualidade (*cost of quality report*). Relatório que indica o impacto financeiro da qualidade.

relatórios de desempenho (*performance reports*). Retroalimentação (*feedback*) fornecida por comparação dos resultados realizados com os planejados e pelo realce das variações.

requisições de materiais (*materials requisitions*). Registros de materiais baixados para ordens em particular.

resultado residual (*residual income* — **RI**). Lucro operacional líquido, menos juros 'imputados'.

retorno sobre o investimento (*return on investment* — **ROI**). Medida de resultado ou lucro, dividido pelo investimento exigido, para obter aquele resultado ou lucro.

segmentos (*segments*). Centros (áreas) de responsabilidade, para os quais uma medida separada de receitas e custos é obtida.

sistema ABC de dois estágios (*two-stage ABC system*). Sistema de custeio, com dois estágios de alocação, para ir do custo original para o custo dos produtos ou serviços finais. O primeiro estágio aloca custos de recursos para grupos de atividades. O segundo estágio aloca custos de atividades para produtos ou serviços.

sistema de acumulação de custos híbrido (*hybrid-costing system*). Sistema de contabilidade que é uma combinação das idéias do custeio por ordem e custeio por processo.

sistema de contabilidade (*accounting system*). Mecanismo formal para coletar, organizar e comunicar informações sobre as atividades de uma organização.

sistema de controle gerencial (*management control system*). Integração lógica de técnicas que obtêm e usam a informação para realizar decisões de planejamento e controle, motivar o comportamento de empregados e avaliar desempenho.

sistema de custeio normal (*normal costing system*). Sistema de custo em que os CIF são aplicados em uma média ou em uma base normalizada, a fim de obter avaliações representativas de estoques normais.

sistema de gestão de custos (SGC ou CMS — *cost-management system*). Identifica como as decisões da gestão afetam os custos, primeiro mensurando os recursos consumidos na realização das atividades da organização e, então, avaliando os efeitos sobre os custos das mudanças naquelas atividades.

sistema de produção *just-in-time* (JIT) (*just-in-time production system*). Sistema no qual uma organização compra materiais e peças e produz componentes apenas quando eles são necessários no processo de produção; a meta é ter estoque zero, porque manter estoque não é uma atividade que adiciona valor.

sistemas ABC de múltiplos estágios (*multi-stage ABC system*). Sistemas de custeio com mais de dois estágios de alocações e direcionadores de custos outros que não porcentagens.

sistemas de contabilidade de custos (*cost accounting systems*). Técnicas utilizadas para determinar os custos de um produto, serviço ou outro objeto de custo, coletando e classificando custos e, então, atribuindo-os aos objetos de custo.

sistemas de custeio baseado em atividade (*activity-based costing systems* — **ABC**). Sistema que, primeiro, acumula os CIF para cada uma das atividades da área que está sendo custeada e, então, atribui os custos de atividades para os produtos, serviços e outros objetos de custos que exijam aquela atividade.

sistemas de custeio tradicionais (*traditional costing systems*). Aqueles que não acumulam ou relatam custos de atividades ou processos.

sistemas de custo-padrão (*standard cost systems*). Sistemas de contabilidade que avaliam produtos de acordo com os custos-padrão apenas.

sistemas de manufatura integrada por computador (*computer-integrated manufacturing* — **CIM**). Sistemas que usam o projeto assistido por computador e a manufatura assistida por computador, juntamente com robôs e máquinas controladas por computador.

solução de problema (*problem solving*). Aspecto da contabilidade que quantifica os resultados prováveis dos cursos possíveis de ação e, freqüentemente, recomenda o melhor curso de ação a seguir.

subproduto (*by-product*). Produto que, como um produto conjunto, não é identificável individualmente até que a manufatura alcance um ponto de separação, mas tem um total de valor de vendas relativamente insignificante.

taxa de CIF fixos (*fixed-overhead rate*). Montante de custos indiretos de manufatura fixos, aplicados a cada unidade de produção. Ele é determinado pela divisão dos CIF fixos esperados pelo volume esperado de produção para o período de orçamento.

taxa de custos indiretos de fabricação orçados (*budgeted factory-overhead rate*). Total de CIF orçados para cada grupo de custo, dividido pelo nível de direcionador de custo orçado.

taxa de retorno exigida (taxa de atratividade, taxa de desconto) (*required rate of return, hurdle rate, discount rate*). Taxa de retorno mínima desejada, baseada no custo de capital da empresa.

taxa nominal (*nominal rate*). Taxa de juros cotada no mercado, que inclui o elemento inflação.

tempo de ciclo (*cycle time*). Tempo tomado para completar um produto ou serviço, ou qualquer dos componentes de um produto ou serviço.

tempo de ciclo de produção (*production cycle time*). Tempo de iniciar a produção para entregar produtos aos clientes.

teoria da representação (*agency theory*). Teoria utilizada para descrever as escolhas formais de medidas de desempenho e recompensas.

tomada de decisão (*decision making*). Escolha proposital entre um conjunto de cursos alternativos de ação projetados para atingir algum objetivo.

último a entrar, primeiro a sair (UEPS ou LIFO — *last-in, first out*). Método de avaliação de estoque, que supõe que o estoque adquirido mais recentemente é vendido (consumido) primeiro.

unidades equivalentes (*equivalent units*). Número de unidades completadas que poderiam ter sido produzidas dos insumos aplicados.

valor contábil (valor contábil líquido) (*book value, net book value*). Custo original do equipamento, menos a depreciação acumulada, que é a soma da depreciação debitada em períodos passados.

valor contábil bruto (*gross book value*). Custo original de um ativo, antes de ser deduzida a depreciação acumulada.

valor contábil líquido (*net book value*). Custo original do equipamento, menos as depreciações acumuladas.

valor econômico adicionado (*economic value added* — **EVA**). Igual ao lucro operacional líquido, menos o custo médio ponderado de capital após imposto de renda, multiplicado pela soma dos exigíveis a longo prazo e patrimônio líquido.

valor residual (*residual value*). Valor de vendas predito de ativos de longa vida, ao final de sua vida útil.

variação de consumo (uso) (variação de quantidade, variação de eficiência) (*usage variance, quantity variance, efficiency variance*). Diferença entre a quantidade de insumos realmente consumida (utilizada) e a quantidade de insumos que deveria ter sido consumida para alcançar a quantidade real de produção, multiplicada pelo preço esperado dos insumos.

variação de dispêndio de CIF variáveis (*variable overhead spending variance*). Diferença entre os CIF variáveis reais e o montante de CIF variáveis orçados para o nível real de atividade direcionadora de custo.

variação de eficiência dos CIF variáveis (*variable overhead efficiency variance*). Variação de CIF causada pela atividade direcionadora de custo real diferente do montante padrão permitido para a produção real alcançada.

variação de preço (*price variance*). Diferença entre o preço do insumo real e o preço do insumo esperado, multiplicada pela quantidade real de insumos consumidos.

variação de volume (*volume variance*). Nome comum para a variação do volume de produção.

variação desfavorável de despesa (*unfavorable expense variance*). Variação que ocorre quando as despesas reais são maiores que as despesas orçadas.

variação do orçamento-mestre (variação do orçamento estático) (*master budget variance, static budget variance*). Variação dos resultados reais do orçamento-mestre (estático).

variação do volume de produção (*production volume variance*). Variação que aparece sempre que a produção real se desvia do volume esperado de produção utilizado no cálculo da taxa de CIF fixos. Ela é calculada como (volume real – volume esperado) × taxa de CIF fixos.

variação favorável de despesa (*favorable expense variance*). Variação que ocorre quando as despesas reais são menores do que as despesas orçadas.

variações das atividades de venda (*sales activity variances*). Variações que medem como os gestores eficazes estão alcançando os objetivos de venda planejados, calculadas como vendas em unidades reais, menos vendas em unidades do orçamento-mestre, vezes a margem de contribuição unitária orçada.

variações de nível de atividade (*activity level variances*). Diferenças entre os montantes do orçamento-mestre e os montantes do orçamento flexível.

variações (*variances*). Desvios dos planos.

variações do orçamento flexível (*flexible-budget variances*). Variações entre o orçamento flexível e os resultados reais.

ÍNDICE

ÍNDICE POR ASSUNTO

A

A melhor estrutura de custo, 49-51
Abordagem da contribuição
    abordagem por absorção comparada a, 209
    ilustrado, 310
    sobre a, 209
Abordagem diferencial, 376-78
Abordagem do custo de manufatura total, em precificação de custo mais margem, 170
Abordagem do custo total, na precificação de custo mais margem, 170
Abordagem do projeto total, 376-77
Acumulação de custos, 109
Acurácia e relevância, 156
Adaptação às mudanças, 18
Akers, John, 312
Alavancagem operacional, 50, 51
Alocação de ativos às divisões, 352
Alocação de custo
    abordagem tradicional, 419-21
    alocação de custo, 425, 427
    custos conjuntos, 425-27
    custos de subprodutos, 427
    de departamentos de serviço
        alocações de soma global, 415
        com custeio baseado em atividade, 415
        custos centrais, 415
        custos não relacionados aos direcionadores de custos, 418-19
        diretrizes, 412
        grupos de custo fixo, 414
        grupos de custo variável, 413
        serviços recíprocos, 416-18
        vendas orçadas para alocação, 416
    e os sistemas de gestão de custos, 410
    em geral, 410
    objetos de custos finais, 419
    sobre a, 109
    tipos de, 411
Alocação de custos centrais (comuns), 415
Alocação. *Veja* Alocação de custos

American Institute of Certified Public Accountants (AICPA), 17
Análise contábil, 81-82
Análise custo-volume-lucro (CVL)
    a melhor estrutura de custo, 49-50
    abordagem incremental, 47
    alavancagem operacional, 50, 51
    em organizações sem fins lucrativos, 51-52
    lucro líquido alvo, 47
    margem de contribuição e margem bruta, 51
    mudanças múltiplas nos fatores-chave, 47-48
    na era do computador, 48-49
    ponto de equilíbrio, 41-47
    sobre a, 40
Análise de atividade, 78-79
Análise de custos, foco na informação relevante, 156-57
Análise de decisão de longo prazo, 390, 391
Análise de engenharia, 80-81
Análise de regressão, 89-91
Análise de sensibilidade
    em modelos de fluxos de caixa descontados, 376
    sobre a, 249
Análise estatística, no controle de processos, 312
Análise incorreta, emprego indevido do custo unitário, 157, 158
Aplicação de custos, 419
Atividades, custos e direcionadores de custos, 36
Ativos
    avaliação de, 352-53
Auditoria de gestão, 6
Auditoria posterior, 393
Auditorias
    de gestão, 6
Autonomia do segmento, 337
Autoridade de assessoria, 14
Autoridade de linha, 14
Avaliação de desempenho
    conflito potencial, 392
    conflitos com a tomada de decisão, 206, 207
    reconciliação do conflito, 392

Avaliação de risco, em modelos de fluxos de caixa descontados, 376

B

B2B, 19
B2C, 19
Baixa imediata, CIF, 453
Balanced Scorecard (Painel de Indicadores Estratégicos), 305, 306
Balanço patrimonial
    apresentação de custos, 114–15
    orçado, 239–40
Balanço patrimonial orçado, 239–40
Baldridge National Quality Control Award, 303, 312–14
Base de alocação de custo, 410
Benchmarking, 128
Boeing, William, 35
Boulton, E. S., 300

C

CAD (*computer-aided design*), 20
Cadeia de valor
    decisões de produto e serviço, 75
    e o custeio baseado em atividade, 454–56
    sobre a, 11–14
Call, Kevin, 153
CAM (*computer-aided manufacturing*), 20
Capacidade prática, 505
Capital investido
    alocação de ativos às divisões, 352
    avaliação de ativos, 352, 354
    definido, 351, 352
    instalações e equipamentos, 353, 354
    sobre o, 351
Cartões de ponto, 445
Cartões de ponto da mão-de-obra, 445
Centralização *versus* descentralização, 336–38
Centros (áreas) de responsabilidade, 302–304
Centros de atividade, 421–22
Centros de custo, 302–303
Centros de investimento, 303
Centros de lucro
    e descentralização, 337
    sobre os, 302–303
Certified Management Accountant (CMA), 17
Certified Public Accountant (CPA), 17
Ciclos de vida do produto, 11
CIF de manufatura fixos
    contabilidade para, 498–500
    e custos por absorção do produto, 503–507
    fluxo de custos, 506
CIF subaplicado, 453
CIF superaplicado, 453
CIM (*computer-integrated manufacturing systems*), 20
Clientes, cobrança de caixa dos, 237–38
Cobrança de dinheiro dos clientes, 237
Códigos corporativos de conduta, 23
Coeficiente da determinação (R^2), 86
Comércio eletrônico, 19

Companhias comerciais, custos de produto e de período, 112, 113
Competência, 21
Comportamento de custo
    definido, 36
    e direcionadores de custos, 72–75
    em empresas de manufatura, 88
    foco na informação relevante, 156–57
    influência da gestão no, 74–77
    mensuração do, 71
Comportamento disfuncional, 341–43
Comportamento do custo linear, 72
Comportamento do custo variável, 37
Composto de vendas, 46
Compras, desembolsos para, 238
Comptroller. *Veja Controller*
Computadores pessoais, aumento das capacidades de, 19
Comunicação por meio do orçamento, 232
Concorrência imperfeita
    maximização do lucro na, 165
    receita e custo marginal em, 164
    sobre a, 164–66
Concorrência perfeita
    receita e custo marginal na, 164
    sobre a, 164
Conduta ética, importância da, 21–23
Confidencialidade, 22
Conflito ético, resolução do, 22
Congruência de objetivo, 307
Conley, Mike, 13
Consistência interna, 390
Contabilidade financeira, 4, 6
Contabilidade gerencial
    contabilidade financeira contrastada com, 6
    custeio baseado em atividade e custeio-alvo, 174
    e ética, 23
    em organizações de serviço, 7
    em organizações sem fins lucrativos, 7
    implicações do estudo das variações, 21
    oportunidades de carreira, 17–18
    sobre a, 4
    tendências atuais, 19–20
Contabilidade por responsabilidade, 302
Contabilidade. *Veja também* Contabilidade financeira; Contabilidade gerencial
    e precificação, 166–67
    e processo de gestão, 8–10
    posição organizacional da, 14–17
Contadores, papel no Marmon Group, 16
Contratos governamentais, e custos perdidos, 204
Contribuição, controlável por gestores do segmento, 309–11
Controlabilidade, foco na, 354
Controlar
    sobre, 8
    por ciclo de vida do produto e cadeia de valor, 11–12
Controle
    da produtividade, 315
    de serviços, 457
    de tempo de ciclo, 315
Controle de custos operacionais, 128

Controle de qualidade
  Baldridge National Quality Control Award, 303, 312-13
  gestão da qualidade total (TQM), 312-13
  programas feitos sob encomenda, 313
  sobre o, 312-15
Controller
  sobre o, 14
  tesoureiro contrastado com, 16
Coordenação com o orçamento, 232
Custeio-alvo
  e desenvolvimento de novos produtos, 172-73
  e o custeio baseado em atividade, 175
  ilustração do, 173-74
  precificação custo mais margem comparado ao, 174
  processo, 173
  sobre o, 172
Custeio baseado em atividade
  alocação dos custos de serviço, 415
  custeio tradicional comparado ao, 115-20, 421-24
  definido, 115
  e a cadeia de valor, 455
  e a precificação de transferência, 339
  e custos relevantes, 159
  e o custeio-alvo, 174
  e orçamentos, 243
  efeitos do, 424-25
  em empresas de manufatura, 421-24
  em organizações de serviço, 457-58
  em organizações sem fins lucrativos, 457-58
  exemplos do mundo real, 482-83
  ilustração do, 122-26
  no ambiente de custeio por ordem, 454-56
  no ambiente de ordem de serviço, 454-56
  relacionamentos entre atividades, recursos, custos e direcionadores de custos, 119-121
  resumo do, 126-27
  sobre o, 115
  usuários do, 116
Custeio de produto
  em organizações de serviço, 456-58
  em organizações sem fins lucrativos, 456-58
Custeio Kaizen, 173
Custeio normal, 505, 506
Custeio padrão, 505-506
Custeio por operação, 487-89
Custeio por ordem
  custeio por processo comparado ao, 444, 445, 472, 475
  e custeio baseado em atividade, 454, 455
  explicação das transações, 446, 447
  fluxo geral dos custos, 447
  ilustração do, 445, 448
  resumo das transações, 446, 448
  sobre o, 444
Custeio por ordem de serviço, 444
  sobre o, 200
Custeio por processo
  aplicação do, 475-76
  básico do, 472-75
  cálculo dos custos de produto, 476-77
  custeio por ordem comparado ao, 444, 472-75
  custos recebidos em transferência, 482-83
  efeitos dos estoques iniciais, 479
  exemplos do mundo real, 474
  método da média ponderada, 479, 480, 482
  método primeiro a entrar primeiro a sair, 480, 481-82
  no sistema *just-in-time* (JIT), 485-86
  orçamentos e controle dos serviços, 453-54
  sobre o, 444
  unidades físicas e equivalentes, 475-76
Custeio real, 505
Custeio retrocedido, 485, 486-87
Custo de capital, 348
Custo dos produtos vendidos, 51
Custo marginal
  em concorrência imperfeita, 164
  em concorrência perfeita, 164
  sobre o, 164
Custo total, 168
Custo totalmente alocado, 168
Custos comuns, 161-62
Custos controláveis, 308
Custos de capacidade, 75
Custos de capital, 348
Custos de mão-de-obra direta, 112
Custos de material direto, 112
Custos de oportunidade, 194, 195
Custos de período
  relacionamentos de custo do produto com, 113
  sobre os, 112, 113
Custos de subprodutos, alocação de custos, 427
Custos de valor adicionado, 128
Custos desembolsáveis, 194
Custos diferenciais, 194
Custos diretos, 110-12
Custos do produto
  cálculo do custeio por processo dos, 477
  relacionamentos com os custos de período, 113
  sobre os, 112-13
Custos esperados, 273
  apresentação da demonstração de resultado de, 115
  categorias de empresas de manufatura de, 112
  custos conjuntos, 200, 425-27
  custos esperados, 273
  custos incrementais, 194
  custos indiretos, 110-112
  e receita marginal em concorrência imperfeita, 164
  e receita marginal em concorrência perfeita, 164
Custos evitáveis, 160-61
Custos fixos
  confusão dos custos variáveis e, 158-59
  custos variáveis comparados com, 37-39
  definido, 36
  e faixa (intervalo) relevante, 39
Custos fixos comprometidos, 75
Custos fixos discricionários, 75-76
Custos futuros, irrelevância dos, 205

Custos incontroláveis, 308

Custos incrementais, 194

Custos indiretos de fabricação
    aplicação aos produtos, 448
    baixa imediata, 453
    contabilização de, 448
    eliminação dos CIF sub e superaplicados, 452–53
    escolha dos direcionadores de custos, 450–52
    exemplo do mundo real, 451
    ilustração dos, 449
    problemas da aplicação, 450–53
    rateio entre estoques, 453
    taxa de CIF da fábrica orçada, 448
    taxas de aplicação variáveis e fixas, 454
    taxas de CIF normalizadas, 452

Custos indiretos, 110, 111

Custos indiretos de manufatura, 112

Custos inevitáveis, 160–62

Custos mistos, 74
    custos de oportunidade, 194–95
    custos de período, 112–13
    custos de valor adicionado, 128
    custos desembolsáveis, 194
    custos incontroláveis, 308
    custos inevitáveis, 160–62
    custos mistos, 74
    custos não-alocados, 110, 111–311
    custos padrão, 273
    custos perdidos (afundados), 202, 204
    custos por degrau, 73–74
    custos que não adicionam valor, 128
    custos recebidos em transferência, 482–83
    custos relevantes, 159
    custos separáveis, 200
    custos unitários, 157–58, 205
    papel da decisão de precificação dos, 167–72
    relação de demonstrações contábeis para, 459
    relacionamento de preços de venda alvo dos, 168

Custos não alocados, 110, 111

Custos padrão, 273

Custos passados, irrelevância dos, 201, 203

Custos perdidos
    e contratos governamentais, 204
    sobre os, 203

Custos por absorção do produto, 503–507

Custos por degrau, 72–74

Custos relevantes, custeio baseado em atividade, e pedidos especiais, 159–60

Custos sem valor adicionado, 128

Custos separáveis, 200

Custos unitários
    mau uso do, 157–58
    precauções, 205–206

Custos unitários fixos, 503–504

Custos unitários variáveis, 503

Custos variáveis
    confusão de custos fixos e, 158
    custos fixos comparados a, 36–41
    definido, 37
    variações da eficiência do CIF variável, 279–80
    variações de dispêndio do CIF variável, 280

Custos. *Veja também* Custos fixos; Custos de produto; Custos variáveis
    apresentação do balanço patrimonial, 114
    custos de mão-de-obra direta, 112
    custos diferenciais, 194
    custos diretos, 110–112
    custos evitáveis, 160–62
    custos fixos discricionários, 75–76
    definido, 110
    diferenças na classificação, 39–41
    tomada de decisão para, 110–15

CVL. *Veja* Análise custo-volume-lucro (CVL)

D

Dados básicos, no orçamento-mestre, 235, 236–38

Danaher, John, 299

Decisões de precificação
    abordagens múltiplas, 170–71
    papel dos custos nas, 167–72
    sobre as, 164–67

Decisões de serviços e cadeia de valor, 75

Decisões do produto, e cadeia do valor, 75

Decisões fazer ou comprar
    instalações ociosas, 196, 197
    sobre as, 196
    terceirização, 198
    uso das instalações, 197

Dell, Michael, 443

Deming, W. Edwards, 312

Demonstração de resultado
    apresentação dos custos, 114
    custos diretos, indiretos e não-alocados na, 111
    influência sobre a tomada de decisão, 207–209
    modelo de empresa de manufatura, 115

Demonstrações contábeis
    relação dos custos com, 459

Demonstrações de resultado comparativas
    com o método de custeio por absorção, 501
    com o método de custeio variável, 500

Departamentos de serviço
    alocação de custo
        com o custeio baseado em atividade, 415
        orçamento de vendas para alocação, 416–17
        custos comuns, 415
        custos não relacionados aos direcionadores de custos, 418–19
        grupos de custo fixo, 414
        diretrizes, 412
        alocação de soma global, 415
        serviços recíprocos, 416–18
        grupos de custos variáveis, 412–14
    sobre os, 412

Departamentos, eliminação ou adição de, 160–62

Depreciação
    confusão com o valor contábil, 387–88
    depreciação acelerada, 381, 382–83
    e método VPL, 374
    efeitos das deduções em imposto de renda, 381–82
    papel da inflação da, 390
    perspectivas sobre, 387
    sobre a, 207
    valor presente da, 384–85

Depreciação acelerada, 381–82, 383

Descentralização
    custos e benefícios, 336
    e centros de resultado, 337
    exemplos do mundo real, 338
    preços de transferência, 338-44
    sobre a, 336
    terreno intermediário, 337
    versus centralização, 336-37

Desdobrando o código de valor (Boulton, Libert e Samek), 300

Desempenho
    avaliação com orçamentos flexíveis, 267, 270
    desempenho financeiro, controlabilidade e mensuração do, 308
    estrutura para julgamento, 231
    indicadores-chave de desempenho, 306
    medidas não-financeiras de, 312, 318
    motivação e recompensas, 344, 345
    recompensas e riscos, 345, 346

Desempenho financeiro, controlabilidade e mensuração do, 308

Desenvolvimento de novos produtos, e o custeio alvo, 172, 173

Despesas fixas, variações em, 46

Despesas operacionais, desembolsos para, 238

Dilemas éticos, 21, 22-23

DiMarco, Tom, 19

Direção de atenção, 5

Direcionadores de custos
    análise de atividade, 78
    atividades e custos, 36
    custos não-relacionados aos, 418-19
    definidos, 36
    determinar objetos de custos, 422
    e comportamento de custo, 72-74
    escolha de CIF da fábrica, 451-52

E

e-commerce, 19

e-compras, 20

Efeito incremental, 47

Eficácia, 270-71

Eficiência, 270-71

Elasticidade do preço, 165

Empreendedores, orçamentos e planos empresariais, 240

Empregados, aceitação do orçamento, 242-44

Empresa que não de manufatura, orçamento-mestre para, 233, 241

Empresas atacadistas, apresentação dos custos nas demonstrações de resultado, 115

Empresas de manufatura
    apresentação dos custos nas demonstrações de resultado, 115
    categoria de custos, 112
    comportamento dos custos, 88
    custeio baseado em atividade, 421, 424
    custos de produto e de período, 113
    modelo de demonstração de resultado, 116
    organograma, 14

Empresas de varejo, apresentação dos custos nas demonstrações de resultado, 115

Engenharia de valor, 173

Envolvimento dos empregados, 312

Equilíbrio custo-benefício, 75

Equipamento antigo, valor contábil do, 202, 203

Equipamentos
    alternativas sobre o longo prazo, 202-203
    comparações de custos de reposição de, 203

Esforço gerencial, 307

Estoque
    efeitos do, 279
    efeitos nos estoques iniciais, 479, 480
    obsoletos, 201
    rateio entre, 453, 454

Estoque obsoleto, 201

Ética, e contabilidade gerencial, 23

EVA (valor econômico adicionado), 348-350

F

Faixa (intervalo) relevante
    e custos fixos, 39
    sobre a, 39

Fator limitativo, 163

Fatores-chave de sucesso, 302

First, Tom, 193

Fluxos de caixa
    fluxos de caixa operacionais, 379
    iniciais, 377
    para investimento em tecnologia, 379-80
    para o método VPL, 337

Fluxos de caixa iniciais, 379

Fluxos de caixa operacionais, 377

Fluxos de saída no momento zero, 377

Foco no cliente, 314

Folha de custo por ordem, 445, 446

Fórmula do orçamento flexível, 267-68

Fronteiras, remoção das, 305

Funções da cadeia de valor, exemplos de custos e direcionadores de custos, 37

Funções de custo
    análise da engenharia, 80-81
    análise do cliente, 80-81
    critérios para escolher, 77-78
    escolhas do direcionador do custo, 78-79
    forma da, 77
    método alto-baixo, 83-84
    método de regressão dos mínimos quadrados, 86
    método do ajuste visual, 85-86
    métodos de mensuração, 79-87
    sobre as, 77

Funções empresariais, cadeia de valor das. *Veja* Cadeia de valor

G

Gabriel, David, 52

Gallaway, Ron, 175

Gamster, Scott, 379

Ganhos ou perdas na eliminação, 386

Gastos gerais da fábrica, 112

General Accounting Office (GAO), 6

Gestão

gestão de função cruzada, 312
influência no comportamento dos custos, 74, 77
orçamentos sob encomenda para, 354, 355
Gestão baseada em atividade, 128
Gestão da qualidade total (TQM), 312-14
Gestão de função cruzada, 314
Gestão por exceção, 9
Gestão por objetivos (GPO), 354
Gestores de segmento, controlável por contribuição, 309-11
Giro de capital, 347
Giro de estoque, 163, 164
Goodmanson, Richard, 71
Governo, sistemas de controle gerencial no, 318
GPO (gestão por objetivos), 354
Gráfico custo-volume-lucro, 45
Gráficos do controle da qualidade, 312-13
Grupos de custo, 118
Grupos de custo variável, 413-14
Grupos de custos fixos, 414-15

H

Hallin, Keith, 180
Hamilton, Frank, Jr., 472
Hasan, Malik, 299-300

I

Implicações comportamentais, 8
Imposto de renda
 deduções, efeitos no caixa e no tempo, 382, 383
 depreciação acelerada, 383
 e o MACRS, 384, 386
 e orçamento de capital, 381-90
 efeitos das deduções de depreciação, 381-82
 ganhos ou perdas na eliminação, 386
Incentivos, 344
Incentivos de controle de custos, 77
Indicadores-chave de desempenho, 304
Índice de custo variável, 51
Inflação
 e o orçamento de capital, 387, 390
 papel da depreciação, 390
 sobre a, 387
Informação, 4-3, 156
Informação contábil, 4-7
Informação relevante
 definida, 154
 eliminação ou adição de produtos, serviços, ou departamentos, 160-62
 foco nas análises de custo e comportamento de custos, 156-57
 pedidos de vendas especiais, ilustração, 156-60
Instalações e equipamentos
 bruto versus líquido, 353, 354
Institute of Management Accountants (IMA)
 gestão financeira, 21, 23
 padrões de conduta ética para profissionais da contabilidade gerencial e sobre o, 17
Integridade, 22

Internet, economia da, 3-4
Irrelevância
 de custos futuros que não irão diferir, 205
 de custos passados, 201, 203
Izzo, T. J., 67, 68

J

Jain, Naveen, 240
Jonez, John, 410
Jordan, Michael, 335

K

Knight, Philip, 335, 336

L

Legislação das Práticas de Corrupção Estrangeiras, 6
Libert, Barry D., 300
Lucratividade, medidas de, 347-48
Lucro bruto, 51
Lucro líquido alvo, 47
Lucro operacional, efeitos das variações de volume no, 169

M

Madsen, Jim, 371
Mapas baseados em processo, 423
Margem, 167
Margem bruta, 51
Margem de contribuição
 definido, 42
 e margem bruta, 51-52
 em mensuração do desempenho financeiro, 308-309
 na precificação custo mais margem, 168-70
 técnica para o ponto de equilíbrio, 42-44
 variação por unidade, 46
Margem de segurança, 42
Maximização de lucro, em concorrência imperfeita, 165
Mead, Dana, 52
Medida do comportamento de custos, 72
Medidas de alcance de objetivos, 305
Medidas de desempenho
 desenvolver, 303
 e as metas organizacionais, 301
 e sistemas de controle gerencial, 344, 346
Medidas de produtividade
 ao longo do tempo, 317-18
 escolha das, 315-18
 sobre as, 317
Melhorias contínuas, 312
Metas organizacionais, 300, 302
Método alto-baixo, 83-84
Método de alocação por degrau, 417-18
Método de custeio por processo da média ponderada
 método de custeio por processo primeiro a entrar, primeiro a sair comparado ao, 482
 produção em unidades equivalentes, 480
 relatório de custo da produção, 480
 sobre o, 479

Método de custeio por processo primeiro a entrar, primeiro a sair (PEPS)
    método de custeio por processo da média ponderada comparado com, 482
    produção em unidades equivalentes, 481
    relatório de custo da produção, 481
    sobre o, 480

Método direto de alocação
    método por degrau (escalonado) comparado com, 418
    sobre o, 417

Método do ajuste visual, 85–86

Método do custeio por absorção
    abordagem da contribuição comparada ao, 209
    comparação de demonstrações de resultado com o, 501
    reconciliação do, 506–507
    sobre o, 207–208, 500–501
    versus método do custeio variável, 489–500, 501–502

Método do custeio variável
    demonstrações de resultado comparativas com, 500
    exemplos do mundo real, 502
    razões para usar, 507
    reconciliação do, 506–507
    sobre o, 500
    versus método do custeio por absorção, 498–500, 501

Método do valor presente líquido (VPL)
    aplicar, 372, 373
    e depreciação, 375
    efeito da taxa mínima, 374, 375
    escolha da tabela correta, 374
    fluxos de caixa relevantes para, 377, 380
    projeto total *versus* abordagem diferencial, 376, 378
    revisão das regras de decisão, 375
    sobre o, 372
    suposições do, 374

Modelo de decisão, 154

Modelo de taxa de retorno contábil, 391–92

Modelo do período de recuperação, 390, 391

Modelos de fluxos de caixa descontados
    análise de sensibilidade e avaliação do risco nos, 376
    método do valor presente líquido (VPL), 373–76
    sobre os, 372

Modelos de planejamento financeiro, 242

Motivação dos empregados, 307–308

Motivação
    desempenho e recompensa, 344
    sobre a, 307, 308

O

Objetividade, 22

Objetivos de custo, 110

Objetos de custo, 110

Objetos de custos finais, 419

Oportunidades de carreira, 17–18

Orçamento baseado em atividade, 243

Orçamento de capital
    e imposto de renda, 381–90
    e inflação, 387–91
    para a tecnologia da informação, 379
    sobre o, 372

Orçamento participativo, 242

Orçamentos
    aceitação dos empregados, 242–44
    comparação com os resultados do período anterior, 274–75
    comunicação e coordenação, 231
    e a organização, 230
    e o controle de serviços, 457
    e o custeio baseado em atividade, 243
    e os empreendedores, 240
    em planilhas eletrônicas, 247–50
    estrutura para julgamento do desempenho, 231
    feitos sob encomenda para os gestores, 355
    formalização do planejamento, 231
    ilustração dos, 10
    orçamentos contínuos, 232
    orçamentos de caixa, 239–40
    orçamentos de capital, 232
    orçamentos de compras, 237
    orçamentos de vendas, 236, 241–42
    orçamentos financeiros, 233, 235, 239–40
    orçamentos flexíveis baseados em atividade, 267, 69
    orçamentos flexíveis, 266–70
    orçamentos-mestres, 232–41
    orçamentos móveis, 233
    orçamentos operacionais, 233, 235, 239
    orçamentos variáveis, 267
    sobre os, 9
    tipos de, 232, 236–39
    vantagens dos, 230–31

Orçamentos contínuos, 232–33

Orçamentos das compras, 237

Orçamentos de caixa, 239

Orçamentos de capital, 232

Orçamentos de despesas operacionais, 238

Orçamentos de vendas, 236, 241–42

Orçamentos estático, 266

Orçamentos financeiros
    preparando-os, 235, 239–40
    sobre os, 233

Orçamentos flexíveis
    avaliação de desempenho financeiro com, 269–70
    baseado em atividade, 267
    sobre os, 266–67

Orçamentos flexíveis baseados em atividades, 267, 269

Orçamentos flexíveis dos custos, 267

Orçamentos-mestres
    componentes, 232
    definidos, 232
    preparar, 233, 241

Orçamentos móveis, 232–33

Orçamentos operacionais
    preparar, 235, 239
    sobre os, 233

Orçamentos variáveis, 266

Ordem de serviço, 445, 446

Organizações de serviço
    contabilidade gerencial nas, 7
    custeio baseado em atividade nas, 457–58
    custeio de produto na, 456–57
    sistemas de controle gerencial nas, 318

Organizações sem fins lucrativos
    análise custo-volume-lucro (CVL), 52, 53

contabilidade gerencial nas, 7
custeio baseado em atividade nas, 457
custeio de produto nas, 456, 458
sistemas de controle gerencial nas, 318

Organizações, componentes de sucesso, 305

Organograma
de empresas de manufatura, 14
do departamento do *controller*, 14

P

Padrões correntemente obteníveis, 273

Padrões de conduta ética para profissionais de contabilidade gerencial e gestão financeira, 21–23

Padrões de materiais, variações de, 276, 277

Padrões de perfeição, 273

Padrões, estabelecer, 273

Padrões ideais, 273

Pedido especial de vendas, 156–60

Pedidos especiais e custos relevantes, 159–60

Período de recuperação (*payback*), 390, 391

Período de recuperação operacional, 382

Planejamento
formalização do, 231
modelos de planejamento financeiro, 242
para ciclos de vida do produto e cadeia de valor, 11, 12
planejamento a longo prazo, 232
sobre o, 8, 9

Planejamento a longo prazo, 232

Planejamento dos Recurso Empresariais (ERP), 198

Planilhas eletrônicas
e orçamentação, 247–49
nas análises de custo-volume-lucro (CVL), 48–49

Planos de lucro, 233

Planos de negócio, e empreendedores, 240

Planos estratégicos, 232

Ponto de equilíbrio
gráficos convencionais e modificados, 45
no setor automotivo, 41
redução, 52
sobre o, 41–42
técnicas da margem de contribuição, 42–43
técnicas gráficas, 44–45

Ponto de separação, 200

Porcentagem do custo variável, 51

Porcentagem do lucro sobre as receitas, 347

Posições da gestão, treinando para, 18, 19

Precificação discriminatória, 167

Precificação do custo mais margem
abordagem do custo total, 170
abordagem do custo total de manufatura, 170
bases de custo para, 168–69
custeio-alvo comparado à, 174
sobre a, 167
vantagens da abordagem da margem de contribuição, 168–70

Precificação
ações de competidores, 167
conceito de, 164–66
demandas dos clientes, 167
e a contabilidade, 166–67
exigências legais, 166
folha de cotações para, 171
formatos, 171–72
influências sobre, 166–67

Precificação pelo custo variável, 340–41

Precificação predatória, 167

Preço de transferência multinacional, 343, 344

Preços de transferência
baseados no mercado, 339–40
comportamento disfuncional, 341–43
custos recebidos em transferência, 482–83
dados para análise, 340
e custeio baseado em atividade, 339
em ambiente multinacional, 343–44
necessidades para muitos, 343
negociados, 341
precificação do custo variável, 340–42
propósitos dos, 338
sobre os, 338–39
transferências ao custo, 339

Preços de transferência baseados no mercado, 339, 340

Preços de transferência negociados, 341

Preços de venda-alvo, relacionamento dos custos, 168

Predição de custo, 78

Predições, melhoria com *feedback*, 390

Previsões de vendas, 241–42

Princípios de contabilidade geralmente aceitos
sobre os, 6

Processo de gestão, e contabilidade, 8, 9

Produtividade
exemplos do mundo real, 317
sobre a, 315

Produtos conjuntos, 200

Produtos, eliminação ou adição de, 160–62

Q

Qualidade
como primeira prioridade, 314
mensurando os custos da, 316

R

Rateio das variações, 509

Rateio, 453

Receita marginal
em concorrência imperfeita, 164
em concorrência perfeita, 164
sobre a, 164

Receitas, 194

Recompensas
desempenho e motivação, 344–45
por meio da motivação dos empregados, 307–309
riscos e desempenho, 345–46

Recursos
determinando objetos de custo, 422
uso ótimo do, 162–64

Recursos escassos, 163

Recursos limitados, uso ótimo dos, 162, 164

Registro do custo por ordem, 445, 446

Regressão dos mínimos quadrados, 86, 87, 88

Regulamento do governo, efeitos do, 6
Relatório de custo da qualidade, 312
Relatório de custos da produção, 477, 480, 481
Relatório de desempenho do controle de custo, 272
Relatório de tempo de ciclo, 316
Relatórios de desempenho, 9–11
Relevância
  conceito, 154–56
  e acurácia, 154–56
  exemplo ilustrativo, 156
  exemplos, 154–55
Requisições de materiais, 445
Resultado residual
  sobre o, 348
  versus retorno sobre o investimento (ROI), 349–51
Resultados, monitorar e relatar, 303–305
Retorno sobre as vendas, 347
Retorno sobre o investimento (ROI)
  sobre o, 347–48
  versus resultado residual, 349–51
Risco, desempenho e recompensas, 345–46
Rollins, Kevin, 408
Rowan, Jim, 240

S

Samek, Steve M., 300
Schumacher, Michael, 335
Scorekeeping (manter registro), 5
Scott, Tom, 193
Secretaria da Receita Federal, 99, 493
Segmentos
  contribuição para, 311
  sobre os, 309
Segurança, margem de, 42
Serviços
  acurácia dos custos, 457
  controle dos, 457–58
Serviços, eliminação ou adição de, 160–62
Serviços recíprocos, 416–18
Setor de assistência à saúde, 129
Simon, Neil, 223
Sistema ABC de dois estágios, 118–19
Sistema ABC de múltiplo estágio, 118, 119
Sistema de custeio normal, 452
Sistema de gestão de custo
  e a alocação de custo, 410
  sobre o, 108–10
Sistema *just-in-time* (JIT)
  custeio do processo em, 485
  sobre o, 20, 21
Sistema Modificado de Recuperação Acelerada de Custo (MACRS)
  e imposto de renda, 384, 386
  planilhas de depreciação, 384
  sobre o, 384
  valor presente da depreciação, 384, 385
Sistemas de contabilidade, 6

Sistemas de contabilidade de custo, 108, 410
Sistemas de controle gerencial
  chaves do sucesso, 354, 355
  custos e benefícios, 307, 308
  e medidas de desempenho, 344, 346
  e metas organizacionais, 300, 301
  em organizações de serviço, 318
  em organizações sem fins lucrativos, 318
  futuro dos, 319
  no governo, 318
  projeto, 302, 308
  sobre os, 300
Sistemas de custeio híbridos, 487–89
Sistemas de custeio tradicional
  alocação de custos, 419–21
  custeio baseado em atividade comparado aos, 115–19, 421–25
  sobre os, 115
Smith, Jim, 16
Smith, Roger B., 23
Solução de problema, 5
Stich, Michael, 335
Stonecipher, Harry, 19
Subprodutos, 427
Sucesso, componentes de, 304

T

Taxa de atratividade, 373
Taxa de CIF da fábrica orçada, 448
Taxa de CIF fixa
  selecionando o nível de atividade esperado para cálculo, 505
  sobre a, 500
Taxa de desconto, 373
Taxa de imposto de renda marginal, 381
Taxa de retorno exigida, 373
Taxa mínima, efeito no método VPL, 374, 375
Taxa nominal, 388
Taxas de aplicação fixas, 454
Taxas de CIF, efeitos das classificações, 458
Taxas de CIF normalizadas, 452
Taxas variáveis de aplicação, 454
Tecnologia
  fluxos de caixa para investimentos em, 380–81
  orçamento de capital para, 379
  tomada de decisão para, 77
Teerlink, Rich, 304
Tempo de ciclo, 315
Teoria de representação (*agency theory*), 345–46
Teoria dos jogos (*game theory*), 167
Terceirização, 198
Tesoureiro, *controller* contrastado com, 16
Tomada de decisão
  conflitos com a avaliação de desempenho, 206–207
  decisões de produto, 75
  decisões de serviços, 75
  decisões de tecnologia, 76
  decisões fazer ou comprar, 196–98
  e informação contábil, 40

e o papel da informação, 156
influência das demonstrações de resultado sobre, 207–209
oportunidade, desembolso e custos diferenciais, 194–96
para custos, 110–15
para precificação, 164–67, 167–72
sobre a, 8

Transações *business-to-business* (B2B), 19

Transações *business-to-consumer* (B2C), 19

Transferências ao custo, 339

U

Unidades equivalentes, 475, 476, 480–81
Unidades físicas de produção, 475, 476

V

Valor contábil
    confusão com a depreciação, 387–88
    de equipamentos antigos, 202–203
    definido, 202
    perspectiva sobre, 388

Valor contábil bruto, 353

Valor contábil líquido, 202, 352

Valor econômico adicionado (EVA), 348–50

Valores futuros de eliminação, 377

Variação da despesa favorável, 266

Variação de volume, 504–505

Variação desfavorável da despesa, 266

Variação do volume de produção
    comparação com outras variações, 511–13
    natureza da, 504–505
    sobre a, 501

Variações
    análises das, 512
    de padrões de mão-de-obra direta e materiais, 276, 279–81
    definidas, 9
    entre as substituições, 273–74
    interpretação das variações de preço e consumo, 277–78
    investigar, 274
    isolando causas de, 270–74
    outras variações
        comparação com a variação do volume de produção, 511–13
        efeitos de, 507–509
    rateio, 277
    variações de CIF, 279–80
    variação desfavorável de despesa, 266
    variação do orçamento-mestre, 266
    variação favorável de despesa, 266
    variações de atividade de vendas, 271–72
    variações de consumo, 276–77
    variações de preço, 277
    variações do orçamento flexível, 267–71
    variações em nível de atividade, 269–71

Variações da atividade de vendas, 271–72

Variações de CIF
    análise das, 281
    sobre as, 279, 280

Variações de consumo (uso)
    interpretação de, 277–79
    representação gráfica de, 278
    sobre as, 276–77

Variações de eficiência, 276. *Veja também* Variações de consumo

Variações de mão-de-obra direta
    análise das, 280–81
    sobre as, 276

Variações de material direto
    análise das, 280–81
    sobre as, 276

Variações de orçamento estático, 266

Variações de preço
    interpretação das, 277–78
    representação gráfica das, 277
    sobre os, 276–277

Variações de quantidade, 276

Variações do custo padrão, eliminação das, 508

Variações do nível de atividade, 267–71

Variações do orçamento flexível
    cálculo, 271
    efeitos das, 507–509
    em detalhes, 276–79
    sobre as, 267–70

Variações do orçamento-mestre, 266

Vendas orçadas, para alocação de custos, 415–16

Vender ou processar adicionalmente, 201

Vick, Ralph, 229

Volume, efeitos da variação no lucro operacional, 169

W

Watson, Barry, 317
Watson, Ray, 497
Welch, John, 305
Woods, Tiger, 335

Z

Zampino, Peter, 175

ÍNDICE DE EMPRESAS

7–Up Bottling, 92

A
A & P, 110
ABC, Inc., 92
Abraham Company, 493
Acapulco Transformer Company, 93
Ackerloff Signs, 92
Acme Auto Parts, Inc., 491
Acme Building Supplies, 253
Acme Electronics Company, 321
Advanced Medical Systems, 7–8
Adventure.Com, 252
Aetna, 336
Air France, 336
Airborne Express, 345
Alamo Footware, 361
Alaska Airlines, 220
Alcoa, 24
Algona Beach Jail, 99
All Seasons Hotel, 65
Allen-Bradley Company, 308
Allstate, 306
Alltrista Corporation, 351
Amazon.com, 27–28
America West, 70–71, 99
American Airlines, 35, 218
American Tire Company, 252
Amtrak, 161
Andre's Hair Styling, 62
Andy's Ale House, 63
Apple Computer, 306, 339
Arizona Outdoor Equipment Company, 101
Arkansas Blue Cross Blue Shield, 129
Aspen Leather Company, 294–95
AT&T Corporation, 106–108, 118, 149–50, 306, 349
AT&T Universal Card Services, 303
Auckland Tent Company, 250–52
Austin Motors, 181–83
Auto-vend Company, 402–403
Avignon Company, 191, 226
Azteca Company, 218

B
Baffin Manufacturing Company, 326
Baldwin, 52
BankSoft.com, 394
Barleycorn, Inc., 309–11
Bedford Clinic, 404
Belfair Kayak Company, 292
Bellevue Clinic, 460
Belltown Athletic Supply, 180
Benjamin Metals, Inc., 431
Benson Company, 359
Best Bank, 131
Best Buy, 496–97

Best Cost Corporation, 183
Beta Alpha Psi, 25, 288
Better Bank, 137–38, 146–49
Biogen, Inc., 395
Birmingham Collectibles, 216
Birmingham Precision Machining, 293
Blackburn Paints, Inc., 492
Blackmar Company, 183
Block Company, 199–200
Blockbuster Video, 61–62
Blue Cross and Blue Shield of Florida, 116
BMW, 212
Boeing Commercial Airplane Group, 180
Boeing Company, 4, 19, 27, 28, 30, 34–36, 65, 153, 174, 196, 409
Boise Technology, 93
Book & Game Company, 319–20
Borders Books, 257
Borg-Warner Automotive, 243
Borg-Warner Company, 115, 498
Bose, 215
Boulder Systems Group, 60
Bouquet Company, 256
Braxton Industries, 30
Bridgeford Company, 253
Briggs & Stratton Corporation, 361, 364–65
Brisbane Manufacturing Company, 405–406
British Airways, 35
Burger King, 289
Burger-Rama Enterprises, 357
Butler Home Products, 434

C
C. Chan Company, 292
CableNet Company, 399
Cabrillo Construction Company, 462
Calais Company, 521
Camden Foods, Inc., 223
Capeletti Company, 288
Casaverde Company, 10
Caterpillar, 174
Central Railroad, 430
Champion Exposition Services, 19
Champion International Corporation, 18, 306
Chase Manhattan Bank, 397–98
Chevron, 215, 494
Chez Bonaparte, 4
Chicago Office Furniture, 364
Chickadee Manufacturing Company, 463
Chief Cleaning, Inc., 432
Chop House Restaurant, 8–9, 28
Chrysler, 41, 132, 317, 444
Cisco Systems, 3–4
Citicorp, 308
City of Cedarwood, 433–34
Clark Paper Products, Inc., 104–105
Coca-Cola Company, 349, 366

Colebury Casting Company, 462
Colorado Enterprises, Inc., 331–32
Colorado Metals, Inc., 520–21
Columbia Civic Theater, 258–60
Compaq Computer Corporation, 173
Computer Data Services, 330–31
Comtell, Inc., 91
ConAgra, Inc., 62, 212
Concord Trucking Company, 184–85
Conigliaro Company, 513–14
Connecticut Federal Insurance Company, 295
Continental Airlines, 63, 186
Cooking Hut Company, 233–41, 247–48
Cordell Company, 157–60, 169
Corning, 308, 351
Costco, 181
Country Day School, 103–104
Country Store, 244–47
CSX, 349
Culp, Inc., 175
Cunningham Novelty Company, 432
Custom Computers, Inc., 97
Custom Graphics, 175
Custom Shirt Company, 287

D

DaimlerChrysler, 175
Dallas Building Maintenance, Inc., 434
Dan's Bait Shop, 37
Danube Company, 177–78
Debraceny Company, 221
Decker Tools, Inc., 516
Deer Valley Lodge, 370–72, 404
Del Monte, 39
Delgado Food Services, 56
Dell Computer Corporation, 12, 28, 408–10, 439, 442–44, 449, 451, 454–56, 463
Delta Airlines, 34, 194
Dependable Motors Company, 362–63
Des Moines Manufacturing Company, 516
Dillards, 497
Dominguez Credit Services, 289
Dominion Company, 266–73, 274–79, 282–83, 294
Dow Chemical Company, 200, 243, 415, 426
Drosselmeier Corporation, 187
Dublin Appliance Company, 254
DuPont, 338
Durant Company, 517
Durham Company, 254

E

E.I. duPont de Nemours. *Veja* DuPont
Eagle-Gypsum Products Company, 485
Eastman Kodak Company, 64, 174, 175, 401
Eastside Manufacturing Company, 312, 314–16
Eaton Corporation, 219
eComp.com, 105
Edinburgh Company, 402
Electronic Equipment Leasing Company, 31

EncrypTix, 240
Enriquez Machine Parts Company, 446–54, 458–59
Equitable, 336
Eslton Shoe Company, 400
Everest Controls, 493–94
Evert Tool Company, 92
Extrusion Plastics, 145–46

F

Fargo Manufacturing Company, 178
Farmers' Life Insurance Company, 260
FBN Electronics, 520
Filler Company, 322–23
Florida Fashions, 188
FMC, 349
Ford Motor Company, 27, 28, 75, 98–99, 317
Foster Chemicals, 493
Foundation Health Systems, Inc., 298–99, 326
Frankfort Corporation, 212
Frito-Lay, 493

G

Galaxy, Inc., 364
Gap, Inc., 254
General Dynamics, 201
General Electric Company, 14, 25, 39, 166–67, 196–98, 304, 328, 330–31, 350–51, 397–98
General Electronics, Inc., 363
General Mills, 60, 194–95, 277, 494
General Motors, 21, 23, 25, 28, 140–42, 317
Genesis Athletic Shoes, 462
Georgia Paper Products Company, 518–19
Gibralter Company, 517
Giraud's Restaurant, 61
Glasgow Electronics Company, 440–41
Global Enterprises, Inc., 360
Global United Moving Company, 56–57
Gloria Cosmetics, 464
Goldberg Paper Company, 518
Goldwyn Electronics, 186–87
Goodyear Tire and Rubber Company, 21, 330
Grand Canyon Railway, 152–53, 167, 186
Grant Thornton, 379
Great Lakes Pharmaceuticals, Inc., 184
Green River, Inc., 323–24
Greenberg Company, 498–502, 503–506, 507–509, 509–510
Gulf Oil, 341
Gustav Borg Manufacturing Company, 404

H

Hambey's Toy Store, 178
Hardin County, 213
Harley-Davidson Company, 304, 451
Harvard University, 25
Hassan Company, 515
Helton Company, 286
Henderson Company, 132
Hernandez Chemical Company, 434
Hertz, 74

Hewlett-Packard Company, 21, 68, 88, 109, 120, 466–67
Hilton Hotels Corporation, 218
Hiramatso Manufacturing Company, 516
Holiday Inns, Inc., 220
Honda Motor Company, 25, 174, 451
Hong Kong Toy Company, 287
Hospice of Central Kentucky, 80
Howarth Company, 94
Huang Company, 211
Hwang Manufacturing Company, 140–42

Ibanez Company, 396
Iberia Airlines, 336
IBM, 196, 312, 349
Indiana Instruments Company, 367
InfoSpace, Inc., 240
Inland Steel, 25
Intel, 21
Intertel, 322
Inverness University, 289–90
Iowa/Illinois Corn Company, 521
ITT Automotive, 173, 174
Izzo Systems, Inc., 67

Jaguar, 41
JCPenney Company, 416, 497
Jones Press Company, 434

K

K.C. Lim Company, 217
Kansas City Clinic, 404
Karlsson Chemical Company, 211
Kawasaki, 21
Kellogg's, 4, 215
Kentucky Auto Parts Company, 404–405
Kiewit Construction Company, 494
Kim News and Gifts, 254
KimTee Machining, 294
Kinkos, 494
Kitsap County Special Olympics, 4
Kmart, 28, 163, 497
Knoxville Electrical, Inc., 189
Kodak. *Veja* Eastman Kodak Company
Kwik Print, 363

L.A. Darling Company, 496–97, 517–18
La Brasserie, 68
Lake Erie Manufacturing Company, 514–15
Lakeview School, 100
Lambo Company, 364
Lands' End, Inc., 92, 178, 285, 494
Langston Company, 367–68
Las Vegas, City of, 287
La-Z Boy, 494
Leeds Tool Company, 518–19
Level3 Communications, 231

Lewis Manufacturing Company, 459
Lightbody Company, 100
Lighting.com Company, 399
Limand Company, 101
Lindberg Company, 492–93
Lippert Office Equipment Company, 398
London Printing Company, 460
Long Lake Dairy King, 400
Louisiana Garden Equipment Company, 519–20
Lubbock Engineering Consultants, 465
Lucero Company, 490
Lumens Company, 403, 404
Luxury Suites Hotels, 300, 306
Lyon, Inc., 191

Machine Products, Inc., 355
MacLachlan Manufacturing Company, 460
Maddox Company, 404
Madison Musical Education Company, 103–104
Magellen Shipping Company, 283–84
Magenta Midget Frozen Vegetables, 473–74
MainFrame Computers, 327
Makah Indian tribe, 26
Malcheski Company, 218
Malone's Medical Instruments, Inc., 363–64
Malton Company, 438
Manchester Foundry, 98
Manhattan Milling, 432
Manitoba Manufacturing Company, 213
Manriquez Construction Company, 61
Manteray Pen Company, 176–77
Maria Morales, CPA, 195
Marietta Corporation, 76–77
Mario of Milan, 221
Marks & Spencer, 30
Marmon Group, Inc., 14–16, 30, 110, 497
Marriott International, 368
Martin's Printing, 381–83, 384–87
MascoTech, 51
Mason Corporation, 356
Mattel, 196
Matterhorn Instruments Company, 467–68
Matthew Kennedy Brokerage, 326
Mayberry Textiles, 491
Mazda Motor Corporation, 75
MBNA America, 318
McBee Convenience Stores, 321–22
McClung Company, 216
McClure Company, 490
McCoy, Brennan, and Cable, 465–66
McDonald's Corporation, 264–65
McDonnell Douglas, 30
McFarland Aeronautics Company, 459–60
Mercedes-Benz, 173, 174
Mesabi Iron Works, Inc., 291
Metalcase Office Furniture Company, 464
Metropolitan City Hospital, 66
Metropolitan Commuter Rail, Inc., 402–403

Miami Kennel Club, 63
Micro Devices, 102–103
Micro Storage, Inc., 258
Microsoft, 92, 240
Micrus Semiconductors, 175
Middleton Foods, 484–85
Middletown Community College, 40, 41–49
Mideast Carpet Specialties, 254
Minnetonka Corporation, 224
Modern Outdoor Lighting, Inc., 284
Monroe County School District, 4
Moscow Automotive Factory, 328
Moscow Cable Company, 307–308
Motel 6, 60
Mountain Supplies, Inc., 143
Multiplex Cinema, 64
München Company, 520

N
Nabisco, Inc., 483
Nakata Farms, 61
Nally and Gibson Georgetown, Inc., 470–74, 476, 493
Nantucket Nectars, 192–94
Naomi's Remodeling, Inc., 462
Napa County Grand Jury, 466
National Basketball Association, 398
National Disposal, 32
National Park Service, 288–89
National Woodcraft, 363–64
NBC, 304
New England Catering Company, 65
New Jersey Chemical Company, 293–94
Nike, Inc., 29, 334–36, 366
Nissan, 25, 317
NLR Productions, Ltd., 61
Nortel Networks, 502
North Carolina Textiles, 283
Northeast National Bank, 258–59
Northern Illinois University, 401
Northern Telecom, 502. *Veja também* Nortel Networks
NorthernComm, 329
Northwest Food Distributors, 98
Northwest Railroad, 322
Northwestern Computers, 79

O
O'Sullivan Company, 211
Oahu Audio Company, 189, 190
Oak Furniture, Inc., 494
Oakville Wooden Toys, Inc., 474–77, 479–83
Omaha Software, 100
Ono, Ltd., 217
Oracle, 194
Outboard Marine Corporation, 41
Outdoor Equipment Company, 143, 339–43, 346
Outsourcing Institute, 198
Owens Corning, 198

Oxford University Printing Company, 184

P
Pacific Fish Company, 69
Pacioli Building Supply, Inc., 96
Parker Hannifin Corporation, 274
Parkview Medical Center, 74–75, 77, 80–81, 83–85, 86–87, 88–91
PC Railroad, 222
Pennsylvania Optical Group, 399
Pennsylvania Steel Company, 287
Penril DataComm, 314
Penrose Hospital, 27, 28
Peoria Implements Company, 96–97
Pepsico, 18, 338
Perceptron, Inc., 316
Perth Woolen Company, 517
Peter's Corner, 57–58
Pfizer, 18
Photon Technology International, Inc., 235
Pinney Tool and Die, 430–31
Pionier's Markets, 434
Pippin Blazer Hotel, 60
Pizza Hut, 176
PK, Inc., 62–63
Planters Specialty Products Company, 483
Port Williams Gift Shop, 53–54
Portland Power Company, 122–27, 128, 132–35, 140, 142, 149–50, 290–91
Premier Hospital, 437
Pretoria Jewelry, 218
Procter & Gamble, 174, 175, 308, 338
Providence Hospital, 24
Public Service Electric & Gas, 244

Q
Quaker Oats, 349
Quality Corporation, 183
Quantrill Furniture Mart, 254

R
Rainbow Paint Company, 490
Ramanathan Corporation, 515
Ramos Company, 54
Randy Azarski, Contractor, 177
Raprock Company, 66
Red Ball Beverage Company, 32
Red Lake Manufacturing Company, 464
Reetz Company, 85
Reliable Insurance Company, 81
Reliable Machine Products, 132–34, 142
Retro, Inc., 403
Reynolds Company, 182
Rimmer, Coles, and Diaz, CPAs, 183
Ritz-Carlton, 228–29, 241, 242, 256, 267
Robinson Chemical Company, 434
Rockmania, Inc., 489
Rockwell, 30
Rocky Mountain Airlines, 289
Rohr Company, 225

Rolls-Royce, 41
Roseville Network Division, Hewlett-Packard Company, 120
Rosiland Volkert, M.D., 217
Ross Company, 359
Ross Manufacturing Limited, 188

S

Saab, 41
Sacred Heart Hospital, 215
Safeway, 154, 182
Sam's Club, 182
Samson Company, 207–209
Sanders Instrument Company, 437
Santa Fe Railroad, 401
Sargent Metal Fabricating Company, 325
SBC Communications, Inc., 317–18
Schlosser Company, 519
Schrader Bellows, 424–25
Sears, 28
Shoreline Marine Manufacturing, 460
Siecor, 351
Siemens Corporation, 351
Skadsberg Sports Equipment Company, 286
Skill Craft Appliance Company, 177
Skykomish County Jail, 399
Sonar Instruments, Inc., 494
Sony, 37
South Central Bell, 109
South China Airlines, 336
Southeast Distributors, 143
Southeast Equipment, Inc., 190
Southern Pacific Railroad, 435
Southwest Airlines, 92
Sparta Foods, Inc., 27, 28
Speaker Technology, Inc., 485–86
Sports Equipment, Inc., 96
SportsLab, Inc., 100
Springfield Community Hospital, 296
St. John Hospital, 260–61
St. Joseph's Hospital, 295
St. Jude Hospital, 435–36
St. Louis Wholesale Distributors, 438
St. Mary's Hospital, 437
St. Tropez S. A., 190
St. Vincent Hospital, 60, 395
Stamps.com, 240
Stanford University, 6
Starbucks Coffee Company, 13, 224
Starr Welding Company, 463
Stephenson Corporation, 144–45
Stern & Stewart Company, 348–49
Sun America, Inc., 240
Sun Manufacturing, Inc., 368
Sun Microsystems, 198
Sunday Flicks, 60
Sunlight Company, 189
Sunnyside Swim Club, 401
Sunshine State Fruit Company, 210

T

T.A. Lincoln Company, 358
T.J. Maxx, 497
Target Corporation, 27, 28, 163
Tax Preparation Services, Inc., 284–85
Taylor Plastics, 478
TCBY, 217
TCY Company, 121
Tenneco Automotive, 52, 58–59
Teva Pharmaceutical Industries, Ltd., 339
Texas Instruments, 180
Thermos Controls, Inc., 490
Tiger Shoe Company, 366
Tolbert Manufacturing Company, 439–40
Toy King, 357
Toyota Motor Sales, U.S.A., 409
Toyota, 21, 194
Tristate Power Company, 394

U

U. Grant Company, 145
United Airlines, 35, 39–40
University National Bank, 4
University of Minnesota, 373
Upjohn, Inc., 309
UPS, 345
Uptown Clinic, 104

V

Valerie Monroe, Attorney, 215
Velasquez Company, 182
Victoria Sports Company, 186–87
Video Hut, Inc., 249–50
Vigil Trucking Company, 436–37
VIN.net International, 198
Volkswagen, 41

W

W.R. Grace & Co., 230–31
Wallis Manufacturing Company, 464
Wal-Mart, 28, 154, 163, 167, 497
Walt Disney Company, 186
Wamago Technology Company, 491
Wardy Company, 130
Warren Communications, 256
Washington Business, 68
Watkins Products, 37
Western Area Port Authority, 302
Western Idaho State University, 262
Western Services, Inc., 365
Western State University, 390, 462
Western Woolens, 286–87
Weyerhauser Company, 80, 210
Whirlpool, 306
Wilton College, 181
Winnetka Electronics Company, 217
Winnipeg Chemical Company, 520
Winthrop Company, 217
Woodland Park Company, 119–21, 136

World Comm, 322
Wysocki Company, 94
Xerox, 21

Y
Yamaguchi Company, 431
Yang Electronics Company, 23–24
Yukon Mining Company, 32
Yukon Mining, Ltd., 256–57

Z
Zenon Medical Instruments Company, 329
Zhang Company, 514
Zurich American School, 182
Zurich Chocolate Company, 291–92

CRÉDITO DAS FOTOS

Capítulo 1.   Página 2 — SuperStock, Inc.

Capítulo 2.   Página 34 — Pictor

Capítulo 3.   Página 70 — Rick Rickman/Matrix International, Inc.

Capítulo 4.   Página 106 — SuperStock, Inc.

Capítulo 5.   Página 152 — Pictor

Capítulo 6.   Página 192 — Cortesia da Nantucket Nectars

Capítulo 7.   Página 228 — Miro Vintoniv/Stock Boston

Capítulo 8.   Página 264 — Robert Wallis/Corbis/SABA Press Photos, Inc.

Capítulo 9.   Página 298 — Crandall/The Image Works

Capítulo 10. Página 334 — Michael Newman/PhotoEdit

Capítulo 11. Página 370 — Paul Conklin/PhotoEdit

Capítulo 12. Página 408 — Mark Phillips, Dell Computers/AP/Wide World Photos

Capítulo 13. Página 442 — Bob Daemmrich Photography, Inc.

Capítulo 14. Página 470 — Robert Essel/Corbis/Stock Market

Capítulo 15. Página 496 — Spencer Grant/PhotoEdit